國家古籍整理出版專項經費資助項目

# 湖南朝陽巖石刻考釋

張京華 侯永慧 湯軍 著

中国社会科学出版社

**图书在版编目（CIP）数据**

湖南朝陽巖石刻考釋 / 張京華，侯永慧，湯軍著. —北京：中國社會科學出版社，2018. 3
ISBN 978-7-5203-2207-2

Ⅰ. ①湖… Ⅱ. ①張… ②侯… ③湯… Ⅲ. ①磨崖石刻—研究—湖南 Ⅳ. ①K877. 494

中國版本圖書館CIP數據核字（2018）第052705號

出版人 趙劍英
責任編輯 韓國茹
責任校對 張愛華
責任印製 張雪嬌

出　　版 中国社会科学出版社
社　　址 北京鼓樓西大街甲 158 號
郵　　編 100720
網　　址 http：//www.csspw.cn
發 行 部 010－84083685
門 市 部 010－84029450
經　　銷 新華書店及其他書店

印刷裝訂 环球东方（北京）印务有限公司
版　　次 2018 年 3 月第 1 版
印　　次 2018 年 3 月第 1 次印刷

開　　本 787×1092 1 / 16
印　　張 59. 75
字　　數 1100 千字
定　　價 388. 00 元

# 目　录

## 元　代



## 明　代

## 清　代

## 民　國

## 待　考



## 附　録

# 凡　例

一、本書《湖南朝陽巖石刻考釋》爲近現代以來第一部朝陽巖摩崖石刻全編。

二、全書内容主要分爲拓本、釋文、考證三部分。

三、本書以朝陽巖現存摩崖石刻爲主要研究客體，採集拓本，拍爲圖片，無論原拓尺幅大小，一圖一頁，尺幅原大另在考證部分説明。

四、本書摩崖石刻分爲詩刻、題刻、榜書三類。如有志文碑記，則沿用原文標題。全書共計收録詩刻 76 幅，題刻 29 幅，榜書 30 幅，志文碑記 19 幅。

五、本書摩崖石刻以斷代爲序，分爲唐代、宋代、元代、明代、清代、民國六期，附録現代。年代無考列爲待考，現代列爲附録。全書共計收録唐代 4 幅，宋代 36 幅，元代 2 幅，明代 59 幅，清代 37 幅，民國 10 幅。待考 5 幅。附録現代 1 幅。

六、石刻數目統計依石面邊框爲主。如咸通十四年李當《題朝陽洞》詩刻、魏悰《奉和左丞八舅題朝陽洞》及《跋》，計爲一通。嘉靖二十四年戴嘉猷《遊朝陽岩》、《歸泛瀟江》及吴源《和韻》詩刻，計爲一通。萬曆十五年、萬曆十七年陳諤《春日偕諸子集朝陽巖》、《朝陽巖再集》詩刻，同在一石，計爲一通。但如同治三年楊翰刻黄庭堅《遊朝陽巖》，與楊翰摹刻黄庭堅像、復刻翁方綱《山谷先生自贊》、刻像題記，同在一石，則分别著録，計爲二通。宋代乾道七年史正志《秋日陽巖》二首詩刻、乾道八年曾協《夏日陪遊朝陽巖》詩刻、乾道間佚名“岩洞幽清自古奇”詩刻，均被明代嘉靖四十一年張勉學“高巖幽窟”榜書覆蓋，四幅同在一石，則分别著録，計爲四通。明代正德十六年朱袞重刻元結《朝陽岩銘并序》被戴嘉猷《遊朝陽巖》、《歸泛瀟江》詩及吴源《和韻》三首詩刻覆蓋，朱袞《朝陽巖下洞志》

被陳天然“朝陽洞”榜書覆蓋，亦均单獨著録，各爲一通。

七、朝陽巖内石刻，現有活碑 6 通，亦通計在摩崖石刻内，而在考釋中説明。

八、石刻不論完好、殘損，凡有文字可識，均予著録。但世俗石山保不録，匠人題名如“督工官王正邦”、“督工信士劉國用”、“石匠蔣玉刻”等不録，指示題刻如“道州刺史元次山朝陽巖銘在巖内”之類不録。

九、拓本不論妍媸，均以清晰爲度。圖片均保持原貌，不加修飾。

十、每幅石刻均繫以釋文、考證，参以前人著録、傳世文獻，連及作者的其他石刻，事豐則詳，事簡則略。引據文獻，凡有錯謁，均隨文辨正；偶有小誤，仍以圓括號（ ）標出，以方括號［ ］徑改。

十一、釋文根據拓本整理，參以前人著録或文獻記載，加以現代標點。凡拓本中原有的繁體字、俗字、古今字、通假字、異體字，均儘量保持原狀。考證中涉及人名、書名、篇名等處，及引文中涉及石刻著録與討論字形等處，凡繁體字、俗字、通假字、異體字，及正體、異體混用等處，亦均儘量保持原狀。“異體字”是字義相同而字形不同；又有由書法及雕版引起的字形上的微弱差别，稱之爲“異形字”。全書凡異形字，如内、出、告、舎、尙、幷、兊、冊、貟、彥、呂、宫、吳、眞、别、沒、兩、黃、產、卽、為、眾、虛、奐、溫、帶、錄、搖、強、臥、郞、將、黑、髙、明、瞻、荊、熈、籛、毀等，一律改爲正體，即内、出、告、舍、尚、并、兑、册、員、彦、吕、宫、吴、真、别、没、两、黄、産、即、爲、衆、虚、奂、温、带、録、摇、强、卧、郎、将、黑、高、明、瞻、荆、熙、籛、毁等。

十二、全書總計石刻 154 幅，釋文、考證亦 154 篇。

十三、全書撰寫概述，並插配全彩色實景照片若干。

十四、全書繪出朝陽巖石刻分布示意圖，以便與實景實物對照。石刻分布示意圖自上而下将朝陽巖分爲零虛山、上洞、逍遙徑、下洞四個區域。示意圖中凡榜書儘量標出文字，但書寫順序改爲自左而右，其他僅列出阿拉伯數字編號。圖中的石刻編號與全書目録序號一致。

十五、書末另附主要參考文獻。

# 概述

# 一　元結與湖南水石文化

## 引　言

唐代宗廣德、永泰、大曆間，元結兩任道州刺史，辭官後寓居永州浯溪，在湖南活動前後十年，著述約七十篇，其中最值得注意者有十九銘一頌。元結在道、永二州所遊歷，則有三溪、三巖、二崖、一谷。元結大規模開闢了今永州境内的人文景地，開創了摩崖石刻的先河。由其詩文意象所描述而言，永州本土文化可以稱之爲“水石文化”。

元結在永州，時間久，創作多，開拓景地與命名景地最多。其文體以銘居多，其書體以篆居多，其新造景地名義最多，其作品刻石最多。其影響於後世，形成摩崖石刻景區最多。降至近代，其慘遭毁壞亦最多。

此與柳宗元撰永州八記而無一刻石，各有異同。柳文以抄本傳世，文獻遠播東亞，元結所爲乃是“不動産”，資源皆留本土。其貢獻於後世者有此不同。

同一“古文運動”，元結之古文是上古三代之文，柳宗元之古文是漢魏之散文，一上行，一下行也。錢基博《韓愈志·古文淵源篇第一》論元結：“其爲文章，寧朴無華，寧瘦無腴，寧拙無巧。而微傷削薄，未能雄渾，長於使勁，短於運氣，以故遒而寡變，清而不玄。然戛戛自異，唐文在韓愈以前，力掃雕藻綺靡之習，而出之以清剛簡質者，不得不推結爲俶落權輿。韓愈之前有元結，猶陳涉之開漢高乎！”黄侃《文心雕龍札記》：“秦刻石文多三句用韻，其後唐元結作《大唐中興頌》而三句輒易，清音淵淵，如出金石。説者以爲創體，而不知遠效秦文也。”而“遊記”“八記”之文體脱胎於大賦之短序，所謂便俗之文也。

元結之大旨，如元人王榮忠《重修笑峴亭記》所云：“次山愛君憂國，不以進退生死累其心，乃撰立《大唐中興頌》，魯國公顔真卿爲之書，雄文健筆，焕耀今古。發明君臣父子之義，千載不磨。”

元結之珍貴，如近人柯昌泗《語石異同評》所云：“湖湘間唐碑，宋人著録本不爲少，惜皆湮逸。巨擘推麓山寺碑，宋代即已重剜。……餘則元次山諸刻。海内求次山之跡者，必於永、道間，亦湘中石刻之特異者也。”

明何鏜編《名山勝概記》輯元結所作山水遊記七篇，題名爲“湖南褋記”；又輯所作銘序二十二篇，題爲“次山銘記”。後有袁宏道跋語云：“次山諸銘，幽奇孤冷，足發山水之性，每首前用小叙記，尤佳。”“湖南褋記”與“次山銘記”二稱，頗能顯見元結文章最爲獨特的品質。

元結《朝陽巖下歌》云：“水石爲娱安可羨。”其《朝陽巖銘序》又云：“愛其郭中有水石之異”，“於是朝陽水石，始有勝絶之名”。其銘云：“欲零陵水石，世人有知。”《丹崖翁宅銘序》云：“丹崖，湘中水石之異者。”又云：“愛

朝陽巖全景

其水石，爲之作銘。”故由元結詩文所開創的湖南文化，自其裏言之爲寓賢文化，自其表言之當稱之爲“水石文化”。

## 元結在湘時地

元結四十五歲任道州刺史，五十四歲卒，官終容州刺史。後世當稱“元容州”（裴敬《翰林學士李公墓碑》稱“元容州”，劉長卿有詩《贈元容州》），而仍以稱“元道州”爲多。杜甫《同元使君舂陵行》詩：“粲粲元道州。”宋黄徹《䂬溪詩話》、金元好問《元魯縣琴臺》詩注，清洪亮吉《北江詩話》、清劉熙載《藝概》、清鄭江《度䍐嶺》詩注，清張英詩題《讀元道州賊退示官吏詩慨然有作》，均延稱“元道州”。唐代道州今爲永州市道縣。元結自任道州刺史至其終老之前大約十年，溯遊湘水上下，往來道州、九疑山、江華、零陵、祁陽諸地，多在今永州市境内。

孫望《元次山年譜》述其最後十年經歷略云：

763 年（寶應二年、廣德元年）

九月，敕授道州刺史。十二月，於鄂州起程赴任。

764 年（廣德二年）

五月二十二日，至道州。

765 年（永泰元年）

春，遊九疑山。唐道州江華郡，領縣四：營道、延唐、江華、永明。九疑山屬延唐，故元結别稱道州爲“九疑郡”，《欸乃曲》：“瀧南始到九疑郡。”今在永州市寧遠縣境内。

夏，罷道州，赴衡陽、潭州。

766 年（永泰二年、大曆元年）

再授道州刺史。春，復臨道州。冬，自道州詣長沙之潭州都督府計兵事。

767 年（大曆二年）

二月，還道州，過零陵。六月刻石《峿臺銘》，在祁陽。祁陽縣在永州北，臨湘水，隸屬永州。

仲冬，在道州任。

768 年（大曆三年）

在道州。四月，授容州刺史、容管經略使，治梧州。

769 年（大曆四年）

丁母憂，辭職守喪，家於祁陽浯溪。

770 年（大曆五年）

居祁陽浯溪。

771 年（大曆六年）

居祁陽浯溪。

772 年（大曆七年）

春正月，守喪畢，朝京師，方欲授職，遇疾。夏四月，薨於長安。

可知元結自寶應二年（763）十二

月啟程，至大曆七年（772）正月離家，中間在永州八年，前後則跨越十年。

容管經略使本治容州，因亂徙治唐代藤州、梧州。《舊唐書·地理志一》：“容管經略使，治容州，管兵千一百人。”《資治通鑑》卷二二四唐代宗大曆六年：“嶺南蠻酋梁崇牽自稱平南十道大都統，據容州，與西原蠻張侯、夏永等連兵攻陷城邑，前容管經略使元結等皆寄治藤、梧。”《舊唐書·王翃傳》：“前後經略使陳仁琇、李抗、侯令儀、耿慎惑、元結、長孫全緒等，雖容州刺史，皆寄理藤州，或寄梧州。”

唐藤州，今爲廣西梧州市藤縣。元結《冰泉銘並序》：“蒼梧郡城東二三里有泉焉……蒼梧之人得救渴。”可知元結在梧州，不在藤州。孫望校《元次山集》謂“容州任内作”，所著《元次山年譜》謂“泉在道州也”，均不確。

梧州與道州隔南嶺爲鄰，道州在嶺北，梧州在嶺南。梧州由蒼梧得名，九疑山古又稱蒼梧山，《舜祠表》云：“使持節道州諸軍事守道州刺史元結，以虞舜葬於蒼梧九疑之山，在我封内。”元結亦别稱道州爲蒼梧，《劉侍御月夜宴會》詩：“我從蒼梧來，將耕舊山田。”

朝陽巖零虛山

## 元結在湘著述

據孫望《元次山年譜》附録《元次山著述年表》，元結在湖南永州所著述約爲七十篇，其中關於永州景地、人物主題的有五十篇，其他主題的有二十篇。（《七泉銘》作七篇，餘如《欸乃曲》五首、《問進士》五首，皆作一篇。）

列表如下：

| 公元 | 篇數 | 永州景地人物主題 | 篇數 | 其他主題 |
| --- | --- | --- | --- | --- |
| 764 | 2 | 《舂陵行有序》<br>《賊退示官吏有序》 | 3 | 《謝上表》<br>《奏免科率狀》<br>《賀廣德二年大赦表》 |
| 765 | 4 | 《無爲洞口作》<br>《宿無爲觀》<br>《登九疑第二峰》<br>《舜祠表》 | 8 | 《賀永泰改元大赦表》<br>《送王及之容州序》<br>《劉侍御月夜宴會詩並序》<br>《與何員外書》<br>《别何員外》<br>《茅閣記》<br>《題孟中丞茅閣》<br>《崔潭州表》 |
| 766 | 15 | 《論舜廟狀》<br>《舉處士張季秀狀》<br>《張處士表》<br>《菊圃記》<br>《寒亭記》<br>《陽華巖銘並序》<br>《招陶别駕家陽華作》<br>《宿洄溪翁宅》<br>《説洄溪招退者》<br>《窊樽銘並序》<br>《窊樽詩》<br>《朝陽巖銘並序》<br>《朝陽巖下歌》<br>《問進士五首》<br>《九疑山圖記》 | 4 | 《送孟校書往南海並序》<br>《再謝上表》<br>《奏免科率等狀》<br>《送譚山人歸雲陽序》 |
| 767 | 24 | 《欸乃曲五首》<br>《丹崖翁宅銘並序》<br>《宿丹崖翁宅》<br>《右溪記》<br>《遊右溪示學者》<br>《道州刺史廳壁記》<br>《五如石銘並序》 | 3 | 《别崔曼序》<br>《文編序》 |

续表

| 公元 | 篇數 | 永州景地人物主題 | 篇數 | 其他主題 |
|---|---|---|---|---|
| 767 | | 《七泉銘七首並序》<br>(《潓泉銘》《汸泉銘》《涫泉銘》<br>《淲泉銘》《涍泉銘》《漫泉銘》<br>《東泉銘》)<br>《遊潓泉示泉上學者》<br>《石魚湖上作有序》<br>《宴湖上亭作》<br>《引東泉作》<br>《登白雲亭》<br>《潓陽亭作有序》<br>《夜宴石魚湖作》<br>《石魚湖上醉歌有序》<br>《浯溪銘並序》<br>《峿臺銘並序》 | | 《冰泉銘並序》 |
| 768 | 1 | 《廇廎銘並序》 | 1 | 《讓容州表》 |
| 769 | 0 | | 1 | 《再讓容州表》 |
| 770 | 0 | | 0 | |
| 771 | 4 | 《右堂銘》<br>《中堂銘》<br>《東崖銘並序》<br>《寒泉銘並序》 | 0 | |
| 合計 | 50 | | 20 | |

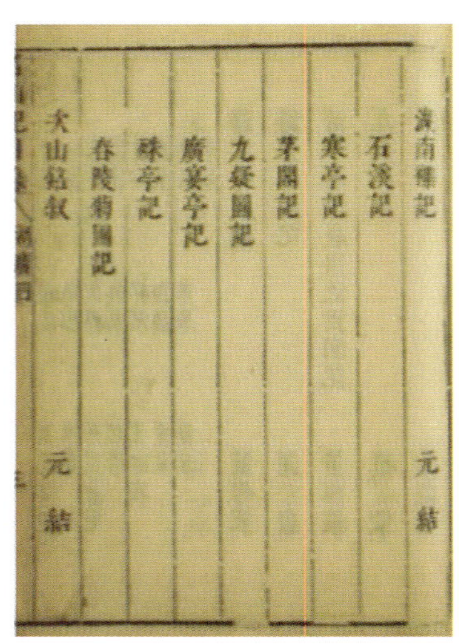

明何鏜《名山勝概記》目録書影

## 元結在湘遺跡

元結在湘前後十年，計所遊歷，有三溪、三巖、二崖、一谷。

所著文章及石刻，計有十九銘一頌。

十九銘：《陽華巖銘》、《窊樽銘》、《朝陽巖銘》、《丹崖翁宅銘》、《七泉銘》七篇、《五如石銘》、《浯溪銘》、《峿臺銘》、《廇廎銘》、《東崖銘》、《寒泉銘》、《右堂銘》、《中堂銘》。

| | 景 地 | 所在地 |
|---|---|---|
| 三 溪 | 洄溪<br>右溪<br>浯溪 | 江華<br>道縣<br>祁陽 |
| 三 巖 | 陽華巖<br>朝陽巖<br>九疑山無爲洞 | 江華<br>零陵<br>寧遠 |
| 二 崖 | 丹崖<br>東崖 | 雙牌<br>祁陽 |
| 一 谷 | 寒亭暖谷 | 江華 |

一頌：《大唐中興頌》。

凡遊則有銘，凡銘則有刻，足跡所至，皆成景觀。其命名與刻石多寓深意，而歷代著録與存毁則可以證治亂興衰。按《禮記·祭統》："夫鼎有銘。銘者，自名也。自名以稱揚其先祖之美，而明著之後世者也。"《周禮·司勳》注："銘之言名也。"《説文》："銘，記也，從金，名聲。"《釋名》："銘，名也，記名其功也。"又曰："述其功美，使可稱名也。"元結所作銘文率本於此。

宋歐陽修《集古録跋尾》卷七《唐元結窊樽銘》云："次山，喜名之士也。其所有爲，惟恐不異於人。"《唐元結陽華巖銘》又云："元結，好奇之士也，其所居山水必自名之，惟恐不奇。"

宋葛立方《韻語陽秋》卷十三亦云："元次山結屋浯溪之上，有'三吾'焉。因水而吾之，則曰浯溪；因屋而吾之，則曰㢈亭；因石而吾之，則曰峿臺，蓋取吾所獨有之意。故自爲銘曰：'命之曰吾，莅吾獨有。'噫，次山何其不達之甚邪？且'身非我有，是天地之委形；生非我有，是天地之委和；性命非我有，是天地之委順；孫子非我有，是天地之委蜕'。而次山乃區區然認山川叢薄之微，惑其靈臺，認爲我有，抑可哀也已！莊子曰：'獨往獨來，是謂獨有。獨有之人，是謂至貴。'次山儻知此乎？司馬温公有園名'獨樂'，嘗爲記云：'叟之所樂者，寂寞固陋，皆衆所鄙笑，雖推以予人，人且不取，安得强之乎！必也有人肯同此樂，則再拜而獻之，豈有專哉？'故東坡爲賦詩云：'雖云與衆樂，中有獨樂者。才全德不形，所貴知我寡。'惟温公獨有之道，藴於胸中，故東坡獨樂之章形於筆下，與次山所見，殆天壤矣。"

今按元結能托於水石而吾之，是元結之氣度外拓至此。如果不是元結刻石留題，後世終究無以蹤跡古史。文明的積累不僅依靠傳抄、刊刻的書本文獻。摩崖石刻其體裁以詩文爲主，内容以遊記爲主，明顯不同於墓誌銘與造像記。摩崖上的題刻、詩刻，從人物上看，體現了文人的手筆、真跡，使後人得以依托追想古人音容；從時間上看，體現了歷史的進深，使後人得以依托實物而再現過去；從景地上看，體現了人物與景地的交通交融，表達着天人相合的美好情境。

兹略述元結在湖南的蹤跡如次：

### （一）舜祠（舜廟）景地

在道州，今道縣。

1．舜祠（舜廟）：建築

元結《舜祠表》："有唐乙巳歲，使持節道州諸軍事守道州刺史元結，以虞舜葬於蒼梧九疑之山，在我封内，是故申明前詔，立祠於州西之山南，已而刻石爲表。"

乙巳歲，即永泰元年。舜祠，又稱舜廟。

元結《論舜廟狀》又曰："謹按地圖，舜陵在九疑之山，舜廟在太陽之溪。舜陵古老已失，太陽溪今不知處。秦漢已來，置廟山下，年代寖遠，祠宇不存。每有詔書令州縣致祭奠酹，荒野恭命而已。"

王溥《唐會要》卷二十二《前代帝王》：高宗"顯慶二年七月十一日，太尉長孫無忌議曰：'謹按《祭法》云……唯此帝王，合與日月同例，常加祭享，義在報功。……今請幸遵故實，修附禮文，令三年一祭。仍以仲春之月，祭唐堯於平陽，以契配；祭虞舜於河東，以咎陶配；祭夏禹於安邑，以伯益配；祭殷湯於偃師，以伊尹配；祭周文於酆，以太公配；祭武王於鎬，以周公召公配；祭漢祖於長陵，以蕭何配。'詔可"。

又見杜佑《通典》卷五十三《禮十三·祀先代帝王》及《舊唐書·禮儀志四》，作"禮部尚書許敬宗等奏"。元結所説"每有詔書"指此。

依古禮，舜祠爲天子之事，立舜祠乃是元結代朝廷行其事。元結所説"申

朝陽巖零虛山外景

明前詔”，當别有奏請，且獲准許。

宋王象之《輿地紀勝》卷五十八引《道州圖經》：“江華令瞿君善撰籀，元次山《陽華巖銘》、《窊樽銘》、《舜廟狀》、《舜祠表》皆其所書。”

光緒《道州志》：“舜廟在州學西，元山下，廟久廢。”

2. 舜祠墓表：墓石、石刻，瞿令問書

元結《舜祠表》云“刻石爲表”，“吾實惑而作表”，可知此“表”非奏表之表，乃是墓表之表。而元結此文當刻於表石。

《廣湖南考古略》卷二十六：“唐舜祠表，在道州，元結撰，江華令瞿令問書。”

孫望《元次山集》附録《元次山事蹟簡譜》：永泰元年，“以虞舜葬蒼梧，在其封内，因立舜祠於州西之山南，爲之刻石立表”。

3.《舜廟立守户狀》：摩崖石刻，瞿令問書

元結《論舜廟狀》：“臣謹遵舊制，於州西山上已立廟訖。特乞天恩，許蠲免近廟一两家，令歲時拂灑，示爲恒式。”《元次山集》原注：“永泰二年奏，敕依。”

文末曰“謹録奏聞”，表明此狀爲申奏朝廷之文。所奏爲請立守户之事，有稱《舜廟立守户狀》，尤確。

元結《遊右溪示學者》詩：“小溪在城下，形勝堪賞愛。……石林繞舜祠，西南正相對。”又《送譚山人歸雲陽序》：“此邦舜祠之奇怪，陽華之殊異，㶅泉之勝絶，見峻公與牧犢，當一一説之。”

孫望《元次山集》附録《元次山事蹟簡譜》：永泰二年，“遵舊制立舜廟於州西。進《論舜廟狀》”。

《輿地紀勝》卷五十八引《晏公類要》：“舜廟：先在九疑山寧遠縣界，永泰二年刺史元結奏置在營道縣西三里。”

清宗績辰《罶雲盦金石審》：“此文之爲狀詞無可疑矣，其刻二年者，立廟之次年也。”

《唐會要》卷二十二《前代帝王》：“永泰二年五月，詔道州舜廟宜蠲近廟两户，充掃除。從刺史元結所請也。”可與元結文互證。

《金石補正》卷六十：“舜廟置守户狀：高三尺一寸，廣四尺二寸，共廿四行，行十八字，字徑一寸三四分，分書，在道州。”據拓本摹寫石刻，雖有磨泐，大體可識。署款“永泰二年三月十五日使持節道州諸軍事守道州刺史賜緋魚袋臣元結狀奏”，“永泰二年五月廿六日中書侍郎……黄門侍郎……”，五行官職姓名磨泐不清。末二行署某某書，某某上石。

《大正新脩大藏經》中所收唐釋圓照《代宗朝贈司空大辨正廣智三藏和上表制集》卷一所載敕牒，永泰二年五月一日、大曆元年十一月二十一日、大曆二年二月十六日、大曆二年三月二十六日、大曆二年六月二十八日、大曆二年十月十三日、大曆三年十月十三日，各件署款均爲“中書侍郎平章事元載，黄門侍郎平章事杜鴻漸，黄門侍郎平章事王縉”等“七相”。三人之後，有撿挍侍中使、撿挍右僕射平章事使、撿挍左僕射平章事、中書令使四職，多略姓名，

朝陽巖上洞穹頂

而稱“七相同上”，“已下七相同上”。

《金石補正》：“考《新唐書·宰相表》，廣德二年王縉爲黄門侍郎，杜鴻漸爲中書侍郎……其時同中書門下平章事者又有元載。碑已磨滅，其列銜下所署之姓不審與表合否。”所考大致不差。

孫望曰：“按《補正》所云，當是詔依之年月。云二十六日，未詳何據。”今按：《金石補正》所據當爲刻石拓本。

明于奕正《天下金石志》：“唐《奏舜廟狀》，瞿令問八分書，在道州。”

清道州知州湯煊同治七年碑跋云：“此碑鐫於元山下學署前之西大石上，顯爲巖刻，北向，廟久廢，石塊然根地，不可琢移，日炙雨淋，莫知其爲碑刻也。……公餘訪得之，剜苔剔蘚，拓視之，分十八行，字跡大半漫漶……僅約存三十餘字。”

同治八年又云：“按道州《舜廟立守户狀》，唐刺史元結撰，江華令瞿令問八分書，永泰二年立，鐫於元山下學署前之西大石上，北向，廟久廢，石塊然根地，不可琢移，日炙雨淋，莫知其爲碑刻也。歲戊辰（同治七年），煊權州篆，公餘訪得之，剜苔剔蘚，拓視之。……嗟乎！漢碑尚矣，唐碑今亦無幾存，此千餘年吉光片羽也。……亟築亭以護之，俾免剥蝕。後有好古者，知不僅《宊樽》、《陽華》兩銘獨垂不朽也。同治八年四月初一日。”

《金石補正》：“元山，在州治西半里儒學後，形家謂主州中人文，亦名狀元山，相近爲虞山，元次山嘗立舜廟於其地。”

《藝風堂金石文字目》卷六：“《舜廟置守户狀》：元結撰，瞿令問分書，永泰二年五月廿六日，在湖南道州元山下，大石之陰。”

《廣湖南考古略》卷二十六：“按道州《舜廟立守户狀》，唐刺史元結撰，江華令瞿令問八分書。永泰二年立，鐫於元山下學署前之西大石上。其略可識者，有……三月十五日使持節道州諸軍事守道州刺史賜紫金魚袋元結伏奏。”

綜上可知，此狀永泰二年三月十五日奏請，五月二十六日詔可。石刻日期可補史、集之闕。

《舜廟立守户狀》在州城内，有稱“城内元山”，後爲州學及文廟所在地。“元山”可能由於後人紀念元結而得名。俗謁“狀元山”，恐非是。後建道縣縣委招待所，對外稱爲“道州賓館”，舊跡多毀。

### （二）九疑山景地

在寧遠。

1.《九疑山圖記》：石刻

元結《九疑山圖記》：“故圖畫九峰，略載山谷，傳於好事，以旌異之。如山中之往跡、峰洞之名稱，爲人所傳説者，並隨方題記，庶幾觀者易知。”

當時應有石刻在九疑山下。

《輿地紀勝》卷五十八：“《九疑圖記》：永泰丙午元次山撰。”《輿地碑記目》卷二同。

今存宋代《道州江華縣陽華巖圖》石刻，在陽華巖；清代《九疑山詩圖册》石刻，小型活碑三十二通一組，存寧遠縣文物管理所。兩種圖刻當受元結影響。

2．無爲洞、無爲觀：題額、詩刻、命名

元結嘗作《登九疑第二峰》《無爲洞口作》《宿無爲觀》三詩。

按，無爲洞爲元結在永、道最先遊歷處。

孫望《元次山集》附録《元次山事蹟簡譜》：永泰元年，“遊九疑山，宿無爲觀，遊無爲洞，均作詩以紀之”。

《輿地紀勝》卷五十八《道州·碑記》：“無爲洞篆刻：洞在寧遠之舜溪碧虚洞，元次山銘。”《輿地碑記目》卷二同。

《金石補正》卷五十九《九疑山題刻二段》：“元結‘無爲洞’題字，廣德三年。”（廣德三年即永泰元年。）

《廣湖南考古略》卷二十六：“唐元結九疑山無爲洞詩刻：永福寺旁即無爲洞，洞門旁刻元次山詩，惜漫漶不能讀。”

葉昌熾《語石》卷二：“光緒甲戌，太倉陸星農觀察訪得無爲洞次山篆書，在寧遠九疑山洞。阻於水，從無拓者。次山真跡又得一種。”

《輿地紀勝》卷五十八《道州·碑記》、《輿地碑記目》卷二《道州碑記》有《無爲觀鐵磬文》，清吴式芬《金石彙目分編》卷十五引《九疑山志》作南

朝陽巖上洞内景

朝齊無爲觀鐵磬款，可知此地以“無爲”爲名由來已久。

《輿地紀勝》、《輿地碑記目》又有“正元間李嶠篆”，云：“在寧遠之永福寺東。”

永福寺，《輿地碑記目》作“永梅寺”。道光《永州府志》卷十八《金石略》作“貞元寺”。“正元間”當作“開元間”。李嶠，開元初卒。善篆，書唐道州碧落洞，元結改曰無爲洞，有其篆額。明時金石學家將《輿地紀勝》中的碑記一門鈔出，刻成四卷單行，題曰“輿地碑記目”。

嘉慶《湖南通志》：“李嶠，新舊《唐書》俱有傳，其官鳳閣舍人乃在高宗朝，卒於元宗嗣位之後，安得後於德宗貞元間而遊九疑？‘貞元’或是‘開元’之譌。”

《金石彙目分編》卷十五又引《天下金石志》有唐李嶠九疑山無爲洞題名，此“無爲洞”當是元結改後之名。

又承江華楊宗君先生見告，“無爲洞”石刻實爲“無爲洞天”四字，“天”字尚存一筆，惟不甚顯。檢明隆慶、清道光、康熙《永州府志》、嘉慶《寧遠縣志》、《金石補正》、《金石彙目分編》俱云爲“無爲洞天”四字。

3. 紫虛洞真宮：題名

紫虛洞又稱紫虛洞、紫霞洞、重華巖，俗稱斜巖、前巖。

《輿地紀勝》卷五十八：“元次山永泰二年題名：在寧遠紫虛洞。”《輿地碑記目》卷二同。

《廣湖南考古略》卷二十六：“唐元結九疑山石穴題名：在營道縣，行二十里，有石穴，上通於天，有元次山永泰年題名。”

徐霞客《楚遊日記》：“按志求所

謂紫虚洞，則兹洞有碑稱爲紫霞，俗又稱爲斜巖，其即紫虚無疑矣。”又云：“寢殿前除露立一碑甚鉅，余意此必古碑，冒雨趨視之，乃此山昔爲猺人所據，當道剿而招撫之者。其右即爲官廨，亦頽敝将傾，内有一碑已碎，而用木匡其四旁。亟讀之，乃道州九疑山《永福禪寺記》，淳熙七年庚子道州司法參軍長樂鄭舜卿撰，知湖、梧州軍州事河内向子廓書。書乃八分體，遒逸殊甚。即聖殿古碑，從永福移出者，然與陵殿無與，不過好事者惜其字畫之妙，而移存之耳。然此廨将圮，不幾爲永福之續耶？舜卿碑中有云：‘余去年秋從山間謁虞帝祠，求何侯之丹井、鄭安期之鐵臼，訪成武丁於石樓，張正禮於娥皇，與蕚緑華之妙想之故跡，乃了無所寄目，留永福寺齊雲閣二日，桂林、萬歲諸峰四顧如指，主僧意超方大興工作，余命其堂曰徹堂。’廨後有室三楹，中置西方聖人，两頭各一僧棲焉，亦荒落之甚。乃冒雨返斜巖，濯足炙衣，晚餐而卧。”

明張勉學“高巖幽窟”榜書

### （三）《陽華巖銘》與陽華巖石刻景地

在江華，命名、刻石。

1.《陽華巖銘》：石刻、命名，瞿令問書

在今江華縣東。按此刻爲次山石刻迄今保存最佳者。

元結《陽華巖銘・序》："道州江華縣東南六七里，有回山。南面峻秀，下有大巖。巖當陽端，故以陽華命之。……縣大夫瞿令問，藝兼篆籀，俾依石經，刻之巖下。"

"俾依石經"，"石經"謂三體石經。今存曹魏正始石經爲大篆、小篆、隸書三種字體，《陽華巖銘》同之。

孫望《元次山集》附録《元次山事蹟簡譜》：永泰二年，"與令問遊縣東南六七里之陽華巖，作《陽華巖銘》，令問刻之巖下"。

《輿地碑記目》卷二："《陽華巖銘》：元結撰，瞿令問書。以上三碑並永明二年刻，《集古録》云。"《輿地紀勝》卷五十八同。（"永明"當作"永泰"。）

《金石補正》卷五十八："《陽華巖銘》，永泰二年五月十一日。"

孫望曰："五月十一日，未審爲作銘月日，抑係刻石月日？"

今石刻保存完好，末款"大唐永泰二年歲次丙午五月十弍日刻"。

葉昌熾《語石》卷二："《陽華巖銘》，亦令問三體篆（大小篆、八分），陽冰之亞也。"

2. 思來亭題額：命名

元結《陽華巖銘》："於戲陽華，將去思來。前步却望，踟躕徘徊。"

《廣湖南考古略》卷五《江華縣古跡》："思來亭，在陽華巖，唐元結題額。"

### （四）《寒亭記》與寒亭石刻景地

在江華，建築、命名、刻石。

元結《寒亭記》："永泰丙午中，巡屬縣至江華，縣大夫瞿令問咨曰：'縣南水石相映，望之可愛，相傳不可登臨。'俾求之，得洞穴而入，棧險以通之，始得構茅亭於石上。……於是休於亭上，爲商之曰：'今大暑登之，疑天時將寒。炎蒸之地，清涼可安，合命之曰寒亭。'乃爲寒亭作記，刻之亭背。"

孫望《元次山集》附録《元次山事蹟簡譜》：永泰二年，"巡屬縣至州南江華。縣大夫瞿令問築亭山南之山石上，次山命之曰'寒亭'，作《寒亭記》"。

《輿地紀勝》卷五十八："寒亭：在江華縣隔江。唐瞿令問棧險道，入洞穴，作亭石上。元次山大暑登之，疑天時將寒，故名。"又曰："《寒亭記》：元結撰，瞿令問八分書，亭在江華縣。"《輿地碑記目》卷二同。

《金石補正》卷六十："《寒亭記》：

高三尺六寸，廣二尺四寸五分，十七行，行十二字，字徑二寸許，分書，在江華。”又曰：“元次山《寒亭記》在江華東南十里回山之下，今名蔣家山。自來金石家未見此刻，《永州府志》載此文……則亦未之見也。”

道光《永州府志》載嘉慶初江華縣令李邦燮《遊記》：“出南門抵蔣家山，至小飛來石，從山盡處轉入巖腹，梯磴而上，得石壁數百尺，上刻次山記，剔去積蘚讀之。”

《寒亭記》石刻在寒亭上暖谷旁，迄今保存完好。

### （五）洄溪景地

在江華，命名、刻石。

元結嘗作《宿洄溪翁宅》、《說洄溪招退者》二詩，題注：“在州南江華縣。”

“洄溪”之名不知所起。《輿地紀勝》卷五十八：“洄溪翁：代宗時人，家江華之洄溪，元次山聞而訪之，贈詩刻巖下。”又曰：“洄溪：在江華縣三十里，元次山有《宿洄溪翁宅》詩，又《招洄溪隱者》。”似亦由元結始命名。

詩有刻石，並且“洄溪翁宅”亦成古跡。

《廣湖南考古略》卷五《江華縣古跡》：“洄溪翁宅，在縣東南洄溪上，唐張子厚居此，元結有《宿洄溪翁宅》詩。”又卷二十六《金石》：“元結贈洄溪翁詩刻，在江華縣洄溪縣境四山之間，代宗時有隱者王姓居此，人呼爲‘洄溪翁’。元結聞而訪之，贈詩刻在溪上。”

“隱者王姓居此”，見道光《永州府志》引《類書》。“贈洄溪翁詩”，當即《宿洄溪翁宅》詩。

朝陽巖道遙徑

**（六）道州景地**

在道州，今道縣。

1.《舂陵行有序》：刻石

元結《舂陵行·序》：“漫叟授道州刺史，道州舊四萬餘户，經賊已來，不满四千……此州是舂陵故地，故作《舂陵行》以達下情。”

今存《舂陵行》殘碑，楷書，每行四字，存八行，道州府遺址出土，風格古簡，年代不詳，不知是否元結原刻。

2.《道州刺史廳壁記》：刻石

元結《道州刺史廳壁記》：“天下太平，方千里之内，生植齒類，刺史能存亡休戚之。天下兵興，方千里之内，能保黎庶，能攘患難，在刺史耳。凡刺史若無文武才略，若不清廉肅下，若不明惠公直，則一州生類，皆受其害。……故爲此記，與刺史作戒。”

孫望《元次山集》注：“永泰、大曆間道州任内作。”《元次山年譜》暫繫於大曆二年再任道州刺史所作。

既稱“廳壁記”，可知原文刻於廳壁。

唐吕温《道州刺史廳後記》：“往刺史有許子良者，輒移元次山記於北牖下，而以其文代之。……則命圬而書之，俾復其舊，且爲後記，以廣次山之志云。”

清陸增祥尚見拓本，《金石補正》卷六十七載許子良文石刻，稱爲“道州殘石”，曰：“石存一角，四行，行字不一，字徑一寸五分，分書，在道州。”又曰：“吕温爲刺史當在貞元年間，此刻疑即是也。”殘石銘文爲：“尚書……許子……君子之清……即命圬而……”

吕温《道州刺史廳後記》刻石，《輿地碑記目》卷二亦有著録。

宋以後著録有"道州舊碑"一通。《輿地碑記目》卷二《道州碑記》："舊碑：在懷古亭西石上。有'周刺史河内'字，有'前江華令瞿令問書'，石之趾有二三十字，末有'大曆'字，八分書也。"清吴式芬《金石彙目分編》卷十五《道州·待訪》載之，"周"作"州"。按：吕温，河中人，與王叔文善，貶道州刺史。"州刺史"或指吕温，則此所謂"道州舊碑"或與元結有關。

清吴式芬《金石彙目分編》卷十五又引《名勝志》曰："唐《廳壁後記》：在道州，吕温撰，在天慶觀。"又曰："唐《道州刺史廳壁記》：元結撰，八分書。明王會重摹。"

《廣湖南考古略》："唐《道州刺史廳壁記》，元結撰。明王會重摹本，有跋，據述，是記一刻於宋慶曆中州守王贄，再刻於淳祐李襲之。按襲之亦官郡守，即刻《九疑山銘》者，隸書端勁有法，與《九疑山銘》筆法頗類，恐亦李挺祖所書。今碑無書人姓名，蓋重摹時易去。"

3.《窊樽銘》：命名、刻石，瞿令問書

元結《窊樽銘·序》："道州城東有左湖，湖東二十步有小石山。山顛有窊石，可以爲樽，乃爲亭樽上，刻石爲志。"

孫望《元次山集》附録《元次山事蹟簡譜》：永泰二年，"次山作《窊樽銘》，刻於道州左湖東之山巖上"。

《輿地紀勝》卷五十八："窊樽：在

民國姚雪懷"西岩"榜書

城中報恩寺之西。”又曰：“《窊樽銘》：元結撰，瞿令問書。”《輿地碑記目》卷二同。

明孫克宏《天下碑目》：“報恩寺小石山巔有窊穴，可爲樽，刻銘其上。”

《大清一統志》：“窊樽石在州東。”

歐陽修《集古録跋》：“《窊樽銘》，元結撰，瞿令問書。次山，喜名之士也，其所有爲，惟恐不異於人，所以自傳於後世者，亦惟恐不奇而無以動人之耳目也。視其辭翰，可以知矣。古之君子誠恥於無聞，然不如是之汲汲也。”

《金石補正》卷五十八：“《窊樽銘》：高二尺九寸，廣三尺四寸，十五行，行十二字，古篆書，在道州。”又曰：“《窊樽銘》：永泰二年十一月二十日。”又曰：“右《窊樽銘》，在道州報恩寺西。石久湮没，嘉慶甲戌，州士黄如轂搜訪得之。明年，雷震石仆。又明年，遊擊張大鵬力挽以上，復植原處。州牧張元惠建亭護之，並記以文，而此石乃復顯於世矣。……余曩得此拓本，模糊不明，未能摹録。今湯斐齋大令以精拓本見詒，較諸宗氏跋語所載勝倍蓰，椎搨貴求精到也。”

《金石文編》：“刻在道州下津門外江北石上。”

4. 右溪：命名、刻石

元結嘗作《右溪記》、《五如石銘》、《七泉銘》，及遊石魚湖、㶆泉、東泉諸作，皆元結所命名，在道州。

《右溪記》：“道州城西百餘步有小溪，南流數十步合營溪，水抵两岸，悉皆怪石攲嵌，盤缺不可名狀。……爲溪在州右，遂命之曰右溪，刻銘石上，彰示來者。”

《全唐詩》作“石溪”，有學者以爲譌誤。然自南宋王象之《輿地紀勝》已分右溪、石溪爲二。《輿地紀勝》卷五十八：“右溪，在城西百餘步，元次山有記。”“石溪：在城西。水流石間，元結有《游石溪勸學者》詩。”

5. 七泉：命名、刻石

元結《七泉銘・序》：“道州東郭，有泉七穴。……凡人心若清惠，而必忠孝守方直，終不惑也。故命五泉，其一曰㶆泉，次曰涍泉、次曰涍泉、汸泉、淔泉。……留一泉名曰漫泉，蓋欲自旌漫浪。一泉出山東，故命之曰東泉。各刻銘以記之。”

《輿地紀勝》卷五十八：“㶆泉：元次山遊㶆泉，示泉上學者詩。”

6. 五如石（七勝泉、洞井、洞樽）：命名、刻石

《五如石銘・序》：“涍泉之陽，得怪石焉。左右前後，及登石顛，均有如似，故命之曰‘五如石’。石皆有竇，竇中湧泉，泉詭異於七泉，故命爲‘七勝泉’。石有雙目，一目命爲‘洞井’，井與泉通；一目命爲‘洞樽’，樽可貯酒。”

《楚遊日記》：“由南門外循城半里，過東門，又東半里有小橋，即涍泉入江

處也。橋側江濱有石突立，狀如永州愚溪橋，透漏聳削過之。分岐空腹，其隙可分瓣而入，其竇可穿瓠而透，所謂‘五如石’也。中有一石，南之聲韻幽亮，是爲響石。按元次山道州詩題，石則有五如，窊即凹樽，泉則有潓、漫等七名，皆在州東，而泉經一涍而可概其餘，石得五如而窊樽莫覓。”

《輿地紀勝》卷五十八：“五如石：在江北岸。”“七勝泉：道州有七泉，皆元次山名。七勝泉在五如石間。”“洞樽：在城下孝泉之陽。有怪石焉，石有雙目，一目命爲‘洞樽’。”

7．菊圃：命名，園林

元結在道州曾兩次植菊。

元結《菊圃記》：“舂陵俗不種菊，前時自遠致之，植於前庭牆下。及再來也……於是更爲之圃，重畦植之。”

《輿地紀勝》卷五十八：“在州治，近燕息之堂，元結有記。”

8．白雲亭詩：命名，建築

元結《登白雲亭》詩：“出門見南山，喜逐松徑行。窮高欲極遠，始到白雲亭。”

《輿地紀勝》卷五十八《景物下》有“白雲亭”。又有“五如亭”，“元次山所立”；“潓泉亭”；“粲粲亭”，由杜甫“粲粲元道州”詩句得名。

《廣湖南考古略》：“道州有白雲亭，在州治南。”

9．張季秀墓表：撰文

元結《張處士表》：“永泰丙午中，處士張秀卒。”

元結前有《舉處士張季秀狀》，“張秀”即“張季秀”。推測張季秀當時已屆年邁，故不久而卒。“表”疑爲“墓表”。

《廣湖南考古略》卷十一《零陵》：“處士張季秀墓在縣境，元結撰墓誌。”孫望《元次山年譜》：“按《考略》所云墓誌，殆即謂此表歟？”

## （七）丹崖景地

在雙牌，古名瀧泊。

元結嘗作《丹崖翁宅銘並序》及《宿丹崖翁宅詩》。

零陵瀧下，唐瀧水縣，境内一段瀟水數里險灘，以行船艱難而知名。今有瀧泊鎮，縣名則諧音改名爲雙牌縣，又於瀟水上建水庫，瀧泊險灘没在水庫中，丹崖亦已淹没。

《丹崖翁宅銘·序》：“零陵瀧下三十里，得丹崖翁宅（原注：俗曰赤石園）。有唐節者，曾爲瀧水令，去官，家於崖下，自稱‘丹崖翁’。丹崖，湘中水石之異者；翁，湘中得道之逸者。愛其水石，爲之作銘。”

《宿丹崖翁宅詩》又云：“丹崖之亭當石顛。”可知丹崖原有宅園及亭。

宋阮閱《詩話總龜》卷二十八：

"丹崖在永州北一百里零陵瀧下，其石赤色，故曰丹崖。永泰中，有唐節者曾爲龍水令，去官，家於崖下，自稱'丹崖翁'。元結爲道州刺史，路出崖下，見節，甚重之，因爲之作詩云……"

《輿地紀勝》卷五十六《永州·景物》："丹崖：在州南百里零陵瀧下，石色如丹。唐永泰中有瀧水令唐節，去官，家於崖下，自稱丹翁。元結刺道州，路出崖下，見節，甚重之，因爲作宅刻銘。"

明來濬《金石備考》：永州府有"唐《丹崖翁宅銘》，元結撰"。

明于奕正《天下金石志》："唐《丹崖翁宅銘》：元結撰，在永州。"清吴式芬《金石彙目分編》卷十五列爲"待訪"。

《廣湖南考古略》："唐《丹崖翁宅銘》，元結撰。在永州府城南一百里零陵瀧下，其崖色如丹。……《零陵縣志》載此銘文，並云丹崖在城南四十里，一名赤石洞。丹崖翁宅在縣南五十里崳峰下，與《明一統志》'百里'之説不合。"

**（八）《朝陽巖銘》、《朝陽巖下歌》與朝陽巖石刻景地**

在零陵，命名、刻石。

元結《朝陽巖銘·序》："永泰丙午中，自舂陵詣都使計兵。至零陵，愛其郭中有水石之異，泊舟尋之，得巖與洞，此邦之形勝也。自古荒之，而無名稱。以其東向，遂以'朝陽'命之焉。前刺史獨孤愐爲吾翦闢榛莽，後攝刺史竇泌爲吾創制茅閣，於是朝陽水石，始有勝絶之名。已而刻銘巖下，将示來世。"

孫望《元次山集》附録《元次山

朝陽巖下洞全景

事蹟簡譜》：永泰二年，“至零陵，遊郭中，得巖與洞，命曰‘朝陽巖’，作《朝陽巖銘》。”

《輿地紀勝》卷五十六：“朝陽巖：在零陵縣南二里，下臨瀟江。舊云道州刺史元結以地高而東其門，故以‘朝陽’名之，今所刻記猶在。巖下有洞，石澗自中出流入湘江。亭臺凡十六所，自唐迄今名賢留題皆鑱於石。”“《朝陽巖記》：元結所刊記尚在巖下。自唐迄今，名公留題皆鑱於石。”《輿地碑記目》卷二同。

“舊云”以下，陳運溶以爲宋佚名撰《永州圖經》語，輯佚入《麓山精舍叢書》。

### （九）浯溪三銘與浯溪石刻景地

在祁陽，命名、刻石。

1．浯溪：命名、刻石，李庾書

元結《浯溪銘·序》：“浯溪在湘水之南，北匯於湘。愛其勝異，遂家溪畔。溪世無名稱者也，爲自愛之，故命浯溪。”

《金石補正》卷六十一：“《浯溪銘》：高一尺四寸五分，廣六尺九存八分，三十五行，行四字，前六行及第二十行五字，篆書。”

孫望《元次山集》注：“疑大曆元年二年間作。”《年譜》：“《浯溪銘》不紀年月，然讀《峿臺銘》，知峿臺實因浯溪得名，則溪銘之作，宜在臺銘之前也。”

黄庭堅《答浯溪長老新公書》：“季康撰元中丞《浯溪銘》，筆意甚佳。”

鄭樵《通志·金石略》：“《浯溪銘》：李庾篆書，在永州。”

清宋溶《浯溪新志》：“《唐書·宗室世系表》：李庾爲襄邑恭王神符之後，湖南觀察使兼御史中丞。”

李庾，或譌作李康、季康。

《輿地紀勝》卷五十六《永州·景

朝陽巖下洞外景

物》："浯溪：在祁陽縣南五里。唐上元中，元結居此，以所著《中興頌》刻之崖石，顔真卿書之。結又爲峿臺、吾亭、吾堂諸銘。元祐間，練潛夫爲《笑峴亭記》曰：'次山之意以爲好嗜與世異而我所獨也，古以吾名之。其言曰命曰浯溪，旌吾之所獨有也。'又陳珩《題浯溪圖》云：'元氏始命之意，因水以爲浯溪，因山以爲峿山，作屋以爲吾亭。三吾之稱，我所自也。製字從水從山與广，我所命也。三者之自皆自吾焉，我所擅而有也。'"

《廣湖南考古略》："浯溪在祁陽縣南五里，山溪諸水匯流於此，流入湘江。……（元結）其官道州時，或是愛浯溪山水，常來登眺，因而刻銘刻頌。蓋道與永相去不遠也。"

2. 峿臺：命名、刻石，瞿令問書

元結《峿臺銘·序》："浯溪東北二十餘丈，得怪石焉。周行三百餘步，從未申至丑寅。……今取茲石，将爲峿臺。"

3. 㾈廎：命名、刻石，袁滋書

元結《㾈廎銘·序》："浯溪之口，有異石焉，高六十餘丈，周廻四十餘步。西面在江口，東望峿臺，北臨大淵，南枕浯溪。㾈廎當乎石上……命曰㾈廎，旌獨有也。"

孫望《元次山年譜》：大曆二年，"《峿臺銘》，是歲六月十五日刻石，在祁陽。"大曆三年："《㾈廎銘》，是歲閏八月九日林雲刻石，在祁陽。"《元次山集》附録《元次山事蹟簡譜》：大曆六年，"次山仍家浯溪，號其居曰'漫郎宅'，所作《右堂銘》是歲刻石，在浯溪"。

趙明誠《金石録》卷八："唐《㾈亭銘》：元結撰，瞿令問篆書，永泰二年十一月。"

《藝風堂金石文字目》卷六："《㾈廎銘》：元結撰，袁滋篆書，大曆三年

閏六月九日。”

歐陽修《集古録》：“唐元結《峿臺銘》，大曆二年：右斯人之作，非好古者不知爲可愛也。然來者安知無同好也邪？”

《輿地碑記目》卷二《永州碑記》：“《峿臺銘》：《集古録》云唐元結撰，書不著名氏。峿臺，巨石也。銘以大曆二年刻。又有唐亭、東崖、浯溪、石堂四銘，皆結撰，真書，不著人名氏，大曆六年刻。”

吴曾《能改齋漫録·記文》：“湖南浯溪，在永州北一百餘里，流入湘江，其溪水石奇絶。唐上元中，邕管經略使元結罷任居焉。以其所著《中興頌》刻之崖石，撫州刺史顔真卿書。結復爲《浯溪》、《石堂》、《西峰》、《四獻亭》銘，刻於崖石上。”（“邕管”當作“容管”，“石堂”當作“右堂”。）

潘耒《金石文字記補遺》：“《峿臺銘》，元結撰，篆書，大曆二年。《浯溪銘》、《吾亭銘》亦元結撰，皆瞿令問篆書，大曆三年。三銘並在祁陽縣。元次山愛祁陽山水，遂寓居焉，名其溪曰‘浯溪’，築臺曰‘峿臺’，亭曰‘吾亭’，所謂‘三吾’者也。臺銘刻在臺之後，甚完整。溪銘、亭銘刻於東崖石上，隨石攲斜，蘚厚難拓，而篆筆特

朝陽巖下洞洞外頂部

佳，視臺銘更勝。”

《廣湖南考古略》：“《庴廎銘》：篆法與《峿臺銘》相似而字較小。……山谷謂此銘袁滋篆，今‘袁滋’二字姓名顯然可辨，其非令問公書更無疑矣。”

葉昌熾《語石》卷二：“‘三吾’者，峿臺之字從山，瞿令問篆；浯溪之字從水，季康篆；庴廎之字從广，袁滋篆。峿字、庴字，不見《説文》，次山出新意爲之。”

今按，“庴廎”後人往往誤作“庴亭”，進而又誤作“唐亭”，然而其來亦已久矣。

4.《大唐中興頌》：撰文、刻石，顏真卿書

孫望《元次山集》附録《元次山事蹟簡譜》：大曆六年，“前於上元中所撰《中興頌》，亦於是歲夏六月刻石，在浯溪石崖上，俗謂之‘摩崖碑’”。

《輿地碑記目》卷二《永州碑記》：“在祁陽浯溪石崖上，元結文，顏真卿書，大曆六年刻，俗謂之‘摩崖碑’。又按練潜［夫］熙寧間作《笑峴亭記》曰：‘次山文章遒勁，魯公筆劃［渾厚］，皆有以驚動人耳目。’故《中興頌》寶之中州士夫家，而浯溪之名因之［大］稱著。”《輿地紀勝》卷五十六同。

練潜夫，建安人，宋神宗熙寧間爲祁陽令。

《金石録》卷八：“唐《中興頌》上中下：元結撰，顏真卿正書，大曆六年六月，在永州。”張耒作《題中興頌碑後》詩，李清照作《浯溪中興頌詩和張文潜》二首。二人所作唱和由《中興頌》石刻引起。

樂史《太平寰宇記》卷一一六《永州祁陽縣》：“唐《中興頌》碑：在縣南五里浯溪口，上元二年荆南節度使元結文，撫州刺史魯國公顏真卿書。其字甚大。大曆六年刻。其頌末云：‘湘江東西，中直浯溪，石崖天齊。可磨可鐫，刊此頌焉。’俗謂之‘摩崖碑’。”

王存《元豐九域志》卷六《永州》：“浯溪，石崖上有元結《中興頌》。”

5．漫郎宅：建築、命名

《輿地紀勝》卷五十六：“元次山居：漫郎宅，即浯溪先生元次山居也。紹聖間曹輔詩曰：‘峿臺倚溪雲，吾亭枕溪石。水石競奇麗，中有漫郎宅。’”又曰：“元次山祠堂：在祁陽縣南五里浯溪。”

康熙九年《永州府志》、乾隆《祁陽縣志》、光緒《道州志》俱載：“大曆六年家浯溪，號其居曰‘漫郎宅’。元和十三年，子友讓爲寶鼎尉假道州長史，距其父作宅時已四十餘年，田地園林潜更荒廢，維舟溪上，淒然感泣，罄所有構復之。”

事見韋詞《修浯溪亭記》。此記亦曾刻石，署款“元和十三年十二月六日江州員外司馬韋詞記，羅洧書”。《金石萃編》載之。

元友讓有《復遊浯溪》詩曰："昔到才三歲，今來鬢已蒼。剥苔看篆字，薙草覓書堂。"

6.《中堂銘》：命名、刻石，李陽冰書

銘文已佚。

桂多蓀新撰《浯溪志》"唐失碑目録"："元結《中堂銘》，李陽冰篆書。"

7.《右堂銘》：命名、刻石，高重明書

大曆六年閏三月刻石。

桂多蓀新撰《浯溪志》"唐失碑目録"："元結《右堂銘》，有碑無文。"

《金石補正》卷六十一："《右堂銘》：高一尺七寸，廣二尺，十八行，行十字，徑八分許，正書。横額'右堂銘'三字，字徑一寸四五分許，長三寸五分餘，小篆書。俱左行。"又曰："《右堂銘》曼滅已甚，諦審再四，僅辨三十二字。"

可知陸增祥尚見拓本，惟石刻頗殘，惟餘首句"右堂在中堂之西"及署款"元結字次山撰"、"大曆六年歲次辛亥閏三月□高□明書"。

宋趙明誠《金石録》卷八："唐《右堂銘》，元結撰，篆書無姓名，大曆六年閏三月。"

宋朱長文《墨池編》曰："《右堂銘》，元結撰，高重明書。"

《古泉山館金石文編》："按此刻始著録於趙德甫《金石録》，云'篆書無姓名'。朱長文《墨池編》則云'高重明書'，不言是篆是正。今以石刻證之，知趙氏誤也。"又曰："自次山後，其堂遂圮。至宋熙寧間，邑侯莆田蔡君瓊作亭於其上，更名曰'笑峴'云云。今石刻在峿臺之上，勝異亭之後，想即當時右堂之故址也。"又曰："今據此文，則有中堂明矣。……次山亦嘗爲中堂作銘刻石無疑矣。"

清宋溶《浯溪新志》："《右堂銘》，在今勝異亭後，高二尺餘，廣二尺，字皆漫滅，僅存'右堂銘'篆書三字，字約二寸許。左有'大曆六年'四字，右有'元結字次山撰'六字，尚可識。"

《廣湖南考古略》同："石刻年月下及後行皆漫漶，書人姓名有無不可辨。……銘在浯溪勝異亭之後，文首云'右堂在中堂之西'。……今石刻在峿臺之上，勝異亭之後，想即當時右堂之故址。"

《湖南考古略·古跡志》："右堂，在漫郎宅西，唐元結建。"

今按，"右堂銘"篆書三字，迄今尚存。

8.《東崖銘》：命名、刻石

元結《東崖銘·序》："峿臺西面，支危高迥，在吾亭爲東，崖下可行坐八九人。其爲形勝與石門、石屏亦猶宫羽之相資也。"

9.《寒泉銘》：命名、刻石

元結嘗作《右堂銘》，及《中堂

銘》、《東崖銘》、《寒泉銘》，皆在祁陽。

《寒泉銘·序》："湘江西峰，直平陽江口，有寒泉出於石穴。峰上有老木壽藤，垂陰泉上。……其水本無名稱也，爲其當暑大寒，故命曰寒泉。"

孫望《元次山年譜》："《中堂銘》、《東崖銘》、《寒泉銘》，石刻皆在祁陽，不紀年月，疑亦家浯溪時所撰。"

10. 石鏡臺

孫望《元次山年譜》："祁陽浯溪又有石鏡臺，相傳爲元公遺跡。"

《柳亭詩話》："祁陽有石鏡臺，乃元道州遺跡。"

又引楊廉夫詩云："此石曾聞獻鳳池，賜還仍對次山碑。分明照見唐家事，不向旁人説是非。"

《輿地紀勝》卷五十六云："石鏡：在《中興》崖石之側，以水噀之，能鑒鬚眉。"

11. "石門"題刻：命名、刻石

"石門"語出元結《浯溪銘》。

"石門"二大字，《金石補正》卷九十三云："高一尺七寸，廣九寸，一行，二字，字徑八分許，正書。"又云："筆法穩厚，决非宋以後人所爲。"

《潛研堂跋尾續》："於何君元錫齋見所拓摩崖大字，有云'吾亭磴道'者，有云'吾亭銘'者，驗其筆蹤，似

朝陽巖下洞洞口右側石壁

唐人所題。"

《古泉山館金石文編》:"石門:在東崖下,左石上,字大一尺五寸。按元次山《浯溪銘》有'山開石門'之句,則'石門'二字當是唐以前刻。"

《廣湖南考古略》:"元次山《浯溪銘》有'山開石門'之句。"

## 結 語

元結任道州刺史時,長安收復未久,安史之亂尚未平息,黨争未起,永、道二州尚非貶謫之所。

掌禹錫曰:"南楚之表,道爲名郡。""湘水導其源,疑山盤乎險,南控百越之徼,北湊三湘之域。"(《鼓角樓記》)又曰:"李唐開國,多聞人刺部。"(《廳壁記》)"唐室多以名儒刺部,陽城以優政擅其美,元結以雄藻推其高。"(《鼓角樓記》)

掌禹錫字唐卿,北宋許州郾城人,天禧進士,曾任道州司理參軍。其述唐肅、代時事較可信。

即元結之名與字,似亦一命中注定之事。明張岱《快園道古》卷二《學問部》載一事云:"孝宗御經筵,問講官曰:'吴融何以字若川?'講官不能對。有中書某對曰:'臣聞天地之氣融而爲水,結而爲山。臣意若川之字吴融,其猶次山之字元結。'孝宗大喜,命改授翰林。"(《唐音癸籤》又載元結有弟名元融,字不詳。)

《慎子·外篇》:"天地初分,惟水與火。土之所附,其氣融結,則峙而爲山;水之所赴,其勢蓄泄,則流而爲川。山氣暮合而爲風,水氣朝降而爲霧。……两山並驅,其中必有水;两水夾行,其中必有山。"《正蒙·太和》:"氣坱然太虚,升降飛揚,未嘗止息。……浮而上者陽之清,降而下者陰之濁。其感遇聚結,爲風雨,爲霜雪,萬品之流形,山川之融結。糟粕煨燼,無非教也。"古人之論山水如此。

史載元結之父元延祖,"清淨恬儉",棄官居魯陽商餘山(後稱青山,又名筆架山),其後"商餘靈藥"成爲魯山八景之一,"至今民居其處,仰先哲之風"(明嘉靖《魯山縣志》卷八)。元結早年隨父"習静"於商餘山,自號"元子",其雅好山水的性格,實承自其父。而元延祖曾任道州延唐縣丞,元結乃至两任道州刺史,亦承接了其父的步履,似亦一命中注定之事。

顔真卿《唐故容州都督兼御史中丞本管經略使元君表墓碑銘並序》:"父延祖……歷魏成主簿、延唐丞,思閑,輒自引去。以魯縣商餘山多靈藥,遂家焉。"延唐即今寧遠縣,唐屬道州。

《新唐書·元結傳》:"父延祖……

逮長不仕，年過四十，親婭强勸之，再調春陵丞，輒棄官去。”春陵，漢侯國名，見《漢書·地理志上》，在延唐縣境内。《通典》卷一八三《州郡十三》江華郡道州：“延唐，有春陵鄉。”《傳》言春陵，即延唐之别稱。

潘相《浯溪詩序》云：“予嘗聞詩之清者，必其人之心有以超然於貴賤貧富之外。今讀唐元次山《浯溪詩》，乃益信次山以挺異之才，積學有得。始著《元子》十篇，稱‘元子’。避亂入猗玕洞，稱‘猗玕子’。徙家溪上，稱‘浪士’。客居樊口，稱‘酒徒’，又稱‘聱叟’。至其爲道州刺史，愛祁陽之山水，自呼‘漫郎’，臨浯溪上爲‘漫郎宅’；鑿溪巖爲‘窊樽’，愛溪口之異石，亭其上曰，‘年将五十，始有吾亭’。懿乎！居方伯之職，若與世之遷客騷人寄興寫懷者比，何其超然於物外也！唐自武德來，文人蔚起，昌黎服膺者數人，而次山居其一，所謂‘高出魏晉，浸淫漢氏’者歟？”（見《湖南文徵》卷六十九）

元結何以來永州，不可知，亦不必知；而君子居是邦也，則有此行，則有此言，則有此德，則有此心。夫由是而求之可也。

# 二　朝陽巖與寓賢祠

## 引　言

永州朝陽巖是唐中期由元結開創的一處摩崖石刻景群，是將自然景觀轉化爲人文景觀的一個佳例。朝陽巖现存石刻數量在湘南遺存中排名第二，僅次於元結開創的另一摩崖石刻景群浯溪。朝陽巖的舊有建築寓賢祠與方志中的《流寓傳》相對應，不僅是今日朝陽巖公園的主題，也可視爲本土地方文化的主題。“寓賢”的狹義解釋爲謫宦、理學名臣、儒學名宦，湘南本土文化自上古、中古以至明清，可謂皆由儒統、道統一線貫穿。

朝陽巖爲元結所命名。唐代宗永泰二年（766）元結爲道州刺史，經水路過永州，始來遊之。其《朝陽巖銘序》云：“永泰丙午中，自舂陵詣都使計兵。至零陵，愛其郭中有水石之異，泊舟尋之，得巖與洞，此邦之形勝也。自古荒之，而無名稱。以其東向，遂以‘朝陽’命之焉。”

明張岱《快園道古》卷二《學問部》載一事：“孝宗御經筵，問講官曰：‘吴融何以字若川？’講官不能對。有中書某對曰：‘臣聞天地之氣融而爲水，結而爲山。臣意若川之字吴融，其猶次山之字元結。’孝宗大喜，命改授翰林。”元結一生似注定與水石有緣。

元結於唐代宗廣德元年（763）授道州刺史，大曆七年（772）回京師，前後十年。計所遊歷，有三溪、三巖、二崖、一谷。所著文章，有十九銘一頌。凡遊則有銘，凡銘則有刻，足跡所至，皆成景觀。此與柳宗元撰《永州八記》而無一題刻，各有異同。柳文以抄本傳世，文獻遠播東亞，元結所爲乃是

"不動産"，皆留本土。其貢獻於後世有此不同。

朝陽巖摩崖石刻經湖南科技學院中文系 2007 級古代漢語專題課程選修同學四十九人實地考察，共勘得歷代石刻一百五十餘通，爲世瑰寶，其人文價值無可估量。

康熙九年《永州府志·山川志》曰："巖東向，元公名之曰'朝陽'。'朝陽'二字，殊繪此巖之神。當其曉煙初生，朝暾纔上，秀横蒼立，可以遠睎，可以獨遊，可以静觀。"又曰："洞名流香，有石淙源自群玉山，伏流出巖腹，色如雪，聲如琴，氣如蘭蕙，冬夏不耗，可濯可湘，從石上奔入緑潭去。"後人之歎美如此。

浯溪石刻以頌揚皇業中興爲主題，古人謂《大唐中興頌》"與日月争光"（宋洪邁《容齋隨筆》卷十四）、"燦爛金石，清奪湘流"（元辛文房《唐才子傳》卷三）。朝陽巖舊有寓賢祠，其主題則爲"寓賢"。

余自弱冠讀太史公書，知沅湘、九嶷之名，遂取子嶷爲筆名，習作有"單襟拜九嶷"之句，不惑後果來零陵。自樓上眺望西巖緑蔭，油然親切，遂以西巖書生署款與師友往還。初與家人遊朝陽巖而觀其亭石，再於盛暑溯洄瀟水而

朝陽巖下洞穹頂

觀其巖下，次隨金春峰前輩讀其碑文。及讀碑文，乃漸知古臣工之心，委曲如湘川，鬱鬱如沉雲。茲因授課，條理數端，以申史論。

## 自然景觀與人文景觀

朝陽巖作爲自然景觀，有其優越條件。

其一，環境優越。今零陵一段瀟水，上自南津渡，下至蘋洲，以此處石崖最高，水位最深。元結《朝陽巖銘》謂“蒼蒼半山，如在水上”，《朝陽巖下歌》謂“朝陽巖下湘水深”，確爲寫實之語。

其二，景致幽奇。朝陽巖有二洞，上洞半凹如傘蓋，下洞數十米爲天然溶洞，洞中又有暗泉，流出成溪，墜落瀟水如瀑布。崖頂與群玉山毗鄰，古爲同一景區，石峰高聳，磊磊如白玉。如此確可謂幽與奇，故元結詩稱“巖洞幽奇”，銘稱“朝陽水石可謂幽奇”。

其三，毗鄰州城。永州舊城距湘水、蘋洲稍遠，而距瀟水爲近，宋樂史《太平寰宇記》謂“永州南去湘水八里，

朝陽巖下洞，俯臨瀟水

西去瀟水三十步”，可謂正當瀟水岸邊。宋王象之《輿地紀勝》謂朝陽巖“在零陵縣南二里”，據清道光《永州府志》郡城圖，出舊城南門有太平渡，可由此於西岸往，亦可舟行直達巖下。元結詩稱“夾湘岸”、“當郡城”（一作“带郡城”），銘稱“郡城井邑，巖洞相對”，確如此。明魯承恩《朝陽巖寓賢祠碑》亦云：“湖南惟永多崖洞，惟朝陽襟瀟按湘，面城背嶺，獨爲幽奇。”（康熙九年《永州府志》卷十八《藝文一》引。）

朝陽巖較之下游祁陽之浯溪，略有不同。浯溪當湘桂水路要衝，宜於過往；朝陽巖毗鄰郡城，宜於閑遊。這些自然條件影響了朝陽巖成爲唐宋明清時期零陵境内僅次於浯溪和澹巖的一大景觀。

作爲天然溶洞，朝陽巖早已存在，其年世不可計量；而作爲人文景觀，朝陽巖創自唐代，有年有月。明丁懋儒《朝陽巖零虚山記》云：“零虚即朝陽山，以巖顯。自有天地以來，玆山以巖洞固在也。造化秘藏，人不能窺測。永泰中，元次山自舂陵經此，愛其水石之異，泊舟尋之，得巖與洞。以其東向，因名‘朝陽’，序而銘之。故人知零陵有朝陽巖，自元次山始。”（康熙九年《永州府志》卷二十《藝文三》引。）其間由自然開出人文，有一大轉化。

吾國先民以爲，文明即文化，人文即教化，故雖道家主張無爲，而所講究仍在一“化”字。由自然開出人文爲文化，擴而充之爲文明，承而傳之爲教化。元結曾作《觀化》、《時化》、《世化》，今在集中，蟬聯三篇，是能深明其義，故能因自然之勝而創興朝陽巖，化自然景觀而爲人文景觀。其《朝陽巖銘序》既云“愛其郭中有水石之異”，《朝陽巖下歌》又曰“水石爲娱安可羡”，並非語義衝突，實爲各有次第。自然之奇異是一次第，而人文之德業又是一次第。蓋因自然之美皆在於人能感知，自然之景不足以傳不朽，惟人乃可以傳不朽。故元結歌曰“荒蕪自古人不見”，而銘曰“欲零陵水石，世人有知”。

朝陽巖由此而生一大主題，此主題表象在於水石，本質乃在人文。明人安孝《遊朝陽巖漫吟》：“真樂不在巖，只在吾淵衷。人苟能尋之，旨趣固無窮。縱使巖不游，其樂也融融。”事實上，朝陽巖能歷唐宋明清而盛傳不息，皆本於元結之道德才情。故言朝陽巖首當追溯本始，紀詠先賢。今惟見其水石而忘先賢之德者，不足與語此。

古人至朝陽巖，惟二事，或詩文紀詠，或品題刻石，遂使一片荒寂，充溢靈光，一角死體，身價百倍，今之空談投資、市場者，不足以語此。

永州華嚴巖石刻1959年由東門嶺居委會於巖側設石灰廠全巖轟毀。澹巖石刻1966年由興辦建華機械廠而整體毁壞。群玉山、火星巖石刻1969年由架設東風大橋採石材燒石灰全毁，石窑猶在而山巖已蕩然無存。石角山石刻2002年因採石鋪路被毁過半，呼吁乃止。

南宋王象之《輿地紀勝》卷五十六《永州》引杜荀鶴詩云："殘臘泛舟何處好，最多吟興是瀟湘。"引劉夢得云："瀟湘間無土山，無濁水。"《藝文類聚》卷八引羅含《湘中記》云："湘水至清，雖深五六丈，見底了了，石子如樗蒲矢，五色鮮明。白沙如霜雪，赤岸如朝霞。"余寓居零陵十餘年，碎石小路一百米至江干，親見水石日非，人文墮廢，爲之歎惋。

明魯承恩《朝陽巖寓賢祠碑》云："以宋賢視次山，固已慨歎於百世之上；以公今日視諸賢，又不免慨歎於百世之下。"清光稷甫《重修朝陽巖啟》載王德安跋語云："不有君子，則斯巖之興猶有待。"今人侈言"人本"，不有君子賢人爲民之所主，人之所本將同於鳥獸，私欲横流，望其恒久，豈可得也。

## 《流寓傳》與寓賢祠

明史朝富、陳良珍纂隆慶《永州府志》，卷十五設《流寓傳》，且有論贊。其論曰："永僻處遐壤，非輪蹄輻輳之會。彼賢哲者胡爲乎來哉？然或以遷謫，或以遊遨，作賓茲土，綿歷歲時。芳聲遐躅，耿耿如在，高山仰止，俎豆馨香者，蓋未艾也。永之人其猶有九罭鱒魴之好乎？"贊曰："湘郡泬寥，九疑之麓。跂彼哲人，冠裾雲簇。愚溪棲鸞，鷗亭停鵠。佩紉湘蘭，英餐巖菊。勉旃來斯，以嗣芳躅。"

明姚昺、林華纂弘治《永州府志》，卷三《流寓傳》序云："素位而行，順受其正，君子之道也。永爲荆楚之極，自昔名賢，後或道與時違，而徙置於此者，不無其人，亦不害其爲君子。"

宇内各志《流寓傳》有論贊、傳序者少。隆慶《府志》的纂修者以"賢哲"稱"流寓"，已含"寓賢"之意。又引《詩經·豳風·九罭》"九罭之魚鱒魴，我覯之子，衮衣繡裳"以囑"永之人"，頗存善意。其"胡爲乎來哉"一問，雖未可以"遷謫"、"遊遨"二事括盡，然而命義頗可鑽味。而弘治《府志》的纂修者徑直稱"君子""君子之道"，尤近"賢人"之義。

南宋時朝陽巖已有"亭臺凡十六所"（王象之《輿地紀勝》卷五十六），其中最爲主要的建築當爲寓賢祠。

永州自宋代已建元結祠，在浯溪；建柳宗元祠，在愚溪；建周敦頤祠，在府學等處。南宋王象之《輿地紀勝》卷五十六《永州》已載"元次山祠堂”“柳先生祠堂”及“思賢堂”。宋代建唐賢之祠，南宋建北宋賢臣之祠，明代建宋賢之祠，其相承大抵如此。

明清兩代，唐宋人祀典約有：元結祠（稱元刺史祠、元次山祠）、顏真卿祠（在顔元祠内）、柳宗元祠（稱柳先生祠、柳司馬祠、柳侯祠、柳子祠）、周敦頤祠（稱濂溪祠、元公祠）、汪藻祠（稱浮溪祠）、楊萬里祠（稱楊公祠）、胡寅祠（在三賢祠内）、蔡元定祠（稱蔡公祠）、王政祠（稱褒忠祠）、岳飛祠（稱精忠祠）等。

其中有二人三人合祠者，如顔元祠、三賢祠。至於更多賢臣的祀典，則有“思賢堂”。

南宋王象之《輿地紀勝》卷五十六《永州》云：“思賢堂：在府學，繪周濂溪、范忠宣、范内翰、鄒道鄉、張忠獻，共爲一堂，榜曰‘思賢’。”此堂至明清似已不存，而方志猶加記載。《大明一統志・永州府》云：“思賢堂：在府學，宋建，繪周濂溪、范純仁、范祖禹、鄒告、張浚像，共爲一堂。”（《大清一統志》同，“鄒告”改正爲“鄒浩”。）或者城中府學内的“思賢堂”間接影響了城外寓賢祠的創建。

朝陽巖之有寓賢祠，始於明代以前，至明重建。清康熙九年《永州府

唐張舟《題朝陽巖傷故元中丞》詩刻

志》卷九《祀典》："寓賢祠：在朝陽巖上，祀元結、黄庭堅、蘇軾、蘇轍、鄒浩、范純仁、范祖禹、張浚、胡銓、蔡元定諸賢。嘉靖壬寅知府唐珤建。"

嘉靖壬寅即二十一年（1542），同年魯承恩《朝陽巖寓賢祠碑》以"他者"的身份作了與方志不同的記述。碑云："城西南有朝陽巖，巖上有祠，祠久就圮。郡守昆陵有懷唐公，以地官正郎出守來永。朞月，教行化洽，民用誠和。於是修廢舉墜，朝陽寓賢之祠以成。歸濂溪周子於郡庠專祠。寓賢因次山、山谷之舊，增蘇氏文忠、文定，鄒文忠、范忠宣、范學士、張忠獻、胡忠簡、蔡西山諸賢，祀於祠。公爲文，偕寮佐同知承恩、通判周君子恭告其成。"（康熙九年《永州府志》卷十八《藝文一》、康熙《零陵縣志》卷十一《藝文考》引。）

所謂"巖上有祠，祠久就圮"，已不得其詳。此時唐珤任知府，魯承恩任同知。唐珤，江蘇武進人，曾著《永州集》三卷，已佚，幸其朝陽巖詩刻、月巖詩刻真跡猶在。

## 寓賢祠之尊元

清人所記之寓賢祠，祀典者共十人。上引康熙九年《永州府志》卷九《祀典》所載，黄庭堅在元結之後，二蘇之前。按黄庭堅爲蘇軾弟子，"蘇門四學士"之一，排序不宜在蘇軾之前。推測黄庭堅在朝陽巖先已有祠，明以前祀元結、黄庭堅等，故魯承恩稱"因次山、山谷之舊"。至清末，光緒《零陵縣志》卷三《祠祀》云："寓賢祠：即元刺史祠，在朝陽巖，祀元結、蘇軾、蘇轍、黄庭堅、鄒浩、范純仁、范祖禹、張浚、胡銓、蔡元定諸賢。"所記十人全同，惟黄庭堅一人排序有所調整，改在二蘇之後，是對的。

細論之，二蘇實亦未嘗來永，故本不宜稱爲"寓賢"。宗績辰道光《永州府志》卷十四《流寓傳》曾詳論其事，云："按哲宗時紹述禍作，眉山二蘇俱貶嶺外。徽宗即位，先後移永州，然軾未度嶺已得提舉玉局之命，轍即移岳州，考之實皆未至永。舊志重二蘇之名，爲之列傳，竊所未安。至朝陽巖之作，或謂和人，或謂非此地，要之不足爲據。"

宗績辰最終將流寓與祀典二事分開，論曰："巖中祠位，則二公之忠直，何地不可馨香？固無病於過禮也。"方志《流寓傳》中不載二蘇，朝陽巖寓賢祠中則仍存祭祀，此純然可謂一種解決辦法。

但細論十人之中，元結並非貶謫而來，亦不當在"流寓"之列。方志所載元結小傳，皆在《人物》、《名宦》傳中，不在《流寓傳》。予謂寓賢祠以元結冠宋賢之前，爲十人中唯一唐人，即寓含尊元之義。

元結《自釋》曰：“少居商餘山，著《元子》十篇，故以‘元子’爲稱。”其自命“元子”雖出姓氏本然，亦有抉擇。按《新唐書·元結傳》：“元結，後魏常山王遵十五代孫。”魏人自稱：“北人謂土爲拓，后爲跋。魏之先出於

宋周惇頤題刻（石面微凹）

黄帝，以土德王，故爲拓跋氏。夫土者，黄中之色，萬物之元也，宜改姓元氏。”（見《資治通鑑》卷一百四十建武三年魏主下詔。）可知“拓跋”與“元”並非單純“符號”，而元結即以此自志自喜。其後周敦頤謚爲“元”，世稱“周元公”，此在永州可謂“前後二元”。

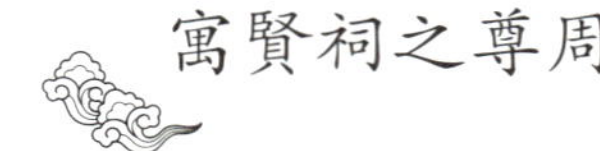

## 寓賢祠之尊周

明清寓賢祠十人除元結以外皆爲貶謫之臣，亦皆爲黨争中人物，即皆爲儒

宋黄庭堅題刻（石面未經打磨）

學中人物。“寓賢”一語由此而得一狹義之確解。按两宋黨争最烈，而推重賢臣，表彰風節，亦於此最盛。而永州一地實與两宋儒統道統有一特殊關係。宗績辰道光《永州府志·流寓傳》序曰：“永州去京師常數千里，巖壑深峻，風雨不時，古稱邊瘴之地，士大夫非遷謫則鮮有至焉。”“非遷謫則鮮有至焉”一語亦可解爲“至則以遷謫”，故“流寓”實含“謫臣”之意。

兹依光緒《零陵縣志·祠祀》寓賢祠次序，略具十賢小傳如下（所據文獻從簡不從詳）：

元結：《新唐書·元結傳》略云：元結，後魏常山王遵十五代孫。結少不羈，十七乃折節向學，事元德秀。天寶十二載舉進士，擢上第。復舉制科。會天下亂，沈浮人間。久之，拜道州刺史。會母喪，人皆詣節度府請留，加左金吾衛将軍。民樂其教，至立石頌德。罷還京師，卒年五十，贈禮部侍郎。

范純仁：《大清一統志·永州府·流寓》：吴縣人，哲宗時，永州安置。時疾失明，聞命怡然就道。既至永，韓維謫均州，其子訴維執政日與司馬光不合，得免行。純仁之子欲以純仁與光議役法不同爲請，純仁曰：“吾用君實薦，以至宰相。昔同朝論事不合則可，汝輩以爲今日之言則不可也。有愧心而生，不若無愧心而死。”其子乃止。

蘇軾：《宋史·蘇軾傳》：徽宗立，移廉州，改舒州團練副使，徙永州。

蘇轍：《宋史·蘇轍傳》：徽宗即位，徙永州、岳州。

黄庭堅：《宋史·文苑六·黄庭堅傳》：庭堅在河北與趙挺之有微隙，挺之執政，轉運判官陳舉承風旨，上其所作《荆南承天院記》，指爲幸災，復除名、羈管宜州。三年，徙永州，未聞命而卒，年六十一。

鄒浩：隆慶《永州府志·流寓傳》：字志完，晉陵人。元符元年除右正言，二年立劉氏爲皇后，上疏力諫乞斬章惇，忤上旨，奸諛中傷，遂除名勒停，監管新州。徽宗即位，復除右正言、司諫、起居舍人。明年，除中書舍人，遷吏部侍郎，除寶文閣待制，知江寧府。尋改知饒州，未赴，以元祐黨人謫衡州别駕，永州安置。明年除名勒停，昭州居住。

范祖禹：《大清一統志·永州府·流寓》：華陽人。言者論祖禹修《實録》詆誣，又摭其諫禁中雇乳媪事，貶昭州别駕，安置永州。

張浚：《大清一統志·永州府·流寓》：綿竹人。紹興二十年，徙居永州。浚去國幾二十載，天下士無賢不肖，莫不傾心慕之。

胡銓：隆慶《永州府志·流寓傳》：字邦衡，廬陵人。建炎二十年進士，任編修。紹興五年，秦檜主和，銓抗疏議之，檜怒，除名，編管昭州，改簽書威武軍，尋謫永州。

蔡元定：《大清一統志·永州府·流寓》：建陽人。慶元時，朱子落職罷祠，元定以朱子門人，送道州編管。

蘇軾、蘇轍在《宋元學案》中自爲《蘇氏蜀學略》，黄庭堅爲蘇軾弟子亦在《蜀學略》。鄒浩爲王安石弟子，在《荆公新學略》。范純仁爲范仲淹子，在《高平學案》。范祖禹爲司馬光弟子。張浚爲程頤、蘇軾再傳弟子。胡銓爲胡安國弟子、二程再傳弟子。蔡元定爲朱熹弟子。諸人均在《宋元學案》中，又多列在《元祐黨案》。明魯承恩《朝陽巖寓賢祠碑》云："他若蘇氏、范氏、鄒、胡、張、蔡諸賢，正氣孤忠，觸忤於時，相繼來永。"正是突出了諸人在黨争中的氣節，以敢言敢争爲尚，以遭貶遭黜爲榮。

諸人雖皆爲宋儒中人物，然而周敦頤則爲两宋理學之開山，位居《宋史·道學傳》之首，反而未在寓賢祠祀典中。明魯承恩《朝陽巖寓賢祠碑》解釋云："濂溪周子以三代之英，例以寓賢，實近於褻，庠有專祠，則致尊致親之道備。"又云："或疑於諸賢增損去留。"可知周敦頤原本已在舊祠之中，明人新建祠堂，反而專意遷徙至府學，使濂溪一祠獨祀。於此即寓含尊周之義。

古以聰明深通爲"聖"，以有才學善行爲"賢"。聖賢雖爲一體，細辨則有等差次第之别。《説文》："聖，通也。"《尚書·洪范》"睿作聖"，《説文》："睿，深明也，通也。"《説文》："賢，多才也。"《玉篇》："賢，有善行也。"聖者創物，賢者述之。聖人是文明的開創者，賢人是文明的繼承者。故

宋邢恕《題愚溪寄刻朝陽巖》詩刻（石面完好如新）

孔子、孟子爲聖人，自顔子以下爲賢人。故周子曰："聖希天，賢希聖，士希賢。"(《通書·志學》)至两宋，周子、程子、朱子爲聖人，自餘爲賢人。故周子承接孔、孟，爲漢唐以來第三位聖人。此不以一時之聲名論，亦不以當世之地位論。道統與政統合則可，苟不合，道統自道統，政統自政統，道統超於政統之上。明魯承恩《朝陽巖寓賢祠碑》云："地以人勝，人以道顯"，是其已知聖賢次第如此。周子是聖非賢，故寓賢祠移出周子乃是尊周。

故元結别有專祠而此仍列首位，是尊之。周子亦别有專祠而此則遷出且特加説明，亦爲尊之。

## 寓賢祠之黜柳

宗績辰道光《永州府志》卷十四《流寓傳》傳序云："永州去京師常數千里，巖壑深峻，風雨不時，古稱邊瘴之地，士大夫非遷謫則鮮有至焉。當其遭讒黜辱，遠陟投荒，事出不得已。迨居之既久，習而相安，與其山川草木有聲氣之通，於是昌其精靈，發爲文章，悟其動静，洽與心性，比得還反，眷戀徘徊不能去。其幽賞結契者，至移家於此，而不復憶其鄉國。即不幸如西山之終於羈困，猶且優遊順命，若得所安。夫君子固無往不自得，而所居之處又復高閑蕭澹，適肖其人，感於中而神明漸與之化。是地固以人傳，而地亦非無功於人也。豈天之位置於此，固將以成就寓賢歟？若乃孤臣逸老之跡，與朝臣遊士之所經，逆旅偶停，俱足增重。雖然，千古以來，往來行人不知其幾，而獨取於謫者遊者之寥寥。即謫者遊者豈盡賢，而獨取此數十公。後之來遊是邦者，毋徒漫爲歌嘯，冀幸流傳，而反求所以自立，此數十公不愧爲之導師已。

宋張子諒"朝陽洞"榜書

撰《寓賢傳》第十四。”

此其傳論專言“昌精靈，發文章”，又言“歌嘯”、“流傳”，着意於文辭一面；又論貶謫之士“居之既久，習而相安”，而不明其耿耿之心。較之前引明史朝富、陳良珍所論，似有不及。明丁懋儒《朝陽巖零虚山記》云：“人不能安其身朝廷之上，而尋幽問奇，往往寄跡無用之地。若曰欲有所托而逃，其亦淺之乎知君子也！”（康熙九年《永州府志》引，道光《永州府志》所録略簡。）蓋道統不通乃流爲學統，政統不達乃流爲文統。政道不行，退而求其次，則至於文學。文學之途乃是另一次第，别一境界，較之君子賢人又不同矣。

明隆慶《永州府志》卷十五《流寓傳》“唐代”始於柳宗元，清光緒《零陵縣志》卷九《人物·流寓》亦始於柳宗元。然而寓賢祠中未有柳氏。

柳宗元曾親至朝陽巖，曾題詩，曾别有命名曰“西巖”。然而寓賢祠未有柳氏。

元結已有專祠，而寓賢祠仍有祀典，是尊之；柳宗元亦有專祠，而不入寓賢祠，是黜之也。

周子已有專祠，而遷移出寓賢祠，而特加説明，是尊之；柳宗元亦有專祠，不入寓賢祠，亦未説明其故，是黜之也。

元結《七泉銘並序》云：“凡人心若清惠，而必忠孝，守方直，終不惑也。”

顔真卿《唐故容州都督兼御史中丞本管經略使元君表墓碑銘並序》：“君其心古，其行古，其言古，躬是三者，而見重於今。”銘曰：“次山斌斌，王之藎臣。義烈剛勁，忠和儉勤。炳文華國，孔武寧屯。率性方直，秉心真純。見危不撓，臨難遺身。允矣全德，今之古人。”

清四庫館臣論曰：“元結《浯溪中興頌》……尤得詩人忠厚之旨。”（《四庫全書總目》范成大《驂鸞録》提要。）宗績辰《詠朝陽巖》：“次山功足比熊繹，手披荆莽成幽蹊。有才不立朝陽上，士隱湘山泣鳳兮。愛君忠悃每流露，聊向斯巖寄品題。中興一埽漁陽鼙，巖銘崖頌義唯一。”清楊翰《何子貞丈歸道州至郡同遊朝陽巖》：“試看浯溪上，忠義大字嵌。”清魯山教諭姚裕和《挽元次山》詩：“忠魂千古閉丘墳，宿草寒煙带夕曛。”（明嘉靖《魯山縣志》卷九《藝文》。）

而宋世儒學中人物皆能明道，皆能廷争，皆能辨奸。柳宗元無此也。

故由寓賢祠祀典可知聖賢名宦實有三等：周子爲一等，元子與宋賢爲一等，柳宗元爲一等。有次第、有秩序可稱文明，可稱學術，否則適爲文明、學術之反對。其次第高下如此，即其品題好尚如此。所謂“此數十公不愧爲之導師”，當可使人於周旋動静、出處進退之際，皆知敬慎别擇。古之王者建國君

明史朝富“尋源”榜書

民，教化爲先。“民俗”只是風俗，風俗則不可謂之文化。君子化民成俗，其義大矣哉！

## 餘 論

其實元結歌“荒蕪自古人不見，零陵徒有《先賢傳》”，已寓紀詠先賢之意。《零陵先賢傳》其書久佚，傳爲西晉司馬彪所作，記述兩漢賢臣高士。

觀元結在永州所作詩文，如《舉處士張季秀狀》、《張處士表》、《招陶别駕家陽華作》、《宿洄溪翁宅》、《説洄溪招退者》、《丹崖翁宅銘並序》、《宿丹崖翁宅》，皆以得賢爲念，可爲“惟有《先賢傳》”作一注解。

明丁懋儒《朝陽巖零虚山記》又云：“夫永迫象郡，古之有庳，以處遷謫，次山、子厚而下，殆不知幾何。”所言“有庳”謂舜弟象。此則復由两漢追溯至於上古。

按永、道二州雖南接五嶺，而開化實早。

《尚書·堯典》所載羲和四族，有“申命羲叔，宅南交……厥民因”。其記載與《山海經·大荒南經》“有神名曰因因乎——南方曰因乎，來風曰乎民——處南極，以出入風”，及甲骨卜辭“南方曰因”，三者完全印合。

南交即交趾，在嶺南。《史記·五帝本紀》載帝顓頊高陽“載時以象天，依鬼神以制義，治氣以教化，絜誠以祭祀。北至於幽陵，南至於交址，西至於流沙，東至於蟠木”。

《尚書·吕刑》又載帝堯“乃命重

黎，絶地天通”。《國語·楚語》載：“顓頊乃命南正重司天，北正黎司地。”《鄭語》載楚爲“重、黎之後也，夫黎爲高辛氏火正，以淳耀敦大，天明地德，光照四海，故命之曰‘祝融’，其功大矣”。

《山海經·海内南經》載：“蒼梧之山，帝舜葬於陽，帝丹朱葬於陰。”《大荒南經》載：“赤水之東，有蒼梧之野，舜與叔均之所葬也。”《海内東經》載：“湘水出舜葬東南陬，西環之。”《國語·吴語》曰：“乃築臺於章華之上，闕爲石郭，陂漢，以象帝舜。”《史記正義》引《古列女傳》載：“舜陟方，死於蒼梧，號曰重華。二妃死於江湘之間，俗謂之湘君、湘夫人，因葬焉。”（“湘夫人”三字據《漢書》補。）《水經注·湘水》載：“大舜之陟方也，二妃從征，溺於湘江，神遊洞庭之淵，出入瀟湘之浦。”

種種記載可知，上古已有羲叔、重黎、祝融在嶺南。又有舜弟象之封，又有帝舜之葬，堯子丹朱之葬，舜子商均之葬，皆在蒼梧九疑。又有娥皇、女英二妃之死，在瀟湘之浦。同朝君臣雲集南國，必有緣故。當時人物由北而南，亦可謂一種流寓。而《漢書·藝文志》稱：“儒家者流……祖述堯舜，憲章文武，宗師仲尼。”今日言永、道二州本土風物，曰帝舜，曰元子，曰柳子，曰周子，乃至殷周之鬻熊，晚周之屈原，明清之船山，各自專門立論，實則凡此諸端皆由儒家道統一脈貫穿，可謂一種聖賢文化。

余曩撰《燕趙文化》，以爲燕文化不得爲燕之禮俗文藝之湊合，趙文化亦不得爲趙之禮俗文藝之湊合，而必有一主線延綿，異於周邊地域，無此則只可謂無文化。齊魯、中原、關隴、三晉皆然。余觀湖湘，亦以此眼光。

## 三　朝陽巖沿革述略

朝陽巖位於永州舊城西南二里瀟水西岸，與湖南科技學院毗鄰。唐永泰二年（765）道州刺史元結維舟巖下，取名朝陽巖，歷代名賢題詠不絶，成爲著名的摩崖石刻景觀，迄今已歷1250餘年之久。近五十年來，朝陽巖舊有建築基本無存，重要景區如群玉山、火星巖已遭徹底毀壞，惟有朝陽洞内石刻尚有部分保留。其中唐代題刻一通、詩刻四通，及若干宋刻，尤爲珍貴。

朝陽巖摩崖石刻歷今千有餘年，迄無專志，亦無系統記述，有關文獻記載或零星不全，或中斷殘缺。茲據方志、文集中的片斷記録，以及現存的修繕碑記，重點對於唐代至民國時期的景觀沿革，作出系統而初步的梳理。

### 朝陽巖的發現及命名

朝陽巖位於永州零陵朝陽巖公園内，面臨瀟水，背負西山，南鄰愚溪，北毗群玉。不知成於何世何年，隱秀於天地間。或爲漁人樵客所識，以爲寄居之地，或爲邑人得之，誤爲仙妖寄靈之所。由巖上密布“寄名石山保”，可知鄉民巫祝之盛。然使山川景觀化爲人文名勝，千二百年以來垂於後世，則待之元結。

唐廣德元年（764）九月，元結受命爲道州刺史。康熙九年《永州府志》云：“朝陽巖城西南二里，瀟水滸，巖口東向。當朝暾初升，煙光石氣，激射成采，唐道州司馬元結維舟巖下，名之曰‘朝陽’。”（此處言元結爲道州司馬有誤。）元結作《朝陽巖銘》，其序云：

“永泰丙午中，自舂陵至零陵，愛其郭中有水石之異，泊舟尋之，得巖與洞。於戲！巖洞此邦之形勝也，自古荒之，亦無名稱，以其東向，遂以命之焉。前攝刺史獨孤愐爲吾剪闢榛莽，後攝刺史竇必爲吾創制茅閣，於是朝陽水石始爲勝絶之名。已而刻銘巖下，以示來世。”此時所建茅閣當爲朝陽巖建築之始，而元結則無疑對朝陽巖有開闢之功。

但元結所統稱的朝陽巖實有上洞與下洞之分，今上洞、下洞尚分别存有宋張子諒所題之“朝陽巖”、“朝陽洞”二榜書，而明代朱袞則撰有《上洞志》、《下洞志》二篇。江南謂溶洞爲“巖”，“巖”、“洞”二字本無區别，故分朝陽巖爲上洞、下洞是更加準確的。

## 西巖的由來及西亭的得名

唐永貞元年（805），柳宗元被貶爲永州司馬，來永後多寄情山水，曾循元結之跡遊朝陽巖，留詩二首：《遊朝陽巖遂登西亭二十韻》與《漁翁》。前一詩所言之西亭，即元結所創之茅閣。康熙九年《永州府志》云：“巖頂有西亭，柳宗元登之，有詩。”下注：“疑此即太守路公所建。”柳詩言：“昔非吾鄉土，得以蔭青茅。”説明自元結後，茅閣雖歷三十九年，此時尚完好，應有人屢加修整，不然僅一茅閣歷三十九年而不壞，此於常理不合。後一詩中“漁翁夜傍西巖宿”之“西巖”，即元結所名之朝陽巖。蓋因巖雖東向而位於郡城之西，别稱之爲“西巖”。

朝陽巖今存“西岩”二字石刻，爲民國三十年姚雪懷所書。

## 西亭的修復

北宋治平三年（1066），蔣之奇來永，遊朝陽巖有詩，詩序云：“朝陽巖在瀟江之西，去治城不遠。唐永泰二年，元次山爲道州刺史，計兵至零陵，訪而得之，以其東向，遂名‘朝陽’。方是時，結有盛名於世，故永之守丞獨孤愐、竇必爲之剪荆棘，建茅閣，結又爲之銘與歌。其後柳子厚繼爲之詩，而朝陽之名始大著。予至永則求登其顛，顛有閣焉，甚幽雅。予以子厚詩考之，正所謂‘西亭’者也，復爲之西亭而繫以詩。”（康熙九年《永州府志·藝文志》引。）可知蔣之奇曾尋西亭舊址而復之。光緒《零陵縣志》云：“宋蔣之奇復爲亭。”後注：“疑此即滄洲亭。”

至南宋，王象之《輿地紀勝》云：“朝陽巖：在零陵縣南二里，下臨瀟江。

舊云道州刺史元結以地高而東其門，故以‘朝陽’名之，今所刻記猶在。巖下有洞，石澗自中出流入湘江。亭臺凡十六所，自唐迄今名賢留題皆鑱於石。”

當時朝陽巖之勝景可想而知。

## 陰潛澗閣道的修建

朝陽洞北有側洞，不知古時爲何名，今邑人名之爲“青陽洞”，與朝陽洞之間有木質閣道。自洞入内，即陰潛澗，朱袞《下洞志》云：“巖下折而入者，洞也。初以磴，蹬缺以棧，棧盡以土徑，徑盡以石階，階盡泉聲繞出洞之底。洞口東缺，石勢中偃而軒覆，若合幕，若連屏，繚苔曲房。由外郎中緣徑三曲，乃窮其際。際則泉竅泛出，碎響琤琤，正若操琴落佩。初注泓渟平布幾满，三嵩乃流澗，如石之折，逾二十步抵瀟之湄，遂穿石限作瀑布，潨然而下矣。洞外石復廣起，仿佛重簷。旁有一徑北折，疊磴以上，可十許步，一洞仰仄，而如舴艋凌虚之狀。初登必爲攲仄傴僂，即登而即之，如燕坐蓬牕，偃仰其中，惟意所如。東曦上下，彩散煙羅，川練山屏，迴巧奏技。雖得博望乘槎之趣，復何道哉！《爾雅》曰：‘山東曰朝陽。’吁，洞哉！可謂獨專茲義也已。”（康熙九年《永州府志·藝文志》引。）

朱袞，永州衛人，明弘治十五年（1502）進士，嘉靖初年歷任興化知府、沂州知州、工部郎中，官至雲南參政。

指示題刻拓本

## 元刺史祠的創建

明正德六年（1511），曹來旬治永，在朝陽巖上建元刺史祠，有《元刺史祠堂記》云："零陵郡城西南隅，越瀟湘之滸，以大明正德八年二月十有五日，新作元刺史先生祠成。祠在朝陽巖之巔，覽勝亭之北，枕流面麓，三架五楹，肖先生形貌衣冠，正位於其中，蓋以義起之而非苟焉者也。先生名結，字次山，在唐廣德元年任吾郡道州刺史，德政、文學卓然爲天下望。永泰丙午中自舂陵至零陵，愛郭中水石之異，泊舟尋訪得巖與洞。以其東向，故以'朝陽'命之。厥後攝刺史獨孤愐爲之剪荆棘，竇必爲之創茅閣，而先生又刻銘巖下，於是朝陽水石始爲絶勝之名。唐宋以來，風景聲華傳播人口，達人高士如柳司馬、周濂溪諸賢，游觀吟詠於其間者可勝計哉！元經兵火，民稀事寢。我朝太平盛治近百五十年，巖洞之名僅存而壯麗之跡猶泯，匪直觀游之無人，雖世居垂老者亦鮮知其所在焉。邇者予與同寅白君追求故跡，恢復一新。水石之美不減於昔，而游觀之盛容或過之。探本溯源，人固知皆先生爲之兆也。嗚呼！棠陰去思，峴碑墮淚，秉彝好德之心，人所自不容已者，況吏於斯，生於斯，歲時往來游於斯，獨無是心矣乎！今即先生舊游之地，而作先生之祠，庶使登臨瞻禮之餘，必有感發興起之念，儀而型之，則而象之。其在上也以美政，其在下也以美俗，賢人君子，耿光大業，彬彬乎胥，此焉出矣，豈但恣意於耳目之玩，以爲杯酒嬉笑之地而已乎！以先生游零陵時爲道州刺史，故仍匾之曰'元刺史祠'。而末後爲之詞曰：大儒之偉人兮，守舂陵。遐方之孑遺兮，賴康寧。瞻刺史之廳記兮，如雷如

督工官題刻

霆。覽中興之崖碑兮，配史配經。水石之何遇兮，乃一顧而流馨。睹物以思人兮，來士庶之儀型。建祠以崇德兮，儼若謦欬之將聆。期春秋兮永祀，沛福澤兮四垌。”（道光《永州府志·秩祀志》引。）

記中述明朝陽巖得名的原因，及其自元結開闢後的遊冶之盛。又以朝陽巖現今“雖世居垂老者亦鮮知其所在焉”的淒涼景象，而對其重加整頓，並建元刺史祠。其建祠之原由，一則以元結對朝陽巖的開闢之功，二則以元結之風範可爲後人之則。

## 巖洞之間路徑的開闢及覽勝亭與聽泉亭的修復

曹來旬同時還修復了覽勝亭和聽泉亭，修通了巖與洞之間的路徑，改變了巖洞上下相懸無路可通的狀況。有《重修朝陽巖記》云：“曩讀元次山詩文，已知朝陽巖洞爲零陵水石之冠，而意未其必然也。調守茲郡，詢及同寅白君，得其所，偕往觀焉。草莽四合，躡梯捫蘿而登。洞門敞豁，泉流有聲，泥沙榛楛，薪翳殆盡，而奇形怪狀，與他泉洞自別。予曰：‘嘻！美若此，安忍廢之！’白君欣然領其事，不數日，路開而洞闢矣。予曰：‘此洞也，而巖安在哉？’越數日，洞南下轉西五十餘步，得‘朝陽’，次山所謂‘蒼蒼半山，如在水上’者蓋此。予曰：‘未也。’越數日，巖西上十餘步，至其巔，得覽勝亭，即次山所謂‘茅閣’，柳子所謂‘西亭’者焉。予曰：‘未也。’又數日，亭西南去六十餘步，得聽泉亭，即洞中流泉發源於此也。予曰：‘猶未也。’月餘，乃剪茅架木，壘石編竹，因舊構亭，南向者两楹，東向者三楹，拓地至南北三百餘步，東西百五十餘步，而故疆遺址悉見畢出矣。於是高巖深洞，隱者顯，塞者通，而崎嶇者平矣；雲峰霧巖，方者横，圓者縱，曲者伏，直者仰，鋭者穎突而出矣；遠水遙岑，嘉木奇葩，與夫魚鳥之類。峙者青，流者緑，喬者枝，夭者蔓，飛者鳴，潛者躍，雜然而攸萃於前矣。始知朝陽巖洞之美，不但水石之奇如次山之所云而已矣。嗚呼！自古之遊零陵者不知其幾，至唐次山而此巖洞之美始聞；自唐之遊者亦不知其幾，至今而此巖洞之美復振。山川顯晦，固存乎人之賢否，抑不於斯而可徵哉？白君名思義，字宜之，山西平定州世儒家也。”（道光《永州府志·山川》引。）

曹來旬，鄭州人，正德三年任永州知府。

“覽勝亭”，即先時之“西亭”，而不知何時改稱爲“覽勝”。至於“聽泉亭”，乃曹來旬尋其舊址而建，但非建於原址。而原有之建築建於何時，爲何人所建，已不可考。

嘉靖間，又有“觀瀾亭”之名。施昱所作《朝陽巖記》云：朝陽巖“其間石側一亭，額曰‘觀瀾’，江流其在下也”。此即觀瀾亭，今下洞洞北石壁尚刻有“觀瀾”二字，後題“萬曆辛卯南海陳洋書”，當是緣此。

## 寓賢祠的創建

明嘉靖二十一年（1542），唐珤任永州知府，重修寓賢祠。其時同知魯承恩有《朝陽巖寓賢祠碑》云：“城西南有朝陽巖，巖上有祠，祠久就圮。郡守毘陵有懷唐公，以地官正郎出守來永。朞月，教行化洽，民用誠和。於是修廢舉墜，朝陽寓賢之祠以成。歸濂溪周子於郡庠專祠。寓賢因次山、山谷之舊，增蘇氏文忠、文定，鄒文忠、范忠宣、范學士、張忠獻、胡忠簡、蔡西山諸賢，祀於祠。公爲文，偕寮佐同知承恩、通判周君子恭告成。其詞曰：於惟群公，節義孝友，文學治理，或賦全材，或具一體，是皆發河嶽之秘藏，萃兩間之正氣。出而有爲，期以濟世，阨於時命之嶮巇，中羅沮撓而擯棄。惟夫才美之外見，豈亦造化之所忌。終焉德業之彪炳，将歷永久而可紀。芝山之陽，瀟水之裔，公昔來遊，公神所寄。距公之生，垂數千祀，昭回之光，山川衣被。珤等於公實勒仰止，幸茲守宦過化之里，酬我椒漿，式陳明祀。匪曰吾私，秉彝好懿。告畢，燕僚佐於庭。或疑於諸賢增損去留，承恩幸聞教於公，有曰：‘湖南唯永多巖洞，唯朝陽襟瀟按湘，面城背嶺，獨爲幽奇。前此翳莽已數千載，次山始得其地，山谷又以高文峻節發明秀異，同祠於此，宜匹休無窮。濂溪周子，以三代之美，例以寓賢，實近於褻，庠有專祠，則致尊致親之道備。他若蘇氏、范氏、胡、鄒、張、蔡諸賢，正氣孤忠，觸忤於時，相繼來永。茲山佳勝，固憩息之所，安知靈爽在天，不依依於此耶？盍撤而釐正之，以伸我仰止之敬。’公斯言也，幸今告成。巖洞宣朗，亭臺昭明，祠室整潔。信夫諸賢精英，足以媲美山靈。維公德學足以覯揚先哲，地以人勝，人以道顯。嗚呼！人生如寄，世變朝昏，道義千古，功名浮雲。以宋賢視次山，固已慨歎於百世之上；以公今日視諸賢，又不免慨歎於百世之下。他日永人思公之德之學，能無感發興起者乎！公諱珤，字國秀，號有懷，毘陵人。有子曰順之，節義文行足以世公家學。觀公斯舉，可以知公大略矣。時嘉靖壬寅孟冬吉旦書。”（康熙九年《永州府志·藝文志》引。）

唐琺，武進人，嘉靖二十年任永州知府。

此時之寓賢祠即曹來旬所建元刺史祠。所祀之人始爲元結，後不知何時又增列周敦頤、黄庭堅二人。而此時因“濂溪周子，以三代之美，例以寓賢，實近於褻”而“歸濂溪周子於郡庠專祠”。又以蘇軾、蘇轍、鄒浩、范純仁、范祖禹、張浚、胡銓、蔡元定諸賢“節義孝友，文學治理，或賦全材，或具一

石山保石刻拓本

體”，更兼“正氣孤忠”而将其增列於祠。崇禎時司理萬吉人又晉楊誠齋父子於祠中，至此寓賢祠所祀已達十一人。

## 流香洞的得名

明范之箴有《流香洞記》，云：“永城之右，大江之西，愚溪之南，有所謂朝陽巖者，郡之形勝最佳處也。巖下風磴盤空，轉折而下，路盡洞見。洞口虛敞，泉出其中，扁曰‘流香’。寒澈芬芳，味洌可酌。循泉沿澗而入，深探乃得其原。泉自石竇噴出，合流觴石湍激成聲，錚錚鏦鏦。雲璈下空，忽抑復揚，仙佩鏗鏘。迴旋委曲，由中達外。勢欲盡處則瀑飛如練，尋丈下懸，注於瀟水。本天成曲水流觴之地，不假疏鑿導引而然。游者往往於此席地泛觴，縱飲爲樂，自成佳趣。賢士大夫游蹤不絶，歌詠之富，侈於蘭亭。巖志且載，可考見也。邇爲郡人跡其水道，易以堅瑉，雖少涉於人爲，而石澗迴流，隔絶泥滓，沁滌肝肺，視昔殊清絶，尤快幽賞。回視隔江之城郭，與撲地之閭閻，類皆等閑塵土爾。元次山、柳宗元、周濂溪昔嘗游宴於此，故今巖石之巔即西亭故址，而祀之歲有祀焉。”（明何鏜《名山勝概記》引，又見隆慶《永州府志》卷七、道光《永州府志》卷二上。）

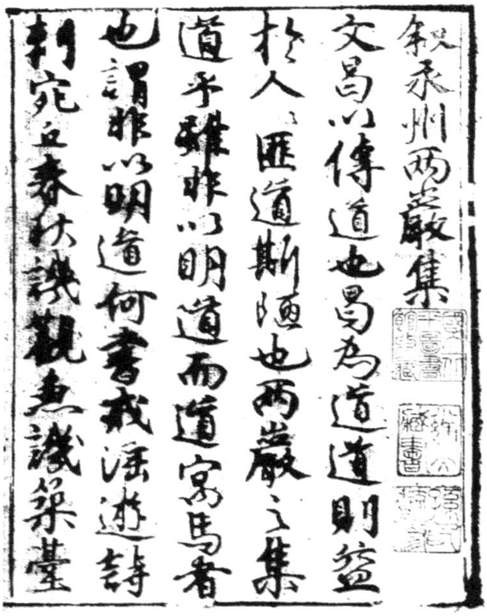

范之箴，秀水人，嘉靖二十五年任永州知府。

今存“流香洞”三字榜書，明吴郡張勉學所書。

明黃焯《朝陽巖集》刻本書影

## 零虛山與青蓮峽的創名，澄虛、青蓮二亭的創建及捲潮峰諸勝的發現

明萬曆二年（1574），丁懋儒知永。道光《永州府志》云：“明萬曆初，知府丁懋儒搜討幽邃，窮其逸跡，於陰潛澗之南得‘捲潮峰’、‘小有洞天’諸

勝，復建‘澄虛亭’於山麓，創名本山曰‘零虛’。懋儒又以石如青蓮，名入門處曰‘青蓮峽’，建亭亦以‘青蓮’名之。”

丁懋儒有《零虛山記》一篇，述明其命名之由來。記云：“零虛即朝陽巖山。元次山自舂陵經此，愛其水石之異，以其東向因名‘朝陽’。逮宋有名賢題刻，入我朝復以榛蕪蓊翳，人跡罕到，前郡守東里曹君修飾而巖洞復顯。次山所謂茅閣，或云即柳子之西亭。後人以覽勝省觀再易之，巍然出於巖上。抵境之逾月，峴南紀君邀予一遊。蓋素識其勝，不意足跡所履，然亦孰非天之所以予我者乎？求其山之名，紀曰：邇城唯群玉頗大，相距不二里，或群玉之支，不爾則概以朝陽之。夫巖洞在下，而亭之址獨高，且峰巒層出，登其亭不知其巖與洞。而麓之石羅列在前，如揖如拱，去巖洞並非止尋丈許，其環立延袤里許，朝陽不得而兼之明矣。遂由前人之途，偕零陵徐尹暨丞次第探討，捫蘿緣石，右側石上得‘潛澗’二字。澗深丈餘，人不能下。又其南爲‘聽泉亭’，爲‘小有洞’，爲‘疊翠’，爲‘聳碧’，爲‘崆峒’，爲‘淵潛洞’，爲‘捲潮峰’，爲‘石門’，爲‘芳泉亭’，皆勒諸石。巖壑争奇，蹤跡幽邃，如青蓮布地，芙蓉呈秀，雖在人目前，而所不及見者，幾年一旦，我得而有，或皆唐宋諸人之題識，而姓名不留，茲

明隆慶《永州府志》朝陽巖圖

非所尤異者乎？因斬茅築基，就山麓建亭，曰‘澄虛’。亂峰之内，巉壁如門，建亭曰‘青蓮’。初入處，題曰‘青蓮峽’。朝陽本山，創名曰‘零虛山’。凡零陵對江西岸，一里之内，下皆空峒，山澤通氣，匪虛而何？山有定名，則自朝陽而下，皆屬之零虛，群玉不得而支之也。一人也，有四支百骸，乃成全體；一山也，必泉澗巖洞，始可名山。前所云‘朝陽巖’，乃指一支而言。人即一竅而言山也，於理不亦大舛？胡山有衆美，而千百年無從名之者乎！於山固遇不遇也。夫永迫象郡，古之有庳，以處遷謫，次山、子厚而下，殆不知幾何。人不能安其身朝廷之上，而尋幽問奇，往往寄跡無用之地。若曰欲有所托而逃，其亦淺之乎知君子也！邵君守齋、崔君弘庵僉曰：可刻石以示來者。”（康熙九年《永州府志·山川》引。）

丁懋儒，聊城人，萬曆二年任永州知府。

丁懋儒發現的捲潮峰、小有洞、疊

翠、聳碧、崆峒、淵潛洞、石門、芳泉亭，在陰潛澗之南。山麓所建澄虚亭，在“亂峰之内，巉壁如門”之初入門處，命爲青蓮峽，在其旁建青蓮亭。

今“潛澗”二字已不可尋。民國徐崇立有記云：由陰潛澗“西北向而出於青蓮峽之東焉”，故當距零虚山西、陰潛澗之出口處不遠。

古有青蓮亭詩云：“黄葉落如雨，青蓮布作山。峭崖撐蘚壁，高岫聳煙鬟。門對雲千疊，亭臨月一灣。何當攜太白，長嘯響塵寰。”（道光《永州府志》引。）

芳泉亭不知何時何人所建，然其與曹來旬相繼來永時僅隔二十九年，曹來旬於記中尚未言有芳泉亭，故芳泉亭當爲曹來旬重修朝陽巖與丁懋儒來永之間所建。古有芳泉亭詩云：“不見芳泉落，源潛一澗深。石門閉古洞，雲鏬出清音。境寂悦禪性，聲幽洗客心。悠然流水意，便是伯牙琴。”（道光《永州府志·建置》引。）

清康熙九年《永州府志》朝陽巖圖

## 徐霞客遊朝陽巖

崇禎十年（1637）徐霞客來遊於此，有日記云：“由岐徑東南一里，則一山怒而豎石奔與江鬬。逾其上，俯而東入石關，其内飛石浮空，下瞰瀟水，即朝陽巖矣。其巖後通前豁，上覆重崖，下臨絶壑，中可憩可倚，雲帆遠近，縱送其前。惜甫佇足而舟人已放舟其下，連聲呼促，余不顧。崖北有石蹬直下緣江，亟從之。蹬西倚危崖，東逼澄江，盡處忽有洞岈然，高二丈，闊亦如之，亦東面臨江，溪流自中噴玉而出，蓋水洞也。洞口少入即轉而南，平整軒潔，大江當其門，泉流界其内，亦可憩可濯，乃與上巖高下擅奇，水石共韻者也。入洞五六丈，即匯流满洞。洞亦西轉而黑，計可揭挽衣涉水而進，但無火炬，而舟人遙呼不已，乃出洞門。其北更有一巖，覆結奇雲，下插淵黛，土人横杙小木樁架板如閣道。然第略爲施欄設几，即可以坐括水石，恐綴瓦備扁，便傷雅趣耳。徙倚久之，仍從石磴透出巖後，遂凌絶頂。其上有佛廬、官閣，石間鐫刻甚多，多宋唐名跡，而急不暇讀，以舟人促不已也。”（《徐霞客遊記·楚遊日記》。）

可知其所遊僅零虛山、朝陽巖與朝陽洞。其言朝陽巖巖頂有佛廬、官閣，官閣當爲寓賢祠，佛廬或即朝陽庵。又言洞北還有一巖，與洞有“閣道”可通，不知爲何。

## 清初朝陽巖的修復

朝陽巖現存張登雲《朝陽巖重修碑記》碑刻，後題康熙丙午，即康熙五年（1666），但碑面殘毁，文字間斷。記云：“永城南拖東有朝陽巖者，乃斯土一勝地也。爲□□□□歷□□□，茲二十年兵燹之後，風雨飄搖，荆榛灌莅，勝遊不再，惟餘欸乃□□□□□□□□□，勝地寧如是乎！予每公餘，與二三寮友泛舟其下，□衣而上，徘徊瞻眺。□□跡之□□，□崗阜之如屬，引清風之徐來，延明月之長□。□□□□□松□□□□皇，寫風露，因矚老僧留與語。噫！□□剪茅茨而立茂樹，綴金泥□□□□，□朝陽一大觀也。乃爾毁垣欹室，箐棘不鋤，此豈釋氏供養之所？抑豈瀟湘勝遊之地？□□□□□及□住僧從而整葺，雖巘非布金之鄉，餙□丹艧之宜，今也幸使巖屋猶存，勝地不殊，秀□□□□□□□山上之絢繪爾。弟邀興庶而復存斯巖之景者，予也。捐資而□□□□□□□□良二千石唐憲璧是也。落成而爲之記。鐫石□□□□□。大清康熙歲在丙午□□□上湖南道三韓張登雲鳳臺甫題。”

可知永地經明清改朝换代二十年兵燹之後，朝陽巖風雨飄摇，已爲荆榛所没。故張登雲與僚友泛舟攝衣而上，觀其蕪廢，有感而修葺之。

## 清中期朝陽巖的修復及篆石亭與朝陽洞前樓的創建

清咸豐八年（1858），楊翰守永。光緒《零陵縣志》云：“按記中所載諸

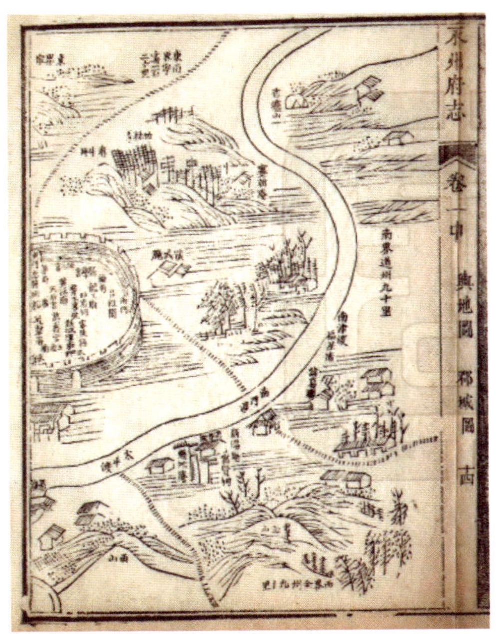


清道光《永州府志》郡城圖中的朝陽巖

勝跡，今多廢塞或改造矣。咸豐八年，知府楊翰莅任修復名勝，多還舊觀，建亭曰‘篆石亭’，又建樓於流香洞口，而重刊次山碑於石壁。”

楊翰此時重刊元結詩、銘於朝陽巖，並補刻了黄庭堅詩及其像贊。

楊翰重刻《朝陽巖銘》跋云：“昔元次山愛此巖，搜奇表異，摩崖勒銘。歲戊午，予來典郡，尋次山銘，已不可見。因念次山當中興時，得以蕭閑文字，寄託山川。今則干戈擾擾，一切如浮雲，獨深谷高巖，壽足千古。因屬古皖鄧守之作篆，補刻巖上，以還舊觀。後之覽者，當快然於扶筇臘屐時也。”重刻元結《朝陽巖下歌》跋云：“余既補《朝陽巖銘》，復書次山詩刻銘下。時同治甲子将去郡矣。”刻黄庭堅詩跋云：“朝陽巖，余既補刻元次山銘，尋山谷詩亦不可得見，黄氏題名有‘伯父摩刻’語，悵然久之，因書此詩，補刻巖上。”

楊翰，字伯飛，一字海琴，號樗龕，别號息柯居士，直隸新城人，一作宛平人。道光二十五年進士，咸豐八年任永州知府，官終湖南辰沅永靖道。曾作《伏日遊朝陽巖用山谷韻》、《秋日遊朝陽巖再用山谷韻》等詩，皆刻石。

在朝陽巖授课，時爲 2009 年

## 清末朝陽巖的修復

清光緒二十年（1894），守永者爲光稷甫。此時朝陽巖“屢經塵劫，漸没榛蕪”，故其又重修葺之。光稷甫有《重修朝陽巖啟》云：“夫模山範水，流芳躅於前賢；修月葺雲，亦雅人之韻事。郡西朝陽巖者，天開絶壑，地俯清流，鑱唐宋之貞瑶，闢瀟湘之勝境。屢經塵劫，漸没榛蕪，壯嚴之精舍雲頽，香洌之洞泉沙積。余十年薄宦，百廢俱興，結山水之奇緣，感滄桑之勝跡。爰倡鶴俸，亟督鳩工，式擴舊規，復開生面。所願薦紳巨族，大雅名流，共解吟囊，用襄勝舉。征梓材徠甫，蔚丹雘於岑樓，從兹萍藻馨香，妥寓賢於百代。豈第栞尊飲讌，佐逸韻於三吾。期與落成，先爲喤引。”後有王德安跋云：“此前郡守光公稷甫《重修朝陽巖啟》也。公，安慶人，以名進士由京秩來守吾永，爲政十年，興廢舉墜，更僕難數。朝陽巖之議修，在光緒甲午七月，乃事甫集，而公即以是年冬遷歸道山。德安以公之志不可不成也，爰命子若姪董其事，閲五月所告竣。嗟乎！古今名勝之境，久則必敝，敝又重新；或更增其舊制，丹碧輝煌，後之來遊者可以憑高吊古，飲酒賦詩，怡然終日，而經始之人，顧返不得遂其一日之樂，往往而然。是則其爲可傷悲，更有甚於羊叔子者矣。雖然，不有君子，則斯巖之興猶有待，是不又一甘棠也乎？乙未閏五月王德安謹跋。”

此次之重修歷經前後两任守官，增舊制，漆丹碧，可謂一段佳話。

## 民國間朝陽巖的修復及陰潜澗的鑿通

民國七年（1918）譚延闓督軍至此，見朝陽巖已蕪廢，故修復寓賢祠，並将朝陽洞與陰潜澗鑿通。

徐崇立有《朝陽巖記》云：“朝陽巖之名始於元次山，即柳子厚詩所謂西巖者也。昔賢游者，唐以來至今歌詩題記具於《零陵縣志》。戊午夏，茶陵譚公督師駐永州。暇游於巖，顧瞻祠宇，病其蕪廢。其明年，乃鳩工庀材，葺而新之。而屬零陵水警署署長姚迪齋董其役。巖深處，入則幽以狹，不可以通入，而巖陰故有小穴，公意其可通也。又命工疏泉鑿石，始僂以入，繼乃益窮，透迤曲折，豁然貫通，歷井而升，益曠以明，則西北向而出於青蓮峽之東焉。是役也，始於己未之春，迄秋七月工竣。屬崇立紀其略。夫茲巖之在天壤間，不知其幾何年也，乃至有唐而始顯，迄今日而始通人下。巖壑之美類是者多矣，而茲巖特著；遊者衆矣，而元柳特聞。豈不以其德澤之及人者遠，而其文章尤足以藻繪山川歟！然則繼元柳而起者益可知矣。"（"姚迪齋"三字被人鑿毁，據文獻補。）

民國二十七年（1938）孫望游此，有記云："余於民國二十七年冬十一月十一日離長沙到零陵，留居零陵凡五月，曾數遊朝陽巖。巖在瀟水南岸，又傍西山麓。山下亂石間有洞穴焉。拾級而下，洞黑不見五指，有泉汩汩流其中，燃火種始得前。摸索東行十餘丈，漸有光。自前入，再行若干步，豁然開朗，則洞口也。洞口臨瀟水，不旁通。買舟遊巖下，始見巨崖壁立江滸，巖石作丹紫黄白色，藤蘿緣之，與碧流相應，回蕩生聲，信大觀也。洞口巖壁題刻至多，余求元公遺跡，得於巖壁上，然僅題名而已，《朝陽巖銘》則久索而未得，誠憾事也。"（見孫望《元次山年譜》。）

可知孫望是從陰潜澗後而入，以至朝陽洞前。正是譚延闓主持将陰潜澗鑿通，才能使孫望從此路徑至朝陽洞洞口。另外他説"洞口臨瀟水，不旁通。買舟遊巖下，始見巨崖壁立江滸"，説

在朝陽巖考察，時爲 2015 年

明此時道遙徑已廢。

孫望後爲南京師範學院（今改南京師範大學）教授，重編《元次山集》，並撰《元次山年譜》。

## 朝陽别館的創建

民國二十二年（1933），守官吴崇欽於廟旁建朝陽别館三楹。有記云："湖外山水之美，侈稱零陵。自柳子厚、元次山記述以來，高巖幽壑，無不有墨客騷人之題詠。朝陽巖去邑治三里許，柳詩所謂西巖者也，境尤清絶。余以乙亥來治事邦，慕其勝而遊焉。巖上有廟，規制隘陋。先是，有人就廟旁隙地謀闢館舍，供遊者止息。既集千餘金，僅平土奠基，諉言金盡，積之歲年，基亦漸蕪。余覽而愀然，以爲巖上前有館舍，實足增斯江之壯觀，發遊人之雅興。然天下事往往有適人人之意，易集厥功者，託非其人，則反敗功僨事，良可慨也。遊罷歸署，謀諸邦人君子，期以必成。邵陽劉濟人司令，衡山唐闢衡司令，先後駐節零陵，尤力贊其事。遂别醵二千金有奇，循原址，爲屋三楹，顔曰'朝陽别館'。峻其樓閣，登臨而遠眺。民國二十六年季春落成，適國民政府主席林公南巡至此，題名'西樓'以寵之，則又斯館之榮也。董工事者，縣商會主席唐玉欽之力特多。功既竣，玉欽語余曰：'兹館始若易成，乃閱年而址且廢；繼若不易成，則數月而畢工。廢興信有數耶？公疲於神，吾疲拎力，不可不紀以告來者，庶咸愓若而永護之也。'因爲之記，俾刊於館壁。"

另據道光《永州府志》所繪圖，朝陽巖有寓賢祠、朝陽庵，文中所説之"廟"可能即朝陽庵舊址。

## 朝陽巖公園的創建及朝陽巖現狀

1957年湖南省文化部門曾委託零陵縣文化科主持修繕朝陽巖石刻。1981年又由湖南省文化廳撥款委託永州市文化局主持修繕，並開闢爲公園。1983年"朝陽巖石刻"被列爲湖南省省級文物保護單位。2013年被列爲第七批全國重點文物保護單位。

在此期間，公園修葺了寓賢祠、篆石亭、覽勝亭、聽泉亭。拓寬逍遙徑並設護欄。於朝陽洞前鋪設平臺，又以混凝土澆築棧道，使朝陽洞與青陽洞相連。

至於朝陽别館、佛廬、觀瀾亭，朝陽洞前之樓、澗後之青蓮亭、澄虚亭，今皆廢而不存，零虛山之零虛洞，澗南之青蓮峽、捲潮峰、小有洞、疊翠、聳碧、崆峒、淵潛洞、石門，亦無跡可尋矣。舊貌難知，舊址難尋矣。

光緒《零陵縣志》云："由零虛山後西南過小崗白石累累，羅布崗下曰群玉山。"群玉山之狀貌，董居誼有云："群玉山巨竹蕭森，古木蟉曲，怪石萬狀，地勢清勝，一郡之奇觀也。"但因1969年建東風大橋，在此采方料，又建窑燒石灰，群玉山已不復存在。而零虛山距群玉山不遠，故文獻所言之零虛洞、青蓮峽、捲潮峰、小有洞、疊翠、聳碧、崆峒、淵潛洞、石門等景觀，是否毀於此時，亦未可知。

永州職業技術學院張官妹教授自幼家居群玉山旁，筆者採訪張教授，承告朝陽巖公園創建前，約二十世紀六十年代推行公社制時，有農户獨立單幹，自墾山田，自陰潜澗出則爲紅薯田。自八十年代前後，永州市鎮多次組織機關幹部、工廠職工、學校師生、城鎮居民在此植樹造林，並將寓賢祠及祠側民國房屋維修改造爲公園用房。在此期間，朝陽巖舊觀已遭全局性的改變。

曹來旬於記中云："山川顯晦，固存乎人之賢否。"丁懋儒亦於記中云："胡山有衆美，而千百年無從名之者乎？於山固遇不遇也。"世言"前車之覆，後車之鑒"，朝陽巖之興廢亦當作如是觀。

在朝陽巖考察，時爲 2017 年

# 唐代

# 大曆十三年張舟《題朝陽巖傷故元中丞》詩刻

## 釋　文

題朝陽巖傷故元中丞

吴郡張舟兼聰

巖口對初日，日高丹洞明。澄潭反相暎，秀色涵江城。中有漱玉泉，安可但濯纓。上聳凌霜松，千春中自貞。拯溺在斯人，時命困征並。我來覽遺□，髣髴見平生。跡在人已殁，空傷今古情。

時大曆敦牂歲無射之月菊始黄華。

## 考　證

詩刻在朝陽巖下洞洞口右上方約4米高處，高23公分，寬40公分，十五行，楷書，字體徑寸約2公分，筆畫較細，書法清整雋秀。

詩刻前面部分六行，包括二行詩題，一行姓氏里籍署款，被黄褐色包漿覆蓋，有磨泐，但大部文字清晰可見，特别是詩題，站在洞下肉眼可辨，在全刻中保存最好。中間五行有三行被黑色水垢覆蓋，特别是被“周門寄名石山保”二行大字打破，殘損嚴重。後面四行，包括三行年月署款，雖較平整，但磨泐較重，肉眼難見，但製成拓本後，尚可辨認。

“秀色”之“色”字殘半，推測是“色”。“安可但”三字磨泐嚴重，推測是此三字。“上聳”之“聳”，“千春中自貞”之“千”、“春”、“自”，殘損不清，推測是此四字。“困征並”三字殘損嚴重，推測是此三字。“我來覽遺”以下一字完全殘損，暫缺。“敦牂歲”以下一字殘損，據推測補“無”字。

詩爲下平聲，用庚韻（依平水韻）。

元中丞，謂元結。顔真卿元結墓碑銘署銜“故容州都督兼御使中丞本管經略使”。

前後署款均低一格。

年月署款，“敦牂”爲歲陰紀年，《爾雅·釋天》：“在午曰敦牂。”《史記·天官書》：“敦牂歲，歲陰在午。”大曆有戊午，爲十三年（778）。“無射之月”，以律吕紀月，無射在戌位，陽氣滅盡無餘，當九月。《禮記·月令》：季秋之月，“其音商，律中無射”。《吕氏春秋·音律》：“夾鐘生無射，無射，九月律。”又曰：“季秋生無射。”菊始黄華，亦謂九月。《禮記·月令》：季秋之月，“鞠有黄華”。（陸德明《釋文》：“‘鞠’，本又作‘菊’。”）《逸周書·周月解》：“寒露之日，鴻雁來賓。又五日，爵入大水，化爲蛤。又五日，菊有黄華。”

姓氏署款，“吴郡張”三字，清晰可辨。“舟”字磨泐不清，但由拓本和照片仔細分辨，字體結構完整，可確認。“兼聰”二字殘損，“兼”字不見下面四點，而從草書作一横，“聰”字殘缺右半，今推測爲“兼聰”。揚雄《連珠》：“兼聰獨斷，聖王之法也。”《群書治要》卷四十八引杜恕《體論》：“兼聰齊明，則天下歸之。”

拯溺，用元結典。元結《七不如七篇·第六》：“元子以爲人之溺也，溺於聲、溺於色、溺於圓曲、溺於妖妄，不如溺於仁、溺於讓、溺於方直、溺於忠信者爾。於戲！溺可頌也乎哉？溺有甚焉，何如？”

時命，仍用元結典。元結《自述三篇·述居》：“上順時命，乘道御和；下守虚澹，修己推分。”

此詩作於元結卒後七年，爲已知最早紀詠元結之作。作者傷悼元結，以世家詠名臣，依名勝題名句，深合古詩人之旨。北宋趙眀誠《金石録》著録詩題而不載全文，作者譌爲“李舟”。《全唐詩》不載，方志著録沿誤。自趙明誠而後，向無著録，孤懸洞壁，歷朝學者皆未見全貌。其原石手跡，甚可寶貴。

北宋趙明誠《金石録》卷八《目録八》第一千五百三十七：“唐題朝陽巖詩：李舟撰並正書，大曆十三年九月。李當、牛崧詩附。”

此據宋淳熙龍舒郡齋刊本，此條各本皆同。金文明《金石録校證》2005年新版此條照録無校。

按趙氏此條有二誤，其一“張舟”誤作“李舟”；其二“附”字不確，張舟、李當、牛崧三詩並無主附關係，年月亦非同時。至於清代，“李當、牛崧詩附”一語遂引發出陸增祥之疑惑。

詩刻文字與《金石録》所著録比較，詩題同，年同，月同，詩人之名同。可以判斷此刻即趙明誠所見無疑。所不同者，惟詩人之姓。趙氏所著録當出於石刻拓本，不容有失，推測當是傳寫中涉下“李當”之姓而譌。

李舟字公受，一作公度，隴西成紀

人。與獨孤及、梁肅、李白、杜甫、岑參、顔真卿、懷素等人交往。杜甫有《送李校書二十六韻》詩，岑參有《送弘文李校書往漢南拜親》詩。李白有《同王昌齡崔國輔送李舟歸郴州》（一作《同王昌齡送族弟襄歸桂陽》）二首，且云："爾家何在瀟湘川，青莎白石長沙邊。"梁肅有《處州刺史李公墓誌銘》及《祭李處州文》。（"處州"均當作"虔州"，見潘呂棋昌《蕭穎士研究》，臺北文史哲出版社1983年版。）唐李肇《國史補》卷下"李舟著笛記"條載："李舟好事，嘗得村舍煙竹，截以爲笛，堅如鐵石，以遺李牟。牟吹笛天下第一，月夜泛江，維舟吹之，寥亮逸發，上徹雲表。"其才情俊逸，可見一斑。

李舟曾著《切韻》，其書爲便於寫詩撿韻而作。但李舟之詩無一存者。《全唐文》僅録文七篇，内有《唐明州刺史王公德政碑》，李舟撰文，顔真卿書，又有《常州刺史獨孤公文集序》等。

李舟生年，學者考訂爲唐玄宗開元二十八年（740），柳宗元《先君石表陰先友記》載其事迹曰："李舟，隴西人。有文學，俊辨，高志氣。以尚書郎使危疑反側者再，不辱命，其道大顯。被讒妒，出爲刺史，廢痼卒。"如其在世及作朝陽巖紀詠詩皆當先於柳宗元，大略與元結同時。

《全唐文》卷五二一載梁肅《處州刺史李公墓誌銘》云："二十餘，以金吾掾假法冠爲孟侯湖南從事。"又曰："其後……辟宣歙浙東二府。"陳冠明、嚴寅春二人均以李舟年二十餘當大曆初，而以大曆十三年（778）作《題朝陽巖詩》在浙東幕府任上，時年三十九歲。（陳冠明《李舟行年考》，刊《杜甫研究學刊》1995年第3期；嚴寅春《李舟年譜考略》，刊《西藏民族學院學報》2006年第5期。）然則李舟何以任職浙東，忽而便至永州題詩，題詩之後又回浙東？前後事迹不相聯屬，殊不可解。

懷素爲永州人，與李舟有交往。永州城内東山有懷素緑天庵舊址，其《自叙帖》有云："李御史舟云：昔張旭之作也，時人謂之張顛，今懷素之爲也。"末題："時大曆丁巳冬十月廿有八日。"清嘉慶《湖南通志》迻録《金石録》"李舟"詩刻一條云，"按懷素《自叙帖》有李御史舟，想即其人也。"（光緒《湖南通志》卷二百六十四《藝文志二十・金石六》、道光刊本及同治重校本宗績辰《永州府志》卷十八《金石略》、光緒《零陵縣志》卷十四《藝文・金石》、光緒同德齋主人編《廣湖南考古略》卷二十六均同。）大曆丁巳爲十二年，其時懷素年四十餘，在長安。何以次年李舟便到朝陽巖，亦無明文。

張舟，吴郡人，推考其人，當是

德宗朝名相張鎰之族，憲宗元和間任安南都護。（文獻偶誤作“張州”或“張丹”。）

張舟的任命，見《舊唐書・憲宗本紀上》：元和元年四月，“戊戌，以安南經略副使張舟爲安南都護、本管經略使”。（文淵閣《四庫全書》本元代黎崱《安南志略》卷八云：“張舟始爲安南經略判官，憲宗元和三年遷爲都護。”其説有誤。）

張舟擊破環王國，見《新唐書・憲宗本紀》：元和四年，“八月丙申，環王寇安南，都護張舟敗之”。《資治通鑑》卷二百三十八亦載：元和四年八月，“丙申，安南都護張舟奏破環王三萬衆”。

《新唐書・南蠻傳下》詳記其事：“環王，本林邑也，一曰占不勞，亦曰占婆。直交州南，海行三千里。……永徽至天寶，凡三入獻。至德後，更號環王。元和初不朝獻，安南都護張舟執其僞驩、愛州都統，斬三萬級，虜王子五十九，獲戰象、舠、鎧。”《唐會要》卷七十三《安南都護府》亦載：“元和四年八月，安南都護奏破環王僞國號愛州都統三十萬餘人，及獲王子五十九人，器械、戰船、戰象等稱之。”（《唐會要》卷九十八“林邑國”同。）

《唐會要》卷七十三載安南都知兵馬使兼押衙安南副都護杜英策等五十人狀，備言張舟到任已來政績，陸心源收入《唐文拾遺》卷二十七，題爲“舉張舟政蹟狀”。此文還記載了張舟在安南的其他政績，“舉本管經略招討處置等使兼安南都護張舟到任已來政績事”，包括重整安南羅城、驩州城、愛州城，四年造器械四十餘萬，又造艨艟戰船四百餘艘等。

張舟的事績也見於《占婆史》等現代著作。（Georges Maspero 著，《占婆史》，馮承鈞譯，上海商務印書館 1933 年版，第 48 頁。）

可惜在擊破環王國之後剛過一年，張舟便“薨於位”（柳宗元語）。《舊唐書・憲宗本紀上》載，元和五年七月，“庚申，以虔州刺史馬總爲安南都護、本管經略使”。如前人所說：“五年七月，馬總繼之，則死及葬當在元和四、五年。”（宋廖瑩中世綵堂刻本《河東先生集》舊注。）大概此時張舟年事已高，擊破環王國已是他一生業績的最後高潮。

據柳宗元《柳河東集》卷十《唐故中散大夫、檢校國子祭酒、兼安南都護、御史中丞、充安南本管經略招討處置等使、上柱國、武城縣開國男、食邑三百户張公墓誌銘並序》，張舟到安南以後，“優詔累旌其忠良，太史嗣書其功烈，就加國子祭酒，封武城男，食邑三百户，凡再策勳，至上柱國，三增秩至中散大夫”。這應當是他最後的官階。據《墓誌銘》，在此之前他的歷官有：

一、始命蘄州蘄春主簿。

二、以左領軍衛兵曹[參軍]爲安南經略巡官。

三、金吾衛判官，三歷御史。（“三歷御史”可能是：監察御史，正八品下；殿中侍御史，從七品下；侍御史，從六品下。）

四、檢校尚書禮部員外郎（從五品），换山南東道節度判官。

五、[禮部]郎中（正五品），安南副都護，賜紫金魚袋，充經略副使。

六、檢校太子右庶子（正五品），兼安南都護，御史中丞，充本管經略招討處置等使。

唐樊綽《蠻書》卷九又記載：前任安南都護趙昌“以寄客張舟爲經略判官，已後舉張舟爲都護”。“寄客”一語頗可注意。按安南經略判官與山南東道節度判官品階相同，山南東道稱“换”，安南稱“寄”，二者可能正好對應。即張舟的任命本爲山南東道節度判官，但是他“换”到了别處；他原本没有安南的任命，但他却“寄”在此地。（“寄客”並非没有品階出身的普通人，參見王定保《唐摭言》卷一“公卿百寮子弟及京畿内士人寄客外州府舉士人等”條。）

由此可知，張舟自始命蘄春主簿以後，始終都在安南任職，官職從巡官、判官、副都護（經略副使），直到都護。

湘江水路爲内地往來安南的必經之路。（清代越南使者朝覲往來，沿湘水至永州祁陽浯溪題詩，至今石刻多有存者。參見復旦大學文史研究院、越南漢喃研究院合編《越南漢文燕行文獻集成》，復旦大學出版2010年版；張京華《湖南永州浯溪所見越南朝貢使節詩刻述考》，刊《中南大學學報》2011年第5期。）題詩之大曆十三年（778），下距張舟之卒爲三十二年。那麽題詩之時正當其初仕安南，往來路經朝陽巖，在時間上是可能的。

張舟之名，又見《新唐書·宰相世系表二下》，小傳謂“安南都護，武城縣男”，屬“吴郡張氏”。族中有張後胤，字嗣宗，隋末曾爲秦王講授經書，入唐授國子祭酒，遷散騎常侍，致仕加金紫光禄大夫，卒贈禮部尚書，謚曰康，陪葬昭陵。李義府爲撰《大唐故禮部尚書張府君之碑》，《昭陵碑録》卷中載之，收入《唐文續拾》卷二。其族由此貴顯。張後胤之孫張齊丘，歷官監察御史、朔方節度使。張齊丘之子張鎰，德宗初爲宰相，充集賢殿學士，修國史。兩《唐書》有傳，盛稱其“交遊不雜”，“爲政清淨”，“招經術之士，講訓生徒”。（見《舊唐書》本傳。《新唐書》作：“以孝聞，不妄交遊”，“政條清簡，延經術士講教生徒”。）《新唐書·藝文志》著録其《三禮圖》九卷、《孟子音義》三卷。《集異記》、《酉陽雜俎》、《太平廣記》等載其軼事。

《宰相世系表》載張舟與張齊丘同輩，則是爲張鎰之叔伯輩。按此有誤。據柳宗元墓誌銘，張舟“曾祖彦師，祖瑾，考清”，而《宰相世系表》誤以彦師與瑾爲同輩。清沈炳震《唐書宰相世系表訂譌》卷六（嘉慶十八年海寧查世倓刻本）未改，趙超《新唐書宰相世系表集校》據柳集校正曰：“據志，瑾乃彦師子，《表》誤作彦師弟。”（見趙超《新唐書宰相世系表集校》，中華書局1998年版，第321頁。）

清陳景雲《柳河東集點勘》卷一云：“按《世系表》，舟，吴郡人。德宗朝名相張鎰之族。”中華書局編輯部點校本《柳宗元集》卷十張舟墓誌銘“某郡人也”下校勘記引陳氏曰：“按，陳説是。”（《柳宗元集》，中華書局1979年版，第243頁。）

兩《唐書·儒學傳》又稱張後胤“蘇州崑山人也”，《舊唐書·張鎰傳》稱張鎰“蘇州人”。張説撰《恒州長史張府君（張承休）墓誌銘》（載《文苑英華》卷九五五），張承休爲張後胤之孫，墓誌銘作“吴郡吴人”。

佚名撰《唐故綿州涪城縣丞吴郡張府君（張承祚）墓誌銘並序》（載《唐代墓誌彙編》及《全唐文補遺》），張承祚亦爲張後胤之孫，墓誌銘作“吴郡嘉興人”。

宋范成大《吴郡志》卷二十四張後胤、張承休、張鎰傳，載張後胤爲“崑山人”。

清雍正《廣西通志》卷五十《秩官》亦載：“安南都護本管經略招討等使……張舟：吴郡人，元和中任。”

按唐武德四年平江南，改吴郡爲蘇州。轄七縣，吴縣、嘉興、崑山皆七縣之一（見杜佑《通典》卷一百八十二《州郡十二》）。故諸書記載並無矛盾。

據上，安南都護張舟一族郡望皆稱“吴郡”，與朝陽巖題刻正合。

柳宗元集中除張舟墓誌銘外，卷四十又有《爲安南楊侍御祭張都護文》一篇，二文當爲前後之作。文稱“卜宅於潭州某原”，“卜葬長沙”，“魄降炎州”，按唐改長沙郡爲潭州，仍以長沙縣爲治所，設潭州都督府，轄潭、衡、永、郴、連、邵、道七州。故潭州、長沙爲一地，而與永州亦爲同一區劃所屬。

墓誌銘又載張舟有叔父爲延唐令，延唐在道州江華郡，宋改寧遠，今屬永州。

宋魏仲舉輯《五百家註柳先生集》、《新刊增廣註釋音辯唐柳先生文集》引童宗説注：“童曰：志銘在永州作。”可知張舟卒後，卜葬於此，又求志銘及祭文於此，表明張舟與潭、長、永地域具有較爲親密的關聯，間接可證此人即朝陽巖題詩之人。

惜柳集於張舟之字、里籍、年壽等皆空缺，今本惟云“諱某，字某，某郡人”，“某年月薨於位，年若干”。

《五百家註柳先生集》、《新刊增廣註釋音辯唐柳先生文集》題下，引童宗説，僅曰："張公名舟，事詳見本篇。""公諱某，字某，某郡人也"句下，亦僅引舊注曰："諱舟。"其是否字"兼聰"，無可核對。

今存《琅琊王氏宗譜》卷一有《石鼓山王右軍祠堂碑文》，載銀青光禄大夫散騎常侍上柱國襄陽公平路應撰文，中散大夫國子祭酒御史中丞上柱國武城男張舟篆蓋，中散大夫越州刺史王仮書，元和改年仲秋知剡縣事陳永秩督刊，天聖丁卯孟夏知新昌縣姜瓊重立。（郁賢皓《唐刺史考全編》："友人竺岳兵提供《琅邪王氏宗譜》收録《石鼓山王右軍祠堂碑文》稱……"；《新昌縣志》1994年版又載：《天姥王氏宗譜》載有唐元和元年平陽路應所撰《唐剡縣鼓山王右軍祠堂碑文》。）按《金石録》、《會稽掇英總集》、《永樂大典》、《全唐文》均載王師乾《王右軍祠堂碑》，趙明誠稱爲"唐立王右軍祠堂碑"。路應貞元間任温州刺史，其碑較王師乾略晚，而不見於歷代著録。但由"篆蓋"一語，可知張舟工於書法，與朝陽巖題刻嫻於書法亦相對應。

柳宗元墓誌銘稱張舟"公以忠肅循其中，以文術昭於外"，史稱其造艨艟舟，能"自創新意"，"回船向背，皆疾如飛"。按吴郡張氏自張後胤、張鎰，皆以經術著聞。張舟以詩人而從軍入幕，殆高適、岑參之流亞；以文臣而經營武略，與此前之元結、此後之陶弼皆相類似。

要之，《題朝陽巖傷故元中丞》一詩以世家詠名臣，依名勝題名句，所謂附驥尾而名益彰者乎！

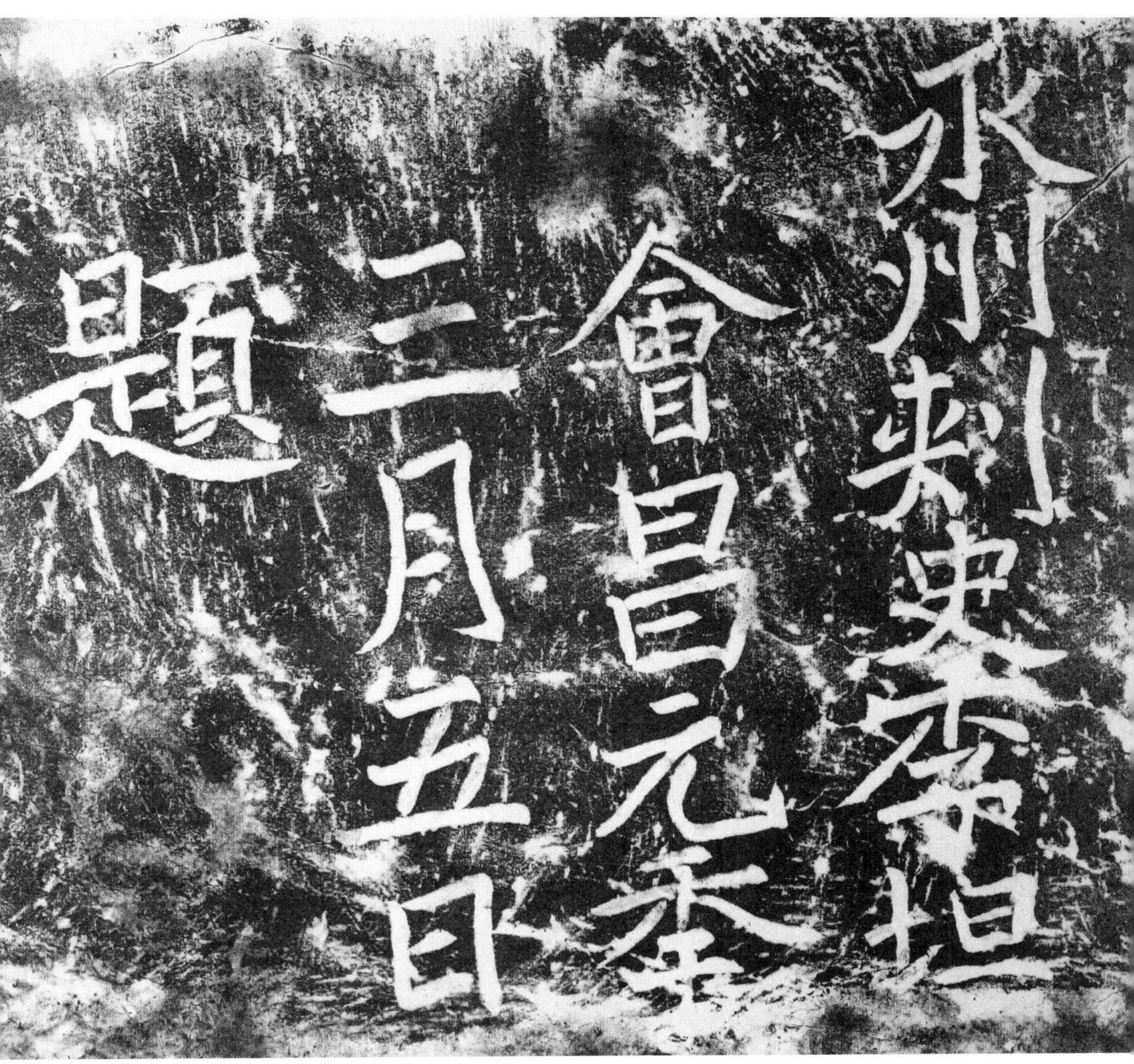
永州刺史崔坦
會昌元年
三月五日
題

# 會昌元年李坦題刻

## 釋　文

永州剌史李坦，會昌元季三月五日題。

## 考　證

題刻在朝陽巖下洞外崖壁頂部，高35公分，寬35公分，四行，楷書。朝陽巖下洞現修築有水泥平臺，題刻距离平臺地面約5公尺，難以触及，自下而望，字跡清晰，保存最爲完好。

"刺史"之"刺"作"剌"，"元年"之"年"作"季"，俱用古體。

李坦，《新唐書》卷七十二《宰相世系表二·趙郡李氏東祖》：十二世孫李渢，閬尉。長子李坦，次子李埴。明隆慶《永州府志》卷四下《職官表下》、清康熙九年《永州府志》卷四《秩官·永州府歷代官屬表》均載：唐刺史：武宗會昌：李坦：五年任。（按據石刻當作開成五年任。）事蹟不詳。

李坦在永州，有會昌元年（841）朝陽巖題刻及開成五年（840）華嚴巖題刻。宗霈、宗績辰、瞿中溶、陸增祥、劉沛均有著録。

宗霈《零志補零》卷下："唐：'永州刺史李垣，會昌元年三月五日游題。'在巖絶頂。"（"游"字衍，下同。）

宗績辰道光《永州府志》卷十八上《金石略》："唐李垣朝陽巖題名：存。'永州刺史李垣，會昌元年三月五日游題。'在巖絶頂。《零陵縣補志》據袁枚《朝陽巖詩》。案：開成五年正月，武宗即位，次歲改元。華嚴巖題名爲五年九月，此爲次年三月，相去數月，則爲一人無疑。袁詩作'李坦'，《官表》尚兩存，今斷從'垣'改定。朝陽巖極西高窾，昔人建茅閣處，陗險臨深，架板就拓，多不能遍。此石求之十餘年尚未一見，不知子才偶避何以即目？豈真迹見亦有時耶？姑俟續獲考訂。”

同書同卷著録“唐李垣華嚴巖題名”，宗績辰曰：“存。《零陵補志》始采此刻，績辰細審，實乃‘李垣’，《省志》以‘垣’字恐即會昌題名‘坦’字之誤，非也。惟九月作十月，則《補志》刻誤。”（《零陵縣補志》、《零陵補志》即《零志補零》。）

同書卷二上《名勝志》所録袁枚《朝陽洞觀會昌元年李坦題名詩》下，宗績辰按：“‘李坦’當是‘李垣’，枚殆誤筆。”

今按朝陽巖題刻確作“李坦”，宗績辰作“李垣”乃誤審。

瞿中溶《古泉山館金石文編》卷三著録“李坦華嚴巖題名”，云：“李坦題名，正書，四行。《零陵縣志》‘坦’誤‘垣’。”

陸增祥《八瓊室金石補正》卷六十八：“華嚴題名二段”載李坦另一題刻云：“‘永州剌史李坦，衡州員外司馬韓益，開成五秊九月二十九日。’高一尺，廣九尺，四行，行字不一，字徑寸餘，正書。”陸增祥曰：“‘李’下一字以余所得拓本審之，右旁上一畫並無所見，其‘旦’字似作‘㒰’，避諱故也，豈滁樓所見獨得明顯，絶無可疑？抑爲乃翁曲護之邪？《通志·職官》失載李坦、韓益名，《永志》云：‘李垣：開成五年任。’案袁枚云：朝陽洞有會昌李坦，恐即此人之譌。其會昌題名跋云：‘《官表》两存，今斷從垣改定。’莽矣！惜不得會昌題名一證之！又韓益，《永志》作‘馮韓’，大誤。其書之不足據，亦可概見。《唐書·宰相世系表》有李垣，璟州刺史，約計時代不甚符合。亦有李坦，不詳官職，皆非其人。又韓氏，《表》有益，官金部員外郎，時代與此相近，疑即其人。”

光緒《零陵縣志》卷十三、十四著録李坦二刻，劉沛案：“此刻字畫並未剥落，宗《府志》以華嚴巖爲‘垣’，改作‘垣’。及摩讀華嚴巖刻，亦係‘坦’字，豈當時未細審耶？今改從‘坦’。”

清錢載、袁枚入湖南，經永州，各有詩詠。

錢氏《蘀石齋詩集》卷二十《遊朝陽巖》詩，自注：“永州刺史李坦會昌元年五月五日題刻，洞之俯下極高處。”

袁氏《小倉山房詩文集》卷三十《朝陽洞觀會昌元年李坦題名》詩云：“韋誕昔書凌煙臺，黑頭上去白下來。朝陽巖高三百尺，李坦如何能鐫石？我想雲梯駕六鼇，終難著翅强揮毫。青山或亦如人長，昔日猶低今日高。”

鄭幸《袁枚年譜新編》：“乾隆四十九年甲辰：過興安、全州、永州，途中往遊愚溪、鈷鉧潭、朝陽洞、柳宗元祠諸景。《詩集》卷三十依次有《桂林至興安路止百里，舟行十日》、《興安》、《将到湘山寺江上有垂柳一枝，入粤以來所未見也》、《兵書峽》、《瀟湘》、《二妃廟》、《過永州太守王蓬心留飲署中，屬題小像》、《與振之公子游愚溪》、《到鈷鉧潭尋袁家渴不得》、《朝陽洞觀會昌元年李坦題名》、《柳子厚祠》、《全、永二州奇石林立如蟲蝕劍穿者，江岸不一而足，置之園中皆千金值也》。"（鄭幸《袁枚年譜新編》，復旦大學博士學位論文，2009年；上海古籍出版社2012年版。）

永州華嚴巖，在永州舊城内，弘治《永州府志》卷二云："華嚴巖在縣南三里，唐爲石門精室，據法華寺南隅崖下。"康熙九年《永州府志》卷八云："華嚴巖在城東山，郡學後，石上多鐫名人題識。"1959年東門嶺居委會於巖側設石灰廠，全巖轟毁。按李坦朝陽巖題刻，古人因其在崖頂，絶難拓印，故多不得拓本，所見者僅有華嚴巖題刻。今已得朝陽巖拓本，而華嚴巖則全毁，良可慨已。

題朝陽洞

江上朝陽洞，無人肯暫過。今來

愜心賞，迴首戀煙蘿。

義陽守李當

奉和

左丞李易題朝陽洞

[illegible]

北闕飛　新詔東山喜[illegible]　文星

勤巖　夢草句別杉蘿

[illegible]

## 咸通十四年李當《題朝陽洞》詩刻、魏誴《奉和左丞八舅題朝陽洞》及《跋》

### 釋　文

題朝陽洞

義陽守李當

江上朝陽洞，無人肯暫過。今來愜心賞，迴首戀煙蘿。

奉和左丞八舅題朝陽洞

從甥前高州軍事推官鄉貢進士魏誴

北闕飛新詔，東山喜更過。文星動巖夢，章句別杉蘿。

公嘗自中書舍人秉廉車問俗湖南。他日，宣皇帝注意急徵，值公南風中足，不克見。久之，乃有金貂之拜。洎足力如常，除户部侍郎，尋出尹河南，移宣歙，鎮褒斜，藹然龔黄之理爲天下冣，士君子莫不延頸企踵，日望霈然，爲時霖雨。先帝知之，徵拜天官氏。歲餘，除尚書左丞。于時姧臣竊國柄，凢以直道事主、不附於己者，悉去之，由是出牧於道。道人比歲陽九之灾，山民蟻聚爲賊，且起三州之兵以翦之。於是公以書先諭而招之。洎到郡之日，則遣使以逆順之理告之，禍福之門納之。不勞尺刃，而山賊革面，皆得保生生之福。耕於野而歲再稔，道人由是不聞夜吠之犬。今則四凶已去，八元□用之，□請書其事，敢爲前賀。時自道移申，及此，拜常侍，歸西掖。

咸通十四年十一月廿五日，魏誴題，進士崔鵬書。零陵縣令李璵鐫辶，處士唐元真看題，判官陳楚。

### 考　證

詩刻及跋在朝陽巖下洞右側，高55公分，寬90公分，二十五行，楷書，從左向右讀。

石刻四角有四處正方形鑿孔，長寬各 4 公分，深 5 公分，説明當日曾專門製作支架加以保護。

文字偶作古體，如“乘”作“乗”，“最”作“冣”，“凡”作“几”。

詩刻《全唐詩》不載，孫望《全唐詩補逸》卷十三據《八瓊室金石補正》補録二詩，陸心源《唐文續拾》卷六據以補録一文。魏淙跋文甚長，陸增祥總題爲《李當等詩並魏深書事》（魏深當作魏淙），陸心源題爲《書李當事》。

明人黄焯《朝陽巖集》始著録二詩，不録其跋文，“李當”誤作“子當”。至清，道光《永州府志》卷十八上《金石略》、陸增祥《八瓊室金石補正》卷六十、光緒《零陵縣志》卷十四、光緒《湖南通志》卷二百六十四、陸心源《唐文續拾》卷六，均有著録。宗績辰首録全文，光緒《零陵縣志》、光緒《湖南通志》因之，陸心源《唐文續拾》亦本宗績辰，然有譌誤。陸增祥據拓本再録，最近原刻。

宗績辰《罶雲盦金石審》云：“右李當詩石，崔鵬正書，在朝陽洞西竅絶壁上，道光丁亥始搜得之。楷法遒渾，有鍾王古意，自來金石家未見論及，隱晦之迹，久而一彰，良足重矣！魏深所述道州民變，及當諭降一事，史志皆佚，賴此得以傳之。”

宗績辰道光《永州府志·金石略》按語又曰：“案李當事無可考，其所述‘姧臣竊柄，直道不附者，悉去之’，蓋指路巖、韋保衡諸人。《新唐書·路巖傳》云：‘王政秕僻，宰相得用事。巖顧天子荒闇，以政委己，乃通賂遺，奢肆不法。與韋保衡同當國，二人勢（論）［動］天下，時目其黨爲“牛頭阿旁”，言如鬼，陰惡可畏也。’保衡‘恃恩據權，所悦即擢，不悦擠之’，‘僖宗立，爲怨家白發陰罪’，貶死。此書事在十一月，僖宗立以七月，與史正合。魏深雖當私親，所言不妄，則其諭賊之功，亦可信徵矣。弟其書‘公’字必空三，而‘主’字反祗空二，殊失倫序耳。”（陸增祥云：“案石刻，實空三格，此語誤。”）

陸增祥曰：“按《金石録·目》，李舟《朝陽巖詩》，‘大曆十三年九月，李當、牛從詩附’。自大曆十三年至咸通十四年，相距九十餘載，此題詩之李當蓋别一人也。《唐書·宰相世系表》姑臧大房有李當，官至刑部尚書，時代約亦相近，當即此題詩之人。申州義陽郡，屬淮南道。《通志》未載此刻，《永志》缺‘爲時霖雨’之‘時’，‘徵拜天官氏’之‘徵’，‘不聞夜吠’之‘聞夜’，并誤‘杉’爲‘松’，誤‘勞’爲‘瑩’，誤‘常侍’之‘侍’爲‘得’而缺‘常’字，誤‘李璵’之‘璵’爲‘琪’。其《官表》内據此刻補李當於道州，而零陵令李璵名仍未載入，皆當校補焉。又‘陳楚’上缺二字，宗氏謂似‘判官’，諦審不類。”

但陸增祥所録亦有小誤。作者“魏深”實當作“魏淙”。魏淙署款有二，一在詩題後，作“從甥前高州軍事推官鄉貢進士魏淙”，一在跋後，作“魏淙題”。其字右半部上方有點，字迹清楚可辨，均作“淙”，不作“深”。該刻迄今尚存於朝陽巖，保存完好。經與北京大學圖書館古籍特藏庫所藏清代拓本核對，亦同。（館藏著録題爲“李當魏深朝陽洞詩並記”，典藏號 21214。）

同一朝陽巖而有二唐人均名李當且皆有刻石，此事殊無可能，是陸增祥信趙氏之誤而反致再誤。

李當事蹟，見於史者僅有：

《新唐書》卷七十二《宰相世系表二》姑臧大房：李益，秘書少監。子李當，刑部尚書。子李藻，尚書右丞。

《舊唐書·懿宗紀》：咸通十二年，“三月，以吏部尚書蕭鄴、吏部侍郎歸仁晦、李當考官；司封郎中鄭紹業、兵部員外郎陸勳等考試宏詞選人。四月，以左僕射、門下侍郎、同平章事路巖檢校司徒，兼成都尹、劍南西川節度等使”。

又同書咸通十三年五月：“丙子，制開府儀同三司、檢校尚書左僕射、兼襄州刺史、御史大夫、充山南西道節度觀察等使于琮可正議大夫、守普王傅，分司東都。辛巳，敕尚書左丞李當貶道州刺史，吏部侍郎王渢貶漳州刺史，左散騎常侍李郁貶賀州刺史，前中書舍人封彦卿貶潮州司户，翰林學士承旨、兵部侍郎、知制誥張裼貶封州司馬，右諫議大夫楊塾貶和州司户，工部尚書嚴祁貶郴州刺史，給事中李貺蘄州刺史，給事中張鐸藤州刺史，左金吾衛大將軍、充左街使李敬伸儋州司户，前青州刺史、平盧軍節度使于涓爲涼王府長史，分司東都；前湖南觀察使于瓌爲袁州刺史。涓、瓌，琮之兄也。于蕩、于莊亦配流。自李當已下，皆于琮之親黨也，爲韋保衡所逐。”

《資治通鑑》卷二百五十二：咸通十三年五月：“丙子，貶山南東道節度使于琮爲普王傅、分司，韋保衡譖之也。辛巳，貶尚書左丞李當、吏部侍郎王渢、左散騎常侍李都、翰林學士承旨兵部侍郎張裼、前中書舍人封彦卿、左諫議大夫楊塾。癸未，貶工部尚書嚴祁、給事中李貺、給事中張鐸、左金吾大將軍李敬仲、起居舍人蕭遘、李瀆、鄭彦特、李藻。皆處之湖、嶺之南，坐與琮厚善故也。甲申，貶前平盧節度使于琄爲涼王府長史、分司，前湖南觀察使于瓌袁州刺史，瓌、琄皆琮之兄也。尋再貶琮韶州刺史。琮妻廣德公主，上之妹也，與琮皆之韶州，行則肩輿門相對，坐則執琮之帶，琮由是獲全。時諸公主多驕縱，惟廣德動遵法度，事于氏宗親尊卑無不如禮，内外稱之。”（與

《舊唐書》所載略同，而姓名多有異文。）

事蹟又見五代孫光憲《北夢瑣言》。卷三云：“唐李當尚書鎮南梁日，境内多有朝士莊産，子孫僑寓其間，而不肖者相效爲非。前政以其各有階緣，弗克禁止，閭巷苦之。”（又見宋王讜《唐語林》卷二。）而李當嚴懲之。卷八云：“唐李當尚書鎮興元，褒城縣有處士陳休復者，號陳七子，狎於博徒，行止非常。”（又見宋李昉《太平御覽》卷八十《方士五》。）陳氏後以修道有驗，李當甚尊敬之。

道光《永州府志》卷十一下《職官表·道州歷代官屬姓氏表》：“刺史：唐懿宗咸通：李當，見朝陽巖石刻魏深書事，官侍御史。”光緒《道州志》卷四《職官》：“江華郡刺史：李當，咸通間任，見朝陽巖石刻。”當日方志已據摩崖石刻增補。

此外不見記載，則詩刻及跋文確可補史之闕。

兹據文獻、石刻條列李當歷官如下：

一、中書舍人：李當曾任中書舍人，何年不詳，此前歷官不詳。《新唐書·百官志二》：中書省：“舍人六人，正五品上。掌侍進奏，參議表章。凡詔旨制敕、璽書册命，皆起草進畫；既下，則署行。”

二、乘廉車問俗湖南：謂李當以中書舍人本官，充任湖南觀察使。唐觀察使有巡察、安撫、存撫之名，又有巡察使、都督、按察使、按察採訪處置使、採訪處置使、黜陟使、觀察處置使諸名。《舊唐書·地理志》：“湖南觀察使：治潭州，管潭、衡、郴、連、道、永、邵等州。”《新唐書·百官志四下》：“觀察處置使，掌察所部善惡，舉大綱。”《舊唐書·崔郾傳》：“凡三按廉車，率由清簡少事，財用有餘，遂寧泰。”《宋史·王嗣宗傳》：“可授廉車，以當此任。”錢大昕《廿二史考異》：“廉車，謂觀察使也。”

三、金貂之拜：謂李當任左諫議大夫。《漢書·谷永傳》：“戴金貂之飾，執常伯之職者。”顔師古注：“常伯，侍中也。”《新唐書·百官志二》：門下省：“門下侍郎二人，正三品。”“左散騎常侍二人，正三品下。”“左諫議大夫四人，正四品下。”“給事中四人，正五品上。”李當任職中書省，升一階當是左諫議大夫。

四、户部侍郎：李當任户部侍郎。《新唐書·百官志一》：尚書省户部，“侍郎二人，正四品下”。

五、尹河南：謂李當任河南府尹。《新唐書·地理志二》：“河南府河南郡，本洛州，開元元年爲府。”《新唐書·百官志四下》：“西都、東都、北都、鳳翔、成都、河中、江陵、興元、興德府尹各一人，從三品。”原注：“開元元年，改京兆、河南府長史復爲尹。”

六、移宣歙：謂李當任宣歙觀察

使。唐置宣歙觀察使，治宣州。又稱宣州觀察使。《舊唐書・地理志一》："宣州觀察使，治宣州，管宣、歙、池等州。"

七、鎮褒斜：謂李當任山南西道節度使。褒斜，褒谷、斜谷，秦嶺中二谷名，亦棧道名，在褒城，屬梁州興元府。"鎮褒斜"代指山南西道節度使。《新唐書・地理志一》："山南西道節度使，治興元府。"

八、徵拜天官氏：謂李當爲吏部侍郎。《新唐書・百官志一》：尚書省吏部，"侍郎二人，正四品上"。原注："武后光宅元年改吏部曰天官。"據《舊唐書・懿宗紀》，李當在咸通十二年三月已在吏部侍郎任上。

九、尚書左丞：李當升任尚書左丞，當在咸通十二年三月之後，咸通十三年五月之前。《新唐書・百官志一》：尚書省，"左丞一人，正四品上；右丞一人，正四品下"。

十、牧於道：李當以尚書左丞本官，貶爲道州刺史。故咸通十四年十一月魏滐詩題仍用"左丞八舅"官稱。據《舊唐書・懿宗紀》，李當貶道州在咸通十三年五月。《新唐書・地理志》：江南道："道州江華郡，中。"

十一、自道移申：謂李當改任申州刺史。《新唐書・地理志五》：淮南道："申州義陽郡，中。"《新唐書・百官志四下》："中州：刺史一人，正四品下。"可知李當在道州及申州均降一階。李當詩刻署款"義陽守"，即申州刺史之别稱。

十二、拜常侍，歸西掖：謂李當任中書省右散騎常侍。《新唐書・百官志二》門下省："左散騎常侍二人，正三品下。"中書省："右散騎常侍二人……掌如門下省。"西掖，即中書省之别稱。應劭《漢官儀》："左右曹受尚書事，前世文士，以中書在右，因謂中書爲右曹，又稱西掖。"李當由道州至申州，經永州，途中得敕命改任，故魏滐詩稱"北闕飛新詔"，跋稱"敢爲前賀"。而二人賦詩唱和刻石，亦有紀念志喜之意。時爲咸通十四年十一月。中書省掌"制詔文章獻納"，"凡王言之制有七"，故魏滐和詩稱"文星"、"章句"。

十三、刑部尚書：李當任刑部尚書。據《新唐書・宰相世系表二》，李當官終此職。《新唐書・百官志一》：尚書省刑部，"尚書一人，正三品"。

李當又有《過信美臺》詩傳世，亦作於永州。陳尚君《全唐詩續拾》卷三十二收李當《遇信美臺詩》一首，詩云："零陵郡北雲帆落，信美臺前江月明。石淺風高灘瀨急，孤舟一夜聽寒聲。"出王象之《輿地紀勝》卷五十六《永州》。"遇信美臺詩"，陳尚君云："遇，疑應爲'過'。"是也。《全宋詩》第 72 册斷爲宋代，作者爲"李當遇"，大誤。

《輿地紀勝》原注“右常侍李當遇信美臺詩”云云，唐置右散騎常侍二人，屬中書省，掌規諷過失，侍從顧問。（另有左散騎常侍二人屬門下省。）

按《輿地紀勝》所載，仍出摩崖石刻。元結《欸乃曲》“零陵郡北湘水東，浯溪形勝满湘中”，李當詩與此情境相近，大約也作於浯溪。屈原《離騷》：“雖信美而無禮兮，來違棄而改求。”王粲《登樓賦》：“雖信美而非吾土兮，曾何足以少留。”柳宗元《登蒲州石磯望横江口潭島深迴斜對香零山》詩：“信美非所安，羈心屢逡巡。”“信美”之名出此，實寓懷鄉之意。

魏淙，爲李當從甥。咸通中鄉貢進士，任高州軍事推官。其餘事蹟不詳。

陸增祥、陸心源所作魏深（當作魏淙）小傳皆據石刻，陸心源誤作“道州軍事推官”，按李當爲道州刺史，而甥舅同在一州與古制不合。今以原刻核校，本作“高州”。唐代高州在嶺南，距道州爲近。

書者崔鵬，事蹟不詳。《新唐書·文藝傳下》有崔元翰，名鵬，以字行。柳宗元《送婁圖南秀才游淮南序》謂零陵婁君“所爲歌詩，傳詠都中”，崔比部等“相與稱其文”。注：“崔鵬，字元翰，貞元六年，自知制誥罷爲比部郎中。”《全唐詩》作者小傳：“崔元翰，名鵬，以字行，博陵人。擢進士第一人，又舉宏詞，歷官禮部員外、知制誥。終比部郎中。集三十卷，今存詩七首。”此人與石刻中“進士崔鵬書”之人年數不合，明非一人。

《全唐文》卷八百四收崔鵬《吴縣鄧蔚山光福講寺舍利塔記》一篇，出《姑蘇志》，内稱“於時咸通年，困敦歲，而我吴郡”云云。作者小傳曰：“鵬，咸通時人。謹案：此記從《姑蘇志》采出，文内載築塔在咸通困敦歲，是歲戊子，爲咸通九年。《新唐書·文藝傳》：崔元翰名鵬，以字行，德宗時知制誥，年已七十餘，咸通戊子上距德宗貞元末凡六十餘年，當别是一人。”李當魏淙題刻中或是此人，咸通九年在吴郡，十四年在永州，年月相合。

李當詩，“江上朝陽洞，無人肯暫過”，命意與元結《朝陽巖下歌》“朝陽洞口寒泉清”、“荒蕪自古人不見”相接。“迴首戀煙蘿”，則承接《楚辭·九歌》“被薜荔兮带女蘿”，轉出倦隱主題。

郭璞《遊仙詩》：“緑蘿結高林，蒙籠蓋一山。”司空圖《二十四詩品·曠達》：“何如尊酒，日往煙蘿。”魏詩之“杉蘿”，方志或誤作“松蘿”。按“松蘿”典出《詩經·小雅·頍弁》“蔦與女蘿，施於松柏”，毛傳：“女蘿，松蘿也”，陸機《毛詩草木疏》：“松蘿蔓松而生，枝正青。”然楚地少松而多杉，推揣魏淙因此而改“杉蘿”。朱慶餘《和劉補闕秋園寓興之什十首》：“逍遥人事外，杖屨入杉蘿。”陸龜蒙《奉和襲美太湖詩二十首》：“回頭問棲所，稍下杉蘿徑。”亦云杉蘿。

魏淙詩云“北闕”，謂宫省。“東山”，用東晉謝安“東山再起”典故。《晉書·謝安傳》載其隱居會稽東山，後復出居要職。李白《憶舊遊寄淮郡元參軍》詩“北闕青雲不可期，東山白首還歸去”，亦同。“巖夢”，用傅説典。《史記·殷本紀》：“武丁夜夢得聖人，名曰説……於是乃使百工營求之野，得説於傅巖中……舉以爲相，殷國大治。”“文星”，謂草詔命之官，如中書舍人之類，劉長卿《送許拾遺還京》詩：“文星出西掖，卿月在南徐。”“章句”，謂掌翰墨之官，張籍《春日李舍人宅見两省諸公唱和因書情即事》詩：“紫掖發章句，青闈更詠歌。”

李當詩，已聞詔而言歸隱；魏淙詩，稱賀而已，歸隱不得。

題朝陽洞

蜀岩峯叢路不迷曉

江風好浪花逕洞名

獨占朝陽号應有梧

桐待鳳棲

金陵樵人朱繞

易長

寶名石山保許

宅之子

# 牛徖《題朝陽洞》詩刻

## 釋　文

題朝陽洞

杜陵樵人牛徖

躡石攀蘿路不迷，曉江風好浪花仾。洞名獨占朝陽号，應有梧桐待鳳栖。

## 考　證

詩刻在朝陽巖下洞右側，高32公分，寬29公分，六行，楷書。

文字多作古體，“低”作“仾”，古今字。“佔”作“占”，“號”作“号”，“棲”作“栖”，俱用古體。段玉裁《説文注》：“凡‘嘑’、‘號’字古作‘号’。今字則‘號’行而‘号’廢矣。”

詩刻在李當、魏潨詩刻南側，舉目可望，舉手可及。舊日遊朝陽巖須經水上登岸，故陸增祥《八瓊室金石補正》云：“李當詩石，在朝陽洞西竅絶壁上。”今則朝陽巖下洞搭建有水泥平臺，易於觀覽。詩刻保存完好，除署款被後世“石山保”打破外，惟石刻表面字跡較淺，不制拓片則頗難細辨而已。

此刻王昶《金石萃編》、陸增祥《八瓊室金石補正》未收，清吴式芬《金石彙目分編》、近人楊殿珣《石刻題跋索引》等金石目録未著録，道光《永州府志・金石略》、光緒《零陵縣志・藝文志・金石》、光緒《湖南通志・藝文志・金石》不載，國家圖書館善本金石組、北京大學圖書館金石拓片特藏組未見藏拓。

詩刻趙明誠《金石録》早有著録，云：“唐題朝陽巖詩：李舟撰並正書，大曆十三年九月。李當、牛徖詩附。”

惜趙氏不著録全文，僅著録標題，惟存作者之名而已。且其標題著録亦不明确。

摩崖石刻多有僚佐、友朋同遊同題者，或同刻一石，或同時各自刻石。觀趙明誠所著録，似李舟（當作張舟）、李當、牛偞三人皆同時，故前者著録年月，後者注明“詩附”。陸增祥見咸通十四年李當詩刻，即誤以爲“自大曆十三年至咸通十四年，相距九十餘載，此題詩之李當蓋别一人也”。

今按張舟、李當、牛偞三刻各不相屬，不當稱爲“詩附”。李當詩刻實爲二首，李當一首題爲《題朝陽洞》，魏淙一首題爲《奉和左丞八舅題朝陽洞》。魏淙詩署款又有“從甥”云云，知二人爲甥舅，二詩爲同時之作，故就此二詩而言，乃可謂魏淙之奉和附於李當，《金石録》當作“牛偞、李當詩，魏淙附”爲是。如以三刻同爲朝陽巖唐刻之類，又當録作“唐題朝陽巖詩三段，又某又某”，較可使人無惑。

詩刻無年月，《金石録》將其系於“唐題朝陽巖詩”李舟（當作張舟）、李當之下，自此學者均以爲唐人。

作者牛偞，生平事蹟不詳。然北宋陶岳《零陵總記》、明胡震亨《唐音統籖》、康熙揚州詩局本《全唐詩》均將作者誤作“牛叢”，弘治《永州府志》、明黄焯《朝陽巖集》誤作“牛松”。

自趙氏以下迄未有人得見真拓，歷代方志因襲著録，以譌傳譌。然其詩刻真跡仍在，以拓本校諸書，詩題、詩句、作者之誤，皆當改正。

《全唐詩》卷五四二録牛叢《題朝陽巖》一首，詩云：“躡石攀蘿路不迷，曉天風好浪花低。洞名獨佔朝陽號，應有梧桐待鳳棲。”作者小傳云：“牛叢，字表齡，僧孺之子。開成初登第，歷踐臺省方鎮，終吏部尚書。詩一首。”（《全唐詩》上海古籍出版社縮印清康熙扬州詩局本，1986年版，第1386頁。）《全唐詩》牛叢僅此一首。今以石刻真跡及拓片核校，作者不作“牛叢”（簡體本作“牛丛”），而作“牛偞”。詩題不作“題朝陽巖”，而作“題朝陽洞”。詩文“曉天”當作“曉江”。又字體轉寫作“佔”、“號”、“棲”，筆劃增多，乃是俗體。

按牛叢爲名相牛僧孺之子，文宗朝進士，宣宗、懿宗、僖宗朝在位，見於史册。《舊唐書·懿宗紀》載：咸通五年二月，“以兵部尚書牛叢檢校兵部尚書，兼成都尹、劍南西川節度副大使、知節度事。”《新唐書·牛僧孺傳》載：“叢，字表齡，第進士，由藩帥幕府任補闕，數言事。會宰相請廣諫員，宣宗曰：‘諫臣惟能舉職爲可，奚用衆耶？今張符、趙璘、牛叢，使朕聞所未聞，三人足矣。’……咸通末，拜劍南西川節度使。……僖宗幸蜀，授太常卿。還京，爲吏部尚書。”《資治通鑑》卷二四九亦載其事，且云：“久之，叢自司勳員外郎出爲睦州刺史，入謝，上賜之紫。蕃謝，前言曰：'臣所服緋，刺史所借也。'上遽曰：'且賜緋。'上重惜服章，有司常具緋紫衣數襲從行，以備賞賜，或半歲不用其一，故當時以緋紫爲榮。"牛蕃有著述。《新唐書·藝文志》載《文宗實録》四十卷，"盧耽、蔣偕、王渢、盧告、牛蕃撰，魏暮監修"，宋王應麟《玉海》、王堯臣《崇文總目》、晁公武《郡齋讀書志》均同。

"蕃"、"嵸"字形明顯不同，當是音同而誤。趙明誠《金石録》宋淳熙龍舒郡齋刊本，及今日通行各本，此條"嵸"字皆同，是也。

按"牛蕃"之名亦非，當作"牛藂"。《舊唐書·牛僧孺傳》（中華書局1975年標點本）、《唐會要》卷八十六（江蘇書局光緒甲申刻本）、裴庭裕《東觀奏記》卷中（中華書局1994年田廷柱校點本）、《文獻通考》卷九十三（中華書局1986年重印商務印書館萬有文庫本）、清羅士琳《舊唐書校勘記》（道光二十六年揚州岑氏懼盈齋刻本），並作"牛藂"。王讜《唐語林》卷一："牛蕃任拾遺、補闕五年"，周勳初校證："牛蕃：原書作'牛藂'，二者乃異體字。"（周勳初《唐語林校證》，中華書局1987年版，第84—85頁。）

《舊唐書·牛僧孺傳》："二子：蔚、藂"，字皆从"艸"。牛蔚二子循、徽，字皆从"彳"。牛藂之子牛嶠（《舊唐書》誤作"牛蟜"），一字延峰，名、字皆从"山"。若以牛嵸、牛蕃爲同名異寫，則是父子名字皆从"山"，不通。

零陵朝陽巖石刻署款"牛嵸"上又有"杜陵樵人"四字。"牛嵸"、"杜陵樵人"不知爲誰，按牛蕃爲名門貴宦，其別號不宜稱"樵人"。（韓偓官至兵部侍郎、翰林承旨，晚年得罪入閩依威武軍節度使王審知，乃自號"玉山樵人"。）此詩作者牛嵸當别有其人，後世誤歸《題朝陽洞》作者爲牛蕃，《全唐詩》作者小傳當改。

《唐音統籤》與《零陵總記》爲《全唐詩》致誤原由。

《全唐詩》牛蕃《題朝陽巖》一詩原出明胡震亨《唐音統籤》卷八五〇《己籤》，作者名及小傳全同，惟"攀蘿"《唐音統籤》誤作"扳蘿"，增謁一字。（明胡震亨《唐音統籤》，《四庫全書存目叢書補編》影印北京故宫博物院藏清康熙刻本配鈔本，齊魯書社2001年版，第482頁。）

《唐音統籤》又於詩題《題朝陽巖》下引《零陵總記》爲注，云："朝陽巖在永州城西南一里餘，元結以其東向，日先照，名之。"

《零陵總記》十五卷，宋陶岳撰，《宋史·藝文志》有著録。宋晁公武《郡齋讀書志》卷八著録爲《零陵記》，云："《零陵記》十五卷。右皇朝陶岳撰。永州地里志也。今永州所部才三縣，其所録多連及數郡。自序云：以其皆零陵舊地，故收之。”

陶岳爲北宋初永州祁陽人，著有《五代史補》、《荆湘近事》、《零陵總記》、《貨泉録》等。

明《寰宇通志》卷五十八《永州府》“人物”云：“陶岳，字介丘，祁陽人，登雍熙二年乙科，累官太常博士，知端州。余靖過端，訪諸父老，言前後刺史不求硯者惟包孝肅及公二人。歷官四十餘年，五爲郡守。有文集行於世。”“科甲”又云：“陶岳，祁陽人，宋雍熙二年梁顥榜進士。”

民國《祁陽縣志》卷七上《人物志》：“陶岳，字舜咨。祖讜。父鈞，贈殿中丞。岳，太平興國五年進士。性清介，以儒學有名，官太常博士，尚書職方員外郎，知端州。後余靖過端，訪諸父老，言爲研所苦，前後刺史不求研者，惟包拯及岳二人而已。歷官四十年，五爲郡守。卒，贈刑部侍郎。著有《五代史補》，多爲司馬光《資治通鑑》所采録。又有《零陵總記》，記漢零郡事，非宋永州事。慨永州爲一軍之趨於弱喪，不敢明言，識亦遠矣。子弼，字商翁……”

又乾隆《祁陽縣志》卷五《選舉》考辨曰：“陶岳係太平興國五年進士，誤入雍熙二年，蓋雍熙二年者，陶弼也。”

陶岳之字，諸書多誤作“介立”，按“岳”字从“丘”，由其名、字對應而言，陶岳字當作“介丘”。“丘”字古文作“㐀”，與“立”形近而譌。陶岳之子陶弼，官至順州知州。據今永州文廟所藏《大宋故東上閤門使康州團練使知順州天水郡侯陶公（陶弼）墓誌銘並序》碑刻云：“父諱岳，字介丘。”當以宋碑爲是。

《零陵總記》爲記載舊零陵境内名勝最早的專書，宋明人解唐人詩句多援引爲據。其書已佚，輯本先有清陳運溶自宋任淵《山谷詩注》録出七條，收入《麓山精舍叢書》；後有王曉天補輯一條，共八條。（王曉天《北宋史學家陶岳其人其書考略》，《求索》1988年第6期。按其輯佚多有未盡，編次亦誤，八條實爲四條。）及張京華輯補，共三十六條，合併條目編爲二十九條。（張京華《宋陶岳〈零陵總記〉輯補》，《雲夢學刊》2010年第3期。）又有李清良自《詩話總龜》中輯出《零陵總記》詩話二十二條，與《五代史補》、《湖湘故事》二書所輯共三十五條，題爲《陶岳詩話》。（吴文治主編《宋詩話全編》第十册，江蘇古籍出版社1998年版，第10433—10442頁。）

清文淵閣《四庫全書》本《説郛》又有唐陸龜蒙《零陵總記》一種，共十八條。紬繹其内容，其中一條采自陶岳，另十七條均爲誤收，故不可信。（詳見張京華《〈説郛〉本唐陸龜蒙〈零陵總記〉辨僞》，刊《中國典籍與文化》2010年第4期。）

宋阮閲《詩話總龜前集》卷十六連引《零陵總記》七條，以“懷素臺”爲第一條，注明出《零陵總記》，此下依次爲“白沙驛”、“法華寺”、“朝陽巖”、“瀟水湘水”、“浯溪”、“淡塘”六條，“淡塘”下注明“並同前”。

其“浯溪”一條與陳運溶《麓山精舍叢書》所輯對照，文字大致相同。

其“朝陽巖”一條云：“朝陽巖，在永州城西南一里餘，元結所名也，以其東向，日先照，故名。杜陵有歌云：‘朝陽巖下瀟水深，朝陽洞中寒泉清。零陵城郭夾瀟岸，巖洞幽奇當郡城。荒蕪自古人不見，零陵徒有《先賢傳》。水石爲娱焉可忘，長歌一曲留相勸。’又有牛叢詩云：‘躡石攀蘿路不迷，曉天風好浪花低。洞名獨佔朝陽號，應有梧桐待鳳棲。’”（周本淳校點《詩話總龜前集》，人民文學出版社1987年版，第188-189頁。《四部叢刊》景明月窗道人《增修詩話總龜》本、清乾隆刻本、文淵閣《四庫全書》本、周本淳校點簡體字《詩話總龜前集》本，各本均同。）

所記元結詩，文字與《唐音統籤》、《全唐詩》、《四部叢刊》景明正德郭勳刊本《唐元次山文集》與《文集補》，及中華書局孫望校本《元次山集》稍有不同。而題注“朝陽巖”云云，與《唐音統籤》對照，文字大致相同，推測阮閲與胡震亨所引有共同來源。

按此爲今所見“牛叢”一名的最早出處，“潨”誤作“叢”亦始乎此。故兹判斷作者姓氏等誤始於陶岳《零陵總記》，先導致宋阮閲《詩話總龜前集》及明胡震亨《唐音統籤》之誤，進而導致《全唐詩》之誤。

“朝陽巖下瀟水深”一詩作者爲元結，而《零陵總記》以爲“杜陵”所作，亦誤。宋阮閲《詩話總龜》，宋祝穆《方輿勝覽》卷二十五《永州·朝陽巖》“杜陵有歌云”，《永樂大典》卷九千七百六十三“杜陵歌”云云，並沿其誤。《永樂大典》卷九七六三引洪武《永州府志》因之，題作“杜陵歌”。推其致誤之由，乃是將“杜陵樵人牛潨”石刻署款割裂爲二所致。

自趙明誠之後，學者所著録，有金石志與藝文志两種系統。凡金石志皆沿襲《金石録》，作者題爲“牛潨”，然有目無文。凡藝文志皆與《零陵總記》、《唐音統籤》、《全唐詩》同，載詩句全文，然作者誤作“牛叢”。（唯嘉靖《湖廣圖經志書》卷十三《永州府》作者誤作“牛諒”。）

南宋陳思《寶刻叢編》卷二十引趙明誠《金石録》“題朝陽巖詩”一條作“牛潨”。

明胡震亨《唐音統籤》卷三十三《集録四》述唐詩之在金石者，“題朝陽巖詩”一條引趙明誠《金石録》作“牛徖”。

清吴式芬《金石彙目分編》卷十五《待訪》有“唐李舟等朝陽巖詩”，引《金石録》（寫作《金石録目》）作“牛徖”。

清宗績辰道光《永州府志》卷十八上《金石略》“唐題朝陽巖詩”引《金石録》（寫作《金石目録》）作“牛徖”。（抽印單行本題爲《永州金石略》一卷亦同。）

清劉沛光緒《零陵縣志》卷十四《藝文志·金石》引《金石録》（寫作《金石目録》）作“牛徖”。（抽印單行本題爲《零陵金石志》一卷亦同。）

清光緒王先謙編《湖南全省掌故備考》卷十七《金石一》引《金石録》作“牛徖”。

清光緒同德齋主人編《廣湖南考古略》卷二十六《金石》“唐李舟等朝陽巖詩”條及“唐李當朝陽洞詩”條均作“牛徖”。

清倪濤《六藝之一録》卷八十八引《金石録》作“牛從”。

清嘉慶《湖南通志》卷二百五《金石六》（瞿中溶撰，抽印單行本題爲《湖南金石志》二十卷）引《金石録》（寫作《金石録目》）作“牛徖”。而该書卷十三《山川》“朝陽巖”引紀詠詩則作“牛叢”，詩題及文字與《全唐詩》全同。清光緒《湖南通志》卷二六四《藝文志·金石》（陸增祥撰，抽印單行本題爲《湖南金石志》三十卷）亦引《金石録》（寫作《金石録目》）作“牛徖”。而該書卷十八《地理志·山川》“朝陽巖”引紀詠詩亦作“牛叢”，詩題及文字與《全唐詩》全同。是爲金石志與藝文志两種著録系統不同而各自單行之顯例。

以上金石系統並遵趙氏《金石録》，惜皆空列條目。推測趙明誠當是迄今以前唯一見到牛徖詩刻拓本的學者。

今既見石刻真跡，两種著録系統乃得统一，而其譌誤亦得改正。

近人楊殿珣編《石刻題跋索引》詩詞部分於唐大曆著録《題朝陽巖詩》等三刻（云大曆十三年九月，不云李舟等），於咸通著録《朝陽巖李當等詩並魏深書事》一刻，亦未察知二者之關聯而分别爲两條。（楊殿珣《石刻題跋索引》，長沙商務印書館1940年版，北京商務印書館1990年增訂版，第447、451頁。）

當代學人亦有作者及地点之誤解。

杜甫自號“杜陵野客”、“杜陵布衣”、“杜陵野老”、“杜陵諸生”，有學者遂以爲“朝陽巖下瀟水深”爲杜甫佚詩。按元結自宋以來有集而散，今本以明刻爲最早，而《朝陽巖下歌》載於宋陶岳《零陵總記》中，謂“杜陵”所作，此詩作者遂有疑而難辨。

陳尚君《杜詩早期流傳考》云：

"《增修詩話總龜前集》卷十六引陶岳《零陵總記》録杜陵《朝陽巖歌》，仇兆鼇因杜甫遊跡未嘗至永州而疑爲後人所托。今按，余嘉錫先生《四庫提要辨證》卷五《五代史補》考證，陶岳爲祁陽人，雍熙二年進士，約仁宗初年卒。岳時代較王洙爲早，所録當别有所據，尚難遽斷爲僞。杜甫是否到過永州，其詩是否一定作於永州，均有待考證。宋初杜詩抄本較多，必有秘而不宣以至亡佚的。"（陳尚君《杜詩早期流傳考》，《中國古典文學叢考》第一輯，復旦大學出版社 1985 年版，第 172 頁。又見陳尚君《唐代文學叢考》，中國社會科學出版社 1997 年版，第 326 頁。）

陳尚君所論原於仇兆鼇。仇氏《杜詩詳注・補注》卷上云："《朝陽巖歌》：此歌出《零陵總記》，謂'杜陵'所作，今見《詩話總龜》。……朝陽巖，在永州城西南一里餘，唐元結所名也。以東向，日先照，故名。今按杜公遊跡未嘗至此，且詩義淺薄，恐亦後人所托者。"

按元結《朝陽巖下歌》"朝陽巖下湘水深，朝陽洞口寒泉清"數句，千古名篇，自南宋王象之《輿地紀勝》已見記載，明言"元結朝陽巖下歌"，向無争議，非"杜陵"之作無疑。元結永泰元年春遊道州無爲洞，作《無爲洞口作》云："無爲洞口春水满，無爲洞傍春雲白"，句式與此全同。元結此詩題詠山水，而歸旨聖賢，"零陵徒有《先賢傳》"、"水石爲娱安可羡"二句，皆有命義，不可謂"詩義淺薄"。陶氏爲祁陽名族，陶岳之子陶弼《宋史》有傳，有《邕州小集》傳世，陶氏是否祁陽人不必待余嘉錫考證而後定。《零陵總記》稱引詩句多出於石刻，杜甫既未來此，自然難以上石。陶岳雖家零陵，而所記或出耳聞，未能親見原石，詳辨拓本。陳氏言"别有所據"、"尚難遽斷"、"有待考證"、"必有亡佚"，辯語雖多，皆因不知陶岳誤載詩刻。今由"杜陵樵人牛嵸"石刻真跡，辨明陶氏之誤，可以無疑。

杜甫於大曆二年，即元結覓得巖洞且命名之次年，作《同元使君舂陵行有序》，詩云："呼兒具紙筆"、"墨淡字欹傾"、"感彼危苦詞，庶幾知者聽"；序云："覽作二首"、"簡知我者，不必寄元"，明爲信札往返，未嘗相見。不可由陶岳"杜陵"一誤，遂奪元詩爲杜詩也。

山西晉祠亦有朝陽洞，又稱朝陽巖。姚奠中主編《詠晉詩選》收録牛叢《題朝陽巖》一首，謂："牛叢，字表齡，唐朝宰相牛僧孺的兒子，文宗開成二年進士。官至吏部尚書。襄王之亂，他避難來到太原。這首詩當是他避居太原時所作。"（姚奠中主編《詠晉詩選》，山西人民出版社 1980 年初版，山西古籍出版社 2001 年再版，第 40—41 頁。

師海貌《太原詩文集萃》"朝陽洞"條、張德一等《晉祠攬勝》"牛叢"條略同。）而未注明出處。按雍正《山西通志》卷二百二十六載牛叢《題朝陽巖》，當是其詩選所本。然姚奠中曾到永州，並賦朝陽巖詩，見《永州五首》之三。（《姚奠中講習文集》，研究出版社2006年版，第1221頁。）惜其未見牛從詩刻，又未詳辨二朝陽洞。

按牛從詩中"朝陽"、"鳳棲"，典出《詩經·大雅·卷阿》："鳳皇鳴矣，于彼高岡。梧桐生矣，于彼朝陽。""應有梧桐待鳳栖"意謂零陵乏才士，與元結詩"荒蕪自古人不見，零陵徒有《先賢傳》"蟬聯相接，命義相近，確是紀詠零陵朝陽巖之作，同時亦爲元結《朝陽巖下歌》最早的疏解。

晉祠之有朝陽洞，爲時甚晚，至明代邑人高一麟，及清代太原人傅山、邑進士李從龍等，始見諸歌詠。高一麟有《遊朝陽洞》，傅山有《朝陽洞》，李從龍有《登朝陽洞》，見道光六年《太原縣志》卷十四《藝文》，而《詠晉詩選》無一選入。

檢《全唐文》卷八百二十七録牛叢《報坦綽書》、《責南詔蠻書》二篇，作者小傳云："叢，字表齡，宰相僧孺子。第進士，累官睦州刺史。咸通末拜劍南西川節度使。僖宗幸蜀，授太常卿，還授吏部尚書。嗣襄王亂，客死太原。"《詠晉詩選》謂"當是避居太原所作"，似據《全唐文》作者小傳，實爲誤上加誤。

然則"躡石攀蘿路不迷"一詩實非作於晉祠，作者亦非牛叢。以原刻真跡而論，原刻在此不在彼，其非晉祠景物無疑。原刻乃是一級文獻，斯爲確證。

關於"杜陵樵人"之真實身份，茲試加推測如下：

今石刻署款上有"□陵樵人"四字，□字被"易宅寄名石山保長命之子"的"命"字打破，辨其字形似"杜"字。但"石山保"乃是晚出，陶岳撰《零陵總記》時，其字當尚完整。

明洪武《永州府志》卷七《山巖》題作"杜陵樵人牛松"。明弘治《永州府志》卷六《永州府題詠》題爲"杜陵牛松"。明《永樂大典》卷九七六三題作"牛崧詩"。三書文字與《全唐詩》全同。按"從"、"崧"、"松"三字當是形近而誤，"杜陵"二字不誤，惟脱漏"樵人"二字。可證今石刻中被打破之字確爲"杜"字。

又前文阮閱《詩話總龜前集》引《零陵總記》"杜陵有歌"云云之誤，推測係由石刻署款"杜陵樵人"而起，亦間接證實石刻中被打破之字爲"杜"字。

此"杜陵樵人牛從"生平事蹟不詳。唐德宗時有"杜陵山人"，不知是此人否？唐戎昱《聽杜山人彈胡笳》詩云："緑琴胡笳誰妙彈，山人杜陵名庭蘭。杜君少與山人友，山人没來今已久。”又曰：“杜陵攻琴四十年”，又曰：“杜陵先生證此道”。按杜陵爲地名，本漢宣帝陵，在京兆，不宜作人名，只可作别號。（南宋有杜汝霖，其孫名杜陵，當時已失關中，不在版圖，故有别。）詩文“山人杜陵”當是“杜陵山人”稱號之倒寫。詩中彈胡笳者，可稱“杜陵先生”、“杜陵山人”、“杜山人”、“山人”、“杜君”，或徑稱“杜陵”。所云“名庭蘭”，實爲字，所謂“以字行”者。戎昱曾至湖南，今存《湖南春日二首》、《湖南雪中留别》、《衡陽春日遊僧院》、《宿湘江》、《湘南曲》諸詩，又有《送零陵妓》（又題《送妓赴于公召》）一首，詩中自稱“使君”。唐范攄《雲溪友議》卷上“襄陽傑”條（《太平廣記》卷一百七十七《器量二》“于頔”條引之）、宋王讜《唐語林》卷四《豪爽》、宋李頎《古今詩話》二一八條“戎昱送歌妓詩”、宋阮閱《詩話總龜前集》卷二十三、明蔣一葵《堯山堂外紀》卷二十八《唐》“戎昱”條，皆載其本事，稱戎昱爲“零陵之守”、“零陵守”，又稱“唐戎昱守零陵”。假使“杜陵樵人”、“杜陵山人”爲别稱，牛從有字名“庭蘭”，則當貞元間其人隨戎昱在零陵，亦有可能。

又《舊唐書·杜甫傳》載杜甫卒於湖南耒陽，元和中始歸葬河南偃師。耒陽舊有杜甫祠、杜陵書院，始建於唐代。

明嘉靖《衡州府志》卷五《學校·書院》：“耒陽縣：杜陵書院：在縣北二里，杜陵墓側，今廢。”清康熙《衡州府志》卷七《耒陽·書院》：“杜陵書院：在縣治北二里，即杜甫祠堂處。左右書舍各六間，唐建。明嘉靖辛亥知縣馬宣重修。”乾隆《衡州府志》卷十六《學校》：“耒陽縣：杜陵書院：在縣北二里，即杜甫祠，唐時建。明嘉靖中知縣馬宣重建。”康熙《耒陽縣志》卷二《學校·書院》：“杜陵書院，即縣志北杜甫祠，唐建。”光緒《湖南通志》卷六十九《學校志·書院》：“杜陵書院在耒陽縣北，祀唐杜甫，唐建。”嘉慶《重修一統志》卷三百六十二《衡州府》：“杜陵書院：在耒陽縣北二里，唐建，明嘉靖中重修。”

“杜陵樵人”或者爲耒陽杜陵書院中人，與零陵相近而來遊。然此謹爲推測，存疑待考。

石刻未署年月，此刻陶岳、趙明誠先後有著録，陶氏爲五代宋初人，趙氏爲北宋南宋之間人，《金石録》次第在咸通十四年李當詩刻之後，未必有據，推測當在唐末以前，大體無差。故茲次於張舟、李坦、李當諸刻之下。

# 宋代

七言四韻詩一章

新知永州潘宮贊

赴任　翰林學士賈黄中上

[illegible]鷺行中已著名

[illegible]條暫慰遠民情道途行去

[illegible]軺貴

里過時晝錦榮鈴閣曉開

月滿戟秋寒照雪峯明知

游刃多餘暇草字新詩寄

鳳城

平南推官將仕郎試秘書省校書郎[illegible]奉命書

太宗雍熙四年正月元日立

# 雍熙四年賈黄中《送新知永州潘宫賛若沖赴任》詩刻

## 釋　文

七言四韻詩一章，送新知永州潘宫賛若沖赴任

翰林學士賈黄中上

鴛鷺行中已著名，頒條暫慰遠民情。道途行去乘軺貴，鄉里過時晝錦榮。鈴閤曉開江月满，戟枝寒照雪峯明。知君游刃多餘暇，莫忘新詩寄鳳城。

軍事推官将仕郎試秘書省校書郎潘孝孫奉命書，大宋雍熙四年中元日鐫。

## 考　證

詩刻作於宋太宗雍熙四年（987）。

詩刻在朝陽巖下洞右側，高 64 公分，寬 92 公分，十三行，楷書。

詩作於汴京，刻石於永州，古稱“寄刻”。

宗績辰《留雲盦金石審》：“右正書，先零陵輯《補零》時拓手誤遺下二行，失其時次，遂疑即是潘衢，今補拓改正。”“先零陵”謂其父宗霈。宗霈字稼秋，號静軒，又號筠深、雲聲，會稽人。嘉慶十四年進士，嘉慶二十年任零陵知縣，卒於官。著有《静軒詩文集》。又有《零志補零》三卷，嘉慶二十二年刊行。光緒《零陵縣志・官師》有傳，稱其“輯《零志補零》，苦節遺貞，搜采畢登，殘碑斷碣，網羅殆遍”。

《八瓊室金石補正》：“《永志》載此誤‘試’爲‘兼’，據石正之。潘若沖知永州，《通志・職官》誤‘沖’爲‘仲’。潘孝孫爲推官，省、府志均失載。賈黄中，字媯民，史有傳。雍熙初，掌吏部，選除官吏，品藻精當。史又稱其多所薦引，然未嘗自言，人亦莫

之知。潘若沖或亦所薦引也。”

《宋史·太祖本紀》：乾德元年三月，“戊寅，慕容延釗破三江口，下岳州，克復朗州，湖南平。得州十四、監一、縣六十六”。至此雍熙四年，距湖南歸附已二十四年。

此爲賈黄中送永州知州潘若沖赴任詩，當作於汴京。

作者賈黄中，字媧民，滄州南皮人。《宋史》有傳，乃與李昉、吕蒙正、張齊賢合傳。略云：十五舉進士，授校書郎、集賢校理，遷著作佐郎、直史館。太平興國八年，與宋白、吕蒙正等同知貢舉，遷司封郎中，充翰林學士。雍熙二年又知貢舉，俄掌吏部選。端拱初加中書舍人，二年兼史館修撰。凡再典貢部，多柬拔寒俊，除擬官吏，品藻精當。淳化二年秋，拜給事中、參知政事。《傳》稱：“黄中幼聰悟，六歲舉童子科，七歲能屬文，觸類賦詠。”“黄中端謹，能守家法，廉白無私。多知臺閣故事，談論亹亹，聽者忘倦焉。”“當世文行之士，多黄中所薦引，而未嘗言，人莫之知也。然畏慎過甚，中書政事頗留不決。”

史官論贊云：“太宗勵精庶政，注意輔相，以（李）昉舊德，亟加進用，繼擢（吕）蒙正、（張）齊賢，迭居相位；復進（賈）黄中，俾參大政。而四臣者将順德美，修明庶政，以致承平之治，可謂君臣各盡其道者矣。君子謂李昉爲多遜所毁而不校，蒙正爲張紳所汙而不辨，齊賢爲同列所累而不言，黄中多所薦引而不有其功，此固人之所難也。而況四臣者皆賢宰輔，又能進退有禮，皆以善終，非盛德君子，其孰能與於斯！”

《宋史·太宗本紀》又載：端拱二年九月，“以右僕射李昉、參知政事張齊賢並平章事，翰林學士賈黄中、李沆並爲給事中、參知政事。帝飛白書‘玉堂之署’四字，以賜翰林承旨蘇易簡”。同書《蘇易簡傳》：“雍熙初，以郊祀恩進秩祠部員外郎。二年，與賈黄中同知貢舉。”“易簡幼時隨父河南，賈黄中來使，嘗教之屬辭；及是，悉爲同列。”又同書《謝泌傳》：“謝泌，字宗源，歙州歙人。自言晋太保安二十七世孫。少好學，有志操。賈黄中知宣州，一見奇之。”凡此皆堪以爲佳話。

《宋史·藝文志》著録《賈黄中集》三十卷，《神醫普救方》一千卷，與周扈蒙、董淳合撰《顯德日曆》一卷，張洎撰《賈黄中談録》一卷。《宋史·禮志》又載：“開寶中，四方漸平，民稍休息，乃命御史中丞劉温叟，中書舍人李昉，兵部員外郎、知制誥盧多遜，左司員外郎、知制誥扈蒙，太子詹事楊昭儉，左補闕賈黄中，司勳員外郎和峴，太子中舍陳鄂撰《開寶通禮》二百卷，既又定《通禮義纂》一百卷。”

今文集三十卷已佚，《賈氏談録》

一卷尚存。

潘若沖時新任永州知州。

所云“知州”,《宋史·職官志》:“宋初革五季之患,召諸鎮節度會於京師,賜第以留之,分命朝臣出守列郡,號權知軍州事,軍謂兵,州謂民政焉……掌總理郡政,宣佈條教,導民以善而糾其奸慝,歲時勸課農桑,旌別孝悌,其賦役、錢穀、獄訟之事,兵民之政皆總焉。”

《廿二史考異·宋史·地理志》:“案宋制,州有四等:曰節度州、曰防禦州、曰團練州、曰刺史州。志稱軍事者即刺史州也。刺史州之幕職例稱軍事推官、軍事判官,故志稱軍事。《春明退朝録》云:‘節度州爲三品,刺史州爲五品。’”

“宫賛”即贊善大夫,簡稱“贊善”,爲東宫屬官,故又簡稱“宫賛”。《宋史·職官志》:“階官未行之先,州縣守令,多帶中朝職事官外補,階官既行之後,或帶或否,視是爲優劣。”

詩題中之潘宫贊即潘若沖。潘若沖,南楚舊臣,後歸宋。文獻或作“潘若仲”、“潘欲沖”、“潘若同”者誤。太宗太平興國中任桂林知府,雍熙間以贊善大夫本官出任永州知州。由石刻可知,潘若沖任永州知州在雍熙四年。

《北宋經撫年表》、《宋詩紀事》謂“太平興國六年以右贊善大夫知揚州,官終桂林守”,“官終”誤。

王河《宋代佚著輯考》謂“以右贊善大夫授維揚通理,雍熙初年,知零陵縣”,“知縣”亦誤。

《全宋詩》載潘若沖詩五首,《全宋文》載潘若沖文一篇。《全宋文》作者小傳云:“寶元初爲虞部員外郎,二年爲三班奉直。嘉祐中,歷任宫苑使、大名府路駐泊兵馬都監鈐轄。”不言爲桂林知府、永州知州,有脱漏。詩刻足以補史之闕。

李調元《全五代詩》作者小傳云:“若沖,楚人,事馬殷。入宋,官桂林守。”

《續資治通鑑長編》載其仁宗寶元元年由虞部員外郎獲貶,嘉祐三年以宫苑使充契丹國祭奠副使,神宗熙寧八年爲右侍禁。清雍正《揚州府志》、乾隆《江都縣志》、嘉慶《揚州府志》、光緒《增修甘泉縣志》、民國《續修江都縣志》均載:“崇道宫,宋博士孫邁及贊善潘若沖所建。”

《宋史·藝文志》著録“潘若沖《郡閣雅言》二卷”。宋晁公武《郡齋讀書志》卷三下云:“太宗時,守郡與僚佐話及南唐野逸賢哲異事佳言,輒疏之於書,凡五十六條,以資雅言。”宋陳振孫《直齋書録解題》卷十一云:“潘若沖《郡閣雅言》二卷:贊善大夫潘若沖撰。案晁公武《讀書志》稱‘潘若同撰’,《文獻通考》云:《書録解題》作《郡閣雜言》，題‘贊善大夫潘欲沖’撰，今此本仍作《郡閣雅言》，惟稱‘若沖’則互異。”阮閱《詩話總龜》、計有功《唐詩紀事》、厲鶚《宋詩紀事》、鄭方坤《五代詩話》引其書作《郡閣雅談》、《雅言雜載》，今存《説郛》本。

宋曾慥《類説》卷二十二引五代陶岳《荆湖近事》：“廖融詩云：‘遠山秋带雨，水館夜多風。’潘若沖《陽朔縣》詩云：‘門連百越水，地管數千峰，郭影雲連樹，林聲月带春。’二人更唱迭和，詩家之勍敵。太宗懲五代場屋之弊，以詞賦策論取士，融、沖之徒稍稍引去。融曰：‘豈知今日之詩道，一似大市裏賣平天冠，並無人問耶？’”宋阮閱《詩話總龜》、宋胡次焱《梅巖文集》、元陰勁《韻府群玉》、明陳耀文《天中記》、清翟灝《通俗編》、清張英《淵鑑類函》、清宋長白《柳亭詩話》、清張岱《夜航船》、清鄧顯鶴《沅湘耆舊集前編》、廖元度《楚風補》諸書亦引其事。

廖融字元素，馬楚時隱居衡山，自號衡山居士，與潘若沖同爲馬楚詩壇領袖。清李元度《南嶽志》：“潘若沖罷桂州，經南嶽，留鶴一隻，與廖融並贈詩曰：‘峭格數年同野興，一官才罷共船歸……’”

賈黄中於雍熙二年知貢舉，掌吏部選，陸增祥云“潘若沖或亦所薦引”，可謂言有所自，“鴛鷺行中已著名”一句，或即由此而發。

而賈黄中自署“翰林學士賈黄中上”，以品位而論，不得言“上”，或由年齒。

又潘若沖與賈黄中俱爲十國遺臣。《沅湘耆舊集》：“若沖楚人，事馬氏，入宋知桂林事。”按《宋史·世家·湖南周氏》，馬殷專有湖南，在唐乾寧二年，至後周廣順初，馬氏入於南唐，遂爲周行逢所據。開寶四年，宋平南漢。《宋史·賈黄中傳》：“嶺南平，以黄中爲採訪使，廉直平恕，遠人便之。”《御選宋金元明四朝詩·御選宋詩》卷六十四録賈黄中《桂林還珠洞》詩：“赫赫威聲振百蠻，肯擕筐筥溷溪山。無人爲起文淵問，端的珠還薏苡還。”厲鶚謂出“顧氏選本”。當即此時所作。桂林前屬馬楚，後爲南漢地，《宋史》言賈黄中以“謹厚”爲太宗所知遇，良有以也。

清厲鶚《宋詩紀事》卷四載潘若沖《寄南嶽廖融》一首，注云：“若沖，太平興國中官桂林守。”

而潘若沖曾官於此，故二人或契知於此時也。

潘孝孫，陸增祥謂省、府志均失載，是也。由署款可知，雍熙四年潘孝孫以將仕郎、試秘書省校書郎的本官，出任永州推官。又檢曾鞏《元豐類稿》卷四十五有《旌德縣太君薛氏墓誌銘》，曰："女二人，長適開封黄思問，次適吴郡潘孝孫，皆進士。"

詩刻署款"雍熙四年中元日鐫"，中元日爲八月十五日，作詩時間當在此年稍早時候。

據署款，詩刻作者爲賈黄中，書者則爲潘孝孫，字劃方直，有魏碑意。

秋日同

知州潘贊善朝陽留閑呈歸郡中書事

守太僕寺丞通判軍州事鄭昭符

白帝乎龍駕雲旋西[illegible]金天鶴玉燭九[illegible]黃[illegible]

不乾二八飛藍健相續〻[illegible]

兆皇詔擬爾竹[illegible]是盡來移來作妝淡神

一秋枝風端烈鉄先然靜林麓曾蕭照承明朝旭

[illegible]崖[illegible]寺木山閣冷煙浮漢鐘酒旗捎雨歸

[illegible]人問下時紛余方[illegible]

[illegible]

# 雍熙四年郭昭符《秋日同知州潘賛善朝陽喦閑望歸郡中書事》詩刻

## 釋　文

秋日同知州潘賛善朝陽喦閑望歸郡中書事

守太僕寺丞通判軍州事郭昭符

白帝呼龍駕雲簇，西上金天調玉燭。九山聳黛凝不乾，二水飛藍健相續。紫皇詔换魚湏竹，皂盖朱旛来作牧。波神一夜收風湍，烈鈌先秋静林麓。曾巖照水明朝旭，掛壁衡崖擁奇木。山閣吟煙薄暮鍾，酒旗拂雨臨溪屋。放歌身外光景促，短鬢人間片時緑。金刀莫惜裁舞衣，銀榼長湏傾美禄。梨母漿酸實才熟，橄欖香新味初足。盤中笋箸堆素絲，筋頭石鱉挑青玉。歡情日去無覊束，逸思涼飄邊煙谷。畫橈弄水沙裳輕，朱鞅追風桃花速。迴看山下多麇鹿，浩歌天邊少鴻鵠。歸來刁斗轉分明，永夜公堂守幽獨。玉書親省神仙囑，金液懸知龍虎伏。多謝南宫潘美人，侍向零陵接高躅。

□熙□□□□□日立□。

## 考　證

詩刻作於宋太宗雍熙四年（987）。

詩刻位於朝陽巖逍遙徑下方巖壁，高94公分，寬83公分，十八行，楷書。因正當流水沖刷，磨泐嚴重，第八聯、尾二聯與署款已難識讀。

此詩明黄焯《朝陽巖集》、清宗績辰道光《永州府志》、清陸增祥《八瓊室金石補正》皆收録，三者都依據石刻拓本著録。黄焯《朝陽巖集》著録全詩，惟不録署款。宗績辰、陸增祥著録詩句不全，嘉慶《零陵縣志》、光緒《湖南通志》、光緒《零陵縣志》、清陸心源《宋詩紀事補遺》仍之，可知詩刻在明嘉靖時尚完整，至清道光時已殘缺，而清人又未見《朝陽巖集》故尔。陸增祥著録詩刻署款"□熙□□□□□日立□"，注云："此下似尚有六七字，不可辨矣。"而詩刻保存至今又經一百餘年，詩刻署款已不能識出一字。

宗績辰《留雲盦金石審》云："右行楷十五行，字體圓渾，猶宋初體格，惜佚其時次。"而陸增祥云："郭昭符詩十八行，《通志》失載，《永志》所載闕譌甚多，十八行作十五行，亦非。"所説《永志》即宗績辰《永州府志·金石略》，其底本即《留雲盦金石審》。作者署款，今尚殘留一"守"字，黄焯《朝陽巖集》、道光《永州府志》、光緒《湖南通志》、光緒《零陵縣志》皆誤作"宋"。各本惟《八瓊室金石補正》不誤。大概拓本品質也影響着文字的辨識。

郭昭符詩，存世僅此一首。《全宋詩》第二册卷七二據嘉慶《零陵縣志》收郭昭符此詩，陸心源《宋詩紀事補遺》據光緒《零陵縣志·金石志》補此詩，湯華泉《石刻文獻中宋佚詩續録》(《中國韻文學刊》2009年第1期）據《金石補正》録此詩，皆不全。

今據黄焯《朝陽巖集》補足全詩字句，據《八瓊室金石補正》補足署款。

各本字句，略有不同。"雲簇"，《永州府志》作"雲旋"，《金石補正》作"雲族"。"健相續"下，宗績辰曰："以下另行舉書。"《金石補正》空行，至"紫皇"提行。"朱旛"，《永州府志》、《金石補正》均作"朱衫"。"烈鴃"，《金石補正》同，《永州府志》作"烈缺"。"曾巖"，《朝陽巖集》作"層巖"。"衡崖"，《永州府志》、《金石補正》均作"衡崖"。"山閣"，《永州府志》、《金石補正》均作"山閤"。"暮鐘"，《金石補正》同，《朝陽巖集》、《永州府志》均作"暮鍾"。"放歌"，《永州府志》、《金石補正》均作"放謌"。"梨母"，《永州府志》、《金石補正》均作"梨𣎴"。按當作"𣎴"，"𣎴"即"梅"。"笋篛"，《永州府志》"篛"字缺，《金石補正》作"笋蕨"。"堆素"，《永州府志》作"樵素"。"歡情"，《金石補正》作"怡情"。"畫橈"，《永州府志》作"言涉"。"弄水"，《永州府志》、《金石補正》作"渌水"。"浩歌"，《永州府志》作"浩歎"，《金石補正》作"浩嘆"。"金刀莫"下，《金石補正》空五字。"金液"下，宗績辰曰："以下尽缺。"《金石補正》空十一字，又空行，至"南宫潘美人"提行。"侍向"，《金石補正》作"得向"。按"侍向"不辞，當作"得向"。

全詩除"以下盡缺"者外，道光《永州府志》共缺四十字。

陸增祥按："'屋'上所缺，宗氏云似'溪'，審之非也。'畫橈'下，宗氏作‘淥’，審之不甚確，姑從之。末行第五格隱約似‘熙’字，宗氏謂昭符判永當是雍熙初者，可信矣。‘傾美禄’，‘禄’字當是‘醁’之譌。”

郭昭符，元至大《金陵新志》卷十三上《人物志·南唐·遊宦》載其名，當是南唐舊臣，後歸宋。太宗雍熙元年（984）以太僕寺丞本官出任永州通判。

宗績辰《留雲盦金石審》：“案官表，此人爲真宗咸平初通判。所云潘守贊善即潘若仲，乃雍熙時出守，舊官表列之太平興國間，誤也。”清吴式芬《金石彙目分編》卷十五《宋朝陽巖題刻二十九段·郭昭符詩》云：“正書無年月，考在雍熙時。”乃據宗績辰之説。

道光《永州府志》宗績辰又按：“案郭昭符當亦是雍熙初通判永州，舊官表謂咸平元年任，不知何據？”

《八瓊室金石補正》陸增祥按：“宗氏謂昭符判永當是雍熙初者，可信矣。”

潘贊善，即潘若沖，詳見賈黄中《七言四韻詩一章送新知永州潘宫贊若沖赴任》詩刻。

此詩押入聲韻，簇、屋、木、禄、谷、牧、伏、獨、速、麓在一屋部，玉、足、燭、緑、鵠、續、躅在二沃部。全詩體勢磅礴，極具想象，一氣呵成，是朝陽巖石刻中現存唯一的七言長歌。

據詩題格式，“潘贊善”提行，“昭符”作小字，當爲郭昭符親筆。

詩作於永州，據詩題“秋日”云云，作詩時間與賈黄中《送新知永州潘宫贊若沖赴任》上石時間相近，故署款或可補爲“雍熙四年八月□日”。

送新知永州陳秋丞瞻赴任

翰林學士知制誥判史館事胡

老郡逢秋節晨征思爽然過橋猶見月臨水忽聞蟬

色蘸溪樹香風撼渚蓮此行君得意千里獨揺

尚書比部員外郎直史館洪湛

零陵古郡枕湘川太守南歸得意年茶味欲

衡嶽寺橋香上迴艇舡錦衣臨耀維桑地

龍飛欲雨天若劉溪須艤棹次山遺頌想依然

爲書丞直集賢院劉瑤

秋風清緊雁初飛半醉揺鞭出

帝畿名郡又多紅旆去故鄉重見錦衣歸剡符雖暫

皇澤視草終須直

紫微從此南軒多僑望好詩芳信莫教稀

開封府推官秘書丞直史館孫冕

桂林南面逍徵蕭父老江鄉出帝鄉

新命不辭移郡印孤山重喜過衡陽樓臺滿眼瀟湘

道路橘柚香知有

太平生齊術問時節好兆章

秘書丞李防

善年同醉杏園春別後花枝幾香新彼此官途稱鈴

奇開天白喜

錦何當只買臣布政成為三

# 咸平間朱昂、洪湛、劉騭、孫冕、李防《送新知永州陳秘丞瞻赴任》詩刻

## 釋　文

送新知永州陳秘丞瞻赴任

翰林學士知制誥判史館事朱昂

赴郡逢秋節，晨征思爽然。過橋猶見月，臨水忽聞蟬。野色藏溪樹，香風撼渚蓮。此行君得意，千里獨摇鞭。

尚書比部員外郎直史館洪湛

零陵古郡枕湘川，太守南歸得意年。茶味欲過衡岳寺，橘香先上洞庭舡。錦衣照耀維桒地，（同年家于衡山，今出其下。）石燕飜飛欲雨天。若到浯溪須艤棹，次山遺頌想依然。

秘書丞直集賢院劉騭

秋風清緊鴈初飛，半醉摇鞭出帝畿。名郡又分紅旆去，故鄉重見錦衣歸。剖符雖暫宣皇澤，視草終須直紫微。從此南軒多倚望，好詩芳信莫教稀。

開封府推官秘書丞直史館孫冕

桂林南面近徵黄，又愛江鄉出帝鄉。新命不辤提郡印，舊山重喜過衡陽。樓臺满眼瀟湘色，道路迎風橘柚香。知有太平經濟術，政閑時節好飛章。

秘書丞李防

昔年同醉杏園春，别後花枝幾番新。彼此宦遊踈翰墨，等閑交面喜絲綸。（比至拜遇，已领郡符。）榮親未必須萊子，晝錦何當只買臣。布政莫爲三載計，清朝臺閤整搜人。

## 考　證

詩刻作於北宋真宗咸平間。

詩刻位於朝陽巖下洞，高 71 公分，

寬102公分，二十三行，楷書。

黄焯、王昶、宗霈、宗績辰、陸增祥等有著録。

黄焯《朝陽巖集》五首分置在“五言律詩”、“七言律詩”二處。“赴郡”誤作“越郡”，“藏溪樹”誤作“萦溪樹”，“遺頌”誤作“石刻”，“喜絲綸”誤作“豈私論”。

王昶《金石萃編》：“按陳瞻史無傳，其知永州也，作詩送之者五人。其中劉騭、孫冕二人見《宋詩紀事》，餘無考。《紀事》云：劉騭，官工部員外郎直集賢院，有詩見《西崑酬唱集》。孫冕，字伯純，新淦人，雍熙進士，天禧中尚書禮部郎中直史館，出守蘇州。此石刻不題年月，據孫冕守蘇州在天禧中，則其官推官當在天禧以前。因總附於大中祥符之末。”

《零志補零》卷中詩題下注：“刻朝陽巖。”

宗績辰《罶雲盦金石審》：“右正書二十三行，不著年月。”

宗績辰道光《永州府志·金石略》：“王煦等《省志》云：‘案陳秘丞即前題詩之陳瞻，朱昂、洪湛並詳《宋史·文苑傳》，李防史亦有傳。’”王煦等《省志》即嘉慶《湖南通志》，其《金石志》二十卷，瞿中溶所纂。

陸增祥《八瓊室金石補正》卷八十五陳瞻《題朝陽巖》詩刻：“陳瞻，湘陰人，雍熙二年梁灝榜進士，官至大理寺丞。見《通志·選舉》。”

陳瞻，湘陰人。進士，官永州知州、道州知州。

康熙《長沙府志》卷八《薦辟》：“雍熙：陳瞻：湘陰人，梁灝榜，大理司丞。”乾隆《長沙府志》卷二十五略同。

道光《永州府志》卷十一下《職官表》：“真宗咸平：陳瞻：元年任。”

洪武《永州府志》卷十《道州·宋朝太守題名》：“陳瞻：太常博士，景德元年九月到。”

光緒《道州志》卷四《職官》：“知軍州事：陳瞻：景德元年任。”

詩刻共五首，與雍熙四年賈黄中《送新知永州潘宫贊若沖赴任》同爲赴任送行詩，亦同爲寄刻。《全宋詩》據《金石萃編》、光緒《零陵縣志》、光緒《湖南通志》分别著録，失其全貌。

五首書寫字跡皆相同，與陳瞻《題朝陽巖》、《宣撫記並序》亦同，當爲陳瞻親筆。

詩作者五人。

朱昂，字舉之，潭州人。

《宋史·文苑傳一》有傳，略云：朱昂，字舉之，其先京兆人，世家渼陂。唐天復末，徙家南陽。梁祖篡唐，父葆光與唐舊臣顔蕘、李濤數輩挈家南渡，寓潭州。宋初，爲衡州録事參軍。開寶中，拜太子洗馬、知蓬州，徙廣安軍。宰相薛居正稱其能，遷殿中丞、知泗州。遷監察御史、江南轉運副使。太平興國二年，知鄂州，加殿中侍御史，爲峽路轉運副使，改庫部員外郎，遷轉運使。端拱二年，以本官直秘閣，賜金紫。久之，出知復州。遷水部郎中，復請老，召還，再直秘閣，尋兼越王府記室參軍。真宗即位，遷秩司封郎中，俄知制誥，判史館，受詔編次三館秘閣書籍，既畢，加吏部。咸平二年，召入翰林爲學士。景德四年卒，年八十三。著《資理論》三卷，文集三十卷。

又云："昂少與熊若谷、鄧洵美同學。朱遵度好讀書，人號之爲'朱萬卷'，目昂爲'小萬卷'。昂嘗間行經廬陵，道遇異人，謂之曰：'中原不久當有真主平一天下，子仕至四品，安用南爲？'遂北遊江淮。時周世宗南征，韓令坤統兵至揚州，昂謁見，陳治亂方略，令坤奇之，署權知揚州揚子縣。"

又云："閑居自稱退叟。弟協以純謹著稱，昂以書招之，協亦告老歸。兄弟皆眉壽，時人比漢之'二疏'。"

事蹟又見宋王稱《東都事略》卷三十八、明柯維騏《宋史新編》卷一百六十九、明周聖楷《楚寶》卷十八等。

石刻署款"翰林學士知制誥判史館事"，與《宋史》合。又據《宋史》咸平二年爲學士翰林，景德四年卒，年八十三，朱昂作詩已屆晚年，逾七十五歲，宜其列爲第一首也。

又按《宋史》本傳，"舊制，致仕官止謝殿門外，昂特延見命坐，恩禮甚厚。令俟秋涼上道，遣中使賜宴於玉津園，兩制三館皆預，仍詔賦詩餞行，縉紳榮之"。想陳瞻外任，朱昂等五人賦詩送行，尊榮亦與朱昂相似，宜其到任刻石也。

其詩"逢秋節"云云，全詠詩序變化，"忽聞蟬"云云，謂秋意已深。此與朱昂屆乎晚年之敏感亦有關。

《全宋詩》第一册卷一四收詩三首，此詩據《金石補正》收録。

洪湛，字惟清，昇州上元人。《宋史·文苑傳三》有傳，略云：舉進士，有聲。雍熙二年，廷試已落，復試，擢置高等，解褐歸德軍節度推官。召還，授右拾遺、直史館。端拱初，通判壽、許二州。出知容州，再遷比部員外郎，知郴、舒二州。咸平二年召還，命試舍人院，復直史館。有集十卷。

又云："湛幼好學，五歲能爲詩，未冠，録所著十卷爲《齠年集》。""湛美風儀，俊辯有材幹，凡五使西北議邊要。真宗有意擢任，顧遇甚厚。曲宴苑中，賦賞花詩，不移晷以獻，深被褒賞。"

陸心源《宋詩紀事補遺》卷三："洪湛字惟清，昇州上元人。幼好學，五歲能爲詩，未冠，録所著十卷爲《齠年集》。雍熙二年解褐，累官比部員外郎，知彬、舒二州，試舍人院，直史館。咸平六年卒，年四十一。"

其詩全詠風物景致，想象沿途所經洞庭、衡嶽、浯溪、湘川，見橘柚、石燕、遺頌，皆一一道來。“石燕”，《水經注》：湘水“東南流逕石燕山東，其山有石，紺而狀燕，因以名山。其石或大或小，若母子焉，及其雷風相薄，則石燕群飛，頡頏如真燕矣”。“遺頌”謂元結《大唐中興頌》。

詩有自注，稱陳瞻爲“同年”。可知六人唱和乃由同年進士之故。按陳瞻、孫冕、洪湛、劉騭四人均爲雍熙二年進士。惟李防“舉進士，爲莫州軍事推官”，史書不載何年。

《續資治通鑑長編》卷二十六雍熙二年三月，“己未，上御崇政殿，覆試禮部貢舉人，得進士須城梁顥等百七十九人。庚申，得諸科三百一十八人，並唱名賜及第，唱名自此始”，“壬戌復試，又得進士上元洪湛等七十六人。癸亥，得諸科三百二人並賜及第”。

據《宋會要輯稿·選舉二》，此年登進士第者有梁顥、錢熙、洪湛、陳世卿、陳充、孫冕、陳瞻、劉騭、淩策、趙安仁、錢若水、劉師道、李維、張賀、劉綜、陳彭年、鞠仲謀、陶岳等。

洪湛在此年進士科中，穎脱而出，顯露頭角。洪邁《容齋續筆》卷十三云：“太宗雍熙二年，已放進士百七十九人。或云：‘下第中，甚有可取者。’乃令復試，又得洪湛等七十六人，而以湛文采遒麗，特升正榜第三。”錢若水《太宗皇帝實録》卷三十二：“其時或云：‘下第進士中，甚有可取者，上未盡得之。’壬戌復試，又得進士七十六人，復爲三等，以洪湛文詞可採，特升爲第三人，餘皆附本等。”所述與《宋史》本傳“廷試已落，復試，擢置高等”相合。

《全宋詩》第二册卷九六收詩二首，此詩據光緒《零陵縣志》收録。

此詩極明快，踔厲風發。惜其人不壽，不三年即卒。

劉騭，湘鄉人，曾任道州知州。

劉騭之“騭”，文獻或作“隲”，據石刻當作“騭”，茲皆徑改作“騭”。

陸心源《宋詩紀事小傳補正》：“劉騭，湘鄉人，雍熙二年進士。官潭州教授，秘書丞直集賢院。”

康熙《長沙府志》卷八《薦辟》：“雍熙：劉騭：攸縣人，瀘州［教］授。”乾隆《長沙府志》卷二十五同。

同治《攸縣志》卷三十六《選舉》：“雍熙乙酉科梁灝榜：劉騭：潭州教授。”

洪武《永州府志》卷十《道州·宋朝太守題名》：“劉騭：刑部員外郎、直集賢院，大中祥符二年十月到。”

道光《永州府志·職官表》：“道州：劉騭：大中祥符二年任。”

光緒《道州志》卷四《職官》亦載：“劉騭：大中祥符，二年任。”

鄧顯鶴《沅湘耆舊集前編》卷十七：“騭，湘鄉人，一作攸人。雍熙二年乙酉進士，秘書丞，直集賢院。有《送陳秘丞詩》，見朝陽巖石刻。又《永州志》有和虞舜廟詩。”“案《湖南通志·選舉表》，雍熙二年乙酉梁灝榜，湖南進士五人：陳瞻、唐準、周儀、陶弼，其一即劉騭也，下注‘潭州教授’。又《職官表》，真宗朝知道州。不言秘書丞，或疑是两人。不知《通志》譌漏如此者不一而足。考朱昂、洪湛俱見《宋史·文苑傳》，騭雖不見史傳，與陳秘丞、陶商公同年，無由知其别爲一人矣。”

康熙《永州府志》卷二十二載劉騭《和熊戴侯虞廟懷古》：“詩人如不頌，誰識太虚心。石老碑文古，庭荒蟻穴深。白雲生絶壑，斑竹鏁疏林。行客自南北，青山無古今。登臨尋勝蹟，望久日西沈。”嘉慶《寧遠縣志》卷九同。又見《沅湘耆舊集前編》卷十七、陸心源《宋詩紀事補遺》卷三，題爲《次韻虞舜廟懷古》，“太虚”作“太平”，“望久”作“望望”，不及《永州府志》意足。

光緒《湘陰縣圖志》卷三十二：“陳瞻，雍熙中進士，官秘書丞，咸平間知永州。湘鄉劉騭贈詩云：‘秋風清景雁初飛，半醉摇鞭出帝畿。名郡又分紅旆去，故鄉重見錦衣歸。剖符雖暫宣皇澤，視草終須直紫微。從此南軒多倚望，好詩芳信莫教稀。’”所引與摩崖有異，“秋風清景”當作“秋風清緊”。

又“紫微”，道光《永州府志》、光緒《零陵縣志》、光緒《湖南通志》均誤作“紫薇”。

《全宋詩》第二册卷七二收詩八首，此詩據王昶《金石萃編》收録。

孫冕，字伯純，新淦人。

宋釋文瑩《湘山野録》載孫冕晚節云：“孫集賢冕，天禧中直館幾三十年，江南端方之士也。節概清直。晚守姑蘇，甫及引年，大寫一詩於壁。詩云：‘人生七十鬼爲鄰，已覺風光屬别人。莫待朝廷差致仕，早謀泉石養閑身。去年河北曾逢李（見素），今日淮西又見陳（或云陳、李二人被差者也）。寄語姑蘇孫刺史，也須抖擻老精神。’題畢拂衣歸九華，以清節高操羞百執事之顔，朝廷嘉之，許再任，詔下已歸，竟召不起。王冀公欽若，里閈交素也。冀公天禧中罷相，以宫保出鎮餘杭，艤舟蘇臺，歡好款密，醉謂孫曰：‘老兄淹遲日久，且寬衷，當别致拜聞。’公正色曰：‘二十年出處中書，一素交潦倒江湖，不預一點化筆。迨事權屬他，出廟堂數千里，爲方面，始以此語見説，得爲信乎？’冀公愧謝，解舟遂行。”

明正德《姑蘇志》卷三十八《宦蹟》亦載其事云：“孫冕，字伯純，新淦人。咸平中爲两浙轉運使，天禧中以大中大夫、行尚書禮部侍郎（一作郎中）、直史館、上柱國、賜紫金魚袋知蘇州。治獄不濫，斷訟如神，弛張在己，無所吐茹，吏畏而民愛之。嘗病癰，州人争爲詣佛寺祈福，復立生祠於萬壽寺。甫及引年，大書一詩於廳壁，拂衣歸九華山，朝廷高其風，許再任，召之不起。”

《大明一統志》卷五十五《臨江府·人物》：“孫冕，新淦人，雍熙間舉進士，後守蘇州，甫及引年，大書一詩於壁，有曰：‘莫待朝廷差致仕，早謀泉石養閑身。’題畢拂衣歸九華山，再召竟不起。”

雍正《浙江通志》卷一百四十六《名宦》：“孫冕，嘉靖《浙江通志》：‘字伯純，新淦人，雍熙進士，咸平中爲兩浙轉運使，治獄不濫，斷訟如神，弛張在己，無所吐茹，吏畏而民愛之。”

雍正《江西通志》卷七十三《人物·臨江府》：“孫冕，新淦人，雍熙進士，天禧末守蘇州。王欽若出鎮餘杭，素與冕友，檥舟吴門，佯醉，謂冕曰：‘兄淹遲日久，當别置委曲。’冕正色拒之，欽若愧謝。後謝郡歸九華山，召竟不起。”

乾隆《江南通志》卷一百十三《職官志·名宦·蘇州府》：“孫冕，字伯純，新淦人。天禧中知蘇州，治獄不濫，斷訟如神，吏畏而民愛之。嘗病癱，州人争詣佛寺爲冕祈福。”

同書《雜類志·紀聞》：“孫冕於天禧間知蘇州府，甫及耆，即大書廳曰：‘人生七十鬼爲鄰，已覺風光屬别人。莫待朝廷差致仕，早謀泉石養閑身。去年河北曾逢李，今日西河又見陳。寄語姑蘇孫太守，也須抖擻老精神。’乃拂衣去，隱池之九華山。”

《大清一統志》卷二百十五《浙江省·名宦》：“孫冕，新淦人。咸平中爲两浙轉運使，治獄不濫，斷訟如神，吏畏而民愛之。”

《續資治通鑑長編》卷七十六：大中祥符四年六月，“詔獎淮南江浙荆湖制置發運使李溥、两浙轉運使陳堯佐、荆湖南路轉運使孫冕、知温州胡則、知郴州袁延慶、知濠州定遠縣王仲微，以規畫供修玉清昭應宫材木無闕故也”。

同書卷八十四：大中祥符七年九月，“度支副使刑部員外郎直史館孫冕，坐前接伴契丹使被酒不謹，丙午，責知壽州”。

《全宋詩》第二册卷七二收詩二首，此詩據王昶《金石萃編》收録。

“徵黄”謂黄霸。《漢書·循吏傳》：“黄霸字次公，淮陽陽夏人也。”爲河南太守丞，“俗吏上嚴酷以爲能，而霸獨用寬和爲名。會宣帝即位，在民間時知百姓苦吏急也，聞霸持法平，召以爲廷尉正，數决疑獄，庭中稱平”。又爲潁川太守，“以外寬内明得吏民心，户口歲增，治爲天下第一”。“徵霸爲太子太傅，遷御史大夫。五鳳三年，代丙吉爲丞相，封建成侯。”

“江鄉”謂江南魚米之鄉。

“帝鄉”謂舂陵，在道州。《後漢書·劉隆傳》：“河南帝城，多近臣；

南陽帝鄉，多近親。”同書《光武帝紀第一上》：“世祖光武皇帝諱秀，字文叔，南陽蔡陽人。高祖九世之孫也。出自景帝生長沙定王發，發生舂陵節侯買。”同書《宗室四王三侯列傳》：“敞曾祖父節侯買，以長沙定王子封於零道之舂陵鄉，爲舂陵侯。買卒，子戴侯熊渠嗣。熊渠卒，子考侯仁嗣。仁以舂陵地勢下濕，山林毒氣，上書求減邑内徙。元帝初元四年，徙封南陽之白水鄉，猶以舂陵爲國名。”

李防，字智周，大名内黄人。

《宋史》有傳，略云：舉進士，爲莫州軍事推官。改秘書省著作佐郎、通判潞州，遷秘書丞。擢開封府推官，出爲陜路轉運副使，徙防梓州路轉運使，累遷尚書工部員外郎，爲三司户部判官。景德初，安撫江南，又爲江南轉運。徙知應天府，又徙興元府，入爲三司鹽鐵判官，失舉免官。後起通判河南府，徙知宿、延、亳三州，爲利州路轉運使，累遷兵部郎中、糾察刑獄，擢右諫議大夫、知永興軍，進給事中，復知延州，更耀、潞二州，卒。

又云：“防好建明利害，所至必有論奏，朝廷頗施行之。其精力過人。防在江南，晏殊以童子謁見，防命賦詩，使還薦之，後至宰相。”

李防此詩署款“秘書丞”，可知出仕未久。由“彼此宦遊疎翰墨，等閑交面喜絲綸”二句，似與陳瞻無甚交往，僅此一面。

《全宋詩》第二册卷七二收詩一首，據光緒《湖南通志》收録，“幾番”誤作“幾度”，“何當”誤作“何嘗”，又脱原注。

李防著作無考。按民國《元氏縣志·金石》載宋李防《忍字碑》，“忍之爲言耐也。昔人有稱‘耐辱翁’者，正亦謂忍。其於《傳》，‘恕’字亦近之”云云，不知是否同一人。

題朝陽巖

祕書丞知州事陳瞻

巖面郡樓前
巖崖瀑布懸
曉光分海日
碧影轉江天
向暖鷗棲鶴
迎寒蔟釣舡
次山題紀處
千古與人傳

# 咸平間陳瞻《題朝陽巖》詩刻

## 釋　文

題朝陽巖

祕書丞知州事陳瞻

巖面郡樓前，巖崖瀑布懸。曉光分海日，碧影轉江天。向暖盤棲鶴，迎寒簇釣舡。次山題紀處，千古與人傳。

## 考　證

詩刻位於朝陽巖下洞，高64公分，寬42公分，六行，楷書。

此詩最早著録，見黄焯《朝陽巖集》題爲"陳瞻：秘書丞知州事"。

又見宗霈《零志補零》卷中。

《匋雲盦金石審》："右正書六行，不著年月。《零陵補志》作咸平三年，據官表也。"

道光《永州府志・金石略》著録，標題爲："宋陳瞻朝陽巖詩，存。《題朝陽巖》，秘書丞陳瞻。"

嘉慶《湖南通志・金石》："咸平三年，秘書丞陳瞻題，文見零陵縣《宗志》。"《宗志》即宗霈《零志補零》。

鄧顯鶴《沅湘耆舊集前編》卷十七著録，標題爲："陳祕丞瞻一首。""巖□瀑布懸"一句，脱一字。陸心源《宋詩紀事補遺》卷三同。

《八瓊室金石補正》卷八十五："《永志》所載，脱'知州事'三字。"

光緒《湘陰縣圖志》卷三十二："瞻在永州有朝陽巖詩云：'巖面郡樓前，巖端瀑布懸。曉光分海日，碧影轉江天。向暖棲盤鶴，迎寒簇釣船。次山題紀處，千古與人傳。'刻之巖石，至今猶存。"傳中所引與摩崖有異文，"巖端"當作"巖崖"，"棲盤鶴"當作"盤棲鶴"，當爲傳抄之誤。

陳瞻詩，存世僅此一首。《全宋詩》第二册卷七二據嘉慶《零陵縣志》收陳瞻此詩，“題紀”誤作“題紅”。

此詩“曉光”暗指“朝陽”，“千古與人傳”命意與《朝陽巖銘·序》“自古荒之而無名稱”、《朝陽巖下歌》“荒蕪自古人不見”相接。“次山題紀”指元結《朝陽巖銘》，可惜石刻自宋以後失傳。

詩刻未署年月，按陳瞻任永州知州在咸平元年，姑定爲咸平間作。

詩刻在《送新知永州陳秘丞瞻赴任》及《宣撫記並序》詩刻北側，書寫字跡相同，惟字體較大，當爲陳瞻親筆。

據載，陳瞻還曾重刻元結《朝陽巖銘》。《朝陽巖銘》原有刻石，銘文中已明言“刻銘巖下，将示來世”，“刻石巖下，問我何爲”。南宋王象之《輿地紀勝》卷五十六載：“朝陽巖記：元結所刊記尚在巖下。自唐迄今，名公留題皆鑱于石。”所説“朝陽巖記”即《朝陽巖銘》。但石刻自宋以後不見。至明正德十六年，朱袞重刻《朝陽巖下歌》及《朝陽巖銘並序》，行書，在下洞中右側内壁。銘在嘉靖二十四年戴嘉猷《遊朝陽岩》、《歸泛瀟江》詩及吴源《和韻》詩刻内，經人爲打磨，上部殘字尚依稀可辨。“崖深”之“深”寫作“湥”；“刺史”之“刺”寫作“剌”。朱袞重刻大部殘毁，幸原文收入黄焯《朝陽巖集》，並載其跋語云：“此刻宋咸平五年知州事陳瞻嘗作之矣，顧石款薄劣，歲就摩滅，弗稱觀睬。乃爲重作之石，視舊刻特加閎焉。惜石之膚凹而理逆，卒莫以複拓也。大明正德辛巳八月二十五日朱袞子文書。”

宣撫記并序

宣德郎守秘書丞知永州軍州事騎都尉借緋陳瞻述

聖上以萬寓清夷九有豐稔 明德寧謐古道

至仁允被於聲教爰命近臣持行巡撫勸官孝

詔條以臨遊勸恪諭耆老教子孫以遵孝農桑仍亍

優恩並加宣設零陵古郡湘水通川有司宣危秀之

凡四百人相與歌詠進而稱曰

我后恤養衷化洽黔黎雖代應義軒理稱堯舜未有

然及遐僻 惠加疲羸存問之旨若日之感也

欲明示子孫刻之琬琰俾永遵 德教

聖朝無窮之休盛不同校餘事哉 瞻任忝親民敢不[illegible]

衆乃於郡之西偏巖

皇猷就刊貞石

侍禁 閤門祗候權管轄三司大將軍將[illegible]

朝奉大夫尚書司封郎中權勾當三班院高雍判刑部[illegible]

## 咸平間陳瞻《宣撫記并序》

### 釋　文

宣撫記并序

宣德郎、守秘書丞、知永州軍州事、騎都尉、借緋陳瞻述

聖上以萬寓清夷，九有豊稔，明德率蹿於古道，至仁允被扵羣生，爰命近臣，特行巡撫。勗官守，奉詔條，以臨涖勤恪；諭耆老，教子孫，以忠孝農桑。仍示優恩，並加宴設。零陵古郡，湘水通州，有齒危、髮秀之徒九四百人，相與歌詠，進而稱曰：

我后恤養衰老，化洽黔黎。雖代歷羲軒，理稱堯舜，未有念及遐僻，惠加疲羸，存問之旨，若今日之盛也。思欲明示子孫，刻之琬琰，俾永遵德教，垂聖朝無疆之休，豈不同快餘年哉！

瞻任忝親民，敢不從衆。乃扵郡之西偏，巖曰朝陽，直紀皇猷，就刊貞石。

侍禁閤門衹候、權管轄三司大将軍、将荆湖南北路同巡撫郭咸。朝奉大夫、尚書司封郎中、權勾當三班院、兼同權判刑部、荆湖南北路巡撫、上□□□□□□□□□□□□□。

### 考　證

詩刻位於朝陽巖下洞，高 77 公分，寬 70 公分，十六行，楷書。

此刻有邊框，如碑制，石面有裂痕兩道。第十二行“曰朝陽直紀”五字，第十四行“撫郭咸”三字，第十五行“上”字，皆損壞，據《八瓊室金石補正》補。第十六行整行约十一字全損，歷代無著録，無可補。

《零志補零》卷上著録，“髮秀”誤作“髮秃”，“之徒”誤作“之德”，署款誤脱“轄”字。“就刊貞石”下有宗

霈按語："按係真宗咸平初年記，石刻現存。""荆湖南北路巡撫上"下有注："以下石蝕字缺。"

《亩雲盦金石審》："右行書十五行，當日蓋有十六行，後佚一行耳。寄刻朝陽巖壁，先零陵始搒得之。""先零陵"謂宗霈。

道光《永州府志·金石略》："王煦等《省志》云：'案零陵縣《宗志》云：咸平初年記，石刻見存。'"二"巡撫"誤作"巡檢"。

《八瓊室金石補正》卷八十五："《永志》'三司'上脱'轄'字。又'髪秀'作'髪秃'，似不誤，而石刻實作'秀'，意'齒危'爲老者，'髪秀'爲少者也。末兩行'巡撫'俱作'巡檢'，案《大智禪師碑陰吕文仲題名》，結銜稱巡撫使。又紹興二年九月甲子，直輝猷閣鄭偉爲陕西巡撫使，見《玉海》。是宋固有巡撫之稱，特不常置耳。此刻不带'使'字，當亦同之。'同巡撫'者，副使也。宗氏疑宋無巡撫，輒改爲'巡檢'，誤矣。"

又卷五十五《巡撫使吕文仲題名》："據此題名，則宋初亦有巡撫使也。湖南永州朝陽巖陳瞻《宣撫記》，其署銜亦稱巡撫，不獨見於此刻。疑即撫諭使，非常置之員也。宗滌樓輯《永州府志》輒改爲'巡檢'，誤矣。"

按《宣撫記》左側，另有十三行石刻，每行二十一字，與《宣撫記》每行字數相同，但爲元人姚紱"馮夷宫"榜書所鑿，當與《宣撫記》爲一體，即《宣撫記》之下半篇無疑。前人未嘗著録，逐痕窮究，雖隻字不可得，殊爲遺恨耳！

郭咸，事迹無考。

按真宗時有福建人郭咸，大中祥符二年（1009）進士。弘治《八閩通志》卷六十七："郭咸，字建泉，晋江人。幼嗜學，甫成童，通經義，屬文筆翰如流，一灑立就，尤精於法律，善草書篆隸。年十九，登祥符壬戌進士，累遷殿中侍御史，改乾州觀察推官，未幾復除殿院，出爲閩憲，卒於官。所著有《拙菴文集》四卷、《雜詠》一卷。"又見萬曆《泉州府志》、崇禎《閩書》、明王圻《續文獻通考》、明陳鳴鶴《東越文苑》等。其年歲較石刻晚一二十年，似非一人。

《朝野類要·宣撫都督》："侍從以上稱宣撫，即平時安撫之義也，執政以上則稱都督。"

代職官主慰撫者，有宣撫使、宣諭使、撫諭使，皆不常置。《宋史·職官志》："宣撫使，掌宣布威靈、撫綏邊境及統護將帥、督視軍旅之事，以二府大臣充。"《宣撫記》中，郭咸爲"荆湖南北路同巡撫"，另一人爲"荆湖南北路巡撫"，乃是以巡撫兼負宣慰之責。陳瞻則以知州的職守，記述了這次宣撫的經過。

《宋史·職官志》又載：“東上閤門、西上閤門使各三人，副使各二人，宣贊舍人十人，舊名通事閤人，政和中改。袛候十有二人，掌朝會宴幸、供奉贊相禮儀之事。”陳瞻云“爰命近臣特行巡撫”，郭咸爲侍禁閤門袛候，另一人爲勾當三班院，正是天子近臣、侍從的身份。

據《宣撫記》所記，兩位巡撫到來之際，曾經設宴零陵，邀請齒危老者及髮秀少年，共四百人一同歌詠，場面闊大，感動人心。陳瞻因此撰寫了記文，刻於石壁。可知朝陽巖在宋初已成爲距離郡城最近的、可以和官方衙門相輔助的人文場所。

又，陳瞻記文自署“借緋”，借緋乃是宋初對外任地方官的推重。《宋史·輿服志五》：“太宗太平興國二年，詔朝官出知節鎮及轉運使、副，衣緋、緑者並借紫。知防禦、團練、刺史州，衣緑者借緋，衣緋者借紫。”

詩刻署款殘缺，按陳瞻任永州知州在咸平元年，姑定爲咸平間作。

詩刻與《送新知永州陳秘丞瞻赴任》及《題朝陽巖》詩刻字跡相同，當爲陳瞻親筆。

朝陽巖詩二章
殿中丞知郡事護軍王羽題
石岸盤危磴煙和曉日濃長桐應待鳳占
水必藏龍老樹藤多附層崖路莫從平磯
看浪沒峭壁任苔封蕭韻生群籟嵐光簇
翠峰何時有達士棲此信疎慵
東向水西阿無時物景和松陰不暎戶曉
日在煙蘿人蹤如行步山禽似語多清高
知隱者塵慮自銷磨
天禧戊午歲正陽月記

# 天禧二年王羽《朝陽巖詩二章》詩刻

## 釋　文

朝陽巖詩二章

殿中丞知郡事護軍王羽題

石岸盤危磴，煙和曉日濃。長桐應待鳳，占水必藏龍。老樹藤多附，層崖路莫從。平磯看浪没，峭壁任苔封。蕭韻生群籟，嵐光蔟衆峯。何時有達士，棲此信疎慵。

東向水西阿，無時物景和。松陰不暎户，曉日在煙蘿。人跡如行少，山禽似語多。清高知隱者，塵慮自銷磨。

天禧戊午歲正陽月記。

## 考　證

詩刻位於朝陽巖下洞，高 80 公分，寬 47 公分，十行，楷書。

“天禧戊午歲正陽月”爲天禧二年（1018）四月。

詩刻《永樂大典》卷九千七百六十三《嵒》、黄焯《朝陽巖集》、嘉慶《零陵縣志》、《零志補零》、《瑠雲盦金石審》、道光《永州府志・金石》、光緒《零陵縣志・藝文・金石》及光緒《湖南通志・金石》均有著録。

《朝陽巖集》署爲“王羽：殿中丞知郡事護軍”。正文二首分置“五言律詩”、“五言長篇”二處，又“物景”誤作“景物”。

《零志補零》卷中署爲“宋殿中丞知郡事兼護軍王羽”。

《瑠雲盦金石審》：“右正書十行，字與潘、陳諸刻俱相類，戊午爲天禧二年。”

《八瓊室金石補正》卷八十五：“《永志》‘護軍’上多‘兼’字，石本所無。”

以上四書均據石刻著録，故稱難得。

《全宋詩》據嘉慶《零陵縣志》，著録王羽詩僅此。

《全宋詩》作者小傳據《續資治通鑑長編》卷四七，載其真宗咸平三年（1000）爲大理評事，據明萬曆《郴州志》卷二載其以虞部員外郎知郴州。

又據石刻可知，王羽於天禧二年（1018）以殿中丞的本官，出任永州知州軍事兼護軍。

宗績辰以爲王羽曾經重修萬石山亭，殆誤認王羽、王顧爲一人所致。道光《永州府志》卷二上《名勝志》：零陵萬石山："萬石山多怪石，其名肇於唐刺史崔能作記，使山有聞實惟司馬柳宗元。趣二百年，宋真宗天禧初，王羽作守，重剔治之，其時柳碑尚存，屬歐陽修爲詩，勒山石。……按：元和十年至真宗天禧元年二百有三年，《職官表》天禧二年有刺史王羽，詩中'王君'斷爲是人。"

《歐陽文忠公文集》載《永州萬石亭》詩云："天於生子厚，稟予獨艱哉。超淩驟拔擢，過盛輒傷摧。苦其危慮心，常使鳴聲哀。投以空曠地，縱横放天才。山窮與水險，下上極沿洄。故其於文章，出語多崔嵬。人跡所罕到，遺蹤久荒頹。王君好奇工，後二百年來。翦雉發幽薈，搜尋得瓊瑰。感物不自貴，因人乃爲材。惟知古可慕，豈免今所咍。我亦奇子厚，開編每徘徊。作詩示同好，爲我銘山隈。"《四部叢刊》景上海涵芬樓藏元刊本題下注云："寄知永州王顧，一本上有'寄題'，注云'柳子厚亭'。"

檢隆慶《永州府志》卷四下《職官表下》：王羽，天禧。王顧，皇祐三年任。康熙九年《永州府志》卷四《永州府歷代官屬表》：王羽，天禧二年任。王顧，皇祐三年任。康熙三十三年《永州府志》卷七《秩官・府官表》、道光《永州府志》卷十一上《職官表》同。可知宗績辰誤認王羽、王顧爲一人。但沈楙惪《增訂歐陽文忠公年譜》系此詩於"己丑：皇祐元年，公四十三歲"。則皇祐三年任與皇祐元年作詩，年月亦不合。

劉沛光緒《零陵縣志》卷一《山》録宗績辰語，僅云：萬石山："宋真宗天禧初，王羽作守，重剔治之，其時柳碑尚存，屬歐陽修爲詩，勒山石。"而同書卷十五《雜記》載王元弼《歐蘇未至永州辨》："歐陽文忠有《題萬石亭》詩，後人謂爲在永之作。……按公詩集'永州萬石亭'下有'寄知永州王朝'之注，一本則'永州'上有'寄題'字，則其詩固非在永時作無疑。"劉沛所辨，爲歐陽修詩是否作於永州，不辨王羽事。而所言"王朝"亦誤，當作"王顧"。王顧又名王慥，《歐陽文忠公文集》又載《送王公慥判官》詩，梅堯臣《宛陵先生集》卷三十七有《永州守王公惜寄〈九巖亭記〉，云此地疑是柳子厚所説萬石亭也，因爲二百言以答，願當留詠》，可知王顧、王惜爲一人，但非王羽。

此詩，張如安《全宋詩訂補稿》云：“《全宋詩》據清武占熊嘉慶《零陵縣志》卷一四輯録王羽《朝陽巖》二首，文獻出處太遲，宜改爲《永樂大典》卷九七六三，且‘景物’作‘物景’，‘人跡如’作‘人路應’，異文可資校勘。”今按其説是也。不僅《永樂大典》較嘉慶《零陵縣志》爲早，黄焯明嘉靖二年至九年任永州知府，所纂《朝陽巖集》也較嘉慶《零陵縣志》爲早。但詩刻真跡至今尚存，自應以詩刻爲最早的出處。

此詩第一首“長桐應待鳳”命意與唐牛崧《題朝陽洞》“應有梧桐待鳳栖”相接，第二首“曉日在煙蘿”與唐李當《題朝陽洞》“迴首戀煙蘿”相接，可知當日題詩時，先曾觀覽昔人舊刻。

虞曹外郎知
零陵郡事高
滁子淵田曹
外郎通守郡
事雷儼仲容
同遊皇祐五
年八月二十
八日子淵題

# 皇祐五年高滁、雷儼題刻

## 釋　文

虞曺外郎知零陵郡事高滁子淵、田曺外郎通守郡事雷儼仲容同遊。

皇祐五年八月二十八日，子淵題。

## 考　證

題刻在朝陽巖下洞洞口内北側，高52公分，寬76公分，八行，楷書。

《古泉山館金石文編》等著録，《零志補零》、道光《永州府志》、《八瓊室金石補正》、嘉慶《湖南通志》、光緒《零陵縣志》、光緒《湖南通志》録其全文。

瞿中溶《古泉山館金石文編》卷三："高滁朝陽巖題名：高滁等題名，正書八行，在朝陽巖。"

錢大昕《潛研堂金石文字目録》卷四："高滁題名：正書，皇祐五年八月，在永州府朝陽巖。"

繆荃孫《藝風堂金石文字目》卷八："朝陽巖題刻十九段：在湖南零陵。高滁等題名：正書，皇祐五年八月二十八日。"

吴式芬《金石彙目分編》卷十五："宋朝陽巖題刻二十九段：高滁題名：正書，皇祐五年八月二十八日。"

嘉慶《湖南通志・金石志》："高滁等題名，正書八行，在朝陽巖。"

道光《永州府志・金石略》："王煦等《省志》云：'案右刻見零陵縣《宗志》。'"

《八瓊室金石補正》："高滁等題名：高一尺六寸，廣二尺二寸，八行，行五字，字徑一寸五分許，正書。通守雷儼，《通志・職官》作推官，恐誤。"

孫星衍《寰宇訪碑録》卷六誤作

“朝陽巖高滁題名”。

高滁，字子淵。康熙九年《永州府志》卷四《永州府歷代官屬表》：“宋知州軍事：皇祐：高滁：四年任。”

雷儼，字仲容，連州人，進士，歷官蕪湖縣令、豐城縣令、永州通判。

清同治《連州志》卷四《選舉志》：“進士：天聖庚午科王拱辰榜：雷儼，永州通判。”

雷儼至道間爲蕪湖縣令，見嘉慶《蕪湖縣志》卷七《職官志》、民國《蕪湖縣志》卷四十三《職官志》。嘉慶《蕪湖縣志》云：“知縣：雷儼，吴復，以上至道間。”至道在皇祐前四十餘年，恐年號記載有誤。

康定間爲江西南昌府豐城縣令，見明嘉靖《江西通志》卷五《南昌府·秩官》。又清同治《南昌府志》卷二十二《職官》：“豐城縣：雷儼：大理寺丞，康定元年任。”同治《豐城縣志》卷七《職官志》：“縣令：雷儼：定康元年以大理寺丞任，見《白鶴觀記》。”康定元年（1040）在皇祐五年（1053）前十餘年。

康熙九年《永州府志》卷四《永州府歷代官屬表》：“宋推官：雷儼”，此記載有誤，當據石刻更正。

尚書職方員外郎
知永州柳拱辰
禮賓副使湖南同
提點刑獄李用和
尚書比部員外郎
通判永州尹瞻至
和二年乙未九月
四日游此朝陽巖

# 至和二年柳拱辰、李用和、尹瞻題刻

## 釋 文

尚書職方員外郎知永州柳拱辰，禮賓副使湖南同提點刑獄李用和，尚書比部員外郎通判永州尹瞻，至和二年乙未九月四日游此朝陽巖。

## 考 證

題刻在朝陽巖逍遙徑，高 50 公分，寬 80 公分，八行，楷書。

《金石萃編》、《零志補零》、道光《永州府志》、《八瓊室金石補正》、光緒《零陵縣志》、光緒《湖南通志》著録全文。

王昶《金石萃編》卷一百三十四："零陵縣朝陽巖題名六段：石横廣三尺三寸，高二尺二寸，八行，行七字，正書。"

柳拱辰，字昭昭，仁宗天聖八年（1030）進士，至和二年（1055）任永州知州。弟柳應辰，字明明，仁宗寶元元年（1038）進士，熙寧七年（1074）任永州通判。柳拱辰、柳應辰兄弟二人前後相隔二十年，皆來永州。湖南武陵人。柳氏精於《易》與《春秋》。柳拱辰父柳中，弟柳應辰，子柳平、柳猷，一門五人皆登榜，人號"武陵五柳"。

"昭昭明明"，古名所罕，或者亦出《大易》"絜静精微"之旨。清沈濤《銅熨斗齋隨筆》卷八云："宋柳拱辰字昭昭，柳應辰字明明，見應辰《押字詩》及火星巖記。兄弟皆以叠字爲字，亦好奇之過也。"俞樾《茶香室續鈔》卷十五引之。（明代又有柳應辰，湖廣巴陵人，一説湖廣武陵人，字拱之，成化進士，與李東陽、楊一清、嚴永濬唱和，爲《嫛游聯珠録》一卷。）

兄弟二人亦皆工書，均習顔體，字甚遒逸。朝陽巖石刻自柳拱辰起，始多端雅大字，見其一代右文氣象。

柳拱辰能詩，今存與尹瞻火星巖聯句詩一首，舊拓藏北京大學圖書館。

《全宋詩》卷二二九據光緒《零陵縣志》卷十四著録，題爲柳拱辰《暮春游火星巖同尹瞻聯句》。詩云："千里熙醇政，靈巖喜訪尋（瞻）。登臨雲擁座（拱辰），穿徑筍成林（瞻）。樂逐天風遠（拱辰），塵隨宿霧沈（瞻）。綺羅紅作隊，冠蓋緑交陰（瞻）。下顧關河小，寒知洞壑深（拱辰）。松枯存舊節，花老見初心（拱辰）。旌棨嵐光潤，罇罍野氣侵（瞻）。朋游敦雅契，吏隱共知音（拱辰）。□愧翁歸拙，難攀子厚吟（瞻）。城樓傳晚角，綺陌騎駸駸（拱辰）。自注：至和三年丙申閏三月二十五日。"

又見《永樂大典》卷九千七百六十三《嵒》、弘治《永州府志》卷六、嘉靖《湖廣圖經志書》卷十三、隆慶《永州府志》卷七、《八瓊室金石補正》卷九十九、光緒《湖南通志》卷二百七十一、陸心源《宋詩紀事補遺》卷八。"□愧"，《八瓊室金石補正》、光緒《零陵縣志》、光緒《湖南通志》、《全宋詩》均缺字，《永樂大典》、弘治《永州府志》、隆慶《永州府志》作"自愧"。蓋因諸書多由石刻著録，清代石刻磨泐，明代尚可辨也。（《全宋詩》卷六一九尹瞻題爲《火星巖聯句》，同據光緒《零陵縣志》則作"自愧"。又"喜訪尋"作"嘉訪尋"，"紅作隊"作"紅作錦"，又脱"朋游敦雅契，吏隱共知音"二句，實録自《永樂大典》。）

陸增祥按語："火星巖題刻十段，在零陵。柳拱辰尹瞻聯句詩：高二尺八寸四分，廣一尺一寸六分，十二行，行十五字，字徑一寸四五分，正書。右刻前人未見，至和三年即嘉祐元年，是年九月改元嘉祐。詩云：'□愧翁歸拙，難攀子厚［吟］。''翁歸'，尹瞻自謂；'子厚'，謂柳拱辰也。"

又云："右火星巖題刻十段，鄙人譚仲維（振綱）拓以見貽。仲維喜搜石刻，能自縋幽涉險，故多前人未見之品。據《永志》所載，尚有丙寅秋社竇宗叟題名、淵子沖題記兩刻，則猶未得也。《一統志》：火星巖在縣西南。《方輿勝覽》：在州西江外，地勝景清，爲零陵最奇絶處。《零陵縣志》：巖在群玉山側，明嘉靖中改名德星巖。《明統志》云：石壁所鑱先賢題識，高下鱗次，窮日之力乃能盡閱。（俱見《通志》）《永志》引盧臧詩序云：'古有黄冠奉火星象，後改僧廬，此巖名所由昉也。'田山玉曰'以巖形象星，故名'，則未足爲據矣。《通志》引《一統志》云：群玉山有洞，曰'宅仙'。《永志》云：群玉山南有宅仙洞，又西爲火星巖，洞久荒塞。"

火星巖、群玉山在朝陽巖南，循瀟水西岸，連綿起伏爲一脈。清人嘗於對岸建群玉書院。康熙九年《永州府志》卷八：“火星巖在朝陽巖之上，衆石林立，白雲襍之，生人隱思矣。石上多鐫宋人題識。”1969 年因架設東風大橋採石材、燒石灰，火星巖、群玉山全毁，今廢窑猶在，宋人題識已蕩然無存。

柳拱辰又有《金錢寺碣》一首，爲七言四句詩。乾隆《祁陽縣志》卷六：“金錢寺：縣東一百八十里河州後，創自趙宋。相傳初掘地得金錢一枚，故名。宋至和三年七月十五日，尚書職方員外郎知永州軍州事柳拱辰書碣云：‘祥符九年九月九，天聖九年九月九。其時心有此時心，此時心合其時心。’字甚遒逸，語頗難解。”又見於道光《永州府志》卷六、卷十八中，光緒《湖南通志》卷二百七十五，民國《祁陽縣志》卷四。《全宋詩》失收。

胡可先據嘉靖《湖廣圖經志書》卷一三，補《全宋詩》柳拱辰《題夫字二首》云：“浯溪石在大江邊，心記閑将此處鐫。向後有人來屈指，四千六百甲寅年。”“六六三二四九傳，柳公詩句在巖端。箇中包著希夷指，世俗休将押字看。”（見胡可先《新補〈全宋詩〉150首》，《第四届宋代文學國際研討會論文集》；及《新補〈全宋詩〉170 首》，《行止同探集：張志烈教授古稀紀念》，四川辭書出版社 2007 年版。）按其所補有誤，二首又見弘治《永州府志》卷七，《題夫字》當作《題夬字》。（原本無誤。）“六六三二”當作“六六三三”。第一首作者爲“武林柳應辰”，第二首作者爲“天臺齊沈俊”，即乾隆《祁陽縣志》、《古泉山館金石文編》、道光《永州府志》、《八瓊室金石補正》、《沅湘耆舊集前編》、光緒《湖南通志》所載之“祁陽令齊術”。（齊術，四川邛州平樂鎮人，境内有天臺山，故又稱平樂人。）

柳拱辰能文，爲鄂州通判、岳州通判，有《郡守題名記》。爲永州知州，有《永州風土記》（一作《永州土風記》）一卷，已佚，清陳運溶有輯本，收入《麓山精舍叢書》。據《輿地紀勝》輯四條，皆駢體，辭藻精緻華麗。

柳宗元卒後，永州最早的祠廟始建於柳拱辰之手，並作記勒石，蓋亦以同姓之故。原石在華嚴巖，清代以後失傳，僅存拓本。

柳拱辰《柳子厚祠堂記》云：“子厚謫永十餘年，永之山水亭榭題詠固多矣。韓退之謂衡湘以南爲進士者皆以子厚爲師，其經承子厚口講指畫爲文詞者，悉有法度可觀，今建州學，成立子厚祠堂于學舍，東偏録在永所著詞章，漆于堂壁，俾學者朝夕見之，其無思乎！至和三年丙申二月二日，尚書職方員外郎知永州柳拱辰記。”（嘉靖《湖廣圖經志書》卷十三《永州府》録其節文，題爲《柳先生題記》。）

《金石萃編》卷一百三十四："石横廣三尺七寸，高二尺七寸，十三行，行十字，正書。"

道光《永州府志·金石略》宗績辰案："右刻今在華嚴巖側，宋時祀子厚蓋在此。今其西仍爲郡學，子厚祠則專在愚溪矣。"

柳拱辰在浯溪、澹巖、華嚴巖亦有題刻。

道光《永州府志·金石略》："柳拱辰浯溪題名：皇祐六年甲午歲正月廿一日，尚書職方員外郎知永州柳拱辰，同尚書駕部郎中分司周世南、祁陽縣令齊術游此。"

瞿中溶《古泉山館金石文編》卷三："浯溪東厓有柳拱辰等題名，正書五行，字徑二寸許。《方輿勝覽》云：'柳拱辰，其先青州人，五季避地荆楚，爲武陵之青陵人。年六十即有掛冠之志，創亭於青陵館名橋下，曰歸老。'案曾鞏《元豐類藁》有《歸老橋記》，爲拱辰作也。洪邁《容齋五筆》謂拱辰以天聖八年王拱辰榜登科，殆應辰之兄。《明統志》載拱辰遊判鄂、岳州，有惠愛，弟應辰，子平、猷等，相繼擢第，人號'武陵五柳'。《容齋五筆》又載蔣世基《述夢記》云：至和三年八月，知永州職方員外郎柳拱辰受代歸闕，祁陽令齊術行至白水，夢一儒衣冠者曰：'我元結也，今柳公遊浯溪，無詩而去，子盍求之？'覺而心異之，遂獻一詩，柳依韻而和云云。今拱辰詩未見，僅於石門西北面尚存銜名二行，其前已爲後人磨去改刻，或即詩之結尾歟？皇祐六年即至和元年，是年三月始改元，題名刻於正月，故稱皇祐六年。拱辰尚有至和二年六月澹山巖題名，九月朝陽巖題名，十一月華嚴巖題名。又三年二月建柳子厚祠堂，俱在永所作，則八月去官之説是也。同遊者有祁陽縣令齊術，亦與述夢記合。術，平樂人，皇祐五年宰祁陽，朞月建三絕堂於浯溪，孫適爲之記，殆亦風雅好事，居官而知所先務者也。周世南，祁陽人，登大中祥符元年進士，曾以虞部員外郎知郴州。此題名銜云'尚書駕部郎中分司'，後又有詩二首，署銜與題名同，而改'分司'爲'致仕'。考'分司'、'致仕'者，例得從便居住，則'分司'猶'致仕'也。時世南辭官家居，與守令同遊，而列銜在邑令之上，可見宋時鄉宦之重。《縣志》謂世南篤學有氣節，以持議忤王欽若致仕，又載其遺事云：少聘董氏女，未婚喪明，登第，女父請改婚，父貽書問之，世南曰：'人生配偶有定分，始全終廢，天也。'卒娶瞽女爲婦，士論高之。則世南固亦卓然樹望於搢紳中者。"

但此刻《金石萃編》卷一百三十四誤入"岱嶽觀題名四段"內。故孫葆田《山東金石志》卷一百五十二亦誤著録云："宋柳拱辰等題名：皇祐六年，泰安。"《八瓊室金石補正》卷九十陸增祥按："《萃編》誤以爲岱嶽觀題名，因重録之。"

道光《永州府志·金石略》："柳拱辰澹山巖題名：至和二年乙未六月十九日，尚書職方員外郎、知永州軍州事柳拱辰，以久旱，躬禱於零陵王之祠，因憩此巖，是日得雨。時殿直齊懷德、大理寺丞章詢、判官李方、推官蘇臺文、録事參軍張服、司法參軍李光序、零陵縣令孫思道、零陵縣主簿張拯、信安進士趙揚、武陵進士魏堂從行。男新黄州司法參軍平奉命題。"又見《金石萃編》卷一百三十三、光緒《湖南通志》卷二百七十一、光緒《零陵縣志》卷十四。今按，道光《永州府志》稱此篇爲"題名"，其實可稱"題記"。《全宋文》卷一〇四五收録，作"柳平《零陵題名》"，是也。

道光《永州府志》卷二上："自柳拱辰爲守，巖乃日闢。"至 1966 年，澹山巖因興辦建華機械廠而整體毁壞。

《金石萃編》卷一百三十二："零陵縣華嚴巖題名八段：知永州柳拱辰、通判永州尹瞻，郴州郴令郭震，至和二年十一月二十日遊此。高廣均一尺四寸，五行，行六字，正書，左行。"又見道光《永州府志·金石略》"柳拱辰等華嚴巖題名"。

華嚴巖舊在永州府學旁。弘治《永州府志》卷二："華嚴巖在縣南三里，唐爲石門精室，據法華寺南隅崖下。"道光《永州府志》卷二上："府學側有華嚴巖，自唐以來遊覽不絶，舊有石門精室。"至 1959 年，因東門嶺居委會於巖側設石灰廠，全巖轟毁。

柳拱辰在永政績，具見其弟柳應辰《火星巖遊記》。

道光《永州府志·金石略》載其全文云："昭昭兄至和中以職方員外郎來守零陵，宣布條詔，百廢咸治。建州學，明教化之本；作《土風記》，盡民俗之事。乘暇數爲火星巖之遊，摩崖題詠，於此爲多。竊觀暮春聯句，尤極佳思，研煉精切，傳布人口。熙寧七年，應辰亦以職方通理兹郡。遍覽遺跡，惻然追感。噫！相去二十二年矣。悠悠歲時，人不可見；江山風物，寧有異於當年？每到躊躇，久不忍去。武陵柳應辰明明記。"

陸增祥《八瓊室金石補正》卷九十九按語："《記》云建州學，案《通志》云：'府學在府城西南，舊在府城外，唐刺史韋宙建，後遷愚溪，宋至和中，郡守柳拱辰遷建城東高山之麓。'與此正合。《記》又云：'作《土風記》。'《通志》、《永志》藝文均不載，是其書之不傳於世久矣，然亦當存其目也，可據補之。《記》又云：'磨崖題詠，於此爲多。'知昭昭尚有它刻，且不止一二段，當再託友搜剔之。暮春聯句亦近時始顯，可見古刻之留存天壤者尚多，特無人縋求之耳！”

“明教化之本”，《八瓊室金石補正》作“問教化之本”。

雍正《湖廣通志·學校志·永州府》：“永州府儒學在府治東，舊在郡城外，唐刺史韋宙因瀟西紅蕖亭立，後遷愚溪。宋慶曆中，柳拱辰移建郡城内高山之麓。”又見康熙九年《永州府志》卷七《學校志》。

宋代以來，世人盛傳柳拱辰“歸老橋”故事。

祝穆《方輿勝覽》卷三十《常德府》：“柳拱辰，其先青州人，五季避地荆楚，爲武陵之青陵人。年六十，即有掛冠之志，創亭於青陵館，名橋曰‘歸老’，南豐曾鞏爲之記。”

《大明一統志·常德府·流寓》：“柳拱辰，青州人，五季時避地荆楚，遂爲武陵人，精《易》、《春秋》。宋舉進士，通判鄂、岳州，有惠愛，後致政歸武陵。有歸老橋，曾鞏作記。弟應辰、子平、猷等，皆相繼擢第，人號‘武陵五柳’。”

《大清一統志·常德府·人物》：“柳拱宸，其先青州人，避地荆楚，爲武陵人。年六十即有掛冠之志，創亭於青陵館，名橋曰‘歸老’，曾鞏爲之記。”

《大清一統志·常德府·古跡》：“柳拱辰宅，在武陵縣西三里，即所謂青陵也。”

雍正《湖廣通志·常德府》：“拱辰橋，在府治西北，即歸老橋，宋柳拱辰建，曾鞏記。”

《萬姓統譜》：“柳拱辰，天聖中試《珠藏淵賦》，王拱辰榜登第，至和中知永州，年六十即有掛冠之志，創一橋曰‘歸老橋’，南豐作記。弟應辰，寶元中登甲科。”“柳應辰，拱辰弟，熙寧間登進士，通判永州。嘗除浯溪石怪、潭巖水怪，民甚德之。”

《山堂肆考·歸去橋》：“宋柳拱辰天聖中試《珠藏淵賦》，王拱辰榜登第，至和中知永州，即有掛冠之志，創一橋曰‘歸老’，曾南豐作記。”

嘉靖《常德府志》卷三：“拱辰橋：西門外，舊有青林村，宋柳拱辰掛冠於此，即歸老橋也。”卷十六：“柳拱辰，青州人，五季時避地荆楚，遂爲武陵人。其弟應辰，子平、猷，後相繼舉，見《寓賢》。”

嘉慶《常德府志》卷六：“宋柳拱辰宅，在縣西三里，即今所謂青陵也。”“歸老橋，宋柳拱辰掛冠於此，一名拱辰橋。府城西三里，故青陵村，白馬湖上。曾鞏爲記。”卷三十六：“柳拱辰，其先青州人，自五季時避地荆楚，遂爲武陵人。精《易》、《春秋》。舉進士，通判鄂、岳州，有惠政。致仕歸武陵，建歸老橋，曾鞏作記。弟應辰，子平、猷等，皆相繼擢第，人號‘武陵五柳’。”

康熙《岳州府志》卷十五：“柳拱辰，武陵人，進士。慶曆間，通判鄂、岳二州。”卷二十二：“柳拱辰，青州人，避地武陵。學《易》及《春秋三傳》。慶曆間進士，通判鄂、岳二州，致政有歸老橋，曾鞏作記。”

曾鞏《南豐先生元豐類藁》卷十八《歸老橋記》云：“武陵柳侯圖其青陵之居，屬余叙，而以書曰：‘武陵之西北有湖屬於陽山者，白馬湖也。陽山之西南有田，屬於湖上者，吾之先人青陵之田也。吾築廬於是，而將老焉。青陵之西二百步，有泉出於两崖之間，而東注於湖者，曰采菱之澗，吾爲橋於上，而爲屋以覆之，武陵之往來有事於吾廬者，與吾異日得老而歸，皆出於此也，故題之曰“歸老之橋”。維吾先人遺吾此土者，宅有桑麻，田有秔稌，而渚有蒲蓮，弋於高而追鳧雁之下上，緡於深而逐鱣鮪之潜泳，吾所以衣食其力而無愧於心也。息有喬木之繁陰，藉有豐草之幽香。登山而凌雲，覽天地之奇變，弄泉而乘月，謝氛埃之溷濁。此吾所以處其怠倦而樂於自遂也。吾少而安焉，及壯而從事於四方，累乎萬物之自外至者，未嘗不思休於此也。今又獲位於朝，而榮於寵禄，以爲觀遊於此，而吾亦將老矣，得無志於歸哉！’又曰：‘世之老於官者，或不樂於歸，幸而有樂之者，或無以爲歸。今吾有是以成吾樂也，其爲我記之，使吾後之人有考以承吾志也。’余以謂：‘先王之養老者備矣，士大夫之致其位者，曰：不敢煩以政。蓋尊之也。而士亦皆明於進退之節，無留禄之人，可謂两得之也。後世養老之具既不備，士大夫之老於位者，或擯而去之也。然士猶有冒而不知止者，可謂两失之也。今柳侯年六十，齒髮未衰，方爲天子致其材力以惠澤元元之時。雖欲遺章紱之榮，從湖山之樂，余知未能遂其好也。然其志於退也，如此，聞其風者，亦可以興起矣。乃爲之記。”

柳拱辰弟柳應辰，據洪邁《容齋五筆》“蓋以國朝寳元元年吕溱榜登甲科”。

劉摯《忠肅集》卷十五有《題公安知縣柳應辰屯田默庵》，詩云：“語默本無常，此道知者寡。君子默諸心，志氣納陶冶。”又云：“我來觀默庵，虛白非外假。天地冥毫芒，今古一晝夜。”又云：“相對坐終日，心愜如曝炙。賦詩尚何言，聊爲默庵謝。”同卷次篇爲《寄題柳郎中留客灊》，似同一人。或者柳應辰曾以屯田郎中的本官出任公安知縣，默庵爲其自號。

擅詩文，工書，《永州府志》謂其書法“逼真顔書”。

柳應辰先在嶺南昭州爲知州，儂智高反，攻破昭州，柳應辰因此貶官，先在隨州，後到永州。

李燾《續資治通鑑長編》卷一百七十三皇祐四年九月：“儂智高破昭州，知州柳應辰棄城。洛苑使廣西鈐轄王正倫與賊鬭於館門驛，死之。東頭供奉官閤門祗候王從政、三班奉職徐守一、借職文海，皆被害。州之山有數穴，可容數百人，民聞賊至，走匿其中，悉爲賊所焚。賊始執從政，罵賊不絶口，至以湯沃之，終不屈而死。”又見楊仲良《宋通鑑長編紀事本末》卷五十、徐乾學《資治通鑑後編》卷六十二、畢沅《續資治通鑑》卷五十三。史官所記柳應辰事蹟僅此而已。

《全宋詩》卷三四七收録柳應辰詩三首。其一《刻浯溪石上》：“浯溪石上大江邊，心記閑將此地鐫。自有後來人屈指，四千六百甲寅年。”其二《浯溪》：“不能歌，不能吟，瀟湘江頭千古心。”其三《石角山》：“□□□□山幾重，與君吟望意無窮。當時共指白雲外，今日獨行青嶂中。案牘暫休聊自適，籃輿乘隙若爲同。九疑秋約心先到，巖月爛斑桂子紅。”

《石角山》一詩，陸增祥《八瓊室金石補正》卷十一“石角山題刻四段”根據拓本著録，題爲《和柳應辰詩》，署款爲“（上缺）中奉和通判明明（下缺）”，詩末署款爲“尚書職方外郎通判軍州事柳應辰上石，時皇宋熙寧丙辰仲秋下澣日也”。陸增祥按語：“右詩刻殘泐，不知何人所作。首行中上所缺以意審之，似是‘零陵道’三字，第三行所缺當是和詩人姓名。石既磨泐，拓亦不精，惜哉！”可知此詩應是柳應辰的同僚唱和柳氏所作，《全宋詩》誤收爲柳氏。（陸心源《宋詩紀事補遺》作柳應辰《石角山》已誤。《中國韻文學刊》2007年第1期載韓震軍《〈全宋詩〉續補（下）》，七一，無名氏《和柳應辰》，以爲“《全宋詩》未收其詩”，亦誤。）柳應辰本人亦當有詩，但已不見。

石角山位於永州舊城東北五里，命名出自柳宗元五古長詩《游石角過小嶺至長烏村》。據方志載，石角山原有連絡十餘小峰，奇峭如畫。遠望之如淡煙，如積靄，近即之或林立，或峭露。立石攢起，日光照耀時，如群玉之在淵，浮動蕩漾。又有圓石磊落，如有意排列，令人可坐可卧。山上有一處溶洞，隱邃清泠。後峰高處一石高聳斜掛，有若仙掌淩空，故稱“石角”。又多異花奇草，靈秀氣象。山下松杉成林，茂樹磴回。

《金石補正》又著録柳應辰石角山題名一通云：“（上缺）通判柳明明、判官沈子瞻同游石角亭，又東遊至此，愛其清曠之景（下缺）。”可見石角山確實別有景致。

陸增祥按語：“石角山題刻，前人未見，己巳夏，余始屬譚仲維搜得之。滌樓在永日久，其輯《府志》時廣搜金石，乃距城數里而近卒未過訪，可訝也。余乃得未曾有，爲之色喜。”由此可見石刻之珍貴難得。而近數十年間，石角山所在地七里店公社麻沅大隊石角生産隊居民，建築房屋，來此取石，後峰已全被鑿毀，僅餘前峰。2002

年永州修建“日升大道”，後稱“陽明大道”，道路正對石角山穿過，炸山采碎石以鋪路，毁其大半，連絡的十餘小峰剩下的不足十分之一，今僅存宋刻一通，在“垠地中山城”樓盤包圍中。

柳應辰又有浯溪詩，缺題，久殘，石刻仍存。右下角被一木榫打破，石刻上有一圓形深洞。詩云：“□□□□□，□老如包□。□□□蒼黄，□□□□□。身雖□□□，□□垂髧鬆。□□□□疲，但爲妻子謀。道傍多朱門，勢利交相求。他賓爾雖佳，閉關如避仇。敲門聲剥啄，謝客語咿呦。侯何所尚殊，不與兹輩侔。攝職顧未久，善化應已柔。近嶺山更佳，九疑清氣裒。我方困羈靮，侯想多長謳。何當郡齋内，一罇相獻酬。熙寧七年甲寅三月望日刻於浯溪‘心記’之東。”

此詩刻，《古泉山館金石文編》卷三始著録，題爲“熙寧七年浯谿詩”，瞿中溶按語云：“右熙寧七年詩，正書，在‘心記’之後，其前爲近人磨去改刻，姓名已無考，僅存後二十行。此刻前人未見。”道光《永州府志》卷十八中題爲“宋熙寧七年浯溪詩，存，佚名”，《八瓊室金石補正》卷九十題爲“熙寧殘詩刻”，光緒《湖南通志》卷二百七十五題爲“宋熙寧七年浯溪詩”，陸心源《宋詩紀事補遺》卷九十九題爲“無名氏《浯溪》”。

此詩刻於“心記”東面高處。按柳應辰“心記”題刻，在“夬”字上方。中間爲年款“大宋熙寧七年甲寅歲，刻於浯溪之石，尚書都官員外郎武陵柳應辰明明”，左爲題記“押字起於心，心之所記，人不能知”，右爲題詩“浯溪石在大江邊，心記閑將此處鐫。向後有人來屈指，四千六百甲寅年”。《全宋詩》、《全宋文》分别收録詩與文，一篇題刻遂分爲二。

詩刻署款無姓名，有年月。其字跡均爲顔體，楷書端雅，刻工深切清晰，顯然出於一人之手。署款既稱在“心記”之東，表明了此詩與“心記”的特殊關係，無署款乃是省略之法。且時間與“心記”之“熙寧七年甲寅”相符，正是柳應辰初任永州之時。作者可判定爲柳應辰無疑。

詩刻的主題爲唱和同僚。柳應辰在永州所任通判，實爲副職，詩中所説之“侯”只有知州可以當之，據《永州府志・秩官表》，當時永州知州爲李士燮。推測這首詩應當是柳應辰寫給李士燮的。

柳應辰又有朝陽巖“圖刻”及群玉山、火星巖題記。明嘉靖間黄焯纂《朝陽巖集》，是現存記載朝陽巖詩文題刻的最早和唯一的總集。黄焯字子昭，號龍津子，延平南平人，嘉靖間任永州知府。今所見《朝陽巖集》刻本，綫裝一册，不分卷，内容包括銘、記、志、詩、歌、遊題短記、補遺七部分。初由無錫孫毓修小緑天收藏，後歸國立北平圖書館，迄今所見海内僅此一種孤本。《朝陽巖集》最後一頁爲一幅整版的圖畫，首行爲“默題”二字，第二行各八格，每格三字，乃是六言四句詩一首。詩云：“熙寧八年暇日，知通來賞朝陽。朝陽巖前極目，瀟江一派湯湯。”（《明黄焯〈朝陽巖集〉校注》誤斷爲四言六句，兹改正。）

詩無作者姓氏。詩句下刻畫一兔、兩樹及十二月卦象，自右至左依次爲：泰卦（三月）、大壯卦（四月）、夬卦（五月）、乾卦（六月）、姤卦（七月）、遯卦（八月）、否卦（九月）、觀卦（十月）、剥卦（十一月）、坤卦（十二月）、復卦（正月）、臨卦（二月）。詩文嵌於圖中，風格怪異。詩圖後有黄焯跋語：“右題鐫於朝陽巖峭壁間，雨淋苔蝕已就饃餬。附刻於後，博雅君子幸鑒焉。”

詩圖石刻今朝陽巖石刻中未見。根據詩題的玄怪風格和圖刻内容，推斷作者當是柳應辰。“知通”，謂知州與通判。熙寧八年，永州知州爲李士燮，通判爲柳應辰。李士燮、柳應辰有群玉山題名云：“都官郎中知零陵郡事李士燮和叔，職方員外郎通判郡事柳應辰明明，熙寧八年乙卯十二月十一日臘，同遊火星巖，次遊朝陽巖。”此詩及圖或即作於此時。

柳應辰於熙寧六年至九年任永州通判。在永期間，柳應辰遊遍朝陽巖、火星巖、浯溪、澹巖（又作淡巖）、石角山各處，留下詩刻題刻，與其兄柳拱辰略同。這些詩刻題刻或者保留至今，或者爲金石所著録、方志文獻所記載，其遺文殘句往往可尋。

柳應辰亦曾遊浯溪。《八瓊室金石補正》卷九十：“浯溪題刻三十九段：柳應辰再題記：應辰皇祐五年坐儂蠻寇昭，謫居隨州，舟次浯溪，嘗刻歲月。後二十一年，通判本郡，遍尋舊記，漫不可見，亦不記所題之處。比任滿，泊舟江下，經五日，始見於石門之東。字刻平淺，隱約能辨，亟令家僮依舊畫鐫深之。熙寧丙辰十一月十五日記。”又見道光《永州府志·金石略》、光緒《湖南通志》卷二百七十五、《沅湘耆舊集前編》卷十八。

《全宋文》共收録柳應辰詩文題記十篇，浯溪最多，共計四篇，實際上當爲五篇，又佚早年一篇。

柳應辰亦曾遊澹巖，作《澹山巖記》云：“零陵多勝絶之境，澹山巖爲甲觀。東南二門而入，廣袤可容千人，竇穴嵌空，物象奇怪，有不可得而狀者。中貯御書，歲度僧一人，僧惟利居處之便，而不顧蔽隱障遏之弊，連甍接楹，重基疊架，疣贅延蔓，殆将充满。道隧陰墨，非秉炬不能入。太守丁公喬處事剛嚴，始至，大不懌，悉撤群僧之舍，俾居巖外，惟畫閣殿像得存，餘一椽一木無敢留者。他日，公率應辰、大理寺丞楊傑、河陽節度推官楊巨卿同至遊覽，層構一空，衆狀在目，開築塞爲通豁，破昏暗爲光明，實人情之甚快，若石田藥臼之處，皆情景所及。客有言：‘物理顯晦，固亦繫乎時耳。’熙寧七年甲寅九月十五日記。”

《澹山巖記》見周聖楷《楚寶》卷三十八、康熙九年《永州府志》卷十九、康熙《零陵縣志》卷十二、《古泉山館金石文編》卷三、道光《永州府志》卷二上及卷十八中、《八瓊室金石補正》卷九十五、光緒《零陵縣志》卷十四、光緒《湖南通志》卷二百七十一。《全宋文》卷九三九據《古今遊名山記》、道光《永州府志》、光緒《零陵縣志》、《楚寶》，收録柳應辰《澹山巖記》。而同書卷五八〇又據雍正《湖廣通志》、《古今圖書集成》、光緒《湖南通志》等收録柳拱辰《澹山巖記》，二篇重出，文内“公率應辰”改爲“公率拱辰”。石刻今猶倖存，可以覆按。（康熙九年《永州府志》卷十九、康熙《零陵縣志》卷十二，亦誤作“柳拱辰”。）

熙寧八年十一月二十二日，柳應辰“獨遊零陵之三門巖”。熙寧九年二月十九日，柳應辰又遊東安九龍巖。

《八瓊室金石補正》卷一百：“宋柳應辰九龍嵒題記：人之安適夷曠，繫於内不繫於外，故有居山林而躁者，在朝市而静者。必若心源湛寂，世累踈薄，又得幽絶之境以輔助之，宜乎安於自得，蕭然乎塵垢之外，則零陵九龍巖其亦輔助之一焉。熙寧九年丙辰二月十九日，尚書職方員外郎通判永州柳應辰記。”又見光緒《湖南通志》卷二百七十八。

宋代以來，世人盛傳柳應辰“押字”故事。

康熙二十三年《零陵縣志·雜記》有“柳押字”一條，共二事。其一：“柳應辰在郡夜讀書，有物引手入窗，柳援筆書字於其手而去，明日見於州治後古槐上，遂伐之。”其二：“虞廟前江邊多巨石，其下潭水甚深，有崖穴。或曰有水怪，人多溺死者。柳因謁廟識之，作大書押字於石上，字高三尺，廣二尺。信宿風雨晦冥，雷電大作，霹靂巨石而折。逾數日，有鼈鼉浮出，其後沙漲，潭水淺。永人鐫押字以記，今名‘雷霹’。”

道光《永州府志》又載：“柳應辰維舟浯溪，夜有怪，登其舟，應辰書‘夬’字符於其手。詰朝，符見於崖端，遂刻以鎮之，怪遂絶。”並引《湘僑聞見偶記》云：“一稱浯溪舊有山怪，應辰泊舟，有巨手入窗，應辰爲書押，其旦字在石壁，乃刻之。一稱應辰守道州，以押字鎮水怪，降槐樹妖。其説甚幻。”

洪邁《容齋四筆》“鄂州南樓磨崖”一條云：“慶元元年，鄂州修南樓，剥土，有大石露於外，奇崛可觀。郡守吴琚見而愛之，命洗剔出圭角，即而諦視，乃磨崖二碑。其一刻两字，上曰‘柳’，徑二尺四寸，筆勢清勁，下若翻書‘天’字，唯存人脚，不可復辨。或以爲符，或以爲花押，邦人至裱飾置神堂，香火供事。或云道州學側虞帝廟内亦有之，云柳君名應辰，是唐末五代時湖北人也。”

《容齋五筆》“柳應辰押字”一條云：“予頃因見鄂州南樓土中磨崖碑，其一刻柳字，下一字不可識，後訪得其人，名應辰，而云是唐末五代時湖北人也，既載之《四筆》中，今始究其實。柳之名是已，蓋以國朝寶元元年吕溱榜登甲科，今浯溪石上有大押字，題云：‘押字起於心，心之所記，人不能知，大宋熙寧七年甲寅歲刻，尚書都官員外郎武陵柳應辰。’時爲永州通判。仍有詩云：‘浯溪石在大江邊，心記閑将此地鐫。自有後人來屈指，四千六百甲寅年。’有閬中陳思者，跋云：‘右柳都官欲以怪取名，所至留押字盈丈，莫知其何爲。押字，古人書名之草者，施於文記間以自别識耳。今應辰鐫刻廣博如許，已怪矣，好事者從而爲之説，謂能祛逐不祥，真大可笑。’予得此帖，乃恨前疑之非。石旁又有蔣世基《述夢記》云：至和三年八月，知永州職方員外郎柳拱辰受代歸闕，祁陽縣令齊術送行，至白水，夢一儒衣冠者曰：‘我元結也，今柳公遊浯溪，無詩而去，子盍求之？’覺而心異之，遂獻一詩，柳依韻而和。’其語不工。拱辰以天聖八年王拱辰榜登科，殆應辰兄也，輒并記之。”

今按“此地鐫”，石刻作“此處鐫”；“自有後人”，石刻作“向後有人”。俞樾《茶香室叢鈔》、曾棗莊《宋文紀事》、《全宋詩》第六册第三四七卷均據《容齋随筆》著録，故均誤。

《湖北金石志》卷九“南樓磨崖柳應辰押”一條引之。清江昱《瀟湘聽雨録》卷三亦有辨。

葉昌熾《語石》卷八：“昔人論書，大則徑丈一字，小則方寸千言。余所見擘窠書，以鼓山朱文公‘壽’字爲最鉅，其次則淡山柳應辰押、朱蕘‘窪尊’两大字，皆摩崖也。”（“淡山”當作“浯溪”。）

今按，柳應辰所到之處多有押字，只書一字，確似隱語。但所謂“押字”實爲《夬卦》。考《易經·夬卦》有三義：

其一謂治民。《易經·繫辭下傳》：“百官以治，萬民以察，蓋取諸《夬》。”

其二謂文教。《夬卦》卦辭：“夬，揚于王庭。”《漢書·藝文志》曰：“《易》曰：‘上古結繩以治，後世聖人易之以書契，百官以治，萬民以察，蓋取諸《夬》。’‘夬，揚于王庭’，言其宣揚於王者朝廷，其用最大也。”

其三謂君子小人之辨。《易經·雜卦傳》：“《夬》，决也，剛决柔也，君子道長，小人道憂也。”

柳應辰題“夬”字刻石，或者寄託其官宦境遇，或者寄託其心記宗旨，總之不離《夬卦》者近是。

李用和，以禮賓副使的官階，出任湖南同提點刑獄。

李用和事蹟無考。按《宋史·外戚傳》有李用和，字審禮，杭州人。宋真宗妃，宋仁宗生母李氏章懿皇太后之弟，宋仁宗之舅。並且在章懿皇太后崩後，“遷禮賓副使，領八作司”。事蹟又見宋祁《景文集》卷六十一《李郡王行狀》。但章懿皇太后崩於明道元年（1032），此人卒於皇祐二年（1050），時間不合。

禮賓使爲武官之職。宋代武官自太尉至下班祗應，凡五十二階。禮賓使與武義大夫同階，均爲同六品。正使爲大夫，副使爲郎。

提點刑獄爲諸路親民之官，並且專司刑獄。《宋史·職官志七》：“提點刑獄公事，掌察所部之獄訟而平其曲直，所至審問囚徒，詳核案牘，凡禁繫淹延而不決，盜竊逋竄而不獲，皆劾以聞，及舉刺官吏之事。”

宋初，朝廷推重地方親民之官，故頻遣使。《宋史·職官志八》：大中祥符元年，真宗作《文武七條》。《文七條》賜京朝官任轉運使、提點刑獄、知州府軍監、通判、知縣，一曰清心，二曰奉公，三曰修德，四曰責實，五曰明察，六曰勸課，七曰革弊。《武七條》賜牧伯洎諸司使而下任部署、鈐轄、知州軍縣、都監、監押、駐泊巡檢，一曰修身，二曰守職，三曰公平，四曰訓習，五曰簡閱，六曰存恤，七曰威嚴。仍許所在刊石或書廳壁，奉以爲法。

尹瞻，四川温江人，至和中以尚書比部員外郎的本官出任永州通判，後權知永州（監零陵郡事）。

王象之《輿地紀勝》卷五十六《永州·官吏》引《成都志》：“尹瞻，嘉祐時通判永州。永故無學，瞻親爲諸生講説《孔氏六帖》。”

《大明一統志·成都府·人物》：“尹瞻，温江人，以博通知名。舉進士，嘗通判永州，建學誨士。一日城中火且風，瞻具朝服向火拜，已而風息火止。”

萬曆《四川總志》卷八：“尹瞻，温江人，以博通知名。舉進士，嘗通判永州，建學誨士。一日城中火且風，瞻具朝服向火拜，已而風息火止。”

雍正《四川通志》卷八：“尹瞻，温江人，以博通知名。舉進士，嘗通判永州，建學訓士。一日城中火且風，瞻具朝服向火拜，風止火熄。”又卷三十三：“尹瞻，温江縣人，元豐進士。”

《山堂肆考》卷八十六《建學崇儒》：“宋尹瞻，温江人，舉進士，通判永州，建學崇儒，士論翕然稱之。”

《萬姓統譜》卷八十：“尹瞻，温江人，以博通知名，舉進士，嘗通判永州，建學誨士。一日城中火且風，瞻具朝服向火拜，已而風息火止。”（以上“風息火止”均當作“風止火熄”。）

王應麟《玉海》卷一百四十三《兵制·陣法·嘉祐八陣圖》：“嘉祐四年六月四日，翰林學士胡宿，看詳駕部員外郎尹瞻所進《裴子新令》及《八陣圖》頗精，降詔獎諭。”可知尹瞻曾爲駕部員外郎。

梅堯臣《宛陵集》卷二十一《送尹瞻駕部監靈仙觀》：“天地如轉磨，屑屑今古人。一落大化手，團品惟其新。不幸積不用，衮衮同埃塵。日月行何窮，過盡千萬春。人生占幾許，百歲猶比晨。君求灊山潜，捨去两朱輪。願效陶淵明，巔紗爲破巾。山前溪多鱗，山下酒甚醇。看雲舉大杓，杓造舒州民。李白嘗愛之，死生曾與均。此志我亦有，更將猨鳥親。”可知尹瞻曾升駕部郎中及監靈仙觀，類同致仕。靈仙觀在安徽天柱山，監靈仙觀爲半俸。蘇軾有《送郎中柳子玉監靈仙觀》。

陸心源《宋詩紀事補遺》卷十三：“尹瞻，温江人，以博通知名，舉進士。至和中，比部員外、通判永州，建學誨士。後以尚書駕部員外郎監零陵郡事。”

尹瞻在永州另有火星巖、澹山巖詩。《八瓊室金石補正》卷九十九，“柳拱辰尹瞻聯句詩”下有“尹瞻詩”。“高一尺一寸，廣一尺七寸五分，銜名一行十四字，詩八行，行七字，字徑一寸四分，正書。”“尚書比部員外郎、通判永州事尹瞻：郡古時和諍訟銷，使君乘興忽相招。畫船載妓遊巖寺，紅旆摇風過野橋。就石開樽偎樹脚，撥雲策杖上山腰。鳴騶未許歸城去，遠望寒林隔水□。”又見光緒《湖南通志》卷二百七十一《藝文志·金石》、光緒《零陵縣志》卷十四《藝文·金石》。“隔水□”，光緒《湖南通志》同，光緒《零陵縣志》作“隔口遙”，合勘知作“隔水遙”也。

陸增祥按語：“右刻亦前人未見，無年月，即繫前詩之後，所謂‘使君’當即柳拱辰也。詩有‘畫船載妓’語，詩酒風流，猶有香山、眉山韻致，當時未有是禁耳。石近剥泐，拓亦不精，諦審三四，頗竭目力，而末一字尚未敢定焉。”

《金石萃編》卷一百三十五：“澹山巖詩刻二十四段：尚書駕部員外郎監零陵郡事尹瞻。石高二尺八寸，廣二尺六寸，七行，行八字，正書。尹瞻澹山巖詩：尚書駕部員外郎、監零陵郡事尹瞻。岌嶪元化精，嶄巖大塊坼。駭若盤古時，呀然巨靈擘。狀怪嘔風雷，勢邈吞山澤。寒暑中外分，居僧甘窟宅。”又見《零志補零》卷中、道光《永州府志》卷十八中、光緒《零陵縣志》卷十四、光緒《湖南通志》卷二百七十一。

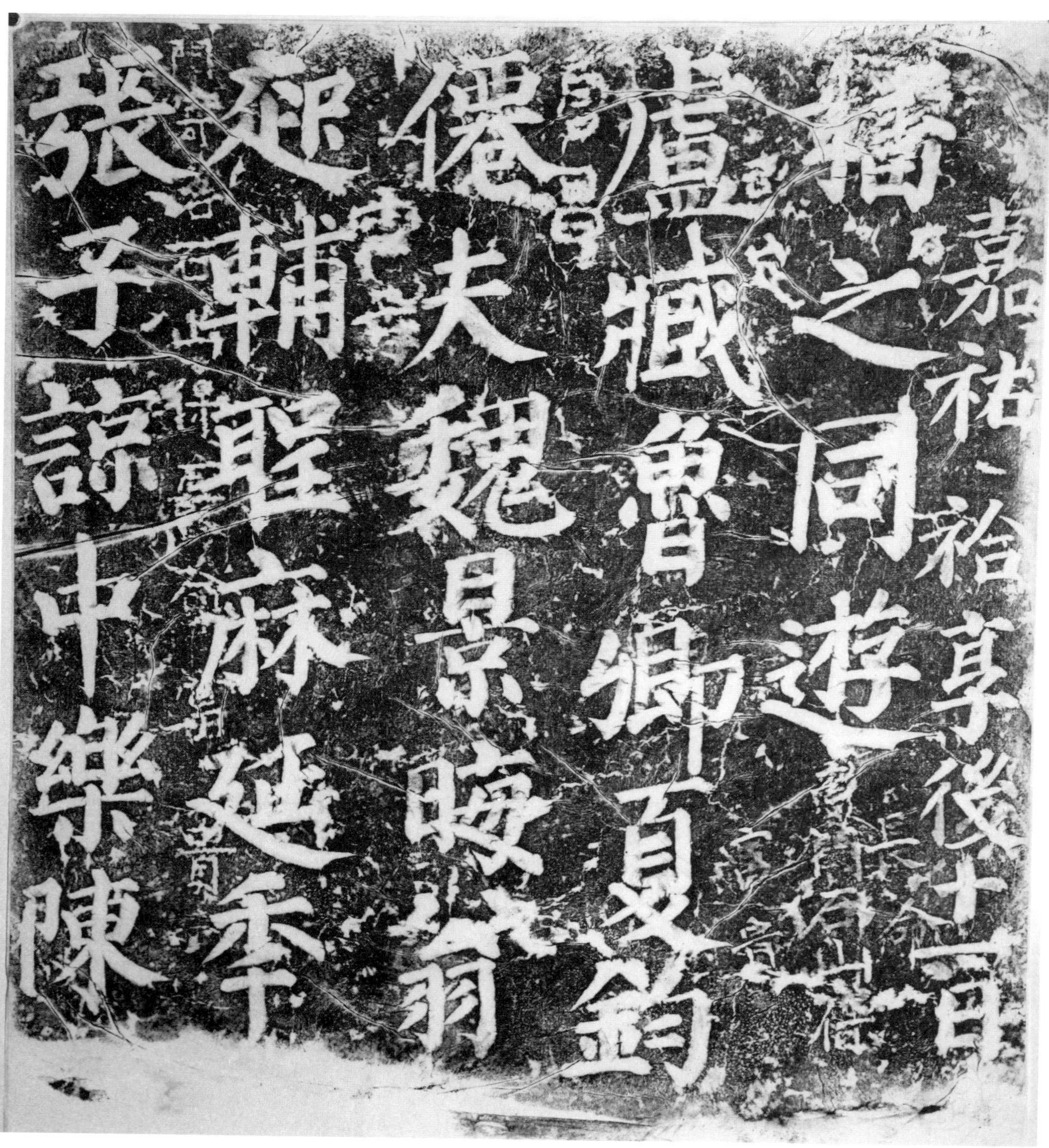

# 嘉祐四年張子諒、陳起、麻延年、魏景、盧臧、夏鈞題刻

## 釋　文

張子諒中樂、陳起輔聖、麻延季僊夫、魏景晦翁、盧臧魯卿、夏鈞播之同遊。

嘉祐祫享後十一日。

## 考　證

題刻在朝陽巖上洞，高 73 公分，寬 65 公分，六行，楷書，從左向右讀。

此刻《金石萃編》、《零志補零》、道光《永州府志・金石略》、《八瓊室金石補正》、光緒《湖南通志・金石志》等著録。

《金石萃編》卷一百三十三誤入“澹山巖題名六十段”。

《寚雲龕金石審》：“案右刻極肖顔書。”

《八瓊室金石補正》卷八十五：“右刻在朝陽巖補元厂内，《萃編》及《通志》、《永志》俱作澹山巖題名，誤。”（“補元厂”，“厂”同“庵”。清楊翰重刻元結《朝陽巖銘》，並建補元庵於朝陽巖上洞。詳見光緒《零陵縣志》。）

《潛研堂金石文跋尾目録》卷四：“按嘉祐四年十月祫享明堂，此題當在是年十月也。”

祫享即祫祭，祫者合也，謂合祭先祖，親疏遠近皆得祭享。《春秋公羊傳》：“大祫者何？合祭也。其合祭奈何？毁廟之主陳於大祖，未毁廟之主皆升，合食於大祖。”宋初，於嘉祐四年十月十二日，仁宗親行祫享禮，典禮隆重。祫享禮畢，百官率有加恩。《宋史・禮十志》：“嘉祐四年十月，仁宗親詣太廟行祫享禮。以宰臣富弼爲祫享大禮使，韓琦爲禮儀使，樞密使宋庠爲儀仗使，參知政事曾公亮爲橋道頓遞

使，樞密副使程戡爲鹵簿使。”“十月二日，命樞密副使張昪望告昊天上帝、皇地祇，帝齋大慶殿。十一日，服通天冠、絳紗袍，執圭、乘輿，至大慶殿門外降輿，乘大輦，至天興殿，薦享畢，齋於太廟。明日，帝常服至大次，改袞冕，行禮畢。質明，乘大輦還宫，更服靴袍，御紫宸殿，宰臣、百官賀，升宣德門肆赦。二十一日，詣諸觀寺行恭謝禮。二十六日，御集英殿爲飲福宴。”《宋史·樂志一》：“親祀南郊、享太廟、奉慈廟、大享明堂、祫享，帝皆親制降神、送神、奠幣、瓚稞、酌獻樂章，余詔諸臣爲之。至於常祀、郊廟、社稷諸祠，亦多親制。”歐陽修《内制集》卷七《内中福寧殿開啟祫享預告》：“伏以宗廟之嚴，祫祭爲重，乃卜孟冬之吉，躬修合食之儀。”題刻署“嘉祐祫享後十一日”，當是嘉祐四年（1059）十月二十三日。

張子諒，字中樂。曾官寺丞、太常博士。嘉祐間以屯田員外郎出任永州知州。

道光《永州府志·職官表》誤作“皇祐”，據題刻當作“嘉祐”。

張子諒事蹟文獻多不載。李燾《續資治通鑑長編》卷五百二十，哲宗元符三年（1100）有“禮直官張子諒”，又見曾布《曾公遺録》。按《宋史·職官志》，正禮直官二人，副禮直官二人，屬太常寺。但考其年世較晚，當爲另一人。

《宋會要輯稿·刑法》格令一：“嘉祐二年十月三日，三司使張方平上新修《禄令》十卷，詔頒行。元年九月，樞密使韓琦言：内外文武官俸入添支，並將校請受，雖有品式，而每遇遷徙，須申有司檢堪申覆，至有待報歲時不下者，請命近臣就三司編定。命知制誥吴奎，右司諫馬遵，殿中侍御史吕景初爲編定官。太常博士張子諒，太常丞勾諶，大理寺丞張適，爲删定官。至臣上之。”可知張子諒嘉祐二年爲太常博士。

梅堯臣《宛陵先生集》卷第十八《依韻和張中樂寺丞見贈》：“朝車走轔轔，暮車走碌碌。黄埃蔽車輪，赤日爍車屋。靡論遠與近，安問踈與熟。賢愚各有求，往返相磨轂。我馬不出門，我蹟亦以跼。心慕中樂賢，道義聞且宿。其言清而新，其貌古不俗。書可到二王，辯可折五鹿。往見未爲勞，定交然後篤。惠詩何勁敏，對敵射銅鏃。穿楊有舊手，驚雀無全目。强酬非所當，宜將弓矢速。”

朱東潤《梅堯臣集編年校注》定《依韻和張中樂寺丞見贈》在皇祐五年。宋官制有“七寺丞”，《宋史·宋琪傳》：“經學出身，一任幕職，例除七寺丞。”可知張子諒皇祐五年爲寺丞，與太常博士爲前後任，此前當有進士出身。

《宛陵先生集》卷五十二《觀張中樂書大字》：“芝旭馳名世有孫，大書如曉過秋原。長松怪柏皆成炭，豫氏觀傍不解吞。”倪濤《六藝之一録》卷三百三十八《歷朝書譜二十八》引之。

同書卷五十八《送張中樂屯田知永州》：“畏向瀟湘行，不入洞庭去。鞍馬踏關山，衣裘冒霜露。零陵三千里，楚俗未改故。王澤久已覃，國刑亦當措。皆聞柳宗元，山水尋不猒。其記若丹青，因來問潭步。石燕飛有無，香草生觸處。僊姑異麻姑，歲月樓中度。不食顔渥赭，言語神靈預。莫将車騎喧，獨往探幽趣。有信報我知，惡欲驅塵慮。”

吴孟復《梅堯臣年譜》定《觀張中樂書大字》在嘉祐二年。《送張中樂屯田知永州》在嘉祐三年。可知張子諒嘉祐二年至三年爲屯田員外郎。

以上梅堯臣三詩，均盛道張子諒擅書，如稱“書可到二王”、“芝旭馳名世有孫”。“芝旭”謂後漢張芝、唐代張旭，“世有孫”謂張子諒爲其同姓。“大書”正謂其擅長作榜書大字。

又韓維《南陽集》卷五《奉送永州張中樂屯田》：“昔年曾讀子厚集，夢寐彼州山水佳。循良今慰遠人望，瀟灑仍愜曠士懷。樓頭打鼓散群吏，林下啼鳥眠高齋。政閑境勝足佳句，好寫大字鐫蒼崖。”

此詩與梅堯臣《送張中樂屯田知永州》當爲一時之作，亦言張子諒工書，想象其到永州則有“好寫大字鐫蒼崖”，恰似預見朝陽巖、澹山巖巖刻一般。

嘉祐五年二月五日，張子諒、盧臧在朝陽巖另有“朝陽巖”、“朝陽洞”兩通榜書。

此前，嘉祐四年五月，張子諒另有澹巖題刻，與張德淳、麻延年、魏景、夏鈞、陶弼、章望之、李綱、盧臧同遊。《金石萃編》卷一百三十三：“知軍州事張子諒率通判張德淳同游。幙中麻延年、魏景、邑令夏鈞從。大理丞陶弼、校書郎章望之、選吏李綱、盧臧實預焉。嘉祐己亥四年五月二十六日己未，臧題。”“横廣三尺二寸八分，高三尺，八行，行八字，正書。”

王昶按語：“澹山巖題名六十段：按《湖南通志》，澹巖在永州零陵縣南二十五里，亦名澹山巖。唐張顥《記》云：盤伏两江之間，周廻二里，中有巖竇，可容萬夫。古有老人處其下，以澹氏稱，因名。《方輿勝覽》云：中有澹山寺，樓殿屋室，隱躍罅中，雖風雨不能及。四顧石壁削成，旁有石竅，古今莫測其遠近。此磨崖題名六十段，當即在‘石壁削成’之上，然據《永州山水記》，但載澹山巖宋黄山谷始題識之，今洞中一石載山谷詩與書，而不言此外之題記者甚多也。山谷詩跋已附《大唐中興頌》後，六十段外恐尚有遺，姑就此六十段考之，始於慶曆七年，迄咸淳五年己巳，合二百二十年中，姓名可見者得二百七人，泐者二人。”

王昶又考同遊陶弼、章望之二人

云："考陶弼，《史傳》：字商翁，永州人，由陽朔主簿歷知邕州，徙鼎州、辰州、忠州、順州，加東上閤門使，未拜而卒。此題大理丞，則《傳》所略。《傳》又稱弼能爲詩，故其詩雜見《方輿勝覽》、《後村千家詩》、《合璧事類别集》、《錦繡萬花谷》、《粵西詩載》、《後村詩話》諸書中。其所著《邕州集》，《宋詩紀事》采之。章望之，《史傳》稱：字表民，建州浦城人，由伯父得象蔭，爲秘書省校書郎，監杭州茶庫，累光禄寺丞，致仕。此題校書郎，蓋未監茶庫時也。《傳》又稱其'北游齊趙，南汎湖湘，西至汧隴，東極吴會。山水勝處，無所不歷。有歌詩雜文數百篇。'此題知軍張子諒同游，蓋'南汎湖湘'時也。其爲詩，則《夏晝》一篇，見《宋文鑑》。"

可知張子諒在永期間，交遊、題刻均極一時之盛。

陳起，字輔聖，沅江人，景祐進士。歷官寧鄉、秭歸、湘鄉、萍鄉、黄梅知縣，官終永州通判。

《大明一統志》卷六十四《常德府·人物》："陳起，沅江人。舉進士，調寧鄉令，改令秭歸，又歷湘鄉、萍鄉令，皆有政聲。在秭歸日，疏鑿新灘，舟行以安，歐陽修銘其功於石。終永州倅。"嘉慶《沅江縣志·人物志·賢達》引之。

《大清一統志》卷二百八十《常德府·人物》："宋陳起，沅江人。景祐進士，調寧鄉令，歷秭歸、湘鄉、萍鄉等縣，皆有政聲。在秭歸日，疏鑿新灘，舟行以安，歐陽修銘其功於石。"

康熙《長沙府志》卷十："陳起，沅江人。寧鄉令，解組歸，疏鑿新灘，歐陽修稱之。轉湘鄉，後遷黄梅，擒除妖術，拜御史。"乾隆《長沙府志》卷二十同。

陸心源《宋詩紀事補遺》卷九："陳起，字輔聖，沅江人。景祐改元甲戌進士，官秭歸令，疏鑿新灘，以便舟楫，歐陽文忠公銘其功於石。終永州通判。"

歐陽修文無考。存世有宋皇祐三年前進士曾華旦《疏鑿新灘碑》，謂尚書都官員外郎、知歸州趙誠疏鑿之。

陳起爲唐拱之婿。歐陽修《居士集》卷二十五《右班殿直贈右羽林軍將軍唐君墓表》："嘉祐四年冬，天子既受祫享之福，推恩群臣，並進爵秩，既又以及其親，若在若亡，無有中外遠邇。於是天章閣待制、尚書户部員外郎唐君，得贈其皇考驍衛府君爲右羽林軍將軍。"又云，唐拱生一男，名唐介；生五女，"次適著作佐郎陳起"。

《沅湘耆舊集前編》卷十八載陳起《迎月》詩一首："樽酒貪迎月，人生醉後佳。夜來窗不掩，吹落一瓶花。"又見嘉慶《沅江縣志》，題爲《沅江對月》。

麻延年，字僊夫，時任永州判官，後權倅永州。

麻延年有與張子諒等嘉祐四年五月澹巖題刻，稱"幙中麻延年"。又有與徐大方等嘉祐六年辛丑上元後二日朝陽巖題刻。又有與徐大方等嘉祐六年辛丑上元後三日澹山巖題刻。稱"上幙權倅麻延年"。"幙"同"幕"。

魏景，字晦翁。事蹟不詳。

魏景有與徐大方等嘉祐六年辛丑上元後三日澹山巖題刻。又有與馬璟等嘉祐三年秋社日澹山巖題刻。

《金石萃編》卷一百三十三："澹山巖題名六十段：馮璟、唐輔會、蕭固斡臣、蕭注喦夫、魏景晦翁、何廓伯達、張子山景仁、蕭澈子源，辛丑秋社日遊。"（"馮璟"，宗績辰道光《永州府志·金石略》更正爲"馬璟"。）

王昶按語："蕭注，《史傳》稱：字巖夫，臨江新喻人。舉進士，攝廣州番禺縣，以破儂智高功，擢禮賓副使，廣南駐泊都監，知道州，拜西上閤門副使。居邕數年，坐貶秦州團練副使，累起爲邠州都監，累知桂州。此題無號年，但云辛丑秋社日，稽其時爲嘉祐三年，蓋知邕州時，便道遊此而留題也。"（"知道州"誤，《宋史》本傳作"知邕州"。）

《古泉山館金石文編》卷三，瞿中溶按語："蕭固亦新喻人，見《宋史·李師中傳》。王安石爲撰墓誌。固凡三知桂州，今廣西臨桂有嘉祐三年七月題名，乃其最後知桂州時也。後值申紹泰反，貶官，則嘉祐五年事。此題辛丑，爲嘉祐六年，蓋固去廣西任歸，經此而題者。"

盧臧，字魯卿，河南人。時任權永州推官。

盧臧有著作，《楚録》五卷，《范陽家志》一卷，見《宋史·藝文志》，已佚。蓋盧氏郡望爲范陽。道光《永州府志》卷九《藝文志》宗績辰云："《楚録》五卷：宋盧臧撰。《宋史·藝文志》作盧藏，誤。案臧曾官永州，諸巖有題刻，此殆其在永時所作。"

盧臧又有與張子諒等嘉祐四年五月澹巖題刻，及與徐大方等嘉祐六年辛丑上元後二日朝陽巖題刻；又有與徐大方等嘉祐六年辛丑上元後三日澹山巖題刻，見《金石萃編》卷一百三十三。

又有與米君平等浯溪題名，"米君平會盧臧、吴克謹食。嘉祐二年六月九日，臧題。"見《古泉山館金石文編》卷三，瞿中溶云："右米君平等題名，正書，五行，在峿臺左，前人未見。"

又有長篇《永州三巖詩有序》（一作"并序"），"高二尺三寸二分，廣四尺一寸六分，卅行，行十八字，字徑寸餘，正書"。見《零志補零》卷中、《八瓊室金石補正》卷九十五、道光《永州府志·金石略》、光緒《零陵縣志·藝文·金石》、光緒《湖南通志·金石志》

等,《天下名山勝概記》改題《永州三巖記》。

《永州三巖詩有序》署款:"潭州湘潭縣主簿、權永州推官、河内盧臧撰。"

序云:"永之東南,三巖相望,穿堅貫險,外峻内夷,浯瀟之間,號爲佳絶。火星巖嶄嶄亂石恠聳,于傍曲縈斜通後瞰山腹,往時黄冠師宅其側,塑火星像爲人祈福,今字壞基存,緇徒搆宇而居。朝陽巖後阜前江,呀焉淵邃,旭日始旦,華粲先及,小亭巋然立于石岸。澹山巖依山而上,緣穴而下,深入虚廣,踰數十畝。秦始皇時,周正(御名)實之居,今爲佛圖。山富竹樹,澹竹爲多。其後斜穴百步,迤邐而出,捫蘿磴石,復有小巖。大底永山類多嵓穴,茲三者爲極勝至者。賞其外塵坌而移寒暑也。予嘉祐丁酉二年,被臺符,承幙中乏,四月始到永,未幾遍歷所謂三巖者。且酷愛澹山虚廣,遂礲其巖石,悤刻三詩。偶漕臺俞公按部游巖,遂持詩以丐賡,屬公好奇博雅,既賞會于巖下,又從而繼其聲焉。其從游者題名于别石。時六月六日也。"

詩云:

"火星巖:巖扃瞰群阜,疇昔道宫鄰。熒惑摽名舊,浮屠締搆新。石寒長滴乳,地潤不生塵。吾到期深入,虬蛇勿噬人。"

"朝陽巖:瀟湘峻岸傍,巖穴號朝陽。全會江雲勢,先分海日光。高深驚險易,冬夏返温凉。誰肯弃塵世,探窮仙者鄉。"

"澹山巖:誰開仙窟宅,非與衆巖儔。樹響晴飜雨,嵐凉夏變秋。禽靈啼復斷,雲恠吐還收。深羨群僧住,嗟予莫少留。"

所書字體,"貞"作"正",宋仁宗名偏旁從"真",此避嫌名。"驚"字上半缺一筆,避宋太祖祖諱。從"木"之字變作"手"旁,"於"皆作"于","怪"皆作"恠","抵"作"底","棄"作"弃"。

時有荆湖南路轉運使、尚書祠部員外郎俞希孟,作和詩三首。題爲"范陽同年示及零陵三題,率然爲答,甚媿妍唱",詩云:

"火星巖:信美真靈宅,呀然洞府通。皇家尊盛德,南夏享陰功。廟貌鄰炎帝,峰名比祝融。遊人思所謂,無獨愛嵌空。"

"朝陽巖:旭日多横照,幽巖得粹華。次山名此地,瀟水匯其涯。峭壁生雲葉,危根濺浪花。終攜羡門侶,晨坐噏朱霞。"

"澹山巖:巖腹潛雲搆,清涼十畝間。天留盤古穴,人識寶陁山。壞像烟嵐濕,高僧歲月閑。聖時無遁客,佳境付禪關。"

《古泉山館金石文編》卷三:"首有十八字,《金石萃編》脱去。其云'范陽同年'者,即前盧臧也。"

這樣一組長篇巨制，加以精到的顔書，光豔可想而知，可惜原刻已隨澹巖毁壞，惟存清人拓本。

盧臧之父盧察，字隱之。據尹洙所撰《墓誌銘》："舉進士，授復州司士參年，累調光化軍乾德、襄州襄陽二主簿，夔州奉節令，泉州觀察推官，遷大理寺丞。登朝爲太子中舍，殿中丞、國子博士。入尚書省，爲水部司門員外郎。凡歷知河南密、江陵公安、彭州永昌三縣，知蒙州事，白波發運判官。最後通判河南府。"（尹洙《河南先生文集》卷十六《故朝奉郎尚書司門員外郎通判河南府西京留守司兼畿内勸農事上輕車都尉賜緋魚袋盧公墓誌銘並序》。）

盧察曾至永州，遊浯溪，有浯溪詩二首，在盧臧任官之前二十五年，二十五年之後盧臧書寫刻石。其時盧察已卒十八年。

《古泉山館金石文編》卷三著録：

"太子中舍、知蒙州盧察。《留題浯溪》：'□後聲名人始貴，真卿筆札次山文。二賢若使生同世，□□□悲不放君。'天聖辛未九年八月作，嘉祐丁酉二年□月男臧上石。"

"殿中丞盧察，字隱之。《再題浯溪》：'逆孽滔天亂大倫，忠邪淆雜竟何分。欲知二聖巍巍力，止在浯溪一首文。'明道元年作，嘉祐二年十二月男臧上石。"

又見嘉慶《湖南通志·金石志》、道光《永州府志·金石略》、《八瓊室金石補正》卷九十、光緒《湖南通志·金石志》、《宋詩紀事補遺》卷九。

瞿中溶云："右盧察詩，正書九行，在磨厓碑之巔，峿臺之左，前人未見。""右盧察《再題浯溪》詩，正書五行不齊，在峿臺左，前人未見。""盧臧，嘉祐中爲永州司理，河内人。"

雍正《河南通志》卷四十五《選舉·進士》："盧察，河内人，多遜子，景德中第，簿、尉。"此説有誤，據石刻，則盧察任官不止簿、尉。

盧察詩僅存此二首，收入《全宋詩》卷一五三。今按天聖九年（1031）與明道元年（1032），僅經一年，揣其情勢，似經湘水往返，途經浯溪。蒙州在嶺南，《宋史·地理志六》廣南東路，昭州："熙寧五年廢蒙州，以東區、蒙山二縣入焉。"《留題浯溪》署款"太子中舍、知蒙州"，自蒙州至汴京須經靈渠逾嶺，沿湘水水路北返。《再題浯溪》署款"殿中丞"，不署知蒙州，可知是解職回京復命。

盧察之父盧多遜。盧多遜，《宋史》有傳。《續資治通鑑長編》卷一百一：仁宗天聖元年十一月，"大理寺丞、知彭山縣盧察，乞官襄州，以掃灑墳墓。上問察家，王欽若對：'察父多遜，故宰相，謫死朱崖。'上惻然許之。"

夏鈞，字播之，潭州人。時任零陵知縣。

嘉慶《零陵縣志・職官》記其任零陵知縣在嘉祐四年。

夏鈞另有與張子諒等嘉祐四年五月澹巖題刻，及與徐大方等嘉祐六年辛丑上元後三日澹山巖題刻，署“零陵令夏鈞”。

宋代以來文獻盛傳夏鈞見何僊姑故事。

魏泰《東軒筆録》卷十：“潭州士人夏鈞罷官過永州，謁何僊姑而問曰：‘世人多言吕先生，今安在？’何笑曰：‘今日在潭州興化寺設齋。’鈞專記之，到潭日，首於興化寺取齋歷視之，其日果有華州回客設供。頃年滕宗亮謫守巴陵郡，有華州回道士上謁，風骨聳秀，神氣清邁，滕知其異人，口占一詩贈之曰：‘華州回道士，來到岳陽城。別我遊何處，秋空一劍横。’回聞之，憮然大笑而别，莫知所之。”《苕溪漁隱叢話》、《五代詩話》、《宋朝事實類苑》、《類説》、《永樂大典》諸書多引之。

雍正《湖廣通志》卷七十五《僊釋志》：“何僊姑，《明一統志》：零陵人，幼遇異人，與桃食之，遂不饑，能逆知人禍福。宋《類苑》云：潭州夏鈞過永州，問何曰：‘世多言吕先生，今安在？’何笑曰：‘今日在潭州興化寺設齋。’鈞到潭日，取寺中齋歷視之，其日有華州回客設供。”隆慶《永州府志》、康熙九年《永州府志》、道光《永州府志》、康熙《零陵縣志》、乾隆《祁陽縣志》、嘉慶《長沙縣志》、《楚寶》諸方志多同。

朝陽巖

# 嘉祐五年張子諒、盧臧“朝陽巖”榜書

## 釋　文

嘉祐五季二月五日

朝陽巖

張子諒書，盧臧題記。

## 考　證

石刻在朝陽巖上洞，高 142 公分，寬 47 公分。張子諒大字榜書，盧臧顔書署款。

《金石萃編》卷一百三十四：“零陵縣朝陽巖題名六段：朝陽巖：嘉祐五季二月五日，張子諒書，盧臧題記。”“高五尺七寸，廣二尺，三行，中三大字，左右年月、人名。”

王昶按語：“按《湖南通志》，朝陽巖在零陵縣西南三里，唐元結《銘序》：自舂陵至零陵，愛其郭中有水石之異，泊舟尋之，得巖與洞，以其東向，遂以命之。《明一統志》：在零陵縣西瀟江之滸，巖有洞，澗自中流出入湘。《零陵縣志》：一名流香洞，有石淙源自群玉山，伏流出巖腹，氣如蘭蕙，從石上瀉入緑潭。洞門左右有石壁，黄山谷題名鐫其上。巖後有祠，祀唐宋謫官。蓋朝陽巖距城不遠，凡遊華嚴巖、澹山巖者，必先經朝陽巖。此題名六段，其中如柳拱辰、張子諒、盧臧、周惇頤諸人，皆已見澹山巖題名者。”

此刻末署“臧題”，宗績辰《詔雲龕金石審》云“極肖顔書”。徐大方等澹山巖題名，末亦署“臧題”。宗績辰道光《永州府志・金石略》云：“案右刻極似平原《家廟碑》，臧可謂深於學顔者矣。‘權’字皆從‘手’，係俗書。”盧臧字魯卿，“魯卿”似寓魯國公、顔真卿二義。可知此刻大字爲張子諒所書，蓋其人擅長大字；署款爲盧臧所書，蓋其人擅長顔體。

嘉祐五年十二月五日
朝陽洞
張子諒書盧臧

# 嘉祐五年張子諒、盧臧“朝陽洞”榜書

## 釋　文

嘉祐五秊二月五日

朝陽洞

張子諒書，盧臧題記。

## 考　證

石刻在朝陽巖下洞，高 145 公分，寬 48 公分。張子諒大字榜書，盧臧顔書署款。

《八瓊室金石補正》卷八十五：“朝陽洞題榜：高四尺四寸半，廣一尺四寸半，一行三字，字徑一尺許，旁款兩行，字徑二寸五分，均正書。‘嘉祐五秊二月五日’，此行在右。‘張子諒書，盧臧題記’，此行在左。”

道光《永州府志・金石略》：“案張子諒朝陽巖三字在上巖，朝陽洞三字在下洞水涯。”

今按張子諒書、盧臧題記“朝陽巖”榜書與“朝陽洞”榜書，僅一字之異，一在上洞，一在下洞，蓋因上洞爲半邊穹窿，下洞較深邃，有溶洞，生鍾乳，古人或有巖、洞之分别。其實亦皆巖也，亦皆洞也。二榜書爲同日所書，書體、規格、款識均同，張子諒書“朝陽巖”稍靈動，書“朝陽洞”稍端厚，盧臧乃謹守顔體，可見當日二人之佳興。

“朝陽巖”與“朝陽洞”二榜書，今在石壁最明顯處，故多刻寫“石山保”，倖整體尚保存完好。

嘉祐辛丑元後二日
臧曹卿游臧頤
公南黃致適道盧
延孝仙夫萬孝寬
曹元卿舜臣麻
徐大方仲道辛

## 嘉祐六年徐大方、曹元卿、麻延年、萬孝寬、黄致、盧臧題刻

### 釋　文

徐大方沖道率曹元卿舜臣、麻延季仙夫、萬孝寬公南、黄致適道、盧臧魯卿游，臧題。

嘉祐辛丑上元後二日。

### 考　證

題刻在朝陽巖上洞，高 40 公分，寬 40 公分，六行，楷書。

朝陽巖上洞盧臧所書題刻，張子諒、陳起、麻延年、魏景、盧臧、夏鈞嘉祐祫享後十一日同遊題刻居中，右爲張子諒、盧臧“朝陽巖”榜書，左即此刻。

嘉祐辛丑即嘉祐六年（1061）。

《金石萃編》卷一百三十三著録，誤以在澹山巖。

《八瓊室金石補正》卷八十五：“右刻亦在補元厂内，《萃編》云在澹山巖，《通志》因之，均誤，《永志》‘季’作‘年’，‘仙’作‘僊’亦非。”又云：“《萃編》卷一百三十四載朝陽巖題名六段，茲復得二十段。張子諒、徐大方兩刻，《萃編》誤列於澹巖，今更正之，又補正二段，共廿四段。”

徐大方，字沖道，福建歐寧人，時以司刑丞任永州知州。

徐大方又有嘉祐六年辛丑上元後三日澹山巖題刻，云：“司刑丞權郡徐大方，同上幙權倅麻延年，點閱御書警巡馬公弼，零陵令夏鈞，從奉宸前知懷遠曹元卿，邵陽幙萬孝寬，前荔浦令黄致，前湘潭簿盧臧預游。嘉祐辛丑上元後三日，臧題記。”

可知徐大方等六人於嘉祐六年上元節之後第二日，即正月十七日，同遊朝陽巖。次日，即正月十八日，徐大方等

八人又同遊澹山巖。除前六人仍皆參與外，又增多馬公弼、夏鈞二人。

道光《永州府志》卷十一上《職官表》："知州軍事：嘉祐：徐大方，司刑丞權郡，舊缺。"

嘉祐八年以監殿丞出任汀州通判軍州事。熙寧十年提舉監修使臣，元豐元年爲開封府判官，貶開封府推官。今存詩二首，《送程給事知越州》、《遊東禪寺》，收入《全宋詩》卷六七一。

紹熙《雲間志》卷下載宋嘉祐八年李璋作《濟民倉記》，"爲記之蘇士李璋也。爲書之監殿丞徐大方也"。又見至元《嘉禾志》、正德《松江府志》、嘉慶《松江府志》、光緒《重修華亭縣志》及《永樂大典》卷七千五百一十三。"蘇士"，《永樂大典》誤作"蘇氏"。濟民倉在華亭縣。

李燾《續資治通鑑長編》卷二百八十四：熙寧十年八月，"詔前權判将作監范子奇、向宗儒各展磨勘二年，丞徐大方、曾孝宗、提舉監修使臣王範等五人並奪元授恩"。

徐大方另有汀州蒼玉洞石刻題名云："（缺二字）丞、通判郡事徐大方沖道、會（缺一字）宰庠博楚制中幾道、上幕張任賢康侯，熙寧戊申季冬望，沖道題。"又有福州鼓山題刻："建安吕百能然明，徐大方沖道、弟大正得之，熙寧辛亥歲仲夏二十五日同遊。"見謝榮仁《閩中金石略》卷五、劉承幹《閩中金石志》卷七、民國《福建金石志卷七》卷七、光緒《長汀縣志》卷二十九。由"沖道題"三字可知徐大方亦工書。

徐大方之父徐的，字公準，官至度支副使、荆湖南路安撫使，卒於桂陽。《宋史》有傳。

徐的墓誌、徐大方墓誌，1957年於江蘇江寧東馮村出土。徐的《墓誌銘》載"大方，太廟齋□□□□□□□□□"，"公薨，天子悼歎，特録其忠勞，授大方守将作監主簿"云云。徐大方墓誌銘全稱《宋故開封府判官朝奉郎尚書司門員外郎輕車都尉賜緋魚袋徐公墓誌銘》。（見王德慶《江蘇江寧東馮村宋徐的墓清理記》，刊《考古》1959年第9期。）

麻延年，詳見上文。

麻延年另有與張子諒等嘉祐四年朝陽巖題刻，及與張子諒等嘉祐四年五月澹巖題刻，與徐大方等嘉祐六年辛丑上元後三日澹山巖題刻。"仙夫"寫作"僊夫"。

曹元卿，字舜臣。據嘉祐六年辛丑上元後三日澹山巖題刻，其時官職爲"從奉宸前知懷遠"。

萬孝寬，字公南。據嘉祐六年辛丑上元後三日澹山巖題刻，其時官職爲"邵陽幕"。

黄致，字適道。據嘉祐六年辛丑上元後三日澹山巖題刻，其時官職爲"前荔浦令"。

盧臧，詳見上文。

年季秋二日偕游
獻可補之洛平三
都張堯臣偕常王
陵董乾粹承君東
臨江梁宏臣卿盧

## 治平三年梁宏、董乾粹、張堯臣、王獻可題刻

### 釋　文

臨江梁宏巨卿、廬陵董乾粹承君、東都張堯臣伯常、王獻可補之，治平三年季秋二日偕游。

### 考　證

題刻在朝陽巖下洞洞口外右側，高73公分，寬57公分，五行，楷書。

《零志補零》卷下、道光《永州府志・金石略》、光緒《零陵縣志・藝文・金石》、《八瓊室金石補正》、光緒《湖南通志・金石志》等著録。

《留雲盦金石審》："王煦等《省志》云：案右刻見零陵縣《宗志》。右正書，五行。"

《八瓊室金石補正》卷八十五："高二尺二寸五分，廣一尺八寸三分，五行，行七字，字徑二尺許，正書，左行。時梁宏爲零陵令，董乾粹爲邑掾，均見淡巖題名。張堯臣、王獻可疑是丞、簿，而官志均不見其名。"

梁宏，字巨卿，臨江人。時以文林郎出任零陵知縣。

除朝陽巖此刻外，梁宏在群玉山、澹山巖另有八通題刻，見《金石萃編》、《古泉山館金石文編》、《八瓊室金石補正》、道光《永州府志・金石略》、光緒《零陵縣志・藝文・金石》、光緒《湖南通志・金石志》。

一、治平元年與余藻三門洞題名："大宋天子改治平之初年，祠曹郎余藻奉命提點廣西刑獄，季秋下弦經此，因題。文林郎守永州零陵縣令梁宏……"

二、治平二年清明與解舜卿等群玉山題刻："解舜卿、梁宏、董乾粹、馬定、周均、劉湛，治平二年清明前一日

同游。"

三、治平二年九月十四日與梁庚等澹山巖題刻："新賀州桂嶺令梁庚子西，洎弟零陵令宏巨卿，進士寘隱甫，陪郡幕項隨持正，新清湘尉蔣忱公亮，進士周鎬毅甫，同遊，治平乙巳九月十四日題。"

四、治平二年九月十四日與項隨等澹山巖題刻："持正、子西、公亮、巨卿、毅甫、隱甫同遊，治平二年九月十四日，隱甫題。"

五、治平二年十一月三日與薛倈等澹山巖題刻："轉運使河東薛倈步按上六州一監，渡瀟湘二水，歷三門巖、九龍洞至永，游朝陽、澹山二巖。悉非人力，乃神物所造之景。通判樂咸、縣令梁宏共行，治平二年十一月三日題石。"

六、治平三年四月六日與陳藻、周敦頤、項隨澹山巖題刻："尚書都官郎中知軍州事陳藻君章，尚書虞部員外通判軍州事周惇頤茂叔，郡從事項隨持正，零陵令梁宏巨卿同遊，治平三年四月六日題。"

七、治平三年十二月與范子明等澹山巖題刻："前八桂倅范子明，同永幕項隨，令梁宏，掾董乾粹，游澹山，治平丙午臈月吉，誠叔題。"

八、治平四年三月十四日與鞠拯、周敦頤、項隨等澹山巖題刻："尚書比部郎中知軍州事鞠拯道濟，尚書比部員外郎通判軍州事周惇頤茂叔，軍事推官項隨，前録事參軍劉璞，零陵縣令梁宏，司法參軍李茂宗，縣尉周均，治平四季三月十四日，同遊永州澹山巖。"

《八瓊室金石補正》卷九十四陸增祥按語："梁宏字巨卿，零陵令，臨江人。董乾粹字承君，零陵掾，廬陵人。均見朝陽、淡巖諸題名。周均，零陵尉，亦見淡巖題名。解舜卿列梁宏之上，當是府寮。馮定介董、周之間，當是縣簿。劉湛疑亦官屬，而志乘職官皆不見其名。"

據治平二年九月十四日澹山巖題刻，梁宏有兄名梁庚，字子西，曾官新賀州桂嶺令。《粵西金石略》卷三《遊華景洞題名》載："臨桂令梁庚闢菜□地，得一古洞，有□曰'華景'，其石壁，唐桂州刺史御史中丞元晦《巖光亭》詩在焉，乃會昌五年四月十日題，蓋武宗之乙丑年也。其蕪没則不能審於何時，逮今踰百祀而復新之。"又見嘉慶《臨桂縣志》卷三。

梁宏後升大理寺丞。

蘇頌《蘇魏公文集》卷三十四《外制》載《前岢嵐軍嵐谷縣令陳安静、前威勝軍武鄉縣令張焞可，並著作佐郎，前永州零陵縣令梁宏，可大理寺丞敕》："國家掄才之路至廣，而銓選之法惟艱，既限其累年之勞，又責於上官之薦，小不應格，未嘗序遷。以爾勤於首公，廉而寡悔，知已言狀有司，校功擢置王官。進階榮路，其思始卒之效，以副奖拔之恩。”

元祐中，梁宏以參與“七老會”知名。

雍正《湖廣通志》卷五十八《人物志·隱逸·荆州府》：“宋孫諭，《明一統志》：‘江陵人，元祐末掛冠，與時同退休者吴師道、梁宏、朱光復、賈亨彦、張景達，布衣唐愈，爲‘七老會’，五日一集，時人榮之。’”

《氏族大全》卷三“七老”：“朱光復，宋元祐中掛冠，同時休退者：孫諭、吴師道、梁宏、賈亨彦、張叔達與布衣唐愈，爲七老會，五日一集，飲酒賦詩。”

《山堂肆考》卷一百七：“朱光復與孫諭、吴師道、梁宏、賈亨彦、張叔達，及布衣唐愈爲‘元祐七老’。”

《讀書紀數略》卷二十二“元祐七老”：“元祐中同時掛冠，五日一集：朱光復、孫諭、吴師道、梁宏、賈亨彦、張叔達、唐愈。”

董乾粹，字承君，廬陵人，一作永豐人。時任零陵縣丞，官終屯田員外郎。其父董儀，弟董敦逸。

嘉靖《江西通志》卷二十六：“嘉祐三年戊戌解試：董乾粹，永豐人。”“嘉祐七年壬寅解試：董乾粹，儀子，永豐人。”“嘉祐八年癸卯許将榜：董乾粹，董敦逸：粹弟，俱永豐人。”

光緒《吉水縣志》卷二十八：“嘉祐八年癸卯許将榜：是科二人，董乾粹，屯田員外郎；董敦逸，户部侍郎、輕車都尉、太子太保。”

董乾粹與梁宏等，另有治平二年清明群玉山題刻、治平三年十二月澹山巖題刻，署名“掾董乾粹”，即縣丞。

張堯臣，字伯常，東都人。事蹟不詳。

王獻可，字補之，山西澤州人。元祐七年爲麟州西作坊使，後爲英州刺史、知瀘州。元符元年爲左騏驥使、權發遣梓夔路鈐轄管勾瀘南沿邊安撫使公事。元符二年，坐元祐黨籍罷職。卒於瀘州。

陸心源《宋史翼》卷七《王獻可傳》、陸心源《元祐黨人傳》卷九《王獻可傳》，云：“王獻可，山西澤州人。元祐七年累官知麟州西作坊使，坐不稟帥司節制，擅統兵将擊夏賊，追一官勒停。(《長編》四百七十八）尋起爲英州刺史，知瀘州。元符元年遷左騏驥使，權發遣梓夔路鈐轄管勾瀘南沿邊安撫使公事。黄庭堅謫涪，獻可遇之甚厚。二年五月，坐元祐中上書議論朝政，附會奸黨，降一官罷現任差遣。子霽、雲。霽，崇寧中爲詳議官，上書言蔡京罪，黥隸海島，欽宗復其官，從種師中戰死。(《山西通志》，參《長編》）雲，《宋史》有傳。”

《宋史·徽宗本紀一》：崇寧元年九月，“己亥，籍元祐及元符末宰相文彦博等、侍從蘇軾等、餘官秦觀等、内臣張士良等、武臣王獻可等凡百有二十人”。

《續資治通鑑長編》卷四百七十八：

元祐七年，“麟州西作坊使王獻可，追一官勒停……坐不稟帥司節制，擅統領将兵擊夏賊故也”。同書卷五百三：元符元年十月，“王獻可瀘州再任與轉官，上諭：‘獻可元祐中亦有章疏。’”同書卷五百四：元符元年十一月，“西作坊使、英州刺史、知瀘州王獻可，再任满遷左騏驥使，又再任。上諭曾布曰：‘獻可元祐中亦有章疏。’”同書卷五百十：元符二年，“左騏驥使、英州刺史、權發遣梓夔路鈐轄管勾瀘南沿邊安撫司公事王獻可，降一官”。

成化《山西通志》卷九：“王獻可，澤州人，官至英州刺史。知瀘州，黄庭堅謫於涪，獻可遇之甚厚。子霽，崇寧中爲詳議官，上書告蔡京罪，黥隸海島，欽宗復其官，從种師中戰死。雲，舉進士，從使高麗，撰《雞林志》以進。靖康中，以資政殿學士副康王使金至磁州，爲衆所殺。”

萬曆《四川總志》卷十三《瀘州·山川》：“使君巖：南五里，宋使君王獻可遊賞之地。”

蘇軾《東坡外制集》有《王獻可洛苑使敕》，蘇轍《欒城集》有《王獻可火山軍李昭叙石州敕》。

王獻可長子王霽；次子王雲，字子飛；三字王雩，字子予。

曹學佺《蜀中廣記》卷七十九：“王獻可補之謫知瀘時，過廟題詩，有‘瀘州刺史非遷謫，合是龍歸舊洞來’之句，意以己即陸後身也。後補之以元祐黨謫死。其子雲，來知簡州，州尉两夢顯惠廟神，自言‘吾乃守父也’，蓋顯惠即白厓神云。又西充有紫厓廟，其神即雲也。初獻可常慕南霽雲之忠名，其子曰霽、曰雲。雲字子飛，發運司解進士乙科，崇、觀間使高麗，歸進《鶏林志》，帝嘉之，擢守淮陽，入爲校書秘書省，出知簡州，後移陝西轉運使。朝廷議復燕雲，上書不宜輕動，罷爲提舉江州太平觀，進刑部尚書。金人來侵，雲奉使回，約割大河以北寢兵，朝廷未之信，謫知唐州。金人果大入寇，亟召雲，使如前約，金怪失期，不肯退兵。復從康王往爲質，至磁州，王遁去，雲殿後，爲磁人所殺。後三月，神降西充，附邑民王安曰：‘吾有功國家，當廟食於此，人當呼我曰忠介王。’媪劉亦言神降於油井鎮，觀者旁午。又何仲方家見異蛇，鱗爪金碧。争奉香詣醞，許爲建祠，蛇蜿蜒如塔。衆爲構廟紫崖，距漢紀侯祠僅咫尺。後高宗詔於簡州建祠祀雲，賜‘昭德顯忠’額，謚云□。學士劉光祖《紫厓利應廟記》略云：西充縣紫厓山，乃贈觀文殿學士忠介王公廟食之地也。靖康丙午冬十一月，公以資政殿學士、兵部尚書，副高宗使女直，急於紓國之難，不暇擇利害，至磁而殞身白刃，高宗遂得馳去，猶顧見死也。嗚呼！天使公代高宗之死於俄頃間，與漢紀侯脱高祖於滎陽事相類。紫厓山者，紀侯之鄉也。公刺簡州，家於開封，没於磁而死之，三月神降於紀侯之鄉，英靈之氣，殆若相從於千載之下，萬里之遠，廟食與侯祠咫尺，何其異哉！”

詳見吴泳《鶴林集》卷十一《順慶府西充縣利應廟神封忠顯公制》。

王雲死事又見徐夢莘《三朝北盟會編》卷六十四，靖康元年十一月二十一日壬午，載“磁人殺王雲”始末。末云：“王雲，澤州人，字子飛。少魁，運司解進士乙科，又中詞學兼茂才第一。崇寧間，兩掌翰苑，從使高麗，進《雞林志》，徽宗甚嘉納之，擢知淮陽軍。以父係元祐臣寮，忠言事罷之。後任秘書郎，出知簡州，繼領陝西曹臺公事，累使金國。上令於簡州建功德寺，以‘昭德顯忠’爲額，作追奉之地。公初被命，與主上爲使，即傳言於家，可勤祭祀祖先，更不歸私第。至死王事而不返，可謂國爾忘家、公而忘私者也。公兄諱霽，任右講議司編修，嘗論童貫、蔡京過失，坐黜海島。公歲時饋問不絕，後童蔡被誅，淵聖皇帝復霽官，補右選。種師中解太原圍，王師敗績，而霽没王事。初，公父名二子，曰雲曰霽，其意有在。唐南霽雲死於忠義，二子復皆能死於難，豈其一門英風凛凛、足奮百代而超千祀者歟！”

王雲使金一事，事關興替之機，史官有“驗天命”之説。

《宋史·王雲傳》略云：“王雲，字子飛，澤州人。舉進士，從使高麗，撰《雞林志》以進。擢秘書省校書郎，出知簡州，遷陜西轉運副使。宣和中，從童貫宣撫幕，入爲兵部員外郎、起居中書舍人。靖康元年，以給事中使斡離不軍，議割三鎮以和。使還，傳道斡離不之意，以爲黏罕得朝廷所與余睹蠟書，堅云中國不可信，欲敗和約。執政以爲不然，罷爲徽猷閣待制、知唐州。金人陷太原，召拜刑部尚書，再出使，許以三鎮賦入之數。雲至真定，遣從吏李裕還言：‘金人不復求地，但索五輅及上尊號，且須康王來，和好乃成。’欽宗悉從之，且命王及馮澥往。未行，而車輅至長垣，爲所却，雲亦還。澥奏言雲誕妄誤國，雲言：‘事勢中變，金人必欲得三鎮，不然，則進兵取汴都。’中外震駭，詔集百官議，雲固言：‘康王舊與斡離不結歡，宜將命。’帝慮爲所留，雲曰：‘和議既成，必無留王之理，臣敢以百口保之。’王遂受命，而雲以資政殿學士爲之副。頃雲奉使過磁、相，勸兩郡徹近城民舍，運粟入保，爲清野之計，民怨之。及是，噪而殺之。王見事勢洶洶，乃南還相州。是役也，雲不死，王必北行，議者以是驗天命云。建炎初，贈觀文殿學士。雲兄霽，崇寧時爲謀議司詳議官，上書告蔡京罪，黥隸海島。欽宗復其官，從種師中戰死。”

明戴璟《博物策會》卷五《澤州人物》："王獻可善遇黄庭堅，盡尊賢之禮。至於王寀告蔡京罪而配海島，甘心矣，逮其從種師中用兵而爲金所殺，節之不屈如此也。王雲撰《雞林志》而使高麗，稱職矣，逮其從康王使金而爲衆所殺，命之不幸如此也。凡此又皆王獻可之子焉。"

王獻可、黄庭堅二人，治平中場屋間相識，晚年在蜀，交契彌深。

黄庭堅《豫章黄先生文集》有《答王補之書》、《祭王補之安撫文》、《洞仙歌·瀘守王補之生日》。

《答王補之書》有云："庭堅再拜補之使君閣下：治平中在場屋間，嘗與李師載兄弟遊，因熟閣下才德。此時方以見聞寡淺，日夜刻意讀書，未嘗接人事，故不得望顏色。其後從仕東西，憂患潦倒，每見師載，猶能道補之出處。今者不肖得罪簡牘，棄絶明時，萬死投荒，一身弔影，不復齒於士大夫矣。所以雖聞閣下近在瀘南，而不敢通書。忽蒙賜教，禮盛而使勤，詞恭而意篤。"

《祭王補之安撫文》有云："使君於我，無平生歡；自我投荒，卹予飢寒。有白頭新，有傾蓋舊；三月渡瀘，一笑握手。誰云此别，遂隔終天；臨風寓奠，有淚如川。"

黄庭堅爲治平四年進士及第，後作《寄李師載》云："同升吏部曹，往在紀丁未。别離感寒暑，歲星行十二。"所説"治平中在場屋間"，即王獻可題刻朝陽巖之次年。

王雲、王雱二人亦與黄庭堅往來。《豫章黄先生文集》有《答王子飛書》、《與王子予書》，又有《戲答王子予送淩風菊二首》、《謝王子予送橄欖》，題注："右四篇以時序爲次，子予名雱，王獻可補之之次子也，時僑寓荆州。"《山谷别集》有《答王秀才書》云："承車馬東來，将父命以厚逐客，實欽高義。"又有《書陰真君詩後》云："此詩以與王瀘州補之之季子。"又有《跋王子予外祖劉仲更墨迹》。

《宋史·王雲傳》："父獻可，仕至英州刺史、知瀘州。黄庭堅謫於涪，獻可遇之甚厚，時人稱之。"

《大明一統志》卷七十二《嘉定州》："王獻可知瀘州時，黄庭堅謫於涪，獻可遇之甚厚，時人稱之。"

《大清一統志》卷三百十一《瀘州·名宦》："王獻可，澤洲人。知瀘州，黄庭堅謫於涪，獻可遇之甚厚，時人稱之。"

雍正《山西通志》卷一百二十一《人物·澤州府》："王獻可，澤州人，官至英州刺史。知瀘州，黄庭堅謫涪，獻可遇之甚厚。子寀，崇寧中爲詳議官，上書告蔡京罪，黥隸海島，欽宗復其官，從種師中戰死。"

雍正《四川通志》卷七上《名宦·瀘州》："王獻可知瀘州時，黄庭堅以黨籍謫涪，人多畏禍不與交，獨獻可遇之甚厚，時人稱之。"

荆湖南路提點刑獄公事尚書職方
郎中程濬治之尚書虞部郎中知軍
州事鞠拯道濟尚書比部員外郎通
判軍州事周惇頤茂叔治平三年十
二月十二日同遊永州朝陽洞

# 治平三年程濬、鞠拯、周惇頤題刻

## 釋　文

荊湖南路提點刑獄公事、尚書職方郎中程濬治之，尚書虞部郎中、知軍州事鞠拯道濟，尚書比部貟外郎、通判軍州事周惇頤茂叔，治平三秊十二月十二日同遊永州朝陽洞。

## 考　證

題刻在朝陽巖下洞右側入口處，高85公分，寬56公分，五行，楷書。

《金石萃編》、《零志補零》卷下、道光《永州府志·金石略》、光緒《零陵縣志·藝文·金石》、光緒《湖南通志·金石志》等著録。

《金石萃編》卷一百三十四："高三尺六寸，廣一尺六寸，五行，行十四字，正書。"

道光《永州府志》引《湘僑聞見偶記》："周子題名在朝陽洞下西壁，在巖屋中，不慮風雨。特乞人棲其側，爨煙熏灼，石色漸變，恐久將裂損耳。"

光緒《道州志》卷十二《雜撰》："永郡朝陽洞内左旁石上鐫有'荊湖南路提點刑獄公事、尚書職方郎中程濬治之，尚書虞部郎中、知軍州事鞠拯道濟，尚書比部員外郎、通判軍州事周敦頤茂叔，治平三年十二月十二日同遊永州朝陽洞'六十八字，筆力古勁，疑即周子所書。"

程濬，字治之，四川眉山人。以尚書職方郎中本官，出任荊湖南路提點刑獄公事。

吕陶《淨德集》卷二十一《太中大夫武昌程公墓誌銘》："公諱濬，字治之。天稟方厚，少有大志，力學，舉進士，時輩推其才。天聖五年，賜同學究出身，選河中府猗氏縣尉、戎州司户參軍、鳳翔府節度推官。用薦者言，受大理寺丞。再舉進士，中乙科，通判彭州，遷殿中丞，又通判梓、嘉二州，改太常博士，賜五品服，歷屯田都官員外郎。遭長安君洎光禄公憂，服除，知開封府太康縣，遷職知歸州，移遂州，爲屯田都官職方郎中提點荆湖南路刑獄，除太常少卿，賜三品服，徙夔州路轉運使。熙寧三年，年七十，乃謝事。公儒者，讀書知名教大旨，鑒古今治亂之迹，其取舍進退，未嘗違道以徇所欲。其治事通果敏密，先體要濟以忠厚，其庇民恤物，所至可紀。"

記其任荆湖南路提點刑獄公事時政績又云："衡、韶二州間有凶黨七八百人，縱火掠黄幹坑户，一道駭然。公巡部撫遏，不張賊勢以希功賞，下令捕首惡，諭誘脅者使潰去，民得安堵。事訖以聞，朝廷嘉之。道州有父子歐人至死，子當伏誅，以尸壞，獄疑爲請。委公審覆處之，公詢察情狀，子願死，無他辭，猶疑不忍决，奏得免死。湖外二税率經五六歲，斂入不已，胥吏緣爲姦，窶弱重困，公請量户衆寡，每歲緩以期限，畢則州爲鈎考，有逋負督於邑吏，從之，著爲令，民甚被惠。茶陵縣擅增役户七,十有八循，仍久之，公按劾罷去，頗紓衆力。邵州歲運淮鹽凡六十舟，舟萬斤，自潭之益陽，泝險而上，風濤屢溺。主吏二十有四，往往耗産，兵三百，多還糧於官，終身不能已。公請置倉於永之祁陽，去邵纔六舍，以所役兵隸九鋪，運致如舊，簡費蠲害，遊效甚白，言雖不報，識者服其是。"

馮山《安岳集》卷九《和程濬治之秘監贈楊竦中立朝散》："身似悲鳴驥，家如濩落瓢。買居悲糞壤，數俸怯薪樵。壽隱三家近，征商百步遙。無心隨所寓，塵滓自冰銷。"

范純仁《范忠宣集》卷三《贈眉陽致政程濬少卿》："清節高風世所推，秋毫名宦肯徘徊。勇抛朝市無窮事，笑指林泉獨自來。吟榻未移溪月上，醉巾長拂野雲回。塵衣欲作登門客，几杖何妨許暫陪。"

程濬與蘇軾、蘇轍爲中表親，有記其事者。

《蜀中廣記》卷一百三："蘇小妹，老蘇先生之女，幼而好學，慷慨能文，適其母兄程濬之子之才先生。有詩曰：'汝母之兄汝伯舅，求以厥子來結姻。鄉人嫁娶重母族，雖我不肯将安云。'人言蘇子無妹，却有此詩，出《蘇氏小抄》。"

《古今事文類聚·後集》卷十三："老蘇女幼而好學，慷慨能文，適其母兄程濬之子之才。詩曰：'汝母之兄汝伯舅，求以厥子來結姻。鄉人嫁娶重母黨，雖我不肯将安云。'"

《氏族大全》卷三："蘇洵娶大理寺丞程文應之女，追封成國夫人，有女幼好學，長能文，適母兄程濬之子之才。詩云：‘鄉人嫁娶重母黨，雖我不肯将安云。’”

鞠拯，字道濟，河南浚儀人。時爲永州知州。朝陽巖另有鞠拯等題名二通，一題治平丁未，一題熙寧改元。詳見下文。

周敦頤，字茂叔，謚元，學者尊稱濂溪先生、周濂溪、周元公、周子。

周敦頤爲宋代道州營道縣營樂里人，世稱“濂溪故里”，今屬湖南永州道縣。

周敦頤歷任江西分寧縣主簿、南安軍司理參軍，湖南桂陽縣令，江西南昌縣令，四川合州判官，江西虔州通判，湖南永州通判攝邵州知州，湖南郴州知府，官至尚書虞部郎中、廣南東路轉運判官提點刑獄，晚年任江西南康軍知軍。

《宋史·道學傳》有傳，略云：“文王、周公既没，孔子有德無位……孔子没，曾子獨得其傳，傳之子思，以及孟子，孟子没而無傳……千有餘載，至宋中葉，周敦頤出於舂陵，乃得聖賢不傳之學，作《太極圖説》、《通書》。”

黄庭堅《山谷集》卷一《濂溪詩并序》：“舂陵周茂叔人品甚高，胸中灑落，如光風霽月。好讀書，雅意林壑。初不爲人，窘束世故，權輿仕籍，不卑小官。職思其憂，論法常欲與民决訟，得情而不喜。其爲少吏，在江湖郡縣蓋十五年，所至輒可傳。任司理參軍，運使以權利變具獄，茂叔争之不能得，投告身欲去，使者斂手聽之。趙公悦道，號稱好賢，人有惡茂叔者，趙公以使者臨之甚威，茂叔處之超然，其後廼寤曰：‘周茂叔天下士也。’薦之於朝，論之於士大夫，終其身。其爲使者，進退官吏，得罪者自以不冤。中歲乞身，老於湓城。有水發源於蓮花峰下，潔清紺寒，下合於湓江，茂叔濯纓而樂之，築室於其上，用其平生所安樂媲水而成，名曰‘濂溪’。與之遊者曰：‘溪名未足以對茂叔之美。’雖然，茂叔短於取名，而惠於求志；薄於徼福，而厚於得民；菲於奉身，而燕及煢嫠；陋於希世，而尚友千古。聞茂叔之餘風，猶足以律貪，則此溪之水配茂叔以永久，所得多矣！茂叔諱惇實，避厚陵藩諱，請名改‘惇頤’。二子，壽、燾，皆好學承家，求余作濂溪詩，思詠潛德。茂叔雖仕宦三十年，而平生之志終在丘壑，故余詩詞不及世故，猶髣髴其音塵：‘溪毛秀兮水清，可飯羹兮濯纓。不漁民利兮又何有於名。絃琴兮觴酒，寫溪聲兮延五老以爲壽。蟬蜕塵埃兮玉雪，自清聽潺湲兮鑒澄明。激貪兮敦薄非，青蘋白鷗兮誰與同樂。津有舟兮蕩有蓮，勝日兮與客就閑人聞。挐音兮不知何處散髮醉，高荷爲蓋兮倚芙蓉以當伎。霜清水寒兮舟著平沙，八方同宇兮雲月爲家。懷連城兮珮明月，魚鳥親人兮野老同社而争席。白雲蒙頭兮與南山爲伍，非夫人攘臂兮誰余敢侮。'”

朱熹《濂溪先生事狀》云：“先生世家道州營道縣濂溪之上，姓周氏，名惇實，字茂叔。後避英宗舊名，改惇頤。用舅氏龍圖閣學士鄭公向，奏授洪州分寧縣主簿。縣有獄，久不决，先生至，一訊立辨，衆口交稱之。部使者薦以爲南安軍司理參軍，移郴及桂陽令，用薦者改大理寺丞、知洪州南昌縣事，簽書合州判官事，通判虔州事，改永州，權發遣邵州事。熙寧初，用趙清獻公、吕正獻公薦，爲廣南東路轉運判官，改提點刑獄公事。未幾而病，亦會水齧其先墓，遂求南康軍以歸。既上其印綬，分司南京時趙公再尹成都，復奏起先生，朝命及門，而先生卒矣，熙寧六年六月七日也。年五十有七，葬江州德化縣清泉社。先生博學力行，聞道甚早。遇事剛果，有古人風。爲政精密嚴恕，務盡道理。嘗作《太極圖》、《易説》、《易通》數十篇。在南安時年少，不爲守所知。洛人程公珦，攝通守事，視其氣貌非常人，與語，知其爲學知道也，因與爲友，且使其二子往受學焉。及爲郎，故事當舉代，每一遷授，輒以先生名聞。在郴時，郡守李公初平知其賢，與之語而歎曰：'吾欲讀書何如？'先生曰：'公老，無及矣，某也請得爲公言之。'於是初平日聽先生語，二年果有得。而程公二子即所謂河南二先生者也。南安獄有囚，法不當死，轉運使王逵欲深治之。逵，苛刻吏，無敢與相可否，先生獨力争之，不聽，則置手板，歸取告身委之而去，曰：'如此尚可仕乎？殺人以媚人，吾不爲也。'逵亦感悟，囚得不死。在郴、桂陽皆有治績。來南昌，縣人迎，喜曰：'是能辨分寧獄者，吾屬得所訴矣。'於是更相告語，莫違教命，蓋不惟以抵罪爲憂，實以汙善政爲耻也。在合州，事不經先生手，吏不敢决，苟下之民不肯從，蜀之賢人君子皆喜稱之。趙公時爲使者，人或譖先生，趙公臨之甚威，而先生處之超然，然趙公疑終不釋。及守虔，先生適佐州事，趙公熟視其所爲，乃寤，執其手曰：'幾失君矣，今日乃知周茂叔也。'于邵州，新學校以教其人。及使嶺表，不憚出入之勤，瘴毒之侵，雖荒崖絶島，人跡所不至者，亦必緩視徐按，務以洗冤澤物爲己任。施設措置未及盡其所爲，而病以歸矣。自少信古好義，以名節自砥礪，奉己甚約，俸禄盡以周宗族奉賓友家，或無百錢之儲。李初平卒，子幼，護其喪歸葬之，又往來經紀其家，始終不懈。及分司而歸，妻子饘粥或不給，而亦曠然不以爲意也。襟懷飄灑，雅有高趣。尤樂佳山水，遇適意處，或徜徉終日。廬山之麓有溪焉，發源於蓮華峰下，潔清紺寒，下合於溢江，先生濯纓而樂之，因寓以'濂溪'之號，而築書堂於其上。豫章黄太

史庭堅詩而序之曰：‘茂叔人品甚高，胸中灑落，如光風霽月。’知德者亦深有取於其言云。”（《伊洛淵源録》卷一）

周敦頤當中古之際，以其卓越的思想學説，開創了宋代儒家的新形態，號稱“理學開山”、“道學淵源”。《宋史·道學傳》論理學源流，即以周敦頤爲理學之首出人物，周敦頤、程顥、程頤、張載、邵雍合稱“北宋五子”，共同推動北宋理學的形成。二程爲周敦頤親傳弟子，朱熹爲周敦頤五傳弟子，宋明理學的各家各派無不受到周敦頤思想的影響。

南宋中期，寧宗嘉定年間，王象之編纂《輿地紀勝》，已經將濂溪先生列爲鄉土名流。其書卷五十八《荆湖南路·道州》有四處記載濂溪先生。

“形勝·濂溪”條目：“濂溪在州城西三十里，周茂叔故居也。”

“古跡·舂陵濂溪、九江濂溪”條目：“濂溪在道州營道縣之西，距縣二十餘里。先生既不能返其故鄉，卜居廬山之下，築室溪上，名曰‘濂溪書堂’。先生舂陵之人，言曰：‘濂溪，吾鄉之里名也。’先生世家其間，及寓於他郡，而不忘其所自生，故亦以是名溪。”

“古跡·周濂溪祠堂”條目：“周濂溪祠堂在州學，胡銓爲《記》。淳熙重建，張栻爲《記》。”

“人物·周敦頤”條目：“周敦頤字茂叔。神宗時爲廣東運判，以疾，上南康印以歸，居九江濂溪，名‘濂溪書堂’。有《通書》、《太極圖》等書，倡明道學。程珦與之爲友，珦二子顥、頤，聞茂叔論道，遂厭科舉之學，慨然有求道之志。”

康熙九年《永州府志》卷十五《人物志上》列爲《周子世家》，劉道著序云：“太史公作《史記》，爲帝王立‘本紀’，爲諸侯立‘世家’，其餘名賢皆載之‘列傳’，是‘世家’非諸侯不立矣。然孔子位止魯司寇，非諸侯也，而列之‘世家’，豈非以德不以位哉？永有周濂溪先生，當聖學幾絶之會，倡明理學，悟太極之旨，以授二程夫子，繼往開來，此其功當不在禹下矣。舊志或列之‘人物’，或傳之‘儒林’，於戲！周子之學，豈‘人物’、‘儒林’所可概乎？亦可謂不知等矣！子長作國史，尊孔子於‘世家’，正萬世傳道之統；余修郡志，升周子於‘世家’，明百代理學之宗。理學明而聖道尊，日月經天，江河行地，千古此心，千古此理，聖人復起，不易吾言矣。”康熙三十三年《永州府志》因之。

治平二年，周敦頤任永州通判，治平三年初到任，治平四年在任，至熙寧元年擢授廣南東路轉運判官離任。

道光《永州府志》卷十一上《職官表》：“通判：周敦頤，治平二年任。先判虔州，以失火改永。”

度正《年表》治平三年缺，據鄧顯鶴《年譜》：治平元年，冬，虔州民間失火，焚千餘家，朝廷行遣，遂移永州通判。治平二年，自虔赴永，三月經江州，十二月過武昌。治平三年，至永。四月六日遊澹山巖，十二月十二日遊朝陽巖。

周敦頤有《任所寄鄉關故舊》詩云："老子生來骨性寒，宦情不改舊儒酸。停杯厭飲香醪味，舉箸常餐淡菜盤。事冗不知筋力倦，官清贏得夢魂安。故人欲問吾何況，爲道舂陵只一般。"鄧顯鶴《沅湘耆舊集前編》云："謹案《年譜》，治平三年丙午，先生任永州通判，姪仲章至任，歸有詩與之，此詩應在此時。"

周敦頤所題摩崖石刻，所在多有。周子本名"惇實"，避英宗舊名改"惇頤"，南宋時又避光宗諱寫作"敦頤"。湖南石刻皆英宗即位後題寫，均作"惇頤"。

湖南永州題刻五處，共八通。

一、朝陽巖與程濬、鞠拯題刻一通。

二、澹巖題刻三通。

《金石萃編》卷一百三十三"澹山巖題名六十段"著録。

其一，"'尚書都官郎中知軍州事陳藻君章，尚書虞部員外通判軍州事周惇頤茂叔，郡從事項隨持正，零陵令梁宏巨卿同遊，治平三年四月六日題。'横廣四尺六寸，高三尺四寸，八行，行七字，正書"。又見《零志補零》卷下、道光《永州府志・金石略》、光緒《零陵縣志・藝文・金石》。

《留雲盦金石審》："大真凝重，字完潔，無剥蝕。山谷碑後出，乃已叒泐。可謂闇而章者矣。"

宋刻《元公周先生濂溪集》、鄧顯鶴編《周子全書》未收。度正《年表》不載。鄧顯鶴《年譜》載之云："四月六日，與尚書都官郎中知軍州事陳藻君章、郡從事項隨持正、零陵令梁宏巨卿同遊澹山巖。"題刻今毁，湖南省濂溪學研究會、北京大學圖書館藏舊拓。

其二，"'比部員外郎通判永州軍州事周惇頤，治平四秊二月一日，沿牒歸舂陵鄉里展墓，三月十三日，廻至澹山巖，将家人輩游。姪立，男壽、燾，姪孫蕃侍。'高二尺五寸，廣二尺二寸，七行，行八字，正書"。又見《零志補零》卷下、道光《永州府志・金石略》、光緒《零陵縣志・藝文・金石》。

鄧顯鶴編《周子全書》卷三收録。題刻今毁，北京大學圖書館藏舊拓。

王昶按語："周惇頤，《［宋］史・道學傳》：字茂叔，道州營道人。《東都事略》作舂陵人。按舂陵見《後漢・光武紀》'舂陵節侯買'，注云：'舂陵，鄉名，本屬零陵，在今唐興縣北。'唐興縣名，武德四年所改，天寶初改延唐縣，後唐天福中改延喜縣，宋乾德初改寧遠縣，是舂陵本唐興縣之鄉名，偶見於《光武紀》，其地本與營道爲鄰。觀周子自題云‘沿牒歸舂陵鄉里展墓’，可知其家在營道，先墓在舂陵。《傳》著其貫，而《東都事略》則用其先墓所在之古鄉名也。《傳》又云：以任爲分寧主簿，調南安軍司理參軍，移郴之桂陽，徙知南昌，歷合州判官，通判虔州，熙寧初知郴州，爲廣東轉運判官，以疾求知南康軍，因家廬山蓮花峰下，卒。此題凡三見，前治平三年題‘尚書虞部員（部）[外]郎通判軍州事’，後治平四年二次題‘比部員外郎通判永州軍州事’，皆《傳》所不載。又侍遊者，有男燾、壽，姪立，姪孫蕃，而《傳》祇載男壽、燾，不及立、蕃，且但稱壽官至寶文閣待制，不詳事蹟。《書譜》引《魏鶴山集》稱：‘《濂溪先生帖》，遂寧傅氏藏。’則周子有書名也。《書録解題》載《濂溪集》七卷，是有詩文著述也。而《傳》皆不載。惟《東都事略》載其南安司理之後，有通判永州一語，較《史》稍詳。《宋詩紀事》載壽字李老，一字元翁，元豐五年進士，初任吉州司户，次秀州知録，終司封郎中。《澉水志》載其《題金粟寺庵詩》，蓋官秀州時作也。又元翁詞翰之妙，前輩多稱之，語見《朱子文集》。《紀事》又載燾字次元，元祐進士，爲貴池令，官至寶文閣待制。《成都文類》載其《暑雪軒詩》，《咸淳臨安志》載其《遊天竺觀激水詩》，是嘗至浙至蜀矣。凡此皆可廣《史》所未備也。”

《湘僑聞見偶記》：“昔見周子至永州後，與姪書，告以先公得贈諫議大夫，又深念先墓，札内詢候二十七叔、三十一叔，諸叔下而問及於周三輩，蓋佃丁之流。每札末必曰‘好将息，好将息’，其情意肫篤周至，讀之已有‘光風霽月’氣象，惜不能盡記也。”

道光《永州府志・金石略》宗績辰按語：“案此刻周子書，較他刻獨瘦勁。”

錢大昕《潛研堂金石文跋尾續》：“右周茂叔題名，在永州澹山巖，其文凡七行五十四字。《宋史・道學傳》叙元公歷官頗詳，獨不及通判永州，讀此可以補史之缺。史容注《山谷外集》云：濂溪二子，壽字季老，後改元翁，於熙寧五年黄裳榜登第，終司封員外郎。燾字通老，後改次元，於元祐三年李常寧榜登第，終徽猷閣待制。本傳但云燾終寶文閣待制，而不及燾官位，亦爲漏略。兹因題名而牽連及之。”

其三，“‘尚書比部郎中知軍州事鞠拯道濟，尚書比部員外郎通判軍州事周惇頤茂叔，軍事推官項隨，前録事參軍劉璞，零陵縣令梁宏，司法參軍李茂宗，縣尉周均，治平四季三月十四日，同遊永州澹山巖。’高三尺三寸五分，廣三尺一寸三分，八行，行十字，正書”。又見《零志補零》卷下、道光《永州府志・金石略》、光緒《零陵縣志·藝文·金石》、光緒《湖南通志·金石志》。

鄧顯鶴編《周子全書》卷三收録。題刻今毁，北京大學圖書館藏舊拓。

光緒《零陵縣志》引舊補志："周子還故居必經是巖，往來其間，遊題三度，皆巋然久存，是必有神物呵護也。"

鄧顯鶴編《周子全書》卷三按語："澹山巖題名，顯鶴案：《潜研堂金石文跋尾》云：'右周茂叔題名，在永州澹山巖，其文凡七行五十四字。'今案《濂溪志》所載缺略大甚，今以拓本校之，實五十六字。《潜研堂》所云'可補史之缺'，不誣也。"又云："澹山巖重題名，顯鶴案：先生澹山巖題名有二刻，先日從營道回永州，將家人輩偕遊，次日鞠拯、項隨諸人同來復偕遊，均題名刻石，四年十三、十四兩日事也。"

又鄧顯鶴纂道光《寶慶府志》卷二《大政紀二》："英宗治平四年，以周惇頤權知邵州。神宗熙寧元年正月，權知邵州周惇頤遷學於郭外邵水東。先生以永州通守來攝邵事，而遷其學，且屬其友孔公延之記而刻焉。"鄧顯鶴按語："治平三年四月六日澹巖題名，書'尚書虞部員外郎通判軍州事周惇頤茂叔'，十二月十二日朝陽巖題名，書'尚書比部員外郎通判軍州事周惇頤茂叔'，四年正月九日華嚴巖題名、三月十三日澹山嚴題名皆同。濂溪先生權知邵州，《宋史》不書，而官工部員外郎并朱子《事狀》亦不言，則朱子《事狀》及澹山題名皆可補正史之缺。"

今按，鄧顯鶴言周敦頤澹山巖題名有二刻，不確，當爲三刻。

三、華嚴巖一通。

《八瓊室金石補正》卷八十八："華嚴巖題刻十七段：荆湖南路轉運判官沈紳公儀，尚書虞部郎中知軍州事鞠拯道濟，尚書比部員外郎通判軍州事周惇頤茂叔，治平四季正月九日，同遊永州華嚴巖。"又見《零志補零》卷下、道光《永州府志·金石略》、光緒《零陵縣志·藝文·金石》、光緒《湖南通志·金石志》。

周沈珂編《周元公集》卷六、鄧顯鶴編《周子全書》卷三收録。（周沈珂《周元化集》據周與爵刻本重輯，周與爵據崔惟植刻本重輯。）題刻今毁，北京大學圖書館藏舊拓。

四、含暉巖一通。

《八瓊室金石補正》卷一百三："含暉洞題刻六段：在道州。周子題名：高一尺二寸五分，廣一尺五寸，六行，行五字，字徑一寸六分，正書。'周惇頤、區□鄰、陳賡、蔣瓘、歐陽麗，治平四季三月六日，同遊道州含暉洞。'"

宋刻《元公周先生濂溪集》卷十收録，誤題"澹山巖"。鄧顯鶴編《周子全書》卷三收録。含暉巖今存，而題刻未見。

"區□鄰"，光緒《湖南通志·金

石志》同。康熙九年《永州府志》誤作“同鄰人”，道光《永州府志》卷二下《名勝志下》、光緒《道州志》卷一《山川》沿誤。按“區□鄰”當作“區有鄰”，宋刻《元公周先生濂溪集》誤作《濟山巖扃留題》，有注：“治平四年後蔣璀仕至朝議大夫，區有鄰仕至大理寺丞。”

景定四年宋理宗題額“道州濂溪書院”，道州知州楊允恭謝表説：“眷是舂陵，實其鄉國。田園數畝，元豐之書契尚存；林壑一丘，治平之題墨猶在。”“治平之題墨”即指含暉巖題記。

康熙九年《永州府志》卷二十載錢邦芑《含暉洞記》：“入洞右折，匡口稍卑，俯身行十餘步，忽大空敞，東南向開大穴如門，朝暾晃耀，满洞受光，‘含暉’之名，殆謂是也。……斜壁鐫有‘周敦頤同鄰人蔣璀、陳賡、歐陽麗，治平四年三月六日同遊道州含暉洞’二十八大字，乃知是亦濂溪先生遊止地也。”

《留雲盦金石審》云：“周子含暉巖題名，未見，見黄如穀《道州方域志》。右刻二十八字未見。案湯璐《志》云：治平乙未，周元公通判永州，歸展親墓，□鄰人并其二子同遊，刻名厓石。省志以治平無乙未，當是丁未之誤，今州志已刊正其謬。周子以二月一日歸里，三月十三廻至濟嵓，此云三月六日遊是嵓，爲時正合。容再拓其殘字證之。”

陸增祥按語：“右刻瞿氏、宗氏皆未之見，近始搜搨之，向來沿襲之譌可以訂正矣。‘鄰’字乃‘區’君之名，而州志以爲‘鄰人’，並加‘同’字，誤矣。其所謂‘歸展親墓，及二子同遊’者，見於濟嵓題名，殆因是而以意述之耳。明錢邦芑記述此較詳，惟陳賡、蔣璀二人互倒，‘區□鄰’亦作‘同鄰人’，爲不實也。”

度正《濂溪先生周元公年表》：“治平四年丁未：先生時年五十一。先生素貧，初入京師，鬻其産以行，擇留美田十餘畝，畀周興耕之，以灑掃其父郎中之墓。至是，自永州移文營道言之，因携二子歸舂陵展墓。三月六日，與鄉人蔣璀數人同遊含輝洞。八月，營道給吏文付周興，從先生言也。”（宋刻《元公周先生濂溪集》卷首附。）

龔維蕃《重建先生祠記》：“嘉祐八年，先生自虔移倅永，有書與其族叔及諸兄云：‘周興來，知安樂，喜無盡。來春歸鄉，即遂拜侍。’尋移文營道縣云：‘有田若干，舊以私具爲先塋守者資，族子勿預。’營道給憑文付周興。其後先生歸展墓，題名於含輝洞云：‘周惇頤、區有鄰、陳賡、蔣璀、歐陽麗，治平四年二月十六日，同遊道州含輝洞。’刻石於洞口。”（宋刻《元公周先生濂溪集》卷十、周沈珂編《周元公集》文淵閣《四庫全書》本卷六。）

五、九龍巖二通。

其一上石，今未見；其一題刻，今

存。宋刻《元公周先生濂溪集》卷十、周沈珂編《周元公集》未收。

《八瓊室金石補正》卷一百："《永州九龍巖記》，将仕郎、試秘書省校書郎、廉州軍事判蔣忱撰，儒林郎、行零陵縣主簿張處厚書，将仕郎、守零陵尉韓蒙亨篆額。熙寧元年五月五日。新廣南東路轉運判官、朝奉郎、尚書駕部員外郎、前通判永州軍州事、上騎都尉、賜緋魚袋周惇頤上石。汝南周甫刊。在首行標題之下角。"又見道光《永州府志》卷十八中、光緒《湖南通志》卷二百七十八。

《留雲盦金石審》："右刻正書二十三行，筆法謹嚴，昔人未見。""周子本傳：'熙寧改元，用趙抃、吕公著薦，爲廣南東路轉運判官。'此刻於将去永州之時，題銜亦與史合。記爲五月五日所作，考《濂溪志》又周子生日，岂之遇合亦奇矣。"

《八瓊室金石補正》卷一百又云："九龍巖題刻四十一段：在東安蘆洪砦。周子題名：'治平四年五月七日，自永倅往權邵守，同家屬游。春陵周惇頤記。'高一尺四寸有餘，廣三寸，两行，行十二、十三字，字徑一寸，正書。"又見隆慶《永州府志》卷七、道光《永州府志》卷十八中、光緒《東安縣志》卷八、光緒《湖南通志》卷二百七十八。北京大學圖書館藏舊拓。

《留雲盦金石審》："右刻在陶羽詩之左，正書，二行。蓋行次促迫留題，不似諸巖之謹嚴也。"

度正《濂溪先生周元公年表》："治平四年五月七日，往權邵守，同家屬，去永州百里，過洪陵寺，游九龍巖，題名刻石。"

廣東題刻四通。

一、連州大雲巖一通。

大雲巖又名大雲洞。宋刻《元公周先生濂溪集》卷六、鄧顯鶴編《周子全書》卷三收録。

道光《廣東通志》卷二百七《金石略九》："周子題名：存。'轉運判官尚書駕部員外郎周惇頤茂叔、尚書屯田郎中知軍州事何延世懋之，熙寧元年十二月十六日同遊。'謹案：題名在連州大雲洞。'惇頤'，史作'敦頤'，蓋避光宗諱也。"

又見《永樂大典》卷九千七百六十三《嵒》。

又見宣統《番禺縣續志》卷三十三《金石志一》，并載許乃釗識語云："藥洲爲南漢劉氏遺址，宋熙寧中，周濂溪先生提刑廣南，嘗居焉。嘉定中，經略陳峴濬池築堂，榜曰'景濂'，池中遍植白蓮，當時士大夫觴詠於茲，故石多宋人題，而先生手蹟獨無所存，心竊疚焉。庚戌夏，余校士連州，既竣，遊大雲山，於洞中見題壁，楷書六行，凡四十二字，骨力開張，筆意峭折，在褚登善、柳諫議之間。猶未敢遽定爲先生書。旁有一石横出，距是碑約丈餘，題曰‘趙與必、周梅叟、錢信、林得遇、馮開先、趙公埘、張子杓、趙彦僉、趙悉夫、龔日千、陳逢午、張杞，梅叟，濂溪諸孫也，淳祐改元長至後四日，同觀濂溪墨蹟’云云，觀此則知爲先生書無疑矣。因搨得二本攜歸，命工重摹勒石，與翁大興樵刻米書同嵌壁上，以志景仰。先生真書世不多見，不獨爲是園添墨緣已也。咸豐壬子冬十月，國子監祭酒、廣東學政、錢塘後學許乃釗謹識。”

二、德慶三洲巖一通。

宋刻《元公周先生濂溪集》卷六、鄧顯鶴編《周子全書》卷三收録。

《金石萃編》卷一百三十七：“周元公題名二段：正書，一在廣東德慶州，一在廣東高要縣。‘濂溪周惇頤茂叔，熙寧元年季冬二十六日遊。’‘轉運判官周惇頤茂叔，熙寧二年正月七日遊。軍事推官譚允、高要縣尉曾緒同至。’”（下引《菉竹堂稾》。）

王昶按語：“按《史傳》，熙寧初惇頤知郴州，用抃及吕公著薦，爲廣東轉運判官提點刑獄。此二段蓋行部所至留題也。”

道光《廣東通志》卷一百七：“三洲巖在城東七十里，一名玉乳巖。……由洞至巔，古今題詠甚多。宋周敦頤題云：‘濂溪周惇頤茂叔，熙寧元年戊申季冬二十六日遊。’”又見光緒《德慶州志》、宣統《高要縣志》。

翁方綱《粤東金石略》卷八：“三洲巖諸石刻：《德慶州志》又載巖内題云：‘濂溪周惇頤茂叔，熙寧元年戊申季冬廿六日遊。’此段訪之不獲。”“陽春巖題字二段：轉運判官周惇頤茂叔，熙寧二年正月一日遊。”

明葉盛《菉竹堂藁》（清初鈔本）卷八《跋周元公題名》：“‘濂溪周惇頤茂叔，熙寧元年季冬二十六日遊。’自左而右，乾道己丑洛陽程祐之刻。‘轉運判官周惇頤茂叔，熙寧二年正月七日遊。軍事推官譚允、高要縣尉曾緒同至。’‘茂’字至‘正’字當泉溜處，尚隱隱可見，後有淳祐壬子吕中等題字。”“右濂溪先生題名二，其一在今德慶州三洲巖，其一在今肇慶府七星巖，俱在石洞上，點點畫畫，端重沉實，無一毫苟且姿媚態，觀者可以想見先生道德之風。夫以先生之片言隻字，流風遺迹，小而名刺，賤如守墳之人，莫不重見于人，如度正之所録則過有道矣。然以嚮慕尊仰先生之至如紫陽夫子，尚止得其《拙賦》、《愛蓮説》墨本，亦未聞其爲親蹟入刻也。而盛也區區廣中之役，乃得接聞先生之盛如此，獨非幸乎哉！于是既模得，裝潢襲藏復謹，用志之。”

今按，三洲巖題刻不署官職，而自稱“濂溪”。此“濂溪”非號，亦非後世尊稱，乃是里籍名。可知周敦頤自熙寧元年已自署其里籍爲濂溪，此濂溪固爲道州之濂溪也。

三、高要陽春巖一通。

宋刻《元公周先生濂溪集》、周沈珂編《周元公集》、鄧顯鶴編《周子全書》未收。北京大學圖書館藏舊拓。

翁方綱《復初齋集外詩》卷五《於陽春巖壁得周子及祖擇之題字二段》，題注："一題'轉運判官周敦頤茂叔，熙寧二年正月一日遊'。"

《八瓊室金石補正》卷九十八："陽春巖題刻四段：在高要城北八十里，銅石巖石室前。周子題名：高一尺餘，廣一尺四寸，四行，行五字，字徑一寸五分。刻石人名二行，字徑七分。均正書。'轉運判官周惇頤茂叔，熙寧二年正月一日遊。登仕郎行縣事梁鄰命工刊，住持監院僧瑞曇監。"又見道光《廣東通志》、道光《肇慶府志》、民國《陽春縣志》，及周廣《廣東考古輯要》。

陸增祥按語："《萃編》載周子題記在七星巖，後此六日。"

四、肇慶星巖一通。

星巖又名七星巖。宋刻《元公周先生濂溪集》卷六、周沈珂編《周元公集》卷六、鄧顯鶴編《周子全書》卷三收録。北京大學圖書館藏舊拓。

《金石萃編》卷一百三十七："周元公題名二段：褁本高廣尺寸行字多寡皆不計，一在廣東德慶州，一在廣東高要縣。'濂溪周惇頤茂叔，熙寧二年季冬二十六日遊。''轉運判官周惇頤茂叔，熙寧二年正月七日遊。軍事推官譚允、高要縣尉曾緒同至。'"

《永樂大典》卷九千七百六十三《嵒》："星巖：在廣東肇慶府。'轉運判官周惇頤茂叔，熙寧二年正月七日遊。'"

江西題刻三通。

一、修水清水巖二通。

"彭思永季長、邊明晦叔、周惇實茂叔，慶曆癸未仲夏十日同遊此。"

"彭思永季長、邊明晦叔、裴造俊升、周惇實茂叔、蒲孽子西、列正辭信卿、劉湛信升，同遊三巖，皇宋慶曆癸未夏季十九日識。"（均見吴懌《新見周敦頤題名石刻二則》，《文獻》1997 年第 2 期。）

二、九江東林寺一通。

"周惇實茂叔、余從周元禮、孫儼安禮、王深之長源、沈遯睿達、樂岳惟嶽，嘉祐五年庚子十月二十一日，相會東林寺。"

宋刻《元公周先生濂溪集》卷六、鄧顯鶴編《周子全書》卷三收録。宋刻《元公周先生濂溪集》無"五年"二字，鄧顯鶴編《周子全書》有。

江西三刻皆仁宗時所刻，故仍用"周惇實"本名。今《濂溪集》中僅嘉祐二年《吉州彭推官詩序》署款"承奉郎守太子中舍僉署合州軍士判官廳公事周惇實撰"，及簡書仍見"惇實"之名，如《慰李才元書》首云"惇實頓首"，末云"汝南周惇實疏上"，又《二程全書》中仍稱"惇實"，其他則罕見。

周敦頤書法作顔體，據存世題刻所見，無論同遊與否，皆爲周敦頤親筆。王昶稱"周子有書名"，蓋謂周敦頤有工於書法之名。據目前所見，治平三年周敦頤朝陽巖題刻，書寫最爲嚴整，字數亦稱最多，出於手澤，存以真跡，想象先哲，可凴可賴。

今按，朝陽巖摩崖石刻今存一百五十餘通，以大曆十三年張舟《題朝陽巖傷故元中丞》詩刻最具文獻價值，以治平三年周敦頤題刻最具義理價值，以崇寧三年黄庭堅題刻最具書法價值，可謂並稱"三寶"。

九月將朝陽巖
治平丁未秋
忠輔蔣之奇
瑜鞏固李
鞠拯項隨安

# 治平四年鞠拯、項隨、安瑜、鞏固、李忠輔、蔣之奇題刻

## 釋　文

鞠拯、項隨、安瑜、鞏固、李忠輔、蔣之竒，治平丁未秋九月游朝陽巖。

## 考　證

題刻在朝陽巖下洞洞内左側石壁，高 60 公分，寬 68 公分，五行，楷書。

《零志補零》、道光《永州府志·金石略》、《八瓊室金石補正》、光緒《零陵縣志·藝文·金石》著録。

道光《永州府志·金石略》："王煦等《省志》云：'案右刻見零陵縣《宗志》。'右正書五行，左行，'安'字、'李'字，下有殘字畫，蓋亦磨古刻爲者。"

題刻刻工較淺，磨亦未盡，但此前所磨之石刻已不能審知。

《八瓊室金石補正》卷八十五："鞠拯知永州，項隨任推官，均見淡巖題名。鞏固字固道，見浯溪王世延題名。蔣之奇監酒税。安瑜、李忠輔當亦是官於永者。"

鞠拯，字道濟，河南浚儀人。

鞠拯在朝陽巖另有治平三年與程濬、周惇頤題刻，熙寧元年與魏羔如題刻。

按鞠拯之名僅見於永州石刻，《府志》職官表載治平四年任永州知州亦據石刻記述。

項隨，字持正，浙江淳安人。時爲永州推官。

光緒《浙江通志》卷一百二十三《選舉》："皇祐元年己丑馮京榜：項隨，淳安人。"

光緒《淳安縣志》卷七《選舉志》："皇祐元年馮京榜：項隨。"

光緒《嚴州府志》卷十五《選舉》：“皇祐元年馮京榜：項隨，淳安人。”

項隨有治平二年九月十四日與梁庚、梁宏等澹山巖題刻，署爲“郡幕項隨持正”。

同日又有“持正、子西、公亮、巨卿、毅甫、隱甫同遊”題刻，項隨居首，且僅稱五人之字，意極親切。道光《永州府志·金石略》稱之爲“項持正等澹山巖題名”。

又有治平三年四月六日與陳藻、周惇頤、梁宏澹山巖題刻，署爲“郡從事項隨持正”。

又有治平三年十二月與范子明、梁宏、董乾粹澹山巖題刻，及治平四年三月十四日與鞠拯、周敦頤、劉璞、梁宏等澹山巖題刻。

“郡幕”之“幕”，石刻作“幙”。戴咸弼《東甌金石志》云：“‘幕’亦作‘幙’。《金石萃編》澹山巖題名有‘永幙項隨’，又云‘軍事推官項隨’，或云‘郡從事項隨’，皆同實而異名。”

道光《永州府志》卷十一上《職官表》：“推官：治平：項隨，按題名稱隨‘永幙’，而舊志列之推官，或以從事攝任，存疑。”

安瑜，里籍、官職不詳。

此後至熙寧間爲江西崇仁知縣。

嘉靖《江西通志》卷十九《撫州府》：“知縣事：安瑜，熙寧間。”

光緒《撫州府志》卷三十五《職官志》：“宋崇仁令：安瑜，熙寧間。”

陸增祥謂安瑜當是官於永者，以鞏固爲祁陽縣尉例之，安瑜或爲零陵縣尉。

鞏固，字固道，祁陽縣尉。

劉摯《忠肅集》卷十一《天章閣待制郭公墓誌銘》：“郭公諱申錫，字延之，大名人，天聖八年以進士起家。熙寧七年五月八日終於私第，享年七十七，累升朝散大夫勳柱國爵文水郡侯，食邑一千二百户。……五女，專州博平縣令賈行先、陵州仁壽主簿李奎、永州祁陽縣尉鞏固、湖南轉運副使太常丞直集賢院蔡奕、興國軍永興主簿宋文虎，其壻也。”

鞏固另有浯溪題名二通：

道光《永州府志·金石略》：“曼卿等浯溪題名：□□□曼卿、□衡權之、侯績□素、張績公紀、鞏固固道、邱昉晦之同遊，熙寧戊申十二月，衡題。”

道光《永州府志·金石略》：“宋昭邈等浯溪題名：宋昭邈遵道、李公度唐輔、張處厚德甫、徐驤及之、鞏固固道、周漸彦升同遊浯溪，熙寧二年十月十二日。”

《古泉山館金石文編》：“曼卿等題名，正書六行，在浯溪厓上，前人未見。”

《八瓊室金石補正》卷九十作“王世延等題名”，云：“王世延曼卿、李脩損之、侯絢□素、張績公紀、鞏固固道、邱昉晦之同遊，熙寧戊申十二月，衡霖□□題。”

陸增祥按語：“《通志》、《永志》缺譌甚多，據石校正而録之。瞿氏未見首三字，故有‘石曼卿’之疑。戊申爲熙寧元年。鞏固名見治平丁未鞠拯等朝陽巖題名，亦見於熙寧二年宋昭遨浯溪題名。”

李忠輔，字道舉，零陵人。治平四年進士及第，歷官鐔津尉、遷江令、陽朔令、桂州司户參軍、賀州推官知陽朔縣事。

陸增祥謂李忠輔當是官於永者，不确。

光緒《零陵縣志》卷七《選舉》：“進士：治平四年丁未許安世榜：李忠輔。”

雍正《廣西通志》卷五十一《秩官・宋》：“陽朔令，李忠輔。”“桂州司户參軍，李忠輔，皇祐間任，詳名宦。”

汪森《粤西文載》卷六十三《傳・名宦》：“李忠輔，字道舉，零陵人。皇祐初，緣恩格釋褐，調鐔津尉。邑人有聆其旁舍得地中藏鏹者，群劫之，至則無有也。其主訟於令，君馳往捕，悉獲之，然視其人，本非凶毒者，皆以爲地中物，如逐鹿耳，遂釋之。或謂君必案以法，當獲賞。君曰：‘彼以過聽自貽孽，我安用縛致殺人以求官。’終不取。州猶以君不討賊爲罰，然部使者聞而賢之，亦數有見譽者。攝遷江令，踰月，邑大治。桂林北出興安爲靈渠，自秦時疏鑿以饟嶠南，而前爲令者皆武人，久無政，堤防罅漏，漕舟數不通，復以君假令至，則鋤其姦弊，民訟一清，乃大完築，盡復其故迹，益溉其旁田疇甚多。而桂林爲嶠西帥府，帥潘侯夙愛其材，欲致之，會新制八路，使者得按格除吏，遂調桂州司户參軍。潘侯加禮遇焉。方交趾反也，不數日覆三州，公私騷動。君爲咨謀，調發所補於上者甚力，蠻亦不深入，當塗者交章薦寵之。遷賀州推官，知陽朔縣事。大兵南出，而邑當大道，使者旁午，勞來供億，羽檄日數十至，君怡然不撓而益辦。然民力屈矣，贏糧者道多逋亡，諸令率自将上道，君疾暴下，告歸，卒。”

雍正《廣西通志》卷六十五《名宦・宋》：“李忠輔，字道舉，零陵人。皇祐初以恩格授官攝遷江令，有治績。桂林北出興安有靈渠，漢唐歷修之，至是復有隳壞，堤防罅漏，漕舟歲梗，帥司以屬忠輔，乃大完築，盡復其故迹，溉田甚多。調桂州司户參軍，遷知陽朔縣。大兵南出，邑當大道，使者旁午，羽檄紛馳，忠輔一無所擾，而供億悉辦，未幾，引疾歸。(《粤西文載》)”

道光《永州府志》卷十五上《先正傳・事功補遺》：“李忠輔，字道舉，零陵人。皇祐初以恩格授官攝遷江令，有治績。桂林北出興安，有靈渠，漢唐歷修之，至是復有墮壞，隄防罅漏，漕舟歲梗。帥司以屬忠輔，乃大完築，盡復其故迹，溉田甚多。調桂州司户參軍，遷知陽朔縣。大兵南出，邑當大道，使者旁午，羽檄紛馳，忠輔一無所擾，而供億悉辦。未幾，引疾歸。（《廣西通志》）”

光緒《零陵縣志》卷九《仕蹟》：“李忠輔，字道舉，皇祐初以恩格授官攝遷江令，有治績。桂林北出興安，有靈渠，漢唐歷修之，至是復有震塌，堤防罅漏，漕舟歲梗。帥司以屬忠輔，乃大完築，復其故迹，溉田甚多。調桂林司户參軍，遷陽朔知縣。大兵南出，邑當大道，使者旁午，羽檄紛馳，忠輔一無所擾，而供億悉辦。未幾，引疾歸。”

民國《陽朔縣志》第七編《宦績》：“李忠輔，字道舉，零陵人。皇祐間知縣事，會大兵南出，邑當衝要。使者旁午，羽檄紛馳，忠輔一無所擾，而供應悉辦，洵賢吏而兼能吏也。未幾，引疾歸。”

李忠輔在華嚴巖亦有題名。

《零志補零》卷下《題名》載：“宋洪亶等華嚴巖題名：洪亶景純（係郡佐）、王之才希聖、邱程公遠、林喬育卿、李忠輔道舉，丙戌十一月七日。（係慶曆年）”

又見道光《永州府志·金石略》。宗績辰曰：“案《零陵補志》，末遺‘題’字。年書丙戌，則仁宗慶曆之六年也。”

蔣之奇，字穎叔，常州宜興人。神宗熙寧間，新法行，歷任江西、河北、陕西、江、淮、荆、浙發運副使。哲宗元祐初，進天章閣待制、知潭州，改廣、瀛、熙州。紹聖中，召爲中書舍人、知開封府，進翰林學士兼侍讀。元符末，責守汝、慶州。徽宗崇寧元年復爲翰林學士，拜同知樞密院事，二年知院事。以觀文殿學士出知杭州，以疾告歸，三年卒。史稱蔣之奇溉淮東田九千頃，活民八萬四千。在陕西經賦入，比其去，庫緡八十餘萬，邊粟皆支二年。移淮南，漕粟至京，比常歲溢六百二十萬石。升發運使，凡六年，其所經度，皆爲一司故事。出知熙州，終其去，夏人不敢犯塞。撰《廣州十賢贊》一卷、《孟子解》六卷、《荆溪前後集》八十九卷等百馀卷，多佚，僅存《三徑集》輯本一卷。《全宋詩》輯爲二卷。

蘇軾《東坡七集》卷中《蔣之奇天章閣待制知潭州敕》：“蔣之奇少以異材，輔之博學，藝於從政，敏而有功。使之治劇於一方，固當坐嘯以終日。勿謂湖湘之遠，在余庭户之間。務安斯民，以稱朕意。”

同書卷下《蔣之奇集賢殿修撰知廣州敕》：“蔣之奇按治嶺海，統制南極，聲教所暨，聳聞風采，自唐以來，不輕付予。朕既擇其人，復寵以秘殿之職，使民吏縱觀，知其輟自禁嚴，以見朝廷重遠之意。”

曾肇《曲阜集》卷一《蔣之奇寶文閣待制制》：“蔣之奇富以辭藝，博知古今，臺閣踐更，號爲久次。眷予南服，付以列城，屬愚民弄兵，騷動嶺表，武夫利賞，賊殺善民，而爾應接經營，多中機會，有罪就戮，無辜獲申。載嘉爾能，宜用褒顯，進於侍從之列，不改帥師之舊，使遠人觀望，益加二千石之尊。”

《宋史》有傳，略云：“以伯父樞密直學士堂蔭得官。擢進士第，中《春秋三傳》科，至太常博士。又舉賢良方正，試六論中選，及對策，失書問目，報罷。英宗覽而善之，擢監察御史。”“初，之奇爲歐陽修所厚，制科既黜，乃詣修，盛言濮議之善，以得御史。復懼不爲衆所容，因修妻弟薛良孺得罪怨修，誣修及婦吴氏事，遂劾修。神宗批付中書，問狀無實，貶監道州酒税，仍榜朝堂。至州，上表哀謝，神宗憐其有母，改監宣州税。”

蔣之奇至朝陽巖，有《遊朝陽巖遂登西亭有序》，和柳宗元《遊朝陽巖遂登西亭二十韻》，原詩不載年月，元祐四年張綬刻石朝陽巖，詳見下文。

蔣之奇至澹山巖，有澹山巖題刻、《澹山巖詩》。

蔣之奇澹山巖題刻：“澹山巖零陵之絶境，蓋非朝陽之比也。次山往來湘中爲最熟，子厚居永十年爲最久，二人者，於山水未有聞而不觀、觀而不記者，而茲巖獨無傳焉，何也？豈當時隱而未發邪？不然，使二人者之顧，肯夸其尋常而遺其卓犖者哉？物之顯晦固有時，何可知也？蔣穎叔題。”

《金石萃編》卷一百三十三：“正書九行，左行。蔣穎叔，名之奇，常州宜興人。《史傳》稱其以蔭得官，擢進士第，至太常博士。又舉賢良方正，英宗擢監察御史。神宗立，轉殿中侍御史，坐貶監道州酒税，改監宣州酒税。新法行，爲福建轉運判官，崇寧元年累除觀文殿學士知杭州，以疾告歸，卒。此題不著年月，亦不著官位，當是監道州酒税時所題。其監道州也，由畔歐公之故，爲清議所薄。穎叔必有不得意者，故題云‘物之顯晦固有時，何可知也’，其大指已見乎詞矣。穎叔能詩，《零陵縣志》載其遊澹巖七古一首，又載其遊朝陽巖七古一首。王弇州稱其工書，有蘇黄法，則此題句百餘字亦足貴也。”

道光《永州府志·金石略》宗績辰按語：“右刻殊頹敖不佳。”而同書卷二上《名勝志》稱“蔣之奇長歌最工”，又以題刻當《澹山巖詩》之小序，謂“蔣穎叔小序”云云。

蔣之奇《題澹山巖》詩：“零陵水石天下聞，澹山之勝難具論。初從巖口入地底，始見殿閣開重門。乃知滋洞最殊絶，洞内金碧開祇園。寬平可容萬人坐，仰視有若覆盎盆。虚明最宜朝日點，陰晦常有鼉雲屯。盤虬夭矯垂乳下，異獸突兀巨石蹲。香山一抹在崖壁，人跡悄絶不可捫。靈仙飛遊享此供，常駕颷馭乘雲軒。我來正逢春雨霽，氛翳開廓陽景温。呀然雙穴露天半，籠絡萬象将并吞。只疑七竅混沌死，五竅亡失两竅存。神奇遺跡未泯滅，至今猶有斧鑿痕。雲牀石屏極隈隩，昔有居士嘗潛蟠。避秦不出傲徵召，美名遂入賢水源。咸通嘗爲二蛇窟，元暢演法蛇輒遷。從兹其中建佛刹，棲隱不復聞世喧。惜哉此境久埋没，但與釋子安幽禪。次山子厚愛山水，探索幽隱窮晨昏。朝陽迫迮若就狴，石角秃鬜如遭髡。豪篇矜夸過其實，稱譽珉石爲璵璠。瓌觀珍賞欲奄有，不到勝處天所慳。嗟予至此駭未覩，不暇稱讚徒驚歎。恨無雄文壓奇怪，好事略與二子班。蕪詞願勒嵒上石，勿使歲久字滅漫。”

見弘治《永州府志》、隆慶《永州府志》、康熙九年《永州府志》、道光《永州府志》、康熙《零陵縣志》、光緒《零陵縣志》、光緒《湖南通志》、《金石萃編》、《古泉山館金石文編》、《八瓊室金石補正》，均出於石刻。又見陳思《两宋名賢小集》、厲鶚《宋詩紀事》及《全宋詩》。

《古泉山館金石文編》卷三：“此詩不見姓名，而《金石萃編》及《縣志》皆屬之蒋之奇。《史傳》言穎叔於神宗時由殿中侍御史貶道州監酒税，此詩蓋其時所題也。詩中云‘雲牀石屏極隈隩，昔有居士嘗潛蟠。避秦不出傲聘召，美名遂入賢水源。’考《零陵記》曰：‘周貞實，零陵人，居淡山石室。秦始皇下詔徵之，三徵皆不起，遂化爲石。’宋零陵令玉滙《澹巖記》略與之同，‘周貞實’作‘周正實’，避宋諱嫌名改也。今《縣志》‘貞’作‘正’，非是。《志》載穎叔此詩脱去‘靈仙飛遊享此供’以下四句，餘亦多譌字，當據石刻補正之。”

《金石萃編》卷一百三十五：“蒋之奇已詳前卷，彼但有題名而無歲月，此則刻詩而署云‘熙寧九年正月廿二日’，題名當亦同此時也。”

道光《永州府志》卷二上《名勝志》：“澹山巖：謫宦黨人放遊西南者多題記，惟黄庭堅詩帖最彰，鄒浩詩紀馴狐夜報蹟最奇，周茂叔、范淳父（祖禹）題名最重，蒋之奇長歌最工。”

《八瓊室金石補正》卷九十五：“《萃編》所載，尚有筆畫微譌者，可勿具述。‘元年’之‘元’，石刻並未稍泐，而王、瞿、宗三家皆作‘九年’，甚爲怪事。《潛研》獨不誤，此書故徵信而可貴也。瞿氏所得，失拓首行，故云‘不見姓名’。亦有譌脱，均已於卷末校補。惟‘兹洞’作‘滋洞’，‘一株’作‘一抹’，‘秖園’作‘衹’，末一‘邪’字誤作‘刻’，尚未更正。宗氏云‘悉從拓本補正’，而首行標題四字亦失載，猶謂拓工所遺也。其以‘蔣之奇字穎尗’六字系於‘過此書’之上，并作‘叔’字，吾不知所據何本矣？且《萃編》已載於詩刻之前，而宗氏乃云‘王司寇佚蔣之奇六字’，又何故邪？餘如‘茲’作‘滋’，‘秪’作‘衹’，‘照’作‘點’，‘株’作‘抹’，‘秋’作‘春’，‘呀’作‘牙’，‘鑿’作‘鑒’，‘嘗潜蟠’之‘嘗’作‘常’，‘聘’作‘徵’，‘迮’作‘窄’，‘嵓’作‘嵒’，均誤。且以《舊志》‘一株’之‘株’爲誤，直似未見石本者，又何故邪？”

詩有署款：“熙寧九年正月廿二日，蔣之奇字穎叔過此書，周甫、張吉刊。”“熙寧九年”，陸增祥正作“熙寧元年”。

今按，光緒《道州志》卷四《職官》蔣之奇監酒税不載年月，據《續資治通鑑長編》，蔣之奇貶在治平四年三月。蔣之奇《暖谷銘並序》云治平四年十月至其上、十月十七日刻。次年即熙寧元年，正月廿二日有澹山巖題刻及詩，可知澹山巖題刻及詩作於離任回程途中。

《全宋詩》卷六八七據《零陵縣志》收録，以《金石萃編》核校，而不用《八瓊室金石補正》，故仍沿熙寧九年之誤。

《續資治通鑑長編》卷二百十八：熙寧三年十二月丁丑，“主客員外郎監宣州鹽税蔣之奇，權福建路轉運判官。之奇初責道州，以表哀謝。上覽表，知其有母而憐之，詔移近地，遂改宣州，居道州才五月也。於是擢付漕事，蓋使行新法云。”

蔣之奇至道州，遊江華縣陽華巖，有題刻。

蔣之奇陽華巖題刻：“陽華巖，江華勝紀之地也，元結次山爲之作銘，瞿令問書之，刻石在焉。自□□以還，不遇真賞者二百年於今矣。之奇自御史得罪，貶道州，是冬來遊，愛而不忍去，遂銘于石間。”

題刻六行，楷書，從左向右讀，字體略小，刻於陽華巖洞内石岸，石面未經打磨，題刻仰而向上，避裂縫，擇其平緩處寫刻，故倚斜疏散，刻工亦簡，然尚完好。以往未經學者著録，2016年元旦湖南科技學院國學院師生採集得之。

蔣之奇至江華，遊寒亭，作《寒巖銘》，南宋虞從龍上石。

蔣之奇《寒巖銘》：“寒巖水石，怪特殊异。下臨銀江，上接雲際。公儀穎尗，志樂巖谷。詣而得之，賞愛不足。爲近寒亭，寒嵒星名。何以表之，穎尗作銘。治平丁未十月，陪沈紳公儀遊，蔣之奇穎叔。”

南宋虞從龍上石，跋云：“右銘元刊於寒亭之上，字泯，幾不可讀。既新泉亭，得没字碑於亭左，意昔爲新銘設也，乃徙刻之，且以彰予愛□之志云。後治平一百二十有四年，邑令西隆虞從龍俾邑人李挺祖。（下泐）”

道光《永州府志·金石略》：“《寒巖銘》，諸《志》所不及，近新獲此刻，欣未曾有。虞令，《官表》失載，所謂‘後治平百二十四年’，乃光宗紹熙元年庚戌也。分書，當是穎未舊迹，虞令特重刊之耳。”

《八瓊室金石補正》卷一百三：“右《寒巖銘》，在江華。寒巖在縣南三里寒亭下。《通志》失載，《永志》載此多脱誤。……‘俾’誤作‘刊’，邑人一行全缺。意李挺祖重書而刊之，宗氏以爲穎未舊迹，殆非。”

沈紳字公儀，會稽人，時任荆湖南路轉運判官，有寒亭詩刻，隸書，今存。詩云：“元子始此來，大暑生涷骨。名亭陽崖角，高文猶仿佛。我行冰雪天，噤語揖風物。銀江走碧漲，九疑抱雲窟。它年名不磨，至者戒无忽。沈紳公儀，治平四年十月甲子，作詩于寒亭山壁，晋陵蔣穎叔同遊。”

《八瓊室金石補正》卷一百三：“右沈紳詩，亦［譚］仲維所拓寄，《江華新志》失採。”

蔣之奇至江華，遊暖谷，作《暖谷銘並序》。暖谷在寒亭之上，石刻今存。

蔣之奇《暖谷銘並序》：“永泰中，元次山爲道州刺史，嘗巡行至江華，登縣南之亭，愛其水石之勝，當暑而寒，遂命之曰‘寒亭’，而爲之作《記》，刻石在焉。治平四年十月，予陪沈公儀至其上，見其傍有暖谷者，方盛寒入之，而其氣温然，雖挾纊熾炭不若也。予甚愛之，問其所以得之者，本邑尉李伯英也；問其所以名之者，縣宰吾族叔祺也。噫！是可銘也已。乃爲銘曰：維時有寒，寒不在夏。夏而寒者，兹亭之下。維氣有暖，暖不在冬。冬而暖者，兹谷之中。物理之常，人不以異。維其反之，是以爲貴。兹亭兹谷，寒暑相配。寥寥千年，始遇其對。名自天得，待人而彰。我勒此名，萬古不忘。”

嘉靖《湖廣圖經志書》卷十三《永州府》載全文，弘治《永州府志》、隆慶《永州府志》載之，有銘而無序。康熙九年《永州府志》、道光《永州府志》載之，“問其所以得之者，本邑尉李伯英也；問其所以名之者，縣宰吾族叔祺也”二句，誤並作“問其所以名之者，縣宰吾族叔祖”一句，又誤“祺”字。同治《江華縣志》卷一《山川》所載不誤。

又石刻有“郴州進士李宏書”一句在題下，“治平丁未十月十七日刻”一句在文末，各本多缺，惟《八瓊室金石補正》卷一百三、光緒《湖南通志·金石志》載之。陸增祥按語：“右蔣之奇《暖谷銘》，瞿氏、宗氏皆未之見，而《通志·山川》、《永志·名勝》皆載此文。‘江華’上無‘至’字，‘記’上無‘作’字，‘公儀’上無‘沈’字，‘傍’作‘旁’，上無‘其’字，‘其氣温然’作‘氣温如’三字，‘挾’上無‘雖’字，‘愛之’下少二句，‘祺’誤作‘祖’，下無‘也’‘噫’二字，‘乃’上無‘已’字，‘人不以異’作‘不以爲異’，‘茲谷’一作‘竝谷’，一作‘并谷’，‘寥々千季，始遇其對’作‘寒暑千秋，陰陽反異’，‘此銘’之‘銘’，《永志》作‘名’。恐皆沿舊志之譌，要當以石刻爲正。書人李宏，自署郴州進士，而《通志·選舉》失載。”

暖谷之得名，隆慶《永州府志》卷七《提封》曰：“在縣南五里寒亭之側，宋邑尉成紀李伯英始得其處。”各志因之。今按，當云暖谷在寒亭之上，中有洞穴，必穿洞乃可過。暖谷有内外二洞，内洞易於保暖，故堪稱暖巖。又元結《寒亭記》今存，即刻於暖谷外，可知元結曾至其處，不可謂宋人始得之。李伯英蓋重新探得之。唐無“暖谷”之名，宋人蒋祺始命其名也。

蒋之奇至江華，遊奇獸巖，作《奇獸巖銘並序》。南宋張釲上石。

蒋之奇《奇獸巖銘並序》：“在江華邑南二里，蒋之奇穎叔過而愛之，爲之作銘，曰：‘踦獸之巘，瓌恠詭异。元公次山，昔所未至。我陪公儀，遊息於此。斯礷之著，自我而始。勒銘石壁，将告徠者。治平丁未，同沈公儀遊。”

南宋張釲上石，有跋，又稱《奇獸巖後銘》，云：“惟蒋穎叔文高節奇，正名茲巖，作爲銘、詩。彼何人斯，大字覆之，來遊來嗟，其孰與稽。端平丙戌，邑令張釲思永厥傳刻此崖際，俾冰壺孫李焯古隸，凡百君子，愛而勿替。”

《留雲盦金石審》：“右刻怪偉完好，額用籀文，詺用古隸，釲後詺亦雅稱，與蒋、李可名三絶。李冰壺名長庚，本寧遠人而居江華者。長庚三子皆有名，焯事無可考。”

蒋之奇至寧遠，遊九疑山，重模元結“無爲洞天”并題記。

題記云：“治平四年，沈紳、蒋之奇游此，取元次山‘無爲洞天’四字，正其體篆，刻諸巖竇，而紀於石。”見康熙《永州府志》、嘉慶《寧遠縣志》、嘉慶《湖南通志》、嘉慶《九疑山志》、道光《永州府志》、《八瓊室金石補正》。

道光《永州府志·金石略》：“案此或即重模次山舊刻，今阻水，不能辨其是否也。”

同時沈紳作《無爲洞銘》，云：“南行江華，出遊九疑。恭款有虞，迺登旡爲。莊嚴佛宫，清泠玉池。茲予磐桓，白雲相隨。□□沈紳皇宋治平四年十月十七日，□□□巖壁，是時蒋穎叔（下缺）。”

《留雲盦金石審》：“公儀銘拓本，

前人未見，績辰與李千之伯仲搜剔於叢篁薜荔之間，僅缺銘文三字，可爲至幸。公儀善篆隸，此書大徑四寸，用唐人分書法，縱放奇恣。似當日就石上作書，每行下數字，皆斜向右，署款大偏。其文左行，銘文五行半，款署其下也。”

治平四年十月十七日，即《暖谷銘並序》刻石之同一日。

蔣之奇遊九疑山，又有《碧虛巖銘》。

蔣之奇《碧虛巖銘》：“瀟水之陽，九疑之谷。清池涵鏡，亂峰插笏。廟臨溪口，寺在山麓。誰其愛之，義興穎叔。”

下有署款六行，惜磨泐太重，云：“□之□奉□因□□登九疑□爲□□無爲洞□□□石室遂□□福寺憩□茲□勒銘□□治□□午。”

宗績辰《遊疑載筆》：“穎叔《碧虛巖銘》，瘦筆真書六行，左行，在九疑山永福寺左後圃石壁上。本不見字跡，余與李家雋千之、家麒止齋，伐竹削苔，刮磨而出之。并得鄭安祖書，於其右又得沈公儀銘，遺迹之復顯，實自道光戊子始也。”

《八瓊室金石補正》卷一百二：“《永志》載此，‘蔣之奇’上多‘義興’二字，石本所無。銘文前三行行末石已缺損，《永志》補‘谷’‘笏’‘麓’三字，當是據舊志之文。署款六行，已爲鄭安祖磨去，首行尚存‘之’字，五行有‘勒銘’字，六行有‘治□□午’字，蓋治平三年丙午也。其即之奇所題無疑。《通志》別載有蔣之奇九疑山題名，疑即此刻。”

今按，治平三年丙午與蔣之奇貶謫時間不合，疑“午”爲“年”之誤，“治□□午”是治平四年也。

舊志又載，蔣之奇有九疑山題名，或以爲即《碧虛巖銘》。

道光《永州府志·金石略》：“蔣之奇九疑山題名：未見，在紫虛洞。(《九疑山志》)”

舊志又載，蔣之奇遊九疑山有贈黃冠何仲涓詩。

嘉慶《九疑山志》卷二：“蔣之奇，字穎叔。遊九疑，題名刻石於紫霞洞中。又以詩贈黃冠何仲涓，刻舜祠之古石間。”

道光《永州府志·金石略》：“蔣之奇贈黃冠何仲涓詩：佚，在舜祠右石壁。(《九疑山志》)”

改元守倅浚儀
孫四明魏羔如
巳日瞻敬火星
遊朝陽洞境趣
異名其狀徘佪
因筆以紀歲月

## 熙寧元年鞠拯、魏羔如題刻

### 釋　文

熙寧改元，守倅浚儀鞠拯、四明魏羔如，上巳日，瞻敬火星巖，遂遊朝陽洞。境趣幽絶，莫名其狀，徘徊久之，因筆以紀歲月。

### 考　證

題刻位於朝陽巖下洞左側石壁，高63公分，寬51公分，六行，楷書，有殘。前五行首一字或二字被人鑿去，缺“熙寧”、“鞠”、“上”、“巖遂”、“幽絶”八字，據《零志補零》卷下、道光《永州府志・金石略》補。

“熙寧改元”即熙寧元年（1068）。

《笛雲龕金石審》：“正書，六行。”

道光《永州府志・金石略》：“王煦等《省志》云：案右刻見零陵縣《宗志》。”

《八瓊室金石補正》卷八十五作“鞠拯再題名”，云：“右鞠拯等再題名，六行，行首失拓一二字，據《志》補注於旁。魏羔如倅永州，《通志》不載。”

光緒《湖南通志・金石志》：“魏羔如倅永州，《通志・職官》不載，宜據補之。”

今按，題刻缺八字，陸增祥謂拓工失拓，實則被人爲鑿去。宗霈嘉慶二十年任零陵知縣，嘉慶二十二年刊《零志補零》三卷。陸增祥任官辰永沅靖道約在咸豐十年至光緒六年間，寒亭、暖谷、九疑山、浯溪諸拓本多得於同治八年至十一年。可知鑿毁之時間，當在嘉慶以後、同治以前。

又按，題刻最後一行，倖而尚全，首作“久之”二字，字跡清晰，書體無異，排列齊整，而《零志補零》乃誤作“盡樂”。道光《永州府志・金石略》、《八瓊室金石補正》、光緒《零陵縣志·藝文·金石》、光緒《湖南通志·金石志》，皆沿其誤，不知何故？

鞠拯，字道濟，浚儀人。時爲永州知州。

鞠拯在朝陽巖另有治平三年與程濬、周惇頤題刻，治平四年與項隨、安瑜、鞏固、李忠輔、蔣之奇題刻，詳見上文。

魏羔如，字子正，四明人。時任永州通判。

洪邁《夷堅志》"班固入夢"条："乾道六年冬，吕德卿偕其友王季夷嵎、魏子正羔如、上官公禄仁，往臨安觀南郊，舍於黄氏客邸。王、魏俱夢一人，著漢衣冠，通名曰班固。既相見，質問《西漢史》疑難。臨去云：'明日暫過家間，少款可乎？'覺而莫能曉，各道夢中事大抵略同。適是日案閲五輅，四人同出嘉會門外茶肆中坐，見幅紙用緋帖尾云：'今晚講説《漢書》。'相與笑曰：'班孟堅豈非在此邪？'旋還，到省門，皆覺微餒，就入一食店，視其牌，則'班家四色包子'也。且笑且嘆，因信一憩息、一飲饌之微，亦顯於夢寐，萬事豈不前定乎？"

魏杞，字南夫，號碧溪。壽春人，幼時轉寓四明鄞縣。遷宗正少卿，爲金通問使，孝宗面諭："今遣使，一正名，二退師，三減歲幣，四不發歸附人。"卒正敵國體，損歲幣五萬，不發歸正人北還。官至同知樞密院事，進參知政事、右僕射兼樞密使。事蹟見《宋史·魏杞傳》、朱熹《魏丞相行狀》、鄭清之《贈太師魯國公魏公神道碑》、魏頌唐《魏文節公事略》。《神道碑》載魏杞有子名魏卓、魏鹿賓、魏羔如、魏熊夢。其族由壽州壽春遷明州，故又稱四明人。

魏羔如弟魏熊夢，早得詩名。周必大《文忠集》卷一百四十五載淳熙、紹熙間《判潭州乞錢米修潭州外城劄子》，有"委通判魏熊夢、蘇森計置物料"。

光緒《零陵縣志》卷十四《藝文·金石》載魏熊夢嘉泰四年澹巖題刻，楷書二十行，云："嘉泰甲子四月四日，太守飲客游澹巖。宿戒於署，未明登車，是日微陰，甫晴，道疎雨飄灑，已覺身在塵埃外。又十餘里乃至寺，寺門清敞，堂宇樸壯，亦非俗境。與客小休由巖門躋，裁數武，冷氣逼人，賓主皆蒙袂衣以入。有衣衲者，足踏雲根，蒼翠四發，神剜鬼刻，非復人意所料。呈奇衒怪，領覽不暇。龍井在左，肸有潛靈，凄神寒骨，冰雪入懷，益深益異而益凜然也。仰視巖端，疑別有天。月臺中峙，陽輝下墮，始覺有暖意。小酌臺上扃亭，益近天。登之，尋避秦人遺跡，則峭狹蒙，密不可布武矣。亦從此逝，遂閟其蹊邪？降西右旋，穿詰曲，步磊隗，劃然駭目，觀音巖也。拔地筍立，鋭干雲雨，一龕正中，宴坐巍然，噫！此真補陀落伽山大士，神通隨處即現，何必海岸！徘徊忘去，顧景西蓮，出門而俯，美哉清乎！水之瀟湘而東者也。揖客登舟，順流而歸。太守壽春魏熊夢子師，客通判臨川王克勤叔弼，路分東都單煒丙文，判官霅川何述先思道，推官擢教授天台周仲卿次龢，零陵令括蒼張逢辰子見。”《全宋文》卷六七七三收録。

王克勤字叔弼，登淳熙童子科，官至太常秘書正字，名見《宋史·文苑傳·熊克》及《選舉志》，亦見道光《永州府志·職官表》。

單煒字丙文，沅陵人。“博學能文，得二王筆法，字畫遒勁，合古法度。於考訂法書尤精。武舉得官，仕至路分。著聲江湖間，名士大夫多與之交。”見周密《齊東野語》卷十二。周仲卿字次和，慶元五年曾從龍榜進士，官終提轄左藏庫。張逢辰字子見，紹熙四年癸丑陳亮榜進士。魏熊夢及此三人《職官表》未見。

但道光《永州府志·職官表》中有魏漾如，推官，慶元六年任。又見乾隆《湖南通志》、光緒《湖南通志》，不知是否與魏羔如、魏熊夢有關。

題刻書法甚佳，或爲魏羔如所筆。

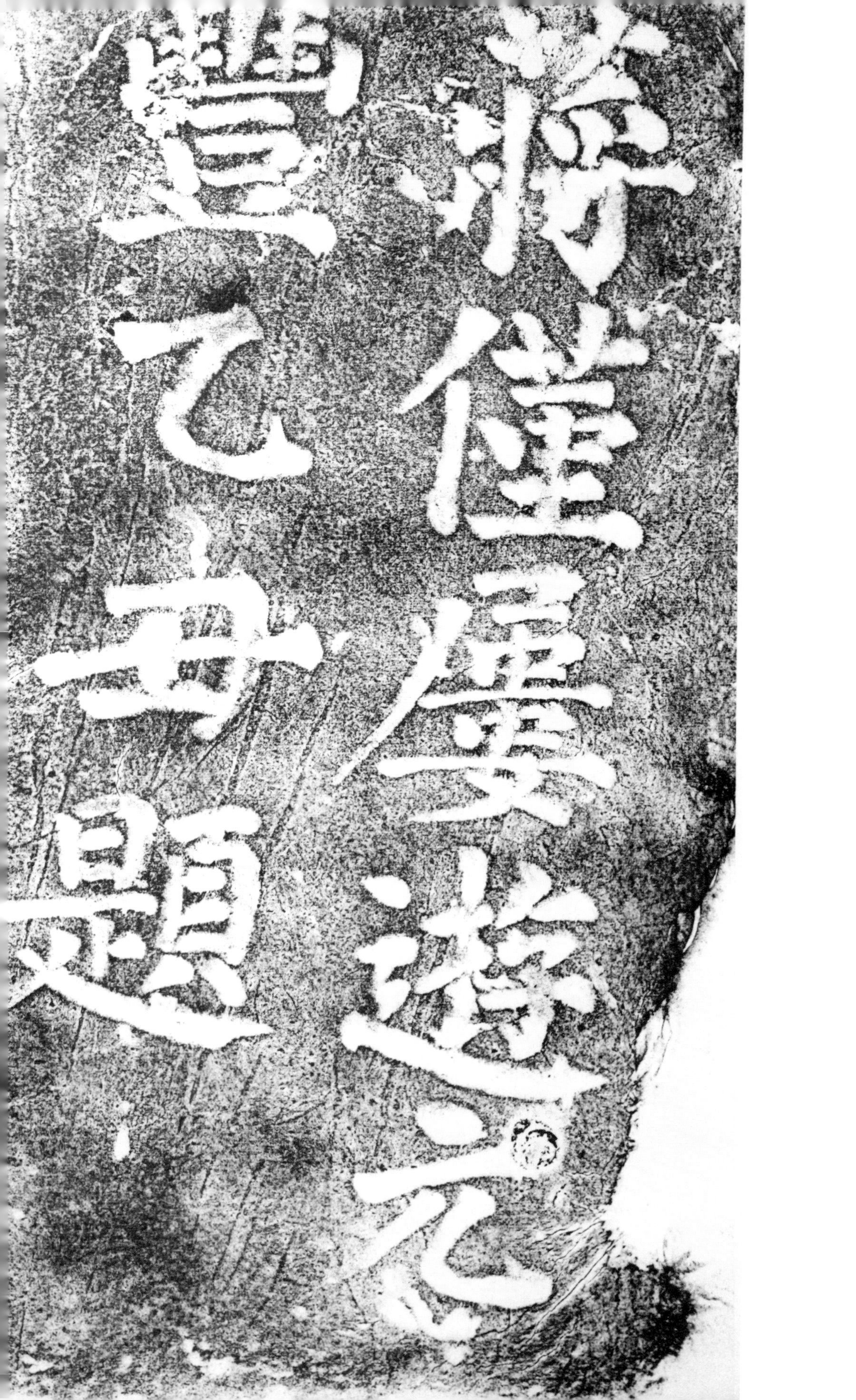
將僅屢遂之
豈之安題

## 元豐八年蔣僅題刻

### 釋　文

蔣僅屢遊，元豐乙丑題。

### 考　證

題刻在朝陽巖下洞左側石壁，高63公分，寬36公分，二行，楷書。

元豐乙丑即元豐八年（1085）。

蔣僅，元豐七年以朝請大夫的本官出任永州通判。

道光《永州府志·職官表》：“通判：蔣僅，元豐七年任，《舊志》誤推官。”

蔣僅曾爲虞部員外郎，升比部員外郎。

蘇頌《蘇魏公文集》卷二十九《駕部員外郎李茂先可虞部郎中、屯田員外郎馮積可都官員外郎、虞部員外郎蔣僅可比部員外郎敕》：“具官某等，昔有虞之熙衆功也，九載而能否別；周官之比群吏也，三年而治最升。夫授方任能，效功書過，久則實已廢，速則賞或僭。四歲遷黜，我得其中。以爾等夙以吏資，仕於朝廷，自登郎選，屢試政條。率職之勤，訖無曠事，議年之課，且應功書。並進等於右曹，示酬能於往效。尚思懋勉，無忘欽承。”

蔣僅在火星巖、朝陽巖、澹山巖均有題名，均作“蔣僅屢游，元豐乙丑題”。

《金石萃編》卷一百三十三：“蔣僅屢遊元豐乙丑題：高二尺七寸，廣一尺三寸，二行，行五字，正書。”

道光《永州府志·金石略》：“宋蔣僅火星、朝陽、澹山三巖題名，存。王煦等《省志》云：‘案零陵縣《宗志》作朝陽巖題名。’案：三巖文並同，《省志》特各舉其一耳。”

《八瓊室金石補正》卷八十五：“朝陽巖題刻廿四段：蔣僅題名：高一尺九寸，廣九寸，二行，行五字、四字，字徑三寸半。三巖均有是刻，《萃編》僅録淡巖一種。”

又同書卷九十九：“火星巖題刻十段：蔣僅題名：高一尺九寸七分，廣一尺一寸，二行，行五字，字徑三寸餘，正書。《萃編》及《通志》均載澹巖一刻，此在火星巖又一刻也。”

今按，蔣僅三巖題刻，火星巖、澹山巖已毁，僅存朝陽巖一刻。三刻尺幅、行款大致相同，或爲一時寫就，分送三巖上石。其字體亦稱端整，是宋人風。

蔣僅在元豐八年，另有與陳邁等澹山巖題名。《金石萃編》卷一百三十三：“朝請大夫、郡守陳邁，朝請大夫、通判蔣僅，宣義郎、前監鹽張伉，軍事判官時宥，縣尉劉日章，元豐八年乙丑六月十一日同遊。”

# 元祐四年張綬補刻蔣之奇西亭詩

## 釋　文

遊朝陽巖遂登西亭詩有序

朝陽巖在瀟江之西，去治城不遠。永泰二年，元次山爲道州剌史，詣都計兵至零陵，訪而得之。以其東向，遂名曰“朝陽”。方是時，結有盛名於世，故永之守丞獨孤愐、竇佖爲之剪荆棘，建茅閣，結又爲之《銘》與《歌》。其後柳子厚繼爲之詩，而朝陽之名始大著。予至永則遊之，登其顛，有閣焉，其名不雅。予以子厚詩考之，正所謂“西亭”者也，遂復之爲“西亭”而系之以詩云。

昔遊不在遠，幽巖臨治城。嶔岑俯瀟碧，庨豁延陽明。緑澗可徑入，滑路逼仄行。澗泉自何來，涓涓玉鏘鳴。疑穿雲雷窟，尚帶魚龍腥。寒江淨瀉鏡，恠石森開屏。幽鳥馴可羅，潜蛟深莫罾。梯險接層棧，冠巔聳危亭。俯睨極元宿，仰攀窮青冥。褰曠出物表，高虛挹元英。惜哉非吾土，不得憩此生。舊業寄陽羡，故國依晉陵。松風濔湖白，春色頤山青。一從紳笏去，遂使猿鶴驚。迂疏暗時機，孱瑣叨官榮。謫棄分所宜，愧恧顔已盈。人生詎有幾，世累吾方輕。願言解羈紲，上疏還簪纓。寧居召蒐梟，恬養休性情。紛華屏外慕，沖澹巖中扃。窮年伴農圃，畢志先疇耕。

朝陽巖西亭近世相傳失真，治平丁未中，□穎炑由御史謫官道州，始考正其名，而作是詩。余過零陵，語太守周處厚，遂刻之巖石，□異時不失其傳也。元祐四年四月二十日，德興張綬題，進士□齊書。

## 考　證

詩刻在朝陽巖道遙徑。高 83 公分，寬 108 公分，二十四行，楷書。右半遭石漿侵蝕，今據《八瓊室金石補正》卷八十五《重刻蔣之奇西亭詩》補。

道光《永州府志·金石略》題爲"宋張綬刻蔣之奇朝陽巖西亭詩"，《兩宋名賢小集》録蔣氏《三徑集》題爲"遊朝陽巖遂登西亭"，文淵閣《四庫全書》及《常州先哲遺書》之《蔣之翰蔣之奇遺稿》題爲"遊朝陽巖遂登西亭有序"，康熙九年《永州府志·藝文志》題爲"朝陽巖遂登西亭有序"。

"永泰二年"上，《兩宋名賢小集》、《宋詩紀事》、道光《永州府志·名勝志》、光緒《零陵縣志·地輿》及《全宋詩》均有"唐"字。康熙九年《永州府志》、康熙《零陵縣志》、道光《永州府志·金石略》、光緒《零陵縣志·藝文·金石》無"唐"字。石刻今仍可見無"唐"字。按此詩以宋人言唐人事，宜有"唐"字，當是張綬題刻時缺漏。

"遂復之爲西亭而系之以詩云"一句，康熙九年《永州府志》、康熙《零陵縣志》作"復爲之西亭而系之以詩"，道光《永州府志·名勝志》作"復爲之亭而系以詩曰"，光緒《零陵縣志·地輿》作"復爲之序而系以詩曰"，《兩宋名賢小集》清鈔本作"復爲之亭而系之以詩"，《全宋詩》作"復爲之亭而系以詩云"，《宋詩紀事》作"復爲之亭而系以詩"。光緒《零陵縣志·藝文·金石》作"遂名之爲西亭而系之以詩云"，道光《永州府志·金石略》作"遂□之爲西亭而系之以詩云"。宗績辰按語："舊作'復爲之亭'，誤。"今按，"遂復之爲"四字，今已完全磨泐。"復爲之亭"文意疑爲復建其亭，"復之爲西亭"謂僅恢復西亭之名。蔣之奇未建亭，當作"復之爲西亭"爲是。

"昔遊不在遠，幽巖臨治城"二句，"緑澗可徑入"一句，陸增祥所見拓本亦缺，據別本補，"不"作"必"。按康熙九年《永州府志》、康熙《零陵縣志》、道光《永州府志·名勝志》、光緒《零陵縣志·地輿》，皆作"必"。《兩宋名賢小集》、《宋詩紀事》、《全宋詩》均作"不"。按"治城"謂永州城，朝陽巖與之隔江相望，《序》言"朝陽巖在瀟江之西，去治城不遠"，可知當作"昔遊不在遠"。今據《兩宋名賢小集》改作"不"。

"寧居召寃嵬"一句，"寃嵬"用異體，詩中各字亦多用異體。"寧"，陸增祥寫作"甯"，避清諱也，今據石刻仍作"寧"。

蔣之奇，字穎叔。詳見上文。

蔣之奇西亭詩，用柳宗元《遊朝陽巖遂登西亭二十韻》原韻，名亦相同而不改。始見陳思《兩宋名賢小集》

引蔣之奇《三徑集》，題爲“遊朝陽巖遂登西亭有序”。又見康熙九年《永州府志》卷二十二《藝文志五》、康熙《零陵縣志》卷十三《古今名賢詩》、道光《永州府志》卷二上《名勝志》、光緒《零陵縣志》卷一《地輿》，及厲鶚《宋詩紀事》。有詩及序，無張綬跋，蓋當日未曾上石，由蔣氏《三徑集》單行。至元祐四年（1089），始由張綬補刻。道光《永州府志》卷十八中《金石略》、《八瓊室金石補正》卷八十五、光緒《湖南通志·金石志》著録。

《全宋詩》卷六八七據盛宣懷《春卿遺稿》中《三徑集》輯本收録，而以《两宋名賢小集》、《八瓊室金石補正》核校，不收張綬跋。

《畱雲盦金石審》：“右正書，二十四行，前人罕有搜及者。蓋亭圮崖斷，椎拓畏阻所致。今得之，爲至幸也。”

《八瓊室金石補正》卷八十五：“右蔣之奇西亭詩，《通志》失載。《永志》所録，‘遂名曰朝陽’，‘遂’誤作‘更’，‘永之守丞’誤作‘永州之守’，并多空一格，‘則遊’之‘遊’誤作‘邀’，并缺‘之’字，‘遂湲之爲西亭’缺‘湲’字，丁未中下少一字，‘余過零陵’，‘余’誤作‘今’。又案《永志·名勝》載此，‘計兵’上無‘詣都’二字，‘遂名’下無‘曰’字，‘佖’作‘沁’，‘繼爲之亭’四字，‘系之以詩云’作‘系以詩曰’四字，‘澗泉’作‘泉源’，‘森’作‘坐’，‘元窞’作‘坎窞’，‘褰’作‘蹇’，‘恧’誤刊作‘惡’，要當以石刻爲正，而石刻所缺，則據以補注於旁。《通志·山川》内所載，首句作‘必在遠都’，‘計兵’作‘避兵’二字，‘隔’作‘隔’，餘與《永志·名勝》略同。”

張綬，字文結，德興人。嘉祐八年進士，熙寧中權將作監丞。元豐中提舉京西北路常平。元祐四年權提點荆湖南路刑獄。歷两浙轉運副使，崇寧五年除太府少卿。忤蔡京，以朝散大夫出知洪州。

《大明一統志》卷五十《饒州府·人物》：“張綬：德興人。嘉祐中權將作監丞，按實宋用臣事，以聞，上直之。後除太府少卿，諫蔡京議置大錢以二當十爲不便，上驚曰：‘慶曆已行？’自是歷外任十八年。”

雍正《江西通志》卷八十七《人物》之二十二《饒州府》：“張綬：字文結，德興人。嘉祐進士，權將作監丞，按實昭宣使宋用臣不法事，神宗直之。後除太府少卿，蔡京議置大錢，綬力諫不便，曰：‘慶曆已行矣。’自是忤權臣，久歷外任。著有《梅堂詩集》。”

光緒《江西通志》卷一百六十《列傳》：“張綬：字文結，德興人。嘉祐進士，權將作監丞。按實昭使宋用臣不法事，神宗直之。後除太府少卿，蔡京議置大錢，綬力諫不便，曰：‘慶曆已行矣。’自是忤權臣，久歷外任。著有《梅堂詩集》。(《林志》)”

同治《饒州府志》卷之二十《人物志》：“張綬：字文結，德興人。嘉祐八年進士，權將作監丞。按實昭宣使宋用臣不法事，以聞，神宗直之。後除太府少卿，蔡京議置大錢，綬力諫不便，曰：‘慶曆已行矣。’神宗驚曰：‘慶曆已行邪？’自是忤權臣，久歷外任。著有《梅堂詩集》。(《舊志·鄉賢》)”

《萬姓統譜》卷三十九：“張綬：德興人。嘉祐中權將作監丞，按實宋用臣事，以聞，上直之。後除太府少卿，諫蔡京議置大錢，以二當十爲不便。上曰：‘慶曆已行？’自是歷外任十八年。”

景定《建康志》卷二十七《官守志·諸縣令·溧水縣》：“張綬：熙寧六年四月到任，八年四月改差。”

雍正《江西通志》卷四十九《選舉》：“嘉祐八年癸卯許将榜：張綬：德興人，大府少卿。”

雍正《江西通志》卷四十六《秩官》：“知洪州：張綬：崇寧間由朝奉大夫任。”(此與《續資治通鑑長編》有異，或别一人。)

《續資治通鑑長編》卷三百五十六：元豐八年五月，“洛口两岸灘地，令提舉京西北路常平張綬相度措置、奏聞”。

《續資治通鑑長編》卷四百二十九：元祐四年六月，“己未，荆湖南路提點刑獄張綬言：‘今變事寧息，尚慮人户歸業未安，合於緊要溪峒量留兵甲弩手控扼，已牒逐州權置寨分屯兵甲戍守，仍每季一替，官員即本州逐月論替。’從之”。

《續資治通鑑長編》卷四百八十八：紹聖四年五月丁丑，“两浙轉運副使張綬知洪州”。

《續資治通鑑長編》卷四百九十七：元符元年夏四月甲申，“三省言：户部狀比較到紹聖三年分上供金帛錢物數目，京東路最，两浙路殿。詔京東轉運使黄寔、判官趙竦各減二年磨勘，两浙轉運副使張綬、判官陳安民各展二年磨勘”。

洪适《盤洲文集》卷二十二《張綬、潘景珪、賈選大理評事制》：“廷尉平斷天下之獄，而員少事叢，慮請讞之，稽逗也。益者三人，庶無曠職，爾等明習律令，秋卿以爲言，往充其官，思踵平廷之美。”

蘇轍《欒城集》卷二十九《張綬湖南提刑敕》：“爾等以常平奉使，官廢而罷。濟南大藩，民富而多盜，布政期月，人亦用乂。荆湖之南，地遠而多嶮，民悍而喜訟，犴獄之寄，惻於予衷，往祗厥官，布欽慎之意。蓋朕之用人，惟善所在，不以遠近爲異爾，其勉之。”

周处厚，字景載，鄞人。慶曆六

年賈黯榜進士，授江州司理參軍，累官至著作郎。康熙《鄞縣志》卷九《敬仰考》："周處厚以《两漢循吏孰優論》登慶曆丙戌。"今存熙寧元年所撰《宋故清河張君（張維）墓誌銘》，署款"承直郎、守太常博士、前知梓州郪縣事、騎都尉、賜緋魚袋周處厚撰"，見《天一閣明州碑林集録》。元豐中爲泉州知州，見《閩書》卷五十五。

周處厚時爲左朝請大夫、知永州軍州事。澹山巖有林邵、周處厚題名云："林邵才中，還自舂陵，遊澹山巖，夜宿僧舍，明日再遊，遂之衡陽。元祐五年季夏二十二日題。憲使按部過此題石，左朝請大夫、知永州軍州事周處厚命工刊之。"

《古泉山館金石文編》卷四："此題名後，知軍州周處厚題，有'憲使按部過此題石'之語，則林邵必是官荆南提刑者，而《舊志》未收。"

陸心源《宋詩紀事補遺》卷二十九："林邵，字才中，長樂人。攄之父。官顯謨閣直學士，元祐間荆南提刑。"

據此可知，張綬離任提點荆湖南路刑獄，當在元祐五年六月以前，過此則由林邵接任。

進士□齊，不詳。

今按，蔣之奇貶道州，作西亭詩，在神宗初。張綬至永州，爲之補刻上石，在哲宗初。蔣之奇、張綬皆嫻於經濟，所謂理財之臣，故有同感。

治平四年，正月，英宗崩，神宗即位。三月，歐陽修罷政事，出知亳州，事由蔣之奇之誣告。

歐陽修有《乞根究蔣之奇彈疏劄子》，寫於治平四年二月。次日，上《再乞根究蔣之奇彈疏劄子》。不久又上《又乞罷任根究蔣之奇言事劄子》、《乞詰問蔣之奇言事劄子》、《再乞詰問蔣之奇言事劄子》、《封進批出蔣之奇文字劄子》、《乞辯明蔣之奇言事劄子》、《再乞辨明蔣之奇言事劄子》，見《歐陽文忠全集》卷九十三。

蔡上翔《王荆公年譜考略》卷十三云："治平四年正月英宗崩，神宗即位。二月而以帷箔之私汚歐陽修者，蔣之奇也。而蔣之奇所從來，則得之攻濮議之彭思永也。……歐陽修乞根究蔣之奇劄子，至十餘上，而之奇曰'所從來得之彭思永'。及詰思永'所從來'，亦唯曰'風聞'。夫此何如事？"同書卷二十五又云："歐陽修乞根究蔣之奇事，亦僅以'風聞'了之，宋時臺諫習氣如此，亦一粃政也。"

《續資治通鑑長編》卷二百九載："上謂吴奎曰：'蔣之奇敢言，而所言曖昧。既罪其妄，欲賞其敢。'奎曰：'賞罰難並行。'乃止。"又詳楊仲良《皇宋通鑑長編紀事本末》卷五十八"歐陽修誣謗"條。

王煦不詳治平四年變故，故有疑。

嘉慶《湖南通志》："案蔣之奇《宋

史》有傳，據《傳》：英宗擢監察御史，神宗立，轉殿中侍御史，貶監道州酒稅。後元祐初，以天章閣待制知潭州。此治平四年，正其官御史時，不知何以至永州也？”今按，神宗立，正治平四年。貶道州，則必經永州。王煦蓋不知變故起於治平四年之正月也。

嘉慶《湖南通志》誤以張綬爲永明知縣。

《八瓊室金石補正》卷八十五：“張綬,《官志》云：德興人，永明令。唯跋云：‘余過零陵，語太守周處厚刻之巖石。’其語氣不似縣令。案張綬五峰巖題名（示）［云］‘被旨督捕邵永蠻寇’，奤巖詩刻云‘權提點荆湖南路刑獄公事’，則非縣令矣,《志》蓋誤耳。”

張綬提刑湖南，巡道州、永州，層巖、華嚴巖、五峰巖亦有其題名。

道光《永州府志·金石略》：“宋張綬層巖詩：未見。宋邑令徐一鳴《層巖記》：‘永明縣治西南三里，層山之陰有巖焉。窮洞谺豁，高三十五丈，廣六十步。熙寧中，邑廢，屬營道。時湖南繡衣張公綬方爲宰，來遊題歲月，巖石自是怪絶。遊觀題咏浸多。’”

同書：“宋練潛夫《層巖詩》，序云：‘遊層巖，睹提刑朝請張公熙寧初令營道日題刻。土人云：異時山夔木怪之所憑依，頗爲人所患苦，自公留題，無復肸蠁，興言感歎，聊成古風一篇。’”

同書：“宋張綬狄咸華嚴巖題名：張綬、狄咸同遊花嚴巖，元祐三年十月廿七日，開山住持□正、進士周責刊。”

同書：“張綬五峰巖題名：德興張綬，被旨督捕邵永蠻寇，途次東安，登五峰嵓，周遘同遊，撝侍行，元祐四年己巳四月十八日題。”

## 元祐五年裴彥英、許師嚴、夏侯績題刻

### 釋　文

江陵裴彥英俊明、蘇臺許師嚴希道、宜春夏侯績公懋，元祐庚午七月旦同遊，僧法達續來。

### 考　證

題刻在朝陽巖逍遙徑，高 58 公分，寬 54 公分，五行，楷書。題刻右半爲水所蝕，有磨泐，左半又被"周宅寄名石山保長命百歲"三行大字打破。

道光《永州府志・金石略》、光緒《湖南通志・金石志》著録。"同遊"之"同"字，掩在"周宅"之"宅"字下，"續來"之"續"字，爲石面裂縫所掩，故宗績辰皆誤審。

《畱雲盦金石審》："右刻正書五行，前人未見。"

《八瓊室金石補正》卷八十五："右裴彥英等題名，上有近人妄刻'周宅寄名'等字。《通志》失收，《永志》'同'誤作'日'，'續'誤作'隨'。案許師嚴時爲零陵令，則裴彥英當是永郡幕僚，然《官志》不見其名。庚午爲元祐五年。"

元祐庚午即元祐五年（1090）。

裴彥英，字俊明，江陵人，邵州通判，爲陶弼之婿。

劉摯《忠肅集》卷十二《東上閤門使康州團練使陶公（陶弼）墓誌銘》："公諱弼，字商翁。……卒後十年十月，葬於零陵金釜山之原。惟陶氏世家潯陽，靖節先生之後有避地湖湘者。公之高祖矩至祁陽，樂其山水而居之，今爲永州人。……六女子，其二人亡，其次適邵通、裴彥英、吴括、鄧良臣。朝廷以公勤勞南方，恩録其遺，皆以異等

四人，並補三班奉職。”道光《永州府志》卷十《古蹟志·宋康州團練使知順州祁陽陶弼墓，在零陵縣金釜山》、光緒《零陵縣志》卷一《地輿·劉忠肅陶公誌銘》，俱引録。

許師嚴，字希道，吳人，時任零陵知縣。

華嚴巖、澹山巖亦有許師嚴題名。

道光《永州府志·金石略》：“宋許師嚴華嚴巖題名：後五十五年，師嚴□□零陵縣令，恭覩先祖少卿權郡日題名，不勝愴感。元祐六年三月望日謹題。”《畱雲盦金石審》：“右正書五行，‘師’字下已糢糊。由五十五年追泝，乃景祐四年，其時郡守爲許瑊。證以前後題名，始定爲許姓，而‘嚴’字乃隱然可辨矣。”《八瓊室金石補正》卷八十八：“《通志·職官》有許師古，爲零陵丞，而無許師嚴。朝陽、澹巖題刻亦見許師嚴名，均不著官。宗氏所定‘嚴’字、‘零’字均已全蝕。宗氏以意度之，并據以補入官表，莽矣！惟以景祐四年郡守許瑊合之，固當定爲許姓耳。”

道光《永州府志·金石略》：“宋王覿等澹山巖題名：元祐六年八月十八日，王覿巨赤、許師嚴希衜、單師惠、連彣縝，同遊是巖，江瀜君錫題，四明鍾成亦至。”《潛研堂金石文跋尾》卷五：“江瀓題名，古文篆。”

道光《永州府志·金石略》：“宋高公傑等澹山巖題名：元祐辛未歲九月，因檢潦田，楚人高公傑子發、吳人許師嚴希道，自賢女廟下宿何氏僊姑家，翌日□涉江遊龍宅，覽僊姑得道處，回宿僧舍。明日遂入歸德、福田等鄉，沙門文真男敢同來，子發書。”

與許師嚴同時任職者，又有許師立，爲零陵縣尉，不知二人關係如何？

道光《永州府志》卷十一中《職官表·零陵》：“元祐：知縣：許師嚴，見華嚴巖題名。”“尉：許師立。”光緒《零陵縣志》卷六《官師》亦云：“知縣：許思嚴，元祐時任，見華嚴巖題名。”“尉：許師立，元祐時任。”（“許思嚴”誤，當作“許師嚴”。）

夏侯續，字公懋，宜春人。元豐八年進士，曾爲承事郎。其父夏侯錫，天禧三年乙未王拯榜進士，歷官衡州司理參軍、吉州判官、知南康興化軍。

嘉靖《江西通志》卷三十三《袁州府》：“元豐八年乙丑焦蹈榜：夏侯公績，錫之子。”

正德《袁州府志》卷七：“宋進士：夏侯公績：元豐八年焦蹈榜，錫子。”

同治《分宜縣志》卷七《選舉志》：“進士：元豐八年乙丑焦（韜）［蹈］榜：夏侯績，錫之子，《通志》作公續。”

嘉靖《江西通志》卷三十三：“夏侯錫，分宜人，天禧間進士，累官至尚書都官屯田郎中，所至有善政。子公績，元豐間舉進士。裔孫士章，元至正間以明經登第，歷官至本州教授。”

《大明一統志》卷五十七《袁州府》：“謝恩橋：在分宜縣西七里。宋承事郎夏侯績，每受宸命，必於橋上謝恩。其後姪公錫，孫士章，相繼登第，皆拜恩於此，故名。元虞集詩：‘雨過雙虹舉，風生駟馬馳。淮因橋下水，重見拜恩時。’”

嘉靖《江西通志》卷三十二：“謝恩橋：在分宜縣西七里。宋承事郎夏侯績，每受宸命，必於橋上謝恩。其後姪公錫，孫士章，相繼登第，皆拜恩於此，故名。元虞集詩：‘五代屯田宅，三爲列郡師。緑袍分草色，畫袖列花枝。雨過雙虹舉，風生駟馬馳。惟應橋下水，重見拜恩時。’”

正德《袁州府志》卷三：“謝恩橋：邑西七里，宋屯田夏侯錫家其側。子公績、孫仕章，相繼登第，皆拜恩於此，易名‘重恩’。元虞集詩：‘五代屯田宅，三爲列郡師。緑袍分草色，畫袖列花枝。雨過雙虹舉，風生駟馬馳。惟應橋下水，重見拜恩時。’崇廣各一丈，東西去岸四丈五尺，覆屋五間。今廢。”

宋祁《景文集》卷三十一有《戚舜元可比部員外郎，陸仲息可國子博士，王逢士、郭承祚並可殿中丞，李從、夏侯錫並可秘書丞制敕》，蔡襄《端明集》卷二十五有《奏舉夏侯郎中狀》。

僧法達，事蹟不詳。

元祐壬申季秋庚
子同臨川劉蒙
資明原武邢恕和
叔來遊朝陽洞鄱
陽程博文敦州書

## 元祐七年劉蒙、邢恕、程博文題刻

### 釋　文

元祐壬申季秋庚子日，同臨川劉蒙資明、原武邢恕和叔，来遊朝陽洞，鄱陽程博文敏𢚩書。

### 考　證

題刻在朝陽巖下洞右側石壁高處，高 80 公分，寬 65 公分，五行，楷書。

《零志補零》卷下、嘉慶《湖南通志·金石志》、道光《永州府志·金石略》、《八瓊室金石補正》、光緒《湖南通志·金石志》著録。

道光《永州府志·金石略》："王煦等《省志》云：案右刻見零陵縣《宗志》，據石鼓山題名，程敏叔有'行部湘東'之語，則敏叔必官荆南提刑轉運者。"

《留雲盦金石審》："右正書，五行，字徑數寸。"

《八瓊室金石補正》卷八十五："《通志·職官》：劉蒙，知永州。不詳里貫，此署臨川，可以補之。邢恕，監酒，《志》云'陽武人'，'陽'蓋'原'字之誤，當校正之。程博文，不見於《官志》。壬申爲元祐七年，又案《閩書》：程博文，樂平人，元豐間知州事，政尚寬平，以僧牒募民鑿黯淡之險，行舟無患，歷官司農少卿。當即此題名之人。此刻在元祐，當是自閩易湘者，其稱司農者，最後之官階也。"

今按，陸增祥據石刻所云"陽武"爲"原武"之誤，不確。陽武屬開封，原武屬鄭州，二地本相鄰，《宋史·地理志》："鄭州滎陽郡，熙寧五年廢州，以管城、新鄭隷開封府，省滎陽、滎澤縣爲鎮入管城，原武縣爲鎮入陽武。"文獻載邢恕爲陽武人，石刻作原武係用舊稱。

元祐壬申季秋庚子日，即元祐七年九月二十日。

劉蒙、邢恕、程博文三人，同日有火星巖題名："程敏叔、劉資明、邢和叔，元祐七年九月二十日，自朝陽巖過此試茶。"見道光《永州府志·金石略》。宗績辰云："右行楷書，七行，在火星巖，字已蝕損。"又云："案巖側昔有火星觀，故可品茶，今則荒煙頽石，遊跡罕到矣。"火星巖在朝陽巖南側，亦臨瀟水，自州城出，乘舟，先至朝陽巖，後至火星巖，故可同日而遊。今則火星巖已毁，惟存舊拓而已。

劉蒙，字資明，臨川人，一作宜黄人，紹聖元年任永州知州。

嘉靖《江西通志》卷二十一《撫州府·人物》："劉蒙，字資深，宜黄人。治平初舉進士，歷平陽、武城、霍丘三縣令。淮甸大饑，霍丘民賴以全活。司馬温公薦之，累官至朝議大夫。爲人清潔，不可干以私。居家友愛，所餘俸資，先二弟而後二子。"雍正《江西通志》卷八十《人物·撫州府》、光緒《江西通志》卷一百五十一《列傳·撫州府》略同。

雍正《廣西通志》卷六十五《名宦·宋》："劉蒙，字資深，宜黄人。治平初舉進士，累官嶺南西道提點刑獄，清潔，不可干以私。"又見光緒《廣西通志輯要》卷一《宦蹟》。

光緒《撫州府志》卷四十二《選舉志·進士》："治平二年乙巳彭汝礪榜：劉蒙，宜黄。"

同書卷四十九《人物志》載劉蒙、劉芑合傳，云："劉蒙，字資深，宜黄人。治平二年進士，授南雄州司理，歷平陽、武城、霍邱三縣令。熙寧中淮甸大饑，霍邱民賴蒙全活者衆。司馬温公薦爲御史臺主簿。通判韶州，知永州，歷廣東提舉，湖北運判，廣西提刑，官至朝議大夫。蒙爲人清潔，不可干以私，居家友愛，所得蔭補，先二弟而後二子，鄉里稱之。弟芑，字資中，舉進士，以兄澤補官，主衡山簿，遷延州録參，辟廣西經幹。屢挫蠻寇，遷知惠州。會霖潦，城不没者三版，命載圖籍、兵仗，置水不及處，無墊者。事聞，賜詔獎諭。官至朝散大夫。芑清潔如其兄，闔門千指，雖爲郡守，而間絶糧。死之日，家無十金之儲。入祀縣學鄉賢祠。"

撫州臨川郡，宜黄爲其屬縣，故題刻曰臨川人，文獻曰宜黄人。

據湖南、廣西所見題刻，劉蒙字資明，文獻作"字資深"者恐誤。

又按，宋代名爲劉蒙者有數人。

一爲熙寧三年薦舉出身劉蒙。《宋史·選舉志二》："熙寧三年，諸路搜訪行義爲鄉里推重者，凡二十有九人。至則館之太學，而劉蒙以下二十二人試舍人院，賜官有差，亦足以見幽隱必達，治世之盛也。”《玉海》卷一百十六《選舉·科舉》：“開寶舉孝悌德行，祥符、元祐舉經明行修：熙寧元年十一月丁亥，郊赦，復詔搜訪。三年十一月二十一日癸巳，舍人院試劉蒙等二十一人，賜出身。”

一爲渤海劉蒙，曾反對新法，元豐二年卒。《宋史·張問傳》：“熙寧時，有陳舜俞、樂京、劉蒙，亦以役法廢黜。”“蒙字子明，渤海人。恥爲詞賦，不肯舉進士；習茂才異等，又不欲自售。都轉運使劉庠舉遺逸，召試第一，知湖陽縣。常平使者召會諸縣令議免役法，蒙爲不便，不肯與議，退而條上其害，即投劾去，亦奪官。歸鄉教授，養親講學，從遊甚衆。元豐二年卒，才年四十。門人朋友誄其行，號曰正思先生。元祐初，賜其家帛五十匹。”又見《宋史·食貨志上五·役法上》。

一爲彭城劉蒙，徽宗時人。著《劉氏菊譜》一卷，自序中載崇寧甲申爲龍門之遊。

劉蒙得司馬光獎拔，爲御史臺主簿，見曾鞏《南豐先生元豐類藁》卷二十《劉蒙御史臺主簿、王子琦太常寺主簿制》：“吏之有屬，所以相成，勾稽簿領之書，交修官守之事，往從憲府，尚懋爾勞。”

又，劉蒙、劉芑兄弟皆以清潔无私著稱，而司馬光《温國文正司馬公文集》卷五十九有《答劉蒙書》，一作《答劉蒙秀才書》，備責其索求資財一事，略云：“五月十六日，陜郡司馬光再拜復書賢良劉君足下：……今者足下忽以親之無以養，兄之無以葬，弟妹嫂姪之無以恤，策馬裁書，千里渡河，指某以爲歸，且曰：‘以鬻一下婢之資五十萬畀之，足以周事。’何足下見期待之厚，而不相知之深也？光得不駭且疑乎？方今豪傑之士，内則充朝廷，外則布郡縣，力有餘而仁可仰者，爲不少矣。足下莫之取，乃獨左顧而抵於不肖，豈非見期待之厚哉！光雖竊託迹於侍從之臣，月俸不及數萬，爨桂炊玉，晦朔不相續。居京師已十年，囊褚舊物皆竭，安所取五十萬以佐從者之疏糲乎？夫君子雖樂施，予亦必已有餘然後能及人。就其有餘，亦當先親而後踈，先舊而後新。光得侍足下裁周歲，得見不過四五，而遽以五十萬奉之，其餘親戚故舊不可勝數，將何以待之乎？光家居，食不敢常有肉，衣不敢純衣帛，何敢以五十萬市一婢乎？而足下忽以此責之，豈非不相知之深哉！光視地而後敢行，顧足而後敢立，足下一旦待之爲陳孟公、杜季良之徒，光能無駭乎？足下服儒衣，談孔顔之道，啜菽飲水足以盡歡於親，簞食瓢飲足以致樂於身，而遑遑焉以貧乏有求於人，光能無疑乎？足下又責以韓退之之所爲，若光者，何人敢望韓退之哉！韓退之能爲文，其文爲天下貴，凡當時王公大人，廟碑墓碣靡不請焉，故受其厚謝，隨復散之於親舊，此其所以能行義也。若光者何人，敢望退之哉！光自結髮以來，雖行能無所長，然實不敢錙銖妄取於人，此衆人所知也。取之也廉，則其施之人也靳，亦其理宜也。若既求其取之廉，又責其施之厚，是二行者誠難得而兼矣！足下又欲使光取之於他人，是尤不可之大者。微生高乞醯於鄰人以應求者，孔子以爲不直。況己不能施，而斂之於人，以爲己惠，豈不害於恕乎？足下之命既不克承，又費辭以釋之，其爲罪尤深。足下所稱韓退之亦云：'文章不足以發足下之事業，錢財不足以賙左右之匱急，稇載而往，垂橐而歸。'足下亮之而已。"此劉蒙爲渤海劉蒙，見李之亮《司馬温公集編年箋注》。

劉蒙在永州，又有元祐七年九月二十一日，即此刻之次日，與邢恕、安惇在朝陽巖、火星巖題刻，朝陽巖題刻詳下文。

劉蒙在桂林亦有題刻。

《桂故》卷四《先政》："劉蒙，字資明，宜黄人，提點廣西刑獄，爲人清潔，不可干以私。所得補官，先二弟而後二子。在桂時，與程節遊龍隱巖，鐫有名。"

《桂勝》卷一《伏波山·題名》："鄱陽程節信叔、曲江譚掞文初、臨川劉蒙資明、全魏董遵守道、廬陵曾鎮次山，自八桂堂過伏波巖啜茶，遂遊龍隱洞。辛巳清明前二日謹題。"

《桂勝》卷二《龍隱山·題名》："鄱陽程節、曲江譚掞、臨川劉蒙、全魏董遵、廬陵曾正，建中靖國元年寒食日同遊。"

又見《粤西金石略》卷五，嘉慶《臨桂縣志》卷六、卷九。

邢恕，字和叔，詳下文。

程博文，字敏叔。福建樂平人。皇祐五年進士，歷官大庾知縣、著作佐郎、開封府推官、兵部郎中、司農少卿、權大理卿、河北提刑使、賀遼主正旦使、荆湖南路轉運副使，官終兗州知州，未至而卒於道。

程博文任荆湖南路轉運副使在元祐六年，年事已高，"服勤二年，失於治養"，大約元祐八年改任兗州知州，未至而卒。

宋饒州鄱陽郡，管縣六，樂平爲其一，故文獻又作樂平人。

弘治《八閩通志》卷三十八《秩官·延平府》："程博文：元豐間知州事，政尚寬平。以僧牒募人鑿黯澹灘，往來者自此無覆舟之患。博文元豐間知州事，一本作皇祐，(木)[未]詳。"

崇禎《閩書》卷五十七《文蒞志》："延平府：知州事：程博文：博文字叔敏，樂平人。擢進士入仕，盛有政譽。王安石當國，問趙抃江南人物，抃以博文對，徑自開封府曹擢爲條例司。所上豢羊事，歲減費十八萬緡。出知南劍州，請於朝，以僧牒募人鑿治黯淡灘，自是少覆溺之患。妖氛起龍門，博文縱囚，使擊賊自效，賊平，因如期還。後積官至司農少卿，湖南運判。”

嘉靖《江西通志》卷九《饒州府》：“皇祐五年癸巳鄭獬榜：程博文，樂平人。”

雍正《江西通志》卷四十九《選舉》：“皇祐五年癸巳鄭獬榜：程博文，樂平人。”

同書卷八十七《人物・饒州府》：“程博文：樂平人，舉進士，王安石當國，問趙抃江南人物，抃以博文對。自開封户漕擢爲條例司。首上豢羊事，歲減費十八萬緡。出知南劍州，州有灘甚險，博文請以度牒募僧鑿治。妖氛起龍門，博文縱囚使擊賊自効，賊平，因亦如期還。積官至司農少卿、湖南運判。(《林志》)”

同治《樂平縣志》卷八《人物志・名臣》：“程博文：字叔敏，永善鄉人。擢皇祐進士第，入仕甚有政譽。王安石當國，問趙抃江南人物，抃以博文對，徑自開封府曹擢爲條例司。所上豢羊事，歲減費十八萬緡。出知南劍州，州東北有灘，湍流亂石，覆舟無虚月。博文請於朝，以度牒募僧鑿治，自是少覆溺。妖氛起龍門，博文縱囚使擊賊自効，賊平，因亦如期還。積官至司農少卿、湖南運判。《舊志》載《能吏》。”

乾隆《福建通志》卷二十四《職官》：“宋南劍州知州事：程博文，元豐間任。”

《宋史・食貨志下一》：“制置司言：‘諸路科置上供羊，民費錢幾倍，而河北榷場博買契丹羊歲數萬，路遠，抵京皆瘦惡耗死，公私費錢四十余萬緡。’詔著作佐郎程博文訪利害。博文募民有保任者，以産爲抵，官預給錢，約期限、口數、斤重以輸。民多樂從，歲計充足。凡供御膳及祀祭與泛用者，皆別其牢棧，以三千爲額，所裁省冗費十之四。”

李燾《續資治通鑑長編》卷二百十一：熙寧三年五月庚戌，“制置條例司言：諸路科買上供羊，民間供備幾倍，而河北榷場博買契丹羊歲數萬，路遠，抵京則皆瘦惡耗死，屢更法不能止，公私歲費錢四十餘萬緡。近委著作佐郎程博文訪利害，博文募屠户以産業抵當，召人保任，官豫給錢，以時日限口數斤重，供羊人多樂從，得以充足。歲計除供御膳及祠祭羊依舊別圈養棧外，仍更棧養羊常满三千爲額，以備非常支用，從之。博文所裁省冗費凡十之四，人甚以爲便。先是，進呈條例，上批曰：‘屠户情願本家宰殺亦聽’一節可删去，恐以死肉充故也。羊事條目極多，而上一閱遂見此人，莫不稱歎，蓋上於天下所奏報利害，擿其精要類如此，朱本用日録删改舊本，新本並從朱本，今亦從之”。

同書卷四百六十四：元祐六年八月乙巳，“司農少卿程博文爲皇帝賀遼主正旦使”。己酉，“左朝請郎司農少卿程博文爲荆湖南路轉運副使”。

鄭獬《鄖溪集》卷六《南安軍大庾縣令程博文等可轉官制》：“爾等以銅章墨綬，秩六百石，爲朕治邑。得仁恕篤誠，吾民服其政。齎課吏部，在詔條，宜遷蘭臺佐著，寵命爲著。周之法曰：‘以庸制禄，則民興功。’勞而獲禄，固可以勸有功矣。”

曾鞏《元豐類藁》卷二十一《程嗣恭祖無頗程博文開封府推官制》：“開封天下之聚，俗雜五方之民。蓋巧僞繁興，獄訟滋出，贊治之任，考擇維艱。以爾爲能，俾祗厥服。夫慈惠足以煦養惸弱，剛嚴足以帖伏姧强。然導民之方，尚有可識，使風俗有以粹美，而四方有以觀則。往助爾長，其尚懋哉！”

劉攽《彭城集》卷十九《朝散郎守兵部郎中程博文可太府少卿、承議郎陳次升可兵部郎中制》：“太府主貨賄之藏，司其出納；夏官主五兵之要，謹其符籍。貳卿、副郎，皆精選也。以博文綿歷省闥，綽著士望，以次升臨按淮甸，克宣使指，並用登進，以攄材略。夫其厠惟月之班，聯應星之象，爲寵多矣，爾其勉之！”

同書卷十九《河北運副唐義問可河東運副、兵部郎中程博文可河北提刑制》：“瀕河之壤，晉魏爲大，使者之任，耳目攸繫。九賦所充，於以給邦用；五刑所蔽，在乎折民情。故將漕之寄，察獄之官，朝所慎選，人所輕授。以義問屢宣使指，居積民譽；以博文内佐浩穰，夙效材敏。是宜並假四封之傳，往治百城之富。足食足兵，下無愁歎，庶獄庶慎，法如畫一，乃爲稱職，汝敬之哉！”

華鎮《雲溪居士集》卷二十七《代湖南諸監司奏乞故知兖州程博文致仕恩澤表》：“臣某等言：臣等伏見故朝請郎、新差知兖州程博文，志力精敏，篤於公家，知無不爲，至有成績。在熙寧間，先帝修明法度，王安石薦其才，首當條例司選任，裁處牛羊司利害，經畫綱紀，革絶冗費，先帝知其可用，後因開封府闕推官，遂擢任之。由是歷兵部郎中、太府司農少卿、權大理卿，周旋省寺二十餘年，頗著勞效。昨因使事北廷，在路遇疾。比及湖南，服勤二年，失於治養。近蒙恩差知兖州，行次江寧府，遂以不救。道路之間，不及以時致仕。雖嘗於江寧府附奏陳乞，一日之後即至捐館，有礙奏薦恩澤。欲望朝廷察其平昔宣力最多，以其生前嘗曾陳請，雖已身亡，特賜指揮，許令奏薦。臣等知其本末，今兹奉使在其前所治部，故敢冒昧奏聞。”

題刻爲楷書，字體闊大厚潤，出於程博文之手。

臨川劉[illegible]資[illegible]
原武邢恕和叔
河東安惇處厚
元祐七年九月[illegible]
二十日後舟渡
江同遊胡揚[illegible]

# 元祐七年劉蒙、邢恕、安惇題刻

## 釋　文

臨川劉蒙資明、原武邢恕和𡒄、河東安惇處厚，元祐七年九月二十一日，泛舟渡江，同遊朝陽巖。

## 考　證

題刻在朝陽巖下洞内左側石壁上，邢恕《獨遊偶題》詩刻之右，下臨流香泉。高40公分，寬42公分，六行，行楷。

此前一日，即元祐七年九月二十日，又有劉蒙、邢恕、程博文朝陽巖題刻，詳見上文。

清王昶、錢大昕、宗績辰有著録。

王昶《金石萃編》卷一百三十四《永州朝陽洞》著録云："高廣均一尺五寸，六行，行六字，正書。按《湖南通志》：朝陽巖在零陵縣西南三里。唐元結《銘序》：'自舂陵至零陵，愛其郭中有水石之異，泊舟尋之，得巖與洞，以其東向，遂以命之。'《大明一統志》：'在零陵縣西，瀟江之滸，巖有洞，澗自中流出入湘。'《零陵縣志》：'一名流香洞，有石淙源自群玉山，伏流出巖腹，氣如蘭蕙，從石上瀉入緑潭。洞門左右有石壁，黄山谷題名鐫其上。巖後有祠，祀唐宋謫官。'蓋朝陽巖距城不遠，凡遊華嚴巖、澹山巖者，必先經朝陽巖。此題名六段，其中如柳拱辰、張子諒、盧臧、周惇頤諸人，皆已見澹山巖題名者。餘如邢恕，見《宋史・姦臣傳》，字和叔，鄭州陽武人，哲宗立，累遷右司員外郎、起居舍人，坐黜知隨州，改汝、襄、河陽，再責監永州酒。此題即監酒時也。安惇亦見《姦臣傳》，字處厚，廣安軍人，上舍及第，調成都府教授，擢監察御史，哲宗初，罷爲利州路轉運判官，歷夔州、湖北、江東三路。是在元祐中未嘗官永州，不知何以得與邢恕同遊？或者嘗官於此，而史脱略耳。”

今按，遊澹山巖可經朝陽巖，而華嚴巖在城内，遊者不必先經朝陽巖，王昶所説有誤。

錢大昕《潛研堂金石文跋尾》卷十四著録云：“劉蒙等題名：元祐七年九月。右劉蒙等題名，六行，在永州朝陽巖。其文云：……此三人者，惟蒙不見於《宋史》，恕、惇皆在《姦臣》之列。恕本程門弟子，爲温公所知，而險忮反覆，遂與章、蔡爲死黨。惇，西蜀名士，東坡送詩有‘舊書不厭百回讀，熟讀深思子自知’之句，當亦矯矯自好者。其後章惇興同文獄，兩人甘心爲之鷹犬，欲追廢宣仁，誣元祐諸賢以悖逆，可謂喪心病狂者矣。惇一入樞府，恕僅終侍從，生前所得幾何，乃令後人見其姓名詬罵不置，小人之無忌憚，可惡亦可悲也。恕坐蔡確事，責監永州酒，史有明文。惇傳但云‘哲宗初政’，‘罷爲利州路轉運判官，歷夔州、湖北、江東三路’，不知何由至永？當考。惇，廣安軍人，而自署河東，蓋舉郡望而言。恕自題‘原武’，而史作‘陽武’，恐是史誤。”

今按，邢恕題刻自署原武人，《宋史》本傳稱邢恕爲陽武人，方志或稱邢恕爲鄭州人，《程氏遺書》附録《門人朋友叙述並序》邢恕又自署河間人。河間則邢氏郡望，晉大夫韓宣子之族食采於邢，後以爲氏，故有郡望出河間之説。原武、陽武、鄭州、河間四説並行，非史誤。

道光《永州府志》卷十八中《金石略》著録，題爲“宋劉蒙等朝陽巖題名”。宗績辰曰：“行書輕逸，蓋恕筆也。”（《焬雲龕金石審》）

光緒《零陵縣志》、光緒《湖南通志》引之。

近人葉昌熾有評。葉氏《語石》卷八曰：“邢和叔、張天覺、曾子宣，皆以熱中比匪，雖蒙惡名，要非檮杌窮奇，無從湔洗。況翰墨之妙，不減蘇、黄諸公乎？零陵之朝陽、華嚴兩巖，皆有邢恕題名。朝陽巖一通，與河東安惇處厚同遊。安惇，《宋史》亦列《奸臣傳》。張天覺有《李長者庵記》（政和戊戌），《林慮山聖燈記》（元祐五年），草書精妙，非許安仁可及。曾子宣爲子固之弟，文章名位，輝映一時，宦轍所至，到處留題。余收得其題名最多，益都之雲門山、太原之晉祠、方山之李長者舊居、廣南之九曜石、廣西之臨桂諸山，摩厓纍纍，風流好事，可見一斑。《宋史》入之《奸臣傳》，未敢以爲定論也，故别論列之。此非余一人之私言也，竹汀先生之説也。”

今按：張商英，字天覺。曾布，字子宣。曾鞏，字子固。錢大昕，號竹汀。錢大昕《潛研堂金石文跋尾》卷十四元豐元年正月“曾布等題名”一條云：“右曾布等題名，在廣東學院公廨後圃九曜石上。予以甲午冬奉使到此，每公事小暇，即徙倚其間，摩挲題字，徘徊往復，不知日之移晷。因歎曾子宣爲子固之弟，風流儒雅，煇映一時，不幸附和紹述，致位宰相，史家遂入之《姦臣》之列，所得幾何，乃蒙千載詬病。然子宣雖不爲公論所與，而能與章惇、蔡京立異，亦張天覺之流也。天覺既可列傳，曾獨不可列傳乎？若史彌遠之姦邪，甚於侂胄，而轉不在《姦臣》之數。史家於此未免上下其手，讀史論世者所以不可無識也。”

劉蒙，字資明，事蹟詳見上文。

邢恕，字和叔，詳見下文。

安惇，字處厚，廣安軍（今四川廣安市）人。上舍及第，調成都府教授，擢監察御史。哲宗初司馬光主國政，罷爲利州路轉運判官，歷夔州、湖北、江東三路。蔡京爲相，復拜工部侍郎、兵部尚書。崇寧初，同知樞密院。紹聖初，章惇、蔡卞得政，召爲國子司業，三遷諫議大夫，窮治元祐黨人，以司馬光、劉摯、梁燾、吕大防等爲“大逆不道，死有餘責”。遷御史中丞。蔡京爲相，復拜工部侍郎、兵部尚書。崇寧初，同知樞密院。《宋史》有傳。

安惇與蔡確、吴處厚、邢恕、吕惠卿、章惇、曾布同在《宋史・奸臣傳》，故知邢恕、安惇二人當有政見相近、利益相通之處。不過在元祐八年哲宗親政以前，二人權力皆未熾，而必有其聲氣相投、才情相仰慕之一面。

特别是安惇何以會來永州，史書缺載，其居官與外任旅途均與永州無關，而其在永州與邢恕另有同日遊群玉山的題刻，又恰恰磨泐了“□行經”一個關鍵字，因而無由得知確解。

劉蒙、邢恕、安惇三人另有群玉山題刻，言遊朝陽巖事。道光《永州府志・金石略》載：“宋安惇等群玉山題名：河東安惇處厚□行經零陵郡□□，臨川劉蒙資明、原武邢恕和叔，同□□□朝陽□。時元祐□□秋九月二十一日□□□。”宗績辰曰：“右正書九行，在拱秀亭側。字已剥蝕殆盡，約略可辨。”（《金石審》）又見光緒《零陵縣志》卷十四。陸增祥未見拓本，《八瓊室金石補正》卷九十四《群玉山、群玉亭》云：“右群玉山題刻十段：據《永州府志》所載，尚有元祐間安惇等題名一刻，未得拓本。”“元祐”下缺二字，當爲元祐七年。群玉山題刻已毁，亦未見舊拓收藏。

今按，元祐七年九月二十日，劉蒙、邢恕、程博文同遊朝陽巖、火星巖。次日，元祐七年九月二十一日，劉蒙、邢恕、安惇同遊朝陽巖、火星巖。兩次出遊，前後相接，路徑相同，同遊者劉蒙、邢恕二人不變，所異者前爲程博文，後爲安惇，大約有劉蒙、邢恕奉陪程博文、安惇之意。

檢《續資治通鑑長編》卷三百六十二：元豐八年十二月，“監察御史安惇爲利州路轉運判官”。同書卷三百六十四：元祐元年春正月，“御史安惇言，開封府推官胡及縱獄子胡義拷無罪人死”。此後直到同書卷四百八十六：紹聖四年四月，才有“右司員外郎安惇試秘書少監”，中間元祐數年無載。《東都事略》卷九十七《安惇傳》：“以上舍釋褐爲雅州司户參軍，成都府教授，除監察御史，出爲利州路轉運判官，移夔州路，又爲荆湖北路轉運使，徙江東路，紹聖初召爲國子司業，改右司員外郎，權吏部侍郎，遷右諫議大夫。”其中以荆湖北路轉運使任職最具可能來永。而《宋史·地理志四》，荆湖北路轄江陵、德安二府，鄂、復、鼎、澧、峽、岳、歸、辰、沅、靖十州。潭、衡、道、永、邵、郴、全七州則屬荆湖南路。

然既云“行經”，可知在永州滞留時間不久。此前一日，九月二十日劉蒙、邢恕、程博文同遊朝陽巖、群玉山，安惇不與，大約尚在途中。

群玉山，在朝陽巖南數百米，山巖延伸至瀟水之中。康熙三十三年《永州府志》載：“群玉山：西河二里，巨竹蕭森，古木樛曲，怪石萬状，地势清幽，奇甲一郡。”六十年代村民炸山燒製石灰，群玉山已夷爲平地。

題刻字體，於楷書中略带行書筆法，以風格判斷，當是邢恕手書。

劉蒙、邢恕、周玠、阮之武另有朝陽巖題名。道光《永州府志·金石略》載：“臨川劉蒙資明，守零陵。原武邢恕和叔，責監鹽酒税。長沙從事南陽周玠元錫沿檄過郡，同餞。倅舟陵阮之武子文揀兵營道，置酒滄州亭遂遊朝陽巖。是夕子文宿火星巖僧舍。元祐八年癸酉四月十一日。”宗績辰《畱雲盦金石審》：“右行書十行，‘倅’字下當是‘海’字，‘莒道’實‘營道’，末尚有‘記’字。”陸增祥《八瓊室金石補正》：“右劉蒙等再題名，瞿氏未見拓本，故仍縣志之譌。宗氏似見之，而所録仍未更正，何邪！《通志·職官》失載周玠、阮之武二人。”光緒《湖南通志》亦載：“案右刻見零陵縣《宗志》，‘倅舟’下當有脱字，‘莒道’恐是‘營道’之譌。阮之武時通判永州，見後淡山巖劉蒙題名。”題刻已佚。滄州亭，《永志》云在朝陽洞臨江，而不詳其建置之始。

程博文、劉蒙、邢恕另有火星巖題刻。道光《永州府志·金石略》載：“宋程敏叔火星巖題名：程敏叔、劉資明、邢和叔，元祐七年九月二十日，自朝陽洞過此試茶。”宗績辰曰：“右行楷書七行，在火星巖，字已蝕損。（《畱雲盦金石審》）案：巖側昔有火星觀，故可品茶，今則荒煙頽石，遊跡罕到矣。”陸增祥《八瓊室金石補正》亦有著録云：“程敏叔等題名：高一尺七寸五分，廣三尺三寸五分，七行，行四字，字徑三寸四五分，正書。”題刻僅存舊拓，存北京大學圖書館。

火星巖，又稱德星巖，巖上舊有火星觀，供奉火德星君。其址當在舊日群玉山之一峰，鄰近朝陽洞而居其上。明弘治《永州府志》卷二：“火星巖：在縣西，即群玉山之巖。石壁所鐫先賢題識高下鱗次，窮日之力乃能盡閲。”清康熙三十三年《永州府志》卷八《山川》：“火星巖，易三接曰：亦是群玉之所爲，在朝陽巖之上。衆石林立，白雲集之，生人隱思矣。石上多鐫宋人題識。太守唐有懷，荆川之父也，易其名曰德星巖。”道光《永州府志》卷二上《名勝志》：“火星巖山間舊有太青亭、拱秀亭，其名僅存於石洞，久荒塞。宋侍郎董居誼以後，訪其蹟者罕矣。居誼常建群玉亭，有記，其言山之景最詳。”引《方輿勝覽》云：“火星巖地勝景清，爲零陵最奇絶處。”同書卷十八《金石略》：“唐火星巖石壁題刻：佚。”引《天下金石志》云：“唐宋名賢題識甚多，在永州府。”引《湘僑聞見偶記》云：“火星巖在朝陽之背，其地稍僻，崖石峭直，易受風雨，有六七處古刻，洗剔再三，不能□識，所存者宋刻而已。”

劉蒙、邢恕、程博文另有朝陽巖題名：“元祐壬申季秋庚子日同臨川劉蒙資明、原武邢恕和叔來遊朝陽洞，鄱陽程博文敏叔書。”元祐壬申季秋庚子日，即元祐七年九月二十一日。石刻尚存。

孫覽、劉蒙、邢恕、盧約另有朝陽巖題名：“高郵孫覽傳師，自桂林移慶陽，同臨川劉蒙資明、原武邢恕和叔、永豐盧約潛禮，遊朝陽巖，時資明守零陵。元祐癸酉三月八日。”元祐癸酉即元祐八年。石刻尚存。

劉蒙、阮之武、邢恕另有華嚴巖題刻，道光《永州府志·金石略》：“劉蒙等題名：臨川劉蒙資明、静海阮之武子文、原武邢恕和叔，同游華嚴巖。宋元祐甲戌正月丁丑，和叔題。”宗績辰曰：“王煦等《省志》云：案右刻見零陵縣《宗志》。案：《宗志》脱‘阮之武子文’五字，以年月置前。”又見《八瓊室金石補正》卷八十八、光緒《零陵縣志》卷十三《藝文·金石》、光緒《湖南通志》卷二百七十二。陸增祥曰：“劉蒙等題名：高一尺一寸，廣七寸，五行，行七字八字。《通志》未見此刻，據零陵縣《宗志》録之，而舛錯甚多。脱‘静海’八字，‘華嚴巖宋’四字，並以‘元祐’八字置於‘臨川’之上，‘題’字下誤多‘記’字，其上又脱‘和叔’二字。元祐甲戌即紹聖元年。”元祐甲戌正月丁丑，即元祐九年（紹聖元年）正月初五日。石刻不存，拓本未見。

此刻爲邢恕真跡，石刻尚存，完好如新。題名在其《獨遊偶題》絶句右側，絶句用筆柔婉圓潤，此刻則略感勁爽峻秀。宗績辰曰“行書輕逸，蓋恕筆也”，亦可見其欣喜之狀。

獨遊偶題

# 元祐七年邢恕《獨遊偶題》詩刻

## 釋　文

獨遊偶題

頹然一睡足，巖溜尚潺湲，面几即山郭，寂無人世喧。

邢恕和叔。

## 考　證

題刻在朝陽巖下洞内左側石壁上，劉蒙、邢恕、安惇題刻之左，下臨流香泉。高 28 公分，寬 23 公分，五行，行楷，從左向右讀。

明黄焯《朝陽巖集》收録，作者題爲“原武邢恕”，詩句全同。

康熙九年《永州府志》卷二十三《藝文志六》有著録，題爲“宋邢恕《獨遊朝陽巖偶題》”，詩句與石刻全同。康熙二十三年《零陵縣志》卷十三《古今名賢詩》、康熙三十三年《永州府志》卷二十三《藝文》同。

清錢大昕《潛研堂金石文跋尾》著録題目云：“邢恕《獨遊偶題》詩：行書，在永州府朝陽巖。”清孫星衍《寰宇訪碑録》、清吴式芬《金石彙目分編》略同。

道光《永州府志》卷二上《名勝志》著録，題爲“獨遊詩”。同書卷十八《金石略》著録，題爲“邢恕朝陽巖獨遊偶題詩”，並云：“右行書五行，極似蘇書。(《愚雲盦金石審》)”

陸增祥《八瓊室金石補正》卷八五據拓本著録云：“邢恕《獨遊》詩：高一尺三寸五分，廣一尺，四行，行字不等，徑寸許，款一行字較小，行書，左行。”文字與詩刻全同。陸增祥曰：“右刻在流香洞右，當與《愚溪詩》同時所刻。《通志・山川》内載此，尚有一首云：‘濯足臨澄碧，和雪卧石室。淅瀝天風生，披襟當呼吸。’石本無之，或別有一刻也。”

清陸心源《宋詩紀事補遺》卷二十八據嘉慶《湖南通志》卷十三《山川六·永州》著録，題爲“朝陽巖絶句二首”。

光緒《零陵縣志》卷十四、光緒《湖南通志》卷二百七十二《藝文志二十八·金石十四》録之。

《全宋詩》卷八七四據《八瓊室金石補正》收録。

“即山郭”，《全宋詩》誤作“郎山郭”。“人世喧”，光緒《零陵縣志》誤作“世人喧”。

詩刻有署款，無年月。陸增祥謂與《愚溪詩》同時所刻，按二詩刻並不同時。邢恕朝陽巖題刻凡十見，其中七處有年月，最早爲元祐七年九月二十日，最晚即《題愚溪寄刻朝陽巖》，爲元祐八年十二月十四日，至元祐九年正月作浯溪詩則已在回程中矣。此詩既題“獨遊”，當別具月日，要之當在《題愚溪》之前，暫定爲元祐七年。

此詩意在以山水自遣，知山崖能慰己也。《題愚溪》則跋云“時謫零陵將去矣”，喜意溢於言表。

邢恕嘗以詩名。《宋史》本傳稱，“神宗見其《送文彦博詩》，稱於確，乃進職方員外郎”，又稱其“博貫經籍，能文章”。其詩雅致多文人氣，書法亦秀麗可喜。

邢恕在永州，尚有《再遊朝陽巖》詩刻，亦五言；及朝陽巖無題詩刻，七言；又有《題愚溪寄刻朝陽巖》詩刻；又有華嚴巖詩刻、浯溪詩刻，共六首。

《再遊朝陽巖》詩刻：“濯足臨澄碧，和雪卧石室。淅淅大風生，披襟當呼吸。”

康熙《零陵縣志》卷十三《古今名賢詩》始著録如此。其後則嘉慶《湖南通志》卷十三《山川六·永州》著録，題爲“又朝陽巖絶句二首”。清陸心源《宋詩紀事補遺》卷二十八據嘉慶《湖南通志》著録，仍題“朝陽巖絶句二首”。

嘉慶《零陵縣志》卷十五《藝文》亦著録，“和雪”作“和雲”，“淅淅大風生”作“淅瀝天風生”。

道光《永州府志》卷二上《名勝志》著録云：“又再遊詩……。”“淅淅”作“漸漸”。

《八瓊室金石補正》卷八五《朝陽巖題刻廿四段·邢恕獨遊詩》陸增祥按語：“《通志·山川》内載此，尚有一首云……石本無之，或別有一刻也。”光緒《湖南通志》卷二百七十二《藝文志二十八·金石十四》亦據嘉慶《湖南通志》著録，且云：“《通志·山川》所載尚有一首云……石刻無之，或非獨遊詩也。”“淅淅大風生”均作“淅瀝天風生"。

《全宋詩》據光緒《湖南通志》卷九著録，将"濯足臨澄碧"、"巖巔風雨落泉聲"合題爲《朝陽巖絶句》，誤作一首。

按康熙《零陵縣志》，王元弼、黄佳色纂修，所録邢恕二詩，前題"獨遊朝陽巘偶題"，較石刻增"朝陽巖"三字，然猶是邢恕原題。後題"再遊朝陽巘"，當亦據石刻著録。然此詩自嘉慶以後，宗績辰、陸增祥等似乎均未見石刻拓本。二詩皆爲五言絶句，前者爲初遊，故後者爲再遊。嘉慶《湖南通志》題爲"朝陽巖絶句二首"，乃是編者所加。

詩中"濯足"、"風生"、"披襟"皆是夏景，故康熙《零陵縣志》"和雪"恐是"和雲"之誤。

七言朝陽巖無題詩刻："崖巔風雨落泉聲，崖下江流見底清。夾岸松筠倒疎影，炊煙漁父近寒城。"

此詩明洪武《永州府志》卷七、明弘治《永州府志》卷六、明隆慶《永州府志》卷七、明《永樂大典》卷九千七百六十三、明黄焯《朝陽巖集》、清康熙九年《永州府志》卷二十三、康熙三十三年《永州府志》卷二十三、道光《永州府志》卷二上、康熙《零陵縣志》卷十三、嘉慶《零陵縣志》卷十五、光緒《零陵縣志》卷一，及陸心源《宋詩紀事補遺》卷二十八，均著録。《全宋詩》據光緒《湖南通志》卷九著録。諸書以洪武《永州府志》爲最早，題爲"題巖詩"，可知其來源出於石刻。

此詩無題，諸書以地名著録。《永樂大典》且失作者，而署"無名氏詩"。

"崖巔"、"崖下"，弘治《永州府志》、隆慶《永州府志》、《永樂大典》、《朝陽巖集》、康熙九年《永州府志》、康熙三十三年《永州府志》、康熙《零陵縣志》、嘉慶《零陵縣志》均同。道光《永州府志》、光緒《零陵縣志》、《宋詩紀事補遺》、《全宋詩》作"巖巔"、"巖下"。

"疎影"，弘治《永州府志》、隆慶《永州府志》、《永樂大典》、《朝陽巖集》、康熙九年《永州府志》、康熙三十三年《永州府志》、道光《永州府志》、康熙《零陵縣志》、嘉慶《零陵縣志》、光緒《零陵縣志》均同。《全宋詩》作"流影"，當是誤寫。

"炊煙"，弘治《永州府志》、隆慶《永州府志》、《永樂大典》、《朝陽巖集》均同。康熙九年《永州府志》、康熙三十三年、道光《永州府志》、康熙《零陵縣志》、嘉慶《零陵縣志》、光緒《零陵縣志》作"炊燈"。

"漁父"，弘治《永州府志》、隆慶《永州府志》、《永樂大典》、康熙《零陵縣志》、《宋詩紀事補遺》同。《朝陽巖集》、康熙九年《永州府志》、康熙三十三年《永州府志》、道光《永州府志》、嘉慶《零陵縣志》、光緒《零陵縣志》作“漁火”。按“炊燈”、“漁火”對言，當作“漁火”。瀟湘漁火爲古來奇致，而亦實有所指。明錢邦芑《瀟湘賦》“或夜漁之方出，又火照而網張”，自注：“湘中漁人每夜中用火照捕魚”。觀此亦可見邢恕寂寞貶所、流連至晚之意。

“寒城”云云，表明時節爲冬季。

《題花嚴嵓》詩刻：“一蔟僧房路屈盤，不踰城郭到林巒。何人爲假丹青手，寫入輕綃掛壁看。元祐八年，邢恕和𠏉。”

石刻不存，僅存拓本。永州華嚴巖，1959年炸山取石，蕩然無存。所倖舊拓尚在，存北京大學圖書館，茲據舊拓著録。

嘉靖《湖廣圖經志書》卷十三《永州府》、《金石萃編》卷一百三十二、《八瓊室金石補正》卷八八、康熙三十三年《永州府志》卷三、道光《永州府志》卷十八中、光緒《零陵縣志》卷一及卷十三、康熙《零陵縣志》卷十三、嘉慶《零陵縣志》卷十二、光緒《湖南通志》卷二百七十二、《宋詩紀事補遺》卷二十八著録。《全宋詩》據《金石萃編》收録。

王昶曰：“零陵縣華嚴巖詩刻四段。又：横廣二尺三寸五分，高一尺四寸，八行，行五字，行書。”“一蔟”作“□蔟”，蓋“一”字未拓出，其餘與北京大學圖書館藏舊拓全同。

宗績辰曰：“宋邢恕華嚴巖詩：存。較他刻恕書稍大，結體懶散，不如其小者。(《金石審》)”“一蔟”誤作“一簇”。

陸增祥曰：“邢恕詩：元祐八年，《萃編》已載。‘題花嚴嵓’，此行在詩前，低一格，王氏失載。‘一蔟’，缺‘一’字。《通志》、《永志》俱缺標題一行。‘蔟’俱作‘簇’，石本實從‘艸’也。”

康熙三十三年《永州府志》、康熙《零陵縣志》、嘉慶《零陵縣志》“一蔟”均誤作“一簇”，“屈盤”均誤作“屈蟠”，“掛壁看”均誤作“掛壁間”。

光緒《零陵縣志》“一蔟”，卷一、卷十三均誤作“一簇”。“屈盤”，卷一誤作“屈蟠”，卷十三不誤。“掛壁看”，卷一誤作“掛壁閒”，卷十三不誤。

光緒《湖南通志》：“宋邢恕華嚴巖詩：《題花嚴巖》……案《舊志》脱標題四字，今補之。”

清錢大昕《潛研堂金石文跋尾》著録：“邢恕《題花嚴嵓》絶句：行書，元祐八年，在永州府。”及孫星衍《寰宇訪碑録》著録：“邢恕《題花嚴巖》詩：行書，元祐八年，湖南零陵。”吴式芬《攈古録》著録：“邢恕《題華嚴巖》詩。”均有目無文。

《全宋詩》題爲《華嚴巖》，仍非

原題。“一”字下,《全宋詩》注:“原缺，據《金石補正》卷八八補。”

至元祐九年正月，邢恕曾再度與劉蒙、阮之武同遊華嚴巖。《零志補零》、道光《永州府志》、《八瓊室金石補正》、光緒《零陵縣志》、光緒《湖南通志》載其題名。陸增祥曰:“劉蒙等題名:‘臨川劉蒙資明、静海阮之武子文、原武邢恕和埗，同遊華嚴巖。宋元祐甲戌正月丁丑，和埗題。’高一尺一寸，廣七寸，五行，行七字、八字，字徑寸許，行書。《通志》未見此刻，據零陵縣《宗志》録之，而舛錯甚多。”可知題刻出自邢恕手筆。

邢恕浯溪無題詩刻:“歸舟一夜泊浯溪，曉雨絲々不作泥。指點蒼崖訪遺刻，更磨苔蘚爲留題。元祐九年正月，原武邢恕和埗。”

詩刻尚存浯溪，惟左上部一二行有磨泐。有署款，無題。“指點”、“更磨”四字據厲鶚《宋詩紀事》補。

道光《永州府志》卷二上及卷十八中、《八瓊室金石補正》卷九十、光緒《湖南通志》卷二百七十五及《宋詩紀事》卷二十六著録。

《宋詩紀事》(文淵閣《四庫全書》本、上海商務印書館鉛印本)據《浯溪集》著録,“曉雨”誤作“晚雨”。

道光《永州府志》卷二上“曉雨”誤作“晚雨”。卷十八中“曉雨”不誤,“指點”作“□石”,“更磨”作“□□”。宗績辰曰:“行書，六行。案元祐八年九月，宣仁皇后崩，是年四月即改元紹聖，恕於改元之前已被召命得歸，女堯舜亡而共驩竊喜，消長治亂之機已見於此。觀乎此詩所謂‘曉雨絲絲不作泥’者，其希恩冒寵之心畢著矣。(《金石審》)”

《八瓊室金石補正》、光緒《湖南通志》“指點”均作“□石”,“更磨”均作“□□”。陸增祥曰:“邢恕詩:高廣各一尺三寸五分，詩四行，行七字，字徑一寸五分許。款二行，行六字，較小。正書。”

《全宋詩》據《八瓊室金石補正》收録。“□石”下注:“《宋詩紀事》卷二六作‘指點’。”“更磨”下注:“二字原缺，據《宋詩紀事》補。”

今按《浯溪集》自宋以下，共有六種。

一宋李仁剛輯。《宋史·藝文志》:“李仁剛《浯溪古今石刻集録》一卷。”

一宋侍其光祖輯。《宋史·藝文志》:“侍其光祖《浯溪石刻後集再集》一卷。”宗績辰曰:“案‘侍其光祖’,王阮亭作‘綦光祖’，恐誤。”王士禎，字貽上，號阮亭，又號漁洋山人。《四庫提要》曰:“侍其，復姓，實非姓綦，士禎殊誤。”

一宋廖敏得輯。《宋史·藝文志》:“廖敏得《浯溪石刻續集》一卷。”廖敏得，宗績辰誤作明人。

一宋永州祁陽浯溪僧释顯萬輯。宋陳振孫《直齋書録解題》卷二十："《浯溪集》二十一卷：僧顯萬撰，洪景盧作序。前二卷爲賦，餘皆詩也。"僧顯萬，字致一，宋永州祁陽人。楊萬里《誠齋集》卷第一百十四《詩話》云："行僧顯萬亦能詩。'萬松嶺上一間屋，老僧半間雲半間。三更雲去作行雨，回頭方羡老僧閑。'又《梅詩》：'探支春色墻頭朵，闌入風光竹外梢。'又：'河横星斗三更後，月過梧桐一丈高。'"又見單宇《菊坡叢話》卷二十四"楊誠齋品藻中興以來諸賢詩"條。楊維楨《東維子集》卷二十韻："余讀宋僧顯萬詩曰……"曹學佺《石倉歷代詩選》載其《送炭與湘山西堂惠然師》一首，又見方回《瀛奎律髓》，方回評曰："顯萬字致一，浯溪人。嘗參吕居仁《浯溪集》，洪景盧爲序。此詩借送炭説事理，凡禪機必險絶，然亦不爲不佳也。"萬曆《郴州志》、康熙《郴州總志》載其《義帝陵》一首。明佚名《詩淵》"宫室門"誤題"唐僧顕萬"，"文史門"誤題"宋廬陵僧顯萬"。

宋晁公武《郡齋讀書志》卷五上："《浯溪集》前、後、續、别四集：右自元結《中興頌》之後，凡刻之浯水之崖者皆在焉。"未知是上述四書否。

一明黄焯輯。清嵇璜《續文獻通考》卷一百九十七："黄焯《浯溪詩文集》二卷。焯自號龍津子，爵里無考。"嵇璜《續通志》卷一百六十三略同。按黄焯，福建延平人，事蹟詳見徐階《湖廣左参政黄君焯墓誌銘》。

一明陳斗輯。清嵇璜《續文獻通考》卷一百九十七："陳斗《訂補浯溪集》二卷。斗字民仰，祁陽人，官永寧簿。"嵇璜《續通志》卷一百六十三略同。按李馥纂民國《祁陽縣志》卷九又云："斗補黄焯《浯溪集》。"

以上六書均佚。(《四庫採進書目·浙江採集遺書總録簡目》："《浯溪集》二卷，寫本，明知府延平黄焯輯。"可知黄焯《浯溪集》清乾隆間尚存。)

又清宋溶纂《浯溪新志》十四卷，清濟南王士禛纂《浯溪考》二卷，亦載詩。《清史稿·藝文志》："《浯溪考》二卷，王士禛撰。"(王士禛，後賜名爲王士禎，卒後又避諱改作王士正。)清王啟烈纂《浯溪志》十卷，康熙間永州連雲閣刊。王啟烈，山東濟南新城人，即王士禛族姪，康熙二十七年至三十五年任祁陽知縣，授文林郎，道光《永州府志》卷二上載《王駿公浯溪和韻》一首，民國《祁陽縣志》卷八言王啟烈有《新修元顏二公祠復諸古蹟記》。三書今俱存。

又清徐乾學《傳是樓書目》卷六載明王禋汿《三吾小志》二卷。道光《永州府志》、民國《祁陽縣志》作"明祁陽王朱禋汿"。宗績辰曰："案禋汿善爲詩詞，邑中賣花嫗出入王府者，曾得其手寫詩縑以歸，邑人至今猶稱之。”

李馥纂民國《祁陽縣志》卷九又載黄用中《浯上詩鈔》一種。《湘人著述表》又載民國黄裔《浯溪尚友録》上下卷及《浯溪通志》十八卷，皆未見。

厲鶚所據之《浯溪集》，推測當是明人所輯者。

元祐八年《題愚溪寄刻朝陽巖》詩刻，詳下文。

此外，邢恕又有鈷鉧潭詩刻，確否存疑。

道光《永州府志》卷二上及卷十八上引康熙間永州知府許虯《鈷鉧潭遊記》，及乾隆間江昱《瀟湘聽雨録》卷七記里老劉國良之言，謂愚溪鈷鉧潭有詩刻，署款中有“癸酉”二字。或以爲柳宗元所作。嘉慶《湖南通志》疑之，云：“蓋先生居零陵者十年，考永貞元年乙酉，至元和九年甲午，其中並無癸酉，則此詩殆後人所題也。”《八瓊室金石補正》卷一百二十一據拓本著録云：“愚溪鈷鉧潭詩：‘常聞南郭智，未識北山愚。試問溪中水，潺々只自如。癸酉中冬既望日□□□過永州□□。’”陸增祥曰：“考柳文惠年譜，貞元九年癸酉，先生登進士第，無由至永，决非河東所製。……詩句頗疑是元祐癸酉邢恕所題，然無可證。”《全唐詩續拾》卷五十六著録爲“無名氏”所作。石刻今存，惜磨泐嚴重，署款尤難辨識。

邢恕，字和叔，河南原武人。進士，歷官起居舍人、吏部尚書兼侍讀、御史中丞、知汝州、知應天府、知南安軍、龍圖閣學士、顯謨閣待制。《宋史》及《東都事略》、《宋元學案》、《古今紀要》有傳。事蹟又散見於《續資治通鑑》、《宋史紀事本末》、《續資治通鑑長編紀事本末》、《二程遺書》、邵伯温《邵氏聞見録》、邵博《邵氏聞見後録》、吕本中《紫微詩話》、陳長方《步里客談》、《伊洛淵源録》、《近思録》等。

宋王稱《東都事略》卷九九：“邢恕，字和叔，鄭州原武人也。少俊邁多學，能文章，喜功名富貴，謀大而術疎。論古今天下事，多戰國縱横之説。從程頤學，中進士甲科，調永安簿。頤稱其才於吕公著，薦崇文院校書。王安石行新法，恕謂其子雱曰：‘更法，人皆以爲不然，子盍言之？’安石怒，出知崇德縣。恕於是謝病不仕者七年。元豐初，爲館閣校勘，改校書郎，遷著作佐郎，又遷職方員外郎。哲宗即位，除右司員外郎，起居舍人。恕教高公繪上書，乞尊禮太妃，爲高氏異日之福。宣仁后呼公繪問：‘誰爲汝作此書？’公繪不敢隱，乃曰：‘起居舍人邢恕作也。’時恕已召試中書舍人，爲言者論列，出知隨州，改汝州，尋復直龍圖閣，知襄州，移河陽，俄以集賢殿修撰知滄州。初，神宗升遐，恕爲蔡確畫謀，妄作策立之功，以謗宣仁后，見《蔡確傳》。至是，諫官梁燾、劉安世、吴安詩皆言恕與蔡確、章惇、黄履交結，人以‘四凶’目之，遂謫監永州酒。紹聖初，除直龍圖閣，知徐州，遷寶文閣待制，知青州，入爲刑部侍郎，權吏部尚書，御史中丞。恕言劉奉世當元祐間與劉摯爲謀主，傾害策立大臣，奉世坐貶。又言張舜民歷御史宰屬，不聞正論，而舜民被黜。恕每上殿奏事，移時不下，章惇疑之，出其元祐初謫隨州時上宣仁后《自辨書》，稱宣仁后功德，有‘宗廟大計，旬日之前固已先定’之語，遂出知應天府，責知南安軍，復龍圖閣待制，知定州，改荆南。言者論恕昨自謂聞司馬光所説北齊宣訓事，謂光等有凶悖之意，遂以其語告於章惇，而光及范祖禹等緣此貶竄。又以文及甫私書達於蔡確妻明氏，謂劉摯、梁燾、王巖叟皆有姦謀，而摯等幾至覆族。恕反覆詭詐之人也，遂落職分司西京，均州居住，起知隨州，復龍圖閣待制，歷鄭、定、滑三州，除龍圖閣學士，徙太原。坐知滑州日西人入寇落職，知虢州，移汝州，俄復顯謨閣待制，知鄭州，提舉崇福宫，以中大夫致仕。初，蔡京爲相，以恕氣豪，不可與時輩同立朝，連用爲邊帥，欲使自外循至将相，然亦不諧也。恕病且死，尚與章惇争定策功云。臣稱曰：邢恕始以持論有守，坐廢七年，天下高其風。然其爲人，貪功名，反覆不靖者也。與蔡確、章惇儌幸天功，不爲世所容。及惇用事，復與之膠固爲一，凶德参會，以濟其説，故雖謗及君親而不恤也。烏虖！所謂‘交亂四國’者與！‘利口覆邦家’者與！迹其所爲，則漢之江充、息夫躬，唐之李訓、鄭注之流，異世而同轍矣。”

宋朱弁《曲洧舊聞》卷六：“邢恕，字和叔。吕申公、司馬温公皆薦其才可用。子居實，字惇夫，年未二十，文學蚤就，議論如老成人，黄魯直諸公皆與之爲忘年友，所謂‘原武小邢’是也。元祐初，更張新政之初，不本於人情者，和叔見申公，密啟曰：‘今日更張，雖出於簾幃，然子改父法，上春秋鼎盛，相公不自爲他日地乎？’申公不答，未幾，復以此撼摇温公。公曰：‘他日之事，吾豈不知？顧爲趙氏慮當如此耳！’和叔忿然曰：‘趙氏安矣，司馬氏豈不危乎！’温公曰：‘光之心本爲趙氏，如其言不行，趙氏且未可知，司馬氏何足道哉？’和叔恚恨二公不聽納其説，紹聖中，言二公有廢立之意，而己獨逆之，陰沮其事，蔡元度乘虚助之，蹤跡詭秘，士大夫莫不知之。章子厚入其言，醖釀已成，密令覘者於高氏南北二第，譏察其出入。哲宗将御後殿施行之，欽成知之而不能遏，以聞欽聖，欽聖曰：‘事急矣！’乃同邀車駕問曰：‘常時不曾御後殿，今必有大事也。’哲宗亦不隱，欽聖曰：‘大臣既有異謀，必上累娘娘。且官家即位後，飲食起居盡在娘娘閤，未嘗頃刻相離也。使娘娘果懷此心，當時何所不可，乃與外廷謀乎？'哲宗始大悟，懷中探一小策子，以授欽聖，遂降指揮，不御後殿，其事遂寢，然申、温二公猶追貶也。惇夫是時已蚤世矣，魯直詩曰：'魯中狂士邢尚書，自言扶日上天衢。惇夫若在鐫此老，不令平地生丘墟。'正謂此也。建中靖國間，欽聖降出小册子，和叔放歸田里。曾子開行詞頭其略云：'使光公著被凶悖之名，蒙竄斥之罪，欺天誤國，職汝之由。矧汝於彼二人，實門下士，借重引譽，恩意非輕。一旦翻然，反爲仇敵，擠之下石，孰謂虚言！'子厚於謫所，聞之皇懼，於謝表中自叙云：'極力以遏絶徐王覬覦之謗，一意以推尊宣仁保佑之功，豈惟密盡於空言，固亦顯存於實狀。反覆詭詐，掠虚美者，它人戇直拙疎，斂衆怨於一己，所謂欲蓋而彰也。'"（"士大夫莫不知之"一句，疑衍"不"字。）

宋黄震《古今紀要》卷十九："邢恕：和叔，鄭州。從伊川學，勸王雱言新法於安石，安石怒，謝病不仕者七年。爲蔡確畫策，妄作策立功，以謗宣仁。紹聖爲中丞，章惇疑之，出其上宣仁《自辨書》，以宣訓事誣司馬凶悖，誣劉摯等，幾至（復）［覆］族。"

茲據文獻所載條列邢恕履歷簡表如下。

仁宗慶曆元年（1041）：邢恕生。

慶曆六年：程顥受學於周敦頤，慨然有求道之志。

嘉祐二年（1057）：程顥再見周敦頤於合州。

治平元年（1064）：程顥移澤州晉城令，過磁州省親，邢恕以師禮來見。《二程全書》附《門人朋友叙述》載河間邢恕曰："恕早從先生之弟學，初見先生於磁州。"先生之弟指程頤。此年周敦頤任永州通判。治平間，居太學，與黄履同學。舉進士，與司馬光之子司馬康同年登科。補河南府永安主簿。

神宗熙寧元年（1068）：子邢居實生。詔翰林學士王安石越次入對。

熙寧二年（1069）：爲崇文院校書，遷比部員外郎。二月，以王安石參知政事，王安石以程顥爲條例司屬官。八月，程顥以吕公著薦，授太子中允、權監察御史裏行。

熙寧三年（1070）：出知延陵縣，在鎮江丹陽。司馬光因與王安石政見不合，出知永興軍，改判西京留司御史臺。程顥上書論新法之害，改京西路提刑，又改簽書鎮寧軍節度判官在澶州。邢恕見程顥於澶州。

熙寧五年（1072）：廢延陵縣，邢恕罷，不復調，浮沉陝洛間者七年。

熙寧六年（1073）：周敦頤卒。

熙寧七年（1074）：王安石第一次罷相。

熙寧九年（1076）：王安石第二次罷相，召還司馬光等。

熙寧十年（1077）：邵雍卒，邢恕嘗作《康節先生伊川擊壤集後序》。程顥知扶溝。

元豐二年（1079）：邢恕復爲校書。

元豐五年（1082）：蔡確拜尚書右僕射兼中書侍郎。

元豐八年（1085）：邢恕累遷職方員外郎。三月，神宗崩，哲宗即位。六月，程顥卒，邢恕撰《門人朋友叙述》，明崔銑《程志》引之。

哲宗元祐元年（1086）：邢恕遷右司員外郎、起居舍人。哲宗即位，宣仁太后稱制，召司馬光主國政。三月，程頤至京師，除宣德郎。九月，司馬光卒。

元祐二年（1087）：邢恕黜知隨州，改知汝、襄、河陽。子邢居實早卒。

元祐四年（1089）：邢恕貶永州監倉。丁憂去官，服闋三年。

元祐七年（1092）：邢恕在永州，遊朝陽巖、群玉山、火星巖、愚溪、華嚴巖、石角山、浯溪，有詩刻、題刻。

元祐八年（1093）：九月，高太后崩，哲宗親政。邢恕召爲刑部侍郎。

元祐九年（紹聖元年，1094）：四月改元。邢恕再遷吏部尚書兼侍讀，改御史中丞。

哲宗元符元年（1098）：邢恕爲章惇所陷，出知汝州。

徽宗建中靖國元年（1101）：邢恕爲少府少監，分司西京，居均州。程頤還洛陽，復官通直郎，權判西京國子監。

崇寧三年（1104）：邢恕起爲河東路經略安撫使，徙知太原，連徙永興、潁昌、真定，尋奪職。

大觀元年（1107）：程頤卒，年七十有五。

政和元年（1111）：邢恕復官顯謨閣待制。卒，年七十。

邢恕在北宋政局與理學人物中，一向被視爲奸臣叛黨，其詩文石刻與書法真跡，亦罕有論者。然細繹史實，邢恕之性格爲人、言論政績，仍有其複雜多樣之一面。

作爲北宋士人中的一個獨特人物，邢恕一生兼涉道、學、政三途，行事介於剛柔善惡之間。他是程顥早期精進的弟子之一，同門稔稱“邢七”，《宋元學案》稱“邢尚書”；曾就教於邵雍，及出入司馬光之門；既得到吕公著的舉薦，又受到王安石的賞識；與章惇相投，又與蔡確一見如素交；參與册立哲宗皇帝，預謀廢黜宣仁太后；身列《奸臣傳》，又名登《二程遺書》與《伊洛淵源録》。

邢恕有《将還河北留别堯夫先生》，邵雍作《先天吟示邢和叔》、《和邢和叔學士見别》，司馬光作《〈無爲贊〉貽邢和叔》，傳世有《司馬温公與邢和叔帖》。而邢恕與北宋文士之交往，除其本師二程、邵雍、司馬光、吕公著之外，如文彦博、文及甫父子，王安石，黄庭堅，曾鞏、陳師道師生二人，章惇、安惇“二惇”，蔡確、蔡京、蔡卞“三蔡”，以及黄履、趙挺之等人，或爲上舍及第，或爲進士出身，雖有“邪正雜用”之嫌，不在宋儒道統之中，要皆一時儒士。

《宋史》本傳稱邢恕博貫經籍，能文章，喜功名，論古今成敗事，有戰國縱横氣習，表明他本是一個有學識的實幹家、性格率直的實力派。

邢恕由於出身程門，“得遊諸公間，一時賢士争與之交”。吕公著薦於朝，王安石亦愛之。後王安石派賓客諭意邢恕，要其養晦以待用，邢恕不能從，而對其子王雱語新法不便。王安石怒，将邢恕由崇文院校書貶爲延陵知縣，縣廢不復調，“浮湛陕洛間者七年”。至蔡確爲相，對邢恕亟結納之，邢恕亦深自附托，爲蔡確畫策，史稱二人“稍收召名士，於政事微有更革”。

有一番邢恕與哲宗的問對，最能顯示他的言辯。史載邢恕“嘗於經筵讀寶訓，至仁宗諭輔臣，以爲人君當修舉政事，則日月薄食、星文變見爲不足慮。恕言仁宗之旨雖合於荀卿書，然自古帝王孰肯自謂不修政事者，如此則天變遂廢矣。帝嘉納之，數登對”。按邢恕這番問對的背景，正是王安石的“三不畏”，其説雖有助於更革，而貽患實深，一旦相權不舉，君權則無法限制。古人所以討論“天變”，都是以之作爲限制皇權的一大法寶，那麼邢恕此言當是有感而發。他借否定荀卿而否定王安石，特别是當著哲宗的面指出“帝王孰肯自謂不修政事”，不作董仲舒三策之委曲，而取魏玄成貞觀之直諫，明言天變之義本不在天而實在於君王，揭出儒家政治一大關鍵，真有古人執簡抱龜不讓君師之遺義。此種話語，並非“戰國縱横氣習”所能爲，更非迂闊陋儒所能道。《宋史》於此事稱邢恕“善爲表暴，蚤致聲名”、“内懷猜猾，而外持正論”，非平心之論。

《元城語録解》載劉安世言：“蔡確、黄履、邢恕、章敦四人，在元豐之末，號爲死黨。”李燾《續資治通鑑》卷八十三哲宗紹聖元年：“元豐末，（黄）履嘗爲中丞，與蔡確、章惇、邢恕相交結，每確、惇有所嫌惡，則使恕道風旨於履，履即排擊之，時謂之‘四凶’，爲劉安世所論而出。至是惇復引用，俾報復仇怨，元祐正臣無一得免矣。”南宋楊仲良《續資治通鑑長編紀事本末》卷九十“蔡確邢恕邪謀”一條所記尤詳。

夷考邢恕所以列入《奸臣傳》，罪名有二：一曰“天資反覆，行險冒進，爲司馬光客即陷光，附章惇即背惇，至與三蔡爲腹心則之死弗替”；二曰“上謗母后，下誣忠良，幾於禍及宗廟”。

按北宋政局一大線索即黨争不斷，其始末誠如王夫之《宋論》卷四所言：

"朋黨之興，始於君子，而終不勝於小人，害乃及於宗社生民，不亡而不息。宋之有此也，盛於熙、豐，交争於元祐、紹聖，而禍烈於徽宗之世，其始則景祐諸公開之也。……好善則進之，惡惡則去之，任於己以持天下之平者，大臣之道也。引之不喜，激之不怒，居乎静以聽天下之公者，天子之道也。而仁宗之世，交失之矣。……天子無一定之衡，大臣無久安之計，或信或疑，或起或僕，旋加諸膝，旋墜諸淵，以成波流無定之宇。"

司馬光、王安石、蘇軾等人，各有偏頗，沉浮錯落，罕有全者。剛善爲義，剛惡爲强梁；柔善爲慈，柔惡爲邪佞。不得僅以忠奸二端論定。

即朱子於邢恕，亦未嘗一概以好人、惡人而論定。"又問：'邢和叔、章子厚之才，使其遇治世，能爲好人否？'曰：'好人多須不至如此狼狽。然邢亦難識，雖以富、韓、馬、吕、邵、程，亦看他不破。'曰：'康節亦識得他？'曰：'亦只是就他皮膚上略點他耳。'又曰：'他家自有一本《言行録》，記他平日做作好處。頃於滄峽見其家有子弟在彼作税官，以一本見遺，看來當初亦有得他力處。蓋元豐末，邢恕嘗説蔡持正變熙豐法，召馬、吕，故《言行録》多記此等事。嘗見徐端立侍郎説，邢和叔之於元祐，猶陳勝、吴廣之於漢，以其首事而先起也。'"見黎靖德《朱子語類》卷一百三十《本朝四》。

邢恕仕於英宗、神宗、哲宗政局多變之際，恃才不甘自沉，與時上下，以手段爲目的，在權力場中本屬平常。如王夫之所論，惟是過於熱中"分朋相角"、"以名位争衡"而已。所作所爲，還説不上禍國害民，古人有謂"紂之不善不如是之甚也"。

王夫之《讀通鑑論》卷二十六又云："蓋唐自立國以來，競爲奢侈，以衣裘僕馬、亭榭歌舞相尚，而形之歌詩論記者，誇大言之，而不以爲怍。韓愈氏自詡以知堯、舜、孔、孟之傳者，而戚戚送窮，淫詞不忌，則人心士氣概可知矣。……延及有宋，羶風已息。故雖有病國之臣，不但王介甫之清介自矜，務遠金銀之氣；即如王欽若、丁謂、吕夷甫、章惇、邢恕之奸，亦終不若李林甫、元載、王涯之狼藉，且不若姚崇、張説、韋皋、李德裕之豪華；其或毒民而病國者，又但以名位争衡，而非寵賂官邪之害。此風氣之一變也。"此語確爲旁觀者清之論。

人臣以忠奸爲大節，而黨争未必皆以忠奸爲判。熊克《皇朝中興紀事本末》卷四十一載紹興七年七月，"壬申，宰執奏都督府幹辦官邵博，進其父秘閣修撰伯温所著《卞誣書》，上曰：'事之紛紛，止緣一邢恕爾。數十年來，士大夫相攻詆，幾分爲國？幾分爲民？皆緣私意，託公以遂其事。宣仁之謗今已明，紛紛之議可止矣。'上平日惡士大夫之用私意，所以厚風俗如此"。又見熊克《中興小紀》卷二十二、李心傳《建炎以來繫年要録》卷一百十二、留正《皇宋中興两朝聖政》卷二十一、徐乾學《資治通鑑後編》卷一百十二。

邢恕先問學於小程，時在仁宗嘉祐間。後問學於大程，時在英宗治平間。此後屢問學於大程，事見《程氏遺書》。對於大程政績，亦時加注意，《程氏遺書》附録《門人朋友叙述》載邢恕曰："先生爲澶州幕官，歲餘罷歸。恕後過澶州，問村民，莫不稱先生，咨嗟歎息。"同時與小程亦相往還，吕本中《紫微詩話》有"邢和叔尚書嘗以丹遺伊川先生"一事。邢恕對大程之學，多有體會。按大程弟子最著名者如劉絢、李籲均早卒，而楊時、游酢、謝良佐等從學均晚，在熙寧十年程顥知扶溝時。程顥卒時，《程氏遺書》附録《門人朋友叙述》惟四人，即劉立之、朱光庭、邢恕、范祖禹。故邢恕得稱程門早期精進弟子。

論及邢恕與二程的關係，最爲敏感的一件事，即紹聖四年十一月，程頤被貶送涪州編管。事後有人問及此事，懷疑出於邢恕所爲，程頤有明確的回答，説他不如此認爲。楊遵道所録《程氏遺書》卷十九《伊川先生語五》云："謝某曾問：'涪州之行，知其由來，乃族子與故人耳。'（原注：族子謂程公孫，故人謂邢恕。）先生答云：'族子至愚，不足責。故人至厚（原注：一作情厚），不敢疑。孟子既知天（原注：一作繫之天），安用尤臧氏？'因問：'邢七雖爲惡，然必不到更傾先生也。'先生曰：'然。邢七亦有書到某云：屢於權宰處言之。不知身爲言官，却説此話。未知傾與不傾，只合救與不救，便在其間。'"《伊洛淵源録》卷十四所載略同。其事又見於《伊川先生年譜》、《宋元學案》、《道命録》，"知其由來"作"良佐知之"，"族子與故人"下有"之爲"二字。謝某，謝良佐自謂。知其由來，謂知程頤被貶編管涪州之緣由。族子與故人，原注爲程頤之孫與邢恕，此孫不知何人。傾，謂傾陷。言官，謂邢恕時任御史中丞。據上文，謝良佐是肯定程頤被貶出於程頤之孫與邢恕所爲，但程頤本人明確否定。程頤謂其孫"至愚"，或者其孫曾設法援手，反至添亂。謂邢恕，則有"至厚"、"情厚"之論，《道命録》又有"邢恕與先生素善"之語。然後謝良佐亦不再懷疑邢恕，而説"必不到更傾先生"，而程頤又道出邢恕曾經致書説"屢於權宰處言之"。結論大致認爲邢恕如果有錯，不在其有傾陷之惡，而在其無救助之心。"身爲言官，却説此話"之意，大概是認定邢恕有援救舊黨的能力。

在救與不救一事上，當時傳聞邢恕有"今便以程某斬作千段，臣亦不救"

之語，大悖尊師之道。《朱子語類》卷一三〇《本朝四》云：“問：‘邢恕少年見諸公時，亦似好。’先生曰：‘自來便尖利出頭，不確實，到處裏去入作章惇用。林希作御史，希擊伊川，只俟邢救，便擊之。恕言於哲宗：“臣於程某嘗事之以師友，今便以程某斬作千段，臣亦不救！”當時治恕者，皆尋得明道行狀後所載説，即本此治之。恕過惡如此，皆不問。只在這一邊者，有毫髮必治之。’”李心傳《道命録》卷一：“初，御史中丞邢恕與先生（程頤）素善，同知樞密院事林希，意恕必救先生，因以傾恕。恕與友人曰：‘便斬頤萬段，恕亦不救。’聞者笑之。”但細繹其語，又明載“只俟邢救，便擊之”、“有毫髮必治之”，知邢恕確有自身難保之虞。甚至林希攻程頤是假，攻邢恕是真，而邢恕之最大把柄，便是在程顥的行狀後面附上了《門人朋友叙述》的一段話。“斬程頤萬段”云云，一作邢恕對哲宗之語，一作對友人語，揣測邢恕是故意作些表面文章，而其暗中所爲則是“屢於權宰處言之”。所以朱熹言及此事，並無特别的指責，而李心傳的記載也只是“聞者笑之”了。

北宋黨争之烈，本有“孰能不波”之勢。邢恕至紹聖間已曾三歷廢貶。實際上，邢恕不僅是“爲司馬光客即陷光，附章惇即背惇”，他也是較早反對王安石新法、受到王安石排斥的一個人。

熙寧元年，神宗即位，詔翰林學士王安石越次入對。二年二月，以王安石爲參知政事，主政。邢恕由永安主簿遷崇文院校書，擢爲比部員外郎，大概即與“王安石亦愛之”有關。同時程顥亦由王安石的推舉遷爲條例司屬官，不久遷太子中允權監察御史裏行。但到熙寧三年，他就因對王安石之子王雱“語新法不便，安石怒”被貶。同年，司馬光也因與王安石政見不合出知永興軍，改判西京留司御史臺，又以端明殿學士兼翰林侍讀學士居洛陽，纂修《資治通鑑》。程顥因上書論新法之害，由太子中允權監察御史裏行，改京西路提刑，又改簽書鎮寧軍節度判官。

元祐元年，哲宗即位，宣仁太后稱制，司馬光拜左僕射兼門下侍郎，主國政。程頤於元祐元年三月至京師，除宣德郎、秘書省書郎，後經皇太后面諭，爲崇政殿説書。邢恕也由職方員外郎遷右司員外郎、起居舍人。

元祐八年九月，皇太后崩，哲宗親政。次年四月改元紹聖，章惇、蔡卞主政，欲盡除舊黨。邢恕由永州貶所被召回，擢寶文閣待制、知青州，遷刑部侍郎，再遷吏部尚書兼侍讀，改御史中丞。程頤則於紹聖四年被貶送涪州編管。追貶司馬光、呂公著、呂大防以下三十三人貶竄，蘇軾貶爲瓊州别駕，居儋州。

大略而言，邢恕與二程等舊黨人物，有一種熙寧初同進退、元祐初同進、紹聖初邢恕進程頤退的趨向。與前者之同步相較，後者之反差尤大，遂造成此後邢恕與二程師生關係的敏感。

神宗崩時，哲宗皇帝才九歲（稱十歲），能書佛經、頌《論語》而已。在嗣君的廢立上，邢恕先是主張迎立雍王，後又主張迎立哲宗；先是拉攏宣仁太后，後又責之預謀廢立，將不利於哲宗。邢恕所爲雖舉止反復，但仍不出乎“陛下家事”的範圍，雖有違於忠孝，在政治家則屬平常。（以上參見張京華《瀟湘之畔的儒家——邢恕與理學》，刊《湖南科技大學學報》2007 年第 3 期；《瀟湘之畔的儒家——邢恕所學爲何學》，刊《湖南第一師範學院學報》2006 年第 4 期；《瀟湘之畔的儒家——邢恕與北宋政局》，刊《湖南工業大學學報》2007 年第 1 期；及《邢恕與北宋文士》，刊《南華大學學報》2007 年第 1 期。）

元祐四年，邢恕貶爲永州參軍，監酒税務。《宋會要輯稿·職官六七之二》：“元祐四年，蔡確敗，邢恕貶永州監倉。”《宋詩紀事補遺》卷二十八：“邢恕，元祐八年，責監永州酒税。”康熙三十三年《永州府志·職官表》：“元祐七年邢恕以參軍监酒税。”

按邢恕貶永州的時間，史書與方志記載不同。徵諸石刻，邢恕在永州石刻中的最早紀年是元祐七年九月，最後爲元祐九年（紹聖元年）正月。究其原因，當是元祐四年至七年，邢恕丁憂服闋三年。

李燾《續資治通鑑長編》卷四百六十七：“初，邢恕服喪，貶永州，喪除，赴貶所。”同書卷四百九十：“邢恕謫永州，未赴，亦以喪在懷州，數通書”，“邢恕居憂懷州，已有永州監酒謫命”。宋李埴《皇宋十朝綱要》卷十二：元祐四年五月，“丁酉，丁憂人邢恕，候服闋日，落直龍圖閣，監永州鹽倉”。宋楊仲良《宋通鑑長編紀事本末》卷九十九：“初，邢恕服喪，貶永州，喪除，赴貶所。”宋劉安世所作劉摯《忠肅集》原序（文淵閣《四庫全書》本）：“邢恕謫永州未赴，亦以（畏）[喪]在懷州，數通書，有怨望語。”宋朱熹《三朝名臣言行録》卷十二《丞相劉忠肅公》：“邢恕責永州未赴，亦以喪在懷州，數通書，有怨望語”，“先是，文及甫持喪在河陽，邢恕在懷州”。清徐乾學《資治通鑑後編》卷八十九：元祐四年五月，“詔直龍圖閣邢恕，候服闋日，落職，授承議郎，監永州鹽酒税”。清畢沅《續資治通鑑》卷八十一，元祐四年五月：“詔直龍圖閣邢恕，候服闋日落職，授承議郎、監永州鹽酒税。”

溪流貫清江湍瀨亘百里龍蛇戎
盤紆雷雨忽奔驟石渠狀穿鑿怪
力祖淮氏實如見頭角虎豹或蹲
峙橫杠互枝拄小艇俄紛委蘋藻翳泓
澄松竹蔭崖涘兩山束鳥道側岸數
奐屋繚燕閣浮出梵宇疊危址鐘唄
雜灘聲亭臺森水底佳處欄戎游自
杖策時臨履酒杓間茶鐺棋枰延晝
晷放懷得天倪清嘯謝塵浮忽忘覺
安縛似接羲秦子顧予拙謀身緇
贖颺垂耳雅意在延齡丹成老餌
焉得燕結廬長念遂棄梯
右題愚溪寄刻朝陽巖
石之左元祐八年癸酉
于二月丙辰時謫零陵

# 元祐八年邢恕《題愚溪寄刻朝陽巖》詩刻

## 釋　文

溪流貫清江，湍瀨亘百里。龍蛇幾盤紆，雷雨忽奔駛。石渠狀穿鑿，怪力祖誰氏。突如見頭角，虎豹或蹲峙。横杠互枝拄，小艇俄紛委。蘋藻翳泓澄，松竹蔭厓涘。两山束鳥道，側岸数魚尾。繚然閟深幽，梵宇疊危址。鍾唄雜灘聲，亭臺森水底。凭欄幾游目，杖策時臨履。酒杓間茶鐺，棋枰延晝晷。放懷得天倪，清嘯謝塵滓。忽忘兒女縛，似接嬴秦子。顧予拙謀身，霜鬢颱垂耳。雅意在延齡，丹砂夙充餌。焉得茲結廬，悵念遠桑梓。

右題愚溪寄刻朝陽巖石之左。元祐八年癸酉十二月丙辰，時謫零陵将去矣。原武邢恕和烌。

## 考　證

題刻在朝陽巖下洞外青陽洞旁石壁上，高 50 公分，寬 71 公分，十六行，行楷。石面字跡清晰，保存完好如新。

明黄焯《朝陽巖集》、清雍正《湖廣通志》卷八十四、康熙九年《永州府志》卷二十二、康熙三十三年《永州府志》卷三、道光《永州府志》卷二上、康熙《零陵縣志》卷十三、嘉慶《零陵縣志》卷十二、光緒《零陵縣志》卷一、《八瓊室金石補正》卷八十五、嘉慶《湖南通志》卷十三、光緒《湖南通志》卷二百七十二、厲鶚《宋詩紀事》卷二十六、《古今圖書集成·方輿彙編》卷一千二百八十三及卷一百七十一，均著録。

諸書著録，今所見以《朝陽巖集》爲最早，且最完整，惟詩首題“原武邢恕"，乃是将署款提前，又"枝拄"二字作"〇〇"，"狀"誤作"伏"，"見頭角"誤作"頭角昂"，"晝晷"誤作"徒侶"，"羸"誤作"羸"，其餘皆與石刻同，蓋據拓本著録也。

雍正《湖廣通志》、康熙九年《永州府志》、康熙《零陵縣志》、嘉慶《湖南通志》、厲鶚《宋詩紀事》，均誤題"邢恕《朝陽洞》"，又不載款跋，蓋由輾轉編輯過録，既不見原刻，又未見明人《朝陽巖集》之故。

道光《永州府志》卷二上《名勝志》録邢恕諸詩，統稱"邢恕遊愚溪及朝陽洞詩"，光緒《零陵縣志》因之。同書卷十八《金石略》據石刻著録，載其款跋云："邢恕題愚溪詩：存，詩見《名勝志》。'右題愚溪，寄刻朝陽巖石之左。元祐八年癸酉十二月丙辰，時謫零陵将去矣。原武邢恕和叔。'行書，十四行。字參子瞻、君謨之體。(《金石審》)"按十四行誤。當作十六行。

陸增祥《八瓊室金石補正》卷八五"朝陽巖題刻廿四段"著録："邢恕題愚溪詩：高一尺六寸，廣二尺，詩十二行，行十三、十四字。後四行，行九字。字徑寸許，行書。""右邢恕《愚溪詩》，寄刻朝陽巖，《通志》失採，《永志》未録。其詩云見《名勝志》，檢以校之，'清嘯'作'清肅'，或刊刻之譌也。又石刻'魚尾'，'尾'字作'屋'，不成字，蓋石泐耳。又《通志·山川》内載此作《朝陽洞詩》，蓋以寄刻而誤也。'狀'作'伏'，'枝'作'棟'，'深幽'作'深山'，'嘯'作'肅'，'兒女'作'女兒'，均誤。"

光緒《湖南通志》曰："《金石補正》：詩十二行，款四行，行書。此刻始見於《永志》，未録詩篇。《名勝志》誤'嘯'爲'肅'。《通志·山川》亦載之，譌七字。其以爲《朝陽洞》者，未知其爲寄刻也。'魚屋'，'屋'當是'尾'，石有泐文。或以爲'屋'字，則於義爲合，於韻似不甚叶。"

《全宋詩》據《八瓊室金石補正》收録。"怪"字下《全宋詩》注："下原衍物字，據《湖南通志》卷一六四删。"陸氏所校，《全宋詩》已據改。又據《湖南通志》校一字，亦是。但"石横渠狀穿鑿"一句原文無"横"字，是《全宋詩》又誤衍。而"枝柱"、"梵字"、"帳念"等處《金石補正》亦誤，《全宋詩》皆因襲其誤。

茲以石刻校諸書。

雍正《湖廣通志》："狀"誤作"伏"，"枝拄"誤作"棟柱"，"深幽"誤作"深出"，"清嘯"誤作"清肅"，"兒女"誤作"女兒"，"霜鬢"誤作"霜髩"。

康熙九年《永州府志》："狀"誤作"伏"，"枝拄"誤作"棟柱"，"深幽"誤作"深出"，"清嘯"誤作"清肅"，"霜鬢"誤作"霜髩"，"充餌"誤作"克餌"。

康熙三十三年《永州府志》："狀"誤作"伏"，"枝拄"誤作"楝柱"，"两山"誤作"两出"，"数魚尾"誤作"瞰魚尾"，"鍾唄"誤作"鍾阻"，"凭欄"誤作"凭檻"，"間茶鐺"誤作"閈茶鐺"，"深幽"誤作"深出"，"清嘯"誤作"清肅"，"霜鬢"誤作"霜髩"。

康熙《零陵縣志》："狀"誤作"仗"，"枝拄"誤作"楝柱"，"深幽"誤作"深出"，"清嘯"誤作"清肅"，"霜鬢"誤作"霜髩"。

嘉慶《零陵縣志》："狀"誤作"仗"，"枝拄"誤作"楝柱"，"紛委"誤作"糾委"，"深幽"誤作"深出"，"清嘯"誤作"清肅"，"霜鬢"誤作"霜髩"。

嘉慶《湖南通志》："狀"誤作"仗"，"枝拄"誤作"楝柱"，"深幽"誤作"深出"，"清嘯"誤作"清肅"，"兒女"誤作"女兒"。

《宋詩紀事》："狀"誤作"伏"，"枝拄"誤作"楝柱"。

按永州愚溪，初名冉溪，柳宗元更名愚溪。愚溪入瀟水，朝陽巖下臨瀟水，二地均在舊城西岸，隔瀟水與府城相對。方志稱愚溪在城西一里，朝陽巖在城南二里，其相近如此。舊有浮橋，名平政橋，又名濟川橋，出郡城正西門至愚溪。愚溪上有石橋，經石橋再至朝陽巖。亦可乘船直泊江岸，古稱黄葉渡。弘治《永州府志》卷二《梁鎮》："平政橋：在正西門外，舊名濟川橋，即古之黄葉渡也。元時造舟爲梁，取君子平其政之意。今設舟以渡。"

黄庭堅於崇寧三年至愚溪、朝陽巖，作《三月辛丑同徐靖國到愚溪，過羅氏修竹園，入朝陽洞》，文獻或改題《遊愚溪》，或改題《遊朝陽巖》。此行黄庭堅乘肩輿（"竹輿鳴擔肩"），而餘人則步行（"蔣彦回、陶介石、僧崇廣及余子相，步及余於朝陽巖"），回程又乘船（"挽牽遂回船"）。邢恕作《愚溪詩》及寄刻朝陽巖，雖未必同時之舉，要之情景亦皆相似。

"羸秦子"一語，典出劉向《列仙傳》所載簫史、弄玉吹簫作鳳鳴事。"雅意在延齡"及"悵念遠桑梓"，措辭屬意出處進退之際，亦士大夫所常言。而"時謫零陵將去矣"一語，當是臨行寄刻時所加，其躊躇滿志之態，亦足見性情云。

按元祐八年十二月丙辰爲十四日。此時哲宗親政，章惇重新回京秉政，次年改元紹聖，邢恕被招即由於此。《續資治通鑑長編紀事本末》卷八十三元祐八年十二月載：楊畏"密奏萬言，具陳神宗所以建立法度之意，與王安石學術之美，乞召章惇爲相。帝深納之，遂復章惇資政殿學士，吕惠卿爲中大夫，王中正復遙郡團練使。給事中吴安詩不書惇録黄，中書舍人姚勔不草惠卿、中正誥詞，乞追回除命，皆不聽"。

邢恕與永州關係密切。早在南宋，

祝穆已將邢恕列入“永州人物”之中，並以“謫永州，丞相劉莘老有《答恕書》云：‘永州佳處，第往以俟休復’”充爲文學典故。（宋祝穆《方輿勝覽》卷二十五。）

邢恕没有詩文集傳世。《全宋文》卷一八二一至一八二三收文三卷，除《小隱洞記》一篇外，均爲朝中奏議。

《全宋詩》卷八七四收詩十首。其第五首《酬魏少府侍直史館》爲誤收北朝邢邵之作，第九首《朝陽巖絶句》實爲兩首，四韻殘句誤漏一句，五句亦不宜合爲一首，而編次亦多誤。這些詩作除一首出邵雍《伊川擊壤集》所附，其餘均出自金石志與地方志，而金石志與地方志的來源皆爲石刻。其中六首均作於今湖南永州，三首詩刻至今保存完好。此外，邢恕又有遊記小品一篇，題名七通，也作於永州。部分石刻真跡保留至今。遊記小品《小隱洞記》是邢恕保留至今的惟一一篇文學作品。

永州名曰楚南，實鄰五嶺，是貶逐官吏的重要場所。北宋是中國文治的頂峰，而黨争亦持續不斷。流寓的名臣，有范仲淹、范純仁、黄庭堅、鄒浩、汪藻、蘇軾蘇轍兄弟、范祖禹范沖父子、張浚張栻父子、楊萬里楊長孺父子、胡安定胡寅父子、蔡元定蔡沈父子等等。此地古有勤民而野死的帝舜，及死於江湘之間的二妃；有“目眇眇兮愁予”的屈大夫，及“欲往從之湘水深”的張平子。足使文人興觀群怨，各寄所託。而永州處瀟湘之會，“無土山，無濁水”（葉夢得《海陽湖别浩初師》語），水深數丈，清可見底。江岸又多奇巖白石，頗宜鐫刻。清陸增祥撰《八瓊室金石補正》130卷，收集石刻3500餘通，其中湖南石刻出自浯溪、澹山巖、朝陽巖、陽華巖、寒亭、寒巖、暖谷、獅子巖、華嚴巖，均在永州。光緒《湖南通志》著録宋代金石志共十七卷，其中永州有十一卷。杜荀鶴《冬末同友人泛瀟湘》詩云：“殘臘泛舟何處好，最多吟興是瀟湘。”要貶官就貶永州，到永州就有好山水，逢好山水就有詩，陸遊所謂“不到瀟湘豈有詩”，其實也可有另外一種解釋：“一到瀟湘必有詩。”於是凡貶謫者往往鬱結昇華出無數文學佳作，積淀下諸多書法名跡，所謂“元祐諸臣皆有石刻傳世”（葉昌熾《語石》語）。

道光《永州府志》卷十四《寓賢傳》宗績辰曰：“案宋時貶永者，北宋如安惇，顯爲大姦，蔣之奇、邢恕，自外於君子，且與常立、鍾傳皆謫郡屬，無善政可紀，又不合流寓之例，故第雜見《金石略》中。若張莊之貶由於誇功邀賞，亦無足取。曾紆華而不實，猶有乃父之風。蹇序辰、蔡攸，更無譏矣。南宋初，如吴開之受僞命，汪伯彦、湯思遇之姦佞，並以竄永，尤不足蔽古帝，皆從棄削。惟馬瑗責居永州，其罪未詳許幾，謫爲團練，其人未至，則姑從略也。”其言仍恐多從黨争立論，故葉昌熾謂“《奸臣傳》未敢以爲定論”，良有以也。

邢恕在永州共有石刻十四通，兹編年條列如下：

一、元祐七年九月二十日與劉蒙、程博文朝陽洞題刻。（石刻尚存。）

二、元祐七年九月二十日與劉蒙、程博文火星巖題刻。（石刻不存，僅存拓本。）

三、元祐七年九月二十一日與劉蒙、安惇朝陽巖題刻。（石刻尚存。）

四、元祐七年九月二十一日與劉蒙、安惇火星巖題刻。（石刻不存，拓本未見。）

五、元祐八年三月八日與孫覽、劉蒙、盧約朝陽巖題刻。（石刻尚存。）

六、元祐八年四月十一日與劉蒙、周玠、阮之武朝陽巖題刻。（石刻不存，拓本未見。）

七、元祐八年十月十七日石角山《小隱洞記》。（石刻不存，拓本未見。）

八、元祐八年十二月十四日《題愚溪寄刻朝陽巖》詩刻。（石刻尚存。）

九、元祐八年《題花嚴峊》詩刻。（石刻不存，僅見拓本。）

十、元祐間朝陽巖《獨遊偶題》詩刻。（石刻尚存。）

十一、元祐間朝陽巖《再遊朝陽巖》詩刻。（石刻不存，拓本未見。）

十二、元祐間朝陽巖無題詩刻。（石刻不存，拓本未見。）

十三、元祐九年（紹聖元年）正月初五日與劉蒙、阮之武華嚴巖題刻。（石刻不存，拓本未見。）

十四、元祐九年（紹聖元年）正月浯溪無題詩刻。（石刻尚存，有磨泐。）（以上參見張京華《〈全宋詩〉邢恕十首考誤》，刊《中國文學研究》2008年第2期；《邢恕永州摩崖題刻考》，刊《南華大學學報》2010年第6期。）

陸增祥《八瓊室金石補正》卷一百四“石角山題刻四段”著録“邢恕《小隱洞記》”云：“予責官零陵歲餘，不知所謂石角者，一日，臨川劉蒙資明方守郡，約倅静海阮之武子文與予偕遊。既至，未甚奇之，問其所以得名，蓋自唐柳子厚始，竊怪何以得此於子厚也。已而搜索歷覽，洞穴陰邃，石立叢攢，曾未咫尺，忽與塵隔，爽然清泠，醒人毛骨，相與睠焉，有不忍去之意，然後知所以怪者非是，而昔人所以有取焉者爲不誣也。洞昔未名，今名之曰‘小隱’云。時宋元祐八年癸酉十月十七日辛酉，原武邢恕和叔題。”嘉靖《湖廣圖經志書》卷十三《永州府》著録，題爲《小隱洞留題·小序》，無署款。光緒《零陵縣志》卷十四、光緒《湖南通志》卷二七二亦有著録。

陸增祥曰：“高二尺四寸，廣一尺四寸五分，十行，行十七字，字徑寸許，正書，時帶行筆。右邢恕題記完好，無一字剥蝕，蓋從未經椎搨者。《永志·名勝》云：‘山有洞曰小隱，極深邃’，讀此《記》，知‘小隱’之名始於邢恕，亦志乘所宜增纂也。右石角山題刻，前人未見。己巳夏，余始屬譚仲維搜得之。宗滌樓在永日久，其輯《永志》時廣搜石刻，而於距城不遠之區卒未過訪，可訝也。余乃得未曾有，爲之色喜。然恐尚有遺者，顯晦固有時邪？案《湖南通志》，石角山在零陵東北十里。山有小洞，極深邃。（《一統志》）連屬十餘小石峰，奇峭如畫。（《明統志》）邢恕《記》所謂‘洞穴陰邃，石立叢攢’者，此也。”

陸增祥《八瓊室金石補正》附録《元金石偶存》又稱：“石角山石刻從未經人搜搨。”

宗滌樓即宗績辰，又作稷辰、稷臣，字迪甫，一作滌甫，號滌樓，又號攻恥，一作躬恥。父宗霈，纂《零志補零》。績辰纂《永州府志》，道光刊刻。“績辰以寓零最久，每與人書，必自署曰‘十三年瀟上寓客’云。”（光緒《零陵縣志》卷九《流寓傳》。）事蹟詳見宗能徵《顯考滌甫府君行述》。

陸增祥既親見拓本，其稱頌驚奇之意，可以想見。

陸增祥驚喜《小隱洞記》，一則因其完好如新，一則因其書法可玩。關於此文書法，各書皆謂“正書十行”、“行楷書十行”。而《八瓊室金石補正》載其尺幅最詳：“高二尺四寸，廣一尺四寸五分，十行，行十七字，字徑寸許，正書，時帶行筆。”

這篇小品篇幅甚短，不計標點，白文共165字，不計署款僅143字。按元結所作各記，《茅閣記》、《菊圃記》、《寒亭記》、《廣宴亭記》，白文字數均不足200字，《右溪記》、《殊亭記》僅130餘字，柳宗元所作各記，《至小丘西小石潭記》、《石澗記》、《小石城山記》，白文字數均在200字上下。邢恕《小隱洞記》廁足元、柳之下，而得其雅潔之旨。

小隱洞在石角山。柳宗元始爲山名，邢恕始爲洞名，至陸增祥始爲拓本及著録。

《柳河東集》卷四十三有《游石角過小嶺至長烏村》五古長詩一首。祝穆《方輿勝覽》卷二十五《永州》云：“石角山，在州東北十里。”南宋以後，見於歷朝所修方志。

康熙九年《永州府志》卷八《山川》：“小隱洞，在石角山，洞極隱邃，石立攢叢，清泠爽然。”嘉慶《零陵縣志》卷十二《名勝》：“小隱洞，在石角山，洞極隱邃，清泠爽然，上有群石攢立，後一峰斜掛，若仙掌凌空。有王元弼詩。”王元弼，字慎餘，清奉天人，曾任零陵縣令。康熙《零陵縣志》卷二載王元弼《名勝記》曰：“洞在石角山，最深邃。洞上有群石攢立，日光照耀時，如群玉之在淵，浮動蕩漾意。洞後一峰斜掛，又若仙掌凌空，玉露吞吐狀。洞蓋在峰下，遠望之洞不見也，小隱之名或是歟？因繫以詩：小隱西垂縱淺丘，洞門東去路悠悠，松杉不斷青巒外，石骨排雲萬里秋。”

可惜的是，石角山與小隱洞近年已被人爲炸毁，“無一字剥蝕”、“從未經椎搨”的《小隱洞記》石刻真跡連同石角山、小隱洞一起，已經永遠不復存在了。石角山所在地八十年代屬七里店公社麻沅大隊石角生産隊，由於附近居民建築房屋，來此取石，後峰已全被鑿毁，僅餘前峰。2002 年永州修建“日升大道”，後改稱“陽明大道”，道路正對石角山穿過，大部分石崖均被蕩平，連絡的十餘小峰剩下的不足十分之一，諸多題刻也只餘下两通。2006 年 6 月，正當世界環境日（6 月 5 日）和首屆中國文化遺産日（6 月 10 日）之際，筆者重訪石角山、小隱洞，惟見一條正待啟用的水泥公路從山體正面碾壓而過，削斷了凌空高過山樹的石角，北宋石刻全部粉碎。小隱洞已完全炸開，僅餘小部結成鐘乳狀的石壁。石山的南、北、西三面都在開採築路用的碎石，村民稱，採石仍在繼續，山上已有打好的炮眼。（參見張京華《遺産日裏説遺産——石角山哀辭》，刊《永州日報》2006 年 6 月 10 日。）

蜀郡孫覽傳師過桂林移
慶陽同臨川劉蒙資明存
武邢恕和叔永豐盧約潛
禮遊朝陽巖時資明守零
陵元祐癸酉三月八日

## 元祐八年孫覽、劉蒙、邢恕、盧約題刻

### 釋　文

高郵孫覽傳師，自桂林移慶陽，同臨川劉蒙資明、原武邢恕和叔、永豐盧約潛禮，遊朝陽巖，時資明守零陵。

元祐癸酉三月八日。

### 考　證

題刻在朝陽巖下洞右側高處，高92公分，寬46公分，五行，楷書。題刻左下角被明代陳洋榜書"觀瀾"二字打破，幸未傷字。

《古泉山館金石文編》、《零志補零》卷下、道光《永州府志·金石略》、光緒《零陵縣志·藝文·金石》、光緒《湖南通志·金石志》著録。

《古泉山館金石文編》卷四："孫覽，《宋史》有傳，歷官江淮發運使，進寶文閣待制，由桂徙廣。又廣西臨桂雉山有其元祐六年三月題名，證以此題名有'桂林移慶陽'之語，皆合。"

道光《永州府志·金石略》："王煦等《省志》云：'案右刻見零陵縣《宗志》。'"

《萠雲盦金石審》："行書，五行。"

元祐癸酉即元祐八年（1093）。

題刻書法似邢恕，而不及邢恕靈動。揣文意，當出孫覽之手。

孫覽，字傳師。孫覺弟，孫覺從胡瑗受學，官至吏部侍郎、御史中丞、龍圖閣學士兼侍講。《宋史·孫覺傳》有附傳，事蹟詳見畢仲游《西臺集》卷十三《朝請大夫孫公墓誌銘》。

《宋史》略云：孫覺，字莘老，高郵人。……弟覽。覽字傳師。擢第，知尉氏縣。神宗壯其材，以爲司農主簿。出提舉利州、湖南常平，改京西轉運判

官，入爲右司員外郎。荆湖開疆，命往相其便。使還，爲河東、河北轉運副使，加直龍圖閣，曆知河中應天府、江淮發運使。進寶文閣待制，由桂徙廣，又改渭州。夏人入邊，檄大将苗履禦之，履稱疾移告，立按正其罪，竄諸房陵，轅門肅然。召知開封府，至則拜户部侍郎。以龍圖閣直學士知太原，策勳，加樞密直學士。覽雖立邊功，議論多觸執政，屢遭絀削，歷知河南、永興，徙成都。辭不行，降爲寶文閣待制。卒，年五十九。

瞿中溶稱以《宋史》證題名"桂林移慶陽"之語皆合，謂《宋史》有"由桂徙廣，又改渭州"一語。今按，以題刻校《宋史》亦不盡合。"桂"指桂州，"廣"指廣州。《宋史》"由桂徙廣"，謂孫覽先爲桂州知州，後爲廣州知州。若依《宋史》，自桂州至廣州，則不須經過永州，且題刻言"自桂林移慶陽"，又未言"徙廣"。孫覽當是有廣州知州之命，尚未赴任，即改慶陽，故北行，經永州。又慶陽與渭州皆在陜西路，但非一地。題刻謂"移慶陽"，《宋史》謂"又改渭州"，當是慶陽知府之命亦未赴任，即改渭州知州。《續資治通鑑長編》卷四百八十：元祐八年正月，"庚子，知桂州、直龍圖閣、左朝請郎孫覽，爲寶文閣待制、知慶州。知慶州、直龍圖閣、左朝散大夫章楶，權户部侍郎。知渭州、直龍圖閣、左朝散大夫謝麟，權知桂州。知澶州、雄州團練使張利一，知渭州"。原注："孫覽自慶改渭在二月初八日，章楶改同州在三月十八日。"

《宋史·苗授傳》附苗履傳，"歷熙、延、渭、秦四路鈐轄，知鎮戎軍"，"以事竄房州，起爲西上閤門副使、熙河都監"，李之亮《宋川陜大郡守臣易替考》繫於元祐八年。此即由孫覽"立按正其罪，竄諸房陵，轅門肅然"也。

雍正《江南通志》卷一百十九《選舉志》："孫覽：高郵人，治平進士。"

同書卷一百四十四《人物志·宦績·扬州府》："孫覽，字傳師，覺之弟，由進士歷右司員外郎。荆湖開疆，命往相其便，覽言：'沅州所招溪洞百三十，宜從本郡隨事約束，勿遣官置戍以爲民困。自誠州至融江口，可通西廣鹽，以省北道餉餽。'悉從之。拜户部侍郎，與蔡京論役法不合，出知太原。西夏據横山並河爲寨，秦、晉之路皆塞，覽擊敗之，復取葭蘆戍，城之而還，策勳加樞密直學士。"

《御定佩文韻府》卷五十七："孫覽，《宋史》有傳。覽字傳師，知太原，夏人據横山竝河爲寨，秦、晉之路皆塞，覽謀復取葭蘆，夏人大入，覽奮擊敗之，遂城葭蘆而還，策勳加樞密直學士。"

《萬姓統譜》卷二十一："孫覽，覺弟，舉進士，累遷直學士，徙知永興軍成都府，後請祠。覽爲人剛直，在朝敢論諍，不肯阿附，於吏事亦精敏。”

《名賢氏族言行類稿》卷十四：“孫覽，字傳師，舉進士，後知尉氏縣。將官御下苛酷，士卒謀就大閱殺將以叛，覽聞之，亟往喻之曰：‘將官暴虐，誠有罪也，然汝曹衣食縣官，縣顧負汝耶？何敢爲族滅計！’衆皆感悟聽命，遂帖服。神宗嘉之，以爲司農寺主簿，出爲湖南提舉、京西轉運，召爲右司，除河北轉運，又帥延安，進樞密直。覽治邊數有功，而議事多與執政異，坐軍期落職，俄復待制，知光州，徙河南，復龍學，知渭州，徙永興、成都，請祠，卒。覽精於吏事，甚有能政，所至善良，得職云。”

《古今事文類聚外集》卷十四《一諭止叛》：“孫覽，字傳師，知尉氏縣，將官御下苛酷，士卒謀就大閱殺將以叛。覽喻之曰：‘將官暴虐，誠有罪也，然汝曹衣食縣官，縣官顧負汝耶？’衆皆感悟聽命，遂帖服。神宗嘉之，以爲司農寺主簿。(《東都事略》)”

孫覽在桂州知州任上，有獨秀山、雉山題記。

《續資治通鑑長編》卷四百三十五：元祐四年十一月甲申，“直龍圖閣孫覽權知桂州”。

雍正《廣西通志》卷五十一《秩官·宋》：“知桂州：孫覽：高郵人，元祐五年以寶文閣待制任。”

《桂故》卷四《先政中》：“孫覽，字傳師，高郵人，以寶文閣待制知桂州，所著有獨秀山《五詠堂記》，及雉山有題名。”

雍正《廣西通志》卷一百九《藝文》載孫覽《五詠堂記》，略云：“獨秀山山（復）[腹]有巖，可容十許人，蕭爽虛凉，坐却煩暑。……余元祐五年，被命承乏於此，視事累月，聞斯巖名，嘉顔延年好尚不凡，訪求故迹。而荒崖斷石，榛莽蕪穢，殆不可見。乃命寺僧芰刈營葺之，創爲堂軒。以面巖曲，而唐人名刻猶有存者，因鑱其旁曰‘顔公讀書巖’。”又見嘉慶《臨桂縣志》卷十八《古蹟》。

《粤西叢載》卷二《雉山》載孫覽題名云：“元祐六年三月二十四日，自逍遙樓出桂江，泛舟至雉山觀巖洞。微雨不可登絶頂，泝流過壽寧，復還逍遙置酒。高郵孫覽、温陵謝季成、漣水孫傑、荆渚朱袞、宣城董必曲、江譚掞劉瑋同遊。”又見《粤西金石略》卷四。

此前，孫覽曾任湖南常平，又以右司員外郎出使荆湖，開疆拓壤。

《續資治通鑑長編》（文淵閣《四庫全書》本）卷三百四十：元豐六年冬十月，“遣京西提舉官孫覽，覆度湖南元議官修建堡寨等事，即以覽試右司員外郎”。同書卷三百四十四：元豐七年三月，“誠州言右司員外郎孫覽建議：於新開路多星、牧溪置二寨堡，已遣侍禁劉詔以兵往護役。詔賜多星堡公使錢歲百五十千，土丁月給錢，人三百”。同書卷三百四十五：元豐七年夏四月，“庚子，詔荆湖南提舉常平司，會計两路所置溪峒州縣城寨，歲費實數以聞。從右司員外郎孫覽請也”。己酉，“荆湖路相度公事、左司員外郎孫覽言：‘沅水已招懷結狼、九衙等百三十餘州峒，乞委本州隨其風俗，量宜約束，不必置官屯守，自困財力。盧陽、麻陽之間，有生莫（傜）［猺］五百餘户，乞招撫補授，令把托道路。自誠州至融州融江口十一程，可通廣西鹽，乞許入錢於誠州，買鈔融江口支鹽，增息一分，可省湖北歲餽誠州之費。辰、沅州準此。徽、誠蠻多典賣田與外來户，乞立法，溪峒典賣田與百姓，即計直立税，田雖贖，税仍舊，不二十年，蠻地有税者過半，則所入漸可減本路之費。乞下誠、沅、邵三州施行。又沅州官水陸田山畬，乞許射佃，候耕墾熟，限年立課。辰州土丁三千，自建誠、沅州分在逐州屯守，裹糧番休，相繼於道，人力不易。欲乞募歸明人及内都，每土丁十人，兼雇四人，漸可減罷土丁。緣邵州屬湖南，誠、沅州屬湖北，融州屬廣西，地跨四州，分屬三路，緩急措置不相照應。欲乞誠、沅、融、邵四州内，擇地里居中，要便一州，令知州带提舉誠、沅、融、邵四州緣邊溪峒兵甲公事，或緣邊安撫都監名目。如逐處溪峒有合措置，並許申稟提轄，抽那應副。’詔：‘誠州買廣西鹽、立蠻人地税免租、課佃官地，並施行。其乞誠、沅、融、邵四州擇知州带四州兵甲事，下逐路相度。’初，朝廷既治五溪，而蠻猺介荆、湘、桂、管之間，官兵鎮守，勢不能相屬，數困侵掠。覽奉使相視要害，增築障塞，道荆、湘、桂、管溪峒，使相通達，兵不留行，蠻費大省，而患亦息。會議者欲招徠誠州西道、胡耳等，而辰、沅又欲籍蒋波六猺人爲民。覽曰：‘西道、胡耳之蠻，猶禽獸也。’即奏罷之。及還見上，因極言徽誠内屬：‘當時從事者官過其望，雖趨走給使之賤，皆欲資蠻以爲官，未有已期，蠻猺散漫山谷，不能群聚，説諭招徠，宜無難者。然地不可賦，人不可使。廣無賦之地，籍不使之民，而大農之費累百巨萬。願畀之郡縣羈縻之，不以累中國。後有言者，唯陛下察之。’上納用焉”。

又《大明一統志》卷六十六《靖州·名宦》：“孫覧：荆湖開疆，命覧以員外郎往相其便，覧言：‘沅州所招溪洞，勿建官置戍以爲民困。’‘自誠州至融江口，可通西廣鹽，以省北道餽餉。’悉從之。”

雍正《湖廣通志》卷四十六《名宦志·直隸靖州》：“宋孫覽，《宋史·列傳》：高郵人，字傳師。荆湖開疆，命往相其便，覽言：‘自誠州至融江口，可通西廣鹽，以省北道餉餽。’悉從之。”

雍正《湖廣通志》卷四十六《名宦志·辰州府》："孫覽，《宋史·列傳》：高郵人，字傳師。神宗時荆湖開疆，命往相其便，覽言：'沅州所招溪峒百三十，宜從本郡隨事要束，勿建官置戍以爲民困。'從之。"

邢恕，字和叔，詳上文。

盧約，字潜禮，江西永豐人，一作上饒人。

雍正《江南通志》卷一百十九《選舉志》、乾隆《武進縣志》卷七《選舉》，有武進人盧約，治平四年丁未許安世榜進士，里籍不合，未知是否爲同一人。

盧約紹聖二年爲朝散郎、經略安撫使司勾當公事。紹聖四年知昭州，又爲開封府判官，旋改成命。

《續資治通鑑長編》卷四百九十二：哲宗紹聖四年冬十月，"丙午，朝散郎盧約爲開封府推官，從知府路昌衡薦也"。

同書卷四百九十三：紹聖四年十一月，"辛亥朔，權殿中侍御史蔡蹈言：'朝廷近用知開封府路昌衡薦，除朝散郎盧約爲推官。按約前知昭州日，輙請以昌衡出帥廣東，所遷两官，易近上職名，原其用心，專在邪諂。而昌衡一無嫌忌，復有薦論。望罷約恩命，責昌衡論薦狥私。'詔罷約新除，令昌衡別舉官以聞。又詔：'自今開封府薦推判官，並俟召對取旨。'"原注："盧約除府推在前月二十六日。"

《全宋文》卷二二三五據《長編》録作蔡蹈《論路昌衡薦盧約徇私奏》，"出帥"誤作"出師"。

盧約紹聖二年在廣西，有彈子巖、白龍洞、龍隱巖題刻。《桂勝》卷二、《粵西叢載》卷二、《八瓊室金石補正》卷一百七、《金石續編》卷十六、《粵西金石略》卷四及卷八、嘉慶《臨桂縣志》卷五及卷九收録。

弹子巖題刻云："盧約潜禮、胡田耕道、劉川子至、胡義修茂方、樓禹鄰元弼、葉世隆振鄉、閻淳質夫、傅諒友沖益、方元哲允迪，紹聖乙亥初偕遊。"

白龍洞題刻其一云："盧約潜禮、胡田耕道、劉川子至、胡義修茂方、樓禹鄰元弼、葉世隆振卿、閻淳質夫、傅諒友沖益、方元哲允廸，紹聖乙亥初偕遊。"

其二云："盧潜禮等題名：上饒盧潜禮、濟北段微之、毗陵胡茂方、同郡樓元弼、武夷葉振卿，紹聖乙亥秋九月中澣遊。"

《八瓊室金石補正》卷一百七，陸增祥曰："潜禮名約，時經略安撫使。茂方名義修，時瀛州防禦推官。元弼名禹鄰，時和州防禦推官。振卿名世隆，時澧州録事参軍。"

《金石續編》卷十六，陸耀遹曰："按紹聖二年九月，盧潜禮等遊白龍洞題字，潜禮、微之皆字而非名也。是年初伏冷水巖題名，有盧約潜禮、胡義修茂方、樓禹鄰元弼、葉世隆振卿。七月龍隱巖題名，則書朝散郎、經略安撫使司勾當公事盧約，瀛州防禦推官管勾書寫機宜文字胡義修，和州防禦推官權管勾機宜文字樓禹鄰，澧州録事參軍勾當公事葉世隆，五人名位已詳其四，段微之俟考。”

龍隱巖題刻云：“朝散郎經略安撫使司勾當公事盧約、瀛州防禦推官管勾書寫機宜文字胡義修、和州防禦推官權管勾機宜文字樓禹鄰、闕州録事參勾當公事葉世隆，紹聖二年七月癸丑遊。”

《粤西叢載》（文淵閣《四庫全書》本）著録龍隱巖題刻誤作“紹聖壬午七月遊”，按紹聖無壬午，“二年”、“壬午”形近而譌。

盧約紹聖元年、元符元年、元符二年均曾經過永州，有澹巖、浯溪、層巖題刻。

《金石萃編》卷一百三十三：澹山巖題名六十段：“紹聖元年甲戌九月七日，臨川劉用之行可，帥永豐盧約潜禮，富川吴克禮子仁，同遊零陵澹山巖，劉芑、盧景防侍行。”

《八瓊室金石補正》卷九十：浯溪題刻三十九段：“盧約等題名：元符二年七月甲子，上饒盧約潜禮，長沙孫欽臣仲恭，莆陽吴耕深夫，同遊浯溪，縱觀東西峰諸亭臺，遂還邑（泐）。”陸增祥曰：“案盧約淡巖題名，自署其貫曰永豐。”題刻今存。

《古泉山館金石文編》卷四瞿中溶曰：“正書六行，在摩厓壁間。案約有紹聖元年九月澹山巖題名，見前。此蓋其自廣西罷任過浯溪時也。”

光緒《永明縣志》卷五十《藝文志七》：“盧約層巖題名：元符元年十一月庚戌，盧約潜禮，傅懋□德夫，李華應□時，李師道子常，偕邑主人何三傑季簫同遊。”

何三傑，字季簫，宋永明（今永州市江永縣）人，元祐三年舉人，有《學易堂記》。光緒《永明縣志》卷三十八《人物志》：“何三傑，字季蕭。宋元祐癸酉，漕薦計偕不遇，歸家教授。居近層山，有巖幽邃，水流其中，何氏世業也。舊頗有亭臺，官吏以爲流覽勝蹟。至是，三傑復跨澗爲梁，以石作埡臺砌谷，景物益勝，巖亦漸顯。三傑讀《易》其中，名曰‘學易堂’，始志於隱，不復出矣。”

# 崇寧元年張琬《題朝陽洞》詩刻

## 釋　文

題朝陽洞

番陽張琬

不污西風一點塵，高城二水自中分。南樓晚角隨人到，北寺踈鍾隔岸闻。秀石潤生江上月，平泉流出洞中雲。暫來還去空惆悵，誰更鐫移俊俗文。

## 考　證

詩刻位於朝陽巖下洞洞門巖壁右上方，高35公分，寬45公分，九行，行書。

明黄焯《朝陽巖集》、清宗霈《零志補零》、光緒《零陵縣志·藝文·金石》等著録。

宋代名張琬者有多人。

一字德父，與蘇軾爲友。宋王十朋集注蘇軾詩，引趙堯卿之説，謂張琬字德父。王十朋《集注分類東坡先生詩》（《四部丛刊》景南海潘氏藏宋務本堂刊本）卷十九《次韻張琬》，題下注："堯卿［曰］：字德父，治平二年彭汝砺榜登第。"

番陽張德甫，曾任嘉興太守，見沈括詩。正德《嘉興志補》卷八、光緒《嘉興府志》卷七載沈括《浩燕堂詩並序》云："嘉興太守番陽張侯德甫，重新西堂。太守以重名宿學，教治綏輯，民樂其政，歲以大穰。時引故人賓客燕於是堂，而屬括名之。括請名曰'浩燕'，而爲詩一篇，以見太守所以禮賓客、美登臨之意。西堂昔時冷蕭條，使君名高堂爲高。流紅碎璧動鐫雕，粉黛翕倏隨揮毫。太守浩燕觴九牢，門前過客羅百艘。襜褕煜煜欄亭皋，切雲危冠控豪曹。秋鶴霜毛飛錦袍，六鵲曳地橫金腰。輕羅韜煙媚中宵，緩歌閣舞縈雲髾。趙人手提千牛刀，目視大犗如鴻毛。太守巨筆如波濤，指畫風雲慘動摇。佩牛带犢如銷膏，區區古人無是超。吴秔如脂噉百筲，連車折軸棄道交。釜區争先走名豪，旋艫掣酒飛千舠。社伯稱觥釃醲醪，翳翳禾黍藏笙簫。太守浩燕樂歲饒，豈徒割烹盈大庖。"《大明一統志》卷三十九、崇禎《嘉興縣志》卷五均節録詩句，不録序文，且云："浩燕堂在府治内西北，舊名山堂，宋郡守張德甫建，李孟堅改是名，取沈括《浩燕詩》意。襄陽米芾書，舊刻於堂之東壁。"

"德父"又作"德甫"，"父"同"甫"。

一韓城人，一鄱陽人，又一臨淮人。宋施元之《施顧注東坡先生詩》（宋嘉泰六年淮東倉司刻景定三年鄭羽補刻本）卷二十二云："是時有兩張琬，一韓城人，父昇，樞密使歸老嵩少。元祐初，琬自齊州倅求便親養，兩易衛尉丞，以才擢知秀州，崇寧間爲廣東轉運副使，移京東西路。又一鄱陽人，治平二年登第。詩中有'臨淮自古多奇士'句，臨淮乃泗邑，疑自有一張琬，而二人者皆非也。姑載於此，以俟知者正之。"（《四庫全書》本《施注蘇詩》同，清曾國藩《十八家詩鈔》卷二十二《蘇東坡次韻張琬》題下注引之。）

"鄱陽"又作"番陽"，在江西饒州。

一《雁塔題名》，一中州《武后秋日宴石淙序》碑題名。清馮應榴《蘇文忠詩合注》卷二十四："榴案：《續通鑑長編》熙寧八年四月載著作佐郎張琬同提舉荆湖北路常平等事，元豐元年正月詔琬衝替，坐言張頡事不當也。注'時張昇有子名琬，不知即此人否'云云。是施注两張琬之説，即本《長編》也。又石刻《雁塔題名》元祐元年閏二月有張琬之名，更未知何人。而《中州金石考》所載《武后秋日宴石淙序》摩崖碑有熙寧庚戌張噲弟琬題名，當即韓城之張琬也。"（清王文誥《蘇文忠公詩編注集成》卷二十四引之。）

又有關中慈恩寺塔題名，及中州嵩陽書院題名。按清王昶《金石萃編》卷一百三十三《慈恩寺塔題名二十二段》有"張琬、蔡文卿、楊國寶、葉攄同遊，丙寅元祐元年閏二月五日"。清黄叔璥《中州金石考》又載嵩陽書院唐天寶《嵩陽觀聖德感應碑》有"宋熙寧辛亥張琬等題名"。（又見王昶《金石萃編》。）

又有英德碧落洞題名，及中州天封觀和真庵題名。

廣東英德碧落洞石刻題名，清翁方綱《粤東金石略》卷六、清周廣《廣東考古輯要》卷三十三、道光《廣東通志》卷二百九《金石略十一》、道光

《英德縣志》卷十三《金石略》均載："張琬題名：行書，存。"題名云："權發遣轉運副使番陽張琬德甫遊碧落洞，二子永嗣、永世侍行，甲申崇寧三年正月八日題。"翁方綱曰："張琬，崇寧元年任轉運判官。"道光《廣東通志》曰："謹案，題名俱在英德碧落洞。"

清錢大昕《潛研堂金石文跋尾》卷十三載熙寧四年十月《張琬題名》，有"會飲天封觀和真庵"、"大理評事知登封縣事張琬公玉燭下題"等句，錢氏云："按《東坡集》有《次韻張琬》詩，施元之注云……愚謂治平登第之張琬，據趙堯卿云'字德父'，而此刻自署'公玉'，其爲韓城之張琬無疑矣。但施氏述两人歷官，亦恐有誤。考韶州碧落洞有題名云'權發遣轉運副使番陽張琬德甫遊'，後題'崇寧三年二月'，則崇寧任廣東轉運者，實鄱陽人，非韓城人也。"錢大昕《十駕齋養新録》卷十二又云："張琬，一韓城人，樞密使昇之子，崇寧間爲轉運副使。《會稽志》：元符三年六月，張琬以朝散大夫權發遣越州，十二月移陜西提點刑獄。（此韓城人。）一鄱陽人，治平二年登第，見施元之注《蘇詩》。"（天封觀和真庵題名，又見清葉封《嵩陽石刻集記》卷下，題爲《紀聖德碑陰題名》。）

要之，當據石刻以番陽（鄱陽）人、字德甫（德父）之張琬爲是。

同治《饒州府志》卷十四《選舉志》："治平四年丁未許安世榜：鄱陽張琬，知府。"

萬曆《紹興府志》卷二十六、乾隆《紹興府志》卷二十六載：越州知州、紹興知府：張琬，元符三年任。

嘉靖《廣東通志初稿》卷七《秩官上・轉運使》："張琬：崇寧元年任。"

當即此張琬。

詩刻未署年月，據碧落洞石刻題名，詩刻當於崇寧初赴廣東轉運使任，途經永州朝陽巖時所作，故繫於崇寧元年。

此詩文獻著録多誤。

《永樂大典》卷九千七百六十三，詩題誤作"張范詩"，"二水"誤作"三水"，"俊俗文"誤作"駭俗文"。明黄焯《朝陽巖集》作者誤題"張浤"，清宗霈《零志補零》作者誤題"張堷"。光緒《零陵縣志》卷十四作者誤題"張□玹"，又"俊俗"作"儁俗"。

清陸心源《宋詩紀事補遺》録張琬詩两首，未收此詩，作者小傳僅曰"哲宗時人"。《全宋詩》亦録張琬詩两首，亦未收此詩，作者小傳作鄱陽人，生平事蹟則混合鄱陽、韓城两張琬而成。

詩中"高城二水自中分"一句，寫永州實景。永州古稱零陵郡，隋唐更名永州。永州因位於瀟湘二水匯合處而得名，故二水即永州最大地理特徵。宋祝穆《方輿勝覽》卷二十五：永州，"二水：柳宗元湘口館記：瀟湘二水所會也。州因二水而名永”。元熊忠《古今韻會舉要》卷十五：“《説文》：‘𣶒，水長也，象水巠理之長永也。’《廣韻》：‘引也，遠也，遐也。’《方言》：‘凡施於衆長曰永。’又，州名，唐置，以二水名。”瞿中溶《古泉山館金石文編》載寶祐元年會稽虞珏華嚴巖永州學釋奠詩刻，虞珏自注：“珏假守二水，秋丁釋奠。”以“二水”別稱永州，“守二水”猶言“知永州”。一説永州因永山、永水而得名。南宋王象之《輿地紀勝》：“永山，在零陵縣南九十里，州因山爲名。”“永水，在零陵縣南九十五里，出永山，流入湘江。”隆慶《永州府志》卷七：零陵，“西南一百里爲永山，永水出焉，永之得名以此”。其説空泛，不可爲典要。

“南樓晚角隨人到，北寺疎鍾隔岸闻”二句，寫朝陽巖距郡城極近。“平泉流出洞中雲”亦寫實景，泉即流香泉也。

“誰更謿移俊俗文”，謂此地可脱俗而隱居。“謿”同“嘲”，“俊”同“儁”。“移”謂“移文”，各衙署之間平行來往之文書，此指《北山移文》。《新唐書·百官志》：尚書省，“諸司相質，其制有三：一曰關，二曰刺，三曰移”。《文選》(《四部叢刊》景上海涵芬樓藏宋刊本）卷四十三孔稚珪《北山移文》“世有周子，儁俗之士”，六臣注：“銑曰：儁俗，俗中之儁士也。”

詩刻旁有小字一行云：“蔣若本癸酉年甲子月戊子日書。”或爲刻工之名，或爲郡人妄加竄亂。光緒《零陵縣志》誤作詩刻署款。

朝陽巖石刻中“蔣若本”之名又見邢恕《獨遊偶題》詩刻（被鑿而輪廓可辨）、淳祐間佚名“人到朝陽嵒底嵓”詩刻，均在詩末，爲孤零小字，字體端正，似刻工名。

又見永州九龍巖，《留雲盦金石審》載宋元豐六年三月二日齊諶九龍巖題名，宗績辰曰：“右正書五行，題、刻皆劣。下刻‘蔣若本’三字，或刻工名也。”道光《永州府志》卷十八中，陸增祥《八瓊室金石補正》、郭嵩燾《湖南金石志》引之。

此刻“蔣若本”署有年月，其癸酉當是元祐八年（1093），“甲子月戊子日”當是元祐八年三月十五日。

# 崇寧三年徐武、陶豫、黄庭堅、黄相、崇廣題刻

## 釋　文

崇寧三年三月辛丑，徐武、陶豫、黄庭堅及子相、僧崇廣，同来。

## 考　證

題刻在朝陽巖下洞石壁間，高 52 公分，寬 64 公分，六行，楷書。石壁未經打磨，凹凸不平，且有裂縫，題記隨形寫刻，拓本亦成圓弧狀。推測當時情狀，似直接題墨於壁，故而不待摩崖，即行刻石。

道光《永州府志·金石略》、《八瓊室金石補正》、光緒《零陵縣志·藝文·金石》，及光緒《湖南通志·金石志》、吴式芬《金石彙目分編》卷十五等著録。然各家之中，僅陸增祥曾見拓本，餘皆轉述，故均謞誤。

道光《永州府志》云："黄庭堅朝陽巖題名：未見。"引零陵縣《武志》云："朝陽巖洞門左右，石壁如半環，黄山谷題名於壁，磨石鐫之。"

光緒《湖南通志》、吴式芬《金石彙目分編》亦皆援引零陵縣《武志》。

"零陵縣《武志》"即嘉慶《零陵縣志》，武占熊纂修。按嘉慶《零陵縣志》卷十二《名勝志上》原文云："朝陽巖：城西瀟水之滸。巖東向，元次山始名之曰'朝陽'。曉煙初生，朝暾纔上，秀横蒼立，獨遊静觀，然後知元公命名之美。有洞曰流香，石淙源源自群玉山，伏流出巖腹，色如雪，聲如琴，氣如蘭蕙，冬夏不涸，從石上奔入緑潭而去。洞門左右石壁如半環，昔人作釣臺，嵌其中，去水只數尺。黄山谷題名於壁，磨石鐫之……"

對比可知，道光《永州府志》所引

零陵縣《武志》，并非嘉慶《零陵縣志》的原文，而是節録。

而嘉慶《零陵縣志》這段文字，又是節録易三接《零陵山水記》等三處文獻。

“城西瀟水之滸”一節，已見雍正《湖廣通志》卷十一《山川志》：“朝陽巖：在城西瀟水之滸。巖有洞，名流香洞。唐元結以巖東向，遂名‘朝陽’，且爲之銘。”

“巖東向”至“元公命名之美”一節，已見易三接《零陵山水記》，但字有減省。康熙九年《永州府志》卷八《山川志》引易三接《山水記》，原文曰：“巖東向，元公名之曰‘朝陽’。‘朝陽’二字，殊繪此巖之神。當其曉煙初生，朝暾纔上，秀横蒼立，可以遠睬，可以獨遊，可以静觀，然後知元公命名之美。”

“有洞曰流香”一節，已見康熙九年《永州府志》卷八《山川志》，原文云：“洞名流香，石淙源源自群玉山，伏流出巖腹，色如雪，聲如琴，氣如蘭蕙，冬夏不耗，可濯可湘，從石上奔入緑潭去。黄山谷云：‘時有白雲出洞。’洞門左右，石壁形如半環，昔人作釣臺，嵌半環中，架以木鑿，亂石枕之，去水只數尺，如浮一筏於水，而其上白雲欲墮，藤蘿維之，清流濯濯，激以洞流，可數游魚。黄山谷題名於壁，磨石而鐫之……”（“石淙源源自”當作“有石淙源自”。）

據此可知，武占熊纂修嘉慶《零陵縣志》，也是轉述，非出親見。乃至“磨石鐫之”一語，遞相沿誤。

光緒《零陵縣志》云：“黄庭堅題名：未見。朝陽巖洞門左右石壁如半環，黄山谷題名於壁，磨石鐫之。（《舊志》）”

於“黄彪題名”下又云：“按山谷題名，久失所在。楊翰守永州，補葺朝陽巖，幕客譚仲維乃於巖洞石側見山谷刻，文云：‘黄庭堅及子相、僧崇廣同來’，又四行：‘崇寧三年三月辛丑，徐武、陶豫’十二字，未間名。考山谷卒於崇寧四年，定爲山谷書。”

光緒《零陵縣志》對黄庭堅題刻的著録，完全正確。但也有細節可商。

其一，題刻共計六行，本爲完整的一通，光緒《零陵縣志》所見似是分開的两通，並且是先著録後面二行，再著録前面四行。這一方面表明石刻環境特殊，采拓不易，另一方面則表明光緒《零陵縣志》没有見到完整的拓本，故而句讀不能連續。

其二，光緒《零陵縣志》謂題刻得自“楊翰守永州，補葺朝陽巖”。朝陽巖現存同治三年楊翰刻黄庭堅《遊朝陽巖》詩，楊翰跋云：“朝陽巖余既補刻元次山銘，尋山谷詩亦不可得，見黄氏題名，有‘觀伯父摩刻’語，悵然久之，因書此詩，補刻巖上。”可知當時楊翰也只是找到了黄彪題名，並未見到黄庭堅的親筆題刻。楊翰《息柯雜著》卷六《跋朝陽巖刻山谷像》又云："去郡後數年，於石洞上竟得山谷題刻，物之顯晦有時也。"二事相隔數年，然則光緒《零陵縣志》依據什麼而對題刻作了準確的著録，仍待考證。（"未聞名"一語不知何意。）

《八瓊室金石補正》卷八十五："黄庭堅題名：高廣不計，六行，行字數大小不一，正書。崇甯三年三月卒丑，徐武（下空）、陶豫、黄庭堅及子相僧崇廣同來。"

陸增祥按語："右山谷題名，瞿氏、宗氏皆未之見，今始搜得之。拓本分两紙，'陶豫'以上爲一刻，後二行爲一刻，審之前四行亦是山谷手筆，殆分刻左右也。徐武爲永州司法參軍，見《通志·職官》。陶豫見浯溪詩刻。'徐武'下似無字。"

陸增祥《八瓊室金石補正》所著録，"崇寧"寫作"崇甯"，避清諱。"辛丑"作"卒丑"，顯然有誤，不知陸氏何以如此。（目録作"辛丑"不誤。）

其所見拓本亦分爲两通，但著録句讀連貫無誤。

陸增祥字魁仲，號星農，又號莘農，清道光三十年一甲一名進士（狀元），《清史稿》有傳。約在咸豐十年至光緒五年間，陸增祥任官辰永沅靖道，在湖南近二十年之久。所著《金石補正》一百二十卷，收録金石文獻三千五百餘通，其中得力於湖南永州摩崖石刻之處甚多。

葉昌熾《語石》"湖南二則"盛稱陸增祥、陸繼輝父子二人曰："太倉陸星農先生，篤嗜金石之學。蔚庭太守，其哲嗣。而潘文勤師，其高足弟子也。先生觀察楚南時，遍訪五溪諸巖，所得拓本，父子賞析著録，以其副本馳寄輦下，賫碑之郵絡繹於道。余所得五溪拓本，即文勤舊藏。先生手書及蔚庭繕寫碑目，發函尚在。共浯溪一百二十餘通，澹山巖四十餘通，江華朝陽巖十一通，陽華巖十通，寒亭九通，寒巖、暖谷各二通，獅子巖三通，華嚴巖二通。曩在都門，從蔚庭借《八瓊室碑目》校之，尚多闕如，蓋當時隨拓隨寄，後出者或不與焉。然已十得六七矣。"（"江華朝陽巖"誤，當作"零陵朝陽巖"。）

陸增祥本人是否到過永州，尚未見到明確記載。而幫助他搜討的人，則有永州知府楊翰（楊海琴）、道州知州翟秉樞（翟斗南）、酃人譚振綱（譚仲維）、碑估袁裕文。其中譚振綱出力尤多。譚振綱，永州祁陽人。同治《酃縣志》卷十四《選舉》："國朝保舉：譚振綱：祁陽城工，議叙國子監典簿銜。"

陸增祥所獲永州拓本多在同治八年到十三年間，《八瓊室金石補正》自述其搜討經過，大略如下。

同治八年（己巳，1869）：

石角山題刻四段："己巳夏，余始

屬譚仲維搜得之。”

陽華巖題刻二十七段：“己巳冬，始屬江華大令劉采邦搜剔得之，其所遺者，譚仲維復往訪焉。”

同治九年（庚午，1870）：

寒亭題刻十九段：“右李大光詩：近劉彦臣大令修輯《邑志》，頗搜詩刻，而此詩仍復失訪。庚午夏，仲維拓以見詒，亟録以補志乘之缺。”“右沈紳詩：亦仲維所拓寄，江華新志失采。”

暖谷題刻五段：“右李長庚詩：庚午夏，仲維拓寄。《江華新志》失采。”

陽華巖題刻二十七段：“右唐叟等題名：庚午夏，譚仲維拓寄。”

獅子巖題刻六段：“宋舜元題名：筆意學蘇，省、府志皆不載，近邑令劉采邦修《邑志》，僅於《山川》内附載詩文，不登題名，諸刻世無有知之者。庚午夏，屬友搜拓而録之。”

同治十年（辛未，1871）：

幽巖畢孟陽等題名：“右幽巖畢孟陽等題名，在東安高山之幽巖弟五洞。《永志·職官》：畢孟陽於元豐元年任東安令，與此正合。……《一統志》云：‘幽巖自外達内，凡九門，門隔一洞，極深遠。’明余珵有《幽巖記》……辛未八月，譚仲維以此拓本寄貽，並述巖洞之奇妙，與余珵所言略同。此刻蓋在弟五洞也。……人跡罕至，如仲維之探幽縋險者，何可多得。”

浯溪題刻五十段：“右吴文震詩：在《中興頌》之上，前人未見。辛未冬，碑估袁裕文自金陵來湘，因令往祁陽搜剔，乃拓得之。”“右蔣孝忠詩：在《中興頌》之上，前人未見，亦袁裕文所搜得者。”“右戴煜詩：前人未見，在狄青題名之旁，亦袁裕文所搜得者。”“趙崇□殘題名：右刻前人未見，亦海琴所搜拓者。”

含暉洞題刻六段：“辛未九月，權道州翟斗南秉樞大令爲予拓致之。”

月巖題刻三段：“劉錫詩：右刻在洞内，宗氏亦未搜得。辛未冬，翟斗南大令始爲予搜拓之。”

同治十一年（壬申，1872）：

浯溪題刻十九種：“唐盧鈞赴闕題名：右刻未經人道，同治壬申九日，楊海琴前輩始搜得於峿臺石上，搨墨見寄，亟補録之。”（“九日”當作“九月”。）

浯溪題刻二十七段：“陳從古題名：右刻在峿臺絶頂石上，壬申九月楊海琴親自搜出。”

浯溪題刻五十段：“楊恪題名：壬申十月，海琴搜得拓贈。”

同治十三年（甲戌，1874）：

九疑山題刻二段：“右無爲洞元結題字：洞阻於水，崖壁古刻從無椎拓者。余始屬譚仲維搜拓之，今甲戌夏旱，故得施工也。按《方輿勝覽》云：‘紫虛洞（宗滌樓謂即無爲洞）有石穴，上通於天，有元次山永泰年題名。天聖中，寺僧雲亮於洞前百步築堤爲塘，豬水溉田，洞遂爲池。'據此，則洞之阻水已歷數百年，無怪金石家之不得一見矣。"

今按，楊翰、陸增祥、譚仲維大率同時人，光緒《零陵縣志》謂黄庭堅題刻拓本得自楊翰、譚仲維，也可能與陸增祥爲同一來源。要之，楊翰、陸增祥、譚仲維諸人搜討之功，可表彰也。

黄庭堅，字魯直，洪州分寧人，自號山谷道人，晚號涪翁。《宋史》有傳，略云："庭堅在河北與趙挺之有微隙，挺之執政，轉運判官陳舉承風旨，上其所作《荆南承天院記》，指爲幸災，復除名、羈管宜州。三年，徙永州，未聞命而卒，年六十一。"

黄庭堅題刻同日，曾遊愚溪，有"到愚溪，過羅氏脩竹園，入朝陽洞"詩，學者或題《遊愚溪並序》，當時並未上石，至同治三年永州知府楊翰重刻，今存，詳後。

黄庭堅在永州，曾遊澹巖，作《題淡山巖二首》，見《山谷内集》卷二十。詩云："去城二十五里近，天與隔盡俗子塵。春蛙秋蠅不到耳，夏涼冬暖總宜人。巖中清磬僧定起，洞口緑樹僊家春。惜哉淡山世未顯，不得雄文鑱翠珉。""淡山淡姓人安在，徵君避秦亦不歸。石門竹徑幾時有，瑶臺瓊室至今疑。回中明潔坐十客，亦可呼樂醉舞衣。閬州城南果何似，永州澹巖天下稀。"

又見胡仔《漁隱叢話後集》、周聖楷《楚寶》、《金石萃編》、《八瓊室金石補正》、弘治《永州府志》、康熙九年《永州府志》、康熙三十三年《永州府志》、道光《永州府志》，康熙《零陵縣志》卷十三、光緒《零陵縣志》卷十四、光緒《湖南通志》卷二百七十二等。

《金石萃編》、《八瓊室金石補正》、道光《永州府志·金石略》、光緒《湖南通志·金石志》據石刻著録，末有"政和六年住持僧智暠刻石"一行。

胡仔《漁隱叢話後集》卷三十二云："苕溪漁隱曰：零陵郡澹山巖，秦周貞實之舊居。余往歲嘗遊之，因見李西臺、黄太史詩刻，愛其詞翰雙美，因搨墨本以歸，真佳玩也。"

郭毓《藝照録》云："澹山巖：在永州零陵縣南二十五里。易三接《零陵山水記》：宋黄山谷始題識之。今洞中一石載山谷詩七律二首。南宋王南卿阮者，九江人，有絶句云：'浯溪已借元碑顯，愚谷還因柳序稱。獨有澹巖人未識，故煩山谷到零陵。'今山谷詩碑摹本雖剥蝕，尚有可觀。"

《金石萃編》卷一百三十五云："山谷老人七古詩二首，《豫章黄先生文集》亦載此二詩，皆無歲月。考《年譜》：崇寧二年留鄂州，十一月有宜州謫命，三年自潭州歷衡州、永州、全州、静江府，以趨貶所。三月泊浯溪，十四日到永州，有《題淡山巖詩二首》，是此詩作於崇寧三年三月也。"

《古泉山館金石文編》卷四："山

谷澹山巖詩，在零陵縣南二十里大路旁巖内。正書七行，字數不齊，末有政和中僧刻石一行。秦漢篆隸書二十、三十字，俱作廿、卅，山谷書此詩二十五作廿五，從古也，然詩體以七字爲句，似當作二十爲正，否則欠一字，便不成句矣，惜哉！'淡山世未顯'，任淵注《山谷集》本作'次山'，次山於永州有《浯溪》及《朝陽巖銘》，澹巖無有，蓋是時未知名也。又第二首'回中明潔坐十客'，注云：'元次山有《大回［中］》、《小回中》詩，言其水之回洑也，此借用。'今審石刻，實作'淡山'，後人據任注磨改作'次山'，形迹顯然。又今《志》載此詩'回中'俱誤作'山中'，石刻本作'回'，與《集》本合。然此字亦有磨改痕，蓋後人轉欲據誤本改'山'也。任注澹山曰：'零陵土人謂淡山以淡竹得名，或云嘗有淡姓居之。'予考宋王淮《記》云：'昔有澹姓者家焉，遂名澹巖。'又唐張顥《記》云：'古有老人處其下，以澹氏稱，因名。'蓋後説爲是，故山谷用之。'淡'與'澹'，古通用字，故前人記載不一，此刻末有政和住持僧名，'智'下一字上半已漫滅，似'嵩'，姑缺之。蓋山谷於崇寧三年題此詩，至政和六年寺僧始爲之勒石也。"

《八瓊室金石補正》卷九十五："'智'下一字，今審實作'鬲'，諸家皆缺。"

黄庭堅在永州，曾遊浯溪，作《書磨崖碑後》、《浯溪圖》二詩，見《山谷内集》卷二十。又作東崖題刻，及書刻元結《欸乃曲》及陶淵明《飲酒》、《移居》詩。其後又作《答浯溪長老新公書》。

《書磨崖碑後》詩刻今存，詩云："春風吹船著浯溪，扶藜上讀《中興碑》。平生半世看墨本，摩莎石刻鬓成絲。明皇不作苞桑計，顛倒四海由禄兒。九廟不守乘輿西，萬官已作鳥擇栖。撫軍監國太子事，何乃趣取大物爲。事有至難天幸耳，上皇跼蹐還京師。内間張后色可否，外間李父頤指揮。南内凄涼幾苟活，高将軍去事尤危。臣結《春秋》二三策，臣甫《杜鵑》再拜詩。安知忠臣痛至骨，世上旦賞瓊琚詞。同來野僧六七輩，亦有文士相追隨。斷崖蒼蘚對立久，涷雨爲洗前朝悲。"

《輿地碑目》："山谷浯溪詩刻石，後人目爲'小磨崖'。"

吴子良《林下偶談》："讀《中興頌詩》前後非一，惟黄魯直、潘大臨皆可爲世主規鑒。"

胡仔《苕溪漁隱叢話後集》（耘經樓仿宋本、清乾隆刊本）卷三十一："苕溪漁隱曰：魯直題磨厓碑後詩……觀詩意，皆言明皇末年事。余以唐史考之，明皇幸蜀還居興慶宫，李輔國遷之西内，居甘露殿，继流高力士於巫州。詩云'南内'，誤矣。又以元結本傳及

《元次山集》考之，但有《時議》三篇，指陳時務而已，初無一言及明皇、肅宗父子間，不知魯直所謂‘臣結《春秋》二三策’者，更别出何書也？魯直以此配‘臣甫《杜鵑》再拜詩’，子美《杜鵑》詩正爲明皇遷居西内而作，則次山‘《春秋》二三策’亦當如《杜鵑》詩有爲而言，若以《時議》三篇爲是，則事無交涉，乃誤用也。或云魯直用孟子‘吾於《武成》取二三策’之語，然於元結果何預焉？如顏魯公《湖州放生池碑》載其上肅宗表云：‘一日三朝，大明天子之孝；問安視膳，不改家人之禮。’東坡謂魯公知肅宗有愧於此乎，孰謂公區區於放生哉？此事若用之，却爲親切。”（“於此乎”，《顏魯公集》作“於是也”。）

《金石萃編》、道光《永州府志》、《古泉山館金石文編》、《宜禄堂收臧金石記》等據石刻著録，有序及跋。

道光《永州府志·金石略》：“宋黄庭堅浯溪題名并詩：‘崇寧三年三月己卯，風雨中來泊浯溪，進士陶豫、李格，僧伯新、道遵同至《中興頌》崖下。明日，居士蔣大年、石君豫、太醫成權，及其姪逸，僧守能、志觀、德清、義明等衆俱來。又明日，蕭褒及其弟褒來。三日裦回崖次，請余賦詩。老矣不能爲文，偶作數語，措秦少游已下世，不得此妙墨劖之崖石耳。……宋豫章黄庭堅字魯直。諸子從行，相、棁、梠、桾，春陵尼悟超。’‘子發秀才家迺以私錢刻之《中興頌》碑之側。同來相視，南陽何安中得之（磨滅），令陸弁景莊，浯溪伯新。宣和□子十二月廿日書，無詣釋可環模刻。’”（今按“措秦少游”，各本著録均作“惜”，但石刻確作“措”。）

武億《授堂金石文跋》：“黄山谷跋及書磨厓碑詩，字奇偉可喜。跋所云崇寧三年三月己卯，今《山谷集》刻本脱‘三月’字，則‘己卯’日竟無所屬，又下列叙‘僧守能、志觀、德清、義明等衆’，而刻本以‘等众’作‘崇廣’。‘不能爲文’，刻本作‘豈復能文’。‘偶强作數語，惜秦少游已下世’，刻本亦少‘偶’字及‘已’字。詩内‘鳥擇栖’，刻本‘鳥’作‘烏’。至‘臣結《春秋》二三策”句，刻本‘春秋’作‘春陵’，此其尤謬，不可不以石刻舉正者也。考次山《春陵行》自叙，蓋爲諸使徵求而發，於《中興碑》無所寓詞，惟易以此石作‘《春秋》二三策’，與《碑》云‘天子幸蜀，太子即位靈武’，其中隱寓貶例，此《春秋》之義也。集刻半誤於工人，而此跋及詩又寥遠，爲世所不見，故爲存録以订近本之疏，使校勘者知有考也。”（今按“臣結《春秋》二三策”一句，《山谷内集》、《山谷集注》及《苕溪漁隱叢話》、《四六標準》、《楚寶》、《江西詩徵》、《十八家詩鈔》等木刻本“春秋”均作“春陵”，指元結《春陵行》，與杜甫

《杜鵑》詩相對，但石刻確作“春秋。”）

《古泉山館金石文編》卷四：“山谷題名並詩：共十一行，正書，在浯溪磨厓之左。其後有宣和間人題語三行，似記模刻緣起也。其首一行爲康熙間祁陽令王某磨去，改刻己之重修，刊歲月姓名，以故字蹟已失山谷真面，且題名中‘惜’字誤從手傍，此妙墨之此筆畫有譌謬，‘萬官’下一字，集本作‘已’，而石刻似‘也’。又《事文類聚》引此句作‘萬官奔竄鳥擇栖’，其‘鳥’字集本作‘烏’，任淵注云：‘烏’字或作‘鳥’，非。‘春秋’，集本作‘春陵’，任淵注云：‘春陵’或作‘春秋’，非是。可見當時傳本自有不同，今集本乃任淵作注時更定也。進士陶豫，即後刻所稱之陶介石，見集中《遊愚溪詩序》。集中有云蔣彦回者，亦山谷在永所交友，未知即此居士蔣大年否？宣和跋所存二行，上下亦多磨損不全，考澹山巖有元祐中楚人高公傑子發題名，疑即此‘子發秀才’也。讀山谷自題‘惜秦少游已下世，不得此妙墨劖崖石’之語，知當時此詩未及刻石，而墨蹟藏於子發秀才家，至宣和時乃勒石耳。‘子’上一字當是‘庚’，庚子乃宣和二年，在崇寧三年後十六年。少游卒於建中靖國元年，乃崇寧三年之前四年也。武虚谷謂‘偶强作數語’，集本少‘偶’字，今石刻‘偶’下並無‘强’字，誤也。”

道光《永州府志·金石略》：“黄庭堅浯溪題刻：余與陶介石遶浯溪尋元次山遺跡，如《中興頌》、《峿臺銘》、《右堂銘》，皆衆所共知也，與介石徘徊其下，想見其人，實深千載尚友之心。最後於㾶亭東崖披剪榛穢，得次山銘刻數百字，皆江華縣令瞿令問玉筯篆，筆畫深穩，優於《峿臺銘》也。故書遺長老新公，俾刻之崖壁，以遺後人。山谷老人書。”（又見《名山勝概記》卷三十，題爲《浯溪題壁》。題刻今存。）

《潛研堂金石文字跋尾續》：“右黄庭堅題名，在浯溪東崖，文凡十有六行，不題年月。以山谷《年譜》考之，當在崇寧三年三月，蓋自鄂州赴宜州謫所道所經也。介石名豫，長老名伯新。黄㽦撰《年譜》唯載磨崖碑後題名，而不及此題，故具録之。予嚮跋《㾶廎銘》，據《説文》，謂‘廎’與‘高’同訓小堂，不當仞作‘亭’字，今山谷題已作‘亭’。又陳衎《題浯溪圖》云：‘元氏始命之意，因水以爲浯溪，因山以爲峿臺，作屋以爲㾶亭，三吾之稱，我所自也。’歐陽公《集古録》亦作‘㾶亭’。頃於何君元錫齋見所拓磨厓大字，有云‘㾶亭磴道’者，有云《㾶亭銘》者，驗其筆蹤，似唐人所題。則讀‘廎’爲‘亭’，沿譌已久。六書之不講，豈獨近代爲然哉！”

《浯溪圖》詩云：“成子寫浯溪，下筆便造極。空濛得真趣，膚寸已千尺。只今中宫寺，在昔漫郎宅。更作老夫船，檣竿插蒼石。”詩未上石。

道光《永州府志·金石略》：“黄庭堅書《欸乃曲》：山谷云：‘千里楓林烟雨深，無朝無暮有猿吟。停橈静聽曲中意，好是雲山韶濩音。零陵郡北湘水東，浯溪形勝满湘中。溪口石顛堪自逸，誰人相伴作漁翁。’右元次山《欸乃曲》，‘欸’音襖，‘乃’音靄，湘中節歌聲。子厚《漁父詞》有‘欸乃一聲山水渌’之句，誤書‘欵欠’，少年多承誤妄用之，可笑。《苕溪漁隱》曰：‘余遊浯溪，讀磨厓《中興頌》，於碑側有山谷所書《欸乃曲》，因以百錢買碑本以歸，今録入《叢話》。’又《元次山集·欸乃曲》注云：‘欸’音媪，‘乃’音靄，棹船之聲。洪駒父《詩話》謂：‘欸’音靄，‘乃’音襖，遂反其音。是不曾看《元次山集》及山谷此碑，而妄爲之音耳。案：釋惠洪《冷齋夜話》：洪駒父云‘欸靄一聲山水渌’，欸音奥，後人分欸爲二字，誤矣。與胡仔所引不合。”

道光《永州府志·金石略》：“黄庭堅書陶靖節詩：涪翁晚年再遷宜州，道出祁陽，草書靖節詩四首。‘清晨聞叩門，倒裳往自開’者，其一也。‘棲棲失群鳥，日暮猶獨飛’者，其二也。‘昔欲居南邨，非爲卜其宅’者，其三也。‘春秋多佳日，登高賦新詩’，其四也。並鑱石於嘉會亭。余昔經由，摹得墨本，愛其筆法之妙，自成一家。涪翁嘗言：元祐中與子瞻、穆父飯寶梵僧舍，因作草數紙，子瞻賞之不已，穆父無一言，問其所以，但云恐公未見藏真真蹟，庭堅心竊不平。紹聖貶黔中，得藏真自序於石揚休家，諦觀數日，恍然自得，落筆便覺超异，回視前日所作，可笑也，然後知穆父之言不誣，且恨其不及見矣。今祁陽草聖，正是涪翁黔州以後作，誠佳絶也。東坡嘗跋之云：曇秀來海上，見東坡，出黔安居士草書一軸，問此書如何，東坡云：張融有言：不恨臣無二王法，恨二王無臣法。吾於黔安亦云然。他日黔安見之，當捧腹軒渠也。（《漁隱叢話》）”

黄庭堅曾作《答浯溪長老新公書》云：

“某拜手：

專人屬書，勤懇，並惠送季康篆元中丞《浯溪銘》，筆意甚佳。以字法觀之，《峿臺銘》亦季康篆。然猶有袁滋篆《庴亭銘》三十六行，何不墨本見惠？豈闆體也。袁滋，唐相也，他處未嘗見篆文，此獨有之，可貴也。凡庴亭之東崖石上刻次山文，合袁滋、季康篆，共七十一行，爲崖溜簷水所敗，當日不如一日矣。若費三十竿大竹作廈，更以吞槽走簷水，其下開撅沙土見崖，令走水快。亦使袁公房祀乾潔，祐院門免時有聒噪也。此事切希掛意。

“莊客人力得工夫時，可令仲純、仲俅輩將領三兩人，治橋左右溪道，令雅潔。疊石，令橋下亦可作道人四威儀處，他日院門當成次第。若得蒙恩北歸，奉爲盡換内外牌榜也。兩三日既驟熱，又賓客紛紛，寫大字未得。來人煎迫求歸，故且遣回。諸人相見，皆爲致千萬意。”

見文淵閣《四庫全書》本《山谷别集》卷二十，刻本《山谷内集》卷十七。“某拜手”、“墨本”據四庫本補。“豈閩體也”、袁滋之“袁”字，據刻本補。“北歸”，刻本作“比歸”。“袁公”，當作“元公”。

道光《永州府志·金石略》“《浯溪銘》”條下引之，《八瓊室金石補正》、光緒《湖南通志·金石志》亦引，但此書未上石。

《八瓊室金石補正》卷九十一：“伯新，閩人。《福建續志》引《莆田志》云：‘伯新爲浯溪初祖，鄒道元、黄山谷與結物外交，鄒題浯溪云：‘浯溪老人伯新，忘情人也，而特愛予艸書，取紙篋中，一無所有，乃拆寢被六幅書之。’黄題浯溪詩云：‘同行野僧六七輩，亦有文士相追隨。’伯新與焉。”所引又見明何喬遠《閩書》卷一百三十七《方外志》(“浯溪”誤作“梧溪”)，又略見乾隆《莆田縣志》卷三十二《人物志·仙釋傳》。

長老新公即僧伯新，又称浯溪伯新。“浯溪伯新”意爲浯溪禪寺主持。范成大《驂鸞録》：“十九日，發祁陽里，渡浯溪。浯溪者，近山石澗也。噴薄有聲，流出江中，上有浯溪橋。……橋上僧舍即漫郎宅，黄魯直書其榜，曰‘浯溪禪寺’。”僧伯新派人致書黄庭堅，求書題匾額，黄庭堅未寫，僅作此回函。據文意，黄庭堅遊浯溪，先得《峿臺銘》，後得《浯溪銘》，再索《痦亭銘》。黄庭堅並囑僧人修繕浯溪元結故居。搭建竹廈，鋪設吞槽，並修理溪道、溪橋、院門。一行，二住，三坐，四卧，爲修道之人“四威儀”，語出《菩薩善戒經》。

黄庭堅在永州，嘗與貶謫在此的曾紆往還。

黄庭堅《山谷外集》卷十七《題花光老爲曾公卷作水邊梅》：“梅蘂觸人意，冒寒開雪花。遥憐水風晚，片片點汀沙。”史容詩注引《冷齋夜話》云：“衡州花光仁老，以墨爲梅，魯直觀之曰：‘如嫩寒春曉，行孤山籬落間，但欠香耳。’”

同書卷二十《太平寺慈氏閣》：“青玻瓈盆插千層，湘江水清無古今。何處拭目窮表裏，太平飛閣暫登臨。朝陽不聞皁蓋下，愚溪但見古木陰。雖與洗滌懷古恨，坐有佳客非孤斟。”題下原注：“晚與曾公衮同登。”又見道光《永州府志》卷十八上、光緒《零陵縣志》卷十三。

周密《浩然齋雅談》卷上載：李伯時作《五馬圖卷》，黄庭堅爲之簽題，曾紆作跋。

黄庭堅箋云："余嘗評伯時，人物似南朝諸謝中有邊幅者，然朝中士大夫多歎息。伯時久當在臺閣，僅爲喜畫所累。余告之曰：伯時丘壑中人，暫熱之聲名，儻來之軒冕，此公殊不汲汲也。此馬騏駿，似吾友張文潜筆力，瞿曇所謂識鞭影者也。黄魯直書。"

曾紆跋云："余元祐庚午歲以方聞科應詔來京師，見魯直九丈於酺池寺。魯直方爲張仲謨箋題李伯時畫《天馬圖》，魯直謂余曰：'異哉！伯時貌天厩滿川花，放筆而馬殂矣！蓋神駿精魄皆爲伯時筆端取之而去，實古今之異事，當作數語記之。'後十四年，當崇寧癸未，余以黨人貶零陵，魯直亦除籍徙宜州，過余瀟湘江上。因與徐靖國、朱彦明道伯時畫殺滿川花事云，此公卷所親見。余曰：'九丈當踐前言記之。'魯直笑云：'只少此一件罪過。'後二年，魯直死貶所。又廿七年，余將漕二浙，當紹興辛亥，至嘉禾，與梁仲謨、吴德素、張元覽汎舟訪劉延仲於真如寺，延仲遽出是圖，開卷錯愕，宛然疇昔，拊事念往，逾四十年，憂患餘生，巋然獨在，彷徨弔影，殆若異身也。因詳叙本末，不特使來者知伯時一段異事，亦魯直遺意，且以玉軸遺延仲，俾重加裝飾云。空青曾紆公卷書。"

又見郁逢慶《書畫續題跋記》卷二、吴升《大觀録》卷十二、宋犖《筠廊偶筆二筆》卷下。

孫覿《鴻慶居士集》卷三十一《曾公卷文集序》："公文章固自守家法，而學詩以母夫人魯國魏氏爲師，句法清麗，純去刀尺，有古詩之風。黄庭堅曾直遷宜州，道出零陵，道得公《江樾書事》二小詩，愛之，書團扇上，諸詩人莫能辨也。"

王明清《揮麈後録》卷七云："黄太史罷守當塗，奉玉隆之祠，寓居江夏。嘗作《荆南承天寺塔記》，湖北轉運判官陳舉承風指，採摘其間數語以爲幸災謗國，遂除名編隸宜州，時崇寧三年正月也。陳舉者，無忌憚之小人，所爲遺臭千載，可不戒哉！"

同書同卷又云："崇寧三年，黄太史魯直竄宜州，携家南行，泊於零陵，獨赴貶所。是時外祖曾空青坐鈎黨，先徙是郡，太史留連逾月，極其歡洽，相予酬唱，如《江樾書事》之類是也。帥遊浯溪，觀《中興碑》，太史賦詩，書姓名於詩左，外祖急止之云：'公詩文一出，即日傳播。某方爲流人，豈可出郊？公又遠徙，蔡元長當軸，豈可不過爲之防邪？'太史從之，但詩中云'亦有文士相追隨'，蓋爲外祖而設。"

"曾空青"即曾紆。《揮麈後録》，王明清撰，其爲曾紆外孫。

黄庭堅在永州，曾與陶豫、李格、蔣大年、石君豫、成權，成逸、蕭褎、蕭褒等人交往，已見上。又曾與僧伯新（浯溪伯新）、李唯（李宗古）、蔣湋

（蒋彦回）、明遠庵道卿交往，而蔣湋事蹟尤可感人。

黄庭堅《山谷外集》卷二十載《戲詠零陵李宗古居士家馴鷓鴣二首》，原注："李惟一妻一女，垂老病足，養鷓鴣、鸜鵒以樂餘年。"又載《李宗古出示〈謝李道人苕帚杖〉〈從蔣彦回乞葬地〉二頌作二詩奉呈》。又作《玉芝園並序》，序云："去年三月清明，蒋彦回喜太守監郡過其玉芝園，作詩十六韻，二侯皆有報章，今年三月余到玉芝園記録一時，次其舊韻。"又作《明遠庵》詩，末二句云："道卿道卿歸去來，明遠主人今進步。"原注："道卿，浯溪僧。"

道光《永州府志》卷七上："零陵居士李唯，字宗古，一妻一女，垂老病足，養鷓鴣以樂餘年。嘗出《謝李道人苕帚杖》、《從蔣彦回乞葬地》二頌示黄庭堅，庭堅贈以詩云：'提攜禪客扶衰杖，斷當婣家葬骨山。因病廢棋仍廢酒，鷓鴣鸜鵒伴清閑。詩書傳女似中郎，杞菊同盤有孟光。今日鷓鴣鳴蹇蹇，他年鸜鵒恨堂堂。'"

又引《山堂肆考》所載云："零陵李宗吉居士，垂老病足，一妻一女，養鷓鴣以樂餘年。山谷戲咏詩二首云：'山雞之弟竹雞兄，乍入雕籠便不驚。此鳥爲兄行不得，報晴報雨總同聲。真人夢由大槐宫，萬里蒼梧一洗空。終日憂兄行不得，鷓鴣應是庳亭公。'"

楊萬里《誠齋集》卷一百十七《蒋彦回傳》："蒋彦回名湋，零陵人。少入太學，不遇，嘆曰：'士必富貴而後得志耶？'棄而歸，市書數千卷，閣以藏焉。築圃植花木、葺亭榭，以讀書其間。未幾，圃産玉芝，遂以名。山谷黄先生貶宜州，過而賦之。是時黨禁密甚，士大夫有顧望心。先是，郡守丁注有《玉芝園詩》，山谷之詩蓋次其韻也。丁見之懼，易其本韻二三以異焉。教授侯思孺者，一日突入郡士某之家，命劃其壁山谷留題者，将以告於朝，主人亟鏟磢之乃已。惟彦回日從山谷遊，藏弆其文字詩畫二百餘紙，山谷亦樂爲之作，實崇寧三年三月也。明年九月，山谷病革，彦回往見焉，至則山谷大喜，握手曰：'吾身後非彦回誰付？'乃盡出所著書曰：'惟所欲取。'彦回竟不私片紙。山谷卒，彦回買棺以斂，而以錢二十萬具舟送之歸雙井云。道鄉鄒先生謫永，彦回復從游，歡甚。未幾道鄉復有昭州之命，留其夫人與其子僦民屋於太平寺後以居，乃行。彦回實經紀其家，同其患難，而周其乏困。道鄉率月致二書以謝，蓋深德之。其後北歸，臨别之詩可見矣。嗟夫！'士窮乃見節義'，此韓退之爲久故之交而言也。若彦回之於二先生，秦越也，非有平生之素，而能嚮慕乎二先生之風，既賢也已！況二先生當蛟蛇熊豹狂狂摇牙之鋒，賓客落而朋友缺，淹汩阨塞於荒遠寂寞之地，望風而憎、無仇而擠者滔滔也。而彦回至於死生之際而不變，此古之賢且仁者、族且親者、恩且舊者，猶或難焉。彦回能之，可不謂賢矣哉！予來丞邑，訪其所謂玉芝園者，但見荒煙埜草而已。問其子，則觀言者在，老矣。顧其家貧甚，觀言居之淡如也，其猶有彦回之風。與問彦回之遺事，所言云爾。其人顓朴而無純緣，其言可信也。且出道鄉之翰墨七篇，讀之使人三嘆，而恨不出乎其時。又曰：'山谷美丈夫也，今畫者莫之肖。'觀言年十五，在旁見其喜爲人作字及留題，於吾鄉人士日持練素以往，几上如積，忽得意，一掃千字。一日訪陶豫，豫置酒，且令人汛除其堂之壁。先生曰：'何爲者？'豫離立而請曰：'敢匄一字爲寵光。'先生曰：'諾！'酒半酣，起索筆大書，下語驚坐。今亡矣，且忘其詞。又曰：'道鄉對人寡言，終日拱手不下帶，其莊敬如此。'又曰：'先君子有文集若干卷，頃大盜孔彦舟屠城，寸紙不遺餘矣。'予太息而爲之傳。"

《大明一統志》卷六十五："蔣湋：少辭家入太學，既無遇，棄而歸隱。黄庭堅右宜州，病革，湋往見焉，庭堅委以身後事。及卒，爲棺歛具，舟送歸。鄒浩謫永州，湋從之遊。浩有昭州之行，湋又爲經紀其家。"又見弘治《永州府志》卷四、隆慶《永州府志》卷十四、康熙九年《永州府志》卷十六、道光《永州府志》卷十五上、康熙《零陵縣志》卷十、王圻《續文獻通考》卷八十二、陸心源《宋史翼》卷三十六。

陶豫，字介石，或爲陶岳、陶弼族屬。陶岳字介丘，又字舜咨，五代末北宋初人，先世居九江潯陽，後家永州祁陽。所著有《五代史補》、《荆湘近事》、《零陵總記》及《貨泉録》等。其子陶弼，字商翁，官至順州知州，所著有《邕州小集》，《宋史》有傳。

陶弼墓誌銘今所見共三通，内容各有不同。黄庭堅《山谷集》卷二二有《東上閤門使康州團練使知順州陶君墓誌銘》，劉摯《忠肅集》卷一二有《東上閤門使康州團練使陶公墓誌銘》，李時亮有《大宋故東上閤門使康州團練使知順州天水郡侯陶公墓誌銘並序》，殘碑在零陵文廟。又沈遼《雲巢編》卷八有《東上閤門使康州刺史陶公傳》。

黄庭堅所撰陶弼《墓誌銘》云："府君諱弼，字商翁。陶氏蓋柴桑諸陶有諱矩者，避地將家占零陵之祁陽。矩生鐲，鐲生鈞，贈殿中丞。殿中生岳，仕至職方員外郎，贈刑部侍郎，是爲君考。府君少孤，志行磊落權奇，左《詩》《書》，右《孫》《吴》，同學生歎伏之，以爲一日千里。困窮無地自致，廼聚晚學子弟講授六經，以奉母夫人長沙太君甘旨。慶曆中，莫猺諸唐據湖南山溪，鈔掠郡縣，提點刑獄楊畋召君俱行，頗用其策謀。君亦分軍薄嶮，得挑油平太平峒，於畋軍中功第二。以進士調授桂州陽朔縣主簿。儂智高蹈籍二廣，畋以書召君掌機宜。乘驛至曲江，畋檄君下英州，議救廣府，賊已走連、賀，蔣偕一軍没，餘衆潰入山林，賊聲勢張甚。君以便宜頗取敗軍，白旗大書曰‘招安蔣團練下敗兵’，使十數輩持徇村落，收得散卒，則廻路趨賀州就糧。州將持法拒君，君曉以大義，迺聽活千餘人送幕府。會畋罷去，不爲功，然畋在朝廷，每爲人言：‘湖南軍中獨得陶弼一人耳。’君久次，迺爲陽朔令，以吏考除大理寺丞，監潭州糧料院。廣南西路提點刑獄李師中論薦其能，擢知賓州。詔换崇儀副使知容州，以六宅副使知欽州。數以母老乞歸，極懇惻，不聽。既丁内艱，徒行奉喪，歸葬祁陽。奪哀，以崇儀使知邕州，招納訓利等六州蠻。及廣源内附，儂智高千餘衆皆就耕食，君亦再滿任，乃得請知鼎州。詔使按治辰州南江諸溪蠻，宣撫使舉君知辰州，又奏君不上吏課者。二十年遷皇城使，措置北江，用反間使彭師晏自攻伐，歸其地縣官。王師問罪安南，以知邕州，又用宣撫使辟知順州，四遷爲東上閤門使、康州團練使。年六十有四，終於順州之官舍。娶丁氏錢塘縣君，生子通，冠而死，以兄之孫同爲通後，授郊社齋郎。六女，長嫁寧鄉尉嚴介而卒，其五居室。君不治細故，獨以文章自喜，尤號爲能詩。年三十起從軍，心通悟達兵家機會，能得士死力，智度閎深，調護不虞，不見圭角。遇倉卒，大軍常倚以爲重。作郡縣，順民立條教，當其艱勤，與吏士同甘苦，不以遠朝廷故不盡心力。所臨數州，夷夏斬斬以約信爲威。嘗請郴、桂靈渠通漕湘江，軍興，轉粟可十倍。使者不能聽，李師中在廣西迺用之，於今爲功。廣源酋長劉紀數請和市太平寨，規覘國，欲生事，徼功者吹嘘助之，君伐其謀。後數年，和市議下，劉彝、沈起之事是矣。順州草創，存亡不可知，受命即上道，折箠指撝，溪洞晏然。在軍中三十年，夷險一概。使者多朝廷大吏，察治狀，無以易君，故求去，輒進官重任使，遂老於桂林。表裏事母孝謹，白首盡其驩。平生詩文書奏十有八卷，讀其書知非録録者。元豐三年十月丙子，葬零陵之金釜山下。銘曰：武夫面牆，文吏疚武。維此康州，俎豆軍旅。烏合其兵，忠信成城。教子弟戰，衛其父兄。乘藉行權，處女脱兔。及其既平，左規右矩。虎媚養己，時其飽饑。康州用士，可赴深溪。子拊悍婺，姑息夷獠。我一以律，不殘不傲。藥不皸手，漂絮終身。或千户封，奇偶匪人。梓慶爲鐻，不懷慶賞。康州撫師，尚以義往。大能小施，夸者技癢。我安養命，民得休養。邊陲之守，不必推鋒。我銘康州，式勸士功。”

據劉摯所撰《墓誌銘》，“生一子通，早世。取兄之孫同爲通後，又卒”。據李時亮所撰《墓誌銘》，陶弼病亟，有姪在側，卒後十年，有弟護喪歸，皆不載名字。葬於零陵金釜山之原，即黄庭堅所記之元豐三年。可知三通《墓誌銘》皆爲元豐以後追補。推測黄庭堅撰銘乃是崇寧三年在永州祁陽應陶豫之請。

徐武，字靖國，姑蘇人，時爲永州司法參軍。

徐武曾與鄒浩等人同遊澹巖。鄒浩《道鄉集》卷十四《六一巖》詩，序云："余與子初，同邵武李師聃祖道，姑蘇徐武靖國，零陵蔣湋彦回，長老永明，由澹巖穿後岡，攀援藤蘿，窮覽勝事。樵不到處，得此巖穴，遂以六人一時同見名之，而以六人一時同見分韻有作。乃若年窮氣象，妙與人會，則惟出此巖而外矚，與入澹巖而内盼者，心自喻焉，不可以言罄也。得同字。崇寧四年十二月十九日。"

黄庭堅嘗應徐武之請，爲其父徐彦伯作墓碣。《山谷集》卷二十四《徐長孺墓碣》："徐長孺，姑蘇孝友文學之士也。幼少刻苦，讀書多見博聞，不肯下首作當時進士語，故數不利於有司。乃刻意作詩，得張籍句法。娶江南高士劉涣凝之之女，亦有賢行。熙寧初，與夫人歸寧於南康，不幸病卒於婦氏。年四十矣，有兒曰武，才數歲，劉夫人念兒幼，未可歸，乃旅殯於南康之僧舍。後十五年，武始能扶其柩歸於六合。是時君母彭城太君劉氏春秋高，莫敢議窀穸事。崇寧二年，彭城既合葬於金紫之塋，劉夫人及武乃亦葬君其縣之馬鞍山。君諱彦伯，長孺字也。父諱執中，尚書屯田郎中，以季子户部侍郎彦孚贈金紫光禄大夫。金紫初室龍圖閣直學士鄭公向之女，繼室尚書職方郎中劉公立言之女。長孺，鄭出也。户部，劉出也。使武能立長孺門户，以葬祭者，皆户部之志也。於是武以户部任爲永州司法參軍。武有二子，曰望、曰説，孩童而機敏。劉夫人耆老康强，乃謀曰：'汝先人不可以不銘。'故使來乞銘而碣諸墓，則叙而銘之。謹按徐氏初非姑蘇人，唐末避亂，去彭門而家於揚州之六合者，既數世矣，而金紫遷姑蘇。雖田宅在姑蘇，猶反葬於六合云。銘曰：生故之艱，不可忍言。無禄無年，有銜下泉。其子其孫，尚迪有造。刻詩墓門，俾來有考。"

今按崇寧三年徐武、陶豫、黄庭堅、黄相、崇廣題刻，黄庭堅筆。字大，隨形，不拘行款，隨心所欲，率性爲之。黄庭堅崇寧四年九月卒於宜州貶所，朝陽巖題刻爲其卒前一年最後若干筆跡，亦爲錢勰（錢勰字穆父）所説既見藏真（懷素字藏真）真蹟之後所作。石刻所在本爲朝陽巖石壁正面佳處，而隱在石隙兩側，九百餘年竟無擾動，且刻工亦佳，自今審之，如劍器出鉶，神明奕奕，滿目琳琅。當與大曆十三年張舟詩刻、治平三年周惇頤題刻，並稱朝陽巖摩崖之"三寶"。

# 崇寧三年魏泰《朝陽洞》詩刻

## 釋　文

朝陽洞

七鑿混沌死，萬變從此生。海水能幾何，呿口下渴鯨。歸期不可晚，霜日背林明。

魏泰

## 考　證

詩刻在朝陽巖道遙徑，高 55 公分，寬 35 公分，六行，行書。

道光《永州府志·金石略》、《八瓊室金石補正》、光緒《零陵縣志·藝文·金石》、光緒《湖南通志·金石志》著録。

《留雲盦金石審》："於楊巨卿題名見'道輔'二字，疑是魏泰，適得泰此詩，審其名上剥蝕處，上存'臣'，下存'丁'，其下似書干支，而不可辨，當是甲寅乙卯之間也。考《宋史·歐陽修傳》，泰嘗横行漢南，規占田園，恃爲曾布婦兄，布執政後，又譖修之子棐於布。其所作《臨漢隱居詩話》極詆永叔，信非正人。即其論詩，以有味爲主，此詩六句，安見其有味乎？"

署款僅存"魏泰"二字，道光《永州府志》作"熙寧□□魏泰□□"，云熙寧二字"約略可辨"。

《八瓊室金石補正》卷八十五："右魏泰詩不見年月，《通志》未載，《永志》列於熙寧，云名上剥蝕處上存'臣'，下存'丁'，以拓本諦審之，殊無所見，宗氏之言未可盡信也。案魏泰名見於淡巖李昭輔題名，係崇寧甲申所刻，此刻當繫於崇寧初，庶幾近之。'朝陽洞'上宗氏增一'題'字，今亦無所見。'不可晚'，誤作'不妨晚'。"

道光《永州府志·金石略》："李昭輔等澹山巖題名：李昭輔、魏泰、黄大臨、姚天常、蔣存、曾紆，□□□（下缺三字），甲申仲冬遊澹山巖。右刻小篆四行，篆法秀勁，'甲申'八字雙行書於末行之後，不著年代。案：紆，曾布子，坐黨事流永。王明清《揮麈録》所謂空青，蓋指紆也。大臨當是山谷兄弟行。其爲崇寧甲申無疑。"

崇寧甲申爲崇寧三年（1104）。

魏泰，字道甫，襄陽人。曾布之婦弟。不出仕而擅著書，然多争議。

《宋史·歐陽修傳》："曾布執政，其婦兄魏泰倚聲勢來居襄，規占公私田園，强市民貨，郡縣莫敢誰何。"

《宋史·藝文志》載"魏泰《書可記》一卷，又《續東軒雜録》一卷"，"魏泰《訂誤集》二卷，又《東軒筆録》十五卷"，"魏泰《襄陽題詠》二卷"。

《方輿勝覽》卷三十二《京西路·襄陽府·人物》："魏泰，襄陽人，章子厚欲官之，拂袖還家。"

《大明一統志》卷六十《襄陽府·人物》："魏泰，襄陽人，崇、觀間章惇欲官之，竟拂袖還家。善文章，著《臨漢隱居集》二十卷，又著《東軒筆録》十五卷。嘗賦襄陽形勝，識者偉之。"

雍正《湖廣通志》卷五十七《人物志·文苑·襄陽府》："魏泰，字道甫。《明一統志》：襄陽人，崇、觀間章惇爲相，欲官之，竟拂袖還家。善文辭，著《臨漢隱居集》、《東軒筆録》、《襄陽形勝賦》，祀鄉賢。"

《萬姓統譜》卷九十四："魏泰，襄陽人，崇、觀間章淳欲官之，竟弗就還家。善文章，著《臨漢隱居集》三十卷，又著《東軒筆録》十五卷。嘗賦襄陽形勝，識者偉之。"

晁公武《郡齋讀書志》卷三下："《東軒筆録》十五卷、《續録》一卷。右皇朝魏泰撰，襄陽人，曾布之婦弟。爲人無行而有口，頗爲鄉里患苦。元祐中紀其少時公卿間所聞成此編云。"

同書卷四下："《臨溪隱居集》二十卷。右皇朝魏泰，字道輔，襄陽人，曾布子宣妻之弟也。幼邁爽，能屬文，嘗從徐禧。晚節卜隱漢上，人頗言其倚子宣之勢爲鄉里患苦云。"

馬端臨《文獻通考》卷二百十六《經籍考·子·小説家》："《東軒筆録》十五卷、《續録》一卷。晁氏曰：'右皇朝魏泰撰，襄陽人，曾布之婦弟，爲人無行而有口，頗爲鄉里患苦。'元祐中紀其少時公卿間所聞成此編，其所是非多不可信。心喜章惇，數稱其長，則大概已可見。又多妄誕，姑舉其一：如謂王沂公登甲科，劉子儀爲翰林學士嘗戲之。按沂公登科雖在子儀後四年，其入翰林，沂公反在子儀前七年。沂公咸平五年登科，子儀天禧三年始除學士，蓋相去二十年，其謬至此。王氏曰：魏泰者，場屋不得志，喜僞作他人著書，如

《志怪集》、《括異志》、《倦游録》，盡假名武人張師正。又不能自抑，出其姓名作《東軒筆録》，皆用私喜怒誣蠛前人。最後作《碧雲騢》，假作梅堯臣，毁及范仲淹，而天下駭然不服矣。"

張邦基《墨莊漫録》卷二："魏泰道輔，自號臨漢隱君，著《東軒雜録》、《續録》、《訂誤》、《詩話》等書，又有一書譏評巨公偉人闕失，目曰《碧雲騢》，取莊獻明肅太后垂帘時，西域貢名馬，頸有旋毛，文如碧雲，以是不得入御閑之意。嫁其名曰'都官員外郎梅堯臣撰'，實非聖俞所著，乃泰作也。"

《四庫全書總目提要·東軒筆録》："《東軒筆録》十五卷，宋魏泰撰。泰，字道輔，襄陽人，曾布之婦弟也。《桐江詩話》載其試院中，因上請忿争，毆主文幾死，坐是不得取應。潘子真《詩話》稱其博極群書，尤能談朝野可喜事。王銍跋范仲尹墓誌，稱其場屋不得志，喜僞作他人著書。如《志怪集》、《括異志》、《倦遊録》，盡假名武人張師正，又不能自抑，作《東軒筆録》，用私喜怒誣蠛前人。最後作《碧雲騢》，假作梅堯臣，毁及范仲淹。晁公武《讀書志》稱其元祐中記少時所聞成此書，是非多不可信，心喜章惇，數稱其長，則大概已可見。又摘王曾登科甲，劉鞏爲翰林學士相戲事，歲月差舛，相去幾二十年，則泰是書，宋人無不詆諆之。而流傳至今，則以其書自報復恩怨以外，所記雜事亦多可采，論古者頗藉以爲考據之資，故亦不得而廢焉。"

《四庫全書總目提要·臨漢隱居詩話》："《臨漢隱居詩話》一卷，宋魏泰撰。泰有《東軒筆録》，已著録。泰爲曾布婦弟，故嘗託梅堯臣之名撰《碧雲騢》以詆文彦博、范仲淹諸人。及作此書，亦黨熙寧而抑元祐。如論歐陽修，則恨其詩少餘味，而於'行人仰頭飛鳥驚'之句始終不取。論黄庭堅，則譏其自以爲工，所見實僻而有方。其'拾璣羽往往失鵬鯨'之題論，石延年則以爲無大好處。論蘇舜欽，則謂其以奔放豪健爲主。論梅堯臣，則謂其乏高致。惟於王安石，則盛推其佳句，蓋堅執門户之私，而甘與公議相左者。至'草草杯柈供笑語，昏昏燈火話平生'一聯，本王安石詩，而以爲其妹長安縣君所作，尤傳聞失實。然如論梅堯臣贈鄰居詩不如徐铉，則亦未嘗不確。他若引韓愈詩証《國史補》之不誣，引《漢書》証劉禹錫稱魏琯之誤，以至評韋應物、白居易、楊億、劉筠諸詩，考王維詩中顛倒之字，亦頗有可采。略其所短，取其所長，未嘗不足備考證也。"

又《四庫全書總目提要·括異志》："舊本題宋張師正撰。……然王銍《默記》以是書即魏泰作。蓋泰爲曾布之婦兄，而銍則曾紆之婿，猶及識泰，其言當必不誣也。"（"曾布之婦兄"誤，當作"婦弟"。）

又《四庫全書總目提要·揮麈前録》："宋王明清撰。……明清爲王銍之子，曾紆之外孫，紆爲曾布第十子，故是録於布多溢美。"（"紆爲曾布第十子"亦誤，汪藻《浮溪集》卷二十八《右中大夫直寶文閣知衢州曾公墓誌銘》："公諱紆，字公袞。……丞相文肅公布之第四子也。"）

《宋詩紀事》卷二十八："魏泰：泰字道輔，襄陽人，曾布之婦弟，爲人無行而有口。米元章稱其'與王平甫並爲詩豪'。崇、觀間，章惇爲相，欲官之不就。有《臨漢隱居集》、《東軒筆録》、《隱居詩話》。題黄魯直集：'端求古人遺，琢抉手不停。方其得機羽，往往失鵬鯨。'《隱居詩話》：'黄庭堅喜作詩，得名好用南朝人語，專求古人，未使之一二奇字，綴葺而成詩，自以爲工，其實所見之狹也。故句雖新奇，而氣乏渾厚，吾嘗作詩題編後'云云。蓋謂是也。"

《説郛》卷二十一上："田衍、魏泰居襄陽，郡人畏其吻，謡曰：'襄陽二害，田衍魏泰。'未幾李豸方叔亦來郡居，襄人憎之曰：'近日多磨，又添一豸。'"

同書同卷又云："魏泰道輔，自號臨漢隱君，著《東軒雜録》、《續録》、《訂誤》、《詩話》等書。又有一書，譏評巨公偉人闕失，目曰《碧雲騢》，取莊獻明肅太后垂簾時，西域貢名馬，頸有旋毛，文如碧雲，以是不得入御閑之意。嫁其名曰'都官員外郎梅堯臣撰'，實非聖俞所著，乃泰作也。"

同書卷二十九下又云："魏泰托梅聖俞之名，作書號'碧雲騢'，以詆當世巨公，如范文正公亦不免。曰：'范公欲附堂吏范仲之故名仲淹，意欲結之爲兄弟。'"

《少室山房筆叢正集》卷十六："《碧雲騢》，撰稱梅堯臣，實魏泰也。晁公武云：泰，襄陽人，無行有口。元祐中紀其少時聞見成此編，心信章惇，數稱其長，則大概見矣。又王銍云：魏泰場屋不得志，喜僞作他人著書。如《志怪集》、《括異志》、《倦游録》，盡假名武人張師正。又不能自抑，出姓名作《東軒筆録》，皆私喜怒誣衊前人。最後作《碧雲騢》，議及范仲淹，而天下駭然不服矣。余嘗笑唐人作僞書而其名隱，宋人作僞書而其名彰，然無益於僞則一也。宋人好作僞經者阮逸，僞子者宋咸，僞説者惠洪，諸人皆無害於名教，世猶以僞訾之。而以泰之顛倒白黑，而《碧雲騢》迄今傳，何也？"

翟灝《通俗編》卷十三《風俗》："王銍跋范仲淹墓志：魏泰作《碧雲騢》，假名梅聖俞毁范文正。文正與梅公立朝同心輔政，詎有異論！特聖俞子孫不耀，故挾之借重以欺世。"

魏夫人，即魏玩，字玉如，一作玉汝，湖北鄧城人，從夫籍江西南豐。宰相曾布之妻，初封瀛國夫人，後封魯國夫人，人稱魏夫人。著有《魏夫人集》，已佚，後人輯爲《魯國夫人詞》一卷。

同治《建昌府志》卷八十二引《文獻通考》、《江南志》云："魏玩，字玉汝，丞相曾布夫人也。博涉群書，工詩，尤擅人倫鑒。布鎮真定，嘗攜教授李撰子及宋提刑子至署内，宋子眉目如畫，衣裝殊華焕，李不及也。既去，玩謂布曰：'教授今雖貧，諸郎皆令器。提刑子雖楚楚，趨走才耳。'李後五子皆登科，而彌遜、彌大尤著，宋子止閤門祗候，一如其言。玩子十，紆最知名，其詩得母教爲多。累封道國夫人。著有《魏夫人集》。"

黎靖德《朱子語類》卷一百四十："本朝婦人能文，只有李易安與魏夫人。"胡仔《苕溪漁隱叢話》卷四十："《詩説雋永》云：今代婦人能詩者，前有曾夫人魏，後有李易安。"蔣一葵《堯山堂外紀》卷五十四："朱淑真同時有魏夫人者，曾子宣内子也，亦能詩。嘗置酒邀淑真，命小鬟隊舞，因索詩，以'飛雪满群山'爲韻。"又載："魏夫人有《春恨·江神子》曰：别郎容易見郎難，幾何般，懶臨鸞。憔悴容儀，陡覺縷衣寬。門外紅梅將謝也，誰信道，不曾看。　曉粧樓上望長安，怯輕寒，莫憑欄。嫌怕東風，吹恨上眉端。爲報歸期須及早，休誤妾，一春閑。"又載："魏夫人《捲珠簾》詞云：記得來時春未暮，執手攀花，袖染花梢露。暗卜春心共花語，争尋雙朵争先去。　多情因甚相辜負，有輕拆輕離，向誰分訴。淚濕海棠花枝處，東君空把奴分付。"宋黄昇編《唐宋諸賢絶妙詞選》卷十録其《菩薩蠻·春景》、《菩薩蠻·夏》、《武陵春·别情》、《好事近·恨别》、《减字木蘭花·春晚》、《阮郎歸·别意》、《江神子·春恨》七首。明田藝蘅《詩女史》卷十録魏夫人《捲珠簾》詞一首。

曾紆，字公卷，一字公衮，號空青，爲曾布第四子，崇寧二年貶爲永州編管。曾紆妻魏氏，魏泰爲其弟，即與曾紆同至。兹據魏泰、曾紆澹山巖題名，定爲熙寧三年。

《續資治通鑑》卷八十八："崇寧二年五月丙戌：曾布以妻魏氏及子紆、繰等交通請求，受賂狼籍，責授廉州司户參軍，仍舊衡州安置，紆永州編管，繰除名。"

汪藻《浮溪集》卷二十八《右中大夫直寶文閣知衢州曾公墓誌銘》："公諱紆、字公衮，世家撫之南豐。尚書户部郎中直史館、贈太師密國公致堯之曾孫；太常博士、贈太師、魯國公易占之孫；而丞相文肅公布之第四子也。母曰魯國夫人魏氏。公少穎悟，天資既高，又受學於賢父母。當是時文肅公爲天子守邊，不暇朝夕眎，專以魯國爲師。年十三，伯父南豐先生鞏，授以韓愈詩，文學益進。文肅公任爲承務郎，學士鄧潤甫、尚書彭汝礪與語，大奇之。舉賢良方正科，上其文公車，會科廢而止。建中靖國元年，文肅公爲二后山園陵使，用故事，辟公以從事。已，左丞相韓儀公欲擢公館閣，公白文肅公力辭，下除太僕寺主簿。一時名士賢者皆願見之，於是左司諫江公望，累數百言薦，公不敢，以宰相子爲嫌。文肅公免相，言者指公嘗夜過韓儀公家，議復瑤華事，且受父客金請付吏，當國者用吕嘉問尹京典詔獄，嘉問熙寧中與文肅公議法爲敵者也。鍛鍊半年，無所得，詔自中竄永州，入元祐黨籍。……公才高而識明，博極書史。始以通知古今裨贊左右，爲家賢子弟。中以文章翰墨，風流醖藉，爲時勝流。晚以精明强力，見事風生，爲國能吏。雖低徊外補，位不至公卿，而所交皆一時英豪，世之言人物者，必以公一二數。公之謫永州也，黄庭堅魯直過焉，得公詩，讀而愛之，手書於扇。公之叔父肇，不妄許可人，嘗曰：'文章得天才，當省學問之半。吾文力學至此耳，吾家阿紆，所得超然，未易量也。'故公詩文每出，人争誦之。又篆、隸、行、草，沈著痛快，得古人用筆意，江南大榜豐碑，率公爲之，觀者忘去。"

道光《永州府志·金石略》引《留雲盦金不審》云："案汪浮溪撰紆《墓銘》云：'文肅公免相，言者指公嘗夜過韓儀公家，議復瑶華事，且受父密金，請付吏，詔自中竄永州，入元祐黨。'建炎時官紆知衢州。又云：'公之謫永州也，黄庭堅魯直過焉，得公詩，愛而讀之，手書於扇。其篆、隸、行、草，沉著痛快，得古用筆意。'據此則此刻必紆所書也。"（"密金"誤，當作"客金"。）

傳世有米芾《寄魏泰詩帖》，又稱《與魏泰唱和詩帖》，載魏泰、米芾二人唱和詩。

魏泰《寄米元章》："緑野風回草偃波，方塘疏雨淨傾荷。幾年蕭寺書紅葉，一日山陰換白鵝。湘浦昔同要月醉，洞湖還憶扣舷歌。緇衣化盡故山去，白髮相思一陪多。"

米芾《次韻》："山椒卜築瞰江波，千里常懷楚制荷。舊憐俊氣閑羈馬，老厭奴書不玩鵝。真逸豈因明主棄，聖時長和野民歌。一自扣舷驚夏統，洛川雲物至今多。"

並載米芾跋語云："泰，襄陽人，能詩，名振江漢，不仕宦。昨入都久留，回山之日，芾始及都門，故人不及見。寄此詩，乃和。故與王平甫並爲詩豪。"（詳見詩帖單行本《米襄陽魏泰詩真跡》，上海書畫出版社 1983 年版。）

魏泰詩，"湘浦"、"洞湖"，當指湖南。"山陰換白鵝"用王羲之寫《黄庭經》典故，可知魏泰亦留意書法者。

今按魏泰詩刻，五言六句三韻，書法字小力弱，然著述家之真跡亦稱難得矣。

# 崇寧四年朱彦明、劉聖澤、韓陟明題刻

## 釋　文

□□朱彦明、宜春劉聖澤、長樂韓陟明，崇寧乙酉□□□□□同……

## 考　證

題刻在朝陽巖下洞右側較高處，高65公分，寬53公分，五行，楷書。題刻兩側經雨水侵蝕，首四行二十四字殘八字，存十六字。末一行僅存一字。“寧”字殘，據道光《永州府志》補。

崇寧乙酉爲崇寧四年（1105）。

道光《永州府志·金石略》、《八瓊室金石補正》、光緒《零陵縣志·藝文·金石》、光緒《湖南通志·金石志》著録。

道光《永州府志·金石略》：“宋朱彦明等朝陽巖題名：朱彦明、宜春劉聖澤、長樂韓陟明，崇寧元。（下蝕）行書，四行，末一行蝕。（《畱雲盦金石審》）”

《八瓊室金石補正》卷八十五：“朱彦明等題名：高二尺，廣一尺六寸，五行，行六字，字徑一寸八分許，正書。《通志》失載。‘朱’字上右角石泐，‘寧’字已漫漶。《永志》‘乙’誤作‘元’，‘酉’字存上半，宗氏未審出，末一行亦未見。”

光緒《湖南通志·金石志》：“宋朱彦明等朝陽巖題名：□□朱彦明、宜春劉聖澤、長樂韓陟明，崇寧乙酉□□□□□同□。《宋史·忠義傳》：朱昭，字彦明，府谷人，宣和年死節。史未叙宣和前事蹟，此刻又泐其里貫，不審即此人否。”

“□□朱彦明”，“□□”二字已壞，當爲朱彦明里籍。

《宋史·忠義傳》所載朱昭，字彦明，以字行，故魏了翁稱之爲朱彦明。《鶴山集》卷六十二《跋端明程公振謚剛愍議》："自吾有寇難，如劉仲偃、傅公晦、張德祥、霍安國、李清卿、唐聖任及梅、陳、程、安四從臣皆死節之著者。其次蔣興祖死於陽武，張子固死於隆德，朱彦明數人死於震威，郭滸、朱友恭死於涇原。又其次則忍死於外而卒能自明者不可勝數。嗚呼！王、吕始禍，章、蔡諸人成之，皆以七秩、八秩之年，生都将相，没保首領，若死者，則不必皆所用者也。詩曰：'如彼泉流，淪胥以敗。'亦足以發千古之一嘆！"

但府谷在河東路府州。朱昭，宣和末爲震威城兵馬監押，攝知城事。震威城亦在府州。以時以地，皆與題刻不合。

按鄒浩《道鄉集》卷十二《寄朱彦明》："義薄雲霄世幾人，零陵邑宰迥超倫。能明聖主恢洪造，曾是童兒謁紫宸。衡嶽深蟠心不動，重湖閎寫惠常均。别來眉宇知何似，日冀恩還得款親。"由"零陵邑宰"可知朱彦明時爲零陵知縣，而《永志·職官》失載。"童兒謁紫宸"似謂朱彦明曾舉童子試。"衡嶽深蟠"似謂朱彦明爲衡陽人。"重湖"即洞庭湖，"重湖閎寫惠常均"似謂朱彦明曾官湘陰知縣。

鄒浩字志完，常州晉陵人，《宋史》有傳。崇寧元年貶衡州别駕，永州安置。《續資治通鑑》卷八十七：崇寧元年（1102）閏六月，"丙寅，寶文閣待制、知杭州鄒浩，改知越州。……初，浩以諫立后被謫，章留中不下。元符末，還朝，入見，帝首及諫立后事，獎歎再三，問：'諫草安在？'對曰：'焚之矣。'退，告陳瓘，瓘曰：'禍其在此乎！異時奸人妄出一緘，則不可辨矣。'及蔡京用事，忌浩，欲擠之，果使其黨僞爲浩奏，言劉后殺卓氏而奪其子，且多狂妄指斥語，復僞爲元符皇后上皇太后表，流布中外。帝見之，大怒，遂下詔治浩之罪，貶衡州别駕，永州安置"。

又周密《浩然齋雅談》卷上載：李伯時作《五馬圖卷》，黄庭堅爲之箋題，曾紆作跋云："當崇寧癸未，余以黨人貶零陵，魯直亦除籍徙宜州，過余瀟湘江上。因與徐靖國、朱彦明，道伯時'畫殺满川花'事。"又見郁逢慶《書畫續題跋記》卷二、吴升《大觀録》卷十二、宋犖《筠廊偶筆二筆》卷下。

徐靖國見黄庭堅《三月辛丑同徐靖國到愚溪，過羅氏修竹園，入朝陽洞》詩，可知黄庭堅過零陵，朱彦明與徐靖國皆奉陪同遊。

據此推測，劉聖澤、韓陟明亦當爲零陵縣官屬。

劉聖澤，宜春人，事蹟不詳。

韓陟明，長樂人，事蹟不詳。

題刻雖殘，而所存數行書法甚秀挺。

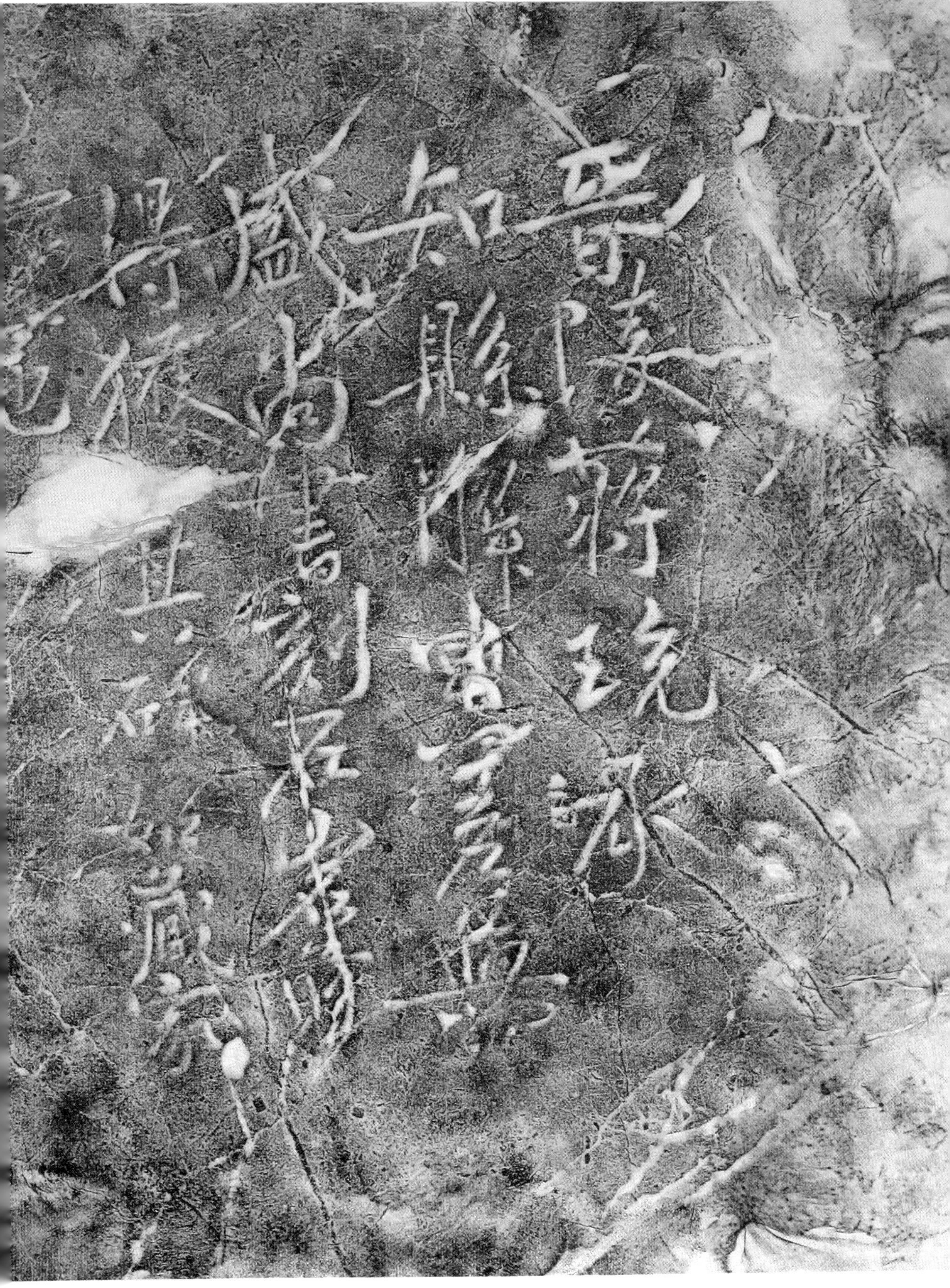

# 宣和間蔣琓、盛尚書題名

## 釋　文

晉陵蔣琓，承知縣解曹差，與盛尚書刻石岩前，得獲其碑，如藏家寶也。

## 考　證

題刻在朝陽巖下洞右側，高 33 公分，寬 28 公分，五行，行書。題刻未經摩崖，就壁上寫刻。刻工較淺，倖尚完整。

以往金石家未見著録。

所云“得獲其碑，如藏家寶”，似指黄庭堅題刻。

宋有蔣浚明，爲浙江奉化蔣氏之祖。

蔣琓爲蔣浚明第三子。《宋蔣户曹墓記》載蔣浚明“娶盧氏，男七人：琚、璿、琓、瓌、珪、琦、璋。琚、瓌遊三舍。璿第紹聖四年進士，今承議郎。琓復中崇寧五年第，今宣教郎。餘尚幼”。

蔣琓之母盧氏，見蔣浚明所撰夫人盧氏墓誌。

蔣琓之子蔣楹、蔣梗，見蔣楹所撰蔣梗墓誌。（均見溪口博物館周金康《宋蔣浚明墓記考》，刊《東方博物》2012 年第 4 期。）

蔣璿、蔣琓均爲陳瓘弟子，見《宋元學案・陳鄒諸儒學案》。

全祖望《鮚埼亭集》卷二十三《蔣金紫園廟碑》：“城南競渡湖之支流爲小湖，其西爲竹湖，有廟焉，蓋宋金紫光禄大夫蔣公浚明之園神。而後遂以爲里社之祀，故其巷曰蔣金紫巷，其水曰蔣家带，其橋曰蔣家橋，其東有坊曰‘連桂’，亦蔣氏物也。……蔣氏自唐時實由天臺來居奉化，已而遷湖上。金紫爲豐清敏所薦士，官尚書金部員外郎，抗疏排新法被斥，将謫遠州，母老，清敏力争之而免。金紫之子中奉大夫璿、宣奉大夫琉，最有名。是時陳忠肅公來鄞，金紫即遣二子事之，未幾成進士，忠肅爲書‘連桂’二字以表其坊。中奉知江陰，歸，猶及與潘公良貴倡和三江亭上，其詩至今存。而宣奉以忤蔡京，自劾去，師傳、家學俱爲不負。”

寶慶《四明志》卷十《叙人》下：“進士：蔣琉：崇寧五年蔡嶷榜。”

雍正《浙江通志》卷二百三十七《陵墓·寧波府·奉化縣》：“宋金紫光禄大夫蒋浚明墓：成化《四明郡志》：在三嶺山，中奉大夫蒋璿、宣奉大夫蒋琉俱祔焉。《奉化縣志》：浚明字彦昭，神宗時尚書金部員外郎，屢贈至金紫光禄大夫，以壽終。”

《萬姓統譜》卷八十六：“蒋浚明，字彦昭。其先自常州徙居奉化。神宗時，浚明詣闕上書，論君子小人之黨，言極剴切，上嘉納之，授溧陽縣簿，辭弗就，後豐稷薦除大理評事，遷尚書金部員外郎。新法行，上疏遭竄，豐稷以其母老力争之，授無爲軍司户，遷建康户曹，累贈至金紫光禄大夫，以壽終。”

晉陵在常州，奉化在明州。蒋氏“自常州徙居奉化”，故稱晉陵人，又稱奉化人。

蒋琉不知何故在永州，“承知縣解曹差”一語意不詳。

所謂“盛尚書”者，澹巖有“襄陽盛某”詩刻，道光《永州府志·金石略》云：“宋襄陽盛某澹山巖詩：題淡山巖□□□□，□（下半似襄字）襄陽盛□并□：‘黄公邱壑人，閲遍山水奇。晚觀淡巖作，獨許天下稀。我初頗未信，及到廼愧之。偉兹過奇特，驟睹心驚疑。神靈藴幽秘，無乃弗許窺。把苔漸深入，歎愕不自持。穹窿但一石，轇轕周四維。廣容千人騶，高建五丈旂。巨勢裂地軸，虚牕豁天扉。森然萬幕張，鬱若曾雲垂。危磴過别洞，絶壁浮煙霏。幽房瞰窈究，屏榻如磨治。雲霞起坐隅，翠嵐著人衣。頓覺從來山，榛莽翳七垢。化石事茫昧，軀虵知是非。井臼儼遺處，芝田留舊畦。云昔隱僊宅，此理固亦宜。元柳跡不到，隱題當有時。憶我半紀前，已與兹山期。了然蘭臺夢，宛汲瀟湘湄。今來恍如昨，始悟非人爲。寧嗟擯幽邈，特爾足自怡。無窮軒冕客，有幾能遊斯。天應出此境，以慰遐荒悲。’予自政和五年，始校中秘書，晝卧館下，即嘗夢至此山。事具别記。”

《罶雲龕金石審》云：“右行楷書十一行，後小行書一行，字學北海而參米體，極爲秀整。時次不著，案其後識‘政和五年在秘書’，而詩云‘半紀前’，則必宣和三、四年間至永也。其題款‘襄陽盛’三字以上，俱被人磨去，‘襄’上一字存其半，似亦‘襄’字。案襄州襄陽郡，宣和初升州爲府，此云‘襄襄陽’，蓋謂襄州襄陽縣也。‘盛’下一字尚存八字，揣之似‘泰’字。《宋史》宣和時貶永，未見有盛姓者，《湖北通志》襄陽人物類，亦不載其人。書闕有間，遺佚者可勝計與！”

茲據宗績辰定爲宣和間題刻。

宗績辰謂盛某澹山巖詩刻“學北海而參米體，極爲秀整”。此刻稱“與盛尚書”，則知非盛尚書所題，當是蔣琉之筆。其字大小不一，率性寫之，筆劃嫺熟，要之亦工於書法者。

# 建炎元年唐功茂、宋奐《游朝陽巖記》

## 釋　文

……瀛洲、方丈。欣勝踐之同適，嗤塵纓之自縛。飛觴舉白，暮色四合，乘槎□□……

## 考　證

此刻在朝陽巖逍遙徑，高 50 公分，寬 30 公分，三行，楷書，殘損。

題刻前被嘉靖廿七年八月既望郡人東厓子蔡真《游朝陽巖》詩刻磨去，後被“寄名石山保，長命富貴”侵入，殘存三行亦磨泐不清。

殘文據《名山勝概記》著録。石刻未知是否原有題目，茲亦據《名山勝概記》標題。

何鏜《名山勝概記》（早稻田大學圖書館藏本）卷三十，題爲“唐功茂《游朝陽巖記》”。全文云：“朝陽巖近在郊邑，無車馬之喧，而有泉石之勝。建炎彊圉協洽六月有五日，唐功茂、宋景晉同爲避暑之遊。是日也，雨餘風快，煙静霞鮮，爽氣盈衿，歊溽遁去。閑揮五絃，時寄一枰，神清骨寒，若與浮丘、赤松接於瀛洲、方丈。欣勝踐之同適，嗤塵纓之自縛。飛觴舉白，頹然就醉，暮色四合，乘槎而歸。”

《名山勝概記》舊題何鏜纂，慎蒙續，盧高、張縉彦、谷應泰補輯，明刻本。

又見何鏜《古今游名山記》（《續修四庫全書》影印明嘉靖四十四年盧陵吴炳刻本）卷九，而題爲“宋唐功茂《游朝陽巖記》”。

二書“建炎”誤作“建火”，“彊圉”誤作“疆圉”，徑改。

周聖楷《楚寶》（明崇禎十四年刻

本）卷三十七“唐功茂”作“唐茂功”，“接於”作“接于”，“彊圉”誤作“疆圉”，“瀛洲”誤作“瀛州”。

《古今圖書集成·方輿彙編·山川典》亦録全文，誤題“明唐功茂”，“舉白”誤作“舉酒”。按石刻當作“舉白”。

程良孺《茹古略集》“暑”字條引作“唐功茂云”，曰：“多遊朝邑，揮五絃，寄一枰，深謝塵霧之來憧！”節用其句而多誤，“朝邑”當作“郊邑”，“塵霧”當作“塵纓”，“深謝”、“來憧”尤謁，竟不知所云。

《游朝陽巖記》舊有張孝祥、吴朗貞、施昱、朱衮數家，多未上石。此篇字句推敲，排比精整，意境獨佳，文筆甚美，雖爲小品，而上石不易，故稱難得。

此篇金石家未見著録。

“建炎彊圉協洽”，即建炎元年（丁未，1127）。

唐功茂，事蹟不詳。

宋�，字景晉。宋仁宗宰相宋庠曾孫，蔡京子蔡攸之妻弟。歷官江淮荆浙等路制置發運使、徽猷閣待制。紹興元年（1131）謫居永州。宋徽宗内禪，宋晚往來徽宗、欽宗之間，特見親信。

周必大《文忠集》（明澹生堂鈔本）卷三十一《徽猷閣待制宋公晚墓誌銘》：“公諱晚，字景晉，姓宋氏。其先北州大族，後徙開封府祥符縣。至公之曾祖鄭國元憲公庠，以道德文章歷踐樞宰，賜第咸寧坊，官至司空，薨，贈太師、中書令，兼尚書令。曾祖妣，魯國太夫人胡氏。祖均國，朝散郎致仕，累贈金紫光禄大夫。祖妣，大寧郡夫人陳氏。父密年，朝請大夫致仕，累贈銀青光禄大夫。妣，同安郡夫人張氏，安康郡夫人吕氏。”

又云：“公弱冠，補太學生，嘗升舍，會父致仕，當補官，公友愛其弟，推與之。政和四年，别以門蔭爲將仕郎，調孟州刑掾，改河北糴便司幹當公事，選充大晟府修制大樂管幹文字。以生母令人崔氏心喪去官，服除，用前糴便賞，改宣教郎，爲河北轉運司幹當公事，提舉洛口交裝催促綱運，擢尚書司門員外郎，出爲蔡河撥發。宣和元年冬，徽宗召對稱旨，命知宿州。明年，方臘起，連陷郡縣數十，羽檄調重兵擊之，所過騷然，宿爲往來要衝，凡軍需獨前期告辦，民以不擾。久之，以治郡最一路，除直秘閣。四年夏，童貫退師白溝，公適入覲，帝命乘驛按之，盡得其狀。未幾，以將作少監召賜緋衣銀魚數條，積弊多所裁革，遂長監事，賜服金紫。六年正月，遷殿中少監，入謝，帝諭以裁冗濫、扼侵漁，公悉意奉行，一時號爲稱職。”

又云：“靖康改元，斡離不深入，道君將幸南，朝廷議守襄、鄧，中外洶洶，士大夫潛懷向背。欽宗雅才公，擢徽猷閣待制，添差江淮荆浙等路制置發運使，實欲調護道君行宫也。人謂公且辭行，公曰：'此非臣子効力時耶？'以正月三日受命，而是夕龍德之駕倉皇出通津門，公捐家貲募兵民擊河淩通御舟，遂從道君踰淮渡江。是月十五日次京口。時敵已破京城，道君命所在州止東南遞角，又上供綱運，毋令敵得。又高俅才領禁衛三千留控淮津，惟童貫将勝捷兵三千，實從會二浙勤王兵三千人過鎮江。道君命留之，疊三事而疑似之言寖聞，於是有上書天子乞斬童貫等六人者。二十八日，詔聶山爲發運使，代公密圖之，而與公在京差遣。山行有日，尚書右丞李綱言於帝曰：'斥貫等一詔書足矣，投鼠不可不忌器。'帝曰：'朕意亦然。'罷山不遣，而公二月未至闕。帝召對，首問道君安否，公敷奏詳明，帝喜曰：'流俗紛紛，朕皆不信也。'明日復召至延和殿，授使指令，奉書行宫。公頓首曰：'臣備數從官，蒙任使，敢辭難乎！顧愚贛，不能道两宫之情，死無以塞責。'帝曰：'朕自道君在外，我食不安。彼小人何知，動輒猜間，不可不慮。卿頃嘗将命至坊，又久在禁省，吾父子知卿故舊，卿一行往矣，道此誠意，用釋朕憂。'公知不可辭，即奏云：'陛下仁孝，天下所共知，況臣親聞玉音，敢不竭力！'帝曰：'朝廷昨命童貫留守京師，貫輒不告而去，名爲扈從，實遁耳。議者屢請誅之，朕以其在道君左右，弟貶池州。卿爲我奏遣，毋令舉朝尚以爲言也。'公曰：'謹奉詔！'乃三月四日再除公發運使，填高衛闕。暨明日，入辭，帝曰：'更有一事。尼堪再犯澤、潞，朕以道君未歸，屈己懇和，須其退師，即遣奉迎使詣行宫，問歸期，不然遊騎脱復渡河，豈不驚動君父？'公曰：'聖慮及此，可與天通，非群臣所能及也。'帝目宦者取書，起立授公。”

又云：“公退即疾馳，不三日至符離，俄報云：'道君入虹境矣。'公率官吏迎拜河上，道君召公登善濟舟，公進書，備道上意，道君蹙然曰：'此因流言致朝廷相形跡，監司州縣觀望風指，往往忘分慢職。'因條舉數十事，每及一事，即泣下云云。公曰：'方都城晝閉，中外隔絶，雖御前號令，州縣或不奉承，非獨行宫也。守令之罪，蓋不容誅，朝廷何預焉。'道君意乃解，公即奏：'臣出京師時，聞童貫貶池州，今猶未行，何也？'道君曰：'勝捷兵隸貫，未知所付。'公以便宜奏云：'若付宇文粹中，而以范訥爲副，宜可。'道君曰：'善。'召二人使交兵，明日道君語公：'童貫得勝捷軍情，驟罷之，且生變，奈何？'公曰：'貫平日敗壞軍政，西北之人怨入骨髓，今斥去，乃所以安衆，生變之語，殆貫自解耳。'道君趣貫行。一日，道君復語公：'内禪自出我意，雖皇后亦不與知，況群臣皆欲保家族，敢與此耶？我才出門，奸人便欲貪功離間，是無天也。’再及遞角等三事，泫然曰：‘我爲國家過計耳，得毋以此致疑乎？’公曰：‘臣造朝才數月，無日不召見，主上誠孝，由衷思慕，形於言色，雖百小人進間，言決不能入。若廷臣，則陛下何恤。’道君曰：‘帝知我急歸否？’公曰：‘主上正以黏罕在澤、潞，故願陛下少留京口，以待奉迎使與儀物偕來。臣固疑回鑾太遽，而未敢啟也。’道君曰：‘两日待説偶未暇，只爲無裹糧住得耳。’公驚曰：‘臣雖被召去，自有淮、浙两路漕臣及發運使，副在楊潤，顧不能應辦耶？’道君曰：‘有一文字待付卿。’令左右取匣中文書來，公跪讀之，乃尚書省付知宿州林篪劄子也。初，州有御前竹石錢十萬緡，道君過州時，親筆付篪取其半，篪才輸二十之一，而以其事上尚書省，尚書符宿州其以錢上京，毋擅用，後題‘正月十三日’，‘日’下獨執政官一人簽書。公讀畢，奏曰：‘陛下在位，凡御批寶批，及三省批旨，若盡可畫，聞有不作奉聖旨付外者否？’道君曰：‘無之。’公指堂帖曰：‘此既無“聖旨”二字，又未嘗遍書宰執，非朝廷意甚明，殆圍城中小吏作常程行遣，而當筆者不察爾。臣非敢遊説以寬聖慮也。’道君視之，欣然曰：‘卿言是，我未思此。’公隨事解釋，大率類此。行宫次南京，公以帝命請先入奏道君，乃以書授公，且賜手詔一通，大略謂：嗣聖遣宋某齎書至，遂得通父子之情，話言委曲，坦然明白，由是两宫無纖毫憂疑。至以公比張仲孝友。公再拜跪受訖，夜以小舟馳去，比至虹橋，宣召者踵來。公奔至崇政殿門，謁者云：‘上留宰執待君，已有旨免朝見，止常起居可也。’公及階，帝已起立，連問道君遽歸意。公不敢隱‘裹糧’語，繼以堂帖進呈，且具道所以解釋道君者。帝悦曰：‘卿應對甚善，當議褒賞。’公曰：‘臣將命無功，免責爲幸，賞非敢冀也。’”

又云：“還部未幾，臣僚劾公奏宿州事爲脅持離間，而大臣獨書劄子者從中助之。詔落職，與在外宫祠。言者不已，七月，再貶單州團練副使，永州安置。紹興元年，復朝請大夫。次年，始得提舉亳州明道宫。凡歷八任，改提舉江州太平興國宫，積官右朝議大夫。二十七年，光堯壽聖太上皇帝眷懷舊事，命取徽宗所賜手詔以入，親爲製題記數百言，宣示百僚，襲藏敷文閣。又下詔暴公之忠，還其舊職，歲賜藥石，眷待甚厚。惜公已老，無意於仕矣。後四年，遂納禄轉右中奉大夫。是歲六月二十日，終於正寢。實紹興三十一年，享年七十有六。訃聞，贈右通奉大夫，賻黄金百两，録其孫三人。制詞有‘學知守其家，材實裕於用，被遇徽廟，竭識靖康，謨訓具存，忠勤可驗’之語。然則公藴蓄雖不盡施於世，亦可無憾矣！”

又云："公事親孝，接物誠，出於天性，非勉强而然。幼篤志問學，稍長多識名士，其聞見議論，皆有根柢。晚築室章江上，益以文史翰墨自娱。故士大夫樂從之遊，坐客常满。公待之無戚踈夷險，一與竭盡，雖遇横逆不校也。"

又云："先娶李氏，再娶張氏，皆追封令人。二男子：奇，右從事郎，早卒；仲甫，孝謹儒雅，今右承務郎，充江南西路提舉常平茶鹽司幹辦公事。二女，適進士吕溥之、右從事郎李耆碩。孫男三人，文饒、文翁、文成。女，適右修職郎劉泌、鄉貢進士魏好信。餘尚幼。曾孫：曾老、岩老。女一人。仲甫以是年九月二十七日，葬公於洪州新建縣柳花鄉西山麓珠陵陂岡之原，使來求銘。惟我先夫人，宋之自出，某爲兒童已識公，每聞其道靖康間事，皆可書而誦也。其後入史院爲編修官，以諸家所上太史書，參考公言，無不合者，故於論次特詳焉。夫其大節詳矣，他固不嫌於略也。"

又銘曰："泰寧之世，士趨寵榮。一蹈時艱，則謀其身。其身是謀，國於何恤。君臣父子，秦越肥瘠。有美宋公，相門之英。騫翔禁密，曰惟才臣。平居涖官，稱職而已。逢辰之虞，惟上楚使。靖康岌岌，外猘内訌。不愛其躬，調護彌縫。我惟忠臣，爾覆醜正。衆言淆亂，盍折諸聖。聖有一言，萬世不疑。巍巍三朝，先後同辭。祐陵紀之，欽廟倚之。明明紹興，又增美之。孰不忠孝，孰晦而顯。天亦耆之，式燕爾晚。保有令名，言歸兹藏。載紀邈綿，毋或懷傷。"

宋映之負冤得罪被貶，見《靖康要録》、李光《莊簡集》、許景衡《横塘集》、程俱《北山小集》、陳東《少陽集》等。

《靖康要録》卷三：靖康元年三月十五日："聖旨：'道君太上皇帝誥予："夙心慕道，託神器於嗣聖。"丕承天命，喜無所喻，然有恭謝，難即燕安。舟御東來，重煩有司，衛兵僅满三千，庶事草刱，固可知也。及邊吏弛備，敵騎犯闕，行宫邈在淮泗，而都城盡閉，道路隔絶，深自惟念，恐貽嗣聖之憂。故留浙兵以自衛，至于止粮綱，截遞角，皆私憂過計，恐資敵耳。緣此三事，奸人乘間造言，緣飾形似，遂致朝廷之疑。每見臺劄名敕州縣，而實及予躬，興言及此，不覺流涕。比緣嗣聖遣宋映賫書至行宫，遂得通父子之情，話言委曲，坦然明白，由是两宫釋然，胸中無有芥蒂。重惟宗廟再安，雖賴大臣翊賛之助，至若使予父子之間歡然而無纖毫憂疑者，映竭力爲多也。《傳》言："求忠臣於孝子之門。"若張仲在周，而宣王有成功，信孝子錫類之效矣。映周旋两宫，庶幾古人，有足稱者。因書其事，以賜宋映云。'"（又見《三朝北盟會編》卷四十三。）

然僅十餘日而讒言便至。

同書同卷：三月三十日："臣僚上言：'伏見新除發運使宋晦，險佞庸狡，專事反覆。早締交於王黼，復聯姻於蔡攸。叨竊寵榮，積有過惡。朝廷近者再除晦發運使，臣等謂陛下闊略往愆，責以後效，未敢列論。今乃聞晦包藏禍心，覆出爲惡，構造不根之語，脅持上下，欲以離間陛下父子之愛。物論洶洶，莫不疑駭。伏望斷自淵衷，早賜竄逐。'"

"又奏：'伏見宋晦以險詖之姿，專爲反覆。昨自發遣罷歸，既欲自爲身謀，又欲黨庇蔡攸，盛稱蔡攸有扈從之功，又言上皇忿怒之意於陛下，又自稱所以解釋上皇之語於縉紳士大夫間。聞其言者，莫不駭愕。臣料晦既於陛下之前，妄言上皇忿怒之意，以恐動聖聽，安知其不於上皇之前，又構造疑似之語，以濟其私乎？仰惟上皇誠心恬退，託大寶於陛下，授受得人，良所欣然。陛下自行宫東去，朝夕思慕，見於顔色。父子之間，誠意相感如此，上皇何事而致怒陛下？何心而有疑哉？晦乃懷奸爲惡，反覆離間，如此不置，於理無以懲戒。'"

"又貼黄稱：'竊見往者初報金人入境，晦首除發運使，其實護送蔡京、蔡攸家屬盡往東南，故京、攸一門與晦之家，中外千餘人，無一在京師者。至於京、攸門下之士，棄官而逃者甚衆。其後公卿士夫各遣家出京城，十室九空，實自晦首爲此計以誤之也。迹其罪狀，誠不可貸。欲望併賜施行。'奉旨：宋晦落職，與在外宫祠。"

同書卷九：靖康元年十月一日："臣僚上言：'竊聞臣僚論列李綱……按綱輕脱寡謀，强執自任，專主用兵之議，而元無成算奇畫。……蔡攸建請上皇爲渡江之計，日構奸言，離間两宫。逮其黨宋晦，傳導語言，狂率不遜，神人共憤。攸既以罪被斥，綱爲營救，綱之罪六也。"（又見《三朝北盟會編》卷五十六。）

李光《莊簡集》卷八《論宋晦劄子》："臣等伏見新除發運副使宋晦，憸佞庸狡，專事反覆，蚤締交於王黼，復聯姻於蔡攸。叨竊寵榮，積有過惡。朝廷近者再除晦發運使，臣等謂陛下闊略往愆，責以後效，未敢論列。今乃聞晦包藏禍心，覆出爲惡，撰造不根之語，脅持上下，欲以離間陛下父子之愛。物論恟恟，莫不疑駭。伏望陛下斷自淵衷，早賜竄逐，以厭公論。"

許景衡《横塘集》卷七《宋晦責授單州團練副使永州安置制》："朕昭示好惡，大判淑慝，悉屏奸巧，投畀遐荒。不獨少清於仕籍，庶幾大正於邦刑。爾以浮薄之資，席世家之舊。粤從卑冗，依憑親黨，出守節藩，入貳禁省，華除要職，談笑得之。比緣奏稟，稱造語言，敢爲面謾，且陳己力。徇私背公，嗟爾何至於此；以無爲有，聞者爲之憤然。向覽彈章，姑從薄責，而公論未允，言者弗置。其以散秩，斥之荆蠻，服我寬矜，毋忘循省。"

程俱《北山小集》卷二十二《責授單州團練副使宋晚叙朝請大夫制》："朕比以月正元日，涣發大號紹休之志，用以紀年，以敷澤於天下。凡麗於刑書，無以遠邇，一皆去累滌垢，與之更新。爾頃以罪累，公義弗容，屏之遠方，庶其循省，兹緣肆眚，復爾故官，尚務恪恭，以答恩宥。"

同書卷三十九《繳宋晚詞頭奏狀》："准中書門下省刑房送到，宋晚復舊官宫觀差遣詞頭，令臣命詞行下者。右臣謹按：宋晚天資憸壬，惟利是嗜，出守州郡，以至備官寺監。見内外貴幸利權所在者，無不以諂交貨，取得其利而後已。至艱難之初，亟除待制，出使六路，忠勞蔑聞，罪戾昭著，昨言者論之詳矣。夫赦令之有叙復者，常法也。其予奪則當揆之以天下之至理，士夫之公議而行之。今晚自散官用赦復舊官，其爲湛恩亦已足矣。乃並以宫觀差遣與之，則他日復有赦恩，将寖復待制之職矣。如待制者，非宋晚等輩之所得爲者。乃可以赦宥馴致，而牽復之乎？如此則凡能趨利奪便，由徑媚竈以取美官高位者，皆爲得計，而視英才恬默沉逸之士，爲無能矣。然則奔競安得息，而風俗安得厚乎？此臣之所以不得不先事而論者也。伏望聖慈特降指揮，其宋晚依赦復官外，宫觀差遣乞賜寢罷。"

太學生陳東所論，尤爲不根之辭。

宋陳東《少陽集》卷一《登聞檢院再上欽宗皇帝書》："臣伏讀今月一日詔書，自中外臣寮以至民庶，嘗許實封直言得失。臣幸遭不諱之朝，遇從諫如流之君，正臣子知無不言之時也。臣竊知太上皇已出幸亳社，而蔡京父子、朱勔父子及童貫等輩，統兵二萬從行。臣深慮此數賊遂引太上迤邐南渡，萬一果爾，實可寒心。蓋東南之地沃壤數千里，郡縣千百，中都百需，悉取給焉。然其風聲氣俗，素尚侈靡，天下貴驕之人，往往動心。京、勔父子及貫等，黨與布满諸路。自從數賊用事，二十年間，賢士大夫耻於遊宦東南，而其監司郡守州縣之官，率皆數賊門生。若勔父子，尤專江淮二浙之勢，良民受害，怨之刻骨，而一時奸雄豪强，及市井惡少，無不附之。京父子平日善收私恩，近除發運使宋晚，是京子攸妻黨，京即委晚占奪官舟，載其家屬。貫前出討方寇，市恩亦衆，兼聞私養死士，自爲之備。臣前日上書言六賊罪惡，已嘗及此數賊，罪大難掩，公議弗容，自知不免，反怨朝廷，夤緣太上，遂請此行。臣竊恐此數賊南渡之後，必假太上之威，乘勢竊發，振臂一呼，群惡響應，離間陛下父子，事必有至難言者，則東南之地恐非朝廷有。又聞京、勔父子欲歸於淛中，恐歲月之久，東南又有數郭藥師矣，其爲患豈北敵比哉？此實宗廟社稷莫大之計，不敢默默。伏望陛下速降睿旨，急追此數賊，復還闕下，早正典刑。仍乞檢會臣前書，一併行遣，却别差忠信可委之人，扈從太上，前往亳社，庶全陛下父子之恩，以安宗廟。又況天下之事，禍福之機，藏於細微，辨之不早，噬臍之悔何及？臣願陛下無小不忍也。臣不自揆度，以區區布衣之賤，敢言及此，罪不容誅。臣俯伏以俟斧鉞。”

又《登聞檢院三上欽宗皇帝書》略云：“上皇隨行之臣，如宇文粹中，又是蔡京甥壻。其弟虚中，聞亦竄而往。蔡攸，京之子也，得守鎮江，據千里山川要害之地。宋映，蔡攸之妻黨也，出領大漕，專數路金穀斂散之權。童貫有親隨勝捷之精兵，朱勔有一鄉附己之衆惡。皆平時陰結以爲備者，一旦南渡，即恐振臂乘勢竊發，控持大江之險，奄有沃壤之饒，東南千百郡縣必非朝廷有。”

楊仲良《宋通鑑長編紀事本末》卷一百四十八：靖康元年正月壬申：“太學生陳東上書曰：‘臣竊知上皇已幸亳社，蔡京、朱勔父子及童貫等統兵二萬從行。臣深慮此數賊遂引上皇迤邐南渡，萬一變生，實可寒心。蓋東南之地沃壤數千里，其監司州縣官率皆數賊門生，一時姦雄豪强及市井惡少，無不附之。近除發運使宋映，是京子攸妻黨。貫昨討方寇，市恩亦衆，兼聞私養死士，自爲之備。臣竊恐數賊南渡之後，假上皇之威，振臂一呼，群惡響應，離間陛下父子，事必有至難言者。望速追數賊，悉正典刑。别選忠信可委之人，扈從上皇如亳，全陛下父子之恩，以安宗廟。’上然之。”（又見徐乾學《資治通鑑後編》卷一百三、畢沅《續資治通鑑》卷九十六、秦緗業《續資治通鑑長編拾補》卷五十二。）

周南《山房集》卷八：“靖康元年，金人長驅，將逼京師，獨蔡攸得報早，先期治裝。命宋映爲東南發運，映，攸姻家也，假其護送，遂盡室而南，雖貲用給使，無不全濟。”

而李綱嘗爲宋映辯白。

李綱《梁谿集》卷一百十四《與宋景晉待制書》：“某頓首拜，啟宫使待制執事。南都之别，首尾六年，無從通問，良積向仰。使至伏被翰墨，副以長牋，辭義粲然，所以慰藉良渥，感服何已！竊審履兹新春，台候多福，爲慰區區，無似當靖康初荷淵聖特達之知。審觀夷狄憑陵中國之難未已，願効微力。蓋恐桑梓翦爲龍荒，正猶救焚得受芘賴，豈敢言焦頭爛額之功耶？異意者沮之，動失機會，讒間百端，竟以罪逐。其後都城失守，鑾輿遠狩，每一念之，未嘗不痛心而泣血也。建炎龍飛，首被掄選，疎拙寡助，自度終不足以副委任責成之意，亟丐罷歸，而嘖有煩言，殊駭聞聽。仰賴睿明有以察其無他，姑從遠斥海嶠，踰年瀕死屢矣。既蒙恩宥，許以生還，又荷湔洗，盡復舊秩。永惟天地之德，何以論報。然連年奔走，繚絡萬里，深冒瘴氛，疲病有不可勝言者。近自江東攜家以居閩境，跧伏深僻，庶幾少安。而還邑群盜蜂起，殊未奠居，迫不得已，又須遠適。茫然未知税駕之所，憂患之餘，何以堪之。承來誨，乃知從者亦因寇攘屢更遷徙。嗟乎！每讀前史，當亂離之際，撫卷而永歎者，不謂身見之也。垂示龍德，親筆石刻，伏讀流涕。方議奉迎，蓋有難其行者，所以力請而不顧，正欲解紛釋疑，兩宫安則天下安矣。幸如所願，而讒夫因以媒蘖，且爲進身之資。所以不能少安於朝者，蓋造端於此。迨突騎臨城，淵聖感悟，知所疑之。不然，始出耿、聶而罷唐恪，然亦已晚矣。拳拳孤忠，天實臨之，此蓋執事之所親見聞者。故敢因誨諭輒及，皇恐皇恐。建昌方擾，雖村落間恐非可安之地。承欲趣漳、泉間，甚善。亦謀此行，第道阻未果，姑少遲之耳。無官守者，何往不可，而任責者不然。近世以一概處之，可乎？未緣承晤，臨書增懷，千萬良食自重。門中均慶。聞太沖寓止相近，因見煩道意。迫冗上狀，不宣。”

同書卷一百六十一《道君太上皇帝賜宋唤御書跋尾》：“宣和内禪，燦然明白，與堯舜比德，視唐三宗爲不足道。靖康之初，金人來侵，道君南幸淮浙，淵聖固守京師。兩宫間隔，陰有小人交鬬其間。所以敵退，二聖重歡，略無疑阻者，實賴不二心之臣調護之力也。至靖康末，在廷之臣多罷去，以唐恪、聶山、耿南仲父子用事，專以離間爲進身固寵之資，偃然自謂外敵之不足慮。迨敵騎再至，道君不得行，入居禁中，淵聖始感悟，罷唐恪相，出聶山、耿氏父子。奉使割地，稍召還舊人，然亦已晚矣。都城既破，翠華北狩。天下臣子所同憤慨，咸謂敵强我弱之所致，殊不知禍變之興，以小人離間爲基胎也。夫處人父子之間，號爲至難，況當國家艱阨之際，宗社生靈安危休戚之所系哉！其後唐恪仰藥而死，聶山爲絳人所誅，耿氏父子全家陷没，相繼殂隕，天之報施豈不昭然。方靖康丙午春，臣備位樞廷，被旨奉迎道君於南都。時徽猷閣待制、淮南江浙荆湖制置發運使宋唤，適自淮甸召還入對。又奉淵聖御書如行宫，邂逅相見甚款。聽其言，蓋惓惓有意於兩宫者。及紹興丙辰夏，臣承乏江西帥事，復與唤會於豫章。唤出示道君御書，所以褒獎之者甚厚。翰墨如新，伏讀相與流涕。乃知前日之言，信不誣也。追思往事，十有餘年，如一夢間。鑾輿滯於沙漠而未還，中原困於蛇豕而未復，痛心疾首，不如無生。今天啟上心，念父兄之辱，親御戎輅，以臨大敵，将士奮勇，盡殲醜類，靈旗所指，将恢復境土，迎两宫以還故都，有問安侍膳之期乎？杜甫有言：'周宣中興望我皇，灑血江漢長衰疾。'此微臣今日之志也。紹興六年十二月十四日，具位臣李綱，拜手稽首謹書。"

《建炎以來繫年要録》卷一百七十七載高宗爲宋唤昭雪云：紹興二十七年八月："甲午朔，上諭宰執曰：'昨日卿等繳到宋唤所上徽宗賜唤手詔，朕已恭覽。蓋徽宗内禅之美，遠過堯舜，而一時小人，外庭如唐恪、聶昌、耿南仲，内侍如邵成章、張藻、王孝竭輩，輙爲妄言，以惑淵聖之聽，父子之間，幾於疑貳。至宋唤、李綱奉迎徽宗還京，綱先歸，具傳徽宗之意，而後淵聖感悟，两宫釋然。今觀手詔，并得綱題識，皆朕昔所親見者。朕朝徽宗於龍德宫，嘗聞親諭云："朕平生慕道，天下知之，今倦於萬幾，以神器授嗣聖，方築甬道於两宫間，以便朝夕相見，且欲高居養道，抱子弄孫，優遊自樂，不復以事物攖懷。而小人希進，妄生猜間，不知朕心如此。嗣聖在春宫二十年，朕未嘗有纖芥之嫌，今豈復有所疑耶？"此皆當時玉音，外庭往往不知。'沈該等曰：'昨日臣等既得竊觀徽宗詔墨，今又親聞陛下宣諭，此實堯舜盛德之事，因以知李綱題識蓋實録也。'翌日，該等又乞宣付實録院，上曰：'朕爲人子，何可不暴白其事，使天下後世知之？'既而又親筆書於詔後，宣示宰執。"

同書同卷又載："丙申，右朝議大夫宋唤，復徽猷閣待制、提舉江州太平興國宫。制曰：'朕懷先皇帝，坐見於牆，食見於羹。矧今親奉其雲漢之章哉？唤實以手詰來上，載覽泫然，嗟嘆無窮。嗚呼！思先帝而不復見，得見汝輩嘗所歎異者，蓋庶幾焉。手詰謂爾爲孝子，爲忠臣，此士大夫之至行也。復汝故職，汝其知所以自勉哉！'唤，蔡攸妻弟也。自靖康中斥去，至是三十年。"

周必大《文忠集》載紹興三十二年（1162）壬午正月二十九日宋高宗制詞。

《文忠集》卷九十四《右中奉大夫、徽猷閣待制、賜紫金魚袋致仕宋唤上遺表，特贈四官敕》云："昔在慶曆、皇祐間，人才爲盛。時惟丞相庠，總領衆職，以協贊上治。朕緬懷名德，而恨不及見也。閲從臣之籍，得其曾孫焉。流風善政，庶或有考，今其亡矣，寧不慨然！具官某：學知守其家，材實裕於用。被遇徽祖，竭誠靖康，謨訓具存，忠勤可驗。會予初政，攬爾遺章，兹用興喬木之思，而賁以增秩貤恩之寵。營魂未泯，尚知享哉！"

宋唤曾與向子諲、程敦厚交往。

向子諲《酒邊詞》有《浣溪沙·和曾吉甫韻呈宋景晉待制》，見《宋六十名家詞六十一種》："緑繞紅圍宋玉牆，幽蘭林下正芬芳，桃花氣暖玉生香。誰道廣平心似鐵，黯妝高韻两難忘，蘇州老矣不能狂。”題注：“宋有二小姬，小桃、小蘭。”

高似孫《緯略》卷十“鳳尾諾”條：“程子山（程敦厚）題宋晚景晉待制所藏陳宏畫《明皇太真聯鑣圖》、《太真上馬圖》詩：‘並轡春風禁籞遊，外間底事上心頭。騎驢後日嘉陵道，料得君王始欲愁。’‘阿環百巧專恩寵，自是三郎騃不知。上馬未應渾乏力，要回一顧特遲遲。’”

周必大、張守曾稱宋晚工書。

周必大《文忠集》卷四十八《題宋景晉晚手書佛經》：“待制宋公手書《金剛經》，端謹有法度，始末一體，如摹印然，敬之至也。王荆公學王蒙書，多爲横風疾雨之勢，每作帖，初尚矜持，後必坦率，惟寫佛經，專用楷法，亦是理與！公以紹興己未五月書，此其曾孫曾老以慶元己未五月示周某，甲子適一周矣。”（又見周必大《平園集》。）

張守《毘陵集》卷十《跋宋景晉〈金剛經偈〉》：“無量河沙身，須彌七寶聚。布施獲福德，不若信此經。或書寫受持，所獲更殊勝。具茨老居士，種無上善根。遊戲筆硯間，成此大緣事。今我得瞻睹，歡喜同讚歎。”

今審朝陽巖遊記，字体虽小，确可謂楷法端謹。

按《游朝陽巖記》云唐功茂、宋景晉二人同遊，不明言作者與書者，揣其口吻當爲唐功茂所作，而書者或即宋晚也。

又按，文獻載宋晚謫居永州在紹興元年（1131），而遊記載“建炎彊圉協洽”爲建炎元年（1127）

《建炎以來繫年要録》卷四十八：紹興元年冬十月甲子朔，“責授單州團練副使宋晚復朝請大夫。晚，庠曾孫，（庠，安陸人，皇祐中宰相。）蔡攸妻弟也。靖康初以徽猷閣待制爲江淮發運副使，坐累責永州。至是，復官奉祠。而言者以爲罪戾昭著，乃罷予祠之命”。

《靖康要録》卷七：紹興元年冬十月，“九日，宋晚責授單州團練副使，永州安置。以左正言程瑀言其構造語言，悖理傷義，詿誤盛朝，所害不鮮故也”。

可知在謫居永州之前，宋晚已曾經過永州。

玉郡史南昌黄蘇彪之暇日
携子俟椞浩榮犖梏奎金
遊朝陽巖摩拂蒼崖觀
伯父太史題刻歎慨久之
表姪九江夏孝章同來
乾道辛卯百五日

# 乾道七年黄彪父子表姪題刻

## 釋　文

主郡吏南昌黄彪彪父，暇日携子倓、裧、潋、棨、犖、樹、鋈，遊朝陽巖，摩拂蒼崖，觀伯父太史題刻，歎慨久之。表姪九江夏孝章同来。

乾道辛卯百五日。

## 考　證

題刻在朝陽巖上洞，高 85 公分，寬 52 公分，六行，楷書。

《金石萃編》、《零志補零》、《八瓊室金石補正》等著録。

《金石萃編》卷一百三十四著録云："横廣三尺二寸，高三尺一寸，六行，行九、十字，正書。主郡吏南昌黄彪當是山谷之姪。題云：'觀伯父太史題刻'者，即指洞門左右石壁山谷題名也。今山谷題名已失搨矣。"

按其説有誤，題刻第一行爲十一字，"行九、十字"不確。黄庭堅題刻不在洞門左右石壁，迄今尚存，亦非失拓，惟王昶未見也。

《零陵補志》卷下《題名・澹山巖》著録，"遊朝陽巖"誤作"遊朝陽澹山巖"，宗霈云："按《府・官表》誤作黄森，黄彪即此一人。"《題名・朝陽巖》又著録："乾道辛卯春，主郡吏南昌黄彪彪父，攜子倓、棪、潋、棨、犖、樹、鋈，觀伯父太史題刻。""棪"皆當作"裧"。

按宗霈澹山巖、朝陽巖二題名誤倒。

道光《永州府志・金石略》："王煦等《省志》云：'案零陵縣《宗志》，作澹山巖題名，文中"朝陽"下多"澹山"二字。''彪父'，《省志》誤作'彪文'。《零陵補志》作'澹山'

者亦誤。”

《八瓊室金石補正》卷八十五：“《萃編》已載，‘禚’誤‘棪’。右刻在補元厂内。‘蒼崖’，《永志》作‘厓’，又案《省志》不作‘彪文’。”

今按，陸增祥謂黄彪第二子之名从“示”作“禚”，當是。

乾道辛卯即乾道七年（1171）。

“百五日”，當孟夏四月之月中。

黄彪，字彪父，一作彪甫，南昌人，黄庭堅姪。乾道五年任永州知州。

黄彪曾知袁州。

正德《袁州府志》卷六《職官》：“宋：知州事：黄彪：右朝請郎，隆興二年任。”

嘉靖《江西通志》卷三十三《袁州府·秩官》：“知州：黄彪，由右朝請郎，隆興間。”

黄彪自署南昌人，文獻又作豐城人。《宋史·地理志》：隆趙府，本洪州，豫章郡，縣八：南昌，豐城……。

洪邁《夷堅志》“豐城孝婦”條載：“乾道三年，江西大水，瀕江之民多就食他處。豐城有農夫，挈母妻並二子欲往臨川。道間過小溪，夫密告妻曰：‘方穀貴，艱食，吾家五口，難以偕生。我今負二兒先渡，汝可繼來，母已七十，老病無用，徒累人，但置之於此，渠必不能渡水，減得一口，亦幸事。’遂絶溪而北。妻愍姑老，不忍棄，掖之以行。陷於淖，俛而取履，有石礙其手，撥去之，乃銀一笏也。婦人大喜，語姑曰：‘本以貧困，故轉徙他鄉，不謂天幸賜此，不惟足食，亦可作小生計。便當却還，何用去？’復掖姑登岸，獨過溪報其夫。至則見兒戲沙上，問其父所在，曰：‘恰到此，爲黄黑斑牛銜入林矣。’遽奔林間訪視，蓋爲虎所食，流血汚地，但餘骨髮存焉。不孝之誅，其速如此。是時藍叔成爲臨川守，寓客黄彪彪父自豐城來，云得之彼溪旁民，財數日事也。右三事皆藍叔成説。”

黄彪在永州萬石山、澹巖亦有題名。

道光《永州府志·金石略》載乾道五年春正月萬石山題記：“南昌黄彪彪甫，乾道己丑仲秋十有一日假郡事，越二年春八日題此，以紀歲時。子倓、禚、濊、榮、犖、檖、鋈侍行。”

《留雲盦金石審》：“右刻八分書，五行，在梅孝女祠内李拔詩刻之左。隸法瘦勁，年久石漸平滑，就讀約略得半，拓之僅見數字耳。”

又見光緒《零陵縣志·藝文·金石》，劉沛云：“案楊翰守永州，見石盡泐，乃爲重摹，不失原石真面，可垂永久。”

道光《永州府志·金石略》載乾道五年十一月澹巖題記：“郡守黄彪，禱晴於順成侯廟。祀事畢，天宇廓然，因至澹巖，觀二父遺刻，感歎久之。時乾道己丑十一月二日，男倓、禚、濊、榮、犖、楙、鋈繼來。"

《郘雲盦金石審》："案柳昭昭、畢若卿題名，禱雨零陵王。楊英甫題名，祠零陵王。蓋公愿題名，祠靈顯。曹季明題名，祠靈顯應惠侯。而此又作祀順成侯。或云所祀乃龍神，亦聞即唐刺史昌圖之祠。所舉四朝封號有異同耳。未知孰是也？"

《八瓊室金石補正》卷九十六："右刻《通志》失載。文云'觀二父遺刻'者，一指山谷詩，一指宣和壬寅謏詩題刻也。《江西通志》：黄霦字彪甫，臨川人。慎於用刑。子犖，官至大府卿。孫塄，知肇慶府。己丑爲乾道五年。"

所説"宣和壬寅謏詩"，道光《永州府志·金石略》稱作"宋黄□□澹山巖題名"，《八瓊室金石補正》卷九十六稱作"黄郡守題記"。其文云："豫章脩水之源，楚相春申之裔，伯氏之亞，於菟之儔，有宋宣和，歲在壬寅，澹山之麓，勞農班春，劖之崖壁，零陵守臣，爵里姓氏，爰告後人。子緐、樊、楚，孫辰拱從行。并觀九兄山谷老人二詩，爲之憮然。"

《郘雲盦金石審》："案山谷諸舅，有大臨、仲堪，皆以八元命名。此人隱寓其文，殆叔豹也。《官表》宣和時守僅有黄同，而署江夏舊望，又無一言及山谷，當又是一人，闕以俟考。"

陸增祥按："右刻《通志》失載。筆意頗似山谷。案麻陽有《重修同天寺碑》，黄叔豹撰，時在熙寧間，叔豹爲縣尉也，見《湖南通志》。壬寅爲宣和四年，相距三十餘年矣。"

宗績辰謂黄彪萬石山題名"隸法瘦勁"，劉沛謂楊翰爲之重摹。今審朝陽巖題刻，筆劃厚潤，不知是否亦經楊翰重摹。

要之，萬石山、澹巖今已毁壞，黄庭堅、黄叔豹、黄彪諸刻，惟此獨存，亦可寶貴矣。

# 乾道七年史正志《秋日陽巖》二首詩刻

## 釋　文

秋日□□□陽巖□□□間□二□

心庵居士史正志

平生丘壑愛清幽，半世飄蓬歎倦遊。試問溢廬山北景，何如雲夢澤南州。閒尋水石銷羈恨，更賴詩樽挽客留。他日畫圖應著我，漁汀翠柳拂船頭。

右一

子厚文章燦斗牛，西亭曾賦此巖遊。何須見勝增隻字，始驗尋幽最一州。望處未應嗟信美，興來無惜更遲留。淡山老子談天口，舉拂忘言石點頭。

右二

## 考　證

史正志《秋日陽巖》二首詩刻，標題據石刻著録。作者署款及詩句，據明黃焯《朝陽巖集》著録。

詩刻在朝陽巖上洞，位於曾協《夏日陪遊朝陽巖》詩刻左側。"高巖幽"三字石刻高 59 公分，寬 110 公分。標題二行，每行字數不等。署款一行。正文詩二首各七行，每行均爲八字。詩刻被明代張勉學"高巖幽窟"榜書打破，又被多處石山保打破，殘損嚴重。（參見曾協《夏日陪遊朝陽巖》詩刻。）

宗霈有著録，惜未考明。《零志補零》卷下"諸巖題名石刻"云："'高巖幽窟'四大字，名氏年代不見。玩書，頗似盧廣寧，然□□也。石亦磨碑爲之，尚存舊刻一句'岩洞清幽自古奇'，又見'勝增'、'嗟'、'遲留'、'癸日'十數字。"所説"十數字"正是史正志殘刻。

標題"秋日□□□陽巖□□□間□二□"二行，在榜書"巖"字左側。第一行“秋日”、“陽巖”依稀可見，第二行被“陳門寄名石山保長命富貴”之“長命”二字打破。

署款一行，在榜書“巖”、“幽”之間，被“陳門寄名石山保”一行打破，但“保”字下“正志”二字尚完整，“心”字在“門”字下，“居”字在“石”字上，“士”字在“山”字上，尚依稀殘存，“庵”、“史”二字不可辨識。

正文，第一首，在榜書“幽”字下。第一行“平生丘壑愛清幽半”，鑿毀不清。第二行“世飄蓬歎倦遊試問”，“世飄”、“試問”僅存輪廓。第三行“湓廬山北景何如雲”，“山”、“雲”二字僅存輪廓。第四行“夢澤南州閒尋水石”，“夢澤南州”及“石”字僅存輪廓。第五行“銷羇恨更賴詩樽挽”，句末“挽”字僅存輪廓。第六行“客留他日畫圖應著”，“圖應著”僅存輪廓，其中“應”僅存下半“心”字。第七行“我漁汀翠柳拂船頭”，“漁”、“頭”僅存輪廓。

正文，第二首，在榜書“幽”字左下。第一行“子厚文章燦斗牛西”，“斗”、“西”二字僅存輪廓。第二行“亭曾賦此巖遊何湏”，“亭”字殘一筆，“湏”字僅存輪廓。第三行“見勝增隻字始驗尋”，“見勝增”三字完好未鑿，“尋”字存下半。第四行“幽最一州望處未應”，“幽最”二字完好未鑿。第五行“嗟信美興來無惜更”，“嗟信美”三字完好未鑿。第六行“遲留淡山老子談天”，“遲留淡”三字完好未鑿。第七行“口舉拂忘言石點頭”，“口舉”二字完好未鑿，“拂”字被鑿，輪廓尚可辨。

第二首後一行，有“右二”二字，在榜書“窟”字右側，完好未鑿。但第一首後當有“右一”二字，已不辨。

詩刻《朝陽巖集》有著録，無題，署款“心庵居士史正志”。此外不見於任何文集、方志、類書記載。《全宋詩》亦未收録。

詩句中，“愛清幽”、“歎倦遊”諸語，具有明顯的隱逸、退避情緒。“湓廬”，湓水、廬山。“雲夢澤”，今洞庭湖。二句詠周敦頤。周子故里在湖南道州，晚年則卜居廬山。度正《濂溪先生周元公年表》云：“先生既愛廬山之勝，遂卜居山下，因溪流以寓其故鄉之名，築室其上，是爲濂溪書堂。”蒲宗孟閬中寄周敦頤詩云：“湓浦方營業，濂溪旋結廬。”史氏反用其意，謂廬山不如湘南。要之仍寓在野隱逸之意，故其詩句“清典可誦”。

史正志曾至廬山，見吴芾《湖山集》卷五《任漕魯漕同謁史發運爲廬阜之遊恨不得偕行因成小詩二首》：“不向廬山久，回頭五十秋。羡君聯騎去，顧我幾時遊。五老想如故，二林應更幽。無因陪後乘，神往但形留。”“歲事行將半，今年又有秋。喜君將漕計，容我厠英遊。湓浦古來勝，廬山天下幽。

此行殊不惡，莫惜少遲留。”

史正志，字志道，號樂閑居士、柳溪釣翁、心庵居士、吴門老圃。江都人，後寓丹陽，晚居姑蘇。紹興二十一年（1151）進士，歷官歙縣尉，知建康、成都、静江、寧國、贛州、廬州，吏、刑、兵部侍郎，兼沿江水軍制置使、江浙京湖淮廣福建等路都發運使，貶楚州團練副使。著作有《清暉閣詩》、《建康志》、《菊圃》，多佚，僅《菊譜》一卷傳世。

《宋史·孝宗本紀二》：乾道三年八月，“壬戌，以知建康府史正志兼沿江水軍制置使，自鹽官至鄂州沿江南北及沿海十五州水軍悉隸之”。六年三月，“己卯，詔两淮州縣官以繁簡易其任。復置江浙京湖两廣福建等路都大發運使，以新知成都府史正志爲之”。四月，“乙未，賜發運使史正志緡錢二百萬，爲均輸、和糴之用”。十一月，“癸酉，罷發運司。以史正志奏課不實，責爲楚州團練副使、永州安置”。

宋盧憲纂嘉定《鎮江志》（清道光二十二年丹徒包氏刻本）卷十九《人物》云：“史正志：字志道，丹陽人，賦籍揚之江都。紹興二十一年趙逵榜，歷徽州歙縣東尉。（隆興幕府秩满詣闕，上《保治要略》八篇，大概（爲）［謂］國家根本在荆襄巴蜀，防守利害在两淮。）差監行在省倉上界。（疏當今之務，最急而宜先者八事，曰《戇語》，上宰執臺諫。一曰御將，謂操縱在我，而不使知朝廷用權所在。二曰抑姦，謂宦官不宜與諸軍交通餽遺。三曰節財，謂貴戚權倖添差外補冗濫，當限其員數，使之待次。四曰謹法，謂節抑富人補授、用戚里、恩賞爲中都官。五曰士風，謂以庸懦爲静退，小廉曲謹爲謙和，不區别是非爲長者，不挂口時事爲謹重，宜懲勸以作成之。六曰軍政，謂諸將掊尅侵剥以自豐，交結權倖以固寵，願使有以畏朝廷之法。七曰均用，謂修内司坤寧殿賃屋錢，似與户部分爲两家，不相均用。八曰畏天，謂日食、冬雷及太一家推步小遊，見臨荆楚，主有兵象。宜講叙中原變故以來，可爲近鑑者，爲《兵鑑》十篇，曰《專事》，曰《國是》，曰《廟謨》，曰《守險》，曰《作氣》，曰《藏機》，曰《用間》，曰《治城》，曰《防海》，又撰《邊問》一篇，論江淮防守，以紹興初守淮爲法，建炎末守江爲戒。）丞相薦於朝除樞密院編修官。（論防秋五事，料金人必遣使啟釁開端，徑犯淮西，以窺采石。和州實瀕江諸郡之咽喉，因舉孫權築濡須塢故事，乞築和州壘，及舒揚防守荆襄事勢，與用將任間之術。已而果渝盟，脅求土地，指取將相。因言遣使不足恃者四，乞密札諸大將遣子詣行在所奏陳機事，委才略堪用者，畀以邊郡，或留環衛。又論两淮水寨、海道水軍利害，訓飭諸將，出軍必先紀律，詔令懇切，如陸贄，以感人心，激士氣。武舉進士授軍官，及邊郡差遣，以求異才。會朝廷命中丞汪澈宣諭荆襄，又叙事宜，大要有四，以送之。）兼樞密院檢詳諸房文字。（時敵犯淮西，復論兵民沿江守禦，爲今日計，不過三策。大意欲駕幸建康，以宿衛兵守江，而令淮上諸軍或戰或守，爲上策。以劉錡退保天長堅壁，真、揚分兵援王權，且戰且守，以俟成閔至，爲中策。以李捧過和州，援王權於成閔未至之前，爲下策。及聞敵至采石、儀真。建議請以皇子爲大元帥，輦財貨自衢信由長沙而上，招募勇士，令荆襄吴珙、武鉅直趨關洛，還擣大梁，出兩淮腹背，令四川吴璘、姚仲、王彦分兵攻陝西，直據河東，擣范陽，以傾其巢穴。敵必退保，則其酋可以坐縛。朝廷雖知奇策，而不能用。）兼措置浙西海道所主管文字。（聞瓜洲失利，恐通、泰無備，乞集官舟搬泰鹽入江陰，置場以榷之。又陳却敵之計二千餘言上之。）高宗視師江上，命扈從至鎮江。（摭自古東南用兵於西北，可施諸今日者，凡五篇，曰《恢復要覽》，上陳丞相康伯、張魏公浚，且指魏公之失，謂當去其輕脱。嘗試（之説爲）［爲之説］萬全之舉，廟堂亦多采用其説。駐蹕建康，又論三國六朝形勢，與今日不同，要當無事則都錢塘，有事則幸建康，爲東西都。御批：'史正志議論確實，古今判然。'下侍從臺諫集議，卒從其説。繼聞金使來易地界於宿泗，變舊理爲敵國，一切恭順和議雖不日可成，武備要當先立。又論劾江上諸軍詭名之數，欲以七千五百人爲一軍額，庶幾可以潛消之。）改宣教郎，尋除司農寺丞。（輪對論人材當警策其已用而開廣其未用武備不可弛邊將上功多不實宜戒飭之上奬諭。）以扈從勞績轉奉議郎。孝宗即位，覃恩轉承奉郎。（上久聞其名，首賜對内殿，陳'守成先恭儉，平亂在智勇'，親便殿閲武士，自将以平區宇之説。陳丞相康伯以正志所論招納歸正利害，薦於上，御筆具載此意，遣密諭言撫司两淮帥守。）命往江上計議軍事，催築塢，置轉般倉。還朝，擢度支員外郎。（應詔上書，言求實材、節財用、修軍政、明賞罰、謹備守，且策督府用兵必敗。書奏，宣付三省，御批：'史正志議論，尤爲切當。'）隆興初元，遷吏部員外郎。（聞收復靈壁、虹縣，復上書言：'二邑既下，復難深入，則小利不足以爲勝；既得之後，勢難遠守，則旋師適足以自疲。得淮陽，而後可以爲喜。'且言淮上事之失。）求補外，除江西運判，召爲户部員外郎，尋除福建運判，再召爲户部員外郎。（既至，賜對，陳當今急務七策。其防江之策略曰：'天以吴越便利遺我，而使之保守東南，吾廼以爲餘事而緩於修繕，可乎?'復陳四説，論唐、鄧、海、泗不可棄，欲求一契丹子孫爲遼王，用其來歸名将以佐之，資以兵財，盡領歸正人數萬駐唐、鄧間，俾得以借中國之勢號召河南，契丹必響應，關陝必可得，自此復契丹，舊土如我白溝河以南，可坐而得。縱使不然，彼亦十餘年不得休息，而海、泗令數萬人堅守。朝廷竟不之行，以此求去愈力。）丐外，除江東運判，未赴，改江西。（始至，漕計不給，節無藝之費，府庫充羡，乃以寬剩錢四千萬緡、米五萬石助國用。）秩满，召赴行在，除左司兼權檢正，轉朝奉郎，除檢正兼權吏部侍郎。明年，權刑侍兼吏侍。（轉對，言‘太倉無一歲儲，左帑無三月積，九谷散於穰歲，百姓凶於豐年。望與大臣熟論大計。如邊防財用之急，使專意精思籌畫。’上嘉納，命坐賜茶。退而條具財用事宜，凡國家經常儲蓄之數，及三代以來理財變通之術，或得或失，以爲《原鑑》，上之。）又兼兵侍。（上封事，言‘今日大者八事爲可憂’，而後陳可以出奇之策。大抵以保江淮、擇将材、遣間諜、選精鋭爲言。丐祠不允，有旨：‘以前論水軍利害條具措置事，即疏東南水軍之利，及三國六朝攻守備禦之要以聞。’時朝廷議修刑書，欲寘彊盜姦汙者死，獨建議使免死，而至配所復受杖，卒用其説。）改吏侍。請郡，除集英殿修撰、知建康府。（陛辭陳三事，論两淮城壁，蒐簡軍實。又上疏乞令淮北歸正人，並在沿淮劫将元歸正忠義頭首，所管人數移屯邊面，替回正軍，两有所益。續有旨：‘委同郭振、沈復點檢和州關隘團結彊壯。’上奏曰：‘擇地勢之便利固難，若已得之，而擇将帥之可守者尤難。’及論修築城壁爲急。上美之，令郭振遵用其言。）轉朝散郎，以職事修舉，進敷文閣待制，賜金带，除知成都。改除户侍，江浙京湖淮廣福建等路都發運使，檢察諸路財賦。（時相欲因此濟之，乃上疏言：‘欲謗之書，何止一篋？是其計者，什未必有三。惟陛下任臣以堅，責臣以無欲速。’御筆云：‘如卿之才，深所信任，雖有浮議，朕豈不灼見而全護卿也？’）未幾，乞守本官致仕。詔答不允，仍舊巡歷遣中使宣諭，再入户部。忤時相意，以散官謫永州。（因論左帑、南庫、西庫窠名差互，忤時相意，以發運司已拘樁未起發諸路錢爲誕謾又以擕去糴本爲失陷故有是命。）尋復元官，提舉隆興府玉隆萬壽觀，除右文殿修撰、知静江府，未赴而罷。再奉祠，轉朝請大夫，賜爵文安縣開國男，轉朝議大夫，知寧國府，改贛州，又知廬州。既至數月，以疾終，年六十。正志自初被命，計議軍事，及爲大漕，不受餽遺。其奉祠家居也，治圃所居之南，號樂閑居士、柳溪釣翁。藏書至數萬卷。正志議論精確，切中事機，受知两朝如此。而或者乃以口才訾之，過矣。”

今按，《鎮江志》爲宋志，盧憲纂，

所載小傳履歷言論甚悉，原注尤詳。劉文淇《嘉定鎮江志校勘記》引阮元《揅經室外集·嘉定鎮江志提要》云："此書中稱'憲'者四條，故知是憲之書。書中所載事蹟，惟史彌堅最詳。張氏鑑云：《人物》内《史正志傳》獨詳，疑書成於史彌堅時。……然則纂修者爲憲，而監修者爲彌堅，固顯然可見矣。"史浩四子，彌大、彌正、彌遠、彌堅。史彌堅爲史浩幼子，故別有根據，最爲可信。

又景定《建康志》卷一："史正志：乾道三年九月，以集英殿修撰、安撫使，兼行宫留守司公事。"

同書卷三："乾道御札，賜知建康府、江東安撫使史正志金带：'朕以江東方面，控制两淮，卿能悉意奉公，協濟王事，職務振舉，朕實嘉之。今遣中使甘昪，賜卿金带，以示褒勸之意，至可領也。'（五年十一月）"

同書卷二十五："制置司：制置使自建炎始置，初以安撫制置合爲一，後析爲二，或以制置兼安撫，或以安撫兼制置，或省制置併其事于安撫司，近年專以制置司爲重，而安撫司之事則甚簡矣。……三年八月二十三日，上宣諭宰執曰：'史正志條具舟師利害，其間有可行者。'魏杞奏曰：'見史正志之論甚有理。'上曰：'欲早行措置。'蔣芾奏曰：'陛下将來要差大臣出使，不若先遣史正志，他時可爲參贊。'上曰：'便差知建康，仍兼沿江制置使，自建康至鄂渚舟師，並令總之。'八月二十九日，新除集英殿修撰、知建康府、兼沿江制置使史正志言：'契勘今沿江制置司，除專一措置水軍海船，要爲久遠利便之計，所有合用印記，今乞於禮部關借奉使印，前去專充制置司使用，所有剏差僉廳一司官吏。竊慮耗費財用，今只就用安撫司僉廳官吏兼制置司職事，却乞復置省罷闕，請給依安撫司屬官例，屬官所带銜位，稱江東安撫司沿江水軍制置司，所有庫務更不別置。凡有修造船隻，教閲支費，就用安撫司錢物。'並從之。四年三月十四日，史正志言：'乞将到任後節省到錢内支撥，見錢十萬貫，收係制置司水軍赤歷，於出産木植州，軍收買板木，就建康自置船場，增造一車十二槳四百料戰船，相兼使用。'從之。"

同書同卷："江東安撫使始於大中祥符，其後省復不常，至於建炎，江南東路安撫、制置合爲一使，自吕頤浩始，後省制置，惟安撫使仍舊。紹興初，置江南東路安撫大使，自葉夢得始，後省'大'字，止除安撫使。至紹興八年，又以安撫、制置合爲一，加'大使'，葉夢得復爲之。其後孟忠厚、張守皆因之。十五年以後，並省'制置'及'大'字，止除安撫使。至乾道三年，以安撫使兼沿江水軍制置使，史正志爲之。"

元至順《鎮江志》卷十八《人材》："史正志：字志道，居丹陽，賦籍揚州之江都。紹興二十一年登進士第，歷歙縣尉，累遷至吏、刑、兵部侍郎，知建康、静江、寧國、贛州、廬州，朝議大夫，文安縣男。居官奏疏甚多，議論精確，切中事機。奉祠家居，號樂閑居士、柳溪釣翁。藏書至數萬卷。"（清乾隆《鎮江府志》卷三十五引之。）

明嘉靖《惟揚志》卷十九《人物志上》："史正志：江都人，歷守廬、揚、建康，仕終吏部侍郎。歸老姑蘇，自號吴門老圃。所著有《清暉閣詩》、《建康志》、《菊圃》等集。"

明萬曆《揚州府志》卷十六《人物志中·名臣列傳》："史正志：字志道，江都人。紹興二十一年進士，授歙縣尉。秩滿詣闕，上《保治要略》八篇，丞相陳康伯薦於朝，除樞密院編修。又引孫權築濡須塢故事，乞築和州城壘，及舒揚防守荆襄事宜。高宗視師江上，命扈從至鎮江，又上《恢復要覽》，凡五篇。車駕駐蹕建康，正志言：'三國六朝形勢與今日不同，要當無事則都錢塘，有事則幸建康，以爲東西都。'詔下侍從臺諫集議，從之。尋除司農寺丞。孝宗即位，除度支員外郎。後因論左帑、南庫、西庫（窠名）差互，忤時相，以散官謫永州。尋復原官，除右文殿修撰，知静江府，未赴而罷。賜爵文安縣開國男，轉朝議大夫。其後歸老姑蘇，號吴門老圃。所著有《建康志》十卷，《菊譜》一卷。有遊朝陽巖諸詩，清典可誦。"（明萬曆《江都縣志》卷十七《選舉名賢傳》同，清雍正《揚州府志》卷二十八、光緒《增修甘泉縣志》卷二十三节引之。清乾隆《江都縣志》卷二十、嘉慶《揚州府志》卷四十六復引雍正《揚州府志》。）

清乾隆《江南通志》卷一百四十四《人物志》："史正志：字志道，江都人。紹興進士，薦除樞密院編修，乞築和州城壘及舒揚防守荆襄事宜。孝宗即位，除員外郎，後忤時相，謫永州，尋復原官。賜文安縣開國男。著有《建康志》十卷。"

同書卷一百九十二、卷一百九十三《藝文志》又載："《保治要略》八篇，《恢復便覽》五篇，俱江都史正志"，"《大隱文集》三十卷，《清暉閣詩》一卷，俱江都史正志"。

光緒《重修丹陽縣志》卷十八《仕進》："史正志：字志道，江都人，居丹陽。登紹興進士，歷歙州尉，累遷吏、刑、兵三部侍郎，知建康、寧國府，贈朝議大夫，文安縣男。"

正德《姑蘇志》卷三十一："萬卷堂：侍郎史正志所居，在带城橋南。舊有石記，爲僧磨毀。《施氏叢抄》云：正志，揚州人，造带城橋宅及花圃，費百五十萬緡，僅一傳。圃先廢，宅售與常州丁卿昆季，僅得一萬五千緡。紹定末，丁析爲四。其後提舉趙汝櫄占爲百萬倉糴場。”（又見洪武《蘇州府志》卷七、同治《蘇州府志》卷四十六、乾隆《元和縣志》卷十七、民國《吴縣志》卷第三十九下。）

《四庫全書總目提要》卷一百十五《子部》：“正志字志道，江都人。紹興二十一年進士，累除司農丞。孝宗朝歷守廬、揚、建康，官至吏部侍郎。歸老姑蘇，自號吴門老圃。所著有《清暉閣詩》、《建康志》、《菊圃集》諸書，今俱失傳。”

清厲鶚《宋詩紀事》卷五十載史正志小傳云：“史正志：正志字志道，江都人。紹興二十一年進士，累除司農丞。孝宗朝仕至右文殿修撰、知靖江府。歸老姑蘇，號吴門老圃。”

宋周煇《清波雜志》卷三：“建康六朝故都，葉石林少藴居留日，嘗命諸邑官能文者，搜訪古跡，製《圖經》。時石橘林敏若子邁，主上元簿，考最詳多。以王荆公詩引證，號《上元古跡》。煇先得其書，後史志道侍郎修《建康志》，宛轉借去。《志》成，爲助良多。”

同治《建昌府志》、民國《南豐縣志》又載曾協有《曾史君集》，其書是否爲與史正志合集，不詳待考。

宋蔡戡《定齋集》卷九有《賀史發運啟》二篇，盛稱史正志爲“四海儒宗，一時人傑”。

其一云：“寵錫宸綸，擢居民部。掌九貢而制財用，允資兼足之謀；總諸道而正使名，式副久虚之選。音郵四達，風采一新。恭惟某官，奥學造微，懿猷經遠。才裕糾紛之際，蓋他人智力之已窮；識該胎兆之先，豈常情耳目之可到。謀略輻輳，功名鼎夾，忠嘉深結於凝旒，訪問曲加於前席。所居之名赫赫，具瞻之節巖巖。持橐懷鉛，通金馬承明之直；建牙植纛，分玉麟居守之權。上方茂建中興，時則莫如自治。爰念兵民之所急，要當食貨之爲先。有餘力，有餘財，貴公私之並濟；知所予，知所取，宜斂散之有方。乃命賓臣，俾膺重任。内則總司於邦計，外焉增畀於使華。權九貨之低昂，專百城之刺舉。不特轉關中之粟，蓋将流地上之錢。操贏貨以佐軍，暫勞鞭算；圖舊人而共政，行見廷揚。某正托餘輝，欽聞成命。揚旌在望，将有幸於登龍；秉牘寓誠，敢自同於賀燕。”

其二云：“擢司邦計，就畀使名。以三十年之通，坐制經常之費；雖數千里之遠，盡持飛輓之權。竊以周建六卿，首命司徒之職；唐置諸使，或兼宰相之官。惟食貨之重，自古如茲，而兵民所須，於今尤急。又況主大農之調度，總諸道之轉輸，必有非常之人，乃副久虚之選。如蕭何、諸葛亮，獨高轉漕之功；若劉晏、第五琦，深究理財之術。蓋得心計之妙，故知利源之歸。人不加賦，而國用饒；民有餘力，而頌聲作。幸追前哲，允屬真材。恭惟某官，四海儒宗，一時人傑。縱横應變，了事理於胸中。慷慨論兵，運經綸於掌上。親承睿眷，遍歷亨塗。握蘭獨望於郎曹，持橐浸儀於禁路。守别都之筦鑰，擁制閫之旌麾。表裏江淮，允籍籌邊之略；牢籠山澤，素韜富貴之謀。上方茂建於宏規，公乃進膺於大任。自非蠲制而改令，何以阜財而裕民。深惟衆弊之原，亦非一日之積。其本自朝廷之上，其流及郡縣之間。兵籍久刓，况吹竽之濫進；吏員浸廣，幾毁瓦以空餐。度緇黄而利少害多，崇工商而本輕末重。生者寡而食者衆，取之盡而用之煩。剜肉補瘡，每憂於不給；剥膚椎髓，或出於無名。不聞上下之相通，安得軍民之兼足？甚者楮弊流行於中國，銅錢轉徙於他方。片紙而直千金，故不難於僞造；一物而立二價，宜必致於交争。農末俱傷，公私两病。蓋本權宜之制，豈爲經久之圖？不有更張，坐見困敝。莫重計臣之任，正需王佐之才。方将日運千艘，給餽餉不絶糧道；風行萬里，奉教令如在目前。必權母權子，而制得其宜；可足食足兵，而事無不濟。既盡行於儒術，斯大慰於民心。豈特貫朽粟陳，頓還文景之治；将見家給人足，當如成康之時。竚收萬世之功，必正三公之位。某竊官屬部，隸迹使封。披雲霧而覩青天，方幸揚舲之届；如燕雀之賀大厦，敢忘秉牘之誠。”

蔡戡爲史正志僚佐，故其推重如此。

史正志與當日文人之交往，有李洪、吴芾、周必大、辛棄疾、丘崈、陸游等。

宋李洪《芸菴類藁》卷三有《陪史志道侍郎遍覽南園北第之勝即席賦詩》：“我公胸次妙陶甄，幻出壺中小有天。地近滄浪占風月，目吞笠澤飽雲煙。玉盃金盌開新第，燠館凉臺繼昔賢。聞説傅巖通帝夢，遄歸黄閣卧貂蟬。”

李洪又有《送史志道帥建康》詩：“簪橐明光備武文，玉麟暫剖别堯雲。朝中禮樂謀元帥，天下英雄有使君。陋矣齊丘當十萬，鄙哉諸葛視三分。公歸豈作東征遠，彝鼎将書第一勲。”（見《永樂大典》卷一萬五千一百三十九，今文淵閣《四庫全書》本《芸菴類藁》未見。）

宋吴芾《湖山集》卷六有《待史志道不至》詩：“欲覿英標慰此懷，既推印綬尚裴回。心馳巖壑吾将老，目斷雲霄君不來。清夜漫勞蝴蝶夢，重陽已負菊花杯。儻能諒此拳拳意，勝似心顔相對開。”

周必大《文忠集》卷一百五《玉堂類稿五》有《賜左朝請郎、試尚書户部侍郎、江浙京湖淮廣福建等路都大發運使史正志，乞守本官職致仕不允詔》，云：“朕迺者發官以示四方，庶幾大易理財之義。《虞書》養民之政，復見今日。卿由侍從，首在選中，亦既宣勞，方期底績。乃因奉計，遂欲告歸，是豈朕責成之指哉？《傳》不云乎：‘禮義不愆，何恤於人言。’卿其平心審思，使國用足於上，民力裕於下，稱朕意焉。所請宜不允。”

周必大與史正志爲同年。《文忠集》卷十五有《題六一先生與王深甫帖》：“右同年史志道送歐陽公帖一紙，深甫必王回也。淳熙庚子二月二十九日周某子充。淳熙十五年四月二十八日，觀舊題，轉燭八年，而史志道墓木已拱，太息久之。”

辛棄疾有詞作三首呈史正志。

《念奴嬌·登建康賞心亭呈史致道留守》：“我來吊古，上危樓、贏得閑愁千斛。虎踞龍蟠何處是，只有興亡滿目。柳外斜陽，水邊歸鳥，隴上吹喬木。片帆西去，一聲誰噴霜竹。　卻憶安石風流，東山歲晚，淚落哀箏曲。兒輩功名都付與，長日惟消棋局。寶鏡難尋，碧雲將暮，誰勸杯中綠。江頭風怒，朝來波浪翻屋。”

《滿江紅·建康史致道留守席上賦》：“鵬翼垂空，笑人世，蒼然無物。還又向，九重深處，玉階山立。袖裏珍奇光五色，他年要補天西北。且歸來，談笑護長江，波澄碧。　佳麗地，文章伯。金縷唱，紅牙拍。看尊前飛下，日邊消息。料想寶香黄閣夢，依然畫舫青溪笛。待如今，端的約鐘山，長相識。”

《千秋歲·金陵壽史帥致道時有版築役》：“塞垣秋草。又報平安好。尊俎上，英雄表。金湯生氣象，珠玉霏譚笑。春近也，梅花得似人難老。　莫惜金尊倒。鳳詔看看到。留不住，江東小。從容帷幄去，整頓乾坤了。千百歲，從今儘是中書考。”

丘密有詞作二首呈史正志。

《水龍吟·爲建康史帥志道壽》：“蕊珠仙籍標名，絳紗覆玉雲霞裏。鑾坡鳳掖，絲絇鳴佩甘泉近侍。濯柳臨春，飣梨照座，絶塵風味。記青蒲、夜半論兵，萬人驚誦回天意。　麟組遙臨萬里。談笑處、江山增麗。遐沖坐折，諷流餘事，唯應燕喜。新築沙堤，暫占熊夢，恰經長至。過佳辰獻壽，雙旌便好，作朝天計。”

《黄河清·爲史帥壽》：“鼓角清雄占雲鋟。喜邊塵、今度還静。一線乍添，長覺皇州日永。樓外崇牙影轉，擁幹騎、歡聲萬井。太平官府人初見，夢熊三占佳景。　皇恩夜出天闈，雲章粲、鳳鸞飛動相映。寶带萬釘，與作今朝佳慶。勳業如斯得也，況整頓、江淮大定。這回恰好，歸朝去、共凋金鼎。”

宋陸游《渭南文集》卷四十五、卷四十六《入蜀記》載陸游見史正志於江州。乾道六年八月：“三日，移泊琵琶亭，見知州左朝請郎周昇强仲，通判左朝散郎胡适，發運使户部侍郎史正志志道，發運司幹辦公事程坦履道，察推左文林郎蔡戡定夫，始得夔州公移。”“四日，遊天慶觀……史志道招飲於發運廨中。登高遠亭，望廬山，天氣澄霽，諸峰盡見。志道出新鼓鑄鐵錢。”“九日，史志道餉谷簾水數器，真絶品也。甘腴清泠，具備衆美。前輩或斥水品以爲不可信，水品固不必盡當，然谷簾卓然非惠山所及，則亦不可誣也。水在廬山景德觀。”

史正志之得罪，出於王十朋等之彈劾。王十朋《梅溪集》卷二載其彈劾二篇。

《論史正志劄子》云：“臣聞奸人多謀，能觀時而爲進退。當權臣植黨，則必附合以求進，以竊美官。及朝廷清明，則又用奸計而苟免，以逃天憲。熙寧初，王安石爲執政，用小人吕惠卿之謀，變祖宗法度，逐朝廷正人，天下莫不切齒。及元豐末，司馬光爲相，惠卿自知罪大，爲正論所不容，遂丐祠於外，冀脱典刑。時蘇轍爲諫官，遂首論其惡，安置建州，天下快之。由是見祖宗時爲臺諫者，排擊奸邪，未嘗因其求去而容其幸免也。臣謹按吏部郎官史正志，操心傾險，賦性奸邪。自爲士人時，常出入貴人之門，專事交結。乃初登科，遂欲求爲秦熹之壻。託平日素所交結者，賂熹乳媼，使之譽己，秦氏聞而薄之，遂不見納。既而干求時相，而得監倉。善觀時以求進，聞樞密葉義問欲議進取，遂竊吴若《江淮表裏論》而增損之，自號《恢復要覽》以投義問。遂繇筦庫而得密院編修，爲士論所嗤。及史浩執政，欲主和議，正志復變前説以投浩，浩喜其佞己，遂遣之建康，以爲説客，欲以口舌沮進取大計。嘗談兵於張浚之前，爲浚所不禮。正志乃妄撰《語録》，設爲己與浚答問辨難之語，歸以佞浩，浩大喜之，除爲户部郎官。浩與正志姓同而族異，拜浩而父事之，在浩之門最爲用事，故士論有‘親姪’之嘲。正志既不見禮於浚，遂極口詆之。嘗應詔上書，比浚爲許靖、房琯。聞陛下召浚，懼其不利於浩，唱爲浮議，以沮其來，時人比之張又新。今陛下知浩之奸，斷然罷之；知浚之忠，破群議而任之。正志自知朋奸譏慝，得罪於清議，遂力求去，朝廷乃以福建運判與之。正志能用奸以自免，大類惠卿求去於元豐之末。臣濫職風憲，苟不論而擊之，寧不自媿於蘇轍乎？欲乞陛下特發英斷，明正志譏慝朋比之罪，以正典刑。縱未能行兩觀之誅，亦當薄示三危之竄，庶使元祐清明之政復見於今日，天下幸甚。”

《再論史正志劄子》：“臣昨嘗論列吏部郎官史正志，朋比譏慝，自知罪大，欲逃典刑，力求外補。朝廷以運判與之，是用外臺重任以賞奸也。欲乞睿斷，正其罪而竄殛之，至今未見施行，臣深所未喻。臣聞唐王叔文以沾沾小人，竊天下柄，號召當時有名之士，欲僥倖而躁進者，並以郎官清要之職處之，相與結爲死黨，至譽叔文爲伊周管葛。憲宗監國之始，首逐叔文而殺之，其徒皆終身竄殛，號‘八司馬’，元和之治，比迹正觀。淮西功業冠出李唐，蓋繇憲宗必於用罰以去邪也。臣竊謂前宰相史浩之惡，不減王叔文；其黨與之盛，不止八司馬。雖非天下奇才，至於撓節以附匪人，懷奸以害公議，則一而已。如正志者，在浩黨中，尤爲親密。出入門闌，蹤跡詭秘，人皆呼之曰‘繼拜公’，又榜之曰‘親姪’。遂自樞屬，驟遷户部郎，又遷天官郎。使浩不去，則正志必躐處侍從矣。正志去冬歸自建康，不獨摇撼張浚，尤媒孽李顯忠之短，必欲朝廷罷浚而誅李顯忠，以沮恢復大計。非陛下保全而委任，則忠臣良将身首且不可保，豈復有今日淮甸之捷耶？今國家方欲恢復中原，所賴以激勸者，賞罰而已。前日二將奏功賞不踰時，輿論咸以爲當，讒慝之人亦宜薄正其罪。今不獨逃司寇之刑，而又以外臺耳目之寄處之，何以慰天下之公議乎？郎曹運判至么麽也，而臣喋喋言之者，非以其玷列宿汗外臺而已，而朝廷之刑賞、公議之是非實繫焉。伏乞陛下出臣兩章，斷然逐之，以示去邪勿疑，亦足以懲一而勸百也。”

又宋員興宗《九華集》卷十三《上丞相議置發運書》云：“某竊聞朝廷得旨，更置江淮諸道發運使外議。既不能深曉，已半疑惑。又欲以史正志者爲之，愚不肖，不知其所自來。但見其前後奸欺，罔上無畏，始談攻守，迄無一成，請置水軍，徒爲百費。聽其言則虚譎日進，詰其事則誕妄日彰。居常軒軒，視正人如寇讎（王龜齡），指老成爲兒戲（張魏公）。若此異類，長惡不悛，積其宿姦，愚弄國事，自合爲大膺誅戮、小禦魑魅者也。”

今按王十朋接連兩日所論，率多浮泛，不能指實，不免朋黨相争習氣。

其事蓋由張浚而起。張栻、張浚一派既與史浩、史正志爲敵對，朱子遂對史正志屢有指責，遑論他人。

朱熹《晦庵集》卷八十九《右文殿修撰張公神道碑》：“時廟堂方用史正志爲發運使，名爲均輸，而實但盡奪州郡財賦以惑上聽，遠近騷然，人不自安，賢士大夫争言其不可，而少得其要領者。”

同書卷九十三《轉運判官黄公墓碣銘》：“史正志爲發運使，專以括取諸道羡錢爲己功，諸道承風，聽命不暇。”

同書卷九十五《少師保信軍節度使魏國公致仕贈太保張公行狀》：“（史）浩遣其腹心司農寺丞史正志來建康，專欲沮招納事。”

同書卷九十七《敷文閣直學士陳公行狀》：“史正志者，素以傾巧進。至是，當帥成都，憚遠役，則使其黨請復置發運使，而以己爲之，上然其説。”

《永樂大典》卷三千一百五十"陳良翰"條云："朝廷遣史正志至建康，與張浚議事乖牾，良翰劾之，上曰：'正志亦無罪。'良翰言：'陛下使浚守淮，則任浚爲重，一郎官爲輕。且正志居中，浚必爲去就。'上悟，出正志爲福建漕運。……史正志者，素以傾巧進。至是，當帥成都，憚遠役，則使其黨請復置發運使，而以己爲之，上然其説。公入奏曰：'祖宗本建此官，蓋沿唐制，轉東南以餉京師。今已居東南，而衣食其租税矣，又頗分給武昌、建康、京口諸軍，應上供者數亦無幾，而虚立此官，甚無謂。況正志反覆小人，誕妄有素，不過欲假此重權，割剥州縣，侵牟商賈，以自爲功耳。'……已而發運司爲公私之病，果皆如公言，正志遂以罪竄，而發運官屬皆罷矣。……史正志憚守成都，創發運，使得留。公奏：'祖宗立國於汴，重兵屯西北，故運東南之粟。今軍國就食東南，此職安用？'疏累上，面陳再三，繼以求去。上還其奏，公論列不已，正志竟罷。"

所論張浚爲重，郎官爲輕，已乖是非之準。而張浚"繼以求去"，與史正志"遂力求去"竟何分别？

大抵史正志"縱橫應變，了事理於胸中；慷慨論兵，運經綸於掌上"，爲幹練辦事之臣。所謂"爰念兵民之所急，要當食貨之爲先"，希圖有爲，而近乎聚斂。而繁文縟節，事事衡之以朋黨意氣，宋人亦太過甚。孝宗"但取賢者"是矣。

《宋史·王十朋傳》："史正志與浩族異，拜浩而父事之，十朋論正志傾險奸邪，觀時求進，宜黜正志以正典刑。"

《宋史·陳良翰傳》："朝廷遣史正志至建康，與張浚議事乖牾，良翰劾之，上曰：'正志亦無罪。'良翰言：'陛下使浚守淮，則任浚爲重，一郎官爲輕，且正志居中，浚必爲去就。'上悟，出正志爲福建漕運。"

《宋史·史浩傳》："史浩，字直翁，明州鄞縣人。……浩因城瓜洲，白遣太府丞史正志往視之，正志與浚論辯。十朋亦疏史正志朋比，並及浩，遂與祠，自是不召者十三年。……淳熙初，上問執政：'久不見史浩，無他否？'遂除少保、觀文殿大學士、醴泉觀使兼侍讀。五年，復爲右丞相。上曰：'自葉衡罷，虚席以待卿久矣。'浩奏：'蒙恩再相，唯盡公道，庶無朋黨之弊。'上曰：'宰相豈當有黨，人主亦不當以朋黨名臣下。朕但取賢者用之，否則去之。'"

史正志工於文，有《二水亭記》、《新亭記》二篇，刻碑上石。

景定《建康志》卷之二十二載："二水亭：在下水門城上，下臨秦淮，西面大江，北與賞心亭相對。歲月寖久，舊址僅存。乾道五年秋，留守史公正志，因修築城壁重建。自爲記。《記》

云：秦淮源出句容、溧水两山，自方山合流至建業，貫城中而西，以達於江。有洲横截其間，李太白所謂‘二水中分白鷺洲’是也。（來）［東］秦淮两城隅對峙，北爲賞心亭，其南闕焉。登城而望，坐挹牛首，可憑藉如按。淮山一帶沙洲煙嶼，皆不遺毫髪。意古必有亭其上者。一旦，父老謂予曰：‘此承平時二水亭也。’考於圖志不載，嗚呼！六朝以來迨今九百餘年，其廢興成敗可勝言哉！今之爲城，蓋自徐温之改築亭，以二水久不知爲何時，豈歲月久遠，故不傳邪？城下二水，混混東流，古今固自若也。昔羊叔子登峴山，顧其客鄒湛曰：‘自有宇宙，便有此山，勝士登此遠望，如我與卿者多矣，皆湮滅無聞，使人悲傷。’湛曰：‘公名與此山俱傳，若湛輩當如公言耳。’嗟夫！有志之士慨其名之不與山傳也如此！頃者城壁缺壞，才辨瓦礫，是亭之名，失其傳久矣，況於一時登臨之人哉！碑石果可託於峴山爲不朽乎？蓋笑叔子之志（真）［直］區區也。予方修築城隅，復建是亭，揭以舊名，而爲之記。後有來者，覽江山之勝而讀予之文，因悟夫城之與亭廢興成敗相尋於無窮，而人事得喪倏往而忽來，思所以託名於後世者，可不慨然有感而爲之賦邪！乾道五年十月望日，左朝散郎、充敷文閣待制、知建康軍府事、提舉學事、兼管内勸農營田使、充江南東路安撫使、馬步軍都總管、兼行宫留守司公事史正志記，左朝奉郎、新權通判楚州軍州、主管學事、賜緋魚袋杜易書並題額。”（又見乾隆《江寧新志》卷十二。）

又載：“新亭：亦曰中興亭。去城西南十五里，近江渚。乾道五年，留守史公正志，即故基重建亭，自爲記。《記》云：西南去城十二里，有岡突然，起於丘墟壠塹中，其勢回環險阻，意古之爲壁壘者。或曰：‘此六朝所謂新亭是也。’予考之地志，信然。方六朝時，上流奔衝，用兵戰争，無不扼此相拒，先據者勝。亭之名始見於東晉，至宋王僧達更爲‘中興亭’。其後干戈相尋，鞠爲榛莽，不知幾年矣。予因送客過之，徘徊顧眄，愴然有感。乃即其地稍南爲亭，榜以舊名。其制崇高廣袤，雖未必及於舊，而山川形勢，登覽之勝，焕然如新，則世之相後累數百歲，未嘗有改也。初，元帝過江，人士暇日相邀出新亭。周顗中坐興嘆，謂：‘風景不殊，舉目有江河之異。’因相與流涕。獨王導變色，以楚囚對泣責之，且有戮力王室、尅復神州之言。導可謂有其志矣。當一馬化龍之後，導首任相柄，非不立志恢復，而元戎屢動，不出江圻，經略區區，僅全吴楚，以至中更敦、峻之叛，下陵上辱，紀綱不振。導於是時，浮沉俯仰終其身，自開學校一事，略不能有所建立。平居暇日，惟清談自命，則有短轅犢車、長柄麈尾之譏。驗以前日之言，徒虚語耳！所謂江左夷吾，功烈如是，其卑乎！蓋人之情多鋭於新而怠於久，自古規模之作，於新者不苟，則勲業之傳於久者必大。天下萬物，無不始於新也。新新以爲用，則精神運動之妙鼓舞天下，雖百世作興而不窮。不能者日就因循苟且，而不知所以振起。故自其新者觀之，則物無不故；自其善用者觀之，則物無有故。而皆可以曰新矣。中原者，東晉故物也。南渡之初，庶事草創，故以江左爲新造，而亭之名亦因以爲新。導不能日用其新，以酬其素志，宴安有以敗之也。然則今日新亭之復，豈将爲将迎遊燕之地，憑高遠眺，動遊子之悲，而發北客之嘆也哉？嘗試與客登亭四望，其西定山一帶清曠，龍洞綿亘數百里，實與長江爲脣齒之勢。其東牛首方山緣延周匝，意斗牛間王氣，宛然自若也。其南則新林板橋，按扼屯守之所，歷歷可考。其北幕府諸山連接，石頭蹲踞如虎，想孫權城築之氣尚凜凜如生也。南北敻隔，中原如故，要當哭泣於歡笑之際，藥石於强壯之時，不敢怠於新以圖其故。功名之士患無志耳，苟有其志，又患無其才。今天下豪傑輩出，安敢厚誣以爲無人？異時擊檝渡江，掃清中原，以日新之志，收日新之功，使王導一時空言，乃驗於百世之下者，庶幾是亭有以發之。乾道五年□月望日，左朝散郎、充敷文閣待制、知建康軍府事、提舉學事、兼管内勸農營田使、充江南東路安撫使、馬步軍都總管、兼行宫留守司公事史正志記，左朝奉郎、權通判楚州軍州、主管學事、賜緋魚袋杜易書并題額。”

謂王導“浮沉俯仰終其身”，與辛棄疾謂謝安“長日惟消棋局”同一聲氣。

二文可謂工於才辯而善明本志者矣。

史正志《乾道建康志序》、《史氏菊譜序》亦皆可觀。

史正志諸詩，世少流傳。曾於金陵創建清暉閣，僚屬皆賦詩，成《清暉閣詩》一卷，惜佚。

元陳世隆《宋詩拾遺》卷八收史正志《新亭》詩二首：“龍蟠虎踞阻江流，割劇由來始仲謀。從此但誇佳麗地，那知西北有神州。”“忽枉王人六轡馳，新亭有酒便同持。坐中不作南冠歎。江左夷吾有素期。”（又見厲鶚《宋詩紀事》卷五十。）

《永樂大典》卷五千七百六十九《長沙府》收史正志長沙所作黄陵題詠詩三首：“玉馭蒼梧去不還，涙痕洒竹尚斑斑。空傳朱瑟流幽怨，謾許明珠解佩還。”“廟塑湘妃少女容，誰知百歲奉重曈。從今好事詩騷客，莊肅當存念慮中。”“直方誰似退之賢，過廟當時禱亦虔。徼福乞靈旋有助，傾囊十萬出私錢。”

《全宋詩》卷二一〇三亦僅收其《黄陵題詠》三首、《新亭》二首，足見其存世者之珍貴。其文學價值，明人已有定評。昔劉勰《文心雕龍·明詩》云："至於張衡《怨篇》，清典可味；仙詩緩歌，雅有新聲。"陸君弼引之評賞史正志遊朝陽巖諸詩"清典可誦"，可知其詩格甚高。（明萬曆《揚州府志》、萬曆《江都縣志》，均陸君弼撰。陸君弼，一名陸弼，字無從，江都人。九歲詠紫牡丹詩知名，與唐伯虎並稱两才子。博涉多撰述，隆萬間有詩名。乾隆《江都縣志》卷二十三云："陸弼，字無從。自髫齔至老，治博士家言，伊吾吟哦，日夜不少廢。又好博涉，多所撰述。廣陵爲南北孔道，請延賓客，結納賢豪長者，其聲籍甚。……入史館與纂修，未上而罷。弼嘗預修《郡志》，《江都志》則出其手，後世咸徵信焉。自著有《正始堂集》二十餘卷。"清錢謙益《列朝詩集》、清王士禎《帶經堂詩話》、清陳田《明詩紀事》有傳。）

史正志貶謫永州時間，文獻均載爲乾道六年。

宋周必大有草詔《賜左朝請郎、試尚書户部侍郎、江浙京湖淮廣福建等路都大發運使史正志，乞守本官職致仕不允詔》，繫年爲乾道六年十月五日。

清王太岳等《四庫全書考證》卷八十二曰："宋蔡戡《定齋集》卷九《賀史發運啟》：案《宋史·孝宗本紀》：乾道六年三月，復置江浙荆湖两廣福建等路都大發運使，以新知成都府史正志爲之。此啟當即是時所作。"

《宋史·職官志七》："發運使：掌經度山澤財貨之源，漕淮、浙、江、湖六路儲廩以輸中都，而兼制茶鹽、泉寶之政，及專舉刺官吏之事。""乾道六年復置，以户部侍郎史正志爲两浙、京、湖、淮、廣、福建等路都大發運使。是冬，以奏課誣謾貶，並廢其職。"（清乾隆《欽定歷代職官表》卷六十《漕運各官表》引之。）

《建炎以來繫年要録》卷一百八十九：紹興三十有一年三月，壬辰，"左從事郎監行在省倉上界史正志，充樞密院編修官。正志，江都人也"。

同書卷一百九十九：紹興三十有二年夏四月，"癸酉，左宣教郎史正志爲司農寺丞"。

宋劉時舉《續宋編年資治通鑑》卷九：乾道六年三月，"以史正志爲户部侍郎、江浙荆湖淮廣福建等路都大發運使，置司江州"。

宋李心傳《建炎雜記甲集》卷十一："乾道六年，虞丞相當國。三月，奏復發運司，以户部侍郎史正志爲淮浙京湖淮廣福建等路都大發運使。朝論不以爲宜，汪聖錫、黄通老二尚書言之尤力，執政皆不之聽。然正志寔無能爲，但峻督諸司州郡多取美財而已。其年十二月，正志以奏課誣謾貶，乃復廢發運使焉。"（宋馬端臨《文獻通考》卷六十二同。）

佚名《宋史全文》卷二十五上：乾道六年三月，“詔復都大發運使，以史正志爲户部侍郎、江浙京湖淮廣福建等路都大發運使，江州置司”。十二月，“癸酉，詔：‘史正志職專發運，奏課誕謾，廣立虚名，徒擾州郡，責授楚州團練副使，永州安置。其發運司可立近限結局。’”

宋王應麟《玉海》卷一百八十二《食貨·漕運》：“乾道六年三月，虞允文奏復之。己卯（二十八日），以户侍史正志爲都大發運使，江州置司，降緡錢三百萬爲糴本。十二月癸酉（二十八日），復廢。”

清徐乾學《資治通鑑後編》卷一百二十三：乾道六年三月，“復置江浙荆湖淮廣福建等路都大發運使，以新知成都府史正志爲之”。十二月，“癸酉，罷發運司，以史正志奏課不實，責永州安置”。

清康熙《御定淵鑑類函》卷一百十：“乾道六年，復以户部侍郎史正志爲江浙荆湖淮廣福建等路都大發運使。朝論不以爲宜，汪聖錫、黄通老二尚書言之尤力，執政不聽。其年正志以奏課誕謾，遂廢司焉。”

道光《永州府志·事紀略》亦載：乾道“六年冬十二月，史正志坐奏課不實，責授楚州團練使，永州安置”。

《全宋詩》作者小傳稱：乾道“七年，以事謫居永州”，不確。

今按，史正志貶謫永州時間，詔令在乾道六年十二月，實際到永時間必在乾道七年。茲定詩刻爲乾道七年秋。

史正志《秋日陽巖》本爲與曾協《夏日陪遊朝陽巖》唱和，史正志二首，曾協四首，共計六首。其中二人各一首上石，爲明代張勉學“高巖幽窟”榜書所鑿，倖賴黄焯《朝陽巖集》保全文本。

乾道八年，史正志與曾協又有澹巖唱和，各六首，共十二首。

曾協《雲莊集》卷二載《和史侍郎遊澹巖韻六首》，詩云：“底歎茲巖省見稀，慣居故國看山圍。應緣此日慰岑寂，聊遣清詩爲發揮。”“瀟湘少駐便經年，自信孤忠莫問天。果爲冕旒懃注想，不容泉石得高眠。”“隱士洪崖可拍肩，尚留陳迹此山巔。秖應千古人如在，陵谷高深却變遷。”“九重温詔下江邊，應覽甘泉舊奏篇。却背煙嵐理歸棹，曉猿夜鶴總凄然。”“我公得入如來室，心鏡常明不用磨。好倚懸崖結趺座，任從來者問云何。”“眼看巖石千尋起，面對爐烟一縷輕。頓覺世緣無染著，箇中消息有誰明。”

光緒《零陵縣志》卷十四《藝文·金石·澹山巖》載史正志原唱：“史正志詩：《遊淡巖因成六絶句》，心菴居士史正志。‘永州淡巖天下稀，千間石屋萬尋圍。漫郎足跡不到處，天遣涪翁爲發揮。’右一。‘胚渾開鑿莫窮年，一敌巖扃别是天。躡蘚捫苔來問訊，敲門驚覺老僧眠。’右二。‘籃輿軋軋曉鳴肩，一徑通幽亂石巔。乳竇浪痕環四壁，可嗟陵谷幾更遷。’右三。‘餐玉徵君務引年，僊方初試紫囊篇。石田十畝琨瑶種，犂迹於今尚隱然。’右四。‘僊子洞巖長好在，詩家石刻半銷磨。但知把酒對巖飲，莫問人生事若何。’右五。‘世塵何物不關情，一到山間萬念輕。誰更葛藤談妙理，个中消息自分明。’右六。”

道光《永州府志》卷二上《名勝志》亦載：“去城南二十五里，有巖奇奥，爲永州冠，曰澹巖，一名澹山巖。……寓士詩多載入《金石》，今惟載宋曾協一詩。《和史侍郎詩》：‘九重温詔下江邊，應覽甘泉奏舊篇。却背煙嵐理歸棹，曉猿夜鶴總淒然。’”

曾協又有《水調歌頭》一首呈史正志。

《雲莊集》卷二《水調歌頭·送史侍郎》：“今日復何日，歡動楚江濱。紫泥來自天上，優詔起元臣。想見傅巖夢斷，記得金甌名在，卻念佩蘭人。永晝通明殿，曾聽話經綸。　促歸裝，趨北闕，覲嚴宸。玉階陳跡如故，天笑一番新。好借食間前箸，盡吐胸中奇計，指顧静煙塵。九萬雲霄路，飛走趁新春。”

《雲莊集》已佚，清四庫館臣自《永樂大典》輯出。光緒《零陵縣志》所録，乃據澹巖石刻著録，“心菴居士史正志”題款及“右一”、“右二”云云，顯見爲石刻原有格式。原刻不署年月，亦與朝陽巖詩刻相同。而澹巖今毁，史、曾澹巖唱和詩之保全殊不易易。

史正志之别號，似皆有特殊的地理特徵，如“柳溪釣翁”、“吴門老圃”之類。“心庵居士”似亦只用於永州貶謫時期。

按永州自唐宋以來爲朝廷貶謫之所，而巖洞景勝，自當以朝野出處進退爲主題。細繹史正志、曾協二人唱和，史正志原唱詠史言志，不道朝廷中事，自爲謫臣應有之義。曾協詩云“九重温詔下江邊”，似當時已得還朝恩命。“應覽甘泉舊奏篇”，用漢揚雄“從上甘泉還，奏《甘泉賦》”典故，謂宋高宗至鎮江，史正志扈從，上《恢復要覽》（又名《囈語恢復要覽》）五篇，今孝宗乃憶及舊日奏章，思其功勳。（“舊奏篇”，清曾燠《江西詩徵》卷十四同，道光《永州府志》卷二上《名勝志》誤作“奏舊篇”。）“瀟湘少駐便經年”一句，乃言史正志貶永已經一年有餘。是則史正志澹巖六首當作於乾道七年初至永州之時，曾協和韻六首當作於乾道八年三月到任之後，而史正志還朝時間似亦在此後不久，乾道九年曾協之卒之前。自乾道六年十二月或乾道七年初，至乾道八年三月之後、乾道九年之前，此所謂“經年”。故嘉定《鎮江志》所云“尋復元官”，當以乾道八年爲解。

澹巖又作淡巖，在永州零陵舊城南二十五里。宋祝穆《方輿勝覽》卷二十五云：“石壁削成萬仞，旁有石竅，古今莫測其遠近，目之者有長往之意。”有宋人石刻一百餘通，多數已遭人爲破壞。

## 乾道八年曾協《夏日陪遊朝陽巖》詩刻

### 釋　文

夏日陪遊□□□□□朝陽巖□題四韻

曾協，知郡判院

保安渡口江西岸，江閣天教隔俗塵。恠石千株端似植，流香一竇遠通津。高風元柳今安在，盛世瀟湘久益新。共約藍輿來吊古，短篇應許繼前人。

### 考　證

曾協《夏日陪遊朝陽巖》詩刻，標題據石刻著録，作者署款及詩句據明黄焯《朝陽巖集》著録。

詩刻在朝陽巖上洞，位於史正志《秋日陽巖》二首詩刻右側。整方石刻高 35 公分，寬 70 公分。

拓本照片同上。

標題三行，每行字數不等。正文七行，每行八字。詩刻被明代張勉學"高巖幽窟"榜書打破，又被多處石山保打破，殘損嚴重。"高巖幽窟"榜書打破舊刻，先是磨平石面，後又逐字鑿毁，倖而若干痕跡尚在，可以借助文獻還原。

標題"夏日陪遊□□□□□朝陽巖□題四韻"，在榜書"高""巖"二字之間。標題下有署款，被"姜門寄名石山保長命富貴"之"長命"打破，難以辨識。僅"題"字左側有一小字"正"，清晰可見。

明黄焯編纂《朝陽巖集》，黄《叙》作於嘉靖丙戌，即嘉靖五年，除時人以外，均取材於石刻。此詩《朝陽巖集》未録標題，但有署款"曾文，知郡判院"。"曾文"爲誤讀，"知郡判院"則似爲詩刻原始署款，今則未見。兹將

"曾文"更正爲"曾協"，並補録"知郡判院"四字。

詩刻正文，第一行，"保安渡口江西岸江"，首句七字及第二句一字，在榜書"巖"字下。"保"、"口"保留完整，"安"字僅見輪廓，其他有鑿痕而未盡。第二行，"閣天教隔俗塵怗石"，鑿毀嚴重，僅"閣"字尚見輪廓。第三行，"千株端似植流香一"，鑿毀嚴重，僅見"一"字。第四行，"竇遠通津高風元柳"，"竇"、"通津"三字尚見輪廓。第五行，"今安在盛世瀟湘久"，"今"字完整，"安在"二字尚見輪廓。第六行，"益新共約藍輿來吊"，"益新"二字完整。第七行，"古短篇應許繼前人"，僅"古"、"許"二字尚見輪廓。

保安渡口，明弘治《永州府志》卷二、清康熙《永州府志》卷三、道光《永州府志》卷三下並云："保安渡：在正南門外。"後稱南門渡，見道光《永州府志》卷一《輿地圖》。其上游爲百家渡（在南門外二里）、南津渡（在正南門外五里），下游爲大平渡（在太平門外）、黄葉渡（在西門外）、湘口渡（在湘口驛前）。永州郡城在瀟水東，朝陽巖在瀟水西，故下文云"江西岸"。

"知郡"，即曾協所任"權知永州軍州事"。"院判"，疑爲知州之兼職，如分司糧料院之類。《宋史·職官志七》：紹興間，"湖廣有給納場（屬官兼）、分差糧料院、審計院（通判兼）"。曾協《雲莊集》卷三有《鎮江任满通交代龔判院啟》、《行在諸軍糧料院謝啟》。

詩刻《全宋詩》失收，《永樂大典》載《和史志道侍郎遊朝陽巖》三首，獨缺此一首，近人《唐宋人寓湘詩文集》同，均當補入。

曾協，字同季，號雲莊，江西南豐人。早年應試不第，以蔭入仕，歷長興、嵊縣丞，鎮江、臨安通判。孝宗乾道間，知吉州，改撫州，終知永州。有《雲莊集》二十卷，散佚，清四庫館臣據《永樂大典》輯爲《雲莊集》五卷。

祖曾肇，爲曾鞏、曾布之弟。父曾縲，子曾炎。

宋汪藻撰曾縲墓誌銘，見《浮溪集》卷二十七《奉議郎知舒州曾君（曾縲）墓誌銘》。文中述及曾協之事云："協今爲右承務郎、監臨安府新城縣税。君清修謹厚，齠齔時已凝重不可干，見者無不敬異之。及長，嗜書，得一書必手鈔口誦，非得其甚解不已，於《春秋》之學尤長。平居終日寡言，淡若與世無情者。及處父母兄弟朋友之間，則能爲人之所難。文章簡古，似其爲人。議論袞袞，挾其家數世敢言之氣，必有爲而發，不崇空言。政和間，余始識君文憲公座上，自是日相親，每君文一篇出，讀之若川增條達，莫見其止，余未嘗不愧嘆彌日，以爲不可及也。當是時，人材盛矣，君獨秀出其間。自艱難以來，典章文物委地，昔之所謂人材者，各以其所長班班見世，取能名，登顯仕，而君墓上之木拱矣。古人所謂人不可無年者，如君非耶？”

宋樓鑰撰曾炎神道碑，見《攻媿集》卷九十七《集英殿修撰致仕贈光禄大夫曾公（曾炎）神道碑》，文中述及曾協之事云：“父協，年十九，以詞賦魁胄監，一上不第，則考古著書，有《雲莊集》行於世。終朝奉大夫、知永州，贈正奉大夫。”（明崇禎《吴興備志》卷十三引之。）

宋傅伯壽撰《雲莊集·序》，見《雲莊集》書首。序云：“《雲莊集》，故零陵太守曾公所作也。公家世以儒顯，至南豐先生，遂以經術文章名天下，學者宗之，以繼唐韓文公、本朝歐陽文忠公。時文肅、文昭公同以才學進，兄弟鼎峙於朝。文肅公位至宰相，佐徽朝初政。文昭公出入三朝，終始全節，號爲名臣。其所更踐，多翰墨之職，今其文具在，典雅温純，蓋與南豐先生真鴈行也。公，文昭公之孫，龍舒太守諱縡之子也。文昭晚罹鈎黨之禍，龍舒公力奮於學，既踐世科，官曲臺矣，中道而殞。龍溪翰林汪公嘗歎其文‘若川增條達，莫見其止’。及志其墓，以‘簡古’目之。公五歲而孤，太夫人强氏，故資政殿學士文憲公之女，賢而明智，親授以經而督之學。公穎悟，異凡兒，少長，益駿發。每讀書，五行俱下，日記數千言。文昭公家多書，已而燬於兵，家貧無以市，一閲於肆，終身不忘，遂博通六籍、諸史、傳記、百家之言。少從人假《春秋左氏傳》，未兼旬歸之，人訝其速，公曰：‘已習矣。’摘而問之，口誦如注水，終卷乃已。嘗憩臨安孤山僧舍，客有稱僧如《璧冷泉亭記》者，就借所乘馬，馳九里至亭上，一閲即歸，寫以示客。客往覆之，不差一字，時人驚服，以爲王氏之仲任、仲宣，延氏之叔堅，不過是也。年未弱冠，試於國子監，裒然爲舉首。已而不利於春官氏，去，從博學宏詞舉，有司異其文，將以名聞於中書矣，奪於異議而止。公遂絶意科目，然嗜書愈篤，雖祁寒盛暑，手不釋卷。爲文操筆立成，初若不經意者，徐而繹之，雖積功精思者不逮也。公卒之二十八年，公之子今直敷文閣福建轉運副使炎，輯公之文爲二十通，而以授伯壽，曰：‘先人生平爲文甚衆，然未嘗屬稿，以故多所遺軼。不肖之孤，纂集論次，堇堇是耳，願丐序以行諸遠。’伯壽辭不獲命，退發公文而讀之，彌日不厭，嘆曰：大文章之作，古病其難。其所以難者，何也？蓋材之稟於天者，其警敏不可以强而能，而學之傳於家者，其源流又貴於遠且深也。世之豪俊之士，博聞强識，一覽無遺，材非不警且敏也，然家之所傳無源流之學，徒鑿其意而爲之，則矜能騁怪，或至於畔棄繩尺矣。文章之家，重規疊矩，奕葉相承，源非不深且遠，然天之所稟無警敏之才，獨勤其業而守之，則罷精鉥心，或不勉於沿蹈故常矣。《傳》之論吏道者曰：‘能與不能，自有資材，何可學也?’《記》之論百工者曰：‘智者創物，巧者述之，守之世謂之工。’嗚呼！吏，俗務，工，末技也，能猶有材，而守亦以世，況於文乎！公之聰明該博，卓絶流輩，而鴻業宗工，代起相襲，心通性解，目濡耳染。其於文也，是惟無作，作則追美於前、垂聲於後必矣。故其古詩則興寄淵邈，詞旨超邁，多效選體爲之。唐律則務追平淡，間出清新，比事賡韻，精詣妥帖。至表章牋啟，則又繁約適中，鋪陳有叙，摭古語而加翦截之功，造新句而遺斧鑿之痕。他文亦皆類是，蓋深有文昭之遺風焉。廉靖樂道，恬於勢利。仕三十年，僅至二千石而終，曾不獲以詩鳴國家之盛，而文出中朝之詞命，位不配德，時共惜之。今敷文公擢隆興元年進士第，入爲尚書郎，俱有聲績，謙厚明敏，天子方鄉用之，然則繼文昭兄弟之業，而使公無九泉之憾者，將於是乎在。《傳》曰：‘非在其身，在其子孫。’其是之謂夫！公諱協，字同季，雲莊蓋公自號。慶元元年庚申八月朔，徽猷閣學士大中大夫知建寧軍府河陽傅伯壽序。”

曾協傳記又散見於方志。

清同治《湖州府志》卷五十《人物傳》：“曾協：字同季，南豐人，文昭公肇之孫。(傅伯壽《雲莊集序》)始家湖州之德清，年十九，以詞賦魁胄監，一上不第。(《樓攻媿集·曾公行狀》)以蔭仕爲長興縣丞，遷嵊縣丞，擢鎮江府通判。乾道九年，權知永州，卒。(《雲莊集》)官至正奉大夫。考古著書，有《雲莊集》行於世。子炎、燮。(《攻媿集》)炎别有傳。”

同治《湖州府志》乃拼合各家記載而成，民國《德清縣志》卷八引之。

清曾燠《江西詩徵》卷十四亦載：“曾協：協字同季，南豐人。肇孫，紹興初舉進士不第，以世賞得官，通判臨安。乾道中權知永州，卒。有《雲莊集》。”

《四庫全書總目提要》卷一百五十八《集部·别集類》：“《雲莊集》五卷，《永樂大典》本。宋曾協撰。協字同季，南豐人。《宋史》無傳，志乘亦不載其名。據傅伯壽所作集序，知爲曾肇之孫，曾纁之子。而所叙仕履但曰‘官零陵太守’，不及其詳。且宋無零陵郡，亦無太守之名，殊非實事。今以集中詩文考之，知紹興中舉進士不第，以世賞得官。初爲長興丞，遷嵊縣丞。繼爲鎮江通判，遷臨安通判。乾道癸巳，權知永州事以卒。伯壽所云，蓋以古地名與古官名假借用之，文人换字之陋習耳。伯壽又稱：‘慶元庚申，協没已二十八年。其子直敷文閣、福建轉運副使炎輯其文爲二十通。’考劉禹錫作《柳宗元集序》，稱一卷爲一通，則原集蓋二十卷。今傳於世者，惟《詠芭蕉》一詩，僅見陳景沂《全芳備祖》中。他不概見，則其亡已久矣。今据拾《永樂大典》所載，以類編次，尚得五卷。又得傅伯壽序一篇，亦並録入。”（按四庫館臣定曾協“乾道癸巳，權知永州事以卒”，蓋因《雲莊集》卷四《題本事方後》中有“某乾道癸巳假守零陵”一語，爲集中最後紀年。）

《夏日陪遊朝陽巖》不見於曾協《雲莊集》。

清嵇璜《續文獻通考》卷一百八十九：“曾協《雲莊集》五卷。協字同季，南豐人，紹興中以世賞得官，歷仕臨安通判，權知永州事。”

清黄虞稷《千頃堂書目》卷二十九：“曾協《雲莊集》二十卷。字同季，徽宗時人。”按此所言《雲莊集》卷數及作者小傳均太略。言之最詳者，爲清陸心源。

陸心源《宋詩紀事小傳補正》卷三：“曾協，字同季，文昭公肇之孫，始家湖州之德清。以蔭仕爲長興縣丞，遷嵊縣丞，擢鎮江府通判。乾道九年，權知永州，卒。官至正奉大夫。（《湖州府志》）”

陸心源《儀顧堂題跋》卷十二《雲莊集跋》：“《雲莊集》五卷，宋曾協撰。原本久佚，此則文瀾閣傳抄《永樂大典》本也。案協爲曾文昭肇之孫，南渡後家湖州之德清，年十九，以詞賦魁冑監，一上不第，以蔭仕爲長興縣丞，終於知永州，官至正奉大夫，見《樓攻媿集·曾炎神道碑》。”

陸心源《皕宋樓藏書志》卷八十四：“《雲莊集》五卷，文瀾閣傳抄本，宋曾協撰。”以下悉録傅伯壽《雲莊集序》全文。

檢《永樂大典》卷九千七百六十三《喦》，載曾協詩《和史志道侍郎正志遊朝陽巖》三首，亦不見於今本《雲莊集》。其一曰：“經行犖确看嶙峋，曳履枝筇躡後塵。自是高懷元落落，向來喜色見津津。宜搜今古風流遠，得助江山句法新。好逐秋風上霄漢，却留盛事付州人。”其二曰：“簿書堆案阻尋幽，想像高人物外遊。自昔品題多北客，故知物象勝中州。雲經亂石餘膏潤，煙過懸崖自去留。暫俯澄潭倚蒼壁，已疑身世在鰲頭。”其三曰：“興來小渡唤方舟，霽色天教足勝遊。但覺賞心追昔事，不知飛詔下皇州。班行便覺九天近，登覽何辭一日留。懸想他時百僚上，亦思清景幾回頭。”

《永樂大典》三首中，並無此首詩刻。但其用韻，第一首韻字爲“塵”、“津”、“新”、“人”，正與詩刻相同。第二首、第三首韻字“遊”、“州”、“留”、“頭”，又與詩刻左側史正志

《秋日陽巖》二首韻字相同。可知曾協朝陽巖詩，共是四首，其中上平聲十一真部二首，下平聲十一尤部二首，均爲與史正志步韻唱和之作。詩刻中“夏日陪遊□□□□□朝陽巖”云云，是其當日賦詩時的標題，《永樂大典》中“和史志道侍郎正志遊朝陽巖”云云，是其文集編纂時的標題。

詩刻未署年月，茲考订爲乾道八年。

曾協詩刻與史正志詩刻，均未署年月。按曾協於乾道間爲永州知州，且卒於任上。其任職年月，《宋會要輯稿》載爲乾道七年八月。《宋會要輯稿·職官六二》：乾道“七年五月六日，殿中侍御史李處全言：‘伏見新知吉州曾協，故文昭公肇之孫，博極群書，温文而懿。但吉州繁夥，其民嚚訟，小有不至，爲協之累，則是朝廷用［非］其長。新知撫州周樞撥煩治劇，素稱敏健。若使二人两易，則才適於用，事無廢矣。……’並從之”。“八月二十四日，詔新知撫州曾協與新知永州賈遨两易其任，以協於撫州有田産，乞迴避故也。”

今本《雲莊集》卷三載曾協《永州到任謝表》，不言年號，只言月日，曰：“昨準敕差權知永州軍州事，臣已於三月初三日到任，望闕遙謝，交割職事管幹訖者。”據此，則是乾道七年八月下詔，八年三月到任。

《永州到任謝表》又曰：“未覺居夷之陋，第驚去國之遙。雲水攀躋，敢慕宗元之縱逸；巔崖鑱刻，願賡元結之歌詩。”《永州到任謝宰執啟》亦云：“比行楚越之交，正據瀟湘之會。”似初到永州，即有鑱刻、賡詩之事。詩刻標題“夏日”，或當是乾道八年之夏。

但同治《湖州府志》又有“乾道九年權知永州”之説，所據爲《雲莊集》。陸心源《宋詩紀事小傳補正》“乾道九年權知永州”之語，乃又沿用《湖州府志》。如《湖州府志》所據爲《永州到任謝表》，而文中並無年號，不知何來乾道九年？四庫館臣考曾協卒年爲乾道癸巳（九年），當可信。

又史正志貶謫永州，史載在乾道六年，實際到永爲乾道七年。茲據石刻原狀，曾協詩刻在右側上首，題爲“夏日”，史正志詩刻在左側下首，題爲“秋日”，二人賦詩時間有“夏日”、“秋日”之不同，但同時上石，字跡書法亦近似。可知乾道八年之夏，史正志尚未離開永州。乾道七年之秋，史正志先賦一詩，至乾道八年之夏，曾協乃來和之。曾詩編次在前，尊之也。史詩編次在後，自謙也。據此推測，史、曾詩刻當出史正志手筆。

詩刻字體雖小，頗稱清絜。

曾協和史志道朝陽巖唱和詩四首，“保安渡口江西岸”一首咏史，言志見才；“經行犖确看嶙峋”、“簿書堆案阻尋幽”二首言在野隱逸之情；而“興來小渡喚方舟”一首與前三首所言不同，“不知飛詔下皇州”、“班行便覺九天近”，乃賀還朝復位之喜，表明當時史正志已獲“復元官”的詔令，即將離開貶謫之地。曾協《水調歌頭·送史侍郎》“紫泥來自天上，優詔起元臣”、“促歸裝，趨北闕，覲嚴宸”數語，亦此意。故史正志必於乾道之夏離永，是即二人石刻上石之時也。

曾協在永州有《題零陵郡治環翠亭》諸作，而其交遊則與史正志爲多。

史正志與曾協朝陽巖唱和詩，史正志二首，曾協四首。澹巖唱和詩，史、曾各六首。共十八首。或出朝陽巖、澹山巖石壁，或出孤本《朝陽巖集》、《永樂大典》輯本《雲莊集》。今乃爲之合璧。

今按永州摩崖石刻，由於數量豐富，歷時綿長，乃至在若干地方形成了年輪般的地層堆積。昔王國維先生提出“更得地下之新材料”，“據以補正紙上之材料”，近代以來，學者莫不注意取考古文物材料，以證實傳世文獻，其研究方法大致不錯。但此種考證方法，尚有稍稍複雜之處。蓋因石刻材料，往往由於風化、磨泐，乃至人爲破壞，導致文字漸漸消失。故而在石刻已遭部分殘損，而前人先有著録的情況之下，不僅考古文物可以證實傳世文獻，而且傳世文獻也可以有助於恢復部分殘損的考古文物，可謂地下材料與紙上材料的雙向取證。

永州摩崖石刻的著録，在宋趙明誠《金石録》、歐陽修《集古録》之前，五代時已有祁陽陶岳撰《零陵總記》，實地著録唐人詩刻。至清，宗霈《零志補零》、宗績辰《罶雲龕金石審》（散見於道光《永州府志·金石略》）、宗績辰道光《永州府志·金石略》（單行本稱《永州金石略》）、瞿中溶《古泉山館金石文跋》（後編纂爲嘉慶《湖南通志·金石志》，單行本稱《湖南金石志》二十卷）、陸增祥《八瓊室金石補正》（後編纂爲光緒《湖南通志·金石志》，單行本稱《湖南金石志》三十卷）、劉沛《零陵縣志·藝文·金石》二卷（後編纂爲《零陵金石志》），均據石刻拓本研究著録。甚至明黄焯《朝陽巖集》、清宋溶《浯溪新志》諸書，也主要取材於石刻拓本。而此後石刻殘損，甚至有整個景勝完全遭到破壞的，故而這些專門研究著録金石的紙本文獻，即成爲石刻文物研究不可或缺的取證材料。

特别是《朝陽巖集》一書，清代學者久覓不得，目前海内僅存孤本，成書距今已近五百年，這種特殊的紙本文獻，正是研究和恢復部分殘損石刻文物的絶佳證據。實際上，紙本文獻的流傳也同考古文物一樣，有其漸漸殘損的變化。雕版本身是複製品，但雕版的孤本同樣具有不可複製的文物特質。與永州石刻研究密切相關的明代朱袞所著《白房集》，海内亦僅存孤本。《永樂大典》本身已是殘本，其中卷九千七百六十三《嵒》所載曾協《和史志道侍郎正志遊朝陽巖》三首，間接來自石刻拓本。四庫館臣從殘毀前的《永樂大典》中抄出《雲莊集》，亦具有近似於將文物預先保護起來的意義。

同時由於印刷條件限制，古代學者的金石著録，至多只能描摹字跡，或謄爲抄本，或木版刊刻，甚至只能著録石刻題名。今日依賴照相技術和電腦的圖片放大技術，可以更加清晰地觀察石刻，觸摸、採拓乃至彩印出版石刻真跡，從而修正古代石刻著録中的錯譌。

曾協朝陽巖詩刻，在明嘉靖四十一年被張勉學榜書所打破（凡此皆是刻工所爲），但黄焯在嘉靖五年時，已經採拓編纂成《朝陽巖集》，故而保存了詩刻全貌。如果僅由石刻現存的“見勝增”、“嗟信美”、“遲留淡”、“口舉拂”等十餘字取讀，即全然不知所云，真所謂“七寶樓臺眩人眼目，碎拆下來不成片段”。現在由於孤本《朝陽巖集》的發現，而使其全部文字得以恢復。詩刻文物價值之珍惜可貴，史學價值之新鮮生動，文學價值之典雅富贍，已無容煩述，要之，亦可從中獲得一種地下材料與紙上材料多元取證的研究法，爲金石學、文獻學增加一種義例，其學術方法的價值亦彌足關注。

## 乾道間佚名“岩洞幽清自古奇”詩刻

### 釋　文

岩洞幽清自古奇，賢□□□□□題。□□生長□斯地，□會□言□言之。

### 考　證

詩刻位於朝陽巖上洞，史正志《秋日陽巖》詩刻、曾協《夏日陪遊朝陽巖》詩刻右側。整方石刻高35公分，寬70公分。

詩刻被明代張勉學“高巖幽窟”榜書打破。存四行，在榜書“高”字下，無題，僅首句尚完整，“幽”俗寫作“凼”。署款僅存筆畫。

拓本照片同上。

《零志補零》卷下“諸巖題名石刻”云：“‘高巖幽窟’四大字，名氏年代不見。玩書，頗似盧廣寧，然□□也。石亦磨碑爲之，尚存舊刻一句‘岩洞清幽自古奇’，又見‘勝增’、‘嗟’、‘遲留’、‘夌日’十數字。”

盧廣寧即盧崇耀，有“迎曦”榜書。“高巖幽窟”張勉學署款甚明，不知宗霈何以不見而誤作盧崇耀。然宗霈已審出“岩洞清幽自古奇”一句，亦不易。

此外不見任何著録。

詩刻前三行，每行八字。第一行“岩洞幽清自古奇賢”，“清”字存下半，“奇”字被鑿，尚存痕跡。第二行僅存“題”字。第三行存“生長”、“斯地”、“會”五字。第四行四字，其一、三字存“言”字偏旁，第四字似“之”字。

但“之”字下似尚有字，殘毀不辨。左旁又有一行小字，亦殘毀，前一字輪廓似“江”，不知是否標題或署款。

全詩一、二、四句用韻，所用韻字，“奇”、“之”在上平聲四支部，“題”字在上平聲八齊部。

詩句不見於任何詩集。

按此首詩刻的書寫格式，每行八字，與曾協《夏日陪遊朝陽巖》詩刻、史正志《秋日陽巖》詩刻格式相同，而位置又在曾、史二詩刻之上（右側）。所不同處，僅書寫字體稍大，又與曾、史二詩不同韻字而已。三者應當有所關聯，或者仍爲曾、史二人所作。因無確切佐證，暫定爲佚名宋刻，編次在史、曾二刻之後。

## 慶元六年王淮、王沇、朱致祥題刻

### 釋　文

零陵令君王淮伯清，慶元庚申歲閏二月廿有二日，招北嶽王沇叔甫、桐鄉朱致祥和之，過水西，憩火星巖，瀹茗石上，回飲朝陽洞，竟日乃還。男荷侍行。致祥敬題。

### 考　證

題刻在朝陽巖上洞，高 87 公分，37 寬公分，四行，行楷。

題刻首行左側有"富貴"二字，右側有一行人爲鑿磨痕跡，推測爲某某寄名石山保。

題刻末行左側，有"蔡湧僊"三字，字體稍大。其下有"衡山信士楊志誠敬爲次男珙仔寄名朝陽保"一行及"百年"、"長壽"等字，字體稍小。題刻頂部，又有"□門寄名石山保，天長地久"，傷及"飲"字。

慶元庚申，即慶元六年（1200）。"閏二月"，石刻"二"字不清，按此年閏二月，據補"二"字。

《金石萃編》、《零陵補志》、道光《永州府志》、《八瓊室金石補正》等著録。

《金石萃編》卷一百三十四："四行，行十四、十六字，行書。此刻在黄彪之左。零陵令君王淮，字伯清。《宋史》有王淮傳，字季海，婺州金華人，歷仕高、孝二朝，未嘗令零陵，則別一人也。題云：'過水西，憩火星巖。'《方輿勝覽》：火星巖在永州西江外，地勝景清，爲零陵最奇絶處。《零陵縣志》：巖在群玉山之側，明嘉靖中改名德星巖。餘俱無考。"

"西江外"，道光《永州府志》、光

緒《零陵縣志》、光緒《湖南通志》均誤引作“西江縣”。

《零陵補志》卷下著録，僅録“慶元庚申歲閏月，零陵令君王淮伯清”二句，且顛倒其次序。

道光《永州府志·金石略》：“案《零陵補志》僅首二十二字，蓋由拓本不全。”

《八瓊室金石補正》卷八十五：“王淮題名，慶元六年。《萃編》已載。‘王沇’，‘沇’誤作‘沆’。‘朱致祥’，缺末字。‘回飲朝陽洞’，缺‘回’字。浙中三茅觀胡椠題名，内有北嶽王沇叔甫者，蓋即此題之王沇也。彼題於嘉定十年，後此十七年。”

光緒《零陵縣志·藝文·金石》、光緒《湖南通志·金石志》亦著録。

王淮，字伯清，歷官零陵知縣、臨武知縣。

道光《永州府志·職官表》：“零陵：知縣：嘉泰：王淮，夷門人。”

光緒《零陵縣志·官師》：“知縣：王淮，夷門人，嘉泰時任。”

同治《臨武縣志》卷三十二《政績志》載其小傳，云：“王淮：字伯清，理宗嘉定間來知縣事。博雅好古，理政之餘，則寄興於山水間，《秀巖記》乃其手筆也。”

又同書卷二十九《職官志》：“宋知縣：王淮，夷門人，嘉定中任，詳見《秀巗記》。有傳。”

康熙《衡州府志》卷十《秩官志中》：“臨武縣：知縣：宋王淮：字伯清，夷門人，嘉定中知縣事。博雅好文，理政之暇，寄情山水，常作《遊秀巖記》。”

今按，零陵、臨武两縣志均載王淮爲夷門人，此由王淮諸石刻自署而知。但夷門非縣名，乃鎮名。五代有夷門鎮，在大梁。《舊五代史·梁末帝紀》：“夷門，太祖創業之地，居天下之沖，北拒並汾，東至淮海，國家藩鎮，多在厥東。”宋王權撰《大梁夷門記》一卷。戰國時侯嬴曾爲大梁夷門監者，見《史記·魏公子列傳》。王淮以此爲榮，遂自署爲夷門人。至史書、方志，則當稱開封人。

又《永州府志》、《零陵縣志》均稱王淮爲零陵知縣在嘉泰時。按王淮朝陽巖題刻，明言“慶元庚申”、“零陵令君”，不當更云嘉泰。嘉泰元年乃是慶元六年之次年。

又宋有同名者王淮，字季海，婺州金華人，孝宗朝宰相。淳熙二年除端明殿學士、簽書樞密院事，八年拜右丞相兼樞密事。《宋史》本傳載：“初，朱熹爲浙東提舉，劾知台州唐仲友。淮素善仲友，不喜熹，乃擢陳賈爲監察御史，俾上疏言：‘近日道學假名濟僞之弊，請詔痛革之。’鄭丙爲吏部尚書，相與叶力攻道學，熹由此得祠。其後慶元僞學之禁始於此。”此則自是别一人。

王淮在永州零陵，曾刻米芾“秀巖”二字於朝陽巖西亭，今已不存。

隆慶《永州府志》卷八《創設》：“西亭：在朝陽巖上，本唐守獨孤愐竇必所建茆閣，柳宗元乃名西亭，宋縣令王淮鎸米元章‘秀巖’二大字於上。”

康熙九年《永州府志》卷三《建置志》：“西亭：在朝陽巖，本唐守獨孤愐所建茆閣，柳宗元乃名西亭，宋令王淮鎸米元章‘秀巖’二字於上。”

道光《永州府志·金石略》：“宋米芾書‘秀巖’二字：未見。朝陽崖西亭，宋邑令王淮鎸米元章‘秀巖’二字於上。（零陵縣《武志》）案：‘秀巖’二字，臨武亦有之，亦王淮所刻。蓋淮素藏此書，所至模勒耳。”

王淮又曾遊歷澹巖，創興柳巖，刻“澹巖”、“柳巖”大字榜書，均有《記》。

道光《永州府志·金石略》：“宋澹巖二篆字：存。‘淡嵒’，（字長四尺，廣三尺。）慶元己未重陽日通判徐大節（右款），零陵令王淮刊（左款）。《古泉山館金石文編》：‘澹山巖洞門外上鎸篆書“澹巖”二大字，長丈許。’”

王淮《澹巖記》，《大明一統志》、弘治《永州府志》、康熙九年《永州府志》、康熙《零陵縣志》、道光《永州府志》、光緒《零陵縣志》、嘉慶重修《大清一統志》諸書節引之，略云：“巖去城二十五里許，山有二門，壁立萬仞。東南角有一石竅，遙矚雲日。昔傳有澹姓者家其下，故名澹巖。《舊經》云：有周正實者，秦始皇時人，遯居於此。凡一切成敗未來之事，皆能先知之。始皇三召不起，後尸解焉。”

按文獻所載各家澹巖記，有柳拱辰、柳應辰、蔣之奇、胡寅、朱袞、茅瑞徵、盧崇耀、黄佳色等，王淮《澹巖記》亦可寶貴，惜未見全文，未知當日是否上石。

道光《永州府志·金石略》：“王淮柳巖題刻：存。‘柳巖’，橫榜篆書。‘伯清令男稽書’，旁款小篆字。”

《雷雲盦金石審》：“右刻在柳文惠祠後里許平地石巖上。巖石久爲石工所侵削，已失真面，巖口惟存王伯清一《記》。伯清以前題刻久失之矣。”

王淮《柳巖記》（三小篆）：“零陵人世傳有巖在愚溪之右，柳司馬嘗遊焉。既而失厥所在，三四百年間，守令屢遍索不獲，郡人常以爲恨。予來爲邑，乃得此巖。谷中荆榛篠簜，楚茨葛蔓，綢繆錯雜，蒙蘢其上。即命翦伐芟荑，烈火而焚之，谷崖始突然而出。崢嶸削拔，委曲延袤，如張屏鄣，巖扃豁然於中。巖之内爽塏寬潔，可遊可宴，其奥窈窕。巖之外，竅穴如鼻如口，如牖如户，透邃貫通，不可悉數。觀者無不駭愕歎息，皆曰：此巖密邇愚溪，寥寥數百年莫有知者，今一旦軒豁呈露，豈非地靈固秘，有所待而後出耶？予以爲柳司馬紀永之山水最詳，遠至於黄溪，微至於石渠，皆爲之記。茲巖近且顯，儻嘗遊焉，寧無一語及之？若以爲傳之者妄，今乃果有是巖。此殆不可曉也。然既嘗傳其名，固當藉柳以爲重。柳在零陵鬱堙久矣，巖昔似之，茲乃得披蒙昧而覩天日，予誠有力焉。柳遊西山，然後知‘向之未始遊，遊於是乎始’。予於此亦云。助予訪古尋勝者，邑士潘立國、立基。嘉泰元年四月朔，夷門王淮伯清記，黄才雲刻。”

見宗績辰道光《永州府志·金石略》、《八瓊室金石補正》、光緒《零陵縣志·藝文·金石》、光緒《湖南通志·金石志》著録，祝穆《方輿勝覽》卷二十五有節録。

宗績辰《畱雲盦金石審》：“右行書三十四行，用筆絶似《蘭亭叙》。巖石皆黑，而此石獨白，質細潤，惜爲乞人薰爍，非復本色矣。丁亥伏日，余始遊斯巖，爲廓清其地，埽除亂石，洗滌塵涴，伯清之迹於是始彰。”

宗績辰《躬恥齋詩文集》載《溪山紀游詩》，序云：“丁亥六月二十二日，曉偕蕭齋出太平門，唤小船渡瀟，入愚溪。……過石橋而東，至柳巖。巖舊在山巔，後爲人塞其竇，不可得入，自宋以來，始在中野。有宋王淮伯清《記》，字尚可讀，恨爲村俚削鑿，形象索然，大可愴歎。”

隆慶《永州府志·提封》：“柳巖：縣西四里，宋令王淮有《記》。”

道光《永州府志·金石略》：“唐柳宗元柳巖題刻：佚。”引《名勝志》云：“零陵縣柳巖、愚溪等處，多有柳題刻者。”引《零陵縣志》云：“柳巖在愚溪右，柳侯祠西里許，柳侯所常遊也，故名亦因之。崖可容數十人。宋邑宰王淮搜得之，爲之《記》。”引《湘僑聞見偶記》云：“柳巖今在平地，有王伯清《記》者，聞愚溪趙秀才云，非其元處，古巖乃在此巖之南山上叢石間。昔人以内藏逋逃，故閉塞之，歲久石理連結，竟不能通。其説似可信也。”

《八瓊室金石補正》卷一百十七：“右王淮《柳巖記》，在零陵縣。《湖南通志》所未載，《永州府志》載此刻，闕‘助予’二字及‘夷門’‘夷’字。並誤‘如牖’之‘牖’爲‘窗’，據石補正之。石所闕泐，仍據《永志》補入。《永志》所載末有‘黄才雲刻’四字，則未之見也。後刻‘王困道’等題名，此四字不知處所。考《通志》引《一統志》云：柳巖在縣西南。又引《方輿勝覽》云：巖在瀟水西五里。《永州志》云：縣西南愚溪之右有柳巖，距今柳祠西里許。《方輿勝覽》謂在瀟西五里，誤也。巖在黄茅白葦之間，突出怪怒，中可容數十人。《宋史》有《王淮傳》，字季海，金華人，孝宗時相，卒於淳熙十六年。此刻在其歿後十三年，籍貫、官位均不符合，蓋别一人。

《宋史》又有王沔之弟，亦名淮，濟州人，任殿中丞，謫定遠主簿，亦非此題記之王淮也。《記》文云：‘予來爲邑’，是零陵縣令也，與朝陽嵒題名合文。”

王淮又有嘉定五年臨武秀巖石刻，在朝陽巖石刻之後五年。

雍正《湖廣通志》卷十一《山川志》：“臨武縣：秀巖：在縣南十五里，石室天成，可坐數百人，四壁璀璨，彩色俱備。下有二穴，水出其左爲溪流。二百餘步，復入右穴，伏而不見，泠泠之音，乍遠乍近，宋邑令王淮以米南宫所書‘秀巖’二字鎸諸石壁以名之。”

同治《臨武縣志》卷四十三《金石志》：“‘秀巖’二大字，宋米南宫書，知縣王淮鐫於鳳巖石壁上，有記，載《藝文》。”

同書卷四十一《藝文中》載王淮《秀巖易名記》云：“臨武縣南十有五里，有巖焉。在官道之右。石崖斬然峻拔，巖居其高之半。崖下左右两穴。水出於左穴爲溪，廣十尋，經巖前，流二百步有奇，復入於右穴。巖之門八九仞，廣亦如之，其中若大廈然，中高而平，豁然明曠，可坐數百人。其奥則轉而右，透邃而黑，燭之以入，宇卑而稍下，屬於湍流，揭水以往，不可窮也。巖之東北隅，攀援而上，漸高而漸黑，已而大明，有穴通於天。其餘嵌空，如便房、側室者甚衆。巖之石，温潤如璞，其形如鐘磬，如鳥之企，獸之蹲。其流石如芙蕖之倒垂，雲氣之屯聚。下屬於地者，如柱，如几，如格，奇恠萬態，殆不可狀。夫黄山谷謂淡巖天下希，兹巖之恢奇無以異也，而爽塏過之。至於大溪出於穴而復入穴，非特淡巖無之，天下之所無也。淡巖在昔無聞，雖元道州、柳司馬皆弗知。自李西臺、周濂溪爲倅，遊焉而始知名。至魯直以詩形容之，乃傳播於天下。武溪雖僻壤，而通路於嶺南。韓昌黎、劉連州來往經其前，而不一至，何耶？豈非勝境之彰顯自有時也。予爲宰，因勸農至焉。然予名微言輕，不足爲斯巖重，且名是巖者，出於鄙夫之俚語，不雅馴，觀者難言之。予家有米南宫所書‘秀巖’二大字墨書，乃摹而鑱諸石，以爲之名，庶藉名書，得顯名於天下。雖然，巖之奇秀初未嘗求顯於世也，顯與不顯，何所增損，人自擾耳。山神聞之，特爲之一笑也。嘉定五年六月望日記。”（又见嘉靖《衡州府志》卷二、明周聖楷《楚寶》卷三十八。）

所説“予家有米南宫所書‘秀巖’二大字墨書”，與宗績辰“蓋淮素藏此書，所至模勒”之推测，完全相合。

《八瓊室金石補正》卷一百十八：“秀巖石刻九段：在臨武。米芾‘秀巖’二字：高二尺三寸，廣四尺九寸。横列二字，字徑一尺五寸許。款一行，字徑二寸。立石人名一行，字徑一寸。均正書。‘秀巖’，襄陽米芾書。嘉定五年六月望日，通直郎、知桂陽軍臨武縣事夷門王淮立，李昌榮刊。”

陸增祥按：“零陵縣《武志》載：朝陽巖西亭宋令王淮鐫米元章‘秀巖’二字於上。今未之見，疑即此刻之傳譌。然《湖南通志》两收之也。”

光緒《湖南通志·金石志》：“案米襄陽便養官長沙，在熙寧、元豐之間，故浯溪題詩在熙寧乙卯，麓山寺碑題名在元豐庚申，凡其所書必在是時也。”

其後臨武秀巖又更名鳳巖，清臨武縣訓導譚紹程有《遊鳳巖記》。

王沇，字叔甫，北嶽人。北嶽即嵩山，在河南。歷知温州、衡州、綿州。其人與慶元黨禁有關。

《宋史·寧宗本紀一》：慶元三年十一月，“丁酉，以知綿州王沇請，詔省部籍僞學姓名”。

同書《君臣傳四》：“王沇獻言令省部籍記僞學姓名，姚愈請降詔嚴僞學之禁，二人皆得遷官。”

《建炎以來朝野雜記甲集》卷六“學黨五十九人姓名”條：“自慶元至今以僞學逆黨得罪者凡五十有九人。……慶元三年十二月丁酉，知温州王沇朝辭入見，請自今曾係僞學，舉薦升改，及舉刑法廉吏自代之人，並令省部籍記姓名，與閑慢差遣。沇，故資政殿大學士韶曾孫也。五六月己丑，擢沇利路轉運判官。”

《宋元學案》載王沇爲“衡州守”。

王沇有四川綿州富樂山題名，見劉喜海《金石苑》卷五，云：“河南王沇，慶元□年冬被命來守左縣，明年秋蒙恩移漕。”劉喜海云：“王沇，按《宋史》本傳：知綿州王沇乞置僞學之籍，仍目令曾受僞學薦舉關陞，及刑法廉吏自代之人，並令省部籍記姓名，與簡慢差遣。未幾，擢沇利路轉運判官。”

王沇有浙江三茅觀摩崖題名，見阮元《两浙金石志》卷十一，云：“宋胡槼題名：嘉定十年六月五日，廬陵胡槼仲方，攜家遊三茅後圃，舉酒錫慶堂，題名橐駞峰之側，盤礴竟日。外弟北嶽王沇叔甫，洙幼甫，兄倩玉牒，趙崇斌履全，猶子炎晦叔咸集。男爟、煊、燿、烓、煌侍，陶茂先刻。”

朱致祥，字和之，桐鄉人，事蹟不詳。

此刻書法，楷中带行，筆畫雋秀，惜頗磨泐，所見不甚精致。宗績辰謂王淮《柳巖記》“用筆絶似《蘭亭叙》”，柳巖今已不見，此刻可藉想象也。

劉尚選男長壽寄名山保

金玉滿堂

人到朝陽嵒底嵓是

危目險下浮平爭如

我闢寒亭境步步登

髙高處寒

蔣壽本

寄名

## 淳祐六年杜汪"人到朝陽嵒底嵓"詩刻

### 釋　文

人到朝陽嵒底嵓，足危目險下江干。争如我闢寒亭境，步步升高高處寒。

### 考　證

詩刻位於朝陽巖下洞右側巖壁上，高53公分，寬30公分，四行，楷書。

詩刻無題，無作者及年代。據"我闢寒亭"等内容知爲杜汪所作。

黄焯《朝陽巖集》收録，列在宋代，注云"失姓名"，文字均同。

"嵒底嵓"，指朝陽巖下洞。"寒亭"，即寒亭暖谷，在永州江華縣，唐屬道州，刺史元結所創，并作《寒亭記》云："永泰丙午中，巡屬縣至江華縣，大夫瞿令問咨曰：'縣南水石相映，望之可愛，相傳不可登臨。'俾求之，得洞穴而入，棧險以通之，始得構茅亭於石上。"

至宋，杜汪爲江華縣主簿，於淳祐三年癸卯（1243）至六年丙午（1246）間，與其子杜子是、杜子恭，重修寒亭及木棧。

陸增祥《八瓊室金石補正》卷一百三《寒亭題刻十九段》載《杜子是題記》云："山巔木棧，自元豐間趙公世卿沿崖發石易穴，路得徑以通。及嘉熙己亥，熊公桂伐石以成梯級，然功尚欠缺。吾父子既新寒亭，自馬石穴磴以下，礙者夷之，隘者廣之，險者安之，乃以石爲柱，以竹爲闌，雖八九十老翁，亦得手拊而上。是徑也，誠唐文之三變歟？淳祐癸卯秋，正定杜子是書。"（又見同治《江華縣志》卷二，題作《杜子是重修棧道記》。）

陸增祥按語："子是杜汪之子，見杜汪丙午題名。……寒亭棧道之創置，與夫後來之修葺，志無一言及之，讀此記可得其大略矣。"

同書同卷又載《杜子是重游題名》云："金華杜子是，自淳祐癸卯至乙巳之秋，方了寒亭公案，於是九日拉譚森重遊。"

同書同卷又載《杜汪東歸題記》云："元公以寶應癸卯刺道州，永泰丙午巡江華，爲寒亭作記。杜汪以淳祐癸卯復舊亭而益新景，丙午春杪畢工，時與事相符如此。考满東歸，泊舟於太平橋下，登亭酌别，援筆以書。子是、子恭仝侍。"（同治《江華縣志》卷二題作《酌别寒亭題名》。）

杜汪，事蹟不詳。據杜子是石刻，一作正定人，一作金華人。時任江華縣主簿。道光《永州府志·金石略》"宋寒亭杜汪題名"，宗績辰曰："杜汪姓名，《官表》失載，不知其爲守爲令，闕以俟考。（《畱雲盦金石審》）"今按杜子是石刻作"邑簿杜汪"。同治《江華縣志》作"邑尉杜汪"，不確。

寒亭、暖谷本是一地。亭在谷中，夏日可避暑氣，故稱寒亭。石壁有洞，洞中又有洞，復圓潤可愛，冬日可存暖氣，故稱暖谷。"寒亭"因亭而名，其地則當稱"寒谷"。"暖谷"因洞而名，其實當稱"暖巖"也。

寒亭暖谷在江華蔣家山，其地即唐宋縣治所在，故士大夫屢往遊之。山崖峻峭，有溪流，逼近崖底，而寒亭暖谷在山腹中，須攀越石隙而上。故寒亭暖谷景勝雖殊，而石隙與溪畔棧道乃是遊歷之關鍵處。

今山脚下仍存"寒亭路"大字榜書，兩側小字題記云："邑簿杜汪與李焯議開山徑，得未刊碑璞，若有所待，喜而大書。淳祐癸卯，男杜子是入石。"又存宋刻云："邑簿杜汪命工伐亂世，疊祠堂階址，此通此徑。時淳祐甲辰也。建祠董役：沃斗參、唐元龜。"

此詩云"我闢寒亭境"，"寒亭境"猶言"寒亭徑"，"寒亭徑"即"寒亭路"也。

《八瓊室金石補正》卷一百三又載杜汪《集杜工部句詠寒亭》、杜子是《集元刺史句詠寒亭》，皆行書，今俱存。

杜汪又有《集工部句題暖谷》云："《集工部句題暖谷》：作尉窮谷僻，官高何足論。溫溫有風味，憶昔李公存。杜汪。"陸增祥云："高一尺四寸四分，廣七寸五分，四行，行八字，字徑一寸二三分，正書。右杜汪詩刻，無年月。以其《寒亭詩》證之，蓋同時所作，時爲淳祐四年甲辰也。杜汪又有《寒亭題名》，宗氏跋云：'《官表》失載，不知其爲守爲令。'讀此詩，知其爲邑尉矣，可補入《官志》。此刻前人未見。"按"作尉窮谷僻"出杜甫《白水縣崔少府十九翁高齋三十韻》，杜汪以簿、尉相近，故引之，非真爲縣尉也。唐宋官制，縣尉皆在主簿之下。

集句詩刻今存，筆劃平整，結構疏闊，書法風格與朝陽巖石刻極似。

杜汪父子以杜甫爲同姓先人，故集句最多。

又按杜汪、杜子是父子修建，不惟與元結創建寒亭暖谷事蹟近似，亦與元結創建朝陽巖，旨趣、景物，大略相同。

此詩《全宋詩》失收，當補入。

詩末有"蔣若本"三小字，及"寄名"二字。"蔣若本"似刻工名。其名又見東安九龍巖。道光《永州府志·金石略》載"宋齊諶九龍巖題名"，宗績辰曰："右正書五行，題刻皆劣，下刻'蔣若本'三字，或刻工名也。(《畱雲盦金石審》)"而"蔣若本"在朝陽巖又有整句題名，云："蔣若本，癸酉年甲子月戊子日書。"但"癸酉"與南宋淳祐年號不合，疑爲北宋之年。

# 元代

# 後至元三年姚紱“馮夷宫”榜書

## 釋　文

馮夷宫

儒林郎僉湖南憲事陜郡姚子徵書。

## 考　證

榜書在朝陽巖下洞，高 138 公分，寬 50 公分，榜書一行，署款一行，楷書。

榜書在陳瞻《宣撫記》之左，鑿毁原刻小字十三行，原刻疑爲《宣撫記》之下半篇。

榜書之左，刻有“劉尚選男長荀寄石山保，長命富貴，金玉满堂”三行，幸未傷字。“馮夷宫”之“宫”字末筆亦刻有石山保，石山保右側爲一斜長石縫。

姚紱，字子徵，元人，《元史》無傳，諸方志、文集中亦無傳記以述其生平者。然考諸金石，資以文獻，雖隻言片語，綴集連貫，亦尚可窺其家世生平大略。

姚紱之父姚思恭，字敬甫，一作敬父，爲官有政績，劉岳申爲撰《墓表》，吴澄爲撰《墓誌銘》，蘇天爵爲撰《書後》。

劉岳申《申齋集・元承務郎江州路彭澤縣尹姚君墓表》：“府君諱某，字敬甫。其先河中人，有仕金爲虢州某官者，遂爲陜人。考諱某，監陜州酒税，贈某官。敬甫由廣東宣慰司歷南陵簿、劉莊鹽丞、長陽尹、採石鹽引提領，授承務郎江州路彭澤縣尹，未上而卒於真州之寓舍。”

《墓表》中所云“河中”者，金時稱蒲州，入元改河中府，即現之山西省永濟市。虢州金時隸京兆府路，入元廢虢州爲虢略，隸陜州，即今之靈寶市，屬河南省三門峽市。在元代，人民有蒙古人、色目人、漢人、南人四類之分，由此可知，姚紱之先世爲金人，入元後則當在漢人之列。

任廣東宣慰司時，有“廣東富商被强盜，而誣服其仇者，因賄成之。宣慰有入其語者，所連三十人，冤死獄者已十一人，餘皆誣服，然終無贓仗。會歲終，改隸敬甫，得其冤狀以聞。於時廣東論囚不俟報，宣慰命十九人皆致諸辟，敬甫廷諍：‘安有贓仗不具而人可殺者？即死不敢奉命。’宣慰大怒，愈益急趣，則抱牘踰垣走，匿僧舍。後五日，梅州送正賊，贓仗具備，敬甫引十九人破械而廷釋之”。此後所歷多洗冤平反，爲政以寬。劉岳申以爲：“爲政何必赫赫之功哉！此敬甫所以有後。”

蘇天爵《國朝文類》卷五十二載吴澄《彭澤縣尹姚君墓誌銘》：“延祐五年秋，予赴集賢，八月次真州，病，未克進，陜人姚紱數數詣予所館。一日言曰：‘紱之先，河中人，金代嘗仕虢州，因家於陜。吾父諱思恭，字敬父，至元間仕廣東宣慰司。有海商被强盜，誣執其仇，司官之貳右商，逮捕牽聯三十人，繫廣州獄。事至司貳，酷法以鞫，死者三之一，存者誣服。吾父知其冤，會歲終，吏牘互易，所掌此獄隸吾父，即以冤狀白官，不答。時廣東得專殺二命，出囚於庭，将施刑。吾父謂囚曰：“汝今就死。”囚畏慴不敢翻異，貳令吾父署牘，父曰：“贓仗未完，人命不可輕。職可罷，牘不可署。”貳大怒，趣署逾急。吾父度不可已，抱其牘逾墻走，匿僧舍。越五日，梅州獲正賊，贓仗悉具，械送以上。貳慚恚喑默。吾父引冤囚十九人，釋之。囚哭拜曰：“非姚掾，我輩死久矣！”自後獄有疑，必畀吾父覆問，平反者甚衆。廣東考满，簿宣之南陵，丞劉莊鹽場，尹峽之長陽，提領采石鹽引所，治民理財，俱有政績。歸葬吾祖於陜。受江州彭澤尹，未任，昨歲六月，以疾終於真州寓舍，年六十六。歷官将仕、從仕，至承務止。痛惟吾父孝友慈祥，劬書諳律，仕未顯達，賫志以歿。紱将以明年秋，奉柩祔葬鼎湖祖塋，先生賜一言，死可不朽，而不孝孤送親之終，庶其有恔乎！’予謂：‘若父蓋良吏也，廣東一事，真有洗冤活死之功，是可書已。’承務君之考諱某，監陜州酒税，妣某氏，妻楊氏、彭氏，先卒，後娶蕭氏。子紱、紳，女適真定李純，皆彭出也。銘曰：位不信志，意其有嗣。報未稱施，意其有遲。”

蘇天爵嘗作《書姚君墓誌銘後》以贊其事。《石田文集》卷八《跋姚照磨考墓銘後》：“御史臺屬姚紱，持其先世《墓銘》求予跋文，予讀再過，乃識於後。始予考京邑鄉貢，第二場課包茅賦一篇，紱實冠數百人，又以才諝佐予禮部，今又掾臺府。祖常適官侍御史，而紱升充臺掌故，則於其家世之傳，文字之列，宜知也。且彭澤活人之衆如此，綋之碩大顯達，寧有既邪？”

姚綋由國子學入仕。

據《元史·曹伯啟傳》：曹伯啟“爲侍讀學士，考試國子，首取吕思誠、姚綋”。又云：“英宗立，召拜山北廉訪使。”曹伯啟《神道碑銘》中則有“數月除北山廉訪使，召爲集賢侍讀學士，俄拜侍御史”之語，據此可知此時當爲至治元年。另據《元史·吕思誠傳》：吕思誠“及長，從蕭學治經，已而入國子學爲陪堂生，試國子伴讀，中其選”。故姚綋此次考試應亦爲試國子伴讀。

據《元史·選舉志·學校》：“武宗至大二年，定伴讀員四十人，以在籍上名生員學問優長者補之。仁宗延祐二年冬十月，以所設生員百人，蒙古五十人，色目二十人，漢人三十人，而百官子弟之就學者，常不下二三百人，宜增其廩餼，乃減去庶民子弟一百一十四員，聽陪堂學業，於見供生員一百名外，量增五十名。”可見，元代國子學教授生員除國子生外，還有國子伴讀及陪堂生，其中國子伴讀爲“學問優長者”，從吕思誠之經歷來看，陪堂生需通過考試方可升爲國子伴讀。

國子學作爲儒生入仕途經之一，行“試貢法”。至大四年，“復立國子學試貢法，蒙古授官六品，色目正七品，漢人從七品”（《元史·選舉志·學校》）。另外，“國子監學歲貢生員及伴讀出身，並依舊制，願試者聽。中選者，於監學合得資品上從優銓注”（《元史·選舉志·科目》）。

姚綋於至治元年由考試成爲國子伴讀，其可以通過“試貢”入仕，若參加科舉中選，還可“從優銓注”。

姚綋時任嶺北湖南道肅政廉訪使。

據至正《金陵新志·官守志·行御史臺》，姚綋於元統二年以承務郎任江南諸道行御史臺監察御史。江南行御史臺始設於至元十四年，駐於建康，“以監臨東南諸省，統制各道憲司，而總諸内臺”。至“大德元年，定爲江南諸道行御史臺，設官九員，以監江浙、江西、湖廣三省，統江東、江西、浙東、浙西、湖南、湖北、廣東、廣西、福建、海南十道”。劉岳申《申齋集》卷九《元承務郎江州路彭澤縣尹姚君墓表》中有云：“元統二年秋七月，監察御史姚綋將旨東粤，道出廬陵，過餘衡門之下。”其所云“東粤”者，即江西行省廣東道。

榜書中，姚綋自署“僉湖南憲事陜郡姚子徵”，可知其曾任湖南道肅政廉訪司僉事。傅若金嘗作《寄湖廣僉憲姚子徵》詩：“憶君驄馬赴金陵，送別題詩久未能。秋後也知鷹自擊，出來惟恨雁無憑。洞庭地坼連青草，林邑天回帶白藤。南北驅馳只相望，飛霜何處濯炎蒸。”又作《送姚子徵二首》，其一云：“雙闕除書下玉階，三湘回棹拂珠厓。天垂銅柱南低海，地入金陵北近淮。江國雁來秋肅肅，驛樓雞動曉喈喈。大家定有東征賦，鮭菜隨船慰老懷。”其二云：“野人憶別寸心傾，臺憲頻聞被寵榮。湖外樹圍烏府立，嶺頭花夾繡衣行。平原未得收毛遂，北海親勞薦禰衡。慚愧駑駘後騏驥，西風回首獨長鳴。”

傅若金字與礪，新喻人，嘗有使越之任，《新元史》有傳。傅若金在使越期間有《南征稿》，其序見於《傅與礪詩集》，云：“元統三年，詔遣吏部尚書鐵柱、禮部郎中智熙善使安南，而以若金爲輔行。其年秋七月辭京師，明年夏還至闕下。”

從時間來看，《寄湖廣僉憲姚子徵》中“憶君驄馬赴金陵”一句，當是指姚紱任江南諸道行御史臺察院監察御史一事。“洞庭地坼連青草，林邑天回带白藤。南北驅馳只相望，飛霜何處濯炎蒸”四句，則説明傅若金當時尚承使越之任。林邑，秦漢時爲象郡象林縣，東漢末年自立，此時稱占城，爲安南屬國。由此可見，姚紱於元統三年已在湖南道肅政廉訪司僉事任上。

姚紱《新復黄甲洲記》中云：“至元二年春，紱按部将之……明年，余有南臺之命。”蘇天爵《浯溪書院記》有言：“至元三年春，僉嶺北湖南道肅政廉訪使司事陜郡姚侯紱按部祁陽之境……是年姚侯司憲廣西，明年又拜南臺都司。”（蘇天爵《滋溪文稿》卷二。又見弘治《永州府志》卷七、康熙《永州府志》卷十九、道光《永州府志》卷四下，“僉”均誤作“簽”。）按此，姚紱任湖南道肅政廉訪司僉事當在元統三年至至元三年之間，改任廣西道應在至元三年，在至元四年又改任江南諸道行御史臺都事。然而康熙《廣西通志・秩官志》記爲：至元四年，姚紱以朝請大夫任廣西道肅政廉訪司僉事。至正《金陵新志・官守志・行御史臺》則云：至元五年，姚紱以朝列大夫任江南諸道行御史臺都事。或今年受命，明年方履任亦未可知。

從《送姚子徵》二首“雙闕除書下玉階，三湘回棹拂珠厓。天垂銅柱南低海，地入金陵北近淮”四句來看，此詩應爲姚紱自廣西赴建康任江南諸道行御史臺都事時所作。所云“銅柱”者，東漢初，馬援征交趾，撫定後立銅柱爲界。另外，“大家定有東征賦”、“臺憲頻聞被寵榮”諸句亦可爲佐證。

由上可知，姚紱此間之宦歷大略爲：元統二年，任江南諸道行御史臺監察御史；元統三年至至元三年，任湖南道肅政廉訪司僉事；至元四年，任廣西道肅政廉訪司僉事；至元五年，任江南諸道行御史臺都事。

據以上來看，姚紱生平所歷，約略在元代中後期，以國子入仕，前後宦歷則皆在憲司。

關於元代的監察制度，其於中央設御史臺，於地方設行御史臺，行御史臺有二：江南諸道行御史臺、陝西行御史臺。在行御史臺下轄各道又置提刑按察司，後改爲肅政廉訪司，行監察之責。據《元史·百官志》：元初，立提刑按察司，至元六年，以提刑按察司兼勸農事。十三年，以省並衙門，罷按察司。十四年復置，增立八道，嶺北湖南道即在其中。二十八年，改按察司曰肅政廉訪司。每道廉訪使二員，正三品；副使二員，正四品；僉事四員，正五品；經歷一員，從七品；知事一員，正八品；照磨兼管勾一員，正九品；書吏十六人，譯史、通事各一人，奏差五人，典史二人。

至元二十八年二月，“詔：‘改提刑按察司爲肅政廉訪司，每道仍設官八員，除二使留司以總制一道，餘六人分臨所部，如民事、錢穀、官吏奸弊，一切委之，俟歲終，省、臺遣官考其功效。’”（《元史·世祖本紀》）由此可見肅政廉訪司事權之重，其監察職能則通過巡按的方式來實現。所云“餘六人”，當是指兩員副使，及四員僉事。至於其如何“分臨所部”，亦有一定之規。

據《憲臺通紀·廉訪分司出巡日期》：“各道分司若不遍歷，百姓利病，官吏貪廉，豈能周知！今後除廉使守司，刷按治司去處，餘擬每年八月中分巡，至次年四月中還司。如不依期出司，及巡歷未遍託故回還，或依期還司不曾遍歷，並應結絶之事而不結絶者，聽總司申臺區處。審囚日期不過六月初間，其將引書吏、奏差，並仰回避元籍，先役路分，違者究治。”就此來看，廉訪司官出巡，首先要遍歷分司地方；其次要按時出司、還司；第三在按時還司的同時，還要處理完相應的公務；最後書吏、奏差須回避原籍。

至元二年春，姚紱時任湖南道肅政廉訪司僉事，其按部至天臨路攸州（今株洲市攸縣），有州學學田黄甲洲被侵奪一事。元代凡路、府、州、縣學校皆有學田。據《大元聖政國朝典章·興學校》：至元三十一年四月詔，“學校之設，本以作成人才，仰各處教官、正官。欽依先皇帝已降聖旨，主領敦勸，嚴加訓誨，務要成才，以備擢用。仰中書省訖行貢舉之法。其無學田去處，量撥荒閑田土，給贍生徒，所司常與存恤”。然一制度之實施，皆賴於人，逾時既久，則未有不罹荒殆者。

姚紱於《新復黄甲洲記》中所述甚明：“昔我世祖制詔，若曰：‘諸廟學之政，無或阻撓之。’又曰：‘其土田無或攘占之。’列聖是繩，申飭維謹。惟爾典者非人，傳視厥官，政隳馳，滋弗治，地馴奪於民。盜地耕初曰‘賃’，尋以榛廢。賃弗輸，稍弗征，又久則私券出，又更久則去籍，竄易靡不計。典者罷弗任，甚則私啗以利，更復護焉。士從旁間發其一，吏弗知政，漫弗一省，或更爲貨來以助盜。由是地奪於盜恒多。乃者御史論以法，玆弊如前所稱云。”

由此可見當時情弊之一斑，所謂懈怠生大患者，如是。然政治之糜爛，如尚未深入，得不肖者足以僨事，得一賢者或尚可興之。姚紱明察事實，予以恢復，《記》中云："攸學舊有文浦港，發源文清塘，西北流入攸水，曰大港頭，自此鑿爲渠，引水東流，朝於學，北入於攸水，中爲甲洲，四面水，西自鑿水入渠，東連浦口，南邊港北，盡攸水之並洲與渠咸隸於學。《圖志》曰：占籍自淳熙以來。碑碣曰：國初籍民悉具於上。先是，貨者馮吉輩九户死，洲廢漸弗治，會深水一再漲，溪徙而北，洲沮洳廣袤，居民間有賃墾者。至治元年，民有譚任叔爲浮梁是溪，賃置禹廟，其上租歲入者又五千。自溪後日徙，洲益廣，民張八手、梁景賢之徒，始私墾而謀攘之。凡爲畦二十有六，或輸或不輸租，以不盡理。泰定三年，事聞於憲府，州倅趙鈞澤、知州侯祐履承委勘治，具弗諉。有王孛羅、王甲三以其地第五畦及第七畦、十八畦，自服來歸。至元二年春，紱按部將之，攸士有以洲事來具言者，命有司核之，盡以歸。"

至元三年春，姚紱至永州祁陽縣浯溪，創浯溪書院、顔元祠，零陵縣尉曾圭贊成之，蘇天爵嘗作《浯溪書院記》以記其事。

《記》云："至元三年春，僉嶺北湖南道肅政廉訪使司事陝郡姚侯紱，按部祁陽之境，舟過浯溪，覽前賢之遺跡，作而歎曰：'昔唐天寶之年，忠烈之士奮濟時艱，遂復两京，號稱中興。水部郎元公結作爲頌雅，鋪張宏休。撫州刺史顔公真卿大書其詞，刻諸崖石。迨今四百餘年，過者觀其雄詞偉畫，猶足以竦動。惟二公風節文采，彼一方之人，獨無所概見乎！'零陵縣尉曾君進而言曰：'圭家衡山，世業儒術，每讀載籍，見言行卓卓者，心慕好之。况二公風流餘思在此山隅，當作祠宇以奉事之，並築學宫招來多士，庶幾遐方有聞風而興起者矣。'姚侯曰：'善！'於是曾君命其子堯臣，捐家資，度材庀公，不一歲告成。中爲大成殿，以奉先聖，東西两廡屬焉。又於殿之左爲祠，祀元、顔二公。右爲明倫堂，前爲三門，周以崇垣，規制宏偉，下枕崖石，前臨浯水，表其額曰'浯溪書院'。請於行省設司官以司其教，又割私田三百畝以廩學者……"（蘇天爵《滋溪文稿》卷二。）

世言人以地傳，地以人勝。顔、元二公之於浯溪，浯溪之於顔、元二公，亦爲是理。祠而像之，一以妥慰先賢，二則振奮來者。故而蘇天爵於《記》中言："天爵少嘗讀《中興頌》，有曰：'大駕南巡，百僚竄身，奉賊稱臣。'又曰：'功勞值尊，忠烈名存，澤流子孫。'甚矣！人臣不可不知節義之爲重也！夫食人禄而忘其君，曾犬彘之弗若乎！當天寶全盛之時，中外公卿将吏，可謂衆矣，一旦遭值變故，死社稷封疆者僅十餘人，不受僞官者二人而已，何忠臣義士之難致歟？然以唐室之大，文皇養士之久，豈果無其人與？觀夫顏公以區區之平原，倡議起兵討賊，俾河朔諸郡復爲唐有，賊不敢急攻潼關，唐卒賴以中興者，惟公倡議於其先也。及在朝廷，數進讜言。李輔國遷上皇居西内，首率百官問起居。元載請奏事者先白宰相，又極論其壅蔽，屢忤大奸而不少悔，卒爲所擠以死。初，安史之兆亂也，元公受教於其父曰：'而遭世多故，勉樹名節。'觀所上肅宗時議三篇牘説來瑱之言，'孝而仁者可與言忠信，而勇者可以全義'，則豈偷生自私者哉！其爲道州刺史，州經寇掠，民生蕭然，奏免民所負租税及租庸，使和市雜物十三萬緡，流亡來居者萬餘。夫二公言論直行若此，像而祝之，孰曰不宜！”（“及在朝廷”，文淵閣《四庫全書》本《滋溪文稿》誤作“及在朝宁”，道光《永州府志》誤作“及在朝庭”，茲從弘治《永州府志》。“孝而仁者可與言忠信，而勇者可以全義”二句，《四部叢刊》景江安傅氏雙鑑樓藏明正德刊本《唐元次山文集》卷十作“孝而仁者可與言忠信，而忠信者可以全義勇。”）

又言：“嗚呼！天之生材，足周一世之用，四方無事，人材或不克顯，及臨大節、决大事，則忠義材能之士始表見焉。然則有天下者，可不以賢材爲務乎？夫學校者，所以長育人材，而風紀之司又所以敦勸其教者也。矧浯溪之地，山峻拔而水清瀉，彼人之生，孰非忠義出於其性者哉！今國家承平既久，德澤涵濡，雖荒服郡縣，亦皆有學，而部使者按臨所經，又即山林勝地訪求先賢遺跡，以廣爲學之所，則其風厲治化，樂育賢才，不亦重且大歟！《傳》曰：'志士仁人不求生以害仁，有殺身成仁。'蓋天下之事，豈懷禄觀望之徒所可與謀，必振世豪傑而後有爲也。士之來遊於斯學者，誦聖人之言，思二公之烈，尚能有興起者乎？”（蘇天爵《滋溪文稿》卷二。）

蘇天爵，字伯修，真定人，曾於至正二年任湖廣行省參知政事，《元史》有傳。

永州佳山水多矣，而獨建書院於此，實欲以顏、元二公爲典範，激勵士類，拔擢賢材，以俾國家將來之用。

至元三年冬，姚紱自永州還司，按部至衡陽。據嘉靖《湖廣圖經志書》卷十二《衡州府·進士題名記》：“至元丁丑冬，湖廣僉憲陝郡姚公子徵按部至衡，首謁宣聖，入學引試諸生，勉勵切至。凡有關於名教廢弛而未備者，悉加振舉。以進士關於題名，乃命教授趙君應誂，學正卜霖，特具石刻昭示後來，勵風節以作士氣，真可謂知所本矣。”

在元代，多有責成廉訪司官注意學校者。

如《大元聖政國朝典章·興學校》

中，大德十年五月《整治恤民詔》：“所在蒙古、儒學教官務要用工講習，作養後進，有錢糧去處，有司毋得干預侵借。廉訪司以勉勵宣明爲職，所至之處嚴加程督，毋得廢弛。教官不稱職者糾劾。”

大德十一年十二月《至大改元詔》：“學校乃王政之所先，爰自累朝教養不輟，迄今未見成效……廉訪司常加勉勵，務要作成人材，以備擢用。”

至大二年九月《改尚書省詔》：“學校之設所以明人倫，養賢爲政之要，莫先於此……在學儒人課講不廢者，與免雜泛差役，廉訪司協同敦勸。”

至大四年三月《登寶位詔》：“國家内置監學，外設提舉、教授，將以作養人材，宣暢風化……各處州郡正官、廉訪司申明舊規，加意敦勸。若教官非才，學校廢弛者，從監察御史、肅政廉訪司糾劾。”

延祐四年閏正月《建儲詔》：“學校爲治之本，風化之源，仰各道肅政廉訪司官、管民提調正官，常加勉勵，務要作成人才，以備擢用。”

姚紱在任湖南道肅政廉訪司僉事期間，以振興學校爲務，於此可見其個人之賢能，然而就上所條例之詔書來看，此亦由元廷一以貫之的政策所致。

姚紱巡按各處時，在政事之餘，又兼采風問俗、覽勝題詠，所作詩文，多有可觀。今不避細小，具備述於下，以俾將來。

至元二年夏，姚紱巡行至永州，過浯溪有詩。詩云：“轉壑飛流落碧虚，巇蓬初得野僧居。辭嚴魯史獲麟筆，義抗馬遷金匱書。萬世綱常垂宇宙，千年龍物護儲胥。懸崖鏡石明於水，幾與遊人照佩琚。”

詩後跋云：“至元丙子夏六月，予分憲讞刑郴道諸郡，歷九嶷，下瀧江，遊淡巖寺，讀浯溪碑，茲亦平生瑰偉奇觀也。適會班文卿繇武岡至永，弭節湘滸，遂同觀磨崖。文卿掾張德新、許彦叔、馬益速、縣尉曾圭。陝郡姚紱書。”

詩刻今存。

弘治《永州府志》卷七著録，無跋語，且失作者姓名。

道光《永州府志·金石略》宗績辰按語：“右姚紱浯溪詩正書九行……在峿臺左厓上。”

《古泉山館金石文編》瞿中溶按語：“右姚紱《浯溪詩》，正書九行。紱時官肅政廉訪使，按部過祁陽而題也。在峿臺左厓上，前人未見。”

《八瓊室元金石偶存》陸增祥按語：“瞿先生云：‘紱時官肅政廉訪使，按部過祁而題也。’紱又有《浯溪即景》二絶句，亦刻厓上，余未之見。”

浯溪在永州祁陽縣，唐道州刺史元結嘗結廬溪岸，寓居於此，作《大唐中興頌》，囑顔真卿書，並刻於崖壁，世稱“三絶碑”。元結爲名刺史，顔真卿則是唐中興名臣，亦爲書法巨擘。姚紱登臨於此，當非僅以玩賞爲事，亦欲步武前修，伸其仰止也。

姚紱跋云"歷九嶷，下瀧江，遊淡巖寺，讀浯溪碑"，九疑山在道州路，瀧江、淡巖在永州路零陵縣，就其次序而言，應是自天臨路南下，歷郴州，過桂陽，至道州，再沿瀟水北上，駐於永州。

姚紱遊淡巖寺亦有詩，詩云："倚巖古木千章合，遍壑莓苔一徑成。帝遣六丁鑱混沌，入遊雙洞盡虚明。陰風習習吹瑤草，石溜涓涓濕杜衡。我亦久淹山水癖，茲游應足冠生平。"（見洪武《永州府志》卷七、弘治《永州府志》卷六、嘉靖《湖廣圖經志書》卷十三。）

至元三年，姚紱尚在永州，遊群玉山，有詩云："石柟根束蒼崖刻，艾網苔封太古松。仙客鳳簫吹古洞，天池開徹玉芙容。"詩後署款云："至元丁丑仲冬廿有三日，陝郡姚子徵□父題。"（光緒《零陵縣志》作"廿有三日"、"姚子徵□父"，《八瓊室元金石偶存》作"廿又三日"、"姚子徵父"。）

群玉山在瀟水旁，位於朝陽巖南，二地相近，所遊當在同時。

自朝陽巖沿瀟水而下，有愚溪匯入，柳侯祠即在溪畔，祀唐永州司馬柳宗元，姚紱遊之，有詩二首。其一云："放逐遺簪組，幽居自坦夷。文從冉溪變，詩入柳州奇。桂屑浮樽酒，蘭華結佩絲。西山沐題品，巖壑有妍姿。"其二云："零陵山水郡，樂道久盤桓。絶壁啼松鼠，空庭對木蘭。抗辭求易播，著論欲淩韓。感慨回征轡，澄潭月色寒。"

至仲冬二十八日，姚紱自永州還，過浯溪而再遊之，又賦詩二首。其一云："漁罾就倚崩崖曬，山茗從收落葉煎。獨對二賢成往跡，渡春橋上聽潺湲。"其二云："澄江下繞中宫寺，石磴斜穿聱叟家。映水葳蕤紅莅亂，懸崖一樹石枏華。"

詩後跋云："右《浯溪即景》二絶句，至元丁丑仲冬廿又八日，陝郡姚紱，同書吏卜荅達忠、陳仲信，由永州□司還。適祁陽縣尹王榮□，教諭張瀍珍，僧智新，同零陵尉曾圭，迓紱江滸，遂刊溪石。"

道光《永州府志・金石略》宗績辰曰："右刻姚紱再題浯溪詩，正書十行，在浯溪口厓上。"

詩刻今已不見。

姚紱另有《遊浯溪韻》，詩云："持節三吾三訪春，蕭條雲木水粼粼。澄煙峭石露鯨脊，青壁寫影咸僊人。僧瓢貯月共茶鼎，樵笛穿雲動客紳。千載雄文有深趣，廻舟空□白鷗馴。"

詩刻今存，無題，洪武《永州府志》卷八著録，題爲《遊浯溪韻》。《湖湘碑刻・浯溪卷》誤作清王靄詩。

《八瓊室元金石偶存》又載至元丁丑冬至陪御史南巡嶺海道遊浯溪殘詩刻云："至元後丁丑冬至日，予二人陪御史南巡嶺海道，經浯溪，艤舟登眺，各成一律，書以識一時之勝觀"，末題"教諭張遠珍書"。（道光《永州府志·金石略》著録不全。）"嶺海道"當指姚紱，"張遠珍"當是"張瀌珍"，道光《永州府志·職官表·祁陽》作"張法珍"。

《八瓊室元金石偶存》又載浯溪殘詩刻云："江南□道行御史□監察御史"，"至元後丁丑冬仲□日"，大約仍與姚紱有關。

蘇天爵《浯溪書院記》云："至元三年春，僉嶺北湖南道肅政廉訪司事陝郡姚侯紱，按部祁陽之境，舟過浯溪，覽前賢之遺跡，作而嘆曰：'昔唐天寶之年，忠烈之士奮濟時難，遂復两京，號稱中興。水部即元公結作爲雅頌，鋪張宏休，撫州刺史顔公真卿大書其詞，列諸崖石，迨今四百餘年。過者觀其雄詞偉畫，猶足以竦動，惟二公風節文采，使一方之人獨無所概見乎？'零陵縣尉魯君進而言曰：'圭家衡山，世業儒術，每讀載藉，見言行卓者，心慕好之，況二公流風餘思，在此山隅。當作祠宇，以奉事之，并築學宫，招來多士，庶幾遐方有聞風而興起者矣。'姚侯曰：'善！'于是魯君命其子堯臣，獨捐家資，度財庀工，不一歲告成。中爲大成殿，以奉先聖，東西雨廡屬焉。又於殿之左爲祠，以祀顔公。後爲明倫堂，前爲三門，周以崇垣。規制宏偉，下枕崖石，前臨浯水，表其額曰'浯溪書院'。請於行省，設司官以司其教。魯君又割私田三百畝，以廪學者。是年姚侯司憲廣西，明年又拜南臺都司，往來浯溪之上，瞻拜學官，徘徊而不忍去。嘉曾君父子之用心，走書維揚，請記其事於石。"所云"是年"爲至元三年，詩中云"持節三吾三訪春"，故此詩之作當即在此間。

姚紱《新復黄甲洲記》有云："明年，余有南臺之命，舟次於湘，攸士請壽堅瑉，示永遠，予故記其實而書之，一以示知懼，一以示知勸云。"所云"明年"爲至元三年，可知《新復黄甲洲記》至此時方立石。

從姚紱巡按地方來看，有天臨、郴州、桂陽、道州、永州、衡陽六路，而其在永時間尤長，永州當時應爲分司駐地。據洪武《永州府志·衙門沿革》："湖廣等處提刑按察分司，元初在大街東。"其《浯溪》詩跋中云"同書吏卜苔達忠、陳仲信由永州□司還"，石刻殘一字，"永州□司"或即"永州分司"。

據上，定榜書爲至元三年（元順帝後至元三年丁丑，1337）所刻。

馮夷者，亦稱河伯，所謂黄河之神，此處泛指水神。所謂"馮夷宫"者，則以之爲水神之府第。屈原《九歌·河伯》云："魚鱗屋兮龍堂，紫貝闕兮朱宫。"朝陽巖以東向而得名，"當朝墩初升，煙光石氣激射成采"，伏於零虛山下，深杳幽邃，又有流香泉潛流而出，外接瀟水，此名可謂得其義。

至正[illegible]
湖南僉憲闍公從進按部舂陵
艤舟三水偕掾史張伸譙馮禮
卿遊郡之朝陽巖尋幽索奇探
慨乎古風日和美景洞虛明
恍若僊境也因命刻石以紀勝
游且誌歲月從行者總管老中
同知野先海涯推官李讓經歷
[illegible]鏞譜記張　府吏李次[illegible]書

# 至正九年周從進題刻

## 釋　文

至正九年，歲在己丑，仲春之月，湖南僉憲周公從進，按部舂陵，艤舟二水，偕掾史張仲謙、馮禮卿，遊郡之朝陽巖，尋幽索奇，慷慨弔古。風日和美，嵒洞虚明，恍若僊境也。因命刻石，以紀勝游，且誌歲月。從行者，總管牛中，同知野先海涯，推官李讓。經歷白鏞謹記。府吏李次臯書。

## 考　證

題刻在朝陽巖上洞，接近逍遙徑入口處。高 70 公分，寬 63 公分，楷書，九行。

“經歷白鏞謹記”句下，後人鑿一“張”字。“府吏李次臯書”一行字略小，繫於文末。

其時爲元惠宗至正九年己丑（1349）。

宗霈《零志補零》卷下、王昶《金石萃編未刻稾》卷下、陸增祥《八瓊室元金石偶存》、《古泉山館金石文編》卷四、《潛研堂金石文字目録》，及嘉慶《湖南通志·金石志》、道光《永州府志·金石略》、光緒《零陵縣志·藝文·金石》等著録。

道光《永州府志·金石略》“牛中”誤作“井中”，然《職官表·府寮》作“牛中”不誤。

王昶按語：“石長二尺七寸，寬二尺，九行，行十二字，正書。”

陸增祥按語：“《永州志》誤‘牛’爲‘井’。”

《元碑存目》卷一黄本驥按語：“至正八年，在零陵。”“八年”誤，石刻作“九年”，而字畫稍有殘缺。

周從進，時任嶺北湖南道肅政廉訪

司僉事。《元史·地理志六》：湖南道宣慰司下設嶺北湖南道肅政廉訪司，下轄道州路、永州路。題刻中之“舂陵”即道州之舊稱，“二水”即湘水、瀟水，交匯於永州，故“二水”又爲永州之别名。

張仲謙、馮禮卿，事蹟不詳。二人當爲肅政廉訪司屬官。

《元史》載世祖至元間有“張仲謙諸老臣”。王惲《秋澗先生大全文集·中堂事記》載：“六日丁酉，諸相會左丞張仲謙第，以決前議，大抵選官、薄賦、評鈔法等事。”原注：“左丞名文謙，字仲謙，邢州沙河人。”虞集《道園學古録·翰林學士承旨董公行狀》亦載：“中書左丞張仲謙。”然《中堂事記》載元世祖中統年間事，與周從進題刻之張仲謙同名而非一人。

牛中、野先海涯、李讓、白鏞、李次臯，五人皆爲永州屬官。

牛中，洪武《永州府志·元朝名宦》：“牛中，至正八年以中大夫任。”

野先海涯，阿里海涯之孫。阿里海涯，回鶻人。“胞生剖而出之，其父也先火者欲弃之，母不妨，及長，雄武有胆略。”至元十一年，進中書左丞、行荆湖等路樞密院事。拔湘陰，下潭州，遣使徇郴、全、道、桂陽、永、稀、武岡、定慶及袁、韶、南雄諸郡，其守將皆奉表迎降。二十三年，加光禄大夫、湖廣行省左丞相。卒，贈開府儀同三司、上柱國，追封楚國公，謚武定。至正八年，追封江陵王，改謚武宣。阿里海涯喜薦人才，人才之衆，一時莫及。事蹟見《元史·阿里海牙傳》、《新元史·阿里海涯傳》。史臣曰：“阿里海涯平湖廣，使伯顔東下無返顧之憂，功名與阿術相伯仲。”

阿里海涯六子，知名者三人，皆官於湖廣：忽失海涯，湖廣行省左丞；貫只哥，湖廣行省參知政事，追封楚國公；和尚，湖南道宣慰使、監潭州軍。野先海涯不知爲誰之子。

洪武《永州府志·元朝名宦》：“野先海涯，以阿里海涯丞相之孫，至正戊子以奉議大夫任。在任多有政績，修理學校，繪塑從祀，重建三皇廟。”

弘治《永州府志》卷二《學校》：“至正間，同知野先海涯、教授鄧天驥，凡殿堂等宇，一皆修葺。至正庚寅，總管牛中、教授黄雷孫，繪塑聖賢像。”（隆慶《永州府志》卷八《學校》、康熙九年《永州府志》卷七《學校志》、道光《永州府志》卷四上《學校志》同。）

同書卷五《永州府紀述》載無名氏《忠恕堂記》云：“至正戊子春，丞相江陵武定王孫野先海涯奉議，通守是邦。蒞政之初，既規官帑以舒民力，復正户籍以除民蠹。凡公廨、亭傳之不可緩者，悉爲經理而更新之。廼於府治公署之後，復□室三十六楹，敞其前以爲凉軒，虛其後以爲中堂，翼其堂以爲

□館，寢食器具咸備。可以肅使客，可以待燕集。退食委蛇於此，節勞逸焉。公餘遊息於此，澄思慮焉。復扁其堂曰'忠恕'，噫！公之爲政，可謂知所本矣。”

至正戊子爲至正八年（1348）。

野先海涯又有同祖兄弟小云石海涯，又名貫雲石，號酸齋，亦官永州。

小雲石海涯爲阿里海涯之孫、貫只哥之子。其父名貫只哥，小雲石海涯遂以貫爲氏。其母爲廉希憲之女。所著有《直解孝經》、《酸齋集》。

事蹟見《元史·小雲石海涯傳》、《新元史·貫雲石傳》，略云："及生，神彩秀異。年十二三，膂力絶人，使健兒驅三惡馬疾馳，持槊立而待，馬至，騰上之，越二而跨三，運槊生風，觀者辟易。或挽强射生，逐猛獸，上下峻阪如飛，諸將咸服其趫捷。稍長，折節讀書，目五行下。吐辭爲文，不蹈襲故常，其旨皆出人意表。初，襲父官爲兩淮萬户府達魯花赤，鎮永州，御軍極嚴猛，行伍肅然。稍暇，輒投壺雅歌，意所暢適，不爲形跡所拘。一日，呼弟忽都海涯，語之曰：'吾生宦情素薄，顧祖父之爵不敢不襲，今已數年矣，願以讓弟，弟幸勿辭。'語已，即解所綰黄金虎符佩之。北從姚燧學，燧見其古文峭厲有法，及歌行古樂府慷慨激烈，大奇之。拜翰林侍讀學士、中奉大夫、知制誥同修國史。泰定元年卒，年三十九，贈集賢學士、中奉大夫、護軍，追封京兆郡公，謚文靖。”

洪武《永州府志·元朝名宦》："小雲石海涯，號酸斎，蔭父職，至大間以宣武将軍任两淮萬户府達魯花赤，後轉升翰林學士。”

道光《永州府志》卷十三《節鎮傳·小雲石海涯》："小雲石海涯，其祖阿里海涯也。生有勇力，又善讀書。初襲職，鎮永州，御軍極嚴肅。稍暇投壺雅歌，不拘形跡。一日，呼弟忽都海涯曰：'吾宦情素薄，襲祖父之爵已數年矣，願以讓弟。'語已，立解金虎符佩之。仁宗在東宫，歎曰：'将家子乃如此耶！'北學於姚燧，官翰林。尋辭，退隱於江南。及卒，追封京兆郡公，謚文靖。”

同書《金石略》載小雲石海涯永州府華嚴巖榜書："'風月無邊。'字大徑尺，正書，一行。'大德丁未仲冬教授夏□□刻，北庭小雲石海涯書。'署名左右二行，小字。”

《留雲盦金石審》："右刻題款舊拓不顯，竟不識爲何人，近始審出。……案大德丁未至泰定甲子，凡十八年。酸齋鎮永，蓋甫弱冠，其退隱時，年未三十。此刻筆法秀挺，寄托遙深，弱歲已不可及，況在從師進業之後乎？有元一朝，斯人可爲大隱。其在永政蹟失傳，故詳録以存之。”

小雲石海涯有《岳陽樓》詩："西

風吹我登斯樓，劒光影動乾坤浮。青山對客有餘瘦，遊子思君無限愁。昨夜漁歌動湖末，一分天地十分秋。”

李讓，道光《永州府志·職官表·府寮》：“推官：順宗至正：李讓，八年任，《省志》作‘判官’。”

清黄立猷《石刻名彙》卷九載至元五年王惲撰《李讓墓表》，在直隸寧晉。民國武樹善《陝西金石志》載至順四年《重修公署記》有“推官李讓，字子敬，奉天人”。清畢沅《山左金石志》、清段松苓《山左碑目》、清法偉堂《山左訪碑録》、清孫星衍《寰宇訪碑録》、清吴式芬《金石彙目分編》俱載淄川縣延祐三年石佛殿石刻，“碑文十六行，字徑七分，李讓撰書”。民國牛誠修《定襄金石考》載《大永安寺記》碑陰有“冀寧路司吏李讓”。皆同名，非一人。

白鏞，道光《永州府志·職官表·府寮》：“幕職：順宗至正：白鏞，經歷。”

李次皐，事蹟不詳。

# 明代

遊朝陽巖

郡侯相召到朝陽樂坐俯瀏覽流

烽火狼煙俱熄息鷺飛魚躍自揚揚

唐虞已遠江山在元柳曾遊草木香

此日吻嘗逢盛會題詩郡人記年光

正德壬申孟秋八日郡守曹侯約遊諸

遊此以記前四川按察司副使郡

東[illegible]衡道

# 正德七年陳銓《遊朝陽巖》詩刻

## 釋　文

遊朝陽巖

郡侯相召到朝陽，燕坐悠然見八荒。烽火狼煙俱熄熄，鳶飛魚躍自揚揚。唐虞已遠江山在，元柳曾遊草木香。此日叨陪逢盛會，題詩聊以記年光。

正德壬申孟秋八日，郡守曹侯約遊，述此以記。前四川按察司副使、郡人陳銓秉衡題。

## 考　證

詩刻在朝陽巖上洞，高82公分，寬57公分，八行，楷書。

黄焯《朝陽巖集》著録，作者題“郡人陳銓，四川副使”，未録署款。

光緒《零陵縣志·藝文·金石》著録，題爲“陳銓詩”。劉沛按語：“右正書八行。”“郡侯”誤作“郡候”。

今按永州明代、清代摩崖石刻，宗霈《零志補零》、劉沛光緒《零陵縣志》尚有著録，其餘古代石刻文獻如《金石萃編》、《古泉山館金石文編》、《八瓊室金石補正》、嘉慶《湖南通志·金石志》、道光《永州府志·金石略》等，著録石刻多止於宋代，明清以下概闕焉。

正德壬申爲正德七年（1512）。

陳銓，字秉衡，號月山，永州衛人。康熙《永州府志》、康熙《零陵縣志》、道光《永州府志》有傳。

康熙九年《永州府志》卷十六《人物志·名賢列傳》：“陳銓，字秉衡，號月山，永衛人。少穎悟，年十三，周覽經史，爲文矯健有風骨。成化辛卯，以《禮經》中第五名，辛丑成進士，授内江令。政成，拜陜西道御史，執法無私。典浙江省試，得人最盛。升四川副使，掛冠歸。"

康熙三十三年《永州府志》卷十六《人物中·名賢列傳》："陳銓，字秉衡，號月山，永衛人。少穎悟，年十三，周覽經，中第五名，辛丑成進士，授内江令。政成，拜陜西道御史，執法無私。典浙江省試，得人最盛。升四川副使，掛冠歸。"

康熙《零陵縣志》卷九《人物考》："陳銓，字秉衡，號月山，永衛人。少穎悟，年十三，周覽經史，爲文矯健有風骨。成化辛卯，以《禮經》第五，辛丑成進士，授内江令。政成，拜陜西道御史，尋以憂歸。起補北御史，振綱肅紀，執法無私。江、浙故人材淵藪，公典两省試事，鑑空衡平，得人最盛。資望材品，不宜外補爲參，馬端肅疏上，升公四川副使，聞報即掛冠歸。其子襄，亦以《禮經》中第三，稱爲'禮學淵源'云。"

道光《永州府志》卷十五《先正傳·才望》："陳銓，字秉衡，號月山，永州衛人。少穎悟，年十三，周覽經史，爲文矯健。成化七年，以《禮經》魁楚闈。又十年，成進士，授内江令。行取拜陜西道御史，尋以憂歸。起補北畿御史，執法整肅。典江、浙两省試，稱得人。出爲四川副使，致仕歸。子襄，亦以習《禮》中選。五世孫棟，字子隆，稱淹博，尤精於《禮》。以明經司訓黄梅，升肅寧令，多惠政，告歸，時人稱爲'禮經世學'云。《舊志》載銓以論馬端肅出外，端肅正人，豈可妄劾？一言之累，傳於無窮，可畏哉！職是列之經術。"（光緒《零陵縣志》卷九《人物·仕蹟》同。今按：馬文升，字負圖，謚端肅。康熙《零陵縣志》原意，似以陳銓資望甚高，不可爲參政，宜升爲副使，故馬文升舉薦之。非陳銓參劾馬文升，而馬文升害之也。道光《永州府志》以"爲參馬端肅疏上"連讀而解之，似誤。）

陳銓爲成化七年舉人，成化十七年進士。

康熙《零陵縣志》卷八《選舉考》："明鄉貢：成化七年辛卯章爵榜：陳銓，《禮記》，字秉衡，號月山，辛丑進士。""明進士：成化十七年辛丑王華榜：陳銓：字秉衡，號月山。授四川内江知縣，行取南京、陜西道御史，補北京、貴州道監察御史，欽差两廣盤粮，巡按江西，主江西鄉試，復巡按浙江，主浙江鄉試，升四川副使。"

雍正《湖廣通志》卷三十四《選舉志·明·舉人》："成化七年辛卯鄉試榜：陳銓，零陵人。"

弘治《永州府志》卷四《科甲·本府進士》："陳銓：永州衛武生，成化辛丑王華榜，任知縣，升監察御史。"（"武生"二字疑誤。）

雍正《湖廣通志》卷三十二《選舉志・前朝進士》："成化十七年辛丑王華榜：陳銓，永州人，副使。"

陳銓歷官内江知縣、陜西監察御史、江西監察御史、北畿監察御史、四川按察使司副使等。

萬曆《四川總志》卷六《郡縣志・名宦》："陳銓：知内江，歲凶多方賑恤，民免流離。捕盜戮渠魁，四境寧戢，拜監察御史。"（雍正《四川通志》卷七《名宦・直隸資州》同。）

雍正《江西通志》卷四十七《秩官・明》："陳銓，字秉衡，湖廣永州衛人，進士，巡按監察御史。"

毛德琦《白鹿書院志》卷四："陳銓字秉衡，永州人，江西監察御史。弘治戊午，按南康，考學田爲僧寺所據者，多爲汙萊廢壞，不敷養士之需，乃收市寺田九百畝，以供祀事，以贍學徒，於洞學有功。詳見何喬新等《記》。今祠先賢祠。"同書卷十四載張元禎《洞學田記》云："白鹿書院有田十五頃，世遭兵燹，院毁田淪，無籍可稽。迨我朝，田則不及二頃。學憲蘇伯誠謀諸侍御王元善，同寅陸用節、沈廉夫、沈文進，乃屬郡守劉邦泰，撤故院而新之。又謀諸侍御陳秉衡，以養士不可無田，適郡之開先寺僧爲徭役所併，稱貸不足，乃出田四頃六十畝求售焉，陳君計值償之。繼而泗州寺亦以開先之故，出田求售，數縮十之一，陳君知爲沃壤，償之倍其值。……夫士之藉田以養，道之藉士以興，其義一也。三代盛時，野無無田之夫，家無不學之人，故道興治隆，風動千載。其後田不井授，士之養無所出，故院有田則士集，而講道者千載一時，院無田則士難久集，院隨以廢，如講道何？陳君有功於道也，博且久矣！陳君名銓，秉衡其字，湖南永州人。"

雍正《四川通志》卷三十《職官》："陳銓，永州進士，按察使司副使。"

陳銓工詩文。

嘉靖《湖廣圖經志書》卷十三《永州府》載陳銓《重建府治説》（節文），又載其《重修儒學記》（節文）。

弘治八年，姚昺主修《永州府志》成，陳銓作《後序》，署款："弘治八年歲舍乙卯夏六月甲子，賜進士第文林郎監察御史郡人陳銓序。"

弘治《永州府志》卷六《永州府題詠》載陳銓《愚溪書屋》云："踈慵無怪忌奸雄，放逐瀟湘一慨中。溪水名愚緣事悖，江山題絶藉詩工。惘迷故址荒青草，雲鎖長橋掛玉虹。一代文章千百載，至今誰不仰高風。"

同書卷七《祁陽縣紀述》載陳銓《浯溪書院二首》（署名"芝山陳銓"），其一云："惛妖已盡息邊烽，誰頌中興擅筆鋒。義膽忠肝昭日月，森鈞錯畫走蛟龍。蒼崖廩廩山靈護，古院沉沉野樹封。追憶前朝成感慨，寒江空澗浸孤松。（專美詞翰）”其二云：“騁兵邊將舉三烽，仗劍何人犯怒鋒。力拒潼關回戰馬，喜聞靈武起飛龍。两京社稷還唐室，萬里山河復李封。忠義凛然遺墨在，蒼崖千古對青松。（專訟真卿）”（“訟”爲“頌”之古字。）

同書卷八《道州紀述》載陳銓《濂溪書院》詩云：“世違孔孟復鴻濛，千載斯文得再通。妙在無言因賦拙，理純默契本心窮。陰陽氣化分男女，水火根源辨黑紅。庭草池邊皆是趣，一襟風月八窗空。”

時又有一陳銓，字秉衡，晚號坦窩，河南鄢陵人，嘉靖元年封朝列大夫、山東右參議，亦能詩，疑爲别一人而同姓同名同字者。

嘉靖《鄢陵志》卷五《人物志》云：“大明陳銓，字秉衡。少穎異，不妄言動。天台陳公選時典學，試其文，奇之。同邑贛郡丞程翺爲長女求佳壻，得銓。自是學益進，有聲場屋，雖屢躓不沮。成化間大疫，銓侍父母疾，藥必親嘗，衣不解帶，逾三月皆愈，識者比之庾異行。尤敬事諸父，友愛昆弟，族踈屬咸睦。弘治乙丑，當貢於禮部，會子溥舉進士，官大理，銓曰：‘吾復何求？’未幾，聞溥以讞獄忤逆瑾，謫丞武鄉，惟貽書勸勉，無戚容。溥擢户部主事，封如其官，亦無德色。壬午，詔進階朝列大夫。卜築西郊，結社講道，不議時政，不履公門。直躬化俗，有太丘遺風。晚號坦窩，名實胥稱。大學士南塢賈公表其墓，盛稱述焉。”

民國《鄢陵縣志》卷十八所載稍異，略云：“……弘治乙丑，當貢於禮部，會子溥舉進士，銓曰：‘吾尚呷晤牖下耶？’乃卜築西郊，結社講道，不談時政，不履公門。直躬化俗，有太邱遺風。”

贾詠字鳴和，號南塢。嘉靖三年以吏部左侍郎兼翰林院學士入内閣，掌管詔書。又任史館副總裁，升爲禮部尚書，加文淵閣大學士，參與機務。又加太子太保，武英殿大學士。

嘉靖《鄢陵志》卷八《文章志》載賈詠《坦窩陳封君墓表》云：

“坦窩陳封君者，漢太丘長文範之裔，山東右參議溥之父也。年六十有三，以正終於寢。溥時致政家居，襄事之餘，乃抆淚爲狀，請予書墓上之石，刻而傳之。按狀，封君諱銓，字秉衡，姓陳氏，别號坦窩。五世祖諒，元季居鄢，舉明經，爲鄭州路學正。高祖希賢，國初階登仕佐郎，進鐵（治）［冶］都提舉。曾祖灝，授陰陽訓術。祖翊，父永清，俱不樂仕進，胥以耆德稱，鄉人目爲長者。母蘇氏實生君，穎敏秀異，神采射人。天台陳公董學至邑，見而奇之，有‘馬蹴黄塵去’之句，君隨口應聲曰‘龍騰紫霧來’，大爲所賞，因補邑庠弟子員。既冠，肆力於學，留意古作。業舉子，不逐時好，坐是累蹈場屋，識者惜之。君性孝友，不假外飾。成化癸巳，時疫大行，亡者枕籍，雖骨肉不相顧。二親病在床，君侍湯藥，衣不解带者三月，疾愈，君亦竟無（悉）［恙］，人曰：‘君其庾衮之後乎？’两弟少，有過，父欲撻之，君長跪不言，待怒解方起。教子以義，過不少容。溥嗜學，每教之，必先德行，弘治甲子，果以弱冠領鄉薦。乙丑舉進士，始請歸娶，尋授户部主事，推恩當及君。君曰：‘吾子既貴，吾可已矣。’遂受之封如其官，故不終其業。邑西有汨羅，君愛其處，誅茅結亭，以恣遊適，因號坦窩先生。暇輒葛巾野服，偕同志十餘人爲真率會，觴詠賡和，竊擬洛社，而脱略塵事。正身率物，人謂其有太丘之風焉。嘉靖壬午，會今上上两宫暨恭穆獻皇帝尊號，詔晉四品秩，階朝列大夫，山東右參議，如溥官云。

“配程氏，封安人，邑仕族贛州貳守大鴻公之長女也。性貞静柔順，女紅、饋食皆極精緻。幼有奇識，多中事幾。及歸封君，貳守公適轉嘉興，戒行，舉囊篋暨禄俸餘資悉留付安人收之。貳守卒於官，幼孤天爵扶柩還，安人召而與曰：‘此吾父先日所寄以待汝者，汝今長矣，可以守此。’其檢而視之，如故人義。其事古人弗如也。與封君處，相敬如賓，比老無反目，未聞出一惡語。居恒以勤苦自勵。年雖逾耆，耳目尚聰明，每自製女紅，分惠諸女眷。嘗誦《女誡》及《列女傳》，間以數條爲家訓。動有矩度，無事不至外庭。鄰有黄生者，家甚嚴，嘗諭其子曰：‘吾生長于斯（餘）［逾］三十年，未嘗見陳夫人者窺門户。’其見重於鄉、取爲家範如此，刑于之風，亦封君以身行道之徵也。

“封君生天順庚辰八月初一日，以嘉靖壬午五月二十三日卒，葬太丘墓南三里許栖良村之原，從先兆焉。生子男二，長即溥，次滂早卒。女一，適儒士梁時億。孫男四，長棐，次臬，俱邑庠生；次榘，次槩，尚幼。孫女一，適生員牛尚性。嗚呼！君有元亮之風，而厚德如太丘；程有少君之懿，而貞静如續母。豈不皆可謂賢乎！予故著之堅珉，庶行者過而式之，曰‘此坦窩陳封君之墓’云。”

陳銓在永州，多立坊牌。

弘治《永州府志》卷二《科第坊牌》：“文元坊：爲舉人陳銓立。”“進士坊：有五，一爲鄧教立，一爲張鑑立，一爲吴禋立，一爲陳銓立，一爲王鐩立。”“經魁坊：有三，一爲朱鏞立，一爲陳銓立，一爲陳興立。”“繡衣坊：有二，一爲御史吴禋立，一爲御史陳銓立。”“父子經魁：父謂陳銓，子謂陳襄。”

正德七年，陳銓已致仕家居。詩刻中所云“郡侯相召”、“郡守曹侯”，郡侯即永州知府曹來旬。

黄焯《朝陽巖集》載曹來旬《伏日偕陳秉衡憲伯遊朝陽巖避暑》詩："汗雨交流燕未安，乘閑避暑向江干。朝陽洞迴千年在，見勝亭高五月寒。樂只嘉賓明繡服，往來太守正高冠。朋簪笑口知難數，旬月能來豈謂般。"（"見勝亭"當是"覽勝亭"之誤。）

詩題中"陳秉衡憲伯"即陳銓，可知曹來旬與陳銓至少兩次同遊朝陽巖，一在仲夏五月伏日，一在孟秋七月。此詩不見於其他文獻，黄焯《朝陽巖集》多據石刻著録，推測曹來旬此詩亦曾上石，惜今未見。陳銓以鄉賢爲守令所重，唱和之間已見高情。

黄焯《朝陽巖集》又載沈欽詩："曉謁鄉賢露未幹，次山有廟傍江干。山林朝市無窮趣，肯惜登臨作大觀。"作者署"山陰沈欽，僉事"。此詩與曹來旬詩同韻，而減省爲絶句。據雍正《浙江通志》："沈欽，山陰人，弘治十五年進士。"另據雍正《湖廣通志》，沈欽曾任湖廣提刑按察使司僉事。

曹來旬，字伯良，河南鄭州人，正德七年任永州知府。

萬曆《開封府志》卷之十二《科目》："曹來旬，鄭州人，丙辰進士，知府。"

雍正《河南通志》卷四十五《選舉二》："曹來旬，鄭州人，知府，弘治丙辰科朱希周榜進士。"

《皇明貢舉考》卷五："曹來旬，第三甲二百名，賜同進士出身。"

萬曆《揚州府志》卷八《秩官志》："曹來旬，河南鄭州人，進士，弘治十七年任鹽法御史。"

雍正《揚州府志》卷十八《鹽法・秩官》："弘治，曹來旬，鄭州人，進士。"

嘉靖《山東通志》卷十《職官》："巡按監察御史：曹來旬，伯良，鄭州人，丙辰進士，正德元年巡按。"

雍正《山東通志》卷五十一《職官志》："巡按監察御史：曹來旬，河南鄭州人，正德間任。"

道光《濟南府志》卷二十五《秩官三》："明巡按監察御史：正德：曹來旬，河南鄭州人，進士。"

曹來旬知永州，有惠政。

隆慶《永州府志》卷十三《名宦列傳・郡守》："曹來旬，字伯良，河南鄭州人，進士。歷監察御史，獨持風裁。以武昌知府改任，政事精明，丰采凛然，凡公廨祠宇，無不修整。首興學校，俱有規模，以忤於當道而去。"

道光《永州府志》卷十三《良吏傳・郡守》："曹來旬，字伯良，鄭州進士。歷監察御史，獨持風裁。正德六年，以武昌知府改永州，政事精明，丰采凛然。勵公廉，興學校，廨舍祠宇無不修飭。以忤當道罷去，所作詩文，至今士皆傳誦之。"

所説"忤當道罷去"，指曹來旬得

罪宦官。事見《明史》。

《明史·梁芳傳》："梁芳者，憲宗朝内侍也。貪黷諛佞，與韋興比。正德初，群奄復薦興司香太和山，兼分守湖廣行都司地方，尚書劉大夏、給事中周璽、御史曹來旬諫不聽。"

《明史·劉瑾傳》："當是時，瑾權擅天下，威福任情。故尚書雍泰、馬文升、劉大夏、韓文、許進，都御史楊一清、李進、王忠，侍郎張縉，給事中趙士賢，任良弼，御史張津，陳順、喬恕、聶賢、曹來旬等數十人悉破家，死者繫其妻孥。"

又《弇山堂别集》卷九十四《中官考五》："弘治十八年十一月，命太監韋興往太和山司香，兼分守湖廣行都司地方，科道官周璽、曹來旬等各疏語：'初革天下守備，内官非舊額者，今詔墨未乾，弊端復作，何以全大信於天下？'"

曹來旬知永州，曾重建府治，重修儒學。

嘉靖《湖廣圖經志書》卷十三《永州府》載陳銓《重修儒學記》（節文）云："正德辛未冬十月，曹侯來守是邦，下車之初，進謁□□□□，與貳守白君思義，判府張君絅，袁君栗，陳君謨，推官吴君達，偕師生沈瀚等，量地定制，計畫財用，經營工役。於時大成殿梁橈棟折，傾圮之甚，先易以良材，極其壯固。次及兩廡、戟門、明倫堂、四齋，凡材木磚甓，腐敗者撤而易之，漫漶者飾而新之。欞星門卑陋弗稱，儒學門偏斜匪宜，於焉築其基，新其棟，務底於高大中正也。輿夫宰牲房三間及神廚等屋，建於禮殿之西，會饌堂五間及會饌等，壁立於倫堂之東。厚堂立於高爽之地，揭扁曰'博約'，於學者警也。尊道亭立於禮殿之後，見所尊有任也。師生所廬，昔無攸處，於是公廨五所計六十間以處教官，立號房四聯計五十間以安生徒。先賢祠多置於號房之上，啟後學景□之心，齋宿廳建立於禮殿之西，盡祭祀致齋之敬。倉立於學門之内，庫立於倫堂之前，蓋所以便出納、防侵貸也。至於道路闢而廣之，垣牆築而峻之。他如祭器、樂器、射圃、射具，無一而不飾造焉。維時贊襄其事而往來指畫者，則有貳守白君之勤；其董役效勞，則檢校李岱也。經始於正德壬申孟春月二十四日，訖工於是歲仲冬月二十一日。既落成，侯率師生行釋菜禮，教授沈瀚、訓導舒絅、梁震、周千德、劉鉞，生員吴□等來謁於銓，述曹侯興學之功，且曰：爲我記之。昔郡學之記，宋知郡胡致堂嘗爲之，凡先王立學之原，教學之法，論之甚詳。顧銓末學，敢再措詞？侯名來旬，字伯良，河南鄭州世家。"

曹來旬知永州，曾重修朝陽巖，建元刺史祠，撰有《重修朝陽巖記》、《元刺史先生祠堂記》。

雍正《湖廣通志》卷二十五《祀典

志·祠廟》："零陵縣：寓賢祠在朝陽巖上，舊爲唐獨孤愐、竇必所建茅閣。明正德中，知府曹來旬專祀唐元結，爲元刺史祠。"

黄焯《朝陽巖集》載曹來旬《重修朝陽巖記》云："曩讀元次山詩文集，已知朝陽巖洞爲零陵水石之冠，而意其未其必然也。去年冬，予調守兹郡，詢及同寅白君，得其所三，逾月，寔今年孟春之六日，因事便途，偕往觀焉。第見草莽四合，崖岸數仞，藐無人跡可入。彷徨久之，乃躡梯捫蘿而登於上。洞門敞豁，泉流瀝瀝有聲，内爲泥沙没其半，外爲榛楛蓊翳殆盡，而奇形怪狀，與他泉洞自别焉。且環洞石刻鱗次相依，歲苔蘚模糊不可讀，以袖拂手剔，隱然字畫猶存，率皆前人題也。予曰：'嘻！有美若此，安忍廢之？'白君欣然領其事，不數日，路開而洞闢矣。予曰：'此洞也，而巖安在哉？盍更圖諸？'越數日，洞南上轉西五十餘步，得朝陽巖，次山所謂'蒼蒼半山，如在水上'者蓋此。予曰：'未也，盍更圖諸？'越數日，巖西上十餘步，至其巔，得覽勝亭，即次山所謂'茅閣'，柳子所謂'西亭'者焉。予曰：'未也，盍更圖諸？'又數日，亭西南去六十餘步，得聽泉亭，即洞中流泉之發源於此也。予曰：'猶未也，盍更圖諸？'月餘間，乃翦茅爲徑，架木爲梯，壘石爲砌，編竹爲籬。因舊構亭，南向者两楹，東向者三楹，拓地至南北三百餘步，東西百五十餘步，而故疆遺址悉見畢出矣。於是高巖深洞，隱者顯，塞者通，而崎嶇者平矣。雲峰霧巘，方者横，圓者縱，曲者伏，直者仰，鋭者穎突而出矣。遠水遙岑，嘉木奇葩，與夫魚鳥之類，峙者青，流者緑，喬者枝，夭者蔓，飛者鳴，潛者躍，雜然而攸萃於前矣。國人庶士，無小無大，近者悦，遠者來，居者遊，行者聚觀，而文墨者謳歌吟詠於其間矣。始知朝陽巖洞之美，不但水石之奇如次山之所云而已也矣。嗚呼！自古之遊零陵者不知其幾，至唐次山而此巖洞之美始聞。自唐之遊零陵者亦不知其幾，至今而此巖洞之美復振。山川顯晦，固存乎人，而人之賢否，抑不於斯而可徵哉？白君名思義，字宜之，山西平定州世儒家也。是爲記。"

《重修朝陽巖記》又見隆慶《永州府志》卷七、康熙《零陵縣志》卷十二、道光《永州府志》卷二上。宗績辰曰："當勝國中葉，時邊疆肅清，長吏得以暇日留意山水，宜所在皆有文章。曹來旬、范之箴與丁懋儒三《記》，見巖壑遭際之盛。"

黄焯《朝陽巖集》又載曹來旬《元刺史先生祠堂記》云："零陵郡城西南隅，越瀟湘之滸，以大明正德八年二月十有五日，新作元刺史先生祠成。祠在朝陽巖之巔，覽勝亭之北，枕流面麓，三架五楹，肖先生形貌衣冠，正位於其中，蓋以義起之而非苟焉者也。先生名結，字次山，在唐廣德元年任吾郡道州刺史，德政、文學卓然爲天下望。永泰丙午中自舂陵至零陵，愛郭中水石之異，泊舟尋訪得巖與洞。以其東向，故以'朝陽'命之。厥後攝刺史獨孤愐爲之剪荆棘，竇佖爲之創茅閣，而先生又刻銘巖下，於是朝陽水石始爲絶勝之名。唐宋以來，風景聲華，傳播人口，達人高士如柳司馬、周濂溪諸賢，遊觀吟詠於其間者，可勝計哉！元經兵火，民稀事寢。我朝太平盛治近百五十年，巖洞之名僅存而壯麗之跡猶泯，匪直觀遊之無人，雖世居垂老者亦鮮知其所在焉。邇者予與同寅白君追求故跡，恢復一新。水石之美不減於昔，而遊觀之盛容或過之。探本溯源，人固知皆先生爲之兆也。嗚呼！棠陰去思，峴碑墮淚，秉彝好德之心，人所自不容已者。況吏於斯，生於斯，歲時往來遊於斯，獨無是心矣乎？今即先生舊遊之地，而作先生之祠，庶使登臨瞻禮之餘，必有感發興起之念，儀而型之，則而象之。其在上也，以美政；其在下也，以美俗。賢人君子，耿光大業，彬彬乎胥，此焉出矣。豈但恣意於耳目之玩，以爲杯酒嬉笑之地而已乎！以先生遊零陵時爲道州刺史，故仍匾之曰'元刺史祠'。而末後爲之詞曰：大儒之偉人兮，守舂陵；遐方之孑遺兮，賴康寧。瞻刺史之廳記兮，如雷如霆；覽中興之崖碑兮，配史配經。水石之何遇兮，乃一顧而流馨；睹物以思人兮，來士庶之儀型；建祠以崇德兮，儼若謦欬之将聆。期春秋兮永祀，沛福澤兮四坰。"（又見嘉靖《湖廣圖經志書》卷十三《永州府》（節文）、康熙《零陵縣志》卷十二、道光《永州府志》卷六。）

黄焯《朝陽巖集》又載曹來旬《遊朝陽巖》詩，作者題"東里曹來旬"。詩云："美哉一奇觀，歷年人不識。自從元柳遊，聲價沸南國。我來逾三冬，未暇一攀陟。偶偕僚友臨，豈意復荒塞。崖高石脚低，樹老山頭映。巖門鎖籐蘿，泉花並荆棘。歲遠疏往事，路迷失南北。旋呼除朽蕪，躡梯登峻極。軒豁仍朗明，開眼天在側。曲阿如砥平，飛巒欲生翼。步入行丈餘，空通漸深黑。摩挲巖壁間，儘是詩文刻。篆古句猶工，逸興先予得。細認俱前修，今人無一墨。諒非泉石羞，殊爲主守忒。苟有愛物心，肯使丕休息？既往固莫追，将來未可測。或者天意存，待我重妝飾。先進伊何人？吾儕獨匪克。從此攜琴書，飽玩朝陽色。題詩繼殘鐫，日月同盈昃。正德七年正月六日，永州府知府東里曹來旬題。"

此詩又見《零志補零》卷中、光緒《零陵縣志・藝文・金石》，各據石刻著録。《零志補零》題爲"正德七年正月六日遊朝陽岩"。光緒《零陵縣志》題爲“遊朝陽岩”，署款“正德七年正月六日永州府知府東里曹來旬題”。劉沛云“右正書二十四行”。今不見於朝陽巖。

黄焯《朝陽巖集》又載喬恕詩二首，記咏曹來旬重修朝陽巖事，作者署“沙隨喬恕，參議”。其一云：“朝陽勝概隸江邊，草樹埋藏不計年。此日重修誇壯麗，無人不羨郡侯賢。”其二：“先生吏隱此山中，樂與泉石作主翁。我欲追蹤猶未得，徘徊徒自仰高風。”

喬恕字希仁，號萬竹，河南寧陵沙隨人。弘治三年進士，任平陸知縣、婺源知縣，升監察御史，觸怒劉瑾，貶邳州判官。劉瑾敗，起用爲湖廣布政司參議。雍正《河南通志》：“喬恕，字希仁，寧陵人，弘治庚戌進士。知平陸縣，調婺源授御史，壽寧侯家奴犯罪，恕訊之，抵於法。疏劾劉瑾，謫邳州判官，瑾敗，起補湖廣參議，歷太僕卿，卒於家。”此二首不見於其他文獻。“郡侯”仍指曹來旬。據雍正《湖廣通志》，喬恕任湖廣左參議與曹來旬同時，且均爲彈劾劉瑾而破家者也。沈欽、喬恕二人應同爲按部至永。適值曹來旬興建元刺史祠，以其作爲，直以忠直之氣相磨相蕩也。

曹來旬在永州，又嘗修復柳宗元、周敦頤祠廟，作《修柳司馬先生廟記》、《遊愚溪》、《濂溪祠》等詩文。

道光《永州府志》卷六《秩祀志》載曹來旬《修柳司馬先生廟記》云：“瀟江之西，愚溪之北，柳先生之廟在焉。予莅永州，始進謁廟下，見一神與爲伍。問何神？方人曰爲某神。問何所取？曰：‘有威靈，能禍福於人。’問何所據？曰：‘有巫婦主之，能降神。’予慨且哂，命即遷其神，逐其婦。繼以廟制狹隘，追尋遺址，果爲頑民兼併過其半，乃正之法，俾悉歸於舊時。復得前人碑文，讀之，謂先生廟久廢，一旦假巫顯靈，祈禱輒應，居人感之而重修焉。予斥其說，遂伏碑。因廟將敝且弗制，特改修，正廟三間，外厦稱之，前大門臨路，去溪水數步。後寢室三間，近廟約三丈。兩旁庖庫各二間，前門右客舍三間，其二給司廟者居，其一取賃值以供祭事。周圍繚以崇垣，延百餘步，袤五十餘步，環廟内外，平土壤，剔竹木，嶄然一新也。又以先生居永時官爲司馬，直榜之曰‘柳司馬廟’。事既聞，議者有曰：‘靈神有祠而徙之，居民有廬而取之，前人有文而訾之，何好事自恣之若是也？’予進而告之曰：‘若知事與理乎？予爲若言：夫先生唐之名賢也，永貞間以事謫永州，因自放於山水之間。愛冉溪，貨其尤絶者家焉，更名爲愚溪。則愚溪者，先生之故居也。至今官不科租於民，可得而私之乎？先生爲永逐畢方，塑螭室，剛明正大之氣，可質諸鬼神而無疑也。顧今昭明在天，寧屑與淫神以爲伍乎？苟此神有靈，望先生将愧避不暇，亦寧帖然而安處乎？且先生之文，與昌黎並稱，其瑰瑋奇特之體，多出於居永之時。而永之士類，至今率能文，名爲文獻之邦者，以先生爲之倡焉。則先生之有功於永人也非小，而永人之廟祀於先生也，實報本之心耳，抑待假巫顯靈而後感之乎？誠如若言，則予之過莫大矣。若思之事與理，果何如也？'議者聞予言，俛焉良久，愕然嘆曰：'有是哉！吾聞命矣！'慚而退。用是並識諸石。正德八年歲次癸酉季春望日。永州同知平定白思義書，南京兵部郎中春陵周卿篆，永州通判張絅、袁栗、陳謨，推官吴達同立。"

《修柳司馬先生廟記》又見嘉靖《湖廣圖經志書》卷十三《永州府》（節文），又見《零志補零》卷上，石碑迄今尚存，惜已剥蝕，字多漫滅。

光緒《零陵縣志》卷十四載曹來旬《游愚溪》詩云："出城西渡湘江岸，愚溪遠落青天半。重山疊水鬱迢遙，嘉禾奇葩紛絢爛。指目四顧盡清幽，古今應作南土冠。我問溪名胡爲愚，共説先生有詞翰。試取遺篇次第看，撫卷不覺發長歎。先生直道世不容，官謫司馬遐陬竄。瀟湘十載苦淹留，山水娱情度宵旰。有才無用自謂愚，託名愚溪博一粲。顧□先生猶謂愚，矧予斗筲何足算。愚與不愚俱莫論，而今愚溪復予伴。可易愚溪名予齋，老守一愚樂衎衎。正德六年十一月朔，東里一齋曹來旬。（行楷書十六行，寄刻柳子祠。）"（"顧□"，光緒二年刻本原缺。詩碑今存柳子廟，"顧□"作"顧此"。"衎衎"，詩碑作"衍衍"。）

光緒《道州志》卷七《先賢·濂溪祠》："明弘治正德間，知州方瓊、永州知府曹來旬相繼修。"載曹來旬《濂溪祠》詩云："濂溪之水稱源泉，濂溪之學天地先。百家衆説如溝渠，雨盈時涸徒涓涓。洙泗源流惟一貫，濂溪氣脉爲真傳。著書立言開後學，明白簡易尤渾然。學焉自嘆未得要，長年如醉如夜眠。邇來幸飲溪中水，洗滌腸胃知前愆。徘徊山頭日已暮，欲去未去猶盤旋。摳衣更上香亭望，霽月光風在目前。"

嘉靖《湖廣圖經志書》卷十三載曹來旬《磐石》詩："潛此荒僻山，歲經幾寒暖。偶逢視一擊，清響林泉满。圭璧固所宜，擎天亦非短。誰能效卞和，甘心将骨斷。"

道光《永州府志》卷九《藝文志》載："《曹伯良詩文集》，明曹來旬撰。"其書未見。

正德丙子開闢碑記
勅大太嶽太和山興聖五龍
宮自然菴
張三峯第十三代玄孫施萬
朝號友松子下山雲遊到
此[illegible]陽巖上有仙跡古洞
正遇冬至日入內開闢十
秀於次年二月十五日完
滿成造木橋一座為記
闔主施高翔
會首王高試
[illegible]室衛高金

# 正德十一年施高翔《閉關碑記》

## 釋　文

正德丙子閉闗碑記

勅建泰嶽太和山興聖五龍宫自然菴張三峯，第十三代玄孫施高翔，號友松子，下山雲遊，到此朝陽巖，上有仙跡古洞，正遇冬至日，入内閉闗一季，於次年二月十五日完满，成造木橋一座爲記。闗主施高翔。信堂衛高登，會首王高誠。施主信官魏軾，信士李誠。

## 考　證

《碑記》在朝陽巖下洞右側小洞，舊稱青陽洞之外。高39公分，寬39公分，十二行，楷書。

《零志補零》卷下著録。“張三峯”脱“張”字，蓋由“勅”、“張”二字提行高一格之故。“玄孫”作“元孫”，避清諱。“友松子”上脱“號”字。“闗主施高翔”下脱“信堂衛高登，會首王高誠”二行小字。“施主信官魏軾”下脱“信士李誠”一句。又“閉闗碑記”之“閉闗”下，宗霈注云：“意蓋即閉關。”

《碑記》石刻狹小拙劣，刻工不精，蓋施財不足，不甚措意。“信堂”、“信官”之“信”一作“倍”、一作“倍”，蓋俗字也。

正德丙子爲正德十一年（1516）。

泰嶽，即泰山，在山東。太和山，即武當山，在湖北。但道教每以“泰嶽太和山”連稱，實即武當山，爲道教四大名山（武當山、青城山、齊雲山、龍虎山）之一，全真派的重要道場。《明史·地理志》襄陽府均州：“南有武當山，永樂中，尊爲太嶽太和山。山有二十七峰、三十六巖、二十四澗。”《明史·職官志》：“道籙司：太和山，提點一人。"《明史·食貨志》：憲宗成化中，"太嶽、太和山降真諸香，通三歲用七千斤，至是倍之"。

又明佚名《大明官制》卷十八："均州：玄天玉虚宫、太岳太和宫、遇真宫、興聖五龍宫、大聖南巖宫、清微宫、太玄紫霄宫、淨樂宫，各提點俱正六品。"

陶承慶《文武諸司衙門官制》卷三："玄天玉虚宫、太岳太和宫、遇真宫、興聖五龍宫、太聖南巖官、清微宫、太玄紫睿宫、净樂宫，各提點具正六品，在均州武當山。"

武當山在明代曾由天子敕封，並設官管轄，每年祭祀，以湖廣官員或内官"領"或"提督"泰嶽太和山事。如《明史·孫維城傳》："中官田玉提督太和山，請兼行分守事，帝許之。"談遷《國榷》卷二十九："申襄陽府同知李孟芳爲湖廣布政司右參議，提督泰嶽太和山事。"雷禮《國朝列卿紀》卷六十三、過庭訓《本朝分省人物考》卷五十："世廟即位，遣大臣祭告宇内山川、帝王之神，領泰嶽太和山、四川神木山之祭。"顧清《東江家藏集》卷三十《明故湖廣參議張公墓誌銘》："參議荆南藩府，兼督泰嶽太和山。"

《明史·藝文志》著録《太嶽太和山志》十五卷，洪熙中道士任自垣編。《四庫全書總目》又著録《太嶽太和山志》十七卷，明萬曆中内官田玉撰。《提要》云："太和山即湖廣均州之武當山，相傳爲北極玄武修真地。明成祖即位時，自謂得神之祐，因尊爲太嶽，敕建宫觀，常遣内臣司其香火。嘉靖間，提督太監王佐始創爲志，太監吕評續增之。萬曆癸未，玉復增廣爲此本。前載修建廟宇始末實事，並僊跡、徵應、物産，後載唐、宋、元、明序記詩賦等作。"

興聖五龍宫，在武當山，明成祖永樂十六年敕封。

雷禮《皇明大政紀》卷八：永樂十六年，"十二月，武當宫觀成，賜名太岳太和山"。（薛應旂《憲章録》卷十八、沈國元《皇明從信録》卷十四、黄光昇《昭代典則》卷十三、黄學海《筠齋漫録》卷一略同。）

萬曆《襄陽府志》卷三十二："興聖五龍宫：在太和山西北。"

《大明一统志》卷六十："興聖五龍宫：在太和山大頂西北，又有行宫在均州城南。"

萬曆《襄陽府志》卷四十八載永樂十六年《太宗文皇帝御製大嶽太和山道宫之碑》，略云："武當山，真武之神是已。按武當舊名太和，謂非玄武不足以當之，故名曰武當。蟠踞八百餘里，高列七十二峰。三十六巖之奇峭，二十四澗之幽邃。峰之最高曰天柱，境之最勝曰紫霄、南巖。上出游氛，下臨絶壑，跨洞天之清虚，凌福地之深邃。紫霄、南巖皆有宫，又自南巖北下三十里有五龍宫。”

自然庵，在五龍宫西。庵東有煉丹池，爲漢馬明生故址。五代時陳摶亦修煉於此。劉道明《武當福地總真集》卷中：“鍊丹池、自然庵：庵池相侔，在五龍宫西五十步。歷井捫參，而上介乎二山之間。松杉盤屈，如龍如虬，雖三伏藴隆，略無暑氣。東簷下即鍊丹池也，水中巨石下一穴有龍居焉，人常見之，虎豹禽鳥常飲于此。按《圖記》，馬明生故址，陳希夷次居之此處，感五炁龍君，授以睡法，得晝前之妙。明生所鍊太陽神丹，爐灰尚存，非鐵非石。希夷聲譽遠著，倦於迎待，尋誦經臺以避之。”

張三峯，即張三丰。元末明初人，武當山道士。武當派開山祖師，明英宗賜封號通微顯化真人，明憲宗賜封號韜光尚志真僊，明世宗賜封號清虚元妙真君。

《明史·方伎傳》載：“張三丰，遼東懿州人，名全一，一名君寶，三丰其號也。以其不飾邊幅，又號張邋遢。頎而偉，龜形鶴背，大耳圓目，須髯如戟。寒暑惟一衲一蓑。所啖升斗輒盡，或數日一食，或數月不食。書經目不忘。遊處無恒，或云能一日千里。善嬉諧，旁若無人。嘗遊武當諸巖壑，語人曰：‘此山異日必大興。’時五龍、南巖、紫霄俱毁於兵，三丰與其徒去荆榛，辟瓦礫，創草廬居之，已而舍去。太祖故聞其名，洪武二十四年遣使覓之，不得。後居寶雞之金臺觀。一日自言當死，留頌而逝，縣人共棺殮之。及葬，聞棺内有聲，啟視則復活。乃遊四川，見蜀獻王。復入武當，歷襄漢，蹤跡益奇幻。永樂中，成祖遣給事中胡濙，偕内侍朱祥，齎璽書香幣往訪，遍歷荒徼，積數年不遇。乃命工部侍郎郭璡、隆平侯張信等，督丁夫三十餘萬人，大營武當宫觀，費以百萬計。既成，賜名太和太嶽山，設官鑄印以守，竟符三丰言。或言三丰金時人，元初與劉秉忠同師，後學道於鹿邑之太清宫，然皆不可考。天順三年，英宗賜誥，贈爲通微顯化真人，終莫測其存亡也。”

又云：“明初周顛、張三丰之屬，蹤跡秘幻，莫可測識，而震動天子，要非妄誕取寵者所可幾。張中、袁珙，占驗奇中。夫事有非常理所能拘者，淺見鮮聞不足道也。醫與天文皆世業專官，亦本《周官》遺意。攻其術者，要必博極於古人之書，而會通其理，沈思獨詣，參以考驗，不爲私智自用，乃足以名當世而爲後學宗。今録其最異者，作《方伎傳》。真人張氏，道家者流，而世蒙恩澤，其事蹟關當代典故，撮其大略附於篇。”

《明史·藝文志》載張三丰《金丹直指》一卷，《金丹秘旨》一卷。

焦竑《國朝獻徵録》卷一百十八載

藍田《張三丰真人傳》云："三丰真人張氏，名全一，字玄玄，其號曰三丰，或又號曰落魄。或曰留文成侯之苗裔云。身長七尺，丰姿魁偉，龜形鶴背，大耳圓目，鬚髯如戟，頂中作一髻，手中執方寸，寒暑惟一衲一蓑笠，静則瞑目旬日。所啖斗升輒盡，或三五日一飡，或辟穀數月，自若也。經書一覽即成誦不忘，或處窮山，或遊市井，或日行千里，嬉嬉自如，傍若無人。有請益者，終日不答一語，及至議論三教經書，則絡繹不絶。每吐辭發語，專以道德仁義忠孝爲本，無虚誕禍福欺誑於人心。與神通神，與道一事。事皆有先見之理，應顯莫測，人咸以神仙稱之。洪武初，入武當山，遍歷諸峰，披奇覽勝，修煉於天柱峰西南清微妙代巖。嘗語耆舊云：'此山異日必大興也。'時五龍、南喦、紫霄俱燬於兵，三丰去荆榛，拾瓦礫，粗創之。乃命丘玄清住五龍，盧秋雲住南巖，劉古泉、楊善澄住紫霄。又卜展旗峰北陲，結廬曰遇真宫。庵前有古木五株，三丰獨栖其下，久則猛獸不據，攫鳥不博，人皆異之。又卜望仙臺之左，結廬曰會仙館，語弟子周真德曰：'爾可善守香火，成立自有時來，非在予也。'洪武庚午，拂袖而去，形迹杳然。辛未，朝廷遣三山高道使於四方，清理道教。高皇帝曰：'有張玄玄者，可請來。'竟不之遇。後居寶鷄縣之東金臺觀，癸酉九月二十日，自言當辭世，留頌而逝。縣人楊軌山等置棺殮訖，臨葬發視之，三丰復生。後入蜀，見蜀獻王。登大邑縣鶴鳴山，往來者半年。又入武當，或游襄鄧間。永樂丁亥正月初六日，文皇帝慕三丰至道，遣行在户科都給事中胡濙、司禮監太監朱祥，致香奉書於名山洞府，訪求三丰來朝。壬辰二月初十日，御制書曰：'皇帝敬奉書真仙張三丰先生足下：朕久仰真仙，渴思親承儀範，嘗遣使致香奉書，遍詣名山，虔請真仙。道德崇高，超乎萬有，體合自然，神妙莫測。朕才質疎庸，德行菲薄，而至誠願見之心，夙夜不忘。敬再遣使，謹致香奉書，虔請拱俟，雲車夙駕，惠然降臨，以副朕拳拳仰慕之懷。'濙等巡游天下，雖窮鄉下邑，轨跡無所不到，在湖廣間最久。丙申秋還朝，濙丁内艱乞終，制不許，尋進禮部左侍郎。丁酉，復巡江浙諸州。癸卯，復自均襄還朝。然三丰竟不得見也。文皇帝又嘗賜右正一虚玄子孫碧雲制曰：'朕敬慕真仙張三丰老師，道德崇高，虚化玄妙，超越萬有，冠絶古今。願見之心，愈久愈切。遣使秪奉香書，求之四方，積有年歲，迄今未至。朕聞武當遇真庵實真仙老師鶴馭所遊之處，不可以不加敬。今欲創建道場，以伸景仰欽慕之誠。爾往審度其地，相其廣狹，定其規制，悉以來聞。朕将卜日營建，爾宜深體朕懷，盡力以成恊相之功，欽哉！'又嘗賜碧雲詩曰：‘福地洞天遊欲遍，逍遥下土驂虬螭。若遇真仙張有道，爲言佇俟長相思。’又嘗敕隆平侯張信、駙馬都尉江昕、禮部尚書金紀、工部侍郎郭進等，率領官軍夫匠三十餘萬，修建遇真宫，名曰玄天玉虚宫。建天柱峰大頂金殿石垣，名曰太嶽太和宫。建五龍宫，名曰興聖五龍宫。建紫霄宫，名曰太乙宫紫霄宫。建南巖宫，名曰大聖南巖宫。建會仙館，爲遇真宫。建妙化巖，爲清微宫。皆命官鑄印司之，玄風大振，果符三丰之言云。天順己卯四月十三日，睿皇帝制曰：‘朕惟仙風道骨，得天地之真元；秘典靈文，集陰陽之正氣。顧長生久視之術，成超凡入聖之功。曠世一逢，奇蹤罕見。爾真仙張三丰，芳姿穎異，雅志孤高，存想專精，煉修堅定。得仙籙之寶訣，餌金鼎之靈膏。是以名隸丹臺，神遊玄圃。去來倏忽，豈但煙霞之栖；隱顯渺茫，實同造化之妙。兹特贈爾爲通微顯化真人，錫之誥命，以示褒崇。於戲！脱形不老，永爲物外之逍遥；抱道絶倫，益動圜中之景慕。尚期指要，式惠來英。’”

世人所言張三丰事蹟多傳奇不定，如沈德符《萬曆野獲編》卷二十七云：“張三丰名猷，初爲閩獄吏。……一云三丰即張邋遢，未知然否。又云三丰爲遼東懿州人，名君寶。一云陝西寶雞人。”要之當以《明史》及《張三丰真人傳》較爲有據。

施高翔，道士。事蹟不詳。

朝陽巖有青陽洞，今洞口處高不過二米，進深不過三四米，且愈進愈矮小，有似牛角，惟洞口一二米處可容人。明人朱袞謂可得燕坐，《朝陽巖下洞志》云：“洞外石復廣起，髣髴重簷。旁有一徑北折，疊磴以上，可十許步，一洞仰仄而長，如舴艋凌虚之狀。初登必爲欹仄傴僂，既登而即之，如燕坐篷窗，偃仰其中，惟意所如。”所説即青陽洞。

中憲大夫知永州府事
山陰何詔同知南海馮
濟通判蕭山毛宏毅順
德蕭幹承新賀位推官
江陰王瑞之協恭府職
咸夜匪遑匪德戊寅仲
春朔歸自郴桂同遊於
也[illegible]道鼓壽之松云

## 正德十三年何詔、馮濟、毛公毅、蕭榦、賀位、王瑞之題刻

### 釋　文

中憲大夫、知永州府事、山陰何詔，同知南海馮濟，通判蕭山毛公毅，順德蕭榦，永新賀位，推官江陰王瑞之，協恭厥職，夙夜靡遑。正德戊寅仲春朔歸自郴桂，同遊扵此，少適燕喜之私云。

### 考　證

題刻在朝陽巖下洞内右側，高48公分，寬42公分，八行，楷書。

宗霈《零志補零》卷下、光緒《零陵縣志》卷十四《藝文・金石》全文著録，題爲“何詔等題名”，按語云：“右正書八行。”“蕭榦”作“蕭幹”，“少適”誤作“小適”。

正德戊寅爲正德十三年（1518）。

何詔，字廷綸，號石湖，浙江山陰人。歷官南京工部主事、工部營繕司主事、屯田員外郎、永平知府、永州知府、廣西參政、福建右布政使、右副都御史、工部右侍郎、南京刑部尚書、南京工部尚書。

焦竑《國朝獻徵録》卷五十二載張壁《南京工部尚書贈太子少保何公詔墓誌銘》云：“初，南京工部尚書石湖何公懇疏乞休，上賜温詔許乘傳歸其鄉。歸，訃聞，上嗟悼，贈公太子少保，遣官諭祭營葬。公諱詔，字廷綸，石湖其别號。少沉静恂愨，稍長有軼才，從其鄉初進士廷元遊，篤學罔倦。爲諸生，累試有聲，同儕推讓。弘治己酉，占浙江鄉試，丙辰登進士，丁巳授南京工部主事，能聲輒著。戊午，適壽王之國，受命護從，所過嚴戢下人，俾就約束。初，有司辦江舟數千艘，候送過峽，公

以禮法諷貴璫，乃取陸道行，先期至峽口，即減汰舟三之一，官民稱便。己未，監造海舸，工匠久逋負，公召與約曰：‘若當逮繫，若當謫遣，今姑爾貰，試再與爾期，爾其速完。’衆咸曰：‘惟命。’卒亡敢不完者。壬戌，遭直菴公喪，乙丑，服闋，改工部營繕司主事。時孝皇帝上賓，公督造山陵磚石，綜埋甚精，兼省勞費。正德丁卯，轉屯田員外郎，未幾進郎中，逆瑾方擅政，怒不己附，竟以他事下獄，罰米二百石。庚午，升永平知府，值旱蝗，公禱神祠，且出獄囚枉繫者，翌日雨霑足，蝗不入境，民感歎，有嚴明太守之歌。中官石姓者，素善瑾，乃怙勢誣其鄰爲盜者十四人，以洩宿怨，縣官鍛鍊成獄，公廉而出之。守邊太監王宏，素踞視郡縣，公竟不往見，宏銜之，陰使人瞰公動静，中傷之，竟亡所得而止。劇盜劉六等猖獗，則治城繕兵，賊猝至，但遶城數回，輒引去。撫巡薦公善保障，銓部方擬推用，丁董夫人憂，歸。乙亥，服除，改永州府。適郴桂用兵，邊儲告急，公力請當路曰：‘楚多窖積，若得銀，可省餽運。’卒如公議。又率兵直擣賊巢，撫還協從，全活甚衆。今副都御史毛伯温按湖南時，實首薦公，大約謂公清慎勤勞，可當大任，上命升俸一級。庚辰，遷廣西參政，上思州苗弗靖，公剿平之，乃以捷聞，上賜金繒。嘉靖癸未，轉福建右布政使。乙酉，升右副都御史，巡撫保定諸府，兼提督紫荆關。有指揮通權肆虐，人莫敢攖，公劾寘於法。達官破賊有功者，仍給資糧，公曰：‘賊且退，奈何復費資糧？’亟奏罷之。丙戌，會天災，再上疏引咎避位，得旨慰留，尋召爲工部右侍郎，適悼靈皇后薨，公會計山陵工費，及董造敬一箴亭，亭成，敕燕翰林，且有金幣之賜。會通河久塞，上命公修復，公集丁壯若干，分工疏導，修治如初，至今省車輓之費爲多。己丑，升南京刑部尚書，尋改工部。會太廟前殿歲久圮壞，公奮然曰：‘寔惟我祖宗衣冠神遊之所，工豈敢緩！’乃鋭意經畫，逾年，凡皇城官府爲之一新，上賜璽書褒美，今大司成涇野吕公碑述甚詳。先是，工部帑金不滿三千，閲五年，乃至二十餘萬，人謂公均委積、汰冒濫所致云。公卒之日，爲嘉靖十四年正月二十有六日，距生天順庚辰三月十有四日，得壽七十有六。平生直諒，未嘗以氣加人，而中耿介不可奪。守官務大體，不求赫赫聲，然志在奉公。嘗語僚屬曰：‘事求稱食，天未有弗報者。’性至孝，居父母哀毁骨立，處兄弟篤友愛，尤嚴子教，副使君從宦，每遺書以親賢遠利爲戒，不受請託，亦未嘗請託於人。居官四十年，家無餘貲，室無侍媵。君子曰：古之大雅，何以加諸？何之先，有諱執中者，仕宋爲名相，後徙暨陽金牛嶺下，再徙山陰。祖諱宗政，父諱昶，以公貴，俱累贈南京工部尚書。”（“嚴明太守之歌”，《本朝分省人物考》、《國朝列卿紀》均作“賢明太守之稱”。“副都御史毛伯温按湖南”，《國朝獻徵録》明萬曆四十四年徐象枟曼山館刻本誤作“河南”。）

過庭訓《本朝分省人物考》卷五十：“何詔：字廷綸，山陰縣人。弘治己酉，領鄉薦。丙辰，釋褐授南京工部主事。戊午護壽王之國，諷貴璫減汰行舟二千，省財可萬計。己未，監造河舸，廉其宿逋每半給責償，感以誠款，不罰而事舉。辛酉，丁外艱，哀毁特甚。乙丑，改工部營繕司，督造孝皇帝山陵。正德丁卯，轉屯田員外郎，進郎中。不能爲蠅附，力拒内庫虚出收單，至忤逆瑾，坐以他事下獄，竟莫能害。庚午，出守永平。值旱蝗，躬禱山川，理冤滞，雨隨至，蝗亦徙去，民有賢明太守之稱。他如反中官石姓之成獄，平王宏之宿憾，弭劉賊之侵掠，卻入覲之賻金，皆守有定力，不以利害易。丁繼母憂，去位。乙亥，改永州府。適郴桂用兵，餽運不繼，乃建言楚多窖積，可以銀易粟，餉足進兵，率先搗賊巢，撫定脅從，全活甚衆。時毛伯温按湖南，首薦其可大用，升俸一級。庚辰，參廣西政，勦平思州苗寇，褒賜金繒。嘉靖癸未，轉福建右轄。乙酉，進拜中丞，巡撫保定諸府，提督紫荆等關。振肅廢墜，建明爲多。有指揮攬權以虐民，達官倚公以冗食，首請於朝，一裁之以法。會天災，上疏引咎避位，得旨慰留。尋召工部左侍郎，會計悼靈皇后山陵，及董造敬一箴亭，亭成，敕宴翰林，與賜金幣。得命修復會通河道，至今省車輓之費。己丑，升刑部尚書，尋自刑部轉爲南京工部尚書。首以太廟乃太祖神遊之所，亟會題修理，逾年告成，敕奬有加。逾明年，城郭完。又明年，宫垣、爨舍、公署、祠廟之葺具舉。初，會計太廟工料可五六萬金，比詔取給於蘆，課缺官柴薪，取雜料於諸局，費財萬餘金，不一經民而足。初，軍器局燬於火，每假錢廠造作，乃計價易寺人空第，不改榱瓦而成大局。其因事就功，敏而練，類如此。始至工部，帑金不满三千，閲五年，經費之餘乃踰二十萬，人咸謂其均委積、汰冒濫所致。於事知大體，志在奉公，平生未嘗請託於人，亦不受人請託。情致坦然，而其中耿不可奪。聲利澹然，而名位日大。以事父母孝，處兄弟友。教子嚴，每遺書子鰲，以親賢遠利爲戒。迨其功成引齒，馳驛還鄉，家無贏貲，室無媵妾，廉静之節，始終一致云。年七十有六，卒贈太子少保。鰲官至刑部尚書。”

雷禮《國朝列卿紀》卷五十七《南京刑部尚書年表》：“何詔：浙江山陰人，進士，嘉靖七年推，未任，改南京工部尚書。”

同書同卷《南京刑部尚書行實》：

"何詔，字廷綸，浙江紹興府山陰縣人。弘治丙辰進士，授南京工部主事。嘉靖癸未，任福建右布政使。乙酉，升巡撫保定，右副都御史，提督紫荆關。丁亥，升工部左侍郎。八年，尋升南京刑部尚書。未任，尋改南京工部尚書。"

同書卷六十三《南京工部尚書年表》："何詔：浙江山陰人，進士，嘉靖八年任，十三年致仕，卒贈太子少保。"

同書同卷《南京工部尚書行實》："何詔，字廷綸，浙江紹興府山陰縣人。弘治己酉，領鄉薦。丙辰，釋褐授南京工部主事。戊午，護壽王之國，諷貴璫減汰行舟二千，省財可萬計。己未，監造海舸，廉其宿逋每半給責償，感以誠款，不罰而事舉。辛酉，丁外艱，哀毁特甚。乙丑，改工部營繕司，督造孝皇帝山陵。正德丁卯，轉屯田員外郎，進郎中。不能爲蠅附，力拒内庫虚出收單，至忤逆瑾，坐以他事下獄，竟莫能害。庚午，出守永平。值旱蝗，躬禱山川，理冤滞，雨隨至，蝗亦他徙，民有賢明太守之稱。他如反中官石姓之成獄，平王宏之宿憾，弭劉賊之侵掠，却入覲之贐金，皆守有定力，不以利害易。丁繼母憂，去位。乙亥，改永州府。適郴桂用兵，餽運不繼，乃建言楚多窖積，可以銀易粟，具而進兵，率先擣賊巢，撫還脅從，全活甚衆。時毛伯温按湖南，首薦其可大用，升俸一級。庚辰，參廣西政，剿平思州苗寇，褒賜金繒。嘉靖癸未，轉福建右轄。乙酉，進拜中丞，巡撫保定諸府，提督紫荆等關。振肅廢墜，建明爲多。有指揮通權以虐民，達官倚公以冗食，首請於朝，一裁之以法。會天災，上疏引咎避位，得旨慰留。尋召工部左侍郎，會計悼靈皇后山陵，及董造敬一箴亭，亭成，敕宴翰林，與賜金幣。得命修復會通河道，至今省車輓之費。己丑，升南京刑部尚書，尋自刑部轉爲南京工部尚書。首以太廟乃祖宗神遊之所，亟會題修理，逾年告成，敕獎有加。逾明年，城郭完。又明年，宫垣、爨舍、公署、祠廟之葺具舉。初，會計太廟工料可五六萬金，比詔取給於蘆，課缺官柴薪，取雜料於諸局，費財萬餘金，不一經民而足。初，軍器局燬於火，每假錢廠造作，乃計價易寺人空第，不改榱瓦而成巨局。其因事就功，敏而練，類如此。始至工部，帑金不滿三千，閲五年，經費之餘乃踰二十萬，人咸謂其均委積、汰冒濫所致。於事知大體，志在奉公，平生未嘗請託於人，亦不受人請託。情致坦然，而其中耿不可奪。聲利澹然，而名位日大。以事父母孝，處兄弟友。教子嚴，每遺書子鰲，以親賢遠利爲戒。迨其功成引齒，馳驛還鄉，家無贏貲，室無媵妾，廉静之節，始終一致云。歸明年爲乙未。年七十有六，卒贈太子少保。鰲官至刑部尚書。"

（“郴桂用兵”，《國朝獻徵録》明萬曆四十四年徐象枟曼山館刻本，《本朝分省人物考》明天啟刻本，《國朝列卿紀》明萬曆徐鑒刻本，均誤作“彬桂”。朝陽巖題刻云：“正德戊寅仲春朔歸自郴桂。”當以石刻爲是。）

同書卷一百十八《巡撫保定、侍郎都御史年表》：“何詔：浙江山陰人，進士，嘉靖四年以右副都御史任。”

同書同卷《巡撫保定侍郎行實》：“何詔，字廷綸，浙江紹興府山陰縣人。弘治丙辰進士，授南京工部主事，歷廣西參政。嘉靖二年，任福建右布政使。四年，以右副都御史任。振肅廢墜，建明爲多。有指揮通權以虐民，逹官倚公以冗食，疏請一裁之以法。六年，升工部左侍郎，歷南京工部尚書。詳南京工部。”

以上《墓誌銘》及《本朝分省人物考》、《國朝列卿紀》二書，盛稱何詔“守官務大體”，“志在奉公”，與題刻中“協恭厥職，夙夜靡遑”之語正合。

何詔爲弘治九年丙辰科進士。

《萬姓統譜》卷三十四：“何詔：山陰人，弘治進士，歷官刑部尚書。子鼇，正德丁丑進士，工部尚書。”

雍正《浙江通志》卷一百三十七《選舉・明舉人》：“何詔：山陰人，丙辰進士，弘治二年己酉科。”

同書卷一百三十一《選舉・明進士》：“何詔：山陰人，南京工部尚書，弘治九年丙辰科朱希周榜。”

何詔爲官多起伏，有“九年不調”與“一歲九遷”之説。

雍正《浙江通志》卷一百六十《人物・名臣・紹興府》：“何詔：字廷綸，山陰人，弘治丙辰進士，授南工部主事，升永平知府。有中官石姓者，素善劉瑾，怙勢誣其鄰爲盜者十四人，縣官鍛鍊成獄，詔廉出之。守邊太監王宏素倨視郡縣，詔不往見，宏銜之，陰使人瞰動静，欲中傷，竟無所得而止。歷升右副都御史，巡撫保定，尋召爲工部右侍郎。會通河久塞，上命修復，詔集壯丁，分工疏導，修治如初，升南刑部尚書，尋改工部，卒。詔平生直諒耿介，務大體，不求赫赫聲，居官四十年，家無餘貲云。”

萬曆《紹興府志》卷四十一《人物志七・鄉賢之二》：“何詔：字廷綸，山陰人。子鰲，字巨卿，弘正間繼登進士。詔初官南工部，歷郡守、藩憲，終南工部尚書。其在南工，能務節省。初至時帑金不满三千，既五年乃踰二十萬。鰲初官刑部，旅諫武宗南巡，嘉靖初議禮忤旨，被廷杖，歷藩臬、巡撫，終刑部尚書。父子相繼，並以勤慎服官，謙厚接物，故所至克舉其職，而與時無忤，卒能以功名終始。其卒也，並贈太子少保。居鄉黨尤恂恂，咸稱爲長者云。並祀鄉賢。”

康熙《紹興府志》卷四十六《人

物志九·鄉賢之三》："何詔，字廷綸，山陰人。弘治丙辰成進士。初任工曹，忤逆瑾，下詔獄，得白，出守永州。廉介自矢，九年不調。世宗在藩邸，深知之，嗣嗣統，一歲九遷，自藩臬撫真定，晉擢工部尚書。適留都有陵殿之役，汰浮冗戢侵漁，節省幾二十萬緡，悉存公帑。秩滿告歸，服官四十年，所至有遺愛。立朝廷有古大臣風。子鰲，繼登進士，任刑部尚書，有諫武宗南巡疏，見《通紀》。又世宗初，議禮忤旨廷杖。父子並贈太子少保，祀鄉賢。"

乾隆《紹興府志》卷四十八《人物志八·鄉賢五》："何詔：字廷綸，山陰人。弘治丙辰成進士。初任工曹，忤逆瑾，下詔獄，得白，出守永州。廉介自矢，九年不調。世宗在藩邸，深知之，及嗣統，一歲九遷，自藩臬撫真定，晉擢工部尚書。適留都有陵殿之役，汰浮冗戢侵漁，節省幾二十萬緡，悉存公帑。秩滿告歸，服官四十年，所至有遺愛。立朝挺挺有古大臣風。"（何詔忤逆劉瑾，昭雪後"出守永州"有誤，當作"出守永平"。嘉慶《山陰縣志》卷十四《人民志第二之六》："初任工曹，忤逆瑾，下詔獄，得白，出守永平。"按語云："《舊志》作永州，誤。"）

又《畿輔通志》卷五十九《職官》載："何詔：山陰人，進士，正德間任永平知府。"

同書同卷《職官·保定巡撫都御史》："何詔：山陰人，進士，嘉靖間任。"

同書卷六十八《名宦·永平府》："何詔：山陰人，正德二年知永平府。中官王宏鎮邊，踞視長吏，詔獨不往。郡有叔殺人，而委罪於姪，獄成且二年，詔一訊立辨。釐宿弊，均糧役，即奸胥老吏不能索一錢。"

《廣西通志》卷五十三《秩官·明右參政》："何詔：山陰人，正德間任。"

《福建通志》卷二十一《職官·布政使司·右布政使》："何詔：山陰人，萬曆間任。"

何詔任永州知府，在正德十年至十四年，有惠政，《府志》有傳。

隆慶《永州府志》卷十三《名宦列傳》："何詔：字廷綸，山陰人，進士。由工部郎中出補永平知府，有善政。以家艱去，服闋，補永州。先恤民隱，政體寬大，按丁田之籍，爲經制歲辦賦役之法，白諸臺司，著爲令。自是徭役均平，宿囊盡剔，吏無售奸，流移遂定。守永四稔，歷官司空二卿。去思有碑，燬於火，嘉靖甲寅冬，知府錢芹重立。"

康熙九年《永州府志》卷十五《人物志》："何詔：字廷綸，山陰人，進士。由工部郎中出補永平知府，有善政，以丁艱去。服闋，補永州。務恤民隱，政體寬大，按丁田之籍，爲經制歲辨賦役之法，白諸臺司，著爲令。自是傜役均平，宿蠹盡剔，吏無售奸，流移遂定。守永四載，歷官司空貳卿，去思有碑，燬於火，嘉靖甲寅冬，知府錢芹重立。”

道光《永州府志》卷十三《良吏傳》：“何詔：字廷綸，浙江山陰進士。由工部郎中升永平知府，有善政，以丁艱去。正德中起復，補永州。務恤民隱，政尚寬大，按丁糧之籍，爲賦役常法，白諸臺司，著爲令。自是傜役均平，宿蠹盡剔，吏無售姧，流移復業。守永四載，歷官司空貳卿，入祀名宦。《山陰志》云：‘勤慎服官，謙厚接物，祀鄉賢。’”

隆慶《永州府志》卷八《創設上》：“府署在城中，近北倚山，唐宋遺址。洪武十四年，知府余彦誠修，正德十三年，知府何詔重修。”

雍正《湖廣通志》卷四十五《名宦志·永州府》：“何詔：《明一統志》：‘字廷綸，山陰人，以進士知永州府。勤恤民隱，按丁田以制賦役，白諸臺司，著爲令，自是吏罔售奸，流移還定。’”

但何詔在永州的最大政績，乃是張壁《墓誌銘》所云：“適郴桂用兵，餽運不繼，乃建言楚多窖積，可以銀易粟，餉足進兵，率先搗賊巢，撫定脅從，全活甚衆。”《府志》列傳闕載當補。

明代州府官員設置，據《明史·職官志四》，府設知府一人，正四品。同知，正五品。通判，無定員，正六品。推官一人，正七品。經歷一人，正八品。知事一人，正九品。照磨一人，從九品。檢校一人，司獄一人。府儒則有教授一人，從九品。訓導四人。知府掌一府之政，宣風化，平獄訟，均賦役，以教養百姓。同知、通判分掌清軍、巡捕、管糧、治農、水利、屯田、牧馬等事，無常職，無定員。推官理刑名，贊計典。教授掌教誨所屬生員，訓導佐之。

題刻中有六人，即知府何詔一人，同知馮濟一人，通判毛公毅、蕭榦、賀位三人，推官王瑞之一人，均見於康熙九年《永州府志·秩官上·府官表》及道光《永州府志·職官表·府寮》。同知馮濟正德十一年任，通判（管糧）毛公毅正德九年任，通判（捕盜）蕭榦正德十二年任，通判（捕盜）賀位正德九年任，推官王瑞之正德十一年任。闔府官員皆已聚齊在朝陽巖。

馮濟，南海瓊山人，弘治二年己酉科舉人，正德十一年任永州同知。

正德《瓊臺志》卷三十八《鄉舉》：“弘治己酉科：馮濟：瓊山大林人。”

嘉靖《廣東通志》卷二《科貢》：“馮濟：弘治二年舉人。”

萬曆《瓊州府志》卷十上《鄉舉》：“弘治己酉科：馮濟：瓊山大林人。”

乾隆《曲阜縣志》卷三十九《職官》："馮濟：正德中任縣丞。"

光緒《東安縣志》卷四《建置·學宫》："學宫通謂之文廟。……正德時，教諭余珵復請移故地，明年楊鏊立两廡，於時指揮使邱海、百户喬正、張浩府、同知馮濟咸助其工。"

《古今圖書集成·職方典·永州府部彙考》："東安縣儒學，正德癸酉，教諭余珵因累科乏才，復建城外。然僅成一堂，及大成殿。明年，教諭楊鏊復募建東西廡，及戟門。本府同知馮濟捐俸助建櫺星門，及儒學門。"

毛公毅，字遠夫，浙江蕭山人，弘治十一年戊午科舉人，弘治十八年乙丑科進士，正德九年任永州通判。

田藝蘅《香宇集》卷八《朝請大夫蕭山毛遠夫畫贊并叙》："毛公毅，字遠夫，紹興蕭山人也。少貧篤學，領弘治戊午鄉薦，乙丑中乙榜，授廣東海陽縣學教諭。正德丙子，升湖廣永州府通判，旋丁父憂。嘉靖壬午，補福建汀州府通判，懇乞致仕，鋭意歸田，尋升本府同知，竟不拜命。歲戊子，皇上推廟號恩詔，進階四品，授朝請大夫。春秋八十有四，甲辰年春三月八日卒於家。無嗣，猶子瑚持公遺像乞讃於余，迺作讃曰：偉哉朝請，粤海元精。豐儀碩德，永錫國程。一薦鄉書，爲養而仕。振鐸海陽，以身率士。九載考最，倅於永州。撫携折獄，慈明用休。再遷臨汀，儲蓄充斥。两邑政成，措民衽席。先輯彬挂，後平揭陽。文經武緯，反側乂康。遽爾引年，觧紳田野。帝念庸功，寵命方下。東山高卧，雅志不違。榮階金紫，林壑增輝。觴詠優游，日躋上壽。天不整遺，奪我黄耇。典刑不作，文獻足徵。具瞻英象，嶽峙波澄。猶子亢宗，善繼善述。君子萬年，有始有卒。"

嘉靖《蕭山縣志》第一卷《地理志·坊巷》："坊牌凡四十有八……毛公毅有奮翮天池坊。"

同書第二卷《建置志·堤堰》："周家湖塘：在苧羅鄉。……嘉靖貳拾壹年，［邑］令林策改正周家湖，民感之，立石記其事，置于通闤坊寅賓亭。邑人毛公毅《改正周家湖記》：'《周家湖記》者，記周家湖之改正也。正之者誰？我邑宰丹峯林侯也。湖在苧羅鄉，去縣南三十里，肇建自宋嘉祐中。邑人周其姓者，族衆繁衍，産業亦甚饒裕，環是鄉田屬於其家者居多。然其地連山延谷，未始有湖，故旱潦相仍，往往被其害焉。周人苦之，聚鄉人合謀，相度山形，酌量水勢，各捐己田，濬而深之，遡衆流而納諸中，以備灌溉，而周家湖成矣。南渡以來，尚未敝也。沿至勝國，入於國初，周人日益替，而居於其鄉者，亦死徙靡常，於是向之所謂湖，其名雖存，轉展貿易，夤緣侵佔。先之以奸民之填塞，繼之以豪右之兼併，誣起則例，混報升科，蕩然無復舊觀。宣德間至今極矣。去任錫山張侯、東皋王侯，每常究心於此，力欲釐正之，適以遷轉之速，功未就緒以去。於後隨革隨僣，法莫有禁之者。乃者丹峰林侯來宰茲土，興衰剔蠹，百廢具舉。深知是湖爲厲階不淺也，躬履其地，諭告諸鄉民曰：昔人棄田爲湖，乃今易湖爲田，豈昔人之見出汝輩下哉？其所慮誠遠也。然竊怪前有司者不塞其源，而逆禁之於其末，不豁其升科之税，而徒有僣種之罪，是使奸民有辭，莫之禁以甚焉。於是委陰陽訓術田玹等，按圖籍之傳，稽額例之舊，丈量其涯岸而新之，正其冒者，裁其竊據者，剗其壅塞而田者，釐其妄科而誕漫者，自是無廢前業，而規制猶昔宿矣。計其廣四百一畝九分八釐，分豁其税，稽額九石二斗，合妄科二石二升七勺，約十有一石二斗二升七勺，均泒本鄉，每畝代輸一合六勺一杪。嚴其洩放，以利及爲準，先後次第各有説，則毋致紛争。又慮塘圩弗禁，啓閉無方也，委耆老予猶子毛官者，鳩鄉夫運土累石，築以塘垣，設以版閘。工告成，且僉塘長三人管束，爲久遠計。半諸當道，以昭大工，侯之惠民可謂宏且遠矣。猶子毛官以德政不可使民也，請言志諸石。予惟侯之德政存於湖，湖存滿世則澤流萬世，鄭國、白公可知也已，奚俟予贅？湖之興廢，彼惡害己者利於速去其籍，不有言以昭諸永久，則繩約弛而防範疏，法禁隳而勸懲廢，歲月流易，耳目改觀，後之弊安知其有今乎？是使侯之德政不衍於世世也，斯則不可不記也已。故悉其始末，以示方來。侯諱策，字直大，丹峯其别號也。閩之漳南人，以名進士來邑，有公輔之望云。'"（又見康熙《蕭山縣志）卷十一、乾隆《紹興府志》卷十五、民國《蕭山縣志稿》卷三。）

雍正《浙江通志》卷二百五十七《碑碣三》："《改正周家湖記》：《蕭山縣志》：嘉靖二十一年，邑人毛公毅記。"

嘉靖《汀州府志》卷十一《秩官》："通判：毛公毅：浙江蕭山縣人，舉人，嘉靖元年任。""同知：毛公毅：以本府通判嘉靖六年升任。"

同書卷三《地理志》："連城縣：正德十四年，僉事周期雍按視，亟命縣丞王鍾岳嚴督工匠，以巨石壘城基，上載加磚，城始完固。本府通判毛公毅建窩鋪三十間。""寧化縣：滑石橋，去縣一百三十里路，通汀州、連城、上杭等處，往來病涉。正德十六年，僉事周期雍委通判東龍、毛公毅，并本縣主簿陳瓚，相繼措置官銀，結墩架梁，往來民便。"

同書卷六《公署》："預備倉在府治東。嘉靖五年，通判楊太古創回廊於廳左，文卷房於廳右。通判毛公毅創亭一，所在土地祠畔，後有蓮池。”

同書卷七《學校》：“嘉靖五年，通判毛公毅、楊太古重創欞星門。”“寧化縣學：正德十六年，漳南道周期雍郡守，胥文相處，置廢寺，入官租穀銀一百八十餘两，委本府通判毛公毅，督率本縣主簿陳瓚杰、學訓導黄流等，召工匠周圍砌築土墻。”

嘉靖《潮州府志》卷五《官師志》：“海陽縣：教諭：毛公毅：浙江人，舉人，正德元年任升通判。”

毛公毅能詩。嘉靖《汀州府志》卷十七《詞翰》載毛公毅《遊石門巖》詩：“公餘每欲解塵氛，萍跡何緣到石門。形入峰巒獅带象。翠連松竹子仍孫。猿驚引節争高樹，鶴避鳴騮過别村。丹火一壚鋒鏑盡，得看明月照乾坤。”

蕭榦，文獻多作“蕭幹”，然石刻作“蕭榦”。順德人，正德十二年任永州通判，嘉靖元年猶在永州。

嘉靖《廣東通志初藁》卷二十《科貢下》：“弘治八年乙卯：蕭幹……以上順德。”

雍正《廣東通志》卷三十三《選舉志·舉人》：“蕭幹：順德人，通判，弘治八年乙卯鄉試榜。”

嘉靖元年，蕭榦遊朝陽巖，有詩云：“俗吏閒情少，經年出此門。崖高欺病足，景勝醉吟魂。物色隨時别，江山振古存。再來是何日，歸騎月黄昏。”署款：“大明嘉靖元年季春望後二日甲子，承德郎、永州府通判、滇南順德蕭幹書。”見光緒《零陵縣志》卷十四《藝文·金石》，按語云：“行書，九行。”道光《永州府志》卷十八上《金石略》載唐永州司馬柳宗元《遊朝陽巖遂至西亭二十韻》詩刻，按語云：“案此碑字迹飄忽，而無精神，刻又庸劣，且具銜不稱員外司馬，與華嚴巖異，斷爲模勒無疑。其旁有明嘉靖間通判蕭幹詩刻，與此極相類，則必幹所爲也。”（今按，柳宗元詩模刻者當是朱衮。詳下正德十六年朱衮重刻《遊朝陽嵒遂登西亭二十韻》。）

此詩原有刻石，今不存。《縣志》著録詩刻署款“滇南順德”，未知確否。《明史·地理志》河北有順德府，廣東廣州府有順德縣，雲南無順德。蕭幹爲廣東順德人，與《廣東通志初藁》、《廣東通志》二書合，“滇南”疑誤，或者當作“嶺南”。

賀位，字惟德，江西永新人，初爲曲江縣教諭，正德九年任永州推官，正德十三年遷任道州知州，正德十五年任汀州府同知。有惠政，能詩。《府志》有傳。

道光《廣東通志》卷二十七《職官表》：“曲江縣：年次無考一百三十四人：賀位：永新，舉人。……以上教諭。”

嘉靖《江西通志》卷二十七：“弘治十一年戊午鄉試：賀位：汀州同知。”

崇禎《闽書》卷五十九《文莅志》：

“汀州府：同知：賀位：右正德中任。”

乾隆《福建通志》卷二十六《職官·汀州府》：“同知：賀位：永新人，以上俱正德間任。”

嘉靖《汀州府志》卷十一：“同知：賀位：江西永新縣人，舉人，正德十五年任。”

民國《長汀縣志》卷十二：“同知：賀位：永新人，俱正德間任。”

道光《永州府志》卷十一下《職官表·道州》：“知府：賀位：江西人，正德十二年任，有傳。”

同書卷十三《良吏傳》：“賀位，江西人，正德十三年知道州。爲政日求便民，節冗費，抑豪右，加意學校，人皆悦服。”

康熙《永州府志》卷三《公署·永州府》：“府館在縣治南，通判杜瑛建，正德十三年通判賀位重修。”

賀位在道縣月巖有詩刻，和王瑞之原唱，詳下。

王瑞之，字獻夫，江蘇江陰人，正德三年戊辰科進士，初任南京户部尚書主事，正德十一年任永州府推官，正德十六年任貴州按察使僉事。

正德《常州府志續集》卷之三《甲科》：“正德三年吕柟榜：王瑞之。”

崇禎《江陰縣志》卷三《國朝甲科》：“王瑞之：字獻夫，南京户部主事，升貴州僉事。”

乾隆《江南通志》卷一百二十二《選舉志》：“進士：正德丁丑科舒芬榜：王瑞之：江陰人。”

光緒《靖江縣志》卷十一《選舉志》：“鄉榜：王瑞之：弘治戊午舉人。見甲榜。”“甲榜：王瑞之：正德戊辰進士，貴州按察司僉事。各舊志列十二年，今據《江陰志》更正。”

嘉靖《江陰縣志》卷二《坊鄉》：“進士坊五：其五：劉乾，史良佐，薛金，卞思敏，張簡，徐度，王瑞之。”

康熙《常州府志》卷十六《選舉》：“十一年戊午科：王瑞之，戊辰。”

同書卷十七《選舉二》：“正德三年戊辰吕柟榜：王瑞之，貴州僉事。”“十二年丁丑舒芬榜：王瑞之，按察使僉事。”

道光《永州府志》卷十一下《職官表·府寮》：“推官：王瑞之，江陰人，正德十一年任。”

嘉靖《貴州通志》卷五《職官》：“按察使僉事：王瑞之，江陰人。”

萬曆《貴州通志》卷二《秩官》：“按察使僉事：王瑞之，江陰人，正德十六年任。”

王瑞之在永州，曾重修舜廟，有政績。

嘉慶《九疑山志》卷一：“廟自遷舜源峰下之後，正德十六年，永州推官王瑞之重建正殿一座、香亭三間、左右齋廊各三間。”

嘉慶《寧遠縣志》卷三：“虞廟在

舜源峰下，廟制正殿三楹，龍亭一座，後殿一楹，拜亭一座，東西朝房各三間，大門一楹，兩旁碑亭各一座，周圍墻垣六十丈。…… 正德十六年，永州推官王瑞之重建，略如今制。”

光緒《寧遠縣志》卷二：“虞廟在舜源峰下，廟制正殿三楹，龍亭一座，後殿一楹，拜亭一座，東西朝房各三間，大門一楹，兩旁碑亭一座，周圍牆六十丈。…… 正德十六年，永州推官王瑞之重建，略如今制。”

正德十四年，王瑞之在道縣月巖有詩刻，王瑞之原唱，賀位和韻，詩刻今存。

王瑞之詩序云：“時正德己卯春三月四日，予到道，公餘，偕守備春陵李國□，太守永新賀惟德，元公十三世孫內翰周聖兆，掌教三山蔣世舉，分教臨海陳丕澤，新安許廷恭，往遊月巖，用酬夙約。予倡以鄙律，而諸公遂歌以和之，並記歲月云。”

王瑞之詩云：“路入名山信有媒，碧天面面洞中開。盈虛月景人行見，晴雨岩花地底來。物理上心垂象得，儒先在目後人陪。宦遊到此誠難再，拼宿何妨兩日回。賜進士謫永州府推官江陰王瑞之識。”

賀位詩云：“山靈久約不須媒，邊塞風清笑口開。對月多情時入夢，看岩有伴我應來。乾坤已洩斯文秘，詩酒何妨竟日陪。況是隴頭春事急，使車及作勸農回。永新賀位。”（賀位詩又見道光《永州府志》卷二《名勝志・道州》。）

何詔在朝陽巖，另有正德十四年《復登朝陽巖叙别因以詠懷》詩刻，詳下。

王瑞之在朝陽巖，另有正德十四年次何詔原韻詩刻，詳下。

以上三刻楷書字跡相近，似均爲何詔所書。

正德己卯春正月人日予當三載考績之期慨歎

不常偕僚友節推王君章復登朝陽巖叙别因以詠

懷

朝陽巖上步春風千里江山一望中刺史官榮才淺

薄湖湘財匱計圖融每驚烽火三邊急深幸車書四

海同此日登臨[illegible]歡笑醉[illegible]月色滿城東

賜進士工部尚書郎知永州府事山陰何詔題

## 正德十四年何詔《復登朝陽巖叙別因以詠懷》詩刻

### 釋　文

正德己卯春正月人日，予當三載考績之期，慨聚散不常，偕僚友節推王君輩，復登朝陽巖叙別，因以詠懷

朝陽巖上步春風，千里江山一望中。刺史官榮才菲薄，湖湘財匱計圓融。每驚烽火三邊急，深幸車書四海同。此日登臨强歡咲，醉歸月色满城東。

賜進士、工部尚書郎、知永州府事，山陰何詔題。

### 考　證

詩刻在朝陽巖下洞洞口右側，高100公分，寬39公分，七行，楷書。

光緒《零陵縣志》卷十四《藝文·金石》全文著録，文字與詩刻皆同，但按語云"楷書六行"，殆脱審第三行一"懷"字。

正德己卯爲正德十四年（1519）。

"節推王君"，即永州府推官王瑞之，已見上。

何詔，字廷綸，號石湖，山陰人，已見上。

正德十年至十四年何詔任永州知府，四年期滿，故重遊朝陽巖，賦詩叙別。

明代官員三年一考績。《明史·選舉志》："考察之法，自弘治時，定外官三年一朝覲，以辰、戌、丑、未歲，察典隨之，謂之外察。州縣以月計，上之府；府上下其考，以歲計，上之布政司。至三歲，撫、按通核其屬事狀，造册具報，麗以八法。而處分察例有四，與京官同。明初行之，相沿不廢，謂之大計。"又《明史·職官志》："考功，

掌官吏考課、黜陟之事，以贊尚書。凡內外官給由，三年初考，六年再考，並引請，九年通考，奏請綜其稱職、平常、不稱職而陟黜之。陟無過二等，降無過三等，其甚者黜之、罪之。京官六年一察，察以巳、亥年。五品下考察其不職者，降罰有差；四品上自陳，去留取旨。外官三年一朝，朝以辰、戌、丑、未年。前期移撫、按官，各綜其屬三年內功過狀注考，彙送覆核以定黜陟。倉場庫官一年考，巡檢三年考，教官九年考。府州縣官之考，以地之繁簡爲差。吏之考，三、六年满，移驗封司撥用。九年满，又試授官。惟王官及欽天、御用等監官不考。凡內外官彈章，稽其功過，擬去留以請上裁。薦舉、保留，則核其政績旌異焉。”

《明史·秦金傳》：“郴州、桂陽猺龔福全稱王，金先後破寨八十餘，斬首二千級，擒福全及其黨劉福興等。”

道光《永州府志》卷五下《猺俗》：“武宗正德十一年，莽山猺龔福全稱王，據烏春山，東自龍泉，南自保昌，西自連山、寧遠，北自桂陽、常寧，大肆剽掠。十二年，秦金會同王守仁、陳金，命将平之。（舊《省志》）”

《明史·武宗本紀》：正德十一年十一月甲申，免湖廣被災税糧。十二年癸亥，副都御史吳廷舉振湖廣饑。

道光《永州府志》卷十七《事紀略》：正德十一年，“巡撫秦金，徵湖南等三省兵，征峒猺”。“時永州守山陰何詔，按丁籍均徭，流移來歸。”十二年，“祁陽大旱大疫，螟食稼，秋八月賑之”。

可知戰亂、饑饉爲當時行政兩大事端。

正德郴桂用兵，詳見長沙易舒誥《〈總戎機〉序》：“正德丙子，郴、桂猺人犯境，巡撫都御史秦公方議請討，適有事桂州，用輿人之言止。踰年，丁丑春正月，猺復擁泉四劫被粟源、安仁、攸縣，勢甚熾，湖湘騷然。時公在鄂，聞急遂趨衡，督兵捕之。賊聞公至，乃解去。公因留衡月餘，議請必討。諸屬吏進曰：‘猺據險難破，反啟釁，不如撫而順之。’公怒曰：‘猺惡至此，置不問，無國法矣。’有復言勿討者，叱之。議定，乃疏於上，請合江西、廣東兵夾攻之。上乃命公同大監杜甫董師，命總兵楊英統之，命巡按御史王度紀功。至期，楊道卒，公曰：‘今兵糧俱集，若復待請将，則師老賊遁，非策也。’遂握兵以往，十月次長沙，進次郴州，以參将史春代楊統師，以右布政使方璘督餉，以副使惲巍、陳鼐贊畫，以副使陳璧爲前監軍，以僉事顧英爲後監軍，以參政黄質爲左監軍，以參事王濟爲右監軍，以知府何詔、計宗道、推官王瑞之、朱節協贊，而公居中制之。部署既定，乃颺聲曰：‘爾将士來聽予言：猺惡貫盈，朝廷憫茲下民，爰舉大衆。爾其聽上德意，宣力戎行，臨陣有進無退。無妄殺，坐作。進退其如律。曰：璧其由桂東進於東水軍，凡漳溪、延壽以東，汝其擊之。曰：英其自臨武進於邕籬軍，凡牛頭、天堂以南以東，汝其擊之。曰：質其自桂陽進於魚黄、熱水軍，凡朱廣以東以北，汝其擊之。曰：濟其由郴州進於紫溪軍，凡九峰、黄洛以東，汝其擊之。曰：巍、春其居於兩路口，相機而動。’諸将士聽指授，各就軍。既至，則發地形險夷，賊虜情狀，或騎或步，或計或勇，或用兵多與少，舉如所示不少差。右軍與賊數十戰，破三十餘崗，斬俘甚衆，獲其大首四。左軍破三十餘寨，斬俘甚衆，獲其大首二，斫破牛革囊柵。後軍破三十餘崗，斬俘甚衆，獲其大酋二。前軍破寨斬俘，功如後軍。十二月，報至。公曰：‘有龔福全者，渠魁也，今未獲，可論功乎？’令於軍中曰：‘此虜不獲，爾輩無還期。’越五日，縶龔福全頸，致之幕下。公曰：‘未也，此一時利耳。’乃除其地爲郡邑衛所，移兵以實之，使餘孽勿復潛於其間。乃命有司曰：‘民財已困，凱旋，無設饗。’”（見同治《攸縣志》卷四十九《藝文》。）

正德十三年何詔有與僚友馮濟、毛公毅、蕭幹、賀位、王瑞之朝陽巖題刻。正德十三年題刻，乃是由於郴桂用兵，餽運不繼，何詔建議以庫銀就地收購糧草，既足軍用，又免運輸。隨之又與屬官率兵直擣賊巢，建立軍功。題刻即歸自郴桂所作，既能“協恭厥職，夙夜靡遑”，不妨“同遊少適燕喜之私”，有慰勞屬官之意。

次年，即正德十四年，何詔期满即将離任，登臨賦詩叙别。詩中“刺史官榮才菲薄”，意謂知府官階最高，自己却才能低下，原是謙辭。“湖湘財匱計圓融”，意謂本地財務匱乏，倖而尚有謀略應對，即指以銀購糧一事。“每驚烽火三邊急”，仍指郴桂用兵也。

易舒誥明言，在此次郴桂用兵中，知府何詔、計宗道，推官王瑞之、朱節有協贊之功。故何詔在永可謂稱職。至正德十五年，永州知府乃由吴允禎接任，何詔則升任廣西右參政。

詩刻書法秀整，據署款“山陰何詔題”，當爲何詔所書。

# 正德十四年王瑞之次何詔原韻詩刻

## 釋　文

瀟湘洞口咏飄風，景物依稀仙島中。天曙日光空谷白，春凝泉暖落江融。細看隱隱殘碑刻，極喜欣欣百姓同。吏隱賞心渾未足，令人欲挾大江東。

賜進士、南户部尚書主事、謫永州府推官、江陰王瑞之次韻。

## 考　證

詩刻在朝陽巖下洞洞口右側，何詔詩刻之左。高 95 公分，寬 42 公分，六行，楷書。二刻相鄰，尺幅相近，字體略同。對比書法風格，疑由何詔書寫上石。

詩刻署款姓名三字爲人鑿去，僅餘輪廓。

所说“次韻”，即步何詔《復登朝陽巖叙别因以詠懷》原韻。

黄焯《朝陽巖集》全文著録，題爲“次韻”。光緒《零陵縣志》卷十四《藝文·金石》全文著録，誤題爲“王瑞人詩”，按語云“右正書五行”亦誤，“咏”作“詠”，“落江融”誤作“落江紅”，“江陰王瑞之”仍誤作“王瑞人”。

王瑞之，字獻夫，江陰人，已見前。

對比字體，詩刻似由何詔書寫上石。王瑞之本由京官貶謫至永，故可請知府操筆。

據道光《永州府志·職官表》，王瑞之任推官在正德十一年，十四年有南昌人姜儀繼任，十六年王瑞之升任貴州按察使司僉事。可知不久王瑞之亦繼何詔離任而去。

郡人楊璉石湖屢遊有
詩道光癸卯莫春携弟廷
仲璠同游追和李家麒摩石
示子孫並題
追朝暘弟
西岩龍嶂景偏明泉入清江
見底清何必橫斜日影遲
傳鐘鼓隔江鄰之城山水同
人重子孚文章到處名回首
舟人遙指碧梧桐丹鳳九霄
鳴
歸來瀟江
海江江上石千尋佛崇垣離
淺孤舟閑渡客歸
箴詩天光護村路且
頭吐遙領未盡
續溪前峰戴嘉猷
和韻
江光山色照人明泛盞遊臨
詠議清王泉飛石
黃天平地
會
鳴
新古勝吹
錢塘龍江吳源
嘉靖乙十月日

# 正德十六年朱衮重刻元結《朝陽岩銘并序》

## 釋　文

朝陽岩銘并序

永泰丙午中，自舂陵詣都使計兵，至零陵，愛其郭中有水石之異，泊舟尋之，得岩與洞，此邦之形勝也。自古荒之，而無名稱，以其東向，遂以“朝陽”命焉。前刺史獨孤愐爲吾剪闢榛莽，後攝刺史竇必爲吾刱制茅閣，扵是朝陽水石始有勝絶之名。已而刻銘岩下，将示來世。銘曰：

扵戲朝陽，恠異難狀。蒼蒼半山，如在水上。朝陽水石，可謂幽奇。岩下洞口，洞中泉垂。彼高岩絶崖，湥洞寒泉，縱僻在幽遠，猶宜徃焉。况郡城井邑，岩洞相對，無人脩賞，竟使蕪穢。刻石岩下，問我何爲？欲零陵水石，世人有知。

## 考　證

朱衮重刻元結《朝陽岩銘并序》在朝陽巖下洞中右側内壁，被明嘉靖戴嘉猷《遊朝陽巖》、《歸泛瀟江》及吴源《和韻》三首詩刻打破。雖然經人爲打磨，但上部殘字尚依稀可辨。“刺史”之“刺”寫作“刾”，“深洞”之“深”寫作“湥”。不見署款，行書，書法疏放，爲朱衮筆。

黄焯《朝陽巖集》内元結《朝陽巖銘并序》後，附有朱衮跋：“此刻宋咸平五年知州事陳瞻嘗作之矣，顧石款薄劣”，“用爲重作之石，視舊刻特加閎焉”，“大明正德辛巳八月二十五日朱衮子文書”。可知朱衮確曾重書《朝陽巖銘并序》上石。

全文據《四部叢刊初編》景江安傅氏雙鑑樓藏明正德郭氏刊本《唐元次山

文集》卷六著録。"竟使蕪穢"，原本作"競"，原注："競當作竟。"刻字多用異體，今皆依舊。此本題"翰林編修湛若水校，太保武定侯郭勛編"，前有湛若水序，正德十二年丁丑（1517）孟冬書於西樵之煙霞洞，與朱衮重刻相距僅四年。

並參孫望編校《元次山集》卷九。孫望《元次山集》亦以正德郭氏刊本爲底本。

朝陽巖下洞外左側，今有"道州刺史元次山《朝陽巖銘》在巖内"石刻楷書二行，指示路徑，不知是否指朱衮重刻。其書寫風格秀潤，似宋人筆。

朱衮，字子文，號石北，永州人。弘治十一年（1498）與兄朱宸同登鄉榜，十五年（1502）登康海榜進士，授翰林院庶吉士，歷任江西新淦知縣、江西道監察御史、浙江嘉善縣丞、新昌縣丞、南京吏部郎中、雲南左參議、雲南按察司副使、四川布政司左參政。著有詩文集《白房集》七卷傳世。

朱衮之父朱鏞，字孟和，號節庵，天順壬午科舉人。朱衮之子朱縉，字雲卿，號晴峰，官封邱知縣。關於朱衮的家世，《白房集·白房雜述》卷三《故季父真處士墓誌銘》稱："朱，故姑蘇大姓也。洪武初，吾高祖彦正，洎曾祖東啟，始以尺籍徙家永州。"可知朱衮祖籍蘇州，祖上以軍籍遷至永州。

朱衮卒，及朱衮之子朱縉卒，皆蔣鏊撰墓誌銘。蔣鏊字汝濟，號湘崖，零陵人，所撰《湘崖集》已佚，文未見。朱衮傳記多見於雜史、方志。

明廖道南《楚紀》卷四十二《考履内紀後》："朱衮：字子文，永州人。弘治壬戌進士，選翰林庶吉士，拜監察御史。以忤逆瑾，謫縣丞，瑾敗，起擢南京吏部郎中。出補雲南參議，轉按察副使，進參政。爲人樸茂，善談論，如涌泉懸河，浩洌澎湃。其爲文，飆迴雲結，崒嵂崎巇，其所蘊，人莫能測，至今犹可想見之。"（清雍正《湖廣通志》卷五十引《楚紀》略同。）

明過庭訓《本朝分省人物考》卷八十三："朱衮：字子文，永州人。弘治壬戌進士，選翰林庶吉士，拜監察御史。以忤逆瑾，謫縣丞，瑾敗，起擢南吏部郎中。出補雲南參議，轉按察副使，進參政。爲人樸茂，善談論。爲文飆迴雲結，崒嵂崎巇，其所蘊蓄，人莫能測其涯涘，爲當時名流所推慕云。"

明隆慶《永州府志》卷十四《人物列傳》："朱衮：字子文，號石北，永州衛人。選翰林庶吉士，改南道御史，升雲南副使左參政。幼性警敏，博洽群書，以詩文著名，大學士西涯李公器之。性剛介弗容，歷官藩臬，大振風紀，奸宄望風斂跡。居家撰《白房集》、《續郡十三志》。"

《大明一統志》卷六十五："朱衮：

永州衛人。選翰林庶吉士，改南道御史，升雲南副使左參政。幼性警敏，博洽群書，以詩文著名，大學士西涯李公器之。性剛介弗容，歷藩臬，大振風紀，奸宄望風歛跡。居家撰《白房集》、《續郡十三志》。(《郡志》)”

此所據《郡志》即隆慶《永州府志》。

清康熙九年《永州府志》卷十六《人物志》:“朱衮：字子文，號石北，永衛人。少穎悟絶人，領弘治戊午鄉薦，登正德壬戌進士，任翰林庶吉士。以闡明正學爲己任，尤以詩文著名，大學士李東陽器之。遷南京御史，升雲南左參政。居官剛介，風猷凜然，奸宄歛跡。所著有《白房集》、《續郡十三志》。崇祀鄉賢。”

清康熙《零陵縣志》卷九《人物考》:“朱衮：字子文，號石北，永衛人。少穎悟絶人，領弘治戊午科鄉薦第六名，登正德壬戌科進士，任翰林庶吉士。以闡明正學爲己任，尤以詩文著名，大學士西涯李公器之。遷南京御史，升雲南左參政。居官剛介，歷藩臬，風猷凜然，奸究歛跡。所著有《白房集》，藏於家，《續郡十三志》。崇祀鄉賢。”

按此云“正德壬戌”，誤，當作“弘治壬戌”。《古今圖書集成》疑是甲戌，亦非。其書《明倫彙編·氏族典》第七十四卷云:“朱衮：按《永州府志》:‘衮字子文，永衛人。正德壬戌進士，任翰林庶吉士。以闡明正學爲己任。遷南京御史，升雲藩左參政。居官剛介，風采凜然，奸宄屏跡。所著詩文有《白房集》。’按正德無壬戌年，疑是甲戌，故附此。”

清道光《永州府志》卷十五上《先正傳》:“朱衮：字子文，號昭北。(原注：舊王元弼《志》作‘石北’，新《縣志》作‘芝北’，而朝陽巖刻作‘昭北’，從之。)永州衛人。少穎悟絶倫，弘治十一年與兄宸同登鄉榜，成十五年進士，入翰林。以闡明正學爲己任，時大學士李東陽稱知人，深器之。遷南京御史，升雲南左參政。居官剛介，風采凜然，所至姦宄屏跡。卒於滇。著有詩文集。崇祀鄉賢。其後名縉字雲卿者，嘉靖初舉人，司郟縣諭，清修著書，及遷封邱令，澹泊自守，便民瘁躬。蔣鏊志其墓。(原注：廖道南《楚紀》載衮‘爲御史，忤劉瑾，謫縣丞。瑾敗，起南京吏部郎中，官至參政’。而郡縣皆佚其事，今補之。)”

按王元弼《志》即康熙《零陵縣志》，作“石北”不誤。“芝北”乃是朱衮從兄朱宸之號。至如朝陽巖石刻作“昭北”，當是宗績辰辨析有誤。光緒《零陵縣志》卷七載朱宸號“芝南”，亦誤。

清光緒《零陵縣志》卷九《人物·仕蹟》:“朱衮：字子文，永衛人。居邑城北两鳳坊，鏞之子也。少穎悟，

弘治戊午，與兄宬同鄉舉，壬戌成進士，授翰林院庶吉士。以闡明正學爲己任，詩古文著名，大學士李東陽器之。遷南京御史，忤劉瑾，謫縣丞。瑾敗，起南京吏部郎中，升雲南左參政。居官剛直，歷布政按察司，風采凜然，奸宄歛跡。壽至七十二，卒於任，歸葬河西。著有《白房集》、《續郡十三志》。崇祀鄉賢。"

明嘉靖初黄焯纂《朝陽巖集》，稱朱衮爲"四川參政"。

户崎哲彦近作方志《朱衮傳》補正，據《明實録》，正德八年正月"升南京吏部郎中朱衮爲雲南布政司左參議"，十年五月"升雲南布政司左參議朱衮爲雲南按察司副使"，嘉靖元年三月"雲南按察司副使朱衮服闋，復除原任"，三年十一月"升雲南按察司副使朱衮爲四川布政司右參政"。（户崎哲彦《永州朝陽巖現存柳宗元詩刻與明人朱衮》，刊《湖南科技學院學報》2011年第5期。）

朱衮從兄朱宬，字子南，號芝北。

清康熙《零陵縣志》卷八《選舉考》又載："天順六年壬午科：朱鏞，朱衮之父。""弘治十一年戊午科：朱衮，字子文，號石北。壬戌進士。鏞之子。朱宬，衮兄，同榜。""弘治十五年壬寅康海榜：朱衮，字子文，號石北。翰林庶吉士，改南京御史，升雲南副使左參政。所著有《白房集》。"按其所載不詳。朱衮《故季父真處士墓誌銘》云，其季父朱鋑"子四男。長宬，中弘治戊午鄉試；次裳"，又云"從子衮以公務自滇上京師"。又《明故芝北子進士壙銘》云："芝北出季父鋑氏，諱宬，字子南"，"弘治戊午，與衮偕舉湖廣鄉試第六十人"。吕藿《白房集序》云："先生諱衮，字子文，號石北，起家弘治壬戌進士。乃甫節庵公，兄芝北公，俱以科目顯。"可以補方志傳記之不足。

明弘治《永州府志》卷四載，又朱宬爲"武生"，不知確否？

朱縉，字雲卿，號晴峯。

清光緒《零陵縣志》卷九《人物・仕蹟》引蔣鏊所撰墓誌銘云："朱縉字雲卿，號晴峯。嘉靖乙酉舉人，初任學官，後遷縣令，致仕卒。同邑蔣鏊志墓有云：'司學郴鄜，修清節，多著述，士夫推重之。及令封邱，澹泊自守，便於民者，以躬瘁之。觀教餘有録、試政有録，足徵矣。銘云：生有德以善世，死有銘以終譽，公也無愧於神明矣。'鏊居官清正，學道有得，不輕許與人，其叙縉非苟然者。"

朱衮卒，葬零陵。

道光《永州府志》卷十《古蹟志》："明雲南左參政朱衮墓，在零陵縣河西二里陶家沖。（《省志》）衮兄宬墓，在縣東仙人橋。（《縣志》）""明封邱知縣朱縉墓，在零陵湘口。邑人蔣鏊撰志，文未見。"（光緒《零陵縣志》卷一略同。）

朱衮所著《續郡十三志》，明隆慶《永州府志》載爲“一册”。其書久佚，内容不知。按南朝闞駰撰《十三州志》，朱氏書或爲承續闞氏，或爲續補永州府志，如清代宗霈《零志補零》之類，要之大約爲地理著作。

朱衮《白房集》一書，包括《白房雜興》三卷，《白房雜述》三卷，《白房續集備遺》一卷。吕序作於萬曆十年壬午，當爲萬曆間永州所刊。

此書明人有著録，清人沿録而實不見其書，故多譌誤。

明王圻《續文獻通考》卷一百八十二：“《白房集》，參政朱衮著，永州衛人。”

明隆慶《永州府志》卷十二《藝文志》：“《白房集》六册，國朝零陵朱衮撰。”

清道光《永州府志》卷九下《藝文志》據《零陵著述目》著録：“《白房集》：明零陵朱衮撰。”宗績辰按語曰：“是集徵之其裔二希，云‘國朝徵入四庫，並無存稿’。”（光緒《零陵縣志》卷十三《藝文》引之。）

同卷又著録：“《教餘録》、《試政録》：明零陵朱縉撰。（《湘僑聞見偶記》）”宗績辰按：“案縉官封邱知縣，宦跡志所不詳，當悉著於此两書，惜今並其先德《白房集》同歸散佚矣。”

清阮元《文選樓藏書記》卷二：“《白房集》三卷，《續集》一卷，《白房雜述》三卷，明朱衮著，刊本。”

清陳夢雷《古今圖書集成·理學彙編·經籍典》（清雍正銅活字本）第四百九十一卷：“《白房集》□卷，參政朱兗著，永州衛人。”

此處姓名誤作“朱兗”。

清沈初《浙江採集遺書總録·癸集下·别集類七》：“《白房集》三卷，《續集》三卷，《白房雜述》三卷，刊本。右明雲南參政上虞朱衮撰。衮初官翰林，直言忤執政，不容於時。官滇南而終。”

此處里籍誤作“上虞”。

按明代朱衮有同姓名又壬戌同科進士者二人，一爲雲南參政永州朱衮，一爲御史上虞朱衮（字朝章，號三峰）。清乾隆《紹興府志》記《白房集》作者誤爲“御史上虞朱衮”，光緒《上虞縣志》、《上虞縣志校續》已辯駁之。

清翁方綱《四庫提要分纂稿》集部别集類仍爲辨析云：“《白房集》六卷，明朱衮著。衮字子文，號石北，弘治壬戌進士。其序稱‘故翰林’，蓋嘗官翰林者。據《進士題名碑》，是湖廣永州衛籍，江南長洲縣人。‘白房’蓋所居之地名。其詩曰《白房雜興》者三卷，其文曰《續集》者一卷，曰《雜述》者三卷。姑就此六卷存目可耳。”

但今人所編《續修四庫全書》、《四庫全書存目叢書》等均未收録《白房集》。由此可以推斷，《白房集》一書

曾在乾隆年間備選《四庫全書》，至道光年間該書已不多見，即使朱氏後人也無存本。民國時期，其書或散見於藏書家。目前可搜見的《白房集》只有北京中國國家圖書館、臺北“國家圖書館”、東京日本内閣文庫三種藏本。其中中國國家圖書館所藏爲《白房雜興》三卷、《續集備遺》一卷，非完本。臺北“國家圖書館”所藏一部完本，但吕藿序缺頁，另一部亦不全。日本内閣文庫藏一部完本，但正文有缺頁。必三種藏本互相補全，乃爲完璧。（詳見李花蕾《朱衮及其〈白房集〉》，刊《湖南科技學院學報》2013年第10期。）

書首有吕藿《白房集序》，稱“余自髫丱，即慕吾永故翰林石北朱先生所自著《白房集》”，署款“旹萬曆壬午歲仲秋望吉，欽差提督操江兼管巡江南京都察院右僉都御史前吏部文選清吏司郎中，後學生吕藿頓首拜書”，鈐“九▆”、“吕藿”、“大中丞”三印。頁内偶有小字“桂陽州刊字匠”云云，知當刊於永州。

清康熙《永州府志》卷十六《人物志中·名賢列傳》：“吕藿：字忱卿，號日洲。治《戴記》。嘉靖乙卯經魁，壬戌成進士，授主事。歷吏兵郎中，太常寺少卿，升南京都察院提督，操江右僉都御史。公器宇淵深，才識敏練。柄衡時，進賢退不肖，人服其公。及參禮樂之司，執政者每資宏議，總理留樞，恪勤匪懈。以忤旹議歸。所著《巢雲閣集》，藏於家。”傳記又見明雷禮《國朝列卿紀》、清康熙《零陵縣志》、道光《永州府志》、光緒《零陵縣志》等。

朱衮朝陽巖石刻，今所見共五通。

其一，朱衮所書元結《朝陽巖銘並序》，署款“大明正德辛巳八月二十五日朱衮子文書”。

其二，《朝陽洞陰潜澗志》，署款正德辛巳秋九月。

其三，《朝陽巖下洞志》，未見署款年月。

其四，朱衮所書元結《朝陽巖下歌》，題爲《元次山題朝陽巖》，署款“石北山人書，正德辛巳九月”，在朝陽巖下洞洞内右側石壁上，與《朝陽洞陰潜澗志》相鄰。

其五，朱衮所書柳宗元《遊朝陽喦遂登西亭二十韻》，題下署“唐永州司馬河東柳宗元”，亦刻朝陽巖下洞洞内右側石壁上。

考朱衮曾經數次遊歷朝陽巖，賦詩刻石。除上述正德辛巳八月二十五日、正德辛巳秋九月五日兩次外，其年月可考者，尚有六次：

朝陽巖今存吴允禎詩刻，題爲《與同年朱子文暨陳東遊朝陽巖，賦此寄興》，署款“正德辛巳秋七月念八日，南海官園訥叅吴允禎書”。朱子文即朱衮，檢《白房集》内有《遊朝陽巖陪吴守次韻》，詩云：“眼中水石歌元子，歲月何須問淺深。偏是城南多勝事，況

逢地主更同心。瀨光入壁翻羅皺，風竹摇山出鳳吟。誰道風雩難續響，重華只在此山陰。”即和吴允禎此詩。吴允禎，字天祐，號訥齋，南海人，正德十五年任永州知府。道光《廣東通志》卷二百七十六稱其“歷户部郎中，出知永州府，愷悌寬仁，莅官清儉，興學造士，不科擾於民，民有弗率者，委曲訓諭，不事刑罰，有長者風”。

《白房集》内有《與韓玉峰飲朝陽巖》詩。韓士奇，字玉峰，山西洪洞人。弘治十五年康海榜進士，與朱袞爲同年。官至湖廣布政使、左參政，著有《完名榮壽録》。光緒《零陵縣志》卷十四載韓士奇澹山巖題名：“嘉靖八年己丑孟夏月十有一日書，湖廣布政使司左參政韓士奇按治遊此。”朱袞、韓士奇遊朝陽巖當在此前後。

朝陽巖今存許宗魯詩刻，題爲《夏日雨後遊朝陽巖》，署款“嘉靖己丑西京許宗魯識”（詳見下）。嘉靖己丑即嘉靖八年。檢《白房集》内有《陪少華許子遊朝陽巖次韻》，詩云：“遐陬天作城南勝，石屋全收澤國涼。即飲流香移玉井，更從何地事長桑。繡衣鼓枻懷何壯，芒屩隨花駕敢方。却喜巖雲猶愛客，故留西景幾昏黄。”即和許宗魯此詩。許宗魯《少華山人前集·宦遊稿》卷第八又有《零陵西亭同朱大參袞、楊僉憲材賦》云：“入洞探幽賾，登臺散遠心。雷聲帶雨重，虹影射江深。山聳三苗國，天低八桂林。來遊陪二妙，詞賦總南金。”又見《御選明詩》卷五十六。許宗魯，字伯誠，一字東侯，號少華山人，陝西咸寧人，嘉靖七年任湖廣提學副使，見明雷禮《國朝列卿紀》卷九十四、卷一百十八、卷一百十九、卷一百五十三。喬世寧撰《都察院右副都御史許公宗魯墓誌銘》，見明焦竑《國朝獻徵録》卷六十二。傳記見明王兆雲《皇明詞林人物考》卷六“許東侯”條，及雍正《陝西通志》、雍正《山西通志》、乾隆《大同府志》。清陳田《明詩紀事》卷七、清朱彝尊《静志居詩話》卷十、清倪濤《六藝之一録》卷三百六十九、清陳夢雷《古今圖書集成·理學彙編·字學典》第一百二十二卷亦有許宗魯小傳。

朝陽巖今存許岳無題詩刻，署款“嘉靖十年姚江一磐許岳識”。檢《白房集》内有《感一磐許君岳遊朝陽之作次韻》，詩云：“性僻焉知酒聖賢，買山興在看山先。十千愚鳥今三徑，咫尺朝陽且二天。洞曉未妨渾坐客，家貧聊藉侈烹泉。同遊肯作瀟湘老，我有真人蓮葉船。”即和許岳此詩。許岳，字一磐，浙江餘姚人，嘉靖八年任永州通判。

《白房集》内有《顧東橋遊朝陽巖，有詩刻巖石，用韻和之》，詩云：“地勝人應假，歌高和欲重。二聲樓上篴，白日走蛟龍。”顧璘，字華玉，號東橋，上元人。湖廣巡撫，嘉靖十六年在朝

陽巖有《同錢邢二使君來遊賦》詩刻。"邢使君"謂邢址，與顧璘同遊。光緒《零陵縣志》載其題刻云："嘉靖丁酉十二月二十七日，都御史姑蘇顧璘，邀給事中海鹽錢薇、監察御史當塗邢址來遊，且餞適粤之别。風日晴佳，野性甚適。璘題。"

《白房集》内有《次韻大府熊愚山九日遊朝陽巖》詩。熊汲，字引之，號愚山，江西南昌人，嘉靖十六年任永州知府。明隆慶《永州府志》卷十三《名宦列傳》稱其"養粹用和，操嚴施恕，勤恤民隱，以文學飭吏治，有古循吏風"。

《白房集》中其他詩作，如《朝陽巖歌次次山韻》、《朝陽巖二首》、《洞中次韻》、《元次山祠》，無繫年，俟再考。

朱衮又作有《朝陽巖志》(即《朝陽巖之上洞志》)、《朝陽巖下洞志》，與《陰潛澗志》合稱"三志"。詳下。

## 正德十六年朱衮《朝陽洞陰潛澗志》

### 釋　文

朝陽洞陰潛澗志

朝陽洞有瀑布，懸十尺有咫，入瀟水，望之奇勝。因揆水竇，得洞之尻。尋尻之徑，絶山之腹中，附而旁縈焉，若腸作九廻之形。涉聲而窮之，澗身蔽山之腰。即澗而睨之，其色幽々焉，若引包絡之文。隔流而聽之，其響琤々焉，若奏洞天之交。其奇勝固有根氐也已。澗上有亭，人掩天鈌，名曰“聽泉”。々得亭，景益奇，勝益出。扵虖！地之奇勝能弗藉手扵人乎哉！乃爲譔次奇語，鐫之石上，庶昭其潛，眎諸逹来游望之士。

明正德辛巳秋九月五日，石北山人朱衮子文甫書。

潛澗上，石皆露立，風雨陵暴，不足書，書乎此。

### 考　證

正德辛巳爲正德十六年（1521）。

志文位於下洞洞内右側石壁，高70公分，寬122公分，十六行，行書。

志文又見朱衮《白房集・白房雜述卷二》，《朝陽巖志》、《朝陽巖下洞志》、《朝陽洞陰潛澗志》三志駢聯，篇末有注云：“右巖洞並澗皆在州城南瀟水西岸，聚爲一勝。”

又見明黄焯《朝陽巖集》，題爲“朝陽岩陰潛澗志”，“水竇”誤作“水逕”。

又見明慎蒙編選、萬曆刻本《名山巖洞泉石古跡》（又名《名山紀》、《遊名山一覽記》）卷九，題爲“朝陽巖洞陰潛澗志”。

又見光緒《零陵縣志》卷十四《藝文・金石》，題爲“朝陽陰潛澗

志”，“其奇勝固有根氐”誤作“奇性”，“天鈌”誤作“天勳”，“眎諸”誤作“矙諸”。

石刻署款下有雙行小字“潛澗上，石皆露立，風雨陵暴，不足書，書乎此”，諸本皆未著録，惜被“匠人蔣紀”四字打破。

朱衮工書，喜用古體。《陰潛澗志》石刻“㴑”即“溯”，“穾”即“窔”，“鈌”即“缺”，“蕥”即“藉”，“譔”即“撰”，“眎”同“視”，“逞”即“往”。朱衮三志各本文字偶有異同，皆當以石刻及《白房集》爲准。

朱衮作有《朝陽巖志》（即《朝陽巖之上洞志》）、《朝陽巖下洞志》，與《陰潛澗志》合稱“三志”。道光《永州府志》卷二上云：“又有聽泉亭者，在澗中‘陰潛澗’之上，澗與亭名，前未始聞著，自明邑人朱衮作上下洞、澗三志，始志及。”（光緒《零陵縣志》卷一同。）

《朝陽巖下洞志》與《陰潛澗志》石刻見存，當是最初的定本。“三志”又均收入《白房集·白房雜述卷二》，爲最早的刊本。此外“三志”又見於明黄焯《朝陽巖集》。

上下洞志，又收入清陳夢雷《古今圖書集成·方輿彙編·山川典第一百七十一卷》、康熙《永州府志》卷二十一《藝文志四》、康熙《零陵縣志》卷十一《藝文考》。

《朝陽巖志》，又收入明隆慶《永州府志》卷七《提封》。

《陰潛澗志》，又收入明何鏜、慎蒙《名山勝概記》卷九《名山巖洞泉石古跡》、清光緒《零陵縣志》卷十四《藝文·金石》（作者誤題“朱文甫書”，標題誤作《朱文甫序》）。

朱衮《朝陽巖志》云：“城南水西澳，一山特異。石皆广出呀庨，北俛南仰，勢盡東嚮，峛崺交承，若編參差。石膚華潤，乍青乍白，間作虬鱗隱起，斑斑似經作者。上被青蒼，皆美箭香草，氐半旁生下出，盡望之略不能狀。迎瀨而南者，巖也。當巖之背，矗矗中高，次山時故有茆閣，迴望城中。當閣之氐，石户下穿，華蓋偃仄，横門虚明，大略如鳥巢悬木之狀。即巖而居，意象軒舉，若出塵外。境遠望空，飛瀨回光，列嶂内映，如坐畫圖。每及朝暾初上，川靄熹微，巖之美於是乎集矣。”（《白房集·白房雜述》卷之二。“广”，段玉裁謂正字當作“厂”，《説文解字注》：“厂者，山石之厓巖”。）石刻未見。

## 正德十六年朱袞《朝陽巖下洞志》

### 釋　文

巖下折而入者，洞也。初以磴，磴缺以棧，棧盡以土徑，徑盡以石階，階盡泉聲，繞出洞之氐。洞口東缺，石執中偃而軒覆，若合羃抱，若連屏繚，若曲房。由外即中，緣徑三曲，乃窮其際。際則泉竅氿出，碎響琤琤，正若操琴落佩。初注泓渟，平布幾満，三儁乃流澗，如石之折。逾二十步，抵瀟之漘，遂穿石限，作瀑布，滐然而下矣。洞外石復广起，髣髴重簷。旁有一徑北折，疊磴以上，可十許步，一洞仰仄而長，如舴艋凌虛之狀。初登必爲攲仄傴僂，既登而即之，如燕坐篷窗，偃仰其中，惟意所如。東曦上下，彩散煙蘿，川練山屏，迴巧奏技，雖博望乘槎之趣，復何道哉！《爾雅》曰："山東曰朝陽。"吁！洞哉！可謂獨專茲義也已。石北山人朱袞子文甫志。……中，木棧今易以石，邦侯吴訥㚕作也。

### 考　證

朱袞《朝陽巖下洞志》在朝陽巖下洞洞頂，被明陳天然"朝陽洞"榜書打破。二者尺幅相同，即高 88 公分，寬 189 公分。

全文據朱袞《白房集・白房雜述》卷二著録。

"朝陽巖下洞志"六字標題爲"嘉靖辛亥孟秋吉日"一行覆蓋，首行"巖下折而入者洞也"尚完整可見，末有署款"石北山人朱袞子文甫志"。榜書左下角"郡守瓊山陳天然書"署款下，另存雙行小字"……中，木棧今易以石"、"邦侯吴訥㚕作也"兩行，當是《下洞志》之尾注，《白房集》所無。

朱衮所撰各志，《朝陽洞陰潛澗志》、《西山志》、《愚溪志》、《萬石亭志》、《西樓志》、《西亭志》、《石門精室志》、《南池志》、《袁家渴志》、《黄溪志》、《澹山巖志》，均有篇末附注，刻本中退一格。石刻中雙行小字當是其最初格式。

朱衮《朝陽洞陰潛澗志》石刻署款下，亦有雙行小字"潛澗上，石皆露立，風雨陵暴，不足書，書乎此"，與此處格式相同。

吴允禎，字天祐，號訥齋，廣東南海人。弘治十五年進士，歷官福建懷安知縣、刑部郎中、永州知府、常德知府、两淮轉運使、廣西參政。

萬曆《福州府志》卷十四《歷官》："懷安縣：國朝知縣：吴允禎：南海人。俱弘治間任。"

萬曆《揚州府志》卷十二《鹽法志下》："两淮轉運使：吴允禎：廣東南海人，由進士，常德府知府，嘉靖六年任，升參政。"

隆慶《永州府志》卷十三《名宦列傳》："吴允禎：號訥齋，南海人。以刑部郎中任。存心愷悌，敷政優遊，興利剗弊，務在以德化民。民有弗率者，先教而後威，終不加苦，民至今猶有遺思。"（康熙《永州府志》卷十五《人物志上》、道光《永州府志》卷十三《良吏傳》略同。）

吴允禎爲吴璉之子。吴璉字美中，成化二十年進士，官含山知縣、進賢知縣。有三子，長子吴允禎；次子吴允禄，字天申，嘉靖二年進士、官至湖廣右參政、湖廣按察使；季子吴允裕，字天和，浙江象山知縣，改湖廣東安知縣。

吴允裕，嘉靖二十三年任東安知縣。

康熙《永州府志》卷十五《人物志上》：東安縣："吴允裕：字天和，廣東南海人。由舉人知縣，政尚簡易，清操介節。修學宫，隆社學，崇孝節，纂邑志，建鄉賢、名宦二祠。省里甲，輕徭役。聽訟則開陳恩義，民多媿服。升寧波府通判。"（道光《永州府志》卷十三《良吏傳》略同。）

乾隆《東安縣志》卷二《秩官志》："吴允裕：嘉靖間任。政尚平易，心存愷悌。重學校，奬孝節，修邑志，草建仰高祠，始祀名宦，鄉賢士民德之。升寧波府通判。"

可知吴允禎、吴允裕先後在永，皆爲良吏，同入《府志》，可謂佳話。

吴允禎於正德十五年任永州知府，與朱衮同時。朱衮《白房集·白房雜述》卷一有《竹廬先生八十一齡頌》，竹廬先生即吴允禎之父。《頌》序云："今訥齋先生爲吾秬長君，三月而令行，朞月而化洽，吏民小大，恃以安堵無恐矣。方爲念之，無所于德，惟自私禱，願訥齋壽。今復聞訥齋有翁在，曰竹廬先生，八十有一齡矣。先生道大才高，不屑世好，方試宰邑，未及耆年即事丘

壑，澹泊清和，雅尚中敦，而用世存存，奚嘗置念？顧以所得委之令子，以懷挹人，則今之吏民所德於吾訥齋者，非吾竹廬之賜哉？”

黄焯《朝陽巖集》載吴允禎無題一首：“今人何減古人心，點也當年樂亦今。識得舞雩真氣象，舞雩今在此巖陰。”

又載吴允禎《與同年朱子文暨陳東、魯魁二生遊朝陽巖賦此即興》二首及文一篇：

“時逢主聖官民樂，冒暑尋幽興亦深。此日似優前日景，今人難得古人心。如賓若主成嘉會，白日青天共醉吟。閱遍巖頭舊題刻，放歌回首晚陰陰。”

“解禁尋芳永水西，朝陽巖賞舊新題。賓知主意懷偏放，物識人心鳥自啼。覽勝祇憑青眼力，升高元有上天梯。酒酣細縱登臨屐，喜見巖頭向日葵。”

“《書罷江日未低，西山尚遠，再賦一言，以罄厥懷》：山斯巖巖，水斯悠悠，何物巧匠，與山爲仇。抑天造地設，成此勝幽。冬温如春，夏涼如秋。今日何日，縱此清遊。烏虖！奇哉巖乎！歷時遠矣，閲人多矣，不知曾幾見今日之聖君賢相，曾幾見今日之遊覽婆娑者乎？巖若忻然有言，惜不能對，但覺草木生輝，懸溜增響，客亦興盡，鼓枻而返。”

《零志補零》卷中均有著録，題爲《與□暨陳□輩遊朝陽巖賦此寄興》，署名“吴允禎，訥叁，南海人”，注：“正德辛巳七月廿八日”，宗霈按：“按《府志》，惟知府吴公允禎號訥叁，今祀名宦。”“樂亦今”作“樂亦吟”，“興亦深”作“興倍深”，“似優”作“比優”，“如賓若主”作“拏賓笑主”，“祇憑”作“特憑”，“以罄厥懷”作“以繫厥懷”，“抑天造地設”作“天造地設”，“不知曾幾見”作“知曾幾見”。

光緒《零陵縣志》卷十四《藝文·金石》亦著録，題爲《與同年朱子文暨陳東遊朝陽巖賦此寄興》，署款“正德辛巳秋七月念八日，南海官園訥叁吴允禎書”，注：“右行書，二十三行。”“懷偏放”作“懷偏暢”，“抑天造地設”作“天造地設”，“特憑”作“祇憑”，“樂亦吟”作“樂亦今”，“以繫厥懷”作“以罄厥懷”，“知曾幾見”作“不知曾幾見”。

可知吴允禎亦曾來遊，並且興致有加，其時在朱袞刻石前兩月也。《朝陽巖集》、《零志補零》及光緒《零陵縣志》三書均據石刻著録，惜已不見。

元次山題朝陽巖 [illegible]

朝陽巖下湘水深，朝陽洞口寒泉清。零陵城郭夾湘岸，巖洞幽奇當郡城。荒蕪自古人不見，零陵徒有先賢傳。水石為娛安可羨，長歌一曲留相勸。

# 正德十六年朱衮重刻《元次山題朝陽巖》

## 釋　文

元次山題朝陽巖

石北山人書，正德辛巳九月。

朝陽巖下湘水深，朝陽洞口寒泉清。零陵城郭夾湘岸，巖洞幽奇當郡城。荒蕪自古人不見，零陵徒有《先賢傳》。水石爲娱安可羡，長歌一曲留相勸。

## 考　證

朱衮重刻《元次山題朝陽巖》，即元結《朝陽巖下歌》。在朝陽巖下洞洞内右側石壁，高86公分，寬50公分，六行，行書。題下有一行小字署款。其左即朱衮重刻柳宗元《遊朝陽嵒遂登西亭二十韻》。

光緒《零陵縣志》卷十四《藝文·金石》著録，題爲《元次山詩》，按語："佚，模刻"，"右行書六行"，蓋謂元結原刻已佚。

正德辛巳爲正德十六年（1521）。朱衮《朝陽洞陰潛澗志》署款"正德辛巳秋九月五日"，重刻《元次山題朝陽巖》與之同時。

《元次山題朝陽巖》下即朱衮重刻《遊朝陽嵒遂登西亭二十韻》，二通重刻亦同時所作。

元結於唐代宗永泰二年（766）發現和命名朝陽巖，並作《朝陽巖銘》與《朝陽巖下歌》各一首，皆上石，宋代尚存，其後久佚。

《朝陽巖下歌》歷來版本複雜，宋郭茂倩《樂府詩集》只收録六句，明正德郭氏刊本《元次山集》、明佚名《詩淵》收録五句。另《朝陽巖下歌》宋阮閱《增修詩話總龜》、宋祝穆《方輿勝

覽》誤作“杜陵有歌云”，明《永樂大典》卷九千七百六十三沿誤作《杜陵歌》。

重刻與淮南黄氏編訂本《元次山集》、弘治《永州府志》文字全同。

明隆慶《永州府志》卷七“湘水深”作“潮水漲”。景江安傅氏雙鑑樓藏明正德刊本《唐元次山文集》、《全唐詩》及孫望校《元次山集》“當郡城”作“带郡城”。康熙《永州府志》、道光《永州府志》、光緒《零陵縣志》“徒有”作“獨有”。按當作“徒有”。

《先賢傳》，即《零陵先賢傳》。《隋書·經籍志》、《舊唐書·經籍志》、《新唐書·藝文志》均著録“《零陵先賢傳》一卷”，作者佚名。清陳運溶有輯本，在《麓山精舍叢書》中。

# 正德十六年朱衮重刻柳宗元《遊朝陽嵒遂登西亭二十韻》

## 釋　文

遊朝陽嵒遂登西亭二十韻

唐永州司馬河東柳宗元

謫棄殊隱淪，登陟非遠郊。所懷緩伊欝，詎欲肩夷巢。高岩瞰清江，幽窟潜神蛟。開曠延陽景，廻薄攢林稍。西亭構其巔，反宇臨呀庨。背瞻星辰興，下見雲雨交。惜非吾鄉土，得以蔭菁茆。羈貫去江介，世仕尚函崤。故墅即灃川，數畝均肥墝。臺館葺荒丘，池塘疏沉坳。會有圭組戀，遂貽山林嘲。薄軀信無庸，瑣屑劇斗筲。囚居固其宜，厚羞久已苞。庭除植蓬艾，隟牖懸蠨蛸。所賴山水客，扁舟枉長梢。挹流敵清觴，掇野代嘉肴。適道有高言，取樂非弦匏。逍遙屏幽昧，澹薄辭喧呶。晨雞不予欺，風雨聞嘐々。再期永日閒，提挈移中庖。

## 考　證

《遊朝陽嵒遂登西亭二十韻》在朝陽巖下洞洞内右側石壁，高 80 公分，寬 140 公分，行書，十九行。題下一行云："唐永州司馬河東柳宗元"，别無署款。其右即朱衮重刻《元次山題朝陽巖》。此刻緊接《元次山題朝陽巖》之下，二刻當爲同時所作，故皆定爲正德辛巳九月。

"高岩"，《四部丛刊》本宋魏仲舉輯《增廣注釋音辯唐柳先生集》、宋廖瑩中輯《河東先生集》宋刻本、《續四部叢刊》本明蔣之翹輯注《柳河東集》均作"高巖"。

"林稍"，《增廣注釋音辯唐柳先生集》、《河東先生集》、《柳河東集》均作"林梢"。蔣之翹曰："此詩前有'迴薄攢林（稍）［梢］'，後又有'扁舟枉

長梢’，‘梢’字凡二叶，然韓、柳俱不避重韻，無多疑也。”

“弦匏”，《增廣注釋音辯唐柳先生集》、《河東先生集》、《柳河東集》均作“絃匏”。

“永日閒”，《增廣注釋音辯唐柳先生集》、《河東先生集》、《柳河東集》均作“永日閑”。

道光《永州府志》卷十八上有著録，按語云：“案此碑字跡飄忽而無精神，刻又庸劣，且具銜不稱‘員外司馬’，與華嚴巖異，斷爲模勒無疑。其旁有明嘉靖間通判蕭幹詩刻，與此極相類，則必幹所爲也。”（清光緒同德齋主人編《廣湖南考古略》卷二十六《金石》“唐柳宗元朝陽巖詩”條同，光緒《零陵縣志》亦引之。）

蕭幹，即蕭榦，見前正德十三年何詔、馮濟、毛公毅、蕭榦、賀位、王瑞之題刻。

今按，蕭幹詩刻，宗霈《零志補零》著録，題爲“嘉靖元年季春望後二日甲子遊朝陽巖”，署款“永州府通判嶺南順德人蕭幹”。光緒《零陵縣志》亦著録，無題，署款：“大明嘉靖元年季春望後二日甲子，承德郎永州府通判，滇南順德蕭幹書。”詩刻今不存，無可驗證。但此刻旁即朱衮重刻《元次山題朝陽巖》，署款“石北山人書”，二刻同處一石，書寫相連，字跡一貫，不知宗績辰何以未見。

陸增祥《八瓊室金石補正》卷六十亦有著録，核校版本綦詳。按語云：“重刻柳宗元西亭詩：高四尺七寸，廣四尺四寸，十九行，行十二字，行書。”又云：“《通志》未收此刻，《永志》僅列其目，未録全文，指謂明人模勒。案此碑之前，尚有‘題朝陽巖’等字，其下有‘書’字及‘正德辛巳九月’等字，意即書刻之年月姓名，未必是蕭幹所爲，要其爲明代所鐫無疑。‘林梢’之‘梢’，石本誤作‘稍’，亦重刻之一證，蓋以兩押‘梢’韻肊改之，而不自覺其謬也。《通志·山川》、《永志·名勝》及《全唐詩》、《柳文惠集》均載此詩，此刻與集本同，惟‘不予欺’之‘予’，集作‘余’，爲小異耳。《全唐詩》‘澧’作‘澧’，當是刊刻之譌。‘墝’作‘磽’，‘予’作‘余’，均於意義無關。《通志》‘菁’誤作‘青’，‘墅’作‘宇’，‘苞’作‘包’，‘山水’作‘山川’，‘予’亦作‘余’。《永志》‘開曠’誤作‘間曠’，‘其巔’誤作‘危軒’，‘反’誤作‘仄’，‘菁’亦誤作‘青’。‘羈’下一字石刻已泐，諸本俱作‘貫’，《永志》誤爲‘草’，甚謬。‘澧’作‘豐’，‘墝’亦作‘磽’，‘臺’作‘亭’，‘苞’亦作‘包’，‘蠨’誤作‘螵’，‘長梢’誤作‘見招’。蓋亦以兩押梢韻而肊改之者。‘肴’作‘殽’，皆當校正之。”陸增祥雖知作者不是蕭幹，然亦未能審知爲朱衮。

光緒《零陵縣志》卷十四《藝文·金石》著録，題爲《柳宗元詩》，按語："存模刻"，"右行書十九行"，蓋謂原刻已佚，模刻尚存也。

柳宗元曾作《游朝陽巖遂登西亭二十韻》。柳宗元原詩，宋魏仲舉《增廣注釋音辯唐柳先生集》題注引孫曰："永泰元年，元結自道州以事至永州，愛其郭中有水石之異，泊舟尋之，得巖與洞，以其東向，遂以'朝陽'命名焉。"又引韓曰："西亭即法華寺西亭。按《始得西山宴遊記》云：元和四年九月二十八日登法華西亭，詩是時作。"

今按，孫注是也，而韓注則非。蔣之翹援引韓注，亦非。元結以巖洞東向，名曰"朝陽"；柳宗元以巖洞在郡城之西，稱爲"西巖"。詩題"遂登西亭"，即西巖之亭之意。法華寺則在郡城之内，與朝陽巖隔江異處，既遊朝陽巖，則不得"遂登"法華寺矣。

南宋韓醇《詁訓柳集》卷四十三以爲作於元和四年（809），注曰："西亭，即法華寺西亭。按《始得西山宴遊記》云：'元和四年九月二十八日登法華西亭。'詩是時作。"後學者多因之，以爲遊朝陽巖遂登西亭之西亭，即法華寺之西亭。然法華寺在永州城内東山上，與朝陽巖隔江對峙，而詩云"遂登"，恐非一處。朝陽巖亦有亭臺，柳詩云"登陟非遠郊"，明不在城中也，又云"高巖瞰清江……西亭構其巔"，其頗謂朝陽巖也。朝陽巖自元結當時已有亭，至南宋亭臺多至十六所。元結《朝陽巖銘》云："後攝刺史竇泌爲吾創制茅閣。"南宋王象之《輿地紀勝》云："朝陽巖：亭臺凡十六所。"推測柳宗元既稱朝陽巖爲西巖，故亦稱朝陽巖之亭爲西亭也。

西亭之相混，實由柳宗元而起，蓋柳氏自己先有二西亭之名。光緒《零陵縣志》卷二云："西亭：二。一在法華寺側，今高山寺上……唐柳宗元有記，見本集。一在朝陽巖，唐獨孤愐建茆閣以居元次山者，柳子厚亦以西亭名之。"柳宗元又作《漁翁》詩云："漁翁夜傍西巖宿。"朝陽巖由此又有"西巖"之别稱。（柳宗元《茆簷下始栽竹》詩："欣然愜吾志，荷鍤西巖垂"，則是别一西巖。）

此刻户崎哲彦有詳辨，見氏著《永州朝陽巖現存柳宗元詩刻與明人朱袞》，刊《湖南科技學院學報》2011年第5期。

遊朝陽巖
一季兩度此巖遊風景捨
未休片壁拂雲懸北
落花隨浪付東流洞天
寂紅塵遠石磴登登白
浮閣向東風閣何處甚
節屋肯忘憂
大明嘉靖元年秋吉日
府通判高要潘節識

# 嘉靖元年潘節《遊朝陽巖》詩刻

## 釋　文

遊朝陽巖

三秊两度此巖遊，風景撩人興未休。峭壁拂雲懸北望，落花隨浪付東流。洞天寂寂紅塵遠，石磴登登白日浮。閑向東風問何處，荒村茆屋肯忘憂。

大明嘉靖元秊秋吉，永州府通判高要潘節識。

## 考　證

詩刻在朝陽巖下洞左側，高 53 公分，寬 64 公分，九行，楷書。第三行“人興”二字稍有磨泐，仍可辨識。

黄焯《朝陽巖集》著録，題爲“高要潘節，本府通判”，無署款。

光緒《零陵縣志》卷十四《藝文·金石》著録，題爲“潘節詩”，按語云：“右行楷書，六行。”署款“高要”誤作“高安”。

嘉靖元年爲公元 1522 年。

潘節，字興亨，一字時中，廣東高要人。

據道光《永州府志》卷十一《職官表》，潘節於正德十四年任永州府通判，嘉靖五年升任永州府同知，有政績。（但康熙九年《永州府志》、道光《永州府志》職官表均誤作“高安人”。高安在明江西瑞州府。）

嘉靖《廣東通志初藁》卷二十《科貢下》：“弘治八年乙卯：潘節。”

雍正《廣東通志》卷四十六《人物志》：“潘節：字興亨，高要人，弘治乙卯舉於鄉。孝友方正，未嘗私謁郡庭。歷融縣、桂林教官、助教，南雍祭酒魯鐸稱爲古君子，考最，授永州同

知。爲政寛仁明斷，上下敬愛。會屬邑東安㞌兵亂，節往撫輯之，以勞卒。子庭榮，宣平教諭；庭南，鄉試第二，爲鄧州知州，却歲例二千餘金，卓有父風。”

道光《廣東通志》卷二百九十六《列傳》：“潘節：字興亨（《高要縣志》作字時中），高要人。弘治中乙卯舉於鄉。秉性孝友，持身方正，家食時不私謁郡庭。歷融縣教諭、桂林教授、南太學助教，却修餽，勤職業，祭酒魯鐸稱古君子，考最，銓部以不屈權貴，止授永州府通判，進同知。爲政寛仁明斷，上下敬愛。會屬邑東安彛兵亂，僚佐懼，節誓死獨往，撫輯賴安。勞瘁疾革，對客議政，毫不及私，家無餘蓄。（《郭志》）太守黄焯誄曰：‘克勤克敏，始終耿耿。’及擬典狀，曰：‘師道尊嚴，家聲清白。’今祀鄉賢。子庭榮，以貢授宣平教諭；庭楠，嘉靖甲午鄉試第二，授鄧州知州，革歲例二千餘金，置學田，開煤穴，修州邑志，居官可紀，以禮致仕。（《肇慶志》）”

道光《肇慶府志》卷十八《人物》：“潘節：字時中，高要人。弘治中舉於鄉。性孝友，持身方正，家食時不私謁郡庭。歷融縣教諭、桂林教授、南太學助教，却修餽，勤職業，祭酒魯鐸薦之。銓部将授憲職，以不屈權貴，止授永州府通判，進同知。爲政寛仁明斷，上下敬愛。會屬邑兵亂，僚佐懼，節誓死獨往，勞瘁成疾，臨終，對客議政，毫不及私，家無餘蓄。太守黄焯誄曰：‘克勤克敏，始終耿耿。’及擬祀典狀，曰：‘師道尊嚴，家聲清白。’今祀鄉賢。子庭榮，以貢授宣平教諭；庭南，鄉試第二，授登州守，革歲例二千餘金，置學田，修州邑志，居官可紀。”（宣統《高要縣志》卷十八上《人物篇》略同。）

魯鐸，字振之，景陵人，弘治十五年會試第一，正德二年爲國子監司業，升南京國子監祭酒，改北京國子監祭酒，嘉靖初復起爲南京國子監祭酒。《明史》有傳。

潘節卒於任上，繼有吉水人羅柏接任，在嘉靖十一年。黄焯字子昭，延平南平人，嘉靖三年任永州知府，繼有淮寧人汪漢嘉靖十年接任。則潘節之卒在嘉靖九年之前。

潘節正德十四年來任，至嘉靖元年爲三年，故詩云“三年兩度此巖遊”。惜其初遊未見記載。

潘節又曾三至浯溪，今存石刻。

一爲《會試題名》，云：“時余掌祁之縣事，適會試期，舉人永州王誥、張佩、唐庚、朱縉、陳東、蔣若愚、蔣廷蘭，道州趙哲、朱選、何汝賢、朱珪、周庠、何賁，東安蔣烈、石尚寶，北上道經，偕挹群士夫同遊，因餞於此。”下列致仕、舉人、監生、貢生姓名，署款“大明嘉靖四年冬，永州府通

判高要潘節識”。

一爲榜書“峿臺”，署款“嘉靖五年春，副使滕謚書”，“通判潘節刻”。

一爲榜書“小峿臺”，署款“大明嘉靖五年丙戌十一月”，“同知永州府事高要潘節書”。

宋溶《浯溪新志》卷三云：“峿台南稍右，横刻‘浯溪’二字，各大一尺五寸，明副使滕謚書，通判潘節刻。”“浯溪”當作“峿臺”。同書卷四云：“崖端‘小峿臺’三字，爲明嘉靖中郡司馬潘節題”；卷三又云：“小峿臺石巔横刻‘小峿臺’三字，明郡守司馬高安潘節題”，誤作“高安”；卷三又著録《會試題名》，作“高要”不誤。

桂多蓀《浯溪志》、《湖湘碑刻·浯溪卷》均誤作“高安”。

詩句“峭壁拂雲懸北望”奇警，意謂山崖向北傾斜，乃是對北辰的嚮往。字跡亦工整，“寂寂”、“登登”不用重文符號，一筆不苟。

# 嘉靖四年劉魁“濂溪疑水接瀟湘”詩刻及跋

## 釋　文

濂溪疑水接瀟湘，秋色隨人上野航。莫訝朝陽題短句，須知近日戒詩荒。

大明嘉靖乙酉歲秋七月，余廬陵劉子魁公幹永、道，得登九疑，拜重華陵；泝濂溪，謁元公故里；遊月岩，觀望弦月；憩淡岩，讀山谷詩。所至勝處多留題，邑人好事者亦輒爲刋之石。自念近来似荒於詩，乃禁戒不作。至此，伎倆復抑搔，若不能制，破戒爲之，然亦无復長語。仍召諸魔，谴之曰：“吾豈子癖，子弗我阿；吾不如戒，子将謂何?”魔曰：“子弗我容，吾豈子恡；子過浯溪，吾方受命。”予笑而書之。書已，郡伯豐城袁子黝見而謂曰：“古人戒流連，君子速改過，子殆两得之乎!”邑令桂林白子繡亦治具來會曰：“是殆两得之矣。”予爲酌而謝之曰：“敢不卒如君子之言，有如此酒!”復相與盡懽而別。時聞洞中錚錚然有聲，若已付諸石工者，予亦弗之禁也。遂行。

工吏彭相、周英，石臣余金。

## 考　證

詩刻在朝陽巖下洞洞内，高 53 公分，寬 83 公分，十五行，楷書。另刻工姓氏一行。

黄焯《朝陽巖集》著録詩及跋，作者題名“廬陵劉子魁”。“近來似”誤作“近以”，“禁戒不作”誤作“禁戒未作”。“譴之曰”，“譴”字磨泐，《朝陽巖集》作“遣”，按當作“譴”，徑改。《朝陽巖集》未録刻工姓氏。

宗霈《零志補零》卷下著録其跋。

脱“大明”二字，“劉子魁”誤作“劉子冠”，“山谷詩”誤作“山谷書”，“召諸魔”上脱“仍”字，“卒如”誤作“勉如”，“石工者”誤作“石焉者”，“也遂行”一行三字脱。宗霈按：“其名已模糊，似‘冠’字，又近‘魁’字。詩已剥去首行，惟存‘天上野航’四字，及末兩句云‘莫訝朝陽題短句，須知近日戒詩狂’而已。刻頗劣，因玩其文，知爲昔賢韻事，故必采之。”今按：“天上野航”當作“人上野航”，“戒詩狂”當作“戒詩荒”。

此詩無題，姑用首句“濂溪疑水接瀟湘”題名。

“大明嘉靖乙酉歲秋七月”一節在詩後，故稱跋。此節共二百四十六字，實則可視爲一篇獨立的記文。

嘉靖乙酉，即嘉靖四年（1525）。

“袁子黝”，即袁黝，豐城人，永州知府，嘉靖二年任。“白子繡”，即白繡，桂林人，弘治十六年任東安縣教諭，嘉靖三年升任零陵知縣。

彭相、周英及余金，生平不詳。

“劉子魁”，即劉魁，字焕吾，泰和人。

《宋史·儒林傳》有傳，云：“劉魁，字焕吾，泰和人。正德中登鄉薦。受業王守仁之門。嘉靖初，謁選，得寶慶府通判。歷鈞州知州，潮州府同知。所至潔己愛人，扶植風教。入爲工部員外郎，疏陳安攘十事，帝嘉納。二十一年秋，帝用方士陶仲文言，建祐國康民雷殿於太液池西。所司希帝意，務宏侈，程工峻急。魁欲諫，度必得重禍，先命家人鬻棺以待。遂上帝曰：‘頃泰享殿、大高玄殿諸工尚未告竣。内帑所積幾何？歲入幾何？一役之費動至億萬。土木衣文繡，匠作班朱紫，道流所居擬於宮禁。國用已耗，民力已竭，而復爲此不經無益之事，非所以示天下後世。’帝震怒，杖於廷，錮之詔獄。時御史楊爵先已逮繫，既而給事中周怡繼至，三人屢瀕死，講誦不輟。繫四年得釋。未幾復追逮之，魁未抵家，緹騎已先至，繫其弟以行。魁在道聞之，趣就獄，復與爵、怡同繫。時帝怒不測，獄吏懼罪，窘迫之愈甚，至不許家人通飲食。而三人處之如前，無幾微尤怨。又三年，與爵、怡同釋，尋卒。隆慶初，贈恤如制。”

萬曆《泰和縣志》列傳：“劉魁：字焕吾，一字晴川，城西人。父敔，敦行古道，由教諭轉縣令，有政聲。正德中，魁以鄉舉，授寶慶通判，擢鈞州知州，歷潮州府同知，入爲工部員外郎。有詔徙雷壇禁中，上諫止疏，自分獲譴，先授家奴囊金三兩備棺。旨下，廷杖，禁鎮撫司獄，卒具病狀上聞，有百户戴經密以藥酒飲之，得不死。在獄中日，與楊侍御爵、周給舍怡，淬礪以不能感悟主上自責，諸校爲之感動。其年八月，神降於乩，乞宥三臣，得旨釋放

爲民。未踰旬，復遣逮。逮者至，魁猶在道，先繫弟元北行。魁至螺川，得聞，即買舟馳赴。或勸潛歸，不可。賦詩寄家人，有‘孤臣此日勞明主，萬里何心保此生’之句。抵京，復遣家奴上疏，願獻愚忠，以死報國事，其言切指執政。明年，上祈雪不應，獄禁加嚴，不許入食者九日。楊、周俱約自盡，魁獨慰解之，已而復許通食。至丁未十一月，宫災，傳旨釋放。抵家，惟角巾野服，徒步往來。以壽卒。隆慶改元，追贈太常寺少卿。魁天性忠貞孝友，獨立頽俗中，屹然不可移。氣宇和粹，才具經濟，而志切憂時。在鈞州，上五疏。在虞部，上官攘十事，又條築外城，議見聽納。其後以忠獲罪，竟脱死所。著有《晴川漫稿》、《仁恩録》。”（乾隆、同治《泰和縣志》列傳同。）

黄宗羲《明儒學案》卷十九《江右相傳學案·員外劉晴川先生魁》：“先生受學於陽明，卒業東廓，以直節著名，而陶融於學問。李脈泉言：‘在鈞州與先生同僚一年，未嘗見其疾言遽色。鄉人飲酒，令之唱曲，先生歌詩抑揚可聽。’門人尤熙問爲學之要，曰：‘在立誠。’每舉陽明遺事以淑門人，言：陽明轉人輕快，一友與人訟，來問是非。陽明曰：‘待汝數日後心平氣和當爲汝説。’後數日，其人曰：‘弟子此時心平氣和，願賜教。’陽明曰：‘既是心平氣和了，又教甚麽？’朋友在書院投壺，陽明過之，呼曰：‘休離了根。’問陽明言動氣象，先生曰：‘只是常人。’黄德良説陽明學問，初亦未成片段，因從遊者衆，夾持起，歇不得，所以成就如此。有舉似先生者，曰：‘也是如此，朋友之益甚大。’”

沈佳《明儒言行録》卷八：“劉魁，字焕吾，江西萬安人。嘉靖間鄉薦，仕至工部員外郎。初判寶慶，歷遷工部員外郎，上時務十事，皆嘉納。有詔徙雷壇禁中，公上疏諫，自分獲譴，先授家僮囊金三两治後事。疏入，上震怒，杖之廷，入獄。創甚，有百户戴經者藥之，得不死。日與同繫楊公爵、周公怡淬礪，以不能積誠意感悟自責。而門人尤子時熙官北雍，日牢户質疑義，答之如常。是年八月，得旨釋放爲民。未逾旬，復遣逮，逮者至，公猶在道，先繫弟元北行。公至螺川，得聞，即買舟馳赴。或勸且潛歸，公不可。賦詩寄家人，有‘孤臣此日勞明主，萬里何心保此生’之句。抵京，復上疏稱願獻愚衷，以死報國。其言指切，執政奉旨，仍舊監著。明年，祈雪不應，獄禁加嚴不得食，有校尉楊楝者食之，得不死。又明年，宫禁火，赦還。公自幼禀父訓，躬操古行。既學於陽明子，堅志返觀，動有依據，至放歸後，蕭然一布衣，鄉邦共倚重，稱爲晴川先生。”

郭應奎《會奠晴川劉公文》云：“嗚呼！天不有意於先生乎？两就詔獄，

六儤並處，百苦備嘗，六易寒署。人将謂其生還無期，而天日不復可覩矣。顧乃憂患不侵，沴戾不蠹，容貌日腴，述作日富，卒然感一火之變，回九重之怒，曠蕩天地之恩，優遊雲津之滸，苟非有默佑冥相之者，何能若是而不至於顛斃也！天果有意於先生乎？風采在朝廷，久傾東山一出之望；儀型在後學，遠遡伊洛千載之傳。人将卜其未究之用，與其未髦之年，所以慭遺於斯人者，惟其身存而道與之俱存也夫！何一疾踰月，百醫罔濟，竟長逝而不返，渺音容之莫覿。彼太邱長者之風，元城剛毅之氣，涑水篤實之行，象山精明之志，慨夫人之不可作，安得不共吾黨抱痛而流泣也？嗚呼！樗櫟長年，松柏摧敗，蒿艾蔽野，芝蘭憔悴。豈萬彙紛糾於天地之間，有邈不可知之理？抑亦元造無心，而施之不能無或悖也？惟先生蚤得陽明夫子爲之師，又得東廓、南野諸君子爲之友，而槲山、訥溪又相與砥礪切磋於患難之中，而貞志以固守者也。若其宦轍所至，潁川慕黄霸之風流，潮陽仰昌黎之山斗，蓋歷攬古今豪傑而師友之，兹先生之所以不朽也。奎等忝交遊之舊，感存亡之變，爰酌觴以陳詞，塞胸臆而憤懣，豈徒友誼之一悲，亦興世道之浩歎。然在先生，委順全歸，固當廓然遊太虚而無憾也。嗚呼哀哉！”（見乾隆《太平縣志》、同治《太平縣志》。）

郭學書《明鈞州知州晴川先生劉公遺愛碑》（太僕卿郡人郭學書撰，嘉靖三十四年立碑）：“我鈞，中州奥區也，寔禹初封，夏伯之國。嗣世逮今，侯守之蒞兹土者，計其惠澤在人，以循良稱者不乏也。若初終弗貳，至其去之愈久，而民愈思之不忘者，於劉公見焉。公名魁，字焕吾，學者稱爲晴川先生，江西泰和人也。筮仕判寶應府，歲戊子，擢守我鈞。公器宇端懿，合義履仁，語必由衷，動必中禮。其爲治也，廉静而寬柔，博愛而節用，不徼訐干時，不遷貳臨下，聚民之欲，去民之惡。越明年，政立惠流，民有奠業，乃恢弘規制，修振廢典，毁淫祀三百餘區，僧尼諭以婚配，編爲新民，因而改建廟二，祀禹、湯。以鈞，二王肇迹地也，社會所四十四，示民有約，勸民有歌；社學九十五，敦禮教讀，諭以訓導教約，月朔望則會課歌詩習禮。書院五，贍以學田，導以學約學説，暇則與諸生討論，絃誦四聞。社倉四，積粟至數十萬。己庚大祲，時公已去，民猶賴以振饑。里社祠五十一，八蜡廟三十六，名賢祠三，俾神鬼有歸，着爲祈報之所焉。表先賢之墓，禮節孝之門，倡古禮，力均田，省里甲，平繇役，簡訟獄，尊老恤孤，禮士愛民，周急剷暴，流想餘暉，不可殫紀。歷七年，政禮彬彬，民安物阜，里無愁歎之聲，士知根極之學。歲乙未，擢潮州府同知去。去

之日，老稚徊徨，若失怙恃，遮道泣留，直至襄城首山之陽。壬子，夏鈞父老以及大夫士乃相與奉公木主，同前守潘公恩生祀於遺愛祠。祠舊祀鄭大夫子產、漢太守黄霸、密令卓公茂，以鈞故潁川郡，其領縣新鄭，故鄭國；密，故密邑也。又明年乙卯，乃復共圖刻石，追誦德美，以宣鬱陶。僉以屬書，義不敢辭。於戲！書聞古今人之不相及也，若子產、黄霸、卓茂三子者。非鈞之古循吏炳炳者乎！非遺以震赫之威，便巧之術，而鈞之人士乃翕然尸祝而誦美之，此豈夫人能致耶？孔子有言：'善爲吏者樹德，不善爲吏者樹怨。'公在鈞七年，惟德是樹，故民思繫於深入，物論定於歲久，戀戀乎，固民之結諸心而不可解也。若其闢邪崇正，明先王之道，以化民成俗，則又小人所由而不知者，而君子永懷之焉。……"（見民國《禹縣志》卷十四《金石志》，又節録於卷八《學校志》。）

《禹縣志》按語云："按明中葉後，陽明學遍天下。晴川固陽明弟子也，在鈞德政見於自作碑記者，嘉靖十年有《增修名臣墓祭以防侵毁申文》，十一年有《仙棠書院奉安二程子及許魯齋三先生告文》，十二年有《改建里社祠記》，别有《蔡文忠公墓田並題詩碑》、《建褚河橋碑》，各依類入志，茲備著其目焉。"

劉魁爲王陽明弟子。王陽明卒後，劉魁作祭文曰："嗚呼！夫子已矣，後學失所宗矣，生民失所望矣，吾道一脈之傳，将復付之誰矣？雖然，人心有覺，德音未亡。儼門牆之在望，顧堂室之非遙。去意見之私，而必於嚮往；掃安排之障，而果於先登。是在二三子後死者不得辭其責矣。歸葬有日，築室無期，臨風遣使，有淚漣洏，嗟何及矣。矢志靡他，庶其慰矣。"（見《王文成全書》卷三十七附録。）

周怡、楊爵、劉魁三人合稱"嘉靖三諫臣"。周怡，字順之，號訥谿，安徽太平縣人。楊爵，字伯珍，一字伯修，號斛山，陝西富平人。嘉靖二十年、二十一年、二十二年，三人相繼以諫諍入獄，二十四年出獄，未彌月又入獄，三年後出獄。三人《明史》同傳。

周怡門人吴達可編《三忠文選》三卷，録嘉靖朝三諫臣之文，一周怡，一楊爵，一劉魁，見《四庫總目提要》。胡直弟子鄒元標爲之序。《明詩綜》云：劉魁"與楊伯修、周順之講學囹圄中……晴川，陽明弟子也，郡人鄒公元標，合三人詩刊之，題曰《三忠文選》"。

明楊爵有《楊忠介集》十三卷，《四庫總目》稱："世宗時齋醮方興，士大夫率以青詞取媚，而爵獨據理直諫。如所陳時雪之不可爲符瑞，左道之不可以惑衆，詞極剴切。下獄以後，猶疏諫以冀一悟。其忠愛悱惻，至今如見。"

楊爵又有《周易辨録》，其書前有《自序》，題嘉靖二十四年乙巳，《四庫總目》稱，楊爵"以上疏極論符瑞，下詔獄繫，七年始得釋"，"蓋即其與周怡、劉魁等在獄中講論所作"。

明周怡《訥谿奏疏》一卷，《四庫總目》稱，周怡"擢吏科給事中，以疏劾嚴嵩廷杖，下錦衣獄。三年，世宗感乩仙之言，得與楊爵、劉魁同出獄。未幾，以熊浹劾乩仙誣妄激世宗怒，復逮入獄。又二年，始得釋"。"蓋其平生觸犯權倖，至再至三，困踣顛連，僅存一息，而其志百折不改，勁直忠亮，卓然爲一代完人。是集……雖卷帙無多，而生氣凜然，猶足以見其梗概也。"

劉魁則有《省愆稿》五卷，《四庫總目》稱，劉魁"嘉靖初，疏諫雷壇工作太急，忤旨廷杖，與楊爵、周怡同，長繫鎮撫司獄，久之，釋歸而卒。……所著有《晴川集》、《仁恩録》，今皆不傳。此編……蓋亦獄中作也"。

嘉慶《太平縣志》卷十二載周怡、楊爵、劉魁第一次出獄後，相互送別，有贈答詩，托周增之名。

楊爵作《舟中贈周抑之二首》。其一："千里燕河一棹情，柳灣曲處晚風清。明朝客思分南北，共有天涯孤鴈聲。""原註：舟中贈周抑之，楊爵書。"其二："秋雨秋風裏，扁舟過武城。遙聞烟火處，尚有弦歌聲。王事跡猶在，東周志欲行。徒憐莞爾戲，竟作獲麟情。""原註：過武城識別意，斛山書。"

劉魁作《舟中贈周抑之二首》。其一："歸家再拜重闈壽，便著斑斕戲老萊。到處逢人開笑口，爲言天上候春回。"其二："世路崎嶇無足恠，人情厚薄我何加。趨庭若問別時語，剖破籓籬即大家。""原註：周子抑之萬里來候，訥谿先生幸同舟共濟者半月，賦此爲別，泰和晴川劉魁書。"

周怡作《舟中寫懷爲抑之書》："此日別誠別，把袂心如割。數年生死情，一旦西南隔。停雲望漸遠，飛鴈聲偏惻。蓬室移芝蘭，幽芳猶未歇。孤舟宿新隄，征鞍照初月。仰視縱横星，耿耿不泯滅。彼美西方人，何以慰饑渴。""原註：在嘉靖乙巳九月三日，臨清送斛山楊公西歸，晴川劉公同余從舟南行，增姪同舟，旬餘，又送劉公稍遠別，復登舟，持楊公簡，有'回首不見二兄，心如割，天地常在，一念不泯没'之語。怡因寫懷，爲抑之書。"

嘉靖乙巳爲嘉靖二十四年（1545），與《明史》"二十四年八月有神降於乩，帝感其言，立出三人獄"記載相合。

周增，字抑之，周怡之姪。嘉慶《太平縣志》卷六《孝義》："周增：字抑之。重詩書，敦孝義。弱齡失恃，事繼母尤謹，素見宠於叔太常訥谿公。時太常以直諫與楊公斛山、劉公晴川後先繫獄，抑之不憚數千里往省太常，慇懃

懇至，并爲楊、劉二公所重。及釋歸，同舟南旋，臨別，三公各詩以贈，遺筆猶存。國朝邑侯李，以孝洽忠忱表其間。”

此外，《明詩綜》卷五十三又載劉魁《過德州次納溪韻寄斛山》詩一首：“纔過滄州又德州，綠楊堤岸菊花秋。未論秦楚萬餘里，且共風波一葉舟。農圃漁樵俱是侶，江湖廊廟敢忘憂。獨憐腰脚差還健，有約同登華嶽遊。”

同治《泰和縣志》又載劉魁《癸卯元日獄中自吟》詩云：“去年此日綴朝班，稽首相呼仰聖顔。禮樂文章三代上，樓臺殿閣五雲間。一人有慶乾坤泰，四海無虞虎豹閑。今日纍臣幽縶處，鐵門空望泪潸潸。”

又《舟至螺川，聞復遣校追回，即星馳就縶，寄兒姪輩》詩云：“廿載君恩天地大，百年身世羽毛輕。孤臣底事勞明主，萬里何心保此生。老眼不揮兒女泪，丈夫自有別離情。丁寧囑咐無他語，莫負廬陵忠義名。”

羅洪先《念菴文集》卷十一《劉晴川公六十序》亦記當時情狀。《序》云：“嘉靖二十年，工部虞衡員外晴川劉君焕吾，上封事，下詔獄。是時上親覽章奏，明察幽隱，謂君之言和而有體，又不越他人職事，故不深罪，第欲稍留之，以觀其誠，遂與富平楊伯修、姑孰周順之，留獄中者六年。上復遣伺三人動語食息何似，有所異否。聞其食乏衣穿，色不沮，言不懟，而講論終歲不輟，則又時時給食食之，既久，而三人之誠愈著。一旦，不待有司之請，釋歸故鄉，天下之人莫不感聖天子之仁，慶三人之遭，而於劉君尤有私幸。蓋其出獄之明年，年且六十矣，於是門人諸生得從君遊者，其感與慶，又自有加於天下之人也。相率索余言以爲壽。余觀自古進言於君，有扣閽牽裾、泣血碎首致其忠者。彼蓋適有所迫而爲之，非得已也，其後遂有勦襲其事者矣。然當時之君，肆其威斷，加以戮辱，誅譴之慘，而一時之人亦皆駭聽而動其嗟咨。不知抱抑畏譏，不勝困挫之苦曾未幾，至於隕穫摧頽以敗露者多矣。又或望之於君父，而不免躬蹈其非，嚴於論國而恕於家人妻孥者，往往而是，則亦何以望古人哉？蓋嘗思之，其所以至此者，要皆不免於意氣之爲也。夫理有可據，乘以少壯鋭進之年，則意易動而難忘；義有所激，輔以剛直不平之資，則氣易使而難制。及其既衰，揣擬之見不效，他顧之私横生，回視向之所進，適足憎其悔焉耳，其身之不能自信若此矣。故雖聞其名，傳其言，若足以鼓一時之觀聽，然其人未終，音響消歇。此與孟子所謂‘浩然之氣塞天地而常存’，豈直不可同日語哉！劉君篤厚沈默，早聞陽明先生致良知之説，自入官，即以所聞者行之，而未嘗變易以趍乎時好，固非獨六十之齒，數年之困，始足以見君。而

君之脱獄也，色益恭，歉然恒若有所不及者。嘗語余曰：‘今而後知弗欺而犯之難也。’又曰：‘聖天子生全曲成至矣，而吾負罪引慝猶有未盡，吾心慚焉！’夫以顛頓窘束之中，而不忘恐懼修省之誠；當衆人歆羡嗟咨之時，而益嚴於檢點收斂之實。摧之不能令其損，揚之不能令其前。其言也，出其不得已，而非有所惑於中；其無言也，斂其所可已，而非有所懲於後。故不特聖天子諒其言而已也，而天下已陰蒙其施；不特士大夫尚其事而已也，而武夫獄卒亦知理義之可信。由是而推極之，非孟子所謂‘浩然之氣塞天地而常存’，而彼勦襲其事者，非夫欺而犯者歟？嗟夫！不知學，則其人不可以朝夕計；知學矣，窮達禍福，升沈得喪，不足以動其常存。古之言壽與夭者蓋如此。君既歸，與鄉之士大夫及其門人諸生日從事於學，而余之不才亦與有聞。其將何以壽君？相率而索言者某等凡四十有幾人，皆其門人諸生，而鄉之士大夫不在是數。其所謂不能行之天下、猶可驗之一鄉者，與使鄉之士大夫至於門人諸生，學焉而皆至於不忍欺，則君雖無是封事，其常存者固自與天地無敝矣。”

到周怡、楊爵、劉魁三人第二次出獄後，劉魁又曾至太平縣走訪周怡。

嘉慶《太平縣志》卷八《流寓》：“劉魁，號晴川，江右泰和人。正德中鄉薦，歷任工部員外，嘉靖壬寅以疏請緩建雷殿，廷杖下獄，與給事周怡同繫，久乃釋。庚戌來訪怡，留數月去。”（嘉慶《寧國府志》卷三十一之三、光緒重修《安徽通志》卷二百六十四同。）嘉靖庚戌即嘉靖二十九年（1550）。

劉魁爲正德二年（1507）舉人，歷官寶慶府通判、鈞州知州、潮州同知、工部員外郎。

嘉靖《江西通志》卷二十七：“正德二年丁卯鄉試：劉魁。”

嘉慶重修《大清一統志》卷三百二十九：“劉魁：泰和人，由鄉薦，歷寶慶通判，鈞州知州，潮州同知，所在有惠政，升工部員外郎。”

萬曆《泰和縣志·列傳》：“正德中，魁以鄉舉，授寶慶通判，擢鈞州知州，歷潮州府同知，入爲工部員外郎。”

隆慶《寶慶府志》卷四《人事考》：通判：“劉魁：字焕吾，泰和舉人，嘉靖任。慈祥愷悌，事劇心閑。嘗受學陽明王守仁，造詣深潛。詩文猝然，一出于正。和易近民，温良愛士，有古循吏風。著學説，刊《大學》古本，復風月臺，作景濂堂，建愛蓮亭。擢知鈞州，轉工部員外郎，上疏停建雷壇，與御史楊爵、給事中周怡同繫，時稱‘三君子’。尋得釋，卒于家。隆慶改元奉遺詔郵録，贈太常寺少卿。”（康熙《寶慶府志》卷二十三《名宦傳》、道光《寶慶府志》第百七《政績録三》略同。）

雍正《河南通志》卷三十三《職

官・開封府・屬知州知縣・禹州》："劉魁，江西泰和人，舉人，嘉靖七年任。"同書卷五十六《名宦・禹州》："劉魁，江西泰和人。正德間，由舉人任禹州。入郡講學，毀淫祠。其政先嚴後寬。丈地均糧，俱有成法，數年内，教化大行。升潮州府同知，民思之，奉祀遺愛祠，配子産、黄霸。"

劉魁升任鈞州知州在嘉靖七年，其任寶慶府通判當在嘉靖二年至六年。

康熙《寶慶府志》卷五《秩官表》：通判：嘉靖："劉魁字焕吾，泰和人，舉人，二年任，有傳。"

寶慶與永州、道州相鄰，劉魁在寶慶府通判任上，因公事來到永州、道州。

《四庫提要》稱劉魁"少從王守仁遊，講良知之學；登朝以氣節著，吟詠非所注意"。但此詩雖短，然"濂溪疑水接瀟湘"一句亦極概括之能事。跋文中假設詩魔而與之對話，亦頗有趣。

跋中所記行程甚悉。"得登九疑，拜重華陵；泝濂溪，謁元公故里；遊月崮，觀望弦月；憩淡崮，讀山谷詩"，又云"子過浯溪，吾方受命"，連朝陽巖，共遊歷五處景地，而均不離濂溪、疑水、瀟水、湘水左右也。

劉魁在元公故里有詩刻。

月巖今存劉魁詩刻兩幅，一爲七言，一爲五言。七言詩刻爲《謁濂溪先生祠兩首》，有題、有序、有跋、有款，並有刻工留名。觀其内容，可知作於濂溪祠，而寄刻於月巖。

《謁濂溪先生祠二首》："葉子酌濂不以爲陋，並命工刻之月巖。瓣香久欲薦溪蘋，今日躬尋庭草春。孔孟以來推此老，程朱之上更何人。圖書未領千年意，風月空瞻七尺身。最是神明扶正直，池蓮應不雜荆榛。又：濂溪溪上敬停驂，再拜先生古道顔。聖可學乎真有要，果而確也信無難。圓圈萬象包含内，芳草一庭意思間。攝邵至今風韻在，一回瞻望一回慚。"跋云："先生常以永州倅攝邵州事，仰懷先啟，俯愧後塵云。廬陵後學劉魁謹書。公寶慶别駕也。承邀至州，故有紀。雍白。匠莫佐刊。"

"葉子酌濂"爲葉文浩。福建閩清縣人，道州知州。

詩中"孔孟以來推此老，程朱之上更何人"二句，最爲警辟。

劉魁在月巖有詩刻。

月巖另有劉魁五言詩刻三首。題爲：《大明嘉靖四年，是爲乙酉歲。夏六月，甲子，廬陵晴川劉子魁，公幹道州。辱牧伯三山酌濂葉子文浩，邀爲月巖之遊。而文學德興秋潭葉子采、庠友廖時雍、時寅、汝弼氏偕在。賓主斯文，乾坤嘉會。酒酣歌浩，月出山高。僕夫戒嚴，野興未已。復相與據石而坐，請〈太極〉之遺編；剪茅以行，尋庭草之交翠。徘徊久之，乃别》。詩云："旁列陰陽畫，中分上下弦。地形

呈太極，天意啟真傳。不有元公覺，誰開後學先。幸逢賢牧伯，相與講遺編。又：一圖□□虛，左右分爲两。天地固先□，陰陽自成象。從此混沌開，今古亦勞攘。安得復其初，草木隨生長。又：太極辯有無，名賢争銖两。圖圖者何心，太極難爲象。議訟固雲然，要之亦徒攘。安得會心人，付以此山長。"自注云："是日飲於東門，觀下弦月。"

葉采，號秋潭，德興人，嘉靖五年任道州教諭。

劉魁在層巖有詩刻二首。

道光《永州府志》卷二下《名勝志下·永明》："明劉魁（御史）詩：澹巖幽邃月巖古，似此層巖世上稀。螺髻可如懸石怪，丹青難寫此山奇。一泓流水千家潤，全楚清風两袖攜。我欲六丁持斧鑿，雷車共爲野人移。""又詩：剪茆循磴道，鞭馬過層山。浪跡形骸外，留名天地間。意從流水遠，心共白雲閑。莫易朋簪盍，須知後會難。"

二詩又見康熙《永明縣志》卷十三《藝文五》，"剪茆循磴道"作"剪茆循周道"，其餘文字均同。

光緒《永明縣志》卷五十《藝文志七·碑版》："翦茅循周道，鞭馬過層嵒。浪跡形骸外，名山天地間。意從流水遠，心共卧雲間。莫易朋簪盍，須知後會難。晴川劉魁。"按語："右前後詩共一石，分二層。徐詩上層，共十二行。俞詩下層，共十三行。後餘石刻明劉魁詩。"

上述五言詩，道光《永州府志》、光緒《永明縣志》字句不同，道光《永州府志》所載在《名勝志》不在《金石志》，故當以《永明縣志》爲准。由《永明縣志》可知此詩曾經上石。

上述七言詩道光《永州府志》、光緒《永明縣志》全同。二書並録永州知府黄焯和詩云："澹巖讀罷涪翁句，步到層巖世亦稀。點點懸針添景象，深深小徑入幽奇。天臺却喜群僊會，謝傅還堪两屐攜。可笑此身兼四美，翛然欲賦《北山移》。"

康熙《永州府志》卷八《山川志·永明縣》："層巖：在縣西南二里層山之陰，峒穴空廣，仰焕天光。高十數丈，廣數百步，有澗自嵓中出，横紆如带，四時不竭。跨有石龍，峙有石笋，鍾乳倒懸，結成觀音、獅猊之象。稍入漸晦，秉燭可達，名賢題咏甚多。"宋縣令徐一鳴有《層巖記》。

由詩句"澹巖幽邃月巖古，似此層巖世上稀"、"澹巖讀罷涪翁句，步到層巖世亦稀"可知，劉魁的遊歷是先到零陵，再到九疑、濂溪，再到道州屬縣永明境内的層巖。

劉魁在浯溪亦有詩刻。

浯溪今存劉魁詩刻，無題，詩云："磨崖百丈高，壁立千餘載。靈武事堪疑，《中興頌》尚在。過者輒登臨，我

來增感慨。莫遣打碑人，重爲此邦害。”署款：“大明嘉靖乙酉秋，廬陵晴川劉魁。”

可知劉魁遊歷永州之次序應爲：從寶慶府出發，先至零陵遊歷澹巖，再至寧遠縣九疑山，拜謁舜帝陵；而後西北行進入道州，拜謁濂溪祠，隨後觀覽月巖；沿瀟水北行至零陵，覽朝陽巖；又乘湘水東北行過浯溪。遊歷浯溪後，或沿祁水北行，遂歸轄區寶慶府。

朝陽巖詩刻同遊者白繡，在永州亦有石刻。

道光《永州府志》卷十三《良吏傳》：“白繡，桂林舉人。弘治十六年司諭東安，訓士嚴肅，師望凝然。嘗作《儒學科貢題名記》以示激勸。”

光緒《東安縣志·職官》：“白繡，桂林舉人。明弘治中爲縣學教諭，以殷肅教士，科條謹飭諸生，無敢干外事者。縣瀕猺寇，文藝相廢，繡習韓歐義法，誘導後進，一時翕然宗焉。所作《科貢題名記》在《建置篇》。”

白繡《科貢題名記》云：“皇明稽古定制，選民間俊秀養之於學宫，三年一大比，拔其尤者，貢於春官，曰舉人。每歲一貢，選其優者升之冑監，曰監生。百四十年來，名臣碩輔，胥此焉出，不由此者，不謂之正途。東安，永之屬邑，拱九疑，抱清湘，士生其間，多俊秀雄傑。故自洪武庚戌以來，貢舉者皆寬洪博大之器。第以世遠人亡，姓名湮没，後百年而進者，訪其鄉先達，漫無所知聞，然則後進何由而激勸哉！乃考《縣志》寫本，得若干人，伐石命工以鐫之。虚其左以俟將來後進之士，登斯堂，目斯人，必有感發而興起者！烏乎！名之漫滅，固可惜矣，名之昭揭，亦可懼哉！”

光緒《零陵縣志》卷十四《藝文·金石》載澹山巖白繡題名：“桂林白繡，以嘉靖癸未仲秋來宰零陵，丁亥孟春望日，約郡博林子馨、李子芬、干子紹熙、劉子洙，邑博王子校、裘子采、蘇子賫，邑博祝子信曾，同遊澹巖，盡一日之歡，遂刻於石。”同卷又載“玄關”榜書，“臨桂白繡題，會稽沈藎書”。

# 嘉靖五年謝蕡“尺五天”榜書

## 釋　文

嘉靖丙戌春

尺五天

閩人謝蕡書。

## 考　證

“尺五天”在朝陽巖下洞右側青陽洞口，高46公分，寬95公分，三行。石面另有石山保六行云：“石山女”、“李門寄名石山保”、“朝陽保”、“張門寄名石山保長命富貴”、“兒門寄名石山女”。

嘉靖丙戌爲嘉靖五年（1526）。

謝蕡，字維盛，號可嵩，閩縣人。正德十四年舉人，正德十六年進士。嘉靖五年以禮科給事中之職出使兩廣，路經朝陽巖。

正德《福州府志》卷二十三《選舉志·鄉舉》：“正德：十四年己卯陳公陞榜：謝蕡：字惟盛。易睿之孫，翰之姪，賨之從弟。”

雍正《福建通志》卷三十七《選舉·明舉人》：“謝蕡：睿孫，辛巳進士，正德己卯十四年陳公陞榜。”

同書卷三十六《選舉·明進士》：“謝蕡，正德十六年辛巳楊惟聰榜。”

萬曆《福州府志》卷二十三《人文志·名賢》：“謝蕡：字維盛，閩縣人，正德十五年進士，選禮科給事中，敢言事。孝肅皇帝御極，每虚己求諫。時四川楊文忠在内閣，凡臺省上疏，率優詔答之。蕡諫乳媪濫封，因勸上節恩澤，戢内侍。又論救翰林吕柟等，皆蒙聽納。嘉靖三年，大禮議起，永嘉張相孚敬時方爲主事，與楊文忠論不合，蕡同諸給舍力争，詔杖闕下，未幾又論

孚敬、桂萼輩險邪不可用，復奪俸三月。明年遣使两廣，途中又上言乞戒在外諸司酷刑，天子爲感動，下詔榜諭天下。尋擢太平郡守，未上，卒於途。蕡在言路，號知大體。隆慶改元，録世廟言事諸臣，贈太常少卿。”（乾隆《福州府志》卷四十九、民國《閩侯縣志》卷六十六略同。）

乾隆《福建通志》卷四十三《人物·福州府》：“謝蕡：字維盛，閩縣人，正德辛巳進士，擢禮科給事中。嘉靖初，疏諫乳媪劉氏及宫人孫氏濫封，因勸世宗節恩澤，戢内侍。又論救翰林吕柟，悉見嘉納。會册中宫，有閹寺女姪入選，蕡按其世籍劾罷之。南京灾，疏請勉力行修德政，以答天心。復陳科舉之弊，乞崇經術以去邪説，革宿弊以求實學，嚴約束以節民財。又請正體統、戒聰察、寬三公詰責、略九卿詿誤、復諫官、體庶職、戒近習、禁報復，諸所建白，皆關國體。大禮議起，蕡與都給諫張翀曰：‘吾禮臣，當以死諍。’力排張孚敬桂萼之議，連章詣左順門素服待罪，奪俸三月。一日有旨取議臣疏，蕡當直，以朝議進，再索，復進，三下而三進之。世宗怒曰：‘直科者誰也？’左右以蕡對。蕡附奏曰：‘皇上燕閑清曠，故敢以朝議進，冀垂觀覽。若議臣之言久當聖心，臣故不敢進也。’因疏乞歸田，不允。已而召百官至左順門，敕諭去本生，直考興皇。蕡與諸給舍遮百官伏闕泣諫，詔杖闕下，幾斃。尋轉右給事中。福州海門潮汐，舊迂廻東山下爲三十六灣，折入河口水部門，海寇内窺者不得揚帆至内港。弘治間，鎮守鄧太監惑番舶厚利，於上王地方鑿新港，徑趨大江。舊河淤塞，河口以東民日敝。至是，蕡上疏陳新港六害，乞塞之以甦地方、弭海寇。詔下鎮巡，興工填塞。被命覈楚粤邊儲，蕡自湖南上言：‘天下藩臬以下，用刑太酷，民命無措。自權奸煽禍以來，所在荼毒生民。遭霜之葉不可以風，垂疾之病豈容再汗？’世宗可其奏，詔録版頒諭天下。爲當路者所忌，出知直隸太平府，未任，卒。隆慶改元，録嘉靖言事諸臣，贈太常寺少卿。”

李清馥《閩中理學淵源考》卷四十六《少卿謝維盛先生蕡》：“謝蕡字維盛，閩縣人。正德十六年進士，選禮科給事中，敢言事。肅皇初御極，虚懷求諫，而楊廷和爲首輔，擁掖言者，每言官上封事，率優詔答之。時有乳媪濫封爵賞，具疏諫，因勸上節恩澤，戢内侍。已又論救翰林吕柟等，上懽然聽納。嘉靖三年，大禮議起，張璁時方爲主事，與相廷和論不合。蕡同諸給舍力争，上怒，詔杖闕下。無何，復論璁、桂萼輩憸邪不可用，復奪俸三月。其明年，使粤東西，蕡疾在外諸司刑憯酷，非上好生意，具疏乞戒止，天子感焉，爲下詔榜諭天下。尋擢太平守，未上，

卒於途。蕡在言路，號知大體。隆慶改元，録世廟言事諸臣，贈太常寺少卿。(《越章録》)"

所著有《後鑒録》、《給諫集》。《後鑒録》今存抄本。

《明史》卷九十七《藝文志》："謝蕡《後鑒録》三卷。"

《千頃堂書目》卷五："謝蕡《後鑒録》三卷：閩縣人，正德辛巳進士，官禮科給事中，以争大禮，刻張、桂，出知直隸太平府。《録》皆正德時諸叛逆，爰書也。"

同書卷二十二："謝蕡《給諫集》：字維盛，閩縣人，禮科給事中，以議大禮，廷杖，又刻張、桂憸邪不可用，奪俸。尋命出知太平府，未上官，卒於道。隆慶初贈太常少卿。"

《御選明詩·姓名爵里》："謝蕡字維盛，閩縣人，正德辛巳進士。除禮科給事中，出知太平府。隆慶初，贈太常少卿，有《給諫集》。"同書卷八十録謝蕡《白沙月下感懷》詩："野曠霜空萬木凋，歲寒孤櫂傍清宵。江聲永夜驚虚枕，月色中天上遠潮。千里風煙勞夢想，十年心跡愧漁樵。白沙翠竹情無奈，玉宇瓊樓望轉遙。"

謝蕡在淡巖亦有題名二通。光緒《零陵縣志》卷十四《藝文·金石》：澹山巖："謝蕡題名：嘉靖五年暮春望遊，給事中閩山謝蕡書。"注："右大楷書。"

又："謝子蕡等題名：嘉靖丙戌暮春望後一日，給舍謝子蕡，柱史劉子穎，與郡守黄子焯，同遊淡岩。時暴雨初霽，景物軒豁，襟寰暢然，登眺久之。"注："行楷八行。"

暮春望後一日爲三月十六日。

同遊者爲監察御史劉穎、永州知府黄焯。黄焯有《奉陪謝可嵩、劉洪齋二公遊朝陽岩用嚴太史韻四首》在《朝陽巖集》中，劉穎則有《朝陽洞用嚴惟中太史石上韻》詩刻，署款"永州刺郡黄君邀余與可嵩謝禮科同遊賦此"，今朝陽巖尚存。"可嵩"當是謝蕡之字或號。

謝蕡先任禮科給事中，後升右給事中。萬曆《福州府志》載謝蕡在嘉靖三年大禮議之後，奪俸三月，"明年遣使兩廣，途中又上言乞戒在外諸司酷刑"，與石刻嘉靖五年三月至永州石刻"給事中閩山謝蕡"、"給舍謝子蕡"、"可嵩謝禮科"相合。乾隆《福建通志》載謝蕡"被命覈楚粤邊儲，自湖南上言，用刑太酷"，在"福州海門潮汐"之後，記載雖詳，而事不連貫。當以萬曆《福州府志》爲準。

# 嘉靖五年謝蕡“半壁天”榜書

## 釋文

嘉靖丙戌春

半壁天

暮朔日刻。

## 考證

“半壁天”榜書三大字在朝陽巖下洞内洞頂石壁上，高37公分，寬81公分，三行。署款“嘉靖丙戌春暮朔日刻”分列於榜書三大字左右。

春暮朔日爲三月初一日。

宗霈《零志補零》卷下著録“半壁天”云：“‘半壁天’三大字，鐫懸崖之上，旁記‘嘉靖丙戌春暮朔日刻’。惜書者名已缺。”

今按書者爲謝蕡。

# 嘉靖五年謝蕡“一竅天”榜書

## 釋文

一竅天

## 考證

“一竅天”榜書三大字在朝陽巖上洞入口處右側，高78公分，寬36公分，一行。

按，謝蕡“尺五天”、“半壁天”、“一竅天”三通石刻，大字榜書俱作飛白書形體，署款俱爲行楷，字體及刊刻款式相同，故均斷爲謝蕡所書。三通石刻之署款互相補充，一題年號、時次及作者名，一題年、時、月、日而省作者名，一全省。題“尺五天”者，言其巖之高；題“半壁天”者，言其巖之凹；題“一竅天”者，言其洞之狹。皆肖其實景。可知作者遊歷次第，乃是先至下洞，由洞外而至洞中，再由下洞而登上洞。杜甫《贈韋七贊善》詩：“爾家最近魁三象，時論同歸尺五天”，自注：“俚語曰：‘城南韋杜，去天尺五。’”

# 嘉靖五年劉穎《朝陽洞用嚴惟中太史石上韻》詩刻

## 釋　文

朝陽洞用嚴惟中太史石上韻

古洞谺然水面開，青天尺五望中回。汀蘭岸芷多芳思，盡逐東風送酒杯。

巖倚朝陽空洞開，泉流幽竇席前回。飛觴正是清明候，絶勝蘭亭水上杯。

黄門巨筆當壁開，太守朱旛水上回。照映巖前好風景，習家池上浪傳杯。

水上雙雙畫鷁開，夕陽蕭鼓醉翁回。青天有月來何晚，不到巖前共舉杯。

嘉靖丙戌春三月，永州刺郡黄君邀余與可嵩謝禮科同遊賦此，進士、監察御史、臨川劉穎識。

## 考　證

詩刻在朝陽巖逍遥徑石門處，高100公分，寬69公分，十二行。

詩共四首，每首二行。第一行均二十三字，第二行均五字。五字下空白處似仍有二字，疑記小目，惜已不清。

詩刻遭雨水苔蘚磨泐嚴重，幸有《朝陽巖集》著録，題爲“和嚴太史韻四首”，署名“臨川劉穎，監察御史”。黄焯編纂《朝陽巖集》，又即當日邀約同遊者，故記載最確。但《朝陽巖集》略去了詩刻的署款。

隆慶《永州府志》卷七《提封》著録第一首，署名“御史劉穎詩”。

嘉靖丙戌爲嘉靖五年（1526）。

“嚴惟中太史”，即嚴嵩。嚴嵩，字惟中，號介翁，江西分宜人。弘治十八年進士，改翰林院庶吉士，授翰林院編修，旋病休歸里，讀書十年，正德十一年還朝復官。嘉靖七年曆禮部右侍郎，十五年任禮部尚書兼翰林院學士，二十一年以禮部尚書嚴嵩兼武英殿

大學士，預機務。嘉靖四十一年致仕，四十四年削籍爲民。

嚴嵩於正德十三年（1518）使粵，過永州遊朝陽巖，有《永州城西朝陽巖踞湘水上，景號奇絶，太守何君攜酒巖上》詩云："危石野亭雲外賞，澄潭仙舸鏡中回。朝陽巖洞堪留客，湘水湘山對舉杯。"見嚴嵩《鈐山堂集》卷五《使粵稿》，亦見黄焯《朝陽巖集》，又見隆慶《永州府志》卷七、康熙《永州府志》卷二十三、康熙《零陵縣志》卷十三。由"石上韻"可知，原詩曾經刻石，今不見。

嚴嵩在永州又有《尋愚溪謁柳子廟》詩云："溪樹荒煙非昔時。世遠居民無冉姓，跡奇泉石空愚詩。城春湘岸雜花木，洲晚漁歌清竹枝。才子古來多謫宦，長沙亦羡賈生辭。"詩刻今存永州零陵柳子廟，爲嚴嵩手跡，行書七行，署款"正德戊寅仲冬十四日，翰林國史編修分宜嚴嵩書"。又見隆慶《永州府志》卷十、康熙《永州府志》卷二十三、康熙《零陵縣志》卷十四。又見《鈐山堂集》，尾聯改作"才子古來多謫宦，長沙猶痛賈生辭"，楊慎《升庵詩話》評曰："結有諷，妙在'猶'字。"

嚴嵩又有《題瀟湘樓》詩云："山色青瑤潤，江光素練長。誤疑看圖畫，乃覺臨瀟湘。"見《鈐山堂集》卷五《使粵稿》。

嚴嵩又有《過祁陽，聞節婦成氏有蔡文姬不應入〈列女傳〉之議，感賦》："敗葉蕭蕭委樹飛，胡笳聲咽漢庭歸。當年青史留遺事，不道人間有是非。"見康熙九年《永州府志》卷二十三《藝文志六》。

黄焯《朝陽巖集》所載和韻嚴嵩詩，除劉穎外，尚有何詔、徐咸、王瑞之三人。《朝陽巖集》所載多由石刻著録，今朝陽巖均不見。

嚴嵩《永州城西朝陽巖踞湘水上，景號奇絶，太守何君攜酒巖上》，"太守何君"即何詔，山陰人，正德十三年任永州知府。何詔《和嚴太史韻》詩云："岩顛怪石亂雲堆，岩下湍流去復回。太史同遊良不偶，殷勤更進手中杯。"

徐咸，字子正，海鹽人，歷官沔陽知州、南京兵部員外郎、襄陽府知府。

嘉靖《沔陽志》卷十六《良牧傳》："徐咸：字子正，浙江海鹽人。進士，正德初除知沔陽。初，廟學敝陋，鋭志鼎建，即首捐俸倡之，民争委輸，比成，規制弘敞，公私無費。又數行田勸農，在州三年，境内殷富。累官襄陽知府。"天啟《海鹽縣圖經》卷十三《人物篇第六之四》："徐咸：字子正，泰同母弟，舉進士，知沔陽州，歷襄陽知府。入覲，中考功法歸。咸坦度高懷，與物無忤。居官寬簡，持大體。沔多黍，咸教民引渠灌泉，倣吴地種稻。襄

有妖民惑衆，罪其魁，餘悉解散。性孝友，事二親飲食，寢食飲食，省視必躬。仲兄衰老，迎養於家，奉之如父。晚歲築園城闉，名小瀛洲。遇勝日，邀邑中諸名勝飲酒賦詩，陶然自適，時在會者多高年耆宿，風流文雅，爲一時之盛，後輩慕悦之者至以白香山、司馬君實故事比之焉。所著有《近代名臣言行録》、《澤山野録》、《四朝聞見録》、《西園雜記》、《東濵三稿》。"徐咸《小瀛洲社會記》亦見天啟《海鹽縣圖經》，明錢燸穀、鍾祖述編《小瀛洲社詩》六卷。

徐咸《和嚴太史韻》詩云："洞口泉深知泒遠，岩頭雲淨見峰回。臨風我欲招元子，共醉零陵太守杯。"署名"海鹽徐咸，兵部員外郎"。光緒《零陵縣志》卷十四《藝文・金石》據原石著録，署款"正德己卯夏六月三日郡伯鄉丈何先生拉游朝陽岩和嚴太史韻"、"尚書兵部員外郎海鹽徐咸題"，注："右楷書共十二行"。又徐咸浯溪題名署款："正德己卯六月五日尚書兵部員外郎海鹽徐咸。"

嚴嵩正德十三年十一月（戊寅仲冬）與何詔同遊朝陽巖。而徐咸則在次年正德十四年六月與何詔同遊朝陽巖，並且觀覽了嚴嵩的原詩。

王瑞之，正德十年貶永州推官。在朝陽巖另有正德十四年次何詔原韻詩刻，已見前。

王瑞之《和嚴太史韻》詩云："岩洞虛明向日開，岩前景物自春回。登臨會有蓬萊客，無限風情入酒杯。"署名"江陰王瑞之，本府推官"。

黄焯自己亦有《奉陪謝可嵩、劉洪齋二公遊朝陽巖，用嚴太史韻四首》，在《朝陽巖集》中，署名"龍津黄焯，本府知府"。詩云："乾坤雕斫成佳勝，日月容光自往回。不必東山尋大傅，而今重把屐前杯。""洞口桃花不浪開，洞中仙子肯重回。若教點破桃花水，端有劉郎送酒杯。""石洞穹窿傍水開，石峰秀拔日昭回。山環水繞都奇絶，博得春風酒一杯。""自從元柳看山後，今古朝陽第二回。簫鼓未須頻聒耳，席前流水不停杯。"詩當作於嘉靖五年。

澹巖有黄焯、劉潁、謝蕡題名，署款"嘉靖丙戌暮春望後一日，給舍謝子蕡、柱史劉子潁與郡守黄子焯同遊淡巖"。據此可知，謝可嵩即謝蕡，劉洪齋即劉潁。

此後到嘉靖二十二年（癸卯，1543），彭柳崖亦有和嚴嵩詩："牙檣隔水自天來，雲影晴光江满回。書带不教驚俗眼，有誰能薦洞中杯。"自注："見介翁詩有感。"

彭柳崖詠朝陽巖詩共四首，其餘三首云："漫将屐齒躡巖巔，淨掃巖苔看墨鐫。因憶吾都嚴太史，題名此後我生年。"自注："翁戊寅遊此，予生之年

也，故云。”“朝陽名洞枕瀟湘，登眺憑虚遣興長。翠靄碧煙封石逕，幽芝閟茝露天香。百年豪傑争游憩，萬種標題競璧璜。勝跡卻疑塵跡到，五雲深處覓羲黄。”“巖石嶙峋費躋攀，湍流巖下自潺潺。平瞻碧落星辰迴，俯見汀沙鷗鷺間。亭峙觀瀾雄勝概，石流望道透賢關。乾坤於此終何意，赢得今人説次山。”自注：“次舊韻。”署款云：“嘉靖癸卯孟冬，袁郡彭柳崖漫遊及此，登高臨流，神爽興發，因援筆紀勝。自愧人微句俚，故隱其名。時從行者弟竹亭也。噫！江山有待，時數難齊，安知嗣此無登名之日耶？”據署款可知，彭柳崖爲江西袁州人，名不詳，號柳崖。

正德十三年戊寅（1518）生，則嘉靖二十二年癸卯（1543）二十五歲。

劉穎和詩上距嚴嵩原詩，已有八年。

劉穎，字時秀，號洪齋，臨川人。

雍正《江西通志》卷八十二《人物·撫州府·明》：“劉穎：字時秀，臨川人。正德進士，由開化令徵拜御史。以議大禮忤旨，廷杖，出按廣西。時田州岑氏搆亂，請兵督剿，斬岑邦彦於工堯隘。穎功居多，復按貴州，以疾辭歸，尋卒。所著有《小遲集》。”（光緒《江西通志》卷一百五十三略同。）

崇禎《開化縣志》卷二《官師志》：“劉穎：字時秀。政務不擾，量能有容心。尤切於撫字民疫，率醫調治。其子亦遘疫，謝醫。詩云‘嗟嗟憂民如憂兒，兒今病愈民何如’之句，觀此詩則侯心可知矣。”（雍正《開化縣志》卷三同。）

雍正《浙江通志》卷一百五十五《名宦·衢州府》引天啟《衢州府志》：“劉穎：字時秀，臨川人。正德十二年由進士知開化縣，政務不擾，時民多疾疫，延醫遍爲胗治。及己子病，勿爲意。民歌曰：‘我公憂民如憂兒，兒今病愈其何如！’其愛民如子可知。”（康熙《衢州府志》卷三十一同。）

雍正《廣西通志》卷六十七《名宦·明》：“劉穎：字時秀，臨川人。嘉靖初，命盤查湖廣、廣東西。時田州土官岑猛殺官奪印，降璽書委穎督剿。以都御史姚鏌提督軍務，穎慮數十文員，無以克敵，疏請分領騎將，如所奏。時岑猛與韋好、周俊統目兵駐田州，猛子邦彦等駐兵工堯，岑理駐歸迎，其他賊將分駐各要害以拒敵。嘉靖五年五月，穎同總鎮中官鄭潤、都御史姚鏌總兵、撫寧侯朱麒，集兵十萬餘爲五大哨，以副總兵王偉、參將張經、李璋、都指揮沈希儀、指揮施震等分領其軍。六月，擊工堯，斬陸綬，邦彦遁去。猛聞，乃自將鋭甲，陳於馬平。官軍奮擊，賊大潰，猛棄城遁，欲走交阯，歸順州土官岑璋誘猛殺之，函首軍門。仍分兵掃捕餘黨，俱授首，併獲猛第三子邦輔、四

子邦相，而邦彦亦竄，死於齊村。破巢砦九十五處，斬首四千八百餘級，生擒賊屬男婦一千七百餘人。穎上疏報捷，復陳處置事宜四事：一專設守備；一存立城頭；一興復學校；一酌處奉議降敕旌獎。時諸將議欲撤兵，穎與姚鏌書，條列其不可狀，言甚悉。（載《藝文志》）穎後復陳撫恤瘡痍八事，俱報可。尋以母病，乞歸。（節《舊志》）"

同書卷九十八《藝文·詔》載《明世宗諭巡按廣西監察御史劉穎敕》云："敕：巡按廣西監察御史劉穎、得總鎮兩廣太監鄭潤、提督軍務都御史姚鏌、鎮守總兵官撫寧侯朱麒，與爾各奏，逆賊岑猛父子搆難一方，糾合叛目，殺官奪印，仍煽誘斷藤等峽賊徒，共相爲亂，地方殘害，姦謀莫測。爾等乃能申嚴號令，飭勵官軍，分哨統兵，併力夾攻，破其巢寨，擒斬首惡，其功可嘉。且岑猛逞梟雄之志，背恩拒命，已十餘年。爾等奉命征討，接戰之間，遂能殲厥渠魁，餘黨潰散，若非謀斷素定，紀律嚴明，安能有此。今特降敕獎勵，以旌其勞。但伊子岑邦彦及叛目韋好等未獲，爾等尤宜殫心竭慮，獎帥各哨官兵，多方設法乘勝攻剿，務期盡絶以安地方。俟奏捷至日，分别等第重加升賞，决不爾吝，勿以一勝自生驕怠，以致遺孽滋蔓，有隳前功。亦不得貪功妄殺，濫及無辜，斯稱朕委任之重，其欽承之，故敕。"

同書卷九十九《藝文·疏》載劉穎《題明仗天威以除元惡疏》、《題報捷音疏》、《請處置田州事宜疏》，言"於本年五月二十五日前赴賓州駐劄"、"臣於本年五月二十五日親到賓州"。

同書卷一百十一《藝文·書》載劉穎《答徐都憲書》、《與總制姚都憲書》、《再與姚總制書》、《與費鵝湖相國書》、《再上費鵝湖相國書》。

同治《臨川縣志》卷三十九《人物志·名臣下》："劉穎：字時秀，號洪齋。弘治辛酉舉於鄉，正德甲戌成進士，除北浙江道御史。嘉靖二年大禮議起，穎劾桂萼，行取疏三上，忤旨杖闕下。世宗憐其才，隨命盤查湖廣两粤。四年八月，田州土官岑猛謀不軌，殺官奪印，歷數郡，降璽書委穎督勦。穎至梧州，都御史徐，主招撫，無戰意，穎劾之，詔罷徐，以都御史姚鏌提督軍務。穎慮數十文員無以克敵，疏請分領騎將，宰相費宏贊决之，如所請。時岑猛與韋好、周俊統内外甲目兵一萬駐田州，猛子岑邦彦與陸綏林、盛廖明、鍾烏、陳嫩、楊召督兵二萬駐工堯，岑理駐歸迎，羅何駐芝山，王升駐合鳳，盧蘇駐堅州，王富駐安定，岑闕、戴得、王受、王烝駐定羅舊城，及南海各以萬千計拒敵。五年五月，穎同總鎮中官鄭潤、都御史姚鏌、總兵官朱麒，集兵十萬二千，分爲五大哨。以副總兵王偉，

參將張經、李璋，都指揮沈希儀，指揮施震等分領其軍。六月，擊工堯，邦彦及陸綬率衆迎敵，官軍搏戰，斬陸綬，箭中邦彦，遂遁去，俘賊徒、獲器械無算。猛聞，乃自將鋭甲，陳於平馬。官軍奮擊，賊大潰，猛棄城遁，欲走交趾，歸順州土官岑璋，猛婦翁也，嘗助猛爲亂，希儀命千户趙梔檄璋圖猛以自効，及是，猛窮奔歸順，璋誘而殺之，函首軍門。仍分兵掃捕餘黨，俱授首，併獲猛第三子邦輔、四子邦相，而邦彦以官軍追迫，饑病竄死於齊村。（按《明史·姚鏌傳》言邦彦亦被斬，與此異。）破巢砦九十五處，斬首從賊四千八百三十八級，生擒賊屬男婦一千七百四十八人，獲田州府玉印一，金銀五千有奇，器械牛馬稱是。穎上疏報捷，復陳處置事宜四事。一專設守備；一存立城頭；一興復學校；一酌處奉議降敕旌獎。賜白金紵絲表裏，命穎分給。時諸將議欲撤兵，穎與姚鏌書，謂：'喻、許二老人，陳機匠，王長子諸賊酋尚在，此其志豈能帖然？今雖頗有斬獲，然止利於山，又不能不恃邊兵以劫其膽，折其氣，何者？賊所憚者邊兵之弓矢，且柳州德楊之勝有以褫其魄也。若邊軍一退，遠隔州縣則何定等之鄉兵，將無所倚恃，賊聞必復易視之。萬一賊奮其欲逞之心，蹢躅而前，則萬餘鄉兵難保不挫。蓋今日之何定，即昔日之何定也。往者岑、喻諸賊每戰，止以數十厹矛驟馬掠陣，吾步兵數萬皆披靡奔潰。賊固未嘗以千騎戰也，豈獨無千騎，雖百騎相持未之見，則峒兵多不足恃，猾賊少不爲衰，亦可知矣。若曰此賊不多，終須潰散，則賊之難散，其勢有三：竄入深山，欲耕無田，欲出恐爲鄉甿所縶，一也；桂林土人嘗爲僕言，賊以讖書誘衆，設有是書，猶思圖饒倖於萬一，二也；賊飽飫鮮甘，口吻已慣，寧有甘飢苦而不爲盜者，三也。賊有三不散，則兩廣、貴州、湖廣四者之軍決不可撤，諸苗兵、峒兵決不可去。惟於賊營之四面，擇險要駐軍，又相賊奔衝之所，分部按律以伺之，令何定、封憲等與中使鄭潤、撫寧侯朱麒所領各省調兵在梧州閒地者，彼此連絡，分索衆山，索之急則賊必四出奔散，各道兵以逸待勞，可坐而取之矣。馘囚既獻，餘氛小醜，皇仁宥之三，然後隨爲之處，庶刑威德厚，兩有所暨。'穎後復陳撫恤瘡痍八事，俱報可。尋命典試浙江。以在兵間染瘴癘，又母病篤，遂乞歸終養。丁母艱，哀毁骨立。踰年，廷議以軍功會推都御史，命未下，穎疾卒。穎三子時窘甚，郡守周聞，而請於御史穆，檄屬員致賻，乃克成禮。穎所著奏議詩文百十篇，名《小遲集》。其請勦田州及報捷善後諸疏，竝見《廣西通志》。穎已入廣西《名宧》。"（光緒《撫州府志》卷四十八略同。）

據上可知，劉穎嘉靖五年三月遊

朝陽巖，是在前往廣西途中，正當鏖戰前夕。

黄焯，字子昭，號龍津子，延平南平人。正德九年進士，嘉靖二年任永州知府，九年遷湖廣左參政。（《湖廣左參政龍津黄君墓誌銘》載“嘉靖癸未遷知永州”，道光《永州府志》卷十一上《職官表》載嘉靖三年任。當是嘉靖二年任命，嘉靖三年到任。）

徐階《世經堂集》卷十六《湖廣左參政龍津黄君墓誌銘》：“往予在延平，所與遊者两人，君及諫議劍溪鄭君是也。鄭君爲人慷慨，尚志節。而君沖夷簡遠，有翛然之度。两人者，其氣味不相類，然皆與予好也。其後予督學江西，鄭君卒，今予幸登朝，而君以嘉靖丁未二月七日，年六十五卒。自予去延平至於今，十四年耳，而两人者，相繼淪没。夫两人者，予所冀以爲且復用者也，而皆已不可作，予寧能無泫然哉！”

“君諱焯，字子昭，龍津其號，延平之南平人。其世系具予所爲。君考貞孝先生表中。君生三十年，舉正德甲戌之士，拜南京禮部精膳主事。滿三載，封貞孝如其官，母胡太安人，迎養之宦邸。己卯，寧庶人叛，諜言将犯金陵，勢張甚。君入，再拜言曰：‘兒有官，賊至當死，大人其行矣！’於是家人盡哭，君終不色變。辛巳，遷儀制郎中，貴人子入太學後期，繫治之如法。嘉靖癸未，遷知永州。州人惰，不事耕作。其親死，輒破産飯僧，及無以葬，則舉而委諸野。尤耻貧賤，苟貧賤矣，女子雖已字，舍之他適。苟貴富，有氣力，即往往奪人妻。君至，痛繩之以絶。故事，有司用兵九溪諸蠻，費皆自民出，而郡有鹽引錢，率給私使。君悉斂貯之，曰：‘以是供軍饟。’後遂不敢有盜鹽引錢者。九疑相傳有舜塚，爲置祀田，設守者二人。作濂溪先生祠，闢東山書院，聚博士弟子教之。又廩孝子楊成章貢之，州人以是知學。庚寅，遷湖廣左參政，會其使病，君攝事再踰月，名聲出使上，人咸望君爲真，而君素不能飾言貌以悦於世，數曰：‘吾幸有親在，得歸效一日之養，足矣。’壬辰，遂致其事，葺觀物園，奉親讀書其間。朋舊過從，破崖岸與之接，及有所請屬，輒拂衣而起。

“蓋予與君遊三年，未嘗見君言之及私也。予是以敬君，而往來於觀物益習，君亦不予鄙，遣其諸子前後受學焉。今其丰神面目，猶宛然見之，而身則既卒且葬矣。

“君平生善詩文，所著有《尊美堂政録》五卷，《修來編》□卷，《中庸讀法》□卷，《貽光堂集》□卷。”（又略見焦竑《國朝獻徵録》卷八十八，題爲《湖廣左參政黄君焯墓誌銘》。）

嘉靖《延平府志》卷一《選舉志》：“黄焯：南平人，中之子。歷南京禮部

主事郎中，升湖廣永州知府。”

康熙《南平縣志》卷十四《人物志·名賢》：“黄焯：字子昭，登正德甲戌進士。由南禮部精膳司主事，歷遷湖廣永州府知府。永人惰於耕桑，焯勸之。親没輒破産飯僧，無以葬則委之野，焯禁而治之。前有司用兵九溪蠻，費悉出自民。郡有鹽引錢，焯令貯庫以供兵餉，而民賦漸紓，遂爲成式。郡治有舜塚，置祀田，設守者二人。建濂溪先生祠，闢東山書院，聚文學弟子教之，郡人益知學。擢湖廣布政司左參政，會使人覲，焯攝事三月，百度惟貞，以疾遄歸，庫羡毫無所取，楚人目爲廉參政。居家孝奉二親，朝夕承志，膺勃封之荣，戲萊衣之舞，鄉人目爲純孝子。親没，祭葬如禮。日從事翰墨，閉户少出，非公事不入城市，與鄉人居，恂恂如也。所著有《遵美堂政録》、《修來篇》、《中庸論語讀法》、《貽光堂集》，藏於家。已祀府鄉賢。”（乾隆《延平府志》卷二十八略同。）

雍正《福建通志》卷四十六《人物·延平府》：“黄焯：字子昭，南平人。正德甲戌進士，由南禮部主事歷遷永州知府。禁永人親歿破産飯僧之俗。時用兵討九溪蠻，焯取郡鹽引錢貯庫供餉，民賦漸紓，遂爲式。又置舜塚祀田，建濂溪祠，闢東山書院，聚文學子弟教之。官終湖廣左參政。”

《大清一統志》卷三百三十《延平府·人物》：“黄焯：字子昭，南平人。正德進士，歷永州知州。嚴禁親喪不葬，及破産飯僧，俗爲丕變。九溪蠻叛服不常，師興率賦諸民，焯取郡鹽引錢貯庫備軍需，以紓民賦，遂著爲令。擢湖廣參政，致仕歸。”

嘉靖五年，黄焯開始編纂《两巖集》，至嘉靖十年，两巖之一的《朝陽巖集》編成刊刻。其間在嘉靖七年，黄焯還編纂了《浯溪詩文集》。《浯溪詩文集》二卷，《四庫全書總目》有提要，並稱有两淮馬裕家藏本，然其書今已不見。

《朝陽巖集》一書，明隆慶《永州府志·藝文志》載“《朝陽巖集》一册，藏本府庫”，至清道光《永州府志·藝文志》已不載其書，而光緒《零陵縣志·藝文志》則已稱《朝陽巖集》、《澹巖集》爲“無名氏”之作，且引宗績辰曰：“二書見《著述目》，蓋亦紀類刻之書，而今亡矣。”是不僅不見其書，抑且佚其作者姓氏。

今國家圖書館藏《朝陽巖集》孤本，嘉靖原刻，一册，不分卷，書叙稱《两巖集》，正文及書口題《朝陽巖集》，内容包括銘、記、志、詩、歌、遊題短記、補遺七部分。初由無錫孫毓修小緑天收藏，後歸國立北平圖書館。（詳見李花蕾《明黄焯〈朝陽巖集〉校注》，刊《湖南科技學院學報》2011年第1期。）

黄焯《朝陽巖集·叙》云："文昌以傳道也。曷爲道？道則益於人，人匪道斯陋也。两巖之集，道乎？雖非以明道，而道寓焉者也，謂非以明道何？《書》戒淫遊，《詩》刺宛丘，《春秋》譏觀魚、譏築臺，似非所貴也。然則道惡乎寓？靈臺靈囿，聖人所樂；一游一豫，先王之觀。固自不可廢也。矧夫三代以降，賢人君子，不盡在位。羈棲游冶，時或有言於山林泉石間，發之觀風采焉，亦政治之一事也。两巖之觀，最著者如元子，如周子，如山谷黄子，道德、文章、政事皆可師法，雖非柳子有附會叔文之恥，而其文藝亦自可惜。觀者因其言以考其人，且以反觀於内，其爲益又豈淺淺乎哉！"叙文署款："嘉靖丙戌歲仲冬哉生明，賜進士出身、中順大夫、以儀制郎中出守永州、閩人龍津黄焯書。"

《四庫全書總目》卷一百九十二："《浯溪詩文集》二卷，明黄焯編。焯自號龍津子，始末未詳。是書成於嘉靖戊子，輯元結以下，至明代諸人題詠碑銘，前列浯溪小志，紀其山水之勝。"

《續文獻通考》卷一百九十七："黄焯《浯溪詩文集》二卷。焯，自號龍津子，爵里無考。"

《千頃堂書目》卷十："黄焯《尊美堂政録》五卷。"

《千頃堂書目》卷二十二："黄焯《貽光堂集》，字缺，南平人，湖廣左參政。"

隆慶《永州府志》卷十二《藝文志》："《尊美奏功録》二册，嘉靖四年知府黄焯刊。"

《四庫全書總目》卷一百四："《玉機微義》五十卷，明徐用誠撰。嘉靖庚寅，延平黄焯刻於永州，首載楊士奇序。"

黄焯能詩，在永州的詩文，除《奉陪謝可嵩、劉洪齋二公遊朝陽巖用嚴太史韻四首》以外，有《朝陽巖和元子》一首，亦見《朝陽巖集》。詩云："野興憑誰較淺深，朝陽石怪水還清。雲連翠岫成圖畫，水隔湘波不市城。洞口春花朝暮見，洞中眺古尋遺傳。元柳風流端足羨，何當歌笑相酬勸。"

康熙《永州府志》卷二十三《藝文志六》載黄焯五言絶句四首：《陽城祠》："道州罷侏儒，父子免離散。賢哉陽使君，祠前香一瓣。"《有庳亭》："南軒毁爾形，我且留爾神。傲弟無功績，而兄有至仁。"《饅頭舖前石》："營道有奇石，羅列如巨城。夕陽容一眺，楚粤正分明。"《城南水底木》："城南有奇水，水落無窮年。豈有金石姿，不爲流水遷。"

康熙《永明縣志》卷十三《藝文五》載黄焯《遊層巖》一首："澹巖讀罷涪翁句，步到層巖世亦稀。點點懸針添景象，深深小徑入幽奇。天臺却喜群仙會，謝傅還堪两妓携。可笑此身兼四

美，翛然欲賦《北山移》。”

乾隆《東安縣志》卷八載黄焯《過蘆洪》一首：“雨霽春山好，春行野與多。肩輿穿小徑，瘦馬渡長河。不見花前樹，空歸竹下坡。蘆洪閑憩處，亦自有絃歌。”（又見道光《永州府志》卷二上《名勝志》，題爲《蘆洪山行》。）

道光《永州府志》卷六《秩祀志·永州府附郭零陵縣》云：“庫亭廟在州北五十里，地名江村，舟行必經之處。其神祀封於有鼻之象，唐薛伯高曾毀之，後鄉人復建。其廟濱江，古木蒙翳，森然可畏。”載黄焯《庫亭廟詩》。

光緒《道州志》卷二《建置》云：“陽公祠：在中司之左，明萬曆間林學閔建，國朝康熙間知州張大成重修。明永州守黄焯五絶一首。”

黄焯在永州所遊歷，除朝陽巖、澹巖外，有寧遠紫霞巖、道州中郎巖、道州道山、祁陽浯溪。

黄焯更名寧遠紫霞巖爲“重華巖”。

隆慶《永州府志》卷七《提封·巖》：“紫霞：在舜祠後一里，又名斜巖，又名紫霞洞，嘉靖間知府黄焯改名重華巖。古沐蒼烟，石田棊布，高下三四十坵，皆有畦町。巖竇圍可二丈，其中深不可極，執炬而入，但見峻崖峭壁，寒泉冷風，浮乳如佛像，如經藏，如華果，如器具，如蜚走，或投起，峭立如師徒序立。”

康熙《永州府志》卷八《山川志》：“重華巖：舊名斜巖，永郡守黄焯改今名。在舜祠左二里，石蹬層懸，一泉清洌，古水蒼煙，蔭護其間。下有竇闊，二丈許。其巖則有石田棊布，皆町畦隴畝之象，其平處宏敞，崆峝可容數十座。石嶠廻翔，若蟠蛟舞鶴。蛇蜒起伏，泉滴甘芳。巖之左有洞，寬不盈丈，其中深不可極，須明火炬乃可入。初唯見懸崖峭壁，入半里則蓋圓地方，石多詩刻。流泉宂聚，澮成數渡。去里餘有巨石，如柱懸插，其形如梵門轉□。乳滴凝積，如佛像，如器具，如飛走之狀。右爲湯海，洞石皆如楊梅。前爲學堂巖，群石峭起，肖人形，若師徒敘列然，因以名焉。”

道光《永州府志》卷二下《名勝志下》：“寧遠之山，唯九疑爲最大，唯紫霞爲最奇。紫霞巖在舜源峰之東，古斜巖也。其距縣東南七十里，唐薛伯高以其石磴斜上，陗壁欹仄如坡勢，故以‘斜’名之。宋至道初，張觀守道州，改名‘紫虚’，尋稱‘紫霞’。明嘉靖六年，黄焯來遊，更名‘重華’。”

嘉慶《寧遠縣志》卷二《山川志》：“紫虚洞，《九疑山志》：‘明嘉靖六年，郡守黄焯來遊，更名。’”

黄焯更名道州中郎巖爲“進賢巖”。

隆慶《永州府志》卷七《提封·巖》：“進賢：在州北十里進賢鄉，石洞幽邃，内有泉出自石罅，泠泠不竭，石崖層

磴，若斲削所爲者。沿磴而上如升樓閣，中有中郎祠，相傳祀漢張騫，或云唐，永人張姓，故俗呼爲中郎巖。知府黄焯曾往遊之，謂茲巖之勝，與含暉、月巖當不相下，改今名。”

康熙《永州府志》卷八《山川志》：“進賢巖：俗名中郎巖，在州北四十里進賢鄉。石洞幽邃，内有泉出自石罅，泠泠不竭。石崖層蹬，若斲削所爲者。沿蹬而上，如升樓閣。内有中郎祠，係土人爲之。俗傳爲漢張騫經此，及讀古碑，乃乩筆僞託耳。考之《漢書》，張騫原未至此。道州志書因流俗之譌，遂載張騫入《流寓傳》中，此失於不考，不可不正也。明永郡守黄焯謂茲巖之勝與含暉、月巖不相下。”

黄焯在浯溪有榜書石刻，並建有仰高亭、望中興亭。道光《永州府志》卷二上《名勝志·浯溪》：“‘三吾勝境’四大字，每字濶二尺三寸，乃延平黄焯題刻。”石刻今存。又有“雩風沂浴”四字榜書，署款“龍津書”。石刻今存。

道光《永州府志》卷三下《建置志》：“仰高亭，在浯溪書院内，明嘉靖中郡守黄焯建，今廢。”同書同卷：“望中興亭：磨崖之右，明郡守黄焯建，今圮。”

黄焯在澹巖有榜書石刻。光緒《零陵縣志》卷十四：“黄焯題：‘澹山洞天（四大字），黄焯書（署名小字）。’”石刻今存。

黄焯在道州道山崖間有榜書石刻“濂溪”二大字，署款“後學延平黄焯書”，石刻今存。

# 嘉靖八年許宗魯《夏日雨後遊朝陽巖》詩刻

## 釋　文

夏日雨後遊朝陽巖

江移舟楫雷初歇，路入藤蘿水漸涼。曲繞澗清泉鳴石齒，幽巖晴景射扶桑，射巖晴景倒扶桑。東封觀日名虚異，南國齊人勝可方。即使閒身能寄隱，便應散髮夢羲皇。

嘉靖己丑西京許宗魯識。

## 考　證

詩刻在朝陽巖上洞壁上，被石垢覆蓋，行書，殘損，殘石高46公分，寬76公分，行款不知。磨去石垢，僅見首尾。詩題"夏日雨後遊朝陽巖"一行，首句"江移舟楫雷初歇"一行，署款"嘉靖己丑西京許宗魯識"二行。

詩刻前有石山保"孫門次男寄名石山保，長命百歲"，後有石山保"黄門次男寄名石山保，長命富貴"。

全文見隆慶《永州府志》卷七《提封志》著録全文，題"提學許宗魯詩"，茲據以補足。

又見《少華山人前集·宦遊稿》卷第十一"七言律詩"，題爲"雨後遊朝陽巖"。"繞澗"作"曲澗"，"射巖晴景倒扶桑"作"幽巖晴景射扶桑"，"齊人"作"齊雲"，"羲皇"作"羲黄"。今按，隆慶《永州府志》當是據石刻著録，故爲原稿。《少華山人前集》定稿於嘉靖丙午、丁未、戊申之際（嘉靖二十五至二十七年），見卷首各序，當是後改。

嘉靖己丑爲嘉靖八年（1529）。

錢謙益《列朝詩集》録許宗魯詩十首，但未録此詩。

許宗魯，字伯誠，一字東侯，號少

華山人，陝西咸寧人，嘉靖七年任湖廣提學副使。

焦竑《國朝獻徵録》卷六十二喬世寧《都察院右副都御史許公宗魯墓志銘》："嘉靖己未，少華許公卒，其子庚與甲，將以明年庚申葬公曲江原祖塋，啓馬、趙二恭人之壙合焉。乃狀公事行，以世寧志其墓石。公生弘治庚戌，今年蓋七十歲云。余在姻屬，曾爲詩壽公，聞公健飯豪飲，日賦詩，行歌不輟，謂公必得上壽，不意其遽不起也。余蓋有蒼生之歎，而追惟長者之風也。於是采事行大者爲志。

"志曰：公名宗魯，字東侯，號少華，咸寧人也。父贈太僕公鋐者，商維揚，嘗禱茅山祠下，後生公客邸。時母孫太恭人蓋感異夢云。正德丁丑舉進士，選翰林庶吉士，己卯授雲南道御史。嘉靖壬午，按宣大。癸未，升僉事，湖廣提學。三年，升副使，兵備霸州。丁亥，復改湖廣提學。己丑，升太僕少卿。壬辰，升大理少卿。未幾，升僉都御史，巡撫保定。自保定歸，十七年，而當庚戌之冬，復僉都御史，駐昌平，已又升副都御史，巡撫遼東。壬子，乃致仕歸。

"始公爲御史也，即劾論侍郎、巡撫两人。會宸濠事起，又上言親王護衛宜隷之守臣。其刷卷蘇、徽，盡按諸大猾，置之法，所入銀穀至百數十餘萬。今上御極，又首上封事，中有勤視朝、罷傳奉、絶貢獻、惜爵賞、重邊備、寬徵斂，尤關切時弊者。已又言常、湯、鄧、劉之後，義當復其封爵，乃後四氏遂得復，蓋自公言張本也。大同将卒素驕悍難制，公罪其尤甚者一二人，於是将卒帖然。先是，太監劉祥没邊餉以萬計，然罪止罷鎮，公復請下祥於獄，祥大懼，即如數抵償。而御史曹嘉論諸大臣也，有給事中希大臣意，論謫，御史公力奏御史無罪。至其劾武定侯郭勛、太監蕭敬两疏，關利害尤大。後以地震上疏，又言群小竊政柄，宫壼議外事，國是已定，而復易罪人，方獲而遽釋，蓋猶指勛、敬輩也，一時以爲危言。宣大故有大邊，正德初以地遠，棄去不守，然邊勢日蹙矣。公行邊，顧歎曰：'大邊急宜復者！'乃遂條畫狀聞，顧當事者難之，令補築近邊，即已工完，上亦賜公銀幣，公又疏謝且辭，因請上無忽重地。後宣大日益難守，人始思公先見云。

"湖廣以屬地曠遠，督學者嘗數歲不一至，公歲試輒遍，所至即以行義倡士風，楚自是益多名士。既去霸州，士日益思公，乃具白撫按，於是撫按交章借公，而公復改督學楚中，其繫時望若此。是時又以救楚府二閹，與御史力諍不屈，二閹得不死，人尤服其鯁直。而太僕時禁中貴人不得與事，中貴人銜之，乃取服輦馬故，以馬不中選困公，公曰：'此馬誠不中選，當爲奏取入監

馬充之。’中貴人沮，遂不易馬，亦不敢復言事矣。往保定以近畿，民苦甚，公嚴覈驛傳，又定府州縣徭賦等式，已又以築堤扞滹沱河有功，上特賜璽書銀幣旌焉。是時公已受知遇矣，而南給事有與公隙者，顧以公湖廣時嘗刻書濫費，論公罷歸，縉紳咸爲公絀之。後吏部尚書唐公龍、都御史路迎柯相、御史唐錡，皆疏薦公。庚戌，會虜警，給事中張秉壺、御史張洽，又會科道合疏薦公，上召公復都御史，駐昌平。昌平故無邊備，公議修邊墻三百里，墩堡數百。又疏請鞏華設一大將，統入衛邊兵，昌平改參將守陵寢，以鞏華分守駐懷柔，爲東遊擊，白羊口爲西遊擊。又言昌平得一兵備治京北，霸州者以治京南，即昌平撫臣可罷不設。議未盡施用，無何，乃移公遼東，至即議處鹽課，課大增。諸軍占種民地者，勒令悉歸之民。遼東故與三衛諸夷互市，部議北虜亦開市遼東，公移書駁論不可者十事，遂寢，遼人甚賴之。會有言公以詩酒怠事者，公遂力求致仕歸，歸時會虜入，公部將斬首虜甚衆，亦以常奏不報捷，於是士論益歸重公，日望公起。

“公顧益放情山水，已即別搆草堂，積圖書其中，日召故所與遊者，置酒賦詩，亦時時作金元人詞曲爲樂。所著《少華集》、《續集》與《陵下》、《遼海》、《歸田》諸集數十卷，其詩足繼唐音，文復精典，有漢魏風。而作字又精詣古法，諸行草、大、小楷書，雜置法帖中，人莫能辯。公即老猶能作小楷字，當其得意時，一揮輒數十紙不倦，得公詩翰者，咸珍玩藏之，謂當代‘二絶’云。性又好客喜施，即少賤者必爲禮。自宗室賢者與後進文士，必求與公交，即海内善書工畫與諸技藝人，一入關必先求見公，公皆爲汲引延譽。又言儀温雅，人一見即以公爲親己，至當事臨利害，復抗議不阿。其卒也，自親黨交遊，與里中父老、海内學士，無不驚傳悲歎者。公嘗別號‘思玄道人’，或又稱‘青霞道人’。卒之前二年，嘗自爲志銘，有曰：‘有始有終，萬化攸同。委心自然，與造物游。’其昭曠達觀於死生之際，何有也，其白樂天、柳子厚之流乎？公少孤，受叔氏恩厚，爲庶吉士，聞叔氏病，即告歸，至則叔氏卒矣。常自恨不逮事叔氏，事叔母愈益謹。病革時，獨悲歎曰：‘吾不得終事叔母矣，何以報叔氏地下！’此亦可以觀公。公先世晉陽人，宋末徙關中。”

雍正《陝西通志》卷六十《人物·直諫》：“許宗魯：字東侯，咸寧人，正德丁丑進士。授雲南道御史，刷卷蘇、徽，盡按諸大猾，寘之法，所入銀穀至百數十餘萬。世宗初巡按宣大時，将卒素驕悍，宗魯罪其甚者，将卒帖然。先是，太監劉祥乾没邊餉以萬計，罪止罷鎮，宗魯請下祥於獄，祥大懼，即如數抵償。御史曹嘉論諸大臣不法

事，有給事希大臣意，劾嘉，宗魯力奏嘉無罪，獲免。至劾武定侯郭勛、太監蕭敬两疏，言尤切至。宣大故有大邊，正德初以地遠棄不守，宗魯行邊，奏請補築。已視湖廣學政，士風丕振，未幾巡撫保定，覈驛傳、均徭賦，築堤捍滹沱河，有功，賜璽書旌焉。庚戌，以都御史駐昌平，修邊墻三百里，墩堡數百，陵寢以安，移撫遼東，增鹽課，歸民田之占於諸軍者。遼人甚賴之，致仕歸。”

雍正《山西通志》卷九十四《名宦・大同府・明》：“許宗魯：字東侯，陝西咸寧人。正德中進士，嘉靖初以御史按宣大。大同将卒驕悍，宗魯罪其尤甚者如法，将卒帖然。先是大監劉祥乾没邊餉以萬計，而罪止罷鎮。宗魯請下獄，祥大懼，即如數抵還。御史曹嘉抗疏論諸大臣，有給事希指劾之，嘉得罪，宗魯力白其誣，嘉乃獲免。嘗疏糾武定侯郭勛、太監蕭敬時。勛與敬方幸，疏出，一時以爲危言、宣大故有大邊，正德時以道遠棄不守，宗魯行部至其地，畫狀以聞，議復，爲當事者所沮，乃止補築近邊。嗣後，宣大失地利難守，人始服其先見。後以遼東巡撫致仕，構草堂，聚圖書其中，所著有《少華》、《遼海》、《歸田》諸集。”

《萬姓統譜》卷七十六：“許宗魯：字伯誠，長安人。正德丁丑進士，嘉靖初任湖廣提學僉事，剛明峻潔，不爲權勢所屈。博學能詩文，所取皆知名士。擢山東副使，朝議宗魯宜作人，復改湖廣提學。教人務要以身表率，而痛抑其浮誕奇險之習，至於考校黜陟之際，一以至公。三年，召爲太僕少卿，進僉都御史，虜犯畿北，復起駐昌平，尋免歸。”

《明詩綜》卷四十一：“許宗魯：宗魯字伯誠，一字東侯，咸寧人，正德丁丑進士，改庶吉士，授監察御史，歷湖南按察僉事、副使、太僕少卿、大理少卿，以僉都御史撫保定，以副都御史撫遼東，有《少華》、《陵下》、《遼海》、《歸田》等集。王元美云：‘許伯誠如賈胡子作狎游，隨事揮散，無論中節。’蔣仲舒云：‘中丞五七言位置匀穩，首尾妥潔，氣格麤備，可當作手使，更推思入玄，取材進古，得不渢渢其言哉。’黄清甫云：‘許詩字句嚴飭，篇章方整，得古人之格。白溝之作，弔古慨今，辭意俱盡，志士讀之，求見深衷，定當擊節，可謂無慙前作。其近體雖多直語，亦有爽氣。曩秉鉞两方，戎事倥偬，不廢文翰，彌見其高。’詩話：‘少華諸體皆工，寓和婉於悲壯之中，譬之秦筝，獨無西氣，足與邊廷實王子衡竝驅。’”

許宗魯工詩、書，又多刻書。

《明史・藝文志》：“許宗魯全集，五十二卷。”

《千頃堂書目》卷二十二：“許宗魯少華山人《前》、《後》、《續集》共五

十二卷，字伯誠，咸寧人。”

《續書史會要》：“許宗魯字伯誠，號少華，咸寧人。正德進士，官至巡撫，能詩，所著有《少華集》，亦善書畫。”

《御定佩文齋書畫譜》卷四十三：“許宗魯字伯誠，咸寧人，正德丁丑進士，選庶吉士。嘉靖中爲右僉都御史，終太常少卿。以善書名海内。”

今有許東侯書札傳世。

所刻書有《爾雅注》、《國語解》、《吕氏春秋訓解》、《太白山人漫稿》及唐李杜詩集等。

葉德輝《書林清話》卷五“明人私刻坊刻書”條云：“許宗魯宜静書屋。嘉静戊子刻《吕氏春秋》十六卷，見《森志》。無年號刻《爾雅注》三卷，見《范目》、《丁志》。刻《國語》二十一卷，見《繆記》、《丁志》。刻吴棫《韻補》五卷，見《瞿目》。”

又卷七“明許宗魯刻書用《説文》體字”條云：“明嘉靖間，閩中許宗魯刻書，好以《説文》寫正楷，亦是一弊。吾家有《國語》韋昭注一種，板心有‘宜静書屋’四字，望之殊爲古雅。然宋岳珂《九經三傳沿革例》字畫一條云：‘其有駭俗者，則通之以可識者。’注：‘謂如宖之爲宜，晉之爲晉之類，皆取石經遺文。’又云：‘非若近世眉山李肩吾從周所書《古韻》及文公《孝經刊誤》等書，純用古體也。’可知刻書字貴通俗，在宋已然，何況今日。許氏於嘉靖七年刻《吕氏春秋》，亦係古體字。畢氏沅經訓堂校刻吕書，其引據諸本目列之第三云：‘此從宋賀鑄舊校本，字多古體。’是畢氏直以許刻源本宋槧，而不知其自我作古也。顧此亦嘉靖間風氣如此，吾藏嘉靖十年陸鈛刻《吕氏家塾讀詩記》亦係如此。在明人則又過於好古矣。”

今存《少華山人前集·宦遊稿》十三卷，《少華山人後集·歸田稿》九卷，明嘉靖關中刊本。《少華山人前集》有門人長沙周采序云：“督學吾楚，以故楚之士出先生門下者，視海内蓋倍焉。”卷第二有《留别楚中諸生八首有序》，序云：“余視楚學逾三載矣，虚薄無能，鰥曠爲最。丁亥春，且有東臺之命，期日戒行。楚諸生眷眷相攀，不忍即别。余重感道義，爰賦八首，以别諸生。”

《少華山人前集·宦遊稿》卷第三有《游浯溪觀〈中興頌〉作》：“夏泛湘水溢，晨覽浯溪濆。疏巖抗秀丽，雜卉流芳芬。徑折下入谷，磴盤高躡雲。衆木蔭繁影，叢篠扇微熏。臺眺極虚豁，檻俯辭埃紛。披荒辨遺址，撥翳求所聞。魯公留令蹟，漫叟焕遺文。經營祖斯籀，紀述宗典墳。慨此連城璧，炳兹昭代勛。照耀星日煇，呵護鬼神勤。石鼓載頌周，銅槃始銘殷。遐軌顧有類，至寶垂無垠。”又見康熙《永州府志》

卷二十二，題爲許宗魯《浯溪磨崖》"；又見乾隆《祁陽縣志》卷六，題爲"許宗魯磨厓詩"；又見道光《永州府志》卷二上，題爲"許伯誠浯溪詩"。"埃紛"作"喧紛"，"遺址"作"故址"，"顧有類"作"固有類"。又見《古今圖書集成·方輿彙編》第一千二百八十三卷，題爲"浯溪晨眺"。

康熙《永州府志》卷二十二、許宗魯《游月巖》："緩轡舂陵西，逡巡濂水渡。翼趨茂叔堂，宛挹光風趣。爰披太極圖，誰授先天數。咄彼青蒼崖，嶙峋風雨妒。中涵一竅靈，至寶神訶護。如缺復如盈，光寒瑩練素。是鑿混沌精，乾坤此陶鑄。炯炯洞中天，冥與喆人悟。俯仰游太虚，徘徊起遐慕。對茲嵓月奇，幸有德星聚。雲岑掛夕陽，好鳥鳴高樹。安得魯陽戈，一揮使日駐。遲遲歌詠歸，漫踏蒼苔路。"又見道光《永州府志》卷二下，誤題"郡丞許宗魯詩"；光緒《道州志》卷七，題爲"遊月巖"。《少華山人前集·宦遊稿》"五言古詩"未見。

《少華山人前集·宦遊稿》卷第八有《永州城南洞》詩："洞坐芝風細，巖行桂雨過。石脂懸鳥獸，江窟蕩黿鼉。野酌逡巡酒，漁舟欸乃歌。晚涼留客興，明月在煙蘿。"又有《零陵西亭同朱大參袞、楊僉憲材賦》："入洞探幽賾，登臺散遠心。雷聲帶雨重，虹影射江深。山聳三苗國，天低八桂林。來遊陪二妙，詞賦總南金。"又見《御選明詩》卷五十六。"朱大參袞"即朱袞，已見前。

# 嘉靖十年許岳"謾教山水属高賢"詩刻

## 釋　文

謾教山水属高賢，開闢留将啓后先。足下白雲疑拔地，眼前紅日喜瞻天。春光教々岩頭草，道體渊々洞庢泉。晚我來遊公有暇，追隨蘇子泊湖船。

嘉靖十年，姚江一磐許岳識。

## 考　證

詩刻在朝陽巖零虛山，高100公分，寬60公分，六行，楷書。露天，字跡淺淡，以往未經著録。

無題。詩刻多用俗字。如"屬"作"属"，"後先"作"后先"，"敎"作"教"，"淵"作"渊"，"底"作"庢"。

許岳，字堯卿，號一磐，浙江餘姚人，一作姚江人。嘉靖八年任永州通判。其詩大抵均以棋局譬喻世事，而形之歌詠。一磐即一盤，寓一盤棋局之意。

許岳在朝陽巖又有《碁石》詩刻，詳下。

嘉靖十年（1531）三月三十日，許岳曾與郭日休、羅柏、岳鼇同遊朝陽岩。郭日休有詩云："暮春細雨兆微寒，手撥藤蘿上石闌。楚客伶俜還脚債，高人放浪满騒壇。溪花山草如相妒，洞氣泉津故不幹。老衲從教相對飲，興來誰覺酒杯寬。"署款"閩九華山人郭日休（湖省右少参）"，見黄焯《朝陽巖集・補遺》。此詩又見光緒《零陵縣志》卷十四《藝文・金石》，題爲"嘉靖十歲春三月晦，同少府羅君柏、參府岳君鼇、許君岳登賞"，署款"閩九華山人郭日休書"，注："右草書十一行。"《朝陽巖集》與光緒《零陵縣志》均據石刻著録，今朝陽巖已佚。

許岳在澹巖有詩一首。

《零志補零》卷中載許岳《遊澹山》詩："水退石巖出，天空地窟幽。此中棋酒樂，何必問瀛洲。"

許岳在浯溪有詩二首。

永州浯溪現存有許岳無題詩刻一通："水石清奇更此無，四吾端可尚三吾。金聲玉勒從今古，一局仙棋酒一壺。"署款："嘉靖十年，永判餘姚一磐許岳識。"詩刻今存。

康熙《永州府志》卷二十三載許岳《浯溪三絶亭》詩："昔懷浯溪不得見，今向浯溪遊幾遍。巖頭古刻雲氣生，古罅驚流雨花濺。元公已逝我復來，長歌痛飲眠蒼苔。堪笑詩人好題品，無端悲喜如童孩。當時事勢非靈武，李氏山河寧舊土。摩挲石碑三嘆息，多少今人不如古。"全詩又見道光《永州府志》卷三下《建置志》，題爲"許岳三絶堂詩"。又見同書卷二上《名勝志》，題爲"許一磐讀中興碑詩"，"巖頭"作"厓端"，"我復來"作"不再來"，"堪笑"作"爲笑"，"李氏"作"唐室"，"摩挲石碑三嘆息"作"後來莫把三絶輕"。詩刻今未見。

許岳在道州有月巖詩刻一首："□城圍合開雙闕，□□盈虧形似月。天風吹我月宫遊，一局仙棋不知歇。"署款："嘉靖十年，偕州同江陰嚴玉、學正象山史秉彝、州幕雲間姚憲章，醉奕於此。永判餘姚一磐許岳堯卿識。"詩刻今存。

# 嘉靖十年許岳《碁石》詩刻

## 釋　文

山水清奇爲君何，古今詩刻謾嵯峨。涼風明月新佳景，醉拂碁坪且爛柯。

一磐許子碁石。

## 考　證

詩刻在朝陽巖零虛山，高 65 公分，寬 35 公分，四行，楷書。露天，字跡極爲淺淡，磨泐嚴重。

《朝陽巖集》著録，署款“餘姚一磐許岳書並識碁石”，“山水”誤作“水石”，“且爛柯”誤作“欲爛柯”。

許岳在朝陽巖有嘉靖十年“謾教山水屬高賢”詩刻，已見前。許岳所爲詩有年歲者均作於嘉靖十年，故仍姑繫此詩在嘉靖十年。

《朝陽巖集》黄焯自叙作於嘉靖丙戌（嘉靖五年，1526），而許岳在嘉靖八年（1529）始來任職，故郭日休《同少府羅君柏參府岳君鼇、許君岳登賞》、許岳《並識碁石》均收在《朝陽巖集・補遺》，當時乃是新詩增刻也。

《碁石》詩與浯溪詩、月巖詩三首用意相近，均以棋局比喻世事。

# 嘉靖十六年顧璘《同錢邢二使君來遊賦》詩刻

## 釋　文

水府攀躋險，雲房結構重。茲遊樂何極，勝侶得人龍。

丁酉季冬望後，顧璘同錢、邢二使君来遊賦。

## 考　證

詩刻在朝陽巖上洞石壁高處，高87公分，寬36公分，四行，行書。

顧璘有嘉靖丁酉十二月十七日與錢薇、邢址題刻，邢址有和詩，并詳下。

《零志補零》卷中及光緒《零陵縣志》卷十四《藝文·金石》著録，均題爲《丁酉望後同錢邢二使君來遊賦此》，今石刻無“此”字。宗霈注：“按時亦在嘉靖。”

嘉靖丁酉爲嘉靖十六年（1537）。

顧璘、錢薇、邢址題刻云“嘉靖丁酉十二月十七日”，詩刻題“丁酉季冬望後”，可知二者爲同日所刻。

顧璘、錢薇、邢址題刻署款“璘題”，詩刻字體與之相同，故知仍爲顧璘所書。

《憑几集》卷二收録，題爲《朝陽巖奉餞錢邢二使君》，詩云：“水府攀躋險，雲房結構重。晴筵移甕蟻，勝侶得人龍。古刻曾誰在，今游不易逢。黄昏仍秉燭，明發有離蹤。”（見民國《金陵叢書》甲集《顧華玉集》本、文淵閣《四庫全書》本。）可知詩本二首，當日上石者爲其一，其二未上石。“茲遊樂何極”一句作“晴筵移甕蟻”乃是後改。

顧璘，字華玉，號東橋，上元人。弘治九年進士，歷浙江左布政使，山西、湖廣巡撫，右副都御史。少負才名，與李夢陽、何景明、徐禎卿、邊

貢、朱應登、陳沂、鄭善夫、康海、王九思，號“弘治十才子”。

《明史·文苑傳》有傳，略云：“璘少負才名，與何（何景明）、李（李夢陽）相上下。虚己好士，如恐不及。在浙，慕孫太初一元，不可得見，道衣幅巾，放舟湖上，月下見小舟泊斷橋，一僧、一鶴、一童子煮茗，笑曰：‘此必太初也。’移舟就之，遂往還無間。撫湖廣時，愛王廷陳才，欲見之，廷陳不可，偵廷陳狎遊，疾掩之，廷陳避不得，遂定交。既歸，構息園，大治幸舍居客，客常满。”“初，璘與同里陳沂、王韋號‘金陵三俊’。其後寶應朱應登繼起，稱‘四大家’。璘詩矩矱唐人，以風調勝。韋婉麗多致，頗失纖弱。沂與韋同調。應登才思泉湧，落筆千言。然璘、應登羽翼李夢陽，而韋、沂則頗持異論。三人者，仕宦皆不及璘。”

事蹟又見明查繼佐《罪惟録》卷十五下、明尹守衡《皇明史竊》卷九十五、明過庭訓《本朝分省人物考》卷十二、明雷禮《國朝列卿紀》卷六十二、明何喬遠《名山藏》卷八十六、明張萱《西園聞見録》卷十、卷九十六、卷九十九、清張岱《石匱書》卷二百六、清傅維鱗《明書》卷一百二十五、清萬斯同《明史》（抄本）卷二百七十一、清尤侗《明史擬稿》卷二、清倪濤《六藝之一録》卷三百六十八，及嘉靖《浙江通志》、萬曆《應天府志》、萬曆《杭州府志》、萬曆《開封府志》、崇禎《吴縣志》等。

文徵明《故資善大夫南京刑部尚書顧公墓志銘》：“嘉靖二十四年乙巳閏正月八日辛巳，南京刑部尚書顧公以疾卒於金陵里第。先是，公考績還自京師，道聞長子嶼卒，驚惋得疾，抵家疾甚，久之竟不起，嗚呼惜哉！公諱璘，字華玉，别號東橋居士。世爲蘇之吴縣人，國朝洪武中，高祖通以匠作徵隸工部，因占數爲上元人。曾祖海不仕，祖誠以公貴，贈資善大夫、南京刑部尚書。考紋，號愚逸，初封承德郎、南京吏部主事，加贈資善大夫、南京刑部尚書。祖母陸氏，母楊氏，俱贈夫人。公以應天府學生領弘治乙卯鄉薦。明年丙辰，舉進士。己未，授廣平縣知縣。壬戌，徵入爲南京吏部驗封司主事，進稽勲郎中。正德己酉，升河南開封府知府。癸酉，謫授廣西全州知州。丙子，起知浙江台州府，升浙江布政使司左參政。嘉靖改元，册立中宫，禮成奉表入賀，道升山西按察使，以親老辭，不允，尋以病免。戊子，起爲江西按察使，未行，升浙江右布政使，轉左布政使。庚寅，召爲都察院右副都御史，巡撫山西，上疏乞終養，忤旨落都御史，以布政使致仕。丁酉，再起爲都察院右副都御史，巡撫湖廣，兼贊理軍務。己亥，升刑部右侍郎，尋改吏部，會顯陵肇工，改工部左侍郎，領山陵事，進工

部尚書，事竣還朝，改南京刑部尚書。公於是歷仕三朝，閲五十年，歷十有九任，積階自文林郎歷十有一資爲資善大夫，正位上卿。

“公融朗闊達，精於吏理，能激昂任事。初蒞廣平，年甫弱冠，或易視之，而公闓决敏利，擿伏若神，拊循道利，靖而不煩，而飾以文學，有古循良之風。及爲開封，益更練堅决。盜起燕薊，流劫中原，攻圍城邑，所在繹騷，兵部尚書彭公澤奉詔疏捕領，兵壓境上，簡公自輔。公亦悉心展錯，練兵飾甲，轉餉傳餐，取具呼噏間，而厭難折衝，謀畫居多。在郡期年，隨事經理，多所緒正，而强執不撓。鎮守中官廖堂，恃逆瑾黨援，圉奪自恣，公摧抑捍蔽，每折其萌芽，不令得肆。瑾誅，廖罷去，而錢寧用事，群閹方熾，王宏者尤誟謾剽疾，繼廖出鎮，秉權席寵，氣熖讋人。一時有司或屈節自容，公故不爲禮，有所徵需一不答，歲時展謁，長揖而已，用是積忤宏。宏方恃寧爲援，矯詔逮赴錦衣獄，獄吏問狀，公據禮執誼，抗言條對，一無所承。寧無已，遣邏卒陰探郡中，無所得，乃文致他比，以竟其獄。獄成，鐫三階，徙全。全即古零陵郡，越在嶺嶠，僻遠荒陋，公不鄙夷其民，而翊以文教，道化更革，誠心拊綏，久之，民用乂安，而士興於學。甫三年，而有台州之命。台爲東南劇郡，武衛錯居，俗獷而喜訐，胥史並緣其間，縱横饕詖更數，政不治。公至，爬疏剔抉，求得其敝端與利源所在，次第興除之。故事，武衛諸城郡爲修築，更費浩穰，率爲主守者乾没，恒歲一築，築輒壞。公鉤考得所侵漁，悉没入爲城費，檄義士經理而程督之，故他城易隳，而台所隸三城特完。郡瀕海，有鹽莢之利，貧民業鹽自食，辜苦榷煩苛，每迂道轉輸，而邏卒乘是爲姦利，至相賊殺不可止。公爲弛禁，俾得負販出郡下，而薄其税入，民用便利，而國課亦登。故時軍餉不時給運，軍往往稱貸以需，而駔儈得肆侵牟。公支放有期，而勾稽維審，軍皆給足，而姦民無所牟利矣。郡南瀕江，卑下多水患，地有中津橋且壞，公復修之，因築石隄而樓其上，凡數十楹。人初莫喻其旨，已而夏潦，水猝至，居民得依樓以避，所活以千計，乃服公先見云。既久於台，悉浙中事宜，繼起藩參遂得舉而行之，雖不及久，而宏規石畫，功緒爲多。及以左轄重臨，益諳練宏達，而意復周審，展采錯事，惟志所爲。而釐革積敝，若賦發科適，調補吏胥，皆利蠹蟠結，前政所不敢問者，公排根絶蔓，振剔不少縱，而畫一以守，要束章程，咸正而核，吏不得緣以爲姦。事緒雜襲，文牒糾紛，隨事剸裁，司無留政。御史按浙者，往往斂手無所事事，然積不能平，乘其解任，而躡尋過誤，一時雖横被口語，而素履明潔，堅實在人，

卒亦不能有所誣蔑也。

“起撫湖南，益事振植。湖湘遐曠，提封數千里，撫臣尊重，受計坐理而已。公不躡故迹，軺車省循，遍歷州郡，雖偏疆下鄙，莫不躬蒞，跋涉險阻，蒙犯霜露，不少厭却。故事，撫臣述歷，必以藩臬守臣自隨，公悉謝遣。軒車簡易，傔徒斂約，供頓次舍，身足周用，民安堵不知爲勞。念荆湖沃衍，而流庸惰弛，地利有所未盡，科輸煩擾，期會促迫，民日益貧，公私交病，故所至劭農振業，平繇復税，而擿伏省微，軌迹夷易，民用安集，而歲亦比登。在鎮逾年，多所建白。首言地瘠民貧，兵食不足，而藩府賦禄無隄，後繼爲難。又以湖湘控扼邊徼，地大事繁，御史按部，歲更一代，勢不得周，欲乞添差御史，分蒞湖南北，以廣詢謀。又言外屬臣僚，多有宏才碩望、足充任使者，比歲限以藩府戚屬，不得内徙，此非祖宗舊制，乞越例推選，以收偉才。所言凡數十事，皆當時利病，深切治理，雖不盡施行，而論者莫不韙其言云。

“顯陵之作，役大事繁，經費不貲。公既長於料簡，而程省弗懈，調發有制，視他所埜，率損費十五而功實倍，規制宏偉，翬飛赫奕，而民不告病，有司不以爲煩，其經理施置有足多者。然此特出其緒餘耳，而非公所用以爲才也。及是，雖典邦刑，而留司務簡，亦不足以盡其用。且鄉里所在，父老姻戚，不能無望於公，而公執志堅定，不肯骫骳以狥。苟罹於辜，必以法繩之，豪植强禦，咸不得肆，而怨讟興矣。言者因得假以爲辭，肆言醜抵，而素所忌嫉之人，從而醖釀之，公雖内省不媿，而不勝浸淫之辱，竟鬱鬱以没。嗚呼！公論不明，是非失實，使瓌奇卓越之才，不獲推究於明盛之世，必有執其咎者，君子固有俟於百世之下也，然公亦奚憾哉！公素長者，不虞人詆欺，而直諒自信，不肯脂韋干譽。出入中外垂五十年，一時新進，多非曹耦。公既前輩，自處論議之間，陵轢奮迅，侃侃自将。每下視諸人，多不能堪，往往旁睨切齒，而公不知也。其得謗受禍，殆亦以此。

“平居事親孝。愚逸公病疽，公時已五十餘，與同卧起，吮濯扶掖，舉身親之，肉血淋灕，十指皆潰，曾不肯自佚以委勞於人。初，公以親故，一再解官，其後出入靡恒，而二親之亡，公適皆在告，皆得受終焉，殆有不偶然者。處群從兄弟尤極友愛。從弟玉英，繼公起進士，官按察副使，仕歸而貧，而介潔自将。公雅知其志，雖日與親接，而不輒饋遺，然而中心相孚，不殊同胞也。少學於李璞先生，李死，一子不立，妻某不免饑寒，公在官，每分餘資給之，既又爲其子植産，旋植旋廢，而其子卒困以死，乃迎某氏於家，死爲斂

葬，而給其孫如子，終其身不衰。友人胡欽死，妻方食貧養姑，公俾里中上其事，請表於朝。凡旌核探究，文牒往來，咸具於公，而一切吏費，咸自公出。至於里黨族屬，婚喪緩急，亦多倚成於公。其於倫誼至篤也。

“爲文不事險刻，而鑄詞發藻，必古人爲師。見諸論著，雄深爾雅，足自名家。詩尤雋永，雖矩矱唐人，而劚芟陳爛，時出奇峭。樂府歌詞，不失漢魏風格。問學深博，既有資地，而才敏氣充，足以發之。自其少時，已有名世之志。既舉進士，即自免歸，大肆力於學。時陳侍講魯南、王太僕欽珮，皆未仕家居，皆名能文，與相麗澤，聲望奕然，時稱‘金陵三俊’。及官南曹，曹事甚簡，益淬厲精進，居六年而學益有聞。自是出入中外，所雅遊若李崆峒獻吉，若何大復仲默，若朱昇之、徐昌穀，皆海内名流，一時詩名震疊，不啻李杜復出，而公頡頏其間，不知其孰爲高下也。然諸公皆仕不顯，又皆盛年物故，公仕最久，官亦最顯。所歷若沅湘，若天台、鴈宕，若衡嶽，皆山水勝處，雖簿書鞅掌，而不忘觚翰，所至領客讌遊，感時懷古，臨觀賦詩，風流文雅，照暎林壑，委蛇張馳，有古高賢特達之風。及是將解留務，往來吴門，尋鄉里舊遊，期余盡遊諸山，以畢其平生，而事左心違，竟成乖越。嗚呼！而今已矣，尚忍言哉！

“公所著書，曰《國寶新編》，曰《近言》，曰《顧氏七記》。詩曰《浮湘稿》，曰《山中集》，曰《息園集》，曰《憑几集》，曰《登衡小紀》。總若干卷。”（見文徵明《甫田集》卷三十二，又見《吴都文粹續集》卷四十五、《明文海》卷四百三十五。）

萬曆《應天府志》卷二十六《人物傳》：“顧璘：字華玉，上元人，進士。廣平知縣，南京吏部驗封司主事，稽勳郎中，開封知府，謫全州知州，起知台州府，浙江布政司左參政。嘉靖改元升山西按察使，病免，起江西按察使，升浙江右布政使，轉左。壬辰，右副都御史，巡撫湖廣，升刑部右侍郎，尋改吏部。會顯陵肇工，改工部左，領山陵事，進尚書，改南京刑部。璘融朗濶達，精於吏理，能激昂任事。其爲開封，鎮守中官廖堂乃逆瑾黨，予奪自恣。璘摧抑捍蔽，每折其嗛芽，不令得肆。瑾誅，廖罷去，而錢寧用事，王宏者尤詩謾慓疾，繼廖出鎮，氣焰讋人，一時有司或屈節自容。璘故不爲禮，有所徵需一不答，積忤。宏矯詔逮錦衣獄，吏問狀，璘據理執誼，抗言條對，寧無已，遣邏卒陰探郡中，無所得，乃文致他比以竟其獄。獄成，徙知全州，及起撫湖南，益事振植。湖湘遐曠，提封數千里，撫臣尊重，受計坐理而已。璘軺車省循，遍歷州郡，雖偏疆下鄙，莫不臨莅，跋涉險阻，不少厭却。故

事，巡歷所在，必以藩臬守臣自隨，璘悉謝遣，軒車簡易，傔從歛約，供頓次舍，才足周用，民按堵不知爲勞。所至勸農振業，平繇復税，而擿伏省微，軌迹夷易，民用安集。在鎮逾年，多所建白。首言地瘠民貧，兵食不足，而藩府賦禄無隄，後繼爲難。又以湖湘控扼邊徼，地大事繁，御史按部，歲一更代，勢不得周，欲乞添差御史，分莅湖南北以廣詢謀。所言凡數十事，皆當時利病，深切治理，而論者韙其言云。顯陵之作，經費不貲，璘既長於料簡，而程省費懈，調發有制，視他所營，率損費十五而功實倍之。璘爲文不事險刻，而鑄詞發藻，必古人爲師。詩矩矱唐人，而劖芟陳爛，時出奇峭。樂府歌詞不失漢魏風格云。"

《大明一統志》卷四十七《台州府名宦》："顧璘：弘治中歷台州府知府、浙江左布政使，爲政持大體，不屑小節，勤學好書，雖官冗不廢。"

嘉慶重修《大清一統志》卷五十三《江寧府・人物》："顧璘：上元人，弘治進士，除廣平知縣，善擿發，有吏能。正德初，知開封府，忤鎮守中官王宏，下獄謫官。嘉靖時，歷浙江左布政使，不踰年，蠹弊悉除。巡撫湖廣，尤著政績。章聖太后崩，以工部侍郎督山陵、宫殿諸役，程工節財事集而民不困，論功進尚書，改南京刑部。璘當官守法，善詩古文，一時名士咸歸之。"

同書卷三百五十六《桂林府・名宦》："顧璘：上元人，正德中謫知全州。以興賢養才爲首務，重建柳侯書院，躬親校士。歲旱嘗徒跣禱覆釜山，雨隨至。"

雍正《浙江通志》卷一百四十八《名宦》引陳錫仁《皇明世法録》云："顧璘：字華玉，上元人。弘治進士，正德中知台州府，台州武衛錯居，俗悍而喜訐，胥吏並緣爲姦，璘求得利弊，次第興除之。故事，武衛諸城，郡爲修築，費率爲主者乾没，恒歲一築，築輒壞。璘鉤得所侵漁，悉没入爲城費，擇人經理，故所隸三城特完。郡瀕海，貧民業鹽自食，苦邏卒窘之。璘爲弛禁，俾得負販出郡下，而薄其税入。往軍餉不時給，貧軍多稱貸，駔儈得肆侵牟。璘支放有期，軍皆給足。郡南瀕江，多水患，有中津橋且壞，璘修復之，因築石堤而樓其上，凡數十楹，人莫喻其旨，已而夏潦猝至，居民得依樓以避，所活以千計，始服璘先見。繼起參藩左轄，日益練達，若賦發科謫，調補吏胥，皆吏蠹蟠結，璘批根絶蔓，振剔不少縱。"

乾隆《江南通志》卷一百六十五《人物志・文苑》："顧璘：字華玉，上元人。弘治丙辰進士，由知縣歷知開封府，忤鎮守中官，矯詔逮獄，謫知全州。遷知府，仕至南刑部尚書。璘少負才名，與陳沂、王韋肆力爲詩文，稱

‘金陵三俊’，晚歲家居，構息園，接引勝流，坐客常满。”

雍正《河南通志》卷五十五《名宦·開封府》：“顧璘：字華玉，江南上元人。進士。正德中知開封府，有才識。下車，屬兵寇之際，羽檄旁午，璘裁答如流，處之裕如。寇平，乃闢郡齋，進諸生講論文藝，自是郡中彬彬然多文學之士。以直忤巨璫，逮繫京師，謫全州知州。後累官南京刑部尚書。”

雍正《廣西通志》卷六十七《名宦》：“顧璘：字華玉，上元人。正德間初守開封，忤逆璫，謫知全州。才質朗快，然政在平恕，尤以興賢育才爲首務。重建柳侯祠，增置亭宇，俾士子游息，風俗日興。歲旱，嘗徒跣詣禱覆釜山，雨隨至。歷官南京兵部尚書。”

《萬姓統譜》卷九十五：“顧璘：字華玉，蘇州人，居應天之上元。弘治九年進士，歷台州知府、浙江左布政使，爲政持大體，不屑小節，勤學好書，雖官冗不廢，務爲詩文，頡頏名流，著爲《國寶新編》，高自標致，官南京刑部尚書。”

《御選明詩·姓名爵里》三：“顧璘：字華玉，吴縣人，徙上元。弘治丙辰進士，累官右副都御史，巡撫江西，罷歸，再起巡撫湖廣，終南刑部尚書。有《息園》、《浮湘》、《憑几》、《山中》、《歸田》諸集。”

顧璘與王陽明有交往，王陽明有《答顧東橋書》，見《王文成公全書》，選入《傳習録》。

顧璘精於詩文，所著有《浮湘稿》四卷，《山中集》四卷，《憑几集》五卷，《憑几續集》二卷，《緩慟集》一卷，《息園存稿》詩十四卷、文九卷。另著《近言》一卷、《國寶新編》一卷。合刊爲《顧華玉集》四十一卷，嘉靖間吴郡沈氏繁露堂刻本，並收入《四庫全書》。

《續文獻通考》卷一百九十二：“顧璘，《浮湘集》四卷，《山中集》四卷，《憑几集》五卷，《續集》二卷，《息園存稿》詩十四卷、文九卷，《緩慟集》一卷。”

《四庫全書總目》卷六十一：“《國寶新編》一卷，明顧璘撰……是書凡録李夢陽、何景明、祝允明、徐禎卿、朱應登、趙鶴、鄭善夫、都穆、景暘、王韋、唐寅、孫一元、王寵十三人，人爲之傳，傳爲之贊。蓋感於知交凋謝而作，略綴數語以存其人，亦柳宗元《先友記》類也。”

《四庫全書總目》卷九十五：“《近言》一卷：明顧璘撰……是書凡十三篇，而末一篇爲序。志其體例，仿揚雄《法言》、王符《潛夫論》，其篇名則取之劉勰《文心雕龍》也。所論皆持身涉世之道，大致平正無疵，而亦無深義。”

《四庫全書總目》卷一百七十一：“《浮湘集》四卷，《山中集》四卷，

《憑几集》五卷,《續集》二卷,《息園存稿》詩十四卷、文九卷,《緩慟集》一卷:明顧璘撰,璘有《國寶新編》,已著録。是編乃其詩文全集。《浮湘集》,由開封府知府謫全州知州時作,蔡羽序之;《山中集》,移病家居時作,陳束序之;《憑几集》、《憑几續集》,皆起官湖廣巡撫時作,皇甫汸序之,璘亦有自序;《息園存稿》並刻於嘉靖戊戌,詩稿陳大壯序之,文稿鄧繼中序之。附録曰《緩慟集》,官刑部侍郎時,哭其亡女之作,璘自序之。朱彝尊《明詩綜》稱其尚有《歸田稿》,今未見傳本,不知佚否也。《明史·文苑傳》稱:璘初與同里陳沂、王韋號'金陵三傑',後寶應朱應登繼起,號'四大家',然璘、應登羽翼李夢陽,而韋、沂則頗持異論。又稱:璘詩矩矱唐人,以風調勝。今觀其集,遠挹晉安之波,近驂信陽之乘,在正、嘉間,固不失爲第二流之首也。"

顾璘又有《批點唐人詩集·王摩詰詩集》七卷,在《劉辰翁批點三唐人詩集》中,吴興凌濛初編,朱墨套印。又有《唐詩批點》正音十三卷,始音一卷,嘉靖二十年洛陽温氏刊。

顧璘工書,今存《明顧璘陳沂行書册》、顧璘小楷書法《觀海詩四首》等。

《續書史會要》:"顧璘,字華玉,號東橋,吴郡人,家金陵。弘治進士,官至尚書,能詩,爲當時風雅王盟。善行草,筆力高古。"

《御定佩文齋書畫譜》卷四十二:"顧璘:《金陵瑣事》云:'號東橋。'《名賢遺墨》:'顧璘,字華玉,上元人,舉進士。方弱冠,敏贍嗜學,多交名侶。嘉靖中,爲南京刑部尚書。詩篇清麗,文辭雅質,多傳於世。'《弇州山人稾》:'華玉書,翩翩有晉人意。'《書史會要》:'璘善行草,筆力高古。'《金陵瑣事》:'東橋真草,皆清徹可愛。'"

顧璘曾經兩次來到湖南。

正德八年(1513),顧璘因直忤鎮守太監廖堂、中官王宏而謫全州知州,路過湖南。"全即古零陵郡,越在嶺嶠,僻遠荒陋。公不鄙夷其民,而翊以文教。"(《墓誌銘》)顧璘於往返途中作《申思三首》云:"戚戚歲云暮,我行適瀟湘。"作《初至全州》云:"跋涉既累月,始聞及清湘。長風卷舟幕,忽見湘山蒼。"作《長沙阻風呈陸郡伯良弼》,作《謁嶽麓書院》,作《登石鼓書院合江亭》,作《浯溪》詩,彙編爲《浮湘稿》。

《浯溪》詩云:"繫舟浯溪下,策杖登崇臺。嶔崟石壁古,手撥蒼雲開。媧皇彩煙滅,遺此青瑶瑰。元公性奇崛,首發雕鎪災。靈光落台斗,照耀衡湘隈。白日映寒野,曠望江流迴。山僧指陳迹,故宅久已灰。窊尊依然好,飲者安在哉。感歎惜形役,長歌下崔嵬。"

嘉靖十六年(1537),顧璘以都察

院副都御史官銜，出任湖廣巡撫，奉旨祭嶽。

入湖南境，顧璘作《通城山中赴岳陽》、《初出岳陽期登嶽有賦》、《九日風雨同崑山張水部誠之飲岳陽行臺》、《觀湖二首》、《入長沙》、《重到嶽麓書院》、《賈太傅宅》、《長沙陶公祠》、《熊湘閣》，過瀏陽石洞嶺作《瀟湘逢故人漫》詞。

途中，顧璘特别來到茶陵雲陽山，李東陽（號西涯）、張治（號龍湖）的家鄉，作《賦雲陽絶句擬作靈光亭》，跋云：“嘉靖丁酉冬，行部入茶陵，經雲陽山，覩其秀潤特異，然則西涯挺生，龍湖繼起，信有地靈然哉！因賦絶句付郡吏，併命作靈光亭於巖阿，永標奇勝。”乾隆《長沙府志》卷十二《古蹟志》：“靈光亭：明巡撫顧璘建。《叙》略曰：‘嘉靖丁酉冬，行部入茶陵，經雲陽山，覩其秀潤特異，然則西涯挺生，龍湖繼起，信有地靈。因占絶句付郡吏，並命作靈光亭於嵒阿，以標其勝。’”

在衡陽，顧璘作《告嶽神文》、《祝融峰觀日出賦》、《登天柱峰謁玄帝金殿賦》、《游衡嶽後記》、《游衡嶽後記》，作詩《謁嶽神廟》、《登祝融峰宿上封寺》等，三日得詩二十五首，以“昔晦翁遊此，與南軒倡和，得詩累帙”，彙編爲《登衡小記》。

顾璘《游衡嶽前記》云：“嘉靖丁酉，姑蘇顧璘以都察院右副都御史建節撫楚。維十有一月，巡方問俗，自長沙赴衡，期謁南嶽。屬雨雪沍寒，彌旬弗解。至安仁，始見日。入衡乃霽，煦若春半。念七日，厥明，同按察副使姜君儀謁奠于廟。”

此年冬日，顧璘由衡陽排山驛，入永州祁陽境。十二月十四日自衡入永，作《摸魚兒》詞。

顧璘在永州偶遇出使而來的錢薇、邢址二人，邀約同遊，作《冒雪往會錢邢二使君》，又作《元顏書院用錢給事韻》、《辱奉錢邢二使君高山寺留别》。

在祁陽浯溪，顧璘作《浯溪》詩，又作《題笑峴亭》：“浯山竊笑峴山碑，也自磨厓向水涯。陵谷變遷皆瞬息，不緣金石有名垂。”又作《㾞尊》：“元公古天民，㾞尊表其德。堂堂刺史身，甘隱漫郎宅。”均見《憑几集》卷二。

游澹巖，顧璘作《澹巖題石》：“玄雲結宇，白日迴光。神靈所闢，仙真斯藏。”見《憑几集》卷二，又見康熙《永州府志》卷二十二《藝文志五》、光緒《零陵縣志》卷十四《藝文·金石》。光緒《零陵縣志》題爲“顧璘題”，署款“大明嘉靖丁酉歲除，姑蘇顧璘題。同行者永州吴溥、全州唐鎬、文程”，注：“行楷四行”，可知曾經上石。

又作《游澹巖》：“楚南多名洞，澹巖絶幽奇。崇山豁中空，石壁支雲敧。匪伊神靈鑿，詎備房櫳施。夾徑周

窈窕，盤折乃盡窺。天窻白日皎，百用宛相宜。初聞避世士，傾家樂兹移。世往祇虚宇，好事紛游嬉。森羅盡深刻，漫讀知爲誰。唯輪振代豪，屹爾高名垂。以兹歎物理，不朽由人爲。微生亦蛙黽，難與千古期。”見《憑几集》卷二。

又作《遊澹巖》：“古木懸秋月，雲空結洞天。巖中人不見，歸去竟忘年。”見《零志補零》卷中，題爲“遊澹巖（嘉靖丁酉）”，署名“都御史、巡撫顧璘東橋”。又見光緒《零陵縣志》卷十四《藝文·金石》，“雲空”作“空雲”，題爲“顧書詩”，署款“時爲巡撫，顧書題，來遊□□人，□□□□□□識，嘉靖十七年正月人日題”。按“空雲”與“古木”相對，“雲空”疑誤。二“顧書”當作“顧璘”。此詩曾經上石，而《憑几集》中未見。按宗霈已注明“嘉靖丁酉”，而光緒《零陵縣志》曰嘉靖十七年正月人日，此日顾璘在寧遠，光緒《零陵縣志》著録原缺八字，署款或爲補題。

十二月二十日，顧璘出永州，作《十二月念日出永州值迎春新霁》：“江城鳴鼓曉迎春，霽日和風應候新。蒼帝早矜時令正，紫微元握斗樞均。梅花弄粉相将出，柳眼舒青太劇真。曝背老翁皆報罷，莫愁窮谷有懸鶉。”

嘉靖十六年除日，顧璘入道州境，作《瀟江泛舟入道州》、《丁酉除日道州作二首》。

嘉靖十七年元日，顧璘在道州，作《戊戌元日道州作二首》、《春陵懷古二首》、《全州蔣司空景明來會於道州白鷄營》、《月巖》、《人日寧遠山行三首》等。此後便往桂陽、郴州、耒陽返衡陽，再至寶慶、武岡、靖州、黔陽、武溪返嶽州，三月晦日自嘉魚掛帆歸武昌。

道光《永州府志》卷二下《名勝志下·道州》：“故里之前，平疇萬頃，突起五土堆，森然碁布，如五星然，曰‘五星堆’。人謂應聚奎之瑞，篤生周子，理或然也。明顧璘：‘道喪千餘載，天南得異人。玄圖開太極，絶學指迷津。庭艸常交翠，池蓮不斷春。詠歌風月下，瀟洒挹公神。’”即《春陵懷古二首》之一。

顧璘《奇會亭記》云：“嘉靖戊戌王正四日，璘以職事問俗道州。去全州百三十里，同年少司空竹塘蔣公曙，時謝政家居，聞之躍然，單車來會於白雞軍營。蓋自丙辰同登，至此四十三年，爲别亦二十年矣。”

顧璘《月巖》詩云：“靈巖象唯月，盈昃巧爲妍。正示團圓影，旁分上下弦。龍開厓畔石，日轉竅中天。雕琢須神力，伊誰測帝先。”詩刻上石，今月巖尚存，署款“姑蘇顧璘”，胥從化《濂溪志》、李楨《濂溪志》及隆慶《永州府志》卷七著録。同時顧璘又有月巖題刻一通云：“明嘉靖戊戌正月五日，

巡撫都御史姑蘇顧璘，同按察副使南昌姜儀，來觀月巖奇概，乃歎造化之□，無所不至如此。"署款："璘書。通判崔鳳、守備官尤欽刻。"今月巖尚存，但題刻《憑几集》中不載。

顧璘在永州、道州，時日雖淺，有惠政。

道光《永州府志》卷十四《寓賢傳》載："顧璘：字華玉，號東橋，上元人。弘治進士，正德初守開封，忤璫，謫全州，後又巡撫湖廣。性愛山水，往來永州，輒留題巖谷，高情逸致，脱略軒冕，流風可想也。永郡學地址，相傳爲璘按部時所定云。"（光緒《零陵縣志》卷九略同。）

道光《永州府志》卷之四下《學校志》："舊學基在乘駟橋畔，久爲軍民所侵。明正統間，知州盛祥勘地徵租以資學費，後漸失其舊。嘉靖間，巡撫顧璘視學，折近學民含，悉復侵地，溝以界之。"

道光《永州府志》卷十五上《先正傳》："蒋汝蘭，零陵人，慷慨任事。零陵學舊在瀟湘門内，衆議湫隘弗良，汝蘭獨鬻産赴都，上書禮部，乞遷學。報允，適巡撫顧璘、姜儀先後按部（《縣志》作洧溪姜公），擇城東地，命遷建焉。今仲丁釋菜，必致膰於其後。"

隆慶《永州府志》卷七《提封》："元山：在儒學後，兀聳壁立，舊名'狀元山'，以宋吴必達、樂雷發皆特奏狀元，故名。嘉靖丁酉，巡撫顧璘撫縞視學，命刻'元石'二字於山，留題曰：'道州學後有石巉巖，昔人題曰狀元石，將以宋二公科第望諸生也。余曰：曷不以元公之道德乎？改題今名，蓋兼舉云。'知州王會曰：'顧公改狀元山曰元石，取元公道德以兼之，義則備矣。'或謂：不若'元山'之雅也。乃刻以今名。"

康熙《永州府志》卷八《山川志·道州》："元山：在學後，以唐狀元李郃、宋吴必達、樂雷發，皆特奏狀元，故名。洪武間，僉憲曹衡建樓於山麓，曰狀元樓。嘉靖丁酉，都憲顧璘按臨，命學刻'元石'二字，蓋又以周元公爲重，不但一科第已也。郡守王會曰：'東橋公改狀元山曰元石，有取重於元公之意。或謂：不若元山之雅也。改刻今名。'"

道光《永州府志》卷二下《名勝志下·道州》："元山：在濂溪祠後，奇石靈秀，山舊以州人唐李郃、宋吴必達、樂雷發，皆特奏第一，故名。明洪武中，僉事曹衡建狀元樓於山麓。嘉靖間顧璘視學，始題'元石'，意在仰止元公，名義始大。"

顧璘留題"道州學後有石巉巖，昔人題曰狀元石，将以宋二公科第望諸生也。余曰：曷不以元公之道德乎？改題今名，蓋兼舉云"一節，當據石刻著録，今《憑几集》中不載。

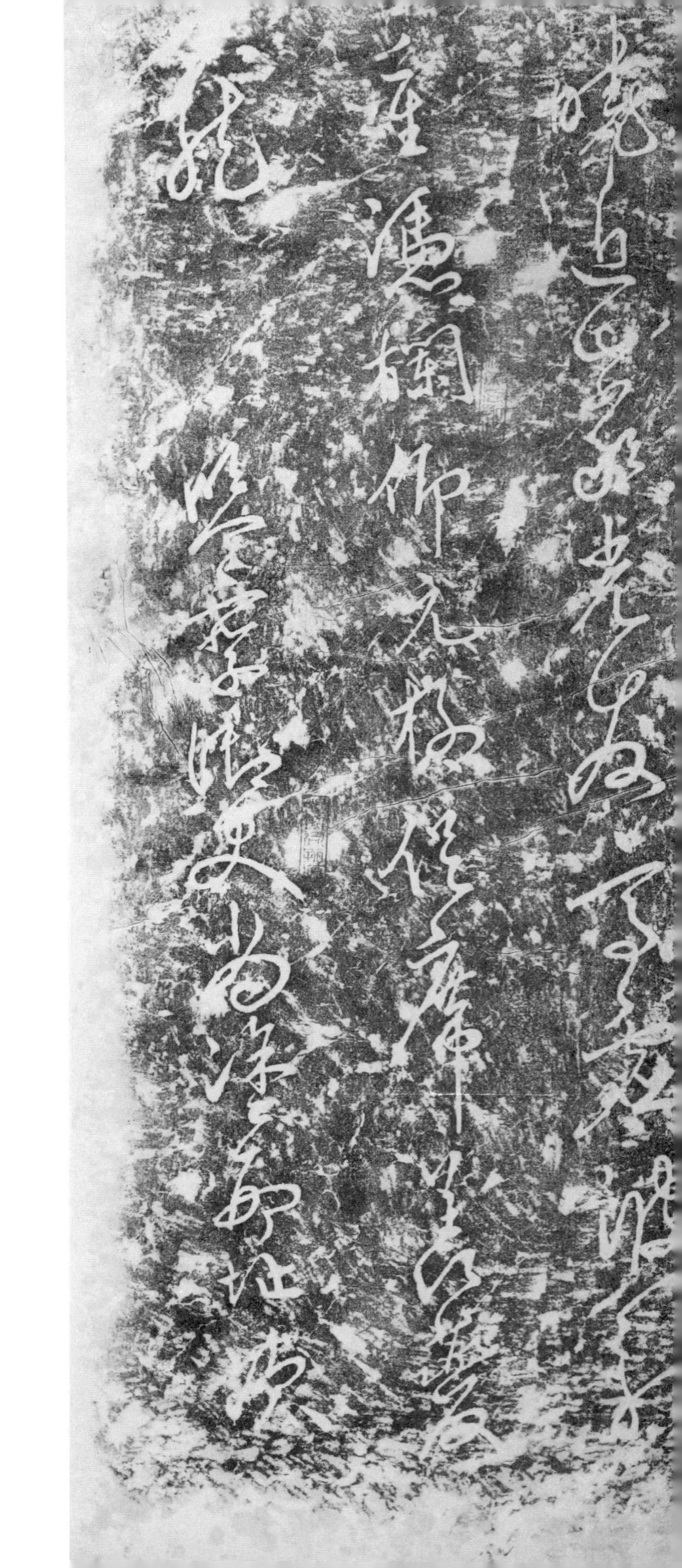

# 嘉靖十六年邢址次顧璘原韻詩刻

## 釋　文

曉近巖光發，亭虚波影重。憑欄仰元柳，促席羨夔龍。

監察御史當塗邢址次。

## 考　證

詩刻在朝陽巖上洞，高 92 公分，寬 40 公分，三行，草書。

詩刻次顧璘《同錢邢二使君來遊賦》原韻，故不另立標題。署款“邢址次”，“次”即次韻也。

除邢址外，顾璘原韻还有一首次韻，即朱袞《顧東橋遊朝陽巖，有詩刻巖石，用韻和之》：“地勝人應假，歌高和欲重。一聲樓上篴，白日走蛟龍。”見《白房集·白房雜興》卷二。

詩刻無年月，由顧璘詩及顧璘、錢薇、邢址題刻，可知三者作於同時，即嘉靖十六年十二月十七日。

《零志補零》卷中著録，題爲“和作”，署名“監察御史邢址，當塗人”，詩句與詩刻全同。

光緒《零陵縣志》卷十四《藝文·金石》著録，題爲“邢址和顧璘詩”。注：“右草書四行。”“巖光”誤作“巖花”，“四行”當作“三行”。

邢址，字汝立，號陽川，安徽當塗人。著有《磴齋過庭訓》。

邢址任福建邵武知府，多所興建。萬松洲：舊名杜家洲，是爲上水遊魚，邢址植松千章，以增形勝。神橋：跨東溪上，明嘉靖間知府邢址建。明倫堂燬，邢址捐倡重建。熙春亭：熙春臺故地，嘉靖二十一年知府邢址建，又名會景亭。於惠民藥局合刻《紺珠二難二經》，以拯療病者。刊訂嘉靖《邵武府

志》，作《邵武府志後序》，史稱“修府志，稱善本”。子孫家邵武。詳見嘉靖《邵武府志》、光緒重纂《邵武府志》。

嘉靖十六年，邢址與錢薇奉敕磨勘兩廣庫藏，路經湖南。

《本朝分省人物考》卷四十《南直隸太平府》：“邢址：字汝立，號陽川，當塗人，珣季子也。少穎異不群，茹素甘澹，絶不染貴介習。自定省外，一意讀書而已。爲諸生時，搆一小樓，日研會尋索，益務精詣，不下樓者三年。一出而遂領畿薦，登嘉靖壬辰進士，授刑部主政，有能聲，七月即擢監察御史。址修幹偉貌，美鬚髯。一日侍經筵，上問内侍曰：‘頎而髯者何官？真御史也！’再扈蹕幸西山，有錦带襪衣之賜。會有奏两廣諸司帑金累數十年不清查，前後相仍爲墨者，特詔址偕給諫錢薇往磨勘焉。至即封其庫藏，盡搜剔其蠹弊，不遺根穴，宿弊清而謗怨騰沸矣。出爲寶定守。址剛介之性，即遭折不磨，治郡一以清肅爲主。往新守至，例有茶菓銀八百两，厲色却之，以賙寒士。堂城之間肅然，吏抱牘以進唯諾，凜凜五伯植立如木偶，不敢有邪趨而旁睨者。時柄相專恣，蒼頭輩竊威以嚇，郡邑吏所過無不頤指以承者。至寶定，横恣益甚，址縶其最黠悍者杖遣之，柄相聞而銜之甚，遂遷邵武守。踰年，擢山東運使，址嘆曰：‘使我脂韋借俗爲繞指柔乎？自分不能，惟有清泉白石知我心耳。’屢疏致政而歸，蕩漾湖光，相對自適。郡守祝公數以幣請見，不答。直指游公欲薦之於朝，謝愈力。自里居後，從未有城市之迹焉。两世貴宦，産不及中人，蓋其清介剛直，父子一轍也。”（康熙《太平府志》卷二十七《人物上》、康熙《當塗縣志》卷四《人物》引之。）

## 嘉靖十六年顧璘、錢薇、邢址題刻

### 釋　文

嘉靖丁酉十二月十七日，都御史姑蘇顧璘，邀給事中海鹽錢薇，監察御史當塗邢址來遊，且餞適粵之别。風日晴佳，野興甚適。璘題。

### 考　證

詩刻在朝陽巖逍遙徑，高36公分，寬88公分，四行，行書。

宗霈《零志補零》卷下著録，脱“十七日”三字，“錢薇”誤作“錢微”。

光緒《零陵縣志》卷十四《藝文·金石》著録，注：“右草書四行。”“十七日”誤作“二十七日”，“當塗”誤作“常鴻”。

顧璘有《同錢邢二使君來遊賦》詩刻，邢址有次顧璘原韻詩刻，已見前。

嘉靖十六年十二月十七日，顧璘在永州偶遇出使而來的錢薇、邢址二人，邀約同遊城内高山寺和祁陽浯溪。《憑几集》卷二有《冒雪往會錢邢二使君》，詩云：“五更吹角起，征夫均有程。祗今湘水棹，何異剡溪情。瑞采千林雪，皇華萬里旌。天涯分袂意，留語記芝城。”

又有《元顔書院用錢給事韻》，詩云：“元顔驚代傑，精爽結靈雲。運屈英雄力，山垂琬琰文。皇圖天自遠，世變雪徒紛。倚杖看碑客，悽然仰德芬。”《漫郎宅用邢侍御韻》，詩云：“炯炯春陵作，丹心白日明。幾人能體國，遺愛在專城。使節臨湘楚，心香仰法程。看公流浪迹，寵辱底須驚。”

又有《辱奉錢邢二使君高山寺留别》，詩云：“别思憑高集，征途向粵遥。嶺梅春候轉，湘浦雪痕消。斧鉞隨

王命，蠻夷拱聖朝。澄清聯轡去，雙璧聽新謡。”

《粤西詩載》卷五亦載錢薇《題三浯水》詩：“得到浯溪流，遥瞻牛耳嶺。綵雲常覆護，清泚自涵映。地靈頗鍾異，冬温夏復冷。滄海一潮汐，此水三旋軫。消盈從何始，終古竟不紊。旅人藉甘飲，居民得耕蔭。慈陽粤名區，浯溪據其勝。胡不移中土，竟爾滯西境。瑶樹相森羅，香泉復滂噴。吾爲發幽潛，芳聲足後憑。”

錢薇，字懋垣，號海石子，浙江海鹽人。嘉靖十六年至十七年，以禮科給事中之官銜奉敕清查廣西粤西倉儲，巡視永州及沅江、慈利、寶慶。

《明史》有傳，略云：“錢薇，字懋垣，海鹽人。嘉靖十一年進士。受業湛若水。官行人，泊然自守。與同年生蔣信輩朝夕問學。擢禮科給事中。請令將帥家丁得自耕塞下田，毋征其賦，總督大臣假便宜，專制閫外。格不行。又疏劾大學士李時、禮部尚書夏言、工部尚書温仁和、外戚蔣輪。進右給事中。郭勳請復鎮守内官，擅易置宿衛將校。薇憤，疏其不法七事。帝眷勳，然素知其横，两不問。已，因星變，極言主德之失，帝深銜之未發。疏諫南巡，坐奪俸。内閣夏言輩所選宫僚，多以徇私劾罷。薇偕同官吕應祥、任萬里乞如會推故事，集内閣九卿公舉，帝特命並斥爲民。”

天啟《海鹽縣圖經》卷十三《人物篇》：“錢薇：字懋垣，琦兄珍之子，讀書刻苦，有大志。嘉靖壬辰舉進士，聞甘泉湛先生講學，投贄請業，修詣益深。授行人，使楚藩，正相見禮，却賜金。選給事禮科，慨然以論列爲己任。時夏貴溪以議郊祀，進爲禮書，與議禮，舊臣霍争忮相訐奏，臺諫畏顧，未有言。薇上疏抗論其傷體，請下詔切責，手批嘉獎。繼又論閣臣戚里内侍與廟享巡幸戎機屯田，章十數上，並剴直無諱避。尋有敕清查倉儲，薇得楚及粤西，同時使臣以聲勢凌壓外官，委簿籍吏胥勾稽，滋弊竇而已。薇獨持法守禮，虚心搜覈，摘發乾没萬計。又策擒靖州土弁，宣布威德。歸，晉本科右。是時貴溪已入相，分宜爲禮書，又新被寵。天子齋宫祈年，尊信方士陶仲文，以二臣侍，玄而莊敬。初册立，貴溪薦用宫僚多私人，政以賄成，又翊國公勳，恃寵侵朝柄，至請復内臣鎮守，擅署宿衛官，不關白本兵。薇發憤，歎：‘此吾死仗下日矣！’一疏糾勳，再疏糾貴溪，三疏乞罷方士，‘毋令遠近傳聞，謂君相信奉左道’，語皆中上深忌。當拜疏時，謂必不免，敕家人買棺待。俄得旨，削職爲民。歸而杜門講學，從遊者户屨恒满。竭孝奉二尊人，數貲百金助伯氏醫藥，薦寵下輩，施與貧□□□□□。橋梁道路，亦捐貲導衆興修。孟堰之役，師三千經其廬，爲具餱糧，既而殲焉，又爲具槥收

葬舍田，築哀邱。郡邑大興革，如罷運艘、均田則、清里甲諸事，多所贊成。朝野倚佇大用，剡薦無虚歲，亡何卒，年五十三。卒之日自言：‘死生一晝夜，無所憂怖也。’蓋得於學力者深已。隆慶改元，褒恤先朝敢言諸臣，詔復官，贈太常少卿。制書有‘生有令名，既垂芳於百世；没膺褒興，復伸志於九原’等語。”

萬曆《嘉興府志》卷十九《鄉賢二》：“錢薇：字懋垣，嘉靖壬辰進士。初任行人，出使楚藩，正拜坐禮，却宴賜金。給事禮科，初劾内閣費、夏，再論李、温，再論司禮。奉敕兩廣，查餉精明，邊方賴安。及還，論郭翊國及官僚非人，曰：‘我今得死所矣！’付金買棺。幸免歸，杜門著書，受徒講學。海戍苦於飛輓，陳議當道，蠲之。倭寇陣亡，積屍千餘，舍田葬之。有屯田、鹽法，河套、市舶諸議。卒後追贈太常少卿，祀鄉賢，近又建祠特祀焉。”

錢薇多著作。《明史·藝文志》載錢薇《名臣事實》三十卷，《海石集》二十八卷。《四庫存目》載錢薇《承啟堂集》二十九卷。

雍正《浙江通志》卷二百四十四：“《歷代備邊策》，又《河套議》：《檇李往哲列傳》：錢薇著。”“《名臣事實》三十卷：《檇李往哲列傳》：錢薇著。”同書卷二百五十：“《承啟堂稿》二十八卷，《海石閒草》六卷：《檇李往哲列傳》，海鹽錢薇著，字懋垣。”同書卷二百五十二：“《海石疏草》二卷：《黄氏書目》：錢薇著。”同書卷二百五十四：“《海防略》：《檇李往哲列傳》：錢薇著。”

光緒《嘉興府志》卷八十《經籍一》：“錢薇《樂律》：杭氏《藝文志》。”“錢薇《海石疏草》二卷：《千頃堂書目》。”“錢薇《名臣事實》二十卷：《明史·志》。案《吴志》作《國朝名臣録》。”“錢薇《歷代備邊策》、《河套議》：杭氏《藝文志》。《海防略》：《檇李往哲列傳》。”同書卷八十一《經籍二》：“錢薇《學録》：《海鹽圖經》。”“錢薇《海石子》一卷：《鹽邑志林》。”“錢薇《海石集》二十八卷：《明史·志》。尤氏《藝文志》作《承啟堂稾》，《四庫存目》：《承啟堂集》二十九卷。”

嘉靖十六年，錢薇在湖南沅江作《文清書院記》。

乾隆《沅州府志》卷十八《壇廟一》：“薛文清公祠：在西城内，即典史舊址，祀明儒薛瑄……明錢薇《文清書院記》：文清，河州人，去沅萬里。沅何以有書院？以文清曾駐節於沅，故重文清之在沅也。文清以河南鄉試第一，擢甲榜，服官柱史。時英廟遠狩，燕代按兵，度支奏縮，廼採鑛於沅，文清奉黄麻監臨之。先是，議者以鑛夫易盗竊，勒每丁日輸金一星，民大病。文

清奏落其半，然山脉剥取幾盡，雖半，民猶病。文清復請，乃罷沅採，沅民大蘇。先是，沅之泮宫雖多青衿，但去中州遠隔湖山，編帙少至，文清手録《性理大全》一書詔沅士，士駸駸窺性命之奥學，沅士大昌。夫採鑛，文清職也，而奏罷；學校，非其事也，而議興。可謂仁者用心矣！院在明山之南，潕水之西。倡是役者，今少冢宰甬川張公。昔督學於楚，從沅士太學博馬子修氏之請，謂《祭法》'能捍大患，有功德於民，則祀之'，文清功德在州，祀典宜舉。於是少參立齋王子置扁，中丞两山郭子書額，沅守周子具文清神位。時嘉靖丁酉秋，海石子磨計於楚，届於沅，沅兵憲王東谷速海石子謁文清書院，又歸閑田於院，屬子修氏曰：'以之春秋祀文清公。'"（又見同治《沅州府志》卷三十七《藝文一》、同治《芷江縣志》卷五十二《藝文七》。）

錢薇在慈利改建州學。

萬曆《慈利縣志》卷十一《學校》："舊慈利州學在治西……嘉靖庚寅，本府同知林希範充拓三道。辛卯，遵制更今名，易封號，撤塑像，題木主。丁酉，分巡副使周繹、給事中錢薇、同知縣賀梧，改建縣北澧陽山之麓。"

同治《續修慈利縣志》卷四《學官》："嘉靖十六年丁酉，分巡道周繹、江防道錢薇，嘱邑侯賀梧，改建江北澧陽山麓官塔坪。"

嘉靖十七年錢薇到达寶慶，作《賓峰亭記》。

隆慶《寶慶府志》卷三下《建置》："賓峰：城南桃花洞後，'雲根'石上。知府鄧繼曾建，御史邢址扁，給事中錢薇記。"載《賓峰亭記》全文云："賓峰者，何峰也？資城之南七里有桃花洞，洞上巍然一峰是也。曷謂之賓峰也？蓋取古人拜石、爵石、加袍于石之意乎？陽川子曰：否，以峰爲賓、我爲主也。海石子未達，曰：吾歷覽寰區，過資而一即峰焉，驅車東西矣。彼瓠繫一方者，吾易爲主以賓之？陽川子曰：夫同乎人者，天地之心也。精靈感通，貫于萬象。石雖塊然，以講則悟，以琢可器，以擊可鳴，以鐫可文，神而役之，無不從吾，故以吾爲主。然他山之石，可以攻玉，其廉隅攻吾頹焉，其凝静攻吾浮焉，其盤根深厚攻吾淺焉。是蓄德者石，石有功于吾，吾是以爲賓。海石子喟然有感曰：天地無心，以人爲心。故人獨靈于物，然物各有一德，亦能裨人。今之品類物色，石固承吾惠；觀感興起，吾亦受石益。是非徒爲賓，賓主者有相成之道也。于是資城太守鄧士魯曰：茲地之勝在峰，惜哉無亭，請搆之！于是扁其亭曰'賓峰'。竊以茲峰巍然在資郡，宋景定間好事者題之曰'古雲根'。今太守搆亭而柱史扁之。資郡之峰亦多矣，獨此峰爲往來者佳羡，豈非以峰峥嶸一方，吾人之觀茲峰

可以自勉矣，所以賓峰而主之也。陽川子曰：海石子其記之。遂記與陽川論賓之義與太守搆亭所自來焉。若峰昏曉異色，晴陰殊景，根于無底，壽于無極，遊人喜嘲而不較，功鎮資川而不居，則來賓者自考焉。然陽川能養浩然者，風裁獨持，太守昔爲兵諫，勲名不朽于春艸，今爲資城守未匝歲，聲轟轟起，皆能主峰者。嘉靖戊戌歲秋九月既望書。”（又見康熙《寶慶府志》卷三十二、康熙《邵陽縣志》卷十四下、道光《寶慶府志》卷六十一，“可以自勉矣”均誤作“可以自勵矣勉”。）

記文中之陽川子即邢址。邢址，字汝立，號陽川，已詳前。

另外，錢薇爲錢芹從弟，錢芹初師湛若水，後從王陽明。嘉靖三十一年任永州知府，著《永州集》，又著《兵略》，及刊刻汪藻《浮溪文粹》。《四庫總目》：“《錢永州集》八卷：明錢芹撰。芹字懋文，號泮泉，海鹽人，琦之次子也。嘉靖戊戌進士，官至永州府知府，故以永州名集。首列奏疏二卷，頗切當時利弊，其‘斥異端’一條，蓋爲陶仲文而發也。惟其學出自湛若水，後乃改從王守仁，故於姚江一派，推挹頗深，持論不無少偏云。”

重游朝陽巖用舊韻[illegible]

有客尋蕭之流誰繼

巖洞炎方留朝曦被[illegible]

擢金碧雲來軒杪[illegible]蒼

地未論絲南與盧皇比

帝自是愚中優漫郎往

事可[illegible]黃[illegible]舊肯歐[illegible]

年[illegible]

嘉靖己亥仲秋吉[illegible]

[illegible]書

## 嘉靖十八年陳東《重游朝陽巖用舊游韻》

### 釋　文

重游朝陽巖用舊游韻

有石奇峭瀟之流，誰鑱巖洞炎方留。朝曦初浮耀金碧，雲來樹杪懸蒼虬。未論終南與廬阜，此景自是寰中優。漫郎往事可勝賞，芒屩肯猒頻年游。

嘉靖己亥仲秋廿三日，郡人南塘陳東書。

### 考　證

石刻在朝陽巖逍遙徑，高39公分，寬75公分，十行，楷書。

嘉靖己亥爲嘉靖十八年（1539），仲秋爲秋八月。

隆慶《永州府志》卷七《提封》著録，無署款。宗霈《零志補零》卷中著録，署名"失名"，無署款。光緒《零陵縣志》卷十四《藝文·金石》亦著録，"廿三日"誤作"二十三日"，注誤作"右楷書八行"。

陳東，號南塘，永州零陵人，舉人，曾任四川井研知縣、浙江龍泉知縣。

雍正《湖廣通志》卷三十五《選舉志·舉人》："陳東：永州人，知縣，嘉靖元年壬午鄉試榜。"

雍正《四川通志》卷七《名宦·直隸資州》："陳東：零陵人，嘉靖中知井研，勤於作士，改建倉舖，暨題名堂。胥役擾於村里者，輒禁絶，百姓安之。曾著《南塘類稿》。"

康熙《永州府志》卷十六《人物志·名賢列傳》："陳東：字南塘，性好吟咏，博極群書，問字者屨满户外。嘉靖壬午領鄉薦，授四川井研令，改浙江龍泉，務以自娱。"

道光《永州府志》卷十五下《先

正傳·文藻》："陳東：號南塘，零陵人。性躭吟啄，博極群書，問字者屨满户外。世宗元年，領鄉薦，授四川井研令，改浙之龍泉。以德化民，東淡於名禄。政成告歸，嘯歌自得，不知爲舊宰官也。"

光緒《零陵縣志》卷七《選舉·舉人》："陳東：號南塘，嘉靖元年壬午易泉榜，官知縣。"同書卷九《忠義》："陳東，字南塘，性好吟咏。博極群書，問字者屨满户外。嘉靖壬午，鄉舉授四川井研令，改浙江龍泉令，所至皆務以德化，民薄於榮利。政成告歸，以詞賦尚友千古。著有《南塘類稿》。"

陳東在正德、嘉靖間，與朱衮、吴允禎、潘節來往。

朱衮《白房集·白房雜述》卷二《諸上桂南邑君壽説》："一日，草堂方啟，南塘陳生、竹窗雷生、西英管生、北洲蔣生偕止。""南塘陳生"當即陳東，"桂南邑君"當是徐敩，臨桂人，正德六年任零陵知縣。

朝陽巖今存吴允禎詩刻《與同年朱子文暨陳東遊朝陽巖，賦此寄興》，署款"正德辛巳秋七月念八日"，朱子文即朱衮，正德辛巳爲正德十六年（1521）。吴允禎，正德十五年任永州知府。

浯溪有嘉靖四年潘節《會試題名》石刻，載："時余掌祁之縣事，適會試期，舉人永州王誥、張佩、唐庚、朱縉、陳東、蒋若愚、蒋廷蘭，道州趙晳、朱選、何汝賢、朱珪、周庠、何賁，東安蒋烈、石尚寶，北上道經，偕挹群士夫同遊，因餞於此。"潘節，正德十四年任永州府通判，嘉靖五年升任永州府同知。

除朝陽巖詩刻外，陳東有澹巖詩、鎮永樓詩、黄葉渡詩、瀟湘廟詩、黄溪廟詩、關王廟詩、龍伯高墓詩、柳先生祠詩、浮溪祠詩，及《宗濂書院賦》、《重修城隍廟記》。

隆慶《永州府志》卷七《提封》：澹山："郡人陳東詩：'維南表離德，仙洞屹炎方。靈畝雲生氣，空明月透光。昔賢耽隱遯，古道逼羲皇。況與塵凡隔，猶餘草木香。世更千祀遠，名共二儀長。遍歷巖中景，何須問渺茫。'"又見光緒《零陵縣志》卷十四《藝文·金石》，署款："嘉靖三十七年八月三日，前鄉進士、郡人、南塘陳東題。"注："正書八行。"

隆慶《永州府志》卷八《創設下·宫室》："零陵鎮永樓，郡人陳東詩：'回鴈峰南第一州，城頭突兀見斯樓。翩翩鳥隼旌旗動，湓湓瀟湘日夜流。藩府千年蛛箔盛，齊民萬户翠煙浮。中原邇歲偏多事，北望猶懷畎畮憂。'"

道光《永州府志》卷三下《建置志》："黄葉渡，大西門浮橋，水漲則

用舟渡。陳東詩：‘黄葉渡頭風，愚溪橋下水。日照晚凉生，漁歌數聲起。’”又見康熙《永州府志》卷二十三《藝文志六》、康熙《零陵縣志》卷十三《古今名賢詩》、光緒《零陵縣志》卷二《建置》。

隆慶《永州府志》卷十《秩祀志・廟》：“瀟湘：舊在瀟湘灘西岸，唐貞元九年三月，水至城下，文武官民禱而有應，至於漕運艱澁，旱乾水溢，民輒叩焉。後徙於東岸。至正癸巳，廟遭兵燹，遂移置於瀟湘門内。洪武壬戌，知縣曹恭增置殿宇，四年奉敕封爲瀟湘二川之神。郡人陳東詩：‘廟貌千年在，鑪香萬姓供。絪緼開勝境，縹渺馭盧風。昭格牲牷外，威儀陟降中。兩川均利澤，於赫頌神功。’”

隆慶《永州府志》卷十《秩祀志・廟》：“黄溪：在東嶽廟右，古廟在城東七十里。郡人陳東詩：‘嚴祠窅窱矗高岡，祠下人多敬瓣香。神馭飄飄臨綵幄，靈風烈烈閃朱幢。飯炊白雪豐年慶，酒氾黄花祀事康。千古溪名著南七，河東巨筆比長杠。’”

隆慶《永州府志》卷十《秩祀志・廟》：“關王：在府治東山上。郡人陳東詩：‘漢壽亭村爵土隆，英雄千載見於公。三分帝業酬真主，一道臣忠徹昊穹。明燭何人持大節，揮戈隨處立奇功。楚鄉歲歲唯崇祀，縹緲靈風陟降中。’”

道光《永州府志》卷十《古蹟志》：“漢零陵太守東都龍述墓，在零陵縣北一里，名廉威阡，《一統志》：‘述，字伯高，東漢賢守，卒於零陵郡，還葬泉陵，留子孫世居祠側，其地今名司馬塘。’明陳東題龍伯高墓詩：‘此邦昔日樹旗旄，聲望於今北斗高。爲訪名山埋骨處，思齊空覺我心勞。廉威阡下人千載，南面還臨司馬塘。荒塚巋然勤仰止，斜陽回首獨傍徨。’”又見光緒《零陵縣志》卷一《地輿》。

隆慶《永州府志》卷十《秩祀志》：“柳先生祠：在大江西愚溪之上，祀唐柳子厚，事詳見《流寓傳》。郡人陳東詩：‘當年司馬過南州，溪上曾來幾度遊。草木猶含錦繡色，煙雲半带羈棲愁。誰憐節義平生少，自信聲名亘古留。瀟冰沉沉祠宇在，行人亦爲薦清羞。’”

隆慶《永州府志》卷十《秩祀志》：“浮溪祠：祀宋汪藻，在望江樓下。嘉靖乙卯參議胡堯臣建，并撰記。浮溪先生諱藻，字彦章，當宋南渡多事之秋。郡人陳東詩：‘名高山斗共推尊，四百年來事尚存。地啓靈區古最勝，天成美搆喜維新。春秋獻祼崇明祀，冠蓋迎歌屬令辰。世德故應流不朽，玉堂光價有文孫。’”

隆慶《永州府志》卷八《書院》：“零陵宗濂書院：郡人陳東賦：‘伊茲地之崇構兮，爰拓基於東山。奠郡城之高

皐兮，又還遊於重闞。左負禅林兮，右枕神祠。前倚黌宫兮，後控通岐。瀟江南注兮，波流湯湯。嵛峰拱峙兮，秀色蒼蒼。偉佳氣之低匯兮，顧榛莽而卑陬。微富媪之效靈兮，焉文事而協謀。維中丞之勸士兮，溥教澤於三楚。闡正學而錫類兮，每喫緊乎告語。睠吾永之多才兮，蓋異時之所欽。慨儲養之匪專兮，特申令之自今。念二千石之賢兮，官師是寄。抑循循而善誘兮，允宜加意。假龜筮而諏元日兮，鳩合抱之良封。伐鼛鼓而儆捄度兮，會庶民之子來。廣堂既闢兮，衣冠萃於几席。層樓登眺兮，星辰接於咫尺。回廊繚繞兮，市聲弗譁。曲房窈窱兮，隱映丹霞。彼嵩睢泉鹿岳兮，昔並稱於宋代。緊宗濂之繼作兮，亦襲美而堪配。惟奎宿聚於丁卯兮，誕發其祥。迺真儒起於舂陵兮，丕顯其光。默契道體兮，建圖著書。上續魯鄒兮，下啓程朱。信殊絶之人物兮，近古鮮倫。華典刑之尚存兮，軌轍可遵。羌群彦之晚出兮，寔同鄉土。曠百世而仰止兮，敢忘步武。粤甲子之更端兮，屬休明之景。運荷名公之甄陶兮，矧謹巖之規誨。唯朝乾而夕惕兮，愳佩服之或弛。窺聖域而優入兮，豈曰取夫金紫。'"

隆慶《永州府志》卷十《秩祀志》："城隍：在府治東二百步，洪武二年建，郡人陳東撰《重修廟記》：'城隍廟舊在郭東，入國朝，洪武己酉，始遷今址。維神初封'鑒察司民城隍威靈公'，尋改稱'永州城隍之神'。我聖相恢復綱常，敕嚴名分，所以垂法萬古，遐哉！謹按城隍之文，繫於《大易》。而因地立廟，式專報功，蓋歷秦漢。唯唐乾元李陽冰記縉雲城隍云：'祀典無之，吴越有之，水旱疾疫必禱。'維蕪湖城隍建於孫權赤烏二年，蜀都、江陵亦嘗築宫祇奉，又不僅唐、吴越已。趙宋以來，頒爵賜額，尤極褒美。然或謂城隍血食遍天下，先世忠臣烈士實尸歆享。如鎮江列郡以紀信，南昌列郡以灌嬰，福州列郡以周苛。夫生存奇節，殁則追思弗忘，殆非妄次載稽。昭代定制，祀禮最慎，惟神禦災捍患，陰祐吾土。故山川之獻，必並厲壇之土，必尊職官之任，必誓朔望之辰，必謁降是儀物，兼致隆焉。於戲宜耶！會廟宇久敝，僅庇風雨，頹垣敗壁，塗墍未遑。一旦，馬君龍、王君崇德，洎余，爰采衆議，共圖修葺。敬請成於邦伯劉公格、高公岐、石公寶、林公棐、王公可，僉曰：'事神首務，詎容少緩。'於是鋭意作興，躬親指畫。宗藩聞而善之，相率倡義，延及境内，庶寀右姓，莫不偕來施財駢集。遂卜戊午季冬三日乙巳，肇舉茲役。計重新爲正殿，爲前庭，爲後閣，爲兩廊，爲門，總若干間。凡梁棟撓折，并瓴甋殘假者，悉更堅良，益加藻餙，洋洋乎神其攸寧與！厥工既竣，就刊樂石，迺繫迎、送神詩二章，

俾歲歲歌於廟中。辭曰：‘神之來兮九地，幽駕雲車兮驂赤虬。紛旖施兮日慘淡，凛四壁兮風颼颼。’‘擊鼉鼓兮吹參差，奠桂酒兮薦純犧。願降福兮繇未永，我民庶兮樂無涯。’‘神之去兮渺何所，悵不見兮獨延佇。望天門兮入杳，上翱遊兮澹容。’‘與巫屢舞兮拜堂前，博山焚兮吐晴煙。楚之南兮湘之曲，靈還鎮兮萬斯年。’”

浯溪又有陳東《遊浯溪次宋陳從古韻》：“沉潭插石壁，古木懸虬枝。拂苔憩崖畔，細讀中興碑。微辭寄書法，斧鉞森當時。後賢百代下，寶此商周詩。”署款“嘉靖癸卯七月望，零陵南塘子陳東書”。石刻尚存。

陳東著有《南塘類稿》、《楚風補》，惜已不存。

隆慶《永州府志》卷十二《藝文志》：“《南塘類稿》六册，國朝零陵陳東撰。”

道光《永州府志》卷九下《藝文志下》：《南塘類稿》：“明零陵陳東撰。(《零陵著述目》)《楚風補》。東官井陘令，有黄葉渡詩。”

光緒《零陵縣志》卷十三《藝文》：“明陳東《南塘類稿》、《楚風補》。東官井陘令，有黄葉渡詩。”

# 嘉靖十八年朱彦濱《歌朝陽嵒用元次山韻》詩刻

## 釋　文

歌朝陽嵒用元次山韻

巖下中流瀟水深，巖前修竹涵泉清。古零萬古與千古，春花秋月明江城。君不見兮又不見，名高海澤《先賢傳》。美哉巖平真可羨，曲水流觴會相勸。

旹嘉靖己亥菊月望日，宗室陽和道人題。

## 考　證

詩刻在朝陽巖下洞洞口上方，高58公分，寬39公分，九行，楷書。

“陽和”二字磨泐，據“聚勝”榜書署款補。

嘉靖己亥爲嘉靖十八年（1539），菊月爲秋九月。

詩刻位於朝陽巖下洞入口洞頂處。高39公分，寬58公分，十行，楷書，略有磨泐。

朝陽巖下洞入口洞頂高處，另有“聚勝”榜書石刻，位於詩刻北側，署款“陽和道人書”，鈐印“南渭王寶”，詳下。據此可知“宗室”即南渭王，“道人”即陽和道人，“宗室陽和道人”即南渭王朱彦濱。

明代宗室分封之南渭王，係由岷府分出，居永州，共傳四代，即榮順王朱音壄、懷簡王朱膺鈏、安和王朱彦濱、莊順王朱譽樐。嘉靖十八年在位者爲第三代南渭王，名朱彦濱，號陽和道人，卒謚安和，史稱南渭安和王，嘉靖三年至二十二年（1524—1543）在位。

此詩不見於任何詩文集、方志等文獻。

元結於唐代宗永泰二年（766）發現和命名朝陽巖，並作《朝陽巖銘》與

《朝陽巖下歌》各一首。目前所知朝陽巖石刻中，後人和元結《朝陽巖下歌》共有三首，此詩之外，有明人閻栢谿某《遊朝陽巖次元子》、郡人雷以澤《和次山歌朝陽巖韻》，三詩均作於嘉靖間。

元結《朝陽巖下歌》爲七言歌行體。後四句平韻换仄韻，且句句用韻。"朝陽巖下"與"朝陽洞口"，"湘水深"與"寒泉清"，反復詠歎。而《先賢傳》則標示出以水石勝景而追懷古之先賢的人文主題。《零陵先賢傳》一卷，《隋書・經籍志》、《舊唐書・經籍志》、《新唐書・藝文志》著録，宋以後失傳。蜀漢時書，撰人姓名無考，或云爲司馬彪。宋鄭樵《通志略》云："《零陵先賢傳》，零陵必有……如此之類，可因地以求。"其實無可求。故後人唱和詠之，益增慨歎。

明代正德三年（1508），曹來旬任永州知府，正德八年（1513），在朝陽巖建成元刺史祠，同時還修復了覽勝亭和聽泉亭，修通上下巖洞之間的道路逍遙徑。曹來旬作《元刺史先生祠堂記》云："先生又刻銘巖下，於是朝陽水石始爲絶勝。唐宋以來，風景聲華，傳播人口，達人高士如柳司馬、周濂溪諸賢，遊觀吟咏於其間者，可勝計哉！"又作《修復朝陽巖記》（一作《重修朝陽巖記》）云："曩讀元次山詩文，已知朝陽巖洞爲零陵水石之冠……朝陽巖洞之美，不但石水之奇如次山之所云而已矣。嗚呼！自古之遊零陵者不知其幾，至唐次山而此巖洞之美始聞；自唐之遊者亦不知其幾，至今而此巖洞之美復振。山川顯晦，固存乎人；而人之賢否，抑不於斯而可徵哉！"深得次山開辟之旨。

嘉靖二十年（1541），唐珤任永州知府，次年因元刺史祠舊址建成寓賢祠，祀元結、黄庭堅、蘇軾、蘇轍、鄒浩、范純仁、范祖禹、張浚、胡銓、蔡元定十人。永州同知魯承恩作《朝陽巖寓賢祠碑》詳載其事云："歸濂溪周子於郡庠，專祠寓賢。因次山、山谷之舊，增蘇氏文忠、文定、鄒文忠、范忠宣、范學士、張忠獻、胡忠簡、蔡西山請賢，祀於祠。"又云："湖南惟永多崖洞，惟朝陽襟瀟接湘，面城背嶺，獨爲幽奇。前此翳莽已數千載，次山始得其地，山谷又以高文峻節，發明秀異，同祠於此，宜匹休無窮。濂溪周子以三代之英，例以寓賢，實近於褻；庠有專祠，則致尊致親之道備。他若蘇氏、范氏、鄒、胡、張、蔡諸賢，正氣孤忠，觸忤於旨，相繼來永。茲山佳勝，固憩息之所，安知靈爽在天，不依依於此耶？"

朱彦濱，號陽和道人，卒謚安和，史稱南渭安和王，爲第三代南渭王。

《續文獻通考》卷二百八："南渭王音壂，徽煣庶二子，景泰四年封，弘治五年薨。傳膺釲，鎮國将軍，未襲卒，以子彦濱襲爵追封。彦濱，嘉靖三年

襲，二十二年薨。譽橎，嘉靖二十六年襲，三十九年薨，無子，國除。”

《明孝宗實録》卷六十四：弘治五年六月，“岷府南渭王音塈薨。王，恭王庶第二子，正統三年生，景泰三年封爲鎮國將軍，景泰五年進封南渭王，至是薨，年五十五。訃聞，輟朝一日，賜祭葬如制，謚曰榮順”。《明世宗實録》卷三十一：嘉靖二年九月，“岷府南渭懷簡王膺釮嫡長子輔國將軍彦濱爲南渭王，夫人吴氏爲南渭王妃”。《明世宗實録》卷三百一十八：二十五年十二月，“岷府南渭王彦濱長子譽橎爲南渭王，夫人蔡氏爲南渭王妃”。

明隆慶《永州府志》卷八《宗藩》：“舜始封象有庳，即今道州。漢封定王發長沙後，長沙折爲零陵，乃封定王子買爲舂陵侯，國於泠道縣之舂陵鄉，傳至孝侯，以舂陵地形下濕，上書求徙南陽。國朝成化十五年，封岷王次子音塈爲南渭王，徙居永州，建府第太平門内，謚榮順。五子：長膺鑼；次膺釮，承襲，謚懷簡；次膺鈾、膺鈔、膺鋏，俱封鎮國將軍。懷簡王膺釮三子，彦濱承襲，謚安和；次彦湝、彦渤，俱封鎮國將軍。安和王彦濱三子，長譽橎承襲，謚莊順；次譽樅，次譽格，俱封鎮國將軍。莊順王譽橎乏嗣，弟譽樅奉敕以世授鎮國將軍，管裏府事。譽樅二子，長定鱅，封鎮國將軍，次定錀。”（“定鱅”、“定錀”二名有誤，字當从“火”，作“定熥”、“定燴”。）

隆慶《永州府志》卷八又載朱彦濱於“陽和之陰”建書院一所，御賜名爲“崇正書院”。“府第内有崇正書院：嘉靖七年安和王奏賜。嘉靖七年三月二十日，皇帝書復南渭王：‘得爾奏本府營建書院一所，奉藏頒賜之書，欲乞額名，以垂永久，朕甚嘉之。書院與做崇正，專此以復，惟王亮之。’”同書卷十二《藝文志》：“《四書集注》十册，《易經集注》二册，《書經集注》四册，《詩經集注》四册，《禮記集注》八册，《春秋集注》四册，《洪範九疇》二册，《大學衍義》十册，《大明會典》六十册，《洪武禮制》一册，《春遊味和集》二册。以上欽賜書十一部共一百零五册，並藏南渭王府崇正書院。”

林士元有《崇正書院記》。隆慶《永州府志》卷八：“副使林士元《記》：歲戊子春正月，南渭王拜手稽首踈於上曰：‘昔在靈運，惟天生聰明神武，我太祖高皇帝作君萬邦，紹帝王之正統。我岷祖莊王實分白土，懋隆屏翰。我先王榮順肇有邦於南渭。爰及懷簡，世篤忠孝，乃一旦棄民，奸竪乘之，戕間骨肉，幾墜厥宗，如集於木。伏遇我皇上嗣登大寶，援臣於庶位，俾承祖武，敦行葦而具邇，分寶玉以展親。抑念臣廢學於荒野，時賜訓典，俾學聚問，思以窺道原。臣謹辟陽和之陰，治書院一所，永言寶藏之，惟帝賜以嘉名。’帝

曰：'俞，崇正哉！'王拜手稽首曰：'吁，欽哉！敢不夙夜惟正之承！'臬臣元，觀風於衡嶽，道九疑，王俾觀於書院，且繹崇正之義，以告來者。嗚呼！淵哉皇言！臣愚，何足以知之？《記》曰：'王前巫後史，宗祝、瞽侑皆在左右，王中，心無爲也，以守至正'，其惟文王乎？《魯頌·駉》之篇曰'思無邪'，美僖公也。僖，文王之裔也，思魯公則無疆也，思周公則無期也，思文王則無邪也，故富稱乎數馬，化行乎采芹，祝修乎閟宫，福徵乎令妻壽母，穀貽乎孫子。父父、子子、兄兄、弟弟、夫夫、婦婦而家道正，而臣莫不正，僖其賢矣乎！惟聖祖有文王之德，惟莊王有周公之勞，惟榮順、惟懷簡有魯公之親，而宸章寵誨，言近指遠，在僖或罔前聞，王惟日顧名思義，對揚明天子之休命。思聖祖以克明哉！思莊王以克忠哉！思榮順、懷簡以克孝哉！王庸思邦家之基，庸不思惟以世迷。王曰：'嘻，崇正之義大矣哉！夫心無爲，以守至正，非聖人，其孰能之！人則不能無爲，則不能無思。自思之不審，而後納於邪，而復違於至正。予亦惟思無邪哉！'元頓首拜曰：'懋哉！'作《崇正書院記》。"林士元，字舜卿，正德甲戌進士，瓊山人。嘉靖十一年任湖廣按察使司副使、分巡上湖南道。明過庭訓《本朝分省人物考》及萬曆《瓊州府志》、康熙《瓊山縣志》、乾隆《瓊州府志》、道光《瓊州府志》、道光《廣東通志》有傳。

田頊有《崇正書院詩》。隆慶《永州府志》卷八："上海龍溪田頊詩：'霧榜開青壁，星欄切紫虚。宸章七曜動，霽澤百王殊。草茁疑翻字，螢飛爲照書。院間綜六籍，高義竟誰如。'"田頊，字希古，號櫃山。福建尤溪人，又作大田人。正德辛巳進士，時任湖廣提學僉事。《閩書》卷一百一："升湖廣提學僉事，至則闢濂溪書院，採集郡士其中。飭士先行後文，時時與講究性命、經濟之學，一時識拔皆爲名儁。"明何喬遠《閩書》、清李清馥《閩中理學淵源考》及乾隆《永春州志》、乾隆《延平府志》、民國《尤溪縣志》有傳。隆慶《永州府志》作"上海龍溪"人，誤。

朱彦濱與零陵名士朱衮交好，見朱氏《白房集·望雲懷舍志》。文云："鉛山方氏來宰零陵，而有北堂萊彩之懷。日罷公牒，率走中庭，引領北望。每白雲飄飄，蔽虧衡廬，彩映彭蠡，即色爲動，中爲熱，悵惘衡臆，涕泗沾襟。……陽和道人聞之，以謂石北子曰：'予見世之懷親者多矣，即亡如方氏爲也。始也望雲之止而中興，末也羡雲之德而中歉。雖古有之，而情加焉。吁！懿哉！惟古之倫，今也亡矣。予誠尚之，匪文曷述？子其志之，以視吾氓。'對曰：'唯唯。'遂爲援筆撰次，作小志，庸備史氏之采擇。"朱衮，字

子文，號石北山人，明湖廣都司永州衛人。康熙《永州府志》卷十六《人物志》稱其“以闡明正學爲己任”，“居官剛介，風猷凜然，奸宄斂跡”。明過庭訓《本朝分省人物考》稱其“爲人樸茂，善談論。爲文飆迴雲結，崒嵂崎嶬，其所蘊蓄，人莫能測其涯涘，爲當時名流所推慕”。傳記又見明廖道南《楚紀》、康熙《零陵縣志》、道光《永州府志》、光緒《零陵縣志》。

朱彦濱與時任永州知府唐珤亦往來密切。明王慎中《中順大夫永州府知府唐有懷公行狀》云：“永州有南渭王府，每招飲，公輒往，往輒盡醉。後公去州郡幾何年矣，衛官南渭王之書簡不絶也。”民國唐鼎元《明唐荆川先生年譜》卷四“三十四年乙卯四十九歲”條載“七月朔日有懷公卒年七十三”，引唐珤《行狀》，内容均同。唐珤，字國秀，號有懷，武進人。明毛憲《毘陵人品記》卷八稱其“累官永州知府，居官以惜民財重民命正風俗爲急”。傳記又見萬曆《常州府志》、康熙《常州府志》、乾隆《信陽州志》。

朱彦濱還曾與明代著名人士黄佐有交往。清雍正《廣東通志》卷四十五《人物志》載黄佐在出任廣西按察司僉事之前，曾任册封南渭王之副使。“嘉靖初上政要疏及修新政疏，尚書林俊韙之。會册封南渭王，充副使。事竣乞歸覲抵家，遂請告。戊子，出爲江西僉事。”時當嘉靖初年，所云南渭王當即朱彦濱。黄佐《泰泉集》中有《蓮亭奉南渭王宴中作》一首，詩云：“菟園啟瑶樽，靈沼競芳鮮。蓮花何曄曄，蓮葉何田田。耀魄泛空波，神飆起中天。馨香入襟袖，把酒心茫然。懿此出深滓，素質虚以圓。本無枝與蔓，何懼外物牽。緬懷君子德，冥心入沖玄。嘉賓從南來，浩倡協虞弦。閭閻一以阜，民愠從兹捐。徽音徹穹屋，清歡眇雲煙。思爲雙飛鶴，接翅浮漪漣。”此詩亦載明隆慶《永州府志》卷八，近年收入中山大學中國古文獻研究所編《全粤詩》第七册。黄佐，字才伯，號希齋，晚號泰泉，廣東香山人。正德十六年進士，選庶吉士，授編修。嘉靖十年任廣西按察司僉事，十三年任南京翰林院編修兼詹事府司諫。《明史・文苑傳》及雍正《廣東通志》等有傳。《四庫總目提要》稱曰：“佐之學雖恪守程朱，然不以聚徒講學名，故所論述，多切實際。”“佐少以奇雋知名。及官翰林，明習掌故，博綜今古。生平著述至二百六十餘卷。在明人之中，學問最有根柢。文章銜華佩實，亦足以雄視一時。”

永州城南有山，明代稱陽和山，清代改稱陽明山。朱彦濱之所以别號“陽和道人”，可能與陽明山初名陽和山相關。陽和山有僧人秀峰，由朱彦濱請封，號稱禪宗七祖。

《陽明山祖爺巖誌・峰祖師行録》

（光緒二十六年刊本）載：“是時明藩南渭王居永州，其孫菊坡與零陵蔣湘崖志同好道。……菊坡、湘崖等久慕師之高風，生前未晤，深以爲憾。嘉靖三十一年壬子八月中秋，及期偕至陽和山，啟關諦視，宛然如生……菊坡聞之南渭王，遂崇其號曰七祖。”

嘉慶《寧遠縣志》卷十《仙釋·秀峰傳》載：“……入關坐化，遺命師徒，約以三年期満方可開關。届期，有王孫菊坡，久慕高風，往山開關視之，莊嚴端坐，儼然如生，深贊拜伏。南渭王加其謚曰‘七祖’，匾曰‘曹溪正泒’，名其庵曰‘萬壽寺’，改其山曰‘陽明山’。”

南渭王府，在永州舊城太平門内千秋嶺，墓在愚溪之上群玉山。

康熙《永州府志》卷九：“明成化十五年，封岷王次子音壂爲南渭王，分居永州，建府第於太平門内。”

道光《永州府志》卷二上：“鷂子嶺以外，城中更有千秋嶺，近太平門，明時南渭王故邸址在焉。……又東門外有二山，一曰孝友山，一亦名東山，明南渭王之墓在焉。”

同書卷十《明藩封》：“永州南渭王故藩邸在太平門内，其廢宫倚千秋嶺，即太平寺故址也。（《舊志》）景泰四年封岷恭王庶二子（原注：《舊志》作次子。）音壂（原注：《省志》作‘哉’，誤。）爲南渭王，自武岡分居永州，弘治五年薨，謚榮順。庶長子膺釗以鎮國将軍奏准管理府事，正德十二年卒。（原注：省志作‘膺釗□薨’，誤。）以子彦濱襲封，追封王謚懷簡。彦濱嘉靖三年襲，二十二年薨，謚安和王。舉橎嘉靖二十六年襲封，三十九年薨，謚莊順。無子國除。（《明史·諸王世表》）”

同書同卷《古跡志》：“明南渭榮順王音壂墓在府城北關外幹塘嶺。（《一統志》）懷簡王膺釗墓在東關外東山。安和王彦濱墓在愚溪之上群玉山，莊順王舉橎墓在東關外孝友山。（蒋濂《零陵縣志》）南渭榮順、莊順、懷簡三王墓皆巨塚，碑碣盡廢，石人石獸猶有存者，惟緑天庵老浮屠能識其處。安和一塚，浮屠指稱即愚溪橋畔高阜，與志不合，或傳譌也。宜廣守護之典，立石補題，以存廢絶。（《湘僑聞見偶記》）”

文末並載宗績辰的三段按語：

“案：王士禎《池北偶談》，康熙二十二年，平涼府盜發韓康王、定王塚，上以前代帝王陵墓，特令加等，因諭歷代陵墓悉加守塚人户，並禁稱‘故明廢陵’。聖諭又云：凡云‘廢’者，必如高煦等有罪廢爲庶人然後可。彼生爲藩王，誰廢之耶？據此則守土之官加意保護碑表而封樹之，正以遵法祖制無所用其避忌者也。”

“案：岷藩在武岡，流風遺澤，猶傳民間。州志俱爲立傳，竊以爲固王之賢，亦由風俗之厚。南渭遺事，永郡文獻乃一無所徵，僅《陽明山寺碑》言，

寺爲嘉靖壬子歲，故藩所建，其文書‘王人’者，蓋莊順王也。《陽明山志》：王孫菊坡與蔣鏊好爲方外交者，宗生也，今寺稱秀峰僧爲曹溪七祖，實始莊順。寺山舊歸藩邸，捐三縣之租。由此觀之，其崇尚空虛、罔念人瘼可見矣。死而無稱，宜哉！”

“南渭國除甚早，其宗人居永者久已成族。聞明亡又有改姓唐者，今皆爲農夫，散居四境，二支譜牒屢徵不獲。彼愚甿疑畏之心，豈知聖世寬仁，保全遺裔者，恩無不至乎？”

以上清光緒《零陵縣志》卷一均同。光緒《零陵縣志》卷一又載：“千秋嶺：在治平門内，唐時爲東丘，内建龍興寺，其下爲息壤。明爲南渭王藩邸。國朝乾隆中，移建府學於上，後遷高山之南，惟教授署未遷，今爲訓導署。署東舊建零陵縣學，今亦改遷東門内，惟訓導署未遷。舊志稱東丘爲漢相蔣琬故宅，有書院祀琬，久廢。道光五年纂府志於此，名千秋山館。咸豐初，邑令胡廷槐令合邑蔣姓建蔣公祠，重祀琬。柳宗元有《東丘記》（見本集）。”

又載：“大圓山：城北十五里，明藩南渭王建庵其上，曰回龍。周圍築以園，竹密而修，木蒼而古，石嶺巉巉若壁立。庵前數十步，有大小池二，比近田疇，資其灌溉。其中荇藻交横，遊魚出没，亦選勝之場。”

同書卷三又載：“太平寺：在太平門内，本蔣琬故宅，後人施爲寺，吕蒙亦嘗駐此。唐名龍興寺，宋元豐四年更名太平。明嘉靖間廢，南渭王據爲别邸。隆慶間，郡守黄翰、史朝富相繼清復重建，内爲習儀所、鄉約所。明末毁於兵火。國朝康熙九年知府劉道著重建，久之又廢。雍正十年知年知府姜邵湘即其遺址恭建萬壽宫，各官朝賀及宣講聖諭讀詔俱於此。”

明隆慶《永州府志》卷十《秩祀志》：“榮順王墓，在北關外乾塘嶺。懷簡王墓，在東關外東山。安和王墓，在愚溪之上群玉山。莊順王墓，在東關外孝友山。”

同書卷八《創設上》載蔣鏊《對越亭記》：“亭以‘對越’名，紀孝行也。亭在吾永郡城之内，王宫之後，拔萬玉山之巔，出迎仙館之右，爲懷簡王之所建置，鎮國將軍菊坡所修飭而獨有者。群玉山爲安和王妃陵寢，王三子皆純孝天至，居喪營壙。……”

朱彦濱墓在群玉山。群玉山在朝陽巖南，傍臨瀟水，“山形如玉屏矗立，瀟水繞其麓”，“巨竹清修，古木樛曲，恠石萬狀，地勢清景，一郡之奇觀也”。山上有火星巖，“石壁所鑱先賢題識，高下躋次，窮日之力乃能盡閲”。據張官妹教授回憶，六十年代以後因朝陽巖建築施工、東風大橋建設及二零七國道鋪路採石，群玉山及安和王墓（本地舊稱“安皇墓”），被完全毁壞。

# 嘉靖十八年朱彥濱“聚勝”榜書

## 釋　文

聚勝
陽和道人書。

## 考　證

“聚勝”二字在朝陽巖下洞上方，《歌朝陽嵓用元次山韻》詩刻北側，榜書，高 79 公分，寬 167 公分，署款“陽和道人書”，鈐印“南渭王寶”。石刻四周刻畫龍紋，是朝陽巖惟一刻有龍紋的石刻。

石刻下側並有極細小字“石匠蔣玉”四字，字徑 1 公分，爲刻工名。

榜書不署年月，朱彥濱另有嘉靖十八年《歌朝陽嵓用元次山韻》詩刻，已見前。茲據詩刻暫定爲嘉靖十八年（1539）。

清宗霈《零志補零》卷下《諸巖題名石刻》著録云：“又陽和道人書‘聚勝’二字，在巖顛。”未及詳辨。

永州舊有聚勝橋，其得名可能與朱彥濱榜書相關。道光《永州府志》卷三《建置志》：“聚勝橋：在隆慶里。”光緒《零陵縣志》卷二《建置》：“聚勝橋：隆慶里，石砌三拱。”

## 嘉靖十八年郡人吴椿、吴樍、吴櫝、吴楠題刻

### 釋　文

嘉靖己亥秋八月廿四日，郡人吴椿，偕弟樍、櫝、楠，男[火]、[火]遊。

### 考　證

題刻在朝陽巖下洞内，高 35 公分，寬 9 公分，二行，楷書。

嘉靖己亥爲嘉靖十八年（1539）。

吴椿、吴樍、吴櫝、吴楠，永州人，事蹟不詳，待考。

昔年樗櫟訪仙源，頫
樓如在懷，雲溫泉為陸
洞深，劍隱一泓寒，晚色
城陰，蒼翠相看空自嘆
話此心。
嘉靖壬申十月廿三日參議陳瓚
遊東郭行館湯泉驛壁書
為政行東為通清泉慰為同年僧行

# 嘉靖二十一年陳塏《遊永州之朝陽巖》詩刻

## 釋　文

昔賢標勝跡，今我滌煩襟。石屋流雲濕，泉扃隱洞深。朝光一江動，晚色半城陰。薄酌相知舊，真堪話此心。

嘉靖壬寅四月廿三日，右參議陳塏遊永州之朝陽巖，時知府事唐琺爲故人，同知魯承恩爲同年，偕行。

## 考　證

詩刻在朝陽巖下洞外右側石壁，高82公分，寬78公分，八行，草書。

隆慶《永州府志》卷七《提封》著録，題爲“參議陳塏詩”，“薄酌”誤作“萍約”。

《零志補零》卷中著録，以“嘉靖壬寅四月，遊永州之朝陽巖，時知府事唐琺爲故人，同知魯承恩爲同年，偕行”爲題，省“廿三日”、“右參議陳塏”諸字，注：“草書。”署名“右參議，陳塏，宛委”。“跡”誤作“蹟”，“薄酌”誤作“萍約”，注：“疑刻譌。”

光緒《零陵縣志》卷十四《藝文・金石》著録，題爲“陳塏詩”，注：“右草書，八行。《補志》誤‘薄酌’爲‘萍酌’。”“廿三日”誤作“二十三日”，“爲同年”誤作“屬同年”。

“陳塏”，文獻或誤作“陳瑾”、“陳瑎”、“陳愷”。另，“紫墩居士”或誤作“紫微居士”。今據石刻真跡，知爲“陳塏”，字皆從“土”。（參見屈夢君《陳塏與濂溪故里》，刊《湖南科技學院學報》2017年第3期。）

嘉靖壬寅爲嘉靖二十一年（1542）。

陳塏，字山甫，號宅平，又號紫墩居士、宛委山人、会稽山人。浙江餘姚人，一説爲紹興人。正德十四年舉人，

嘉靖十一年進士。嘉靖十四年，爲南京吏科給事中。嘉靖二十年，由彈劾嚴嵩，出爲湖廣督糧右參議。嘉靖二十三年，任山西副使。嘉靖二十五年，任廣東督學副使。嘉靖二十六年，任湖廣右參政。

風骨清高，爲官數十年，家無長物，能詩文，善書法。性好古，著有《周禮存疑》、《戴記存疑》、《近莊書屋詩集》、《受畋稿》、《名家表選》等，其中《周禮存疑》、《戴記存疑》、《近莊書屋詩集》、《受畋稿》已佚，《名家表選》尚存。

陳有年《陳恭介公文集》（明萬曆陳啟孫刻本）卷八《大中大夫湖廣右參政紫墩陳公行狀》："陳塏，字山甫，别號宅平，又稱紫墩居士。系出宋武功大夫京畿都統領昪，居邑開元鄉登洪里。十二世至仲，徙邑之學宫西。又五世籥，爲儒官。籥生炫，邑庠生，是爲公皇考也。贈徵仕郎南京吏科給事中，配聞人氏御史公謨孫女，封太孺人。太孺人妊公，甫七月，夢有物從五色雲中降入懷，視之，日也，覺而生公，故小字紅官。五歲，言動異凡兒，聞人讀書，輒成誦。七歲就傳，九歲通《戴記》，十二博綜群書。督學劉公試，奇之，補邑諸生。十五試邑士第一，食廩。潘大常公府負人倫鑒識，一見奇賞，遂許以姪庠生禹錫女妻焉。年十八，爲正德己卯舉鄉試第五，上南宫，未第歸，傳經外郡，後進習公，後多有名，而公學亦益邃。會有給事公之喪，奔赴，頓絶力羸，襄大事，幾不能興。公母兄二，弟一，遺財産悉讓焉。而身任太孺人養，以孝友稱。嘉靖壬辰會試，亦第五。比廷對，譏切時事，得三甲第五。初授行人。明年，天子幸太學，奉詔取衍聖公、顔、孟博士及三族老成人，遂徘徊闕里，登岱嶧，觀夫子遺風，斐然作記。有古狂簡之思焉。公身不能五尺，修潔踔厲，聲英英出等夷。乙未，選南吏科給事中。時武定侯郭勛怙寵奸横甚，首疏劾之。又嘗與宗伯某抗禮不相下，兩聞上。已，復論宗伯輿艇入禁河，飲郊壇上，大不敬。天子爲遣勳戚勘報，奪宗伯俸一年，亦奪公俸兩月。宗伯者，蚤有盛名，且以議追崇禮，被天子重眷者也，於是陳給事之名振一時。而公又疏，請湔革除間被罪諸臣，祭其墓，録其苗裔。它如復《起居注》，諫官隨宰相立朝，進《稽古録》，備經筵講讀，救文弊，節無益，慎守令，行久任，嚴邊防，諸所建白無虚日，皆關體要云。嘗巡視九庫，宿弊如洗。尤精訪吏治端邪，會當拾遺，彈事一出，人人無不中的者。丙申，值覃恩例拜封制。戊戌，考三年滿北上，分宜内憚公直，遣子世蕃郊迎，請寓私第。公辭疾不見，擇僻巷寓焉，厥明，分宜身致饋，佯款曰：'都諫高文姱節，兹來無它，欲令豚兒少知文學，習矩矱耳。'

公復避席，謝卻之。分宜嗛曰：‘吾乃終不能致陳給事！’而公之返南中也，復疏言嵩奸事，雖寢不報，然分宜益恚，思中公，無所得。辛丑，升湖廣督糧右參議。先是，倉官留滯，守支並其奴，多仳離客死。公爲白寬見罪，而更議交盤給由法，勿苛留迄，著爲令。楚多曠土，江右人得闌入耕播，甫斂輒闌出不占籍，即占籍，有司格於分土糧逋，歲益比委，覆輒坐筦收者罪。筦收者知不免，益務爲幹没，罪日報而逋自若。公第爲根索逋所繇，不事峻法，民更樂輸。癸卯比士，爲諸經總裁，得俊居，多所録文，悉公手筆也。甲辰，升山西副使，總理紫荆、居庸、倒馬等關兵備。時恬法刓上，下以利交，率謬稱例。士若馬闕，輒不補，而私其糧茭。公至，屏斥例金，蒐補士馬虛籍，軍政頓肅。其冬，虜穿塞入，張甚，總兵周時徹議守倒馬關，公議守浮圖峪。周曰：‘倒馬城壞不守，守浮圖，何也？’公曰：‘吾聞夏築峪，城死壓者若而人，此警兆也。且關瑕，彼虞吾守峪堅，謂吾無備。兵法云：攻其所不守，守其所必攻。君無疑焉。無已，少置衛倒馬城上，而益束槁爲疑兵可也。’乃厚集鄉勇，結營於浮圖，虜果突至，相持七晝夜，誓衆奮擊，斬首數十級，虜遁去。督府上公功最。分宜故不忘中公，更佯驚曰：‘書生乃能如此耶！當益久其任，爲三關重耳！’蓋將假邊事求多也。時冢宰熊公浹，雅重公，推調廣東提學，分宜輒意格不可，部力持之，卒用公。分宜乃用其暱黨楊以誠按廣，密授以意。公於文事最精，行部不數月而周，所得多名士，若海公瑞、龐公尚鵬，皆高等也。嘗道厓山，見石勒‘元大将張弘範滅宋於此’，立碎之，改勒‘宋少帝及其臣陸秀夫死國於此’。又嘗篆文丞相《正氣歌》，立碑五坡嶺。其重風教爾爾。丁未，升湖廣右參政，道奔太孺人喪，歸，以誠竟誣致公過，分宜從中主之，遂報罷。林居逾四十年，家無長物，隱約如寒生。性好古，日危坐一室，湛潭國史，亹亹不倦。久之，四壁萬卷，莫不有雌黄丹墨焉。歲時閑暇，間與父老朋舊譚文賦詩，圍棋啜茗，陶如也。晚愛四明山水，營别墅其間。選勝標奇，杖履行唫，翛然樂而忘老云。龐公按浙時，具疏将薦公，公曰：‘野人習丘園，不復能任畏途矣。’力辭乃止。至於謠俗便宜，若沉冤滯辟，無不極言，而龐公亦竦意承聽，然終不令人知也。公詩文不爲奇峭，皆爾雅有法程。書法亦精。嘗爲人跋《智永千文》，後江陵聞而欲得之，或持贋帖求跋，塏曰：‘昔人謂孔先不識進退字，張禹不識剛正字，許敬宗不識忠孝字，柳宗元不識節義字。今江陵兼之，寧識我字邪？’竟不爲跋。所著有《受欳稿》，文集若干卷，詩集若干卷，及《四書戴記存疑》，行於世。”（江陵指張居正，

江陵人。)

陳塏曾彈劾嚴嵩。

《明史·王曄傳》：嘉靖二十一年，“秋，嚴嵩入閣，吏科都給事中沈良才、御史王喻時等交章劾嵩。踰月，山西巡按童漢臣章上。又踰月，曄與同官陳塏、御史陳紹等章亦上。大指皆論嵩奸貪，而曄疏並及嵩子世蕃，語尤剴切，帝皆不省。嵩憾甚，未有以中也。……陳塏，餘姚人，後爲嵩斥罷”。

《明史·奸臣傳》：嚴嵩“無他才略，惟一意媚上，竊權罔利。帝英察自信，果刑戮，頗護己短，嵩以故得因事激帝怒，戕害人以成其私。張經、李天寵、王忬之死，嵩皆有力焉。前後劾嵩、世蕃者，謝瑜、葉經、童漢臣、趙錦、王宗茂、何維柏、王曄、陳塏、厲汝進、沈練、徐學詩、楊繼盛、周鈇、吴時來、張翀、董傳策，皆被譴。經、煉用他過置之死，繼盛附張經疏尾殺之。他所不悦，假遷除考察以斥者甚衆，皆未嘗有跡也”。

陳塏在廣東，有奇節。

雍正《浙江通志》卷一百九十一《人物·介節·紹興府》：“陳塏，舊《浙江通志》：字山甫，餘姚人。嘉靖壬辰進士，由行人轉南給事中。劾武定侯郭勛驕恣，嚴嵩欲見之，不可，出爲湖廣參議。歷廣東提學副使，海瑞、龐尚鵬方爲諸生，皆第之高等。行部過厓山，改張弘範立石，書‘宋少帝及其臣陸秀夫死國於此’。轉湖廣參政，歸，林居四十年，讀書如寒士，詩文不爲奇崛，有洪永風。”

朱國楨《湧幢小品》卷二十：“崖山舊有石勒，云‘元大将張弘範滅宋於此’。督學陳塏磨去之，並改張弘範字爲：‘宋少帝及其臣陸秀夫死國於此。’並篆文丞相《正氣歌》，立碑於五坡嶺。衆人認爲非常確當。區海目之詩云：‘崖無滅宋字，濤有撼胡聲。’”

陳塏有書名。

《御定佩文齋書畫譜》卷四十三：“陳塏：字山甫，别號宅平，又稱紫微居士。嘉靖壬辰進士，官至湖廣右參政。詩文爾雅，書法亦精。嘗爲人跋《智永千文》，後江陵聞而欲得之，或持贋帖求跋，塏曰：‘昔人謂孔光不識進退字，張禹不識剛正字，許敬宗不識忠孝字，柳宗元不識節義字。今江陵兼之，寧識我字邪？’竟不爲跋。(陳有年《忠介公集》)”(《六藝之一録》卷三百六十九同。《忠介公集》當作《恭介公集》。)

嘉靖二十一年，陳塏時任湖廣督糧右參議。

唐珤，字國秀，號有懷，江蘇武進人，嘉靖二十年任永州知府。詳下。

魯承恩，字光世，浙江建德人，嘉靖十八年任永州府同知。詳下。

陳塏在永州、道州，遊歷景勝，多有詩刻。

在澹巖，有詩二首："久閟神仙宅，旋爲釋老宫。有開應造化，無物見空同。日月流光满，煙霞外景通。平生愛奇跡，貪坐到齋舂。""地主三君子，天涯一旅人。喜從傾蓋白，擕醉玉壺青。布席涼雲逗，吹笙野鶴馴。興來恣幽討，真宰未應嗔。"見《零志補零》卷中，題爲"嘉靖壬寅四月二十五日，永致政吴崳峰、楊一川、高石東，酌予於澹巖，霽天爽氣甚適，不覺日西"，署名"古越，陳塏，宛委山人"。陳塏誤作"陳愷"，"傾蓋白"誤作"傾蓋日"，"未應嗔"誤作"攝應真"，"爽氣"誤作"來氣"，兹據光緒《零陵縣志》改。又見光緒《零陵縣志》卷十四《藝文·金石》，題爲"陳□詩，佚名"，署款"嘉靖壬寅四月二十五日，永致政吴崙峯、楊二川、高石東，酌予於澹巖，霽天爽氣甚適，不覺日西。宛委山人陳□"，注："似'瑾'又似'塏'。"詩當上石，今未見。

在群玉山有詩："翦棘闢群玉，篝燈探一壺。奥區天似碧，丹白水流珠。有客驚仙鼠，無僧報訓狐。從教浪蹟後，遊賞未應孤。"見道光《永州府志》卷二上《名勝志上》、光緒《零陵縣志》卷十四《藝文·金石》。"闢"，光緒《零陵縣志》作"披"。道光《永州府志》卷九上《藝文志》又云："《戴記存疑》：明陳氏塏撰。案陳塏嘉靖間官湖南右參議，分巡衡永，群玉山、朝陽洞皆有遺蹟。"

在濂溪祠作《謁周元公》詩："鄒魯微言後，濂溪正脈存。江山仍廟貌，風月自乾坤。强作門牆拜，幾爲利欲惛。盤銘有《拙賦》，此意夙能敦。"見胥從化《濂溪志》、吴大鎔《道國元公濂溪周夫子志》。

在元公故里作《濂溪》詩："炎方寒作雨，雪竇淡生煙。地脈通洙水，天瓢灑洛川。就觀空眼界，掬飲灌心田。解我塵纓坐，清風太古前。"見隆慶《永州府志》卷七《提封》，又見胥從化《濂溪志》、鄧顯鶴《周子全書》。隆慶《永州府志》載知州王會《濂溪故里圖説》云："右濂溪故里，在州西十五里營樂鄉，有山曰安定，上有砦，鄉人築以避寇者，曰'安心砦'。其麓周氏家焉，右龍山，左豸嶺，岡隴邱阜，拱揖環合，五墩繞宅，若五星然，先生實生於此山之西。石壁有古刻'道山'字，下有石竇，深廣不可測，有泉溢竇而出者，濂溪也。清泠瑩徹，如飛霜噴玉，大旱不涸，積雨不溢，莫知其來之所自。州守方進鐫其上曰'聖脈'，故人呼爲'聖脈泉'。泉之上爲有本亭，迤東爲風月亭，沿流而東爲濯纓亭，又東爲故居，祠宇在焉，先生子孫居之。"

遊道州含暉岩，有詩云："澄江涵碧玉，空洞隱天梯。近郭酒堪載，尋真路不迷。白雲時出入，含景遞東西。雅得濂溪後，摩挲带醉題。"見道光《永

州府志》卷二下《名勝志下》、光緒《道州志》卷一《方域》。道光《永州府志》載：含輝巖，“宋治平中周子判永州，歸展親墓，嘗遊此，有題名二十八字，詳《金石略》。紹興初，向子忞知道州，改名‘金華巖’，名其泉曰‘金華泉’。明嘉靖間，州牧葉文浩構亭巖上，刻‘魚躍鳶飛’四字。巖中題刻别録《金石略》中。至石壁最高處，鐫‘水天一色’四大字，徑三尺許，尤爲傑觀，或謂蔡邕書，則俗傳之妄也”。

遊道州華巖，有詩云：“雙岩巧寄陰陽理，一水中貫東西流。雲擁瑶華元氣合，日高貝闕紫煙收。楚人煮石非關隱，越客乘槎故作遊。笑卻錦亭開玉饌，竹尊蔬席且淹留。”見康熙《永州府志》卷二十三《藝文志六》、道光《永州府志》卷二下《名勝志下》、光緒《道州志》卷一《方域》。道光《永州府志》載：“州西南十里，往永明縣道左，有華巖兩巖對峙，一明一暗。明簡討方某題曰‘玉霞紫帽’，刻之巖石。州牧錢達道稱明者爲‘華陽巖’，陰者爲‘華陰巖’。邑人李童嘗於巖中結庵修攝，博士李某建藏舟亭於洞口。”

遊月巖，有詩二首：“半壁明霞牖，乘雲灌木梯。已教脩月斧，猶自隔天梯。落境摧朱鳥，涼風捲素霓。八公揮手去，桂影正淒迷。神工舊山石，作月應天章。旁見東西魄，中涵三五光。丹房閟靈藥，空吹恍霓裳。把酒聊相問，元精自渺茫。”見隆慶《永州府志》卷七《提封》。

陳塏在月巖有“廣寒深處”榜書，署款“陳塏題”，石刻今存。

陳塏在浯溪有題名云：“嘉靖壬寅四月，會稽山人陳塏督糧至祁陽，吊元子浯溪之上，慨然興懷。”石刻今存，三行，行書。桂多蓀《浯溪志》誤作“陳鎧”。

丁卯西歲秋八行府閒將協尉府
于中晚次止水庵有鶴鳴之使往
與征彼月光後行後上聲聞於乃聲
佳勝游衣不易淺郊仍棍大夫往
西旅入望此初行可多悄鳥弄聲
勝兒何肯猶未行御應是民心旌
卧袍相約步問行洞裡泉流細細聲
人君本窮心曾在更於何日駐鑾旌
誠齋壬寅象川守武進楊恭書時聞

# 嘉靖二十一年唐珤“小醉西巖款款行”四首詩刻

## 釋　文

小醉西巖款款行，倚闌時聽櫂謳聲。歸來晚渡瀟湘水，應有潛螭避使旌。

興狂披月繞溪行，溪上驚聞欸乃聲。佳景勝游良不易，浚郊仍愧大夫旌。

西巖入望此初行，可愛多情鳥弄聲。勝覽阿符猶未得，徘徊應是曳心旌。

同袍相約此間行，洞裡泉流細細聲。好景未窮心賞在，更於何日駐雙旌。

嘉靖壬寅，永州守武進唐珤書。時聞長男順之来省余，未至，因及之。

## 考　證

詩刻在朝陽巖下洞内，高 72 公分，寬 70 公分，正文八行，每行二句十四字，署款二行，共計十行，排列整齊，楷書工整，一筆不苟，确乎可謂“坦夷無機”。

嘉靖壬寅爲嘉靖二十一年（1542）。

康熙九年《永州府志》卷二十三《藝文志六》著録第一首，題爲“游朝陽巖”，康熙《零陵縣志》卷十三《古今名賢詩》同。道光《永州府志》卷二上《名勝志》亦著録第一首。光緒《零陵縣志》卷十四《藝文・金石》著録四首全，題爲“唐珤詩”，注：“右正書十行”，乃據石刻著録，文字與石刻全同。

四首同韻。味其詩意，第一首稱“使旌”，與嘉靖二十一年陳塏《遊永州之朝陽巗》詩刻“嘉靖壬寅四月廿三日，右參議陳塏遊永州之朝陽巗，時知府事唐珤爲故人，同知魯承恩爲同年，偕行”相合，陳塏時任湖廣督糧右參議，“使旌”頌陳塏也。

第二首稱“大夫旌”，唐珤自稱

也，故稱“仍愧”，謙辭也。

第三首稱“阿符”，阿符爲韓愈之子。韓愈《符讀書城南》詩：“木之就規矩，在梓匠輪輿。人之能爲人，由腹有詩書。……”宋余良弼《教子詩》：“功成欲自殊頭角，記取韓公訓阿符。”此處代指唐順之也，故署款特云：“時聞長男順之来省余，未至，因及之”。

第四首稱“同袍”，同袍即同年，“雙旌”謂陳塏與魯承恩，二人俱正德十四年己卯科浙江舉人。

可知詩刻本由陪遊陳塏而作，雖省略月日，當與陳塏詩刻同時，亦嘉靖二十一年四月二十三日。

唐珤，字國秀，號有懷，江蘇武進人，正德五年庚午科舉人，嘉靖九年任信陽知州，嘉靖二十年任永州知府，嘉靖二十三年致仕。

王慎中《中順大夫永州府知府唐有懷公行狀》（清刻本《遵巖先生文集》卷三十一、文淵閣《四庫全書》本《遵巖集》卷十七、《四庫全書薈要》本《遵巖集》卷十八）云：

“公名（闕）字（闕），常州武進人。武進有唐氏，由封評事公伯誠始，實徙自淮。生五子，次子復，以進士起家大理評事，爲平樂知府，有宦蹟，見《一統志》。第五子封給事公衍，生子貴，庚戌進士，會試第三人，爲户科給事中，以清慎長厚祀於鄉，公之父也。母封孺人周氏。户科公卒於官，公年十三歲。十六，補郡學弟子員。二十八，舉於鄉。是歲，周孺人歿。凡六舉會試，不第，就銓得信陽州知州。滿考，以多奏薦合格，得恩進户科。公階奉直大夫，贈周孺人太宜人。升户部員外郎，轉南京户部郎中。遷永州府知府，居二年，乞致仕，時年六十二。歸十一年，以疾終，嘉靖三十四年七月初一日也，年七十三。妻任氏，贈宜人。子三人：順之，春坊右司諫；正之，郡庠生；某氏，出。孫三人：鶴徵、魁徵、夢徵。曾孫一人。女六人：適布政司參議董士弘、書算劉大中、翰林院編修王立道、監生賀鏜、監生左丞、庠生沈（闕）。孫女（闕）人，適白啟京孫臯。”（“遷永州府知府”一句，文淵閣《四庫全書》本、《四庫全書薈要》本均脱。“書算”，文淵閣《四庫全書》本、《四庫全書薈要》本均誤作“書箕”。《明史·選舉志》：“選人自進士、舉人、貢生外，有官生、恩生、功生、監生、儒士，又有吏員、承差、知印、書算、篆書、譯字、通事諸雜流。”）

“公始孤，母慈之甚，而教之特嚴。公雖幼，已知感尅，自奮發。夜讀書，或倦假寐，母怒唾之曰：‘兒不思嗣父之業，而昏瞶若此耶！’唾垂垂如纓絡，公不敢拭，後不復倦也。母歿，讀書時輒泫然曰：‘今日欲得母唾，安可

得耶！'少侍父客，觀客奕，父叱曰：'汝可宜觀此？'常與友人飲至醉嘔，公使人取骰子詈曰：'此物作祟也。'擲去之，遂終身不識奕，亦不復畜骰子。非徒不違其訓，自以生無事父之日，而養母之力未備，以是致其思也，痛心恨慕，老壯如一日，於孝天性也。取《詩》'有懷二人'之義以自傷，因號有懷。汲汲人倫，奬誘名教，一本於痛慕之實。其諸躬行，所以充愛敬其親之心，不敢慢惡於人，靡事不然。其剛揹内辨，廉取而擇受，果退而恬處，常恐失身以貽先辱，守之没齒，不以既衰少改也。"

"信陽當孔道，館遇過客，供帳使費不貲，公裁之，使不廢禮而已，不以銖髮妄費爲取悦買名聲地也。過者或不能堪，比詢公所自奉極潔菲，不敢怒，有起敬者。部使者行部，聞公廉而未審也，逮里甲一人至庭，誘之使言曰：'州官費汝錢幾何？第言之，吾追還汝所費錢。'其人無所言，則必毒刑恐之，遂大呼曰：'寧死不敢汙州官也。'復逮他人，至者皆如之。僅得其擅用三百錢鑿廨中一井，然後審公之廉也。按察分司邏城分巡，以城樓不利邸舍，欲徙之。時旱蝗，公恐煩民，仰天長吁。分巡怪問，公答曰：'方視飛蝗多少耳。'分巡盛怒，然竟爲公止。州置衛，軍民雜居，軍買民田，倚戎籍，租税而不徭，民役彌重，破産。公曰：'若此不已，田皆折而入於軍，州必無民矣。'按田校第其産，役之如民。武人始訌，交煽，公不爲奪，民以大蘇。其聽軍民争訟，則平心决之，不私其民，武人退服其公也。富民死，遺孤方數月，族人争其産，訟于官。公一見，曰：'嗟乎！多財而當强族，是呱呱者死矣。'因爲三分其産，一與族人，一給育孤者費，而一以待孤之長畀之。判訖，令抱孤至前，孤忽大笑有聲，似解公所爲判也。初，籍其家財，多奇古玩物，公不目之，一以還其家。斷獄務在生之。信陽俗多椎埋攻剽，有司斷死刑歲繁，然濫者不少矣。公曲爲求情，得其可生者，諍之上官，不得諍不止。生者非一人，每諍一獄得，入内輒喜曰：'吾今日活一人矣。'家人怪其食飽，蓋有所喜云。有勢者誣其怨家七人爲盗，挾分巡之力以要公，公不聽，則搆公於分巡，公不辨，亦不忿，七人者竟不坐。分巡嘗誤出真盗，案將下，公抱獄具往諍之，久而後悟其誤也。公雖務生人，又不苟縱若此。有貨郎商於外，歲一歸，其婦有所私，殺貨郎，託言商不歸，人未之覺也。久之，買田産，族人疑之，以謀産告婦與所私者，懼，露走湖廣。公謂失尸則獄終不决，遍索之，得尸水溝，頭頸繫一草繩，面如生。方罪人未得，公爲之累夕不寐，忽聞户外有嘯者，公曰：'此非鬼

物，其爲貨郎乎？必爲汝復仇，毋急我也。’嘯者若變聲唯唯。如是月餘，公密禱城隍，出私錢，選善偵捕者遠購，果得之。獄具，斃罪人于獄，嘯者亦息。”

“在户部，勤職守法，最爲尚書梁儉菴公所知。一日，本科缺人，梁公顧謂左右侍郎曰：‘公得其人乎？莫踰唐員外矣。’梁公剛介，綜覈屬官，鮮當其意也。”

“其赴永州，命子司諫、壻編修王君，作祭周濂溪、柳子厚二祠文。至郡謁祭，新其廟宇，而加禮元公之後，所以施於民者，期不負元公之學。永事簡民厚，一與之寬靖不擾，闔郡晏然。朴楚偃庭中，皂隸植民立，自以爲樂其生，公亦自喜，以爲得郡宜，其所長也。晨，衙獄吏報囚增一人，即蹙額曰：‘顧未能使獄空耶？’楚俗最苦客户游民。永民厚易苦，游民恣苦之。其最爲苦者，强贅也。富室有婦新孀，游民輒推一人爲夫，而孰爲媒，孰爲主婚，皆游民自相推擇，擁之入室，不問嫠肯不肯也。壻其婦則子其子而有其財，久則鬻而他之。公訪其魁傑久恣者，置之死，弊以頓息，永民手加額相賀。道桂民與（徭）［猺］獞錯處，蠻夷喜亂，居民又易欺愚紿詐之，故永多猺患。公以恩撫循熟猺以致猺，猺酋聞威信，相率詣府。有持崖蜜爲獻，公取蜜封，嘗之，而反其餘蜜，酋叩頭感悦，以大人不疑而無所貪也。其不可致者，設計掩捕，得魁首鄭仲義等百餘人殲之，而痛禁民之欺愚猺者，使相安全，永以無猺患。壬寅，秋瘴大作，氣起處如飛絳雲，觸者一縷輒死，死者數萬人。公爲文禱之，自審方藥，分投之，營救護視，不憚勞瘁。早出夜休，左右以爲諫，公曰：‘吾恨不能身代民死，而敢愛勞乎？’瘴漸止。訪屬吏死者，厚給其家歸之，不能歸者葬之，爲壇而識之。民死不能葬者予櫝，而令什伍相收掩，民忘其札。是時麻巾半城市，公出不及避，往往脱巾，公垂涕揮手止之，作《莫脱巾》謡，永民德之，傳誦，一日遍諸邑。先代唐史有惠政，血食於郡，永人爲之語曰‘前唐後唐’云。民方相得，公既決意謝去，上下固留之，曰：‘吾非困於政，量力而止者。吾在家，手中不能留一錢，而爲民撙節財用，件折錙算，便有條理。家事，掛口亦厭；治官事，精力鼓舞常有餘。未明而出，當食或輟，至夜分方罷，而不倦也。顧吾所施爲在吏民耳目，豈患不勝任而欲去哉？吾年將及，宜去；不善事上官，而性不能忍辱，宜去；世方尚竿牘遺贈，而吾好爲民惜財，無所辦此，宜去。且吾爲州，欲去者數矣，今猶不決，尚待何日？’友人周君振爲巨津知州，謀於公，公曰：‘七十歲老翁，乃曲腰作

萬里蠻荒吏耶？'周君遂致政。於是留者强聒不休，公曰：'吾不忍負周巨津也。'公之自引，非爲愧周君，然其與人謀忠，而所以自爲者有如此。公本坦夷無機，世人一種巧備，潛中目探耳，取言餂笑，刀之術，生而不解，淳如也。"

"既家居，益委運任心，文史之外，寄興於酒，並以花鳥自娱，親友爲致名花奇鳥，公躬灌培呼飼之如理家事，鳥鳴花滋，對之欣然。闢一圃，圃故有池，疊數石爲小峰，曰：'山水盡在是矣。'未嘗遠出遊覽。與鄰翁田叟飲，嗒然極醉。衣冠之會，强預其間，見其機鋒迭出，或背面相訾詆，歸輒自悔。然性不爲拒忤，時復强預之，而復悔之。有司慕公風誼，欽重有加，公亦加禮於有司，往來不廢，然未嘗一語及公事。族戚有事，不得已爲之請，人皆信公之無他，不以爲有請也。邑賢士夫毛古菴公、徐養齋公，與公遊處獨厚，皆以名檢風教相敦，人仰之無異詞，尤以公爲樸質而近自然也。性儉，甘淡素，衣屢澣之，衣敝則補綴之。自食菲薄，無客未嘗割雞，及致客，則營辦求豐，若恐客不得致也。未嘗妄取一錢於人，有錢在手則餽遺舊戚，周振貧乏，隨手輟盡。既不善籌算，居積未嘗妄取，而又喜客好施也。自始孤，周孺人置田三百畝，有屋一區。爲舉人二十年，居官十七年，致政家居十一年，增田百畝而已。"

"孤時嘗爲仲叔所虐，既貴，叔老，敬叔而撫其姪，如有恩者。一從弟孤貧，藉公有立，偶酗酒，手斧向公，公曰：'汝醉耶？'因皇恐墮斧，公待之如初，其人悔改。受孤託於族戚故舊頗多，一一爲之盡大節。隱行不愧其心，方寸灑然，常樂也。閔俗悼政，若力不能捄，而引爲己憂，嚬眉戚戚其外，常若有不樂者。分别善惡，好惡不妄。有市人以己子與兄子均財，公嘆曰：'吾不如也。'薦爲鄉飲賓。其人自以市人也，避不赴，公每對人言之。邑子某，逆其父，父至出矢言訣之：'終不食女粒米。'邑子，公同學友也。昌言誶斥之，且曰：'不言之督學者，使黜之，不止。'其人旋斃，乃止。信陽孝子趙謨，庠生也，制終廬於墓次，不忍入學，公造廬敦請之。有媪送夫喪，道觸棺死，孤方十歲，公給米贍之，月令其族長攜孤詣州受米，實欲月見其成長也。永州屬員知州某有母，年八十餘，度不得見子而死，剪髮一縷寄之，而居州如故。公聞惡之甚，力請，上官難之曰：'是素無大過。'公曰：'一縷髮足矣，過有大於是者乎？'卒黜之。其在鄉在官所爲，率勵風教，其事類若此。蓋所以充其孝悌之實，而非於彼爲慢惡也。公最名爲長者。古所謂長者，務爲含胡渾厚，不談人過，不齒及恩怨。公不能藏人過，時面折之，雖素相厚者，

是是非非不少貸，口中未嘗不言某恩某怨也。然人莫不稱公長者，非特衆人信公，其有過爲公所談者，亦曰：‘公口則然，其心未嘗過我也。’雖公嘗言與之有怨者，亦曰：‘公口則然，公未嘗芥蔕我，必不報復我也。’此公所以爲長者也。信陽州衛舊常隙，公在州，與衛官歡然。在户部監十庫，與中官共事，强則取禍，弱則招侮。公平心其間，中官皆德公。永州有南渭王府，每招飲，公輒往，往輒盡醉。後公去州郡幾何年矣，衛官、南渭王之書問不絶也，而十庫中官與後共事户部郎必問唐公宦蹟所在，居起何若。公亦每自喜曰：‘武人、中貴、王府，皆仕途所謂極難處者，我能不覺其然。’然公未嘗曲法徇之。其於物無害，中心誠有信乎人者。公嘗病困，手書與友人訣：‘吾平生無他長，惟不忮不求，二字可以無愧。’至是寢疾，復舉以自計曰：‘吾知免矣。’疾篤，命諸子告別於先祠，徹薦果，公方坐取一果啖之，核未吐而瞑，面微含笑也。葬畢，三虞方訖祭，異香滿堂，室内外聞之，莫知所至，乃從靈几前起也。臨化實景，死後靈響，非積功累行，氣完真還，胡以有此？嗚呼！如公者，生死之際，可謂全矣。”

“公性喜爲詩，不鍛鍊求工，而藹有風趣。至於居官而憂民，去鄉而思親友，與夫弔古悼亡，皆直寫真情，有古者本人倫、厚風俗之遺。有詩數卷，然公謙厚自匿，諸子方謀刻之。”

“某與應德遊公，亦忘年輩而友之，知公爲詳。甲午冬，某由吏部郎中謫判常州，應德亦削翰林編修籍還里。辛丑春，某罷河南參政，應德亦以右司諫爲民。皆先後相次，亦皆及侍於公家。公不徒不以失官咎其子，且不以某之得謫罷爲有罪也。公之葬，應德謂必羅達夫銘，而某狀其行，不遠數千里入閩乞文，某亦千里赴之，遂相與論訂於武夷山中，事事皆實録，某固不敢誣長者，應德亦不敢誣其親也。嗟乎！人知應德之進道不懈，而不知由公教之，而後有以成其學也；知應德之遯世無悶，而不知由公安之，而後有以樂其天也。公未嘗言學，而家庭刑範陶成之實，學者可以觀矣。蓋語公之所以自成，則在漢陳寔、晋吴隱之之間；語其功之在於後世，則與宋之程太中、朱韋齋比盛矣。事核文劣，某深抱不自满，斯有待於羅君矣。謹狀。”

萬曆《常州府志》卷十五《人物一》：“顧憲成《郡志·傳》曰：‘唐珤：字國秀，武進人。中正德庚午鄉試，六舉不第，就選爲河南信陽州知州，累官湖廣永州府知府。珤生而純篤，居官以惜民財、重民命、正風俗爲急。信當孔道，厨傳煩費，裁革殆盡。城樓適厭分司，監司謂不利己也，徙之。時方旱蝗，珤仰天長吁，監司詰故，答曰：“適視飛蝗耳。”監司竟爲止。永多

客户，富室有孀，則客户自推一人爲婿，一人爲媒，一人主婚，不問其家之允否，而强納焉，久則盡鬻其産而他之，習以爲常。永民淳朴，不能競也。瑹斃其一二魁傑久恣者，孀始得安。自念生無事父之日，而養母之力未備，痛心悢慕，老壯如一日。因取《詩》“有懷二人”之義以自號，既以律己，亦以律人。信陽諸生趙謨制終廬墓，不忍就學，造廬而起之。有媪送夫喪，道觸棺死，爲贍其遺孤。鄉人有以己子與兄子均財者，則薦之爲鄉飲賓。永州屬吏有母年八十餘，以離憂，剪髮寄之，其人居官如常。力請黜之，當事猶謂素無大過，瑹曰：“過猶大於是者乎？”卒黜去。同學友有逆其父者，至使父矢不食其米，昌言斥之，且將言之督學。會其人死，乃已。其汲汲欲人同歸於善如此，故人雖蒙其詆訶，無怨之者。先世遺田三百畝，屋一區，歷官四十餘年，無所增益。家居，與徐司徒、毛給諫善，並以名教相敦勖云。大都爲人篤厚正直，居家則厚其家之人而正之，居鄉則厚其鄉之人而正之，居官則厚其官之民而正之，懇懇由衷，不能自已。其立心制行，真可以質神明而無愧者。子順之，自有傳。'”

雍正《河南通志》卷五十六《名宦》：“唐瑹：江南常州人。嘉靖九年由舉人守信陽，廉潔有惠政，士民愛之。巡道惡城樓不利邸舍，議徙之，時旱甚，瑹仰天而嘆，巡道問故，答曰：‘方視飛蝗耳。’巡道不懌而罷。以治行第一，擢户部員外，遷知府。”

唐瑹所著有《唐永州集》、《歷代志略》。

光緒《武進陽湖縣志》卷二十八：“唐瑹《永州集》三卷，佚。”

《明史·藝文志》：“唐瑹《歷代志略》四卷。”

《千頃堂書目》卷十一：“唐瑹《歷代志略》四卷，凡八類，十五事。”

唐瑹在永州，有惠政。

一則“作祭周濂溪、柳子厚二祠文。至郡謁祭，新其廟宇”，及祭祀唐公廟，祀唐行旻。

文淵閣《四庫全書》本周沈珂編《周元公集》卷八《祭文》載唐瑹《謁元公祭文》：“惟斯文之興喪，實與世之汙隆。慨微言之既絶，紛千載而塵蒙。諒有開其必先，迺豫徵於星聚。緊夫子之挺生，蓋早成而默契。極精藴之沉郁，肇啓鑰於圖書。言有至而弗盡，意獨得而有餘。若大明之始升，夜冥晦而復旦。若多途之迷方，指大道而群鄉。昔仲尼之真樂，惟顔氏其庶幾。乃夫子之光霽，歷異代而同歸。瑹也，蚤服膺於聖教，幸假守於玆邦。睹河洛而思績，入魯阜而升堂。嗟庭草之已宿，覽風月之慨然。聊寄辭於一奠，邈景行於前賢。”

《新唐書》：“零陵人唐行旻乘巢亂，

脅衆自防，盜永州，殺刺史鄭蔚，與景仁合從，數遣諜殷虛實，完壘自守。殷遣将李瓊攻永州，殺行旻。”

道光《永州府志》卷十五上《先正傳·事功》：“唐行旻：字昌圖，先世太原人，徙家零陵，素驍勇，狀貌英偉，眼環齒露。昭宗時，黄巢亂後，豪俠乘亂據州縣，行旻倡率拳勇，殺守自保其城，力拒外寇，閭里賴之。劉建鋒方擅兵荆南，舉爲永州刺史。朝廷嘉反正，即被除命。光化初，馬殷命李瓊攻永州，行旻力戰，城陷敗歿。史以其蹈順卒義，特書曰死之。鄉人思其保護之德，立廟以祀。”

同書卷六《秩祀志》：“唐公廟：在高山寺右，即靈顯廟，在澹巖，名零陵王祠，祀唐行旻。事寔詳《先正傳》。《明統志》云：‘行旻十七爲衙校，能擁州兵全郡邑，拒馬氏以死。馬氏以王爵祀之，宋加封焉。”

下録唐珤《書刺史唐公始封太保牒後》云：“刺史唐公昌圖，生仗忠義，没著威靈，蓋其秉扶輿之正氣，浩然剛大，混淪磅礴，不以生而存、没而泯也。如公者，植萬世之綱常，示萬世之程法，生民以來，屈指能幾，其功其德，豈特在永一方之民而已哉！珤出守是邦，拜公廟，貌凛凛猶生，斂容屏息，不敢迫視，是亦人心之天不容已焉者。詢之廟祝蔣鐶云：公初有專祀，前守以併祀學宫，而此祀廢，余亟復之。是雖不足以報公之功德，而愛禮存羊，亦庶幾罔墜焉耳。公代有顯封，且及其所生，及其内，及諸孫，及其将領，褒崇之典亦云厚矣。至我皇明，名義始正，祀典有常，然自南北朝至洪武間，歷五百年餘，而誥牒具存，甬東諸元，録成一帙，兹其用心，亦可概見。自洪武及今，僅百八十年，而遺逸過半，豈其守者欠嚴，奸人得以竊取，抑或爲有力者奪之，是未可知。幸而始封之牒，一字不遺，豈亦有鬼神呵護其間故耶？要之，此之有無，固不足以爲公軒輊。而古稱文獻，亦貴足徵，所係未嘗不重也。公暇，與教授周子鑛考訂殘簡，釐爲八卷，命工裝潢成卷，歸之廟祝，俾其後之人世守焉。一或有遺，典守者不得辭責矣。有宋，武穆岳侯題辭祁陽之大營驛，慷慨激烈，閱者色悚，今改驛爲舖，余勒侯辭於舖中，命長兒順之跋其尾，以兒頗知向方，勵其志焉耳。念公忠義不減於侯，於此，兒尚未能贅一語，兹又吾情之歉然也。因論公事并及之。時嘉靖癸卯秋七月。”

唐珤引唐行旻爲同宗，故有是舉，即王慎中《行狀》所云“先代唐刺史有惠政，血食於郡”。

一則創建寓賢祠，以及火星巖、拱秀亭。

隆慶《永州府志》卷十《秩祀志·祠》：“寓賢：在朝陽巖上，嘉靖壬寅，知府唐珤建，祀元結、黄庭

堅、蘇軾、蘇轍、鄒浩、范純仁、范祖禹、張浚、胡銓、蔡元定諸賢，皆流寓於此。”

雍正《湖廣通志》卷二十五《祀典志·祠廟》：“寓賢祠：在朝陽巖上，舊爲唐獨孤愐、竇佖所建茅閣。明正德中知府曹來旬專祀唐元結，爲‘元刺史祠’。嘉靖間，知府唐珤合宋時遷謫諸賢，以黄庭堅、蘇軾、蘇轍、鄒浩、范純仁、范祖禹、張浚、胡銓、蔡元定諸賢竝祀之，名曰‘寓賢祠’。後司理萬元吉復增祀楊萬里、萬里子長儒。”

道光《永州府志》卷二《名勝志》：“火星巖：地勝景清，爲零陵最奇絶處。(《方輿勝覽》)當縣西南。(《一統志》)亂石怪聳，曲縈斜通，後聯山腹，古有黄冠奉火星像，後改僧廬。(宋推官河内盧臧詩序)或曰：以巖形象星，故名。(田山玉《説》)明嘉靖中，知府唐珤更名‘德星’。(《縣志》)壁鑱先賢題識，高下鱗次，窮日之力乃能盡閲。(《明統志》)今可辨者無幾，具載《金石》。”

下録田山玉《群玉山記》云：“永州出西門，渡瀟江，至愚溪口，循江而上，履彌陀庵，至零虚山後，西南行半里至高岡，西望見有石攢簇，如菡萏舒蕚，四面散布，於山坡草樹間，負土出没，如鳥獸、器物，空漏凸凹者殆不可數，即群玉山也。從山徑小坡西折，稍下五百餘步，怪石疊起，或横或斜，或豎或卧，或偃仰廻折，其峰巒洞穴，多出意表，四顧應接不暇。衆石圍繞處，草庵三間，有僧出迎客，椎朴無文，云自九疑來者。坐少定，徐步周視，四圍奇石，可撫可玩，可駭可愕。其石壁東偏，有‘拱秀亭’三大字，乃前朝太守唐珤所題。唐，武進人，荆川先生之父也。轉至北，危峰亂起，石壁刻‘群玉山’三字，字大二尺。餘爲宋時人書。南下西轉，石洞深窅，門外石壁矗起，鐫刻宋明遊人題識，苔蘚剥蝕，艱於摩認。入洞五步，其右横勒‘德星巖’三大字，亦唐公題。巖原名‘火星’，唐遊而愛之，故易今名也。洞高近丈，曲折而入，濶如高，深十倍於濶，如委巷然。洞之中有小石池，深不過三寸，其水常盈，或掬而涸之，旋復如故，不知從何注滲也。右有石牀，平正可坐。初入稍黑，漸進復明。有門北出，較入門稍窄，上下四旁盡怪石聳峙，玲瓏飛舞，變幻詭異，雜以草樹，如流雲斷煙，屏開旗捲。其高下位置，若有鬼神爲之設施。吾永山石多奇，兹其特異者矣。康熙己酉十一月朔五日記。”

道光《永州府志》卷三下《建置志》：“拱秀亭：在德星嵒，明郡守唐珤建。”

月巖今存唐珤嘉靖二十一年詩刻一首：“萬山深處路逶遲，三洞空明接翠微。大塊向人呈至巧，先天於此見真幾。玄猿引類窺賓燕，石乳懸崖散酒

戹。一笑歸來寬眼界，兩岩端合豎降旗。”署款“明嘉靖壬寅，永州守武進唐珤書”。

浯溪今存唐珤《謁元魯二公祠（時值小雨，齋又作）》四首：“次山詞藻平原筆，千古忠誠日監臨。小雨乍晴晴更雨，也應慰我仰高心。（亭名‘仰高’。）”“磨厓深刻《中興頌》，義膽忠肝天寔臨。宋到南來終不追，詞臣同是刻碑心。”“雨餘初試登山屐，俗眼今來爲一醒。作賦未能還愧我，慇勤何以答山靈。”“江湖遠寄思廊廟，舉世如公幾獨醒。萬古穹碑終不泐，也應呵護有山靈。”署款：“嘉靖壬寅立夏日，守永州武進唐珤謹書。”十行，楷書，整齊一如朝陽巖詩刻。

唐珤的伯父唐復、長子唐順之，都與永州有關。

唐復，字永亨，號素齋，進士，曾任餘姚知縣，洪武間任零陵知縣，後升廣西平樂府知府。即唐順之《零陵縣職官題名記》所云“先伯祖平樂公”，府縣志有傳。

隆慶《永州府志》卷十三《名宦列傳》：“唐復：武進人，進士，知縣。在任公平，勤於撫字。後爲平樂知府。”

康熙《永州府志》卷十五《人物志上》：“唐復：武進人，進士，知縣。在任公平，勤於撫字。後爲平樂知府。入祀名宦。”

康熙《零陵縣志》卷七《良吏傳》：“唐復：武進人，進士，知零陵。在任公平，勤於撫字。後爲平樂知府。”

道光《永州府志》卷十三《良吏傳》：“唐復：武進，進士，洪武時令零陵。在任公平，勤於撫字。後爲平樂知府。祀名宦。”

光緒《零陵縣志》卷六《官師》：“唐復：武進，進士，洪武時令零陵。在任公平，勤於撫字。後爲平樂知府。祀名宦。”

弘治《永州府志》卷三，國朝零陵縣知縣姓氏，誤作“唐福”。

又雍正《廣西通志》卷六十六《名宦》：“唐復：字永亨，毘陵人。宣德初知平樂府，勤恤民隱，剔刷吏弊，葺郡治，建文廟，尊經閣，又於明倫堂後建書樓，繪古勤學者於四壁，以風諸生。巡按御史何自學題曰‘昭文樓’。（《舊志》）”（康熙《平樂縣志》卷五《職官七》、光緒《廣西通志輯要》卷九《平樂府》、《粵西文載》卷六十四略同。）

雍正《廣西通志》卷四十四《古蹟》又載：“昭文樓：在舊府學中，明宣德十年知府唐復建，繪古諸勤學者於壁，以勉勵多士。提學僉事何自學有《記》。”（康熙《平樂縣志》卷三《營建四》略同。）

嘉靖《廣西通志》卷三十六《臺榭》載何自學《平樂昭文樓記》：“平樂知府毘陵唐侯，既新其郡治，廼作學校，修建大成殿、明倫堂，暨齋舍、門

廡、庫廩、庖湢，靡不完具，規模壯觀矣。復於明倫堂後斬茅闢土，創樓三間，繪古之勤學者於四壁，以爲諸生藏修遊息之所，扁曰‘昭文’。落成日，予適巡按至是，課諸生之暇，因獲登臨，以覽江山之秀，徘徊不忍舍去，遂大書‘昭文樓’三字揭之。適唐侯進請曰：‘樓成矣，磨石在庭，尚未有記之者，願畀一言爲茲樓重。’余謂：文之顯晦，係世道之升降，豈細故哉？洪惟我朝以文治天下，七十餘年，薄海内外，罔不説詩書，談道德。是郡雖僻在南徼，民雜猺獠，素稱難治，自沾文化以來，已變故習。茲得唐侯爲守，導民從化，如風偃草。來遊來歌於是者，又皆民之俊秀。講明聖賢道學，發爲文章事業，靡不去卑污，變氣習，日躋於廣大高明之域者，皆是樓之助也。其出而見用於時，於以黼黻皇猷，潤色至治，以著昭代文明之盛者，其不在茲乎？茍徒爲登眺燕玩之所，則非余之所云，亦非唐侯之志也。侯名復，字永亨，由進士歷遷今官，其文學、政事有稱於時，可頌也已，因並及之。”（又見康熙《平樂縣志》卷七《藝文上》、《粤西文載》卷三十二。）

《零志補零》卷中載唐珤紀詠唐復詩，題爲“嘉靖壬寅，偕同寅來遊，偶思伯祖素齋翁初尹零陵，意有題刻，漫無可求矣，情見乎詞。翁名復，多惠政，致平樂事，民思之，爲立生祠，載《一統志》云”。詩云：“劈來神斧自何年，此地分明一洞天。良會漫誇皆勝友，清游始信是前緣。漸披蒼蘚尋文字，满引芳尊醉管弦。興劇却忘歸路晚，五星芒采映瀟川。”

唐珤長子唐順之，字應德，號荆川。嘉靖八年會元，號稱天下文宗。通經學、數學、曆法、律吕、兵法。所著有《樂論》八卷，《春秋論》一卷，《左氏始末》十二卷，《五經總論》一卷，《句股等六論》一卷，《史纂左編》一百四十二卷，《右編》四十卷，《儒編》六十卷，《武編》十二卷，《兵垣四編》五卷，《稗編》一百二十卷，及《荆川集》二十六卷，批點《文編》六十四卷、《明文選》二十卷。仕途則坎坷不顯。

《明史・唐順之傳》：“唐順之，字應德，武進人。祖貴，户科給事中。父珤，永州知府。順之生有異廩。稍長，洽貫群籍。年三十二，舉嘉靖八年會試第一，改庶吉士。座主張璁疾翰林，出諸吉士爲他曹，獨欲留順之。固辭，乃調兵部主事。引疾歸。久之，除吏部。十二年秋，詔選朝官爲翰林，乃改順之編修，校累朝實録。事將竣，復以疾告，璁持其疏不下。有言順之欲遠璁者，璁發怒，擬旨以吏部主事罷歸，永不復叙。至十八年選宫僚，乃起故官兼春坊右司諫。與羅洪先、趙時春請朝太子，復削籍歸。卜築陽羨山中，

讀書十餘年。中外論薦，並報寢。倭躪江南北。”

“趙文華出視師，疏薦順之。……尋命往南畿、浙江視師，與胡宗憲協謀討賊。順之以禦賊上策當截之海外，縱使登陸，則内地咸受禍。乃躬泛海，自江陰抵蛟門大洋，一晝夜行六七百里。從者咸驚嘔，順之意氣自如。倭泊崇明三沙，督舟師邀之海外，斬馘一百二十，沉其舟十三。擢太僕少卿。宗憲言順之權輕，乃加右通政。順之聞賊犯江北，急令總兵官盧鏜拒三沙，自率副總兵劉顯馳援，與鳳陽巡撫李遂大破之姚家蕩。賊窘，退巢廟灣。順之薄之，殺傷相當。遂欲列圍困賊，順之以爲非計，麾兵薄其營，以火炮攻之，不能克。三沙又屢告急，順之乃復援三沙，督鏜、顯進擊，再失利。順之憤，親躍馬布陣。賊構高樓望官軍，見順之軍整，堅壁不出。顯請退師，順之不可，持刀直前，去賊營百餘步。鏜、顯懼失利，固要順之還。時盛暑，居海舟兩月，遂得疾，返太倉。李遂改官南京，即擢順之右僉都御史，代遂巡撫。順之疾甚，以兵事棘，不敢辭。渡江，賊已爲遂等所滅。淮、揚適大饑，條上海防善後九事。三十九年春，汛期至。力疾泛海，度焦山，至通州卒，年五十四。……”

“順之於學無所不窺。自天文、樂律、地理、兵法、弧矢、勾股、壬奇、禽乙，莫不究極原委。盡取古今載籍，剖裂補綴，區分部居，爲《左》、《右》、《文》、《武》、《儒》、《稗》六編傳于世，學者不能測其奥也。爲古文，洸洋紆折，有大家風。生平苦節自厲，輟扉爲床，不飾裀褥。又聞良知説於王畿，閉户兀坐，匝月忘寢，多所自得。晚由文華薦，商出處於羅洪先，洪先曰：‘向已隸名仕籍，此身非我有，安得侔處士？’順之遂出，然聞望頗由此損。”

《明史·選舉志》載：“嘉靖八年己丑，帝親閲廷試卷，手批一甲羅洪先、楊名、歐陽德，二甲唐順之、陳束、任瀚六人對策，各加評奬。大學士楊一清等遂選順之、束、瀚及胡經等共二十人爲庶吉士，疏其名上，請命官教習。忽降諭云：‘吉士之選，祖宗舊制誠善。邇來大臣徇私選取，市恩立黨，於國無益，自今不必選留。唐順之等一切除授，吏、禮二部及翰林院會議以聞。’尚書方獻夫等遂阿旨謂順之等不必留，並限翰林之額，侍讀、侍講、修撰各三員，編修、檢討各六員。著爲令。蓋順之等出張璁、霍韜門，而心以大禮之議爲非，不肯趨附，璁心惡之。”

《明史·文苑傳序》云：“明初，文學之士承元季虞、柳、黄、吴之後，師友講貫，學有本原。宋濂、王禕、方孝孺以文雄，高、楊、張、徐、劉基、袁凱以詩著。其他勝代遺逸，風流標

映，不可指數，蓋蔚然稱盛已。永、宣以還，作者遞興，皆沖融演迤，不事鉤棘，而氣體漸弱。弘、正之間，李東陽出入宋、元，溯流唐代，擅聲館閣。而李夢陽、何景明倡言復古，文自西京、詩自中唐而下，一切吐棄，操觚談藝之士翕然宗之。明之詩文，於斯一變。迨嘉靖時，王慎中、唐順之輩，文宗歐、曾，詩仿初唐。李攀龍、王世貞輩，文主秦、漢，詩規盛唐。王、李之持論，大率與夢陽、景明相倡和也。歸有光頗後出，以司馬、歐陽自命，力排李、何、王、李，而徐渭、湯顯祖、袁宏道、鍾惺之屬，亦各争鳴一時，於是宗李、何、王、李者稍衰。至啟、禎時，錢謙益、艾南英准北宋之矩矱，張溥、陳子龍擷東漢之芳華，又一變矣。有明一代，文士卓卓表見者，其源流大抵如此。"

《明史·文苑傳》又載："王慎中，字道思，晉江人。四歲能誦詩，十八舉嘉靖五年進士，授户部主事，尋改禮部祠祭司。時四方名士唐順之、陳束、李開先、趙時春、任瀚、熊過、屠應埈、華察、陸銓、江以達、曾忭輩，咸在部曹。""陳束，字約之，鄞人。生而聰慧絶倫，好讀古書。會稽侍郎董玘官翰林時，聞束才，召視之。東垂髫而前，試詞賦立就，遂字以女，攜至京，文譽益起。嘉靖八年廷對，世宗親擢羅洪先、程文德、楊名爲一甲，而置唐順之及束、任瀚於二甲，皆手批其卷。……時有'嘉靖八才子'之稱，謂束及王慎中、唐順之、趙時春、熊過、任瀚、李開先、吕高也。""茅坤，字順甫，歸安人。嘉靖十七年進士。……坤善古文，最心折唐順之。順之喜唐、宋諸大家文，所著文編，唐、宋人自韓、柳、歐、三蘇、曾、王八家外，無所取，故坤選《八大家文鈔》。其書盛行海内，鄉里小生無不知茅鹿門者。鹿門，坤别號也。""明代舉子業最擅名者，前則王鏊、唐順之，後則震川、思泉。"

《明儒學案》卷二十六《南中王門學案·襄文唐荆川先生順之》："唐順之字應德，號荆川，武進人也。嘉靖己丑會試第一，授武選主事。丁内艱，起補稽勳，調考功，以校對《實録》，改翰林編修。不欲與羅峰爲緣，告歸。羅峰恨之，用吏部原職致仕。皇太子立，選宫僚，起爲春坊司諫。上常不御朝，先生與念菴、浚谷請於元日皇太子出文華殿，百官朝見。上大怒，奪職爲民。東南倭亂，先生痛憤時艱，指畫方略於當事，當事以知兵薦之，起南部車駕主事。未上，改北部職方員外。先生至京，即升本司郎中，查勘邊務，繼而視師浙、直。以爲禦島寇當在海外，鯨背機宜，豈可懸斷華屋之下？身泛大洋，以習海路，敗賊於崇明沙。升太僕少卿，右通政。未上，擢僉都御史，巡撫淮、揚。先生方勦三沙賊，江北告

急，乃以三沙付總兵盧鏜，而擊賊於江北，敗賊姚家蕩，又敗賊廟灣，幾不能軍。先生復向三沙，賊遁至江北。先生急督兵過江蹙之，賊漸平。會淮、揚大祲，賑饑民數十萬。行部至泰州，卒於舟中，庚申四月一日也。年五十四。先生晚年之出，由於分宜，故人多議之。先生固嘗謀之念菴，念菴謂：'向嘗隸名仕籍，此身已非己有，當軍旅不得辭難之日，與徵士處士論進止，是私此身也。兄之學力安在？'於是遂決。龜山應蔡京之召，龜山徵士處士也，論者尚且原之，況於先生乎？初喜空同詩文，篇篇成誦，下筆即刻畫之。王道思見而歎曰：'文章自有正法眼藏，奈何襲其皮毛哉！'自此幡然取道歐、曾，得史遷之神理，久之從廣大胸中隨地湧出，無意爲文自至。較之道思，尚是有意欲爲好文者也。其著述之大者爲五編：《儒編》、《左編》、《右編》、《文編》、《稗編》是也。先生之學，得之龍溪者爲多，故言於龍溪，只少一拜。以天機爲宗，無欲爲工夫。謂：'此心天機活潑，自寂自感，不容人力，吾惟順此天機而已。障天機者莫如欲，欲根洗淨，機不握而自運矣。成、湯、周公坐以待旦，高宗恭默三年，孔子不食不寢，不知肉味。凡求之枯寂之中，如是艱苦者，雖聖人亦自覺此心未能純是天機流行，不得不如此著力也。'先生之辨儒釋，言：'儒者於喜怒哀樂之發，未嘗不欲其順而達之；其順而達之也，至於天地萬物皆吾喜怒哀樂之所融貫，而後一原無間者可識也。佛者於喜怒哀樂之發，未嘗不欲其逆而銷之；其逆而銷之也，至於天地萬物澹然無一喜怒哀樂之交，而後一原無間者可識也。故儒佛分途，只在天機之順逆耳。夫所謂天機者，即心體之流行不息者是也。佛氏無所住而生其心，何嘗不順？逆與流行，正是相反。既已流行，則不逆可知。佛氏以喜怒哀樂、天地萬物皆是空中起滅，不礙吾流行，何所用銷？但佛氏之流行，一往不返，有一本而無萬殊，懷人襄陵之水也。儒者之流行，盈科而行，脈絡分明，一本而萬殊，先河後海之水也。其順固未嘗不同也。或言三千威儀，八萬細行，靡不具足，佛氏未嘗不萬殊。然佛氏心體事爲，每分兩截，禪律殊門，不相和會，威儀細行，與本體了不相干，亦不可以此比而同之也。'崇禎初，謚襄文。"

羅洪先《祭唐荆川文》曰："嗚呼我兄，名播天下。令譽彌宣，知音斯寡。神授妙質，性厭浮華。動出全力，業擅名家。靖節貞夷，志完剛厲。進不苦難，思常入細。齒登弱冠，魁壓同袍。文體丕變，紙價争高。惟帝知人，因言拔士。天語袞褒，聖鑒燭視。孤忠素許，況感殊遭。事計浮食，施懼屯膏。荐入詞林，邃探藝苑。測理玄幽，範格高遠。九經該貫，諸史窮搜。文繼

歐曾，詩駕韋劉。山鑱冢移，象衡數緯。密算毫芒，洞疏涇渭。孝全手足，行質鬼神。脱屣軒冕，潛軫荆榛。叔夜交絶，黔婁守醇。不慕榮顯，不媚鄉鄰。决履常穿，垢衣至敝。櫛沐屢忘，寒暄盡廢。義嚴一介，諾重萬鈞。望廬者愧，執經者馴。仁急顛連，藝兼文武。無問鉅纖，咸求裨補。官條民故，水會兵防。制備古今，技列短長。欲試經營，不辭饑渴。去爪挽彊，短後露跋。凡兹集美，衆已讓能。在行輩内，以豪傑稱。乃願所安，在期自得。從善轉圜，如德如色。良知至足，動意俱非。空諸所有，漸可入微。根柢一原，出入二氏。相離即非，惑祛似是。言詮弢解，形累髦遺。千載上遡，獨立靡移。非直天聰，實資友助。雖判醇疵，忍坐背負。取珠棄櫝，汔濟焚舟。庭靡逸晷，席满名流。慮極專勤，見異曩昔。信己愈異，愛人無擇。謂道如水，滞豈旁通。謂道如谷，隘豈廣容。取必此心，弗倚於外。舉世非笑，莫我芥蒂。物皆吾與，安用察淵。時隨代謝，難挽逝川。刓方爲員，制用於樸。大方曷抅，至潔不濯。幸際吐握，獲覲承明。南北奉使，寒暑載更。痛絶清談，峻揚風采。隱達戍懷，情輸諜紿。畢智殫精，炎潮溽海。宵枕甲戈，朝巡營壘。酬勳進秩，開府專征。武侯食少，峴首淚傾。嗚呼哀哉，謂生禀殊。無所於賴，盍阻荒遐。乃起吴會，謂因材篤。有意則然，盍靳其幾。乃奪之年，知者傷之。虞其過鋭，忌者短之。逆其改計，或憎其僻。或賞其奇，即門下士。疑信半之，藉藉在人。絶非所惜，豈效循墻。始名完璧，嘗聞自哂。出則群咻，知之而蹈。中必有由，捄焚遑遯。力田罔秋，謀身或缺。報主則周，譬疾於醫。藥力未久，命也不淑。人亦何咎，易著殊途。士增多口，匪阿所私。誰出其右，嗚呼哀哉。胡取瓠落，早虚左車。謙以持下，美不獨居。敢望及肩，崋崒培塿。瞻之在前，瞠乎其後。聯署載筆，共棹還山。肝膽畢露，骨肉相關。管鮑取與，朱張規切。過失本標，詞章軌轍。睽孤廿載，良覿三申。每當抗耦，輒嘆軼塵。我疾苦衰，使來告速。昌江之濵，雲巖之麓。曾贊其决，不疑所行。割囊助室，反袂分程。詎謂兹遊，竟成永訣。遠訃忽傳，長號欲咽。嗚呼哀哉，默悟養生。徑超欲界，多病見嗤。勿藥是戒，習勞忘倦。躡險若飛，暇而冥坐。杳乎沉機，丁寧結束。武夷九曲，歲寒同盟。山靈攸屬，言猶未踐。身乃先徂，所不瞑者。復奚念乎，嗚呼哀哉。弦韋異佩，蓬蔴互倚。禽有比翼，木有連理。而今而後，孰倣孰企。孰繩枉違，孰頟議擬。一寄空木，一類拘株。矧餘殘息，卧而待餔。未究底理，寧係有無。縱留後死，誰與爲徒。嗚呼哀哉，初蒞維揚。行部寄語，歲侵野虚。回風冷雨，

代匠血指。待炊乏需，不識静者。憫余笑余，札成絶筆。句成凶讖，将悔之萌。亦疲已甚，嗚呼哀哉。久掩庭户，幾歷居諸。哭不撫棺，弔不在閭。從此破琴，亦遂罷鑿。夢魂去來，山川緜邈。烱烱正氣，烏容泯澌。於何招之，黄鶴紫芝。兄即子桑，我非曾晳。慟何知哀，情何知溺。越疆馳賻，追之靡及。今雨垂垂，似助灑泣。嗚呼哀哉！”（《念庵文集》卷十七。）

唐順之曾有來永侍父的計畫，唐珤對此似頗有期待。但唐順之終於没有成行，其原因可能與嘉靖二十一年壬寅秋瘴大作有關，詳見王慎中《行狀》。

嘉靖二十一年壬寅，王慎中三十四歲，喪父，在家守制。唐順之三十六歲，家居。唐珤擢永州知府，唐順之欲往永州省親，並與慎中、江以達諸人有衡山之約，未果行。薛應旂《與唐荆川》書云：“八月間得尊翁書，知永州宦況甚適，但反復言道險難行，專托轉達，謂决不可往。”（薛應旂《方山先生全集》卷五，參見黄毅《明代唐宋派研究·唐宋派四家合譜》。）

但唐順之有文留在永州。

道光《永州府志》卷十四《寓賢傳》：“唐順之：字應德，武進人，永州守珤之子也。生有異資，洽貫經籍，嘉靖八年會試第一，授庶吉士，改部郎，轉宫僚，免歸。讀書陽羨山中十餘年，倭寇正熾，毅然任其事。視師江浙，巡撫南畿，卒於軍。順之志節學行俱犖，尤服膺陽明王氏心師，而力追之。少時嘗從父來永州，碑記之文多所撰作，至今人珍護焉。”（光緒《零陵縣志》卷九《流寓傳》同。）

同書卷九上《藝文志》，宗績辰案：“順之嘗隨父珤來永，如補大營驛岳鄂王題壁，作柳子厚、唐昌圖諸廟碑，零陵縣題名記，遺蹟具在，故特著之。”

同書卷九下《藝文志下》又載唐順之《荆川論學語》。

唐順之《永州祭柳子厚文（代父作）》：“竊惟山川之與人文同於擅天地之靈秘，顧若有神物愛惜乎其間，深扃固鑰而不輕以示。永之山水，天作地藏，經幾何年，埋没於灌莽蛇豕之區，至公始大發其瓌偉，而搜剔其荒翳。公之文章，開陽闔陰，固所自得。至於縱其幽遐詭譎之觀，而邃其要眇沉鬱之思，則江山不爲無助，而公之窮愁困阨，豈造物者亦有深意？蓋公之自記鈷鉧小丘也，嘗以賀茲丘之有遭，而韓退之亦以公窮不久、斥不極，或不能以文自見於世，歷千載而較失得，亦何尤乎偃蹇而擯棄？某少而誦公之文，見其模寫物狀，則已爽然神遊黄山之顛、冉溪之涘。今來吏茲土，周覽四顧，而親覩其所謂迴奇獻巧者，則又恍然若見乎公之文，而挹其餘波之綺麗。自顧樗散之才，未能庶幾乎公之愚，而戒貪於鼠，

懲猛於蛇，敢不因公言以自勵！睠風景之如昔，想公之神恒往來于斯地，聊奠觴而陳詞，尚彷彿其來至。”（《四部叢刊》景上海涵芬樓藏明刊本《荆川先生文集》卷十三，文淵閣《四庫全書》本《荆川集》卷九。又見隆慶《永州府志》卷十《秩祀志》，題爲《祭柳子文》，注“國朝知府唐珤子順之代作”。又見康熙《永州府志》卷二十一《藝文志四》、康熙《零陵縣志》卷十一《藝文考》，均題爲唐珤《祭柳侯祠文》。）

唐順之《題大營驛》：“莊子以子之於父爲命之不可解，以臣之於君爲義之無所逃，意若以君臣爲强合，予嘗疑其不然。觀岳侯所題大營驛壁，其處心積慮，未嘗一日不在於復中原，迎二帝，眷眷若赤子之於慈母。然此豈無所逃而爲之？其亦有所不可解者乎？侯之言曰：‘君臣大倫，根於天性。’此侯之所以自狀，而吾之所謂異乎莊子者耶？彼高宗者，乃忍於忘父臣虜，其獨何心？且己既已忍於忘父矣，有臣焉爲之，急於其父如侯者，亦竟殺之，亦獨何心？嗚呼！綱常，萬古事也，其磨滅與不磨滅，只在此心之死與不死而已。高宗之爲心何如也？宜侯之，竟以殺身，而中原卒不可復，二帝卒不可還。大營驛故在永州，侯所題字久而湮没，余父爲是州，乃勒之石，而竝侯所題廣德金沙寺勒之，蓋侯之心尚炯然在宇宙間未死也，固不係乎石之勒與不勒。雖然，使忠臣孝子、英雄之士過而讀焉，其将忼慨泣下沾襟，而繼之以怒髮衝冠者乎？”（《四部叢刊》景上海涵芬樓藏明刊本《荆川先生文集》卷十七，文淵閣《四庫全書》本《荆川集》卷十二題爲《書岳将軍題大營驛》。）

隆慶《永州府志》卷八《創設上》：“大營：在縣北五十里，本大營驛，今廢爲鋪。宋岳飛經此題記：‘權湖南帥岳飛被旨討賊曹成，自桂嶺平藩巢穴三廣游湘悉皆安妥，庸念二聖遠狩沙漠，天下靡寧，誓竭忠孝，顔社稷威靈君相賢聖，他日掃清胡虜，復歸故國，迎两宫還朝，寬天子宵旰之憂，此所志也。顧蜂蟻之群，豈足爲功？過此，因留于壁。紹興二年七月初七日記。’國朝知府唐珤重□立石，珤男順之書。”

康熙《永州府志》卷二十《藝文志》載唐順之《立岳将軍題大營驛碑記》注：“順之，明會元，常州府人。父珤任永州府知府，爲岳公立石，命其子爲記云。”

乾隆《祁陽縣志》卷七《藝文》，題爲“立岳将軍題大營驛石記”。

道光《永州府志》卷十八下《金石略下》：“宋岳飛大營寺題刻：存明刻。‘權湖南帥岳飛被旨討賊曹成，自桂嶺平藩巢穴三廣游湘悉皆安妥，庸念二聖遠狩沙漠，天下靡寧，誓竭忠孝，顔社稷威靈君相賢聖，他日掃清胡虜，復歸故國，迎两宫還朝，寬天子宵旰之憂，

此所志也。顧蜂蟻之群，豈足爲功？過此，因留于壁。建炎紹興二年七月初七日。'‘建炎’二字當改‘紹興’，係明永州守唐珤誤刻。”

《八瓊室金石補正》卷一百十二：“《書岳将軍題大營驛後》：……大明嘉靖癸卯夏六月吉，□□州武進唐珤，同知魯承恩，通判周子恭、唐士忠，推官彭澄，祁陽知縣鄭聰立。□工典史朱魁。”陸增祥按：“今永州所在建有忠武廟，當日威德所被，一郡同受其澤，而寧遠、永明、道州、江華、零陵、祁陽，無不爲公足跡所至，故備書其事蹟，俾後之人有所考焉。”

唐順之《零陵縣職官題名記》：“名者，其起於古之所以勵世乎？古之所以勵世，其法莫備於史。史之法莫嚴於《春秋》。史家者，将以紀善惡而垂法戒，而千百年之善與惡不可勝書也，而寄其詞於姓名稱謂之間。《春秋》之法，微者姓名不登於册書，其非微者則概登之，是史家常法，而無所擇乎其人焉者也。其有不然者，或微而名，或非微而不名，或書其姓而奪其名，或書其名而又奪其姓，其不肯輕予以姓名也如此，而後得登名姓於册書，足以爲重，是史家之變例也。今夫人望其容貌而問其人之善與惡者有之矣，過其室廬而問其人之善與惡者有之矣，識其姓名而問其人之善與惡者有之矣。故古之圖容貌、表室廬、紀姓名者，使善者因之以久其善，惡者因之以久其惡，其爲教一也。零陵，楚之南徼也，邑乎郴桂之間，瘴癘之所濡，苗獠之所處，往往不能得善吏，而邑之譜牒亦散佚而無所考。自余父有懷公少時則已聞先伯祖平樂公宰是邑，有惠愛，其爲永州，欲按其故蹟，詢其姓與名，雖邑之耆老，亦無知者。考之郡志所載，零陵令之姓與名亦無有也。已而更索民間所藏景泰中舊志，則稍具其姓名政事、歷官大略，而其名亦已誤‘復’爲‘福’矣。吾父爲之慨然而嘆，因復思國家二百年之間，其邑之善令多亦有如平樂公，或僅存其姓名而又誤，或並其姓名而湮没焉者，當不啻幾人。而其姦回饕餮，乘令作威，肆毒生民者，亦幸而逃其名於後世，豈非志於勸懲者之所悼歟？於是蒐輯散佚，得陳君而下若干人，以爲皆是令也，則概登其名於石，以著於世。雖然，後之人過而指其名，有不就而問其令之善與惡者乎？問焉而知其令之善也，雖百世有不愛而慕之，如其人之存焉者乎？問焉而知其令之惡也，雖百世有不唾而譙之，如其人之存焉者乎？是則其爲令也善，而名之也甚於旂常之載焉；其爲令也惡，而名之也甚於鼎象之鑄焉。所謂善惡同詞，其亦《春秋》之法也。嗚呼！其善者蓋不忍欺乎其民，而蘄以自盡乎其心，初豈有意身後之名也哉？其不善者，蓋亦偷快意於一時，自計以爲去官，與其身没之後，且影響

銷盡，人無復指之者，豈知更千百年，其姓名並彰著而不掩若此？嘻！其可懼也已！”（《四部叢刊》景上海涵芬樓藏明刊本《荆川先生文集》卷十二，文淵閣《四庫全書》本《荆川集》卷八。又見隆慶《永州府志》卷四之下《職官表下》、康熙《永州府志》卷二十《藝文志三》、康熙《零陵縣志》卷十二《藝文中》、道光《永州府志》卷十一中《職官表》。）

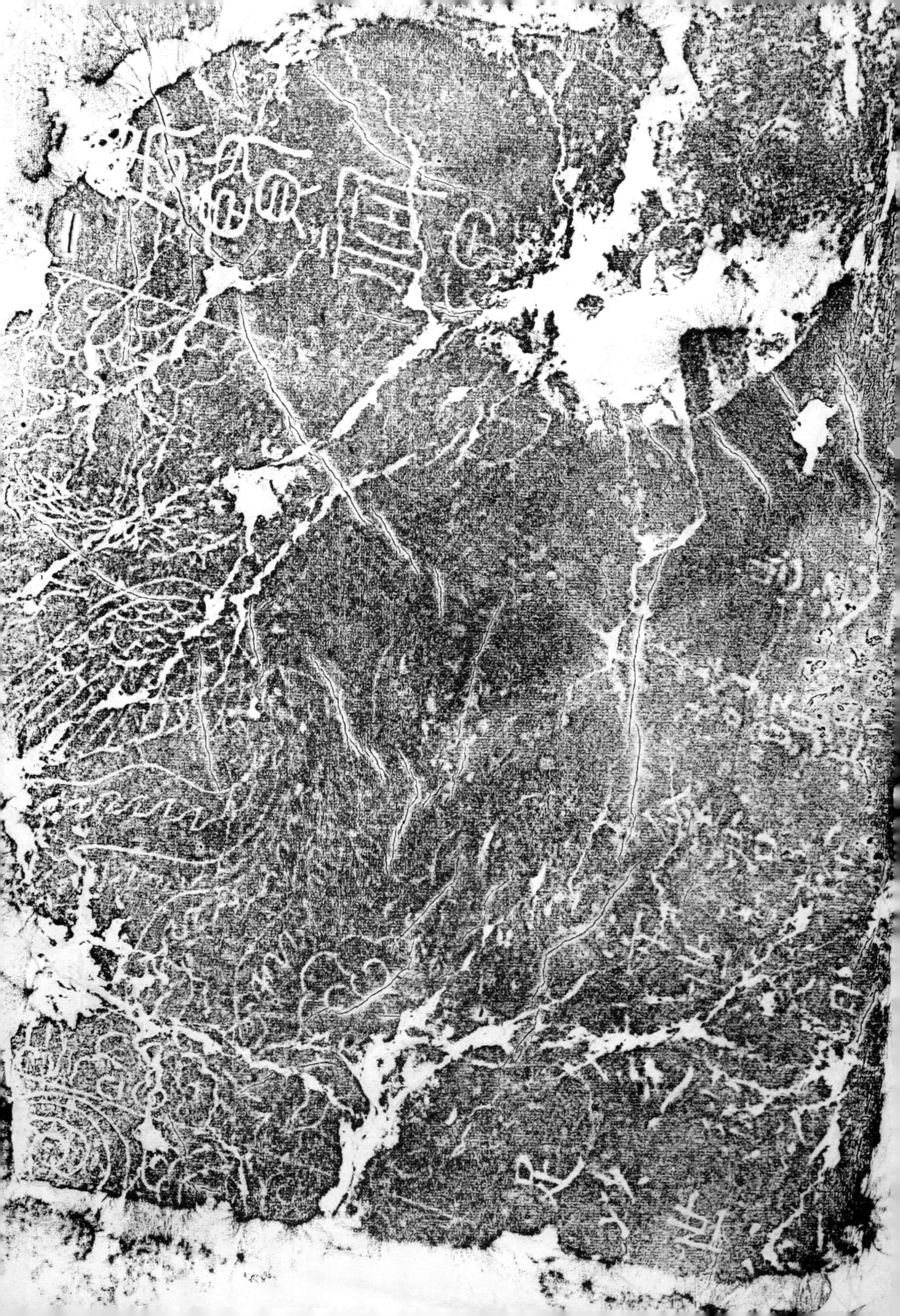

# 嘉靖二十一年魯承恩《寓賢祠碑》

## 釋　文

寓賢祠碑

城西南有朝陽巖，巖上有祠，祠久就圮。郡守昆陵有懷唐公，以地官正郎出守來永。朞月，教行化洽，民用誠和，于是修廢舉墜，朝陽寓賢之祠以成。歸濂溪周子于郡庠專祠。寓賢因次山、山谷之舊，增蘇氏文忠、文定，鄒文忠、范忠宣、范學士、張忠獻、胡忠簡、蔡西山諸賢祀于祠。公爲文，偕寮佐同知承恩，通判周君子恭告成。其詞曰："於惟群公，節義孝友，文學治理。或賦全材，或具一體。是皆發河嶽之秘藏，萃两間之正氣。出而有爲，期以濟世。厄于旹命之嶮巇，中羅沮撓而擯棄。惟夫才美之外見，豈亦造化之所忌？終焉德業之彪炳，将歷永久而可紀。芝山之陽，瀟水之裔，公昔來遊，公神所寄。距公之生，垂數千禩，昭回之炛，山川衣被。珤等于公，實勤仰止。幸茲守官，過化之理。酬我椒漿，式陳明祀。匪曰吾私，秉彝好懿。"告畢，燕寮佐于庭。或疑于諸賢增損去留，承恩幸聞教于公，有曰："湖南惟永多崖洞，惟朝陽襟瀟按湘，面城背嶺，獨爲幽奇。前此翳莽，已數千載，次山始得其地。山谷又以高文峻節，發明秀異。同祠于此，宜匹休無窮。濂溪周子以三代之英，例以寓賢，實近于褻，庠有專祠，則致尊致親之道備。他若蘇氏、范氏、鄒、胡、張、蔡諸賢，正氣孤忠，觸忤于旹，相繼來永。茲山佳勝，固憇息之所，安知靈爽在天，不依依于此耶？盍撤而釐正之，以伸我仰止之敬。"公斯言也，幸今告成。崖洞宣朗，亭臺昭明，祠室整潔，信夫諸賢精英，足以媲美山靈。維公德學足以覲

揚先喆，地以人勝，人以道顯。嗚呼！人生如寄，世變朝昏，道義千古，功名浮雲。以宋賢視次山，固已慨歎于百世之上；以公今日視諸賢，又不免慨歎于百世之下。他日永人思公之德之學，能無感發興起者乎！公諱琺，字國秀，號有懷，毘陵人。有子曰順之，節義文行，足以世公家學。觀公斯舉，可以知公大略矣。

旹嘉靖壬寅孟冬吉旦魯承恩書。

## 考　證

《寓賢祠碑》在朝陽巖下洞洞口處石階上，被人爲打破，铺做路面，并有磨損。

碑刻殘甚，僅餘左上角一角。殘石高 34 公分，寬 51 公分。

碑額“寓賢祠碑”四字，篆書，直排。“寓”字、“碑”字各殘數筆。本在碑刻正中，位於正文之上，左側刻有鳳凰圖案，與朝陽巖得名於《詩經》“鳳皇鳴矣，于彼高岡。梧桐生矣，于彼朝陽”之意相符。

正文爲楷書，殘存左側六行，分别爲“息之所”、“諸賢精”、“寄世變朝”、“公之德之”、“足以世公”。共計十八字。《寓賢祠碑》正文全文六百一十二字，今所存者不及百分之三。

嘉靖壬寅即嘉靖二十一年（1542），孟冬爲夏曆十月。

康熙九年《永州府志》卷十八《藝文志一》、康熙二十三年《零陵縣志》卷十一《藝文考》著録。“襟瀟按湘”，《零陵縣志》作“襟瀟接湘”。“他日永人”，《零陵縣志》誤作“他人永人”。其餘文字均同，字數亦同。標題均作“朝陽巖寓賢祠碑”，“朝陽巖”三字不知是否編纂者所加。署名均作“曾承恩”，援碑例，姓氏當在“孟冬吉旦”下，又“曾承恩”當作“魯承恩”。

茲據康熙《永州府志》、康熙《零陵縣志》補足正文及署款，題名姑依殘碑之舊。

魯承恩，字光世，號近塘，浙江建德人，一作嚴陵人，嘉靖十八年至二十一年任永州府同知。

萬曆六年《嚴州府志》卷十四《人物二》：“魯承恩：字光世，建德人，領正德己卯鄉薦，任和州知州。咨詢民隱，延禮師儒，置社倉，編徽夫，均徭役，省馬廠，革協濟，民甚便之。適江洋巨盜爲害，承恩率民兵悉擒之，地方以安。升永州府同知，累有政績。進奉政大夫，贈父如其官。升都匀知府，時征麻陽寇，省檄督運兵餉，勞瘁觸暑，暴卒于辰州。督府命官賻櫬，爲文以祭之。所著有《和陽稿》、《需命稾》、《睦族》等集。”（萬曆四十二年續修《嚴州府志》同。）

乾隆《建德縣志》卷八《人物志》：

"魯承恩：字光世，由正德己卯舉人，授和州知州。咨詢民隱，均平徭役。適江洋巨盗爲害，率民兵悉擒之。升永州同知，尋升都匀知府。時征麻陽寇，檄督軍餉，卒於辰州。督府賻櫬以歸。所著有《陽和稿》、《需命稿》、《睦族》等集。"同書卷九《藝文志》："《陽和稿》，魯承恩。《需命稿》，魯承恩。《睦族集》，魯承恩。"

道光《建德縣志》卷十二《人物志》："魯承恩：字光世，正德己卯舉人，授和州知州。州有巨盗，沿江爲害，承恩率兵擒之。遷永州府同知，有政績，進都匀府知府。時征麻陽寇，奉檄督餉，勞瘁觸暑，卒於辰州，督府命官賻櫬以歸。所著有《和陽稾》、《需命稾》、《睦族》等集。（萬曆《府志》）"同書卷十七《藝文志·雜著》："《陽和稿》，魯承恩。《需命稿》，魯承恩。《睦族集》，魯承恩。"（民國《建德縣志》卷十四《人物志》、卷十三《藝文志·專著》同。）

光緒《嚴州府志》卷十八《人物》："魯承恩：字光世，建德人，領正德己卯鄉薦，任和州知州。適沿江有巨盗爲害，承恩率兵擒之。升永州府同知，累有政績，升都匀府知府。時征麻陽寇，省檄督餉，勞瘁觸暑，卒於辰州。督撫命官賻櫬以歸，所著有《和陽稿》、《需命稿》、《睦族》等集。"

萬曆《和州志》卷三《官司志》有魯承恩《列秩題名記》，又載同知胡永成《和州名宦碑記》，云："太守魯君立《題名碑》，又立《名宦碑》，天下名宦槩祀於學宫，今更碑於州堂之後，與《題名碑》竝，此其意微矣。……"

萬曆《和州志》卷三《官司志》載魯承恩詩："和陽竊禄踰三載，感荷君恩擢永州。満眼瘡痍憐赤子，洗心整刷媿前修。來時已負登山興，去後翻增愛國憂。最是横江分首處，無端擊楫入中流。"署名"近塘魯承恩"。

魯承恩在永州，刊刻《九嶷山志》、《濂溪志》，作《濂溪志序》、《濂溪三亭記》，又作《謁元公祭文》。

魯承恩《謁元公祭文》曰："天地之道，具於吾心。先生先覺，覺我後人。三代以還，道喪文弊。或矯矯以立名，或棲棲爲禄仕，或規規乎注疏，或囂囂然媚世。空言濫觴，真道之棄，一節雖高，於世無濟。先生盡傷，究極根領。博學力行，自我立命。道苟可仕，不辭蔭補。官可濟民，甘心書簿，久速仕止，步趨先師。圍範曲成，不識不知。或者以先生之道，在乎太極，不知先生道大光明，不在於圖，而在於躬行有素也。不然，未能孚于時，何以垂於後？未能行於人，何以質諸天地乎？或又以先生之學由静入門。嗚呼！先生終日行之，未見一語於及門之徒，天何言哉？先生真獨得孔氏之傳也。夫承恩愚陋，竊禄兹土，幸登故里，實切瞻依。

羹牆寤寐，川遊雲馳。特牲醴酒，聊表仰思。”見萬曆間王俸、周與爵編《宗濂溪周元公先生集》，李楨、胥從化編《濂溪志》，及文淵閣《四庫全書》本《周元公集》卷八，與周子恭《謁元公祭文》、唐珤《謁元公祭文》三篇駢聯，三人者詩文之旨遠可觀亦相似。

隆慶《永州府志》卷十一《藝文志》：“《九疑志》三册，嘉靖二十年同知魯承恩刊。”

道光《永州府志》卷九下《藝文志下》：“《濂溪志》：明魯承恩輯舊志。承恩自序略云：‘濂溪在道州，道國周元公實生其地，承恩嘗拜先生之墓於潯陽，謁先生書院於武昌，今官永州，考先生始生之迹於故里，詢諸多士，及先生之裔，能言先生之道，而不得其所以言，非紀載之未備耶！乃取《濂溪志》修之，先生之孫，博士繡麟請授諸梓，其於斯世斯文，未必無小補云。’承恩，建安人，嘉靖間同知。”

《古今圖書集成·職方典》第一千二百七十八卷《永州府部彙考》八：“元公祠：在州學西，以祀周濂溪先生，二程先生配享，歲春秋二仲丁日祭。嘉靖間，永州守唐珤、同知魯承恩等請於學憲孫與應，議給田一百四十八畝以供祭祀，名曰世業田。”

《寓賢祠碑》所稱“通判周君子恭”，即周子恭。

周子恭，字欽之，號七泉子，江西吉水人，著有《七泉遺稿》。與羅洪先、王龜年俱學於吉水李中。

《明史·李中傳》：“李中，字子庸，吉水人，正德九年進士。……學者稱谷平先生。門人羅洪先、王龜年、周子恭皆能傳其學。”

《念菴文集》卷十三《明故通議大夫總督南京糧儲都察院右副都御史谷平李先生行狀》：“洪先不肖，自丙戌歲與王龜年、周子恭輩始趨門牆，得聞緒論，躬行不逮。”（《羅洪先集》卷二十八有《别費公秀二首》，康熙《永州府志》卷二十三《藝文志六》題爲“羅洪先《訪業師周子恭》”，當是誤題。）

雍正《江西通志》卷七十九《人物十四·吉安府五》：“周子恭：字欽之，吉水人。少從李中遊，力行所聞，砥礪名節。由明經授永州通判。楚大饑，臺省遣糴萬金，子恭執不可，比再至，移通郡在官之食，以應分授其直，纔六千金，上不逆令，下不病農，人服其敏。擢德安同知，卒。”（光緒《江西通志》卷一百四十九《列傳十六·吉安府五》同。）

光緒《吉水縣志》卷三十五《人物志》：“周子恭：字欽之，吉水人。少從李中遊，力行所聞，砥礪名節。由明經授永州通判。楚大饑，臺省遣糴萬金，子恭執不可，比再至，移通郡在官之食，以應分授其直，纔六千金，上不逆令，下不病農，人服其敏。擢德安同

知，卒，從祀鄉賢。”

周子恭嘉靖二十一年任永州府通判，多惠政。

周子恭《謁元公祭文》：“仰惟先生遯世之聖，不由師傳，粹然至正。仕苟爲貧，雖小官有不辭；學苟爲道，雖人不知而無悶。道德性命之蘊，僅見於圖書，而其無言不盡之教，卒莫窺其兆朕；從容和緩之色，僅覩夫光霽，而其行藏屈伸之妙，卒莫測其淵深。當時在門，惟有二程先生，不强人以未到，惟開其説而不竟。既而二程有得，自稱體貼，尚不歸功於先生之門，而況於修飾之士，章句之儒，又烏足以知其真乎！子恭自幼學道，既壯無聞，虚負歲月，良愧此生。幸而不死之良，耿耿猶存數年，以來究先生之歷履，探先生之爲人，而希慕一念，若有投而授之者，恭亦不自知其所因也。今者拜官在永，得踐先生之位，巡歷在道，復造先生之庭，情切瞻仰，特致醮薦。嗟夫！蓮草俱在，風月傳神，先生之教，曷其有罄。子恭而苟不惰於向往之志，焉往而非先生之所陰佑而默成者哉？先生有靈，尚鑒斯文。”

周子恭《遊濂溪故里記》：“七泉子遊濂溪故里，自月嵒而下，至於安心寨，歷聖脈泉、風月亭、濯纓亭。月巖得濂溪悟太極之因，聖脈泉得山下出泉静而清之旨，風月亭得光風霽月之趣，濯纓亭得濂溪濯纓之處。始自濯纓亭，謁其家廟。自家廟而下，巡至於大富橋。家廟得濂溪肖像，大富橋得濂溪誕生之地。世傳濂溪誕生，左龍山，右豸嶺。天垂象，五星聚奎；地獻靈，五星繞宅。嗚呼！龍山蒼蒼，豸嶺昂昂，五星不可見，猶存其一之半，信哉不偶矣！同游趙子冕作而曰：‘若是乎，聖人生之異也？濂溪曰聖可學，子亦曰聖可學，何居？’七泉子曰：吁！子慎毋以是沮志，毋徒以其在外者爲也。子能反求諸其身乎？月巖渾然太極，太極象吾之心也，聖脈泉象吾心之有本也，風月亭象吾心之樂也，濯纓亭象吾心之潔也，肖像象吾之像也。左龍右豸象两儀，五星象五行，五行象吾之動静五常也。子如以其在外者爲也，則將頽然懼矣。子如反求諸其身，則凡兹故里之有者，皆子之有也。吾與子試言之：前乎濂溪生斯里者，同斯景也，何其不如濂溪也？吾與子又試言之：前乎吾與子遊斯里者，同斯景也，何其不盡如濂溪也？後乎吾與子遊斯里者，同斯景也，何其不盡如濂溪也？今乎吾與子遊斯里者，同斯景也，又何其不盡如濂溪也？嗚呼！在乎求而契之而已矣。遊斯里者，今爲七泉周子恭。生斯里而同遊斯里者爲趙子冕，爲濂溪嗣孫翰林五經博士繡麟、廩膳生道，爲州庠生李子尚德、李子樞、朱子道、翟子士英、熊子應祥、李子樘、黄子廷聘，凡十有一人。嗚呼！其如濂溪與不如濂溪，其求

而契之與不求而契之，亦在乎自反而已矣。”

周子恭《濂溪周氏世業田記》：“濂溪先生祠，有祭而無田。其嗣孫襲翰林五經博士，有爵而無禄。永州府知府唐公珫、同知魯公承恩暨通判子恭爲之謀，得僧寺廢田百四十有八畝，請於提學副使應公櫝，没入濂溪祠，供祭祀，且爲博士常禄之需，名曰‘世業田’，而屬《記》於予。予惟濂溪之學，以造化爲宗，以無欲爲要。在南昌時，得暴疾幾殆，視其家，止一敝篋，錢不滿百。嘗以遷擢入京師，不可爲資，則鬻其産以行。過潯陽，愛廬山之勝，築居於溪之上，名之曰‘濂溪’，遂以歸骨焉。是豈惟能忘物，尚忘其身；豈惟忘其身，尚忘其家。學而至於忘其身與家，又何有於身後之祭不祭，與其子孫之禄不禄哉？而區區爲之謀若此者，特以崇德象賢之義，報德報功之私，無所於寄，則藉是以見志可耳。乃若效法先生之學，以求内有諸己，則固自有其處，不在乎此也。”

隆慶《永州府志》卷十三《名宦列傳》：“周子恭：江西吉水人，選貢，任通判，廉介不擾。”

同書卷八《創設上》：“府館：江華一：在縣東，府通判周子恭建，撰《記略》：‘江華建置府館，以府通判住劄，經略邊務，馭茲猺獞。是議建於嘉靖辛丑，七泉子以是年八月二十七日抵府，遂以九月十六日臨江華。江華之有府通判住劄，自七泉子始也。或曰：江華陋而瘴，且多寇，諸猺獞剿之不可，撫之不可，子居蓋難之。七泉子曰：吁！有是哉！何謂江華陋？子居九夷，不以爲陋。謂江華陋者，謂城廓褊小，生理稀鮮，舉目寥寥，茅居數椽，陋止於斯乎？吾取以爲清心寡欲之助可也。即使移於名都巨府，雄藩重鎮，民居如麻，市聚若山，然使廉吏居之，可取一芥乎？何謂江華瘴？南瘴北寒，天地之常。京師嚴寒巨涷，飛塵走沙，至于三五月，往往中寒疾，五日不汗即死，然而朝士争趋之者，名利之所聚，見可欲而不見可惡故也。即使南瘴之地爲利名之所聚如京師，安知朝士不争趋南瘴之地如争趋京都乎？夫瘴不在地，生於心；死不由人，繫乎命。予自住劄江華，至于今且二年，然既不死又不病，以吾未嘗有一日之厭故也。何謂江華多寇？弭盗安民，治之常事。不避難，臣之職。猺獞與苗夷，非人類乎？即有可撫之理，則雖單騎諭虜不爲危；即有可剿之機，則雖身親矢石不爲勞。天下事何者爲難？何者爲易？以其易者曰吾爲之，以其難者付之誰乎？雖然，予有隱憂，不在乎三者之間，而在于住劄者之身。江華止四里耳，計土地之所産，與人民之所出，尚不足以供縣司公私之費，今又增予一府貳焉，吾懼江華日多事而民日以擾也。後之君子繼予而來住

剳者，不以江華爲陋且瘴，而思圖其難，且以吾之所隱憂者而共憂焉，庶幾不負建置者之意乎！'"（又見同治《江華縣志》卷二《建置》。）

同書卷十《秩祀志》載周子恭《舜陵古杉記》："舜陵有古杉十五。左十一，連理而三者一，連理而二者二，各植者四。右四，連理而二者二，各植者二。圍可八尺，稍次六七尺。高可三百尺，勢俱參天。先是凡十六，寧遠以修孔廟伐其一，伐之日天地昏黑，雷風震怒，聲聞數十里，工師奔仆欲絶。嗚呼！杉亦靈異哉！夫舜、孔德相似，以舜杉用孔廟，然且不可，況其他哉？是杉宜與天地同壽不朽矣！嘉靖二十四年乙巳夏五月三十日書。"（又見嘉慶《寧遠縣志》卷八《藝文志上》。）

康熙《永州府志》卷十五《人物志上》："周子恭：江西吉水人，選貢，任通判，廉介不擾。"

同書卷二十《藝文志三》載周子恭《遊同巖記》曰："同巖與層巖相望，俱石橋流水，迥別人世，而同巖尤幽邃玄曠，連亘數里。前一區平夷如家之有堂，自後越數十步爲一區，又十數步又爲一區，如堂之有室，室之有奥，斜徑曲巷，愈探愈奇，莫窮其所止。父老相傳，元季兵變，邑令率其民避亂於斯，前一區爲聽政之所，後各區爲邑民室家寢處之所，今即其模狀，言或不誣。予顧同遊二三子而告之曰：桑海變遷，人事不一。昔以寓亂離，而今以際雍熙；昔以治干戈，而今以明禮樂。昔之有司與民同患，刑政號令于斯，今之有司與民同樂，言笑歌詠于斯。亂者治之尋乎？得者失之因乎？嗚呼！何其變也。雖然，天地不墜，而是巖亦不墜；造化無窮，是水之流亦無窮；日月不息，而是巖之晝夜晦明亦不息。又何其常也？其變者吾不得而測也，其常者吾又不得而悉也。吾與二三子疇昔言之而不竟者，毋乃其在兹乎！座中似有悟其旨者，倚石橋而歌曰：'橋之水兮東逝，影不隨兮心不住。橋之石兮嵯峨，涯我心兮奚不磨。'予亦從而和之，歌曰：'孰登我堂兮而窺我室，子不我説兮亦不我得。'又歌曰：'孰窺我室兮而登我堂，我得我説兮願言弗忘。'歌罷而去。"（又見康熙《永明縣志》卷九《藝文一》。）

同書卷二十三《藝文志六》載周子恭《九疑撫猺》詩："清平此郊野，而以燿危兵。白日丹山閟，青牛紫氣横。慚無戡亂手，聊得撫彝情。願以三苗格，端圭告舜陵。"（又見嘉慶《寧遠縣志》卷九《藝文志下》。）

道光《永州府志》卷十三《良吏傳》："周子恭：吉水選貢，嘉靖中永郡通判。廉介不擾。建學，修書院，多遺愛。作文字甚富。與羅洪先、王龜年同受谷平先生李中之學。"

同書卷二上《名勝志》載周子恭東

安兵書匣（又稱兵書峽）詩："千年神力有丹山，石室兵書不可探。雲雨灑簾消甲胄，楚天西記鎮東南。黄公早納子房履，青眼誰開諸葛函。豪傑誰爲仙聖事，空霄烟頗意中含。"（又見乾隆《東安縣志》卷八《藝文志》。）

同書卷九下《藝文志下》載羅洪先《念庵論學書》，宗績辰按："案羅念庵嘗至永州，遊九疑、月巖，受其學者，惟祁陽謝思申獨著，而永判周子恭則又與念庵同學谷平之門者，故著之。"

周子恭在永州府通判任上，講習理學，得一傳人，即祁陽謝思申，先後從學于周子恭、羅洪先、陳白沙、湛若水，爲鄉名賢。

康熙《永州府志》卷十六《人物志中·名賢列傳》："謝思申：字汝功。早失怙，母彭氏鞠育成立。族人有凌其幼且孤，或困辱之，申發憤嘆曰：'大丈夫當自力以光門祚。'因苦志下帷，攻舉子業，中嘉靖癸卯鄉試。旹吉水周子恭通判永州，一見器重之，引與語道學之要。明年，赴禮部，歸，輙師事周，不復事舉子業。旹粤東有陳白沙先生，學者多宗之。申取其詩章，閑適歌詠，逌然若有所得。又聞湛若水、羅洪先在南嶽，亟往從之學。嘗置《聞見録》一帖，每所聞嘉言懿行，必書之。會分巡副使陳士賢欲遷縣學，即出父所遺金二百餘金以佐之。丁未夏大疫，母彭氏以疾卒。旹申亦病，亟扶病與訣，哀不自禁。居喪不用浮屠追薦，第盡哀執喪，如朱子所定禮，三年不御酒肉，不入寢室，鄉里化之。"（又見乾隆《祁陽縣志》卷五《選舉》、道光《永州府志》卷十五上《先正傳》。）

## 嘉靖二十四年戴嘉猷《遊朝陽岩》、《歸泛瀟江》及吴源《和韻》詩刻

### 釋　文

遊朝陽岩

西岩曉霽景偏明，泉入瀟江見底清。倒浸松筠斜日影，遙傳鐘皷隔江聲。芝城山水因人重，子厚文章到此名。回首舟人遙指點，梧桐丹鳳九霄鳴。

歸泛瀟江

沿江江上石，平列侶崇垣。灘淺孤舟閣，潭淙萬象吞。歸雲藏野寺，吠犬護江村。皓月山頭吐，還傾未盡樽。

績溪前峰戴嘉猷。

和韻

江光山色照人明，冠盖遙臨諫議清。玉屑靈泉飛石竇，笙簧天籟啟松聲。移尊北海真高會，此日西岩倍有名。欲賦朝陽千古勝，簫韶鳳吹已先鳴。

錢塘龍江吴源，嘉靖乙巳歲十月望日。

### 考　證

詩刻在朝陽巖下洞洞内，高 77 公分，寬 150 公分，二十二行，楷書。三首書法字體相同，當均出自吴源之手。

石面原有石刻，經人打磨重刻。原刻位置高出詩刻之上，各行首二字殘字尚可辨，知爲元結《朝陽巖銘并序》，行書，書法疏放，似朱衮筆。上部各行殘字分别爲："朝"、"永泰"、"零"、"舟"、"形"、"名稱以其東"、"刺史"、"攝刺史"、"於是朝"、"已而"、"戲"、"如在"、"巖下"、"崖深"。詳上。

《零志補零》卷中著録。第一首題

爲“嘉靖乙巳歲十月望日”，署名“績溪，戴嘉猷，前峰”。第二首題爲“歸泛瀟江（與前作合刻一石）”，署名“前人”。第三首題爲“和韻（刻戴作後）”，署名“錢塘，吴源，龍江”。“護江村”誤作“護荒邨”，餘與詩刻皆同。

駱兆平、謝典勳《天一閣碑帖目録彙編》著録：“遊朝陽岩詩：嘉靖乙巳年，錢塘龍江吴源，一頁。”（上海辭書出版社 2012 年版，第 165 頁。）

嘉靖乙巳即嘉靖二十四年（1545）。

戴嘉猷，字獻之，號前峰，安徽績溪人。所著有《省愆録》、《三行稿》、《前峯稿》等。嘉靖二十四年任湖廣左參議。

嘉靖《徽州府志》卷十六《勳烈列傳》：“戴祥：字應和，績溪市東人。父騮，知堂邑，爲清白吏。進士銓曹，堂邑人，或言見之可得美秩，祥謝，使勿言。授行人，遷南工部員外郎，掌蘆課，以廉稱。轉户、禮二部郎中，尋病，乞致事歸。沖澹簡曠，杖屨不入城府，從游者胡松、鄭汴、葉份，皆通顯有聲。”“子嘉猷：中丙戌進士，知烏程縣。賦繁重，嘉猷爲上于朝，乞均賦。置義田數百畝，歲徵穀儲之。搆學舍，業諸生其中。後拜禮科給事中，以言事謫廣西桂林尉，後遷高州府同知，署雷州府事。蠲舟税，增設石閘，以護新城。語在《雷州志》中。升四川按察僉事，獲私茶，金巨萬，及贖金，以築馬湖城。升湖廣參議，時久旱民苦，令貪，嘉猷下車即劾去之，又收豪猾十餘人，寘之法，雨大注。進浙江巡海道副使，卒于官。所著有《前峰漫稿》及《東西楚蜀》四稿。”

萬曆《雷州府志》卷十五《名宦志》：“戴嘉猷：績溪人，進士。任禮科給事中，諫乘輿南巡，下詔獄，摘尉臨桂，歷升高州同知，署雷州事。端嚴明決，不數月，黜贓吏十餘，剗除宿弊，豪猾歛跡，郡事清簡。時久旱，公齋心以禱，雨大應。民告饑，即請賑貸之。舊有護城堤，公以爲隘，興工增修，建石閘六，以洩内流，易地一區，建亭紀事。豎文明坊于府學前，凡公署頽廢者，無不損資修餙。任逾八月，風采振肅，吏畏民懷，四境寧謐，時政罕儷。暇則吟詠性情，走筆成章，尤其餘也。論曰：洪（洪富字國昌）、孟（孟雷字孔敬）、戴三公，風節凛然，後先相望，真雷一時之盛也！然洪、孟二公係真守，而戴爲假王；二公係本封，而戴爲别郡。‘五日京兆’，不惟他人易之，即已有玩心矣。公精嚴清刷，興衰起廢，種種有真守所不能爲者，而公以假王饒爲之真，所謂公忠不貳之臣也。九原可作，余願爲之執鞭焉。”

崇禎《烏程縣志》卷五《秩官·縣令》：“戴嘉猷：字獻之，號前峯，績溪人。嘉靖五年進士，八年任。廉敏端毅，侵凌善柔者必罰，豪右不得逞凶，

詭户規避者靡縱。驅緇流歸農。廩庾傾圮，閲五月堅完。立義塚，置義田，募民耕穫。峙穀粟以備歲饑。厚學校以興士。徵爲給事中。士民立去思碑，尚書蔣瑶記。宜祀名宦。”（乾隆《烏程縣志》卷五《名宦》同。）

《明世宗實録》卷二百二十二：嘉靖十八年三月，“辛巳，禮科給事中戴嘉猷，以雲南地震異常，京師黄塵蔽天，白晝如夜，請敕在京諸司痛加修省”。

《明史·謝廷茝傳》：“謝廷茝，字子佩，富順人。嘉靖十一年進士。除新喻知縣，征授吏科給事中。……十八年，偕同官曾烶、李逢、周琉諫帝南巡，忤旨。已，給事中戴嘉猷馳疏請回鑾，而車駕已發，帝大怒，甫還，即執嘉猷並廷茝等下詔獄，謫廷茝雲南典史。”

康熙《徽州府志》卷十三《人物志二》：“戴嘉猷：字獻之，績溪市東人。父祥，字應和，登正德辛未進士。初，祥父騮，爲堂邑令，有清白聲。時銓曹爲堂邑人，或言見之可得美秩，祥謝，使勿言。授行人，遷南工部員外郎，轉户部，升禮部郎中。歇歷三部，清慎一節。致仕歸。嘉猷登嘉靖丙戌進士，知烏程縣。縣賦繁重，嘉猷爲上於朝，乞均賦，置義田數百畝，歲徵穀儲之。搆學舍，課諸生。奏最，升給事中。以言事杖闕下，謫桂林尉，遷高州府同知，署雷州府事。蠲舟税，增設石閘，以護新城。升四川僉事，獲私茶，金巨萬，及贖金，以築馬湖城。升湖廣參議，時久旱民苦，令貪，嘉猷下車即劾去之，又收豪猾十餘人，寘之法，雨大注。進浙江巡海副使，卒於官。所著有《前峰漫稿》及《東西楚蜀》四稿。”

雍正《廣東通志》卷四十一《名宦志》：“戴嘉猷：績溪人，進士。任禮科給事中，諫武宗南巡下詔，獄謫尉臨桂，歷升高州同知，署雷州事。端嚴明決，不數月黜贓吏十餘，剗除宿弊，豪猾斂跡，郡事清簡。時久旱，嘉猷齋心禱雨，立應。民告饑，即請賑貸之。舊有護城堤，嘉猷以爲隘，興工增修，建石閘六，以洩内流。易地一區，建亭紀事，樹文明坊於府學。凡公署頹廢者，無不捐貲修飾。任逾八月，風采振肅，四境寧謐。”（道光《廣東通志》卷二百五十一《宦績録二十一》略同。）

光緒重修《安徽通志》卷一百八十四《人物志》：“戴嘉猷：字獻之，績溪人。嘉靖丙戌進士，知烏程縣。賦繁重，爲上於朝，乞均之。置義田數百畝，徵穀搆學舍，課諸生。升給事中，以言事廷杖，謫桂林尉。遷高州府同知，署雷州府事。蠲舟税，增設石閘以護新城。升四川僉事，獲私茶，金巨萬，以築馬湖城。升湖廣參議，久旱民苦，令貪即劾去之，雨大注。晉浙江巡海副使，卒於官。”

《萬姓統譜》卷九十九：“戴嘉猷：

字獻之，績谿人。嘉靖丙戌進士，歷副使。初知烏程，廉威精敏，端毅剛方，毀淫祠，崇正學，不侮鰥寡，不畏强禦。嘗開濬泮池，新倉庾，政化大行，士民仰賴。時歸安有戚賢，郡守有萬雲鵬，人咸稱爲‘三循吏’云。”

今按，以上所載戴嘉猷由禮科給事中謫廣西桂林尉，恐有誤。元代縣尉職位在縣尹、縣丞、主簿之下，典史、教諭之上。明代無縣尉，俗稱典史爲縣尉。

嘉靖三十三年刊本《湘陰縣志》卷下官表載：教諭：嘉靖：“戴嘉猷：績溪人，給事中，謫典史，升此。”戴嘉猷貶時距嘉靖《湘陰縣志》修志僅十年，不應譌誤。光緒《湘陰縣圖志》卷九《職官表》亦載：知縣：“戴嘉猷：南直隸績溪縣人，由御史謫典史，升知湘陰縣事，嘉靖二十年任。”二《志》又載嘉靖二十年邑知縣戴嘉猷重修三閭祠，作《重修汨羅廟記》，嘉靖二十一年知縣戴嘉猷重建獨醒亭，作《重修獨醒亭記》，記文俱在，有“嘉靖辛丑春，拜官斯邑，凡再閱月，始克修祝事於汨羅”等語。《重修汨羅廟記》原碑十五行，同治八年重刻；《重修獨醒亭記》原碑十八行，署款“嘉靖辛丑五月既望”，“賜進士第、文林郎、知湘陰縣事、前禮科給事中、績溪、前峰戴嘉猷撰”。均存汨羅市屈子祠。（見《湖湘碑刻》（一），湖南美術出版社2009年版。又見《湖南省志·文物志》，湖南出版社1995年版，第532-534頁著録，“進士”誤作“通士”，“前峰”誤作“前鋒”，“知湘陰縣事”脱“縣”字。）推測戴嘉猷初命貶廣西桂林尉，後改爲湖南湘陰典史，尋升教諭，又升知縣。其在湘陰惠政甚著，而史書缺載，當補之。

至嘉靖二十二年，戴嘉猷任高州府同知，見雍正《廣東通志》卷二十七《職官志二》。

嘉靖二十三年，戴嘉猷任四川按察僉事，見萬曆《四川總志》卷三《秩官》。

至嘉靖二十四年到永州，已在左參議任上。

戴嘉猷在湖南，有《重登岳陽樓》詩二首：“樓倚雲霄一再臨，江湖眺望百年情。乾坤事變本無盡，眼底風波尚未平。”“千里湖光盪此樓，登臨客子值深秋。雲烟漠漠隨風卷，獨有君山不逐流。”署名“嘉靖中湖廣左參議”，見光緒《巴陵縣志》卷七十六《岳陽樓集上編》。

又有《雨霽登嶽詩》：“天霽翬飛閣，衣冠壯此遊。林雲晴作雨，巒氣夏成秋。烏竝松圖語，泉分藥圃流。箇中饒逸興，峰頂瑞光浮。”見光緒《衡山縣志》卷七《山川》。

《零志補零》卷中又載戴嘉猷澹巖詩，二律三絶，共計五首。題爲《澹巖勝甲一郡，乘暇登臨，漫賦二律，興猶未已，再賦三絶句，同遊者彭子龍溪，

時嘉靖乙巳十月既望》，即朝陽巖詩刻之次日也。詩云：“洞口交加竹，斜川漸就平。雲根崖半插，月窟桂懸生。定性疏鐘遠，洗心瀑布清。山名山自解，澹姓澹無名。”“南荒故着山蓬壺，匹馬江干取徑迂。雲氣四時侵几榻，天□一竅满方隅。仙家鼎竈空餘迹，幻境瓊瑶不盡圖。豈是□元還獨此，山靈元不受公愚。”“奇性都藏一洞中，誰留佳境待涪翁。看來多取乾坤忌，元柳行蹤獨未窮。”“洞裏氤氲渾似春，雲封洞口隔紅塵。試披石蘚摩文字，牵引古今多少人。”“澹山山谷两争奇，一笑來遊尚賦詩。寄語山靈休我笑，瀟江群飲量人殊。”（“同遊者彭子龍溪”即彭世潮，字源大，號龍溪，廣東東莞人，嘉靖四年舉人，福建古田教諭，擢陜西道監察御史，著《龍溪漫興稿》。）

戴嘉猷又有《遊月巖》詩刻云：“石門穿出小山城，怪底乾坤獨擅名。鶬鶊一聲山谷應，管簫遞奏路人驚。氣分温爽壺天别，光透虧盈太極明。愁絶濂溪嗚道後，岩中光景鎖雲深。”署款“嘉靖歲次乙巳十月既望，績溪前峰戴嘉猷書”。與澹巖五首作於同日。詩刻九行，楷書，真跡迄今尚存。

吴源，字宗乾，號龍江，浙江錢塘人，嘉靖二十四年在廣西按察司僉事任上，路經永州。詩中“諫議”、“北海”均指戴嘉猷。

民國《杭州府志》卷一百三十三《人物四》：“吴源：字宗乾，錢塘人。嘉靖十七年進士，授虞衡司主事。出榷荆州税，以廉明稱。轉屯田員外郎，會有太廟之役，奉敕督運木於江淮，不嚴而集。遷廣西僉事，時總督張岳負才望，寮吏少當意，見源，獨折節下之。源入參謀畫，出董師旅。善用間，一平廣西劇寇，一輯江西新兵，皆以間制勝，民免於兵。遷福建布政使，等分輕齎輸京市物爲上中下，不相兼輸者趨便而役集。後以郤清軍御史聚賂事，被摭罷歸。（《两浙名賢録》、《廣西通志》）”

雍正《廣西通志》卷六十七《名宦》：“吴源：字宗乾，錢塘人。嘉靖中，累遷廣西按察司僉事。時總督張岳負才望，寮吏少當意，及見源，獨折節下之，入參謀畫，出董師旅。屬郡劇寇掠人妻以邀厚贖，官兵不能制，源用間擒之，并滅其黨，民賴以安。改江西副使，升按察使。”

光緒《廣西通志輯要》卷一《宦蹟》：“吴源：字宗乾，浙江錢塘人。嘉靖中，廣西按察僉事。時總督張岳負才望，寮吏少當意，及見源，獨折節下之。入參謀畫，出董師旅。屬郡劇寇掠人妻以邀厚贖，官兵不能治，源用間擒之，並滅其黨，民賴以安。”

# 嘉靖二十四年閬栢谿□臣《遊朝陽巖次元子》詩刻

## 釋　文

遊朝陽巖次元子

朝陽巖上白雲深，朝陽巖下湘水清。怪石蹲呀當洞口，湘水沿洄遶郡城。漫郎往事不可見，摩娑石刻尋遺傳。零陵地主更高情，移樽巖下相酬勸。

嘉靖乙巳九月朔日閬栢谿□臣書。

## 考　證

詩刻位於朝陽巖下洞左側洞壁。高 52 公分，寬 72 公分，九行，楷書。

清宗霈《零志補零》卷中、光緒《零陵縣志》卷十四《藝文·金石》著録。《零志補零》題下注云："刻尚全，惟尾署嘉靖乙巳九月朔日閬栢，度必閬人栢姓而缺其名。"《零陵縣志》題作"閬柏詩"，題下注云："右楷書九行"。"沿洄"，《零志補零》湖南省圖書館藏抄本誤作"沿泗"，嘉慶初刊本不誤。"高情"，光緒《零陵縣志》誤作"高清"。

詩刻自"閬栢"以下一行被鑿毀，細審似作"谿□臣書"。清代當已被毀，故宗霈未能辨識。今按，"閬"爲明四川閬中縣，"柏谿"二字連讀，亦爲地名。《明史·地理志》："蒼溪，洪武十年五月省入閬中縣。"乾隆《蒼溪縣志》卷二《山川》載"柏溪"之名，卷四《藝文》載康熙間忠州學正陶淑禮所作《柏溪記》云："溪去縣五十里，山川名秀"，明正德六年"於柏溪之陽架木爲城"。宗霈謂"栢姓而缺其名"有誤。

嘉靖乙巳爲嘉靖二十四年（1545）。

"□臣"不詳。按胡堯臣，字伯純，號石屏，四川安居縣人。嘉靖十七年戊

戌茅瓚榜進士，嘉靖三十二年（癸丑），任分守上湖南道，嘉靖三十四年（乙卯），任湖廣參議、攝兵備。在永州望江樓下建浮溪祠，作《浮溪祠記》，並刊行《浮溪文粹》十五卷。明李安仁《石鼓書院志》又載：“胡堯臣，號石屏，四川安居人。由進士先守後巡，住札衡州獨久，爲政率先風化，不事操切，而長厚之風被及搢紳。”不知“□臣”是“堯臣”否？或許胡堯臣在任湖廣參議之前，已曾途經永州。

安居今屬遂寧。胡堯臣之里籍，一説爲銅梁人，《明史·地理志》：“安居，成化十七年九月析銅梁、遂寧二縣地置”。清談遷《國榷》（清抄本）卷五十六又載爲“安岳人”，安岳在安居南，二地相鄰。惟胡堯臣爲安居人，何以自署爲閬中人，待詳考。

詩云“零陵地主”，未言姓氏。按嘉靖二十四年永州知府爲彭時濟。彭時濟，字道行，一説字道亨，江西廬陵人。零陵知縣爲徐鑾，江西上饒人。

# 嘉靖二十四年蘇朮"山下出泉"榜書

## 釋　文

山下出泉
雙柏蘇朮題。

## 考　證

榜書在朝陽巖下洞洞頂上方，高44公分，寬135公分。

書體近隸而富於變化，兼用楷、篆、行筆。"山"、"出"从古文字形。署款五字，行楷，"雙"字从草書省作"隻"。書風於端穩中又見靈透，卓然秀逸，格調獨特。

"山下出泉"，語本《易經·蒙卦·象傳》："山下出泉，蒙。君子以果行育德。"

榜書四字雖然借用了《易經》的成語，然而言簡意賅，無論從物象還是從義理上，都與朝陽巖極爲貼切。

《蒙卦》䷃爲《坎》下《艮》上，其卦象爲"山下出泉"。魏王弼注："山下出泉，未知所適，蒙之象也。"宋朱震《漢上易傳》："坎水上爲雲，下爲雨，在山下爲泉。""坎水在山下，有源之水泉也。山下出泉，未有所之，蒙也。"朝陽巖上爲零虛山，下有流香泉從洞中湧出，冬夏不竭，正是"山下出泉"景象的最貼切的體現。

《蒙卦》的主題是童蒙、教化，寓含着從蒙昧到發蒙、啟蒙的意義。《易經·序卦傳》："物生必蒙"，"《蒙》者，蒙也，物之稚也，物稚不可不養也"。唐李鼎祚《周易集解》引晉干寶曰："《蒙》者，於消息爲正月卦也。正月之時，陽氣上達，故屯爲物之始生，蒙爲物之稚也。施之於人，則童蒙也。"《子夏易傳》："水泉出，而未通

止所也。德不博不能及於物，淺學之蒙也。君子以之克己而果行，廣學以育德而後能通也。”周敦頤《周子通書·蒙艮第四十》：“山下出泉，静而清也。汨則亂，亂不決也。慎哉！”朱熹注：“山静泉清，有以全其未發之善。”

清章學誠甚至認爲“山下出泉”表現了往古文章著述的起源：“孔子學周公，周公監二代，二代本唐、虞，唐、虞法前古，故曰‘道之大原出於天’。蓋嘗觀於山下出泉，沙石隱顯，流注曲直，因微漸著，而知江河舟楫之原始也。觀於孩提嘔啞，有聲無言，形揣意求，而知文章著述之最初也。”（章學誠《文史通義·内篇·説林》。）

朝陽巖的主題，其表像是“水石文化”，實質則是“聖賢文化”。元結《朝陽巖銘》序云：“愛其郭中有水石之異”，“於是朝陽水石，始有勝絶之名”，其銘云：“欲零陵水石，世人有知”，均以“水石”爲稱。而其《朝陽巖下歌》又云：“水石爲娱安可羨”，“零陵徒有《先賢傳》”。《詩經·大雅·卷阿》：“鳳皇鳴矣，于彼高岡。梧桐生矣，于彼朝陽。”元結以此爲朝陽巖命名，即寓含“先賢”、“求賢”之意，而後世亦於此處創設“寓賢祠”。“山下出泉”榜書取義《蒙卦》，正與朝陽巖的文化主題相貼切。

“山下出泉”榜書的署款姓名，僅五字，“蘇”字下有一字，似“木”，較小，緊貼“蘇”字。其字是“木”、是“本”、是“禾”？抑或另有偏旁？完全無法推知猜測。清代兩種方志著録之，均遇到困難。

宗霈《零志補零》卷下“諸巖題名石刻”著録云：“‘山下出泉’四字，八分書。‘雙柏蘇沐照’，姓氏無可證。年月蝕盡。”所云“蘇沐照”係誤審，並且本無年月。

光緒間劉沛《零陵縣志》卷十四《藝文·金石》著録云：“無名氏題：‘山下出泉’，篆字横書。”完全回避了姓名。

今按“山下出泉”榜書的作者實爲蘇朮，署款今審作“雙柏蘇朮題”。

按字書，“朮”，古字形或作“朮”。爲植物名，一作“茶”，即山薊。其字與繁體字“道術”之“術”迥别。《爾雅·釋草》：“朮，山薊。”郭璞注：“《本草》云：‘朮一名山薊’，今朮似薊而生山中。”郝懿行義疏：“‘朮’，《説文》从‘艸’作‘茶’。”

朮有白朮、赤朮、蒼朮等多種，可入藥。《淮南畢萬術》：“朮草者，山之精也。結陰陽精氣，服之令人長生，絶穀，致神仙。”

唐柳宗元《種朮》詩云“守閑事服餌，采朮東山阿”，宋梅堯臣有《采白朮》詩，范成大有《次韻謝施進之惠紫芝朮》，明邵寶有《以蜜朮問南沙》詩，左懋賞有《游嵩山掘蒼朮因留宿僧房有

賦》，即此物。

蘇术，字子和，一曰字惟和，又字雙柏。（方志均稱“字雙柏”，姑從之。疑“雙柏”爲蘇术之號。）廣西陽朔人。明正德十一年（1516）舉人。正德十五年（1520）任英德縣教諭。嘉靖五年（1526）進士，任河南清豐縣知縣。嘉靖七年（1524）任江西新建縣知縣。嘉靖十一年（1532）任江西廣信府知府。嘉靖十六年（1537）任四川道監察御史。嘉靖二十二年（1543）任浙江紹興府知府。著有《粹言録》、《起俗膚言》，均佚不見。

明張朝瑞《皇明貢舉考》卷六：“嘉靖五年會試：第三甲二百八名賜同進士出身：蘇术：廣西陽朔縣。”

明過庭訓《本朝分省人物考》卷一百十三：“廣西全省：蘇术。”“蘇术：字子和，廣西陽朔縣人。以進士知清豐縣，治最，徵拜四川道御史。疏多戇直，指及乘輿，謫灤州判，升南兵曹，出守紹興，致仕。”

《明世宗實録》卷二百二：嘉靖十六年七月，“四川道試御史蘇术疏言：‘三年之喪，通於上下。高皇帝當干戈倥傯，武臣不許守制，蓋一時權宜之術，而未必爲萬世法也。今世士大夫奪情起復，即爲公論所不容，何獨於武臣而限之？乞著爲令甲，俾之持服如文臣例。若有緩急在行間，亦當以墨衰從事。’得旨：‘奪情起復，律有明文。武職無守制例，皆係祖宗成憲。术不諳法制，輒欲變更，本宜逮治，姑從輕降一級，調外任。’已乃謫术灤州判官”（清徐乾學《讀禮通考》卷一百八引之）。

同治《韶州府志》卷二十八《宦績録》：“蘇术：字惟和，陽朔舉人，正德十五年教諭英德。姿質穎拔，勤學善教，每月考與諸生同試，督學諸司交薦。登嘉靖丙戌進士，祀名宦。”同書卷十七《建置略》：“名宦祠：在櫺星門左，崇祀四十三人”，內有“明英德縣教諭蘇术”。

道光《英德縣志》卷十《列傳上》：“蘇术：字惟和，陽朔舉人，正德十五年教諭。奇質穎拔，禄仕爲親，立志遠大，丕變士習，督學諸司交薦。上春官，中嘉靖丙戌科進士。歷新建、貴溪令，轉殿中侍御，言事落職。復除尚書郎、知紹興府，後致仕。”

同治《南昌府志》卷二十二《職官》：“新建縣：知縣：蘇术：嘉靖七年任。”（同治《新建縣志》卷二十八《爵秩志》同。）

同治《廣信府志》卷六之一《職官》：“明：知府：蘇术：陽朔，進士，（嘉靖）十一年到任。”

萬曆《紹興府志》卷二十六《職官志二》：“郡守：蘇术：朔陽人，（嘉靖）二十二年。”

康熙《紹興府志》卷二十八《職官

志二》："郡守：蘇术：朔陽人，（嘉靖）二十二年。"

乾隆《紹興府志》卷二十六《職官志二》："明：紹興府知府：蘇术：朔陽人，嘉靖二十二年任。"（以上三條中"朔陽"當作"陽朔"。）

雍正《浙江通志》卷一百十九《職官九》："紹興府知府：蘇术：陽朔人。"

明張邦奇《張邦奇集》卷十三有《送蘇雙柏太守之紹興》詩。

雍正《廣西通志》卷七十《選舉·進士》：嘉靖五年丙戌科龚用卿榜：蘇术，陽朔人，都給事。"同書卷七十二《選舉》："舉人：正德十一年丙子科：蘇术：陽朔人，見《進士》。嘉靖五年丙戌龚用卿榜。"

雍正《廣西通志》卷七十《選舉·進士》："嘉靖五年丙戌科龔用卿榜：蘇术，陽朔人，都給事。"同書卷七十二《選舉·舉人》："正德十一年丙子科：蘇术：陽朔人，見《進士》。嘉靖五年丙戌龔用卿榜。"

光緒《廣西通志輯要》卷四《增輯人物》："蘇术：字雙柏，陽朔人。嘉靖五年進士，歷官新建、貴溪、清豐知縣，治最，擢御史。疏多戇直，指及乘輿，謫灤州判。再遷紹興知府，致仕。所著有《粹言録》。"同書卷二《增輯藝文》："《粹言録》：明蘇术撰，見《粤西文載》，今佚。术字雙柏，陽朔人，詳《通志·列傳》。"

光緒《廣西通志輯要》卷四《增輯人物》："蘇术：字雙柏，陽朔人。嘉靖五年進士，歷官新建、貴溪、清豐知縣，治最，擢御史。疏多戇直，指及乘輿，謫灤州判。再遷紹興知府，致仕。所著有《粹言録》。"卷二《增輯藝文》："《粹言録》：明蘇术撰，見《粤西文載》，今佚。术字雙柏，陽朔人，詳《通志·列傳》。"

清汪森《粤西詩文載》卷七十《傳·人物》又載："蘇术：字雙柏，陽朔人。嘉靖丙戌進士，歷知新建、貴溪、清豐縣，治最，徵拜四川道御史。疏多戇直，指及乘輿，謫灤州判。升南兵曹，出守紹興，致仕。所著有《粹言録》。"

民國《陽朔縣志》第三編《政治》："明進士：蘇术：住福利墟，官四川道監察御史，有傳。""仕進：蘇术：進士，住縣城，官紹興太守。""鄉賢祠：進士、四川道監察御史蘇术。"

同書第六編《文化》："蘇术：字雙柏，明舉人，有傳。著有《粹言録》一書，一時學者尊若泰山北斗。"

同書第八編《列傳》："蘇茉：字雙柏。正德丙子舉人，任廣東英德教諭。嘉靖丙戌進士，授江西新建知縣。歷補貴溪、清豐。内升四川道監察御史。因建言武職宜守制，朝廷以爲妄更祖法，遂謫爲直隸灤州州判。復轉南駕部主事，歷武選司郎中，擢紹興府太

守。清簡特聞，政聲卓異。惟拒絶請託，失貴人意，以他事中傷之，遂解組歸。公於子史淹貫，而尤熟諳國典。著有《粹言録》，一時學者尊若泰山北斗。會姚獞跳梁，畫策區處中機，宣力爲保障，有功地方，崇祀鄉賢。”

同書第九編《古蹟》載：“茅公祠：茅公諱坤，府江兵備道。嘉靖三十一年，征平鬼子巖等巢有功，於朔立祠祀之，邑人蘇朮有記。”“司馬臺諫坊：在伏荔，爲明蘇朮建。”“豸史坊：在縣城，爲蘇朮建。”

同書第三編并載明茅坤《府江紀事》（刻於白面山巖内）載“鄉大夫蘇公朮輩，相與率吏民伐石爲碑”云云。（又見茅坤《茅鹿門文集》卷二十九、清汪森《粤西詩文載》卷三十五。）

今按，蘇朮得罪之由，是上疏主張武官亦應遵循守喪三年之制。《陽朔縣志》1988年版第五十三章《名人》内蘇朮傳，全文均白話翻譯民國《陽朔縣志》蘇朮傳，但將“武職宜守制”理解爲“任職期間向朝廷建議武官亦應遵守各地方法律，朝廷認爲他是狂妄更改祖宗法規”（陽朔縣志編纂委員會《陽朔縣志》，廣西人民出版社1988年版，第441頁），大誤。當從《明實録》所載。各書又載蘇朮“疏多戇直，指及乘輿”，仍指此事。

蘇朮工於榜書。

南京燕子磯有蘇朮“長江巨石”四字榜書，爲學者所稱道。

清王士禎《夜登弘濟寺觀石壁記》：“自六朝園出石城門登舟，暮泊燕子磯。山氣蓊鬱，漁燈舟火與星河上下，新秋雨歇，江沱晚涼。遂登弘濟寺，入石闕，兩崖奔峭如行楚蜀峽中。石磴紆曲，繚紹江滸。謁八難殿，束炬觀蘇朮‘長江巨石’四大字，勢欲飛去。僕舊泊燕子磯得句云‘長江巨石想飛動’，意取諸此。”（《带經堂集·漁洋文集》及《带經堂詩話》卷十四。）王士禎有《守風燕子磯》詩云：“長江巨石想飛動，漁燈戍鼓相因依。”

清李浵《質庵文集》卷四《金陵紀行》：“謁八難殿，殿後懸崖層出，高數丈，長數十丈，直覆殿堂之脊。巖石皆作紺碧色，上有蘇朮書‘長江巨石’四大字，極目力微茫辨之，意極飛動。”

清錢兆鵬《述古堂集》卷八《遊觀音山記》：“下燕子磯不百武，至永濟寺。時日方曲阿，餘霞散綺，紺壁浮青，两岸奔峭，石磴紆回，魚貫而行，數折始達幽處。觀蘇朮‘長江巨石’四大字，漁陽謂爲‘勢欲飛去’，良然。”又卷九《後浮江記》云：“時日漸西移，趨遊觀音山永濟寺，寺舊名弘濟，避今上御名改焉。丹崖拔地，碧樹參天，洵所謂‘長江巨石想飛動’者已。”

清張照《石渠寶笈》卷三十：“元趙孟頫書《千文》一卷：又蘇朮識云：‘嘉靖辛丑中伏日，陽川雙柏蘇朮觀於

清戎公署，山陰龍溪王畿同觀。'”嘉靖辛丑爲嘉靖二十年，此時蘇朮在御史任上，王畿則在此年解職歸里。

明王畿《龍溪王先生全集》卷十三《〈起俗膚言〉後序》：“君子之行其政也，其必由學乎？學也者，以萬物爲體者也。是故君子之治也，視天下猶一家也，視天下之人猶一人之身也，視天下之心猶一心也。譬諸木之千枝萬葉而一本也，水之千流萬派而一源也。是謂一視之仁。三代之時，其學明，故政一而化溥，舉之有宗，達之有機。凡布諸經綸，宣諸令甲者，無非因民之生，順民之性，防民之邪，以行吾一體之實學，非有所求而媚之也，非有所强而馳之也，自盡而已矣。逮德下衰，仁義寢息，世之言治者紛紛於禁令威嚴之末以防民，而不復知有一體之治。及民之不率於教也，則漫諉之曰：是不可化也已。政日擾，刑日煩，而治日遠。嗚呼！何忍視斯民之不能三代也？吾侯雙柏子之治吾越，慨習俗之未同而病其離也，謂三代以上宗法明而知，三代以下宗法亡而亂，乃一旦以追古之意，作爲膚言，以啟訓之。其大旨在於明宗爲要，科條數十，繩引珠聯以盡其變，而卒歸於姓性之同，其殆舉之而得其宗，達之而不失其機者乎？嗚呼！可謂仁矣。侯之言曰：“天下一大家也，姓，身之生生不息也；性，心之生生不息也。莫先於知其姓，尤莫大於盡其性。以心觀心，以身觀身，以家觀家，使人人各歸其宗，各親其親，各長其長，而我無與焉。”其爲教也微，其止邪也豫。譬之木培其根，水浚其源，而枝分派别，自中於理也。雖然，侯嘗聞教於陽明夫子矣，夫子之學，以親民爲宗，一體之謂也。侯之職在親民，而越爲夫子之鄉，是以夫子之教教其鄉人也。是豈惟斯世治亂之所繫，将吾道絶續之幾重有賴焉。不肖辱在夫子之門，於侯爲同志，知侯爲最深，樂侯之治之有興也，舉侯所得於一體之學者爲侯終松之。嗚呼！吾越之民，其尚思所以迪侯之教也哉！”

王畿，字汝中，號龍溪，山陰人，嘉靖五年舉進士，王陽明弟子，著《龍谿全集》二十卷，《明史》有傳。其《後序》中稱“吾侯雙柏子之治吾越”，不言作者之姓、名、字，只言其號。

明汪應軫《青湖先生文集》卷二《〈起俗膚言〉序》：“觀梅溪（王十朋）《會稽風俗賦》，吾郡豈不易治？然而今與古有不同矣。陽川雙柏蘇侯來，慨然憫惻，直欲挽而復於古。舊習深痼，焉能即化？乃日聽政，夜覃思理，探其原事，窮其紀情，抉其隱弊，究其端提，綱附類萃，成一書，名曰《起俗膚言》。始之以宗廟、宗法，立宗繼絶，而本原之意深；繼之以正名、修譜、立長、謹祭，而天倫之恩篤。至於旌善懲過，息訟弭盗，而終於報君師，原姓性。凡

四十條，皆關於三綱，綜於四維，切於八政，詳於九式，甚有急於治道，不獨可施之吾郡而已。應軫曾與侯論時事，及商確蠲税，奏草無所隱，遂謬以爲直，而屬余叙之。余尚在憂羸中，以侯急於爲民，不得辭，乃力疾而言曰：世之牧民者，求治於把持操切之餘，而不知以風俗爲務。但風俗之效大而遲，周自文、武，至於成、康，而後禮樂四達，刑措不用，太和元氣在宇宙間者，始與唐、虞竝隆，豈非大而遲乎？然而以其遲也，忘其大以求近功，治所以不古若也。吾郡守以循良稱者，無如漢劉寵之治。上不俶擾，故民有不見之吏；下不剽竊，故夜有不吠之犬。此三代風俗之遺也。侯之志，不止於寵自期，其必曰：郡以會稽名，禹之蹟何在？邑以姚虞名，舜之化何歸？侯之意遠矣！侯此書之作，治之文也。其正大光明之心，廉慎公平之政，治之本也。本立而文以行之，風俗其有賴乎！”（原書卷末“校字”：“原姓性”，“姓”、“性”二字疑有一誤。）

汪氏《〈起俗膚言〉序》殆作於棄官歸里之時。

明張師繹《月鹿堂文集》卷五《汪太史子宿公傳》：“出爲九江僉事，又執法忤巡撫，棄官歸。已復起督江西學政。”“晚節陶情詩酒，人謂其外常醉而内常醒，蓋靖節之流云。”

汪應軫，字子宿，一曰字子肅，號青湖，亦山陰人，正德十二年進士，著《青湖先生文集》十四卷，《明史》有傳。汪應軫亦王陽明弟子。《王文成公全書》卷之三十七《附録六》：“仲冬癸卯奉夫子櫬窆於越城南三十里之高村會葬者數千人”，題名内有“晚生僉事汪應軫”。其《序》中稱“陽川雙柏蘇侯來”，乃稍稍言及作者之姓、號、里籍。

《起俗膚言》今佚，僅存王畿、汪應軫二序，其一節引該書大意，其一撮述該書題目，均爲瞭解《起俗膚言》的重要資料。

陽川，即陽朔之代稱。清道光十五年邑令吴德徵《陽朔形勝》詩：“陽川百里真如畫，歷數他州得似無。羅带瀠洄雙水曲，劍芒排插萬山孤。”

蘇朮《起俗膚言》一書，在何淑宜的研究中，誤將作者當作了程良錫。何淑宜説：“陽明的另一個弟子程良錫治理會稽時也曾編有《起俗膚言》一書，據王畿序文的描述，該書的纂輯是程氏有感於習俗未同而澆漓，所以以復三代之志爲念，撰書啟訓邑民。”注脚：“程良錫，字雙柏，安徽休寧人，曾編著《休寧率東程氏家譜》。”（何淑宜《一體之心，不容自已——王學士人對祭祖禮的闡釋與祠堂建設》，載東吴大學歷史系、國立暨南國際大學歷史系編《全球化下明史研究之新視野論文集》二，第170頁。）

按明代有刻書商人、武進士程良

錫，字天寵，號雙柏。康熙《徽州府志》卷十一："嘉靖二十五年癸未會試：程良錫：字天寵，休寧由溪人，例授宣州衛指揮僉事，有禦寇功，調中軍把總。"此人乃以武科第、武進士顯名，見道光《休寧縣志》卷十、十一。程良錫不可能擔任紹興知府。

程良錫纂修《休寧率東程氏家譜》十二卷附《上草市宗譜》一卷，明萬曆元年刻本，今存。序文署款"明威將軍直隸宣州衛指揮命壽進中軍把總程良錫頓首百拜撰"。卷十一《世系表》云："十七世：良錫：字天寵，號雙柏，廷直公之子。中應天武舉三次，授宣州衛指揮僉事，有軍功，例該世襲，升中軍把總。入府縣志書。修本宗支譜。刻《雙柏山人漫稿》、《投戈吟稿》、《莊居稿》行於世。"卷內又有張寰《明威將軍程天寵甫小傳》云："明威將軍程天寵甫者，梁將軍靈洗之苗裔也。名良錫，生休陽由溪里中……弱冠善屬文……挈重貲，賈涪溪，晝則與市人昂畢貨殖，夜則焚膏翻書弗倦。盡讀《陰符》、《黃石公》諸書暨《孫吴兵法》，日與諸豪士試劍校射……試南畿武試，中試……例授宣州衛指揮僉事……所著有《雙柏山人漫稿》六卷、《投戈吟稿》十卷、《程宣州別集》□卷、詩餘一卷、詞曲二卷，並所輯《三捷贈言》暨《程氏宗譜》諸書。"

王畿《後序》中稱"吾侯雙柏子之治吾越"，不言作者之姓、名、字，只言其號。汪應軫《序》稱"陽川雙柏蘇侯來"乃增多了作者之姓和里籍。何淑宜誤作程良锡，殆僅見王畿《後序》、未見汪應軫之《序》之故。

乾隆《紹興府志》卷二十六《職官志二》載明代歷任紹興知府四十一人，無一程姓者。

蘇术"山下出泉"榜書未署年月，刻於何時不詳。按陽朔與零陵相近，中有瀟湘水路相通，大抵蘇氏出入故里陽朔，皆須途經朝陽巖。而考嘉靖年間，有浙江歸安人、隸雲南廣南衛籍施昱，於嘉靖二十四年任永州通判。

施昱，字子貞，一作子正，雲南廣南衛人，一作昆明人，官至光禄寺少卿。明劉文徵《滇志》有傳。事蹟又見明雷禮《國朝列卿紀》、明張朝瑞《皇明貢舉考》、明過庭訓《本朝分省人物考》、明焦竑《熙朝名臣實録》、明張弘道《明三元考》、明萬曆《雲南通志》、萬曆《貴州通志》、萬曆《承天府志》、嘉靖《貴州通志》、清康熙《雲南府志》、乾隆《雲南通志》、乾隆《長沙府志》、嘉慶《重修一統志》、嘉慶《茶陵州志》、道光《廣南府志》、道光《大定府志》、道光《昆明縣志》。

明天啟劉文徵《滇志》卷十四《人物志》第八之一雲南府："施昱：字子貞，廣南衛人。舉正德己卯鄉試第一人，嘉靖丙戌會試第五人。升刑部主

事，升員外郎，典試山東，取士多名儁。及升郎中，以議國戚張廷齡獄，不稱旨，株連逮下錦衣獄落職，時已升陝西憲僉矣。家居八年，纂輯邑乘，至今傳焉。起補貴州僉事，威惠竝行，夷漢咸服，士民繪像生事之。瓦店驛峻嶺夾江，渡甚艱，公設法爲巨橋，覆以屋，士民翕然稱頌。又以勘處夷情得當，欽賜銀幣。方擬大用，而值黔中大比，録文犯忌，罪監臨御史，波及公，謫茶陵州州同，歷升永州判、徽州郡丞。丁内外艱，服除，補大名府，升湖廣僉事。駐承天府，承天，龍飛之所，百務紛沓，公一意恤民，不徇時好，雖見忌嫉，弗顧也。早以擒巨寇李邦珍有功，賜綺帑，尋升光禄寺少卿，卒於京。公孝友醇飭，言若不出口，及遇大利害，衆人囁嚅，公慨然任之，故三宥之説，反自咎繇，抑亦自負於釋之定國之流乎？被逮之日，囊無長物。鎮撫兼金爲贐，不受。及歇歷中外，久久而生事如故，識者咸謂公正直不阿，爲一代名臣云。所著有《禮經疑問》、《舉業要説》，藏於家。”

雍正《雲南通志》卷二十一之一《人物》：“施昱：字子貞，廣南衛人。嘉靖丙戌進士，任刑部主事，升員外，典試山東，取士多名儁。升本部郎中，以議國戚張延齡獄，不稱旨，落職。時已升陝西僉事矣。家居八載，起補貴州僉事。威惠並行，士民繪像祝之。瓦店驛峻嶺夾江，甚難渡，昱設法爲巨橋，覆以屋。又因勀處得當，欽賜銀幣。值黔中大比，録文犯忌，罪監臨御史，波及之，謫茶陵州州同，歷永州府通判，遷徽州府同知。丁艱歸，服除，補大名知府，升湖廣僉事。駐承天府，百務紛沓，昱一意恤民，不狥時好，雖見忌疾，弗顧也。以擒巨寇李邦珍功，賜綺幣，晉光禄寺少卿，卒於京。昱孝友醇飭。所著有《禮經疑問》，藏於家。”

施昱任永州通判，明隆慶《永州府志》四之下《職官表下》載：“通判：嘉靖：范昱：廣南人，二十四年任。蕭文佐：萬安人，二十五年任。”康熙九年《永州府志》卷四《秩官志上》、康熙三十三年《永州府志》卷七《秩官·府官表》、道光《永州府志》卷十一上《職官表·府寮》均同。所載姓氏皆誤，“范昱”當作“施昱”。但里籍、年月不誤，可知施昱任職是在嘉靖二十四年，並且只有一年。（嘉慶《茶陵州志》卷十五《官守志》：“同知：施昱：雲南人，由進士，嘉靖二十三年任。龔紹忠：雲南人，由監生，嘉靖二十四年任。”可知施昱此前在茶陵，且亦只一年。）

施昱與蘇朮乃是同年進士，二人同在嘉靖五年丙戌科殿試金榜第三甲賜同進士出身共二百零八名之内。施昱爲“正德己卯解元，嘉靖丙戌會魁”，又有“二甲五名”之説。明張弘道《明三

元考》卷十："雲貴施昱：雲南廣南衛籍，浙江歸安人，治《禮記》，丙戌進士二甲五名。"（清雍正《湖廣通志》卷二十八《職官志》亦載："僉事：施昱：歸安，進士。"）

而明何鏜《名山勝概記》卷三十《湖廣四》載施昱《遊朝陽巖記》一文，文云："巖在治城南，出城西門，舟行二里而近，登岸以上，不百武至山頂，前人即平曠處爲堂以憩客。堂南稍轉而東，石磴緣崖，拾級以降，面東而广出者，巖也。巖有上下。上巖石广聳植，闊僅數楹，广際两凹，相次如仰蓮瓣。一石下垂，去地二三尺許，隱如游雲，飄如凝煙，疊如蜂房，矯如龍首，騫如鳳翼。而適當其右中，两崖石皆堅潤，好事者往往留題其間。石側一亭，額曰'觀瀾'，則江流其在下也。過此再歷石磴下數拾級，迺至下巖。其巖亦不甚闊，然空虛明朗，洞然無物，一水自中出，淙淙有聲。大江汩汩循其前，可以列席，可以布武，可以曠目，次山之所得即此也。前人題刻甚多，間有爲人剷去姓名者。予以爲二巖皆無大奇觀。上巖似偪仄而欠空虛，然广額隆起，而懸旒下施仰蓮上，此則非下巖之所有。下巖似卑湫而乏高聳，然广中空洞，而清泉內出，江流外繞，則上巖亦不能過也。豈所謂'有主則寔，無物則虛'者哉？予觀二巖，而'地中有山'、'山下出泉'之義則具矣。夫自有山川以來，斯巖之生亦久矣，次山識之而始名；自朝陽以來，二巖之勝亦久矣，而人未有能異之者，抑山川顯晦自有時哉？"（《名山勝概記》，一名《名山勝紀》，一名《遊名山一覽記》，何鏜纂，慎蒙續，盧高、張縉彥、谷應泰補輯，明刻本。）

今按：施昱此文不見於各方志。"广"、"厂"二字義相近。"厂"讀如庵，山石之厓巖，即"岸"之本字。"广"，因厂爲屋也，讀若儼然之儼，即"巖"之本字。"適當其右中"，疑當作"適當其广口中"，"右"乃"广口"之譌。"自朝陽以來"，疑當作"自名朝陽以來"，涉上文脱一"名"字。"有主則實，無主則虛"，程頤語。《易經》："山下出泉，《蒙》。""地中有山，《謙》。"

施昱所云"'地中有山'、'山下出泉'之義則具矣"，其所闡發"山下出泉"之義，恰與蘇朮相同。由此可知，蘇朮是在嘉靖二十四年施昱任職永州通判期間，受其邀請，觀覽了朝陽巖，二人並且以同樣的義理作書作記，一文一榜，二者乃是同游之作，故定其繫年如此。

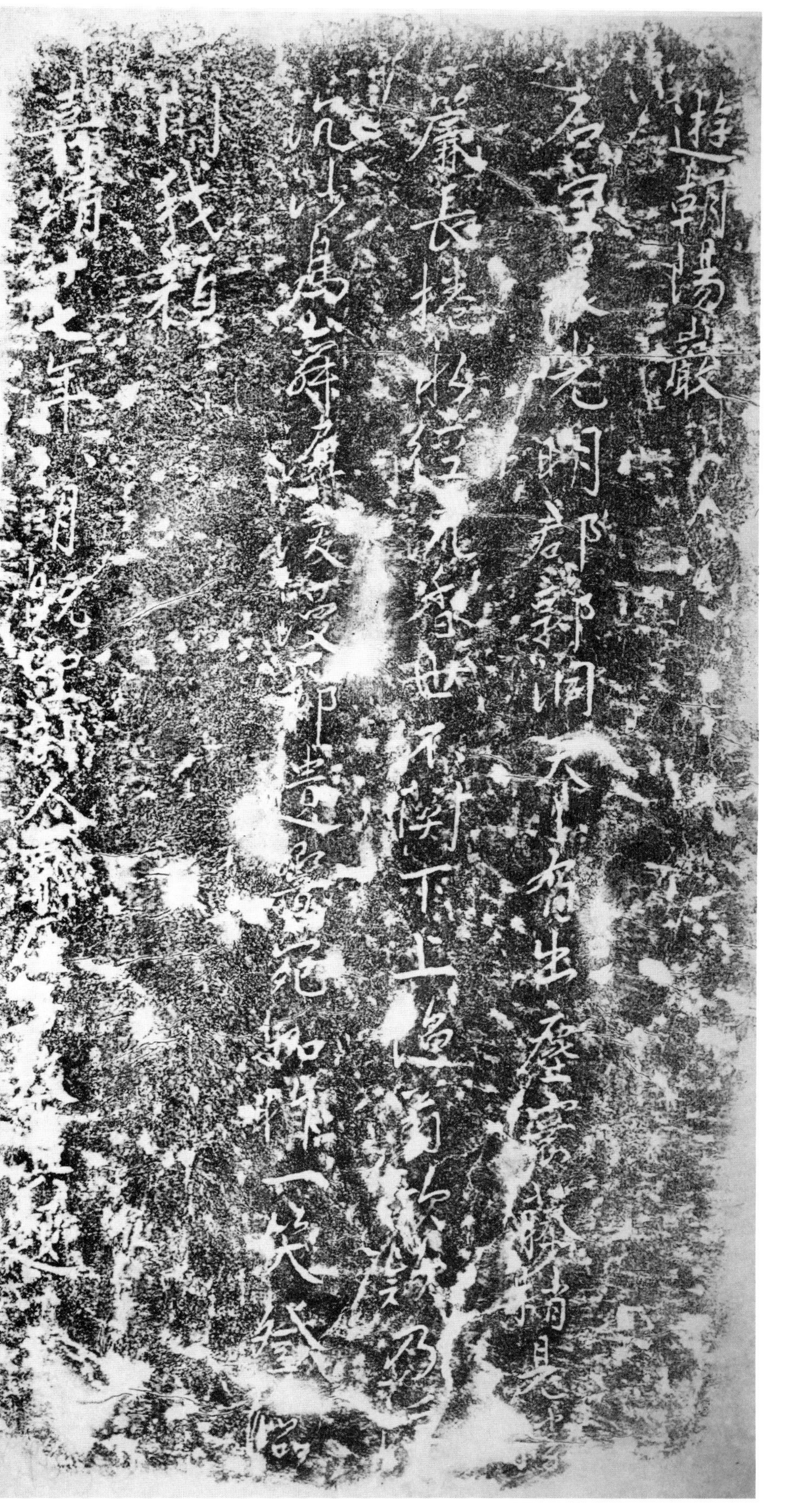

## 嘉靖二十七年蔡真《遊朝陽巖》詩刻

### 釋　文

遊朝陽巖

石室晨光明郡郭，洞天小有出塵寰。藤稍見翠簾長捲，水徑流香世不関。下上漁翁歌欸乃，浮沉沙鳥舞潺湲。漫郎遺響宛如昨，一笑登臨開我顔。

嘉靖廿七年八月既望，郡人東厓子蔡真題。

### 考　證

在朝陽巖下洞左側，即逍遙徑之下段，高 90 公分，寬 46 公分，六行，行書。

《零志補零》著録，作嘉靖十七年，宗霈注："書似子敬，石多剥落，再三摹認方得。"王獻之，字子敬。

嘉靖廿七年即公元 1548 年。

蔡真，號東厓，又號漫夫，零陵人。工書，能詩。生平事蹟不詳。

朱衮《白房集·白房雜興》卷二，有《秋日山居畣東厓蔡九郎》詩云："正怪秋山落葉多，丹楓粲粲照巖阿。風光更放黄花笑，江影還憐白鴈過。秫熟逢迎來好客，月明欸乃弄清波。野懷頗勝東厓野，大嗷青天狂奈何。"又有《上元夜游次韻》三首云："九郎九郎踏月來，高歌不斷醉蓬萊。老儂也有陽春雪，那得乘舟去看梅。""華月青春美併稱，南州兒女走觀燈。東厓酒德元多事，直把狂歌笑廣陵。""城中多少閑兒女，簫鼓攔街夜不眠。自笑老人煞風景，狂歌月下望青天。"又有《題東厓漫夫卷》云："幽居即何適，獨往每休休。天遠山偏好，林香水亂流。花中有苑宇，槎杪信滄洲。笑問東厓子，何曾

一掉頭。”又有《復贈東厓》三首云：“野性從來不離野，出門一笑水鷗親。白雲往往過簷宿，黄鞠年年着徑新。天與瀟湘隨尔住，日餐沆瀣即誰論。殘經諷罷一聲磬，何物南山來作鄰。”“點也狂哉春已暮，西施艇子何煙霧。閑中好侣漫招尋，花花柳柳隨儂步。不事彈冠不問津，高歌笑指南山雲。瓦尊且上漫夫席，也筭東厓一主人。”“漫夫何所漫，漫意只虚無。信步天涯去，閑吟長夜俱。林空生片月，沙暖下雙鳧。一笑東厓外，誰哉可與居。”又有《江亭春霽眘東厓》云：“一笑開扉淑氣香，幾多花柳蔽瀟湘。地寒但見紅日喜，年老郝禁春事忙。何物烏啼盈我耳，偏他漁父有滄浪。夤緣可也東厓數，每誦詩篇起欲翔。”

# 嘉靖三十年陳天然"朝陽洞"榜書

## 釋　文

嘉靖辛亥孟秋吉日
朝陽洞
郡守瓊山陳天然書。

## 考　證

榜書在朝陽巖下洞洞頂，尺幅闊大。高 88 公分，寬 189 公分。署款二行，行書。

榜書下有字滿石，爲朱衮行書《朝陽巖下洞志》，經石工打磨後刻於其上。

署款"嘉靖辛亥孟秋吉日"一行，覆蓋朱衮"朝陽巖下洞志"六字。署款左側，"巖下折而入者洞也"一行尚完整可見。署款"郡守瓊山陳天然書"右側，"石北山人朱衮子文甫志"一行依稀可見。（"文甫志"下有一正方形鈐印"袁志聖印"，刻畫極細，似近人所爲。）

嘉靖辛亥爲嘉靖三十年（1551）。

陳天然，字汝中，廣東瓊山東廂人，嘉靖七年舉人，嘉靖十四年進士。嘉靖二十五年任鎮江府知府，嘉靖二十九年任永州知府。

萬曆《瓊州府志》卷十下《鄉賢》："陳天然：字汝中，瓊山人。孝友温惠，有雅量。登嘉靖乙未進士，授户主事。兩督倉儲，監鈔九江，俱以廉節著。歷升鎮江府知府，適遇荒旱，而洲灘虚税爲民累，天然至輒爲釐減。江寇猖獗，厲兵備禦，郡賴以安。故事，需用科派里甲，天然盡革之，爲置公田，租入取辦。捐俸立學田，賑貧士。李僖、冉信等例士，曹大章屈於格，天然器之，力爲薦拔，連魁南宫。廣東僉憲劉紘齎入賀，中途搆危疾，極力調護。後卒，爲

殯殮，歸其櫬。居官性狷介，不能俯仰要路。改知永州府。丁内艱，歸。家居親賢下士，詩酒自適。凡兄弟故舊貧乏者，必周貸無靳。至焚雷蕭各券，拜祭師墓，卓有古風。所著有《自新遺稿》。祀鄉賢。"（又見康熙《瓊山縣志》卷七《人物志》、乾隆《瓊州府志》卷七上《人物志》、咸豐《瓊山縣志》卷十九《人物志一》、道光《瓊州府志》卷三十四《人物志二》。）

雍正《廣東通志》卷四十六《人物志》："陳天然：字汝中，瓊山人。嘉靖乙未進士，授户部主事，两督倉儲，監鈔九江，以廉節著。歷官鎮江知府，遇災旱，而洲灘虚税，復爲民累。天然輕徭寬賦，民困稍舒。俸入多以周其兄弟故舊。性狷介，不能俯仰要路，遂謝事歸。生平敬慎，無可舉刺，時稱盛德君子云。"

道光《廣東通志》卷三百二《列傳·瓊州》："陳天然：字汝中，瓊山人，登嘉靖戊子鄉薦，乙未進士。授户部主事，两督倉儲，監鈔九江，著廉節。歷鎮江府知府，除虚税以免民累，厲兵備以安民生。革科派，立學田，卓然有聲。（郭志）居官性狷介，不能俯仰要路，改知永州府。以内艱歸。（《瓊州志》）家居親賢下士，詩酒自適。（黄志）兄弟故舊貧乏者，周貸無靳，卓有古風。所著有《自新遺稿》。祀鄉賢。（《瓊州續志》）"

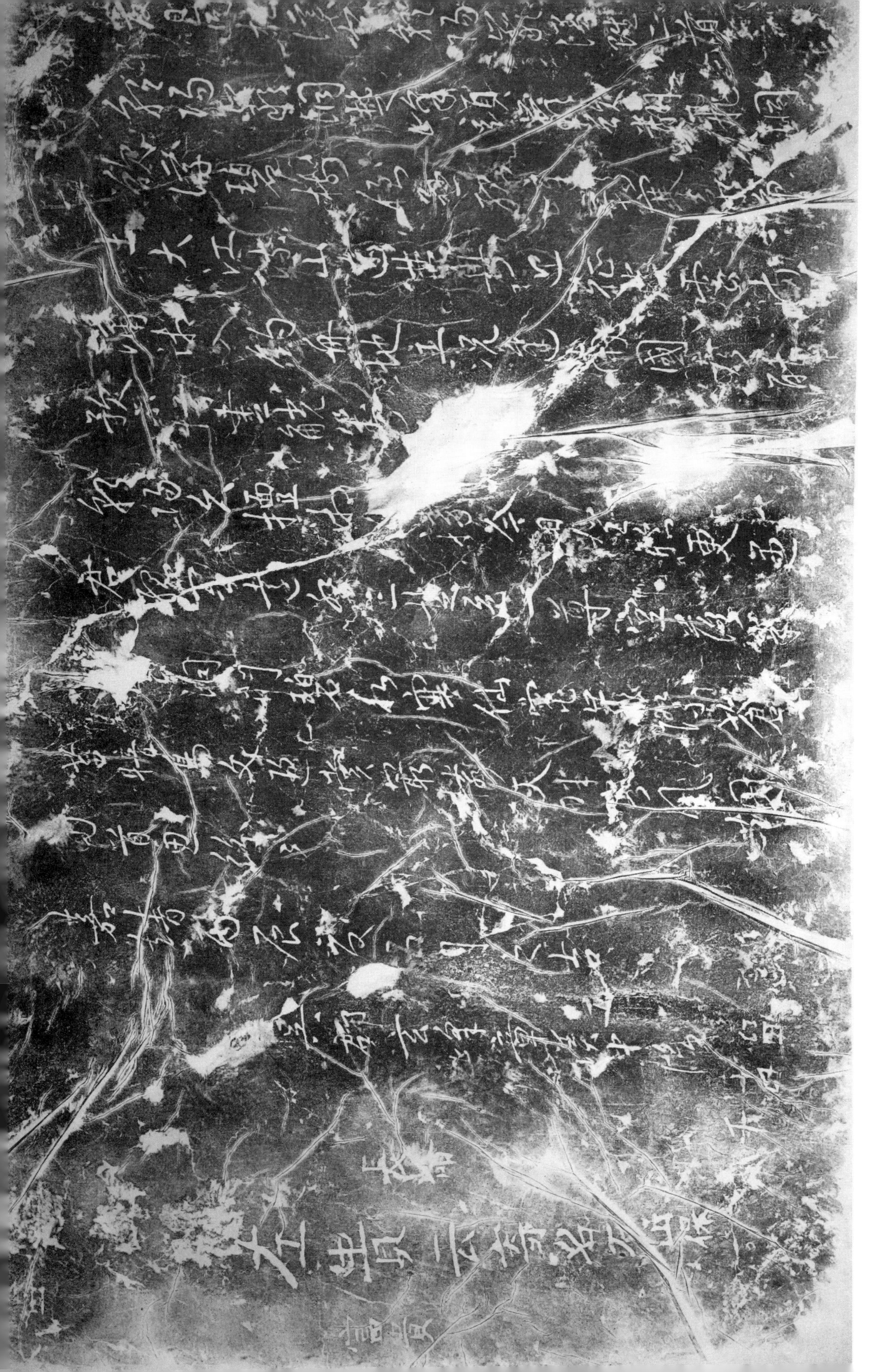

## 嘉靖三十五年章美中《夏日同松溪登朝陽巖漫賦二首》詩刻

### 釋　文

夏日同松溪登朝陽巖漫賦二首

朝陽巖洞楚峰頭，巖欲翻飛洞欲浮。碧樹倒懸孤嶂影，寒泉争吐大江流。山連楚粤迎征客，雲满瀟湘入釣舟。地主况逢南國彦，聽歌不惜盡觥籌。

朝陽久擅湘山勝，今日登臨更遇君。孤閣遠悲三楚道，一尊空落半山雲。洞門碧水寒仙竈，巖際蒼苔暗鳥文。遊賞最憐天畔客，風烟回首思紛紛。

嘉靖丙辰夏五月之吉，吴郡玄峰章美中識。

### 考　證

詩刻在朝陽巖上洞右側石壁，高78公分，寬133公分，十三行，草書。

“山雲”二字殘，據《零志補零》補。

詩刻署款之左有石山保“左貴云寄名石山保，長命富貴”及雜刻“千古留念”等，幸不傷字。

《零志補零》卷中著録，題下注“草書石刻，嘉靖丙辰”，署名“章美中，玄峯，吴郡人”。“雲满瀟湘”誤作“雲满瀟江”。

光緒《零陵縣志》卷十四《藝文·金石》著録，“湘山勝”作“湘江勝”，“遠悲三楚道”作“遠含三楚色”，“章美中”誤作“章漢中”。

嘉靖丙辰爲嘉靖三十五年（1556）。

章美中，字道華，江蘇崑山人，一作吴縣人，其先常熟人。嘉靖二十六年進士，授大理寺評事，數遷爲江西按察僉事，升廣西布政司參議，終四川按察

副使。著有《章玄峰集》六卷。能詩，工書，仿祝允明、王獻之體。

王世貞《四川按察副使章公美中傳》："章公美中者，字道華。其先常熟人，父封評事公，徙家石湖傍，爲吴人。而公生則已警穎，九歲善屬文，稍長居窶，讀書石胡寺，至丙夜不休，寺僧異而飲食之。間游丁翁邸，丁翁知公非常人，則又飲食之，爲折券曰：'富貴幸無相忘也！'公亦竟弗謝去。當推擇爲子弟員，試於邑第一人，自是連試輒高等，而屬評事公卒，家益貧，所授經諸生修贄，輒以分諸昆弟，毋異儲。久之，舉鄉試，又六載，成進士，拜大理寺右寺評事。守文法毋害，满三載，考授文林郎，尋遷左寺副。公好爲潔修自矩，寡合，退曹僦一牝馬，羸至見骨，曰：'吾蚤暮亡貴人造請，安事千里也？'即有所賦撰，口囁嚅，索管染側，理竟，促鐍之笥矣。居無何，擢江西按察司僉事，分部豫章。豫章故多顯貴人，而相嚴時亦在部中。凡相嚴所愛幸監奴、中外戚黨，指使陰喝郡邑，若取寄來往郵置，視以爲下廐。公獨禁弗予，馬奴恚，即榜繫之。臺使者爲請弗得，自是嚴氏奴多取間道去，而公所按讞，即它顯貴人居間，亡所假借。豫章諸侯王有藏匿亡命者，公遣謂之曰：'法自高皇建也，大王爲高皇帝耳孫，而身悖之，使者以宗正條收王之舍人子，王亦終能匿之邪？'立出亡者。人或謂：'公太峻，得無虞身耶？'公曰：'吾虞此三尺耳，不能爲七尺計。'民舍灾，公馳而拜之，反風火息。已，逐捕豐城盜，殲其魁，餘黨解散。兼攝七道篆，一切治理，流聞前後，臺使上書薦公者凡十三輩。而會公入賀萬壽，所謁報相嚴無加禮，相嚴復用前事内銜之，持不肯下。凡五載，始遷廣西參議。廣西故西南夷地，多猺獠，錯漢民而居，奪攘矯虔，日尋干戈，人不覩老。公以法整櫛之，咸惴惴受吏。盜陷太平諸郡，公先諸道兵搬其衝，捕虜首百餘，設伏夜搗賓利猺，降之。士兵當調發而北禦倭，公戒毋後期，後期如明法。已，又戒吏毋尋前例受賕，受賕輒僇。以故兵吏交惕息，赴約恐後。公以其間修明學官，令風諸弟子衿裾其魋結，彬彬矣。而公所按部出入箐砦，冒瘴毒，寖以成疾，數請告，會遷四川按察副使，鎮松潘。公念疾無已時，而徙地益遠，益忽忽不樂，遂遁歸里，不復出，時年僅四十四云。嶺東譚大初者，與公分道江西，偕往相嚴所，揖其子弟中貴人，不拜逕出，其治廣西，又後先得代，而廣西士民謳思之，曰：'譚公爲政若霜日，章公嗣之守畫一。'公之歸也，譚公已前請休，里踰一舍，所迎置酒相勞曰：'拙宦跡類固當公，竟成歸耶？不佞蓋先爲日矣！'公前所置田宅以與諸昆弟，既歸，貧不能著業，至僦它旅舍以居。束身爲儉約，奉母外食

不兼篚，而佃入奇羨，用資戚黨緩急。歲時損粟丁翁子，曰：‘甚愧終約，不能如韓王孫，粟自吾力耕出耳！’公於守令有造請，絶不敢謝，亦無有以居閑請者。其爲人若嚴冷，抗手軒目，寡言笑。或以貴倨目之，而中實沖然不自足。於詩近體，宏爽開壯，有開元、大曆風。書倣祝京兆，得大令遺筆，然自謂曰‘力寡，衆體未備’云。隆慶初，中丞林潤、御史董堯封相繼上公名，報聞，意且將大用之，而公卒矣，距其歸蓋十年。而公卒後，譚公復起，屢遷至尚書。”

王世貞評：“當隆慶初，不及用章公而以死，惜哉！夫士居約，乃見節義。公兢兢守三尺，炙手若熱，逝不以濯，退而食貧，其甘如飴，蟪蛄之音不入於耳。賢哉章公！假令公出而驟顯，如譚公，亦奚所庸出也？《易》云：‘介於石，不終日，貞吉。’公庶哉近之矣！”（王世貞《弇州四部稿》卷八十一，又見《國朝獻徵録》卷九十八。）

雍正《廣西通志》卷六十七《名宦》：“章美中：字道華，常熟人，累遷廣西參議。盜陷太平諸郡，美中先諸道兵收其衝，捕虜酋百餘，設伏夜搗賓利猺，降之。土兵當調發禦倭，美中戒毋後期，後期有法。又戒吏，毋尋前例受賕，受賕有戮。兵吏交惕息，無敢違。嶺東譚大初與美中治廣西，後先得代，廣西士民謳思之，曰：‘譚公爲政若霜日，章公嗣之守畫一。’其見服於人，實相類也。”

雍正《江南通志》卷一百六十五《人物志・文苑》：“章美中：字道華，常熟人。九歲能屬文。嘉靖丁未進士，仕至廣西副使。子士雅，萬曆己丑進士，歷官工部郎中。父子皆能詩。曾孫在茲，字素文，有文名，以歲貢考授知縣，未仕卒。”

《萬姓統譜》卷四十九：“章美中：字道華，吴縣人。嘉靖丁未進士，歷江西僉事。忤嚴相，五載始遷廣西參議。歷四川副使，告歸，貧不能著業，僦舍以居。束身爲儉約，守令有造請，絶不敢謝。爲人嚴毅，寡言笑，而中實沖然不自足。”

章美中爲江西按察司僉事，在嘉靖三十年。嘉靖《江西通志》卷二《命使》：按察使：僉事：“章美中：字道華，直隸崑山人，由進士、大理寺左寺副升，嘉靖三十年到任。”“凡五載，始遷廣西參議”，則其任廣西參議爲嘉靖三十五年。此年夏五月章美中在朝陽巖有詩刻，當是赴廣西上任途中經過。

其上任廣西也，途徑湘潭、衡山。有《早發湘潭》詩云：“凌晨陟平麓，野色眷行旅。娟娟千林花，猶含夜來雨。山深雲不流，春去禽自語。景物各有適，吾道豈踽踽。”見《御選明詩》卷二十七。

又有《廻鴈峰共友話舊》二首："廻鴈峰頭鴈已回，孤城斜日倚樓臺。悠悠春水两江合，漠漠浮雲百粤來。銅柱燕然渾浪跡，炎風朔雪易生哀。對君且進天涯酒，他日相思折隴梅。""鴈峰深處草堂開，人在峰頭載酒來。四海論文久傾蓋，十年話舊更登臺。花前竹肉歌聲細，樹裏春燈舞袖廻。促席且拚良夜醉，江臺離管又相催。"見乾隆《清泉縣志》卷二十五《藝文四》。

"松溪"，不知何人。《明史·地理志》，松溪縣屬福建建寧府。由"地主況逢南國彦"、"今日登臨更遇君"，可知章美中來遊有永州官員作陪。按嘉靖三十五年永州知府爲錢芹，嘉靖三十一年至三十六年任，字懋文，號泮泉，江蘇海鹽人，所著有《永州集》(《明史·藝文志》著録五卷,《四庫存目》著録八卷)，有萬曆六年存雅堂刊本、海鹽張氏涉園據萬曆刊本傳鈔本，均八卷四册，見張元濟1941年捐贈上海私立合衆圖書館書籍目録，書名誤作"錢永川集"。

嘉靖丁巳歲夏四月上澣日
朝陽巖
湖廣永州府知府前工部郎中

# 嘉靖三十六年劉養仕“朝陽巖”榜書

## 釋　文

嘉靖丁巳歲夏四月上澣日

朝陽巖

湖廣永州府知府、前户部郎中、欽差奉勅查催糧運、川西蜀山劉養仕書。

## 考　證

榜書在朝陽巖下洞左側石壁高處。高 86 公分，寬 187 公分。署款四行，楷書。

嘉靖丁巳爲嘉靖三十六年（1557）。

劉養仕，字學夫，四川内江人，歷官潁州知州、順天府治中、户部湖廣清吏司郎中、户部福建清吏司郎中、永州府知府。

劉養仕由潁州知州升任順天府治中。

嘉靖《潁州志》卷三《職官》：“知州：劉養仕：四川内江人，貢士，二十年任。”

順治《潁州志》卷十二《宦業傳一》：“劉養仕：字學夫，四川内江人。貢士，嘉靖二十年任。革宿弊，汰冗費，民甚賴之。遷順天府治中。”

乾隆《潁州府志》卷六《名宦志》：“劉養仕：字學夫，内江人。嘉靖二十年，以明經知潁州。剔弊節財，民仰賴之。遷順天府治中。”（道光《阜陽縣志》卷十《宦業志》同。）

萬曆《順天府志》卷四《順天府寮佐題名記》：“治中：劉養仕：四川内江縣人，由舉人。”

劉養仕在任永州知府之前的官職是户部福建清吏司郎中，但他曾任“户部郎中、欽差奉敕查催糧運”，“以司徒郎奉天子命督楚賦”、“以户曹奉天子命按部三楚”（詳下），時爲嘉靖丙辰即嘉靖

三十五年，推測他此前曾經任職户部湖廣清吏司郎中。

其任永州知府在嘉靖三十六年。

道光《永州府志》卷十一上《職官表·府寮》："知府：嘉靖：劉養壯：内江人，三十六年任。"（"劉養仕"誤作"劉養壯"。）

劉養仕在永州有惠政，見高岐《迎恩亭記》，劉養仕《重修柳司馬祠記》與《浯溪記》，及宋廷表《重修永州儒學記》。

隆慶《永州府志》卷八《創設上》："樓：宜春：在北門外一里許，舊名'迎恩亭'，今易爲樓。國朝知府劉養仕建，同知高岐《記》。"

高岐《迎恩亭記》云："宜春樓者，永郡城北第一扃闢也。昔爲迎恩亭，茲新作爲樓，屹然雄搆，可爲永之大觀也已。新之者誰？太守蜀山劉公也。樓何以'宜春'名？公之春與民同，自茲樓始也。公向以司徒郎奉天子命督楚賦，全楚之人咸德之。繼簡命來守永，永之人又咸德之。暇日登永諸山，謂北闕乃要隘地，亭久就圮，匪鎮弗稱，用是鳩工飭材，不愆於素。不越月而告成，成之日，乃集群寀登樓而賞焉。蜀山公曰：'重門擊柝，以待暴客，《易》之象也。予之爲是，其取諸豫乎？'密齋吴子槐、葵齋林子棐曰：'司門掌授管鍵，以啓閉國門。是役也，其有《周官》之遺意乎？'前江石子寶曰：'申畫郊圻，慎固封守，康王《訓》也。今永郊之盛，其保釐之道乎？'遏山王子可曰：'孔曼且若，萬民是若，《魯頌》其再見乎？'陽川高子岐乃揖而言曰：'夫永雖邊郡，然南控百越，北轃三湘，實湖南之巨鎮也。匪壯其觀，何以言鎮？匪攄其猷，何以道成？茲樓得公以竣役，鎮得樓以壯觀，春其爲永之宜乎？'予觀公之蒞永也，德化旁洽，威令肅然，吏畏民懷，上下孚協，盖其政如陽春煦人，雖深山窮谷之民，咸思其德化。在公不自知春之入人之深至此，在民被其春亦不知其爲公之春也。此民與公宜，公與春宜。以'宜春'之名名其樓也，固宜然。公之春豈獨宜於永哉？守潁川，春宜淮北也；輔京兆，春宜甸服也；常邦賦，春宜都鄙也；進而台揆，以康四海，春其有既乎？永人将來思公之春，當與樓並悠久可也。昔范文正登岳陽樓，則有去國懷鄉之感。茲登其樓也，固有六合同春、與民宜之氣象。公曰：'子之言其知我之春哉！'"

《迎恩亭記》中涉及的官員，高岐號陽川，大理人，嘉靖三十六年任永州通判。"密齋吴子槐"即吴槐，號密齋，東鄉人，嘉靖三十年任永州通判。"葵齋林子棐"即林棐，號葵齋，萬全人，嘉靖三十七年任永州通判。"前江石子寶"即石寶，號前江，永寧人，嘉靖三十五年任永州通判。"遏山王子可"即王可，號遏山，满城人，嘉靖三十八

年任永州府推官。五人均見《府志·職官表》。

高岐有《登浯溪》詩刻："秋日倦行役，航葦湘之涯。忽指浯溪寺，登來觀亦奇。巉岩依層閣，藤木鎖荒祠。江上深水流，寒映幾殘碑。獨有磨崖刻，唐頌千古垂。次山不可見，文采照江湄。魯公筆法神，忠烈堪傷悲。文因字得傳，石緣文更宜。想像江月升，萬壑天風吹。愛此遲去轍，此意白雲知。"詩刻今存。高岐有《登道州月巖一首》："太極元來理本真，濂溪獨契天之先。巖形呈巧乾坤紗，月象當空上下弦。一脉泉開千古派，九秋涼洗萬峰煙。淩虚侶躡廣寒裏，襲得天香两袖還。"署款"滇南陽川高岐書"，六行，草書，舊拓藏中國國家圖書館。高岐有鏡石詩："端溪有石堪作硯，黠蒼有石堪作屏。豈若浯溪此石明如鏡，照見溪山鬒髮清。雲斤月斧何年鑿，一片幽真寄巖壑。獨持冰鑑臨清流，色相空懸不可度。横直僅餘方尺許，墨色瑩然映寒暑。誰將浯水洗孤妍，獨傍斜陽伴湘渚。我今行年五十秋，登臺看鏡不勝愁。朱顔白鬢蕭然改，惟有青山對此鏡萬古思悠悠。"見康熙《永州府志》卷二十三《藝文志六》，又見道光《永州府志》卷二上《名勝志上》。"惟有青山對此鏡萬古思悠悠"一句，道光《永州府志》作"惟有清心悟石頭"。高岐有零陵樓詩："樓閣中天通，瀟湘俯碧流。孤城烟雨暮，五嶺桂花秋。望帝春心遠，凭高野興幽。關山頻繫念，飛夢彩雲洲。"見隆慶《永州府志》卷八《創設上》。高岐有朝陽巖詩："隔溪古洞瀟水西，臺榭空餘芳草萋。暇日放舟一登賞，江花江鳥總堪題。"見隆慶《永州府志》卷七《提封》。高岐有《丁巳夏日過澹山巖洞》："六月驅車向道州，愛涼乘興洞天遊。洞深春老花零落，雨滴崖寒一片秋。誰鑿琳瑯炫金碧，空餘苔蘚鎖奇幽。生來爽越忘征役，谷口斜陽促去鷗。"見《零志補零》卷中。

劉養仕《重修柳司馬祠記》："唐初置永州，屬江南道，地極三湘，俗參百越，古非美也。先生以永貞元年出爲邵州刺史，道貶永州司馬。先生先大父諱鎮，爲唐侍御史，時稱剛直。先生少有父風，甫登進士，嶄然見頭角，以博學宏詞授集賢殿正字，尋授監察御史，未幾入永。舊制，守土臣不敢遠觀游，惟司馬綽綽從容於山水詩酒間。由是龍興寺、法華亭、袁家渴、百家瀨、鈷鉧潭、愚溪之沼沚台榭，先生盡有之矣。先生居零陵十年，信筆爲文，汎濫停蓄，宏博奇偉。衡湘以南爲進士者，皆以先生爲師，經先生口講指畫爲文詞者，悉有法度可觀。永之人士獲齊名海宇者，自司馬始，祠而祀之，固宜。嘉靖丙辰，余以户曹奉天子命按部三楚，督促委輸，時已想見先生風流，欲表章之未暇。迨入奏，例得二千石，余領永

州，即先生辱居處也。至郡，首謁文廟，改遷郡學，次及先生之祠，一覽惻然，禮奠弗秩，作而歎曰：嗚乎！司馬文章爲唐一代詞宗，昔人評論列名于韓于蘇，先後並稱名家，顧嘉惠在人。惜其入王叔文之黨，謀議唱和，汲汲如狂，故坐廢退，功業遂不大著于時。然其文章詞賦，傳播於後，則偉矣，永之士民不忍遺其俎豆，歲時尸祝之，前後更守，似續不替。維兹堂廡頹圮，榛莽蕪翳如此，何以肅瞻嚮而明報功耶？於是鳩材庀工，率修葺之。增拓牆垣，聿新堂宇，秩秩繩繩，屹然改觀。郡之士告余曰：'先生能摭段秀實之美，上之史官，故今地知段太尉逸事。永州祀先生于愚溪之上，顧未有求其遺跡而録之者。名雖不朽，來世無從考焉，盍宜記之？'余曰：記者，紀也，紀其實以永貽者也。爰稽史册，摭其實跡，備述其出處，以來來者告。是祠也，自唐元和九年至宋紹興十四年，以端明殿學士汪藻作記爲始。自紹興十四年至嘉靖戊午更新至今，何敢以不文辭？遂命工刻於愚溪祠。旹嘉靖戊午仲夏月上澣日，中順大夫、湖廣永州府知府、前户部福建清吏司郎中、川西蜀山劉養仕書。同知高岐，通判石寶、林棐，推官王可。”十六行，楷書。碑刻今存柳子廟。

劉養仕《浯溪記》：“浯溪居祁上流，去城數里許，望之蒼然聳拔而秀矗者，浯溪也。溪紆廻盤曲，水流淙淙有聲，漩浚清漪，瀉於两峰之間，下與瀟湘會。石徑逼仄，斜達於岈岸。其屹然嵌岑而壁立者，浯之巖刻也。嘉靖丙辰，余領永州牧。是歲仲冬，舟過其下。丁巳孟秋，再過。戊午初夏，三過焉。至則斂牙檣，攀蘿磴，沿岈石之差池，剪穢草之荒翳，俯仰徘徊于溪山之側，愀然動感慨之思。客有過而問焉者曰：'清風明月之奇，沙鷗錦鳞之樂，俏树煙花之綺麗，皆足以怡心悦目，子于浯溪何獨留意耶？'余曰：次山元子之頌，魯公顔子之書，二先生翰墨名家，讀其文，尚論其世，婉若見其人也。雖然，理義人心之所系，山川天下之所好也。夫以次山討賊，光復中原之讎，言詞慷慨，忠義激烈，魯公並力以討安史之亂，筆法精到，鳳舞鸞翔，故山川勝處，非人不顯。浯溪之秀，以二先生之詞翰，名傳湘楚間。九嶷、澹巖、月洞諸山，並濂溪先生之舊寓。浯溪也雖若降志，浯溪托二先生以遺芳，至柳州有餘榮矣。山谷黄先生一世人傑，載攜僧友、陶豫諸君輩遊覽巖下，嘯歌唱詠，磨崖作詩，亦可以想見其風采矣。後先良會，謂之異數，非耶？自嘉靖紀元，去唐天寶十四年，距二先生五百年餘，其間騷人墨客，登眺而遊覽者，不知其幾。倏而來，倏而去，未有不慨然仰思，釋然喜慰者矣。《詩》曰：'高山仰止，景行行止。'斯言也豈欺余哉！余放舟湘流，往來祠下，俯仰興

思，肅然景慕，要亦嘉善之心不能自已也。嗚呼！古之視今，猶今之觀後，庶幾來世遊覽于茲，聞余言而興起者，不有如今日矣乎！客答曰：‘請書之以告來者。’余曰：唯唯。遂援筆記之于巖石。時嘉靖戊午仲夏上澣，中順大夫、湖廣永州府知府、前户部福建清吏司郎中、川西蜀山劉養仕書。”十七行，楷書，石刻今存。

湖廣參議、上湖南分守道宋廷表《重修永州儒學記》：“永學在郡東南高山之麓，面山環水，士之儲精蓄靈，著名垂休者，代不乏人。成化間燬於火，重建至今，歲久圮敝。前岡則齊民雜居，崇木屏翳，風化改觀，氣化壅淤，人文屯塞。嘉靖丙辰秋，大參豫章李公遷來攝分守，下車視學，亟欲新之，因代去。丁巳夏，余奉命涖茲土，謁廟升堂，縱觀堂宇，弗稱厥居，心竊疚焉。於是郡守劉君養仕，率諸生白以李公之意，余曰：‘茲賢才修遊之地，而教化流衍之區也，顧可後時？其亟成之！’乃命經費以白于巡撫李公、監司黄公，僉曰‘可’。遂以同知高子岐董役。審視堂後得隙地，縱闊八尋，横倍之，視舊址高一尋。甃以貞石，以爲堂基。以其舊址爲露臺，刱構新堂。東西增置齋舍，舊者隨材修葺，而加墁飾焉。自門及堂，勢漸以崇。經始於是歲八月，落成於戊午六月。余既往視，見斯堂益就爽塏，環列峰岡，吞光吐輝，如人之自卑登高，如鳥之出幽遷喬，乃進諸士告之曰：堂之新，以居厥身，亦既有所矣；乃若士之狃於故習，靡然群居，罔適於道，可不知所以自新乎？孔門教人，惟曰入孝出弟，而以學文則俟有餘力。孟子道性善，必稱堯舜，至語其道，亦惟曰孝弟。古之敷教明倫，明此而已。國家雖以文章取士，然文章實道德之精華，士必究極道德之奧，斯發爲文章，斐然成章，而校文者亦因是以洞見其精神心術之微，匪以文章、道德判然爲二物也。世之學者，捸掇浮言，獵取華要，夷考其行，而實德則悖，豈非講學之不明、涵養之無素乎？我皇上基命郢都，修道建極，敬一之箴，彝訓誕敷，永之士固已涵濡而被服之也。然或安於固習，徒炫華言，而罔知懋實，觀堂之新，超然脱悟，以圖自新，以不負嘉惠作養之意，多士誠不可自後已。孟子曰：‘若夫豪傑之士，雖無文王猶興。’矧今文王在上，豐芑之化，流於江漢。夫苟遵守訓迪之旨，砥礪而躬修之，則永之豪傑，自今以往，彬彬濟濟矣，余將拭目以觀多士。”

劉養仕另有浯溪詩刻，已殘，僅餘“一杯”、“感慨”數字，署款“川西蜀山”、“劉養仕書”，草書。

劉養仕又有澹巖詩。

光緒《零陵縣志》卷十四《藝文・金石》：澹山巖：“劉養壯詩《澹巖紀勝》：‘石竅天生信異哉，分明佳

麗擬蓬萊。通微轉麓尋丘壑，紅日移煇罩石臺。鐘乳垂琳丹露灑，巖花破萼綺羅開。摩碑讀篆懷前哲，漫把新詩取次裁。’川西蜀山劉養壯書。”（“劉養壯”當作“劉養仕”。）

《八瓊室金石補正》卷九十六著録宋淳祐零陵令張之跋曾宏正詩，陸增祥按語云：“詩已爲明人劉養仕全行磨去矣，間有二一筆蹤，乃是篆文，甚可惜也。”今者澹巖已毁，劉養仕詩刻亦已不見，尤可惜也。

# 嘉靖四十年雷以澤《和次山歌朝陽岩韻》詩刻

## 釋　文

和次山歌朝陽岩韻

岩上參差煙樹深，岩前曉日明泉清。亭巍石峻臨江湧，水碧山光近郡城。嗟嗟漫叟今何見，獨餘岩下留詩傳。徘徊輾詠堪增羨，多情常向遊人勸。

旹嘉靖辛酉菊月半望，郡人□泉□□□鐫。

## 考　證

詩刻在朝陽巖下洞右側洞壁。高37公分、寬70公分，十三行，楷書。字甚拙，刻亦不整。

作者姓名、字號被鑱。“泉”字清晰可識，其餘僅存輪廓。

《零志補零》卷中著録，不載署款，作者題爲“失名”，宗霈注：“嘉靖間郡人”，“號磵泉”。

《零志補零》著録之後，石壁又有裂縫，“泉清”、“湧水碧山”、“堪增”、“向遊”諸字已損，兹據《零志補零》補。

嘉靖辛酉爲嘉靖四十年（1561）。“半望”，謂月中望日。“菊月半望”即夏曆九月十五日。

“磵泉”姓氏無考。按澹巖有嘉靖四十三年零陵郡人雷以澤詩，自署“澹泉”。

光緒《零陵縣志》卷十四《藝文·金石》：“澹巖：雷以澤詩：‘嘉靖甲子仲秋月朔日，零陵郡人澹泉雷以澤，遊淡山巖，憩飲因賦。’其詩云：‘節彼南山石，岧岧永甸中。貪遊忘歲月，劇飲藉帡幪。頓覺塵襟爽，翻令酒量洪。西林留返照，莫遣下匆匆。’”

注："行楷七行。"

今暫定詩刻作者爲雷以澤。

嘉靖二十六年，雷以澤在河南确山。民國《確山縣志》卷廿三《文徵中》載明雷以澤撰《創建顔魯公祠碑記》："愚嘗讀《唐書》，至德宗興元元年八月，逆賊李希烈遣中使殺顔真卿於蔡州，乃掩卷而歎曰：嗚呼！盧杞之陷先生何其酷、先生於死生之際何其明耶！昔先生之在天寶間也，出守平原，間道奏賊，而爲二十四郡之倡。繼而屯博平，使河隴，将五丈原，歷履艱危。於時可以死矣，顧能沈晦以圖後效。幸而天祚有唐，小醜就僇，先生得以奮志立功，完名全節，不辱不殆。昔人謂生有重於泰山也，先生以之。及其神州擾亂，天子播遷，先生以正直而爲盧祀所讎，使使希烈。維時勤王四起，不日賊擒。先生可以不死矣，顧乃奮身罵賊，益見幽囚，卒爲僞敕所迫，乃以朝衣趨坎，而從容就縊焉。昔人謂死有輕於鴻毛也，先生以之。且先生之未死也，忠貞孝友，羽儀王室，而爲四朝之元老，無乃天欲成人之美名，故使得以延其世而不斬其生乎？及先生之死也，僞楚遂平，盧賊繼族，而成萬古之英烈，無乃天以完節付之，而使之死當其時也耶？史綱謂先生不死於希烈之稱號，而書其所謂殺，亦不知先生者矣。由是瘞於城南，屍如金色，刀圭碧霞，飛身羅浮，而蠶頭馬尾之書，猶以付之子孫。是先生雖死，而忠魂義魄無一日而不在天地間也。至於汗史留青，仙籙紀異，則先生之死，與剖心之比干、乘箕之傳說，又同一光且神也。惜乎五世之次既終，君子之澤以斬，況偏州下邑，能永先生之思耶？邇來汝寧守萬渠潘侯，得先生之靈於夢寐間，乃稽往志，始知北泉寺爲先生自縊之所。爰舉春秋二祀，議創祀宇，以確令遷代不常，競弗克遂。今年六月，南峰許侯以八閩之俊，小試兹邑。甫下車，惟廉平節愛，元元有更生之望，而旌别淑慝，又其鋭志焉者。月餘，值秋祭，見其附主於佛教之堂，喟然歎曰：'先生正人也，兹位寧安耶？'於是求可以居先生者，東去十步餘，得一堂，凡三楹，軒豁明朗，可享可祀。然猶病其淺，後構以室，病其缺。前設以屏，遂捐俸資，經營木石，鳩集工役，命典史羅世洪以董其事。僅逾月而告成功，堂宇廟貌，焕然一新。乃擇日具禮，率闔學師生，正先生之位於其中，仍匾其額曰'唐顔魯公祠'，蓋揆諸義而協焉者也。祠既成，諸鄉士大夫往視之，僉曰：'南峰侯之意，淵乎微矣！旌孤忠於既往，所以懼奸佞於未來，厥功與孔子作《春秋》而懼亂臣賊子者相先後，顧不偉與！'庠生郭宗弼等請鐫諸石，以傳不朽，而丐余文以志之。余備述先生抗賊之忠，及南峰建祠之意，昭晰來兹，則先生之風久而彌長，而南峰之表揚忠貞尚

未艾也。南峰名大來，字惟朋，閩泉同安人，南峰其别號云。嘉靖二十六年丁未十一月吉日。（知确山縣事許大來建祠。）”

嘉靖甲子爲嘉靖四十三年，上距朝陽巖詩刻僅三年，或即其人。

但《確山縣志》職官表中未見雷以澤，當時身份不詳。

詩刻爲朝陽巖石刻中明代《朝陽巖下歌》三首和歌中的最後一首。

# 嘉靖四十一年張勉學“高巖幽窟”榜書

## 釋　文

高巖幽窟
明長洲張勉學題。

## 考　證

榜書在朝陽巖上洞，高 74 公分，寬 140 公分。

張勉學在朝陽巖又有“流香洞”榜書，署款“明吴郡張勉學書”，詳下。

榜書覆蓋了兩通宋乾道七年詩刻，一爲史正志《秋日陽巖》，一爲曾協《夏日陪遊朝陽巖》，詳見上。

《零志補零》卷下“諸巖題名石刻”著録，并云：“‘高巖幽窟’四大字，名氏年代不見。玩書，頗似盧廣寧，然□□也。”今按，榜書尺幅較大，署款在左側，不知宗霈何以未見。

張勉學，字益甫，江蘇長洲人，一作吴郡人。嘉靖二十六年進士，選庶吉士，改吏科給事中，遷吉安推官，擢南京刑部主事，轉郎中，升湖廣荆岳道僉事，嘉靖四十一年升湖廣參議，分守衡永道。著有《禮經説》、《宦游集》、《湖岳編》、《勘邊疏稿》。

張勉學有朝陽巖詩：“丹丘何處所，突兀俯湘潯。磴轉孤亭出。江連古洞深。紅窺海日曙，碧覆石蘿陰。水近樓臺入，天低星斗臨。雲峰攢繡棋，風壑亂瑶琴。翠靄常含雨，幽香不斷林。澗流行曲折，石室坐嵚岑。佳景逍遙得，奇觀次第尋。天涯開絶境，物外淨煩襟。從來丘壑意，爲爾欲抽簪。”見隆慶《永州府志》卷七《提封》、康熙《零陵縣志》卷十三《古今名賢詩序》、道光《永州府志》卷二上《名勝志》。惜未著録署款，或未上石，然當與榜書

二通作於同時。

張勉學又有澹巖詩："不謂觀風地，悠然遇洞天。千巖蹲雲豹，雙竇竅山川。絶壁鍾懸乳，陰厓石作田。地深應有穴，屋覆却無椽。紫翠紛難辨，幽奇遠更偏。景從空處得，聲向谷中傳。白石時流髓，丹砂許駐年。開尊秋氣爽，躡磴露華鮮。景勝渾忘世，塵牽豈解僊。高風徒景慕，促駕未能旋。"見隆慶《永州府志》卷七《提封》"巖：澹山：國朝張勉學詩"，无署款。又見光緒《零陵縣志》卷十四《藝文・金石》，署款"嘉靖壬戌秋，吴郡張勉學遊此，賦並書，時零陵知縣郭自强侍遊"。據光緒《零陵縣志》，澹巖詩當已上石。

張勉學又有月巖詩："竭來月巖遊，恍疑到城闕。天門一竅通，洞口雙峰揭。是時值秋半，高天挂明月。巖虚因月勝，月白爲巖發。明晦分西東，虚實異凹凸。乾坤俯仰間，萬象晰毫髪。圖畫開端倪，天肰謝剞劂。獨對會予心，忘言坐超忽。"詩刻尚存，署款"嘉靖壬戌秋，吴郡張勉學游月巖賦此。時道州判官孫世文侍游"。又見李楨《濂溪志》、康熙《永州府志》卷二十二《藝文志五》、道光《永州府志》卷二下《名勝志下》、光緒《道州志》卷七《先賢》，均無署款。

考張勉學任職在嘉靖四十一年（壬戌，1562），其後分守衡永道爲周京，任職在嘉靖四十三年（甲子，1564），張勉學在任僅二年，其中居永州之日無多，朝陽巖、澹巖、月巖亦不容屢遊也。姑據澹巖詩刻、月巖詩刻，系榜書於嘉靖四十一年。

同治《蘇州府志》卷八十六《人物・長洲縣》："張勉學：字益甫，嘉靖丁未進士，選庶吉士，改吏科給事中。疏駁方士陶仲文不當封爵，忤旨，奪俸。二十九年，俺答入寇，後奉敕勘邊，躬歷薊鎮，覈傷殘之數。上聞，併論仇鸞濫殺冒功，鸞銜之，被誣，謫内黄丞。遷吉安推官，擢南京刑部主事，轉郎中，升湖廣荆岳道僉事。長沙大盜李萬克聚黨爲亂，以計擒之。藩府莊田房租税重，豪奴倍收，没人子女爲奴婢。勉學悉平其額，歲聽縣官徵解，民便之。進參議，分守衡永。先是道臣所鎮地無城，每山水溢，民登高以避。勉學檄郡縣發公帑，鳩工築城，工始竣而水又至，民有寧宇，名其城曰'永安'。會有修郤者，蜚語中傷，解任歸，林居十餘年卒。"

乾隆《長洲縣志》卷二十四《人物三》："張勉學：字益甫，嘉靖二十六年進士，選庶吉士，改吏科給事中。疏駁方士陶仲文不當封爵，忤旨，奪俸。二十九年，俺答入寇，奉敕勘邊，躬歷薊鎮，覈傷殘之數。上聞，併論仇鸞濫殺冒功，鸞銜之，被誣，謫内黄丞。遷吉安推官，擢南京刑部主事，轉郎中，升湖廣荆岳道僉事。長沙大盜李萬克聚

黨爲亂，以計擒之。藩府莊田房租税重，豪奴倍收，没人子女爲奴婢。勉學悉平其額，歲聽知縣徵解。進參議，分守衡永。先是，道臣所鎮地無城，每山水溢，民登高以避。勉學檄郡縣發公帑，鳩工築城，工始竣而水又至，民有寧宇，名其城曰‘永安’。會有修郤者，蜚語中傷，解任歸，林居十餘年卒。著有《宦游集》、《湖岳編》及《勘邊疏稿》。”

乾隆《江南通志》卷一百四十《人物志·宦績》：“張勉學：字益甫，長洲人。嘉靖丁未進士，由翰林改給事中。方士陶仲文受封爵，抗疏駁之，出勘邊事。劾仇鸞濫殺冒功，謫内黄丞。累遷僉事，分巡長沙，平藩府租額，聽縣徵解，民便之。分守衡永，宣布恩威，苗民懾服。”

乾隆《長沙府志》卷十八《職官志·巡道》：“自嘉靖乙未，始設巡道一員，分駐長沙。……張勉學，長洲進士。”

光緒《善化縣志》卷十八《名宦》：“張勉學，長洲人，嘉靖中分巡長沙。平藩府租額，聽縣徵解，民便之。”

隆慶《永州府志》卷四《職官表上》：“分守上湖南道：嘉靖壬戌：張勉學：直隸長洲縣人，丁未進士，庶吉士，給事中，謫起升任。”

道光《永州府志》卷十一上《職官表》：“分守衡永郴桂道：張勉學：直隸長洲人，丁未進士，由庶吉士、給事中，謫起，壬戌年任。”

張勉學在湖南多吟咏。

在嶽麓，作《告先師文》：“昔我先師，自楚反衛。睠茲靈區，聖駕所稅。俎豆輝光，千有餘歲。巍巍宫牆，久而漸敝。樵蘇來侵，大壞厥制。勉學等，摳趨升堂，悚惶無地。乃協僉謀，乃期共濟。丹雘是新，爰資講肄。江漢餘波，庶接洙泗。求教丕宣，永矢弗替。卜吉經始，用申虔祭。尚饗。”

在衡山，謁嶽神廟，作《告朱張二先生文》：“維嶽之麓高高無極兮，是惟二先生之德。維湘之流淼淼無窮兮，是惟二先生之風。不然，何創道茲土，已歷數百年之遠，而正脈流衍，猶曠世而相通？緬昔晝夜之所講者，今雖不獲聞其謦咳，而德性問學之奧，昭然於後世者，孰不賴其啟瞶而發蒙！是宜覿德者瞻高山而仰止，聞風者睹逝水而思功。勉學等，待罪茲土，觸目興衷。悵祠宇之日廢，閔文教之将壅。爰葺頹而補敝，乃聚才而鳩工。補經營兮伊始，願默相兮成終。尚享。”（均見明吴道行、清趙寧《嶽麓書院志》。）

在益陽，有《益陽縣署夜坐》詩：“策馬長途汗濕衣，停驂小憩坐忘歸。病虚案牘嗟無補，夢繞蓴鱸咏式微。返照映林高鳥過，大江臨户亂鷗飛。静中解得無言趣，可奈風塵未息機。”見乾隆《長沙府志》卷四十八《藝文》。

張勉學在永州多惠政。

張勉學"建永安門子城，重修城樓"，撰《重新記》云："我昭代之制，凡天下城郭，當其門，必設子城蔽其外，岑樓跨其端，中州皆然，況邊郡乎？然樓特壯形勢，供瞭望而已，乃若子城，無事可以禦水火，其有事則又屯軍伍、防衝突、禦礮石，所繫尤重。永州當五嶺百粵之交，蓋邊郡也。城凡七門，門各有樓，有子城。而永安門介在城西瀟水之間，民夷雜揉，百貨群聚，地無遺隙。先是，化居者私據官城爲利窟，沿襲累世，視爲常。以子城獨缺，而火患亦多。嘉靖壬戌秋，予奉上命分守此邦。巡視城郭，至所謂永安門者，而其制未備，將圖之。是年冬，鬱攸復熾，始自民居，千百萬焚，延爇城闉，不可撲滅。予視災斯地，亟憫焉，而究厥所由，則以外失其蔽致焉耳。會耆老若干人遮道號泣，願創子城以圖經久。予乃進郡大夫、將衛指揮以下，告之故，僉謂宜然。已乃復集衆議，申請兩臺，報曰可。於是檄委指揮高紹輩，執度渡地，訊別公私，凡地延袤共得一十四丈有奇，私據百年者一旦皆復於官，士民猶快。乃鳩工庀材，卜吉從事。又分委千户蔡堂、主簿蔡守毅等，各司其責，而督勤惰。紀出入者，則同知蕭縉專焉。版築具舉……因其餘力，遂搆岑樓，以復舊觀，而各門之圮壞者，亦拆修葺。由是棟宇並揭以齊雲，重門環拱而偃月。品式煥然，規制悉備。利窟不能爲之據，水火不能爲之災，即礮石突衝亦不能爲之患。蓋一事舉，衆患息，而永安之勝遂甲諸門矣。是役也，經始於壬戌季冬念又四日，落成於次年仲夏之望。石用五千七百零，灰十萬六千三百斤，磚瓦四萬八千七百片，木大小五百四十株，匠作一千七百，工役者不在是限，大率用銀三百五十两有奇。其七取諸府，三取諸衛，而民罔知費，役罔告勞，又善之善者也。向非郡大夫爲民之切，綜理之周，即成功，豈能若是速耶？工既完，知府黄君翰、同知蕭君縉、通判王君仕任、推官王君可輩，乃合士民之情，而謬歸功於予，且請一言以記之，則應之曰：吁！是固諸君子之力也，予何能爲？顧其事有不可泯焉者。嘗讀《春秋》，凡興作必載，如城郎、城中丘，皆書以致譏。今斯役也，勞費亦大矣，然城不踰制，役不傷民，而又群情孚焉，衆善集焉，無《春秋》之譏，而有防禦之益，憫一時之災，而遂遺千百年之固，則予安得以小嫌而泯大役乎？乃不揆譾陋，綴其巔末，爰付有司，用刻堅珉，寘諸城隅，告後之守土於茲者。"見隆慶《永州府志》卷八《創設》。"黄君翰"即黄翰，字可憲，號小川，嘉靖四十一年任永州知府。"蕭君縉"即蕭縉，江西吉水人，嘉靖三十九年任永州府同知。"王君仕任"即王仕任（道光

《永州府志·職官表》誤作“黄仕任”），江西安福人，嘉靖四十一年任永州府通判。“王君可”即王可，满城人，嘉靖三十八年任永州府推官。

張勉學有《鎮永樓》詩：“山郡孤懸百雉圍，萬家春樹藹晴暉。瀟湘遶地烟中盡，嶺嶠蟠空鳥外微。保障未能虚厚禄，行藏無定合初衣。登樓直北遙凝睇，彷彿雲霞捧禁闈。”又有《祈晴後登樓志感》：“稼穡波漂歎陸沈，登樓州望總關心。靈壇屢叩情逾切，民瘼将殘病轉深。秋水天高歸遠壑，暮山雲淨失輕陰。閭閻歌舞皆神力，落日危欄思不禁。”見隆慶《永州府志》卷八《創設》。

張勉學在道州，謁周濂溪故里，有《謁元公祭文》：“於維先生，實産此邦。秀鐘九疑，期應九星。豈偶然哉？其所以藴之爲道德，發之爲圖書者，固已上繼孔孟，妙契六經矣。自宋迄今，五百餘年，凡四海内有志之士，孰不欲一入其鄉，又孰不欲一睹其遺容，以慰仰止之思也！顧兹舂陵介楚西南二千里外，山川遼邈，宦轍罕經，則夫慕蓮池、纓亭之勝，跂月巖、舂水之奇者，吾不知其幾何人矣。勉學不敏，自結髮即知誦習先生之書，三十年間每思一闖其門而不可得。乃今承乏守土，觀風名邦，遂得奉謁祠宇而肅拜焉。夫海内人士，入其鄉者鮮矣，况得睹其遺容乎！即睹遺容者亦鮮矣，而况既睹其容，又得窺其宗廟之美乎！洋洋乎！灑灑乎！光霽如見其胸襟，謦欬若聞於俎豆。此殆縉紳之罕遇，而實爲勉學生平之至幸也。但念筮仕以來，習氣欲除而尚存，希賢有志而未逮。以故跋前躓後，坎坷無成，懲創之餘，動輒愧悔。則夫箴砭愚蒙之功，默啟心源之妙，誠不能不於先生是賴矣。爰酌蓮尊，式酹庭草，而且述其自幸之私，與夫願學之意如此，惟先生其降鑒之。尚饗！”見李楨《濂溪志》。

張勉學又有《謁濂溪故里祠》詩：“溪上懸明月，年年艸色深。山川鄒魯脈，俎豆歲時心。水潔纓時濯，亭虚風自吟。拜瞻猶未已，瀟洒絶塵襟。”見李楨《濂溪志》、康熙《永州府志》卷二十三《藝文志六》、道光《永州府志》卷二下《名勝志下》、光緒《道州志》卷七《先賢》。

張勉學又有《入紫霞洞》：“舜源峰下紫霞開，有客探奇策馬來。高下石田懸澗壑，參差玉柱拱樓臺。乳泉天外晴飛雪，陰洞空中地隱雷。仙境攀躋悵幽獨，只疑身世在天臺。”見康熙《永州府志》卷二十三《藝文志六》、嘉慶《寧遠縣志》卷九《藝文志下》、道光《永州府志》卷二下《名勝志下》。

流香洞
郡張勉學書

## 嘉靖四十一年張勉學“流香洞”榜書

### 釋　文

流香洞

明吴郡張勉學書。

### 考　證

榜書在朝陽巖下洞，高 74 公分，寬 130 公分。

張勉學在朝陽巖又有“高巖幽窟”榜書，署款“明長洲張勉學題”，無年月，已見上。

《零志補零》卷下“諸巖題名石刻”著録，并云：“‘流香洞’三大字，參政吴郡張勉學題，缺年月。”

張勉學又有朝陽巖詩，未知署款。又有澹巖詩，署款“嘉靖壬戌秋”，又有月巖詩，署款“嘉靖壬戌秋”，兹據澹巖詩刻、月巖詩刻，系榜書於嘉靖四十一年。

流香洞在朝陽巖下洞内，明范之箴有《流香洞記》云：“永城之右，大江之西，愚溪之南，有所謂朝陽巖者，郡之形勝最佳處也。巖下風磴盤空，轉折而下，路盡洞見。洞口虚敞，泉出其中，扁曰‘流香’。寒澈芬芳，味洌可酌。循泉沿澗而入，深探乃得其原。泉自石竇噴出，合流觴石，湍激成聲，錚錚鏦鏦。雲璈下空，忽抑復揚，僊佩鏗鏘，廻旋委曲，由中達外。勢欲盡處，則瀑飛如練，尋丈下懸，注於瀟水。本天成曲水流觴之地，不假疏鑿導引而然。遊者往往於此席地泛觴，縱飲爲樂，自成佳趣。賢士大夫游蹤不絶，歌詠之富，侈於蘭亭。巖志且載，可考見也。邇爲郡人跡其水道，易以堅瑫，雖少涉於人爲，而石澗廻流，隔絶泥滓，沁滌肝肺，視昔殊清絶，尤快幽賞。回

視隔江之城郭，與撲地之閭閻，類皆等閑塵土爾。元次山、柳宗元、周濂溪昔嘗遊宴於此，故今巖石之巔，即西亭故址而祀之，歲有祀焉。”（《名山勝概記》卷三十，又見隆慶《永州府志》卷七。）

范之箴，嘉靖二十五年任永州知府。

雍正《浙江通志》卷一百六十七《人物·循吏》：“范之箴：字從敬，秀水人。嘉靖乙未進士，任行人，升工部郎中，出知永州府。時猺賊内訌，官軍屢潰，之箴以計悉擒之。兵備潘某欲張大其事，以爲己功，遂多株連無辜者，上其名，且就戮。之箴謁潘，紿之曰：‘土寇陸梁罪固無貸，但人心方洶洶，不開釋一二，恐爲頑梗者藉口，曷付之箴核實，始置法。’潘許之，事既下，遂盡釋之。潘大怒，以爲賣己，疏劾之箴。上察知其狀，罷潘，調之箴漢陽府，遷雲南副使，湖廣參政，皆著勞績。進雲南按察使，致仕。”

冬日黃門几翁塋
遊朝陽巖
麗幡揚我陟崇岡雪
靈軒懸東日黃曲析
危攢蒼蘚合倒懸幽
洞紫芝長席前放水
丸鶴鵲樹底吹笙引
鳳凰歸路不妨高露
六天飲月帝靖相
西請乙丑仲冬廣業
泉台撰

# 嘉靖四十四年楊治《冬日黄小川翁招遊朝陽巖》詩刻

## 釋　文

冬日黄小川翁招遊朝陽巖

鹿幡携我陟崇岡，雪霽軒窓凍日黄。曲折危梯蒼蘚合，倒懸幽洞紫芝長。席前放水流鸚鵡，樹底吹笙引鳳凰。歸路不妨沾露濕，一天皎月満瀟湘。

嘉靖乙丑仲冬，廣漢七泉楊治撰。

## 考　證

詩刻在朝陽巖下洞内右側石壁，高44公分，寬75公分，十一行，楷書。

“沾露濕”之“濕”字磨泐，據《零志補零》補。

《零志補零》卷中著録，題爲《嘉靖乙丑仲冬黄小川翁招遊朝陽巖》，署名“楊治，七泉，廣漢”，“黄小川翁”下注：“按當即郡守黄焯”。詩句全同。

嘉靖乙丑爲嘉靖四十四年（1565）。

次年，嘉靖四十五年（丙寅1566），楊治又有朝陽巖詩。

光緒《零陵縣志》卷十四《藝文・金石》：朝陽巖：楊治詩：“春霽巖扃轉徑幽，坳堂飛棟半空浮。天光一竅開神目，石乳千層結佛頭。蒼蘚封爐丹火冷，紫簫懸穀訓狐愁。山靈不礙尋真屐，況有桃花出洞流。”署款“嘉靖丙寅中秋廣漢七泉楊治”，注：“正書十一行”。

再次年，隆慶元年（丁卯1567），楊治又有浯溪《鏡石》詩，詩云：“鍾得方輿秀，商顔寶鑑臨。江花摇鐵壁，霞彩拂烏金。自有光明藏，全無愛憎心。虚靈原匪石，磨煉觸高深。”署款“隆慶丁卯，廣漢七泉楊治”。十行，楷書。詩刻今存。

楊治，號七泉，四川漢州人，嘉靖二十二年癸卯科鄉試舉人，嘉靖四十四年任永州府推官，官終雲南鎮南州知州。

嘉靖三十一年（壬子，1552），楊治撰《姜詩孝子祠堂記》："嘉靖庚戌秋，予訪遂寧，楊太史名隅，謂予曰：'姜詩孝子，夷陵人，有祠，有泉，有鯉。'予且信且疑。壬子冬北上，舟次夷陵，州守周公贊，潼川人，有舊，雅留三日。予徑渡江謁孝子祠。巖曰孝子巖，溪曰孝子溪，山川環抱，松蘿蓊鬱中，爲孝子祠。登堂展拜，剥苔折蘚，見碑記，爲遂寧席公篆，先任州守時作。祠不知建自何時，正德末荆州别駕林公弋者署州事重修，楣宇一新。林欲行奠禮，未審稱謂，蒐尋穴洞，見牧童炙火，坐一木板，林公視之，乃云'東漢江陽令姜孝子神位'，始知孝子以孝廉補江陽令，後避紅巾賊，寓居夷陵江之南。祠前一井，填塞已久，林公令起土淘沙，三日後汲水一桶，有二鯉焉，遂奇之。孝子去今數百餘歲，填塞之井，初泒之泉，安得有鯉？可見孝子養親之篤，天地應之，鬼神護之，隨處通靈。隔世徵驗，猶且若是，其在當時，竭誠養母，泉鯉真跡，動人心之欣慕，又弗知其何如矣。昔楊太史之言，於今方信。謬書一律於祠：'孝子祠堂倚石扉，高林晴日透烟微。當時不避紅巾亂，此地何緣赤鯉飛。政合江陽分帝舄，夢回廣漢慰親闈。山靈萬古餘輝照，贏得漁郎和權歸。'嘉靖壬子鄉後學楊治記。"

又撰《重修土主祠記》、《新建五顯廟記》，均見嘉慶《漢州志卷》三十五《藝文志中》。

又有《遊大梵寺》詩："古刹樓高坐夕陰，初更皎月吐雲岑。中秋已過光仍在，舊友同看酒漫斟。影散松梢元鶴舞，珠沉波底卧龍吟。凭欄細聽霓裳曲，不是人間鼓吹音。"見嘉慶《漢州志卷》三十四《藝文志上》。

楊治在永州，有惠政。

隆慶《永州府志》卷八《創設上》："堂：夏清：在本府推官衙後，推官楊治建，爲奉親避暑之所。"又："法堂：在太平寺後觀音閣之右，推官楊治建，内塑觀音聖像，俑曰兜率天。"

按嘉靖四十五年（丙寅，1566），永州官員重修太平寺，即唐龍興寺，知府黄翰、史朝富均撰文記載其事。

詩題中"黄小川翁"，即黄翰，字可憲，號小川，江西豐城人，著有《小川遺稿》。嘉靖四十一年任永州知府，建宗濂書院及濂溪祠，祭柳侯，重修太平寺，有惠政。

《大明一統志》卷六十五《永州府·名宦》："黄翰：由進士知永州府，勤慎清苦，愛民好士，遇旱禱雨輒應，尋以直道不容去。"

隆慶《永州府志》卷十三《名宦

列傳》："黄翰：號小川，豐城人，進士任。勤慎清苦，愛民好士，遇旱禱雨輒應。至復習儀，故所尤其政跡之卓然者。以直道不容歸，民涕泣遮道，不忍别云。"

雍正《湖廣通志》卷四十五《名宦志·永州府》："黄翰：《明一統志》：'豐城人，以進士守永州，勤慎清苦，愛民好士，遇旱禱雨輒應。'"同書卷二十三《學校志·書院》："永州府宗濂書院：在府儒學後，明知府黄翰建，林士標、萬元吉、魏紹芳俱重修。"

康熙《永州府志》卷十五《人物志上》："黄翰：號小川，豐城人。進士任，勤慎清苦，愛民好士。遇旱禱雨輒應，以直道不容歸。民涕泣遮道，不忍捨去。"同書卷七《學校志》："濂溪書院：在府儒學後，嘉靖壬戌年知府黄翰、巡撫徐南、金文宗、楊豫、孫同建。萬曆丁巳，知府林士標重修。"同書卷九《祀典志》："濂溪祠：在宗濂書院内，知府黄翰建，參政馮時可改爲元公祠。"

同治《南昌府志》卷四十一《人物·仕績·明》："黄翰：字可憲，豐城人，嘉靖進士，授刑部主事，擢郎中。論囚北直，多平反。出爲永州知府，捐俸創宗濂書院，進諸生日勤考課，更置學田。後監司惡其執，中傷之，坐免歸。"

蔣春生《重修宗濂書院記》："永舊有東山書院，久圮。嘉靖庚申，巡撫陳公仕賢，移文建復郡守劉公格，乃率教授秦紹益，定卜于郡學之後，未果。建壬戌，黄公翰來守茲土，適巡撫徐公南金、文宗楊公豫孫，再申前議，且以'宗濂'名額。黄公乃捐俸佐費，不半載而美成焉。爰選士會課，日切劘其中。歲甲子，與計偕者三人，諸士謂盛舉，不可無記，屬余記之。余也涵濡于濂溪道化之中，敢繹宗濂之義，爲諸士勖，可乎？歷考書院建置固多，而惟四書院稱盛然。其所以得名天天下者，嵩陽、睢陽會靈中土，岳麓、白麓拱秀衡廬，而過化開來，寔以人重，士瞻其地，有遺思焉。後之人景前獻，抱靈輿，經紀而表章之，所謂靈傑攸萃，美盛並傳，宜非他郡比也。惟茲書院，面九疑，背負衡岳，嵛峰列翠，瀟湘環碧，高爽聳特，偉哉，蓋一郡托秀矣。且舂陵，永屬，而濂溪，夫子所産也。彼寓賢過化，尚起繹思，矧故里流風，尤便私淑。諸士披圖玩旨，主静敬修，志伊學顔，期光前哲，得無高山仰止之思乎？此'宗濂'之所由名，而亦監司郡守期爾諸士之意。"見隆慶《永州府志》卷八《創設上》、康熙《零陵縣志》卷十二《藝文中》、道光《永州府志》卷四《學校志》。

黄廷聘《重修永州儒學記》："永州建學仍舊址，在高山之麓。嘉靖丁酉，培其堂而上。歲庚申，郡守劉格，

乃命教授秦紹益，爲之增築，以甈櫺星，左樹牌坊，以代儀門之制。復前市居民之地，東西樹牌坊各一，以紀歷科鄉會姓名。周遭甃石，剷攲增凹，悉歸平直，較前規始漸盛矣。繼而黄公翰來，尤爲加意。凡啓聖、濂溪、鄉賢、名宦諸祠，敬一、尊道諸亭，舉加修葺。至於堂廟、門廡、齋舍、□□，不撤舊求新，而學始焕然改觀焉。”見隆慶《永州府志》卷八《創設上》。

黄翰《祭柳侯文》：“世傳不朽，文學辭章。惟公之文，駕韓蹴張。雄深雅健，實比子長。民思無斁，政事循良。惟公之政，祖襲述黄。深仁遺愛，實比甘棠。孔門四科，達者升堂。公兼得之，光於有唐。天才俊偉，議論慨慷。交口薦譽，名聲益彰。要路立登，臺省翶翔。擢列御史，拜尚書郎。時將大用，器博難量。譬如八駿，奔逸康莊。追風掣電，萬里騰驤。亦如利器，鏌鋣干将。直視無前，其鋒孰當。不慎交友，玷於韋王。群飛刺天，讒口如簧。一斥不復，困於三湘。譬如鸞鳳，不巢高岡。棲之枳棘，六翮摧傷。亦如巧匠，睥睨觀旁。縮手袖間，善刀以藏。一麾出守，惠此南方。龍城雖遠，毋敢怠荒。動以禮法，率由典常。公無負租，私有積倉。居處有屋，濟川有航。黄柑緑柳，至今滿鄉。修夫子廟，次治城隍。農歌於野，士歌於庠。孝弟怡怡，弦誦洋洋。生能澤民，死且不亡。春秋享祀，旱潦祈禳。四百餘年，血食不忘。幼學公文，久服餘芳。遺風善政，凛若冰霜。目想英靈，如在其傍。桂酒清旨，肴蔬雜香。拜獻無詞，公其來饗。”（見《柳河東集》附録。）

黄翰《永州太平寺上梁文》：“伏以中國有聖人，咸頌無疆之壽；西天傳活佛，丕昭普度之仁。寶刹宏開，闡法流聞於精室；琳宫明啟，祝釐載卜於名區。經營恊人鬼之謀，光復嚴天澤之分。信惟奇遘，普結良緣。蓋聞先天啟聖，總持玄旨。領禪宗隨地宅幽，指示群迷歸覺境。妙因良果，開法藏於輪迴；陰報陽施，濟苦海於杯度。洩乾元秘奥之術，與聖同功；堅舉世從善之心，惟皇錫極。眷兹芝城之勝地，永爲護國之禪林。瀟水合枝，流勢若朝宗北注；湘山衍地，脉象從蜿蜒西來。萃南維祝融之高明，鍾三湘九疑之清淑。神依吉土，合萬衆以傾心；佛降名山，卜一人之有慶。息壤永鎮，乾以清而坤以寧；静院會靈，山則環而水則遶。遠参群玉，如同拜舞之儀；近對通衢，咸識會歸之所。百年傳香火之盛，累朝衍法駕之臨。紅旭東升，馥郁青蓮開寶座；彤雲北拱，欝葱紫氣藹蓬萊。鶴馭已降於千齡，凫趨永會於同軌。云胡梵宇，併入藩宫。坐移三寶之尊，曷稱一方之仰。毁臺爲囿，知聖靈之匪安；易殿以朝，抑儀文之大陋。奥稽故牒，太平爲祝壽之宫；載考豐碑，龍興豈私邸

之所。神假子力，天牖其衷。爰闢弘規，復三千之法界；式增華構，布五百之功緣。蓮宇焕新，佛教卜重光之兆；鸞驂夙御，漢官忻再覩之儀。謹諏吉以迎梁，俟美成而塑像。瞻天有地，臣子之心始寧；仰佛有靈，神人之和斯恊。會千僧而衍法，上乘歸依；合百辟以來儀，下觀丕式。日月永以之並耀，川嶽若增其高深。翰等，叨官兹土，荷神明之默成；快覩軿幪，羡祥光之遠迓。爰同堂燕之賀，永冀靈鷲之安。用綴梁文，録付匠氏。梁之東：寶樹光迎瑞日紅，西竺崐崙同法照，大明一統鎮寰中。梁之西：垂虹長卧枕愚溪，淨土西軒司馬筆，雄文長借護璇題。梁之南：九疑遠應重華巖，敬薰舞羽淳風在，慧度還應淨漳嵐。梁之北：息壤傳是藏經宅，連棟千倉更萬廂，蓮花散作蒸民粒。梁之上：北極一星羅萬象，舍利光芒燭上坦，佛靈永護堯天蕩。梁之下：霧爇金爐迎鶴駕，有時趨走列鵷行，鈞天樂奏同韶夏。伏願上梁之後，幽明交暢，率普咸寧。朝禮暮參，擅越擁從雲之盛；文趨武拜，冠裳沾湛露之恩。佛光燭聖壽以天長，國祚護山門而日永。蓮王道遵王路，會歸皇極，而永戴堯天；拔衆普慶，衆生咸籍大慈，而同趨福地。”見隆慶《永州府志》卷十七《外傳》，并云：“太平寺在太平門内正街北，即唐龍興寺。宋元豐四年更名太平寺。國朝嘉靖間，寺廢。隆慶元年，郡守黄翰、史朝富相繼復其故址，重建爲寺，以爲習儀之所。”

# 隆慶元年吴文華《同郡守史節之鄉丈游此因賦》詩刻

## 釋　文

巖洞當湘勝，招携有美人。流泉與惠政，並作楚江春。江棹從來往，幽巖自古今。留題多白石，半爲緑苔侵。

隆慶元年二月，閩連江吴文華同郡守史節之鄉丈游此因賦。

## 考　證

詩刻在朝陽巖道遙徑，以崖壁崩落，僅餘一角，"當湘勝招携"、"泉與惠"八字，楷書。殘石高 50 公分，寬 30 公分。

光緒《零陵縣志》卷十四《藝文·金石》著録，題"吴文華詩"，注："右正書，九行"。"惠政"誤作"德政"，"閩連江"連上誤作"二月閏"。今按詩刻，本作"惠政"，"惠"字从"田"，寫作"恵"。又檢《明穆宗莊皇帝實録》，隆慶元年二月丁亥朔，隆慶元年三月丙辰朔，无閏二月，字當是"閩"。

茲據光緒《零陵縣志》補詩句及標題，據詩刻改"德政"爲"惠政"，改"閏"爲"閩"。

嘉靖四十二年（1563），吴文華任湖廣按察司提學僉事，領提學道，有聲譽。嘉靖四十五年（1566）任廣西提學副使，次年即隆慶元年（1567），當是赴任廣西，路經永州，遊朝陽巖，永州知府史朝富同遊。

吴文華爲福建連江人，史朝富爲福建晋江人，故詩題尊稱"鄉丈"。

史朝富有隆慶元年丁卯仲春"尋源"榜書，又有朝陽巖詩二首，詳下。

吴文華又有浯溪詩二首："乘春到水涯，巖壑競幽奇。禹蹟何年鑿，虞山

是處疑。湘蘭堪共偶，嶺桂託遙思。未惜留薄力，猶從水鏡移。”“城市一江分，翛然絶世氛。鳴空宜鳳侶，入座有仙群。瀉玉通雲竇，題詩破蘚文。賞心殊未極，松際澹斜曛。”見隆慶《永州府志》卷七《提封》。

吴文華，號小江，字子彬，晚號容所，福建連江人。官至南京兵部尚書。著有《督撫奏議》、《留都疏稿》、《濟美堂文集》、《濟美堂後集》及《讀史隨筆》。書法有名，有遺墨草書《千字文》帖傳世。

《明史》有傳，云：“吴文華，字子彬，連江人。父世澤，府江兵備副使，有威名。文華舉嘉靖三十五年進士，授南京兵部主事。歷四川右參政，與平土官鳳繼祖。四遷河南左布政使。萬曆三年，以右副都御史巡撫廣西。討平南鄉、陸平、周塘、板寨猺及昭平黎福莊父子。偕總督淩雲翼征河池、咘咳、北三猺。三猺未爲逆，雲翼喜事，殺戮甚慘，得蔭襲，文華亦受賞。遷户部右侍郎，請終養歸。起兵部右侍郎兼右僉都御史，仍撫廣西。遷總督两廣軍務，巡撫廣東。進右都御史。會巡撫吴善、總兵呼良朋討平嚴秀珠。岑崗賊李珍、江月照拒命久，文華購擒月照，平珍。尋入爲南京工部尚書，就改兵部。引疾去。仍起南京工部，力辭，虚位三年以待。卒，年七十八。贈太子少保，謚襄惠。”

葉向高《容所吴公行狀》：“南京兵部尚書容所吴公卒於家，两台使者疏聞大概，稱公純德名臣，恤典宜備。厥嗣太學君将以得請之日葬公，乞銘於鴻筆，而以小子高爲公門下士，使具狀焉。小子自蚤歲辱公非常之知，得藉手而狀公，甚幸。公諱文華，字子彬，别號小江，晚更號容所。先世自光州固始入閩，居岊山。始祖贇，爲施州守。再傳士興，徙漣江，遂爲漣江人。士興數傳，至寅，訓導太平。訓導生處士公瑲，處士生廣西按察司副使公世澤。公以右都御史秩满，處士、副使皆贈如其官。副使娶贈夫人陳氏，生公。公十七補諸生，即爲督學錢塘田公所器重。嘉靖乙卯，舉于鄉。明年，第進士。當授北曹郎，以母便養乞南，得兵部。適三殿工興，内璫主進顔料，牒所司具舟三百艘。公裁其半，璫怒甚，脅以危言。公徐應之曰：‘中貴人欲多索舟，爲市販地耶？夫使舟不任載者，責在郎；使舟任載而故爲逗留以乏上供者，責在中貴人。’璫無難，逡巡去。是後凡進奉舟，皆損其數，所省郵傳金錢無算。頃之，景藩之國，道留都復，當具舟，藩邸從人横甚，道路苦之。時公已徙督草場，他郎在事，莫敢任。尚書以屬公，公代綜其役，事事洽辦。間謁王傳，與約：‘非王命而私要索者，請治其罪。’傅唯唯，一夕而去，無嘩者。其督草場，屬振武營變後，尚書創前事，多所假借。卒有訴增租者，即爲奏

減，報可矣，公得檄持不下，曰：‘此其地固昔瘠而今腴，昔幹没而今受賦者也。税額有定，何可更？且此曹驕，宜裁以法。曲法以長驕，憂無日矣。’尚書不能從，未幾去，公從臾代者，疏請如舊制，乃已。居南中六載，才名蔚起，爲諸曹冠。”

“癸亥，晉湖廣提學僉事。端模範，絶請托，士子相慶得師。初抵任，業迫試期，公疾走列郡，晝夜校閲，所衡隲錙銖不爽，楚人至今稱賢學使，則云‘前喬後吴’，喬者關西喬公世寧也。乙丑，晉四川參議，分部上川。南武定叛酋鳳繼祖者，滇部也，逃入蜀界，两省合誅之，連歲不能得。用公方略，乃就擒。天全招討副使楊時譽，以承襲爲招討使，高定所困，相仇殺，久之，邊境騷然。公檄諭二酋，咸悔懼，因代時譽請两台，俾得襲事，遂解。明年，晉廣西提學副使。其教粤士如楚，而以粤俗樸，開誘爲詳。己巳，晉山東參政，歸里中省侍太夫人，留連踰歲乃履任。屬藩臬乏人，公兼攝數篆，督儲清戎，課吏折獄，咸咄嗟辦。中丞真定梁公服公幹局，特疏薦諸朝，有‘貞勤忠亮’之語，人以爲核。踰年，晉按察使，仍山東。隨晉江西右布政使，釐正賦役十餘事，衆咸便之。歲癸酉，比士，公職之，調總校《易》《禮》二經，所收士皆知名。其冬，晉河南左布政使。以扶侍歸，未抵任。適大計群吏，天子修曠典，旌治行異等者二十有五人，公爲之首，璽書金幣下。大梁士林豔之，大梁故苦藩禄，計畫罔措，公至則酌盈虚，嚴出納，禁羨耗積逋，盡輸諸宗，胥藉以給。先是，詔祀革除諸臣，有司寢未舉，公慨然曰：‘此褒忠盛典也，胡可緩！’檢《汴志》，得鐵公鉉等五人，建祠祀之。又下檄修太昊陵，及浚復南陽水利，它興革甚衆，皆持大體，務裨益於民。乙亥，晉應天府尹。在汴所，積羨金萬餘，藏吏具籍進，請納行李，不則牘而白之臺使。公不應第，以籍授代者，充公帑而已。其廉不近名如此。去之日，宗藩及汴人扶攜造送，至車軏不得行。途次，晉右副都御史，巡撫粤西。”

“粤西方旱災，流亡載道，公疏請賑恤，不待報已先發廩庾矣。仍令人齎帑金乞糴鄰省，稍仿常平法給散。募民能墾荒者，予牛，具種子，地利益辟，饑而不害。已，乃核田賦，均驛傳，飭兵戎。疏設昭平縣，建養利州學，割武緣縣屬之思恩，移兵備於鬱林，增河池同知，經略種種，足規永利。六平寨猺突出爲患，公檄參政陳應春剿平之，擒斬三百七十級。昭平賊首黎福贓父子，聚衆剽掠，執孝廉歐鳴鑾索贖，聞公至，懼釋之，公佯爲不聞。會督府征師討羅旁，兵盡東，公陰留三千人，屬裨將韓文啟掩擊之，斬福莊，乘夜攻下五指、白冒諸峒，斬一千三百餘

級，俘二百餘人。捷聞，升俸一級，賜金幣。隨招撫餘黨二萬餘人，即其地建營堡二十一，得田二萬六千餘畝，分授新附及諸戍兵。事聞，賜金幣。又以撫降岑溪諸猺功，賜金幣。蓋一歲中論功受錫者三，亦異數也。其後北三功尤奇。北三者，柳州賊巢也。聚黨萬餘人，慓悍，善騎射，號‘剗馬賊’，諸将縮縮，無敢嬰其鋒。公策之曰：‘賊强而負固，宜智取，毋力争。’適河池咘咳有警，公選卒七千餘，俾參将王瑞倪中化往剿。既得捷，即馳檄諸将曰：‘吾名攻河池耳，意固在北三。今河池捷，北三謂我兵疲且休矣，必不我虞，可擊也。’遂督兵分道進，賊果不爲備，連破七十餘巢，斬四千八百級，俘獲稱是。是役也，兵不及萬，費不踰千，因糧於敵，不洽月而蕩累世之巨寇。本兵偉其功，擬策勳告廟，而督府某者，相國私人也，當公舉事時，謀甚秘，督府不及聞，相國欲以爲督府功，度不可，乃薄其賞，僅賜金幣，録一子太學生。戊寅，晉户部右侍郎，以都御史報，满，沐恩如令甲。隨以太夫人春秋高，陳情終養。時相國方奪情，諸言省侍歸養者皆惡聞，縉紳相戒，無敢啟口，公獨觸忌不顧，時論韙之。太夫人聞公歸，喜甚，夙疾爲瘳，再踰歲乃逝。服除，守臣以聞，時相國没矣，台諫交章薦公。癸未，起兵部右侍郎，仍撫粤西。夷蠻夙戢公威惠，境内晏如，獨湘源熟猺苦催科，謀爲變。公檄諭之，遂定。田州酋岑大禄與母梁氏不相能，梁徙避他所，鄰酋合聲罪，欲分其地。公曰：‘此亂階也。’亟諭大禄迎母，歸好如初，覬覦遂息。其年，晉刑部右侍郎，徙左，皆需代，不得行。隨晉右都御史，總督两粤。故事，郡邑吏歲時獻遺，稱觴上壽，靡費不貲，公一切禁絶。幕夫經用，自軍市租及常賦，以奉戰士，其他榷税夷舶所入，有司不敢問，公悉歸諸官，毫無染指。又以其贏代保昌浮糧八十石，民藉以蘇。轅門持戟之士以數百計，强半空名，征其餉充橐。公悉按諸，空名者罷勿餉，其存者以隸裨将，使訓習，宿弊盡除，粤人稱督府潔廉，公爲第一。歲乙酉，淫雨没廬舍，城不浸者三版，民號呼水中。公親乘城，集小艇渡之，發倉粟哺被災者，又請留餘金七萬餘以備蠲賑。虔、吉二郡故行粤鹽，有議奪以予淮者，公疏争乃已，粤人至今賴之。督粤三歲餘，屢有平亂功，其最著者如：平樂營兵叛，公會吴中丞盡殲之；府江諸猺爲梗，檄大帥呼良朋深入征之，捕斬千餘級；懷集賊首嚴秀珠剽掠封川諸邑，公徵兵若爲西討者，以元旦進剿，斬八百餘級。二捷並聞，賜金幣，録一子太學生。倭奴流突海上，發舟師與戰，斬七十餘級，餘悉沉溺死。捷聞，賜金幣。程鄉妖徒劉青山煽亂，公捕其魁七十餘人，寘於法，餘悉就撫。奸民陳

鏡等集衆盜珠，公矜其愚，檄諭散去，獨鏡等拒敵，捕斬四百餘級。二捷並聞，賜金幣。惠州賊巢岑洞者最險遠，王文成平浰頭二十四寨，獨岑洞羈縻撫之。至是，賊酋江月照益恣横肆掠，公分布諸將，先大要害，襲月照，擒之，斬二百餘級。捷聞，賜金幣。瓊州黎出掠，遣將渡海剿之。以訓導林立知兵，使參軍事，斬八十餘級，降九千餘人。羅旁餘孽復出，以兵屬副使鄭人逵捕斬一百餘級，二捷並聞，賜金幣。方公未督粤時，山海諸寇，出没縱横，蹂躪州邑，官軍雖往往小捷，然得不償失。自公在事，遄發遄撲，無使滋蔓。每命將出師，授以方略，輒懸合機宜，往無不克。其所撫納降附，十倍斬馘。尤洞于應變。方珠盜起，有蜚語廣州，主客兵欲叛應賊者，上下皇遽。公不爲動，第移鎮會城，合諸營兵操練，犒賞如平時。密捕海上諜一人，磔以狥，内外帖服。往粤有軍興，輒苦餉，公從容籌畫，寬若有餘，經費之外，積金至十九萬餘，諸節縮供應之數不與焉。海忠介公嘗過治所，顧瞻堂宇，歎曰：'今日方成衙門！'意蓋獨推公也。丁亥，秩滿報績，沐恩如令甲。其年，晉南京工部尚書，粤人爲祠以祀。所削平經畫處，皆磨崖鑱石紀其功。"

"明年履任，即疏請蘆課之久逋，貧不能輸者，及場地之漂没者，咸豁除之。不數月，改南京兵部尚書，參贊機務。南兵驕，又脆不任戰，公畢力振刷，稍稍改觀。會太湖劉汝國倡亂，公念南國根本地，宜周防，乃疏陳六事：練兵、葺械、選鋒、修城、重權、嚴警，皆保障至計。下部議，從其四。天策衛卒以儲饟腐邑，嚻詬主者，公計：'若促治卒罪，且益嚻，或遂階亂；不治則非法。'乃召倉曹諸役及嚻卒渠魁六七人，立庭下，數諸役曰：'士卒寄命於食，典守之不嚴，爾無所逃罪。'叱杖之。卒以公爲己庇也，匍匐謝。公更數卒曰：'彼役誠有罪，爾曹柰何不白之官而遽嘩？在軍令：嘩者死。三尺俱在，爾自圖之。'咸股栗祈哀，公曰：'今姑貸若，薄示懲。'乃痛杖之，徙戍他所，並黜其長，事遂定。中璫有怙權恣睢者，爲言官所劾，上怒，杖言官，公率南九卿抗言，宜治璫罪，宥言者，語甚切。至不報，遂引疾乞休。疏三上乃允，仍令痊日守臣以聞。公既去，而司農上會計狀，獨公節省最多，蒙旨褒録。後詔舉邊才，南太宰餘姚孫公及諸台諫共推轂公，癸巳，起南京工部尚書。朝紳方望公再出，而公一意堅卧，懇辭者四，乃仍以舊秩致仕。"

"家居優遊十載，無疾而終。旬日前，邑人見東方星墜，大如輪，兆在公矣。距生正德辛巳年七月初八日，得年七十有八。公弘厚之德，出於天性。温粹之氣，溢於面目。終身未嘗言人過失，發人陰私。雖卑官下吏，妄有觸

忤，亦笑而受之。其有詿誤，必曲爲掩覆，惟恐有傷。至於提躬履道，則矩矱截然，不爽尺寸。辭受交際，尤爲介特。每仕宦往來，必經會府，公輒從間道，不欲一錯趾公庭。或竿牘相訊，亦絶不及私。親朋有不得已祈請者，輒贈以金，不輕發片刺也。通籍三十年，粹然完節，未嘗有纖瑕寸纇掛人牙齒。當江陵敗，公卿在位者十九波及，獨公先事引去，不入國門，明哲見幾，人莫窺其際。晚年益難進易退，持大臣風節。其以司空再起，相知者更來勸駕，長安貴人貽書相屬，謂公一出則揆端可矣，公俱不答，虚尚書席两載而後得請。蓋於功名之際，真澹如也。在林下，謝絶賓客，蕭然一室。左右圖史，即邑令不得見面。惟懿親數人及門下士最厚者，過訪相接對，爲歡而已。居官無一錢，而席先世遺貲，稍有餘即以佐交遊戚屬之貧窶者。買學田百餘畝給弟子員，建浮圖於邑東，以完風氣。助常平，濬河渠，修橋梁，皆竭力爲之。邑諸生某失令，坐以殺人抵罪，衆稱其枉，賴公乃得白。有舉明經者，耄矣，學使者欲奪其餼，公憐而拯之，皆不使其人得知。介而和，嚴而恕，屏絶干謁，而常爲德於冥冥。没之日，縉紳嗟惜，鄉里奔走赴哭，如私親也。生平寡嗜好，獨詩歌、書法，至老猶習，大得唐晉人三昧。所著有《督撫奏議》、《留都疏稿》、《濟美堂集》，藏于家。配王氏，御史德溢公女，早逝，贈夫人。繼陳氏，封夫人。子三，皆以蔭叙爲太學生。"

"葉生曰：史稱黄叔度，澄不清、淆不濁。韓魏公言及横逆事，則詞益平，氣益和。余心想其人。以今觀公，豈異哉！近世名公鄉賢者多矣，然議者猶不能無得失，獨於公翕如也。豈徒以功業之盛，出處之正，要必有不言而成蹊，聞風而向在者耶！公爲行常畏人知，即家庭不使聞，故多軼不傳。所可得而具論者如此。"（葉向高《蒼霞草》卷十三，又見《國朝獻徵録》卷四十三，題爲《容所吴公文華行狀》。）

乾隆《福建通志》卷四十三《人物·福州府》："吴文華：字子彬，連江人，嘉靖丙辰進士。初任南兵部主事，景藩之國，道留都，藩邸人横甚，文華綜理按治，無敢譁者。出爲湖廣督學僉事，端模範，絶請託，所拔士多至公輔者。轉四川參議，定叛酋鳳繼祖之亂，晉廣西督學副使，歷河南左布政使。萬曆初，旌天下治行異等者二十五人，文華居第一。以副都御史巡撫粤西，覈田賦，均驛傳，飭兵戎，疏設昭平縣，建養利州學，割武緣縣屬思恩，移兵備於鬱林，增河池同知、經略，種種有規。平昭平賊黎福莊父子，即其地建營堡二十一。又連破柳州寇七十餘巢，撫其餘黨，得田二萬六千餘畝。捷上，賜金幣，廕一子，晉户部左侍郎。

以母老乞養，時相國張居正方奪情，文華獨觸忌不諱，再起兵部右侍郎，復撫廣西，擢右都御史，總督两廣，經三載，征平樂叛兵，討懷集流寇，殲海上倭奴，擒盜珠賊黨，搗府江岑峒羅旁諸蠻。先是，山海諸寇出没爲梗，雖間取捷，得不償失。文華多方略，懸合機宜，往無不克，籌畫軍餉，沛若有餘，積金十九萬，歸之有司。晉南京工部尚書，改兵部參贊軍務。南兵驕且詭，不任戰，文華極力振刷，稍稍改觀。會天巢衛卒以儲糧腐浥鼓譟，文華召倉役及黠卒六七人立庭下，數諸役曰：'士卒寄命於食，典守不嚴，爾無所逃罪。'叱杖之，卒以爲庇己，匍匐謝文華，乃數卒曰：'彼役誠有罪，爾不白官而遽譁。軍令：譁者死爾。自圖之。'咸股栗哀祈，乃杖而徙戍之，并督其長，事遂定。疏陳六事：練兵、葺械、選鋒、修城、重權、嚴備。皆保障至計。科臣李沂劾中璫張鯨恣暴，有旨下沂鎮撫司拷究，鯨引疾乞休，文華疏救沂，請治鯨罪，不報，遂乞歸，三疏乃允。起工部尚書，以原官致仕，居家十載，屏絶干謁，徜徉山水間，買學田百畝給弟子員，設義田以賑族之貧者。書法得晉人三昧。所著有《督撫奏議》、《留都疏稿》、《濟美堂集》。卒年七十八，賜祭葬，贈太子少保，謚襄惠。"

雍正《廣東通志》卷四十《名宦志・總督》："吴文華：連江人，嘉靖進士，萬曆十二年由廣西巡撫總督两廣。文華廉潔嚴重，在鎮三年，文武諸将吏無敢載金帛至者。南門之征，有山稅，又有物稅，甚重，差次減之。即私養錢，置不用，藏肇慶、梧州两府，至數萬，比去，留充軍用。其爲治，持大體，務與民休息。嘗作《殘》《墨》二戒，以訓官屬，幕府肅然。曾討平府江懷賀盜，斬首一千八百級，人服其威。丙戌，珠池之役，無賴子弟聚至數萬，聲勢甚張，文華第移鎮廣州，命将陳師海上以懾之，下令有司，諭其父兄，自令解散，没其巨艘三百餘，戮其二三渠首而已。先是，乙酉，東營悍卒以罪被執，遂大鼓譟，挾主将抗有司，後事雖寢，文華曰：'此廣州腹心之疾也，激之則生亂，吾當密除之。'乃調操於端州，防汛於南頭，以分其勢，比閱操廣州，潛得其首惡數人，以犯令戮之，三軍股栗，心知其討前罪也。其威惠並用如此。肇慶大水，蕩民廬産，文華乘城望，咨嗟嘆息，計畫生養，請減明年田租。擢去而民思之，祠於學宮左。歷官南京兵部尚書。"

雍正《廣西通志》卷六十八《名宦・明》："吴文華：字子彬，連江人。廣西提學副使，萬曆初授巡撫。粤西方旱災，流亡載道，疏請賑恤，不待報，先發廩庾，仍乞糴鄰省。稍倣常平法，給散募兵。能墾荒者，予牛種。地利益闢，覈田賦、均驛傳、飭兵戎，疏

設昭平縣，建養利州學，割武緣縣屬之思恩，移兵備於鬱林，增河池同知、經略，種種足規永利。襲擊昭平賊首黎福莊，斬之，乘夜攻下五指、白冒諸峝，斬俘甚衆。隨招撫餘黨二萬餘人，即其地建置營堡，以田畝分授新附，及諸戍兵。又撫降岑溪諸猺，事聞，俱賜金幣。柳州北三，巨寇賊巢也，最慓悍，號剗馬賊，諸將皆憚之，文華策之曰：'賊强而負固，宜智取，毋力争。'適河池咘咳有警，選卒七千餘，俾參將王瑞、倪中化往勦。既得捷，即馳檄諸將曰：'吾名攻河池耳，意固在北三。今河池捷，北三謂我兵疲，且休，必不我虞，可擊也。'遂督兵分道進，賊果不爲備，連破七十餘巢，斬四千八百級，俘獲稱是。未幾以將母乞歸。癸未，起兵部右侍郎，仍撫粤西，復遷總督兩粤，禁絶獻遺，裁節經用，清釐虚餉，而尤軫恤窮黎。平府江諸猺及懷集賊首嚴秀珠、方文華。未督粤時，山海諸寇出没縱横，蹂躪州邑，官軍雖往往小捷，然得不償失。自文華任事，遄發遄撲，無使滋蔓，每命將出師，授以方略，往無不克。尋入爲南京工部尚書，就改兵部，引疾去。卒贈太子少保，謚襄惠。"

民國《連江縣志》卷二十三《列傳》："吴文華：字子彬，號小江，晚更號容所。副使世澤子也。生而弘厚温粹，介特有守，臨事鎮静，多權略。（本葉向高《行狀》）嘉靖三十五年第進士，時年三十六。（據《吴氏譜》）試政吏曹，作志對以進。（詳《雜録》）少宰郭某見而賞之，曰：'此足覘異日事業矣。'（采《嘉慶志·叢談》）授南京兵部主事，遷郎中。遇事敢任，適二殿工興，内璫主進顔料，牒所司具舟三百，文華裁其半。及景藩之國，先後道出留都，牒令具舟，文華已徙督草場，本兵命代綜是役，謁王傅，杜婪索，事事治辦，一夕去，無敢譁者。其督草場也，承振武營變後，卒有訴增租者，本兵慮又潰，立爲奏減，報可矣，文華以爲曲法長驕，持不下。本兵固强之行，未幾，他調去，文華乃從代者疏請，如舊制。（節《嘉志·本慶傳》）居南中凡六年，才望爲諸曹冠。（采《行狀》）癸亥，晉湖廣按察司僉事，領提學道。乙丑，轉四川參議。武定叛酋鳳繼祖自滇竄蜀，兩省會緝，連歲不能得，文華畫方略擒之。天全招討副使楊時譽以承襲爲招討使，所困相讐殺，文華檄諭二酋，咸悔懼，因代時譽，請俾得襲事遂解。（采《墓志銘》）踰年，戊辰，轉督桂學。明年，參魯政。又明年，擢贛藩。萬曆元年，轉河南左布政司，詔旌天下治行異等者二十五人，文華爲之首。（見《明史》）頃之，復敕修太吴陵，建褒忠祠，祀鐵鉉等五人，濬南陽水利，他興革甚衆。皆持大體，務裨益於民。三年，升應天府尹。將之任，途

次，晉右副都御史，巡撫廣西。至是，文華年五十餘矣。（采《吴譜》）廣西方苦旱，文華至，則請賑卹，募墾荒，覈田賦，均驛傳，飭兵戎。又疏請設昭平縣，增河池州同知，建養利州學，割武緣屬之思恩，移兵備於鬱林。嘗自將討平南鄉陸平周塘板寨諸猺，遣裨將韓大啓擊昭平賊黎福莊，斬之，乘勝攻跛五指、白冒諸峒，撫定二萬餘人，即其地建堡二十一，墾田二萬六千餘畝。頃之，柳州北三賊號剗馬者，聚衆萬餘人，與河池賊並起。文華遣將剿之，河池平，即馳檄諸將曰：'吾名攻河池耳，意固在北三也。今河池捷，彼謂我兵疲，必不我虞，可擊也。'遂督兵分道進，賊果不爲備，連破七十餘巢，斬四千八百級，俘獲稱是。是役也，兵不及萬，費不逾千，未浹旬平两巨寇。事聞，本兵擬策勳告太廟，相國張居正欲以爲督府功，度不可，乃薄其賞，僅録一子入太學。尋遷户部右侍郎，請終養歸。時居正方奪情，諸言省侍歸養者皆惡聞，文華獨觸忌不顧，時論韙之。既歸，年餘，丁内艱。服闋，起兵部右侍郎，兼右僉都御史，仍撫奥西。湘源熟猺苦催科，謀爲變，文華檄諭之，遂定。田州酋岑大禄與母梁氏不相能，梁徙避他所，鄰酋欲脅討之，而瓜分其地。文華諭大禄迎母歸，覬覦遂息。（據《行狀》，參嘉慶《志》）逾數年，轉刑部右侍郎，晉右都御史，總督两廣軍務。督轅衛士數百，冒餉者半，文華覈空名者，罷勿餉，留其精壯以隸裨將，使訓習，宿弊盡除。（采《行狀》）在鎮三年餘，屢有平亂功，嘗一歲受三諭錫。（摘《廣東通志》）檄會總兵呼良朋討平府江諸猺，及懷集賊酋嚴秀珠，二捷並聞，賜金幣，又録一子入監。廣州奸民陳鏡等集衆盜珠，文華憫其愚，檄諭解散。鏡尚拒命，因捕斬四百餘級，没其巨舟三百餘艘。方珠盜之起也，有諜報廣州主客兵欲叛應賊者，上下惶恐。文華不爲動，第移鎮會城，合諸營兵操練，犒賞如平時。密捕海上諜一人，磔以徇，内外帖服。先是，東營悍卒以罪被執，遂大鼓譟，挾主將抗有司。文華曰：'此吾粤腹心疾也，當密除之。'乃調操於端州，防汛於南頭，以分其勢。比閲操廣州，潛偵得首惡數人，以犯令戮之，三軍股慄，心知其討前罪也。其威惠並用如此。（摘《廣東通志》）惠州賊巢有岑洞者，最險，遠巢之酋曰李鑑，其謀主曰江月照，尤獪黠。鑑死，其子文彪繼之。無何，文彪又死，月照妻其妻而子其子，威餤逾於文彪。文華選卒阨要隘，復購旁寨，縛月照至，月照道仰藥死，致其屍，餘寇李珍等由間道遁入贛，尾繫，大破之，没入賊田幾五千畝，以予屯卒。桶岡四寨瓊州諸黎亦以次平。又以訓導林立知兵，使參軍事，撫降九千餘人。餘孽復出，屬副使鄭人逵追捕，盡殲之。

（摘《廣東通志》）當是時也，兩廣山海諸寇出没，蹂躪州邑，官軍雖往往小捷，然得不償失。文華命將出師，授以方略，輒懸合機宜，往無不克。其所撫納降附，十倍斬馘。粤自軍興，恒苦餉，文華從容籌畫經費，外積羡金十九萬，歸之有司。先是，文華卸汴藩，時積羡金萬餘，藏吏具籍請納行李，否則以白臺，使文華第以籍，授代者，充公帑而已。其廉不近名類如此。（參《福建通志》）去粤日，粤人爲祠以祀。所削平經畫處，皆摩崖鑱石紀其功。海忠介瑞嘗過治所，歎曰'今日始成衙門'云。（采《行狀》）萬曆丁亥，召拜南京工部尚書，未數月，改兵部，參贊機務。南兵驕脆，不任戰，文華篳力振刷，疏陳練兵、葺械、選鋒、修城、重權、嚴警，凡六事，上嘉納之，下部議行其四。（采《行狀》）天策衛卒以儲饟腐浥，嚻詬主者，文華召倉曹諸役及嚻卒渠魁六七人，俱集庭下，叱倉役，杖之。卒以爲庇己也，匍匐謝。文華亟數之曰：'彼役典守，慢誠有罪，爾曹胡不白之官而遽譁？在軍令：譁者死。'衆乞哀免，乃痛杖卒，徙戍他所，並黜其長，衆始帖然。（見《金陵雜志》）後三年，庚寅，御史何田光等（《嘉慶志》作'出光'）交章劾太監張鯨（《明史》作'經'），上皆不聽。給事中李沂至觸上怒，受廷杖。文華率南九卿請罪鯨而宥言者，上亦不聽，遂引疾去。疏三上，乃允。（采《吴氏譜》）未幾，詔舉邊才，臺閣交薦，仍起南京工部，力辭，虚位三年以待。退居十年，以萬曆戊戌秋卒於里第，壽七十八。贈太子太保，謚襄惠。（采《嘉慶志》）文華廉而不劌，遇事不衒多才。起甲科，尤精校士。督楚學時，所識拔士多至公輔，楚人稱賢學使，有'前喬後吴'之目，喬謂關西喬世寧也。及致仕歸，買學田百餘畝，以給諸生，事詳《學校志》。生平寡嗜好，獨詩歌、字法，老而尤習。其文學亦一時冠冕。著書五種，詳《藝文志》。子三：承熙、承照、承烈。（采《吴譜》）熙、烈皆以蔭仕，熙自有傳。（《通志》入《列傳》）"

《粤西文載》卷六十六《傳·名宦》："吴文華：字子彬，别號小江，連江人，嘉靖丙辰進士，累遷廣西提學副使，以粤俗樸，開誘爲詳。萬曆間以右副都御史巡撫粤西，方旱災，流亡載道，公疏請賑恤，仍令人齎帑金乞糴鄰省。稍倣常平法，給散募民能墾荒者，予牛具種子，地利益闢，饑而不害。已乃覈田賦、均驛傳、飭兵戎，疏設昭平縣，建養利州學，割武緣縣屬之思恩，移兵備於鬱林，增河池同知、經略，種種足規永利。六平寨猺突出爲患，公檄參政陳應春剿平之，昭平賊首黎福莊父子聚衆剽掠，執孝廉歐鳴鑾索贖，聞公至，懼釋之。會督府徵師討羅旁，兵盡東，公陰留三千人，屬裨將韓文啟掩擊

之，斬福莊，乘夜攻下五指、白冒諸峝，隨招撫餘黨二萬餘人，即其地建營堡二十一，得田二萬六千餘畝。柳州賊北三，聚黨萬餘人，慓悍善騎射，號剗馬賊，諸将無敢嬰其鋒。適河池咘咳有警，公選卒七千餘，俾參将王瑞、倪中化往剿，既得捷，即馳檄諸将曰：'今河池捷，北三必不我虞，可擊也。'遂督兵分道進，連破七十餘巢。戊寅，晉户部右侍郎，隨以太夫人春秋高，陳情終養母。再踰歲乃逝，服除，起兵部右侍郎，仍撫粤西。湘源熟猺苦催科，謀爲變，公檄諭之，遂定。田州酋岑大禄與母梁氏不相能，梁徙避他所，鄰酋合聲罪，欲分其地，公亟諭大禄迎母歸，好如初，覬覦遂息。隨晉右都御史，總督两粤，故事，郡邑吏歲時獻遺，稱觴上壽，靡費不貲。公一切禁絶，幕府經用，自軍市租及常賦以奉戰士，其他榷税夷舶所入，有司不敢問，公悉歸諸官，毫無染指。又以其羸代保昌浮糧八十石，民藉以甦。轅門持戟之士以數百計，强半空名，征其餉充橐，公悉按諸空名者，罷勿餉，其存者以隸裨将使訓習，宿弊盡除。歲乙酉，淫雨没廬舍，城不浸者三版，民號呼水中，公親乘城集小艇渡之，發倉粟哺被災者，又請留餘金七萬餘以備蠲賑。虔、吉二郡故行粤鹽，有議奪以予淮者，公疏争乃已，粤人至今賴之。"

王世貞《御史大夫連江吴公平嶺西前後功志》："前是吴公以御史中丞撫嶺西，而嶺東西無不被寇者。當是時，御史大夫淩公以十萬衆蕩平諸巢穴，而獨以西寇屬公。公練卒蒐乘，廣儲蓄，申賞罰，轉怯令勇，因形爲勢，寇已歷歷堕股掌間。而會諜得昭平三屯最强，而孽最甚，即勵将士捲甲而趨，大破之，窮追出其背，鹵斬渠酋以下千三百七十餘級，俘血屬三百有奇，牛馬糧仗稱是。捷上，加禄一等，錫金幣優。已，北三河池咘咳諸寇復叢起，公議先其急者，選将士分道襲擊，復大破之，制其腑，鹵斬渠酋以下四千八百餘級，俘血屬三千二百有奇，牛馬糧仗蓰於前。捷上，詔録一子入胄監，錫金幣差次之。而公已八爲右司徒矣，未得代，丁内艱去。當公之破賊時，輒行視要害，立城邑民人，其良者而儲胥之，俾專精其力於南畝，畫賦給役，比於中土。天子時時心念：'一卿士能寬我南顧憂，今者安在？'蓋甫服除，而太宰以全嶺之大帥請，即進公御史大夫，盡護嶺東西，諸将吏民一切得便宜從事。於是嶺西之諸将吏民懽欣鼓舞，若離乳之赤子復歸父母之懷，而其威德之所流聞，則嶺東之人望公亦若望歲。公至，而士飽馬騰，将吏覬勳，唯敵是求。公曰：'不穀拜天子之命綏靖，若曹不可究武，姑以時消息。'久之，府江之大桐江猺起，與平樂、昭平、永安、荔浦猺獞，而抄略行旅，剽虔廬畜，浸淫及遠。衆議大

征，公曰：'大征費鉅，莫措也。且示之聲，迫使匿也。'潛分兵爲四哨，屬文武大吏将之，凡十餘戰，躪其穴百十餘處，鹵斬酋渠以下千餘級，俘血屬百有奇，撫而即業者五百餘家。而亡何，金鵝、松栢、深埇等寇復繼起，公即移師合嶺東之勁爲五哨，分道掩擊，復破之，鹵斬酋渠以下八百餘級，俘血屬二百有奇。先後捷上，詔録一子入冑監，錫金幣如前。蓋聞之：嶺東之地沃饒，而其三垂迫於閩粤，及西南諸水國，無所不通道，是故利在海，而害亦在海；嶺西之地墝埆，深巖大壑，箐棘毒瘴，徃徃而是，自職方之圖益闢，而與猺獠接，其人皆喜亂，不憂死，勝則蝟集，敗則鳥竄，是故利不在山，而害在山。嶺東之害故驟定無論，國家之於猺獠，取羈縻而已，間不勝其擾，一搜捕之，然亦僅僅取懲艾，雖以韓襄毅之果，王文成翁襄敏之算，亦不能盡快其志。自隆、萬之間，執政者始務以威勝之決筴除勦，於是淩公與前後大帥殷、劉諸公皆極其兵力，不避鏌耶之憯，而賊之授首於鋒鏑者十已八九矣。公之佐諸公，當右臂時，其兵力不隃勝賊，乃能鼓其所不足，而鹵斬恒過當。及其繼諸公爲大帥，其兵力數倍賊矣，顧必抑其所有餘，而鹵斬若稍不稱，捷亦不時上，公豈不愛肘金横玉之報？顧上以節縣官之帑，而下以惜生人之命，其愛有甚於肘金横玉故也。語云：'霜雪之後，必有陽春。'吾茲爲嶺右稱休矣。召穆公之詩曰：'矢其文德，洽此四國。'公豈不亦仁人長者哉！公故與余知交，而中表陸生某御公德，自嶺歸，而以事狀授余，余爲之叙其略如此。陸生倘以示公，則爲我併告公：'公今政成，且入輔矣，即有代者，願以班定遠之語任都護者語之也。'公吴姓，名某，嘗視學其地，有賢聲。當二千石吏治時，爲天下最，拜璽書、金帛之賜云，不獨以武功顯。萬曆丁亥正月。"（《弇州續稿》卷一百四十一，又見《粤西文載》卷三十五，題爲《吴中丞平嶺西前後功志》。）

孫成名《奇功膺錫序》："萬曆六年春，大慶禮成，粤右馳奏，捷音適以其期抵闕下，懷柔震疊，皇靈丕赫，鑠哉盛矣。中丞吴公握算授畫，坐收全勝，殊偉踔絶。余奉命按粤柳慶之墟，覩其生聚蕭然，輒爲之頓轡慨息。蓋北三諸巢，獷狎恣睢，爲石江積患，已百有餘年於茲矣。異時秉鉞者，非不欲決筴殲之，顧疊嶂攢巒，懸崖峭壁，元凶大憝，蟠結株連，必什圍伍攻，始足以制其死命。而粤自比歲，甫舉古田，旋戡懷洛，不無事矣。瘡痍未瘳，輒勤徵發力，疲費詘民，胡以堪？矧諸巢距邑治密邇，胥正吏卒，什九爲耳目，少露其謀，俾得先期爲備。無論扼阻憑危，急不擇死，即力不能支，挈妻孥，橐糗糒，屏迹潜蹤，而以空巢委

我，将徒勞與費，而竟無益於滅賊。賈勇之夫，矢謀之士，所爲逡巡而却盼也。公初延衆，諸老於其土者，率以爲落落難合，禁莫發一語。公曰：‘調瑟者不膠柱，起疴者不泥方。賊誠未易圖，然恃險不吾虞，正可計破耳。’時諸州土兵例當更戍，公分爲數哨，東撲㖞咳，西剪河池。賊偵聞兵集，頗懷疑懼。既審爲更戍，又業有所動，度必不能以弩末穿縞，遂嬉不爲戒。我兵乘勝疾趨，窮晝夜馳數百里抵巢，始相顧愕駭，皇窘莫知所竄，束手就殲，靡有遺者。蓋公曩歲平府江，其所爲籌略，亦類此。府江之役，以羅旁爲先聲，而出其不虞，以入五指。右江之役，以河池㖞咳爲先聲，而出其不虞，以取北三。其未發也，如鷙鳥之将擊而匿其形；其方發也，如迅雷之震而不及掩耳，其發之必效也，如郤批窾導而奏刀騞然莫不中者。嗟嗟亦奇矣！由昔西粤用兵，宋邕州國朝斷藤峽最其著者。邕州兵二十萬，斷藤兵十六萬，皆竭數道之力，糜累歲之積，誅鋤雖無算，而所捐亦僅相償。是役也，獲功千計，搗巢百計，而兵不満萬餘，費不踰千金，壑薙林蒐，傾摧摇憾，而耕饁貿遷，自業於廛肆阡陌，難易勞逸相遠，奚啻什百也？公在鎮三載，黜浮沉，蠲逋負，拊疲摩瘵，嘉惠元元。其廑念注思，惟急於調護元氣，培養命脈。不得已而用兵，規便擇利，計出萬全，非僥倖博勝，蘄以聲稱，自衒者也。奏捷一疏，詞簡事核，不欲少有所浮，以見爲誇詡。沖懷雅度，岳負海涵，世所須社稷器，公非其人耶！聖天子頒殊渥，答元勲，錫典馹，蕃寵光，舄奕結，知托契，亦千載一時矣。行将入贊左右，對揚王休，以宣令聞於不已。區區邊鄙，何足久煩經略哉！余不佞，敬歌遄歸之雅以俟。”（《粤西文載》卷五十二，又見雍正《廣西通志》卷一百十《藝文》。）

葉春及《石洞集》卷十一《吴文華傳論》：“吴公廉潔，與其家處默，頡頏嶺海之間，稱‘二吴’，不虚哉！武節，處默猶有慙德，而吴公亦不欲竟善哉乎！王元美之推言之也，曰：‘吴公當右臂時，其兵力不隃勝賊，乃能鼓其所不足，而鹵斬恒過當。及其繼諸公爲大帥，其兵力數倍賊矣，顧必抑其所有餘，而鹵斬若稍不稱捷，亦不時上。公豈不愛肘金横玉之報？顧以節縣官之帑，而下以惜生人之命，其愛有甚於肘金横玉故也。’語云：‘霜雪之後，必有陽春。’吾茲爲嶺右稱休矣。召穆公之詩曰：‘矢其文德，洽此四國。’公豈不亦仁人長者哉！”

傳記又見過庭訓《本朝分省人物考》卷又七十、張萱《西園聞見録》卷十一。

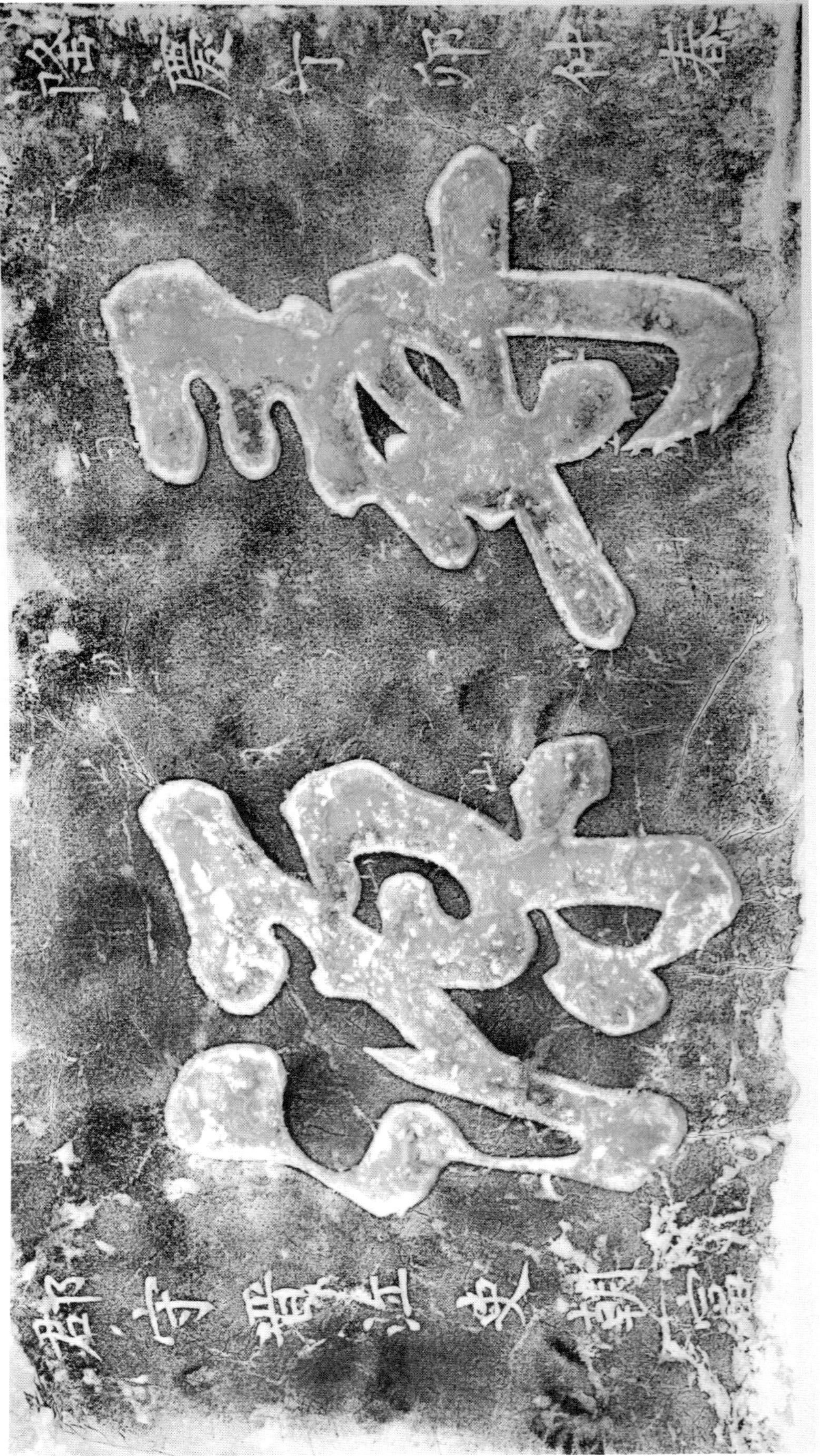

# 隆慶元年史朝富“尋源”榜書

## 釋　文

隆慶丁卯仲春

尋源

郡守晋江史朝富。

## 考　證

榜書在朝陽巖下洞洞口上端，高37公分，寬69公分。

《零志補零》卷下著録：“‘尋源’二大字，‘隆慶丁卯仲春，郡守晉江史朝富’。”注：“此石乃磨舊碑而刻其上，猶約略存‘洞中’、‘江窟’、‘烹鮮’、‘聞鳥’十餘字，可惜。”

宗霈所見磨去舊碑十餘字猶隱約可見，其詳無考。

史朝富有朝陽巖詩二首。

其一云：“一徑水之涯，尋幽此最奇。帷開山鳥會，騶散野僧疑。妍草自春色，輕煙欲暮思。清尊意未極，徙倚綠陰移。”見隆慶《永州府志》卷七《提封》、康熙《零陵縣志》卷十三《古今名賢詩》、道光《永州府志》卷二上《名勝志上》。

其二云：“溪山一望分，春半氣氤氛。入壑宜泉響，穿林過鹿群。徑廻紆使節，崖剩待題文。幽賞行龍再，千峰送落曛。”見隆慶《永州府志》卷七《提封》。

史朝富，字節之，號禮齋，福建晉江人，嘉靖四十五年（1566）任永州府知府，在任五年，至隆慶六年（1571）由王俸接任。著有《考正大學古本》，編纂《永州府志》等。

乾隆《泉州府志》卷之四十八《循績》：“史朝富：字節之，號禮齋，晉江人。嘉靖丁酉年二十一，與其兄朝宜同

舉於鄉榜，名節之，更今名。癸丑，復與兄並第進士，授永康令。邑無城，而倭難劇，屯仙霞嶺，且闖金華，道胥江歸海，距邑三舍，或勸避之，朝富不可，率民兵數千至境上禦之，部分而行，黄教官亦從，倭果疑不敢下，由東陽取小道去。狼兵數千，索餉驕悍，主者方坐堂皇，狼兵湧至，露刃坐側，衆懼，朝富從容諭曰：‘若無譁，安有使若枵腹赴敵者。’顔色自如，餉旋給，散去，人服其器度。丁内艱，起除六合，平易近民。會景王分封過境，供億不如意，輒窘令。朝富處置有方，王舟不泊江，徑揚帆而過，地方省徵費數千。遷懷慶同知，適兄朝賓僉憲河南，當引避，改岳州。有盜掠臨湘帑，衆咎筦庫者，捕覈，得藏金七十鎰於婦褌中，父子四人論死。朝富覆覈之曰：‘此非官帑物，金色殊劣，似民家販麻苧所獲者，捕急，謾藏之，故生疑耳。’得從末減。署郡篆，與民休息，衙齋不扃。先是，殿工興，購大木，值踊甚，比工竣，猶存值三千鎰未發，商請給，不聽，匄藩司判給，又不聽。椽爲之言，朝富曰：‘工興需木，商故昂其值，岳居上游，給最先，商欲飽矣。今未給者，皆非商有，毋乃欲官吏叢分而溷我耶？’椽叩頭請罪，遂籍之，藏以待覈。其後上賦有不明者，役委之郡，藩司曰：‘史岳州給商銀數千，有藩司判行而不染，反利此耶？’遷南車駕員外，擢武選郎中，出知永州府。立法興制，考古右文。築江華城，改軍餉折色，石六錢，以四與軍，而以所贏之二爲建城費，不需官民一錢。永好訟，動以殺命劫財相傾，冤或不白，而黠者幸脱。朝富嚴其出入，十餘年之案得平允。俞將軍大猷征粤苗，苗奔，巡察調兵五百戍之。朝富曰：‘未見苗而屯兵，夫先自擾也。’却之去，苗亦竟不來，省齎糧無算。在郡三載，綱舉目修，閑爲諸生談説經藝，士争向學。永郡有仕吏部司功者，方貴，啖其父入府拜太守，車當門，朝富抶其輿人，吏部恚甚，將以事螫之。或乘間語曰：‘永民則德公矣，貴人不釋憾也。願公厚金帛存問貴人父。’朝富曰：‘吾寧以金帛投擲江水中，不與貴人父也。’竟以疾乞歸。臨行，而東安置局征商之議起，朝富力言其不可，謂東安疲邑，土出苧絲菽麥，商人逐什一之利，藉得資生。局開則税重，税重則利薄，而商不至，土民大困，事遂寢。歸而論學歌詩，考正《大學》古本。年九十卒。”

道光《永州府志》卷十三《良吏傳》：“史朝富：福建晉江，進士，嘉靖末知永州府。爲政有體，詳而不苛，修《府志》，未竟，以病歸，士民惜之。嘗作《黄溪廟祀》，辨其非黄蓋、王莽，而正溪神之祀，洵正論也。”

史朝富在永州，有惠政。

史朝富重建江華縣城。

隆慶《永州府志》卷八《創設上》：

“江華縣，舊土城。守鎮千户所，亦土城。在縣北一里許。天順二年，守哨都指揮高昱以縣所異處，難以保障，欲併爲一，奏聞，允之。天順三年，撫按親詣會勘，将移所就縣，則地勢卑下，慮有水患；欲遷縣就所，則土高地燥，慮有旱涸。後得地名黄岡遷縣所，併城之，副使沈公慶督修磚城，高一丈，闊五尺，周圍三百六十丈，門樓三，串樓三百五十，濠塹三百六十丈，東南北三門。今塞北門真武樓鎮之，自後猺寇連年，臨城剽掠。隆慶元年，知府史朝富建議增築新城二百二十九丈，高一丈七尺，面闊五尺，門樓二，圍城外居民於内，民以安堵云。”

雍正《湖廣通志》卷十六《城池志·公署》：“江華縣城：舊築土城，明天順六年始砌以石，覆以串樓，立東、西、南、北四門，周三百六十餘丈，高一丈，廣八尺。成化間苗警，塞西北二門。嘉靖間，知府史朝富增修外城。隆慶二年，知縣蔡光廣城之東南二百三十五丈。萬曆十一年，知縣江光運復廣西北二百六十丈，開西北一門，周八百五十五丈，廣一丈五尺，池深五尺，潤七尺，門各有樓。”

同治《江華縣志》卷二《建置·城池》：“舊治在東山北，陽華巖南，無城池，環築土牆。明天順六年，都御史吴澄巡縣，令移置於西北五里黄頭岡，包砌以石，覆以串樓，立東、南、西、北四門，上建重樓，周圍三百六十餘丈，爲女牆高五尺，厚八尺，濠三百一十丈，廣七尺，深五尺。成化間，居民稀少，猺賊時發，因塞西北兩門。嘉靖間，苗賊犯城，擄掠關廂，知府史朝富增修外城。”

史朝富改建黄陽巡檢司、九嶷巡檢司。

道光《永州府志》卷三上《建置志》：“黄陽巡檢司：在黄陽堡，原在高溪市，隆慶元年知府史朝富改置。”“九嶷巡檢司：在縣南五十里太平營，原屬江華縣，名清墟司。明隆慶四年，知府史朝富改建。”

史朝富興建社學、縣學。

隆慶《永州府志》卷八《創設上》：“社學一十有二，寧遠一，在縣治西，國朝府史朝富建。”“東安縣學：正德間復徙城南，逮隆慶三年，宫宇傾圮，知府史朝富、知縣鍾士榮議動帑金若干，撤而新之，規制偉麗。”

道光《永州府志》卷四下《學校志》：“社學六,一在北關外，一在分守道後，一在譙樓前左，一在太平寺，一在預備倉右，一在里長局内，明隆慶四年，知府史朝富建。”“東安縣學，宋始建於城外東南百步許，元至正戊子，燬於峒寇。明洪武三年，開設學校，撥賜膳田。知縣吉岳創立廟學，悉稱其度。洪武壬戌，始置祭器庫廩庖厨。景泰元年，知縣卞同遷於城内。成化十年，憲

僉蕭楨、張鋭相繼增廣其基。正德間，徙城南。逮隆慶三年，宮宇傾圮，知府史朝富、知縣鍾士榮撤而新之。”

史朝富纂修《永州府志》。

《四庫全書總目》卷七十四：“隆慶《永州府志》十七卷，明史朝富、陳良珍同撰。朝富，晉江人，嘉靖癸丑進士，官永州府知府。良珍，南海人，官永州府推官。永州志編於成化，續於嘉靖，朝富謂前志核而簡，後志詳而雜，因斟酌其間，以爲此志。成於隆慶庚午，凡圖經一、紀一、表三、志七、傳五。惟既作《郡邑紀》，復作《郡邑表》，殊爲繁複。又《人物表》一卷，自漢訖明，第其差等，雖宗《漢書》之例，亦非志書之體。”

隆慶《永州府志》卷十二《藝文志》：“《兩巖集》一册，隆慶四年知府史朝富，推官陳良珍删集校刊。《簡便諸方》一册，侍郎徐陟著，知府史朝富刊。”

史朝富興建廣益堂，作《廣益堂記》。

隆慶《永州府志》卷八《創設上》：“堂：廣益：在府儀門外東，知府史朝富建。”

史朝富《廣益堂記》：“永爲湘楚末疆，介於山砠水涯，舟車罕至。縉紳先生過而住者，旬無一二焉。吏於是土者，率就固陋，廨舍不完，賓至無館，甚則塞竇固閤以自簡。崇諮謀之禮不行，忠讜匡救之言無自至前，無怪乎其治之卑而俗之日陋也。夫永雖褊僻，其士大夫敦古而好修，其庠之子弟烝烝而不詭於道，豈無德業之尊可爲師者乎？豈無直諒多聞可爲友者乎？又豈無昌言正論可資於治理乎？顧求之者之未至耳。丙寅冬，予承乏茲郡。始至，簿牒叢積，山猺峒獞之警日至，吏民囂然，未知所舉指。竊以予之寡陋，而適茲多務，又當山砠水涯，縉紳先生罕至之地，其將何以取益而免於戾？蓋古之學者，知不足則能自反，知困則能自强，均之於學，一也。顧予知不足矣，猶未能自反也；知困矣，猶未能自强也。則亦號於人以求助，詔於有位以交儆而已。於是謀於同僚春塘鄧君、蘭石錢君、七泉楊君、洛橋周君，相與鳩工庀材，爲堂於郡治之南，儀門之左，庶君子易履而民言易聞也。百爾君子，登斯堂也，有不憚於攻惡發慝，而讜言以正告者，吾之師也。其爲益廣矣，有因事寓誨，借物興規，援古之誼，證今之失，使吾恍然發思，若有所獲者，吾之友也。其爲益次之，若夫巽諛而道愈毁，比周而與益孤，其爲損也大矣，老子之所謂賊也。嗟夫！謙滿之分，天道之所虧益，地道之所變流也。據其位之尊，食其土之奉矣，不能受盡言以興宜民之政，而顧務簡庀以自崇進，妄諛以要過情之譽，君子之所耻，而造物者之所惡也。登斯堂者，其尚觀焉以廣予之

益也哉！”（又見光緒《零陵縣志》卷二《建置》。）

“春塘鄧君”即鄧學，號春塘，清平人，永州府同知，嘉靖四十四年任。“蘭石錢君”即錢應隆，號蘭石，常熟人，永州府通判，嘉靖四十四年任。“七泉楊君”即楊治，號七泉，已見上。“洛橋周君”即，周都郃，號洛橋，南海人，永州府通判，嘉靖四十三年任。一府官員略見於此。

史朝富與黄翰等重修唐龍興寺，作《重修太平寺記》。

道光《永州府志》卷六《秩祀志》：“太平寺：在太平門内，即唐龍興寺，柳子厚所善……明嘉靖間，廢爲宗藩别邸。隆慶間，郡守黄翰、史朝富重建爲寺。”

隆慶《永州府志》卷十七《外傳》：“寺：太平：在太平門内正街北，即唐龍興寺。宋元豐四年更名太平寺。國朝嘉靖間寺廢，爲南渭王據立别宅。隆慶元年，郡守黄翰、史朝富相繼復其故址，重建爲寺，以爲習儀之所。二侯俱有復建記文，及丈量四至抵圖，備載碑陰。”

史朝富《重修太平寺記》：“自浮屠之説盛於天下，其學者喜治宫室，窮極奢靡，以□□天下之財，儒者往往病焉。兹寺之復建也，乃出乎儒之吏於是土者，相與先後成之，不以爲病，而復用爲勸，其義似□。考之於古，方岳諸侯有覲會之典，如塗山之所舉；有祝頌之報，如天保之所陳。當時上下相與，情意備至，而儀度闕略。至我朝斟酌前代之禮，詔天下郡國，凡遇萬壽千秋節、正旦、長至，文武百吏各遙行祝聖。禮，先一日擇地之寬廣習儀，鳴珮執玉，登降周旋，祝贊舞蹈，儼然如在朝著之位。其有因陋就簡，以狹隘之區從事者，則論以不敬。其典至鉅，而其度至肅也。永之爲郡，實九疑之麓，環山而居，高下互伏。其天造地設，寬衍夷曠，則無過城南之太平寺。歷年相承，爲習儀之所。嘉靖丁酉，零陵請改爲學宫，格於制不可，而異議從兹摇動，覬覦萌焉。歲丙午，南渭莊順王治别第於寺之東，遂拓其地若干步爲殿宇，寺因以廢，每遇習儀則移於郡之文昌宫，卑偪不能展禮，實惟守土吏之辱。嘉靖丙寅，小川黄君翰來守是邦，與同僚鄧君學、周君都郃、錢君應隆、楊君治，稽往籍，詢故老，詳其興廢巔末，上於監司。而衡道守周君震適承委來，度其地，具圖以復。而寺之舊址以正南臨通衢，北抵郡倉，西盡民居，其東若干步拓入爲王殿者，取其直若干緡，鳩工庀材，先營大殿。未幾，而黄君去任，余始至，與諸君臨之，四壁屹立，其上雖瓦而其下未甃，其旁未垣而其前未門，其後殿未度，其廊廡未繚。余謂是舉也以復古奥，以奉王制，以肅臣度，忠敬之禮莫大焉，非尋常梵

宇成於衲子緇流以惑世而聾俗比也，然則茲役其可緩乎哉？乃議益□，命知事吴鈿專董其事。越明年戊辰十二月而告成。材良甓堅，□碧黝堊，巍然焕然。其前閎廓，可宅萬衆，會揖有館，更衣有所，庖厨僧舍，翼如鱗如。其後據高臨下，樓櫓雉堞，一眺皆盡。湘流環其外，遠巒近崗，隱顯疊見，可以望祲氛，察禨祥，事德修政，將有賴焉。於是請余爲記，余諗之曰：'浮屠之學者，專治宮室，往往以一人之力，無一瓦之覆，一葦之植，積至於累千，爲之而輒成。吾士大夫受天子爵命，挾刑賞予奪以臨，其吏□公帑私藏，無所不可，然至事關禮制，輒因陋就簡，視其蠹□傾圮，縮手而不敢舉，舉而不能成，其故何也？彼堅於遂志，而衆又競勸之。吾憚於持議，而衆又或摇焉，故彼能爲之於其難，而吾不能成之於其易也。茲寺之重建，褫於有力者之手，復於既廢十數年之後，以新一代文物之典，而成臣子□□之規於永久不墜，不有以記之，則後之人孰知黄君經始之難，而吾與諸君成之之不易也？'僉曰然，遂鐫石爲之記。"

史朝富重修黄溪廟，作《復黄溪廟祀記》。

隆慶《永州府志》卷十《秩祀志》："廟：黄溪：在東嶽廟右，古廟在城東七十里。"

史朝富《復黄溪廟祀記》：'事有蔽於衆人之所共惑，折於君子之一言，而其義遂明者。非君子之一言能折而明之也，其理足以信之也。山川之祀，自《虞書》以來，著於載籍，與天地宗廟並。故《祭法》曰：'山林川谷，能出雲爲風雨、見怪物者，皆曰神。諸侯在其封内則祀之。'黄溪去郡七十里，源發東嶺諸山，流蝦蟆蕩，經鼺山赤石壩，七堰四十八溪，環溉田千萬頃，下注祁陽白水以出，而與瀟湘之流合，亦水之巨浸也。廟自唐旱溢禱輒應，蓋山川之精靈融赫，所謂'出雲爲風雨、見怪物者'。廟初在溪之旁，中爲溪神，其附配皆傍進小山川，後以遠爲不便將事，乃移於郡城之東。至正德十六年而祀遂廢。余初至，登諸父老，詢廢興之宜，則首以復黄溪祀爲言。問其祀之神，與其所以廢之之由，則悉莫能對，但曰：'斯祀之肇也有年矣，累朝之所褒崇，合郡之所將奉，不忍一旦而遂委於荒翳也。'於是鄉大夫僉憲蔣君，以書抵余，按書：溪以'黄'名，三國時郡人有黄蓋者，爲吴將，著名。迨宋元間，山川率加封號，沿歲既久，遂誤指爲黄將軍之廟。黄已祀於鄉矣，則不當復專祀於此，是祀之廢也，殆出於郡人承譌襲謬之故，無有博古君子援理以證之，遂使一郡祀典缺焉莫舉。余考之柳宗元《遊黄溪記》，已以'黄'爲新莽之後死而托爲神者。'黄'、'王'音近，遂轉爲'黄'，則其譌謬之承襲非一日

矣。鬼神之説，茫昧怪誕，不可盡質，吾惟質諸理而已。蓋昔之制爲祀典也，凡有功德於天地之間者，不問巨細，莫不秩而祀之，以致其報，爲之郊、爲之社矣。至於先農、先嗇，坊與墉焉，猫與虎焉，皆以其有功於人而祭之不廢。茲溪源發崒嵂之山，經流二百餘里而入大川。其發源峻，故其孕靈特異；其經流遠，故其溉澤自多。功德之及於人，未知與農、嗇、坊、墉、猫、虎之屬，孰論巨細；其必登諸祀典也，理之彰彰可信者也。以黄蓋爲不專祀可矣，以黄蓋而廢茲溪之祀，不知何説也。於戲！'黄'之爲'王'也，'黄溪'之爲'黄蓋'也，吾不知也。山川之當祀也，黄溪之爲吾郡山川之巨而猶當專祀，則吾所知也。事有出於世俗承襲之譌謬，得君子一言以折之，則衆説不待辨白而其義自明。黄溪之祀廢數十年矣，僉憲君一言謀協於余，遂得復於久廢之後，且以慰郡人報功崇祀之心，是不可無以詔後也。於是與同寮薛君、閔君、二楊君，命工勒石，而爲之記。"（又見康熙《零陵縣志》卷十二《藝文中》。）

所云"同寮薛君"即薛選，洋縣人，隆慶二年任永州府同知，"閔君"即閔應暘，永昌人，隆慶二年任永州府推官，升永州府通判。"二楊君"即楊治、楊瑩卿，楊瑩卿爲龍溪人，隆慶二年任永州府通判。

所云"鄉大夫僉憲蔣君"即蔣春生，字子成，號東川，嘉靖十六年舉人，官至貴州畢節兵備僉事。康熙《零陵縣志》卷九《人物考》有傳云："蔣春生：字子成，號東川。居城東，瑋之子。嘉靖丁酉鄉薦，任教諭，升國子監學録，南京兵部員外。時值倭寇，三吴告急，公上計大司馬而倭退。升户部郎中，調度藴松。升貴州僉事，峕外寇阿堂陷霑益州，刦去府印，公備兵畢節，而渠魁殲焉，黔賴以寧。兩臺出異薦，公淡於榮名，遂拂衣歸，約素不異寒生。家居二十年，無隻字及于當路致仕進階。所著有《東川稿》、《終慕圖略》，藏於家。"蔣春生有《重修宗濂書院記》，已見上。

蔣春生又曾參與萬曆三年永州府王俸、丁懋儒領銜的《宋濂溪周元公先生集》的編纂并爲之作序。《序》云："君子論楚人物，率稱二甫式，且謂洙泗而下，得道鮮楚産彦。夫濂溪周子者，固楚産也，則略之。即如斯言，蘇長公所謂'此論未公吾不憑'，殆爲今日云云。及考舜、文生卒，皆於其地，故稱東西夷人。周子生于永之營道，卒于潯陽。今割兩藩，衝僻且異矣，夫潯陽衝，人知周子，孰問營道僻哉？君子豈略元公也！予則以爲：國有史，治亂該；家有乘，名縱著。真儒生是邦，匪籍曷稽？是故濂溪不可無集也。往者予白史齋禮公，亦既表厥宅里矣；集嘗扣之州守者再，則以殘缺告。嗚呼！斯集

亡，雖永亦弗知矣，況他乎？會泉王公來守吾郡，循力務效，作人尤急。以永乃元公故里，理學淵源，風韻不泯，欲梓其集迪多士。予亦以爲言，命庫役求鏤板弗得，遂與同寅邵公守齋、紀公峴南、崔公弘庵議刻焉。少選，以入覲行，崔公適視州篆，乃鋭意搜得舊刻者二以畀予。《志》則博而泛，其失也雜；《集》則簡而朴，其失也疏。皆弗稱，乃參取江州集，會萃詮次類分焉。既成，屬予序。予惟周子之道，繼絶學于聖遠言湮，先儒論之備矣，豈末學所敢知？然嘗論道統，自堯、舜、禹、湯、文、武以至孔子，心法相傳，獨孟軻氏'見知''聞知'之説，確有統緒。蓋得道學真傳惟軻氏，固敘道統真切亦惟軻氏。今即其論求之，千載之後，儒者皆知推尊孔孟，然率事訓詁，文義已落第二義，孰有如周子圖書之妙、闡發聖藴幽秘、直承孟氏之傳者乎？或者因疑朱熹氏推重明道，蓋不知特取其表章《大戴》，有功聖經耳，非論道統也，矧且出其門耶！夫繼道統者，立言不必盡同。如軻氏親受業于子思，而'知言''養氣'之學，乃孔門絶口未及道者，謂非得統于孔子，可乎？周子《太極》《易通》之作，實擴前聖未發，所以繼孟軻氏而開來裔者，端在是爾矣。今《圖》《書》具《濂溪集》中，予因之以論周子者如此。然是集出，則列聖之道益明，匪直可淑多士，且使人皆知周子之生，乃在此而不在彼，吾楚赫然爲道學鄉矣。夫以周子論楚，然後君子之論定云。萬曆二年，歲在甲戌，孟春之吉，後學郡人蔣春生書于宗濂書院。"

# 隆慶六年毛舉、梁方、劉相、張炤、陳鎬、王三錫題刻

## 釋　文

隆慶伍年，永州衛指揮毛舉推補管操。是年冬，奉董甃南城址，防水圮也。度長三十丈，高二丈，寬五尺。次年五月，工甫畢，時掌印指揮梁方、清軍指揮劉相、管屯指揮張炤、巡捕指揮陳鎬、撫印指揮王三錫，携酒共慶厥成，因紀歲月於此，庶几與石同垂不朽云。

## 考　證

題刻在朝陽巖上洞高處，高 70 公分，寬 40 公分，六行，楷書。偶有磨泐。

題刻多用俗體、異體。“五年”作“伍年”，“庶幾”作“庶几”，“垂不朽”作“埀不杇”。

《零志補零》卷下著録全文。“伍年”録作“五年”。“董甃”誤作“董遷”，按“甃”字磨泐，“火”殘，仍存“禾”“瓦”，當是“甃”。“工甫畢”誤作“二甫畢”。“張炤”録作“張某”。“携酒”誤作“乃置酒”，按“携”字寫作上下結構，从“推”“乃”，作“㩗”，實無“置”字。“紀歲月”之“紀”録作“記”。“庶几”，脱“几”字。

題刻云隆慶五年（1571）冬甃南城址，次年五月工畢，故定題刻爲隆慶六年（1572）。

隆慶《永州府志》卷八《創設》：“郡城創於宋咸淳癸亥，元因其舊。洪武六年，本衛官更新之，圍九里二十七步，高三丈，闊一丈四尺。門七，曰正南，曰正北，曰正東，曰正西，曰永安，曰太平，曰瀟湘。各建樓其上。敵樓三十有五，雉堞二千九百四十有二，

舖舍七十有六。千、百户分掌之，無事則專修葺，有事坐爲信地。故有串樓一千三百九十六，今廢。城西以瀟水爲池，由西南而東，隄水爲池，深一丈，濶一十丈。自東至於北隅，鑿土爲濠，深一丈八尺，濶四丈五尺。自北至西隅，聯屬爲池，深一丈五尺，濶一十五丈。水常不涸。其高下遠近，一因地勢云。舊志云：今東、北、南三面池濠多廢，爲奸豪侵占。”

題刻記載了明代修繕一段永州城南牆的經過。永州城西鄰瀟水，城南瀟湘門與瀟水相接，故須預防水患。而至修繕竣工，諸人乃渡江至瀟水東岸之朝陽巖刻石紀功。

當時參與修繕的主要軍人，題刻中記載姓氏的六人均爲武職。

明洪武中，各行省設都指揮使司，凡十有三，其一湖廣都司。

《明史·職官志五》：“衛指揮使司，設官如京衛。外衛各統於都司、行都司或留守司。率世官，或有流官。凡襲替、升授、優給、優養及屬所軍政，掌印、僉事報都指揮使司，達所隸都督府，移兵部。每歲撫、按察其賢否，五歲一考選軍政，廢置之。凡管理衛事，惟屬掌印、僉書。不論指揮使、同知、僉事，考選其才者充之。分理屯田、驗軍、營操、巡捕、漕運、備禦、出哨、入衛、戍守、軍器諸雜務，曰見任管事；不任事入隊，曰帶俸差操。征行，則率其屬，聽所命主帥調度。”

隆慶《永州府志》卷十一《兵戎志·武職》記載：

“永道守備：一員。天順間設，建公署於道州，隆慶三年改江華駐劄。”

“永州衛：指揮使八員。劉相：定遠人。姜永：六安人。高紹：南城人。李采：懷遠人。王三錫：無錫人。梁方：满城人，見掌衛印。吴堯臣：江都人。吴濂：兆兒河人。”

“指揮同知：九員。楊本：參州人。張炤：高郵人。孫繼武：泰州人，嘉靖三十六年掌印，升都司。魏泰：長洲人。陳鎬：安陸人，原掌印。朱詔：定遠人。蔡如葵：衡陽人。周孔：盱眙人。梁熹：合肥人。”

“指揮僉事：十有六員。宋鉸：上元人。葉香：穎州人。袁喬：海寧人。韓都：臨淮人。張庚：無錫人。毛舉：滑縣人。徐言：儀真人。陶以孝：滁州人，嘉靖四十五年掌印。伍萬全：江夏人。周伯：定遠人。李璋：寧遠人。徐繼祖：合肥人。趙承勛：費縣人。程千里：六安人。歐産：定遠人。陳堦：定遠人。”

題刻中所記載的，管操指揮、掌印指揮、清軍指揮、管屯指揮、巡捕指揮、撫印指揮，共計六員指揮，平行連署，與《明史》及《永州府志》的記載相應。

隆慶《永州府志》卷首姚弘謨

《序》云："《志》凡圖經一卷，紀一卷，表三卷，志七卷，傳五卷。筆始於隆慶庚午秋七月朔，稿脱於冬十一月長至，辛未春二月上澣日刻成。"

可知隆慶《永州府志》編纂於隆慶四年至五年，五年二月成書。同年冬即有修繕城南之舉。而到六年五月工竣，六人官職已有變動。毛舉由指揮僉事升爲管操指揮，梁方爲掌印指揮如舊，劉相爲指揮如舊，張炤由指揮同知改爲管屯指揮，陳鎬由指揮同知改爲巡捕指揮，王三錫爲撫印指揮如舊。

道光《永州府志》卷八《武備志·明武職姓名考》："世襲副指揮、指揮同知無考。"宗績辰注："惟朝陽巖有隆慶五年掌印指揮梁方、清軍指揮劉相、巡捕指揮陳鎬等題名，其即副使之類與？"今按隆慶《永州府志》，未有"副指揮"一職。

道光《永州府志》卷八《武備志·明武職姓名考》："世襲永州衛僉事，可考者二人。毛舉：縣志載萬曆元年第三名武舉，不詳本籍。"又："世襲永州衛鎮撫：可考者一家五人。又隆慶五年有撫印指揮王三錫，見題名。"

光緒《零陵縣志》卷七《選舉》："武舉：明：毛舉：萬曆癸酉科，永州衛指揮僉事。"

光緒《湖南通志》卷一百三十《職官二十一》："武職一：明：神宗朝：毛舉：永州衛指揮僉事。"

今知毛舉爲河南滑縣人，官至永州衛指揮，題刻可補史闕。

# 隆慶七年佚名《秋日遊朝陽岩次守齋年丈韻》詩刻

## 釋　文

秋日遊朝陽岩次守齋年丈韻

江閣停橈日未西，秋風颯颯倚丹梯。波浮碧漢雙飛舄，峽擁青蓮一杖藜。古洞鳴泉江瀨寂，孤城返照海天低。勝遊可待還追憶，乘興何妨棹剡溪。

又

飛巘稜層湧碧湍，一江秋色正凭欄。孤亭日落湘雲逈，南國天空烟影寒。萬里波濤满几席，九疑蒼翠出林巒。相呼剩有岩頭月，獨對城鍾醉未乾。

## 考　證

詩刻在朝陽巖道遙徑，高 52 公分，寬 66 公分。十三行，草書。

《零志補零》卷中著録。題爲《春日遊朝陽岩次太守某年丈韻》，署名"失名，隆慶間人"。標題有"春日"二字。詩句録作："江閣停橈日未西，秋風颯颯倚丹梯。波流碧漢雙飛舄，峽擁青蓮一杖藜。古洞鳴泉江瀨寂，孤城返照海天低。勝遊可待還追憶，乘興何妨作剡溪。""飛巘稜層湧碧湍，一江秋色正凭欄。孤亭日落洞雲逈，南國天空烟影寒。萬古波濤满几席，九嶷崖翠出林巒。相嘲劇有巖頭月，獨對城隅醉未乾。""波浮"作"波流"，"棹剡溪"誤作"作剡溪"，"湘雲"作"洞雲"，"萬里"誤作"萬古"，"九疑"作"九嶷"，"蒼翠"作"崖翠"，"相呼"作"相嘲"，"剩有"作"劇有"，"岩頭"作"頭"，"城鍾"作"城隅"。

光緒《零陵縣志》卷十四《藝文·金石》著録。題爲《無名氏詩：秋

日游朝陽巖次邵守齋年丈韻》，注："右草書十四行"。標題有"秋日"二字，衍"邵"字。詩句録作："江閣停橈日未西，秋風颯颯倚丹梯。波浮碧漢雙飛舄，峽擁青蓮一杖藜。古洞鳴泉江籟寂，孤城返照海天低。勝遊可待遙追憶，乘興何妨棹剡溪。""又詩：飛嶄棱層湧碧湍，一江秋色正憑欄。孤亭日落湘雲迥，南國天空劍影寒。萬里波濤侵几席，九疑蒼翠出林巒。相呼剩有巖頭月，獨對城鐘醉未乾。""江瀨"作"江籟"，"满几席"作"侵几席"。

詩刻中"颯颯"、"湘雲"、"相呼"處磨泐，兹折中两家著録寫定。

詩刻標題，宗霈作"春日"，劉沛光緒《零陵縣志》作"秋日"。今按詩意"秋風"、"秋色"云云，當作"秋日"。

惜原刻與两家著録均不見署款，作者不詳。

守齋，即邵城。

詩刻與邵城、紀光訓、王俸三人有關。隆慶六年（1572），三人於同一年均來永州任職。王俸爲知府，邵城爲同知，紀光訓爲通判。

《零志補零》卷中載紀光訓《寅丈邵守翁拉遊限用劉太翁韻》一首："爲愛幽亭枕石湍，呼童促席倚危闌。晴光撲面行來暖，泉氣侵衣坐處寒。風日暄妍矜好鳥，煙嵐消散獻層巒。明朝擬約重攜手，莫訝山蹊露未乾。"署款"京口峴南紀光訓"。又見光緒《零陵縣志》卷十四《藝文·金石》。

邵守翁，亦即邵城。

劉太翁，可能指劉養仕，嘉靖三十六年任永州知府。但劉養仕詠朝陽巖詩未見。

《零志補零》卷中載邵城《同峴南遊次韻》一首："危巖突兀瞰清湍，不負相攜一倚欄。草露亂侵芒屐濕，松風猶送酒杯寒。鳴泉漱玉通青峽，飛閣淩虛出翠巒。忽憶瀟湘千古事，至今流恨未應乾。"又見光緒《零陵縣志》卷十四《藝文·金石》。

紀光訓詩，次劉太翁原韻。邵城詩，再次紀光訓韻。此通詩刻第二首，則又次邵城詩韻。

《零志補零》卷中又載邵城《秋日》詩："閑來尋勝到郊西，雲氣陰陰覆石梯。眼底芙蓉盤碧玉，尊前蘿薜醉青藜。山光擁堞秋容澹，樹影翻江夕照低。徙倚亭臺恣心賞，逢人漫説武陵溪。"又見光緒《零陵縣志》卷十四《藝文·金石》。

此通詩刻第一首，乃是次邵城《秋日》韻。

紀光訓又有《春日游朝陽巖》詩："特訪朝陽勝，移舟過遠灘。透迤山自合，怪異石誰剜。峭壁穿雲入，飛泉带月看。忽聞漁笛響，欲去且憑闌。"見《零志補零》卷中，注："隆慶六年"。又見光緒《零陵縣志》卷十四《藝

文·金石》，紀光訓二詩合注："右行草書，十八行"。

邵城又有《春日游澹巖》詩："翠壁芳泉迢遞過，春風吹入白雲阿。氤氳花氣薰山酌，欸乃江聲識棹歌。顧我性非嵇阮僻，知君才邁柳元多。滄溟一嘯興俱發，奈爾城頭明月何。"見《零志補零》卷中。又見光緒《零陵縣志》卷十四《藝文·金石》，題爲《春日同錢津游詩》，首句作"翠壁芳春迤邐過"，邵城三詩合注："右草書，二十二行。按邵城號守齋，郡丞，四明人"。可知紀光訓、邵城二人共計五首亦曾上石，并且均爲草書。

而紀光訓又有《游澹巖詩并序》："癸酉秋仲，余出觀稼，適經澹巖，忽報會全王公游道州至，爰憩以待之，相與同登其上，吟賞盡懽，特賦此，以侈其會之不偶云。秋雨經時霽，肩輿過澹巖。山雲團幾席，石溜濺衣衫。偶會猶如約，佳游信不凡。且須留絳蠟，華月正空涵。"

此癸酉爲隆慶七年、萬曆元年（1573）。

同年，紀光訓有《遊月巖詩並序》："余慕月巖久矣，而未獲一至。癸酉冬仲，同寅崔弘庵鄉兄□余往遊之，踐夙約也。時天氣晴燠，興味益增，特賦此以識良會。擬約佳遊久鑄盟，肩輿今日附君行。晴光掩映林坰暖，嵐氣潛收澗壑清。山外奇觀雲斷續，巖中變態月虧盈。我來坐玩天機活，會得圖書一段情。京口峴南紀光訓。"行楷，詩刻尚存。

茲姑據此定詩刻爲隆慶七年。

次年，即萬曆二年，永州府推官崔植議刻《宋濂溪周元公先生集》，有跋云："植自髫齔知學，已切景仰。及悴永理刑事，值寅長會泉王公、守齋邵公、峴南紀公咸邃於理學，仰公道德，實出同然。"其書卷端題："永州府知府王倴、丁懋儒，同知邵城，通判紀光訓、郎尚絅，署道州事推官崔惟植，郡人僉事進階蔣春生，監察御史黄廷聘，太常寺少卿吕藿，府儒學教授康求德，道州儒學學正胡梅編次。世襲博士嫡孫周道校正，府儒學廩膳生員王之臣、王有恒同校。"

蔣春生《宋濂溪周元公先生集·序》云："會泉王公來守吾郡，循力務效，作人尤急。以永乃元公故里，理學淵源，風韻不泯，欲梓其集迪多士。予亦以爲言，命庫役求鏤板弗得，遂與同寅邵公守齋、紀公峴南、崔公弘庵議刻焉。少選，以入覲行，崔公適視州篆，乃鋭意搜得舊刻者二以畀予。"《宗濂書院序》亦云："會泉王公來守吾郡，循力務效，作人尤急，以永乃元公故里，理學淵源，風韻不泯，欲梓其集迪多士，予亦以爲言，命庫役求鏤板，弗得，遂與同寅邵公守齋、紀公峴南、崔公弘庵議刻焉。"皆載其事。

崔植，即崔惟植，號弘庵。道光《永州府志》卷十一上《職官表·府寮》："推官：隆慶：崔惟植，太平人，五年任。"光緒《道州志》卷七《先賢》："故里：明萬曆間，巡撫趙汝賢檄署州事推官崔惟植修之，置祭田，建亭鑿池焉。"嘉慶《太平縣志》卷六《遺愛》、光緒重修《安徽通志》卷一百八十九《人物志》有傳。

"會泉王公"，即王倖，字廉甫，號會泉，浙江嘉興秀水人。

紀光訓，江蘇丹徒人，歲貢生，曾任江蘇安順州知州，隆慶六年任永州通判。

邵城，字守齋，浙江鄞縣人。嘉靖四十三年舉人，隆慶二年進士，隆慶六年任永州府同知。

雍正《寧波府志》卷二十《人物·鄞縣人物》："邵城：字守齋，隆慶二年進士，授興化府推官。舉卓異，會與當事忤，稍遷永州府同知。遇賓興張居正子入試，城適爲同考官，主者遍囑諸同考，衆皆諾之，城不許，後獲一卷，識其爲居正子也，抹之。尋遷刑部郎，至京，前抹卷事漸聞於居正，思中之。城度難久居，謝病歸，與屠禮部隆輩日觴咏爲樂。"

康熙《鄞縣志》卷十七《品行考六》："邵城：字守齋，隆慶戊辰進士，授興化府推官，舉卓異。會與當事忤，稍遷永州府同知。遇賓興，城爲同考官，獨不受時相之囑，偶批抹其子之卷，諸受囑者無能爲也。尋遷刑部郎，至京時，相怒其抹卷事，思中之。城度難久居，遂謝病歸。與名流觴咏爲樂，後竟不起，士論惜之。"

乾隆《鄞縣志》卷十六《人物》："邵城：字守齋，隆慶二年進士，授興化府推官，舉卓異。會與當事忤，量移永州府同知。遇秋試，爲同考官，張江陵子入試，主者遍屬同考，城獲一卷，心知爲江陵子，特抹數行，主者親搜得，駭且讓之。謝曰：'不識耳。'尋遷刑部郎，而抹卷事已聞於江陵，度必爲所中，遂謝病歸。"

邵城有《謁舜陵至九疑》詩："爲看烟霞跨鶴來，石田芝草正花開。胡麻定有仙人分，却笑劉郎去復回。"見康熙《永州府志》卷二十三《藝文志六》、嘉慶《寧遠縣志》卷九《藝文志下》、道光《永州府志》卷二下《名勝志下》。

又有《謬舜陵有感》詩："蕭森樹木萬山幽，鳳輦何年此倦遊。翠竹雨餘疑墮淚，碧杉霧重欲含愁。四時冠蓋交陵寢，千古江山瘞冕旒。展拜幾回傷往事，满天霜露不勝秋。"見康熙《永州府志》卷二十三《藝文志六》、嘉慶《寧遠縣志》卷九《藝文志下》、道光《永州府志》卷十《古蹟志》（所載文字略有不同）。

# 萬曆二年徐庭槐、史勝禎、張禋“零虚山”榜書

## 釋　文

零虚山

知縣徐廷槐，縣丞史勝禎，主簿張禋刻。

## 考　證

榜書在朝陽巖零虚山，高 58 公分，寬 132 公分，署款處有磨泐。

同治《餘干縣志》卷九《選舉志一》：“貢生：徐廷槐：黄埠人，萬曆三十五年歲。”

道光《永州府志》卷十一中《職官表・零陵》：“知縣：萬曆：徐廷槐：上饒人，二年任。”

光緒《零陵縣志》卷六《官師》：“知縣：徐廷槐：上饒人，萬曆二年任。”

縣丞史勝禎、主簿張禋，史志失載。

丁懋儒，字聘卿，號觀峰，山東聊城人，萬曆二年任永州知府，創建零虚山。

康熙《永州府志》卷八《山川志》：“朝陽巖……巖之後名‘青蓮峽’，丁觀峰所名也。石斑駁如花，稱曰‘石林’。中多巨石，棱棱如浪，丁公名爲‘捲潮峰’。将崩未崩、欲出仍伏者累累矣，作石亭於中，顔曰‘芙蓉競秀’。”

道光《永州府志》卷二上《名勝志》云：“明萬曆初，知府丁懋儒搜討幽邃，窮其逸跡。於陰潜澗之南得‘卷潮峰’、‘小有洞天’諸勝，復建‘澄虚亭’於山麓，創名本山曰‘零虚山’，題刻巖頂。小洞内有石，如碁枰，可坐弈，人因即以此洞爲‘零虚’。懋儒又以石如青蓮，名入門處曰‘青蓮峽’，建亭亦以‘青蓮’名之。當勝國中葉時，邊疆肅清，長吏得以暇日留意山

水，宜所在皆有文章。曹來旬、范之箴與懋儒三《記》見，巖壑遭際之盛。若彭而述詩，亂離悲苦于兹，亦足徵世變云。”

丁懋儒《零虚山記》：“‘零虚’即‘朝陽’。山以巖顯，自有天地以來，兹山以巖洞固在也。造化秘藏，人不能窺測。永泰中，元次山自春陵經此，愛其水石之異，泊舟尋之，得巖與洞，以其東向，因名‘朝陽’，序而銘之，故人知零陵有朝陽巖，自次山始。逮宋，有名賢題刻。入我朝，復以榛蕪蓊翳，人跡罕到。前郡守東里曹君修飾，而巖洞復顯。次山所謂‘茅閣’，或云即柳子之‘西亭’。後人以覽勝省觀，再易之，巍然出於巖上。抵境之逾月，峴南紀君邀予一遊。蓋素識其勝，不意足跡所履，然亦孰非天之所以予我者乎？求其山之名，紀曰：‘郡城唯群玉頗大，相距不二里，或群玉之支，不爾，則概以朝陽之。’夫巖洞在下，而亭之址獨高，且峰巒層出，登其亭不知其巖與洞。而麓之石羅列在前，如揖如拱，去巖洞並非止尋丈許，其環立延袤里許，‘朝陽’不得而兼之明矣。遂由前人之途，偕零陵徐尹暨丞，次第探討，捫蘿緣石，右側石上得‘潜淵’二字，淵深丈餘，人不能下。又其南爲‘聽泉亭’，爲‘小有洞’，爲‘疊翠’，爲‘聳碧’，爲‘崆峒’，爲‘淵潜洞’，爲‘卷潮峰’，爲‘石門’，爲‘芳泉亭’，皆勒諸石。巖壑争奇，蹤跡幽邃，如青蓮布地，芙蓉呈秀，雖在人目前，而所不及見者，幾年一旦，我得而有，或皆唐宋諸人之題識，而姓名不留，兹非所尤異者乎？因斬茅築基，就山麓建亭，曰‘澄虚’。亂峰之内，巉壁如門，建亭曰‘青蓮’。初入處，題曰‘青蓮峽’。朝陽本山，創名曰‘零虚山’。凡零陵對江西岸，一里之内，下皆空峒，山澤通氣，匪虚而何？山有定名，則自朝陽而下，皆屬之‘零虚’，‘群玉’不得而支之也。一人也，有四支百骸，乃成全體；一山也，必泉淵巖洞，始可名山。前所云‘朝陽巖’，乃指一支而言人。即一竅而言山也，於理不亦大舛。胡山有衆美，而千百年無從名之者乎？於山固遇不遇也。夫永迫象郡，古之有庳，以處遷謫，次山、子厚而下，殆不知幾何。人不能安其身朝廷之上，而尋幽問奇，往往寄跡無用之地。若曰欲有所托而逃，其亦淺之乎知君子也！邵君守齋、崔君弘庵僉曰：‘可刻石以示來者。’”見康熙《永州府志》卷二十《藝文志三》、康熙《零陵縣志》卷十二《藝文中》。“概以朝陽之”，道光《永州府志》卷二上《名勝志》、光緒《零陵縣志》卷一《地輿》均作“以朝陽概之”。

萬曆三年正月，丁懋儒作《刻濂溪周元公集敘》，署款“湖廣永州府知府、前進士、侍經筵官、兵科右給事中、東郡丁懋儒撰”。同年二月，丁懋儒“訪

故里，讀遺集”，作《謁元公祭文》。

“峴南紀君”即紀光訓，時任永州通判。

“零陵徐尹”，即徐廷槐。

“暨丞”，即史勝禎。

“邵君守齋”，即邵城，號守齋，時任永州同知。

“崔君弘庵”，即崔惟植，號弘庵，時任永州推官。

茲據丁懋儒《零虛山記》“抵境之逾月”，定榜書爲萬曆二年。

有
歌清未之
萬曆甲戌冬十二月

# 萬曆二年佚名“歌情未已忽見棹”碑刻

## 釋　文

□□朝……

朝陽巖……

一路峰巒隱……

濤浴日滾滾……

顛路……

…………

…………

勸徃……

有絲竹管絃……

歌情未已忽見棹……

萬曆甲戌冬十一月望日廣……

## 考　證

碑刻在朝陽巖零虛山。高 143 公分，寬 68 公分，十一行，楷書，活碑，邊框有花紋，字體雋秀，惜碑面磨泐嚴重，僅見碑頭殘字，文體似是記文，姑定爲碑刻。

萬曆甲戌即萬曆二年（1574）。

文獻不見記載。作者不詳。

# 萬曆十三年黄應兆《數游朝陽巖》詩刻

## 釋　文

數游朝陽巖

勝岩穽々水泠々，幾度登臨今又經。花厭游人山外咲，雲貪壯地石邊生。林煙暗欲迷長劍，曉日光浮射翠屏。誰道神僊真杳僻，此間疑半是蓬瀛。

南海屏宇黄應乇題。

## 考　證

詩刻在朝陽巖逍遙徑上段，高 38 公分，寬 77 公分，十三行，楷書。

詩刻偶用異體，"寂"寫作"穽"，"笑"寫作"咲"，"兆"寫作"乇"。

黄應兆，字道貞，一作道正，號屏宇，廣東南海人。隆慶四年舉人，授寧遠教諭，遷漢中推官，擢大理評事，終袁州知府。

光緒《廣州府志》卷一百三十七《列傳二十六》："黄應兆：字道正，隆慶庚午舉人，官大理寺評事。以上南海。"

道光《永州府志》卷十一下《職官表·寧遠》："教諭：萬曆：黄應召：《縣志》作'兆'，南海舉人，十三年任，有傳。"

嘉慶《寧遠縣志》卷六《名宦志》："黄應兆：廣東南海人，舉人，任教諭。嶽嶽懷方，遇事敢言，教養士類，訓廸有方，一時文風大振，誠師範之表表者。升陝西漢中府推官。"同書卷四《學校志》："名宦祠：教諭黄應兆。"

民國《漢南續修郡志》卷九《秩官志上》："推官：明：黄應兆：廣東南海人，舉人。"

《南海詩徵》録黄應兆詩三首：

《小年夜宿鄱陽之蝦蟆山》："小除當此夕，旅泊客懷開。倚岸看新柳，傾尊只舊醅。怒濤驚石起，驟雨卷蓬來。極目家山路，踟躕首重回。"

《行徑下邳，時河决殊甚，感賦》："天瓢倒瀉入河湍，極望郊原總斷魂。荒樹籠煙猶處處，短茅隨浪自村村。忍饑相向啼沉灶，避地無由問郭門。痛哭居然勞賈誼，憑誰圖狀叩天閽。"

《題楊氏山居》："卜築青山鹿豕鄰，相逢疑是葛天民。圖書萬軸生涯古，水竹千年景物春。叔夜忘機隨造化，阿戎繼志足經綸。山花休傍衡門笑，早晚春風自紫宸。"

詩刻未署年月。詩題"數遊朝陽巖"，可知往來頻頻。然據道光《永州府志》，黄應兆任寧遠教諭在萬曆十三年，至萬曆十四年，則有洪縣人温時暘接任，可知黄應兆任職不久。玆暫定爲萬曆十三年。

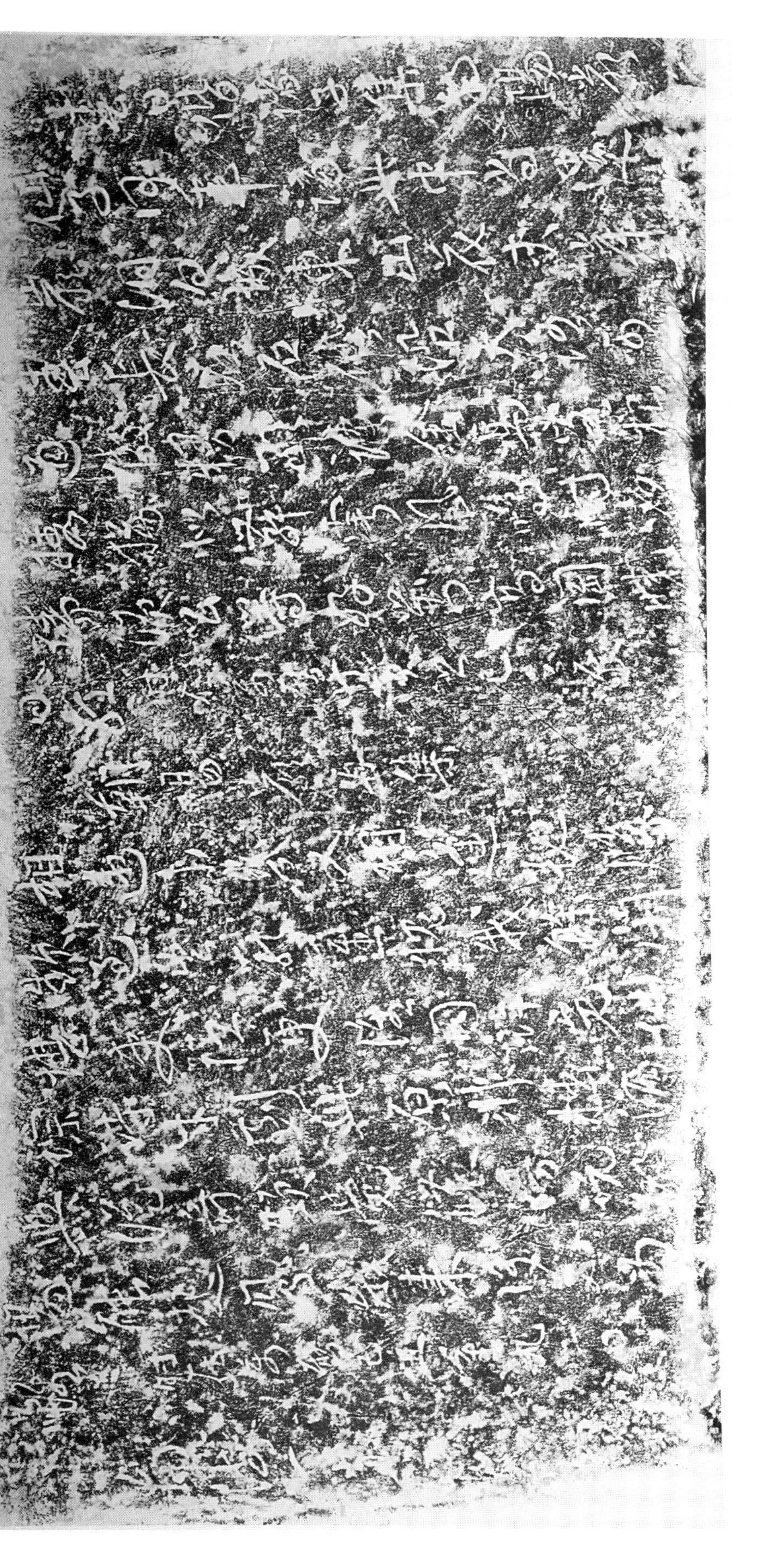

## 萬曆十五年、萬曆十七年陳諤《春日偕諸子集朝陽巖》、《朝陽巖再集》詩刻

### 釋　文

春日偕諸子集朝陽巖

仙子何年謫此中，尚遺巖洞向城東。山花夾岸春長在，石磴沿天路可通。傲慢敢誇金馬客，提携猶似舞雩風。鳴時應瑞須公等，好對高岡曉日紅。

時在萬曆丁亥上巳之辰。

朝陽巖再集

相违未幾又相逢，地勝頻過豈厭重。愧我餘閑堪吏隱，更誰同許覓仙踪。詩才到此原非拙，酒興從前頗覺濃。漫説朝陽能起鳳，我來何必爲噰噰。

時在萬曆己丑重九之日。

南海一峯。

### 考　證

詩刻在朝陽巖高下洞右側石壁，高 43 公分，寬 93 公分，草書。

宗霈《零志補零》卷中著録。“相违”作“相邀”，“同許”作“同去”，“酒興”作“游興”。

署款磨泐，僅見“南海”二字，下二字似“一峯”。

萬曆丁亥爲萬曆十五年（1587）。萬曆己丑爲萬曆十七年（1589）。

二詩雖非一年，刻石則爲同時。

按南海陳諤萬曆辛卯季春有“觀瀾”榜書，亦在朝陽巖下洞右側石壁，距此詩刻不遠。其署款“南海陳諤書”，“南海”二字書寫風格與此完全相同。萬曆辛卯爲萬曆十九年，時間亦與詩刻相近。據此可知詩刻作者爲陳諤。

陳諤，廣東順德人，大約萬曆

二十五年任零陵縣教諭。姓名見康熙《永州府志》卷五《秩官中·零陵官表》、道光《永州府志》卷十一中《職官表·零陵》。

觀詩意，“愧我餘閑堪吏隱”、“鳴時應瑞須公等”，作者似未科舉，不預政事，而專寄望於“諸子”，“諸子”指縣學生。

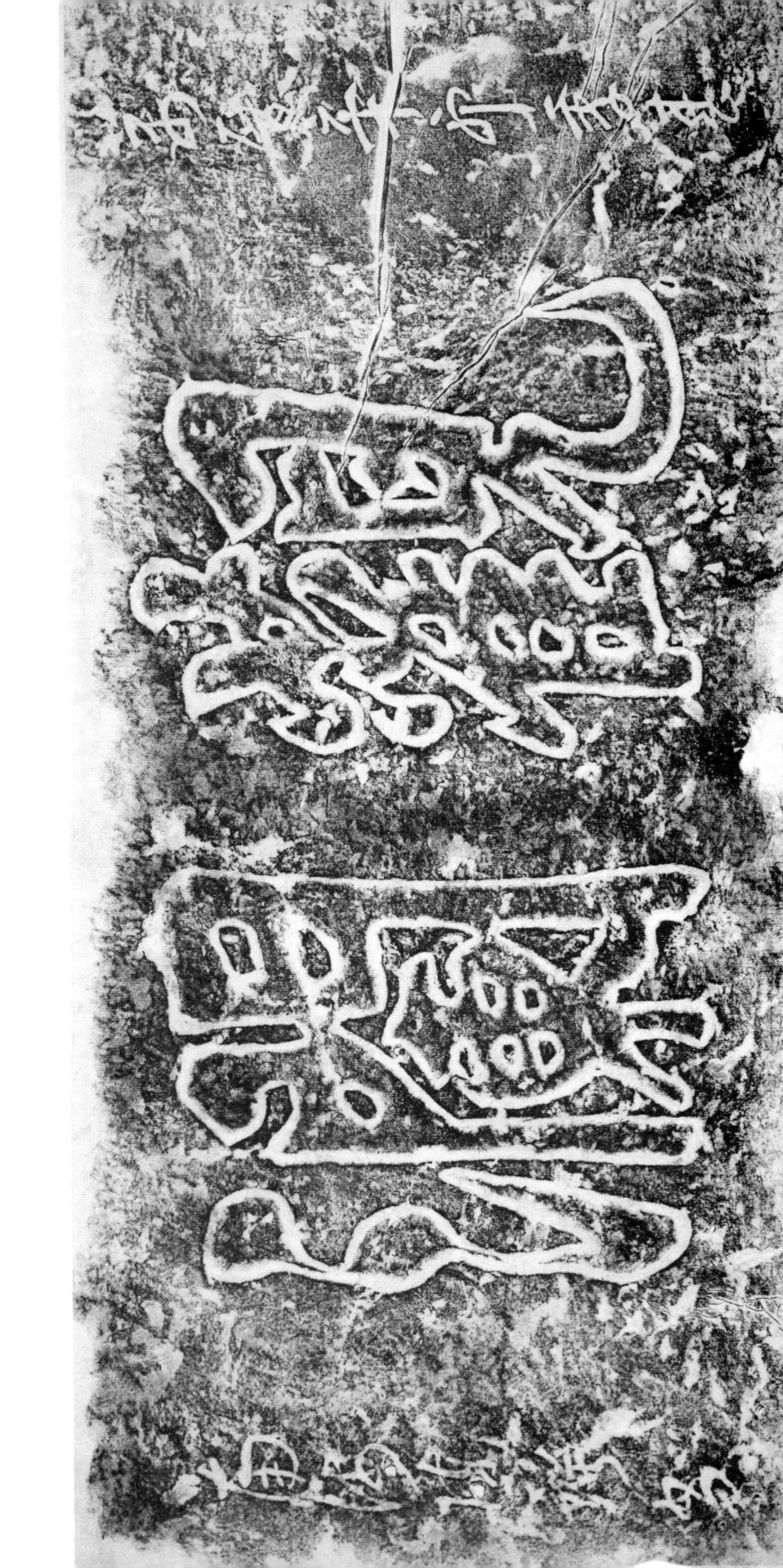

# 萬曆十九年陳諤“觀瀾”榜書

## 釋　文

萬曆辛卯季春
觀瀾
南海陳諤書。

## 考　證

榜書在朝陽巖下洞右側石壁高處，高 37 公分，寬 82 公分，“觀瀾”二字用雙鉤鐫刻。

宗霈《零志補零》卷下著録，云：“萬曆辛卯南海陳洋書‘觀瀾’二字於峭壁。”“陳諤”誤作“陳洋”。

萬曆辛卯爲萬曆十九年（1591）。

陳諤有萬曆十五年《春日偕諸子集朝陽巖》、萬曆十七年《朝陽巖再集》詩刻，已見上。

《孟子》云：“觀於海者難爲水，遊於聖人之門者難爲言。觀水有術，必觀其瀾。”陳諤爲縣學教諭，自甘沉隱，而深寄望於後生學子，觀其将來有成。“觀瀾”在此有雙關含義。

# 萬曆二十年胡文衢"朝陽起鳳"榜書

## 釋　文

萬曆壬辰春仲

朝陽起鳳

新安胡文衢書。

## 考　證

榜書在朝陽巖下洞右側石壁高處，高33公分，寬110公分。

萬曆壬辰爲萬曆二十年（1592）。

胡文衢，字子達，安徽歙縣人，一作江蘇揚州人。一説江都人、歙縣籍，一説歙縣人、揚州籍。揚州古稱江都，歙縣古稱新安，故榜書自署新安人。隆慶元年舉人，第一名經魁。歷官江西安義知縣、河北磁州同知，萬曆十六年任永州府通判。

萬曆《揚州府志》卷十五《人物志上・皇明鄉科》："隆慶丁卯：胡文衢：江都人，歙縣籍，任磁州同知。"

雍正《揚州府志》卷二十一《選舉上・鄉科》："隆慶丁卯：胡文衢：江都人，磁州同知。"

嘉慶《揚州府志》卷四十《選舉志二・舉人》："隆慶丁卯：胡文衢：江都人，磁州同知。"

乾隆《江都縣志》卷十二《選舉・鄉科》："隆慶丁卯：胡文衢：經魁，歙縣籍，磁州同知。"

嘉靖《徽州府志》卷二十二《拾遺》："胡文衢：歙人，直隸揚州籍，隆慶丁卯科。"

康熙《徽州府志》卷九《選舉志上》："隆慶元年丁卯鄉試：胡文衢：字子達，歙琶塘人，揚州籍，永州府通判。"

道光《歙縣志》卷七之二《選舉

志》："隆慶元年丁卯鄉試：胡文衢，琶塘人，永州府通判。"

同治《安義縣志》卷六《職官志》："知縣：胡文衢：南直歙縣人，舉人，萬曆十三年任，升永州府通判，祀名宦，有傳。""胡文衢：歙縣人，舉人，萬曆間授縣令，居官廉慎清隱，匿户口以足里甲。任滿升永州府通判，百姓戴之，爲立去思碑於社學。"

同治《南康府志》卷十三《名宦》："胡文衢：歙縣人，萬曆間由舉人知安義縣，居官廉慎清隱，匿户口以足里甲。任滿升永州府通判，百姓戴之，爲立去思碑於社學舊址。"

胡文衢在浯溪有"三浯勝槩"榜書，署款："萬曆十八年季冬吉，新安胡文衢題。"

宋溶《浯溪新志》卷三："小峿台西北直刻'三吾勝概'四字，各大七寸餘，明萬曆新安胡文衢題。"又見浯溪文物管理處《湖湘碑刻·浯溪卷》。榜書今存。

胡文衢在澹巖有"洞天"榜書。光緒《零陵縣志》卷十四《藝文·金石》："澹山巖：胡文衢題名：萬曆壬辰春仲，'洞天'两大字，宏宇胡文衢書。""宏宇"或爲胡文衢之字。

胡文衢在月巖有"參悟道真"榜書，署款："萬曆己丑春孟望，新安胡文衢書。"榜書今存。

胡文衢在永州，曾參與修建瀟水浮橋，有惠政。

周希聖《平政橋記》："庚申夏，余以使事旋里中，適郡伯林公祖纂新郡志，稿成而示余，凡一郡興革之大，無不編摩備載。然中所興之大，孰有如河西之橋乎？橋成于萬曆之辛卯，輒立石于城闉之内以紀之，未幾，燬于火，不可讀，而亦無所考，識者惜之。林公欲爲完書，廼謂余曰：'《春秋》傳信不傳疑，故有甲戌、夏五之文，闕之以待考，以睹見未真也。橋當君之世而成，迄今祗三十年，其經始落成之顛末，爲君之睹記舊矣，一記何可以不續？君無靳焉。'余遂續記之曰：永當南楚之極，與两粤畫疆而居，境内之貿易往來，熙熙穰穰之衆，惟西門爲最夥。一水護城深闊，若天限然。曩艤舟十數，日争渡而不給，尤爲西粤之孔道，冠蓋使者絡繹相望于途，至夜半猶有呼餘皇，而操緩聲應者如之何？且瀟水自九疑百折而入于郡，歷郡之右臂十里餘，而始合湘水奔流以去。説者謂宜于上流爲橋以鎮之，不惟涉者便，而于風氣、人文、吏治皆有藉焉。當事以物力絀而未果。幸司理林公汝詔首倡建橋之議，會郡伯葉公萬景、少府張公守剛、别駕胡公文衢，僉謀而白于上，咸報可。于是鳩工聚材，爲船三十餘隻，區分而臚列之。两岸竪爲石表，造鐵練鉤連以繫之，鋪以木板而如砥，列以欄楯而如檻。設夫四名，歲餼之，以爲埽除啟閉之役。尤

慮日旹之久，不無朽蠹，而當更易者，派縣治以輸之，定爲例。始于庚寅之冬，成于辛卯之夏，而昔之病涉者，今皆人人稱便，誠一勞永逸之計也。自後四民殷阜倍常，而是年秋試雋者三人，聯捷者一人，其宦遊者皆沛膏澤而膺超轉，則橋之所係大矣。名曰‘平政’，信不虚耳！夫吾儕受命于朝，有一方保障之寄，能殫精竭力，爲地方興千百世之利，其報稱榮施，不既兩盡耶！余故續記之，以傳于後。”見康熙《永州府志》卷十八《藝文志一》、康熙《零陵縣志》卷十一《藝文考》、道光《永州府志》卷三下《建置志》、光緒《零陵縣志》卷二《建置》。

所説“郡伯葉公萬景”，即葉萬景，鄞縣人，萬曆十七年任永州府知府。“少府張公守剛”，即張守剛，貴州人，萬曆十七年任永州府同知。

## 萬曆二十年陳之棟“碧雲深處”榜書

### 釋　文

壬辰仲冬
碧雲深處
明雒陽陳之棟。

### 考　證

榜書在朝陽巖下洞洞口左側，高66公分，寬186公分。大字及署款作“行書”，署款下有正方形陽刻鈐印“陳之棟印”。

雒陽爲洛陽之古稱。段玉裁《説文解字注》：“蔡邕石經殘碑《多士》作‘雒’，鄭注《周禮》引《召誥》作‘雒’，是今文、古文《尚書》皆不作‘洛’。”“‘雒’音同‘洛’。自魏黄初以前‘伊雒’字皆作此，與雍州‘渭洛’字迥判。”

陳之棟，事蹟不詳待考。

明有四壬辰：

永樂十年壬辰（1412）

成化八年壬辰（1472）

嘉靖十一年壬辰（1532）

萬曆二十年壬辰（1592）

榜書當寫於嘉靖十一年或萬曆二十年，姑暫定爲萬曆二十年。

陳之棟另有“水月天”榜書，詳下。

## 萬曆二十年陳之棟“水月天”榜書

### 釋　文

水月兲
之棟書。

### 考　證

榜書在朝陽巖上洞入口處，高 38 公分，寬 82 公分。大字作隸書，“天”寫作“兲”。署款作草書。

署款未具年月及姓氏，據陳之棟“碧雲深處”榜書，“之棟”二字書寫風格相同，故定爲陳之棟所書，且與“碧雲深處”榜書爲同時之作。

郡公徐賓岳招遊朝陽巖洞二
首
江上停驂望九疑朝陽巖洞逼
瀟湄巖開怪石森森玄洞瀉香
泉汩汩隨手厚文章猶未盡泫
山眉字使人思不因
太守風流遠那得觀瀾一賦詩
其二
衡遊幾日又依
太守清風解鬱蒸朵朵芙蓉秋
欲到雲陰松柏鶴來登救荒寄
策頻相問對酒高歌亦未能為
愛良苗有生意暫於遊豫緩催
徵　管
萬曆甲午冬新陽黃金色

# 萬曆二十二年黄金色《郡公徐賓岳招遊朝陽巖洞二首》詩刻

## 釋　文

郡公徐賓岳招遊朝陽巖洞二首

江上停驂望九疑，朝陽巖洞逼瀟湄。巖開怪石森森立，洞瀉香泉汩汩隨。子厚文章猶未盡，次山眉宇使人思。不因太守風流遠，那得觀瀾一賦詩。

其二

衡遊幾日又零陵，太守清風解鬱蒸。朵朵芙蓉秋欲到，陰陰松柏鶴來登。救荒奇策頻相問，對酒高歌亦未能。爲愛良苗有生意，暫於遊豫緩催徵。

旹萬曆甲午夏，新陽黄金色。

## 考　證

詩刻在朝陽巖下洞右青陽洞下，高67公分，寬115公分，十五行，楷書。

萬曆甲午爲萬曆二十二年（1594）。

《零志補零》卷中著録。題爲“郡公徐賓岳招遊朝陽巖”，注：“按名堯莘”、“萬曆甲午作”。署名“黄金色”，注：“明新陽”。詩句與石刻全同，詩末注：“玩詩意，似藩分司按屬之作，須考《通志》定之。”

黄金色，字鍊之，安徽休寧人，浙江仁和籍。隆慶二年戊辰科進士，官至廣東布政司參議。受學於錢德洪（號緒山）、王畿（號龍溪），爲王陽明三傳弟子。

焦竑《參議黄公傳》：“公諱金色，字鍊之，晚更字九成，姓黄氏。出漢江夏孝子香之裔，世居休寧。考諱某，贈某官。母符，封安人。生四子，公其次也。七歲出就塾，師授業，輒瞑目坐，不喜誦讀，師呵之，公背誦所授不遺。甫二載，而遍《孝經》、《四書》，

通其大意。年十三，入山寺讀書。歲辛亥，督學方山薛公拔公高等，補郡學弟子員。甲寅，督學阮公選第二人。業奕奕負儁聲矣。偶夜獨坐，覺意念紛馳，甚患之。讀陽明先生書，且疑且信。至丁巳，移居天真書院，從緒山、龍溪二公遊，集者無慮數百人，講誦咏歌之聲昕夕不輟，陶汰俗棼，洞達性體，得其解獨深。公自謂此際如夢得醒，醒而復夢，如生而死，死而復生。緒山大器之，公因執贄爲弟子，願終身稟學焉。隆慶丁卯，舉浙江鄉試。戊辰，成進士。觀政禮部，孳孳求友，如不及。是年，授晉江令。至則爲文誓於神，首諭士民聖諭六言，諸所擘畫，惟以敦教化、厚風俗、禁邪巫、表節孝、戒停喪爲急。適海寇，曾一本爲亂，閩廣會勦。公葺戰艦，厲兵儲餉以應，摘奸伏，嚴科派，取澳課䟽徭平亭之，一切治辦。庚午，以父憂去，士民遮道哭弔，具載尤僉憲王太僕所撰《去思碑》中。壬申，公除補德興令。德興劇，多豪猾，令若丞不能終者四矣。公曰：‘是在我。’始至，大持潔廉，風之捃束吏猾，不假毛髮。抑兼并，裁濫供，士民大帖服，而公益自發舒。覈徭糧利敝，所繇節縮之。立義田義倉，除幼丁徭，以惠老幼。暇日開席，講授不倦。貧民多溺女，嚴禁之，且給倉穀爲助。諸政蹟一如晉江時，撫按薦剡皆首。時相江陵若冢宰，張欲以重曹餌公，相知者推挽百方，公謝不顧。乃升南工部主事，士民追思德政，編刻《日録》六卷，共爲祠生祀之，語具舒御史《碑記》。乙亥，之任，搜剔宿蠹，不遺餘力。是歲，督修應天貢院，估泗州工，築堤備水患，又修南都承天門，奉旨欽賞者再。歲庚辰，監鑄錢，江陵傅給事，鶩相心腹也，爲鋪户求增銅直，堂屬欲許之，公獨曰：‘鑄錢已六年，有定例。且求增者紛起，何以禁之？’執不應，傅遂誣論公鑄錢薄惡，欲擠之罪，而王給事者助之，竟被誣去職。癸未，鶩相歿，两給事削籍去，詔舉佚才，周都諫、王御史咸舉公。名敕下吏部，行南部院會勘，臺瑣若御史大夫疏明公用持法，失要人意，實無他過端，奉旨復職，起補南祠部主事。曹事稀簡，公褒衣從諸名公卿談説問學，彬彬甚都矣。而會上從公卿百僚議以陽明先生從祀孔廟，户部唐仁卿疏奏以爲非是，被劾去。公摭其疏中語，賦詩二十四首與之辨，而逆之人多傳誦焉。乙酉夏，旱魃爲虐，上徒步郊禱，公以職祠祭，災異祈禱不敢謂非其責，乃疏所以純心格天者，語剴而精，率世以爲迂而不肯言與不能言者。公曰：‘吾所學固在是也。’奉旨嘉納，而朝臣顧以公爲狂。公又疏陳六事，其目曰緩刑辟、寬逋負、慎起用、明學術、開言路、嚴修省。疏留中七日，而所指摘諸臣皆切齒。及發内閣票擬，以煩瀆罷

之。人嘆公起自巖穴，且不次用，而以觸忤貴近不得遷，公獨有以自守，泊如也。乃疏乞養病歸，屬歲祲，粟翔貴，公博稽古今救荒法，有得即劄記之。日食粗糲，而捐所有活人，並爲書以勉邑令。庚寅，起南刑部陝西司，尋轉四川司郎中。公於曹事，毋所不精密，吏洗手奉法，所平反甚衆。魏敬吾公爲尚書，雅重之，凡疑獄悉聽讞焉。僚友若鄒南皋、陳蘭臺，暨一時名士，仍會講興善寺，剖析疑義，探索要眇，人人得所欲以去。久之，以考最行，吏部署云：'貞操忤於奸黨，篤行不愧古人。三曹勞績可嘉，九載緇塵無染。'人以爲實録。"

"升廣西驛傳道參議兼僉事。公雅好嘉山水，聞粵西奇勝甲天下，又道經衡山可登也，攜姪德果上祝融峰，望日入西溟，光景異常，乘月步會仙橋，宿圖明洞，飲觀音泉，白雲起足下，松聲盈耳清，不能寐。雞鳴，列炬登絶頂，望日浴東溟，赤光閃爍，超然獨出於萬象之表，不覺此心豁然，致良知之學，益有以自信矣。"

"甫入粵，問民所疾苦，與州邑群牧有司不職狀，矩賦詰姦，力塞敝竇。或以寬諷之，公曰：'廢法徇人，吾不敢也。'已而爲鄉試提調，及署布政司，兼鹽糧分守諸道。諸郡邑輸賦及土司馬價，悉令自權之。司庫覆視，即遣去。或違期久者，吏請治罪，則諭之曰：'此中險遠，寇若瘴復苦之，安得盡如期乎？第不虧國課足矣。'先是，出給靖江宗禄及兵餉，每季不下數萬，司庫以羡金請，公曰：'吾所收安有羡也！'即以原封給之。撫按間語公曰：'知公太廉，恐彰人短耳。'公不應。廉知宗禄軍餉多冒濫，而餘丁爲甚，每歲侵没倉糧萬餘石，公悉爲汰之。乙未五月，賫表入賀，歸遊泰山、靈若、九華諸勝。丙申，復任適侍御。黄芳楠與公共究此學，較刻《陽明集》，請公序之。公爲發：高皇帝論學常言'虚靈'二字，蓋已開'良知'之秘藏，此所謂大明之君也；及文成，'致良知'之學所以發高皇帝'虚靈'之精藴，此所謂大明之臣也。芳楠曰：'向來議從祀未有及此者。'爲嘆服者久之。丁酉，署右江守巡二道。先是，猺獞盤錯，而柳城西鄉勢張甚。公嚴行鄉約保甲法，得其姦良狀甚晳，乃招撫，獨石姑班十六村而居山黄峒，輙勒卒趨而覆其穴，悉平之矣。時慶遠土酋東蘭南丹那地，殺劫恣行，州官中流矢幾殆。公嚴敕將領，聲實俱振，於韋奎、莫之厚、羅謙端諸酋，自爲文告，切責之曰：'與若期，旬日自歸者爲良民，不者大軍立殲若矣。'於是諸凶懍然相戒，擒首惡自贖，而五村之侵地悉還。又於慶遠荔波繕理城隍務，爲經久計。他如鎮遠岑奇鳳、田州岑茂仁、潯州沈遷喬，禍變迸起，各以密計擒其魁，一時反側安堵

者，大率得於鄉約保甲之效爲多。蓋理右江三月，而不調兵，不糜餉，惟文告播修，各屬效力，能使風聲感動，姦宄敉寧，賢於十萬師遠矣。公歷三年满，是時篤學耆古者亡如公名，精勤於職者亦亡如公，督撫及諸臺會疏以留，而會有忌者，公知不合，移疾乞致其仕歸。郡邑父老遮道泣留，公且慰且行。”

“三月抵家，閉户静居，足迹不入城市，曰：‘得與兄弟、朋友共明此學，足矣，他非所知也。’嘗閲二氏書以自證，敕斷家事悉付其子，終日宴坐凝神，究竟此道而已。公性至孝，居親喪，號慟人不忍聞。於昆弟友愛特甚，登第坊金及俸餘公之衆，而稱貸自給。伯兄病久，省視不少怠，歿則痛哭，親爲調棺斂。於其弟亦然。赴急量施以誼稱，宗姻間無間言。晨起，必正衣冠，對天肅拜，而後視事，即溽暑嚴寒如一日也。戊申臘月，抱主遷城西，除夕，凝神龕前，坐以達旦，若忘其倦者。越四日，忽曰：‘吾殆不起矣。’戒家人：‘勿號泣，以寧吾神。’冠帶沐浴畢，子孫環侍，閉目端坐而終。年七十，有六子，太學生徒淳，亦能世其家學不替云。”

焦竑贊曰：“語云：‘百工居肆，以成其事’，信哉！余至海陽，與黄公聚者浹旬日，意孚神洽，充然如有得也。公謂大如曩會天真時，至是信力彌堅矣。然夷考公吏事，何斤斤當實不虚也。古言：‘名理不綜於冉季，政術不兼於淵騫。’則如文成公者何如哉？公得之緒山，緒山得之文成，其淵源深遠矣！”見焦竑《澹園續集》卷十。

萬曆二十二年，黄金色任廣西驛傳道參議兼僉事，途經永州。

詩刻中“衡遊幾日”，即《參議黄公傳》所説“道經衡山可登也”一節。

詩刻中“救荒奇策頻相問”，即《參議黄公傳》所説“博稽古今救荒法，有得即劄記之”。

詩題所説“郡公徐賓岳”，即徐堯莘，號賓岳，安徽潛山人。萬曆十四年進士，歷任户部主事，尋陽知縣，永州、衡州、荆州知府，遼陽兵備副使、湖廣上江防道、廣東嶺南道、山東糧儲參政、廣東按察使、廣西布政使。萬曆二十一年任永州府知府。

雍正《湖廣通志》卷四十五《名宦志·永州府》：“徐堯莘：潛山人，以進士守永州。治持大體，不事苛察，鞭扑不施，一郡大化。尤以興起斯文爲己任，一時多所成就。”

乾隆《江南通志》卷一百四十六《人物志·宦績·安慶》：“徐堯莘：潛山人，萬曆丙戌進士。歷荆州守，中官陳奉開礦沙市，掘塚瀦室，道路以目。堯莘約其騶從，不得逞。劉大將軍綎征播，調兵數省，途出自荆，民争避之，堯莘爲經紀，民獲安堵，上嘉其勞。晋廣東按察，擢撫延綏，不果赴。與無錫

顧憲成交密，袁宗道以‘不言而躬行’稱之。”

乾隆《灊江縣志》卷八《人物志·名賢》：“徐堯莘：號賓岳，丙子舉於鄉，丙戌成進士。補户部主事，榷潯陽税，弛禁薄征。出爲永州知州，治行推第一，調衡、荆。時中使陳奉開礦沙市，抉塚潴室，道路以目，莘持法約其騶從，使不得逞。奉啣甚，因廣寧民變，以抗旨陷莘，莘素負物望，事得白。旋轉山東糧道，轉河南按察。釐弊甦民，遠近戴之。尋丁艱歸，服闋，會里中蝗，莘上疏請於朝，里民德之。補廣東布政使，會有延綏巡撫之推，因與直指不恊，不就，推而歸，裝橐蕭然。卒年七十六，從祀鄉賢祠。”同書卷七《選舉志》：“舉人：徐堯莘，字汝聘，桂之從孫。縣學生，萬曆丙子科，登丙戌科進士。”“進士：徐堯莘，萬曆丙戌科，授户部主事，升員外郎中，後升廣東按察使，廣西布政，見《名賢》。”

康熙《永州府志》卷十五《人物志上·循良列傳》：“徐堯莘：號賓岳，南直潛山人。以進士來守，治持大體，不事苛察，鞭扑不施，一郡大化。尤以興起斯文爲己任，一時多所成就。尋調岳、衡、荆三府，文學吏治，所在有聲。歷轉粵西右布政，永人士碑而祠祀之。”

《大清一統志》卷七十七《安慶府·人物》：“徐堯莘：潛山人，萬曆進士，歷荆州知府。中官陳奉開礦沙市，道路以目，堯萃約其騶從，不得逞。大帥劉綎征播，調兵數省，途出於荆，民争避之，堯萃爲經紀信宿，地皆獲安堵。神宗嘉其勞，賜以銀卮。歷廣東按察使、廣西布政使。”

康熙《永州府志》卷十五《人物志》：“徐堯莘：號賓岳，南直潛山人。以進士來守，治持大體，不事苛察，鞭扑不施，一郡大化。尤以興起斯文爲己任，一時多所成就。尋調岳、衡、荆三府，文學吏治，所在有聲。歷轉粵西右布政，永人士碑而祠祀之。”

道光《永州府志》卷十三《良吏傳》：“徐堯莘：號賓岳，南直潛山進士，萬曆二十一年永郡守。平恕持大體，鞭朴不施，一郡咸化。尤以興起斯文爲己任，教士多所成就。尋調岳、衡、荆三府，文學吏治，所在有聲。歷粵西右藩，永人士紀德而祠之。”

據潛山敦睦堂《徐氏宗譜》，徐堯莘著有《湛思草》、《課孫録》、《山陬漫録》、《先大夫行述》、《两夫人行述》和《家禮便俗集》。

徐堯莘《蝗災疏》云：“臣籍安慶府潛山縣，以山東糧儲道左參政，丁内艱，至萬曆四十五年五月服闋，起復赴闕候用，敢以潛之異常災爲我皇上陳之。潛山屬南北咽喉，八省要害，無魚鹽商賈之利，止唯服習先疇，以稼穡爲事。時和年豐，金以粟生，公私可以無

負。值上官閉糴，則捉襟見肘矣。連年雨暘不時，旱澇爲祟，不能大有。乃今春肥煽焰，播植維艱。幸有司虔禱，霖雨時滋，禾長苗蘇，民方欣欣相告，幾幸有秋。不意入夏以後，如風吼霧卷，蔽日淩霄，自北而南者，則蝗也。始不過盤旋山崗，棲遲畦畔；繼而叢噬禾稼，剪落塵區。僻處山陬之民，從不識蝗屬何等。間有食心者，知其爲螟；食葉食節者，知其爲螣爲賊；而食根者，不輕見也。然驅除猶可爲力，未有呼群引類如蝗者，覆田塞畛，咀唼有聲，頃刻之間，緑野忽成黄壤。初時民期相率撲滅，乃愈撲愈張，相叱爲天蟲，延巫醮祭，仍復依依。至長子孫，食苗不已，旋至食紙食草不已，旋至食衣。不惟穎栗堅好，難以望於異日，即遺秉滯穗，不能索之田間。且也木葉盡脱，三伏有似深秋，莽萊辟除，四顧皆爲白地。至於鳴金擊鼓，兒哭女啼之狀，更有慘不可言者。緬維暴背耕芸，閤室勤動，無非爲卒歲之計。奉公之圖，而今已矣，編銀作何以輸，折色作何以杜，京漕各米作何以供，他邑或有勢家大賈，可以經營稱貸，而蚩蚩山氓，别無通融之法，非槁項窮岩，則轉從他方以死耳。臣嘗讀漢文帝之詔，謂：‘萬物群生，皆有以自樂。吾百姓鰥寡孤獨，阽於窮困，莫之省憂。爲民父母者則何如？’屢賜民田租之半，未嘗不掩卷太息也。況如天好生如皇上者乎？嘉靖二十三年，潛大祲，獲徼蠲恤。萬曆十七年大祲，獲徼蠲恤。三十六年大水，又獲邀改折。今蝗蟲變出非常，爲皇上軫念又當何如乎？《詩》云‘螟螣’，《春秋》書‘螽’書‘蝝’。聖人以爲民命國命所關，故切切言之。臣途經中都齊魯，見蝗之爲害，不一其地。而潛之被害獨慘，地方撫按，定爲鳩鵠陳情。臣目擊時艱，局蹐輦下，不得不號天而吁耳。伏乞敕下所司，察蝗災分數，破格賑緩，俾山野殘黎不至爲溝中之瘠。臣不勝悚切望恩之至，奉聖旨改折。”見康熙《安慶府志》卷二十五《藝文志·表疏》、乾隆《潛山縣志》卷十五《歷朝文下》。

觀黄金色關心救荒，徐堯莘關心農災，二人遊賞之際，仍以“愛良苗”、“緩催徵”爲心，理政治民之意如出一轍。

# 萬曆二十二年王泮《九日□□□簇拉朝陽巖登高泛舟，歸別後赴太守徐君、別駕楊君、司理李君鎮永樓之餞》詩刻

## 釋　文

九日□□□簇拉朝陽巖登高泛舟，歸別後赴太守徐君、別駕楊君、司理李君鎮永樓之餞

佳節報重陽，羈人思念長。一天秋到楚，數點雁來湘。送酒人何在，登高足尚强。招邀遇帝子，參伍有僊郎。險闢懸崖□，欹臨峻岸傍。波澄千傾碧，葉染半林黄。□□□虚牖，非□□曲房。因風防落帽，選勝屢移牀。興在重尋約，醒餘再舉觴。雪鷗迎畫舫，玉蝀卧浮梁。雉堞□□□，翬樓勢舞翔。芝山凝曉翠，桂嶺遞寒香。望嶽□葱蒨，瞻疑但渺茫。半分山與郭，還抱水爲鄉。已自無公了，何須促去忙。酹尊□□秀，紉佩擷蘭芳。欲插茱萸朵，争如鬢髮霜。漫尋元頌碣，細讀柳文章。道以窮加進，人知抑是揚。乍能抛案牘，偶覺轉清涼。碌々塵囂境，紛々名利場。因嗟歸未得，番悔出非良。且共酬心賞，何須浪感傷。催詩如有意，頭上两相將。

萬曆甲午山陰王泮書。

## 考　證

詩刻在朝陽巖逌遙徑，高 80 公分，寬 130 公分，二十二行，行書。有磨泐。

光緒《零陵縣志·藝文·金石》著録，署款“萬曆甲午”誤作“萬曆戊午”。注：“右草書二十二行。”兹參照光緒《零陵縣志》著録。

標題“九日□□□□□朝陽巖登高泛舟”，今審作“九日□□□簇拉朝陽巖登高泛舟”；“歸別後赴太守徐君、別駕楊君、司理李君鎮永樓□□”，今審作“歸別後赴太守徐君、別駕楊君、

司理李君鎮永樓之餞”。

“招邀遇帝子，參伍有僊郎”，疑當作“招邀遇章子，參佐有僊郎”。

“險闢懸崖□”，疑當作“險闢懸崖洞”。

“□□□虛牖，非□□曲房”，疑當作“不座能虛牖，非崇自曲房”。

“雉堞□□□”，疑當作“雉堞瑋如□”。

“望嶽□葱蒨”，疑當作“望嶽每葱鬱”。

“已自無公了”，疑當作“已自無公事”。

“酹尊□□秀，紉佩擷蘭芳”，疑當作“酹尊催菊秀，紉珮擷蘭芳”。

“偶覺轉清涼”，疑當作“便覺轉清涼”。

“碌碌塵囂境，紛紛名利場”，疑當作“碌々塵囂境，紛々名利場”。

萬曆甲午爲萬曆二十二年（1594）。題名“九日”，詩云“佳節報重陽”，可知作於此年秋九月。

“太守徐君”即徐堯莘，永州府知府，萬曆二十一年任。

“別駕楊君”即楊繼時，永州府通判，錢塘人，萬曆二十一年任。

“司理李君”即李朝宸，永州府推官，南豐人，萬曆二十年任。

鎮永樓，據道光《永州府志·建置志》載：“在府城東北隅雉堞之上。舊名鷂子嶺。孤遠偏僻，人跡罕至。嘉靖乙巳，知府彭世濟始創建斯樓，肖真武像以鎮之，更以今名。樓當最高處，郡城形勝四望具見。遂爲登眺佳境。”

王泮，字宗魯，號積齋，浙江山陰人。

焦竑《參政王公泮傳》：“王泮，字宗魯，山陰人，嘉靖進士。萬曆八年知肇慶府，十二年遷按察司副使，分巡嶺西，亦治肇慶。慈愛和易，士民見者，語次尋繹，甚有恩惠。未嘗疾言遽色於人，而確然有執，雖門生故交，無私也。好爲民興利，興起學校。後瀝水由城東石頂出，收皆畝一鍾，且束地氣。宜有益，則導後瀝水入江。宜橋之，則橋躍龍浮屠於石頂之上。於學宮便，則建崇禧浮屠通北港。利高明，則通北港。高明學東空曠，宜浮屠於其東郊。大葺肇慶陽江學宮，又爲陽春學置田。便於士民，爲之不啻饑渴。功或太守時未就，於監司竟之，亦天幸也。肇慶幕府所治两粵藩臬使者，若四方之賓，無日不至，饋櫛出，日昃不遑暇食，不致貶己，人人得其懽心。畫便事悉中窾，幕府甚重之。府江之役、懷賀之役、珠池之役，皆有勞焉。泮性恬淡，自奉如寒士，居官廉潔，焚香静坐若禪室。然詩辭沖雅，書法遒麗，有其家右丞、右軍之致。粵中文士皆來就正，而郡中子弟又時以舉業請，則擇程式示之，如群飲於河，各厭其腹矣。十六年，遷湖廣參政，高要士民遮留

泣，下建祠事之，高明亦有祠。”見焦竑《國朝獻徵録》卷之八十八，又見過庭訓《本朝分省人物考》卷五十一，題爲《王泮》，又見徐象梅《两浙名賢録》卷之三十三，題爲“湖廣布政司參政王宗魯泮”。

雍正《廣東通志》卷四十一《名宦志》：“王泮：字宗魯，浙之山陰人。萬曆二年進士，八年知肇慶府，十二年遷按察司副使，分巡嶺西，駐肇慶。慈愛和易，未嘗以疾言遽色加人，而確然有執，雖門生故交無私也。好爲民興利，導瀝水繇城東石頂洩潦入江，歲收畝一鍾，且束地脉爲橋，曰‘躍龍’，建浮屠於石頂上鎮之。通北港入高明倉步水，又建浮屠於高明東郊，又治肇慶陽江學宫，又爲陽春縣署田。凡便於士民者，皆勇爲之。郡爲督府所駐，两粤藩臬使者，若四方之賓，無日不至。頮櫛而出，日昃不暇食。籌畫便宜，悉中窾要，幕府甚重之。府江、珠池之役，皆有勞焉。泮性恬淡，自奉如寒士，居官以廉能見稱。”

嘉慶《山陰縣志》卷十四《人民志》：“王泮：字宗魯，萬歷甲戌進士。知肇慶，又分巡嶺西。所至爲民興利，起學校，浚川渠，府江、懷賀、珠池諸役皆有勞焉。爲湖廣參政。居官廉潔，焚香静坐若禪室。詩辭沖雅，書宗二王，善小楷，大幅草書如龍蛇夭矯，世皆寶之。”

王泮能詩，工書法。

乾隆《紹興府志》卷五十四《人物志十四》：“王泮：字宗魯，山陰人，嘉靖乙丑進士，萬曆中爲湖廣參政。居官廉潔，焚香静坐若禪室，詩辭沖雅，書法遒麗，有其家右丞、右軍之致。”

《續書史會要》：“王泮：字宗魯，山陰人。嘉靖進士，官湖廣參政，居官廉潔，焚香静坐若禪室。然詩詞沖雅，書法遒麗，有其家右丞、右軍之致。”

《御定佩文齋書畫譜》卷四十四：“王泮：字宗魯，山陰人。嘉靖乙丑進士，萬曆中爲湖廣參政，居官廉潔，焚香静坐若禪室。詩辭沖雅，書法遒麗，有其家右丞、右軍之致。”

王泮曾爲摩崖石刻作志。

《四庫全書總目》：“《七星巖志》十六卷，國朝韓作楝撰。七星巖在肇慶府高要縣城北，一名崧臺，一名定山，故此書又名《定山石室志》也。志本明王泮所撰，作楝因而重修。”

王泮支持意大利天主教耶穌會傳教士利瑪竇在肇慶傳教，萬曆十二年出資刊行利瑪竇繪製的《山海輿地全圖》。

萬曆二十二年，王泮任湖廣參政、衡永分守道，巡視永州。

康熙《永州府志》卷十五《人物志·分守道列傳附》：“王泮：浙江山陰人，由進士萬曆甲午年任。公富於才華，善唫咏，尤工臨池。然秉性沉深，惟飭大體，不屑瑣細，故民以寧謐。”

道光《永州府志》卷十三《良吏

傳·監司傳附》:"王泮:山陰進士,萬曆二十二年任守道。富於才華,善吟咏,尤工臨池。秉性深沉,飭大體,不屑細,故民以寧謐。"

王泮在永州,有《捕蛇歌》碑刻:"捕蛇之説情何楚,柳州先生目所覩。余來問俗異昔聞,憩遍甘棠皆樂土。四郊那復捕蛇人,賦役無繁盡安堵。豈因老蟒化靈狐(相傳澹巖有巨蟒,聞説經,化狐飛去),兒孫不敢爲瘏痡。抑亦天南風氣開,山川惡産今非古。永陽有卒戍桂東,三歲更班一赴伍。蠻煙瘴霧毒於蛇,驅之戚若魚游釜。官家點名促去程,出門入門步無武。妻兒牽衣泣道傍,見者不勝頭咸俯。誰知今日從軍游,不減當年捕蛇苦。我今作歌亦復云,苛政從來猛如虎。使者觀風一采之,莫謂俚詞浪無補。"署款:"萬曆甲午冬十月朔,山陰王泮書。"行書十行,碑刻今存柳子廟。見《永州石刻拾萃》,康熙《永州府志》卷二十三《藝文志六》、康熙《零陵縣志》卷十三《古今名賢詩》、光緒《零陵縣志》卷十四《藝文·金石》著録。

王泮在澹巖有《高山章子邀遊澹巖,門人龔孝廉適至》詩刻:"意外遘同心,王孫喜共臨。嵌空天闕正,卓午日光深。署澹元因姓,逃名反到今。不知元共柳,何事失相尋。"署款:"萬曆甲午冬十月四日,山陰王泮書。"澹巖大半已毁,此刻仍幸存。見《永州石刻拾萃》,《零志補零》卷中、光緒《零陵縣志》卷十四《藝文·金石》著録。

高山章子、龔孝廉,事蹟不詳。王泮萬曆二十二年九月九日遊朝陽巖,十月一日謁柳子廟,十月四日遊澹巖,在永近一個月。

王泮又有《冬日同顧憲使沖吾、張憲使懷瑟遊君山》:"始聞君山勝,寤寐恒枉茲。岳陽一以睇,所聞未半之。金山立瓠子,落星浮彭蠡。卷石不足多,畔岸亦有涯。洞庭環千里,浩淼漾玻璃。一山翠黛横,澹抹長蛾眉。自顧無羽翰,望洋興遐思。鼓勇命蘭橈,風掀浪如摧。怪底嬴秦者,赭山快所私。霜降水痕落,五豬如盤匜。亟邀二三朋,肩輿陟其陂。先登軒轅臺,次謁湘君祠。欲覓酒香處,安得泉如酏。噫山匯巨浸,所以天下奇。水落等平原,全奇得非虧。我以向來見,會此登山時。山水两枉目,大觀夫何遺。乃知天地理,虧盈亦難齊。一有與一無,人生安足咨。試觀齊物論,莊子是吾師。同遊契予言,浩然發長嘻。歸來興未闌,醉能述以詩。"見光緒《巴陵縣志》卷七十《君山集》。

王泮在澧州安鄉、石門,作《安鄉公署有感》:"賈生何事涕横流,眼底瘡痍痛未瘳。草實食人悲喙雀,沙田斷極卧耕牛。背苗無計酬租賦,白骨誰憐委壑溝。且莫繪圖當宁獻,恐厪甫顧動殷憂。"見康熙《安鄉縣志》卷十二

《藝文志下》、乾隆《安鄉縣志》卷七下《藝文志下》。

又作《巡歷石門駐節福田寺》詩："石門山郭九谿深，白雨翻盆洗緑林。禾插喜看農事足，褰帷何憚客衣侵。陸離僧院凉雲氣，窈窕茶烟暖倚陰。爲問福田何處種，靈苗一種自人心。"見嘉慶《石門縣志》卷四十九《藝文志》。

偕寅友喻君士弘沈君玉相
張君天極鄧君雲路遊朝陽
岩漫吟
壘岩擅形勝名命自元公結
湘江渤湲晨日射紅危巔列臺
榭環拱山巃嵸循崖下石磴按
定路可通忽覩壁峭拔鑱前鐫
天工行行見古洞高朗且寬洪
夜光相掩映人世水晶宮靈靈
湧寒泉潺湲響繚桐一派三三
曲流觴西復東大士面水立金
碧耀幢朧景物殊佳麗他岩莫
與同吾儕尋樂處尋至此岩中
煩襟頓滌洒歌聲徹蒼穹樂極
忘身世飄然欲馭風雖然岩可
樂遊覽樂即空真樂不在岩且
在吾淵衷人為能尋之古迹固
無窮彼使吾不遊其樂也融融
明萬曆乙巳歲夏吉
淮安東後學安孝通

# 萬曆三十三年安孝《偕寅友喻君士弘、沈君立相、張君天極、鄧君雲路遊朝陽嵒漫吟》詩刻

## 釋　文

偕寅友喻君士弘、沈君立相、張君天極、鄧君雲路遊朝陽嵒漫吟

靈嵒擅形勝，名命自元公。盤結湘江滸，淩晨日射紅。危巔列臺榭，環拱山巃嵸。循崖下石磴，投足路可通。忽覩壁峭拔，鑱削疑天工。行行見古洞，高朗且寬洪。波光相掩映，人世水晶宮。雪竇湧寒泉，潺湲響絲桐。一派三三曲，流觴西復東。大士面水立，金碧耀曈曨。景物殊佳麗，他嵒莫與同。吾儕尋樂處，尋至此嵒中。煩襟頓瀟洒，歌聲徹蒼穹。樂極忘身世，飄然欲馭風。雖然嵒可樂，遊罷樂即空。真樂不在嵒，只在吾淵衷。人苟能尋之，旨趣固無窮。縱使嵒不遊，其樂也融融。

明萬曆乙巳歲夏吉，淮安東後學安孝題。

## 考　證

詩刻在朝陽巖下洞右側石壁，高47公分，寬110公分，二十行，楷書。

萬曆乙巳爲萬曆三十三年（1605）。

詩刻未見著録。

安孝，字其止，號慕軒。明淮安府安東縣人。歲貢生，歷任湖州府訓導、虹縣教諭、廣德州學正、永州府學教授、山西晉王府紀善。萬曆三十一年任永州府學教授。

雍正《安東縣志》卷十《人物志上》："安孝：字其止，以歲貢任湖州學訓，撰《孝行》、《善行》、《拯溺》、《救焚》書四卷，捐棺施藥，以濟貧者。任虹縣教論，著《正己率物編》、《聖諭訓士解》、《漫吟集》，捐俸建韓祠。任廣德州學正，撰《守令芳蹟》、《三戒》、《臆説》、《尚行編》、《砭俗歌》、

《攻玉瑣言》。任永州府學教授，撰《太極纂要義》、《治事發明》、《明倫教略》、《昏衢燭》、《戒賭》、《戒訟》諸書。任山西晉府紀縣。纂《吴興》、《桐川》、《夏邱》、《芝城》、《漣水》文集五卷。致仕，壽七十二，卒于家。萬曆三十四年湖州府紳衿陳思敬等舉列名宦。”

康熙《泗州志》卷九《名宦志》：“安孝：安東人，官教諭。善屬文，尤工四六。訓士以敦倫爲先。慕高陽侯忠節，爲募建祠。”同書卷七《秩官志》：“教谕：明：安孝：安東人，有傳。”乾隆《泗州志》卷九、卷七同。

乾隆《淮安府志》卷二十二上《人物》：“安孝：字其止，安東人，歲貢生。萬曆中選湖州府訓導，撰《孝行》、《拯溺》《救焚》書四卷。升虹縣教諭，著《正己率物編》、《聖諭訓士解》、《漫吟集》，捐俸建韓成祠。遷廣德州學正，撰《守令芳蹟》、《三戒臆説》、《尚行編》、《砭俗歌》、《攻玉瑣言》。遷永州府學教授，撰《太極纂要義》、《治事發明》、《明倫教略》、《昏衢燭》、《戒賭》、《戒訟》諸書。升山西晉府紀善。纂《吴興》、《桐川》、《夏邱》、《芝城》、《漣水》文集五卷。致仕歸，卒年七十二。萬曆二十四年吴興人祀于學宫。”

光緒《淮安府志》卷三十三《人物·安東縣》：“安孝：字其止。以歲貢歷湖州、虹縣、廣德州、永州教官，終於晉府紀善。其在湖州，撰《孝行》、《善行》、《拯溺》、《救焚》書四卷，捐棺施藥，以濟貧者。在虹縣，著《正己率物編》、《聖諭訓士解》、《漫吟集》，捐俸建韓成祠。在廣德州，撰《守令芳績》、《三戒臆説》、《尚行編》、《攻玉瑣言》。在永州，撰《太極纂要》、《治事發明》、《明倫教略》諸書。在晉府，纂《吴興》、《桐川》、《夏邱》、《芝城》、《漣水》文集五卷。後卒於家，湖州人祀於名宦。”同書卷三十八《藝文》：“《安孝文集》、《太極纂要》、《明倫教略》、《正己率物論》、《攻玉瑣言》。”

光緒《泗虹合志》卷九《職官志下》：“安孝：安東人，虹教諭。有文名，工四六，尤好獎掖後學，多所成就。慕高陽侯之忠節，爲募貲建祠祀之。”

康熙《永州府志》卷四《秩官上》：“教授：萬曆：安孝，安東人，三十一年任。”

道光《永州府志》卷十一上《職官表·府寮》：“教授：萬曆：安孝，東安人，三十一年任。”（“東安”當作“安東”。）

今按安孝《吴興》、《桐川》、《夏邱》、《芝城》、《漣水》文集五卷，當是致仕歸家所編訂，分别爲任職湖州、虹縣、廣德、永州、晉府及居家所作詩文，各爲一卷，合爲五卷。吴興即湖州，《舊唐書·地理志》：“湖州：天寶

元年，改爲吴興郡”。夏邱即虹縣，《舊唐書·地理志》：“虹：漢縣，隋曰夏丘縣”。桐川即廣德州，《明史·地理志》：“廣德州：西北有桐川”。芝城即永州，而漣水即安東也。《明史·地理志》：“淮安府：領州二，縣九。安東：府東北。元安東州，洪武二年正月降爲縣。東北朐山在南。東北有鬱洲山，在海中，洪武初，置東海巡檢司於此，後移於州南之新壩。西南有漣河，又有桑墟湖，濱海。南有淮水，東北過雲梯關，折旋入於海。自清口至此，皆淮水故道，爲黄河所奪者也。又漣水自西北來，東南流入淮。又西北有碩項湖。東北有五港口、長樂鎮，東南有壩上三巡檢司。”故安孝文集五卷次序當作：《吴興》、《夏邱》、《桐川》、《芝城》、《漣水》。

紀善，學官名。《明史·選舉志》：“自儒學外，又有宗學、社學、武學。宗學之設，世子、長子、衆子、将軍、中尉年未弱冠者俱與焉。其師，于王府長史、紀善、伴讀、教授等官擇學行優長者除授。”《明史·職官志》：“紀善，掌諷導禮法，開諭古誼，及國家恩義大節，以詔王善。……凡宗室年十歲以上，入宗學，教授與紀善爲之師。”

韓成，濠州虹縣人，有勇略，從明太祖起兵，率先陷陣，攻滁、克泗、破諸山寨，取金陵，屢建大功，升帳前親軍指揮，專侍帷幄。陳友諒與明太祖戰於鄱陽湖，自戊子至庚寅，敵衆復合不退，太祖因被圍，計無所出，召諸将出奇謀。韓成進曰：“臣聞古人有殺身成仁者，臣不敢辭。”太祖遂賜韓成龍袍冠冕與己同，對賊衆投水中而死，賊遂退。明太祖追封韓成爲高陽侯。

安孝有《游澹山巖漫題》：“湖南勝槩推永州，永州澹巖矗雲頭。下有天門足可投，其中高闊更深幽。耳畔那有人喧啾，惟聞谷聲響箜篌。一竅天開灝氣浮，窺見日月共斗牛。石乳暗從石孔流，凝結彷佛垂玉旒。怪石蹲處盤蛟虬，丹井甘洌青瀏瀏。巖巔古木老春秋，傍巖掩映有高樓。市朝隔斷两悠悠，洞天不必他處求。看來還比畫圖優，山水客到便淹留。壁間名題皆琳球，文光燦燦侵人眸。華嚴華嚴莫與儔，朝陽也須讓一籌。元柳探奇徧地搜，此巖不到竟何由。我今吏隱恣遨遊，佳境一時延覽周。風景都來肺腑收，塵襟滌盡迷絶郵。天機感發吟且謳，飄飄恍擬在丹丘。”署款：“萬曆甲辰九月廿五日安東慕軒安孝題。”光緒《零陵縣志》卷十四《藝文·金石》著録。

又有《柳巖漫吟》：“柳巖柳巖風景殊，獻奇隔江西北隅。聞有月巖更妙絶，天造地設營道區。柳巖煞可供眺賞，月巖幻出太極圖。元公緣物闡道真，承繼孔孟啟程朱。我游柳巖慕月巖，此心欲向月巖趨。月巖是象不是

理，理豈有外此心乎。何爲舍我團圈子，狥象忘心涉遠途。”署款：“萬歷乙巳仲夏之吉，漣水慕軒安孝題。”光緒《零陵縣志》卷十四《藝文·金石》著録，注：“右正書，十一行。”

朝陽巖、澹巖、柳巖三詩，均爲歌行體，又均題“漫吟”、“漫題”。萬暦甲辰爲萬暦三十二年（1604），萬歷乙巳爲萬暦三十三年（1605）。據“華嚴華嚴莫與儔，朝陽也須讓一籌”，遊朝陽巖當在澹巖之後，姑定朝陽巖詩刻爲萬歷三十三年。

澹巖、柳巖詩均上石，惜已不存。據詩意，安孝當有華嚴巖詩、月巖詩，待考。

喻士弘，四川内江人，永州府學訓導。沈立相，邵陽人，永州府學訓導。張天極，沅陵人，永州府學訓導。三人時皆爲永州訓導。鄧雲路，貴州清平衛人，零陵縣學訓導。見康熙九年《永州府志》卷四《秩官上》、道光《永州府志》卷十一上《職官表·府寮》及卷十一中《職官表·零陵》。沈立相爲縣學貢選，見康熙《邵陽縣志》卷八《選舉題名》。

# 萬曆三十六年佚名“萬古一巖”榜書

## 釋　文

明萬曆三十六年孟夏吉日

萬古一巖

## 考　證

榜書在朝陽巖下洞右青陽洞下，高50公分，寬90公分，楷書，殘損。後人鑿爲石階，榜書末一字被石階打破，僅餘三分之一，據字形審爲“巖”字。

“一”字上後人刻畫石山保一方，小字四行：“王門男童新仔，寄名石山保，長命富貴，關煞消除。”

署款已毀，以往未見著録，作者待考。

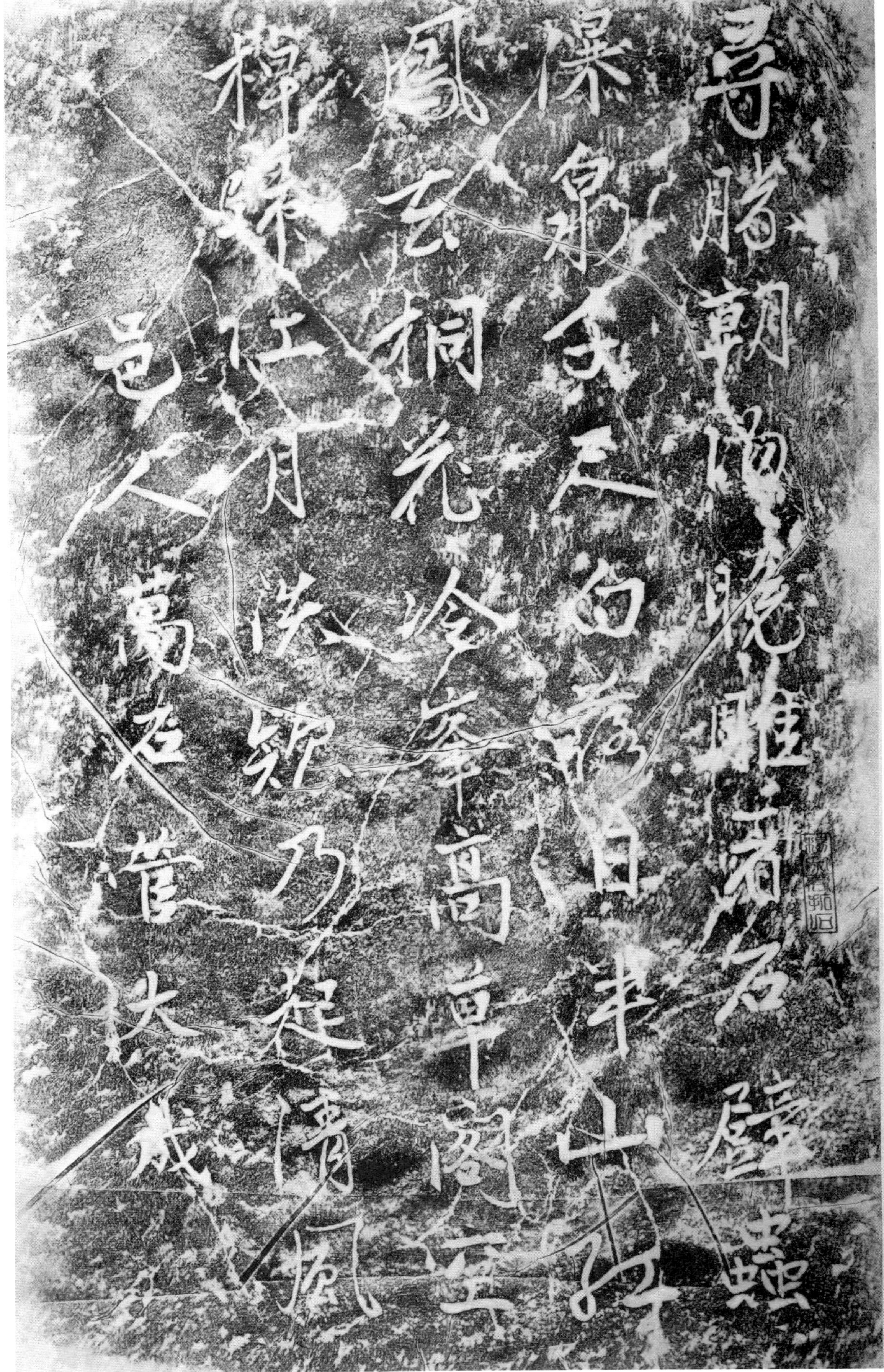

# 萬曆間管大成“尋勝朝陽晚”詩刻

## 釋　文

尋勝朝陽晚，雕看石壁蟲。瀑泉千尺白，落日半山紅。鳳去桐花冷，峯高草閣空。棹歸江月淡，欸乃起清風。

邑人萬石管大成。

## 考　證

詩刻在零虚山至上洞入口處，高70，寬42，五行，行楷。

光緒《零陵縣志》卷十四《藝文·金石》著録，題爲“管大成詩”，注：“右行書五行”。“尋勝”誤作“乘興”。

原刻無題，姑用首句“尋勝朝陽晚”題名。

“萬石”即萬石山，在零陵。“邑人”意爲零陵縣人，“萬石”蓋謂其家在萬石山下也。

萬石山在永州郡城北，山多怪石，下瞰碧沼。唐永州刺史崔能作亭，柳宗元作記，至宋，永州知府彭合更名爲環翠亭。

柳宗元《萬石亭記》云：“御史中丞清河男崔公來涖永州。閑日，登城北墉，臨於荒野藂翳之隙，見怪石特出，度其下必有殊勝。步自西門，以求其墟。伐竹披奥，攲側以入。綿谷跨谿，皆大石林立，涣若奔雲，錯若置棋，怒者虎鬬，企者鳥厲。抉其穴則鼻口相呀，搜其根則蹄股交峙，環行卒愕，疑若搏噬。於是刳辟朽壤，翦焚榛薉，决澮溝，導伏流，散爲疏林，洄爲清池。寥廓泓渟，若造物者始判清濁，效奇於兹地，非人力也。乃立遊亭，以宅厥中。直亭之西，石若掖分，可以眺望。其上青壁斗絶，沉於淵源，莫究其極。

自下而望，則合乎攢巒，與山無窮。明日，州邑耋老雜然而至，曰：‘吾儕生是州，蓺是野，眉厖齒鯢。未嘗知此。豈天墜地出，設茲神物，以彰我公之德歟？’既賀而請名，公曰：‘是石之數，不可知也。以其多，而命之曰萬石亭。’”

管大成爲零陵貢生。

光緒《零陵縣志》卷七《選舉》：“鄉貢：明：……陳舜咨（通判），楊一第（湘鄉訓導），伍星（廣西象州學正），管大成，張禄（教諭），楊一科（萬曆間人，有傳）……”

但康熙《永州府志》卷十一《選舉志下·貢士年表》、道光《永州府志》卷十二《選舉志下·貢生年表》均不載管大成，不知是否入仕，亦不知在何年月。姑暫定爲萬曆間。

# 天啟五年尹伸《冬日同孫浴泉別駕、梁沖玄司理游朝陽巖》二首詩刻

## 釋　文

冬日同孫浴泉別駕、梁沖玄司理游朝陽巖

名穴何年巨靈擘，巖扉懸涉一江碧。入坐阡眠當萬峰，斜日高林數點赤。白乳垂珠牽隙寒，青蘿飛陰緾徑窄。蹀闌點綴近樸雅，碑碣蒼然含古迹。

桃源小有空夢遊，此中幽勝豁鄉愁。山頭朏月照白墮，花邊虛籟生靈湫。高歌況對蘇門客，披蓁已入伯鸞儔。陶然芳醉頌遺世，何得青錢買一丘。

蜀人尹伸。

## 考　證

詩刻在朝陽巖道遙徑，高 49 公分，寬 33 公分，五行，草書。首行鈐印一枚。

詩刻大部磨泐，標題、署款均毀，僅存第一首前六句。

康熙《零陵縣志》卷十三《古今名賢詩》、嘉慶《零陵縣志》卷十五《藝文》著録，茲據以補足標題及全文。

"一江"，康熙、嘉慶《縣志》均作"一泓"。"阡眠"，康熙《縣志》同，嘉慶《縣志》作"芊眠"。"高林"，康熙、嘉慶《縣志》均作"野煙"。疑《縣志》著録另有別本。

康熙、嘉慶《縣志》著録均連寫，今審作二首。

尹伸，字子求，號越溪。四川宜賓人，萬曆二十二年舉人，二十六年進士。授承天府推官，遷南京兵部郎中，曆西安知府、陝西提學副使。天啟五年任河南右布政使，同年任湖廣布政司左布政使，兼按察司副使，分巡辰沅兵

備道。著有《自偏堂稿》、《東遊草》、《康樂堂集》、《和雪亭集》。

《明史·忠義傳》有傳，云："尹伸：字子求，宜賓人。萬曆二十六年進士。授承天推官。屢遷南京兵部郎中、西安知府、陝西提學副使、蘇松兵備參政。公廉强直，不事媕阿，三任皆投劾去。天啟時，起故官，分守貴州威清道。貴陽圍解，巡撫王三善将深入，伸頗贊之，監軍西征。三善敗歿，伸突圍歸，坐奪官，戴罪辦賊。四年，賊圍普安，伸赴援，賊解去，遂移駐其地。賊復來攻，率參将范邦雄破走之，逐北至三岔河。總督蔡復一上其功，免戴罪，貶一秩視事。崇禎五年，歷河南右布政使，以失禦流賊，罷歸。伸所至與長吏迕，然待人有始終，篤分義，工詩善書，日課楷書五百字，寒暑不輟。張獻忠陷叙州，匿山中，搜得之，罵不肯行。賊重其名，不殺。至井研，罵益厲，遂攢殺之。福王時，起太常卿，伸已先死。"

錢謙益《列朝詩集小傳·尹布政伸》："伸字子求，宜賓人。萬曆戊戌進士，授承天府推官。以南兵部郎出知西安府，以副使提學陝西，以參政備兵蘇松。公廉彊直，不阿權貴，凡三任，皆投劾去。再起貴州威清道。是時水西寇猖獗，貴陽之圍方解，黔撫王三善輕兵深入，子求力勸以持重，弗聽。三善中伏死，子求突圍得出。及傅宗龍按黔，輕鋭自用，不信子求言，殺歸正人陳其愚等，黔事幾大壞。子求在行間三年，身經十餘戰，有功不叙，竟鐫秩以去。以才望起河南左布政，蒞任甫三月，以失禦流賊解官。崇禎甲戌，買舟下瞿塘，抵金陵，游吴中、浙西，與余輩飲酒賦詩，留連不忍去。将别，執酒言曰：'生平山水、友朋之樂，盡此行矣。餘生暮齒，誓欲買舟南下，更尋吴越之游。所食此言者，有如江水！'歸蜀後，再三附書，諄諄理前約。亂後訊之蜀人，則云獻賊破叙，執子求至成都，欲官之，嚼齒大罵，被殺。嗚呼！子求之死信矣！子求忠於君，信於友，才兼數器，談黔蜀疆事歷歷如指掌。性直如絃，有觸必發，所至與長吏迕，以孤峭見擯。與人交有終始，分張訣别，死生收恤，婉篤周詳，皆出人意表。劉太僕時俊，同年契合，以監軍坐通賊，被急徵獄，急不知所爲。子求家居，投匭抗疏，明其必不然，時俊得免死。慷慨持大義皆此類也。讀書汲古，精于鑒賞，日課楷書五百字，寒暑不輟。其老而好學如此。子長庚，字西有，卓犖有父風。以徵辟爲縣令左官，起補客死廣陵。長庚有經世才，視天下事數著可了，其亡也天下皆惜之。"見錢謙益《列朝詩集小傳》丁集第十六，又見嘉慶《宜賓縣志》卷四十八《藝文志上》題爲《尹子求傳》。

樊星煒《尹子求先生補傳》："公

諱伸，字子求。其先姚安人。祖某隨公。曾伯祖某，任叙州府別駕。伯曾祖卒，殯於叙。某生某，是爲公父，占籍宜庠，遂爲宜賓人。尹氏三世皆葬毛鐮溪，有坊曰尹氏，佳城是也。公幼聰穎，於古文詞無所不讀，而獨嗜莊生《南華》。早受知於郡丞吏公介臺，弱冠中萬曆丁酉鄉試，戊戌進士。授承天府推官，以試文拔識鍾伯敬惺於諸生中，伯敬於是聲益重。升南京部員，公乘間大肆力於古文辭，精智永書法。出守西安，舊規有無礙鏹數千金以充，公用一無所取，凡公之狷操廉蹟，皆此類也。任關中提學，試文必以馴雅高古爲則，浮靡之風爲之一變。遷蘇松兵備，以清直聞。郡丞某者，兄方柄用，婿乃茹雲新貴也，公數戒之不止，因其上致仕書遽檄退之。咸云公不能容物，公亦不自安，投劾去。買田越溪山中，陳太史無盟、余別駕崑吾，咸移家相就，爲終焉之計。會辛酉，藺變起，人心洶洶，郡城時無正官，居守者爲通判陶公明通，倉猝迎公入城，商禦寇事，籍民爲兵，不數日，樓櫓、戈鋋、火攻之屬，悉備於時。上自嘉陽，下自瀘渝，爲賊殘破，州縣凡四十有七，而叙城獨全。迨藺平，而黔事又孔亟矣。當事需才，急起公，以威清道監軍，佐中丞王公三善辦黔事。貴陽圍解，王公遂欲乘勝之氣，掃穴犂庭，公規以彝菁巇岨，勿輕進，不聽，遂有大方之失。踵其事者爲宗龍傅公，議論與公愈相抵捂，嗣後竟不能大創，而草草以撫事結局矣。時公當内轉，以時無居中維輓者，又以公道不可掩，遷河南左轄。任事未幾，以失機代帥臣受過論閑住。公喜，放舟南下，抵建康，溯姑蘇，僑寓西陵，搜奇訪友，唱和吴越之間，再歲始達里中，翛然自得。時同高僧石如、文學楊君茂峨、胡君偉然輩，登山臨水，飲酒賦詩。所著《自偏堂集》、《東遊草》，膾炙人口。楷書、行草，得其片紙，皆寶之。先是，公在南都，遇異人彭先生，一夕與對坐，適有持友人書至者，方索燭閲之，先生曰：‘姑示我。’即拆緘朗誦，燭至，一字不差。公晚年出入二氏之間，常閉關四十九日，又嘗手寫《金剛》、《楞嚴》二經，而終寓以詩曰：‘仙人吾不屑，况乃説桃源。’公於此似有所悟矣。獻賊陷蜀，人勸之遠避，不聽，曰：‘吾自有主張也。’後被執，至榮縣，地方賊帥馮雙禮設席觴之，公大罵，蹴其席。雙禮怒，遂遇害。季子長鑣見殺公，大罵，並殺之。逾旬，家人收公骸骨，面貌如生，皆驚異之。或曰：‘公未嘗死也。’”見嘉慶《宜賓縣志》卷四十八《藝文志上》。

嘉慶《宜賓縣志》卷三十八《人物志》又載：“尹伸：字子求，萬曆戊戌進士，初授推官，後知陝西西安府，復爲提舉。天啓中，舉邊才，以參政監軍，從貴撫王三善進討水西斜歒，制勝

具有成算，歷河南左布政，進太常寺卿，致仕歸。以節義、文章自負。工書翰，尤長於詩。有《自偏》、《東遊》等集。張獻忠欲生致之，不屈，舁至井研界，罵愈厲，賊怒，殺之。季子長鑲同時罵賊被殺。《明史》有傳。入祀鄉賢祠。”

雍正《四川通志》卷十二《忠義》：“尹伸：字子求，萬曆戊戌進士，歷官陝西提學、湖廣布政，以節義、文章自負。善草書，尤工於詩。有《自編》、《東遊》等集。甲申歲，避亂山中，遇賊，罵不屈。賊重伸名，欲生致之。至井研縣界，罵愈厲，賊怒，殺之。”

乾隆《沅州府志》卷二十五《職官一》：“兵備道：尹伸：崇禎七年任，有傳。”同書卷三十六《名宦》：“尹伸：字子求，宜賓人。萬曆二十六年進士，授承天推官，屢遷南京兵部郎中、西安知府、陝西提學副使、蘇松兵備參政。公廉强直，不事婞阿，三任皆投劾去。天啟時起故官，分守貴州威清道。崇禎中，改官辰沅兵備副使，歷河南右布政使，以失禦流賊罷歸。伸所至與長吏迕，然待人有始終，篤分義。工詩，善書，日課楷書五百字，寒暑不輟。張獻忠陷叙州，匿山中，搜得之，罵不肯行。賊重其名不殺，至井研，罵益厲，遂攢殺之。（《明史・忠義傳》，參《沅州志》）”

同治《芷江縣志》卷二十八《名宦志》：“尹伸：字子求，宜賓人。萬曆二十六年進士，授承天推官，屢遷南京兵部郎中、西安知府、陝西提學副使、蘇松兵備參政。公廉强直，不事婞阿，三任皆投刻去。天啟時，起故官，分守貴州威清道。崇禎中，改官辰沅兵備副使，歷河南右布政使，以失禦流賊罷歸。伸待人有始終，篤分義。工詩，善書，日課楷書五百字，寒暑不輟。張獻忠陷叙州，匿山中，搜得之，罵不肯行。賊重其名不殺，至井研，罵益厲，遂攢殺之。”

彭遵泗《蜀碧》卷二：“賊陷叙州，原任湖廣布政司尹伸死之。尹伸字子求，宜賓人。萬曆戊戌進士，曆官陝西提學、湖廣布政司。以節義、文章自負，尤工書法。避亂山中，爲賊搜獲，大罵賊。賊重其名，欲生致之。舁至井研，罵日益厲，賊不堪，殺之。妻邵氏、妾夏氏，長子尹恩，婦楊氏，並盡節。”

劉景伯《蜀龜鑑》卷二：“賊陷叙州，原任湖廣布政司尹伸死之。（守土者何無一在也？）伸，宜賓人，萬曆戊戌進士，以節義、文章自負。工書。避賊山中，賊搜獲，舁至井研，罵益厲，與妻邵氏、妾夏氏、長子恩、婦楊氏，并盡節。”

倪在田《續明紀事本末》卷十六《東南殉节》：“叙州在籍湖廣布政司尹伸，居山中，被執，大罵求死。賊重其

名，生致之井研，罵益厲，乃殺之。宏光帝方起伸太常寺卿，而伸已死。伸妻邵氏、妾夏氏、子婦楊氏，殉之。”

徐鼒《小腆紀年附考》卷八：“獻賊陷明叙州，在籍前湖廣布政司尹伸死之，諸生熊兆柱、李師武、魚嘉鵬謀討賊，不克死之。伸字子求，宜賓人，萬曆戊戌進士。避亂山中，被獲，大罵求死。賊重其名，欲生致之，舁至井研，罵益厲，賊不堪，乃殺之。”

徐鼒《小腆紀傳》卷五十一《忠義三》：“尹伸字子求，宜賓人。萬曆戊戌進士。工詩，善書。由推官累遷兵部郎中、西安知府、陝西提學副使、蘇松兵備副使，投劾去。天啟中，起分守貴州威清道，贊巡撫王三善軍。三善没，坐奪官。尋以普安三岊河之捷免罪，貶一秩視事。崇禎五年，以河南右布政使罷歸。伸强直不阿，所至與長吏忤，然待人有始終，篤分義。甲申，獻賊陷叙州，避之山中，被獲，大罵求死。賊重其名，欲生致之，舁至井研，罵益厲，賊不堪，乃殺之。南都起太常卿，伸已先死。我朝賜通謚曰‘忠節’。”

李馥榮《灩滪囊》卷三：“獻忠招叙府鄉官尹伸，伸不就，賊强致成都，伸見獻忠，終不屈。獻忠重其名，初未加害，授吏部尚書。伸不就職，獻忠殺之。”

戴笠、吴殳《懷陵流寇始終録》卷十八：“叙州尹伸被執，賊重其名，欲官之。伸奮罵，被殺。”

汪有典《明忠義别傳》卷七：“尹公伸者，字子求，亦宜賓人。萬曆戊戌進士，歷官河南左布政使，解官歸。張獻忠破滁州，執至成都，嚙齒大罵，遂被殺。”（“滁州”當作“叙州”。）

尹伸能書，工詩文。

倪濤《六藝之一録》卷三百七十一《歷朝書譜六十一》：“尹伸：字子求，宜賓人。萬曆戊戌進士，仕至河南左布政。讀書汲古，精於鑒賞。日課楷書五百字，寒暑不輟。（《宜賓縣志》）”

《御選宋金元明四朝詩》作者小傳云：“尹伸字子求，宜賓人，萬曆戊戌進士，由推官升兵部主事，累官河南左布政使、太常卿。”録尹伸詩三首。《叙南曲》二首：“七星歷歷面煙鬟，千佛巖頭翠岫斑。水合雙江波浪闊，浮來塔影是東山。”“鎖江北渡入涪溪，亂石叢篁路欲迷。太史遺文殘碣上，武侯荒廟夕陽西。”《病後田園雜詠》：“山居廢牆垣，始成廊一曲。其外數折渠，尚待春泉緑。水邊忌蕪穢，花石當豫蓄。蘭蕙此易求，盆盎生機促。植聞宜女手，根喜傍修竹。精思在一藩，雞狆豈勝逐。匪獨愛其生，潔性不可黷。幽芬被徑開，朱欄亦不俗。”《與王忘機飲觀音閣，時忘機將訪友楚中》：“三日不對客，五日不登山。攤書縱過千餘卷，眢穎心靈了不關。莫嫌欹峭一痕石，百頃澄光嬌軟碧。雨天朧朧七點峰，煙霄翠

滴寒樓脊。如澠之酒力不經，談鋒戛戛當堅城。未知鹿角中宵折，已覺鴻毛萬事輕。君向雞群尋野鶴，余亦人中稱寂寞。逢君如斯恨其晚，出峽恐君亦思返。”

《明詩紀事》作者小傳云：“伸字子求，宜賓人，萬曆戊戌進士，除承天推官，遷南兵部主事，歷員外郎中，出爲西安知府，歷陝西副使、蘇松兵備參政，解職去。崇禎中，起河南布政使，罷歸。福王時，起太常卿，未赴。張獻忠寇四川，被執，死之。乾隆中，賜謚忠節。有《康樂堂集》。”陳田按：“子求以邊才起貴州參政，其《得黔報寄示兩子》云：‘仕宦通黔籍，時比於放流。頃者因戎馬，反名才見收。衰年履瘴鄉，病軀親戈矛。中子不樂聞，況使老妻憂。其《出黔城途次漫興》云：‘舊著歸田賦，今成不職歸。’蓋子求分守威清道，貴陽圍解，巡撫王三善將深入，子求頗贊之。監軍西征，三善敗没，子求突圍歸，坐奪官戴罪辦賊。後頗有功，猶貶一秩視事，旋罷去，所謂‘今成不職歸’也。張獻忠陷叙州，得子求，重其名，不殺。子求罵益厲，遂攢殺之，死事甚烈。”録尹伸詩四首（實爲三題）。《出黔城途次漫興二首》：“舊著歸田賦，今成不職歸。貪趨王儉府，愧息漢陰機。用舍從時論，馳驅與願違。生還差可喜，風日駛騑騑。”“出郭三十里，雲峰便不同。村樓紅葉雨，山磬碧溪風。耕鑿甘長賤，琴書守固窮。青山懸望眼，沽酒問郫筒。”《小覺》：“秋蟲唧唧夜初長，斗帳猶疑燈燭光。二豎苦争閑日月，百年誰共好林塘。松濤挾雨瓦聲冷，瓶水儲花幽夢香。此際關心竟何事，五經全未入巾箱。”及《病後田園雜詠》。

《明詩綜》作者小傳云：“伸字子求，宜賓人。萬曆戊戌進士，授承天推官，入爲兵部主事，歷員外郎中，出知西安府。致仕，起補陝西按察副使，歷河南左布政使，尋遷太常卿。張獻忠陷成都被執，罵賊見殺。”録尹伸詩三首（實爲二題）：《得黔報寄示两子》及《叙南曲》二首。

錢謙益《列朝詩集》丁集第十六，録尹伸詩十九首：《春署》、《三月六日偶作》、《牛口發舟泊真溪聊述所歷》、《山居雜詠》、《病後田園雜詠二首》、《與王忘機飲觀音閣，時忘機将訪友楚中》、《鳳嶺歌》、《遣累》、《送黄霞潭推官病免還浙》、《出黔途次漫興二首》、《哭劉元誠司馬二首》、《抵里》、《小覺》、《别李莘韜余獻甫》、《西樓》、《拂水莊贈錢受之宗伯》。錢受之即錢謙益，字受之，號牧齋，世稱虞山先生。有《寄西蜀尹子求使君二首》、《題書金剛經後題尹子求臨魏晉帖》，又作《姚叔祥過明發堂共論近代詞人戲作絶句十六首》，其七云：“當筵縱筆曹能始，簾閣焚香尹子求。蜀道閩山難接席，眼

中二老竝風流。”見《牧齋初學集》卷十七。王士禛《池北偶談》卷十一“尹子求”條云：“虞山詩：‘揮毫對客曹能始，簾閣焚香尹子求。’子求，名伸，蜀宜賓人。予過叙州，詢其後人，無有。得其遺詩及《泝峽記略》一卷于其門人樊星煒。樊云：‘蜀亂，尹先生死之。有胡生約之者，攜此集避兵芒部，胡亦死，此集流落一彝生家。久之，叙州士人某客遊其地，一日，與論先生詩，彝生搖手曰：浪得名耳。出此集，則塗抹幾遍，士人遂乞取以歸。而予略爲論次刻之。’樊字子景，老儒也。子求止有一孫，名巻，字若魯，亦樊云。”彭遵泗《蜀故》略引之。

嘉慶《宜賓縣志》卷五十三《褉識》録“明尹忠介公詩文共三十二首”，按語云：“公品高才富，所著沉深雋潔，卓然名家。身後亂離，遺稾散失，蠹餘收輯，不及百篇。陳遊峩詩入《嘉定志》，外此志選存文三首，詩二十九首。片羽吉光，人間共寶，不必係諸一邑也。”文三篇爲《遊峨眉前記》、《遊峨眉後記》、《西湖遊記》。同書卷四十八《藝文志上》録尹伸詩《牛口發舟泊貞溪聊述所歷》、《哭劉元誠司馬三首》、《與王忘機飲觀音閣，時忘機将訪友楚中》，又録尹伸文《重修宜賓縣學記》、《吴夫人傳》、《劉時俊傳》、《代劉時俊訟冤疏》等。同書卷四十九《典籍志》：“《自偏堂稿》、《東遊草》：尹伸著，已刻，甲申兵火，板不全。”

《千頃堂書目》卷二十五：“尹伸《和雪亭集》，缺卷。又《續集》一卷。字子求，宜賓人，河南布政使。家居，獻賊破成都，欲官之，嚼齒大駡被殺。”

今按，《明史》載尹伸崇禎五年任河南右布政使，乾隆《沅州府志》載尹伸崇禎七年任兵備道，則是先任河南右布政使，後任湖廣辰沅兵備副使。錢謙益《列朝詩集小傳·尹布政伸》謂尹伸起河南左布政，莅任甫三月解官家居，則其任職河南時日甚短。錢謙益又謂尹伸於崇禎七年甲戌遊金陵、吴中、浙西、歸蜀，然據徐肇臺《記政録》、畢自嚴《度支奏議》，天啟五年尹伸已就任湖廣按察使，官職全稱爲“湖廣布政司左布政使兼按察司副使”。

明徐肇臺《記政録·續丙》：天啟五年，三月，初四日，“同日，吏部一本，酌用任事道臣事，復朱燮元題，參政尹伸升湖廣按察使。又一本，酌處勞勛道将事，復起湖廣參政陸夢龍。奉聖旨：‘是。’”

明畢自嚴《度支奏議》卷二載《覆辰沅靖軍餉載入考成疏》：“題爲邊餉積久數多隔屬，屢催不應，饑軍枵腹，邊事可虞，敬議一例考成、以拯危疆事。湖廣清吏司案呈：崇禎伍年四月初八日，奉本部送户科，抄出湖廣巡撫魏光緒，會同川貴總督朱燮元、巡按白士麟題：稱據湖廣布政司左布政

使兼按察司副使尹伸呈，稱照得湖北辰、靖地方四面紅苗，戍以重兵，而各兵所食之餉，辰、常、靖、□僅得其半，其餘衡州府屬歲編。辰、沅、靖三庫計一萬八千八百有零，長沙府屬歲編。辰沅□□九千四百有零，郴州一屬歲編。沅、靖二庫八千一百有零，下此别寳慶、岳州、永州，亦皆三千□，外而荆黄承襄則以百十計矣。凡此州縣原□道屬，既無比較以嚴責成，又無官評可行殿最，各有司皆秦越相視，積年逋欠共九萬九千有奇。在守兵二道雖以職掌檄催，而穎秃詞窮，□無隻字，具報合無。将衡寳等屬州縣額編，有辰庫軍餉者，責令各該掌印官各置循環文簿，□可冀果腹等因。崇禎五年四月初四日，奉聖旨：'該部酌議具覆，欽此。'欽遵抄出到部送司，案呈到部該臣等看得。則壤成賦，悉惟正之。供邊軍額餉，皆計口之需，均當如期徵解，依時給散，無庸晷刻延緩者也。如辰、靖一带地方苗夷環繞，虎視眈眈，非足兵足食、防禦周密，鮮有不爲患者。乃衡、寳等府所屬州縣，額編辰、沅、靖軍餉銀两，祇緣向無考成，自天啟六年起至崇禎四年止，共積欠至九萬九千有奇，呼之不應，促之不至，痛癢不關，誠有如楚撫疏中所言者。若非加以考成，設法催徵，豈荷戈之衆能枵腹而待乎？撫臣疏議，編餉州縣分屬守兵二道，年終查核完欠，呈報三院，分别舉刺。凡考满給繇，通詳两道。完不及額者，不准起送。此誠足餉之良謨，而救時之極思也。相應依議覆。”

詩刻中“孫浴泉别駕”、“梁沖玄司理”，當是永州府通判孫某，號浴泉，推官梁某，字沖玄，《永州府志·職官表》無考，蓋由明末世亂，史書有闕也。

兹據《記政録》、《度支奏議》，暫定詩刻爲天啟五年。

# 明愚復模刻唐柳宗元《漁翁》詩

## 釋　文

漁翁夜傍西岩宿，曉汲清湘燃楚竹。烟銷日出不見人，欸乃一声山水緑。回看天際下中流，岩頭無心雲相逐。

唐柳八愚題，明愚復重模。

## 考　證

詩刻在朝陽巖下洞外右側懸崖上，下臨瀟水，尺幅不詳，正文六行，行書，署款一行，楷書，原刻無題。“柳八愚”指柳宗元，詩句即柳宗元《漁翁》詩。“愚復”，其人無考。

茲據照片著録。

“岩頭”之“頭”作草書。按“頭”字王獻之草書寫作“[illegible]”。

“岩頭”，宋魏仲舉《新刊增廣註釋音辯唐柳先生文集》（宋刻本）卷四十三、《續四部叢刊》景印三徑藏書本明蔣之翹輯注《柳河東集》卷四十三，均作“巖上”，各本多同，惟宋胡仔《苕溪漁隱叢話》卷十九《冷齋詩話》作“巖下”。

行書“烟”、“声”二字，用簡體。按《新刊增廣註釋音辯唐柳先生文集》卷四十三、《續四部叢刊》景印三徑藏書本明蔣之翹輯注《柳河東集》卷四十三，二“岩”字作“巖”，“烟”作“煙”，“声”作“聲”，“回”作“迴”。又《新刊增廣註釋音辯唐柳先生文集》“緑”作“渌”。

此詩標題，《新刊增廣註釋音辯唐柳先生文集》作《漁翁》，各本多同，惟清乾隆《祁陽縣志》卷六題爲“柳子厚《漁父》詩”。今據宋刻本補題。

又“曉汲清湘燃楚竹”、“煙銷日

出不見人”二句，宋闕名編、闕名注《增修箋註妙選草堂詩餘》後集卷下張子野《菩薩蛮·詠箏》注，引作“曉及湘江燃楚竹”、“日高烟暖不見人”，傳寫異文也。

愚復模刻，光緒《零陵縣志》卷十四《金石·朝陽巖》有著録，云：“柳宗元詩（模刻）：‘漁翁夜傍西巖宿，曉汲清湘然楚竹。煙銷日出不見人，欸乃一聲山水緑。廻看天際下中流，巖上無心雲相逐。’右草書八行。”（八行當作六行。）

柳八愚，即柳宗元。按清代詩人有名“柳八愚”者，見清張曰斑《尊西詩話》；又有張八愚，見清陸以湉《冷廬雜識》。顯爲慕柳宗元之名，然歷代鮮有别稱柳宗元爲“柳八愚”者。

柳宗元在永州，更冉溪景勝爲愚溪、愚丘、愚泉、愚溝、愚池、愚堂、愚亭、愚島諸名，作《八愚詩》，且刻石，而詩與石刻皆佚，僅存《八愚詩序》，引《論語》曰：“甯武子‘邦無道則愚’，智而爲愚者也；顔子‘終日不違如愚’，睿而爲愚者也。”

宋汪藻《浮溪集》卷十九《永州柳先生祠堂記》云：“紹興十四年，予來零陵，距先生三百餘年，求先生遺跡，如愚溪、鈷鉧潭、南澗、朝陽巖之類皆在，獨龍興寺，並先生故居曰愚堂、愚亭者，已湮蕪不可復識，《八愚詩》石亦訪之無有。”

明弘治《永州府志》卷二：“愚亭：在愚溪上，即柳子厚八愚之一。”卷五載明郡人何淮賢《愚溪草亭記》。

明隆慶《永州府志》卷八：“愚亭：在愚溪上，八愚之一，今廢。”“愚溪草亭：在縣西一里，宣德初，知縣陳浩建。”亦載何淮賢《愚溪草亭記》。

清翁元圻《困學紀聞》卷十七引何氏曰：“何云：《八愚詩》，至南宋時石刻亦亡。”

清康熙《永州府志》卷二十三載明陳正誼《攜柳記尋八愚舊蹟不得》詩：“十年溪上意，懷抱何殷殷。如此山川秀，自傳冰雪文。小橋横野色，亂石带寒雲。我欲采高隱，遺蹤不可聞。”

清道光《永州府志》卷十八上《金石略》引《湘僑聞見偶記》：“柳集中《八愚詩》不全，此真缺陷。余僑永十餘年，力求其殘碑片石而不可得，惟池島諸迹略可追想。一日偶於籬落間見古砌之側有方石二三並列，撫之有文，惜盡剥蝕，隱隱有柳子厚姓氏，殆其刻詩處。近日復往諦視，前可辨之字更迷離矣，爲之太息而返。”

明張自烈《正字通》卷四云：“愚：牛劬切，音魚。昧也。《老子》：‘盛德容貌若愚。’《荀子》：‘非是是非之謂愚。’《説苑》：‘人皆知以食愈飢，不知以學愈愚。’又史梁蕭宏貪吝，豫章王綜作《錢愚論》諷之。又柳宗元作《八愚詩》，紀愚溪石上，注：愚溪、愚丘、

愚溝、愚水（當作愚泉）、愚池、愚亭、愚㠀（當作愚島，又當補愚堂），及柳子也。又宋鄭思肖《一愚說》云：‘愚，衆所鄙之之稱也。喜而納之者，其隱於道乎？予世今之世，莫人其爲人，化而爲愚，惜哉！’……愚戇與愚義別，傳合言之者，兼戇直、蠢愚也。舊注愚訓戇，非。又愚分二義，明喆亦有愚，仲尼稱甯武子是也，與‘下愚不移’之愚天淵。俗概指蔽惑爲愚，亦非。”

# 清代

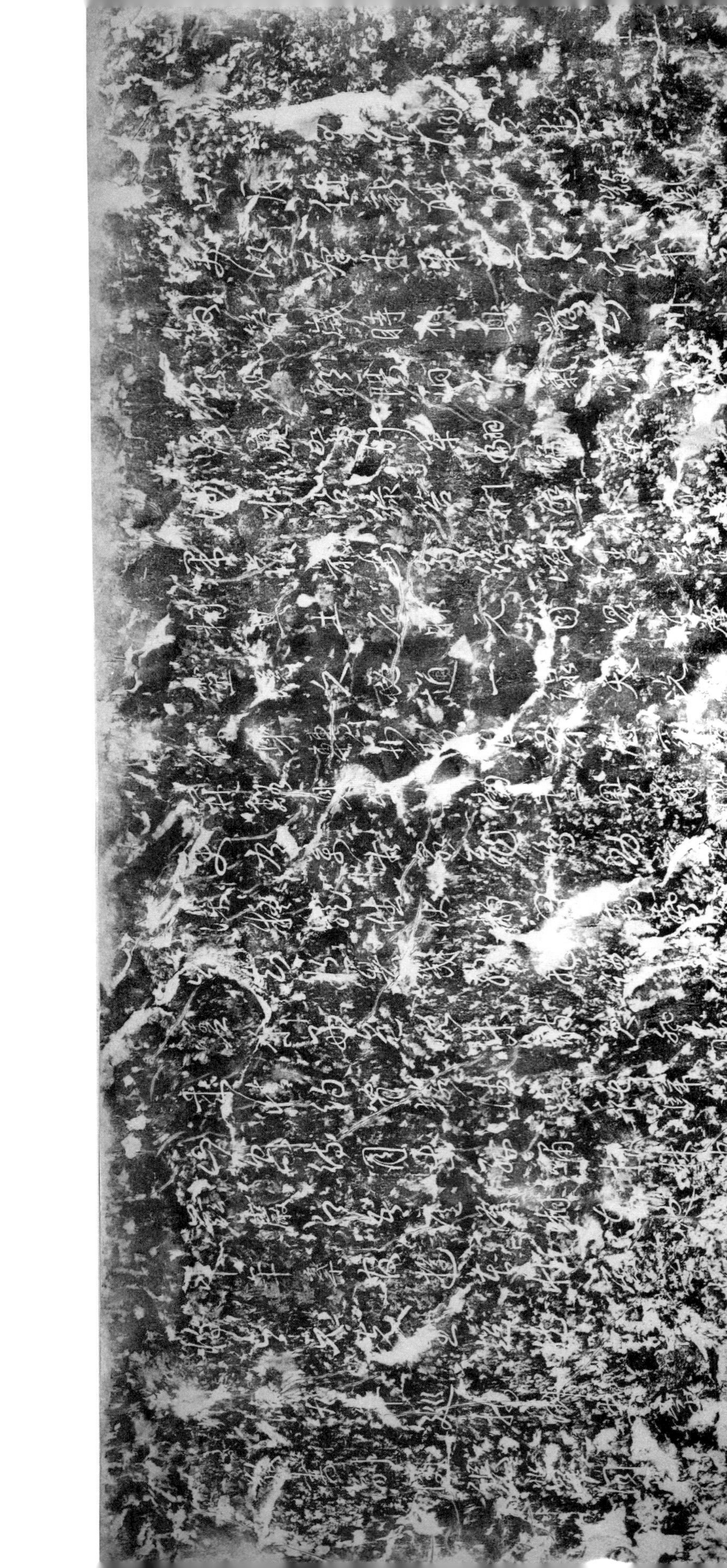

# 順治九年李敬《朝陽洞事遊》詩刻

## 釋文

朝陽洞事遊

四月值新晴，日永微風遶。美以群才聚，兼之諸事了。政簡歲時悠，興發山川小。始聞朝陽洞，佳氣涼初遶。麋鹿驚行车，翩翩展飛旐。涉水沿緑苔，捫壁入青篠。果獲最幽奇，絶巘凌浩渼。相其土石脉，元自混沌肇。靈境久必通，一線天光昭。側身轉形勢，巨夆歷窈窕。再豁見平陰，南盡粵峰渺。更有萬古泉，飛鳴動空杳。深疑龍性伏，静處雷聲矯。豈知遊者幾，終非語言紹。嗟余好道晚，未敢負登眺。來情約閒猿，往志托歸鳥。山空待月出，孤嘯振林杪。兹巖即吾廬，瀟湘在池沼。中年棄官遊，本性庶無擾。将與元先生，超然出塵表。

順治九年巡按御史李敬書，副使張兆羆同遊。

## 考證

詩刻位於逍遥徑旁，高 72 公分，寬 171 公分，二十三行，行草，秀整婀畅，惜有磨泐。

順治四年（1647），清兵下永州，入版圖，至此五年，有李敬詩刻。

宗霈《零志補零》卷中著録，題爲《朝陽巖即事》，今審作《朝陽洞事遊》。“諸事了”，宗霈作“能事了”；“副使張兆羆同遊”，宗霈作“副使張兆羆同題”，今皆以石刻爲准。

李敬，字聖一，號退庵，江蘇江寧六合人。清世祖順治四年（1647）丁亥科進士，歷官行人司行人、監察御史、湖南巡按史、刑部左侍郎。著有《學詩録》三卷，《退庵集》二十一卷，《湖南

案稿》若干卷。

《清世祖實録》卷五十七：順治八年六月，“以行人司行人李敬爲廣西道試監察御史”。卷五十八：順治八年七月，“遣監察御史李敬巡按湖南”。其後李敬於順治十二年任江西道監察御史，京畿道監察御史，順治十五年任太僕寺少卿，協理兵部督捕侍郎，順治十六年任右通政、左通政，順治十七年任宗人府府丞、刑部右侍郎、刑部左侍郎。見《清世祖實録》及中研院歷史語言研究所藏《内閣大庫檔案》。

乾隆《江南通志》卷一百三十九《人物志》有傳云：“李敬：字聖一，六合人。祖雲鵠，有隱德，嘗還遺金，有以逋糧鬻女者，代完逋以全其女。父在公，丙辰武進士，有材略。敬中順治丁亥進士，授行人，考選廣西道御史，多所建白。出按湖廣，請免租税改折黄絹，犒師必身至行間，征賊有功，歷升刑部侍郎。”

乾隆《江寧新志》卷第二十《治行傳》云：“李敬：字聖一，順治進士，由行人遷御史，出按湖南。時兵燹未平，開荒勸農，條陳蠲免請折黄絹，建議興屯，民皆便之。壬辰歲，數月不雨，於武昌審録平允，甘澍大泮。至寧鄉縣，死囚羅孝两爲賊兵劫去，自請歸獄。其擒山賊曹志建，大破孫可望别将張光遠於龍陽，皆身履行間犒師，面授方略，事平興立學校。巡歷永州，訪得宋儒周濂溪先生之後周蓮，上疏請襲博士。爲御史七年，多所建白。歷官至刑部左侍郎。究心理學。著有《學詩録》三卷，《詩集》十二卷，《文集》九卷。”

嘉慶《重刊江寧府志》卷三十九《人物志六》云：“李敬：字聖一，其先吴縣人，世居六合竹墩里。祖雲鵠，有篤行，嘗拾遺金還客，葬蘇人之客死者，使無暴露。年八十有七卒。敬中順治丁亥進士，授行人，考選廣西道御史，多所建白。出按湖廣，兵燹之後，請免租，租税改折黄絹，民皆便之。以軍功歷升刑部左侍郎。和衷詳慎，出入稱平。丁内艱歸，以哀毁疾卒。著有《學詩録》。”

光緒《六合縣志》卷五《人物志》又載李敬有《文集》、《學詩録》、《湖南案稿》。

民國徐世昌《晚晴簃詩匯》卷二十四收録李敬《洞庭望月》、《讀〈水經注〉憶洞庭》等詩十首，作者小傳云：“李敬：字聖一，號退庵，六合人。順治丁亥進士，官至刑部侍郎。詩話退庵自訂，詩文集未刊，漁洋盛推其詩，謂不減古人，僅存二十餘篇於《感舊集》中，稱其《讀〈水經注〉憶洞庭》一首極佳，然五言尤勝，直逼元暉，律句亦具體王、孟。惜全集之不傳也。”

董榕《周子全書》載，順治十年二月十九日，巡按湖廣監察御史李敬，奏爲恭陳理學先賢始末，並查歷代往例，

伏乞采擇舉行，以光聖治事。“臣伏案，有宋大儒周惇頤，永州府之道州人也。學本立誠，功深主静，上傳孔孟，下啟程朱。著有《太極》、《通書》，至精至醇，極高極大。論其造詣，比於顔子，詳其仕上，甚合中庸，諸儒之所依歸，列後之所仰止。宋嘉定十三年，從魏了翁之請，臧格之議，賜謚元公。淳祐元年追封汝南伯，從祀孔子廟庭。寶祐五年，敕賜‘道源書院’額。景定四年，再賜御書。元延祐六年，追封道國公。明正統元年，褒修祠墓，優恤後裔。景泰六年，詔取嫡長子孫一人來京，世襲五經博士。正德中，欽賜九江崇祀。萬曆二十三年，以父周輔成從祀啟聖祠。蓋先賢之學如此，歷代之例如此，備載《濂溪志》可考。惟我皇上開基立極，重道崇儒，而俎豆未新，松楸如故，良由地方初定，表章無人。臣少述斯文，長官斯士，其于先賢故里，義備灑掃之役。幸值皇上臨雍大典，聖脈重光，所有敦頤諸書，宣付史館校訂，頒布學宫，譬如日月照幽，江河潤物，切關世教，豈可名言。臣前於順治九年三月巡歷永州，恭行該道府州，查取前朝世襲翰林院五經博士周汝忠所生嫡男周蓮，甘結存案，以備收録，仍飭該屬官員照《全書》以禮致祭外，即欲繕疏具題，因賊隔暫止。今王師南征，永道開復，臣雖處干戈擾攘之中，而師法闡明，未敢少懈。相應據實亟請。順治十年二月十九日題。三月十七日奉旨該部議奏。”（又見光緒《道州志》卷七《先賢》。）

《四庫全書總目提要》載：“《退庵集》二十一卷：國朝李敬撰。敬字退庵，江寧人。順治丁亥進士，官至監察御史，巡按湖南。是集詩詞十二卷，奏疏及雜著九卷。詩集《自序》，謂必深知元氣流行，使心口之間律吕相合，以適於喜怒哀樂之正，蓋即白沙、定山之宗旨。文集《自序》謂：按楚時審録盡心，至於甘澍大降。死囚爲兵劫去，自請歸獄。亦未免好自譽矣。”

據李敬奏表，其湖南巡按御史到任在順治九年三月，而詩稱“四月值新晴”，可知此詩作於到任之次月，確可謂亟亟乎表彰先賢矣。

與李敬同遊之副使張兆羆，字宜男，陕西漢中洋縣人，時任上湖南道兵備副使。

《清世祖實録》卷十九：順治二年，“蘇松常鎮糧儲道張兆羆爲布政使司參議淮宿道”。卷二十七：順治三年，張兆羆在淮徐道參議任上。卷四十：順治五年，“江南淮徐道參議張兆羆爲湖廣按察使司副使郴桂兵備道”。卷六十四：順治九年，“湖廣郴桂道副使張兆羆爲廣西布政使司參政蒼梧道”。

清嘉慶《重修一統志》卷三百五十三《湖南省・名宦》有傳，云：“張兆羆：漢中人，順治六平任上湖南道兵備

副使。綏緝流逋，奏免荒田賦，民以安集。九年再罹兵燹，兆羆撫卹備至，捐資賑饑，病者濟以醫藥，全活甚衆。”事迹又略見於康熙《衡州府志》卷十一《秩官志下·循良傳》、乾隆《衡陽縣志》卷六《職官》、光緒《善化縣志》卷十八《名宦》。

清雍正《湖廣通志》卷二十九《職官志》：“分巡上湖南道：駐衡州府。張兆羆：漢中人，貢士，順治六年任。”又卷四十二《名宦志》：“張兆羆：漢中人，順治六年備兵上湖南。招集流逋，免荒田之賦，民漸安集。九年再罹兵燹，兆羆撫恤備至，捐貲賑饑病者，濟以醫藥，全活甚衆。”

清康熙《洋縣志》卷四《人物志》又云：“張兆羆：崇［禎］丙子舉孝廉，授温縣知縣，調孟縣，行取御史，出爲淮徐、郴桂參政，皆戴頌之。衡州祀名宦，居鄉以德望舉大賓。”

清雍正《河南通志》卷三十四《職官五·知縣》：孟縣：“張兆羆：陝西洋縣人保舉。”温縣：“張兆羆：陝西洋縣人，崇禎時任。”

民國《孟縣志》卷五《教育》云：“張兆羆：陝西洋縣人，由保舉，崇禎十三年保。”

民國《漢南續修郡志》卷十六《洋縣人物》云：“張兆羆：知温縣事，復調孟縣，入臺中，出爲副使，著善政，所至溢有頌聲。都御史錢邦芑有《傳》。”

民國《漢南續修郡志》卷二十七《藝文下》載錢邦芑《張宜男先生墓誌銘》云：“先生名兆羆，字宜男。漢中府洋縣人。生於萬曆丙戌年十月。……十六遊泮，後連遭父伯大喪，而祖父母復繼殞，十年之間拮据卒瘏。孝友篤信，承先啟後，惟恐墜先世聲，於是德重鄉閭間，稱爲正士。且讀書善文，頗爲三秦先達名流所推。萬曆壬子副車，後遂困揚屋。崇禎初年，陝西寇起，李賊擁衆數千萬入漢中，先生結義起兵保鄉里，與賊數戰，賊卒敗遁，縣城以全。丁丑，鄉里監司先達推公行誼，舉孝廉入對。己卯，授河南温縣知縣。縣有巨猾，爲民害，前後大吏俱不能除，士民苦之。先生下車即設計立斃之，並翦其黨，一邑以安。是年冬，即以最調孟縣。值巨寇横行，河南群邑多殘破。公率家丁練鄉勇屢出斬寇，流賊遂不敢犯，孟縣鄰邑多恃以固。更多方煮粥活饑，繇是聲達宸聰。癸未，河南官各舉有司卓異，天子視朝，問曰：‘孟縣有好官何獨不舉？’於是侍御霍達等疏薦，得召見，擢南京湖廣道御史，巡視北城。順治乙酉，升徐州兵備道。時大兵之後，白骨遍野，城郭蓁蕪，先生收葬白骨，設廠煮粥，招撫流離，五年而徐大治，百姓賴以活者蓋不止萬計。己丑，升湖南衡州兵備道。時兩粤用兵，供應旁午，衡民凋殘，烟火幾絶。復值旱荒相繼，餓殍載道。先生安輯兵

士，招撫流亡，後捐俸糴米，施粥以賑饑者，歲所活不啻萬計，衡民德之，爲建祠頌德。癸巳冬，升布政司左參政，分守蒼梧道。公時年六十有九，致仕歸里。次年，經略洪承疇復薦，仍任蒼梧，先生力辭不起，優游林下十年，以德望推於鄉黨，地方有司遇大事，必就其家諮之而後行，故漢中郡邑遠近咸蒙其福。至甲辰十一月二十四日終於家，時年七十有九。……歲丙午，芑隱居南嶽，山麓有先生祠，芑往瞻禮，士民頌德交口，因感賢者之福人國也，蓋無時無地不可以有爲。先生之宦於徐、衡也，皆值干戈搶攘、哀鴻未集之時，雖才人當之，無不束手却步，而先生殫誠竭力，多方調劑，卒使地方奠安，民生樂業，歌功頌德遍於童叟，豈有他奇哉？惟本於至誠，行以清慎，故能使小民實受其福，其與世之要譽希榮者，殆不可同日語矣。聞先生易簀之時，以一文簿授諸子曰：‘吾以清白吏財帛遺汝輩，此吾宦時所積，今以相遺。汝等能承受，即享用不盡。’其諸子啟眎，蓋在衡時賑飢簿也。嗚呼！司馬温公謂積陰德以遺子孫，其先生之謂歟！丁未冬，第三子約來遊南嶽，執經問業於芑之門，一日將辭歸漢中，請於芑曰：‘約之辭吾師而歸也，將與諸兄弟卜葬先子於邑之南暘村，蓋在祖塋之中，俾歲時伏臘，無有間也，敢請先生爲墓銘，庶幾先子之德不泯於後世。’夫表重先賢德業以歆召後人，此錢邦芑之志也，於是詳其事而爲之銘。銘曰：名宦樹德，民蒙其澤。福祚緜遠，孫謀貽厥。藏之密石，可泐不没。”

順治庚子夏日
鳴鳳貽輝
古燕劉

# 順治十七年劉文選"鳴鳳貽輝"榜書

## 釋　文

順治庚子夏日

鳴鳳貽輝

古燕劉文選。

## 考　證

四字榜書，在朝陽巖下洞上方，高 40 公分，寬 120 公分。

順治庚子爲順治十七年（1660）。

劉文選，北直隸人。順治十二年任永州城守參将，後任陝西利民衛城守、山西神池縣參将、河南汝寧參将。在永期間，重修永州府教場、關聖廟。

清雍正《湖廣通志》卷三十《武職官志》："永州府城守營參将：劉文選：北直人，順治十二年任。"

清康熙《永州府志》卷十四《武備志》載："順治：劉文選：北直人，十二年任，升陝西利民衛城守。"

同書同卷又載："永州府教場：在正南門外，昔乃猺峝貿易之所。景泰庚午，僉事張貺重修有演武亭巡撫右都御史李實撰記勒碑。國朝順治己亥年，參将劉文選重建立碑於左。"

清康熙《零陵縣志》卷四《祀典考》載："關聖廟：在城内東山，國朝順治間城守劉文選重建，有《記》見《藝文》。"（檢康熙《零陵縣志》卷十二《藝文中・記》未見。）

清光緒《零陵縣志》卷六《官師》載："參将：武職，順治以前失考，其可考者亦祇載中軍中營。劉文選：北直人順治十二年任。"

又光緒《神池縣志》卷六《職官》云："國朝參将：高國盛，順治。劉文選，康熙。"

清雍正《河南通志》卷三十九《職官十》："汝寧營參将：劉文選：京衛人，将材，康熙九年任。"

## 順治間魏紹芳碑刻

### 釋　文

凡人……………………………………………神，故山水之適與性情通，永陽

山水……………………………………………爲石耳，更當其臺舍稜簷可□

曦谷高山遠目………………………………………………………………………

人爲闻於上，此之□悳………………………………巉石□□□□□□□

木而新之，治坡□□□洞……………………………擔者□□□□□□

之地甚惓惓□與山□相□，況………文□□□余□有餘慕余事□□□□□□□

碑未………………………………予之□此亭尚能趙，咸程期□□□□□□

………………………司副使前知湖廣署永州府事文安和旭甫題。

### 考　證

碑刻在朝陽巖頂零虛山上，活碑。高 165 公分，寬 92 公分，八行，行楷。

石刻偏在活碑左半，碑面風化磨泐嚴重，標題未見，正文亦不能連屬，内容、文體皆不得而知。僅署款尚存“永州府事文安和旭甫書”一句可讀。

魏紹芳，字和旭，順天府文安人。明崇禎六年癸酉科舉人。清順治三年任臨湘知縣。順治七年任石門知縣。順治十三年任永州知府。順治十六年任廣西按察使司副使，分巡左江道。順治十七年任山東布政使司參政，兼按察使司副使，分巡兗西道。康熙二年任廣東布政使司副使，分巡嶺東道。

清康熙《文安縣志》卷二《秩官》："崇禎癸酉科：魏紹芳：字和旭，張家里人，任臨湘知縣，升興屯同知、永州府知府。修學，修廉溪、柳州等生祠，升廣西副使，擢山東參政，轉廣東參政。"（又見民國《文安縣志》卷四《選舉志》。"修學修廉溪"，民國志改爲"修學宫修濂溪"。）

同書卷十四《藝文》載順治十四年三月初十日《敕湖廣永州府知府魏紹芳爲中憲大夫，妻董氏爲恭人，父魏國俊爲湖廣永州府知府，母高氏爲恭人》："湖廣永州府知府魏紹芳，持躬克謹，任事惟勤，奉職有年，洊膺郡牧，克著循良之譽，聿彰表率之能。慶典欣逢，新綸用賁，兹以覃恩，特授爾階中憲大夫，錫之誥命。"

清康熙《臨湘縣志》卷四《官師志》："知縣：魏紹芳：直隸文安人，舉人。"

清同治《臨湘縣志》卷九《秩官志》："知縣：魏紹芳：順天文安舉人。"

清康熙《岳州府志》卷十五《秩官》："臨湘縣：魏紹芳：北直人，順治三年任。""石門縣知縣：魏紹芳：文安人。"

同書卷二十二《名宦》："魏紹芳：順天文安人，舉人。初授臨湘縣令，服闋，補授石門。倜儻有才能，累官廣東僉事。"

清乾隆《岳州府志》卷十九《秩官志》："臨湘縣知縣：魏紹芳：文安人，舉人，順治年任。"

清嘉慶《石門縣志》卷三十五《職官志》："知縣：魏紹芳：順治七年任，詳《名宦》。"

同書卷三十八《政績志》："魏紹芳：字和旭，文安舉人。順治七年，由臨湘補知縣事。創修學宫，倜儻有吏才，累官廣東簽事。"

《清世祖實録》卷之一百二十六：順治十六年，六月，"甲午，升湖廣永州府知府魏紹芳爲廣西按察使司副使，分巡左江道"。

清雍正《廣西通志》卷五十七《秩官》："左江分巡道（駐劄南寧府）：魏紹芳。"

《清世祖實録》卷一百三十八：順治十七年，七月，己巳，"升……廣西左江道副使魏紹芳爲山東布政使司參政，兼按察使司副使，分巡兖西道"。

清康熙《曹州志》卷七《職官志》：兖西道："魏紹芳，號和虛，霸州文安人，舉人，順治十八年任。"（"和虛"未知是否同音之誤。）

清雍正《山東通志》卷二十五之二《職官二》："兖西道：魏紹芳：順天文安人，舉人。"

清光緒《新修菏澤縣志》卷九《職官》：兖西道："魏紹芳：霸州文安人，舉人，（順治）十八年任。"

清乾隆《曹州府志》卷十一《職官

志》："魏紹芳：文安人，舉人。"（不載何年。）

清光緒《惠州府志》卷十九《職官表上》："嶺東道：魏紹芳：（康熙）二年任，順天永安人，舉人。"

乾隆《潮州府志》卷十五："寧波寺：在東關，宋時所建，康熙間守道魏紹芳重修。"道光《廣東通志》卷二百三十同。光緒《海陽縣志》卷二十七："寧波寺：在廣濟橋東，宋時建。中奉寧波神，以安水怒。國朝康熙五年，守道魏紹芳重修。（《周志》，參《張志》）"

魏紹芳所興建及所撰文，在永州獨多。

清道光《永州府志》卷十三《良吏傳》有傳，云："魏紹芳：字和旭，文安舉人，順治十三年永州知府。時干戈甫息，一意休養，招徠流亡，漸次復字，百姓始有更生之望。大兵進征雲貴，羽檄星馳，紹芳精心調度，民以不擾。尤好作養人才，扶植善類，鼎建濂溪書院，旁爲社學、義學。文衡驛使過永，咸謂太平氣象先見於永陽，稱太守之賢爲屈第一指焉。升廣西藩參，永人至今思慕之。"（嘉慶重修《大清一統志》卷三百七十一《永州府》略同，云："魏紹芳：文安人。順治中知永州府，干戈甫平，一時招徠休養，民有更生之望。大兵進征雲貴，紹芳精心調度，絶不擾民。建濂溪書院，置義學、社學，稱賢守第一，永人至今思之。"）

同書卷十一上《職官表》："府寮：知府魏紹芳：文安舉人，十三年任，升廣西左江道。"

同書卷四上《學校志》載郡人蔣雲寬《重修濂溪書院記》云："郡城濂溪書院，順治十有四年，太守魏公紹芳建。上爲祠，以祀周子，榜曰'光風霽月之臺'，中立太極堂，而左設社學，右設義學，各置田畝，延師造士。"

同書卷四上《學校志》載魏紹芳所撰《國朝新建濂溪書院碑文》一篇，並曰："社學：在濂溪書院左，順治十四年知府魏紹芳建，今廢。""義學：在濂溪書院右，順治十四年知府魏紹芳建，今廢。"

同書卷六《秩祀志》載魏紹芳《書柳司馬祠堂碑陰》一篇，並曰："濂溪祠：舊在宗濂書院内，知府黄翰建，參政馮改名'元公祠'。國朝順治間，知府魏紹芳改建書院於北關内，易名'濂溪'，立祠於高岡上，有石刻遺像，春秋官祭，并配以二程子、張子、朱子。"

同書卷九下《藝文志》載《實心再造録》一書，云："國朝順治間，郡人爲黄中通、魏紹芳作。案：郡經變亂初定，人民流離，中通、紹芳先後爲守，招徠安集之，學校、書院復興，厥功尤偉。此書不詳何人所撰，蓋當時公論也。今書院周子祠則已祔祀二人，特重著之。"

同書卷十七《事紀略》：十年，“明李定國率将馬進忠攻永州，我大将軍多羅貝勒吞齋帥師救之”。“大兵擊敗孫可望於寶慶，復自永州逆擊之，遂及馮雙禮，大戰於周家坡。可望與雙禮合軍，大兵分路擊敗之，可望遁還貴州。”十二年，“永州知府黄中通招居民以實城，始命民陶瓦作屋”。十三年，“永州知府魏紹芳建濂溪書院以教士”。

同書卷十八下《金石下》載《宋朱文公題周濂溪像贊》（橅刻），引《零陵縣志》曰：“周子遺像，在濂溪書院，乃南宋時通判方疇自九江府從先生諸孫得之，前郡守魏紹芳重刻奉祀。”宗績辰案：“道州石刻周子像，右有‘後學秀水卜大同刊’八字，左有‘知州錢兑、同知張鉉、通判吴湯輔上石’等字。永州石刻像則又國初魏紹芳所摹刻，皆非方耕道元本也。瞿中溶以魏爲宋時守，蓋由《縣志》‘六百年’一語致誤，今並删之。”

清康熙《永州府志》卷三《建置志》：“北司：即濂溪書院，順治十四年知府魏紹芳建。”

清康熙《零陵縣志》卷三《建置考》：“宗濂書院（舊在高山寺右）：國朝順治十四年丁酉，知府魏紹芳鼎建濂溪書院於鎮永樓之下。前爲督學校士之所，置社學於大門左，置義學於大門右。有《記》，見《藝文》。”

同書卷四《祀典考》：“濂溪祠（舊在城高山寺右）：國朝順治間知府魏紹芳鼎建於城北。有《記》，見《藝文》。”

清光緒《零陵縣志》卷一《地輿》：“濂溪書院周子石刻遺像，乃南宋時通判方疇自九江府從先生諸孫得之，前郡守魏紹芳重刻，奉祀歷六百年。”

同書卷十四《藝文・金石》載《蘇軾荔子碑》（橅刻），云：“明時永州司李劉公克勤摹刻於愚溪廟中，兵燹之後，復經焚燬，字已湮潰。今芳敬将元本重勒上石，以復舊觀。順治己亥歲孟秋月，永州府知府文安後學魏紹芳重刊。”

康熙《零陵縣志》卷十一《藝文考》、道光《永州府志》卷四上及卷六，載魏紹芳《鼎建濂溪書院碑》、《書柳司馬祠堂碑陰》二文。

《鼎建濂溪書院碑》云：“斯道之傳，在天爲日月，在人爲水火。天非日月不明，人非水火不活。道不傳，則天人或幾乎息矣。仲尼没而微言絶，自顔、曾以下，其於道相去漸遠。楊雄《法言》倣《論語》，《大玄》擬《易》，文中子《元經》摹《春秋》。二子於時號知道者，然而本體不明，妄擬僭經，君子羞之。至若董仲舒之《天人策》，韓退之之《原道》，論雖各有所得，而於窮理盡性至命之學，不能合下了徹，此可以窺其中之所守矣。宋興，五曜聚奎，斯文蔚起，而濂溪周子産於九疑營

道間，著《太極圖説》及《通書》四十章，得《河圖》、《洛書》之精意。以接羲、文、周、孔之傳。道高愈下，德盛益恭。言以闡學，無立言之見；行以遂志，無矯行之心。先生談《易》，殆通身是《易》者乎！在當日賢如清獻，尚不能以一見而知。伊川受業其門，終身未嘗表章一語。及作明道墓志，祇云‘得不傳之學於遺經’，則先生之學即伊川猶有未盡知者，況下此者乎！余燕人也，少慕先生之風，間嘗神交於夢寐，先生顧不吐余。庭揖之余，自謂與先生生異時，居異地，安所必升堂成拜執弟子禮以事先生者？無何而有臨湘之命。湘之源，則先生故里也。余未遑覩先生故里，與飲先生故里之湘者，余樂之。越三年，遷丞岳陽。又越三年，遷知永州事。余官楚，溯湘而上，於先生之里日以益親，然後知前此之往來於夢寐者，蓋有因也。丁酉秋，郡境粗安，爰謀書院之舉，以祀先生。請之守憲黄公，公可其請。於是協僚屬高君不矜，汪君可準，史君秉直，劉君方至，卜地於府治之陰，庀材鳩工，相率告成事焉。前有堂，後有寢，左右有廊，中有較士之舍，窻櫺垣户，各有其文。乃索先生遺像祀之，參差不異余疇昔之夢者。余竊嘆先生之靈無往不在，而於余獨神交於未見之先也。嗟乎！道待人而傳，人不擇地而産。彼生先生之鄉，聞先生之風，相與講學明道，登斯堂而起者，余殆將有厚望也。”（守憲黄公，即黄中通，福建晋江人，進士，順治十二年任永州知府，順治十四年升分守衡永郴桂道。高不矜，山東濰縣人，貢生，順治十三年任永州同知，後升貴陽知府。汪可準，字懸標，號偉岸，蕪湖人，順治八年舉人，順治九年進士，順治十六年任永州推官，升中書舍人。三人均見道光《永州府志·職官表·府寮》。劉方至，山東陽谷人，貢士，順治九年任零陵知縣。見道光《永州府志·職官表·零陵》。史秉直，不詳。清初有史秉直，遼東人，貢士，順治十四年任長垣知縣，見康熙《長垣縣志》卷三。又有史秉直，河南郏縣人，拔貢，曾任南寧府通判、真定府同知，康熙三年任金華府知府，見雍正《浙江通志》卷一百二十二、同治《郏縣志》卷八。未知是否。）

《書柳司馬祠堂碑陰》云：“柳先生唐室偉人，河東才子，與昌黎而爲友，偕夢得以同群，欲道速行，遂加黨人之目，厠身謫籍，曾無故土之歸。以此偃滞瀟湘，宦途不振，娱情山水，放意詩文，爰起八代之衰，稱作一時之杰。湖南學者聅爲宗工，指授一經，便稱佳士。然而文章峻峭，故見賞於中朝，政事卓奇，復流聲於後世。即如螭室有懟，水厄云消；畢方有文，火災永熄。苛政比於猛虎，可歌可悲；永鼠之與蹔驢，如泣如訴。千秋而下，道在人心，

民到於今尚受其賜。載之國典，專祀愚溪，匪獨愜乎人心，蓋已合諸往論。無何，兵燹之後，竟成瓦礫之區，士女興悲，父老咸嘆。紹職在專城，躬行謁奠，拜遺像於溪流之下，委牲犧於草莽之間。於是捐貲鳩工，爰興堂搆。黄金范像，尚餘元和芳姿；丹堊塗椒，寧讓羅池風景。自兹山青水緑，依然愚島煙雲；蕉黄荔序，復起故祠香火。用鐫貞石，以志私衷云爾。”

此碑據末行署款殘字“司副使前……永州府事”，似在离任後補刻。按魏紹芳順治末爲廣西左江道，駐南寧府。康熙初爲廣東嶺東道，駐潮州。駐南寧則南北來往仍須經過永州。姑暫定爲順治間任廣西按察使司副使時所刻。

# 康熙五年張登雲《朝陽巖重修碑記》

## 釋　文

朝陽巖重修碑記

永城南拖東有朝陽巖者，乃斯土一勝地也。爲□□□□歷□□□，兹二十年兵燹之後，風雨飄揺，荆榛灌莅，勝遊不再，惟餘欸乃□□□□□□□□，勝地寧如是乎！予每公餘，與二三寮友泛舟其下，□衣而上，徘徊瞻眺。□□跡之□□，□崗阜之如屬，引清風之徐來，延明月之長□。□□□□□松□□□□皇，寫風露，因矚老僧留與語。噫！□□剪茅茨而立茂樹，綴金泥□□□□，□朝陽一大觀也。乃爾毁垣欹室，箐棘不鋤，此豈釋氏供養之所？抑豈瀟湘勝遊之地？□□□□□及□住僧從而整葺，雖巘非布金之鄉，餙□丹雘之宜，今也幸使巖屋猶存，勝地不殊，秀□□□□□□□山上之絢繪爾。弟邀興庶而復存斯巖之景者，予也。捐資而□□□□□□□□良二千石唐憲璧是也。落成而爲之記。镌石□□□□□。

大清康熙歲在丙午□□□上湖南道三韓張登雲鳳臺甫題。

## 考　證

《朝陽巖重修碑記》在朝陽巖上洞内，活碑，高 187 公分，寬 86 公分，十行，行楷，署款鈐印二枚，一刻“張登雲印”，一刻“鳳臺”。碑面殘損嚴重。

康熙丙午爲康熙五年（1666）。

張登雲，字鳳臺，遼東人，《碑記》中自署三韓人。康熙元年任分巡上湖南道，駐永州。在任以昭雪被誣猺民著聞。

清雍正《湖廣通志》卷二十九《職官志》：“分守上湖南道：駐永州府。張登雲：遼東人，康熙元年任，六年奉裁。”

清康熙《永州府志》卷四《秩官志上》："分守上湖南道：張登雲：遼東人，康熙元年任。"

清道光《永州府志》卷十七《事紀略》云："永明寇難，略白雲巢破，俘斬以數千計。當賊巢未破時，有猺目李萬賢、李大誦，踰厓出降，同時又獲永明流民周德甫、王新仔。粤撫發府江道審問，永明有無勾通賊黨，萬賢、大誦誣指宋村清溪古調及江華縣之駱家山、駱家洞、石榴灣等鄉，周德甫又以窩引坐桃川故生彭、賓，故民周鳴岐、周國輔、周七苟。於是府江道藉爲左證，馳檄道州參将，捕彭、賓等家，當獲賓子季和、鳴岐子呈瑞、七苟子啓創，解赴廣西。廣西巡撫疏陳两省接界，猺賊勾通行劫，請併剿。得旨，敕督臣查議。檄行到縣，惟一極口爲三村民訟冤，至以全家百口保之，而分守道張登雲辦之甚力，督部張長庚两次題覆，彭季和等獲釋事以解。"

清道光《永州府志》卷九下《藝文志》又載張登雲、譚惟一合撰《保宋邨清溪古調猺民實無從賊公牘》五篇。宗績辰案："康熙二年，富川猺賊劫掠恭城，粤吏皆信降寇口供，誣指永明境内諸猺。邑令譚惟一力保之，守道張登雲亦言其冤，遂得昭雪。"

事蹟又見清同治《江華縣志》卷七、光緒《永明縣志》卷三十三《武備志》。

"良二千石唐憲璧"當即唐鈐，時任永州知府。檢康熙九年《永州府志》卷四《秩官上·府官表》，永州知府康熙間有唐鈐，"錦州人，通政司右通政，元年任"。至康熙六年，則有劉道著補任，康熙三十三年《永州府志》卷七《秩官·府官表》、道光《永州府志》卷十一上《職官表·府寮》均同。據中研院歷史語言研究所内閣大庫檔案揭帖一件，唐鈐於順治十七年已爲通政使司右通政。惟府志、檔案均未言其字號，今據石刻可知唐鈐字憲璧。

# 康熙十九年胡海“寫心巖”榜書

## 釋　文

改題
寫心巖
彭澤胡海。

## 考　證

榜書在朝陽巖下洞，高52公分，寬36公分，三行。署款無年號。以往學者未見著録。

胡海，彭澤人。彭澤，縣名，清屬江西省九江府。胡海於康熙初年爲彭泽縣監生，後爲候選州判，康熙十七年以前在江西饒南鎮總兵高登科幕中，康熙十八年來永州，在永州總兵官盧崇耀幕中。字號及其他事迹不詳待考。

清康熙二十二年《彭澤縣志》“彭泽縣修志姓氏”有“監生胡海”。卷八《選舉志》載：“胡海：候選州判。”清同治《彭澤縣志》因之，“康熙二十二年癸亥纂修姓氏”有“監生胡海”，卷十《授職》載：“康熙朝：胡海：候選州判”。同治《九江府志》卷三十一《仕籍》亦載：“胡海：授州判職。”

同治《彭澤縣志》卷十六《藝文二》載胡海《泮池銘》一篇，云：“人心有理，如池注水。水洩於天，清而不滓。溉植斯生，滌垢斯洗。弗修乃淤，匪甃斯圮。修之甃之，迺澄迺漪。其壁而半，亦規亦矩。其橋而中，非禮勿履。”

康熙《零陵縣志》載胡海文四篇，詩三首。

卷十二《藝文考·記》載胡海《遊芝山巖記》云：“庚申春，積雨經半季。二月之廿有二日，旭日襯爽，都督欣然挾予渡瀟水之西，緣愚溪而遊芝山，過

柳子厚廟，循麓走山半，是赴武岡之衢。越凹而北上，抵巘歇馬，看山北去雄礫，勒首崔嵯聳石巖絶然，壁下厂然而爲庵，周匝皆小竹，修拔密整。從巘緩步入竹下巖厂，巖僧肅肅恭禮迓。急趨庵裡，不畱武。倉莽綠巖，覔石逕，傴摟磴級，遶北而出竹，捫棘躡雲，健足穿空，直造巖顛。或斷或續，稜嶒䨴隷難名狀。予躍躍雲上如烏雀，都督驚恐呼呌。□駐立四顧，瞻九嶷在天外，而武岡、衡、寶率雲山莫可辨，下視瀟湘二水似小帶束胸前，而永城一片零星，延瀟集殘火，俱在脚尖底下。轉側躩蹜，分擇略平稍憩坐，隨起唤馬東下賦歸歟，而幽奇備細未及悉。方擬俟洗天大霽，從容盡日搜索作暢遊。更或得無所牽罣，刈茨鉏雲，小結一黄茅，以與靈勝相終始，而又慮世路難期，不必悉能如人意。因是草率記之，聊以俟諸他日云。”

此處庚申爲康熙十九年。

同卷又載胡海《綠天庵記》云：“唐人僧懷素於永陽之東門外，依城結庵而居，環居種芭蕉萬餘本，恒自即其葉代紙學草書。書陰深靄，日色皆[碧]，因名曰‘綠天庵’。後磊落突起一片石，石間穴然有小泉，清洌不涸，每作草，輒坐石上，引泉研墨，揮灑自如，因謂之‘硯泉’。所用筆至禿不中書，悉積而瘞之，爲‘筆冢’。由是遂以草書名，雖釋氏，士多愛之。予嘗慕其法帖不可得，頃以亂後來兹郡，訪其遺蹟，捫竹扳石，閲硯泉，彷彿猶有墨氣。問筆塚，僧云莫認其所在。而竹苑茶圃，及今所居庵，皆近時僧自翦蕪而創闢者。嗟乎！世既叠遷，□事多湮蔑，古名豪賢士所歷履經營，諠嘖人口耳，移時竟淪没烏有。類若愚堂、愚亭，無復可蹤跡，而併弗及兹庵者，何可勝道。然則綠天固甚幸有慈月矣，慈月，北産也，朴而知槼畫，不事抄募，惟率其徒力樹藝，嘗自稱‘行僧’，雖釋氏，予愛之。且其庵雖附城郭，幽僻遠民居，小山環拱膝下，遠遠露瀟水一灣抱村烟，而雲巒層叠列天外，胸次殊曠，予又甚愛之，乘暇常喜一往還。然人生行止如蘋，今日之登山而畱覽者，能必他日之不賦《遐思》？矧世代之變遷靡定，今之尋筆塚而不獲者，烏知後人不有問硯泉而興懷者乎？是用記之，以遺志古之士。”

此云“頃以亂後來兹郡”，“亂”即康熙十三年三藩起兵、攻陷湖南、永州俱没一段事。

同卷又載胡海《鹿園記》（原注：在府治後。）云：“古人之園亦多矣，不可殫述。今之薦紳家亦多有園，其經營布築工朴亦不類，而皆必有名以紀之。然古人之園不聞猶存於今，今人之園不必畱而爲古；古人之園或變而爲今人之第，今人之園或即爲古人之居。其易遷更遞，不惟今人於古人，即今人於

今人，猶或莫必，此亦何異乎蕉之爲麈而鹿之爲蕉也耶？而獨其名則未嘗不傳於世。永陽都督府之右有園，不甚廣，亦不甚丽。前有塘，廣可二畝。塘後有閣，接閣有廳，爲宴會賓客所。廳左有小室，藏書畫、置琴棋於其中。右爲庖厨地。廳後則園也。園當中立一大石，空矯異常，左右各叠諸靈石，前各置石盆，蓄以金魚，右盆前鑿一方池，圍以木檻，石後各植一梧桐，桐下雜以梅、榴、柑、竹、芭蕉諸品物，五色相間呈無時，後各爲砌列諸花卉，錯置殊亦雅。稍高二間爲書舍，春夏陰濃，風來池沼，凉氣襲人。或倚石披書，或凭欄酌酒，或坐樹敲碁，俱堪适意。而秋月洗天，梧桐溜影，臨池揮素，響聽遊魚，亦差清絶。惟是其園作於前之副戎彭某，既更鎮而又復歷幾人矣，究未有名。初，都督盧公來於亂後，石剥落無倫次，池污穢不可聞，積水生苔，蕩浮緑垢，然風行而亦成文。予因漫題之爲‘漾緑’。已而予歸公，抉溲理石，位置粗成。種蓮於塘，荷生花满。今予復來，忽覺前此之浮塵緑皺垢臭而可憎者，一變爲碧馥清盈。園之幻化固如斯也，而矧乎作園之人！今識其之於何所作園之址，得知爲誰氏之居，寧必蕉之非鹿而鹿之非蕉也乎？乃亟易之曰‘鹿園’。憶昔之人有指中原而亦謂之鹿者，得無亦即是意歟？是爲之記。”

此云“都督盧公來於亂後”，“盧公”即盧崇耀，康熙十八年任湖廣永州總兵官，又爲都督僉事。（盧崇耀有康熙二十六年“迎曦”榜書，詳下。）

同書卷十一《藝文考·志》載胡海失題一篇云：“夢寐，幻也，高宗得説，而夢遂真；朕兆，誕也，重耳受塊，而兆多應。大抵人之精誠性情所注，恒感徵於夢兆之先，然其端甚隱而難測，非智者不能預信其必然。予性僻好山水，夢寐多歷巖阿，而半生未一驗。至若古賢士幽人所經涉佳泉名勝，往往慕之，如柳子厚愚溪、韓退之磐谷，皆常於文字中憶思，嘆不能至。歲戊午，賓於饒南軍。一日，都督高公得古畫一軸懸吾室，蓋爲孤舟簑笠獨釣寒江之致，上題云：‘自是愚溪親愛後，瀟江風雪一簑翁。’予穎鈍，不識爲兆異日之遊，朝夕翫對，究以不得愚溪真面目爲悵。是年夏，予以太學入都門。明年秋，從都督盧公赴營陽。又明年春，軍事之暇時，放舟瀟江上，尋行愚溪，追子厚蹤跡，則已不啻身在畫中，饒陽之軸至是乃應云。夫夢相以幻而得真，受塊以誕而得實，至今並傳，矧予之畫實以應真，烏可無志！”（“予穎鈍”爲謙辭，疑當是“愚鈍”。）

營陽，即道州。《水經注》卷三十八《湘水》：“營水出營陽泠道縣南流出”，“營陽郡治也。魏咸熙二年，吴孫皓分零陵置，在營水之陽，故以名郡矣”。《通典》卷一百八十三：“江華郡

道州：宋齊爲營陽郡。梁改營陽爲永陽郡。隋平陳，郡廢，悉並其地置永州。煬帝初州廢，並屬零陵郡。大唐既平蕭銑，復割其地置營州。武德五年，改爲南營州。貞觀八年，改爲道州，或爲江華郡。”

此處戊午爲康熙十七年。胡海來永州在康熙十八年，作《志》在康熙十九年。

所云饒南軍“都督高公”爲高登科。同治《饒州府志》卷九：“饒南鎮：總兵：高登科，字升之，瀋陽人。由鑲紅旂參領功加左都督，兼一拖沙喇哈番。康熙十六年駐饒，二十一年二月調廣東右翼。”同治《韶州府志》卷三十：“高登科：遼東瀋陽人，康熙二十一年任右翼鎮總兵，二十二年六月内移駐韶城。性厚重，令嚴明，擁節虞郡，兵民安堵。六封胥靖，皆其恩威所致也。(《舊志》)”

同書卷十三《藝文考·古今名賢詩》載胡海《遊芝山巖》詩：“時出滎陽城，芝山矗西望。重黑起峰頭，騰湧作層嶂。下馬經歷之，巖怪百千狀。一下結小庵，撑峭不可量。入竹瘞緑中，攀雲空青上。越躍或呼驚，巉嶒殊履壯。瀟湘小二流，眼目大四放。不知天地寬，而覺胸次曠。我欲刈棘荆，結廬與雲傍。遂彼坦素心，東顧生悒怏。”(“重黑”，道光《永州府志》作“重墨”。道光《永州府志》卷二上《名勝志》謂芝山巖，洞中有前人題識，“其作詩者則零陵令李如滂、王元弼、同知劉作霖、彭澤胡海等，凡八人”。下録胡海詩云云。可知宗績辰爲據石刻著録，“同知劉作霖”、“彭澤胡海”等字皆爲石刻原款。)

同卷又載胡海《同游青萬徐都督遊蓮花蓉》詩：“撥掉臨虛梵，推窓挹遠巒。宦遊風到熱，僧夢夜來寒。有興頻舒目，何時下釣竿。好将胸臆盡，目夕看廻瀾。”

同卷又載《再遊零虛洞聽琴》詩：“風塵總閉目，於此一開襟。琴弄山川韻，詩吟絅壑浤。苔痕餐古字，江色落巖陰。不厭頻遊憇，清泉細寫心。”

零虛洞，即朝陽巖零虛山。光緒《零陵縣志》卷一云：“零虛山：即朝陽巖本山，明萬曆初太守丁懋儒創名。”又云：“青蓮峽：零虛洞入門處，丁懋儒以石如青蓮故名。”

胡海榜書曰“改題”，“改題”即更名，謂朝陽巖可更名爲“寫心巖”。而“寫心”亦即其詩“清泉細寫心”之意。

據胡海永州所作詩文“又明年春，軍事之暇時”諸語，“寫心巖”榜書當作於康熙十九年以後，茲姑繫於康熙十九年。

# 康熙二十一年“提督湖廣通省學政衙門衆姓發心裝塑魚籃觀音”題名記

## 釋　文

提督湖廣通省學政衙門衆姓發心裝塑魚籃觀音金紗，並木橋一架。

李　李治龍　陳國柱　李應責　趙應龍　蔣正元　吴志德　陳士彦　江南楊州府興化縣弟子張耀宗　李雲龍　吴允謙　劉良相　馬之才　譚明　趙光璧　王應麟　張榮　黄士元　徐襄　萬國勳　劉甸邦　舒世華　張鳳仙　劉璋　周正康　李榮　吴奇　葉及□　杜文之　陳志奇　高任　王瑞　陳啟泰　杜士科　孫之龍　舒元凱　姚柴　汪大年　劉上選　王弘哲　渠子英　盧陞　李大成　朱宣　徐士進　方文海　江源生　舒應貴　周登

皇上康熙二十一年十二月十五日良旦立，僧慧弘化。

## 考　證

魚籃觀音記名石刻，在朝陽巖下洞。下洞傍有小洞，古稱青陽洞，石刻在青陽洞下。高 63 公分，寬 43 公分，十四行，楷書，稍損毀。

“提督湖廣通省學政”，官名，明代始設，湖廣或分或合。清初兩湖分置，設湖北督學道、湖南提學道。順治十八年（或曰康熙元年）至康熙四十一年，兩湖合併，稱“湖廣通省提學道”。康熙四十二年至雍正三年，更名“提督湖廣學政”。雍正三年，兩湖分置，設提督湖北學政、提督湖南學政。《清史稿·職官志三·學政》：“康熙元年，並湖北、湖南提學道爲一，更名湖廣提學道。雍正二年復分置。”雍正《湖廣通志》卷二十九《職官志·提督學院》：“初，分設湖北督學道、湖南提學道。

順治十八年，改爲通省提學道。康熙四十二年，始以翰林院視學爲學院。雍正三年，北南各設一員。”光緒《湖南通志·職官十二》：“原設湖廣提學道，康熙四十二年改設提督湖廣學政。”據此，在康熙二十一年，並無“提督湖廣通省學政”官名。但檢文獻所載，在康熙元年至康熙四十一年之間，仍有“提督湖廣通省學政”之稱。如廖方達所刻李東明《懷麓堂全集》内有蔣永修《懷麓堂稿舊序》，署款爲：“皇清康熙二十年歲次辛酉仲春望日，奉敕提督湖廣通省學政前户科都給事中義興後學蔣永修謹撰。”姚淳燾所作康熙《湖廣武昌府志》序，署款爲：“時康熙二十六年歲次丁卯仲春穀旦，賜進士出身提督湖廣通省學政按察使司僉事加三級苕溪年弟姚淳燾拜題於鄂城公署之天藜閣。”王祚興等所刻《重修嶽麓書院記》碑，署款爲：“皇清康熙三十九年歲次庚辰五月穀旦，湖廣湖南等處提刑按察使司按察史加四級三韓常名揚撰，提督湖廣通省學政按察史司僉事王祚興、安化縣儒學教諭李咸有書册，善化縣儒學訓導篆額監修。”

據雍正《湖廣通志》、《湖南通志》，康熙元年至康熙四十一年間任湖廣通省提學道者，有魏學渠、王象天、鄭昆璧、高瑜、蔣永修、王孫蔚、姚淳燾、鄭僑生、邱園卜、岳宏譽、王琯、王祚興。其中蔣永修康熙十六年任，二十一年卒於任上。魚籃觀音記名石刻“提督湖廣通省學政衙門”云云，即蔣永修來永期間僧俗所爲。

蔣永修，文獻又載爲“蔣胤修”、“蔣允修”，字紀友，一字日懷，號慎齋。江蘇宜興人（一作義興人）。著《孝經集解》及《慎齋遇集》、《莅楚學記》、《日懷堂奏疏》，合爲《蔣慎齋遇集》。

事蹟散見於方志。

《大清一统志》卷二百五十七：“蔣永修：宜興人。督學湖廣，釐正文體，葺學宫二十四處，修復石鼓書院，請復周子世襲，建義倉學，敦勵士行，表扬節孝，人咸勸興。”

雍正《湖廣通志》卷四十二：“蔣永修：號慎齋，宜興人。順治丁亥進士，督學湖廣，以師道自任。釐正文體，凡鄙師俗儒沿襲陋格，刊傳示禁，風氣焕然一新。創葺學宫四十二處，復石鼓等書院，請復濂溪世襲，設立義倉義學，敦勵士行，表揚節孝，人咸勸慕。祀武昌名宦。”

雍正《江南通志》卷一百四十二：“蔣永修：字紀友，宜興人。順治丁亥進士，知應山縣。勞來有恩，鄰境賊起，練民兵守禦，賊不敢逼。舉卓異，擢刑科給事中。出知貴州平越府，清丈苗民虚税八千有奇。擢湖廣提學副使，振興文教，楚風爲之一變。”

嘉慶《宜趙縣志》卷八：“蔣永修：

字紀友，順治四年進士……擢湖廣提學副使……升陝西參政，未任卒。”

又大學士奏舉蔣永修内升入京，見中國第一歷史檔案館藏《康熙起居注》二十二年三月條。

又清王晫《今世説》卷三云：“蔣慎齋至性過人，類多密行，雖齋居獨處，皎然不欺。”

蔣永修來永在康熙十九年。

蔣氏《莅楚學記·重修長沙府儒學記》云：“自癸卯（二年）冬滇黔弄兵，湖湘不靖者六七載。……己未（十八年）二月，我師復長沙……是歲十二月，愚來視學茲土。”署款“皇清康熙十九年歲次庚申閏八月吉旦，提督湖廣通省學政按察使司副使加一級義趙蔣永修謹撰”。

癸卯指康熙二年，己未指康熙十八年。《清秘述闻三種》誤載爲康熙十年任。

《莅楚學記·祁陽縣學記》云：“今三月，余視衡郴事竣，將按營陽，道祁邑，時四月朔有三日。”

《莅楚學記·江華縣新建濂溪先生書院》云：“康熙十九年春，張子諱純修來令茲土，未數月，予以試士適至。”

《莅楚學記·永州府儒學記》云：“今年初夏，予按永州，道中時換輿馬上覽。其山陡峭蒼翠，嶔嵚萬狀，且蜿蜒布散，落落然光霽而端凝，無險僻亂碎寒痩之形，令人樂不知怖。其水清冽瀠洄，淺而能蓄，停而不滯，非驕横激激者比。悠悠然與人相流連，令人思，輒忘其下上也。余每過一處，每歎息之，以爲此才德之所産也。”

蔣永修在永，有《重修浯溪元顔祠記》石刻在浯溪。見乾隆間宋溶所纂《浯溪新志》卷十二，云：“庚戌奉簡命視學三楚，是歲夏四月校士營陽，舟行過之，見磨崖壁立。”（又見《蔣慎齋遇集》卷二，文字略有不同。）石刻爲活碑，今佚。

蔣永修次子蔣景祁侍父同行，有《磨崖》詩，見《浯溪新志》卷九。蔣景祁工於詞，與陳維崧唱和，陳氏病卒，遺稿悉付蔣景祁。著有《東舍集》、《梧月亭詞》、《罨畫溪詞》，輯清初詞作爲《瑶華集》二十二卷，康熙間刊於湖廣公署天藜閣。

今按蔣永修署款“提督湖廣通省學政”云云，可能是清初沿襲明代舊稱，以至宋溶誤將其列作明人。《浯溪新志》卷六誤云：“蔣永修，阜陵人，萬曆中湖廣學政。”

魚籃觀音記名石刻中施舍人姓名，凡十二行，每行四人，共計四十八人。“僧慧弘”，事蹟不詳。

零陵相傳青陽洞舊有魚籃觀音，後因石崖崩裂，墮入江中，僅存此刻。方志載，同治十二年（1873），鄉紳集資建觀音閣於朝陽巖上，“晝鐘夜燈，使人知警”。道光《永州府志·輿地圖》

載朝陽巖上有朝陽庵、彌陀庵，河西有觀音庵。康熙《零陵縣志·寺觀》有“彌陀庵，在河西一里”，又有“太平庵，在群玉山下”。“朝陽”一名，寓意先賢，今佛寺僧庵亦名“朝陽”，元次山将謂之何？

迎曦
康熙丁卯季夏
廣寧盧崇耀題

# 康熙二十六年盧崇耀"迎曦"榜書

## 釋　文

迎曦

康熙丁卯季夏，廣寧盧崇耀題。

## 考　證

"迎曦"榜書位於朝陽巖下洞上方，高48公分，寬110公分。

康熙丁卯爲康熙二十六年（1687）。

宗霈《零志補零》卷下"諸巖題名石刻"著録云："'迎曦'二大字，陡擎巖際，嚮拱朝日，爲康熙丁卯總鎮盧崇耀題。"

盧崇耀，字射斗，奉天廣寧人。祖盧國志，明廣寧守備，降於清，遂爲漢軍鑲黄旗人。父盧延祚。兄盧崇峻，歷官宣大總督、廣東總督、山陝總督、兵部左侍郎、加兵部尚書銜。盧崇耀以蔭生出身，曾爲孝陵副将，康熙十八年任湖廣永州總兵官。又爲都督僉事，三十一年任貴州大定總兵，三十四年任鑲黄旗漢軍副都統，三十六年任廣東提督，三十七年任廣州将軍，四十一年任鑲白旗漢軍都統，事蹟見《清聖祖實録》、《清史稿》及中研院歷史語言研究所藏《内閣大庫檔案》。

李元度《國朝先正事略》有傳，云："盧崇耀：奉天廣寧廕生，康熙十八年任永州鎮總兵，善撫士卒，討平古州蠻，復勤恤民瘼，歲旱偕有司禱雨輒應。"

道光《永州府志》卷八《武備志》載："永州鎮總兵官：盧崇耀：奉天廣寧人，（康熙）十八年平定吴逆恢復後任，三十一年（周）[調]貴州大定鎮。有傳。《省志》誤作'宗耀'。"

同書卷十三《良吏傳》云："國朝

總鎮盧崇耀：奉天廕生，康熙十八年鎮守永州。討平古州蠻，邊境得安。善撫士卒，兼留心民瘼。嘗遇歲旱單騎出郊，遍閱禾稼，詢問地方疾苦，偕有司求雨，甘霖即降。紳士爲刻《閱田記》、《詩》以頌之。每軍政閑暇，即延接文士，相與論古賦詩，郡中名勝多經題咏。”

道光《永州府志·藝文志》著録王孫蔚《南征賦》一篇，宗績辰案：“蔚爲湖南學使，爲盧崇耀征蠻凱旋而作。”

《零志補零》卷上載盧崇耀《閱田記》一篇，及田山玉、黄佳色、劉敦仁、田山鳳、黄文元等人《讀都督盧公閱田記》、《都督歌》詩文多首。

盧崇耀在永，曾重建碧雲庵，創建洗甲亭、馬王廟。

道光《永州府志》卷六《秩祀志》：“碧雲庵：國朝總兵官盧崇耀重建。”“九巖亭：零陵令宗霈訪得遺址，殆即盧崇耀建洗甲亭之地。”

光緒《零陵縣志》卷二：“洗甲亭在碧雲庵：國朝盧崇耀建。”卷三《祠祀》：“碧雲庵：國朝康熙甲子總兵廣寧盧崇耀重建。”宗霈《零志補零》卷上載盧崇耀《重建碧雲庵記》云：“予曩在京邸，睹名公鉅卿騷人墨士，嘖嘖稱永陽山水，如鈷鉧、西山元柳諸遺蹟，在在多勝概焉。竊聞而喜，喜而慕曰：安得身遊其境，弔鼓瑟之湘靈，溯重華之帝子，得以結山水緑，亦人生樂事也。康熙己未歲，承命來鎮茲土，維時簡閱師旅，日以讨贼爲事，何暇探奇選勝，以縱耳目遊觀耶？越二年辛酉夏五月，會剿古州，荷聖天子威靈，殲除渠魁。次年壬戌春，班師旋永，始得脱甲以處，而心戒不虞，未敢怡遊山水間也。至癸亥，四方底定，時和年豐，軍務之暇，偕永陽諸君子登高遠眺，遍訪奇蹟於郭内之南。”（道光《永州府志》題爲《重建古蹟碧雲庵記》，光緒《零陵縣志》題爲《重建古碧雲庵記》，多有脱文。）

康熙《零陵縣志》卷四《祀典考》：“馬王廟：國朝康熙壬戌年永鎮都督盧崇耀鼎建於鐘樓之前。”

除“迎曦”榜書外，盧崇耀在朝陽巖有詩咏。康熙《零陵縣志》卷十三《藝文下》載盧崇耀《遊朝陽巗》詩一首：“空靈奇石傍江濱，載斾登臨两岍新。大嘯一聲山悉應，擎杯灑酒看漁人。”

盧崇耀又曾遊澹巖，有榜書、有詩、有記。

光緒《零陵縣志》卷十四《藝文·金石·淡巖》載盧崇耀題“琴碁處”，署款“康熙癸亥仲秋廣寧盧崇耀”。石刻今存。又題“蓬萊仙境”，署款“康熙丙寅仲秋廣寧盧崇耀”，石刻今未見。

康熙《零陵縣志》卷十三《藝文下》載廣寧盧崇耀《遊澹山巗》詩一

首："皷角聲寒洽洞幽，高風何必上峰頭。揮琴落子皆成韻，甲脱絃歌進一籌。"詩刻今未見。

光緒《零陵縣志》卷十四《藝文・金石・淡巖》又載"盧射斗詩"《遊淡巖偶成》一首："嵯峨一片五雲堆，萬里徘徊一段帷。更有識人延古景，幸逢斗柄過青輝。"楷書六行，署款"康熙辛未九月望廣寧盧射斗題"。詩刻今存。由此而知盧崇耀字射斗。

康熙《零陵縣志》卷十二《藝文中》、道光《永州府志》卷二上《名勝志》均載盧崇耀《遊澹巖記》全文，其情志識見可以概見。《記》云："永州多山水遊觀之美，而澹巖尤爲奇絶。予軍政暇時，與二三名流討論古蹟，共推其勝，固已灌予心中矣。壬戌秋日，細雨初晴，群山獻秀，於是率衆往遊。渡江南行數里許，瘦石削陰，踈林澄影，道傍衰草雜花，歷歷相間。一路行人但覺馬蹄踏翠，衣袂沾香，皆於輕嵐淺靄中貪看秋光，而澹巖已在望矣。行既近，見亂石插空，白雲層起，若有神護之者然。於是撥雲尋路，忽覩一菴。從菴中左折而下，巖扉敞豁，翠珉環峙，照耀如同積雪。循巖稍進，石乳如珠，石霏如霰，横者玉列，植者瓊立。更進東南數百步，忽見竅開數丈，天光下垂，洞中絲粟可辨。中有巨石壁立丈餘，黄山谷鐫詩於上，字畫瘦勁，詩意蒼潔，真千古獨步也。下有石几，予援琴數曲，響振幽谷。諸客或奕或飲，或談往，或賦詩，各得所得，意在天外。予亦寄興清邈，遊神廣漠，遽謂客曰：'兹巖閲人幾何時矣？而能閲巖者幾何人？即今世清政簡，至者寥寥，果貴務妨高蹤耶？知者不遊，遊者不知，而吾從數千里來，秉鉞於此，復與諸君作世外烟霞之侣，誠一時勝事，又安問千載後知者其誰？羊公題石，是耶非耶？'言既畢，有執爵而前者，曰：'卓哉，公之言也！然遊固非好名，而遊之勝者，名又烏得而逃之？如蘭亭雅會數十人，與赤壁二客並傳後世，遊固關乎人耳！'衆乃共應之曰：'然。'適月入石竇，人在冰壺，客亦懽呼豪飲，迨曉，具舟破瀟碧而歸。"

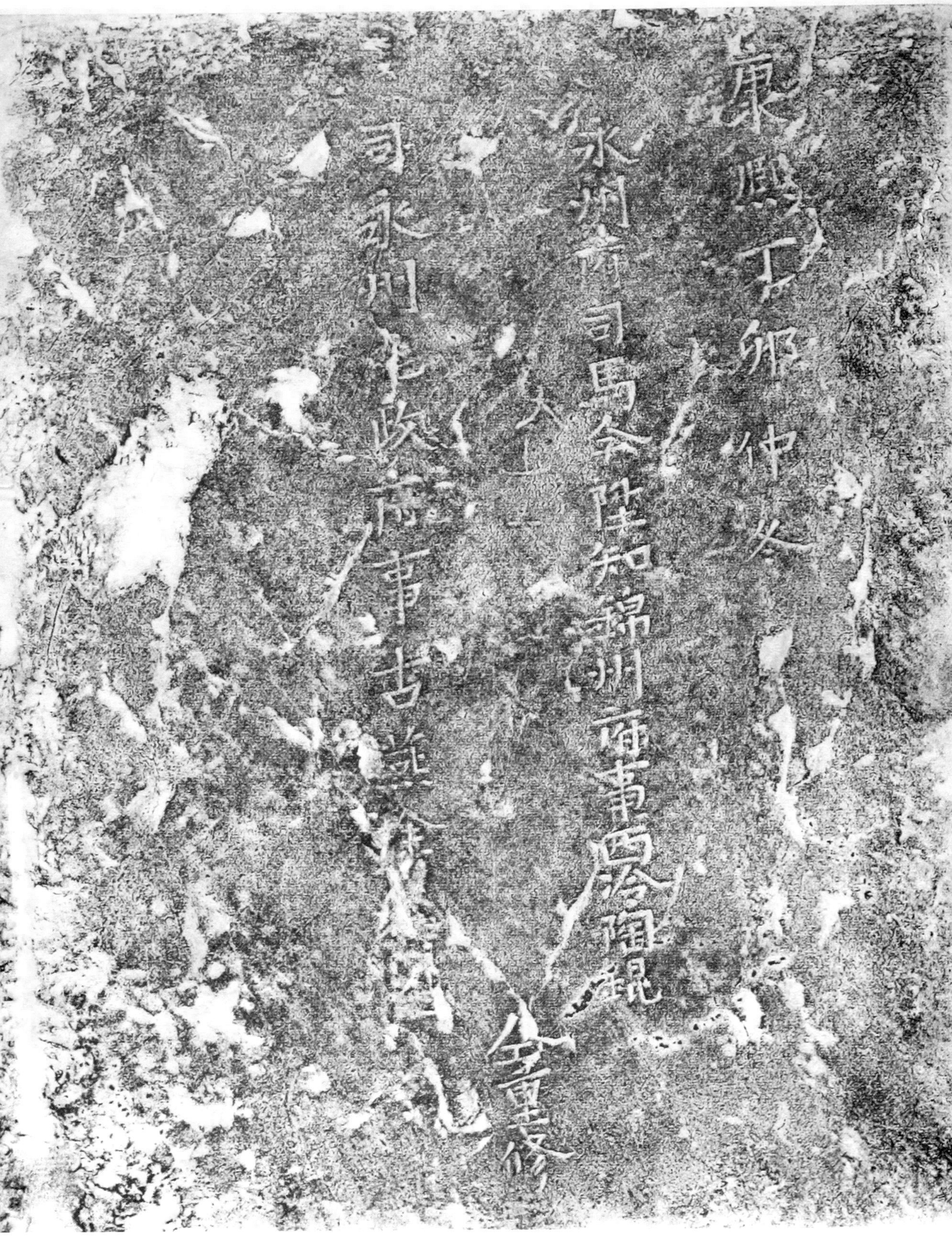
康熙丁卯仲冬
永州府司馬今陞知錦州府事西冷陳覲

# 康熙二十六年陶錕重修題刻

## 釋　文

康熙丁卯仲冬，永州府司馬、今陞知錦州府事西泠陶錕，司永州□政府事、古燕徐□□□，仝重修。

## 考　證

題刻位於朝陽巖下洞右側崖壁。高43公分，寬23公分，四行，楷書。

康熙丁卯爲康熙二十六年（1687）。

陶錕重修朝陽巖事在盧崇耀榜書之同年，惟榜書在季夏，重修在仲冬。重修朝陽巖，未有碑記而僅有題記，可見當時之儉約。

陶錕，字濟安，會稽人，康熙十八年（1679）任永州府同知。“西泠”，今浙江省麗水市龍泉縣有西泠鎮。

康熙三十三年《永州府志》卷七《秩官・府官表》、道光《永州府志》卷十一上《職官表》並云：“康熙十三年甲寅，逆藩以其兵陷湖南，永州俱没，康熙十八年己未恢復。”又云：“永州同知：康熙：陶錕：會稽人，十八年任。”

道光《永州府志》卷十三《良吏傳》：“陶錕：字濟安，會稽人。康熙十八年授永州司馬，時吴逆初平，百姓流離播遷，錕佐郡以寬，務在調養元氣。兵火之後，大獄纍纍，引囚對簿，多所平反。即法不得出者，人亦自以爲不冤。所屬江、新二邑多逋賦，且群不逞，吏人掣肘。錕奉臺檄往按，法繩理諭，皆怵服。尋以督解殿工皇木赴都，道升錦州守。士民奏留，不可得，至今思之。”

民國《錦縣志略》卷三《建置上·古蹟》，修建城東門外地藏寺普同塔：康熙三十五年七月，勒石爲記嵌塔前，題名者有錦州知府陶錕。

"司永州□政府事、古燕徐□□□"，"徐"左半有鑿痕，今審爲"徐"字，似指徐水。徐水，戰國燕國時稱武遂、桑邱。後三字鑿毀不辨，據文獻考之，接任陶錕者爲盧豫。

康熙三十三年《永州府志》卷七《秩官·府官表》、道光《永州府志》卷十一上《職官表》陶錕以下並云："盧豫：奉天人，癸卯舉人，二十五年任。"

康熙《宛平縣志》卷五上《人物上》："康熙癸卯科旗下舉人：……盧豫：鑲紅。"

康熙《大興縣志》卷五下《人物·科目考》："康熙癸卯科旗下舉人：……盧豫：鑲紅。"

乾隆《萊州府志》卷六《職官》："濰縣知縣：盧豫：遼東舉人，十六年任。"

《欽定八旗通志》卷二百三十九《人物志一百十九·循吏四》："盧豫：漢軍鑲紅旗人，康熙癸卯科舉人，十六年任山東濰縣知縣。朔望同僚屬宣講聖諭十六條，風雨不輟。小民敦倫睦族，教化大行，夜不扃户。每春下鄉勸農，捐助牛種，民無遊惰，田無荒蕪。遇蝗蝻撲滅有方，禾稼賴以無害。捐俸修理黌宫，又於北門外買田十畝爲義塚，倡修大橋於東門外白浪河。設立義學，俾訓童蒙。旌孝子節婦，以樹風聲，有節坊、烈廟碑記世。後升湖廣荆州府同知，祟祀山東名宦祠。"

《大清一統志》卷一百三十八《萊州府·名宦》："盧豫：鑲紅旗舉人。康熙五年任濰縣知縣，留心民事，常單騎走田野間，咨詢疾苦，遇士子則講論終日，人不知其爲長吏也。在任六年，濰人感而祀之。"（雍正《山東通志》卷二十七《宦績志》同。）

乾隆《濰縣志》卷五《藝文志》載"國朝盧豫邑令"《孫趙二節婦序》一篇，云："學士大夫讀書明理，有介然獨立之概。處常則文章氣誼，瑰偉振拔；處變則砥柱自任，臨難不苟。凛凛然大節大義，布當時、傳後世者，蓋亦鮮矣。若閨闥女流，未聞性天之學，安所爲履霜之戒？而獨寄憂思於柏舟，一旦從容就義，視死如歸，更戛戛乎難哉！濰邑故民李廷斌二婦，孫，正娶，趙，側室也。斌父死，思親不置，遂痛悼疾卒。二氏慟哭毁容，絶飲食三日矣，今十一辰刻俱自縊。余方退食，聞報，曰：異哉！是真可以泣鬼神、振河岳矣！余承乏濰土四歲，女子死節者踵相接。然妻死難，妾死尤難。其死於夫死之三日，而一時同盡於一室之中，左

右有序，名分昭然，吾以知其慷慨而從容也。寅僚各執香禮焉，邑之士君子以義氣奮發，相與騖告賻弔以彰其義，碑勒以誌其節，且咏之以詩歌，庶两氏之貞魂與日月並明，古今同極，所謂凛凛然大節大義，布當時、傳後世者，非李婦其誰與歸？”

# 康熙二十六年施清"愚溪之南"詩刻

## 釋　文

愚溪之南，有洞天焉。不離只尺，匪遠市廛。朝暉夕陰，絶壁臨淵。巖深杳々，泉流涓々。封以蘿薜，鎖以雲烟。樵斯釣斯，寰中之仙。慙予俗吏，山靈寡緣。偷閒趺坐，太古小年。

永郡倅錢唐□□題。

## 考　證

詩刻在朝陽巖上洞，高66公分，寬36公分，六行，行書。

詩刻稍有磨泐，幸尚可讀。無標題。首行被"寄名石山保長命富貴"一行覆蓋，末又有"寄名石山保長命富貴"一行大字，幸未傷碑。署款姓名處被人爲鑿毁，依字距當有三字，中間一字似爲空格。

光緒《零陵縣志》卷十四著録全文，題作"永順倅某某銘"。"永郡倅"誤作"永順倅"，"只尺"改作"咫尺"，"錢唐"改作"錢塘"。《零陵縣志》光緒二年刊刻，可知此前已被鑿毁。

"永郡倅"，謂永州之副官，即通判。按"郡倅"之稱，宋人喜言之，如周敦頤任永州通判，趙抃有《寄永倅周惇頤虞部》，任大中有《江上懷永倅周茂叔虞部》、《送永倅周茂叔還居濂溪》。

檢方志，有錢塘人施清，清康熙十七年博學鴻詞科及第，康熙二十六年任永州通判。《錢塘縣志》、《永州府志》各有記載。

康熙《錢塘縣志》卷二十二："施清：字伯仁，少穎悟，篤學嗜書，爲伯邦曜所知。及長，工詩文，補博士弟子

員。以選貢授國子監官學教習，課士嚴而有法。除陝西布政司經歷，尋知巴州。會應詔舉博學宏詞，試闕下，歸數年，起廣州判。以内艱歸，補永州。主岳麓書院講席，學者雲集。所著有《十三經異同》、《解攬雲》、《懷新》等書。”

又乾隆《杭州府志》卷五十七：“《十三經異同解》，國朝永州通判錢塘施清伯仁撰。”

又秦瀛《己未詞科録》卷七：“施清字伯仁，浙江錢唐人，貢生。授陝西布政司經歷，遷湖廣巴州知州。應徵試罷歸，起廣東廣州府通判。丁憂起復，補湖廣永州知州。著有《十三經異同》、《解攬雲集》、《懷新集》。”

又阮元《两浙輶軒録補遺》卷二收録《岕行》一首，作者小傳云：“施清字伯仁，錢塘人，貢生，官永州州判，有《攬雲》、《懷新》等集。”

道光《永州府志》卷九下：“《百尺樓詩文集》：國朝施清撰。案清字濂侯，錢塘人，康熙間倅永州。”“《唐宋八家文注》：國朝施清撰。見《雲莊集·序》。”

《錢塘縣志》謂施清字伯仁。《永州府志》卷九下謂施清字濂侯，卷十一上謂施清號濂侯，按當作字伯仁、號濂侯爲是。初疑“濂侯”乃施清至永州所增自號，然施清官廣州時已稱濂侯，見徐釚《南州草堂集》卷十《施濂侯别駕以珍珠、蘭鮮、荔枝見貽，爲賦二絶》，此别駕自是廣州通判。

清零陵陳穡撰《雲莊詩集》二卷，施清《序》云：“予嘗註唐宋八大家之文，而焯然慕周濂溪、元次山、柳子厚之芳徽，蓋以諸公之文勿殊於韓、歐、三蘇之文也。雖氣度殊軌，而高雅同風，故意之所至，遊亦至焉。寅卯之際，陟衡峰，泛浯溪，過鈷鉧潭，訪月臺、蓮池，往往多隱君子吟嘯其壤。”（見道光《永州府志》卷九下，又見光緒《零陵縣志》卷十三。）其志趣已可概見。

《永州府志》、《零陵縣志》又稱施清爲“别駕”、“郡别駕”，别駕即通判之别稱。

《解攬雲集》、《懷新集》、《百尺樓詩文集》今皆未見。

施清工詩，《永州府志》、《零陵縣志》載其篇什不少，且多遊歷景勝之作。

《澹巖獨坐詩》云：“風捲禪床落葉輕，天光雲影洞中生。磴邊棋局留人下，石頂青蓮送客行。花藥穿窗猿亦嘯，鳥聲入夢雨初晴。名巖良會知多少，月到中秋倍有情。”

《浯溪二絶》云：“石壁欲摩天，平岡對月眠。湘江依杖履，琴罷看星躔。”“盤澗遶茅屋，穿林過石梁。饑來何所樂，碧浪野花香。”

《夜坐嵛峰詩》云：“雲淡月無

聲，熊猿繞岫鳴。幽蘭花半放，獨坐問長庚。”

鎮永樓“别駕施清詩”：“衆山環抱古禪宫，燕雀無聲萬籟空。两岸城垣烟霧裹，千家樓榭畫圖中。稚兒捉筆求題石，老衲揮絃引落鴻。坐久不知花影過，半簾風月繞墻東。”

碧雲庵“郡别駕錢塘施清《遊碧雲庵小集詩》”：“今來古往篆蝌蚪，王謝風流誰與久。别館芙蓉不再開，未央銅雀皆速朽。将軍闢□新堂搆，海市蜃樓獅子吼。盡閣丹楹碑序傳，劍光墨汁沖星斗。壇中大士千眼手，傍列羅漢二之九。説法西來花雨飄，蹻蹻龍象掌中走。席前生白蒙山叟，十年面壁空所有。鉢底曾飛五色雲，窗邊半種陶公柳。予欲偕之衡岳阜，七十二峰來以牖。秦晉漢魏叠興亡，園亭花鳥是耶否。”

據此推斷詩刻作者爲施清。

道光《永州府志》卷十一上《職官表・府寮》：“通判：康熙：施清：號濂侯，錢塘人，二十六年任。參訂今志，赴部改補。”此前通判爲吴禧，二十五年任。此後通判爲靳治梁，三十二年任。

按施清《雲莊詩集・序》云“寅卯之際”，康熙二十五年丙寅（1686），二十六年丁卯（1687），施清似於二十五年已到永州，姑暫定詩刻於二十六年。其時永州值兵燹之後，文教廢弛，百廢待舉，施清遊歷諸巖，刻詩貽後，尤爲難得。

詩刻爲四言，朝陽巖吟咏所鮮見。字跡秀逸，可珍可賞。

## 乾隆三十四年李拔"朝陽勝景"榜書

### 釋　文

乾隆己丑
朝陽勝景
郡守劍南李拔峩峰題。

### 考　證

榜書位於零虛山巖石旁，高 45 公分，寬 158 公分。

乾隆己丑爲乾隆三十四年（1769）。

李拔，字清翹，號峨峰，四川劍南人，或稱犍爲人，或稱樂山人。乾隆十六年（1751）辛未科進士。歷任湖北鐘祥、長陽、江夏三縣知縣，宜昌府（一説漢陽府）同知。乾隆二十四年任福寧知府，二十五年任福州知府，二十六年任衡州知府，三十四年任永州知府，三十五年任長沙知府，升任荆南觀察使，三十八年降湖南永順知府，官終湖北荆宜施道（全稱"湖北分巡上荆州南道統轄荆宜恩施等處地方兼管水利事"）。乾隆四十年卒。著有《貽清堂稿》、《東溪居士文集》，編纂《長陽縣志》、《福寧府志》、《福州藝文志補》、《衡州續藝文志》、《重修犍爲縣志》。

清乾隆二十六年秋同升閣書坊刻本《大清縉紳全書》福建省："特簡知府加一級：李拔峩峯，四川犍爲人，辛未二十五年五月簡調缺。"

李拔所纂乾隆《長陽縣志・秩官》（存乾隆十九年修抄本，不分卷）："李拔：四川犍爲人，進士，乾隆十七年任。（调任江夏。）"

李拔所纂乾隆《福寧府志》，存光緒重刊本，封内題"郡守劍南李拔峨峰纂輯"，《修志姓氏》題"福寧府知府今調福州府知府兼理海防李拔，字清翹，

號峩峰，四川犍爲人，乾隆辛未進士”。徐景熹《序》稱：“乾隆己卯，犍爲李君峨峰以名進士來守是郡。”卷十五《秩官志》：“福寧府知府：李拔：辛未進士，四川犍爲人，乾隆二十四年任。”

清同治七年徐棟輯《牧令書輯要·姓名爵里考》云：“李拔，字□□，四川犍爲人，乾隆辛未進士，官至湖北荆宜施道，有《貽清堂稿》、《東溪居士文集》。”

清道光《永州府志》卷十一上《職官表·府寮》：“永州知府：康熙：李拔：樂山進士，三十四年任。”其後有“沙色，鑲白旗生員，三十五年任”，知李拔在任僅一年。

清乾隆《永順縣志》卷三《秩官志》：“知府：李拔：係四川犍爲縣人，進士。三十八年署任，三十九年卸事。”“李拔：四川嘉定府犍爲縣人，進士。由永州府知府升授湖北荆宜施道，後降調，旋復題補苗疆，於乾隆三十九年卸事。”

同書同卷《宦蹟志》：“李拔：廉能勤幹。署府篆時，苗民頑梗不馴，按律辦理，将苗酋擬罪，至今苗民安堵樂業，皆公之功也，漢土民人無不仰戴。又石勒《勸學箴》，刊書院講堂左。”

同治《永順府志》卷七《秩官續編》：“永順府同知：李拔：四川犍爲縣，進士，乾隆三十七年任。”“永順府知府：李拔：四川犍爲縣，進士，乾隆三十八年任。”

李拔在永州尚有其他詩刻及榜書。清宗霈《零志補零》卷下《諸巖題名石刻·華嚴巖》著録“國朝郡守李拔峩峯書‘高山仰止’四字”。清道光《永州府志》卷十八下《金石志》載“梅孝女祠内李拔詩刻”，宗績辰《留雲盦金石審》、陸增祥《八瓊室金石補正》均同。清光緒《零陵縣志》卷十三《藝文·金石》載：“‘墨池’：横書，在緑天庵左側，郡守劍南李拔璣徐題。”（“墨池”榜書乃據金石著録，而“璣徐”一語不見他書，未知是否爲李拔别號。）

宗霈《零志補零》卷中又載李拔《乾隆己丑菊月同官讌集衍真西山〈湘亭屬諭〉詩示僚友》，作者題爲“郡守劍南李拔峩峯”。共八首，詩云：“從來官吏與斯民，大造生成賦予均。形質雖分無二本，登臺立達應同仁。”“本是同胞一體親，胡爲秦越視群倫。好将民事爲家事，漫道纓冠救比鄰。”“既以脂膏供爾禄，繭絲何用空杼軸。廉泉自餘少追呼，免得石壕村夜哭。”“須知痛癢切吾身，勿逞刑威喜更嗔。堂下剥膚皆赤子，那無洒淚共呻吟。”“此邦素號唐朝古，士朴民淳歌樂土。争説昔賢過化鄉，政聲誰接前人武。”“我輩當如漢吏循，龔黄遺軌尚堪遵。雉馴虎渡非神術，祇在慈祥片念真。”“今日湘亭一杯酒，芳香滴滴三農手。勸君舉觶細思量，父母之名曾副否。”“敢煩散作十分春，莫戀醿醾獨飲醇。解使陽和

生黍穀，宰官何處不絲綸。”按李拔此詩，又見乾隆《永順縣志》卷四、同治《永順府志》卷十二，題爲“同官讌集衍真西山‘湘亭屬諭’詩示僚友八首”（“屬諭”均當作“諭屬”），作者題爲“知府李拔”。“形質雖分無二本，登臺立達應同仁”二句，作“豈俟陳風知好惡，設身處地即同仁”。“廉泉自餘少追呼，免得石壕村夜哭”二句，作“廉泉自飲少追呼，人過石壕無夜哭”。“絲綸”，誤作“經綸”。乾隆《衡州府志》卷三十一載玉德《緑猗亭記》云：“又有《同官讌集疊真西山〈湘亭諭屬〉》詩，嵌於壁。”亦李拔所作。可知李拔此詩不只刻於一地，文字亦不尽相同。宋羅大經《鶴林玉露》（明刻本）卷十三“詩勉邑宰”條：“王梅溪（王十朋）守泉，會邑宰，勉以詩云：‘九重天子愛民深，令尹宜懷惻隱心。今日黄堂一杯酒，使君端爲臣民斟。’邑宰皆感動。真西山帥長沙，宴十二邑宰於湘江亭，作詩曰：‘從來官吏與斯民，本是同胞一體親。既以脂膏供爾禄，須知痛癢切吾身。此邦素號唐朝古，我輩當如漢吏循。今日湘亭一杯酒，便煩散作十分春。’蓋祖述梅溪而敷衍之。”真德秀原刻在長沙。《八瓊室金石補正》卷一百十八：“《西山真先生諭屬詩》：行書，在長沙。”《湖南金石志》卷二百六十九：“《宋真西山諭屬詩碑》：案右刻在長沙南城壁陰。”

李拔在福州亦多榜書。民國《福建通志・金石志》載：“於山題字：在閩縣，乾隆二十六年。‘月朗風清’：乾隆辛巳郡守李拔題。‘丹井流香’：乾隆辛巳劍南李拔題。”“登雲臺題字：在閩縣，乾隆二十七年。‘登雲臺’：乾隆壬午郡守李拔題。”“望耕臺題字：在侯官，乾隆二十七年。‘望耕臺’：乾隆壬午郡守李拔題。”“鏡湖亭題字：在侯官，乾隆間。‘湖山勝處’：李拔。”陳衍案：鏡湖亭題字“在西湖開化寺後小孤山上，一碣高與人齊”。又引《福州府志》云：“烏石山范公祠前，有石特起如臺，眺望城外，南畝耕者如在目前。郡守李拔夏日憫農，每登其上望之，刻其石曰‘望耕臺’。”

所至尤重學校、書院，推尊理學。

清道光《永州府志》卷四上《學校志》：“郡城濂溪書院，順治十有四年太守魏公紹芳建。”並載魏紹芳所撰《國朝新建濂溪書院碑文》，文末宗績辰附識：“乾隆三十四年，郡守李拔峩峯書《道統淵源考》，刻石書院。此外故碣倚多，修祠者不甚愛重，良可惜也。”

清道光《永州府志》卷九下《藝文志》載李拔所撰《道統淵源考》、《辨志論》、《勸學箴》、《尋孔顔樂處説》四篇，云：“石刻在濂溪書院。”宗績辰案語：“拔字峩峯，蜀人。歷守衡、永，皆以崇道興學爲事。其序道統自伏羲、堯、舜、周、孔，下至濂、洛、明

儒，及本朝湯、陸，條貫極爲明晳。而《箴》、《論》、《説》三篇，反復論導，欲人立志，以求道惜陰，以課功教思，更詳且摯矣。今祔祀周子祠。”

清陸增祥《八瓊室金石補正》卷一百十六湖南金石，又載衡陽石鼓書院内有《朱子書上蔡先生語録》。陸增祥按語：“此乾隆間郡守李拔重刊之本，在衡州石鼓書院，明刊當在府學宫，未得拓本，《湖南通志》列淳熙初年。”並載李拔跋語在碑上方，分書，其文云：“此朱子手書也。語既警醒，可供鍼砭，字復遒古，如覩鼎彝。紫陽曾講學石鼓，固宜有之。明嘉靖四明六峯李循義重刻學宫，兵燹埋没。乾隆辛巳修學，掘地得之，雖剥落數字，而精彩瑩然，羹牆如見。予恐其久而湮也，因覓舊本摹刻書院，留贈後人，置諸座右，觸目驚心，即以此爲入道之權輿也可。峨峯拔識。”（“也可”疑誤倒，當作“可也”。光緒《湖南通志》卷二百七十《藝文志二十六·金石十二》《宋朱文公書斷碑》節引李拔跋語，無此二字。）

清乾隆《福寧府志》卷三十七載林從直《郡守峨峰李公去思碑記》，謂李拔“辛未進士，出爲縣令，所至輒舉行教養大政，務在興利除弊，與民同憂樂，而不以擊斷爲能。歷任楚之鍾祥、長陽、江夏等縣，俱有聲。不數年間，晉秩司馬，尋擢太守，人皆以爲罕覯云”。

清王培荀《聽雨樓隨筆》卷一云：“幼時讀時文，犍爲李公峩峯作也。集四册，雖非名家，亦逢時之技。公家貧力學，由拔貢考教習，後中乾隆辛未進士，分發湖北爲縣令，調繁麻城，有能聲，歷仕至湖南荆宜施道。爲太守時，於春風亭宴屬吏作詩四章，從容和藹，規勸殷殷，如見其人。”又云：“里居時見及門案頭一書，忘其名，似乾隆年間宦於蜀者所著。紀么鳳一段累千百言不多。載詩僅存犍爲李峩峯七律四首，微嫌叙事筆墨冗沓，意境亦近平淺，要亦好事者也。”卷七又云：“犍爲李峩峯先生拔詩古文，光明暢達，望而知爲正人。”

清李中簡《嘉樹山房集》卷五有《峩峯族譜序》，云：“先生貌臞然以清，其與人也迹淡而意真，余心敬之。”又云：“余又聞蜀中在京士大夫云：先生篤於倫行，居喪守墓終制，不敢挾貴驕其族，仁孝人也。”

# 嘉慶二十二年王日照《朝陽巖》、《流香洞》詩刻

## 釋　文

朝陽巖

峭壁沿江岸，高岩趍日昕。何能丹鳳舞，起乘白鷗羣。

柳村王日照。

流香洞

洞名何意號流香，曲水灣灣幽泉芳。想是蟾宫丹桂落，潺湲終日弄朝陽。

嘉慶丁丑歲瀟湘叟王日照題。

## 考　證

詩刻位於逍遙徑旁，高51公分，寬62公分，行書，九行，鈐印五枚。

嘉慶丁丑爲嘉慶二十二年（1817）。

王日照，一名王照，字柳村，號瀟湘居士，又號瀟湘叟。零陵人。布衣，九品壽官。工書畫，著《補曠集》四卷。

嘉慶十五年參與嘉慶庚午重修《零陵縣志》，卷一《圖象》内有星野圖、四境圖、瀟湘圖、愚溪圖、西山圖、朝陽巖圖、澹巖圖、緑天庵圖、司馬塘圖、濂溪書院圖、群玉書院圖，署名“瀟湘居士王日照柳村繪”。

清光緒《零陵縣志》卷十四《藝文·金石》載王日照《愚溪懷古》詩寄刻一首，行草書十行，今存永州柳子廟，署款“嘉慶己卯季冬上旬五日，瀟湘柳村居士王日照，時年七十題”，鈐印“王日照印”、“柳村”、“人澹如菊”等四枚。嘉慶己卯即嘉慶二十四年，可知《朝陽巖》、《流香洞》詩刻，王日照時年六十八歲。

王日照，宗霈《零志補零》卷下

《補耆舊》有傳，名爲“王照”。傳云：“王照，字柳村，零陵布衣也。自少篤學嗜古，澹於利禄。博聚法書名畫，臨摹刻苦，寒暑弗輟。而其志趣高尚，每託於詩古文辭。生平慕張志和、林和靖之風，五旬後益屏世慮，孜孜斗室中，日以蒔花養魚爲事，翛然自適，與物相忘，将以優遊空山，嘯歌盛世，爲太平之天民，而樂以終老。其有得於中而無所累者與！署知府謝青莽刺史高其爲人，效白衣送酒故事，厚遇以禮，並索其所著《補曠集》，爲序行之，一時傳爲佳話。今年近七十，猶杜門著書不倦云。”

宗霈《零志補零》卷下“諸巖題名石刻·華嚴巖”末有“隱士王柳村題詩”，惜未録全文。

宗績辰道光《永州府志》卷十五下《耆碩傳》亦有傳，傳云：“王日照，字柳村，零陵布衣。性恬雅，好書，工畫，以蒔花養魚自娱。《縣志》有傳。道光元年九品壽官，今七十六歲。著《補曠集》。”（傳文又見光緒《零陵縣志》卷十《耆壽傳》。）

道光《永州府志》編纂姓氏又載：“绘图：零陵縣耆職王日照。”又卷九《藝文》宗績辰案語：“日照父子探導山川，有功於《志》，故特著之。”此云“耆職”即所謂“九品壽官”也。

道光《永州府志》卷九《藝文》又載嘉慶二十年永州知府謝攀雲所撰王日照《補曠集》之《序》云：“三代憲老乞言，郡縣賢良，儒林著作。耆年抱負未遇者，誠守土者所當加意也。楚南，瀟湘文章之藪也。唐宋以來賢人接踵，元柳之風百世不衰。僕來守斯郡，意必有隱君子其人老於溪山者，詢之諸學博，爲有柳村王子，布衣高士也，工詩能文，遯跡愚溪。一日潛訪之，澹雅絶俗，如覩竹溪之逸，非徒文章藝能而實抱負經濟，乃知名之不虚，而瀟湘之有偉人也。夫士君子後才高節，且不曳踞公卿之門，而陳蕃下榻，又俗吏所不能爲，何敢以鄙言辱先生乎？惟望先生努力立言，自致不朽而已。嘉慶乙亥仲春月。”

同書同卷又載零陵縣丞徐大綸所撰《補曠集》之《跋》云：“天地之曠也浩浩，而四序秩然；古今之曠也亘亘，而四維凛然。蓋奔馳中有羈紲之意焉。士生斯世，放懷千古，太史公所云‘倜儻非常之人’，詎不曠哉！而偏於高曠，未嘗不慨然六朝之靡風也。讀先生《補曠集》，述古遵今，勤本業，戒遊閑，寄懷深遠，蓋期以學術文章，補天地古今之曠也。補之爲義大矣哉！”

同書同卷又載王日照《二十四孝圖贊》一種，宗績辰爲之《序》，尊稱王日照與葉向時爲零陵“二老”。《序》云：“零陵處士王柳邨，隱且老，其性泊焉，無營於世，而其心未嘗忘世。於是作爲《二十四孝圖》，冠以大舜，各

爲詩讚，更節録明成祖所輯二百七十孝子事實姓氏成一書。夫世俗稱孝沿習‘廿四’，非謂盡於是也，略舉之而其他可以類推矣。廣以事實所載，而庶幾備矣。柳邨生長太平，齒已七十，涵濡於孝治之化獨深，而關心於風俗之敝獨切。明年爲今天子初元，舉廉養老，而柳邨是書適成，有老更助教之義。覽其書者，見千古孝子之盛容偉節，當必有動於中而以媿以奮，所謂一話一言有功名教，聖賢復起，亦當許爲吾徒，豈徒尋常泛濫善書所同日語哉！先是，其邑葉氏竹庭有《孝經證要》之刻，余既爲之跋矣，而同時又見是，書之詳略雖異，而教孝之意則同。零之鄉得二老焉以道其先，古處不難復矣。由一邑而推之，使天下之人聞其風而效焉，長者有以導其幼，賢者有以導其愚，而本教通於四海，未必非一話一言基厥始也。吾尚柳邨之志爲難能，而樂序其書，所以深美柳邨，蓋所以厚期天下也。嘉慶二十五年十有二月望日。”

宗霈《零志補零》卷中又載《懷素筆塚》詩一首：“筆管沉埋千百年，蒙茸草莽卧荒煙。憑誰重證生花夢，空剩芭蕉緑滿天。”題爲“布衣王照柳村”。

宗霈於嘉慶二十年任零陵知縣，宗績辰隨侍，父子所志均出親聞親見。

郡人楊玉鉞石方復遊之有
詩道光癸卯莫春孫第莊
仲篇同孫遊李家麒麐石
亦至並題

# 道光二十三年楊世銑題刻

## 釋　文

郡人楊世銑石汸屢遊，有詩。道光癸卯莫春，攜弟鈺、仲璚同游，適李家麒摩石亦至，竝題。

## 考　證

題刻位於朝陽洞下洞内右壁，高30公分，寬75公分。四行，隸書。

道光癸卯爲道光二十三年（1843）。

楊世銑，本姓歐陽，改姓楊，後又恢復爲歐陽。本名世銑，改名澤闓，號石汸。永州寧遠人。道光十四年（1834）甲午科舉人，曾任山東德平知縣，咸豐十年（1860）爲寧遠崇正書院山長。著《石汸詩鈔》三十卷，光緒初編纂《寧遠縣志》八卷。

楊世銑在朝陽巖另有“郡人楊石滂澤闓”攜友同游題刻，及咸豐九年“西巖”榜書。詳下。題刻所云“有詩”、“各有詩”，未見上石。

《清代硃卷集成》第322冊收録楊世銑鄉試卷云：“楊世銑，字伯瑤，一字謹庸，號鏡蓉，別號石滂，行一，堂行九，年二十三歲，嘉靖辛未年六月初三日亥時生，永州府學優廩生，以壬辰軍功欽賜六品職銜，寧遠縣民籍，世居平田，肄業嶽麓、城南两書院。”硃卷内並載宗族、業師及考官評語等項。

永州寧遠象巖今存楊澤闓《咸丰戊午十月游象巖，讀雪磯先生銘刻，即事有感》詩刻，署款“山東分府邑人楊澤闓題”。道州月巖今存歐陽澤闓同治六年題刻云：“同治六年丁卯，蒲節后五日，甯遠歐陽澤闓石汸，州人何隱湘曉帆同遊。”寧遠灣井鎮久安村李氏翰林祠修復於同治二年（1863），祠堂内今

存楊澤闓《李氏翰林祠修復舊坊並新建臺廊記》，署款“誥封朝議大夫、鹽運司副使銜、即補員外郎、前山東分府、攝德平縣事、景山官學漢教習、邑人楊澤闓拜撰”。光緒《寧遠縣志》，知縣張大煦修，歐陽澤闓纂，光緒六年（1880）崇正書院刊，書末歐陽澤闓後序，署爲“誥封通奉大夫、鹽運司副使銜、山東濟南府德平縣知縣、甲午科舉人歐陽澤闓序云”，可知楊澤闓即歐陽澤闓。後序作於光緒二年，所署官名殆即楊澤闓晚年的最後官銜。

檢清光緒《德平縣志》卷五《官師志》：“楊澤闓：字石汸，湖南寧遠縣舉人。有逸才，過目不忘。二年莅任，決讞綽如，案無留滯。題敬事堂楹聯，有‘習勤朝運甓，計過夜焚香’之語，其操持如此。著有《石汸詩鈔》行世。”所載即景山官學漢教習任上事蹟。

清光緒《寧遠縣志》卷七之二《人物·職官》載：州縣銜：“歐陽澤闓：舉人，鹽運司銜，德平。”同書同卷《人物·封贈》載：“歐陽澤闓：授奉政大夫，以子宗佶封朝議中議大夫，以仲弟儷珍貤封通奉大夫。”又同書同卷《人物·選舉》載：“舉人：楊世銑：道光十四年甲午。改名澤闓，復姓歐陽。”

《清代硃卷集成》楊世銑鄉試卷載其一世祖名歐陽雅，歷十七世自江西安福遷湖南寧遠。寧遠五世祖爲歐陽中立，“因避患改姓楊”。光緒《寧遠縣志》卷七之二又載歐陽上容：“道光二年壬午榜。復姓歐陽，旋以部駁，仍姓楊，同治六年部准復姓。”大約歐陽上容恢復姓氏與歐陽澤闓情形相同。

咸豐中，太平軍起，歐陽澤闓曾在家鄉協辦團防局。清光緒《寧遠縣志》卷六《武備》：咸豐四年九月，“粵匪竄至平田，鄉紳歐陽澤闓團勇禦敵。賊黨大集，遂焚其邨”。咸豐五年五月，“衡永郴桂道升湖南按察司文格，委邑紳歐陽澤闓辦團輯匪，並聯絡道州、祁陽、江華、藍山一體舉行”。

歐陽澤闓在鄉，主講書院，興建亭園。清光緒《寧遠縣志》卷五《學校》：崇正書院：“咸豐庚申，邑人歐陽澤闓主講於院，東地修葺佳士園，建百二十峰草亭，雜植蕉竹，爲息遊之地。”並載歐陽澤闓《佳士園記》一篇。同書同卷又載歐陽澤闓所作《泠南書院記》、《崇德書院記》。泠南書院於同治十三年重修，在城南。崇德書院於同治間重修，在縣北禮士灣，“蓮灣之上，楓社之旁”。（歐陽澤闓《崇德書院記》云：“創始於道光甲午，重修於同治甲寅”，同治無甲寅，疑爲甲戌之誤，同治甲戌即同治十三年。）

《石汸詩鈔》三十卷，作者題“寧遠楊澤闓”。首爲《蓮簃集》，作於戊子，即道光八年，小序稱：“石汸學詩蚤，十數齡時輒惄惄爲之。見聞陋隘，一二性靈語，閱古人集，皆先得我心，

故不甚點檢。茲集編自戊子始，向爲《蓮簃》、《濂社》二集，分三卷。以删去過半，合爲一集。‘蓮簃’者，石汸讀書處也。”

此書於咸豐元年刊於歷下心不競齋。《史記》屢言“歷下”，裴駰集解引徐廣曰：“濟南歷城縣”，可知楊世銑咸豐元年仍在山東任上。

朝陽巖與歐陽澤闓同游者，“弟鈺”，即楊世鈺，《清代朱卷集成》楊世銑卷内載“胞弟世鈺、世鏞”。“仲璚”不詳，《清代硃卷集成》楊世銑硃卷内又載嫡堂兄弟十八人姓名，無此人。

李家麒，字摩石。清光緒《寧遠縣志》卷七之八《人物·儒林》有傳，云：“李家麒：字摩石，庠生，禮士灣人。中年眇一目，自號‘十行道人’，亦號‘了然居士’。博聞强識，論纂極富。著有《止齋全集》。”清光緒《湖南通志》卷一百八十七《人物志十三》略同。

清道光《永州府志》卷二下《名勝志下》載：“山之逸者，霧雲山之東□□里有山曰‘大疑’焉，其去九疑［九］十里，論其形勝，不足當九疑之一麓。道光丁亥，邑人李家麒遊息此山，更名之曰‘少疑山’。山上有奇巖，舊稱‘八仙巖’。家麒皆創爲之詩，以紀其勝。”（清光緒《寧遠縣志》卷四《山川》所載略同，惟霧雲山之東“□□里”仍缺字。）

清道光《永州府志》卷五《風俗志》引李家麒《舂陵風俗書》。卷九《藝文》著録李家麒《短髮子傳》、《止齋文鈔》，又著録寧遠李承裘、李承第、李家雋、李家麒、李家瑞等合撰《楓社聯珠集》。

民國《寧遠縣志》卷二十二《文摭下》載李家麒《雙烈墓記》，歐陽泽闓《匡山巖銘》、《籌防井銘》、《崇德書院記》、《泠南書院記》、《崇正書院佳士園記》、《莲橋修禊图記》、《重修大觀樓記》、光緒二年《寧遠縣志序》。

歐陽澤闓、李家麒詩又散見於光緒《寧遠縣志》。

# 咸豐九年楊澤闓題刻

## 釋　文

咸豐己未仲春郡人楊石汸澤闓，同張文軒承烈、陳子進懋脩、極補叁□淩□□□雲虎溪繼新、曹子久世興，冒雨游此，兒子吉人楊宗佶侍，各有詩。

## 考　證

題刻在朝陽洞内，高23公分，寬88公分，十五行，楷書。中有數字裂毁。

咸丰己未爲咸豐九年（1859）。

楊澤闓，即歐陽澤闓，字石汸，已見上篇。

張承烈，號文軒。清光緒《零陵縣志》卷八《人物·孝義》有傳云："張承烈，號文軒，邑優增生。性質直，知醫，嘗設藥肆以濟貧病者，以是家漸落，然不悔也。咸豐己未，石逆犯境，當事屬以團練。承烈部署有法，並陳《團練十要》，知府楊翰行其言屢效。素患咯血，一發數斗，然未嘗令母知也。適母疾，承烈强扶持之，凡數月。母歿，以哀毁卒。著有古文古近體詩。"

陳懋脩，字子進，事績不詳。清同治《新化縣志》卷三十《人物志十三·列女三》附録陳懋修紀李烈婦詩："淚涔涔，心肝撅，自爲君婦髮覆額。星沈沈，少微厄，泉下頓教君永隔。……"不知是否此人。

曹世興，字子久。清光緒《零陵縣志》卷七《選舉》載："曹世興：附生，訓導六品，藍翎。"又書首《採訪姓氏》載："附生曹世興。"

楊宗佶，又名歐陽宗佶，字吉人，歐陽澤闓之子。舉人，官户部員外郎。

清光緒《寧遠縣志》卷七之二《人

物·選舉》："拔貢：楊宗佶：咸豐辛酉。""舉人：楊宗佶：同治元年壬戌恩科。復姓歐陽。"同書同卷《人物·封贈》又載："歐陽宗佶：授中議大夫。"同書同卷《人物·職官》又載："同知銜：歐陽宗佶：舉人，户部員外郎，升用郎中道銜。""歐陽宗佶：道銜，知府本班前補用。"

歐陽澤闓所纂光緒《寧遠縣志》卷七之四《人物·忠義》有咸豐甲寅髮逆中遇害、同治三年請恤人名録，謂據"同治三年八月十六日由户部員外郎歐陽宗佶在京師忠義局呈報"。

永泰中自舂陵至零
陵愛其郭中有水石
之異泊舟尋之得巖
與洞[illegible][illegible]巖洞此邦
形勝也自古荒之而
無名稱以其東向遂
以朝陽命之焉[illegible][illegible]
[illegible][illegible][illegible][illegible][illegible]爲吾[illegible]
[illegible][illegible][illegible]復獨[illegible][illegible][illegible]
[illegible]爲吾斯[illegible][illegible]閒[illegible]
[illegible]朝陽水石[illegible]爲[illegible]
[illegible]也[illegible]不[illegible][illegible]銘巖
下[illegible]示來世銘曰
於戲朝陽怪異難狀
蒼蒼半山如在水上
朝陽水石可謂幽奇
巖下洞口洞中[illegible][illegible]
[illegible]高幽[illegible]崖[illegible]洞[illegible]
[illegible][illegible][illegible]在幽[illegible][illegible][illegible]
[illegible][illegible][illegible][illegible]城[illegible][illegible]巖
洞相對[illegible]入[illegible]賞[illegible]
[illegible][illegible][illegible]刻銘巖[illegible][illegible]
[illegible]何爲[illegible]零陵水石
世多[illegible]知
[illegible][illegible][illegible]經時傳道
州刺史元結次山撰

昔元次山最此巖嘗表異厥后
勒銘歲戊午予來典鄉尋次山銘
已不可見因念次山當中興時得
以蕭閒文字寄[illegible][illegible]川今則干戈
擾擾一切皆如浮雲獨深谷高巖壽
足千古因屬古皖鄧守之作篆銘
刻巖上以還舊觀後之覽者當快
勝於扶笻蠟屐時也
咸豐十有一年歲在辛酉季夏
[illegible]元楊翰記

## 咸豐十一年楊翰重刻元結《朝陽岩銘并序》

### 釋　文

永泰中，自舂陵至零陵，愛其郭中有水石之異，泊舟尋之，得巖與洞。於戲巖洞！此邦形勝也，自古荒之，亦無名稱。以其東向，遂以“朝易”命之焉。specifically攝刺史獨孤愐爲吾剪闢榛莽，後攝刺史竇必爲吾刱制茅閣，于是朝易水石，始爲㸚勝之名。已而刻銘巖下，以示來世。銘曰：

於戲朝易！怪異難狀。蒼蒼半山，如在水上。朝易水石，可謂幽奇。巖下洞口，洞中泉垂。彼高喦㸚崖，穾洞寒泉，縱僻在幽遠，尤宜往焉。況郡城井邑，巖洞相對，無人修賞，竟使蕪薉。刻銘巖下，問我何爲？欲零陵水石，世有人知。

進授容管經略使道州刺史元結次山譔。

昔元次山愛此巖，搜奇表異，摩石勒銘。歲戊午，予來典郡，尋次山銘，已不可見。因念次山當中興時，得以蕭閒文字，寄託山川。今則干戈擾々，一切皆如浮雲。獨深谷高巖，壽足千古。因屬古皖鄧守之作篆，補刻巖上，以還舊觀。後之覽者，當快然於扶笻臘屐時也。

咸豐十有一年歲在辛酉季夏，督亢楊翰記。

### 考　證

楊翰重刻《朝陽岩銘并序》，高 65 公分，寬 210 公分，三十六行。共二段。《朝陽巖銘》、《序》及署款，鄧傳密篆書，大字，二十六行。題記及署款，楊翰隸書，小字，十行。

重刻無題，按《四部叢刊》景江

安傅氏雙鑑樓藏明正德刊本《唐元次山文集》卷六、《續四部叢刊》明刊本《元次山集》卷六、清董誥輯《全唐文》（嘉慶内府刻本）卷三百八十二、清陳鴻墀《全唐文紀事》（同治十二年方功惠廣州刻本）卷四十五、近人孫望校《元次山集》（中華書局1960年版）卷九，均題作《朝陽岩銘并序》。茲據以補題。清陳夢雷《古今圖書集成》卷一百七十一《山川典》、清康熙《永州府志》卷二十二、清康熙《零陵縣志》卷十二，題爲《朝陽岩銘有序》。明隆慶《永州府志》卷七作《元結銘并序》。有本簡寫作《朝陽巖銘序》。明何鏜《名山勝概記》、清吴秋士《天下名山記》名爲《遊朝陽巖記》，乃是改題。

《朝陽岩銘并序》文字，各本多異。

“永泰中”，《唐元次山文集》、《元次山集》、《山谷内集》注、《楚寶》、《全唐文》、《全唐文紀事》、《名山勝概記》、《天下名山記》、康熙《永州府志》、康熙《零陵縣志》、道光《永州府志》卷六、光緒《零陵縣志》，均作“永泰丙午中”。

“自舂陵至零陵”，《四部叢刊》本《唐元次山文集》、《續四部叢刊》本《元次山集》、清董誥輯《全唐文》（嘉慶内府刻本）卷三百八十二、孫望校《元次山集》，均作“自舂陵詣都使計兵至零陵”，當補。明黄焯《朝陽巖集》所載朱衮重刻《朝陽岩銘并序》、明周聖楷《楚寶》卷三十七，《名山勝概記》卷三十、《天下名山記・湖廣》，均脱“兵”字，當補。《續四部叢刊》仿宋刊本及《四庫全書》抄本宋任淵《山谷内集》卷二十《太平寺慈氏閣》“朝陽不聞皂蓋下，愚溪但見古木陰”注、清陳夢雷《古今圖書集成》卷一百七十一《山川典》，均與楊翰重刻同。清康熙《永州府志》卷二十二、清康熙《零陵縣志》卷十二、道光《永州府志》卷六、光緒《零陵縣志》卷十四，亦與楊翰重刻同。

“自古荒之，亦無名稱”，《永樂大典》、《楚寶》、《古今圖書集成》、明隆慶《永州府志》、清康熙《永州府志》、清康熙《零陵縣志》、《名山勝概記》、《天下名山記》同。《唐元次山文集》、《元次山集》、《全唐文》、《全唐文紀事》，均作“自古荒之，而無名稱”。

“遂以‘朝易’命之焉”，《永樂大典》、《全唐文》、《全唐文紀事》同。《唐元次山文集》、《元次山集》作“遂以‘朝易’命焉”。《山谷内集》注作“遂以‘朝易’命之”。

“刻銘巖下”，《永樂大典》、《楚寶》、《名山勝概記》、《天下名山記》、《古今圖書集成》、隆慶《永州府志》、道光《永州府志》、康熙《零陵縣志》、光緒《零陵縣志》同。《唐元次山文集》、《元次山集》、《全唐文》均作“刻石巖下”。

“世有人知”,《永樂大典》、《楚寶》、《名山勝概記》、《天下名山記》、《古今圖書集成》、康熙《零陵縣志》、光緒《零陵縣志》同。《唐元次山文集》、《元次山集》、《全唐文》、明隆慶《永州府志》、清康熙《永州府志》、清道光《永州府志》卷六，均作“世人有知”。

“進授容管經略使”，語本《新唐書·元結傳》，爲楊翰、鄧傳密所加，各本《朝陽巖銘》均無。然元結刻石本有署款，如《陽華巖銘》署“大唐永泰二季歲次丙午五月十弍日刻”之類。陸增祥《八瓊室金石補正》卷六十：“後添入銜名一行云‘進授容管經略使道州刺史元結次山撰’，凡十六字。次山進授容管經略使，見《唐書》本傳，傳不詳何年。此以爲永泰年，不知所據。次山《浯溪銘》在大曆三年，未署此銜也。”

此刻，鄧傳密篆書，偶用古體。如“陽”作“昜”,“高巖”之“巖”作“嵒”,“絶”作“𢇍”,“深”作“罙”（金文或作“[illegible]”，小篆作“[illegible]”),“撰”作“譔”。楊翰隸書“蕭閑”之“閑”作“間”，用異體。

元結，字次山，河南魯山人，唐代宗寶應二年（廣德元年，763）任道州刺史，永泰二年（大曆元年，766）再任。唐道州在永州南，二州毗鄰，今爲道縣，屬永州。元結在永州前後十年，計所遊歷，有三溪、三巖、二崖、一谷。所著文章及石刻，計有十九銘一頌。十九銘:《陽華巖銘》、《窊樽銘》、《朝陽巖銘》、《丹崖翁宅銘》、《七泉銘》七篇、《五如石銘》、《浯溪銘》、《峿臺銘》、《㾈廎銘》、《東崖銘》、《寒泉銘》、《右堂銘》、《中堂銘》。一頌:《大唐中興頌》。凡遊則有銘，凡銘則有刻，足跡所至，皆成景觀。其中命名與刻石，多寓深意。（詳見張京華《元結與永州水石文化》，刊《湖南科技學院學報》2011年第2期。）

《新唐書》有傳。傳記又見明嘉靖《江西通志》卷十五、清光緒《江西通志》卷一百七十七、明嘉靖《九江府志》卷十三、明嘉靖《魯山縣志》卷六、明萬曆《襄陽府志》卷三十六、清光緒《襄陽府志》卷三十七、清康熙《永州府志》卷十五、清乾隆《祁陽縣志》卷四、清嘉慶《寧遠縣志》卷六、明嘉靖《廣西通志》卷四十一、清雍正《廣西通志》卷六十四、清乾隆《梧州府志》卷十四、清光緒《容縣志》卷十五、清同治《連州志》卷六。元辛文房《唐才子傳》亦有傳。唐吕温撰《道州刺史廳壁記》及《後記》，見《吕和叔文集》卷十。唐李商隱撰《唐容州經略使元結文集後序》，見《唐李義山文集》卷四。唐顔真卿撰《唐故容州都督兼御史中丞本管經略使元君表墓碑銘並序》，見《四部叢刊》景上海涵芬樓藏明刊本《顔魯公文集》卷五（石刻今

存河南魯山)。明湛若水撰《元次山集叙》，見《泉翁大全》卷十五。近人孫望撰《元次山年譜》(古典文學出版社1957年版)。

獨孤愐，道光《永州府志》卷十八上《金石略》(及《湖南金石志》)同，卷二上、卷三下、卷六均作“獨孤愐”。《朝陽巖集》所載朱袞重刻《朝陽巖銘並序》作“獨孤㑢”。

清勞格《唐尚書省郎官石柱題名考》卷一：“獨孤愐，《新·表》：獨孤氏導江丞道濟子愐，左司郎中。(《元和姓纂》同)《新·鮑防傳》：貞元元年策賢良方正，時比歲旱，策問陰陽祲沴，穆質對漢故事免三公，卜式請烹弘羊，指當時輔政者。右司郎中獨孤愐欲下質，防不許，曰：‘使上聞所未聞，不亦善乎？’卒置質高第。《唐會要》七十五：興元元年十一月，嶺南選補史右司郎中獨孤愐奏：‘伏奉建中四年九月敕選補條件，所注擬官便給牒放上，至上都赴吏部團奏給告身。’敕旨準敕處分。獨孤及《送弟愐之京序》：蒼龍居玄枵之歲，與爾吹塤篪於長安靈臺之下。當時予方青衿，子適紈綺，各志小學，相期大來。其後爾以經術薦，遂觀光於上國。予牢落兩河，爲病所繫。星分雨散，十有二載。中閒暨攜手一笑者，及今而三。’(《毘陵集》十四)石刻唐元次山《朝陽巖銘》：攝刺史獨孤愐爲吾翦闢榛莽。永泰丙午，湖南零陵。案：零陵，唐屬永州，當是攝永州刺史也。”

清陸增祥《八瓊室金石補正》卷六十：“又案：獨孤刺史之名，《萃編》作‘愐’，《通志》、《永志》均作‘恂’，此刻亦作‘恂’。獨孤愐，見《宰相世系表》，爲左司郎中，不言其爲刺史。獨孤恂無考，《通志·職官》漏載，無從辨其孰是。《永志·官表》云：獨孤愐，河南人，官至左司郎中，而於此碑文亦作‘恂’，前後不符。”

竇必，《唐元次山文集》、《次山集》、《楚寶》、《全唐文紀事》、康熙《永州府志》、道光《永州府志》同。《永樂大典》、《全唐文》、光緒《零陵縣志》作“竇泌”。《朝陽巖集》所載朱袞重刻《朝陽巖銘並序》作“竇佖”。

清陸增祥《八瓊室金石補正》卷六十：“竇必名，《通志》亦失載。《永志·官表》……又載竇必名，《世系表》有佖、泌二人，恐譌。案《世系表》佖、泌二人俱不詳官位。”

楊翰隸書題記，又見楊氏《息柯雜著》卷三，題爲《補刻元次山〈朝陽巖銘〉跋》。

鄧傳密，字守之，號少白，安徽懷寧人，鄧石如之子。民國《懷寧縣志》卷十九有傳，云：“鄧傳密：字守之，號少白。父石如，見《隱逸傳》。傳密生十一歲而孤，卒能紹述先業而昌大之。初受知武進李兆洛，(潔)[攜]

遊浙粤，教育如子弟然。新城陳用光、仁和龔自珍、［道州］何紹基、邵陽魏源、涇［縣］包世臣，皆引重，與交傳密。密籍是搜訪其父遺墨壽金石，咸豐間轉徙江湘十餘年，歷主濂溪、湘鄉、石鼓書院，名益起。其在金陵時，曾爲啟，乞住惜陰書舍，嶔奇典核，人以爲足踵其父寄鶴書名山，得此增重焉。亂定，居故里數年，年七十餘卒。當時鉅公如胡文忠、曾勇毅、彭剛直，無不重其學，憐其遇，經紀其家。而左文襄以大少篆自重，平生私淑其父，與傳密周旋尤至云。"

又清道光《上江两縣志》卷二十四下云："懷寧鄧傳密，字守之。篆隸嗣其尊人完白山人。"

清震鈞《國朝書人輯略》卷九云："鄧傳密：字守之，完白山人之子。'鄧守之乃完白先生之子，作篆有家法。(《東洲艸堂詩注》)''守之篆法近承家學，遠紹斯冰。(《息柯雜著》)'"

楊翰《褏遺艸堂詩鈔》卷五《别鄧守之》(三首之三)："絶學斯冰久杳茫，輪囷古篆刻朝陽。遊山濟勝君真健，他日還尋石壁蒼。"原注："予補刻元次山《朝陽巖銘》，屬守之書。"又有《立冬前一日深夜對月有感兼柬鄧守之》諸作。

楊翰《息柯雜著》卷一《跋完白山人殘字》："完白山人篆法直接周秦，繼六書之絶學，片楮隻字，世寶尚之。予與其嗣守之交，得鉤本數種，如《陰符經》、《弟子職》、《西銘》，皆爲重刻，以逮後學。墨蹟則止藏'重龕'二大字。乙丑來長沙，得此殘字十餘葉，勉爲聯綴，餘二字别置一頁，以待守之補書。今守之自衡嶽遊江皖，未知何日重晤老友耳。"

楊翰，字伯飛，號海琴，又號樗龕，晚號息柯居士，齋室名有褏遺草堂、浯上草堂、洗心齋、碑夢軒、浯上寄廬、鐵緣齋、歸石軒、愚園。直隸新城人，一作宛平人。道光二十五年進士，歷官常德、沅州、永州知府，湖南辰沅永靖兵備道。著作有《褏遺艸堂詩鈔》十二卷,《息柯雜著》八卷,《息柯白牋》八卷。又有《粤西得碑記》、《歸石軒畫談》、《夢緣亭會合詩》、《先德録》，合刊爲《息柯居士全集》。

清李元度《國朝先正事略補編》卷二有傳，云："楊翰：字海琴，直隸新城人。道光乙巳進士，由翰林院編修改官湖南永州府知府，升辰永沅靖兵備道。爲政寬易，與民相忘。喜音樂，及遊眺山水，終歲不倦。工書，求者嘗數年不得，積紙至數十箱，奴婢竊以糊壁，翰弗知也。性多可，士挾一藝，即與爲布衣交。罷官貧居，賓客不絶。著有《褏遺草堂詩集》。"

清李濬之《清畫家詩史・辛上》："楊翰：字伯飛，一字海琴，號息柯居士，直隸新城人。道光乙巳進士，官湖

南兵備道。山水筆意恬雅，皴染鬆秀，工書法，喜考據金石。有《粤西得碑記》、《褒遺草堂集》。”

清震鈞《國朝書人輯略》卷十：“楊翰，字伯飛，號海琴，又號息柯居士。道光乙巳進士，官鎮筸道。息柯工書善畫，酷好金石文字。官永州時，浯溪石刻搜剔無遺。（光緒《順天府志》）工書，求者嘗數年不得，積紙至數十箱。奴婢竊以糊壁，翰弗知也。（《儒林瑣記》）蝯叟書雖信手塗抹，皆有一段真率之趣。息柯居士極力摹擬，尚不過得其皮毛耳。（《夢園叢説》）”

清秦祖永《桐陰論畫三編》下卷云：“楊翰：逸品。楊海琴年丈翰，考據金石，討論書畫，文詞歌詩，靡不登峰造極。友人携畫索題，余於先生有知己之感，樂於從事，倣蓬心小品，筆意恬雅，皴染鬆秀，有出藍之美，不獨書法之足傳矣。”又云：“息柯居士，直隸人，僑寓浯溪。道光二十五年乙巳翰林，官湖南辰沅永靖道。壬申罷官，癸酉奉母來粤，與余相晤於何氏骨董處，即云相見恨晚，從此筆墨投贈，時相過從，談詩論畫之樂，幾及一年，可稱知己。瀕行，爲余題卷册數事，索畫送行，贈余詩扇，惜别依依，情詞懇摯，至今猶如在目前也。嘉慶十七年壬申生，光緒五年己卯卒，年六十有八。”

清汪鋆《揚州畫苑録》卷四云：“楊翰，字海琴，直隸人。道光二十五年乙巳翰林，官湖南辰沅永靖道。考據金石，討論書畫，文詞歌詩，靡不登峰造極。友人攜畫索題，余與先生有知己之感，樂於從事，倣蓬心小品，筆意恬雅，皴染鬆秀，有出藍之美，不獨書法之足傳矣。（《桐陰論畫三編》）”又云：“鋆按：先生又號息柯居士，同治己巳，道出揚州，命彭姓訪余，隨晤於缺口舟中，一見如舊相識。所論金石書畫，皆超逸絶倫。爲題十二硯齋圖卷，又贈以楹聯。入京後，附海舶歸襄，不獲相見。自是書翰往來，年每數次，並道余於同寅太倉陸君星農。陸君雅好金石，遂以新出拓本并函先施，互相討論，蓋先生所介紹也。著有《抱遺堂集》，詩八卷，文二卷，《小東題跋》各二卷，又《粤西訪碑録》二卷。先生逸才絶俗，骨秀神清，金石書畫，俱能深入腠裏，言皆得當，不獨一時無其匹也。罷官後遊粤，歸浯溪，不逾年卒，光緒己卯，年六十八。”（“抱遺堂集”誤，当作“裒遺堂集”或“褒遺堂集”。）

清李放《皇清書史》卷十四：“楊翰，字伯飛，號海琴，晚號息柯。新城人，大興籍。道光二十五年進士，官湖南辰永道。楊彝珍撰墓志云：尤工書法縑素，日責其門，流及殊域。（《移芝室文集》）工書，求者嘗數年不得。積紙至數十箱，奴婢竊以糊壁，翰弗知也。（《儒林瑣記》）工書。（《金石學録補》）蝯叟書雖信手塗抹，皆有一段真率之

氣。息柯居士極力摹擬，尚不過得其皮毛耳。（方濬頤《夢園叢説》）顧南雅先生有《瘞琴銘》石刻，詞翰精美，托名爲唐人顧升，人多信之。海琴太年丈嘗仿《瘞鶴銘》體，爲《瘞鹿銘》，刻石辰州，予曾見其拓本，亦有古致。（《木葉盫法書記》）”

清繆荃孫光緒《順天府志》卷一百二十六《藝文志五》云：“楊翰《粤西得碑記》一卷：翰字伯飛，一號息柯，宛平人。道光二十五年進士，官至辰沅永靖兵備道。是記作於同治壬申，翰罷官，往遊粤西山水，窮極幽窅，不避風雨。日在峭巖深壑間，屢有所得，如大曆平蠻頌摩崖、舜廟碑、獨秀山摩崖、新開石室記、孟簡題名、李渤南溪詩、南溪元巖銘、李渤留别南溪詩、元晦疊綵山記、元晦四望山記、李珏華景洞題名、張濬杜鵑花詩、李渤隱山摩崖。其得碑之奇，疑有神物導引者。”

又云：“《金石書畫録》：《息柯雜著・自序》云：息柯工書善畫，酷好金石文字。官永州時，浯溪石刻搜剔無遺，如元結《右堂銘》、盧均題名，均前人所未見。蓋題跋鉅篇彙入此録，《雜著》所刻皆奇零小品也。”

又云：“《褭遺草堂集》二十一卷：同治辛未刊本。是集《詩鈔》十卷；《息柯雜著》八卷，係金石書畫題跋；《息柯白箋》六卷，則友朋往還尺牘也。翰官楚南，有政績。生平長於鑑賞，書畫金石，收藏盛富，詩亦清矯拔俗。晚年罷官游粤，番禺陳蘭圃先生贈以詩，云：‘海内老名士，而今有幾人。定交雖已晚，同好自相親。（先生與余皆好金石文字。）客路雪方满，此鄉天早春。驪歌且莫唱，觴詠及芳辰。’推許甚至，而翰之學養亦可見矣。”（按繆氏所言卷數不合。楊翰《息柯居士全集》，傳世有二十一卷本、二十三卷本、二十五卷本、二十六卷本。）

民國徐世昌《晚晴簃詩匯》卷一百四十六作者小傳：“楊翰，字伯飛，號海琴，又號息柯，宛平人。道光乙巳進士，歷官湖南辰沅永靖道。有《褭遺艸堂詩鈔》。”

近人馬宗霍《霋岳樓筆談》云：“海琴行書酷似何道州，兩公同時，且相厚，筆墨相師，古所恒有，初非有意於競名也。然海琴書名，竟因是而損。”

《清宣宗實録》卷四百四十一：道光二十七年，引見乙巳科散館及補行散館人員，内有楊翰之名。

《清穆宗實録》卷二百二十四：同治七年二月，“湖南辰沅永靖道楊翰，於救援貴州撥兵濟餉等事，有無實在勞績，並著劉崐確查具奏，毋稍粉飾。將此由五百里各諭令知之。尋劉崐奏：遵查楊翰撥兵濟餉。是其職任，未爲殊功，應俟續著勞績，再行奏獎。報聞。”

同治五年春《大清縉紳全書》：“分巡湖南辰沅永靖兵備道管理界亭等處：

地方加三級，楊翰，海琴，直隸新城縣人，乙巳。”

同治《平江縣志》卷五十一：“《宗石軒詩鈔》：黄崇文撰。崇文號奎垣，道光己亥舉人，官常德府學訓導，事見《人物》。新城楊翰守常德時，爲總額曰‘宗石軒’，遂以名其集。詩文分上下卷，武陵楊彝珍爲之序。”

清楊彝珍《辰沅永靖兵備道楊公墓誌銘》云：“道光庚戌秋，予初晤於京師松筠庵，一見如舊識。未幾，予乞假南旋會狂寇竊發粤西，尋飲馬江介，轉渡河而北，以窺畿輔。時侍郎某公出視師，奏請公參軍事。公佐攬戎統，受任堅明，殪馘獍雄十數萬，畿輔以清，某公請叙於朝，即命公爲永州守。未履任，先權守吾郡。值陬市有巨滑，馴積禍心，糾集群不逞，侵暴市鄽，勢欲緣間階亂。公至，以計誘禽之，並捕其死黨六人，置之理，邑以無事。旋履永州任，未一載，適粤寇石達開嘯聚十餘萬衆，自江右入楚，連陷十餘州縣，遂圍永州。公倉促幕民兵，嬰城固守。賊四面環攻，出百計抵禦之，相持九晝夜，危亡介呼吸間。幸各路援軍至，内外夾擊之，殲賊數千，圍遂解。叙功，以道員補用。嗣補辰沅永靖兵備道，所治極楚邊徼，而西毘於黔，峝苗叫嘯出没，一夕數驚。公謹烽堠，密偵諜，所用將佐，皆能别其材鄙使之，賊因是不敢窺犯其境，井里恒晏眠。居頃之，因爲蜚語所中，即投劾歸。遂淡百慮，以遊心於清邈，而自適其適。乃爲粤西之遊，聞《平蠻頌》、《元巖銘》諸刻皆隱峭巖深壑間，遂不惜挾氈蠟往，窮其力登躋以求之，雖瀑濡頂、棘刺膚，莫之阻也。幸而得之，輒驚喜出望外。至於莫龍編侯塼、新開石室記，閲數千年不見於世，因精誠所結，若或感之，似有神物相導引，經紆迴曲折險阻，卒莫之或遺抑，殆與古人有冥契。乃以是見餉與？信非偶然也。公夙坦中仍真，不知人世有機械事，見人有一藝，即折節下之。廣治幸舍舍客，於家計一無訾省，然未嘗斯須輟業。凡遊涉所得清峭幽異之境，悉迴繚於胸中，一旦語隨興驅，逼肖其中之所得，出之能以古淡生新，無所緣然。尤工書法縑素，日責其門，流及殊域。所蓄書盈萬卷，金石文字千種，若有疑義闕文，能以意測譯，直發千古之覆。當官永州時，其朝陽巖、碧雲庵諸勝跡，皆修葺，使還舊觀，意欲與元柳風流相映耳。予知交遍海内，其文章氣誼之同，實無踰公者。近年尤密好無間，閑歲輒聚晤省垣，相與觴詠無虚日。及判袂，嘗惘惘然。比猶接易簀前十日手書，期以三月杪重展良覿，乃竟不克踐斯約也，悲哉！”（繆荃孫《續碑傳集》卷八十。按《墓誌銘》所説“賊四面環攻”有誤，據光緒《零陵縣志》，當作“三面”，詳下引。）

傳記又見《希賢齋文鈔》、《儒林

瑣記》、《詞林輯略》、《昭代名人尺牘續集小傳》、《近世人物志》、《清代畫家增編》、《清代畫史補録》、《國朝書畫家筆録》、《書林藻鑒》。

楊翰自咸豐八年（1858）至同治三年（1864）任永州知府。道光《永州府志》卷十一上《職官表·府寮》："知府：楊翰：直隸新城，進士，由編修部選，八年四月二十日任。"

初到永州，即遭遇太平軍攻打湖南，楊翰率衆堅守永州，首建殊勛。

光緒《零陵縣志》卷十二《事紀·寇變》詳記始末云："（咸豐）九年，粵逆石達開率衆數十萬竄永州。先是，石逆自金陵分黨擾江西南安一帶，蹂躪殆遍，無能攖其鋒。由南安直趨楚邊，二月十四夜，永郡得警報，賊由桂東破桂陽、郴州、宜章等處，電驟飈馳，晝夜奔竄。知府楊翰知其必注永州，即夜會署總兵侯光裕，力籌戰守之策。時永無一軍，所有府勇五百名先已出防。計賊旬日必到城下，適東安令李右文在郡，言新寧有在籍候選劉道長佑、江守忠義練軍數千人，乃巡撫駱公秉章留備調遣，又有余星元、楊恒升、李金暘各軍，俱去永不遠，迅即飛請檄援永州。派郡紳分往各鄉召募，即日得千餘人，發給廩穀餉錢，入城固守。部署甫定，三月初三日，賊由白水嶺薄郡城。知府見事急，與侯署鎮約，侯守北門，知府與守備駱元泰守東門，千總方振鵬守南門，餘（四）［西］門隔水尚無慮。是日烽火亘天，知府與闔邑士民誓死守，男丁無老幼悉登陴，婦女守門户，燈火達旦，聲威甚壯。黎明，賊至城下，逼城而壘，旗幟列東北無數，如林木然，遂三面環攻。時城中兵勇纔千餘，堵守多缺，然抵死無懈志，向賊衆施大礮，擊斃數人，又斃大旗賊目一人，賊稍退。知府令敢死數十人用火彈燒賊踞民房，不與戰，用雲梯接歸城上來追賊，以礮擊之，賊伏不動。初五日，風雨大作，燈燭盡滅，望城外茫茫如墨海。賊狂叫圍攻，萬分危急。知府楊翰望黄溪神叩禱，令守城者各手一燈，立勿動。時寒噤，人顫栗不能支。知府告以生死關係此時，以故人人自奮，但聞槍礮聲與風雨聲相逆擊，怪鳥呼號徹旦，聲甚厲，賊不敢近。未幾，天放明，而風雨止，賊亦退却。知府復捐錢五百千，令知縣施濟捐錢百千，勞軍士，人益樂爲用。初六日，賊復攻，愈聚愈衆。援兵尚未至，惟堅守不戰，以待諸軍而已。初，劉道長佑奉撫檄，令所部迅赴長沙調遣，得永州告警信，已開行至祁陽，值郡城危急，正游移間，縣令劉達善力挽至郡，詞意迫切，至泣下。劉乃候諜者至，以定行止。適卸任道州署岳州府馮崑奉檄赴道州防禦，晤劉道，亦以永州爲楚南門户，當顧大局。而諜者至，知郴、桂之賊已全注永州，又同以軍事當相機宜之

説進劉道，始定計赴永。遣營務處江忠義督带一軍，於瀟湘合流處固紮，以制賊勢，並防擄船下駛。令都司王順慶带勇三百先入城。初七日，至城下，人皆驍健，民心稍安。初八日，佘、楊二軍亦至城外列營，與守城兵勇作犄角勢，人心益定。而劉軍亦至接履橋，營務處江忠義所部屯江口，以缺食不能力戰，知府乃爲饋錢四千緡，米數百石，各軍始會合。初九日，望見白旗遍布山野，知劉道大軍自接履橋與賊大戰獲勝，偪賊營而壘。然賊衆實繁有徒，層層圍裹，無少間。知府乃以五十金付兵丁周德恒，被髮凫水，渡河與諸軍訂十二日大舉，出賊不意，衝突掩擊。知府復揮守城兵勇，自後擊之。賊大潰，欲渡河奪路而奔，適李金暘率勇來自寧遠，行至香苓山，突與賊遇，力擊之，賊猝不及防，大敗，自相擁擠。兩岸又列礮排擊，轟斃與溺死不計其數，尸蔽湘水，飄流不絶，直至衡州，下抵長沙，人皆見之。十三日，餘衆悉遁。石逆乃全股犯楚，其布於二三十里外，聚如蟻，行如繩，數日不絶。我軍復分隊追賊，悉獲勝。凡先後殺賊數萬，生擒數百人，均斬之。石逆及賊在後者，退屯辛樂洞，分衆爲二，竄寶慶、祁陽，又分擾各縣，雖東安、永明、江華各遭踐踏，然賊已受大創去矣。……賊復由寧遠斜竄寶慶，我軍躡追之。所以不敢直趨衡州、窺長沙者，皆零陵一戰之力也。”

楊翰《息柯白牋》卷二《致何子貞丈》（第一通）載：“翰自到楚，常德禽治巨滑，沅州濟餉籌邊。九年履永州任，援剿賀縣，越歲而石逆大股至，豺虎縱横，來往奔竄，三年之内，七次寇氛。既無駐守之軍，又乏專指之餉。每聞警報，倉皇募士，慷慨登陴。寇以前歲之敗，終不敢窺伺城垣，惟從邊界取道，楚南門户，幸得保全，而心力實盡瘁於斯矣。”

楊翰《息柯白牋》卷一《致家叔通》亦載：“九年三月，巨寇聚衆十餘萬，自江右入楚，縱横數百里，浹旬陷十數州縣，星馳飆疾，遂圍永州。幸先期召幕，會合楚粤大軍，預儲糗糧、軍火，與闔城人士誓死固守，三次縋城擊賊獲勝，援兵至，一戰而捷，殲賊數萬人，餘悉遁。自髮逆犯順，此第一創深痛鉅之戰也。”又卷二《陳永州賊退後仍須召幕以固邊圉事》：“然兵未到時，困守六晝夜，皆臨時召幕，與闔城官民誓死共守之力，痛定思痛，其危險當何如耶？”（另見《復湖南撫院詢永州情形劄文》、《復湖南撫院詢防守永州事》。）

永州之戰，左宗棠亦有記述。《左宗棠全集·奏稿九》載咸豐九年三月二十三日《賊撲永州、祁陽，官軍大捷，籌辦情形折》云：“奏爲逆賊由郴、桂繞竄永州府屬，突攻永州府城，官軍迎頭痛剿，大獲勝仗，蕩平賊壘，立解城圍，賊復竄撲祁陽，將結筏渡湘，復

經官軍痛剿，大獲勝仗，現在籌辦情形，恭折馳奏。”又云：“三月初四日，楚勇前隊抵永，則賊已先到數時，環布城外，悉力轟攻矣。江忠義購人入城，告以援師速到，城内人心益定。護永州鎮總兵侯光裕，久經戰陣，素得兵心，與知府楊翰、零陵縣知縣施濟等悉力固守，城上槍炮轟斃悍賊多名。”又云：“此賊自竄入楚境，旬日之間，迭陷各州縣城池，剽悍捷速，勢極狓猖。……逆賊號稱數十萬，騾馬亦不下數千，所過之處，專取偏僻小路，夜間列炬疾行，驟如風雨。自桂陽，興寧、宜章、[桂陽]、嘉禾、新田、臨武、藍山、寧遠，以抵永、祁，湖南南境賊蹤殆遍。賊行如蠅如蟻，前隊至永州，後隊猶未出桂陽州境，其多亦可想見。斯時縱有現兵數萬，分途馳剿，衆寡之勢懸殊，斷難決勝。一或偶挫，則賊勢益張，軍心愈怯，大局必不可爲。不得已以全力專注永、祁，迎頭截剿，冀得稍遏凶鋒。幸賴皇上天威，將士用命，連獲大捷，人心稍安。”（“三月初四日楚勇前隊抵永則賊已先到數時”云云，亦見駱秉章咸豐九年三月二十三日奏稿《賊撲永州祁陽官軍大捷籌辦情形摺》，《駱文忠公奏稿》卷九。）

但左宗棠誇大了劉長佑的戰功，而忽略了他最初的遊移不決。奏稿也承認官軍抵達永州之前，“賊已先到”，但奏稿所説的“先到數時”，實際上則是從初三至初六,四晝夜的孤守，從初七至十二日，與城外官軍相犄角五晝夜的共守。故楊彝珍《墓誌銘》稱“相持九晝夜”。在孤守的四晝夜中，楊翰的百計抵禦起了特殊的關鍵作用。光緒《湖南通志》載：“（劉）長佑至祁陽，令（江）忠義率两營先赴永州扼守。及抵永，則賊已先至，知府楊翰、署總兵侯光裕、零陵令施濟嬰城拒守，賊攻正亟。忠義一戰破之，長佑聞警馳進，（楊）恒升、（佘）星沅、（李）金暘亦陸續來會，三戰三捷，城圍解。”同樣僅以“賊已先至”一語，淡化了四晝夜的亘天烽火。

郭嵩燾《湖南褒忠録初稿·寇事述三》：咸豐九年，“三月初二日，石達開分黨圍永州。初四日，道員劉長佑率師馳援。九日，圍解。十五日，石達開竄踞祁陽東鄉。”“時長佑在籍幕勇，奉檄馳援，初四日抵永州，殺賊數千，初九日盡燬其壘，圍立解。”其中完全不提楊翰在城内的堅守，顯然就有偏頗了。

戰亂後，楊翰在永州多有興建。

光緒《零陵縣志》卷一載：“新巖：縣東三里，東向臨水，俗稱小朝陽巖，幽峭隱秀。郡守楊翰更名息影巖，上建清暉閣、澹慮亭，賦詩作記刻石上，與朝陽並勝。”“零虛山：即朝陽巖本山，明萬曆初太守丁懋儒創名，有記。按記中所載諸勝蹟，今多廢塞，或改造矣。

咸豐八年，知府楊翰涖任，修復名勝，多還舊觀。建亭曰篆石亭，又建樓於流香洞口，而重刊次山碑於石壁。”

卷二又載：“咸豐十年，知府楊翰集邑紳捐貲，建營屋五十八間，次年建礮臺六座，移營管守。”“督學試院：咸豐己未，知府楊翰、知縣施濟，暨邑紳趙肇光、李炳、韓世昌、梁養源等，捐貲復修，建三堂及雨亭，添設桌櫈。”“醉僧樓：在緑天庵，同治壬戌知府楊翰建。”“書禪精舍：在緑天庵，同治壬戌知府楊翰建。”“清輝閣：在息景巖，知府楊翰建。”“思范堂：宋張栻建，在碧雲庵，嘉慶二十二年知縣宗霈重葺，兩湖總督阮元題額，同治壬戌知府楊翰復建。”“筆塜亭：在筆塜前，知府楊翰建。”“種蕉亭：在緑天庵，同治壬戌八月知府楊翰建。”“澹慮亭：在息景巖，知府楊翰建。”

卷三又載：“碧雲庵：在城南門內。中爲佛殿，前有水亭，夏日荷香馥郁，古松掩映，誠城中幽勝處也。亭中爲思范堂，同治甲子歲郡守楊翰重建，往來名賢多憩息於此。”“竹林寺：在城東門外右行里許，與緑天庵相望，四圍竹樹蒙密，一徑曲通，虛堂静坐，煩塵盡滌。明嘉靖間建，國朝康熙十九年重建，郡丞史在鑛查清寺基田畝，豎碑寺中，同治三年知府楊翰重修。”“緑天庵：在東門外左行里許，與城垣相倚。唐僧懷素種蕉處，康熙初，僧寂輝重建，乾隆間復修葺之。菴中石樹環列，緑陰如雲，坐卧皆有静趣。咸豐壬子燬於兵，同治壬戌郡守楊翰重建。下正殿一座，上爲種蕉亭，左爲醉僧樓，又一室爲書禪精舍，舍旁儲素僧所書諸碑，種蕉數株，墨池、筆塜遺蹟具存。”

卷十三又載：“萬石山：宋彭合更名環翠亭。楊翰守永州，見石盡泐，乃爲重摹，不失原石真面，可垂永久。”卷十四：“朝陽巖：山谷題名，久失所在，楊翰守永州，補葺朝陽巖，幕客譚仲維，乃於巖洞石側見山谷刻。”

楊翰《息柯雜著》卷三《息景巖銘》序云：“予守永州，愛山水幽奇，既補葺浯溪、淡巖諸勝，而於朝陽巖獨多遊跡。客告予曰：‘有新巖者，俗名小朝陽，曷往觀焉？’見其水石清絶，惜窮於登眺，爰從山背翦荆鑿石，剏制亭閣，取謝靈運詩意，易名息景巖，與朝陽並傳。”同卷《愚園記》：“永郡疊經兵燹，歲己未，賊十餘萬集城隍下，時兵、餉兩窮，困守七晝夜，幸手畫軍書，一戰走狂寇，乃得從容修復，徜徉林塢。”同卷《永州廳事楹聯跋》：“咸豐戊午來守永州軍事，餘閑修復元柳名勝，補刻元次山《朝陽巖銘》，柳子厚《八愚》，又增《愚園記》。”同卷《沅州郡齋詩碑跋》：“咸豐丁巳，余權守沅郡，是時戛囷敉定，民物渾樸，萊蕪甑釜，心甚樂之。甫十月，去而之永。永郡日治軍書，暇則修葺元柳名勝，摩

崖紀事，頗多手蹟。”卷六《送韓幼芸游長沙序》亦云：“余守永州，修復元次山古跡最多。”

楊翰於同治十一年（1872）辭官辰沅永靖兵備道，遊粵西，後奉母隱居浯溪，子孫落籍永州祁陽。今人桂多蓀《浯溪志》卷一云：“過元家坊爲中堂，即元顔祠。祠南爲漫郎園，元浯溪書院、清楊翰息柯别墅均在焉。園今爲祁陽陶鑄中學校舍。”

朝陽巖爲元結所開創。“朝陽”之名，典出《詩經·大雅·卷阿》：“鳳皇鳴矣，于彼高岡。梧桐生矣，于彼朝陽。”《爾雅·釋山》解之曰：“山西曰夕陽，山東曰朝陽。”毛傳：“梧桐，柔木也。山東曰朝陽。梧桐不生山岡，太平而後生朝陽。”鄭箋：“鳳皇鳴於山脊之上者，喻賢者待禮乃行。梧桐生者，猶明君出也。生於朝陽者，被温仁之氣，亦君德也。”《詩序》云：“《卷阿》，召康公戒成王也，言求賢用吉士也。”朝陽巖在瀟水西岸，其高崖面向東，正當朝陽。而朝陽所指，爲梧桐與鳳凰，梧桐與鳳凰所寓，乃是聖賢。元結《朝陽巖下歌》“零陵徒有《先賢傳》，水石爲娱安可羡”，亦此意。此爲朝陽巖命義所在。

孫望《元次山集》附録五《元次山事蹟簡譜》及《元次山年譜》云：永泰二年、大曆元年（766），次山四十八歲：“冬，自道州詣長沙，計兵事，至零陵，遊郭中，得巖與洞，命曰‘朝陽巖’，作《朝陽巖銘》。”

《元次山年譜》又云：“今按：道州，於時爲潭州中都督府屬州，而潭州都督府設於長沙，則此云‘詣都’者，係指自道州順瀟水，過零陵，轉道湘江以赴長沙矣。余於民國二十七年冬十一月十一日離長沙到零陵，留居零陵凡五月。曾數遊朝陽巖。巖在瀟水南岸，又傍西山麓。山下亂石間，有洞穴焉。拾級而下，洞黑不見五指，有泉汩汩流其中，燃火種始得前。摸索東行十餘丈，漸有光自前入，再行若干步，豁然開朗，則洞口也。洞口臨瀟水，不旁通。買舟遊巖下，始見巨崖壁立江滸，巖石作丹紫黄白色，藤蘿緣之，與碧流相映，迴蕩生聲，信大觀也。洞口巖壁題刻至夥，余求元公遺跡，得於巖壁上，然僅題名而已。《朝陽巖銘》則久索而未得，誠憾事也。”

唐以後，最早記載朝陽巖的文獻，目前已知爲宋人《永州圖經》與《零陵總記》。

宋王象之《輿地紀勝》卷五十六：“朝陽巖：在零陵縣南二里，下臨瀟江。舊云：道州刺史元結，以地高而東其門，故以‘朝陽’名之，今所刻記猶在。巖下有洞，石澗自中出，流入湘江。亭臺凡十六所，自唐迄今名賢留題皆鑱於石。”“舊云”以下，清陳運溶以爲宋佚名撰《永州圖經》語，輯佚入

《麓山精舍叢書》。

宋阮閱《詩話總龜前集》卷十六：“朝陽巖，在永州城西南一里餘，元結所名也，以其東向，日先照，故名。”注云出《零陵總記》，其書已佚，明胡震亨《唐音統籤》卷八百五十引之。宋初陶岳《零陵總記》十五卷，爲記述唐、五代湖南南部零陵舊地景觀名勝與文人軼事的最早一部專書，宋及明代頻見徵引。

元結在永州所作銘，皆刻石，如《陽華巖銘》、《浯溪銘》、《峿臺銘》、《㢈廎銘》，迄今尚在。《陽華巖銘》爲大小篆與八分書三體，三吾銘皆古篆，而《朝陽巖銘》久佚，石刻真跡自宋歐陽修、趙明誠以來不見著録。而重刻之《朝陽巖銘》，目前所知前後共有四家，一爲北宋陳瞻，二爲明代朱衮，三爲清初田山玉，四爲楊翰。前三家重刻亦佚，僅楊翰所刻仍存。

明黄焯《朝陽巖集》載朱衮所刻《朝陽巖銘》，文末有朱衮題記云：“此刻宋咸平五年知州事陳瞻嘗作之矣，顧石款薄劣，歲就摩灭，弗稱觀眎。乃爲重作之石，視舊刻特加闳焉。惜石之肤凹而理逆，卒莫以復拓也。大明正德辛巳八月二十五日朱衮子文書。”

陳瞻，宋真宗咸平間永州知州，朝陽巖今存其《宣撫記並序》及《題朝陽巖》詩刻，楷書，書法樸拙。據朱衮題記，陳瞻重刻《朝陽巖銘》至明代尚存，後則不見。

朱衮屢遊朝陽巖，其《白房集》中多有詩詠，有唱和詩《朝陽巖歌次次山韻》二首，及朝陽巖三洞《志》，朝陽巖今存朱衮重刻元結《朝陽巖下歌》及柳宗元《遊朝陽巖遂登西亭二十韻》。但其重刻《朝陽巖銘》及題記，今亦不見。搜討朝陽巖下洞内右側石壁，有明嘉靖乙巳戴嘉猷、吴源詩刻，其下覆蓋《朝陽巖銘》殘字，行書，審其書法當是朱衮所刻。

以上二刻僅見於黄焯《朝陽巖集》，朱衮《白房集》亦不載，他書未見著録。

至清初康熙年，有郡人田山玉重刻《朝陽巖銘》。康熙九年《永州府志・姓氏》：“校定：田山玉，字仲文。”《志》中並載田山玉所作零陵名勝遊記多篇。田山玉重刻《朝陽巖銘》，分書十一行，文末有署款曰“旹甲寅中穐零邑後學田山玉書石”。此甲寅當是康熙十三年（1674）。嘉慶間，王昶始著録之，瞿中溶、宗績辰、陸增祥續有著録。

王昶《金石萃編》（經訓堂藏板）卷九十九云：“唐元次山朝□巖□：石高三尺九寸，廣二尺五寸六分，十一行，行二十二字，隸書，在零陵縣巖内。”又云：“甲寅爲大歷九年，蓋次山題銘後九年矣。下題‘零邑後學田山玉書石’，‘後學’之稱始見於此。”卷四十一《附録諸碑所載事物緣起》又

云："後學：大歷九年朝陽巖銘題云：'零邑後學田山玉書名。'"（"名"當作"石"。"大曆"改作"大歷"，避清諱）蓋誤以爲田山玉爲唐人，而其"後學"之稱謂爲最早出處。清梁章鉅《稱謂録》卷三十二"後學"條沿其誤。民國甘鵬雲《崇雅堂碑録》卷四："元次山《朝陽巖記》：田山玉八分書，甲寅中秋，湖南零陵。按：甲寅爲理宗寶祐二年。"以爲南宋人，亦誤。《金石萃編》成書於嘉慶十年（1805），上距田山玉所刻一百三十年，而字跡已有殘缺。

瞿中溶《古泉山館金石文編》："考山玉係國朝康熙間零陵文學，《金石萃編》誤爲次山同時人。此銘乃近日重摹，非原刻也。"

宗績辰道光《永州府志》卷十八上《金石略》："唐《朝陽巖銘》：佚，今存摹刻。"下録《古泉山館金石文編》按語。其所云"摹刻"即田山玉所刻。

陸增祥《八瓊室金石補正》卷六十："重刻元次山銘：次山原刻久不復存，《萃編》據田山玉重摹本録入，以其有'甲寅'字，而繫諸大曆九年，殊誤。今則易隸爲篆，而山玉所鐫亦不可見矣。"其所云"易隸爲篆"乃楊翰所刻。

秀水錢載於乾隆二十四年赴廣西途經永州，作《游朝陽巖》詩："春陵避兵永泰年，世有人知銘尚覩"，原注："道州以巖東向，名之曰'朝陽'，而銘曰：'巖下洞口，洞中泉垂'，末云：'欲零陵水石，世有人知'。刻石，今半裂。"此時上距田山玉所刻，僅十年，不知"今半裂"所云是田山玉所刻否。

楊翰此刻，《八瓊室金石補正》卷六十已著録。陸增祥按語曰："補刊者，楊海琴觀察翰也。前守永州時，在咸豐十一。篆者鄧守之，傳密也，時主講石鼓書院，佐永州幕。守之爲完白山人之子，工篆隸，能世其家學。惟'高嵒絶厓'，田刻作'厓'，今作'崖'，雖亦《説文》所收，不若'厓'字爲古。然《萃編》缺字，足以補矣。又田刻有標題一行，本係山玉所題，今已無之。'此邦之形勝也'，今無'之'字。'自古蒙之'，今'蒙'作'荒'。'創制茆閣'，今作'刱制茅閤'。'蕪穢'，今作'蕪薉'。甚合六書之恉。'勝絶之名也'，今作'絶勝之名已'。（名）［銘］後添入銜名一行云……"（光緒《湖南通志》卷二百六十四《藝文志二十·金石六》引之。）

陸增祥乃是以《金石萃編》所載田山玉所刻比對楊翰所刻，而評騭其合乎古文與否。按顔真卿《墓碑銘》云："君其心古，其行古，其言古"，"允矣全德，今之古人"，是爲得次山之本心矣。

# 道咸間楊世銑"西巖"榜書

## 釋文

西巖
楊世銑題。

## 考證

榜書"西巖"二大字，在朝陽洞下洞外石壁上，高60公分，寬100公分。未署年月。

楊世銑即楊澤闓，更名歐陽澤闓，已見前。

楊世銑在朝陽巖有道光二十三年及咸豐九年題刻，道光題刻署"楊世銑"，咸豐題刻署"楊澤闓"。此榜書署名"楊世銑"，推測當刻於道光間，姑次於咸豐題刻之後。

歐陽澤闓又有"讓泉"榜書，在寧遠逍遙巖，今存。

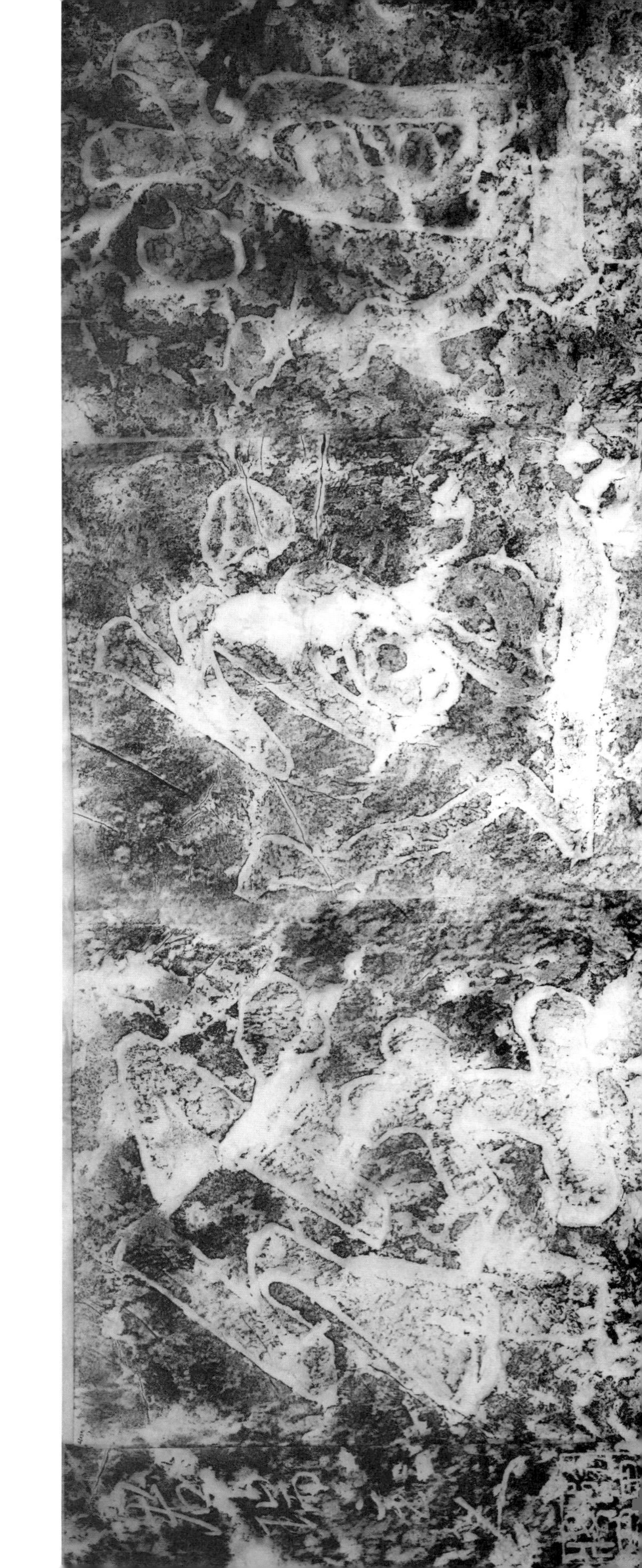

# 道咸間張玉堂"逍遙徑"榜書

## 釋 文

逍遙徑
君瑞主人。

## 考 證

榜書在朝陽巖上下洞之間逍遙徑上。高 51 公分，寬 135 公分。署款下鈐印"翰墨将軍"。

"逍遙徑"典出《莊子·逍遙遊篇》，本道家語，屢見於《道藏》。唐柳宗元《遊朝陽巖遂登西亭二十韻》援引《莊子》之義云："逍遙屏幽昧，淡薄辭喧呶。"明正德六年曹來旬任永州知府，重修朝陽巖，其《重修朝陽巖記》載："月餘間，乃翦茅爲徑，架木爲梯，壘石爲砌，編竹爲籬。"嘉靖四十一年分巡上湖南道張勉學遂又作《朝陽巖》詩云："佳景逍遙得，奇觀次第尋。""逍遙徑"始於此時。

君瑞主人，榜書有印章"翰墨将軍"，題刻作者當爲張玉堂。

張玉堂，字翰生，號應麟，又號畫錦，自號翰墨将軍，廣東歸善人。行伍出身，道光間官左哨千總、右營守備、參将。咸豐四年（1854）由前山參将調升大鵬協副将。

清道光二十三年春《大清中樞備覽·廣東省·新會營》："左哨千總：張玉堂，廣東人，行伍。"

清道光《新會縣志》卷三《建置上》："厓門新東礮臺：道光十八年知縣林星章重修，千總張玉堂董其役。"卷四《建置下》："天后宫：在厓門，道光十九年千總張玉堂重建。"

清同治《新會縣志續》卷四《職官》："右營守備：張玉堂：歸善人，

行伍，（道光）二十四年回任。”“參将：張玉堂：歸善人，行伍，（道光）二十五年十月署。”

張玉堂能詩，有《公餘閒詠》詩集，存佚不詳。

清光緒《惠州府志》卷二十七《藝文》：“《公餘閒詠》：國朝張玉堂撰。玉堂字翰生，歸善人，官大鵬副将。”

民國《英德縣續志》卷二《輿地略中》“觀音巖在縣北”下，載張玉堂詩：“何須蓬島覓神仙，到此塵心已了然。鐘梵敲殘聲百八，水簾滴破界三千。翠環峭壁疑無路，隙透圓光別有天。爲問回頭誰覺岸，空中色相悟參禪。”

近年章文欽《澳門詩詞箋注：晚清卷》、蔣維錟、劉福鑄《媽祖文獻史料彙編》第一輯《詩詞卷》選其詩作《謁媽閣廟和致遠西将軍題壁原韻》、《遊澳門海覺寺》二首，並有作者評傳。

又工書畫，精指頭書。清順德梁九圖《十二石山齋叢録》有評。清李放《皇清書史》卷十五撮述其技藝云：“張玉堂，字翰生，歸善人，官香山協副将（一作總兵）。精指頭書（《十二石山齋詩話》）。善指書（《洞陰清話》）。書名噪甚。（《文星瑞嘯劍山房詩鈔》）。”

近年張根全《中國美術家人名辭典增補本》亦有條目綜述云：“張玉堂（1795-1870）字翰生，號應麟。歸善人。出身行伍，任大鵬參将，署水師提督。有儒将風，工書善詩，書名噪甚。精指頭書，亦善畫蘭竹、木棉。著《公餘閒詠集》。”

張玉堂何時來永州，不詳待考，茲暫繫於道咸間。

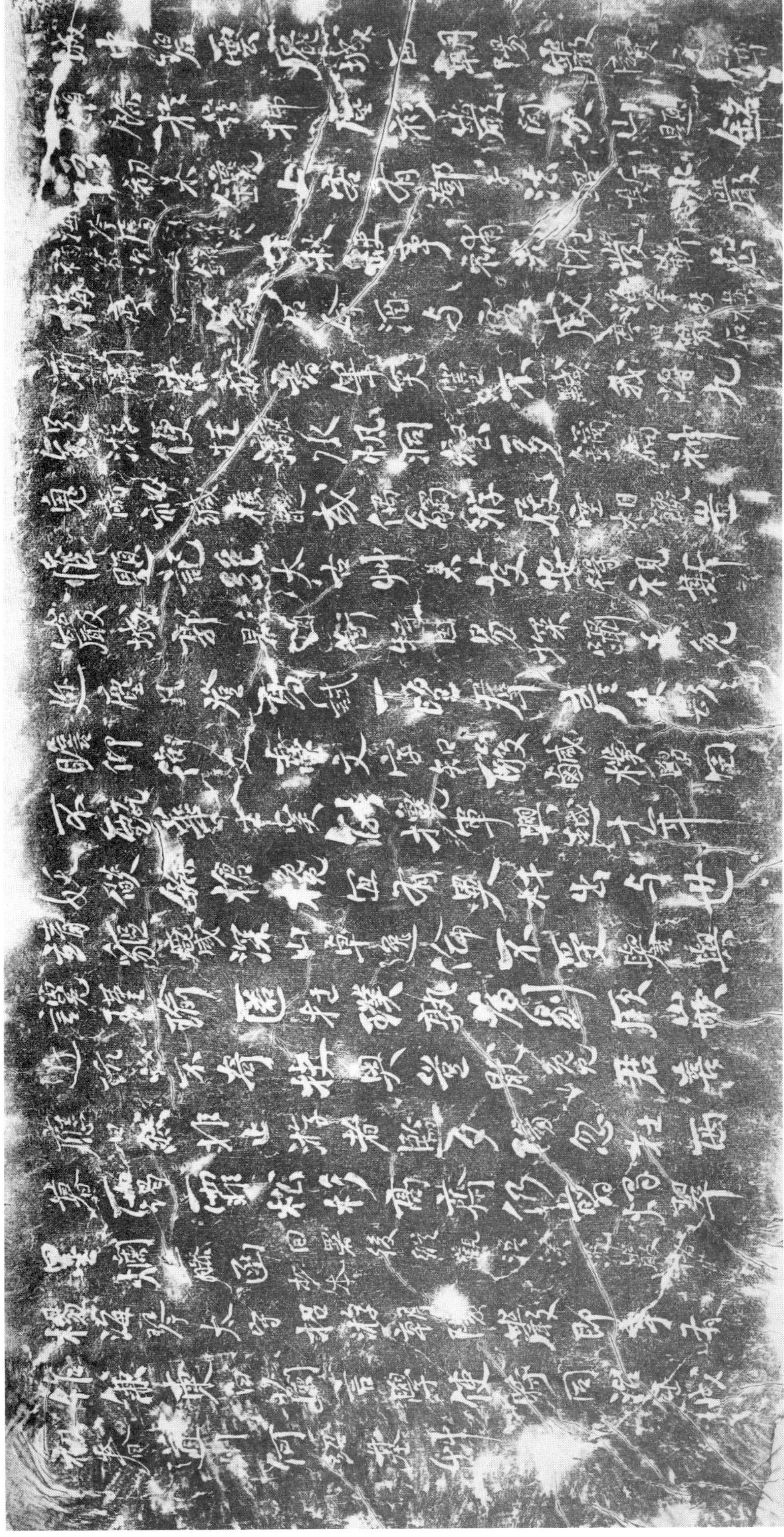

## 同治元年何紹基《海琴太守招游朝陽巖，即事有作，兼柬白蘭言學使》詩刻

### 釋　文

城中碧雲庵，城西朝陽巖。賢守簿領餘，於兹拂塵衫。巖閒次山題，銘語初未鑱。上客有鄧子，法紹斯冰嚴。（海琴屬鄧守之補篆次山銘。）千秋缺事補，光恠發嶃嵒。構亭曰篆石，命酒與客咸。（海琴新構亭曰篆石。）酒闌索我書，筆突墨不黬。我將九疑遊，便挂瀧水帆。洞壑多鐍扃，神鬼所祕緘。樵蹤或偶觸，游屐空相饞。豈惟題記絶，太古艸不芟。安得視斯巖，城郭影相銜。特因易探躡，未免迹塵凡。登高試一望，群彦來髟々。瞻仰御史臺，文字知酸鹹。樸學罔不甄，華士奚能攙。軍興越十年，妖燄餘槍欃。宜有異材出，与世靖貙巉。深山卓逸倫，不受譽與讒。瑾瑜匿在璞，孰爲剔厥嵌。近玩心不奇，抉奥豈猒嵁。君喜應曰然，非止游者監。夕陽忽在西，暮靄霏松杉。高齋仍翦燭，翠墨爛藤函。（回署後縱觀浯溪、淡巖諸拓本。）

楊海琴太守招游朝陽巖，即事有作，兼柬白蘭言學使。時同治壬戌初春，道州何紹基艸。

### 考　證

詩刻在朝陽巖上洞，高44公分，寬90公分，二十三行，行書。

標題在句末。何紹基《東洲艸堂詩鈔》（同治六年長沙無園刻本）卷二十四收録此詩，題爲《海琴太守招游朝陽巖，即事有作，兼柬白蘭言學使》，標題在句前，無署款。

同治壬戌爲同治元年（1862）。

“賢守”，《東洲艸堂詩鈔》作“太守”。“上客有鄧子”，《東洲艸堂詩鈔》

句後有注："鄧守之乃完伯先生之子，作篆有家法。""海琴新構亭曰篆石"，《東洲艸堂詩鈔》作"海琴新構篆石亭"。

海琴，即楊翰，字海琴。

碧雲庵，又稱芙蓉館、思范堂。道光《永州府志》卷三下："芙蓉館：在府城東湖上，唐刺史李衢建，宋范純仁嘗遊此，旁有思范堂，宋張栻書額，兵燹久廢。舊志云：今碧雲庵即其遺址。"光緒《零陵縣志》卷二："思范堂：宋張栻建，在碧雲庵。嘉慶二十二年，知縣宗霈重葺，兩湖總督阮元題額。同治壬戌，知府楊翰復建，亦名范張祠。"楊翰《褏遺艸堂詩鈔》中有《思范堂落成與永郡諸君讌集，周遷安學博即席賦詩，依韻答之》、《十一月約同人遊碧雲庵思范堂小飲三疊前韻》、《冬日獨遊碧雲庵四疊原韻》、《人日同於桐軒飲碧雲庵思范堂，五疊東坡〈臘日遊孤山〉韻》諸作。《息柯雜著》卷三：《碧雲菴詩碑跋二則》："碧雲菴落成，小集賓僚，周遷安學博即席賦詩，餘爲和韻，諸君悉有和作。戡定之後，得此餘閑，獲将元柳遺跡修葺，使還舊觀，誠一時盛事也。"

"城中碧雲庵"二句，楊翰《息柯白牋》卷二《致何子貞丈》第二通有評語。云："郡中遊覽，竟得大篇。讀祁山舟中三詩，古厚雄深，作家皆當斂手，惟功候淺者尚不能領略，五古之似韓，七古之似黄，固不必言，妙在天然真樸，又復空所依傍。即如'城中碧雲菴，城外朝陽巖'二句，不著人工一字。"（"城外"當作"城西"。）

鄧子，即鄧傳密，字守之。"補篆次山銘"，指楊翰重刻元結《朝陽巖銘並序》，鄧傳密篆書。

"法紹斯冰嚴"，謂師法李斯、李陽冰之篆體而嚴守其規矩也。

"篆石"，亭名，楊翰所建，在朝陽巖上洞。光緒《零陵縣志》卷一："咸豐八年，知府楊翰涖任，修復名勝，多還舊觀，建亭曰篆石亭。"今亭仍存，近年所重建。

"樸學"，此處指金石碑拓考據之學。

"華士"，《韓非子·外儲説右上》："太公望東封於齊，齊東海上有居士曰狂矞、華士昆弟二人者立議曰：'吾不臣天子，不友諸侯，耕作而食之，掘井而飲之，吾無求於人也。無上之名，無君之禄，不事仕而事力。'太公望至於營丘，使執殺之以爲首誅。"何紹基所指，不知爲誰？

浯溪，宋任淵《山谷詩注》引陶岳《零陵總記》云："浯溪，在永州北水路一百餘里流入湘江，此溪口水石奇絶，唐上元中，容管經略史元結罷任居焉。"

淡巖，宋任淵《山谷詩注》引陶岳《零陵總記》云："澹山巖，在永州西南，狀如覆盂，其地宜澹竹，故云澹山。中有巖，空闊可容數千人。東南角

有缺處，仰望之如窗户，洞照甚明。”

白恩佑，字淑啟，一作叔啟，號蘭巖，一作蘭言、蘭崖。又字啟南，號石仙、藹人。咸豐十一年至同治二年任湖南學政。

《清宣宗實録》卷四百四十二：道光二十七年丁未，引見新科進士，内有白恩佑。

《清文宗實録》卷三百六：咸豐十年，白恩佑爲福建道御史。

《清穆宗實録》卷二：咸豐十一年，“福建道御史白恩佑提督湖南學政”。又卷一百七十七：同治五年已任給事中。卷三百五十三：同治十二年，已任湖南鹽法道。

咸豐五年三月《主事白恩佑等十五人履歷》載：“臣白恩佑，山西汾州府介休縣進士，年四十四歲。由庶吉士散館引見，以主事用，簽分工部行走。今簽掣禮部儀制司主事缺，敬繕履歷，恭呈御覽。謹奏。咸豐五年三月二十八日。”（見中國第一歷史檔案館藏《清代官員履歷檔案全編》第26册。）

朱保炯、謝沛霖《明清進士題名碑録索引》：道光二十七年丁未科進士，二甲五十四名，白恩佑，字蘭巖，一字叔啟，號石仙，晚號石翁，

道光二十八年冬《大清縉紳全書》：“翰林院庶吉士：加一級：白恩佑，蘭嵒，山西介休縣人。”

道光二十九年夏《大清縉紳全書》：“翰林院庶吉士：加一級：白恩佑，山西介休縣人。”

道光三十年、咸豐四年春、咸豐五年冬、咸豐六年春、咸豐六年夏《大清縉紳全書》（均北京榮禄堂刊本）：“工部：主事：白恩佑，山西介休人。”

咸豐六年《大清縉紳全書》（榮晉齋刊本）：“鑄印局員外郎：白恩佑，蘭嵒，山西介休人。”

咸豐九年冬《大清縉紳全書》（榮晉齋刊本）：“江南道監察御史：白恩佑，蘭嵒，山西介休縣人。”

咸豐十年春《大清縉紳全書》：“江南道監察御史加三級：白恩佑，蘭嵒，山西介休縣人。”

同治四年秋、同治五年夏《大清縉紳全書》：“都察院：刑科：給事中加三級：白恩佑，蘭嵒，山西介休縣人。”

同治八年冬、同治十年冬《大清縉紳全書》：“湖南省：請旨督理湖南鹽法道，管轄長、寶二府，兼管水利事務加三級：白恩佑，蘭嵒，山西介休縣人，丁未。”

清王家相《清秘述聞續》卷十一：“學政：湖南省：白恩佑：字蘭巖，山西介休人，道光丁未進士，咸豐十一年以御史任。”

民國朱汝珍《詞林輯略》卷六道光丁未：“白恩佑，字啟南，號蘭巖，山西介休人。散館改禮部主事，官至湖南鹽道。”

民國徐世昌《晚晴簃詩匯·姓氏韻編》:“白恩佑，山西介休。”卷一百四十九録白恩佑诗一首，作者小傳云:“白恩佑，字淑啟，號蘭巖，介休人。道光丁未進士，改庶吉士，歷官湖南長寶鹽法道，有《進修堂詩集》。”

白恩佑《進修堂詩集》十四卷，光緒十九年刊。“少學詩，慕香山、東坡，得詩四卷。合督湘學者四卷，爲《學語集》。又官給事中時詩，爲《寄漚小草》、《五嶽山房詩》凡二卷。再官湖南，爲詩二卷，名《重遊小草》。歸都詩一卷，爲《歸舟小草》。解組後詩一卷，爲《蟄存室偶吟》。合刻文曰《進修堂詩集》，凡十四卷。”見民國常贊春《山西獻徵·觀察白蘭巖先生事略》。又有《進修堂奏稿》二卷，光緒二十三年刊。

何紹基與白恩佑唱和，《東洲艸堂詩鈔》(清同治六年長沙無園刻本)卷二十四又有《蓬樵仿董北苑〈瀟湘圖〉第二十四幅，爲白蘭言學使作，竝柬楊海琴》、《題白蘭言學使所藏宋拓小字〈麻姑壇記〉》、《王少鶴、白蘭巖招集慈仁寺，拜歐陽文忠公生日，分韻得山字，成十絶句》、《爲白蘭巖畫蘭扇》等詩。

楊翰與白恩佑似爲故舊，《裒遺艸堂詩鈔》卷五有《喜晤白蘭嵒學使同游永州諸勝長句紀事》，有句云:“與君十年别，舊事感不已。”

清葉名澧《敦夙好齋詩全集·續編》有白蘭巖招集慈仁寺詩，題爲《六月二十一日宋歐陽文忠公生辰，白蘭巖禮部恩佑、王少鶴户部，設祀滁州畫象於慈仁寺，與會者祁春浦相國、張詩舲侍郎、宗滌父給事、何子貞編修、孔繡山舍人、林穎叔工部。暨名澧凡九人，朱伯韓監司、劉炯父大令以事未至，分韻得有字，蓋立秋前三日也》。祁寯藻《𦙶九亭集》題爲《歐陽文忠公生日，白蘭嵒、王少鶴招集慈仁寺，拜公滁州遺像，分韻賦詩，得心字》。張祥河《小重山房詩詞全集·怡園集》題爲《立秋後三日歐陽公生辰，王少鶴、白蘭巖招集同人，拜滁州象於慈仁寺，分韻得賢字》。

清郭嵩燾《養知書屋集·詩集》有《題白蘭巖詩集》(二首)，中有“與君同榜廿年前，看遍琳瑯满壁鮮。十載旌麾歡再至，一尊談笑感華顛”句。又有《白蘭巖所藏錢竹初瀟湘攬勝圖》詩。曾紀澤《歸樸齋詩鈔·戊集下》題爲《題白蘭巖年丈所藏錢竹初湘江攬勝圖》、《題白蘭巖年丈畫石》二首。

何紹基，字子貞，號東洲，晚號蝯叟，湖南道州(今永州市道縣)人。著有《惜道味齋經説》、《説文段注駁正》、《東洲艸堂詩鈔》、《東洲艸堂文鈔》，與丁晏同撰《山陽縣志》，及刊刻《宋元學案》等。

《清史稿·文苑傳》有傳，云:“何

紹基，字子貞，道州人，尚書凌漢子。道光十六年進士，選庶吉士，授編修。紹基承家學，少有名。阮元、程恩澤頗器賞之。歷典福建、貴州、廣東鄉試，均稱得人。咸豐二年，簡四川學政。召對，詢家世學業，兼及時務。紹基感激，思立言報知遇，時直陳地方情形，終以條陳時務降歸。歷主山東濼源、長沙城南書院，教授生徒，勖以實學。同治十三年，卒，年七十又五。紹基通經史，精律算。嘗據《大戴記》考證禮經，貫通制度，頗精切。又爲《水經注》刊誤。於《説文》考訂尤深。詩類黄庭堅。嗜金石，精書法。初學顔真卿，遍臨漢魏各碑至百十過。運肘斂指，心摹手追，遂自成一家，世皆重之。所著有《東洲詩文集》四十卷。”

同書《藝術傳》又云：“咸、同以來，以書名者，何紹基、張裕釗、翁同龢三家最著。”

清震鈞《國朝書人輯略》卷十引朱克敬《暝菴雜識》云：“何編修紹基，工書，有重名，達官富商齎金幣求之，往往弗得。嘗之永州訪楊翰，距城數里，忽覺飢倦，因憩村店具食。時資裝已先入城，食已，主人索錢，紹基無可與。請爲作書，主人不可，乃質衣而行。楊翰聞之，笑曰：‘何先生書亦有時不博一飽耶？’”

清林昌彝《小石渠閣文集》卷四《師友存知詩録小傳》：“道州何子貞師，名紹基，字子貞，號東洲，一號猨叟。道光乙未科湖南鄉試省元，丙申會試二甲進士，改庶常，散館授編修，歷典福建、廣東、貴州主考官，視學四川。平反命案枉死者十七人，奏參總督布政司按察司知府等員置承審官七人於法，閭閻快之，咸以爲天眼開，事詳富順朱舍人鑑成文集。師内行出於天性，處家庭間，恂恂孝友。其於學無所不窺，博涉群書，於六經子史皆有箸述，尤精小學，旁及金石碑版文字。凡歷朝掌故，無不了然於心。嘗論詩，以厚人倫、理性情、扶風化爲主。其爲詩，天才俊逸，奇趣横生，一歸於温柔敦厚之旨。長篇歌行，鞭笞雷電，震蕩乾坤，蹴崑崙使東走，排滄海使西流，騰驤變化，得詩家舉重若輕之妙。師論詩，喜宋東坡、山谷。其自爲詩，直合蘇、黄爲一手。臨桂朱蓮甫侍御謂師詩‘隨境觸發，鬱勃横恣，適如其意之所欲出’，得吾師作詩之旨矣。書法，其體平原，上溯周秦两漢古篆籀，下至六朝南北帖，搜輯至千餘種，皆心摹手追，卓然自成一子，草書尤爲一代之冠，海内求書者門如市，京師爲之紙貴。師作書，執筆用懸擘，若開强弓勁弩，取李廣猨臂彎弓之義，故晚年自號猨叟。著有《惜道味齋經説》八卷、《説文段注駁正》四卷、詩文集十六卷，《試閩草》一卷、《試黔草》一卷、《試粤草》一卷、《瓦屋山游草》一卷。善化賀耦

耕中丞題其詩草云：‘忠孝鬱至性，一卷三綱繆。行身二曾閔，餘事兼韓歐。’世以爲确論。”

林昌彝《射鷹樓詩話》卷五又云：“何子貞師讀書數萬卷，下筆如潮如海，胸次高曠渾穆，遊其門者如坐春風之中。近刊《使黔詩草》，中有《飛雲洞》七言古一篇，倏忽變幻，魚龍出没。”

光緒《道州志》卷九《人物》：“何紹基：字子貞，凌漢長子。性剛正，孝友力學。道光辛卯科優貢，乙未科解元，丙申科翰林院編修，充文淵閣校理，國史館提調總纂協修，武英殿纂修。歷典福建、貴州、廣東鄉試。丁未科教習庶吉士，甲辰貢士殿試受卷官。咸豐八年提學四川，革除陋規，嚴劾官吏，士民快之。繼以言事不合，罷其官。遂遊峩眉瓦屋而歸。主講城南、嶽麓兩書院。年七十有四，卒。生平學問淹博，著作甚富，而尤以書法名於世焉。”

何紹基以道州故里之故，沿流瀟水，屢屢往來永州朝陽巖、祁陽浯溪。同治元年初春何紹基至永州，與楊翰同游朝陽巖，蓋因回道州埽墓。何紹基《詩境篇爲楊海琴觀察作》有序云：“壬子服闋入都，旋出視蜀學。乙卯夏，以言事被議去，游蹤靡定。壬戌春，始回州埽墓。瞻尋鶴鳴舊社，惟環秀亭尚在，其餘屋廬盪盡，林木一空，蓋壬子之夏俱燬於粵逆矣。”詩云：“迴思咸豐歲辛亥，鶴鳴講社棲歸驂。書堂家祠工竝舉，譜軒詩境題聯龕。明年粵氛莽横突，一片焦土悲焚惔。又越十載返桑梓，無復小園垂橘柑。”

何氏《東洲艸堂詩鈔》卷二十四有《（壬戌）正月廿三日，於桐軒大令陪游浯溪，言楊海琴太守方議重修，廿五日至海琴郡齋，談〈中興頌〉碑有作，用山谷韻》（詩刻今存浯溪），中有“歸舟十次經浯溪，两番手拓中興碑”句。又有《海琴邀同龔譜香、羅菽甫、伍雲青、黄叔元游府學後之華嚴巖》，原注：“余藏蓬樵《萬石山九日登高詩畫册》，萬石山即此處也。”而楊翰《褒遺艸堂詩鈔》卷五有《同何子貞丈游萬石山和原韻》，可知游浯溪、華嚴巖、萬石山與游朝陽巖皆一時之事。

至同治元年六月，又有何紹基、楊翰同祀九疑山舜陵之舉。民國《寧遠縣志》卷五《祠祀上》載同治元年《御制祭告舜陵碑》云：“惟同治元年歲次壬戌，季夏月壬子朔，越五日丙辰，皇帝遣湖南署布政使惲世臨，致祭帝舜有虞氏神位前。”碑末署款：“陪祭官永州府知府臣楊翰，陪祭官署寧遠縣知縣臣陶燮咸，書石官前翰林院編修臣何紹基。”

何紹基與楊翰往來所作詩，《東洲艸堂詩鈔》卷二十四又有《贈海琴》，中有“瀟灑真宜永州守，編摩猶是史官心”句。卷二十五有《楊海琴觀察自永州寄贈鄉物小詩奉謝》，中有“來書何

苦仍促駕，浯谿芝山好修創，豈惟摩崖待題字，兼欲載酒先置舫”句。卷二十八有《楊海琴得蓬心先生〈浯谿讀碑圖〉，喜而有作，用山谷韻四首，即送其回辰沅道任》，中有“迴思昔守永州日，事兼保障與繭絲⋯⋯豈知使君愛山水，正擬卜築浯谿爲。”“蓬樵老守游浯谿，手拓元顔三絶碑。蘭泉萃編據入録，謂其精審究髮絲”句。卷二十九有《詩境篇爲楊海琴觀察作》，中有“楊矦昔守吾永州，瀟濂湙處足目諳”句。

楊翰《息柯白牋》卷二有《致何子貞丈》三通。第一通云：“年來鋒鏑餘閑，竟将永州諸勝⋯⋯修葺，澹巖、朝陽巖、碧雲菴、濂溪書院俱已改觀，現又将重建緑天菴。惟崖間石上專望留題，與浯溪碑後先輝映，此不朽盛事也。”第二通云：“吾丈三次到郡，得以側聞緒論，樂不可言。”

# 同治元年楊翰《同子貞丈遊朝陽巖，別後以詩見示，次韻寄荅》詩刻

## 釋　文

戊午歲八月，我初訪此巖。感茲山水秋，石氣侵涼衫。一徑苦犖確，造化當鐫鑱。次年忽烽燧，繞郭軍聲嚴。寇退闢榛莽，剔抉窮岑嵒。久愛邱壑幽，筮爻将爲咸。巖竇瀉寒溜，陰森漬梅黬。登高見瀟水，天際來孤帆。我從丈人遊，山靈祕不緘。索書盡藤帋，猶未猒貪饞。自得集古字，俗書皆可芟。我尚苦羈勒，安能脱重銜。追逐二鳥鳴，嘲詠驚愚凡。巖下置尊酒，雨脚來髟々。乘酣論儕俗，早知殊酸鹹。乾坤自闔闢，斧鑿焉能攙。孤雲度粤嶠，長風埽天欃。又聞於越地，復肆虎與麕。請發十篋書，莫畏三至讒。試看浯溪上，忠義大字嵌。斯嚴露圭角，萬古青巉々。泐此肺肝語，乃以神明監。桂山更雄奥，奇句題高杉。歸來再撰杖，新月開塵函。

何子貞丈歸道州，至郡，同游朝昜巖。復招至粤西，別後寄詩，次韻奉畣。同治壬戌秋即日書，刻巖中。上谷楊翰記。

## 考　證

詩刻在朝陽巖上洞，何紹基詩刻之左右，高43公分，寬111公分，二十五行，行書。題在句末，並有署款。

此詩又見楊翰《裒遺艸堂詩鈔》卷六，改題爲《同子貞丈遊朝陽巖，別後以詩見示，次韻寄荅》，無署款。茲據《裒遺艸堂詩鈔》標題。

“奉畣”，《裒遺艸堂詩鈔》作“寄荅”。“帋”，《裒遺艸堂詩鈔》作“紙”。“猒”，《裒遺艸堂詩鈔》作“厭”。“集”，《裒遺艸堂詩鈔》作“積”。“詠”，《裒遺

艸堂詩鈔》作“咏”。“髟々”,《褒遺艸堂詩鈔》作“髟髟”。

詩刻爲奉和何紹基詩之作，作於同治元年二人同游後之同年秋日。何紹基原韻詩刻，見上篇。

“戊午歲八月”，咸豐八年，楊翰任永州知府。

“次年忽烽燧”，咸豐九年，太平軍攻打永州。

“十篋書”,《宋書·周朗傳》載《報羊希書》:“室間軒左，幸有陳書十篋；席隅奥右，頗得宿酒數壺。”

“三至讒”,《史記·樗里子甘茂列傳》:“昔曾參之處費，魯人有與曾參同姓名者殺人，人告其母曰‘曾參殺人’，其母織自若也。頃之，一人又告之曰‘曾參殺人’，其母尚織自若也。頃又一人告之曰‘曾參殺人’，其母投杼下機，逾牆而走。夫以曾參之賢與其母信之也，三人疑之，其母懼焉。”《曹子建集·當牆欲高行》:“讒言三至，慈母不親。”

“忠義大字嵌”，指元結《大唐中興頌》，顔真卿書，刻於浯溪。《唐元次山文集》卷六《大唐中興頌》:“忠烈名存，澤流子孫。盛德之興，山高日昇。”宋歐陽修《跋唐中興頌碑》:“《大唐中興頌》，元結撰，顔真卿書，書字尤奇偉。”元滎忠《笑峴亭記》:“《大唐中興頌》，魯國公顔真卿爲之書。雄文健筆，焕耀今古，發明君臣父子之義，千載不磨。”元辛文房《唐才子傳》:“《中興頌》一文，燦爛金石，清奪湘流。”

“桂山更雄奥”，此處爲謙辭，蓋因何紹基将去桂林，故曰“更雄奥”，並非桂林之山高於道州之山。九嶷又稱蒼梧，道州在其北，桂林在其南，皆一山也。

何、楊二人唱和詩“雙鉤上石”細節,《息柯雜著》卷六《跋朝陽巖圖詩合卷》曾有記載云:“予守永州七年，八次禦寇，暇則尋幽訪古，蹤迹多在朝陽巖下。壬戌和何貞老詩，與原作同刻巖腹，雙鉤上石，墨底歸錢嚢溪。别數年，嚢溪來晤於潭州，将張叔平作圖合裝成卷，余見而喜之。遂将昔游諸詩及摩厓跋語雜録於卷尾。嚢溪又将别去，逐日離緒紛披，不覺満卷。異日持此圖同游，再增故實，嚢溪其先攜此巖去也。”

何紹基遊浯溪、朝陽巖後，回道州掃墓、遊九疑，此年三月，經全州至桂林，遊陽朔、畫山、錦屏。《東洲艸堂詩鈔》卷二十四《桂林留别》詩序云:“初五六七八日，遍游桂林諸山，皆以巖洞勝。王竹三觀察、劉蔭渠中丞、張粤卿方伯、蘇虞階廉訪，排日招飲。初九，遂北行矣。”

何紹基歸程，仍經永州回長沙，《東洲艸堂詩鈔》卷二十四有《三月初九日過靈川縣》、《興安坐小船到永州》

諸詩。

但楊翰所云“復招至粵西”，似僅入廣西邊境，未至桂林而止。《東洲艸堂詩鈔》卷二十四又有《贈海琴》注：“九疑君先至，桂林則君所未到也。”同卷《題蓬樵癸丑畫册信筆疾書有懷海琴》詩亦云：“我出看山五十日，後至桂林先九疑。歸來爲汝道其概，或染數紙解我頤。”

直到同治十一年（1872），楊翰才有廣西訪古之舉，成为清代摩崖石刻研究的一件盛事。

楊翰《粵西得碑記》不分卷，浯上息園刊本僅七十頁，二萬三千餘言，雖篇幅寡少，然而文中自有一種天真與卓絶，實堪稱之爲摩崖石刻之心經寶典。故爲之摘録數節，以足篇意。

“同治壬申游粵西，山水奇奧，足供游涉，幽窅詭異，不能窮究。余素有金石之癖，搜討不遺餘力。粵雖古蒼梧地，周、秦、漢俱有舊迹，而刻石勒銘甚少，《通志》所載以晉龍編侯墓甎爲最古。余居桂林两月，遍訪迄無見及者，即唐刻亦多云漫漶無存，惟稱顯慶四年舍利函記以爲褚登善書，余舊有拓本，今石亦佚去，餘則宋刻而已。余褰裳涉足，不避風雨，日在峭巖深壑間，屢有所得。如大曆平蠻頌摩崖、舜廟碑、獨秀山磨崖、新開石室記、孟簡題名、李渤南溪詩、南溪元巖銘、李渤留别南溪詩、元晦疊綵山記、元晦四望山記、李玨華景洞題名、張濬杜鵑花詩，《通志》所載，而人無拓本者。又得李渤隱山摩崖，大書深刻，竟無人知。《志》僅載入《訪碑録》，而無其文。其得碑之奇，疑有神物導引，真足療我好古之癖。”

“桂林諸山幽奥怪誕者，游不勝游，而最奇者無如獨秀峰，柳子厚所謂‘拔地峭起，林立四野’，黄魯直所謂‘平地蒼玉忽嶒峨’，於此峰最肖。范石湖《桂海巖洞志》：‘讀書巖在獨秀峰下，直立郡治後，爲桂主山，旁無坡阜，突起千丈，峰趾石屋，有便房、石榻、石牖，如環堵之室，劉宋顔延年守郡時，讀書其中，賦詩云：未若獨秀者，峨峨郛邑間。’獨秀之名肇此。余抵桂林，次日即訪之。時已晡，不及搜訪古刻，詢及巖上有唐人碑字，皆云無之。登峰頂，望桂城，萬家烟火，悉在俯覽，覺心目爲之一壯。磴道峭折，頗疲於攀躡。下山訪五詠堂，已圮，與游侶坐草間小憩。歸數日，復念古碑當有存者，乃風雨中往尋，於巖側石上得孟簡題名，文云：‘刑部員外郎孟簡，元和元年三月三日。’真書，徑一寸許，書法平正沖和。”

“余游桂林諸山，以隱山爲最後，其得碑之緣，於隱山爲最奇。《寰宇記》：‘此山榛莽翳薈，古莫知者。唐寶曆初，李渤出鎮，遂尋其源。見石門平開，有水淵澈，乃夷薙蕪穢，疏通巖

穴，闢林磴道，若天造靈府，不可窮極。因號隱山。’明胡直《游隱山六洞記》云：‘隱山者，唐李白、吴武陵咸有稱述，乃名山也。’余連日得碑之興正濃，昨到桂林，即遣人往拓隱山古刻，率皆宋以後刻，以此游興稍減。已將去桂林矣，有數客謂余曰：‘六洞不可不到也。’乃閒行出麗澤門里許至山下，咸稱老君洞，即朝陽洞也。攜茶榼敷坐，具穿舘谺入，小門上鑱老君像，左右石下垂，髣髴鶴鹿，因共酌賞之。觀巖石上字迹，悉皆拓墨，與客高歌數闋已，夕陽在山矣，遂循林麓而返。晚間，輿人陸石宿旅中，主人曰：‘若尋碑隱山，有所得否？’告以前皆拓墨。又曰：‘洞中有寶曆字者，亦拓之耶？’輿人奔告余，次日侵晨往，遂窮六洞之勝。一曰朝陽，二曰夕陽，三曰南華，四曰北牖，五曰嘉蓮，六曰白雀。怪石懸崖，紫翠萬變，每一拗折，别開洞天。六洞皆在西湖中，南華、北牖潭水沈黑，巨魚撥刺，愈覺幽靜。上有方孚若刻‘癸酉來游’，喜與游蹤切合。潭上石如人立，如龍如象，攫臂攫拏，荒藤古卉，纏縛蒙茸，一境一轉，心足两窮。西湖嘉蓮洞外，碧玉青簪，倒影水面。諸洞之外，别有奇峰。荷花時有放舟故事，見范石湖《游記》。《風土記》：李渤開置亭臺，種植花木，從事皇甫湜、吴武陵撰碑碣。桂勝六洞皆有水，不異鑿出。諸洞之名，各有三隸書，李渤筆也。宋人云北牖有渤題名，今不知所在。余觀洞名隸書俱在，碑碣題名想久泐矣。攀崖躡磴，濟勝已疲，轉至北牖洞，有宋張敬夫刻‘招隱’二字，余舊有拓本。又宋人刻記有‘觀李渤題名’語，余見之心動。復入北牖洞搜討，陰苔溼溜中，捫剔殆遍，忽於洞中左壁石上隱隱露鑱刓迹，亟側身踏石登睇，即寶曆年刻也。乃隨巖石凸凹之勢上下長短，刻之刀痕甚細，日久浸漬陰霉，字痕不顯，又無人攀躋搜尋，遂無知者。得碑至此，快慰之極。”（“李白”誤，胡直《衡廬精舍藏稿》作“李渤”。）

“桂林諸巖各有奇妙之處，而以龍隱巖爲最勝，蓋諸巖皆於水稍遠，即有泉注，爲池爲湖，終不若巖臨大江，登山臨水，幽奥曠朗，足以擴人性靈也。余游龍隱巖，正春水初生時，江波盪青山容畫緑，遠望巨石拔地起，有大洞門，高可百丈。初入稍狹，轉行即見穹朗，水激巖石，歷萬萬古。石竅大小皆作圓痕，是爲龍迹，夭矯長數十丈，鱗鬣宛然，如龍從山内躍出，印石成文，奇幻駭人心目。崖上洞中，鐫題殆遍，壁無隙石，大抵皆宋人刻也。最著者，《元祐黨籍碑》、《平儂智高碑》，人爭拓之。此外宋人題碑題名，拓不勝拓。《桂勝》云：‘宋人來游，酌石溜，試新茗，最爲勝游，故刻石最多。’驂鸞亭爲范石湖建，後廢。明成化年，御史戴

仲梅江復構亭，更‘怡雲’。正德間，御史舒晟重修，石壁鎸‘怡雲亭’三字，至今猶在，亭已早圮，苦無再建之人，來游者坐石上裴回而已。宋刻中最喜方孚若刻放翁‘詩境’二字，此二字孚若曾三刻之。一刻於韶州武溪深處，二刻於龍隱巖，三刻於道州㝠樽。後余守永州，即得龍隱巖拓本，與何貞老同賦詩數百言，㝠尊刻則屢尋不得。巡辰沅時，亦刻二字於廨，且以名亭，與孚若有深契。今得親至巖下，摩挲片石，殊洽古趣也。”

“環珠洞水石清絶，見有米襄陽題石，行書，逕三寸，文云：‘潘景純、米黻熙寧七年五月晦日游。’案鄺露《赤雅》云公自書題石云云，予游時日月偶合自題云。鄺露崇禎七年五月晦日繼至，重爲之銘曰：‘日月不隔，如彼千秋。形景不隔，與子同游。士貴知己，君其勿憂。’今洞内無此刻，蓋雖有此銘，實未嘗磨崖耳。……又案覃溪翁氏編《米海嶽年譜》，熙寧七年，米年二十一歲，書道勁端重，不似中晚放逸。以熙寧八年浯溪題名參觀，可見少年書體耳。”

“粤西石刻，余見‘詩境’爲最早，故記得碑於‘詩境’爲最詳。前記龍隱巖杜鵑花詩曾及之，而未盡也。憶在長沙，過何貞老齋中談金石，見放翁‘詩境’字，云得自吴門翁蘇齋，一再題之，坐卧其下移時。洎歸永州署，有客自桂林來，攜贈墨本。赴五筸後，始付裝送貞老録翁題，并屬記數字，未索詩也。及再到長沙，貞老云已題長篇，在裝池處。取觀，竟成巨軸，洋洋數百言，與翁詩如驂之靳。余攜歸，用原韻和之。二詩於陸，方流風餘韻，及吾两人蹤跡嗜尚，略具端倪，即貞老小序所載猶詳，故两刻於記中，須合觀乃見也。此刻以翁覃溪藏，始物色拓本，而覃溪《復初齋集》中‘詩境’之作層見疊出，其中足以資考證、尋軼事者甚多，因見翁題而與何唱和，則翁詩不可不録於二詩之前也。方孚若自號‘詩境甫’，覃溪以‘詩境’扁於齋，鎸於印，黄唐堂亦以名其齋，何貞老於鶴鳴軒家塾題‘詩境’榜，余巡五筸，於阜上構‘詩境亭’，又重刻放翁‘詩境’字，題二絶，刻於籞園，是世有‘詩境’第四刻，知千古文人，不嫌襲取，只其風趣，有合於古人，即以古人屬我，無不可耳。”

書中附録楊翰與何紹基長篇唱和詩及詩序。

何紹基《詩境篇爲楊海琴作》序云：“方孚若於韶之武溪、道之㝠尊、桂之龍隱巖，皆刻放翁書‘詩境’两大字，因自號‘詩境甫’。桂州石罅又自刻龍隱巖詩三首，有‘七星五嶺，驂鸞浮鷁’等語。余昔得拓本於吴門，珍藏有年矣。其守道州，當在嘉定五年壬申冬，㝠尊之刻即在此時。今㝠尊在報恩

寺，篆畫縱横，一字不可識，蓋元銘、瞿篆也，‘詩境’字絶無影響。咸豐辛亥，余以母憂返里，重修祠堂及鶴鳴軒書塾，仿放翁書意，題‘詩境’榜於塾前。又買得西偏柑橘園，構屋两間，纂輯家譜，題爲譜軒。又造環秀亭於東南隅。明年服闋入都，旋出視蜀學。乙卯夏，以言事被議去，游蹤靡定。壬戌春，始回州掃墓，瞻尋鶴鳴舊杜，惟環秀亭無恙，其餘屋廬盪盡，林木一穴，蓋壬子之夏俱燬於粤逆矣。今丁卯九日，海琴忽以所得‘詩境’拓本，由辰沅道署寄至湘垣，屬爲題記，因傾所欲言，成詩一篇。吾州熊君、蔣君两碑載於《隸釋》者，相傳明末始亡佚，每次回州，遍訪不得。海琴欲吾两人以分書補之，余未敢任也。承惠食物外，有摹‘九日當採菊’字，小牋甚佳，篇中並及之。”（又見何紹基《東洲艸堂詩鈔》卷二十九，題爲《詩境篇爲楊海琴觀察作》。詩序又見《東洲艸堂文鈔》，題爲《跋楊海琴藏陸放翁詩境二字拓本》。）

楊翰《詩境篇和何子貞丈作》序云：“方好庵三刻放翁書‘詩境’字，韶郡直刻，桂林横刻，窊尊後字則未之見。余守永州，軍事餘閒，搜集古刻，於桂林龍隱巖覓得拓本，攜之行笥。自移官五箄，山水枯寂，儔侣蕭寥。去歲寄一拓至長沙，索何貞老題識，并録蘇齋跋尾。貞老忻然賦長句四十韻，俾人付之裝池，越一年始得見，又以事擾，未及屬和題詩，乃丁卯重九。今戊辰又過古重陽矣，守邊五年，将北上引對，壁閒懸此巨幀，走筆步韻。嘉平月爲貞老生辰，以周虎錞及自鐫鶴銘硯爲壽，附詩，貞老當更有答章也。”（又見楊翰《褭遺艸堂詩鈔》卷七，同治十年辛未五箄敝園刊本。）

陸增祥對楊翰陸增祥頗有嘉賞，曾稱：“人日頒到手畢并大箸《粤西得碑記》，時正俗塵坌沓，酬醋冗繁，得有道一紙書，頓祛鄙悋，兼滌離懷，真快事也。叙事之文，最易徑遂，亦易瑣屑，此獨委蛇曲折，無微不至，古雅修潔，神味淵浥，不待言矣。慨今感昔，俯仰深情，正不獨圖寫情狀，山川生色也。人世可傳之事，大都從艱苦中來，非堅忍不能。得讀風洞、南谿、隱山諸記，可以丁悟，又不獨攀厓躡磴，恍見息柯於陰苔垂溜間，未得時之歎息，已得時之愉快，目注心馳，全神躍然紙上也。”（見陸增祥《八瓊室金石札記》卷一《復海琴前輩書》。）

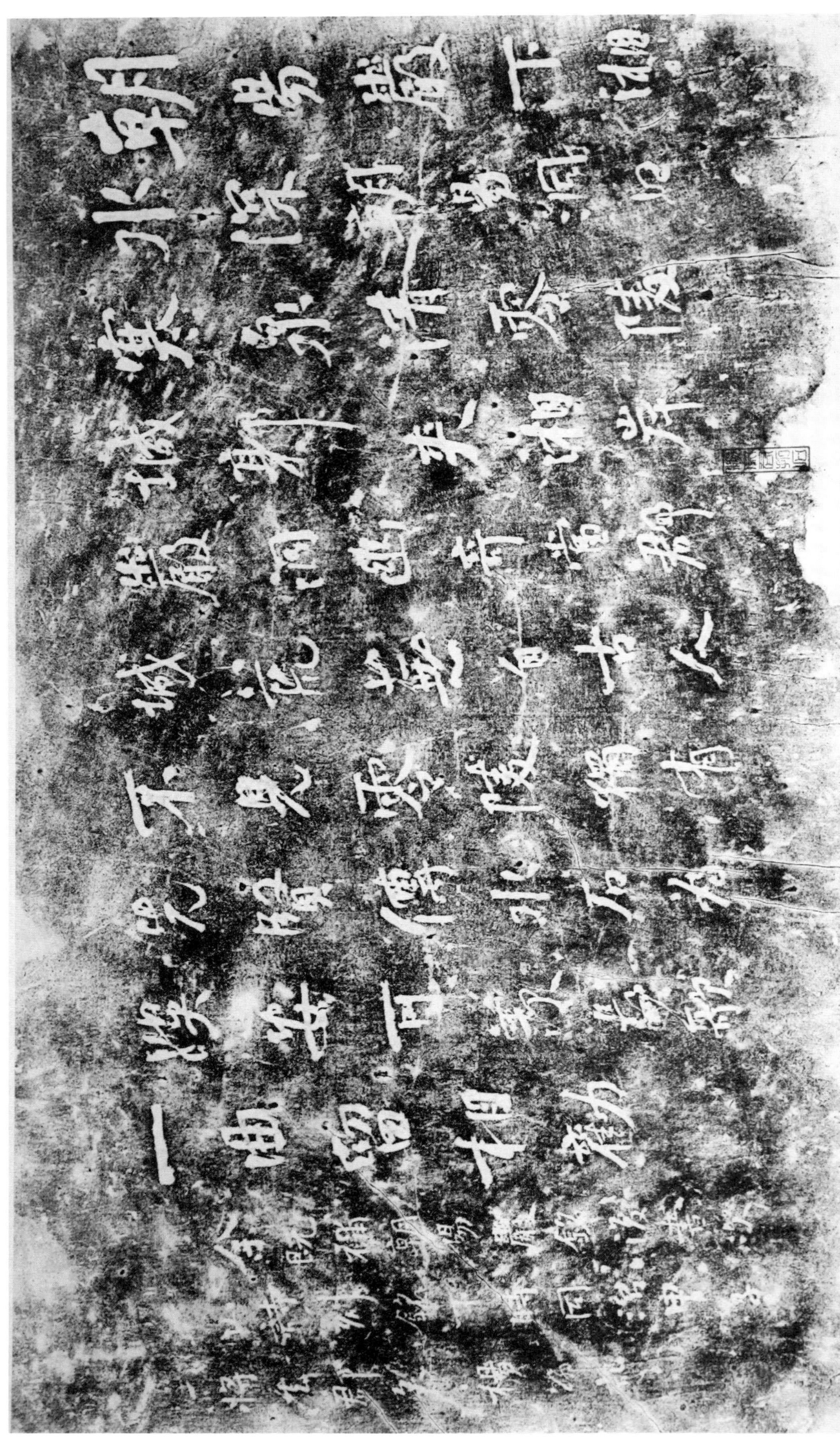

# 同治三年楊翰重刻元結《朝陽巖下歌》

## 釋　文

朝易巖下湘水深，朝易洞口寒泉清。零陵城郭夾湘岸，巖洞幽奇當郡城。荒蕪自古人不見，零陵獨有《先賢傳》。水石爲娱安可羨，長歌一曲留相勸。

余既補《朝易巖銘》，復書次山詩，刻銘下。時同治甲子，将去郡矣。楊翰記。

## 考　證

楊翰重刻元結《朝陽巖下歌》詩刻，在朝陽巖上洞。高48公分，寬85公分。大字十行，小字三行，行書。無題，有跋。正文十行，跋三行，小字。

同治甲子爲同治三年（1864）。

楊翰重刻元結《朝陽巖銘》，在咸豐十一年，已見前。

重刻無題，按《四部叢刊》景江安傅氏雙鑑樓藏明正德刊本《唐元次山文集》卷四、《續四部叢刊》明刊本《元次山集》卷四、明胡震亨《唐音統籤》卷一百四十九、清董誥輯《全唐文》（嘉慶内府刻本）卷九、明曹學佺《石倉歷代詩選》卷四十六、近人孫望校《元次山集》（中華書局1960年版）卷三，均題作《朝陽巖下歌》。兹據以補題。

“零陵城郭夾湘岸”三句，《唐元次山文集》無，近人孫毓修補之。明刊本《元次山集》、《永樂大典》卷九千七百六十三亦無，當補。孫望校：“明本原無第三第四第五句，此從《全唐詩》及黄本。”清瞿鏞《鐵琴銅劍樓藏書目録》卷十九：“《漫叟文集》十卷，《拾遺》、《續拾遺》一卷，明刊本：卷四《朝陽巖下歌》‘朝陽洞口寒泉清’句下，正德時湛甘泉刻本脱去‘零陵城

郭夾湘岸，巖洞幽奇當郡城，荒蕪自古人不見’三句，此本有之。”

“當郡城”，孫毓修補《唐元次山文集》作“带郡城”。《石倉歷代詩選》、《唐音統籤》、明張之象《唐詩類苑》卷三十一、《全唐詩》、清汪霦《佩文齋詠物詩選》卷七十六、孫望校《元次山集》，亦作“带郡城”。孫望校：“黄本作‘當’。”

“獨有《先賢傳》”，清陳夢雷《古今圖書集成·山川典》卷一百七十一、清康熙《永州府志》卷二十三、康熙《零陵縣志》卷十三、道光《永州府志》卷二上、光緒《零陵縣志》卷一及十四，均同。《唐元次山文集》、《元次山集》、宋阮閲《詩話總龜》卷十六、《石倉歷代詩選》、《唐詩類苑》、《唐音統籤》、《全唐詩》、《佩文齋詠物詩選》，及宋祝穆《方輿勝覽》卷二十五、《永樂大典》、明隆慶《永州府志》卷七，均作“徒有《先賢傳》”。按《隋書·經籍志》、《舊唐書·經籍志》、《新唐書·藝文志》均載《零陵先賢傳》一卷，作者佚名，當爲魏晉南朝時人。清章宗源《隋經籍志考證》曰：“《三國志》注所引《零陵先賢傳》皆記劉曹時事。《藝文類聚·祥瑞部》引周不疑作《白雀頌》，亦係魏人。惟《水經·湘水》注鄭産爲白土嗇夫，上言除民口錢事，乃漢末先賢。”元結此句，承上“荒蕪自古人不見”而言，校衡古今，謂古有今無，故當作“徒有”爲是。《隋書·經籍志》尚有《海内先賢傳》、《兗州先賢傳》、《徐州先賢傳》、《交州先賢傳》、《魯國先賢傳》、《楚國先賢傳》、《汝南先賢傳》、《濟北先賢傳》、《會稽先賢傳》、《吴先賢傳》，又有《諸國清賢傳》、《陳留先賢像贊》、《廬江七賢傳》、《桂陽先賢畫贊》、《武昌先賢志》，零陵不得稱“獨有”。

“安可羨”，《唐元次山文集》、《元次山集》、《石倉歷代詩選》、《唐詩類苑》、《唐音統籤》、《全唐詩》、《佩文齋詠物詩選》、《古今圖書集成》，均同。《詩話總龜》、《方輿勝覽》、《永樂大典》作“安可忘”。按當作“安可羨”，元結以水石況賢人，水石乃是其寄託耳，故《朝陽巖銘》云“欲零陵水石，世人有知”，此云“水石安可羨”，可羨者惟有先賢也。《永樂大典》卷九千七百六十三，兩次收録，引元結有詩作“安可羨”，引“杜陵歌”誤作“安可妄”。

清仇兆鰲《杜少陵集詳注·附録》云：“《朝陽巖歌》：此歌出《零陵總記》，謂‘杜陵’所作，今見《詩話總歸》。”係誤收。詳見唐牛叢《題朝陽洞》詩刻篇。

三月辛丑同徐靖國到愚溪遇羅氏從[illegible]園入
朝陽洞蔣彥回陶介石僧崇廣及余子相步及今
於朝陽巖喪四水濱久之有白雲出洞中散漫洞
口照人[illegible]不相見[illegible]不[illegible]請作五字記之　黃庭堅

意行到愚溪竹輿鳴擔肩冉溪昔居人埋沒
不知年偶託文字工遂以愚溪傳柳侯不可見
古木陰濺濺羅氏家瀟東瀟西讀書園筍輿不遇
道檀欒搖者煙下朝陽巖次山有銘鐫蘚石破
篆文不辨瞿[illegible]者欲買[illegible][illegible]洞中寒泉回
遊四五客[illegible]月[illegible]優俄頃生白雲似欲駕我
仙吾將從此逝挽牽遂回船

朝陽巖余既補刻元次山銘暨山谷詩亦可得見[illegible]書題[illegible]
[illegible]父摩刻語[illegible][illegible]因書此詩補刻巖[illegible]　息柯楊翰

[illegible]僧有疑[illegible]俗
無廣作夢中
夢見身外身
山谷[illegible]
[illegible]

前身寒山子後身黃魯直
頗遭俗人惱思欲入石壁
此亦山谷自題偽黃也予
補刻先生詩石有餘地因
摹先生真首小偽并刻此
黃子題　息柯居士

## 同治三年楊翰重刻黄庭堅《遊朝陽巖》

### 釋　文

三月辛丑，同徐靖國到愚溪，過羅氏修竹園，入朝易洞。蔣彦回、陶介石、僧崇廣，及余子相，步及余於朝易巖，裵回水濱，久之，有白雲出洞中，散漫洞口，咫尺欲不相見，介石請作五字記之。黄庭堅。

意行到愚溪，竹輿鳴擔肩。冉溪昔居人，埋没不知年。偶託文字工，遂以愚溪傳。柳侯不可見，古木蔭濺濺。羅氏家潇東，瀟西讀書園。筍茁不避道，檀欒摇春煙。下入朝易巘，次山有銘鐫。蘚石破篆文，不辨瞿李袁。嵌竇響笙磬，洞中出寒泉。同游四五客，拂石弄潺湲。俄頃生白雲，似欲駕我仙。吾將從此逝，挽牽遂回船。

朝易巖余既補刻元次山銘，尋山谷詩亦不可得，見黄氏題名，有“觀伯父摩刻”語，悵然久之，因書此詩，補刻巖上。息柯楊翰。

### 考　證

詩刻在朝陽巖上洞，高 86 公分，寬 65 公分，大字十一行，小字二行，其中詩序四行，正文七行，楊翰題記二行。行書，無題，有序，有跋。

《四部叢刊》景嘉興沈氏藏宋刊本《豫章黄先生文集》卷八載黄庭堅此詩，題爲《三月辛丑同徐靖國到愚溪，過羅氏脩竹園，入朝陽洞。蔣彦回、陶介石、僧崇廣及余子相，步及余於朝陽巖，裴回水濵，久之，有白雲出洞中，散漫洞口，咫尺欲不相見，介石請作五字記之》。文淵閣《四庫全書》本《山谷集》卷八同。《續四部叢刊》仿宋刊本《山谷内集》卷二十、文淵閣《四庫

全書》本《山谷集注》卷二十題爲《游愚溪並序》，其“序”即黄詩原題。按黄庭堅此詩標題極長，乃是當時作者體例，疑“遊愚溪”三字爲任淵誤加。“僧崇廣及余子相，步及余於朝陽巖”一句，《山谷内集》又脱誤爲“僧崇慶及余於朝陽巖”，《山谷集注》不誤。朝陽巖今存黄庭堅題記云：“崇寧三年三月辛丑，徐武、陶豫、黄庭堅及子相、僧崇廣同來。”可以勘覆。黄氏當日乃是經愚溪至朝陽巖，故此詩兼詠二處。《古今圖書集成》卷一千二百八十三題爲《朝陽巖》，卷一百七十一題爲《遊朝陽巖》，亦誤。

楊翰《息柯雜著》卷六《跋朝陽巖刻山谷像》記載此事云：“永州朝陽巖黄彪題名，有‘觀伯父太史題刻’云云，太史即山谷也。余守永，尋山谷字不得，因和其《游朝陽巖》詩，同原作刻巖上。石有餘地，乃摹刻山谷像。去郡後數年，於石洞上竟得山谷題刻，物之顯晦有時也。癸酉游嶺南，六月十七日在李子虎齋中爲山谷壽，今又四年矣。還山，檢得小像拓本寄粤，知年年爲公壽，猶如同拜雙井老人也。”據此可知，楊翰乃是沿誤以“三月辛丑”云云爲詩序，以《游朝陽巖》爲題，只是未寫出而已。兹據楊翰此《跋》標題。

詩序下“黄庭堅”三字，《豫章黄先生文集》所無，爲楊翰添加。詩序、正文文字均同，惟偶用古體，如“陽”寫作“昜”之類。

“同游四五客”，《四部叢刊》景嘉興沈氏藏宋刊本《豫章黄先生文集》同，《續四部叢刊》景仿宋刊本《山谷内集》作“同游三五客”。

據楊翰《跋》“因和其《游朝陽巖》詩，同原作刻巖上”語，兹将重刻繫於同治三年。

“觀伯父摩刻”，謂南宋乾道七年黄彪題刻。

## 同治三年楊翰摹刻黄庭堅像、復刻翁方綱《山谷先生自贊》、刻像題記

### 釋　文

似僧有髮，似俗無塵。作夢中夢，見身外身。

山谷先生自贊。

乾隆丁未冬仲，北平翁方綱重摹扵豫章試院。

前身寒山子，後身黄魯直。頗遭俗人惱，思欲入石壁。

此亦山谷自題像贊也。予補刻先生詩，石有餘地，曰摹先生集首小像，并刻此贊于壁。息柯居士。

### 考　證

摹刻在朝陽巖上洞。

黄庭堅像，半身坐姿，高17公分，寬16公分，着巾，衣帯下垂，左手执麈。

翁方綱書《山谷先生自贊》，高14公分，寬十一公分，六行，行書。

楊翰題記，高21公分，寬16公分，六行，隸書。

據“石有餘地”語，可知與楊翰重刻黄庭堅《遊朝陽巖》分两次上石。

據楊翰題記，定爲同治三年，次於楊翰重刻黄庭堅《遊朝陽巖》之後。

翁方綱，字正三，一字忠叙，號覃溪，晚號蘇齋，直隸大興人。乾隆十七年進士，選庶吉士，授編修，累遷内閣學士，《四庫全書》纂修官，歷典江西、湖北、順天鄉試，督廣東、江西、山東學政。著有《復初齋文集》、《復初齋詩集》、《粵東金石略》等。《清史稿・文苑傳》有傳。

翁方綱書《山谷先生自贊》，見《四部叢刊》景嘉興沈氏藏宋刊本《豫章黄先生文集》卷十四《寫真自贊六

首》之六、《山谷集》(《四庫全書》本)卷十四《寫真自贊五首》之五。宋胡仔《漁隱叢話後集》卷三十二、宋岳珂《寶真齋法書贊》卷十四、宋吴幵《優古堂詩話》、宋魏齊賢《五百家播芳大全文粹》卷九十九，俱引之。流布甚廣，可謂人人皆知。

“前身寒山子”四句，見《山谷別集》卷二，題爲《戲題戎州作余真》。明陳繼儒《巖棲幽事》引爲“黄山谷自題像云”。“真”即“寫真”，故楊翰曰“亦自題像贊也”。

黄庭堅《自赞》既云“寫真”，可知當時有畫像。黄庭堅像，自宋人已在意求之。宋周紫芝《太倉稊米集》卷三十六有《寄黄超然監丞求山谷像》。

翁方綱與黄庭堅詩集刻本及畫像，均極用心，不遺餘力。

《翁方綱纂四庫提要稿》中有《山谷内集三十卷、别集二十卷、外集十四卷、詞一卷、簡尺二卷、年譜三十卷提要》。

《復初齋詩集》卷十二(乙未年)有《六月十二日有持舊抄山谷内集注本來者，鄱陽許尹序及目録題下注脚二葉皆在焉，亟録之，賦此志喜》，詩云“分寧出新刻，嵤譜移舊編”。

卷十五(庚子至辛丑年)有《是日齋中供山谷、玉山、陽明、石田及毛、朱二先生像，以配東坡生日之筵，山谷像不敢以配意題也，敬題四軸各一詩》。

卷十九(丙午至戊申)有《是日於山谷像前薦蔬筍，用前韻二首》。又有《是日示諸生二首》，詩云“記否沉鐙同舍日，九江拜像瓣香薰”，原注：“岳倦翁紹興乙卯於九江拜山谷像事，見《寶真齋法書贊》。”

考翁方綱得黄庭堅像，在乾隆三十九年，乾隆四十年、五十四年，均有拜像之舉。

《復初齋詩集》卷三十八(己酉年)有《黄詩三集注本刻成，集同學諸子於南昌使院谷園書屋，文節像前薦筍脯賦詩》，原注：“甲午得山谷先生像，奉於齋中。”此处己酉爲乾隆五十四年，甲午爲乾隆三十九。

翁方綱《復初齋文集》卷十三《黄文節公像贊》：“乾隆乙未，先生生日，稽首奉像，而公詩逸編適出。今十年後，摹像重開，敬題像贊，而公集新本適來。昔則在蘇齋耳，況今在豫章乎?公之視此齋也，何以異於視分寧之草堂乎?然則區區寸心，苟有一毫愧於先生者，将何以拜像而焚香乎?”乾隆乙未爲乾隆四十年。

《翁方綱題跋手劄集録》載《跋黄氏族譜卷》云：“丙午冬，予視學江西，晤萊陽初公懋堂，則聞是卷有《黄文節公像》及宋賢題詞，懋堂諾予借觀。後二年，予方校刊《黄詩三集注》本，而懋堂云此卷適來，因得借摹於篋，並致書寧州牧，借雙井家舊譜來，並先公舊

譜將詳審校勘之。古今人精神感召，不謀而合，有如是者，爰記於卷尾。乾隆己酉春二月廿五日。”此處丙午爲乾隆五十一年，己酉爲五十四年。

豫章試院，即江西試院，在南昌，又稱南昌試院。同治《南昌府志》卷十《建置·官署》：“提督學政署：在南昌縣地方按察司署東，即舊副使道署。康熙四十六年，特差四川道監察御史楊顒提督江西學政，因改建爲院署。乾隆二十二年，督學張映辰重修。二十八年，督學周煌修理考棚及大堂東西書房。三十六年，督學汪廷璵修理辦公書房及書廂房、庫房、科房、稿房。三十八年，督學曹文埴倡建考棚十四重。”

同書卷末“乾隆四十七年輯修《府志》銜名”，“鑒定”人名中有翁方綱，云：“日講起居注官、詹事府詹事、提督江西學政翁方綱，順天大興人，壬申進士。”

乾隆丁未爲乾隆五十二年（1787），翁方綱視學江西，六月，在南昌試院，值黄庭堅生日，拜像賦詩。翁方綱《復初齋詩集》卷三十四（丁未年）有《六月十二日山谷先生生日，拜像賦詩，用乙未題正集韻》詩，中有“區區匠石手，勉勉佛時肩。得偕牖知覺，敢不勤琢鐫”等句。卷三十五（丁未年）有《仲冬自南昌按試吉安、南贛諸郡，登舟有述》，可知其行前正在南昌。

翁方綱於乾隆四十七年壬寅，已校《黄詩三集注》，刊入聚珍板。世傳《黄詩全集》五十八卷，翁方綱校，乾隆五十四年江西南康謝啟昆樹經堂刊本，書首有乾隆四十年翁方綱《刻黄詩全集序》，亦見翁方綱《復初齋文集》卷三。此《序》署款“乾隆五十三年冬十月朔，北平翁方綱”。書首並有黄庭堅像及像贊。

黄庭堅《寫真自贊六首》多見於各地方志，如明弘治《徽州府志》、清乾隆《重修襄垣縣志》、清乾隆《績溪縣志》、清同治《南昌府志》引《吉安府志》、清同治《義寧州志》、清同治《泰和縣志》。

據云江西修水黄庭堅紀念館、四川成都武侯祠、河南葉縣黄文節公祠，均收藏有翁方綱書《山谷自作像贊》石刻。

據方志，翁方綱未曾至永。僅道光《永州府志》卷七上《物産》載：“郡境卉木山茶，特繁其種。……永明蔣瑶川，舊宅手植山茶花一株，久而榦竦出簷，花繁照屋。嘉慶辛酉春，有三萼連跗者，邑令龔君因名其堂曰‘瑞萼’，而聲之以詩。”謂唐仲冕作《瑞萼堂記》，附大興翁方綱詩，詩即《題蔣氏瑞萼堂三首》，見翁方綱《復初齋詩集》卷七十，中有“畫圖傳得好風光”句。《瑞萼堂記》見蔣氏《陶山文録》卷七，謂江華縣令龔慶驤瑞萼堂落

成集詩，“蔣錦橋比部自都郵致其邑令龔君慶驤《瑞萼堂詩》”。光緒《永明縣志》卷二十九：“龔慶驤：漢陽人，進士，乾隆五十九年任。”蔣雲寬，字退吾，又字錦橋，湖南永明人（永明後改江華），嘉慶四年己未科進士，光緒《永明縣志》卷十載姚文田所撰蔣雲寬墓誌。蔣元縉，字公紱，號瑶川，乾隆辛酉選拔，授常州督糧通判，官至保定府同知，蔣雲寬即其父。唐仲冕，號陶山，湖南善化人，光緒《善化縣志》卷二十一《選舉》：“乾隆五十八年癸丑潘世恩榜：唐仲冕：歷任江蘇吴縣知縣，海州知州，蘇州、福寧等府知府，江蘇河庫道，福建按察使，陝西布政使、護理巡撫。”據此推測，翁方綱《題蔣氏瑞萼堂》詩當是“寄題”、“郵致”。

朝陽巖楊翰所刻黄庭堅像，似與翁方綱書山谷自贊同時上石，大約像、贊本爲一體，均出自翁方綱。

傳世黄庭堅畫像不少，與翁方綱相關者，一爲石刻翁方綱書《山谷自作像贊》，一爲《黄詩全集》書首之黄庭堅像。石刻中像爲全身站立，頭上着巾，無翅，題《黄山谷先生小象》，旁有翁方綱書像赞。《全集》中像爲半身，着烏紗帽，帽側两脚平施甚直。朝陽巖所刻與此二者均不似。

考翁方綱同時有宋調元，字滄海，號理堂，乾隆三十年由緝香堂刻《宋黄山谷先生全集》，内有《黄文節公像》，爲半身坐像，頭上著巾，無翅，衣带两端下垂，露於外，左手横執一麈。朝陽巖所刻與此正合。

朝陽巖此刻，翁方綱書像赞位置，並非單獨一區，而在楊翰重刻之内。茲定爲同治三年楊翰摹刻。

## 同治三年楊翰《自闢零虛山小逕，安棊局，書一詩於石》詩刻

### 釋　文

滿逕榛蕪手自删，支頤終日看青山。蒼茫世事浮雲變，一局何如此處閒。

自闢零虛山石逕，安棊局，書一詩刻石上。息柯居士。

### 考　證

詩刻在朝陽巖零虛山上，高60公分，寬40公分。六行，行書。其中正文大字四行，署款小字二行。題在句末，並有署款。

詩刻又見楊翰《褎遺艸堂詩鈔》卷六，題爲《自闢零虛山小逕，安棊局，書一詩於石》，無署款。茲據楊翰《褎遺艸堂詩鈔》標題。

詩刻署款即標題。此例石刻多見，作小字，稍長而置後，事後彙編詩文集，則移署款爲標題而修飾簡省之。

"滿逕"，《褎遺艸堂詩鈔》作"滿徑"。"支頤"，《褎遺艸堂詩鈔》作"搘頤"。

詩刻無年月，據詩意似在即将卸任時，暫定爲同治三年。《褎遺艸堂詩鈔》編次在同治三年"去郡"和山谷韻二首之後。

零虛山，即朝陽巖所在石峰，明萬曆初，丁懋儒命名爲零虛山。丁懋儒《朝陽巖零虛山記》："零虛即朝陽"，"朝陽本山創名曰零虛山"。清康熙《永州府志》卷八："零虛山，在朝陽巖上。"

"安棊局"，朝陽巖舊有棊石，明嘉靖間許岳爲永州通判，有《碁石》詩刻。今零虛山頂刻畫棋局一處，兩旁削石，下凹如坐，不知爲許岳所刻，抑爲楊翰所刻。唐許渾《游錢塘青山李隱居西齋》詩（一作李郢詩）："林間掃石安棋局，巖下分泉遞酒杯。"

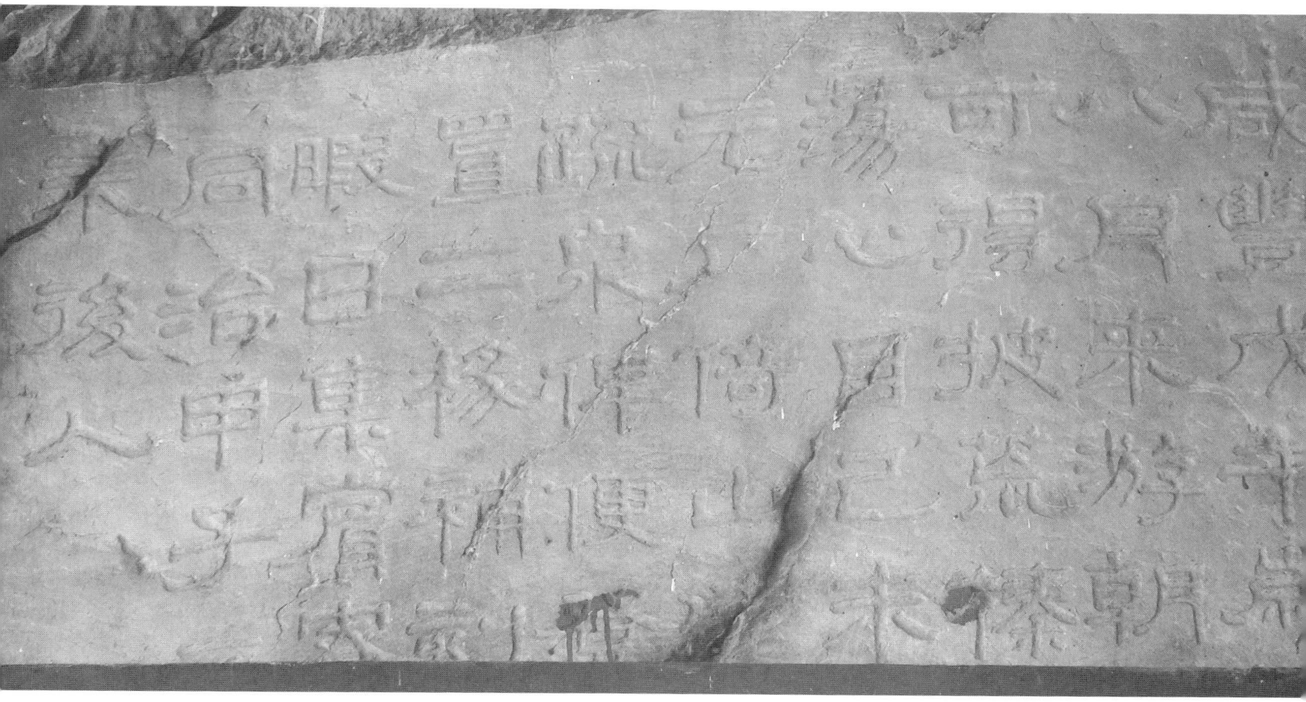

## 同治三年楊翰《朝陽巖摩厓記》題刻

### 釋　文

咸豐戊午歲，督亢楊翰守永州，秋八月，来游朝陽巖，尋元次山銘，不可得。披荒榛，下危磴，風水撞擊，震蕩心目。己未，寇大至。事平後，葺補元厂，倚山建樓，刻元銘及詩，闢路疏泉，俾便登陟。復於七賢祠畔增置二椽，補刻山谷詩，并和詩於石。暇日，集賔寮，載酒賦詩，時得幽趣。

同治甲子五月去郡，書刻巖石，以示後人。

### 考　證

題記在朝陽巖上洞，十行，行十三字，隸書。今被木亭横板遮掩，僅露上半。

茲據照片著録。

題記又見楊翰《息柯雜著》卷三，題爲《朝陽巖摩厓記》。茲據《息柯雜著》標題。

咸豐戊午爲咸豐八年，爲楊翰到任之年。同治甲子爲同治三年，爲楊翰卸任之年。己未，此處爲咸豐九年，此年太平軍攻打永州。

"元厂"，"元"指元結，"厂"同"菴"、"盦"、"庵"。元庵或指篆石亭。

"七賢祠"，疑當作"十賢祠"。永州舊有七賢祠，不顯，又不在朝陽巖。清道光《永州府志》卷二下《名勝志》："新田縣：又迤西十里爲七賢山，山巔有七賢祠宇，歲久佚其名，俟考。"朝陽巖有寓賢祠，祭祀流寓者十人。明隆慶《永州府志》卷十《秩祀志》："祠三十有五：寓賢：在朝陽巖上。嘉靖壬寅，知府唐珤建。祀元結、黄庭堅、蘇軾、蘇轍、鄒浩、范純仁、范祖禹、張浚、胡銓、蔡元定諸賢，皆流寓於此。"

"二椽"，謂建屋舍二間。

假日游朝陽巖用山谷韻　上谷[illegible]翰

蒼巖適吾性何人此息肩兹山遇韓學

來自舂陵年銘幽躡鶴踞篆古秋蛇傳[illegible]

洞冷雲宿酒窺竇陰濤濺公昔標寒亭晚波[illegible]

給園此巖字獨泯躑躅秋空煙山谷[illegible]作

補闕同雕鐫（予從補闕劃峽山銘詩　溪補刻著作）溪轉娃傳濁流

家有袁（迺丹溪袁家渴澤　渢西上二[illegible]許）潭飄風散群木飛雨[illegible]

弃泉暑去意容與客來閑潺湲定[illegible]

濁亂水音譜思鬢舞仙樓化心自適瀟[illegible]

歸船　同治甲子五月二十日去柳書識

## 同治三年楊翰《伏日游朝昜巖用山谷韻》詩刻

### 釋　文

伏日游朝昜巖用山谷韻

上谷楊翰。

蒼巖適吾性，何人此息肩。茲山遇嶅叟，来自舂陵年。銘幽野鶻踞，篆古秋虵傳。探洞泠雲宿，窺竇陰濤濺。公昔標寒亭，晚復營谿園。此巖字獨泯，躑躅愁空煙。山谷後有作，補闕同雕鐫。（予既補刻次山銘詩，復補刻山谷作。）溪轉姓傳冉，渴流家有袁。（由冉溪、袁家渴溯流而上三里許。）涼飆散羣木，飛雨添奔泉。暑去意容與，客來聞潺湲。空中滴乳水，奇語思髯仙。撫化心自適，浩蕩回歸船。

同治甲子五月二十日，去郡書刻。

### 考　證

詩刻在朝陽巖上洞，高 100 公分，寬 66 公分，十行，行書。

石面左下角崩損，又詩刻末有“丁丑四月嘉定廖孟丹、嚴衡□二人重遊”、“光緒庚子年六月十九日張童生寄名朝陽長命富貴”二行。

同治甲子爲同治三年（1864）。

楊翰詩刻爲和韻黄庭堅而作。黄庭堅詩，楊翰重刻於朝陽巖。

詩刻又見楊翰《裒遺艸堂詩鈔》卷六，標題“朝昜巖”誤作“朝陽崖”。

“晚復營谿園”句下，《裒遺艸堂詩鈔》有注：“寒亭銘在江華，浯溪有‘谿園’二篆字，乃次山蒔花竹處。”

秋日游[illegible][illegible]巖再用山谷韻

游山愛及秋秋黃葉飄風吟肩孤巖

插蕭水松檜盤千年決山[illegible]水石

山以路詞傳我來古人後但見秋

濤賤身世隨緣何楷樽尚濯園

何處覓仙行霞水搜靈壇[illegible]迹惜

圩墁棚語重鏡鏽不見元季子我

愧觀詹袁 [illegible] 每有思

古情常來聽山泉到此萬緣盡一

心隨露浸江雲忽翁起危樓飛

仙我將弄筆但去放西巖船

同治甲子九月[illegible]

# 同治三年楊翰《秋日游朝昜巖再用山谷韻》詩刻

## 釋　文

秋日游朝昜巖再用山谷韻

游山愛及秋，黄葉飄吟肩。孤巖插瀟水，松檜盤千年。次山耽水石，山以銘詞傳。我來古人後，但見秋濤濺。身世隨俛仰，桔槔尚灌園。何處買修竹，汲水炊寒煙。舊迹惜圬塓，捫落重鑱鐫。不見元季子，我愧觀詧袁。（唐韋詞《浯溪記》：元次山季子遜敏，知治術，爲觀詧使袁公所用。）每有思古情，常来聽山泉。到此萬緣盡，一心隨潺湲。江雲忽滃起，危樓挾飛仙。我将弃圭組，去放西巖船。

同治甲子九月，補書寄刻。上谷楊翰。

## 考　證

詩刻在朝陽巖上洞，高 98 公分，寬 93 公分，十二行，行書。

詩刻又見楊翰《裦遺艸堂詩鈔》卷六，“圬”作“圩”，“落”作“苔”，“愧”作“媿”，二“詧”字作“察”。

同治三年九月，楊翰在辰沅永靖兵備道任上，駐鳳凰廳，永州仍爲其所屬。詩刻爲楊翰補書，寄來永州，鐫刻上石。楊翰《息柯雜著》卷六《跋朝陽巖刻山谷像》云“去郡後數年，於石洞上竟得山谷題刻”，可知楊翰卸任後亦曾到永。

# 同治九年陳守和等題刻

## 釋　文

同治九年重陽廿九日□，吴沈□□□、杜潤滋□□、張建植文續、督亢崔□端昶，重游於此。長白邑人陳守和。

## 考　證

詩刻在朝陽巖下洞，洞内流香泉上方，高38公分，寬67公分，九行，楷書。石刻被人爲鑿毁，極其嚴重，右下部復有水垢磨泐，目視一片瘢痕，照相及墨拓後稍見輪廓。

陳守和，零陵人，咸豐八年（1858）舉人。清光緒《零陵縣志》卷七《選舉》：舉人："胡希瑗：咸豐戊午李習昇榜。陳守和：字曉湖，戊午同榜，經魁。"

經魁，謂考取一科之首。清徐珂《清稗類鈔·考試類》："前十八名者，除第一名爲解元外，餘謂之經魁，蓋士子得專一經也。江南鄉試，同考官分十八房。十八房所中之卷，各有一最優者，即以十八房之次序第其先後，故曰經魁。"

咸豐八年戊午科湖南鄉試，陳守和爲一科之頭名，李習昇爲第一名解元。清同治《瀏陽縣志》卷十七《選舉》："咸豐八年戊午科：李習昇，解元，保加藍翎五品銜，即選知縣。"清同治十三年冬《大清縉紳全書》："同治十三年九月籌餉事例分發各省試用人員：李習昇：湖南人，江西。"清王家相《清秘述聞續》卷六："解元李習昇，瀏陽人。"胡希瑗，字誼圃，一説號藝甫。光緒《零陵縣志·補遺》載其咸豐八年戊午科"領鄉薦"。

按石刻陳守和既云爲"邑人"，又云"長白"，則似以滿洲旗人而徙居永州，待詳考。

講餘來訪漁翁迹
楚竹清湘冷落煙
要復高歌聞欸乃
山光水色綠依然

春陵李承紹題

## 同治間李永紹“講餘來訪漁翁迹”詩刻

### 釋　文

講餘來訪漁翁迹，楚竹清湘冷昔煙。無復高歌聞欸乃，山光水色緑依然。

春陵李永紹題。

### 考　證

詩刻在朝陽巖下洞右側，高62公分，寬40公分，五行，行書。無題，署款無年月，鈐印“聞衣”一枚。

春陵，寧遠的舊稱。北魏酈道元《水經注》卷三十八《湘水》：“營水又北，都溪水注之。水出春陵縣北二十里仰山，南逕其縣西。縣本泠道縣之春陵鄉，蓋因春陵爲名矣。漢長沙定王分以爲縣，武帝元朔五年，封王中子買爲春陵侯。”清康熙三十三年《永州府志·藩封志》：“漢封定王發於長沙，後長沙析爲零陵，乃封定王子買爲春陵侯國於泠道之春陵鄉。傳至孝侯，以春陵地形卑濕，上書求徙南陽。”春陵鄉爲秦時所置，以其境内有舂溪。漢爲泠道縣，唐爲延唐縣，宋、明爲寧遠縣，屬道州，清屬永州。

李永紹，寧遠人。鈐印“聞衣”當是其字，命義出於《尚書·康誥》“紹聞衣德言”。據詩中“講餘”語，似曾爲州縣教諭、訓導，或爲書院山長。光緒以前在世，姑定在同治間。

清光緒元年《寧遠縣志》載李永紹詩二首，稱之爲“里人”。卷四上《山川·名勝題詠》云：“金印山，在縣南十里，形如笠，土戴石，方平狀如印。李永紹詩：‘未□登臨興，看山共有緣。馬隨黄葉去，鶴伴白雲眠。松古真如畫，嶧高欲到天。摩挲殘碣在，應手落

苔錢。'" 又云："麒麟巖在久安背上，洞形若麒麟。巖洞幽敞，内建禪堂。里人李永紹《讀書巖》中刻有《麟巖讀書圖》，詩曰：'疊壑層巒際，開荒太古年。巖深吞佛座，峰峭插雲天。一水環牕外，千山落眼前。晚來清磬徹，敲散緑楊煙。'"

《讀書巖》似爲李永紹所著書名，有圖有詩，存佚不詳。

此詩借用柳宗元《漁翁》詩意。柳詩云："漁翁夜傍西巖宿，曉汲清湘燃楚竹。煙銷日出不見人，欸乃一聲山水緑。回看天際下中流，巖上無心雲相逐。"

出郭渡瀟水尋幽朝陽洞元柳古蹟湮誰復
鬱久棟息機何如楊名抱漢陰壟奇氣叢岩
詩趣〻異凡衆筆勢斷古藤畫瀟留餘渾力
雄如射虎過石洞中間李懷素芭蕉綠
天種我欲題其後對此怯且恐好境挑仲揭
素與逆俗氣石氣滌塵心淨影偃佛宇
幽鳥啼壁頂雲霞垂襲人衣袂垂死樓惜
緣巖再一折陰森寒霧〻勢裡流泉鳴巖端
深穴然飛霧禪維自我天宇開廓能容僊從
來成〻則超五風向有能泉亭柱穴尚存小憩茶潤渴肯同
酒徒頌從遊有老友詎復數二仲子本非池
物聲息摩天粗終當翔雲際會有長風送別
來幾何時十年覺一夢身以垂閑留未肯為時
用古廿聰日進硯田有修俸時余自事人
習引熱壯士腰長纓健兒首錦幪娃各隸
軍版彈冠印如貢兩子廿泉石倚於樂絃誦
邱壑兮眺余乃以怯石徙渭漁貽余九疑奇石峰峦犹秀洞壑天成嗟余羅
世網攖纏難脫鞚何當從純陽万化雖嘲弄
光緒丙子冬偕零陵門人呂渭漁李廉遊朝陽洞讀
壁間何子貞楊海琴二丈石刻詩歎咏不已遂次前遊濩
崇讀韻並贈渭漁 水新盛麥紱錫吾章
長 命
屈端生寄名石山保

# 光緒二年盛慶紱《偕零陵門人吕渭漁孝廉遊朝陽洞》詩刻

## 釋　文

出郭渡瀟水，尋幽朝陽洞。元柳古蹟湮，誰浚欝文棟。息機何与楊，各抱漢陰甕。竒氣發為诗，超超異凡眾。筆勢断古藤，墨瀋留馀湩。力雄如射虎，遇石亦洞中。何必誇懷素，芭蕉緑天種。我欲題其後，對此怯且恐。好境難抛却，朅來興逸縱。俗氛石氣滌，塵心潭影空。傴僂穿深穴，如蝨處褌縫。訇然天宇開，廓能容傔從。緣巖再一折，陰森寒霿霿。巖裡流泉鳴，巖端幽鳥哢。壓頂雲霞垂，襲人衣袂重。飛樓惜未成，成則超五鳳。（向有聽泉亭，柱穴尚存。）小憩茶潤渴，當同酒德頌。從遊有老友，詎復数二仲。子本非池物，暫息摩天羾。終當翔雲際，会有長風送。别來幾何時，十年覺一夢。身以重闈留，未肯爲時用。旨甘躬自進，硯田有馀俸。時会正多事，人人習引控。壯士腰長纓，健兒首錦幪。姓名隸軍版，彈冠即如貢。两子甘泉石，翛然樂絃誦。邱壑分貺余，乃以恠石供。（渭漁貽余九疑竒石，峰峦聳秀，洞壑天然。）嗟余罹世網，攖纏難脱鞚。何當從纯陽，萬化聽嘲弄。

光緒丙子冬，偕零陵门人吕渭漁孝廉遊朝陽洞，讀壁間何子貞、楊海琴二丈石刻詩，歎味不已，遂次前遊澹巖詩韻，書贈渭漁。永新盛慶紱錫吾草。

## 考　證

盛慶紱"出郭渡瀟水"詩刻一首，無題，有跋，高 65 公分，寬 105 公分，二十一行，行書。玆據跋語題爲《偕零陵門人吕渭漁孝廉遊朝陽洞》。

光緒丙子爲光緒二年（1876）。

盛慶紱，原名盛一朝，字錫吾，江西永新人。同治元年（1862）進士，同治三年任臨湘知縣，四年任巴陵知縣，七年任芷江知縣，期間主修《芷江縣志》。後補用湖南直隸州永順知州，光緒初，担任伴送越南使臣的護貢官，著有《越南輿地圖説》等。

吕渭漁，零陵人，爲盛慶紱弟子，事蹟不詳。“渭漁”似是其字號。檢清光緒元年《零陵縣志》書首《續修姓氏・採訪》内有舉人吕兆熊。卷七《選舉》舉人内，吕姓者僅二人，一爲吕兆熊，同治六年丁卯劉人熙榜，一爲吕善元，丁卯科恩賜。但吕善元，同書卷八有傳，載其卒年九十七。則所云“零陵孝廉”者，不知是否吕兆熊。

“何子貞、楊海琴二丈石刻詩”，即何紹基、楊翰詩刻，已見前。

《清穆宗實録》卷三十二：同治元年壬戌，引見新科進士，内有盛一朝之名，“著交吏部掣籤分發各省以知縣即用”。

《清德宗實録》卷二百一：光緒十一年，“湖南候補知府盛慶紱，前在善後局信任私人擅發鉅款。惟文理尚優，著降爲教授歸部銓選”。

郭嵩燾《養知書屋文集》卷十一《致李玉階中丞》評騭盛慶紱政績云：“今日舉辦保甲，因其舊制而通利之，因其所用之人委任而責成功，臺端一言之轉移而固有餘裕矣。盛錫吾太守，精明强幹，經理保甲，一循黄蘭丞舊章。”

同治《臨湘縣志》卷九《秩官志・知縣》：“盛慶紱：原名一朝，江西永新進士，三年署。”

同治《芷江縣志》卷十五《職官二・知縣》：“盛慶紱：原名一朝，江西永新縣人，進士，同治七年任。文翰最工妙，士林執經請業，皆奉爲楷模。”又卷五十六《碑記》：載盛慶紱《重修關帝廟碑記》，注云：“知縣，江西進士”。

光緒《巴陵縣志》卷四十九《職官志二・知縣》：“盛一朝：江西永興進士，四年署。”（“永興”誤，當作“永新”。）

同治《永新縣志》卷十一《選舉志》：“同治元年壬戌徐郙榜：盛一朝：今名盛慶紱，湖南芷江知縣，歷署巴陵、臨湘縣，甲子乙卯湖南同考試官候補知府補用道。”又載：“恩科並補行乙卯科鄉試：盛一朝：亞元，同治元年進士。”

同治四年秋《大清縉紳全書》：“知縣加一級盛一朝，江西永新人，進士，二年十二月補。”

同治五年夏《大清縉紳全書》：“知縣加一級盛一朝，江西永新人，進士，四年七月調。”

饒玉成《皇朝經世文續編》卷百二十《生存姓名總目》云：“盛慶紱：字錫吾，江西永新人，咸豐庚申進士，

官湖南知府，有《越南地輿圖説》。”其説有誤。咸豐庚申爲咸豐十年（1860），疑爲盛慶紱爲舉人之年。

《越南地輿圖説》六卷，光緒九年刊於長沙，光緒十年由吕調陽、葉長高重訂，題名“永新盛慶紱纂輯，成都吕調陽輯”。盛慶紱《越南地輿圖説序》有云：“光緒初元，越南修貢於朝，道經湖南，余適備員知府，奉長官文書充護貢官，與越南陪臣詩酒往還，迄两月之久。中間嘗與講論彼中風土形勢險要，其陪臣輒若危苦惕怵，欲吐仍茹，不肯竟其説，余亦愀然，未忍苦於索求，以傷其志意，但於酒酣耳熟，旁推側證，時得其三四而已。今年春夏以來，卧病長沙寓邸，日閲海上報，見法夷肇釁越南，竟欲乘危侮弱，披而有之。”

盛慶紱與越南貢使裴文禩多有唱和，見裴文禩《中州酬應集》。光緒二年使船由湘江水路經過永州祁陽，覽浯溪，裴文禩作《祁陽遊浯溪有懷元次山先生感題》並由楊翰書寫刻石，詩云：“道州心事满江湖，借此巖泉漫自娱。頌有顔書傳二絶，亭連溪水記三吾。廢興鏡石靈光變，醒醉窊樽月影孤。篆壁題詩山欲盡，當年曾識隱憂無。”盛慶紱和詩，題爲《次韻奉和大陪臣珠江先生過浯溪懷元次山先生之作》，載裴氏《中州酬應集》中，詩云：“馳驅萬里歷江湖，一路山川儘自娱。此處元顔稱二老，探奇湘楚首三吾。天開鏡石爲幽照，地闢窊尊作醉圖。欲（請）［倩］使君勤問訊，來賓各有好詩無？”署款“光緒丙子臘月立春後五日，錫吾盛慶紱未定稿”。

詩刻作於光緒二年冬，則盛慶紱正充護貢官途經永州，慕名觀覽了朝陽巖。當日使船由湘水沿流而下，至湘口與瀟水匯合，盛慶紱應當是單獨折入瀟水，逆水行十里而至永州府城，再前往朝陽巖的。而清代越南使臣經過永州，往往停泊祁陽，不至府城，觀覽浯溪，而不觀覽朝陽巖，故此行不見裴文禩《中州酬應集》及《萬里行吟》記載。清乾隆間越南使者黎貴惇《桂堂詩彙選》中有《瀟湘百詠》，其三曰：“七層寶塔峙江邊，巖號朝陽景倍妍。擬借芳遊看勝跡，却愁秋色動征船。”自注：“朝陽巖在瀟湘江滸，昔賢多題詠在。”亦以未及泊舟登崖爲憾。（参見復旦大學文史研究院、越南漢喃研究院合編《越南漢文燕行文獻集成（越南所藏編）》，復旦大學出版社2010年出版。）

盛慶紱能詩，而文集未見。跋語云有遊澹巖詩，以及盛氏何時遊澹巖，不詳待考。

光緒庚辰歲予攝永州叅軍履任半年俗務紛纏未暇蠟遊山之屐也端陽節後塵事稍清適老友張辛伯年來永州辛伯為浙東老名士性愛探奇遂同渡瀟江至愚溪謁柳子祠遊鈷鉧潭觀魚梁轉上朝陽巖賞奇石覓古碑半日遨遊幽情暢叙辛伯笑謂予曰今朝之樂風塵中未易得也不可無詩文以記之予見石壁間刻前賢名作甚多自愧才疎學淺不敢弄斧班門為山靈所笑聊題數語鐫於巖壁以誌一時遊迹云爾南昌李湘記並書

# 光緒六年李湘題記

## 釋　文

光緒庚辰歲，予攝永州參軍，履任半年，俗務紛纏，未暇蠟遊山之屐也。端陽節後，塵事稍清，適老友張辛伯鉅來永州。辛伯爲浙東老名士，性愛探奇，遂同渡瀟江，至愚溪謁柳子祠，遊鈷鉧潭，觀魚梁。轉上朝陽巖，賞奇石，覓古碑，半日遨遊，幽情暢叙。辛伯笑謂予曰："今朝之樂，風塵中未易得也，不可無詩文以記之。"予見石壁間刻前賢名作甚多，自愧才疎學淺，不敢弄斧班門，爲山靈所笑。聊題數語鐫於巖壁，以誌一時遊迹云爾。

南昌李湘記並書。

## 考　證

題刻在朝陽巖下洞，高 38 公分，寬 52 公分，十三行，楷書。

光緒庚辰爲光緒六年（1880）。

李湘，南昌人，光緒六年官稱爲"攝永州府經歷"，事蹟不詳。

"參軍"爲"經歷"的别稱。民國臧理臣《青縣志》卷四云："按：後漢之季有'參軍事'之名，簡稱'參軍'，位任頗重。晉以後軍府暨王國始置爲官員，如諮議、記室、録事及諸曹參軍皆是。隋、唐兼爲郡官，明清兩代稱'經歷'亦曰'參軍'。"

清代州府長官稱爲知府（知州）、同知、通判，屬官有經歷、知事、照磨、司獄。《清史稿·職官志三·外官》："府，知府一人，從四品。同知，正五品。通判，正六品。無定員。其屬：經歷司經歷，正八品。知事，正九品。照磨所照磨，從九品。司獄司司獄，從九品。各一人。"經歷掌出納文

移，照磨掌照刷案卷。

元明清時期曾任永州府經歷者，多由“貢生”，偶有由“吏选”担任。如元代湖南茶陵人羅汶，字宗周，“以儒試郡功曹，擢永州路知事，補行省掾，轉永州經歷”，見道光《永州府志》卷十三；明浙江瑞安人季雲衢，由“吏选”而爲永州經歷，見乾隆《瑞安縣志》卷七；明福建武平人張徵由“縉紳恩貢、歲貢”而爲永州經歷，見康熙《武平縣志》卷八；明河北無極人張學朱，張一鳳第四子，任山西猗氏縣縣丞，由“例貢”升永州府經歷，見民國《無極縣志》卷八；明江蘇高淳人袁世榮，宣德五年由“例貢”任永州府經歷，見康熙《高淳縣志》卷十二；明浙江新城人徐立敬，有永樂十五年丁酉科鄉試舉人而爲永州府經歷，見雍正《浙江通志》卷一百三十四；明浙江新城人徐主敬，一名徐立敬，由“永樂十五年解額”，仕爲永州府經歷，見萬曆《杭州府志》卷五十七、乾隆《杭州府志》卷六十九；明浙江蘭谿人徐時煒，由“例貢”而爲永州府經歷，見萬曆《金華府志》卷十九、康熙金華府志卷十九；明福建屏南人蘇一乾，“由太學授湖廣永州府經歷”，後“署寧縣事”，見民國《屏南縣志》卷十五；明河南太康人馬瑜，由“貢生”而爲永州府經歷，見民國《太康縣志》卷八；明廣西賀縣人鄧惠，由“貢生”而爲永州府經歷，見民國《賀縣志》卷三；明廣西鄧村人鄧□，“失名，號滴巖”，“按鄧氏族禮云：鄧滴巖，明廸功郎、永州府經歷，鄧村側鄉人，奉爲土神，稱鄧十六公，登村人”，“仕進”爲永州府經歷，亦見民國《賀縣志》卷三；清福建漳州林見重，以“特用文職”而爲永州經歷，見乾隆《龍溪縣志》卷十四、光緒《漳州府志》卷二十一；清安徽青陽人謝昌言，“吏員，由永州府經歷，調［永順府經歷］，雍正七年任，乾隆四年卸事”，見同治《永順府志》卷七上；清廣東長寧人趙希濇，“以貢生充四庫全書館校録，議叙湖北試用州同，借補常德府經歷，歷署常德府同知，寶慶府通判，益陽桃源縣知縣，武岡州州同，道州州判，永州府府經歷”，見道光《長寧縣志》卷六；清海南定安人莫高謙，莫敬謙弟，“由俊秀納監，應咸豐戊午科順天鄉試，薦卷挑取謄録，議叙縣丞，分發湖南加布政司理問銜，歷署永州府經歷、桂陽直隸州州同、永明縣知縣各缺，現補常德府武陵縣縣丞，以勞績保升知縣，在任儘先補用”，見光緒《定安縣志》卷五。

張鉅，字辛伯，一作辛白，山陰人。早年爲阮元幕僚，光緒間亦爲州府經歷，出入湖南，與名公士大夫多有交往。

釋敬安，字寄禪，號八指頭陀，本姓黄，湘潭人。其《八指頭陀詩》續集

卷二有《贈張辛伯先生》一首，詩云："八十一翁如後生，出門無杖亦能行。兒時親炙阮文達，老輩平交何子貞。臺嶽看雲曾獨往，洞庭醉月每孤傾。不須更問禪宗意，閱盡滄桑道眼明。"原注："公與何貞老俱出阮文達門下。"

清湘潭羅汝懷《緑漪草堂詩集》卷十八《正月十八日張力臣方伯招飲新作樓中出示叠韻詩屬和》注云："時會者，楊海琴方伯、郭筠仙中丞、張辛伯參軍，皆先有唱和叠韻之作。"

清湘陰郭嵩燾《養知書屋詩集》卷十一有《次韻張辛伯見贈二首》，詩云："將軍脱劍櫜弓後，爲埽東山卧謝安。楚岫雲寒三户雨，蜀江風漲五湖瀾。據鞍顧盼猶思趙，結駟縱横枉挾韓。一笑釣臺高百尺，白頭何意起投竿。""高天象緯筆曾干，廳壁松槐解笑韓。豈分聲名動寥廓，儘餘詩句洗悲酸。一官偃蹇消時用，萬軸沈酣鬱古歡。回首鈞天成一夢，依稀仙樂擁鳴鑾。"

光緒二年春，湖南糧道夏獻雲、巡撫王文韶於長沙重修賈太傅祠落成，張鉅作《重修賈太傅祠落成》詩十六首，見夏獻雲纂《賈太傅祠志》卷四。其一云："忽見前賢廟貌新，一時傳誦到湘濱。欣逢大吏多風雅，不使千秋勝蹟湮。"其十二云："重訪名區笑我遲，尋秋正值桂花時。夕陽紅向庭前照，自剔苔痕讀古碑。"

張鉅與楊翰爲夙交，楊翰《息柯白牋》卷四《致張辛白》云："辛白詞兄足下：前歲自淮海歸來，復官五筦。覺山水枯寂，朋輩蕭寥，方苦無以益我清致，適於壽蘇日，宋小崖來云，塗中見足下，將至山齋。如遊山有期，逸興忽發，淹至孟春月杪，始相與抵掌，從此江海清光，簡編古趣，皆得接續前遊，消除積悶矣。憶看花蕭寺，修禊春溪，翦燭高吟，銜杯狂嘯，真使怪石驚奇，喬林答響，一百二十餘日之懽，爲三萬六千場最適吾適之境，良非偶然也。忽焉賦别，正憶音塵，又值猰貐奔竄，頗念行人。頃奉來牋，長篇絮語，少慰塵懷。其中推許太過，轉動今古閑愁。憶少年即多著作，與古賢追逐，乃人事紛拏，學殖蕪廢，今已日薄崦嵫，始勤鉛槧。自足下來晤，將詩集、雜著，及志林、畫談、詩話各筆記逐加收拾，近以商摧無人，又復輟事。夏秋間當伏案，昔人云：'火急著書千古事'，能勿惴惴汲汲耶？足下學既華贍，筆能清矯，年復少我十歲，願埽除一切，專事撰述，俾得與古人爲徒，莫負此前修夙學，自見卓然可傳耳。見海華否？望索報章。劉峼樵、鄭問樓、陳小茹、萬味山諸君，皆憶及。閬青已回湘否？東墅晤否？思寄書，以手僵目眵而止。新事極可噴飯。鄙人戢影鑾鄉，一無見長之處，不過與物無逆、於人無尤而已。前者治大兵、决大獄，早已如鴈過長空，影沉秋水，無人知者。至於弭患無形、

維持大局之事，又如海上觀瀾，山中數石，不能計其凡幾。今方藉此蟬殼蝸廬，将所知所聞，垂之簡册，約二三年可以成編，竟不願又逐逐於簪組之場，作鷄蟲之得失矣。奉身乞養，小隱浯溪，與足下同弄水石，以娱暮年，不較之炙手可熱者差勝數籌耶！書畫留意，有益於考證者，務爲購寄。有春程君，屬其多覓古碑舊畫，七月間必來。足下秋冬間能遊西域，一續前遊否耶？”

偕光緝甫太守同遊朝陽巖和山谷老人詩韻
寺門對朝旭短牆比及肩西亭有遺址不知何年次山
銘安在柳詩亦不傳兩崖夾洞口惟聞水濺濺名山有興
廢荒蕪如故園披襟坐苔石燃竹生茶煙仰瞻山谷像
好事工補鐫我有東國紙索之郎瑞麟與袁世凱作圖
寫真趣愛此流香泉名石漱泄犀玉滿谷聲潺湲美
哉賢太守屬尉多神理遊我瀟湘浦琴鶴宜同船
光緒十九年癸巳夏四月按湘使者吳大澂題

# 光緒十九年吴大澂《偕光緝甫太守熙同遊朝陽巖，和山谷老人詩韻》詩刻

## 釋　文

偕光緝甫太守熙同遊朝陽巖，和山谷老人詩韻

寺門對朝旭，短牆比及肩。西亭有遺址，不知圮何年。次山銘安在，柳詩亦不傳。兩崖夾洞口，惟聞水濺濺。名山有興廢，荒蕪如故園。披襟坐苔石，燃竹生茶煙。仰瞻山谷像，好事工補鎸。我有東國紙，索之邱（瑞麟）與袁（世凱）。作圖寫真趣，愛此流香泉（泉名）。石淙出羣玉，满谷聲潺湲。美哉賢太守，屬尉多神僊。送我瀟湘浦，琴鶴宜同船。

光緒十九年癸巳夏四月，撫湘使者吴大澂題。

## 考　證

詩刻爲活碑，今在朝陽巖上洞，高148公分，寬74公分，八行，楷書。鈐印“吴大澂印”、“愙齋”二枚。

吴大澂（1835—1902），字止敬，又字清卿，號恒軒，晚號愙齋，江蘇吴縣人。同治七年（1868）進士，歷官史館編修、陝甘學政、河北道員、太僕寺卿、太常寺卿、通政使、左都御史、廣東巡撫、河南山東河道總督，光緒十八年（1892）授湖南巡撫，二十一年再任，尋罷。《清史稿》有傳。工書畫，精金石，著有《説文古籀補》、《古玉圖考》、《權衡度量考》、《愙齋集古録》、《恒軒所見所藏吉金録》、《愙齋文集》等。

“撫湘使者”爲湖南巡撫的别稱。湖南巡撫，雍正二年設，全稱“巡撫湖南等處地方提督軍務節制各鎮兼理糧餉”，簡稱“巡撫”。

吴大澂《愙齋自訂年譜》載：光緒

十八年，“八月初六日到湘”。十九年，“二月，查閲湖南全省營伍，行抵衡州，登衡山，道出浯溪、澹巖，皆有詩刻石”。按其中脱漏朝陽巖一地，當據詩刻補。

吴大澂《癸巳三月三十日雨中游浯溪讀〈中興頌〉次山谷詩韻》，石刻今存浯溪碑林，詩見《愙齋詩存》，題爲《雨中游浯溪讀〈中興頌〉和山谷老人韻》，題注：“三十日”。《遊澹山巖和山谷老人韻》，題注：“四月初三日”，詩見《愙齋詩存》，而澹巖被兵工廠佔據，石刻存佚不詳。朝陽巖詩刻，《愙齋詩存》題爲《遊朝陽巖和山谷老人韻》，題注：“同遊者光緝甫太守”，無署款。

光熙，字緝甫，號蘧菴，桐城人。道光二十九年江南鄉試舉人，咸豐九年進士，官工部主事，同治七年任禮部鑄印局員外郎，光緒三年任會試同考官，光緒八年任江西道監察御史、巡城御史，光緒十年任永州知府，光緒二十年卒於任上。詳見中國第一歷史檔案館藏《清代官員履歷檔案全編》。

“緝甫”又作“稷甫”，光緒二十年光氏《重修朝陽巖啟》王德安《跋》即作“稷甫”。按《詩經·大雅·文王》：“穆穆文王，於緝熙敬止”，毛傳：“緝熙，光明也”。《爾雅·釋詁》：“緝、熙、烈、顯、昭、皓、熲，光也。”姓光、名熙、字緝，三字一義，光氏名字由此命義，當作“緝甫”爲是。《重修朝陽巖啟》又載光熙爲安慶人，乃因清代桐城縣屬安慶府。

《清德宗實録》卷一百四十七及一百七十四載：光緒八年至九年，“御史光熙”。卷三百四十一載：光緒十七年，“永州府知府光熙”。

《清穆宗實録》卷十三載，咸豐十一年：“給事中林壽圖奏參，刑部尚書趙光爲伊壻光熙請託。”卷十四又載：“工部主事光熙，既據該御史劾其有面許酬應之語，然事屬闇昧，又係無據之詞，不值擠求。”又見《光緒朝大清會典事例下》卷一千九。

清平步青《霞外攟屑》卷五“俟白”条載：“昆明趙文恪司寇光，咸豐己未主春官，得桐城光緝甫水部熙。光適悼亡，公以次女妻之。同治甲子春女卒，公亦薨。京師好事者戲作聯句云：‘趙光之女光趙氏，光趙氏死，趙光亦死。’語本猥薄，未得偶句。及受弔日，賓客沓至，有旗員名琦成額者，來甫去，而琦鄰魏卿少司空成琦遣丁送賵至，云‘大人有事不得來’。公門下士某君大笑曰：‘吾得妙對矣！成琦有鄰琦成額，琦成額來，成琦不來。’座客皆謂天生湊合也。”

清李放《皇清書史》卷十四引《桐城耆舊傳》：“光熙，字稷甫（原注：稷一作緝）。咸豐九年進士，官永州知府。學顔魯公書，甚有名。”

乙[illegible]仲夏遊偕[illegible][illegible][illegible][illegible]康[illegible][illegible]郡[illegible]諸[illegible][illegible]同遊朝陽岩偶成七律

四章以紀勝云

西岩勝境著永州遊友欣遊足見汝昔日名區[illegible][illegible][illegible]時古刹[illegible][illegible][illegible]

映階碧草静適地花飛者[illegible]幽別後十年今到此[illegible]舊蹟尚依[illegible]

三層傑閣直臨岩巔崖口樓臨一竅天樓[illegible]樽[illegible]傳讀[illegible][illegible]有水色[illegible][illegible]

絲[illegible]巖[illegible]生感[illegible]壯老空嗟[illegible]假[illegible][illegible][illegible][illegible]有[illegible]將換

檐長仔擁[illegible]君貞葉簇[illegible]煙樓下[illegible]環一種[illegible][illegible]聞千非[illegible]江涯千尋

回踏石森立古人遊書遊發文發人[illegible][illegible][illegible]叢[illegible]壁鷺宿千砂良夜

美景看難畫石後[illegible]華[illegible]處岩落名朝陽出正中[illegible][illegible]酒[illegible]

採[illegible]觀流曲水泉[illegible]字讀殘碑[illegible][illegible][illegible]登臨同[illegible][illegible][illegible][illegible]

継山翁[illegible]臨風[illegible]羅江天暮後[illegible][illegible]來[illegible]

# 光緒二十一年佚名《同遊朝陽巖偶成七律四章》詩刻

## 釋　文

乙未仲春邀集□□□孝廉□□□□諸賢□同遊朝陽巖，偶成七律四章，以紀勝云。

西巖勝境著千秋，邀友遨遊一覽收。昔日名區曾再訪，新峙古刹又□修。（是年□□倡首重修。）映階碧艸春常静，遍地尭花香自幽。别後十年今到此，江山舊蹟尚悠悠。

三層傑閣矗崖巔，崖口標題一竅天。檻外櫓聲傳欸乃，簷前水色接茫然。仇氛益熾頻生感，（日本猖獗，屢侵内地。）壯志空嗟未假權。（久欲招□□歸，□□委蒙，以光勝前人事業。）可将欃槍長淨掃，與君勛業繪凌煙。

樓下灣環一徑斜，碧闌干外即江涯。千尋峭石森森立，百尺幽篁曲曲遮。幾處騷人題絶壁，数叢埜鷺宿平沙。良辰美景看難盡，爲浚春流帯晚霞。

巖谷朝陽出正中，泉聲滴處玉聲瓏。觴流曲水賓朋樂，字讀殘碑岣嶁雄。我亦登臨同海老，（楊海琹太守也。）□□嘯傲繼山翁。（黄山谷也。）臨風詠罷江天暮，緩步踈來月上東。

花翎二品頂戴□□□□□□□□□□題。

## 考　證

詩刻爲活碑，今在朝陽巖下洞洞口右側。高140公分，寬72公分。十二行，楷書。

有序，兹據詩序題爲《同遊朝陽巖偶成七律四章》。

據詩注“日本猖獗”、“楊海琴太守”，可知“乙未”當是光緒二十一年

（1895）。

詩刻曾遭人爲破壞，詩序、署款及注文中凡人物姓名，多被鑿毁，故作者不詳，生平事蹟皆無由考證。

詩序中，“邀集□□□孝廉”、“□□□□□諸賢”，皆鑿毁不識。

第一首詩云“新峙古刹又□修”，注云“是年□□倡首重修”，當即光緒二十年光熙、王德安重修朝陽巖一事，詳見下篇光稷甫《重修朝陽巖啟》、王德安《跋》。

第二首詩注“日本猖獗，屢侵内地”，指中日甲午之戰。“壯志空嗟未假權”、“與君勛業繪凌煙”，及注文“久欲招□□歸，□□委蒙，以光勝前人事業”，似惋惜其事業未成，乃由於朝政未予實權。按《清史稿·李鴻章傳》：光緒“二十年，賞戴三眼花翎，而日朝變起。初，鴻章籌海防十餘年，練軍簡器，外人震其名，謂非用師逾十萬，不能攻旅順，取天津、威海。故俄、法之警，皆知有備而退。至是，中興諸臣及湘淮軍名將皆老死，鮮有存者。鴻章深知將士多不可恃，器械缺乏不應用，方設謀解紛難，而國人以爲北洋海軍信可恃，争起言戰，廷議遂鋭意用兵。初敗於牙山，繼敗於平壤，日本乘勝内侵，連陷九連、鳳凰諸城，大連、旅順相繼失。復據威海衛、劉公島，奪我兵艦，海軍覆喪殆盡。於是議者交咎鴻章，褫其職，以王文韶代督直隸，命鴻章往日本議和”。其中亦寓惋惜之意。注文姓名鑿毁，不知所指爲誰。

第四首詩注“楊海琹太守也”，謂楊翰。又注“黄山谷也”，爲黄庭堅。詩刻中唯此二人姓名未鑿。

署款“花翎二品頂戴某題”，中間十字鑿毁，辨其輪廓似分守某某道。按作者在此前十年、約光緒十一年曾遊朝陽巖，在光緒二十年至二十一年光熙、王德安重修朝陽巖期間再度重遊，疑其與王德安相關，亦爲湘軍中人。當時加花翎二品頂戴者，多由於軍功，又多任道臺。清徐珂《清稗類鈔·稱謂類》：“召見時稱兄曰家兄”條：“粤寇之役，軍事繁興，各路將帥戰功卓著，保案大開，於是幕府中人多膺薦剡，而依草附木者不可勝數。湖北王某有兄統兵，屢立奇勳，某亦以隨營參贊功，歷保至道員，加花翎二品頂戴，賞巴圖魯勇號，時某年僅二十餘也。”詩刻作者工於詩文，嫻於書法，不知姓氏，待詳考。

# 重修朝陽巖啟

夫模山範水留芳躅於前賢移月簪雲亦雅人之韻事郡西朝陽岩者天開絕壑地俯清
流鏡磨唐宋之貞珉闢瀟湘之勝境度經塵劫漸没榛蕪莊嚴之精舍雲頹香冽之洞泉涉
積余十年薄宦百廢俱興結山水之奇緣感舊之勝蹟爰倡鶴俸亟督鳩工式擴舊規
復開生面所願薦紳巨族大雅名流共解吟囊用襄盛舉徵梓材於徠甫蔚丹雘於岑樓
從茲蘋蘩馨香妥萬賢於百代豈第琴尊飲讌佐逸韻於吾斯與落成先為嚶鳴

此前郡守光公稷甫重修朝陽岩啟也公安徽人以名進士由京秩來守吾永為政十年興廢舉墜更復議朝陽岩之議假在光緒甲
午七月乃事甫集而公即以是年冬遷[illegible]道山[illegible]以公之志不可不成也爰命予若姪董其事閱五月告竣嗟乎古今名勝之地咨
則必撤敝又葺新或更增其舊制丹雘輝煌後之來游者可以登高吊古飲酒賦詩怡然終日而經始之人顧反不得遂其一日之樂往
往而然是則其為可傷悲更有甚於斯者矣雖然有君子則斯岩之興猶有待是不及一甘棠也乎乙未閏五月王德安謹跋

## 光緒二十一年光稷甫《重修朝陽巖啟》、王德安《跋》

### 釋　文

重修朝陽巖啟

夫模山範水，留芳躅於前賢；修月葺雲，亦雅人之韻事。郡西朝陽岩者，天開絶壑，地俯清流，鑱唐宋之貞珉，闢瀟湘之勝境。屢經塵刼，漸没榛蕪，莊嚴之精舍雲頹，香洌之洞泉沙積。余十年薄宦，百廢俱興，結山水之奇緣，感滄桑之勝蹟。爰倡鶴俸，亟督鳩工，式擴舊規，復開生面。所願薦紳巨族，大雅名流，共解吟囊，用襄盛舉。徵梓材於徠甫，蔚丹雘於岑楼。從兹蘋藻馨香，妥寓賢於百代；豈第琹尊飲讌，佐逸韻於三吾。期與落成，先爲喤引。

此前郡守光公稷甫重修朝陽岩啓也。公安慶人，以名進士由京秩来守吾永，為政十年，興廢舉墜，更僕難數。朝陽岩之議脩，在光緒甲午七月，乃事甫集，而公即以是年冬遷歸道山。德安以公之志不可不成也，爰命子若姪董其事，閱五月所告竣。嗟乎！古今名勝之地，久則必敝，敝又重新。或更增其舊制，丹碧輝煌。後之來遊者，可以憑高吊古，飲酒賦詩，怡然終日，而經始之人，顧返不得遂其一日之樂，往往而然。是則其為可傷悲，更有甚於羊叔子者矣。雖然，不有君子，則斯岩之興猶有待，是不又一甘棠也乎！

乙未閏五月王德安謹跋。

### 考　證

光稷甫《重修朝陽巖啟》及王德安《跋》，位於零虛山北角，活碑。高 167 公分，寬 91 公分，十二行，楷書。

光緒甲午爲光緒二十年（1894），乙未爲光緒二十一年（1895）。按光稷

甫光緒二十年已故，二十一年王德安作《跋》并上石，兹據時間下限標題。

碑背面有楷書小字，被青苔覆蓋，磨泐難辨，僅有“木而新”等十餘字可識。

光稷甫即光熙，“稷甫”又作“緝甫”，已見前吴大澂《偕光緝甫太守熙同遊朝陽巖和山谷老人詩韻》詩刻。

王德安，湘軍將領，光緒九年（1884）隨王德榜（時官福建布政使署理廣西提督）、王德權（官江西道臺）、王德湖（藍翎三品封職）、王德廣（翰林待詔），在永州招募十營兵勇，號“恪靖定邊軍”，又稱“定邊楚軍”，赴廣西鎮南關抗法作戰。

《清史稿·王德榜傳》：“王德榜：字朗青，湖南江華人。咸丰初，粵寇擾境，與兄吉昌毁家起鄉兵，戰數利。”

清宣統《東莞縣志》卷七十二《人物略十九》：“王德榜：字朗青，石岡莆心村人。以父商於湖南，因著籍江華。幼時回石岡，值演會，族人命衣冠出遊，德榜必戴紅頂子，人知其不凡。（采訪册）”

《清史稿·左宗棠傳》：光緒“九年，法人攻越南，自請赴滇督師。檄故吏王德榜募軍永州，號“恪靖定邊軍”。（清吴汝綸《桐城吴先生詩文集》卷一《左文襄公神道碑》：“法人攻越南，自請赴滇越督師，檄故吏王德榜募軍永州，號曰‘恪靖定邊軍’。”）

《清史稿·王德榜傳》：光緒“十年，越南事亟，率師赴難。抵龍州，募新軍八營，號定邊軍……戰數捷”，“德榜殲其六畫兵總一……又殲其三畫兵總一，於是法人大潰，悉返侵地”。

清同治《江華縣志》卷八《選舉·薦舉》王德榜、王德權名下載：“王德安：軍功歷保花翎，浙江補用同知直隸州。”

# 光緒二十二年江標題刻

## 釋　文

靈鶼閣主來游，光緒丙申十一月五日。

## 考　證

題刻在朝陽巖下洞洞頂石壁上，高 148 公分，寬 22 公分，一行，大字隸書。

光緒丙申爲光緒二十二年（1896）。

江標，字建霞，號萱圃，又號師鄦，又自署鐔部，别號靈鶼閣主，江蘇元和人。好駢文，工繪畫，喜搜輯金石文字。光緒十五年（1889）進士，爲庶吉士，改翰林院編修。官至湖南學政。著《靈鶼閣詩稿》、《紅蕉詞》，輯《靈鶼閣叢書》、《唐賢小集五十家》、《宋元名家詞》。

江標生平事蹟，多見士大夫之書，然而毁譽參半。

民國《吴縣志》卷六十八下《列傳七》據江氏《家述》云："江標：字建霞，光緒己丑進士，改庶吉士，授編修。甲午授湖南學政，以實學勵多士。會與日本失和，戰敗割地償金，憤甚，力求富强實學，即長沙舊有之校經堂改訂章程，分史學、輿地、算學、方言諸門以課士，講求五洲形勢，中外政教之異同，以正心術、敦品行、學求實用爲諸生勉，湘人士之啓閉塞而進開通，日趨新學途徑，皆標提撕誘掖之功。任満，以四品京堂擢用。戊戌政變，爲言官劾罷，未幾卒。"

民國胡思敬《戊戌履霜録》卷四云："江標：字建霞，江蘇元和人。光緒己丑進士，官編修，好爲駢體文，兼工繪事。講金石目録，自三代鼎彝，秦

漢六朝碑版，下至宋元明人書畫，無不究心。嘗游東洋，嬖一女子，欲委身事之不果，影其小像歸，題曰《東鄰巧笑圖》，遍徵名人詩畫，其豪宕不拘小節如此。視學湖南時，以變士風、開闢新治爲己任，所取文多怪誕不中繩尺。又倡設《湘學報》，御史黄均隆劾之。時康有爲已進用，四卿新入軍機，譚嗣同與標尤善，相與營解，寢均隆疏不報，且擢標四品京堂，入總署。後革職，禁錮於家。”（永州永明人蒲蔭楨，字實枚，生六歲患痘而瞽。提學江標特題“見義常明”，額表門焉。光緒《永明縣志》卷四十載江標牘判一篇。）

清薛福成《庸庵文編·海外文編》載《保薦使才疏（甲午）》云：“翰林院編修江標，研究群書，好學不倦，留心時事，志趣卓然。”

民國章炳麟《太炎文録初編》别録卷一《箴新黨論》云：“元和江標以掇拾中外末流之學，視學湖南，熊希齡輩和之於下，皆更相驅馳爲一朋。（康）有爲既用事，欲收物望，樹楊鋭、劉光第於軍機，以宫闈相擠之，故復結二妃。時文廷式既廢，亦扼腕欲自發舒。其外則有俞明震者，與陳三立父子有連，嘗佐唐景崧稱副總統於臺灣，世人稱其忠義，與有爲亦相引爲重。而諸貴游爲京朝官者，各往往參錯其間。新黨自此立矣。有爲既敗，楊、劉死，張之洞、梁鼎芬始與有爲抵拒，其黨人亦稍稍引去，而江標以連蹇死。”

清鄒弢《三借廬贅譚》卷七：“元和江建霞秀才標，少年俊逸，好學聰明，尤工篆籀，與余爲莫逆交。君詩筆超逸，長歌心折梅村，而别饒跌宕之致。十五歲時作《秋風詞》云。”

清俞樾《春在堂雜文》六編《江建霞〈靈鶼閣叢書〉序》：“江建霞太史，以名翰林視學湖南。其時西學大興，異論蠭起，太史寓余書，言自來湘中惟確守‘經學、詞章’四字以爲根柢，不敢忘家法。烏呼！其所見正矣。校士之餘，輯刻《叢書》，先成三集。”

清徐珂《清稗類鈔·譏諷類》有“江河標榜”條：“光緒朝，江建霞京卿標督湘學時，有謂其關防不謹者，乃以‘江標’二字撰聯譏之云：‘爲文不在工，但須進得水多，從此江河将日下；賣學衹要票，盡是排班木偶，任他標榜自風流。’然非實録也。”

清張鳴珂《寒松閣談藝瑣録》卷五云：“江建霞標，元和人，由進士官翰林院編修，出汪郎亭侍郎之門。予癸巳入都，恒於侍郎所談讌甚洽。君工小篆，能刻畫金石，又善作畫。後視學湘中，畫國朝諸名人著書之廬十六幅，鏤板作詩箋行，世得者珍如球璧。”

民國葉德輝《書林清話》卷六云：“吾友江建緵標，著有《宋元行格表》二卷，余爲校補，刻於長沙。言版片者，當奉爲枕中鴻寶也已。”

清孫雄《道咸同光四朝詩史》乙集卷五："江標：字建霞，號師許，江蘇元和人。光緒己丑翰林，官編修。在湖南學政任内刊有《靈鶼閣叢書》，歿時年僅三十餘，詩文集未見刊行。"

民國徐世昌《晚晴簃詩匯》卷一百七十六云："江標：字建霞，元和人。光緒己丑進士，改庶吉士，授編。"録其《和林金石詩》二首，詩云："剥落殘碑認短銘，舍人書體出天廷。吾從字畫徵旁刻，大泰山銘小孝經。（苾伽可汗碑）""脱脱已罷巙巙卒，誰是平章至正秋。一記不傳名姓在，朔方賸有斷碑留。（大司農保釐朔方殘石記）"

《清史稿·藝文志四》："《红蕉詞》一卷，江標撰。"

清劉錦藻《清續文獻通考》卷二百六十四："《黄蕘圃先生年譜》二卷，江標撰。標字建霞，江蘇元和人，光緒己丑進士，候補四品京堂。"又卷二百六十八：《鐵琴銅劍樓宋元本書目》四卷，《海源閣宋元鈔本書目》一卷，《持静齋宋元鈔本書目》一卷，《宋元本行格表》二卷，均江標撰。

又卷二百七十三："元和江氏《靈鶼閣叢書》五集五十六種九十四卷，江標編。"（第六集内有江標輯《沅湘通藝録》八卷。）

光緒二十二年，江標在湖南督學任上。江氏另有浯溪題名，署款"光緒二十二年丙申十一月湖南督學使者元和江標題記"，與其朝陽巖題記同年同月，當爲一時遊觀之作。

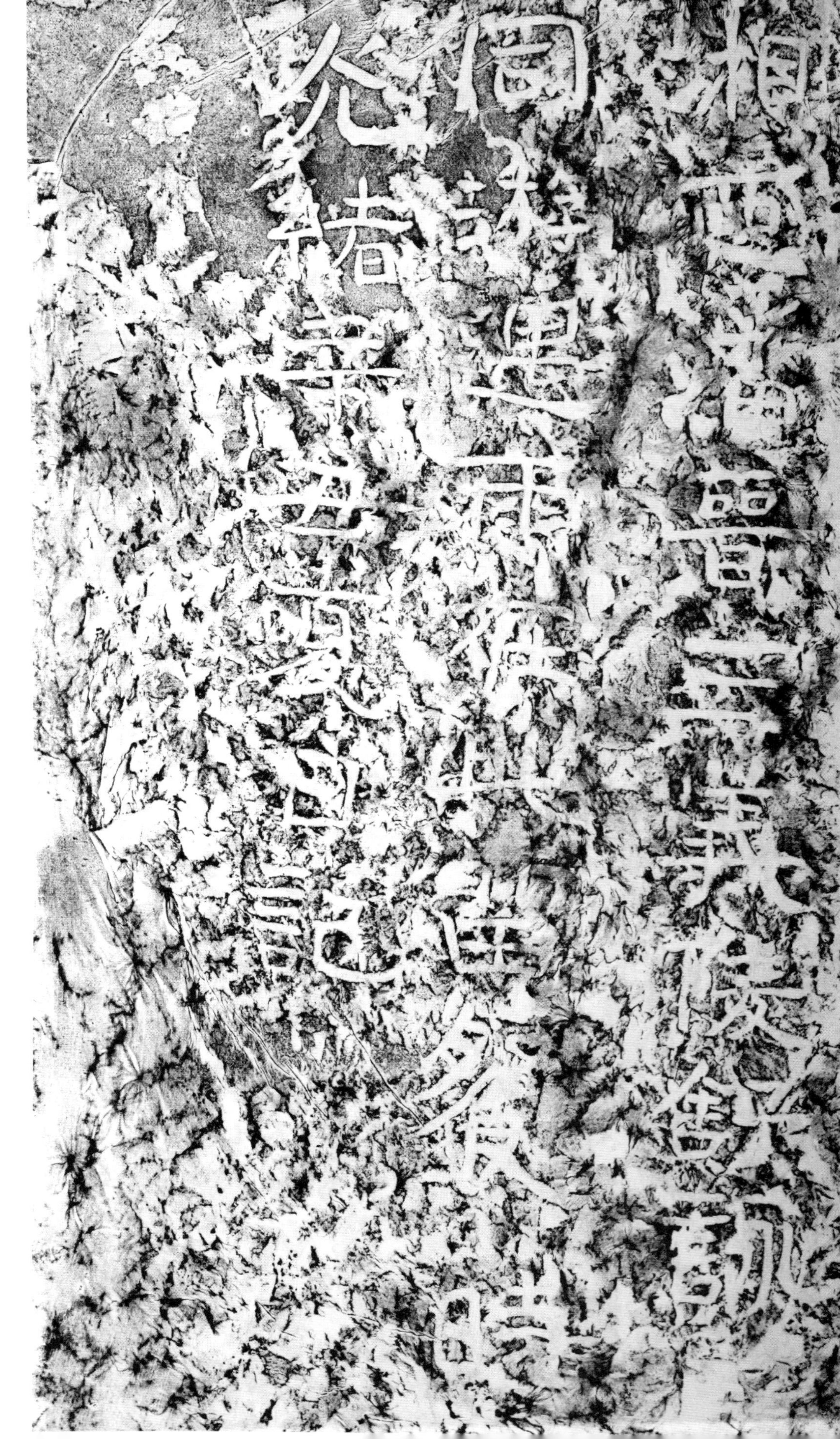

# 光緒二十七年潘晉三、舒詠畊題刻

## 釋　文

湘西潘晋三，義陵舒詠畊，同游遇雨，在此畱餐。時炗緒辛丑夏日記。

## 考　證

題記在朝陽巖逍遙徑，高 81 公分，寬 45 公分，三行，隸書。

光緒辛丑爲光緒二十七年（1902）。

題記字體朴拙，有隸書意，且多用古體。“晉”字从二“口”作“晋”，“耕”寫作“畊”，“留”字亦从二“口”作“畱”，近“畱”，“光”字作“炗”。《玉篇》：“畊，古文‘耕’字。”《説文》：“畱，止也。从田，丣聲。”《韻會》毛氏曰：“从田从丣，當作畱。今經史皆作‘留’，傳寫譌也。”“炗”爲“光”之本字，《説文》：“光，明也，从火在人上，光明意也”。

漢碑“晉”字多作“晋”。漢碑、漢印、漢簡“留”字多作“畱”。漢碑、漢簡“光”字多作“炗”。

湘西，古縣名。《晉書·地理志》衡陽郡下有湘西縣，《南齊書》同。《宋書·州郡志》衡陽内史下有湘西令。《隋書·地理志》長沙郡下有衡山縣，“併衡山、湘鄉、湘西三縣入焉”。

清乾隆《衡陽縣志》卷一《建置沿革》：“吴後全有荆州，承陽入隸桂陽。吴主亮太平二年置衡陽郡，立湘西縣爲附郭。别立湘東郡，析酃爲附郭地，今酃湖或其遺跡。”

義陵，古地名，清稱常德。《漢書·地理志》：武陵郡，縣十三，内有義陵。《水經注》卷三十六：延江水出犍爲，又東南至武陵，酈道元引《武陵先賢傳》曰：“郡本名義陵。”《舊唐

書·地理志》："漵浦：漢義陵縣地，屬武陵郡。武德五年，分辰溪置。"唐杜佑《通典》卷一百八十三：武陵郡朗州，原注："本名義陵郡"。明嘉靖《常德府志》卷一《地里志》："西漢置武陵郡，改義陵郡。高帝初，更黔中爲武陵郡，後改爲義陵。"清嘉慶《常德府志》卷三《沿革》："辰陽，隋改爲辰谿，唐析辰溪爲漵浦，即漢義陵縣地。"

書用漢隸，字用古體，地用古地名，由此而論，題刻作者當爲承學之士。

# 光緒二十九年黄建笎“天然图畫”榜書

## 釋　文

天然图畫

光緒癸卯二十九年□□祭帝舜有虞氏陵，禮成，差旋，同永州府知府德泰，零陵縣知縣譚承元，隨員張敬效、方積銓、任焕枝、彭□□、梁殿鈞到此。

湖南按察使司黄建笎題。

## 考　證

榜書位於朝陽巖上洞入口處，高33公分，寬100公分，有題記及署款八行，楷書，部分文字被人爲鑿毁。

黄建笎，字花農，廣東佛山順德人。以捐納出仕，任直隸通判，承辦天津招商局輪船業及電政。後歷天津海關道臺、德州糧臺、湖南按察使、江寧布政使。熱心洋務，著《電學新編》。工書畫，有《寄榆盦詩抄》、《寄榆盦詩抄續集》、《寄榆盦畫稿》、《寄榆盦畫稿續集》。

清光緒《重修天津府志·凡例·鑒定姓氏》：“二品銜署津海關道兼鈔關監督：黄建笎，廣東順德。”卷十二《職官三·津海關道》：“黄建笎：字花農，廣東順德監生，十九年代理”，“二十年十一月再代理”。

《清德宗實録》卷四百九十三：光緒二十八年，“以直隸津海關道黄建笎爲湖南按察使”。卷五百十五：光緒二十九年，“以湖南按察使黄建笎爲江寧布政使”。卷五百三十三：光緒三十年，“江寧布政使黄建笎爲山東布政使”。

中國第一歷史檔案館藏《清代官員履歷檔案全編》第5册有黄建笎履歷，云：“黄建笎，現年四十三歲，係廣東

順德縣監生，光緒五年報捐通判，指分直隸試用。"

《清代官員履歷檔案全編》第7册又有黄建笎履歷，云："黄建笎，現年五十三歲，係廣東順德縣人，由監生報捐通判，指分直隸試用。光緒八年奉委調派輪船裝兵東渡，因援護朝鮮，勦捕亂軍出力，奏保以同知直隸州，仍留原省補用。十年二月，因接遞出使各國文報出力，奏保以知府，仍留原省補用。十一年八月，因創辦沿江沿海各省電報出力，奏報以道員，仍留原省，儘先補用。十三年三月，引見到省。十五年，因接遞出使各國文報出力，奏請賞加二品頂戴。是年由蘇省捐賑案内，賞戴花翎。十七年十二月，因辦賑出力，經前北洋大臣李鴻章保送引見。十八年二月，經吏部帶領引見，奉旨以道員仍發往直隸補用，並受軍機處存記。是年二月回省，兩次奉委代理津海關道篆務。二十五年三月，經前北洋大臣裕禄奏保，奉旨送部引見，四月奉旨江蘇蘇松太道，仍來京預備召見，遵即入都謝恩，並蒙召見。五月奉旨調補直隸津海關道，六月接印任事。二十七年九月，經辦理商税事務大臣盛宣懷奏調隨辦商約，十月交卸津海關道篆務，赴滬到差。本年正月，奉旨調補湖南按察使，當即具折謝恩，籲請陛見，奉硃批：'著來見。'旋經辦理商約大臣吕海寰、盛宣懷電請暫留，候商約辦竣，再令入都，奉旨允准。三月，經湖南巡撫俞廉三奏請，飭催赴任，奉旨：'著遵旨來京，陛見後速赴新任。'現在到京。"

《李鴻章全集》第12册《奏議十二》内有光緒十四年三月十一日《黄建笎考語片》，云："兹查有鹽運使銜、儘先補用道黄建笎，到省一年期满，例應甄别。據該員稟請核辦前來，臣查黄建笎才具明練，辦事勤能，堪勝繁缺，俟有應補缺出，照例序補。"

履歷又見臺湾故宫博物院藏軍機處檔《知會軍機處爲奉旨黄建笎著以道員仍發直隸補用開寫履歷請知照》、《奏報新授湖南臬司黄建笎已到省即飭赴任所摺片》。

民國《順德縣志》卷十四《藝文略》："《電學新編》：國朝黄建笎撰。"

事迹又見清朱壽朋《東華續録（光緒朝）》、盛宣懷《愚齋存稿》、曾紀澤《曾惠敏公奏疏》、鄭官應《羅浮偫鶴山人詩草》、張之洞《張文襄公奏議》、李鴻章《李文忠公奏稿》、顔世清《約章成案彙覽》、邵之棠《皇朝經世文統編》、徐潤《徐愚齋自叙年譜》等。

光緒二十九年，黄建笎在湖南按察使任上，天子祭帝舜，遣黄建笎至九嶷山舜陵致祭。民國《寧遠縣志》卷五《祠祀上》載清光緒二十九年《御制祭告舜陵文》云："光緒二十九年，遣官湖南按察使司黄建笎致祭，告萬壽。祝文曰：惟帝王斟元御宇，贊化臨宸，澤

被九垓，勳垂百代。皇煌帝諦，羹牆如接乎心傳；崇德報功，俎豆宜隆夫血食。茲以三旬之篤慶，用申一瓣之心香。地義天經，總百世不祧之祀；禮明樂備，罄一人昭告之忱。鉅典攸關，彝章式煥。庶神靈之來格，謹蠲潔以明虔。”祭文刻碑，今存九疑山舜陵，前題“惟光緒二十九年歲次癸卯乙酉朔越初九日癸巳，湖南按察使黄建筦致祭帝舜有虞氏神位前”，署款“承祭官湖南按察使司按察使臣黄建筦，陪祭官湖南永州府知府臣德泰，陪祭官署寧遠縣知縣臣胡大庚”。

德泰，满洲人，光緒二十五年至宣統初任永州知府，後升記名道員。《大清宣統政紀》卷七：宣统元年正月，“賞湖南永州鎮總兵張廣雲頭品頂戴，補用游擊李忠達花翎，補用道永州府知府德泰仍以道員記名閑放”。

清《政治官報》宣統二年（1910）八月十六日第一千三十九號載《湖南巡撫楊文鼎奏請將德泰開去永州守底缺以道員留補片》云：“再在任候補道員永州府知府德泰，（廂）［鑲］藍旗漢軍延康佐領下人，由繙譯生中式。同治六年，丁卯科繙譯舉人。光緒二年，考取内閣中書。四年，補中書缺。十二年，補户部江西司郎中。十四年，俸满，奉旨記名，以繁缺知府用。二十三年，保俟升知府，後在任以道員遇缺儘先即選。二十四年，會典館全書過半，保俟升道員，後加二品銜。二十五年，選湖南永州府知府，六月到任。十二月，會典館全書告竣，保在任以道員歸本省候補，班前儘先補用。三十年，大計卓異，嗣七年俸满，於三十二年八月交卸永州府篆，請咨赴部。十月初四日，由吏部带領引見，奉旨著回任，准其卓異加一級注册候升。初六日，召見一次，十二月回任。三十三年，大計績保卓異。三十四年十二月，因拿辦匪首出力，保仍以道員交軍機處存處記，遇有缺出，請旨簡放。茲據該員稟請，奏開永州府知府底缺，以道員仍留湖南補用等情由，藩、學、臬三司會詳，請奏前來。臣查該員德泰，老成練達，爲守兼優，由户部郎中升選永州府知府，到任後即奏保在任以道員歸本省候補班補用，中間两次卓薦，並保存記，遇缺簡放，在任已逾十年，資格最深，且係两次大計卓異，應升之員，較之勞績保有升階班次，尤爲卓異。近年各省保有升階之員，經各督撫臣奏請開去底缺，以升班留省補用者，歷奉諭允准有案。今德泰事同一律，合無仰懇天恩，俯准將德泰開去本任永州府知府底缺，以道員留於湖南補用。……宣統二年八月初九日，奉朱批：‘著照所請，吏部知道，欽此。’”

德泰還曾充任光緒三十一年、宣統元年两次舜陵祭祀的陪祭官。據祭文碑刻，光緒三十一年，“承祭官荆州右翼

副都統臣德禄，陪祭官永州府知府臣德泰”。宣統元年：承祭“提督湖廣永州鎮總兵張慶元，陪祭官永州府知府臣德泰”。碑刻今存九嶷山舜陵。

“零陵縣知縣□□□”，姓名三字被人爲鑿壞。按光緒二十九年，零陵知縣先後有三人在任，即姜鐘秀、方兆奎、譚承元。據殘損字形輪廓當爲譚承元。

譚承元，號震青。江西南豐人，祖籍湖南湘潭，曾主修《湘潭後裔譚氏族譜》、《南豐譚氏續修族譜》。

光緒十九年癸巳科舉人，光緒二十年甲午恩科貢士。曾先後任湖南永州祁陽、東安、零陵三縣知縣，及湖南衡陽縣、石門縣知縣，升郴州知州、常德知府。

中國第一歷史檔案館藏《清代官員履歷檔案全編》有譚承元履歷，云：“譚承元，現年四十三歲，係江西南豐縣人，由監生應光緒十七年辛卯科本省鄉試中試舉人，二十年甲午恩科會試中式貢士，殿試二甲，朝考二等，以主事用，簽分户部湖廣司行走。呈請改歸知縣原班銓選，旋遵新海防例，捐指湖南並捐分缺先補用。二十一年九月，經吏部带領引見，奉旨發往。二十二年三月到省，四月奉委發審局差，六月奉委辦理郴州釐務。二十三年六月，調辦衡州釐務。二十五年正月，奉委代理耒陽縣事。是月到任，三月交卸回局，奉委辦理衡州牙貼差。五月奉委署永州府祁陽縣事，六月到任，二十七年四月交卸。是年二月，奉委調署衡州府衡陽縣事，四月到任，二十八年六月交卸。本月奉委調署永州府東安縣事，七月到任。二十九年正月，補石門縣知縣。因在衡陽縣任内拏辦土匪出力，是年二月，經升任湖南巡撫俞廉三保奏，准以直隸州在任候補。三月奉委調署長沙府寧鄉縣，四月交卸東安縣事，五月到寧鄉縣任，九月交卸。是月奉委調署永州府零陵縣事，十月到任。三十年，两膺保薦，均奉旨嘉獎。三十一年正月，丁親父憂，回籍守制。三十三年四月，起服到省，遵例歸直隸州班候補，五月奉委軍裝局提調差，六月奉委兼善後局提調差。七月，補郴州直隸州知州，奉委先行署理，九月交卸任事。三十四年正月，奉部核准實授。是年三月經湖南巡撫岑春蓂遵旨保薦人才，由吏部調取引見，十月交卸郴州直隸州事，赴部報到。十二月初三日，蒙欽派大臣查驗，初八日具奏，十五日带領引見，奉旨：‘著在任以知府儘先即補。’”

岑春蓂保薦事，又見臺湾故宫博物院藏軍機處檔《奏請以譚承元署理湖南常德府知府等由摺片》、《奏請准将在任候補知府郴州知州譚承元開缺以知府留省歸特旨班補用摺片》。清《政治官報》宣統元年十一月十八日第柒佰捌拾三號内有《湖南巡撫岑春蓂奏請将郴州直牧譚承元開缺以知府留省補用片》。

張敬效，字茂藻，晚號耄叟，浙江慈溪人。曾任河北東鹿知縣、候補知州，有《紹先集》、《石緣集》、《春在集》。“嘗佐幕津門、江湘間，凡二十餘年。後署東鹿縣事，以清介自持。時或客游大江上下，並以詩畫自娱。性愛石，先後所得，題詠成帙，匯刊署《石緣集》。”參見陳玉堂《中國近現代人物名號大辭典（續編）》（浙江古籍出版社2001年版）及《中國近現代人物名號大辭典（全編增訂本）》（浙江古籍出版社2004年版）。

《大清宣統政紀》卷五十六：宣統三年，“前署東鹿縣候補直隸州知州張敬效、性情迂緩。難膺繁劇，著以州判降補”。

《紹先集》輯先賢張栻詩文及唱和，光緒二十九年（1903）張氏晚香館刻於湘南，“湖南提刑使者黄建筦”題簽，内有《九疑山謁虞陵》、《差旋過永州隨星使游各名勝》諸詩。自序稱：光緒二十九年“四月二十三丁未，始旋省垣，在途經過衡、永各屬，竭意訪求手澤，蒐揖遺碑”。

《石緣集》題“慈溪張敬效茂藻甫晚號耄叟編次”，民國九年張氏晚香室鉛印本。（《石緣集》與《春在集》合刊爲《晋皀室唱和詩》。“晋皀”即“晚香”。）書首各篇題《小九嶷山石記》、《爲小九嶷攝影賦此》、《詠小九嶷》等，題注“丙辰夏日”，當爲民國五年（1916）所作。《小九嶷山石記》云：“其石産自九嶷，光緒壬寅，在湘隨黄花農方伯謁有虞氏之陵時，舁之而歸。”光緒壬寅爲光緒二十八年（1902）。又有《戊午春日懷小九嶷山石》詩，當爲民國七年（1918）所作。

可知張敬效於光緒二十八年隨黄建筦至永州，民國五年又重訪，晚年嗣有追懷。

任焕枝，字績成，浙江紹興人，光緒三十一年署湘潭知縣。民國初仍爲湖南知縣。

清光緒十九年冬《大清縉紳全書》：“從九：任焕枝：浙江人，湖南。”

清光緒三十年夏《大清縉紳全書》：“知縣：任焕枝：浙江人，湖南。”

“□積銓”，姓氏中一字被人爲鑿壞，據殘損字形輪廓，當爲“方積銓”。方積銓，又名啟新，號選青。張壽鏞《約園雜著續編》卷八下、《約園雜著三編》卷七均收録《方君選青家傳》，云：“按狀：君諱啟新，譜諱積銓，姓方氏，選青其號也。”“選青席豐厚而行敦飭，又好黄老家言，知攝生術，尤慷慨急人之難，餘嘗歎以爲難能。”又載方積銓先世官於鄞，因家慈溪鳴鶴山，再遷鎮海柏墅，遂爲鎮海人，可知與張敬效爲同鄉，當隨張敬效而至永州。

“彭□□”，姓氏中二字被人爲鑿壞，無考。

“梁殿鈞”，姓氏中一字被人爲鑿壞，審輪廓似“梁”字。

一從魯直題詩
後便覺游人日
〻多自古此山
已如此怪他元
柳錯經過看
客桂林陽朔好
驛程恰向永州
來淡巖雨洞皆
奇絶老眼欣狂
又一開光緒丙
午十月使桂還
朝便道游此
福州林紹年

# 光緒三十二年林紹年《使桂還朝便道游此》二首詩刻

## 釋　文

一從魯直題詩後，便覺游人日々多。自古此山已如此，恈他元柳錯經過。

看盡桂林陽朔好，驛程恰向永州來。淡巖两洞皆奇絶，老眼欣然又一開。

光緒丙午十月使桂還朝，便道游此。福州林紹年。

## 考　證

詩刻位於朝陽巖上洞入口處石階右側，高50公分，寬113公分，十三行，行書。詩爲二首絶句，據詩意可知爲詠澹巖所作，寄刻於朝陽巖。無題，有署款，茲據署款題爲《使桂還朝便道游此》。

光緒丙午爲光緒三十二年（1906）。

林紹年（1845—1916），字贊虞，一作贊如，號健齋，福建閩縣人。同治十三年（1874）進士，授翰林院編修。光緒十四年（1888）任監察御史，以極諫慈禧動用海軍經費修頤和園，名噪一時。二十六年（1900）遷雲南布政使，擢巡撫，兼雲貴總督。三十一年（1905）任廣西巡撫。次年内召，以侍郎充軍機大臣，兼署郵傳部尚書，授度支部侍郎。因得罪慶親王奕劻，稱疾出爲河南巡撫。後調倉場侍郎。宣統元年，徙民政部侍郎。二年，充經筵講官，署學部侍郎，改弼德院顧問大臣。年六十八卒，陳三立爲撰《清誥授光禄大夫頭品頂戴經筵講官弼德院顧問大臣予謚文直閩縣林公神道碑銘》，《神道碑》今存福州林氏故宅。著有《林文直公奏稿》七卷。《清史稿》有傳，言論事迹多見《清續文獻通考》、《東華續録（光緒朝）》。

又民國《閩侯縣志》卷六十八《列傳五上》亦有傳，傳云：“林紹年：字贊如，號健齋。登同治十三年進士第，改翰林院庶吉士，散館授編修。光緒庚辰會試，壬午順天鄉試，皆分校，得士極盛。十四年改官御史，以極諫直言，不避權貴，屢被嚴旨。孝欽太后耽佚豫，構頤和園，所糜金錢出報效，紹年疏争，孝欽滋怒，旋出守雲南。昭通土目禄爾恭横於一方，虔劉良善，紹年捕而猝戮之。調權首府安寧，州出劫案，知州捕平民廿餘人，濫刑定讞，總督崧駿喜，紹年力争，卒獲真劫者，崧大愧服，密薦紹年可大用。自是不十年，躋本省巡撫，並攝兼圻。時廣西游匪擾廣南，紹年檄參将白金柱、知縣龍濟光分路搜剿。匪益糾四十餘股，先犯皈朝，繼趨普廳。又檄營官李希等赴援，並飭龍白各軍兜剿，遂解普圍。又檄知府方宏綸等招撫大小八達河陷匪各村，約黔柱各軍與参将魏榮斌會師白金嚴，扼剥隘，總兵劉樹元等遊擊之蹙匪於八角王等山，滇境肅清。乃以全力援桂，而箇舊廠匪周汶祥起事，連陷臨安、石屏两城，紹年與總督丁振鐸檄按察使劉春霖統省防各營馳扼通海，白金柱等躡其後，不两月，遂告蕩平。繼撫貴州，團首吕志禮、楊鑫積不相能，始則互捕黨與勒贖，繼且非刑殘殺平民。紹年先令翦其羽翼，然後懾以重兵，吕、楊勢蹙自投，飭正法，罔究脅從。撫河南，則以訟獄繁豐，州縣憚賠，累囚不解，案不結。其解者向由紅差店承辦，需索靡不至。又新舊囚同繫一牢，教供翻異，結案愈難。紹年首革紅差店，由省籌給長解口糧，視民力所堪，徵充改造監獄之費。紹年爲政，大旨首先除害，貪官、劣紳、猾吏、蠹役遍上下，百姓不聊生，弱者爲游民，强者爲匪，故治昭通一年，劾文武不職者五人，懲革吏役過半。撫桂，慎選良吏，招集流亡，寬文法，嚴考成，優予津貼，酌予經費。在汴，劾道府以下不職者近百人，将去，猶疏劾數十人。以督撫同城辦事牽掣，自請裁滇撫缺。請将廣西省會移治南寧，劃廣東欽、廉併歸西轄，以便節制。請同通以下無須廻避本省，以免遠道求官，難堅操守。将併貴州郡縣挿花之地，手訂章程文告數萬言，至舉行一切新政，亦多實事求是。三十二年内召，以侍郎在軍機大臣上學習行走，兼署郵傳部尚書，旋授度支部右侍郎。時孝欽倦勤委政，慶親王某道員以細人驟授黑龍江巡撫，紹年争不獲，既而御史趙啟霖劾其以賄得大用，奉旨查辦，無據，褫趙職。紹年以爲言官許風聞言事，即不實，不當罪，不報。又朝廷以非其罪逐某大臣，紹年力請收回成命，屢忤旨。出撫河南，而某權要與紹年有連，憾不附己，中以危法，又奪其畺圻之任，使爲倉場侍郎。宣統初元，陝甘總督升允劾陝撫某貪婪枉法，執政奪升

允職。紹年時移民政部右侍郎，以賞罰不當，廷争於攝政王，退復具疏言之。三年九月，改弼德院顧問大臣，以病乞休。少帝既遜國，紹年避地天津，丙辰九月薨，年六十有八，予謚文直。”

《清史稿·閻敬銘、張之萬、鹿傳霖、林紹年傳》：史官論曰：“同、光以後，世稱軍機權重，然特領班王大臣主其事耳。次者僅乃得參機務。光、宣之際，政既失馭，權乃益紛，雖當國無以爲治焉。敬銘質樸，之萬練達，傳霖廉約，紹年勁直，其任封疆、治軍旅多有績，而立朝不復有所建樹。敬銘初欲得君專國政，爲勢所限，終不能行其志，世尤惜之。”

《清穆宗實録》卷三百六十六：同治十三年甲戌，引見新科進士，内有林紹年，“著改爲翰林院庶吉士”。卷五十：光緒三年，散館之修撰，内有林紹年，“著授爲編修”。卷二百六十五：光緒十五年，已任御史。卷四百五十五：光緒二十五年，“以雲南迤南道林紹年爲貴州按察使”。卷四百八十一：光緒二十七年，“貴州按察使林紹年爲雲南布政使”。卷四百九十八：光緒二十九年，“以山西布政使林紹年爲雲南巡撫”。卷五百六十四：光緒三十二年九月甲寅，“命廣西巡撫林紹年，開缺以侍郎用”。卷五百七十：光緒三十三年二月，“以候補侍郎、軍機大臣上行走林紹年，署郵傳部尚書”。林绍年於光緒三十二年十月到永州，正是由廣西回京的途中。

林紹年之字，一作贊虞，又作贊如。清王家相《清秘述聞續》卷十六：“編修林紹年，字贊虞，福建閩縣人，甲戌進士。”清華學瀾《辛丑日記》、清孫雄《道咸同光四朝詩史》、陳衍《石遺室詩集》、民國徐世昌《晚晴簃詩匯》、作“林贊虞”。陳衍《石遺室詩集》（清光緒三十一年武昌刻本）卷九《補訂閩詩録叙》作“吾鄉林贊虞”，清鄭傑《閩詩録》（清宣統三年刻本）内陳衍《補訂閩詩録叙》作“吾鄉林贊如”。

又陳三立所撰《神道碑》云：林紹年“父諱景桐，本生父諱星海”，世多稱林紹年爲林則徐之子，係誤傳。

林紹年在廣西已有石刻，民國《陽朔縣志》第一編《地理·諸山》：壽陽山：“巡撫林紹年題‘壁立’二大字於半山中。”第六編《文化·摩崖》：“南山危有‘山高水長’四大字刻於石，題清廣西巡撫林紹年題。”“碧蓮峰半山石壁上書‘壁立’二字，旁注小字數行，爲清光緒二十八年廣西巡撫林紹年題。”

黄庭堅《題淡山巖二首》：“去城二十五里近，天與隔盡俗子塵。春蛙秋蠅不到耳，夏涼冬暖揔宜人。巖中清磬僧定起，洞口緑樹仙家春。惜哉次山世未顯，不得雄文鑱翠珉。”“淡山淡姓人安在，徵君避秦亦不歸。石門竹徑

幾時有，瓊臺瑶室至今疑。回中明潔坐十客，亦可呼樂醉舞衣。閬州城南果何似，永州淡巖天下稀。"（《四部叢刊》景嘉興沈氏藏宋刊本《豫章黄先生文集》本。）

淡巖又稱淡山巖、"淡" 又作"澹"，在永州零陵城南二十五里。黄庭堅"閬州城南果何似"二句，承接杜甫《閬水歌》"閬中勝事可腸斷，閬州城南天下稀"而咏永州淡巖。林紹年"一從魯直題詩後"，又承接黄庭堅詩句，而寄刻於朝陽巖。

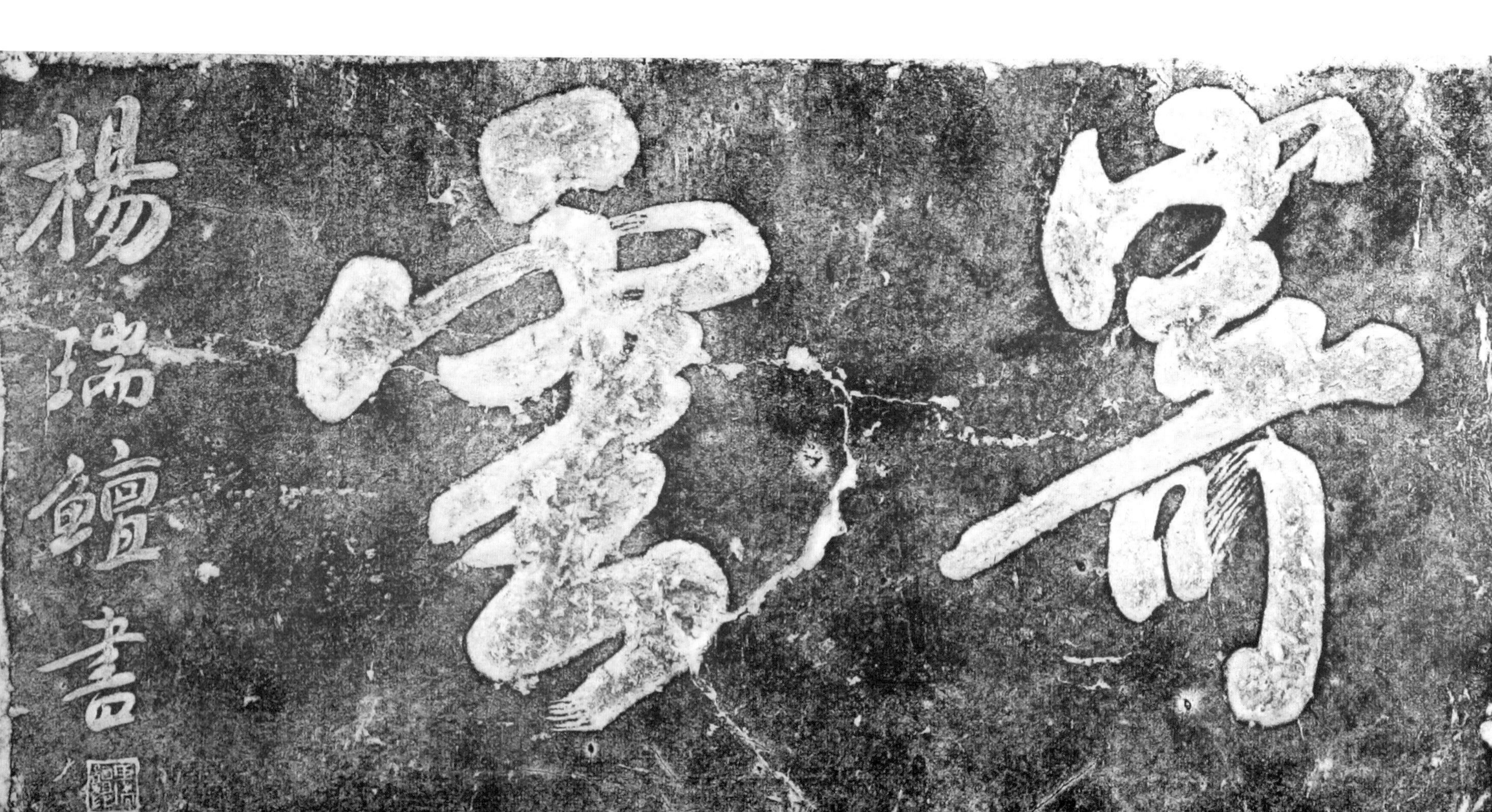
寄雲
楊瑞
書

# 光緒間楊瑞鱣“寄雲”榜書

## 釋　文

寄雲
楊瑞鱣書。

## 考　證

榜書位於朝陽巖上洞頂部石簷上，登篆石亭可見，高27公分，寬53公分。署款下鈐印一枚，文曰“臣瑞鱣印”。

楊瑞鱣，字集三，號滇榆，又號蒼洱介人、僊源主人，雲南大理府太和人。光緒二十一年（1895）登乙未科殿試金榜第三甲，賜同進士出身，以知縣即用。光緒間爲湖南城步知縣，宣統元年爲湖南桃源知縣，民國三年再任桃源知縣。

《清德宗實録》卷三百六十七：光緒二十一年乙未，引見新科進士，内有楊瑞鱣，“著交吏部掣籤，分發各省以知縣即用”。卷五百二十七：光緒三十年，“城步縣知縣楊瑞鱣，才短識闇。湘潭縣知縣劉爔，厚重鈍拙，難勝繁劇。湘鄉縣永豐縣丞江洪，人地未宜。均著開缺另補”。

楊瑞鱣曾在桃源修建古隱君子之堂，祭祀陶淵明。又建息機别館、躡風亭，賦詩刻石嵌壁。民國四年彙源書局石印本《洞天唱和詩集》一卷，續集一卷，羅潤璋纂。書首有《叙》云：“歲甲寅，邑侯楊公集三重莅兹土，慨然有感，謀諸父老，重新之，甃瓦庀材，不數月蕆事，顔曰‘古隱君子之堂’，於重九聚集賓僚，詩酒酬詠於斯。”正文首爲楊瑞鱣七言律詩《九日讌集古隱君子之堂並序》：署名“楊瑞鱣滇榆”，序云：“歲己酉，余承乏是邑，踰月，

以母憂去官，暫遊淵源裡，未免爲漁人所笑。今年春，重來問津，江山猶是，而風景已非。但見荒煙障谷，蔓草平堦，碑碣苔封瓦礫邱積，愀然者久之。歸乃謀諸同人羅君琳修，吴君麟書，鳩工庀材，重建一堂，以祀靖節先生，名曰‘古隱君子之堂’。蓋外顧當世，内顧吾身，而感慨係之矣。”所云歲己酉爲宣統元年（1909），歲甲寅爲民國三年（1914）。羅琳修即羅潤璋。

清吴恭亨《對聯話》卷三引澧縣謝春軒（謝闓運）《養生齋墨剩録》曰：“有桃花源對聯，多爲予前此所未見者，兹分録之。”其二爲桃源縣知事楊瑞鱣聯：“境闢太元中，看流水桃花，洞口不生寄奴草；地猶武陵郡，喜垂髫黄髮，村中時見避秦人。”吴氏按：“用寄奴草綰合淵明志事，恰肖。”其四爲桃源羅潤璋聯：“卅六洞别有一天，淵明記，輞川行，太白序，昌黎歌，漁邪，樵邪，隱耶，仙邪，都是名山知己；五百年問今何世，鹿亡秦，蛇興漢，鼎争魏，瓜分晉，頌者，謳者，悲者，泣者，未免桃花笑人。”

楊瑞鱣何時到朝陽巖不詳，由題刻鈐“臣瑞鱣印”，殆由任職湖南，往來途中經過登覽時作，兹暫繫於光緒間。

# 民國

# 民國五年望雲亭“何須大樹”榜書

## 釋　文

何須大樹

丙辰伏日，天久不雨。流金爍石，憂心如焚。避暑朝陽巖，涼風颯然，不減箕踞長松下矣。題此志慨，彝陵望雲亭。

## 考　證

榜書在朝陽巖上洞内壁。有題記及署款，高 64 公分，寬 258 公分，七行，行書。

所云丙辰爲民國五年（1916）。

彝陵，即夷陵，清初避諱改“夷”爲“彝”。至順治五年，改稱宜昌。《漢書・地理志》，夷陵屬南郡。《舊唐書・地理志》：“夷陵：漢縣，屬南郡。有夷山在西北，因爲名。蜀置宜都郡。梁改爲宜州，後魏改爲拓州，又改爲硤州。隋縣治石皋城。武德四年，移治夷陵府。”唐杜佑《通典》卷一百八十三《州郡十三》：“夷陵郡：峽州，春秋、戰國時並楚地。秦將白起攻楚，燒夷陵，即其地也。秦、二漢並爲南郡地。魏武平荆州，置臨江郡。後劉備改爲宜都郡。吴改夷陵爲西陵，常爲重鎮。晉、宋、齊並爲宜都郡。梁改置宜州。西魏改曰拓州。後周改爲峽州。陳嘗得之，爲重鎮。大唐爲峽州，或爲夷陵郡，以扼三峽之口，故爲峽州，西通蜀江。”宋稱峽州，明稱夷陵州。清乾隆《東湖縣志》卷三：“按順治五年改夷陵爲彝陵，今皆追改爲彝。”清同治《宜昌府志》卷三：“國朝升州爲府，亦仍治夷陵。”卷十四：“國朝雍正十三年，升州爲府，因《宋・州郡志》宜都郡有宜昌、彝陵二縣，遂以爲名。”夷陵爲

楚西境，自古號稱荆楚形勝之區。

望雲亭，本名文祥，字桂丞。湖北宜昌人。少以駕船爲業，後入行伍。隨左宗棠入新疆，因功升守備。中日甲午之役，赴朝鮮作戰，以功補遊擊，授鎮遠軍副将。民國初，任内蒙古伊克昭盟宣撫使。自民國四年至十二年，任零陵鎮守使，護國運動中，率先獨立，自任湘南護國軍總司令。

民國《雄縣新志》第八册《兵事篇》："光緒二十五年冬，張岡村人始習拳，知縣冬之陽捕其魁，稍斂跡。明年，保定焚教堂，大吏不禁，縣境拳匪乃日熾。五月二十二日，邢長春带兵赴津道，出孤莊頭村，以拳匪要截，擊斃三十餘人，由是拳民恟懼。及京師陷，官吏威令不行，拳民據城署，奪炮船，無復忌憚矣。八月，淮軍統領望雲亭署提督吕本元率兵先後至，時拳匪已聞風遁，乃焚習拳之各村，以亂事敉平聞，實則伏莽尚多。"

《清德宗實録》卷四百七十六：光緒二十六年，"諭内閣李鴻章奏，武職大員聲名惡劣，請旨懲處等語。記名提督署天津鎮總兵徐得摽，統带各營訓練無方，前在易州、涿州一带縱勇殃民，著即行革職，永不叙用，並不准投效各路軍營，以肅戎伍。分統儘先遊擊望雲亭、蘇長慶，均有被揭之案"。

劉壽林《辛亥以後十七年職官年表》（中華書局 1966 年版）載：零陵鎮守使，望雲亭：民國四年（1915），8 月 7 日任。至民國十二年（1923）止，注云："此後未見任免。"按其説甚誤，零陵鎮守使其後尚有劉建藩、蕭昌熾。北京政府陸軍部檔案又有《譚延闓擬請以劉建藩爲零陵鎮守使電》（1917 年 9 月 8 日），電文云："大總統、陸軍總長鈞鑒：零陵鎮守使望雲亭勞苦功高，現因入京，乞賜拔擢。遺缺已委少将劉建藩署理，呈報在案。可否賜任命，俾專責成，毋任延跛。延闓叩。"（見中國第二歷史檔案館編《中華民國史檔案資料彙編》第 3 輯《軍事》，鳳凰出版社 1991 年版。）仇鼇《劉建藩零陵獨立前後》："在譚延闓派望雲亭到北京去接傅良佐的時候，並派劉建藩代理零陵鎮守使。劉建藩原在保定軍官學校畢業，曾在廣西學兵營當過營長，和廣西軍人多有關係，同時零陵鎮守使署所轄二十營中下級軍官，多數是他的學生。當時譚延闓派他到零陵，原來也有準備獨立和等待廣西支援的意思。""劉建藩的爲人，有胸襟，有才具，爲湖南軍人中的傑出者；同時零陵的地位，正好與廣西聯成一氣。"（《文史資料選輯》第 26 輯，寫於 1961 年）

北京政府陸軍部檔案，有《范國璋關於勸告望雲亭"及早反正"密電》（1916 年 4 月 30 日），電文云："北京統率處、參陸两部鈞鑒：本日准常澧王鎮守使豔電内開：永州叛亂各節，殊堪髮指。除電請王使電望嚴切勸告及早反正

外，現經派探偵察確情，並激勵将士準備一切，候令遵行。先此報聞。副司令范國璋叩。”

又有《陸榮廷請分别授與望雲亭、高佐國勳位勳章密電》（1917年2月7日），電文云：“北京大總統、國務總理鈞鑒：竊榮廷去歲率師援湘，道出永州，衡永鎮守使望雲亭首先回應，自桂邊（致）［至］衡陽千餘里，匕鬯不驚，餉道無阻，湘南各軍，賴其接應援助，用能進行一致，恢復共和，其功在全國，盡人皆知。中将高佐國，聯合湘南義師，運籌决勝，勵勣卓著。事定之後，望鎮暨高中将，均不伐不矜，榮廷知之最深，未便壅於上聞，致令民國酬庸有所勿占，擬懇特沛鴻施，給與望鎮勳位，並從優獎給高中将勳章，以勵有功。是否有當，伏候鈞裁。陸榮廷呈叩。”（均見中國第二歷史檔案館、雲南省檔案館編《中華民國史檔案資料叢刊：護國運動》，江蘇古籍出版社1988年版。）

《政府公報》民國六年第五百三十五號（1917年7月13日）載《永州望雲亭電》，電文云：“天津國務院段總理鈞鑒：張勳狂悖，以禍清者禍我國民，鈞駕首先討逆，救國苦衷，神人共鑒。恭讀歌、魚两電，敬悉既總師干，復勞國政，從此蒼生有託，國本不摇，鼓舞懽欣。謹爲全國軍民額首稱慶，同仇志切，願效馳驅，萬里孤忠，枕戈待命。零陵鎮守使望雲亭叩。”

文公直《最近三十年中國軍事史》（上海太平洋書店1930年版）《湖南之軍事》一節中有“望雲亭之獨立”一目，敘述事件原委云：“湖南爲三楚屏蔽，護國軍得之，可以驅馳中原，又素爲民黨産地，故黨人謀之最急。黔軍入湘，袁世凱前後遣兵防禦，不下四五萬人，黨人雖欲有所圖，終屈於兵力過厚；即湘西羅劍仇之遊民軍五六千人，亦僅免於敗耳。二月中，黨人襲擊将軍署潰敗，死者甚多，愈憤。會袁軍之在湘西者，敗耗日至，而桂、粤、秦、浙相繼獨立，陸督榮廷總大兵北伐，道出湘，湘西招討使程潛、陳强亦合兵進逼，轉戰於鳳綏、静武之間，湯薌銘始大窘，知袁世凱之必敗，遂乘機邀利，乃貳於袁。時湯化龍在滬，以反袁自命，於是湯薌銘因乃兄以介紹於湘中民黨領袖譚延闓等，與俱提攜，約以獨立，稍分其權於民黨。然其時北軍之在湘者尚多，不敢遽發，適零陵鎮守使望雲亭者，本湯舊屬，懼桂軍逼進，迭電請示，湯薌銘因之，暗囑其獨立，以聯桂軍，而迫駐衡（倪）［袁］軍。望雲亭亦以保領疆土計，於四月二十六日，宣告獨立，自署湘南護國軍總司令部，加派軍隊分赴各要隘駐劄。桂軍由是安然通過永州。”

事蹟又見中國第二歷史檔案館編《中華民國史檔案資料叢刊：北洋軍閥統治時期的兵變》（江蘇人民出版

社 1982 年版），中國史學會、中國社會科學院近代史研究所編《北洋軍閥（1912—1928）》第二卷《袁世凱的獨裁統治》（武漢出版社 1990 年版）中《湖南獨立記》、《癸丑失敗後湘中革命黨史概略》，及《毛澤東早期文稿》注釋等。

湖北省宜昌縣地方志編纂委員會編《宜昌縣志》（1993 年版）卷三十《人物》有傳，謂望雲亭“1913 年 9 月，湯薌銘督湘，召望隨行，任湖南省第六區司令官兼道縣知事”，“1916 年，各省反對洪憲帝制，4 月，望亦宣布零陵獨立”云云。

據《道縣志》1994 年版，民國三年湖北夷陵人望雲亭曾任道縣縣長。

榜書作於丙辰伏日，爲民國五年夏曆六月間，西曆 1916 年 7—8 月，其時望雲亭宣布獨立不久，桂軍進入湖南，湯薌銘宣布湖南獨立，袁世凱因病身亡，局勢大定。“何須大樹”題寫於朝陽巖上洞石窟内，寓能遮蔽酷暑，有取代樹蔭之意。此語典故，取源於“大樹将軍”。後漢馮異，爲偏将軍，爲人謙退不伐，行與諸将相逢，輒引車避道。每所止舍，諸将並坐論功，馮異常獨屏樹下，軍中號曰“大樹将軍”。及破邯鄲，乃更部分諸将，各有配隸。軍士皆言“願屬大樹将軍”，光武帝以此多之。事見《後漢書》本傳。又南朝馮道根，爲右衛将軍，性謹厚，木訥少言，每所征伐，終不言功，諸将讙嘩争競，馮道根默然而已。梁高祖嘗指馮道根示尚書令沈約曰：“此人口不論勳。”約曰：“此陛下之大樹将軍也。”事見《梁書》本傳。望雲亭榜書亦以古之大樹将軍自擬，可謂一語雙關。

# 民國八年李明軒“蘭亭故事”詩刻

## 釋　文

蘭亭故事，曲水流觴。楊公倣造，于彼朝陽。距城不遠，僅隔一湘。誰謂河廣，一葦可杭。吁嗟乎！清幽憑我賞，名利看人忙。

民國八年己未古正月十七，祁陽北隅李明軒，侍父馥堂，同堂兄尚節，游此，奉命題。父書。

## 考　證

詩刻在朝陽巖逍遙徑，高 43 公分，寬 69 公分，十一行，楷書，無題。

楊公，指楊翰。

“誰謂河廣”，語本《詩經·衛風·河廣》：“誰謂河廣？一葦杭之。誰謂宋遠？跂予望之。”

“名利看人忙”，語本宋邵雍詩：“同向静中觀物動，共於閑處看人忙。”見《伊川擊壤集》卷十三《依韻和王安之少卿六老詩》。又宋陸游《春殘》詩：“箇中有佳處，袖手看人忙。”又《夜坐》詩：“如今俱夢破，高枕看人忙。”又《龜堂初暑》：“安得此時江海上，與君袖手看人忙。”宋魏了翁《高嘉定生日和所惠韻》：“準擬耆英會，倚杖看人忙。”宋劉克莊《題林户曹寒齋》：“舉世争馳勢利場，君於冷處看人忙。”宋戴復古《洪子中大卿同登遠碧樓歸來》：“無心當世用，袖手看人忙。”金元好問《贈韶山退堂聰和尚》：“今日棚前閑袖手，却從鼓笛看人忙。”元王惲《和郝子貞見贈之什兼餞舟行》：“情話滔滔不易量，幾年閑處看人忙。”

馥堂，即李馥。一名方端，字子正，號稻人，湖南祁陽人。光緒十三年，王闓運講學於長沙船山書院，馥往

就讀，得公羊學之傳。後又肄業於永州蘋洲書院。光緒十五年參加郡試，以優等第一名補廪。光緒十七年爲舉人。光緒二十一年，譚嗣同設湘學會於長沙，李馥認爲康梁"曲學阿世，将亂天下"，親往長沙辯正。後設館於家，又爲郴州嘉禾珠泉書院山長。著《大學中庸蠡言》、《論語訓釋》、《孟子文演》若干卷。民國九年（1920）主修《祁陽縣志》，民國二十年（1931）付梓。

民國《祁陽縣志》卷七上《選舉表·特科》載："李馥：補光緒經濟特科。""李馥：十七年辛卯。"

同書卷六《官師志》載："趙宜琛：字憬玠，以貴陽進士莅縣，自恨無學，特好士，勤於勸學。每季命題，四隅徵文，考等弟，賞賚戔戔，意拳拳也。後屢任零陵、邵陽，知永州府、長沙府，聘縣名宿陳麟祥教其子於邵。特賞賀金聲，薦於俞中丞統省衛兵。又嘗與李馥論新學，馥醉，直斥新學謬，且謂此自魏默深'師夷長技以制夷'之説誤之。中國工匠不下數千百萬，倘考工之例開，利器出矣。不工之求，而學之尚，舛甚矣！宜琛謂此即'日省月試'之説也，旋薦馥於但湘良，教其子讀，殆欲馥恒吐其愚乎？但如賀數見奇於俞乎？乃俞刑幕與洋教師比而謀，賀以凶折，幸馥爲朱其懿阻，惷直不露，而幸全。賀死之月，宜琛適赴京引見，在上海聞之，先有疾，遂加劇，氣逆而死，可謂能好士矣。"

同書卷十一《自叙》云："寿志距今五十餘年耳，乃各撫軍亟目修志屬縣令。民國肇建，籌治兵餉，日不暇給，乃如譚如湯，亦以此爲急務。初，有以纂修屬者，比謂湘綺師存，就學宜急，且耆宿多在，不之許也。庚申之歲，長日無營，偶諾之。"

同書同卷附李馥弟子黄喬所作《正師行狀》，云："公諱馥，一名方端，字子正，稻人其號，姓李氏。行年七十有六，於維民建國之十有八年己巳二月初六日，以無疾終。公之先系出南唐，於明初自江右遷祁。宗子春秀，分居祁東富里之鶯山畹，歷十有五傳而至公。高祖諱華林，祖諱溟珠，父諱廷輝，皆有隱德。初，其祖溟珠博學能文，以其餘力兼習青鳥子術，舉茂才，隱居不仕。曾爲太高祖卜塋决其後必達，樹没字碑於兆前，謂人曰：'留以待釋褐之子謁祖時題焉。'至道光甲寅而公生，兄弟五人，公居長，獨具奇表，沖穎逾倫輩。幼即從祖溟珠讀，則於書能觀大意，不屑屑章句。年十二，祖捐館，貧不能出就外傅。有陳紀堂者，館學也，聞之，招之從遊，不取修金。然無以供膏火，父憐其憤悱，乃爲典薄田以卒其業。年十八，應童子試。時張公修甫以名翰林守永州，題擬韓文公，素筆沉雄，鄙昌黎之纖曲，獨登堂冒請代歐陽子，張公許焉，奇其文，拔置前矛。明

年，附邑庠，而家益困。公乃以《詩》、《書》教鄉子弟，藉得館穀養親，兼課諸弟。學約十餘稔，用稍給，適門弟子有以鬧考罹辜者，公奔走營救出獄，備歷罷勞，心忿且愧，遂撤帳。丙戌歲，大旱，斗米千錢，族戚寒畯之士多不能舉火。公苦無書賈，乃悉羅養於舍，假書師友家，俾衆爲鈔胥，傾囊不足，繼以借貸，而公之得博觀群書者，亦昉乎是，學益富，名益彰。聞王湘綺先生講學船山，負笈往從之，湘綺一見，許爲大器。公固素有大志，得湘綺公羊學之傳，宗孔子樂道堯舜之道，託《春秋》，改制作，以俟後王之冒，遂思有以行其革命之志，頗以禹、皋自許，且小伊、吕，蕭、曹以下更羞稱矣。業初竟，而其夫人蕭棄世，公憂子女咸稚，莫之内助，兼無以爲父母養，乃繼室全藉，操菽水之役，身則近肄蘋洲，便獲獎金以支俯仰。年三十五，陸公寶忠視學湖南，按臨郡試，得公卷，驚絶作，以優等第一餼廩，送入校經堂。張公亨嘉繼提學政，尤加激賞，屢課輒最，與湘鄉李希聖齊名。李學博而大，公之學則精而深，時人號爲'二李'。其年，公以科考第一，與選優貢，張公器重之，不直名，每呼加以'先生'尊之。湘綺嘗以此嘲公，見諸尺牘。張公之去也，選刊《湖南校士録》，聘公主勘，公亦多所商訂，至三易其板而後出。公以此名噪於時。再明年，公以公羊學舉於鄉，一考南宫不第。公固守《春秋》'不與夷狄主中國'之訓，雅不欲臣满，故亦不復與試。時康梁變法，時局跕危，立湘學會於湖南，湖南諸名公和焉。公深惡其曲學阿世，謂將假經術亂天下，往正之，不能争，遯還鄉里，仍以其所學循誘後進。歷掌寧遠、嘉禾各書院，日以人道貴别於禽獸爲主講，刊有《泠南課藝》，中擬雁媒、虎倀、醉猩三論，借諷當世之媚外者，尤膾炙人口。已而倦遊，乃就館於家，四方之士遠道來從者，麕集於門下。公設經義、史事、詞章三科以爲課程，俾各修專業，人材藉盛，公欣樂育焉，嘗有'助我'、'啟予'之歎。課士之暇，相繼發其學説於著述，成《大學中庸蠡言》、《論語訓釋》、《孟子演義》若干卷，大都痛斥宋儒之悖謬，而發皇《春秋》'新王'之微言大義。就正湘綺先生，湘綺稱之爲'政學家言'，且謂其不比宋芸子之學不成家也。公既不遇於時，又不偕於俗，居恒不得意，往往使酒駡座，非心契弟子不與談書。與之言，則汎涉狎邪、干禄、滑稽、訕誹之辭，以相刺戾，或一言偶拂，則直斥爲袄、景、墨教之徒，以故溝瞀嵬瑣之儒，挑達詭隨之子，相戒畏避，無敢與語者。癸卯，學使吴公慶坻耳公名，深相接納。朝廷詔求俊乂，設經濟特科，吴公舉公應徵，公重拂吴公意，勉强赴召。策及洋務，深觸公之忌，投筆擲卷而出，怏怏返里，益

悒鬱無聊賴，憤罔所洩。會丙午，衡陽道譚啟瑞苛斂無藝，官否協同，提賣役田，以充南路師範學款。公以明有役田，乃當役者之糧額私産，明非糧在二石以上者不能充鋪役，故鋪役注册兼注其田，並非官田。且明亡制更，清用雇役，役更無田。今賣役田，實奪民田也。出而争之，譚道斥公阻撓其事，将納公於法。不得已，公身扣閽於京，押解交本省訊辨。公在途，而其母某太夫人卒於家，公道聞，一痛幾絶，乃遣抱寄獄岳州，身星夜奔喪歸，未遑投案。而省吏傳訊，急於星火，公具牒，緣引《喪禮》緩頰，各大吏亦無不知公者，姑予之。葬後，猶未卒哭，公衰絰臨庭，巡撫岑公素景仰其人，見而憐之，給蒲團坐訴。公呈所作《役田源流考》乞核，訟得直，民巷舞衢歌相慶。喪服初祥，學使吴公又以書來招，聘主嶽麓高等師範經史講席。公崇尚漢學，以經格於欽定義疏，厖雜無家法，而公羊尤爲時所厲禁，乃爲編中史講義二卷，以授諸生，仍以經術論斷歷朝政制之中失。居校中，身無長物，几上一筆一硯而已，學者請益，公默不一語。登堂書版以諭，未期月，拂袖而去。民國肇建，志與世違，遂蟄伏鄉間，足不復履城市。甲寅，公年已六十矣，邑人倡修縣志，以書聘公主纂，公不肯出山，請其就家創稿，公亦藉以攄其牢愁。仿太史公例，爲表、志、書、傳，凡十餘卷。公於詩文，多不留稿，門弟子爲類録殘餘，得若干首，成《稻人集》約十餘卷，請公自正，公一笑置之。公性最孝友。初，其父僅有萊田數畝，命公兄弟異居分之。公曰：‘古之制田授於農，上大夫不爲場圃，不察於雞豚。吾於古，大夫也；四弟、五弟，士也。烏用分田爲？田可悉給三弟，彼農也，俾自食先疇。二弟早死無後，禮重繼絶，可以三弟次子後之，教養惟吾任。大夫例應禄逮父母，則凡親之養，我之職也，親之債，我之負也。四弟、五弟以士自育其妻子焉，可毋須乎分肩。’既而其三弟復不禄，兒女藐兹孤，公復爲育之，而二弟所後子亦公撫焉。時非古也，而公古之。公固無禄也，謂粥文抑禄類，故終其身無負郭田也，顧雖家無甑石儲，而公簞食瓢飲，不改其樂，鶉衣見肘，晏如也。乃途窮齒暮，家運不辰，疊遘愍凶。其父喪於壬戌，其長子喪於乙丑，其次子喪於丁卯，曾不七稔，孑然弔影。雖有諸孫，皆幼，其長者猶未冠，復不能博公之歡心。公垂老無樂，憤益填胸，於是以旄耋之年，挾其所著書奔走四方，冀遇知己者。初遊岳州，以吴軍長佩孚前在衡，曾相聞問，往投刺報訪，途中嘔血數斗，不見而返。繼遊郴州，聞許師長克祥能剿其匪，適駐其地，姑謁探焉，亦以不合而去。今又将遠行，欲渡江而北，訪道崆峒，乘輿已駕，未即發，忽忽若有所

亡。飲次，持栝尚未釋，默坐而卒，人以爲遯形而化云。”

民國二十七年《嘉禾縣圖志》卷十九《人物篇·官師列傳》載：“李馥：字子正，祁陽優貢舉人。遊學船山校經，居業敏卓，爲一時冠。來長珠泉書院，在丙明之後。丙明尚品格，使士知恥，馥講經史，使士奮學，蓋皆大有造於嘉禾人士者也。馥於書無所不窺，諏史爛熟，治經精《春秋公羊傳》。所著有《大學中庸蠡言》若干卷，《論語訓釋》若干卷，蓋演繹王湘綺師公羊家言，亦有類於劉逢禄《論語述何》。贊曰：善化雅尚，桂陽踐真，不徒經訓，師表人倫。祁陽博洽，狂狷取材，大雅不作，臨風傷懷。”

李明軒，不知爲李馥第幾子。按黄喬所作《正師行狀》，“其長子喪於乙丑，其次子喪於丁卯”，未知是其中一人否。此處乙丑爲民國十四年，丁卯爲民國十六年。又二年，李馥亦逝世。

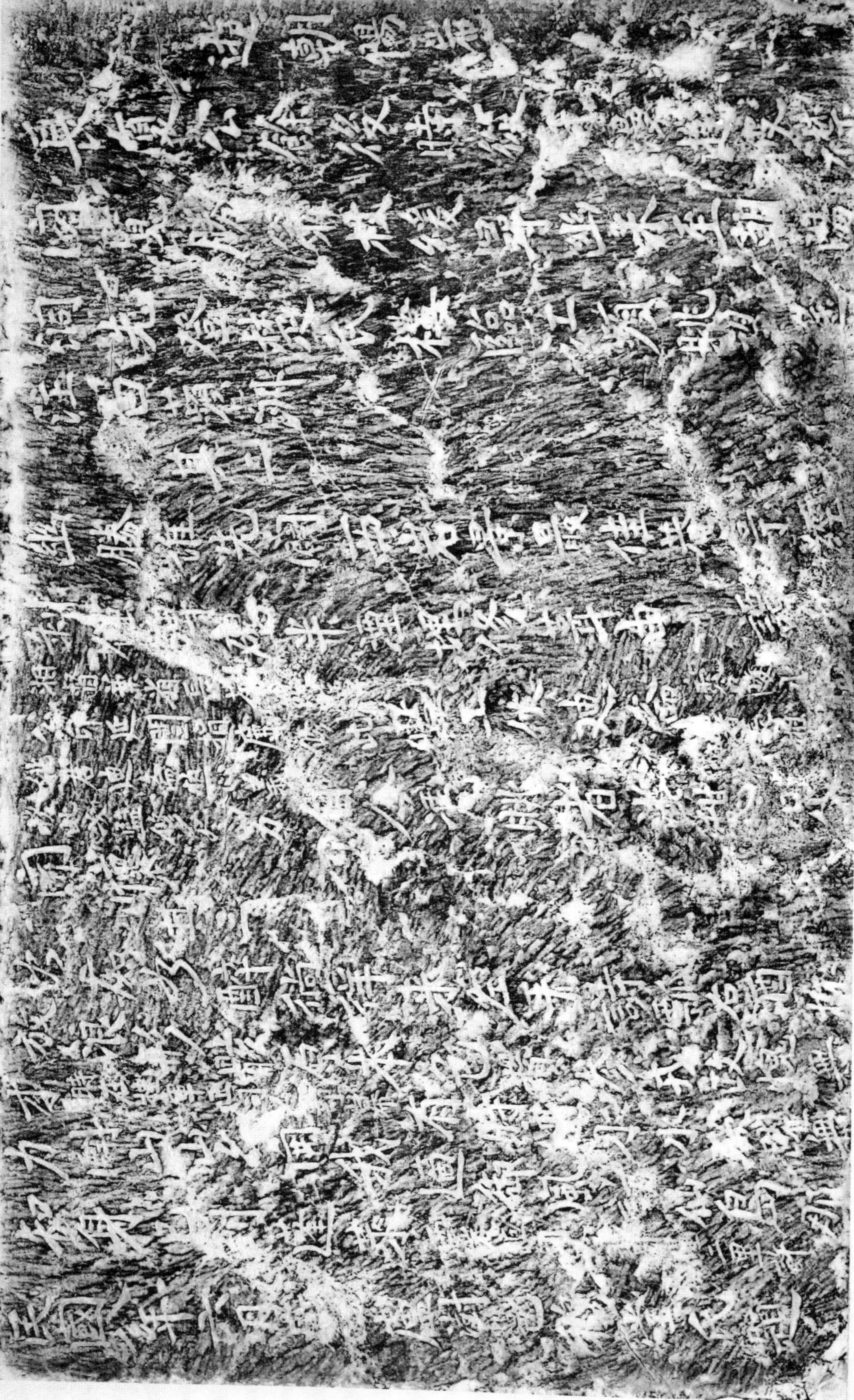

## 民國八年盧澍邕《遊朝陽岩》三首詩刻

### 釋　文

遊朝陽岩

長夏公餘後，時從此漫遊。披襟閒覽勝，策杖緩尋幽。未至朝陽洞，先登楚氏樓。臨江頻眺望，遙注白蘋洲。

其二

幽勝誰先闢，西岩景最佳。菴亭經剥蝕，碑碣半湮埋。修葺由譚督，（湘督兼省長茶陵譚公氏延闓捐廉修此。）監工仗迪斋。（零陵水警署長湘□姚君迪斋熱心義務，此次監修尽心力。）自今湀眺者，遊憩足開懷。

其三

如痴如醉徜徉来，左手詩瓢右酒杯。放浪形骸原本色，贊參戎政愧無才。（時在桂軍卫司令部幕。）有時過水水欲躍，無力闢山山久開。我適御風訪仙島，那知身已到蓬萊。（西岩距司令部僅二里許。）

民國八年六月廣西盧澍邕穆堂氏題。

### 考　證

詩刻在朝陽巖上洞，高 45 公分，寬 74 公分，十八行，楷書。

盧澍邕，號穆堂，廣西人，桂軍軍人。

民國四年（1915）九月二十六日《政府公報》第一千二百十六：“謹将廣西歷年勦辦股匪各案在事出力文職分别擬獎繕具清單恭呈鈞鑒：計開……廣西中區陸軍步兵第五連書記長盧澍邕……以上三十三員，原請補授陸軍步兵中尉，擬請改給二等奬章。”

白蘋洲，清光緒《零陵縣志》卷一《地輿·水·瀟水》："黃葉渡下有白蘋洲，廣半里，長二里餘，舊多白蘋，故名。今則古木叢生，柯葉蓊菿，夏日綠陰照水，估舟多繫其下，望若畫圖。"《楚辞·九歌·湘夫人》："登白薠兮騁望，與佳人期兮夕張"，"白薠"或作"白蘋"。

楚氏樓，疑即零陵鎮永樓。

第三首末句原注"西巖"下一行，磨泐不辨。

"桂軍卫司令部幕"，當指桂軍司令部之衛隊。"卫"爲"衛"之俗寫。明末張自烈《正字通》曰："卫，俗衛字。"民國六年（1917），廣西陸軍創辦模範營，營長馬曉軍，第三連連長黃旭初，黃紹竑爲連附。11月，譚浩明率桂軍入湖南，至零陵，改稱湘粵桂聯軍，譚浩明爲湘粵桂聯軍總司令，模範營改爲司令部衛隊。黃紹竑《五十回憶》云："譚浩明氏以廣西督軍之地位，率兩粵桂軍入湘，一切均由其支配。到零陵後，被推爲護法軍湘粵桂聯軍總司令。""是年的秋天，模範營奉命出發湖南，由南寧乘汽船到平南、藤縣間之蒙江圩登陸，經蒙山、荔浦、陽朔而到達桂林。在桂稍事休息，再經靈川、興安、全州而到達湖南之零陵。""譚氏抵長沙後，因原有衛隊皆爲防營舊軍，難免貽笑大方。其左右獻議，聯軍總司令部應有訓練成熟、紀律良好之隊部作爲衛隊，以壯觀瞻。乃令模範營開赴長沙，改爲湘粵桂聯軍總司令部衛隊第一營。升任馬曉軍爲副司令，兼該營營長。陸軍模範營名目至是取消。"

湘粵桂聯軍在岳陽被吴佩孚軍隊打敗後，"吴軍節節進迫，佔領衡陽後，復追至祁陽與零陵間之黄姑嶺，始行停止。我營因係衛隊，皆未參加戰鬥，由長沙經湘潭、衡山、衡陽、祁縣，退駐零陵之東湘橋。……此民國七年四五月間事也"。"東湘橋爲零陵、全州間之一小鎮，我們在那裏駐防訓練的時間甚久。""民國八年的三四月間，據説吴佩孚和陸榮廷彼此獲得了諒解。吴軍退出衡陽，桂軍退回桂境。一場護法戰争，無聲無息中，就算結束了。我營亦於五月間回桂林，旋又開回南寧。"

上海《字林報》民國七年（1918）湖南永州府四月三十日通信："永州府（即零陵縣）在湘省南部，太平之亂，桂匪犯湘之道也。去冬譚浩明率桂軍入湘，亦取道於此，乘勝進逼，直達嶽州，可謂縱貫湖南，抵其北門。桂軍至此，風勢忽轉，繼復逐步南退。一進一退，頗如大潮之漲落，神速出人意外。"又七月二十五日湖南永州通信："北兵自五月攻克祁陽後，迄今未進闚永州，而南軍亦奉有陸榮廷之命，只取守勢，不圖恢復。刻北兵仍舊截斷永州下游百二十里之河，祁陽南三十七里之關，亦爲北兵所占。永州之東與西，北兵均

設防焉。”“日者吴佩孚之專使抵此，當由譚延闓（南方之湘督，刻駐永州）護送往謁譚浩明（前任桂督）會晤後，遂於黄沙河在司令部（公）［召］開軍事會議（按黄沙河在永州西南八十里，通廣西），雙方之暫時停戰，即於斯會而定焉。”（見湖南善後協會編《湘災紀略》1919年初版，中華書局2007年版，第339、340頁。）所説與黄紹竑回憶均爲同一背景。

盧澍邕屬於聯軍總司令部原有衛隊，還是模範營改編的衛隊第一營，未見記載。但聯軍總司令部在民國六年秋冬，曾有“原有衛隊”和模範營駐紮零陵。民國七年四五月約至八年三四月，模範營改編的衛隊第一營仍駐紮零陵，達一年之久。盧澍邕三詩刻於民國八年六月，正當桂軍撤回廣西的前夕。

## 民國八年黄鉞“未逐漁舟去”詩刻

### 釋　文

未逐漁舟去，来游楚氏楼。（相傳此地爲楚敏毅、淑蕙两仙棲真處。）仙人不可見，愁對白蘋洲。

民國八年己未夏，長沙黄鉞題，古梅山黄煌書。同游者，昭潭吴貞纘，湞陽楊仁，衡山李占鰲，溈陽彭立羣、黎兆枚、朱璋、徐漢、黎元吉、文奎斗、唐澄，祁陽劉穎仙。

### 考　證

詩刻在朝陽巖上洞，高58公分，寬119公分。十三行，楷書。

黄鉞（1869—1943），字幼蟾，又作佑禅，長沙府寧鄉縣人。其父黄萬鵬，官職新疆提督，二等男爵，爲湘軍名将，《清史稿》有傳。黄鉞早年隨父長住西北，蔭襲二等男爵。民國元年（1912）三月，發動秦州起義，宣布甘肅獨立，組織甘肅臨時軍政府，任甘肅都督。後改任大總統政治參議官、大總統軍事顧問官。（詳見黄鉞《隴右光復記》，民國二年印本；《黄鉞革命事略》，又名《黄鉞運動革命事略》，民國初年長沙理問街新湘刷印公司鉛字印本。）民國七年（1918），孫中山護法軍政府委任爲湘鄂豫招撫使。民國十一年，任鄂北司令。民國十五年，北伐，任鄂豫邊防司令。民國二十六年（1937），抗日，任湖南抗日義勇軍遊擊隊總司令。事蹟見黄鉞之子黄祖同《黄鉞傳略》。

黄鉞秦州起義，譚延闓曾在湖南策應，見《譚都督來書》、《湖南譚都督派員來甘助秦反正委狀》、《相都督譚延闓及同志周震鱗、洪榮圻、錢維驥致留守黄電》、《湘都督譚來電》、《湘都督譚

通電》、《黃鉞致湘都督譚電》。（載劉紹韜、黃祖同《黃鉞與秦州起義》，甘肅人民出版社1992年版。）參見黃鉞之子黃祖同《譚延闓都督事蹟拾貝》。

秦孝儀《革命人物志》第二十集《黃鉞》云：民國七年，“張敬尧督湘，時奉大元帥孫命，充湘鄂豫招撫使，組遊擊隊擊之，前後一年，部將如譚廉忠、喻雪冬死之”。黃鉞詩刻當作於此時。

楚氏樓，疑即零陵鎮永樓。

楚敏毅、淑蕙两仙：其人不詳。

黃煌，事蹟不詳。

梅山，《清史稿·地理志》：寶慶府新化縣南有梅山。此处代指新化。

吴貞纘，字子承，湖南湘潭人，北京大學法科畢業，後留學美國，回國任北京地方法院推事，北京政府司法部科長，民國十一年，任廣東孫中山大元帥府諮議，民國十七年任河南高等法院院長，民國十九年任山東高等法院院長。《湘人著述表》著録有《子承雜俎》一卷，《歷下唱酬集》一卷，均民國二十一年（1932）濟南鉛印本。

昭潭，《清史稿·地理志》：湘潭縣東北有昭山，其下有昭潭。此處代指湘潭。

滍陽，在湖南，指邵陽。《水經》卷三十八《資水》：“資水出零陵都梁縣路山，東北過夫夷縣，又東北過邵陵縣北，又東北過益陽縣北，又東與沅水合於湖中，東北入於江也。”酈道元注：“資水出武陵郡無陽縣界唐糺山，蓋路山之别名也，謂之大溪水”，“湖即洞庭湖也。所入之處，謂之益陽江口”。《清史稿·地理志》：寶慶府城步縣東北有青角山，“即古路山，資水所出，一名都梁水”。又長沙府益陽縣，“益陽江在南，一名茱萸江，即資水”。明隆慶《寶慶府志》卷五：“滍水出都梁東，流經郡北，東北合邵水入洞庭。晉、隋、唐建治在二水之北，故名邵陽，又云滍陽。然則邵陽古今通稱，滍陽唐以前稱也。”

潙陽，在湖南，《清史稿·地理志》：長沙府寧鄉縣西有大潙山，潙水所出。此處代指寧鄉。

黎兆枚，又名兆梅、師義、肅清，字叔琴，湖南寧鄉人。清末加入興中會，宣統元年，考取甘肅省司法署書記官。民國元年，借助黃鉞發動秦州起義，任甘肅臨時軍政府一等參謀官、軍政司副司長。民國三年，謀刺湖南都督湯薌銘，被鋪。民國十一年，被湖南省長趙恒惕捕殺。周四明《黎兆枚事略》云：“少豪俠，有大志。與人交遊，言信行果，事不平則拼命力争，故人雅好慕之。”（見劉紹韜、黃祖同《黃鉞與秦州起義》，甘肅人民出版社1992年版。）《長沙市志》（2002年版）有傳。黃祖同、黎凤泉有《黎兆枚烈士》，載《寧鄉人民革命史》。

黎兆枚爲參與黄鉞秦州起義之湖南同鄉。民國二年寧鄉周震鱗《隴右光復記·序》云："若同邑黄君佑禪者，乃門閥中革命鉅子也。當甘隴未光復之初，震鱗與已故湖南司法司長洪君榮圻，知黄君必能因機回應，乃合祖庵都督爲書，分路派員告之。書未至，而秦州光復之旗幟已光昭於西北矣。蓋蓄謀既久，同志中如黎兆枚諸君者，早已暗中聯合健兒歸之。"事蹟又見黄鉞《隴右光復記·反正顛末》。

李占鰲、彭立群、朱璋、徐漢、黎元吉、文奎斗、唐澄，劉穎仙，事蹟不詳。

盧澍邕詩刻在民國八年六月，黄鉞詩刻在民國八年夏，不言月日，姑次於盧澍邕詩刻之後。

朝陽巖記

朝陽巖之名始於元次山即柳子厚詩所謂西巖者也昔賢遊者唐以來至今歌詩題記其於零陵縣志戊午夏茶陵譚公督師駐永州暇遊於巖顧瞻祠宇病其蕪廢其明年乃鳩工庀材葺而新之而屬零陵水警署署長[illegible]董其役巖深處愈入則幽以狹不可以通人而巖陰[illegible]有小穴公意其可通也又命工疏泉鑿石始僂以入繼乃益窮邃迤曲折豁然貫通歷井而益曠以明則西北向而始出於青蓮峽之東焉是役也始於己未之春迄秋七月工竣屬崇立紀其略夫茲巖之在天壤間不知其幾何年也乃至有唐而始顯迄今日而始通天下巖壑之美類是者多矣而茲巖特著遊者衆矣而元柳特聞豈不以其德澤之及人者遠而其文章足以澤繪山川與然則繼元柳而起者益可知矣己未重九長沙徐崇立記劉善涯書

# 民國八年徐崇立、劉善渥《朝陽巖記》

## 釋　文

朝陽巖記

朝陽巖之名始扵元次山，即柳子厚詩所謂“西巖”者也。昔賢遊者，唐以來至今，歌詩題記，具於《零陵縣志》。戊午夏，茶陵譚公督師駐永州，暇遊扵巖，顧瞻祠宇，病其蕪廢。其明年，乃鳩工庀材，葺而新之，而屬零陵水警署署長□□□董其役。巖深處，愈入則幽以狹，不可以通人。而巖陰故有小穴，公意其可通也，又命工疏泉鑿石。始僂以入，繼乃益窮，逶迤曲折，豁然貫通。歷井而升，益曠以明，則西北向而出於青蓮峽之東焉。是役也，始扵己未之春，迄秋七月工竣，屬崇立紀其略。夫兹巖之在天壤間，不知其幾何年也，乃至有唐而始顯，迄今日而始通。天下巖壑之美類是者多矣，而兹巖特著；遊者衆矣，而元柳特聞。豈不以其德澤之及人者遠，而其文章尤足以藻繪山川與？然則繼元柳而起者，益可知矣！

己未重九，長沙徐崇立記，劉善渥書。

## 考　證

《朝陽巖記》在朝陽巖上洞，高 71 公分，寬 138 公分，二十五行，楷書。

己未，此處爲民國八年（1919）。

“零陵水警署署長”以下三字被人爲鑿毀，據盧澍邕《遊朝陽巖》詩刻“監工仗迪齋”、“姚君迪齋熱心義務此次監修盡力”語，其人姓姚，號迪齋。

1917 年護法戰爭期間，零陵駐軍、零陵水上警察起了重要作用。

譚延闓更換劉建藩爲零陵鎮守使，接替望雲亭。段祺瑞改任陸軍次長傅良佐爲湖南督軍，接替譚延闓；傅良佐任

命原湖南水上警察廳長陳蘧章爲零陵鎮守使，不久被刺身亡。劉建藩在零陵宣布自主，並打退傅良佐派入湖南的軍隊（時稱北軍）。（見丁中江《北洋軍閥史話》中國友誼出版公司1992年版。）劉建藩於行軍中，不幸在株洲渡河落水身死。（見仇鼇《劉建藩零陵獨立前後》。）

陳蘧章，永州祁陽人。民國《祁陽縣志》卷七上："陳大受，字占咸……曾孫璩章，當民國時，署水上警察廳長，與傅良佐同禦南兵，禽其副將黄岱，因爲岱刺客所中，卒。"

零陵水警署，民國間並無此項設置。水警署爲水上警察署的簡稱。清末，開始創辦水上警察，宣統元年，两江總督端方奏："水上警察，如内河水路巡警、沿海水路巡警，自應陸續舉辦。"見《皇朝續文獻通考》卷一百二十。民國初，相關各省多由清末水師營裁改爲水上警察署，後又改稱水上警察廳、水上警察總隊等。

據《湖南水上警察總隊部民國二十年業務概況——總隊長謝亮宇報告》追述湖南水警之沿革，"湖南水警創始於民國四年。設立之初，係就選鋒、飛翰、嶽沅、長勝、澄浦五部水師改編而成。初設全省水上警察廳，轄三專署，十六分署，每署轄四所，每所轄四段。廳及專署、分署，均駐陸地辦公，所、段則皆駐舢板上執行職務。警額爲三千三百餘名"。民國十年，裁撤水警廳，歸併於全省警務處。民國十二年，仍另行設廳，分爲十二區。民國十五年，以經費困難停辦。民國十八年，始再行恢復。其先命名爲水上巡緝隊，改名爲水上警察隊。（《湖南省政治年鑒》，湖南省政府秘書處1932年版。）

民國十八年，湖南水上巡緝隊轄八個分隊，民國十九年，"增加經費至二十餘萬元，補足各隊槍支"。（《湖南政治年鑒》，湖南省政府秘書處1930年版。）

民國二十一年，湖南全省水警分爲八個分隊。一分隊駐地常德，二分隊駐地衡陽，三分隊駐地省河，四分隊駐地南縣，五分隊駐地省河，六分隊駐地安鄉，七分隊駐地沅江，八分隊駐地岳陽。"此外各地，皆以船舶太少，無可分布。"（《湖南省政治年鑒》，湖南省政府秘書處1932年版。）

民國二十二年，改隸長江水警總局，仍轄八隊。（《湖南省政治年鑒》，湖南省政府秘書處1933年版。）

民國二十四年恢復舊制，稱爲湖南水上警察局，轄八個分局，駐地爲衡陽、湘潭、長沙、岳陽、沅江、南縣、安鄉、常德。"惟西路之辰沅永靖，南路之郴永桂等處，則爲經費所限，水警尚付缺如。"其中衡陽分局所管轄區域，"上自祁陽縣河起，下至衡山縣屬王石望止。"（《湖南省政治年鑒》，湖南省政府秘書處1935年版。）

據云，民國二十六年（1937）三

月，成立“零陵水警分局”，至民國三十二年，併入零陵縣警察局。（《零陵縣志》1992年版。）而“零陵水警署”或“零陵水上警察署”始終未見。

民國八年（1917）前後，出任湖南水警廳廳長的人，除陳蘧章外，則爲翁守謙。據郭存孝《清末民初職官名録》：民國五年（1916）十一月十四日：職官任免令：“任命……陳蘧章，試署湖南水上警察廳廳長。”民國八年（1919）一月八日：職官任免令：“任命翁守謙，試署湖南水上警察廳廳長。”（郭存孝《清末民初職官名録》，中華書局2011年版。）

此外，王覺源《近代中國人物漫潭》中“玩世不恭趣聞逸事”條，亦載一湖南水上警察廳長，不言其姓名。云：“湖南水上警察廳廳長某，原業划船夫。辛亥革命後，譚延闓（組菴）氏爲湖南都督，民國二年，袁世凱以湯薌銘督湘，北軍攻入湘境，入長沙城，譚氏於倉促間得某船夫載渡湘江，向嶽麓山走避，倖免於難。民國五年北軍敗退，譚氏重督湘政，委某船夫以水警隊職，不數載竟連升官至全省水上警察廳長。既儼然顯要，遂斥聚斂所得，營造巨廈，落成有日，託同寅轉懇葉氏（葉德輝）爲題門額。葉諾，次日書‘文廬’二字以貽之，某廳長獲之，視如至寶。”

零陵獨立後，譚延闓以湖南督軍名義，設行署於永州。陶菊隱《近代軼聞》：張其鍠“抵永州……永州賴以守。譚聞之，始命駕繞道返湘，設督軍行署於永州焉”。（陶菊隱《政海軼聞》載“譚聞之，欣然就道，設督軍行署於永州焉”。）

1918年6月至1919年6月，譚延闓在零陵。仇鼇《劉建藩零陵獨立前後》：“在反對北洋軍閥的鬥争史中，劉建藩零陵獨立是一個重要的章節。因爲這次獨立的行動，曾在反對段祺瑞武力統一全國的鬥争中起過關鍵性的作用。”（《文史資料選輯》第26輯，寫於1961年。）

《譚祖安先生年譜》關於譚延闓在零陵，有如下記載：

“民國六年丁巳，公三十九歲。公令劉建藩爲零陵鎮守使，林修梅爲第一混成旅旅長。北政府既解散國會，議員多南下，部份集廣州，舉行非常會議，成立軍政府，推總理爲軍政府海陸軍大元帥，維護約法，成南北對立之局。劉於總理就任大元帥後，即通電宣告自主，率先響應護法之號召，從公命也。”

“民國七年戊午，公四十歲。總理手書致公，託陳家鼐代達，促公贊助護法。”“公（自滬）經粵桂返湘，過廣州。”“過武鳴，陸榮廷在其宗祠宴公。”“過蘇橋，宿張子武其鍠家，並偕其入湘。……時吴佩孚南征，破長沙，下衡陽，鋭不可當，湘軍諸將集永州，議守嶺外，張適至，以與諸將有舊，又以公故，獲悉始末，獨持不可。於是自

将三百人守永州，設爲疑兵，張聲勢，令諸軍從容後退。北軍自入湘境，勢如破竹，不意有此堅敵。張乘間移書吴，開陳利害。吴夙耳張名，得書，感服，遂通信使，訂两軍防地。”

“民國八年己未，公四十一歲。……六月十七日，公還長沙，復任省長兼總司令……全省底定。”

譚延闓《粤行集》中有《蘇橋宿張子武家》、《桂林道中》、《柳州道中》諸詩，記述至零陵途中事。

仇鼇《〈劉建藩零陵獨立前後〉續述》：约在1918年6月間，譚延闓以湖南督軍名義回湘，由全州抵達零陵。“我們由黄沙河出發，第一步進據全州。當時雖决計再幹，但是實際上無兵無權，無可幹者。大家到了全州，慢慢試探，瞭解到吴佩孚在衡陽無意再進，於是我們一行由全州進據零陵。那時蕭昌熾有少數部隊在零陵駐紮。蕭是劉建藩的部下，在劉死後，由他代理零陵鎮守使。他在零陵，正感到没有辦法，我們一去，當然非常歡欣。”“我們再度以零陵爲根據地，湘桂两省的聯合戰綫也重新建立起來，譚延闓的督軍招牌也打出來了，可以説，我們又回復了劉建藩在零陵宣布獨立時的局面。”“我們初到零陵的時候，住在永州舊考棚。當時無事可做，也無錢可用，連飯菜都不夠。彭尤彝、陳家會、廖變等人回到廣州去了，但是却又有劉善渥、黎承福、曹孟其等人陸續地趕來。零陵的一般士紳看見我們到來，也都出來和我們合作，局面是一天天地興旺了。”“譚在那時，每日集蘇詩，寫對子，以消永日。他很同意我的看法，在這裏等待局勢的變化。”“回顧我在1917年……是年9月，策動了劉建藩的零陵獨立，湘桂两軍打到岳陽。中間幾經變故，遭遇挫折。1918年3月，我在鬥争挫折之後，再度策動譚延闓，繼續上述的鬥争。經過了两年多的時間，才把段祺瑞徹底推翻，完成了零陵獨立的鬥争任務。”（《文史資料選輯》第30輯，寫於1962年。）

譚延闓、徐崇立、劉善渥一行人在朝陽巖，《譚祖安先生年譜》亦有記載：“民國八年己未，公四十一歲。公在零陵永州軍次。零陵城隔岸有西巖古洞。西巖一名朝陽巖，距茲二十里有荒山，復得二洞，爲前人所未睹。公率諸将士，斬荆披棘而往，開山闢徑，以習勞苦，以示不忘先賢‘篳路襤縷以啟山林’盛業之意遺。”（“襤縷”通作“襤褸”或“藍縷”，《左傳》稱楚先君若敖、蚡冒語。“意遺”當作“遺意”。）

民國傅角今《湖南地理志》第五編《城市志略》載：“零陵縣：名勝古跡：芝城第一山，在縣城内東北隅。有馬路直達山頂，上有護國祠，崑濤亭，民國七年譚組菴在永時建築者，祠中祀六七年護法役之陣亡将士，亭中懸劉崑

濤之像。登其上，可以俯瞰全城，南望崳峰，北眺蘋洲，緑天在其東，愚溪在其西。”又載：“澹巖：在縣城南二十五里，因昔有澹姓者居此，故名。盤伏於東瀟水、西賢水之間，周回一里。中有窟口，可容萬人。巖窟一明一暗，各不相通，口皆東向。明巖口似新月，高數丈，甚敞闊，澹山寺在焉，其樓殿屋宇，隱隙罅中，雖風雨不能及也。暗巖洞口甚狹，持火而入，廣袤可容萬人，有仙人田之勝跡，有路可通山頂。山頂亭樹翼翼，曲徑蜿蜒，亦係民國七年南北之戰，譚組菴、譚浩明駐此時所建築者。登其上，南望九疑，北瞰江流，昔黄山谷有‘永州澹巖天下稀’之句，非過言也。”（通山頂所説“二洞”當指澹巖，而“爲前人所未睹”之説有誤。譚延闓所開闢者必非澹巖，當即通山頂之路。）

劉崑濤即劉建藩。傳記參見少翁《民初湖南革命軍人劉崑濤》。

譚延闓，字組庵，或作祖庵、組安、祖安，號無畏、訒齋、非翁。其父譚鐘麟，咸豐六年進士，爲翰林院編修，歷任陝西布政使、陝西巡撫、浙江巡撫、陝甘總督、工部尚書、閩浙總督、兩廣總督。譚延闓於光緒三十年（1904）會試第一名（會元），同年中進士，朝考第一名（朝元）。選翰林院庶吉士，散館授翰林院編修。宣統元年，舉爲湖南諮議局議長。宣統三年，爲湖南宣慰使。民國元年（1912）七月，爲湖南都督。同年加入國民黨，任湖南黨支部部長。民國五年（1916），復任湖南省長兼督軍。民國九年（1920），三任湖南督軍。後任中華民國内政部部長、國民革命軍第二軍軍長、國民政府主席、行政院長。著作有《譚祖安詩》四卷（《慈衛室詩草》、《粵遊集》、《訒齋詩草》、《非翁詩稿》各一卷）出版《譚延闓詩劄》、《譚延闓行楷古格言及自作詩》、《譚祖安先生手寫詩册》、《譚祖安廬山紀遊墨蹟》、《組庵文存》、《譚延闓日記》。湖南圖書館藏《譚延闓書信稿》手稿本二册，收入信函二百通，見《中南、西南地區省、市圖書館館藏古籍稿本提要》。有徐崇立、簡易所編《譚祖安先生年譜》，彭紹香所編年譜。（據譚翊《譚祖安先生年譜初編·跋》，茶陵彭紹香“就所知先君開國以還事蹟，别成一稿”。）民國間黨人（筆名）撰有《龍吟虎嘯館雜綴（一）紀譚組庵》。朱傳譽編有《譚延闓傳記資料》，臺湾天一出版社 1979 年版。近年周秋光編有《譚延闓集》。

《龍吟虎嘯館雜綴（一）紀譚組庵》略云：“湖南一省，在滿清曾滌生當國時，全國督撫，五分之四屬湘人，貴顯莫與倫比，固無論已。即在平時，狀元、翰林、督撫、提鎮，金印紫綬，觸目皆是，亦非他省人士可與京。顧獨缺會元，無一人。相傳北京湖南會館，公

積有鉅金，榜之曰：‘苟有會元出，即以相贈。’及組公成進士第一名，得此鉅金，概以移捐公益，並賙濟在京貧窮同鄉，歡聲雷動，謳歌載道。”“清末，組公爲湖南諮議局局長。辛亥革命成功，焦達峰任湖南都督，不數日在小西門被戕死，衆擁組公繼都督任。組公鑒於黨人群龍無首，不易駕馭，而更凜焦之被戕言，乃固辭不允。被黨人破門入，從床下搜出，堅請就職，相持數小時不決。後得强有力之縉紳擔保，與黨人約法三章，始勉强允衆請，憮頤蹙額，宣告就職，卒戡定全局。其時年僅三十稍零而已。”“譚既抱翰院才，書法遂冠絶一時，文章詩詞，尤朴茂古雅，敲金戛玉，如韓文之可以起八代之衰，不但民黨中無出其右。書法僅於髯可與抗衡，但於書已化神奇，譚字則力追古人，於字清奇嫵媚，譚字鐵畫銀鈎，壯遒剛勁，莫可與京。迥不相侔，各擅勝場。”（刊上海《社會月報》1935年5月第1卷第8期。）

湖南由清入民國，文事武事，譚延闓均占居特殊地位。尚秉和《辛壬春秋·湖南第五》云：“洪楊革命，三得武昌而三失之，以長沙始終爲清有，能撫其背也。鄂軍之變，因川亂，川路險遠，聲氣阻絶，難爲助，所急欲下者，湖南耳。湖南故多黨人，自譚嗣同、唐才常先後被難，黄興、宋教仁、劉揆一等復興，然亡命，歷年不歸。焦達峰者，洪江會首也，恒言其部下有萬餘人可用。黨人譚人鳳、文斐、曾杰等，欲以焦部發難，炸督署。焦部多流氓，未得多數同意，黎元洪信使日至，不能遽應也，然蓄慮待發甚急。黨人陳作新、黄翼球、吴作霖等，日赴軍營，稱説革命，軍人或信或否，不遽從。諮議局議長譚延闓見事急，亦言於衆曰：‘文明革命與草竊異，（原評：草竊爲篇中眼目，却借譚口説出，《史記》多此法。）當與世家巨族、軍界長官謀之。’延闓，故世家子，物望所歸。軍人聞其言，則大讙曰：‘譚翰林且言之，大事可行。’交語互勉。不數日，巡防營新軍皆變。（原評：爲後譚爲都督伏線。湘事始終賴譚翰林收束，故出語即與衆不同。清末廢科舉，謂其不足得人才也，孰謂真革命家乃在科舉中出乎！是知人貴讀書也。）”

譚延闓之妻中年病故，聞訊時，譚延闓正在零陵軍中。《譚延闓日記》1919年1月15日云：“今日爲吾四十生日，感念生來，不勝悼痛。先公以上壽告終，先母竟不得登中壽，見兒子老蒼，乃至亡妻中道仳離。俯仰家國，殆無一可以自寬者。求死不得，尚何壽乎？獨坐遠想，百憂總集。繼思人生墜地，天之安排，樂固不能，憂亦何必？不如與時消息，暫玩光景，復灑然矣。”

《譚祖安先生年譜》：“公（經柳州）抵湘，頓旆零陵。五月十六日，方夫人

病逝滬寓，家人遲未敢報，是冬公始聞之，哀悼欲絶，遂終生不復再娶。公既悉凶耗，在軍次蔬食百日。會值舊曆元旦，瀏陽劉雨人善渥時客公幕，念公素罕素食，又届年宴，囑庖人治葷以進，公不舉箸，一座大驚，劉亦惶汗，遂罷宴。”（中國交通建設學會1964年線裝鉛印本，書名題爲《譚祖安先生年譜初編》，扉頁爲伯羽（譚翊）題簽《先公年譜初編》，正文首頁題《茶陵譚公年譜》，有1964年伯羽（譚翊）跋。此書由徐崇立編纂前十年，自民國五年以後由簡易（叔乾）續成全稿。有《近代中國史料叢刊》第一編第六十八輯《慈衛室詩草·粤行集·訒菴詩稿》附，書名題爲《譚祖安先生年譜》影印本，文海出版社1971年版。又有“中央文物供應社”1979年影印本，書名題爲《譚祖安先生年譜初編》。）

譚延闓作方榕卿墓誌銘：“延闓芝城頓旆之日，即夫人紫房撤帨之辰”，“實民國七年六月廿四日，即夏正戊午年五月十六日”。

劉善渥，字雨人，號淵默居士。湖南瀏陽人。清末縣學附生，舉人，補訓導，留學日本。倡辦瀏陽駐省師範學堂，擔任省垣實業學堂、公立工業專門學校國文教員，宣統間任湖南諮議局議員。民國五年（1917）二月前任湖南圖書館館長。曾任湖南省都督府參事、督軍公署秘書官。著有《雨人詩詞集》三卷。能書，亦能篆刻。與徐崇立友善。

民國五年四月十六日《政府公報》第四百五十三號載《湖南省長兼署督軍譚延闓呈大總統請將徐崇立等准奬文職任用文》云：“兹查有本署秘書徐崇立、黎承福、劉善渥、魏聯蓁等四員，體用兼賅，爲守並懋，出身舉貢，歷涉仕塗。辛亥光復之初，延闓任事之始，委任該員等爲都督府秘書。其時两北紛争，地方糜爛，對内對外，策應維艱。兵鬨於城，匪横於野，亂機時發，險象環生。該員等不計身家，勉盡義務，矢勤矢慎，轉危爲安。在事三年，成績卓著。癸丑十一月，延闓去職以後，該員等或司徵榷，或處山林，無忤於時，各行其志。上年十月湘省獨立前，代督軍兼省長劉人熙倉促就職，贊助需人，知該員等於軍事民事均皆富有經驗，任爲秘書，深資得力。延闓接任，加給委狀，供職又逾半年。憶自上年軍隊改編之始，正人心惶惑之時，大難甫平，匪機四伏，安危一髮，事變萬端，措置稍或乖方，潰敗即在眉睫。該員等晨夕相依，贊襄密勿，用能潜清隱患，秩序敉安。每念其茂績長才，未蒙特賞，蔽賢之咎，時歉於懷。查劉善渥一員，延闓曾於民國二年九月行政公署成立彙造名册，請予存記案内，奉批交國務院存記。徐崇立、黎承福、魏聯蓁三員，延闓亦於民國二年十月咨請國務院轉呈，請准以縣知事存記録用，當經院咨行，

查前都督湯薌銘未及咨覆。徐崇立一員，又於上年八月經前代督軍劉人熙呈請交國務院存記，各在案上。……延闓撫今追昔，更難忘患難相從，故敢臚列事實，檮昧上陳。”

民國五年九月三十日《政府公報》第六百十四號載《國務總理呈大總統核議湖南省長請奬擁護共和出力人員何國琦等勳章文（附單）》云：“呈内稱‘該員等當帝制發生之時，或調和軍隊，共襄義舉，或倡辦團練，保全地方’等語，洵屬不無微勞，足録所請，奬給嘉禾勳章之處，自應照準”，“計開：何國琦、陳家璨、賓卡瓚、朱後烈、徐崇立、劉善渥、魏聯蓁、黎承福。以上人員均未受有勳章，據原單開，均係科長之職，擬請比照薦任官初受勳章例，超給六等嘉禾勳章”。

徐崇立，字健實，又字健石、劍石，號兼民，又號瓻園，晚號瓻叟。長沙人。清光緒二十九年舉人，次年考取内閣中書。民國間任湖南都督府秘書，常寧、江華、華容等縣縣長，行政院秘書，湖南省政府顧問參事專員。長於詩文、書法、金石、版本之學，尤精魏碑、篆刻，能以碑法作小楷，勁渾厚，名於一時。碑版考證題跋甚多。著述豐富，多爲稿本。

新政期間，爲《湘學報》“輿地”撰述。光緒二十四年（1898），撰《輿地學約》、《騰越近邊關隘考》、《考泰西各國鐵路源流建置》等文，刊於《湘學報》。《湘學報》編撰題名：“輿地：徐崇立，字劍石，長沙人，廪生。”

光緒二十九年（1903）舉人。有《徐崇立鄉試墨卷》一卷，光緒二十九年刻本。另有汪根甲、李蔚然、徐崇立等《癸卯恩科湖南鄉試卷》石印本。又有《龍象山徐氏四科試卷合裝》，光緒刻本，及《求忠書院經課卷》稿本一卷，藏湖南圖書館。江標《沅湘通藝録》卷二，收入徐崇立《後漢祭肜威讋北方聲行海表論》一篇。

光緒三十年，考取内閣中書。宣統三年八月十二日《内閣官報》第四十一號載《内閣奏廳局留用人員請予留閣摺（併單）》，内有“候補中書徐崇立”。光緒三十二年，刊《西域輿地三種匯刻》三卷（《喀什噶爾赴墨克道里記》、《帕米爾山水形勢風土人物説》、《新疆勘界公牘匯鈔》各一卷），盍簪行館刻本，盍簪館叢書。另有稿本，鈐印“盍簪館收藏經籍珍本”，見《湖南圖書館古籍線裝書目録》及《中南、西南地區省、市圖書館館藏古籍稿本提要》。徐氏自序云：“同治間，嚴君從左文襄公西征回疆，底定，留爲劉襄勤公掌書記。適有中俄勘界之役，帕米爾尤爲重要，遴選員弁，分道勘察，繪圖列詩，上之幕府。嚴君因命書傭録爲副本，備參考焉。”“光緒壬寅之冬十有二月，崇立省嚴君於長安，趨庭授簡，以西藏輿

地圖表文牘賜示，崇立敬拜受而讀之。書皆叢稿，出抄胥手，文字譌奪漫漶，謹藏篋中，一時未及釐定也。越四年丙午，崇立供職中書，閑曹無事，閉户發陳編，京朝二三耆老君子相與商榷，慫恿付刻。乃分别部居，編校寫定，爲書三卷。”

光緒三十三年（1907），在吉林創辦《吉林白話報》，“以宣上德，通民隱，開通風氣，改良社會，俾一般人民咸具普通之智識，以預備立憲國民之資格爲宗旨”。

輿地著作又有《西北山鎮考》稿本一卷，及《地球山水答問》，收入《小方壺齋輿地叢鈔三補編》。

其他著述有《綺懺庵詞》五卷稿本二册，《盍簪館文稿》稿本二卷，《瓻園叢稿》稿本二册，《瓻園題跋信牘集》稿本一册，《瓻翁舊著》稿本十一册，《鴻雪存真》稿本一册，《鑒古齋文存》稿本一卷，《瓻園文鈔》抄本二册，《瓻翁雜抄》抄本一册，《瓻翁日記》（光緒三十年至民國二十八年）稿本七十七册，均見《湖南圖書館古籍線裝書目録》。

又有《瓻園文稿》謄正稿四册，《瓻翁削柹》稿本一册，《零觚八編》稿本七册。其中《瓻翁削柹》係民國九年至十三年寓居零陵時的部分文稿，《零觚八編》多爲寓居零陵爲譚延闓幕僚時所作。均見《中南、西南地區省、市圖書館館藏古籍稿本提要》。

又有徐崇立《瓻翁題跋》稿本八卷，《兔園獺祭》稿本，《嶺海雪泥》印譜，《瓻翁印册》鈐印本，《青溪集聯》一卷，《瓻叟臨碑》手跡，《江南提督新寧劉公華軒行狀》石印本，《靖港從善育嬰堂三續志》鉛印本，藏湖南圖書館。均見《湘人著述表》。《瓻翁題跋》卷六云：“前清光緒乙巳，予以傣值内閣，僦居宣武門外之香爐營，距琉璃廠甚近，閑曹無事，時從碑估搜求墨本，此爲予搜集金石之始。”該書近年選入《湖南近現代藏書家題跋選》。

又刊刻陳澹然《權制》八卷，光緒二十六年刻本，近年收入《四庫未收書輯刊》。

徐崇立晚年遺囑，所有藏品捐獻湖南圖書館。

徐崇立與譚延闓爲夙交，有“少時約爲兄弟”之説。穎人《故京師高等審判廳民庭庭長龔君（龔福燾）墓誌銘》云：“讀書湘水校經堂，學益博。與長沙徐崇立、湘潭黎承禮、茶陵譚延闓、賀縣林世燾，詩文酬答，盱衡時事，以功名相勉勵。”（見《鐵路協會月刊》1929年第1期。）徐崇立曾撰《陵譚瓶齋（譚澤闓）先生墓誌銘》，譚澤闓即譚延闓胞弟。（湖南圖書館藏《譚澤闓先生墨蹟》手稿本一卷，内有致徐崇立書信八封。）又撰《譚祖安先生年譜》（初編），署名徐健實。臺北“中國交通

建設學會”1964年有重刊本，署名徐崇立、簡易編述，譚翊校訂。譚翊字伯羽，譚延闓長子。幼隨徐健實授學，其序云：“先君《年譜》之編述，顧以幼年，赴學國外，違侍日久，於先君行蹟實多疏隔。適徐健實崇立師方遊京滬間，乘間爲請，遂承慨允。因除葺滬上赫德路寓廬，並將先君日記暨詩文、文電，備稿之可搜集者，移實其中，以供徵纂之用。”湖南圖書館藏《譚延闓謝授銜章公牘》稿本一卷，著録者云：“是稿係民國五年徐崇立在湖南省長兼督軍譚延闓任内担任高级幕僚時，徐氏初拟而爲譚亲筆詳加改定之手稿。”（見《中南、西南地區省、市圖書館館藏古籍稿本提要》。）《瓻翁題跋・譚畏公庚午赤牘書後》：“崇立與公締交，在光緒丁酉以前。賤齒已逾弱冠，公猶未也。迄今三十餘年，遺書盈篋。”《瓻翁題跋・茶陵譚公墓志》跋語云：“此志爲拙纂並書……公之良配方夫人墓誌亦爲拙書，且兩志篆蓋皆湘潭黎承福壽承篆。三人皆少時約爲兄弟，亦文字因緣之後果也。”

周秋光編《熊希齡集》第六册附録《長沙譚督軍來電》（1917年8月14日）云：“熊秉三先生鑒：畏，密。秘書徐崇立，本任京曹，辛亥後歷參軍幕。文學並茂，卓著賢勞。前經呈准，以薦任職任用。因弟將解任，願仍就京秩，亟求升斗，以資饘粥。懇公於財、内、交通各部，量予推薦。如畀以書檄之任，必能駕輕就熟。該員係弟稔交，亦公舊識，務乞極力玉成，勿同泛泛，無任企禱。”

《湖南近現代藏書家題跋選》中《譚畏公書長卷劉爲章囑題》：“戊午夏，予從畏公掌永州軍府書記。”

徐崇立在零陵，檢碑題跋不輟。

民國八年，作《唐人書七寶轉輪聖王經、般若波羅蜜多心經注、般若波羅蜜多心經二種跋》，謂：“（乙）［己］未夏五，瓻翁記於零陵軍幕。”民國九年，作《崔敬邕墓志銘跋》，謂“庚申三月廿六日，長沙徐崇立記於零陵舊觀德堂”。《隋元公夫人姬氏墓志跋》，謂“庚申四月朔丙子，瓻翁記於零陵舊觀德堂”。

譚延闓在零陵，亦時時臨帖。《瓻翁題跋・畏公〈麻姑壇〉最後臨本跋》：“舊藏公在永州所臨《麻姑壇》黄紙第七十餘通一册。”

歷代名賢此寄踪我
來亦自訪漁翁心期
遠契千秋上欸乃傾
聽一棹中衣帶蕭流
波渺渺人尋秦世洞
空空無如戎馬倉皇
際偶作雪泥印爪鴻
庚申季春偕汪君
星垣唐君石鰲遊
此
大庸劉嶽鍾題

# 民國九年劉嶽鍾“歷代名賢此寄踪”詩刻

## 釋　文

歷代名賢此寄踪，我来亦自訪漁翁。心期遠契千秋上，欸乃傾聽一棹中。衣带瀟流波渺々，人尋秦世洞空々。無如戎馬倉皇際，偶作雪泥印爪鴻。

庚申季春，偕汪君星垣、唐君石鰲遊此。大庸劉嶽鍾題。

## 考　證

詩刻在朝陽巖上洞，高 48 公分，寬 70 公分，十行，楷書。無題，有署款。

庚申，此處爲民國九年（1920）。

“訪漁翁”，用唐柳宗元《漁翁》詩“漁翁夜傍西巖宿”典故。

“欸乃”，唐元結《欸乃曲》：“誰能聽欸乃，欸乃感人情。不恨湘波深，不怨湘水清。”唐劉言史《瀟湘遊》：“野花满髻妝色新，閑歌欸乃深峡裏。”

“人尋秦世”，用晉陶淵明《桃花源記》“先世避秦時乱，率妻子邑人來此絶境”典故。

唐石鰲，湖南石門人，湖南陸軍講武堂第一期步科畢業。民國二十四年（1935）任陸軍第三十七軍第八師第二十四旅副旅長兼代第四十八團團長，步兵中校。民國二十五年（1936）在甘肅漳縣陣亡。第八師師史載：“殉職主官：唐石鼇，1989，湖南石門，湖南講武一期步科，第八師第二十四旅副旅長，1936. 8. 21，甘肅漳縣（陣亡）。”第三十七軍戰鬥詳報載：“該團兼代團長唐石鼇親率第一營及步炮連增加左翼炮攻，復以重機槍掩護，反復衝鋒，該兼代團長督陣前進，彈中頭部，立即陣亡。”

民國二十六年（1937）《湖南省政

府公報》第六四三號，載二十六年二月五日《湖南省政府指令》秘一字第九三一號載："令石門縣長：廿六年一月二十四日呈一件，呈賫故員唐石鼇乙種書表及保結，請核轉給恤由，呈賫均悉。查該故員唐石鼇遺族，謹具族長保結，核與規定式樣不合，玆将原件發還，仰飭依式另具保甲長、族長保結二份，再行一併賫府核辦。"

汪星垣，生平事蹟不詳。

劉嶽鍾，湖南大庸人，生平事蹟不詳。大庸與石門均屬灃州。《明史·地理志》灃州："慈利：所屬曰大庸守禦千户所，本大庸衛。"民國爲大庸縣，今爲張家界市永定區。據此推測，劉嶽鍾、汪星垣、唐石鼇三人均湖南同鄉。

陸軍第三十七軍軍長兼第八師師長爲毛炳文，爲湘軍賀耀祖舊部。民國五年毛炳文由譚延闓委派至湘西鎮守使，署上尉參謀，後任湘西護國軍營長、團長、參謀長。據此推測，劉嶽鍾、汪星垣、唐石鼇三人均爲湘軍軍人，民國九年隨譚延闓在零陵。

避地來幽谷開
時又內陽東皇
搜瀾壑南極洵
文華壁稅千亭
鎖泉迴九曲勝
青蓮峽已鑿龍
苔莫登藏
體陵讀昌孅游
此三年齡行題
記民國九年夏

# 民國九年蕭昌熾“避地來幽谷”詩刻

## 釋　文

避地来幽谷，開眸又向陽。東皇搜澗壑，南極絢文章。壁稳千尋鎖，泉迴九曲腸。青蓮峽已鑿，龍德莫潜蔵。

醴陵蕭昌熾游此三年，臨行題記。民國九年夏。

## 考　證

詩刻在朝陽巖下洞，高 66 公分，寬 119 公分，十行，隸書，無題。

“東皇”，《楚辭・九歌》有《東皇太一》，出處借指“東君”。《楚辭・九歌・東君》：“暾将出兮東方。”洪興祖《楚辭補注》引《博雅》曰：“朱明、耀靈、東君，日也。”

“南極”，用宋歐陽修《岳陽樓記》“北通巫峽，南極瀟湘”典故。

“蔵”，同“藏”。

蕭昌熾（1879—1920），字松堅。醴陵人。肄業於渌江書院，後入湖南武備學堂。民國後，任鎮統，繼任第六區參謀長，兼帯第三營駐防江華。民國四年（1915），零陵鎮守使劉建藩回應護法通電，督師前驅，蕭昌熾代任零陵鎮守使兼江道區（江華、道縣）司令，改任十二區司令，驻平江。民國九年十一月，程潜部下在平江策动兵變，蕭昌熾被殺，譚延闓逼迫廢除督軍，民選省長，史稱兵變成爲倒譚運動的序幕。《醴陵市志》（1995 年版）、《湖南名人志》第一卷（中國檔案出版社 1999 年版）有傳。

陶菊隱《督軍團傳》（上海中華書局 1948 年初版）載：“九年九月湘軍一度整編後，除正規軍第一師外，共成立十二個防區司令：第一區司令吴劍學駐

寶慶，第二區司令張輝瓚駐湘鄉，第三區司令謝國光駐衡陽，第四區司令羅先閭駐永州，第五區司令劉叙彝駐洪江，第六區司令李仲麟駐醴陵，第七區司令陳嘉祐駐郴州，第八區司令蔡鉅猷駐沅陵，第九區司令田鎮藩駐芷江，第十區司令李韞珩駐澧縣，第十一區司令林支宇駐常德，第十二區司令蕭昌熾駐平江。其中吴、張、謝、陳、蕭五個區司令屬於譚派，第六區屬於程派，其餘無所屬，而程派第六區的兵力爲各區之冠。”“十一月，平江又有兵變，區司令蕭昌熾被殺。（原注：蕭原爲督署副官長，極得譚的信任。）譚又不得已調李仲麟就近往剿，李與變兵合流，李部團長張振武馬電（十一月二十一日）促譚下野。譚的基本部隊有調開了的，也有離省太遠的，而平醴號稱兵諫的李軍朝發夕至，大日就開到了省垣近郊。二十三日，譚在督署召集軍政各界聯席會議，譚首先哭出來。”

詩刻在民國九年夏，蕭昌熾正在零陵鎮守使兼江道區司令任上。

蕭昌熾在淡巖亦有詩刻，詩後題云：“醴陵蕭昌熾，鎮永三年，歲庚申，銜命出征，臨行題記。”庚申歲即民國八年，其所謂“銜命出征”當即由零陵移駐岳陽平江。

# 民國二十三年梁華盛“縱覽河山”榜書

## 釋　文

縱覽河山
梁華盛題。
念三年十一月，零陵軍次。

## 考　證

榜書在朝陽巖頂零虛山，高 48 公分，寬 48 公分，四行，“縱覽河山”四字雙鉤上石。“念三年”當是民國年號，即民國二十三年（1934）。

梁華盛，原名文琰，廣東茂名人，黄埔陸軍軍官學校第一期工兵科、陸軍大學特別班第三期将官班畢業。民國十四年（1925）後，歷任國民革命軍第一軍排長、連長、營長。民國十九年（1930），任第二師第二旅副旅長兼第四團團長。民國二十一年（1932），任第八十三師二四七旅少将旅長。民國二十二年（1933），升任第九十二師中将師長，後任軍事委員會委員長侍從室中将參謀。抗戰後，歷第四師、第一九零師師長，第十軍軍長，第四戰區政治部主任，第十二集團軍副總司令，東北九省保安司令部副司令長官兼吉林省主席，東北剿總副總司令兼瀋陽防守司令官，廣州綏靖公署副主任。

1934 年 10 月紅軍開始長征，中央蘇區紅一方面軍和湘贛蘇區紅六軍團長征途中，曾經經過永州的新田、寧遠、道縣、藍山、江華各縣。國民革命軍第四、第五两軍主力韓漢英、歐震、梁華盛、唐雲山、郭思演五個師，歸薛岳指揮，奉命“沿湘桂公路進行側擊，保持機動，防止紅軍北進與賀龍、蕭克會合”。

梁華盛率第九十二師追擊，由江西

一直追到四川松潘。

梁華盛抗戰中曾率一九零師在江西德安抵抗日軍七十餘天。（參見梁華盛《我在抗戰中的經歷》、《一九零師在德安的抗戰活動》。）

“零陵軍次”，意即行軍途中暫駐零陵。

# 朝陽別館記

湖外山川之美修[illegible]治三[illegible]許柳淳元亥山記述以來高岩歐陸兼宋有墨客騷[illegible]

[illegible]

湘鄉易鼐撰

衡山唐闓[illegible]書

中華民國[illegible]年[illegible]月

# 民國二十六年吴崇欽《朝陽别館記》

## 釋　文

朝陽别館記

湖外山川之美，侈稱零陵。自栁子厚、元次山記述以來，高岩幽壁，無不有墨客騷人之題咏。朝陽岩去邑治三里許，栁詩所謂“西岩”者也，境尤清絶。余以乙亥來治是邦，慕其勝而遊焉。岩上有廟，規制隘陋。先是，有人就廟旁隙地謀闢館舍，供遊者止息。既集千餘金，僅平土奠基，諉言金盡，積之歲年，基亦漸蕪。余覽而愀然，以爲岩上前有館舍，實足增斯江之壯觀，發遊人之雅興。然天下事往々有適人々之意，易集厥功者，託非其人，則反敗功僨事，良可慨也。遊罷歸署，謀諸邦人君子，期以必成。邵陽劉濟人司令，衡山唐闢衡司令，先後駐節零陵，尤力贊其事。遂别醵二千金有奇，循原址，爲屋三楹，顔曰“朝陽别館”。峻其樓閣，登臨而遠眺。民國二十六年季春落成，適國民政府主席林公南巡至此，題名“西樓”以寵之，則又斯館之榮也。董工事者，縣商會主席唐玉欽之力特多。功既竣，玉欽語余曰：“兹館始若易成，乃閲年而址且廢；繼若不易成，則數月而畢工。廢興信有數耶？公疲於神，吾疲抡力，不可不紀以告來者，庶咸惕若而永護之也。”因爲之記，俾刊抡館壁。

湘鄉吴崇欽撰，衡山唐闢衡書。

中華民國二十六年丁丑十二月穀旦立。

## 考　證

《朝陽别館記》在朝陽巖下洞，高150公分，寬73公分，十六行，隸書。

“邵陽劉濟人”，“邵”字殘毁不

辨，據劉濟人里籍補。

劉濟人，邵陽人。保定陸軍軍官學校畢業，歷任國民革命就第八軍第一師第二營營長，陸軍第十六師第九十五團團長，第四十八旅旅長，陸軍第十六師副師長。湖南省第六區保安司令部司令。《湖南省志》第6卷《政法志·武裝警察》（五洲傳播出版社2003年版）據《民國二十六年（1937）五月保安區暨行政督察區分劃表》：第六保安區：劉濟人，少将司令，駐地邵陽。第七保安區：唐闢衡，少将司令，駐地零陵。

唐闢衡，字乾初，衡山人。保定陸軍軍官學校畢業，歷任陸軍第十九師參謀處長，湖南省第七區保安司令部司令兼衡山縣縣長。

唐玉欽，據《朝陽別館記》，爲零陵縣商會主席。一九五一年在“零陵縱火案”中，確定爲二十二名匪特之一，被判执行死刑。

“國民政府主席林公”，即林森，字子超，號長仁。民國二十一年至三十二年，任國民政府主席。林友華《林森評傳》（華文出版社2001年版）附《林森年譜》及林友華《林森年譜：1868—1943》（中國文史出版社2012年版，第422頁）：民國二十六年（1937）3月19日（或20日），林森起程前往廣東致祭黄花崗烈士並視察各項建設。22日到達武昌，參觀武漢大學。23日，過衡陽。24日到達廣州，29日祭奠黄花崗烈士，31日遊覽羅浮山沖虛觀，4月3日視察江門，4日遊覽崖門，誦讀文天祥《正氣歌》石碑，7日到達桂林，10日經衡陽到達長沙，13日到湖南大學作訓詞，15日到達南昌，17日回到南京。據此，林森往返均經過零陵，在3月或4月遊覽了朝陽巖。此年11月，林森即率南京國民政府離開南京，遷都重慶。

吴崇欽，湘鄉人，曾任湘鄉縣參議會議長，民國二十三年任永興縣長。《國民政府公報》民國二十六年六月十一日民國政府令第二三七八號載：“署湖南零陵縣縣長吴崇欽另候任用，請免本職。”《零陵縣志》（1992年版）載：民國二十四年（1935）八月至二十六年（1937）二月，任零陵縣長。據《朝陽別館記》，民國二十六年季春落成時，吴崇欽仍在零陵縣長任上。而至十二月刊刻碑文時，應當已經離任。

# 民國三十年姚雪懷"西岩"榜書

## 釋　文

中華民國三十年
西岩
姚雪懷。

## 考　證

榜書在朝陽巖下洞，高46公分，寬106公分。

姚雪懷，號肖岳，岳陽平江人。民國初，湖南大學畢業，民國二十二年（一説二十三年）任江蘇蕭縣縣長，纂修《蕭縣志》。民國二十七年（1938），任湖南第九區行政督察專員，兼少将保安司令和防空司令，次年兼零陵警備司令部中将司令。民國二十九年（1940），任第七區行政督察專員。（按民國二十六年，湖南設立行政督察專員公署，全省劃爲九區。第九行政督察區治零陵，轄零陵、祁陽、新田、寧遠、江華、道縣、東安、永明八縣。民國二十九年，重新劃分行政督察區，全省劃爲十區，第七行政督察區治零陵，仍下轄八縣。第九區與第七區乃是先後改稱。）民國三十一年後，在中央政府辦公廳、中央陸軍軍官訓練團任職，又任中央行政院參事。民國三十七年，任聯合國救濟總署湖南救濟分署副署長。《岳陽市志》（中央文獻出版社2004年版）有傳。

民國二十八年三月，姚雪懷以第九區行政督察專員身份，代湖南省政府主席薛岳至寧遠九疑山舜廟致祭。民國二十九年，再次致祭，祭文見徐楨立等編纂民國三十一年《寧遠縣志》卷五《祭祀上》。

姚雪懷在民國間，有"廉吏"之

稱。民國三十五年（1946）十月十六日長沙《社會評論》第28期有庸子《廉吏姚雪懷》一文云："雖説今天貪官污吏之風甚熾，有心人憂之，但廉吏還是不乏其人的。現任湖南救濟分署副署長姚雪懷氏，做的也算是□差事，平日爲了救災，經常坐一部吉普車，僕僕於湘南各縣，親自撫慰災民，親自押物品上車。他經常穿的一套草黄色布制服，洗成了土色，常常是满身塵土。他没帽子，光着頭，頭髮裏也是黄土色。他曾做過第七區行政督察專員五年，家無積蓄，僅有一座極簡陋的房子在長沙郊外二里牌，還是其夫人刻苦的積蓄。這次他的家眷自零陵遷來，房子的窗户没有玻璃，秋風直穿，始以竹片糊紙禦之。他室内的木器都是没有漆的本來面目。上星期其夫人李涵秋女士棄世，陳尸室内，無以爲殮，臨時向救濟分署借支一點錢，親朋知者送了一點奠儀，草草殮葬，總共僅費了不到百萬元。親友往弔者問其何日開弔，他哽咽地答曰：'爲了省開支，决定不開弔。'後來經友人的敦促，始發了一個訃聞。論者謂：'爲官十年，清風两袖，生活雖淡，心實至安。'此爲從政者之最大光榮。"

民國三十七年（1948）八月三十一日長沙《新合作》第三卷第七八期特大號有《姚雪懷：以養民之事管民教民》一文云："他是一個合作實踐者，早年在江蘇蕭縣，推行鄉村建設工作，就完全是採用合作方式。""當時蕭縣有四個鄉出産梨子，自與中央大學技術合作後，品質改進，銷路增廣。同時碭山亦有與之毗鄰的两鄉産梨，後相與聯合組織合作社，接受中大技術指導，産品價廉物美，銷售上海等地，包裝運輸均比單獨辦理便利，所費亦廉。因此他主張合作組織應有其實際業務，拘泥於行政區域的架子是無多價值的。"

# 待考

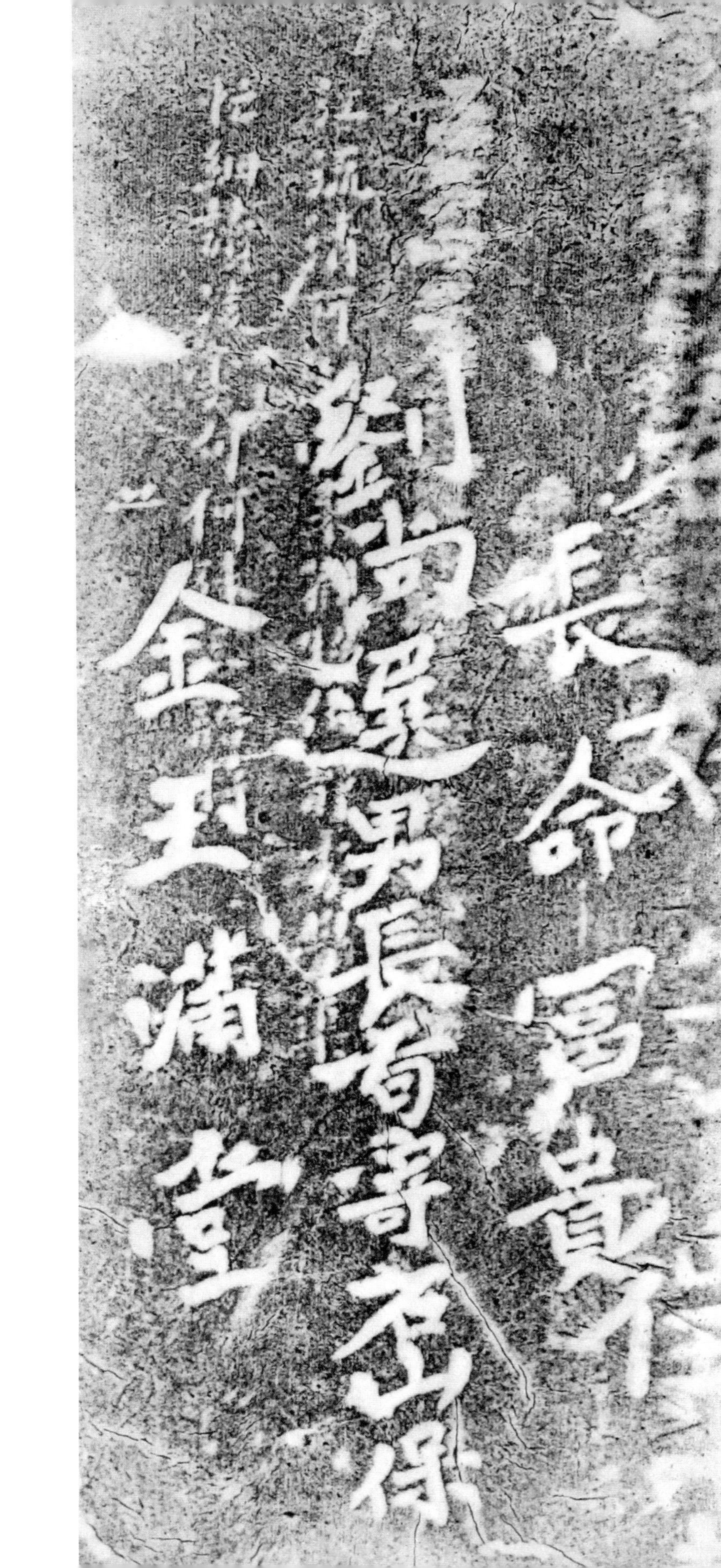
長命富貴
金玉滿堂

# 佚名“江流清可觴”詩刻

## 釋　文

□□□□□，□□□□□。□□□□□，江流清可觴。閑來觀物化，静處賞渠忙。細讀凌雲句，何殊三語將。

## 考　證

詩刻在朝陽巖下洞，“人到朝陽岊底岊”詩刻之右，高29公分，寬15公分，五行，楷書，小字，殘損嚴重。第一行標題，第二行署款，第三行正文，均被人爲鑿毁，第四、五行亦被“劉尚選男長苟寄石山保，長命富貴，金玉满堂”三行大字覆蓋。

署款在石山保“長命”字下，殘毁不辨。全詩今僅存五句，無題。

道光《永州府志·金石略》宗績辰按語：“無名詩‘人到朝陽巖底巖’旁有細刻‘江流清可觴，閑來觀物化，静處賞渠忙，細讀淩雲句，何殊三語将’五句，爲村傖劖去，鑿‘寄名石山’等字，可憾，會當禁止之。”

今審詩刻，第一行十四字，第二行十一字。第一行爲人鑿去，當有十五字。全詩五言八句四十字。另有標題一行，約十字，亦爲人鑿毁。

“閑來觀物化”句，邵雍《伊川擊壤集》序云：“以道觀性，以性觀心，以心觀身，以身觀物，治則治矣，猶未離乎害者也。不若以道觀道，以性觀性，以心觀心，以身觀身，以物觀物，雖欲相傷，其可得乎？”又著《觀物内外篇》。明田藝蘅《香宇續集》卷九《夏日山居》詩：“展榻清泉近，煎茶白石銷。閑來觀物化，天地共囂囂。”

“凌雲句”，未知所指。今朝陽巖

詩刻、題記中未見“凌雲”二字。

“三語将”，南朝宋劉義慶《世説新語·文學》載阮修與王衍問答云：“阮宣子有令聞，太尉王夷甫見而問曰：‘老莊與聖教同異？’對曰：‘将無同。’太尉善其言，辟之爲掾。世謂‘三語掾’。”“三語”猶言三字。“将”讀若“羌”，發語詞，亦疑詞也。“将無同”乃無所謂同、無同無不同之意。南朝梁鍾嶸《詩品》序云：“‘思君如流水’，既是即目。‘高臺多悲風’，亦惟所見。‘清晨登隴首’，羌無故實。‘明月照積雪’，詎出經史？”“将無”即“羌無”也。

# 佚名《癸巳歲遊朝陽洞》詩刻

## 釋　文

癸巳歲遊朝陽洞

巖竅空空泉滴聲，鳶魚活潑自流行。雲歸嶷嶺蒼苔深，月滿湘江漁笛清。元郎勝遊柳叱奇，□□□□□□□。□□□□□□□，□□□□□□□。

## 考　證

詩刻在朝陽巖道遙徑，高27公分，寬38公分，後段殘損，前段存七行，楷書。

詩刻不見署款，作者失名。標題僅曰“癸巳歲”，亦不知何朝代何年號，觀詩意似明人筆。

全詩僅可辨認前四句，第五句存五字輪廓，據此可知詩刻應爲七律。

“鳶魚”，語本《詩經·大雅·旱麓》“鳶飛戾天，魚躍于淵”，《中庸》引之，朱熹集注云：“子思引此詩，以明化育流行，上下昭著，莫非此理之用。”

“嶷嶺”，指九嶷山。

# 佚名“洞口巉嵒石角低”詩刻

**釋　文**

洞口巉嵒石角低，繫舟崖……

**考　證**

詩刻在朝陽巖下洞，洞口外右側石壁，姚紱“馮夷宫”榜書右下側。磨泐殘毁，僅存十字，石框高近40公分，字體端整，可判斷爲七言詩句，全文及作者不詳。

# 佚名“叔圭，子思，真卿，公弼”題刻

**釋　文**

𡬶圭，子思，真卿，公弼。

**考　證**

題刻在朝陽巖下洞右側，高7公分，寬12公分，四行，每行二字，楷書。

題刻爲同遊四人之字，姓名及事蹟不詳。視其書法風格精雅，似古人筆。

辛丑同友人再遊契
易岩七律
亂石叢中一竅開水
雲飛處似蓬萊萬家
烟火依城郭沿岸漁
舟繫釣臺沙渚佚
眠閑鷺靜江湖憂
時夜蛙哀零陵官
適多才子元樽酒
今幾度來
懶道人題

## 嬾道人《辛丑同友人再遊朝易岩七律》詩刻

### 釋　文

辛丑同友人再遊朝易岩七律

亂石叢中一竅闹，水雲佳處似蓬萊。萬家烟火依城郭，沿岸漁舟繫釣臺。沙渚倦眠闲鷺静，江湖憂𡈲夜蝯哀。零陵宦謫多才子，元栁而今幾度來。

嬾道人題。

### 考　證

詩刻在朝陽巖道遙徑，高 27 公分，寬 55 公分，十一行，行書。

詩刻署款“嬾道人”，“嬾”同“懶”。鈐印“芏潭”，“芏”或是“茬”字。生平事蹟不詳待考。標題僅曰“辛丑”，亦不知何朝代何年號。

文字多用異體。“闹”同“開”。“臺”同“臺”。“𡈲”同“国”、“國”。“蝯”同“猨”、“猿”。“栁”同“柳”。

# 附録

# 一九六三年刘翾《西岩春眺》詩刻

## 釋　文

西岩春眺

极目潇湘一画图，飘飘然也欲仙乎。东风换了人间色，更喜名岩美且都。

刘翾，一九六三,三，卅。

## 考　證

詩刻在朝陽巖上洞，高66公分，寬30公分，題一行，正文四行，署款一行（年月日作雙行小字），共計六行，簡體字，楷書。

劉翾，亦名劉翾然，零陵人，時執教永州第二中學。

劉翾於次年三月有疊韻詩：《西巖春眺疊去年詩韻》："天作奇文地作圖，江山勝景在茲乎。名巖爲我添佳趣，不羡南都與北都。"

劉翾另有《同友人游西巖》："我與西巖是舊交，十年相處友情牢。今朝同話滄桑事，更覺心潮逐浪高。"作於1979年7月23日，自注云："西巖曾爲零陵二中家屬宿舍，余在此居住約十年。"

1981年10月，劉翾再遊朝陽巖，有《游朝陽巖》詩："白頭永葆此心童，訪古尋幽興未窮。天外有天天不盡，洞中多洞洞全空。千年文字迷人美，萬里江山映日紅。濯足振衣歌一曲，朝陽巖畔起雄風。"

劉翾另有朝陽巖詩二首：《朝陽巖挖黑土做肥料》："忘却疲勞汗濕衣，百斤挑起走如飛。朝陽巖上千年土，化作人間萬畝肥。"《德星巖鏟草肥》："野火春風燒又生，德星巖畔草青青。不須價購隨君取，此是鉀肥大本營。"作於

1559年1月所作《築路》之前。筆者曾詢及永州職業技術學院張官妹教授，稱上世紀六七十年代，朝陽巖旁近土地确曾被闢爲農田。

以上詩五首，均見劉翾1983年自刊本《樂園詩草》。

朝陽巖現代詩刻，僅有劉翾一通，姑附全書之末。

# 朝陽巖石刻分布示意圖

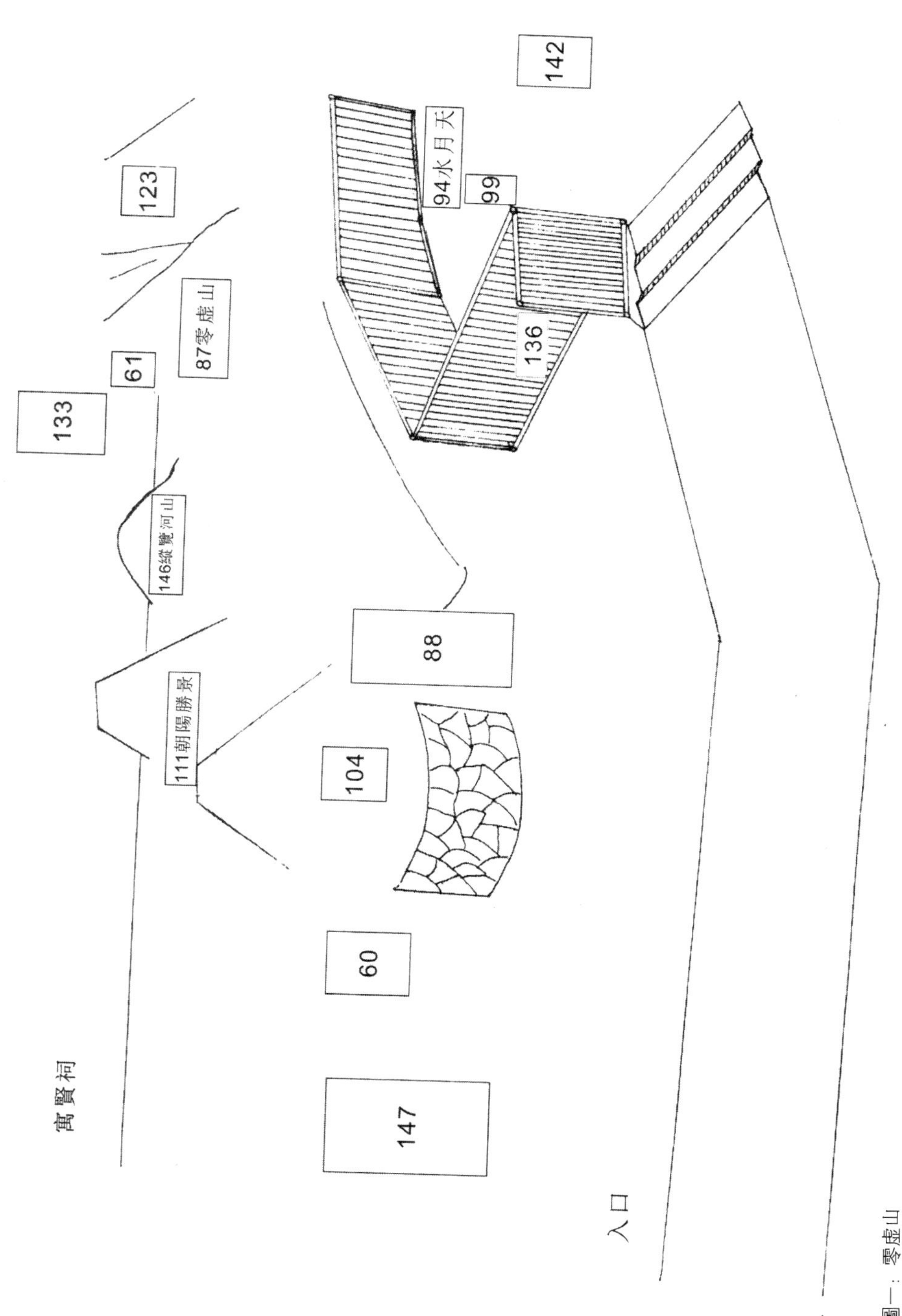


圖一：零虛山

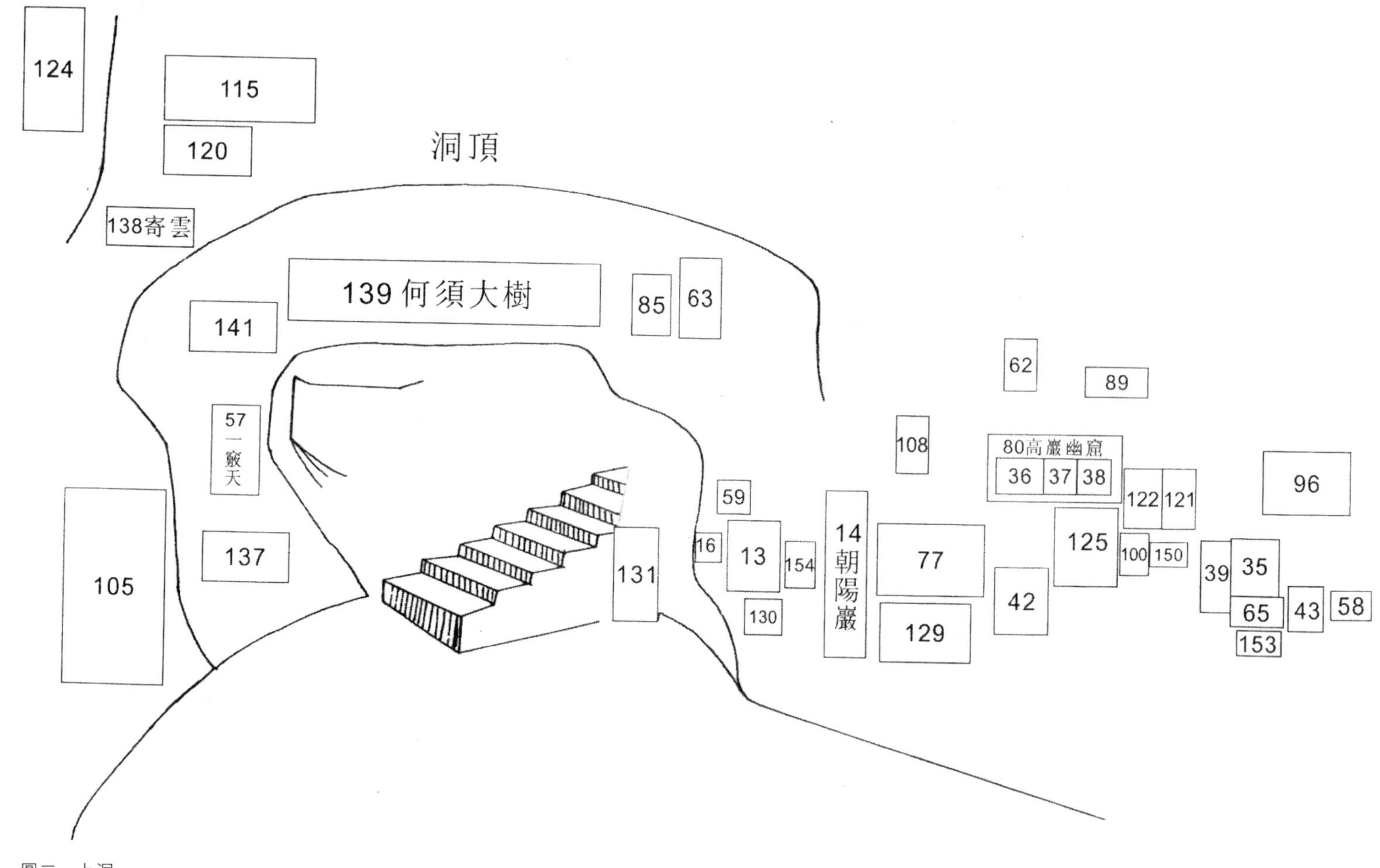
124
115
120
洞頂
138寄雲
139何須大樹
85
63
141
62
89
57
一竅天
108
80高巖幽窟
36
37
38
59
122
121
96
105
137
131
16
13
154
14
朝陽巖
77
125
100
150
39
35
42
65
43
58
130
129
153

圖二：上洞

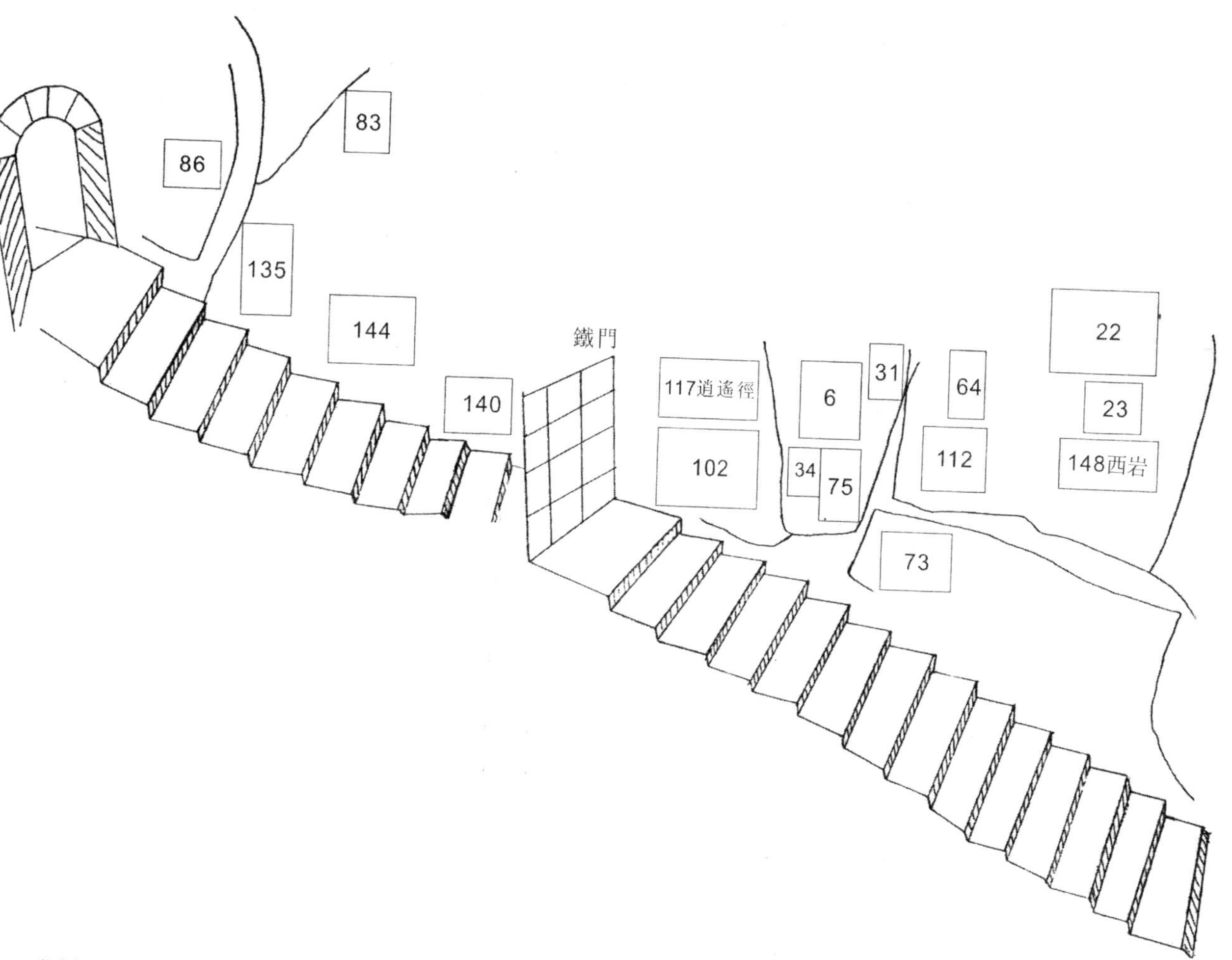


圖三：逍遙徑

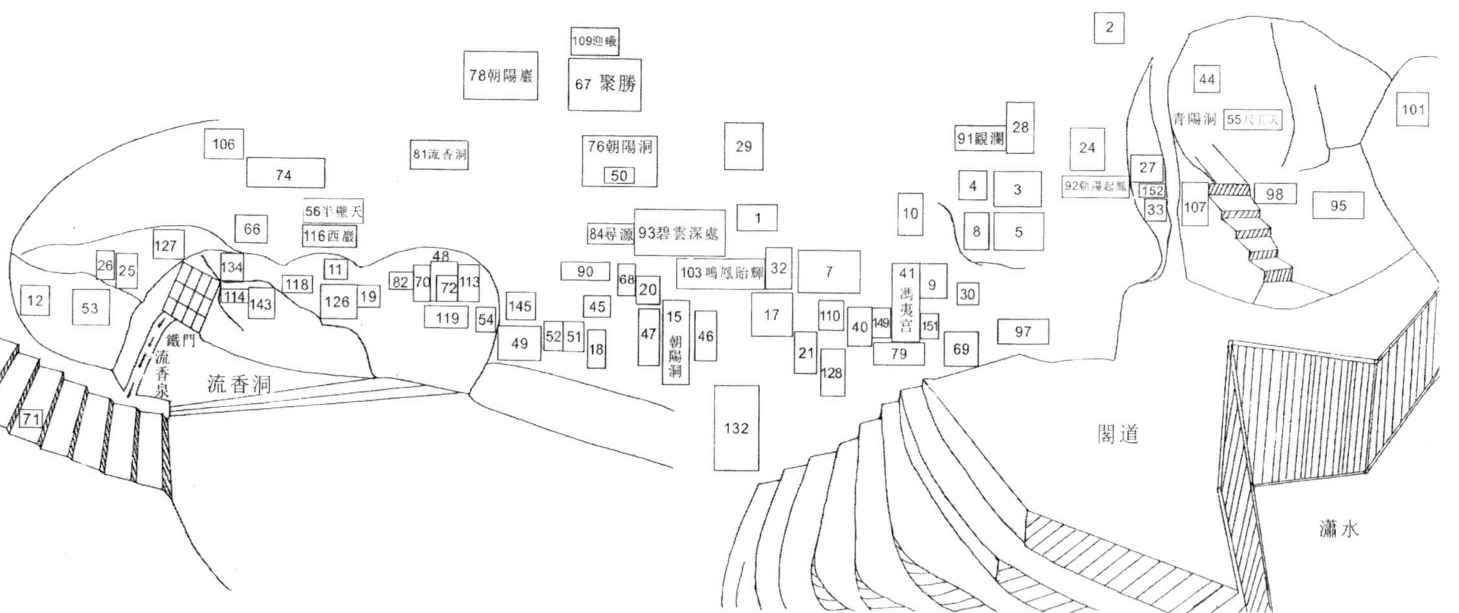
109迎曦
78朝陽巖
67 聚勝
2
44
青陽洞
101
106
74
81流香洞
76朝陽洞
50
29
91觀瀾
28
24
27
152
33
107
98
95
4
3
8
5
10
1
56半壁天
116西巖
66
127
84尋源
93碧雲深處
103鳴鳳貽輝
32
7
41
馮夷宮
9
30
26
25
12
53
134
114
143
118
11
126
19
82
70
48
72
113
119
54
145
49
52
51
18
90
68
20
45
47
15
朝陽洞
46
17
21
128
110
40
149
79
151
69
97
132
鐵門
流香泉
流香洞
71
閣道
瀟水

圖四：下洞

# 主要參考文獻

## （一）歷代金石文獻

歐陽修:《集古録跋尾》十卷，吴縣朱記榮重校《槐廬叢書》刊本；鄧寶劍、王怡琳校注，人民美術出版社 2010 年版。

趙明誠:《金石録》三十卷,《古逸叢書三編》影印宋龍舒郡齋刻本；上海商務印書館《四部叢刊續編》景海鹽張氏涉園藏吕無黨手鈔本；金文明校證《金石録校證》，上海書畫出版社 1985 年版，廣西師範大學出版社 2005 年版。

陳思:《寶刻叢編》二十卷，國家圖書館出版社 2009 年《中華再造善本》影印本。

王象之:《輿地碑目》(在《輿地紀勝》内)，中華書局 1992 年影印本。

于奕正:《天下金石志》十六卷，明抄本。

王昶:《金石萃編》一百六十卷，清嘉慶十年（1805）經訓堂刊本。

瞿中溶:《古泉山館金石文編殘稿》四卷，民國五年《適園叢書》刊本。

陸增祥:《八瓊室金石補正》一百三十卷，民國十三年吴興劉氏希古樓刊本。

陸增祥:《八瓊室金石劄記》四卷，民國十四年吴興劉氏希古樓刊本。

陸增祥:《八瓊室金石袪僞》不分卷，民國十四年吴興劉氏希古樓刊本。

陸增祥:《八瓊室金石偶存》不分卷，民國十四年吴興劉氏希古樓刊本。

陳善墀:《金石摘》十卷，清同治瀏陽縣學不求甚解齋刊本。

葉昌熾:《語石》十卷,《考古學專刊》丙種第四號，中華書局 1994 年版；韓鋭校注《語石校注》，今日中國出版社 1995 年版。

柯昌泗:《語石異同評》,《考古學專刊》丙種第四號，中華書局 1994 年版。

錢大昕:《潛研堂金石文跋尾》二十卷，嘉定錢氏潛研堂全書本。

孫星衍:《寰宇訪碑録》十二卷，清嘉慶七年刊本。

嚴可均:《平津館金石萃編》二十卷,《續修四庫全書》影印嘉業堂抄本。

吴式芬:《金石彙目分編》二十卷，清文録堂刻本。

繆荃孫:《藝風堂金石文字目》十八卷，清光緒三十二年繆氏家刻本。

楊殿珣:《石刻題跋索引》，長沙商務印書館 1940 年鉛印本，北京商務印書館

1990 年影印本。

《北京圖書館藏中國歷代石刻拓本彙編》100 册，中州古籍出版社 1989 年版。

《石刻史料新編》第一輯 30 册，臺北新文豐出版公司 1977 年影印本。

《石刻史料新編》第二輯 20 册，臺北新文豐出版公司 1979 年影印本。

《石刻史料新編》第三輯 40 册，臺北新文豐出版公司 1986 年影印本。

《石刻史料新編》第四輯 10 册，臺北新文豐出版公司 2006 年影印本。

《地方金石志彙編》80 册，國家圖書館出版社 2011 年影印本。

《金石學稿鈔本集成》（初編）20 册，上海書畫出版社 2015 年影印本。

《金石學稿鈔本集成》（二編）30 册，上海書畫出版社 2016 年影印本。

## （二）湖南石刻文獻

黄焯：《朝陽巖集》，明嘉靖五年刊本；李花蕾《明黄焯〈朝陽巖集〉校注》，《湖南科技學院學報》2011 年第 1 期。

宗霈：《零志補零》三卷，清嘉慶二十二年刊本。

瞿中溶：《湖南金石志》二十卷（在嘉慶《湖南通志》内），清嘉慶二十五年刊本。

陸增祥：《湖南金石志》三十卷（在光緒《湖南通志》内），清光緒五年刊本。

宗績辰：《永州金石略》一卷（在道光《永州府志》内），清道光八年刊本。

宗績辰：《罶雲盦金石審》不分卷，在（道光《永州府志》、《躬恥齋文鈔》内）；李花蕾《清宗績辰〈罶雲盦金石審〉輯校》，《湖南科技學院學報》2011 年第 5 期、第 6 期。

劉沛：《零陵金石志》二卷（在光緒《零陵縣志・藝文志》内），清光緒二年刊本。

王士禎：《浯溪考》二卷，清康熙四十年刊本。

宋溶：《浯溪新志》十四卷，清乾隆三十八年刊本。

祁陽縣浯溪文物管理處：《浯溪碑林》，湖南美術出版社 1992 年版。

桂多蓀：《浯溪志》，湖南人民出版社 2004 年版。

永州市文物處管理處：《永州石刻拾萃》，湖南人民出版社 2006 年版。

劉剛：《湖南碑刻》（一），湖南美術出版社 2009 年版。

浯溪文物管理處：《湖南碑刻（二）浯溪卷》，湖南美術出版社 1992 年版。

李花蕾、張京華：《湖南地方文獻與摩崖石刻研究》，華東師範大學出版社 2011 年版。

侯永慧：《零陵朝陽巖詩輯注》，華東師範大學出版社 2011 年版。

湯軍:《零陵朝陽巖小史》，華東師範大學出版社 2011 年版。

張京華、陳微:《道州月巖摩崖石刻》，天津人民出版社 2017 年版。

### （三）湖南方志文獻

嘉靖《湖廣圖經志書》二十卷，明嘉靖元年刊本，書目文獻出版社 1991 年影印本。

嘉慶《湖南通志》二百二十八卷，清嘉慶二十五年刊本。

光緒《湖南通志》三百一十六卷，清光緒十一年刊本，嶽麓書社 2009 年影印本。

盧峻、成業襄:《湖南考古略》十二卷，清光緒二年讀我書室刊，光緒五年守墨書齋刊，光緒八年長沙枕善山房增刊。

同德齋主人:《廣湖南考古略》三十卷，清光緒十四年石印本。

洪武《永州府志》十二卷，明洪武十六年刊本。

弘治《永州府志》十卷，明弘治七年刊本。

隆慶《永州府志》十七卷，明隆慶四年刊本，齊魯書社《四庫全書存目叢書》1996 年影印本。

康熙九年《永州府志》二十四卷，清康熙九年刊本，書目文獻出版社《日本藏中國罕見地方志叢刊》1992 年影印本。

康熙三十三年《永州府志》二十四卷，清康熙三十三年刊本，江蘇古籍出版社、上海書店、巴蜀書社《中國地方志集成·湖南府縣志輯》2002 年影印本。

道光《永州府志》十八卷，清道光八年刊本，嶽麓書社 2008 年影印本。

康熙《零陵縣志》十四卷，清康熙七年刊本，江蘇古籍出版社、上海書店、巴蜀書社《中國地方志集成·湖南府縣志輯》2002 年影印本。

嘉慶《零陵縣志》十六卷，清嘉慶十五年刊本。

光緒《零陵縣志》十五卷，清光緒二年刊本，江蘇古籍出版社、上海書店、巴蜀書社《中國地方志集成·湖南府縣志輯》2002 年影印本。

乾隆《祁陽縣志》八卷，清乾隆三十年刊本。

民國《祁陽縣志》十一卷，民國二十年刊本。

康熙《寧遠縣志》六卷，清康熙四十九年刊本。

光緒《寧遠縣志》八卷，清光緒元年刊本。

康熙《道州志》十五卷，清康熙六年刊本。

光緒《道州志》十二卷，清光緒三年刊本。

（四）報刊文獻

味農：《遊永州澹巖記》，天津《益世報》，1917 年 3 月 3 日。

秦騏：《遊朝陽巖記》，《學生》雜誌 1920 年 8 月第 7 卷第 8 號；彭二珂整理：《湖南科技學院學報》2014 年第 7 期。

唐森錦：《西巖懷古・満江紅》，《香芩期刊》1937 年 8 月創刊號；雷蕾整理：《湖南科技學院學報》2017 年第 12 期。

舒書林：《零陵風光・朝陽巖》，《零陵師專學報》1980 年第 6 期。

谷庵（陳雁谷）：《朝陽巖勝跡結構談》，《零陵師專學報》1986 年第 2 期。

何書置：《朝陽巖的發現及歷代建設》（《朝陽巖志》卷一），《零陵師專學報》1993 年第 4 期。

張京華：《遺産日裏説遺産——石角山哀辭》，《永州日報》2006 年 6 月 10 日。

張京華：《〈全宋詩〉邢恕十首考誤》，《中國文學研究》2008 年第 2 期。

王君知：《中國早期的石刻傳播——以永州碑刻爲例》，《湖南科技學院學報》2009 年第 7 期。

張京華：《朝陽巖與寓賢祠》，《湖南科技學院學報》2010 年第 2 期。

李花蕾：《石刻上的文學史：唐宋文人在湖南的仕宦遊歷與詩文題記——以永州爲中心》，《湖南科技學院學報》2010 年第 3 期。

張京華：《朝陽巖的幾首唐代紀詠詩箋釋》，《湖南第一師範學報》2010 年第 2 期。

張京華：《新見唐張舟詩考》，《唐研究》第十六卷，北京大學出版社 2010 年版。

張京華：《邢恕永州摩崖題刻考》，《南華大學學報》2010 年第 6 期。

李花蕾：《〈全宋詩〉柳應辰詩補正》，《衡陽師範學院學報》2010 年第 5 期。

李花蕾：《唐宋永州摩崖石刻編年》，《湖南科技學院學報》2010 年第 10 期。

侯永慧、孫雄武、劉智、畢馨丹：《朝陽巖摩崖石刻的田野考察》，《湖南科技學院學報》2010 年第 2 期。

湯軍：《朝陽巖沿革述略》，《湖南科技學院學報》2010 年第 2 期。

張京華、侯永慧：《明代〈朝陽巖下歌〉和詩三首及其文物價值》，《武陵學刊》2010 年第 5 期。

李花蕾：《明黄焯〈朝陽巖集〉校注》，《湖南科技學院學報》2011 年第 1 期。

張京華：《元結與永州水石文化》，《湖南科技學院學報》2011 年第 2 期。

張京華：《陸增祥與永州摩崖石刻》，《湖南第一師範學院學報》2011 年第 2 期。

張京華：《“北南還是一家親”——湖南永州浯溪所見越南朝貢使節詩刻述考》，

《中南大學學報》2011年第5期。

李花蕾：《清宗績辰〈留雲盦金石審〉輯校》（上下），《湖南科技學院學報》2011年第5期、第6期。

户崎哲彦：《永州朝陽巖現存柳宗元詩刻與明人朱衮》，《湖南科技學院學報》2011年第5期。

湯軍：《朝陽巖考察記》，《湖南科技學院學報》2011年第6期。

李花蕾：《明代孤本〈朝陽巖集〉初探》，《湖南科技大學學報》2012年第1期。

張京華：《〈全唐詩〉牛叢〈題朝陽巖〉正誤》，《中國國家博物館館刊》2012年第2期。

湯軍：《零陵朝陽巖小有洞考察記》，《湖南科技學院學報》2012年第7期。

石强：《伊祁山石刻勘察記》，《湖南科技學院學報》2012年第9期。

吴大平：《朝陽巖石刻的書法藝術特點》，《湖南科技學院學報》2012年第9期。

李花蕾：《朱衮及其〈白房集〉》，《湖南科技學院學報》2013年第10期。

侯永慧：《新見黄庭堅永州朝陽巖題名考》，《河池學院學報》2013年第4期。

張京華、侯永慧：《永州陽明山與南渭王》，《湖南科技學院學報》2014年第2期。

張京華：《捫石夜話：説説柳應辰這個人》，《湖南科技學院學報》2014年第8期。

張京華：《胡海及其"寫心巖"榜書石刻》，《湘學》第六輯，湘潭大學出版社2014年版。

李花蕾：《朱衮與朝陽巖》，《湖南科技學院學報》2014年第9期。

侯永慧：《明代朱衮〈朝陽洞陰潛澗志〉的文獻學研究》，《長沙大學學報》2014年第1期。

湯軍：《永州朝陽巖石刻考》（一）（二）（三）（四），《湖南科技學院學報》2014年第3期、第4期、第6期、第7期。

鄧盼：《永州拙巖勘察記》，《湖南科技學院學報》2015年第1期。

陳微：《五湖煙水獨忘機——拙巖文化主題分析》，《湖南科技學院學報》2015年第1期。

張京華：《民國五年望雲亭"何須大樹"題榜考釋》，《湖南科技學院學報》2015年第3期。

張京華：《明代蘇雙柏"山下出泉"題榜考實》，《湖南省博物館館刊》第11輯，嶽麓書社2015年版。

張京華：《湖南的摩崖石刻》，《中華讀書報》2015年9月9日。

敖煉：《蘋洲書院古碑考》，《湖南科技學院學報》2015 年第 6 期。

周平尚、張京華：《摩崖石刻研究的甘苦冷暖》，《湖南科技學院學報》2015 年第 7 期。

李花蕾：《民國月巖石刻考述》，《湖南科技學院學報》2016 年第 7 期。

李花蕾：《從〈陽華巖銘〉看元結對永州摩崖石刻景觀的締造之功》，《湖南科技學院學報》2015 年第 8 期。

張京華：《拙巖摩崖石刻校注》，《湖南科技學院學報》2015 年第 9 期。

李花蕾：《東溪拙庵沈慶及其〈拙巖詩〉辨析》，《湖南科技學院學報》2015 年第 9 期。

張京華：《拙巖和韻詩八首解析》，《湖南科技學院學報》2015 年第 11 期。

周豔華：《基於碑刻文獻的瀟湘古渡——永州老埠頭研究》，《湖南科技學院學報》2016 年第 1 期。

梁廣兆：《清人李徽的石刻理學詩》，《湖南科技學院學報》2016 年第 3 期。

唐司妮：《陽明後學胡直與濂溪故里》，《湖南科技學院學報》2016 年第 7 期。

郭佳鵬：《徐愛月巖詩刻考略》，《湖南科技學院學報》2016 年第 9 期。

包涵：《劉魁永州詩刻探析》，《湖南科技學院學報》2016 年第 12 期。

秦儀：《嘉靖三年林英、吴允迪、鄧慶林月巖唱和詩刻探析》，《湖南科技學院學報》2016 年第 12 期。

劉瑤：《張喬松湖南石刻與詩文探析》，《湖南科技學院學報》2017 年第 2 期。

易子薇：《陳仕賢“月到天心”榜書及其典故内涵》，《湖南科技學院學報》2017 年第 2 期。

屈夢君：《陳塏與濂溪故里》，《湖南科技學院學報》2017 年第 3 期。

趙亮：《明吴中傳月巖題榜與〈重修濂溪書院碑記〉》，《湖南科技學院學報》2017 年第 3 期。

敖煉：《月巖明代黄九皋詩刻》，《湖南科技學院學報》2017 年第 4 期。

劉姝：《陽明後學顔鯨與濂溪故里》，《湖南科技學院學報》2017 年第 4 期。

劉姝：《陽明後學顔鯨的生平及詩文》，《湖南科技學院學報》2017 年第 5 期。

韓夢星：《許岳湖南詩刻四則考述》，《湖南科技學院學報》2017 年第 5 期。

陳南：《明人顧璘月巖石刻探析》，《湖南科技學院學報》2017 年第 5 期。

敖煉：《明代月巖的一次酬唱——王瑞之諸人遊月巖石刻》，《湖南科技學院學報》2017 年第 7 期。

秦儀:《月巖南宋淳熙年間禱雨石刻題記初探》,《湖南科技學院學報》2017年第12期。

易子薇:《陳鳳梧與月巖詩刻》,《湖南科技學院學報》2017年第12期。

夏蓉:《戴嘉猷永州詩刻考述》,《湖南科技學院學報》2017年第12期。

曠黄忠:《湖南幽巖石刻初探》,《湘學研究》2016年第2輯,中國社會科學出版社2017年版。

易子薇:《月巖韓子祁"先天道體"榜書石刻》,《湘學研究》2016年第2輯,中國社會科學出版社2017年版。

萬里:《地方文獻研究的一渠清流——評〈湖南地方文獻與摩崖石刻研究〉》,《光明日報》2012年6月10日書評版。

張利文:《石刻上的文學史研究——評〈湖南地方文獻與摩崖石刻研究〉》,《湖南社會科學報》2012年5月25日。

張利文:《紙上材料與石刻材料之互證——評〈湖南地方文獻與摩崖石刻研究〉》,《湖南科技學院學報》2011年第6期。

楊金磚:《細微深處見功夫——讀〈湖南地方文獻與摩崖石刻研究〉》,《湖南科技學院學報》2011年第6期。

劉依平:《朝陽巖摩崖石刻的書法美學價值——〈零陵朝陽巖小史〉、〈零陵朝陽巖詩輯注〉二書讀後》,《湖南科技學院學報》2012年第9期。

### （五）學位論文

梁宏升:《朝陽巖與朝陽巖詩歌初探》,湖南科技學院中國語言文學系學士學位論文,2009年。

王君知:《中國早期的石刻傳播——以永州碑刻爲例》,湖南科技學院新聞傳播系學士學位論文,2009年。

焦傲:《北宋石刻詩研究》,河北師範大學碩士學位論文,2009年。

戴黷:《永州淡巖詩刻初探》,湖南科技學院中國語言文學系學士學位論文,2010年。

侯永慧:《明代〈朝陽巖下歌〉和詩三首及其文物價值》,湖南科技學院中國語言文學系學士學位論文,2010年。

侯永慧:《唐代詩刻文獻研究》,廣西師範大學碩士學位論文,2014年。

# 後　記

摩崖石刻研究自宋代以來始終是學術前沿。

古代石刻可以分爲墓誌、石經、佛教造像題名、法帖、摩崖等若干大類。各類石刻的學術價值，都有其各自不同的傾向，墓誌以史學爲主，石經以經學爲主，佛教造像題名以宗教爲主，法帖以書藝爲主，摩崖石刻則以文學爲主。

摩崖又作磨崖，“就其山而鑿之曰摩崖”（馮雲鵬《金石索》）。摩崖石刻起源極早，管仲曰：“古者封泰山、禪梁父者七十二家，而夷吾所記者十有二焉。”秦始皇諸刻石，有立石，有摩崖，至今尚有存者。

佛教造像題名也多爲摩崖，除此以外，文人學士的摩崖石刻遍布海内。漢有“摩崖三頌”，唐代則以元結所作、顔真卿所書《大唐中興頌》爲最，乃至中古而下，“摩崖碑”成爲《大唐中興頌》的專名。王士禛《摩崖碑》詩：“有客新自湘江歸，登堂示我浯溪碑”（《带經堂集·漁洋續詩》），即指此而言。

湖廣湘漓一線，自古爲荆楚至嶺南的水路通道，加以水石清秀，流寓者多，因此，國内現存古代摩崖石刻以湘南永州與桂北桂林最爲密集。浯溪碑林現存 500 餘通，號稱“南國摩崖第一”。桂海碑林僅宋刻即 130 餘通，“壁無完石”，號稱“唐宋題名之淵藪”。桂林摩崖石刻現存總量據統計近 2000 通，永州摩崖石刻現存總量不完全統計在 1700 通以上。故而合湘漓而論，中古以下之摩崖石刻真可謂是粲然萃聚，海内無兩。

嘉慶《湖南通志》有《金石志》二十卷，瞿中溶纂，抽印單行本題爲《湖南金石志》二十卷。光緒《湖南通志》有《金石志》三十卷，陸增祥纂，亦有抽印單行本題爲《湖南金石志》三十卷，較瞿中溶所撰增多十卷。據此統計可知：

（1）唐代石刻。全省唐代石刻編爲 6 卷，永州石刻共占 3 卷，占全省的 50%。全省唐代石刻篇幅共計 146 頁，永州占 82 頁，占全省的 56%。列表如下：

| 卷次 | 卷名 | 地域 |
| --- | --- | --- |
| 卷 262 | 藝文志・金石 4 | 長沙 |
| 卷 263 | 藝文志・金石 5 | 衡州 |
| 卷 264 | 藝文志・金石 6 | 永州 |
| 卷 265 | 藝文志・金石 7 | 永州 |
| 卷 266 | 藝文志・金石 8 | 永州 |
| 卷 267 | 藝文志・金石 9 | 寶慶、岳州、常德、辰州、郴州、靖州、澧州、桂陽州 |

（2）宋代石刻。全省宋代石刻編爲 17 卷，永州石刻共占 11 卷，占全省的 65%。全省宋代石刻篇幅共計 548 頁，永州占 362 頁，占全省的 66%。列表如下：

| 卷次 | 卷名 | 地域 |
| --- | --- | --- |
| 卷 269 | 藝文志・金石 11 | 長沙 |
| 卷 270 | 藝文志・金石 12 | 衡州 |
| 卷 271—281 | 藝文志・金石 13—23 | 永州 |
| 卷 282 | 藝文志・金石 24 | 寶慶 |
| 卷 283 | 藝文志・金石 25 | 岳州、常德 |
| 卷 284 | 藝文志・金石 26 | 辰州、沅州、郴州 |
| 卷 285 | 藝文志・金石 27 | 靖州、澧州、桂陽州 |

道光《永州府志》中《金石略》一卷，實則爲上中下三卷，抽印單行本題爲《永州金石略》，宗績辰纂。光緒《零陵縣志》中《藝文志・金石》一卷，抽印單行本題爲《零陵金石志》一卷，劉沛纂。

《石刻史料新編》第三輯，臺灣新文豐出版公司 1986 年編輯出版，其中收録湖南省有金石志的府縣方志共計 16 種，包括《永州金石略》、《零陵金石志》二種。據此統計可知，以州府爲單位或以縣爲單位，永州、零陵金石數量均排名第一。以州府爲單位，永州金石數量占全部縮印頁數的 41%，占全部原版頁數的 41.5%。以縣爲單位，零陵金石數量占全部縮印頁數的 19.2%，占全部原版頁數的 19.4%。

永州、零陵以外，《寶慶藝文略》二卷 34 縮印頁列居第三，《桃源金石志》一卷 20 縮印頁列居第四，《衡山金石志》一卷 18 縮印頁列居第五。《永州金石略》是寶慶的 3.7 倍，是桃源的 6.3 倍，是衡山的 7 倍。《零陵金石志》是寶慶的 1.74 倍，

是桃源的 2.95 倍，是衡山的 3.28 倍。列表如下：

| | 志 名 | 卷 數 | 縮印頁數 | 原版頁數 |
|---|---|---|---|---|
| 1 | 善化古跡志 | 不分卷 | 4.5 | 18 |
| 2 | 武岡内篇 | 不分卷 | 11 | 44 |
| 3 | 攸縣金石志 | 不分卷 | 1 | 4 |
| 4 | 寶慶藝文略 | 二卷 | 34 | 132 |
| 5 | 新化金石志 | 不分卷（後缺） | 7 | 28 |
| 6 | 衡陽金石志 | 不分卷 | 10 | 38 |
| 7 | 清泉碑刻志 | 不分卷 | 3 | 12 |
| 8 | 清泉金石志 | 不分卷 | 5 | 19 |
| 9 | 衡山金石志 | 一卷 | 18 | 68 |
| 10 | 常寧金石志 | 不分卷 | 4 | 15 |
| 11 | 永州金石略 | 一卷（實爲上中下三卷） | 126 | 502 |
| 12 | 桂陽碑銘志 | 不分卷 | 2 | 8 |
| 13 | 臨武金石志 | 不分卷 | 2 | 8 |
| 14 | 桃源金石志 | 一卷 | 20 | 78 |
| 15 | 石門金石志 | 不分卷 | 0.5 | 2 |
| 16 | 零陵金石志 | 一卷（實爲二卷） | 59 | 235 |
| | 合 計 | | 307 | 1211 |

王昶所著《金石萃編》160 卷，收録秦至宋、遼、金銘刻 1500 餘種，是清中期金石著録的集大成之作。

陸增祥所著《八瓊室金石補正》130 卷，補録銘刻 3500 餘種，附《金石劄記》4 卷、《金石祛僞》1 卷、《元金石偶存》1 卷，爲補正王昶而作，是清後期最爲精緻和最爲豐富的金石著作。

陸氏收録唐宋永州石刻尤多，特别是陸氏以景地爲主線的著録體例，爲現代文物資源與旅遊資源的結合與轉化提供了直接便利的條件。可以説，陸增祥是清代以來研究永州石刻最有貢獻的一人，换言之也可以説，是永州石刻爲其《金石補正》獲得盛譽發揮了重要作用。

王昶《金石萃編》著録永州石刻，景地 4 處，統計列表如下：

| | 景地 | 内容 | 卷次 |
|---|---|---|---|
| 1 | 華嚴巖 | 宋詩刻4段、題名8段 | 132 |
| 2 | 浯溪 | 詩詞4段、題記19段 | 132、136 |
| 3 | 澹山巖 | 題名60段、詩刻24段 | 133、135 |
| 4 | 朝陽巖 | 題名6段 | 134 |

陸增祥《八瓊室金石補正》及《元金石偶存》著録永州石刻，景地26處，其他人文場所9處。景地統計列表如下：

| | 景地 | 内容 | 所在地 | 卷次 |
|---|---|---|---|---|
| 1 | 含暉巖 | 唐1段、宋6段 | 道州 | 58、103 |
| 2 | 窊樽 | 唐元結窊樽銘 | 道州 | 60 |
| 3 | 九疑山 | 唐2段、宋20段、元玉琯巖1段 | 寧遠 | 59、102、偶存 |
| 4 | 陽華巖 | 唐元結陽華巖銘、宋27段 | 江華 | 60 |
| 5 | 寒亭 | 唐元結寒亭記、宋19段 | 江華 | 60、103 |
| 6 | 朝陽巖 | 唐3段、宋24段、元1段 | 零陵 | 60、85、偶存 |
| 7 | 浯溪 | 唐19段、宋39又27又39又50段、元7段 | 祁陽 | 61、90—93、偶存 |
| 8 | 華嚴巖 | 唐2段，宋17段 | 零陵 | 68、88 |
| 9 | 鈷鉧潭 | 柳子厚三記、鈷鉧潭三大字 | 零陵 | 68、121 |
| 10 | 群玉山 | 宋10段 | 零陵 | 94 |
| 11 | 澹山巖（澹巖、淡山巖） | 宋42又52段、元3段 | 零陵 | 95—96、偶存 |
| 12 | 火星巖 | 宋10段、元1則 | 零陵 | 99、偶存 |
| 13 | 九龍巖（九仙巖、九雲巖） | 宋41段 | 東安 | 100 |
| 14 | 三門洞 | 宋5段 | 東安 | 102 |
| 15 | 暖谷 | 宋5段 | 江華 | 103 |
| 16 | 石角山 | 宋4段、元2段 | 零陵 | 104、偶存 |
| 17 | 幽巖 | 宋（1段） | 東安 | 105 |
| 18 | 五峰巖 | 宋11段 | 東安 | 106 |
| 19 | 肖巖（嘯巖） | 宋2段 | 東安 | 111 |
| 20 | 獅子巖（奇獸巖） | 宋6段 | 江華 | 112 |

續表

| 21 | 萬石山（環翠山） | 宋 7 段 | 零陵 | 114 |
|---|---|---|---|---|
| 22 | 月巖 | 宋 3 段 | 道州 | 115 |
| 23 | 柳巖 | 宋 3 段 | 零陵 | 117 |
| 24 | 烏符山（天篆山） | 宋 3 段 | 祁陽 | 119 |
| 25 | 駕鶴峰 | 宋 1 段 | 道州 | 117 |
| 26 | 自然屏 | 宋 1 段 | 東安 | 107 |

其他人文場所統計列表如下：

| | 場 所 | 内 容 | 所在地 | 卷 次 |
|---|---|---|---|---|
| 1 | 道州府（唐） | 唐元結刺史廳壁記、唐道州殘石 | 道州 | 60、67 |
| 2 | 道州府（宋） | 向子廓書周子拙賦、方疇刻周子像贊、太極圖説、愛蓮説、濂溪書院題額並表記碑、吴文震元石詩、楊允恭壽祠記、西銘殘石 | 道州 | 116、120、121 |
| 3 | 舜祠 | 唐元結舜廟置守户狀 | 道州 | 60 |
| 4 | 濂溪故里 | 濂溪大富橋記、濂溪陳夫人墓表、元周子故居碑記 | 道州 | 121、偶存 |
| 5 | 永州府 | 張浚新學門銘及忠字 | 零陵 | 113 |
| 6 | 懷素聖母帖等 | 宋模刻 | | 105、107 |
| 7 | 汪藻太平寺鐘款 | 宋 | 零陵 | 113 |
| 8 | 宋度宗字民銘並謝表 | 宋 | 道縣 | 121 |
| 9 | 岳武穆忠義碑 | 宋 1 段，明 1 段 | 祁陽 | 112 |

另據永州市文物處 2006 年統計，摩崖石刻景地又有零陵福僊巖，冷水灘黄陽司，祁陽雷澤洞、棲真巖、隱仙巖，東安沉香庵、諸葛嶺，雙牌渠清巖，寧遠逍遙巖、象巖、無爲洞、飛龍巖、紫霞巖，道縣中郎巖、狀元山、龍珠洞、華巖，江華秦巖、寶山巖，江永層巖、月陂、麒麟巖、同巖。（詳見永州市文物處管理處編《永州石刻拾萃·永州石刻調查表》。）

湖南永州的摩崖石刻呈現著清晰的階段性，即唐代創始，宋代流衍，明代追慕，清及民國研究考辨。

唐代元結先後兩任道州刺史，跨越十年。道州今爲永州道縣。元結爲唐代古文運動之先驅，其在永州所作詩文，有十九銘一頌，多予上石。歐陽修《集古録》云："《大唐中興頌》，元結撰，顔真卿書。書字尤奇偉，而文辭古雅，世多模以黄

絹爲圖障。碑在永州，摩崖石而刻之。”此後名家品評不斷，由是名聲大著。今湖南永州境内，浯溪、陽華巖、朝陽巖，均爲元結開闢，而月巖、澹巖、玉琯巖、月陂未始不受元結影響，七處摩崖石刻均爲國家級文物保護單位。

元結以外，永州的摩崖石刻以宋代爲多，與中原地區相比是比較晚的。但兩宋是中國文治的頂峰，而黨争亦持續不斷。永州名曰楚南，實鄰五嶺，是貶逐官吏的重要場所。流寓的名臣，有邢恕、范純仁、黄庭堅、鄒浩、汪藻、蘇軾蘇轍兄弟、范祖禹范沖父子、張浚張栻父子、楊萬里楊長孺父子、胡安定胡寅父子、蔡元定蔡沈父子等等。永州又處瀟湘之會，“無土山，無濁水”，清湘數丈，歷歷見底，江岸又多奇巖白石，最宜鐫刻。“殘臘泛舟何處好，最多吟興是瀟湘。”於是凡貶謫者往往昇華出名篇佳作。“不到瀟湘豈有詩”，是固然矣；一到瀟湘必有詩，亦自然也。

宋碑之可貴，清末金石家葉昌熾有一大段論述。葉氏《語石》説道：

“然得唐碑易，得宋碑難，元碑抑又難矣。何則？歐、虞、顔、褚，烜赫已久，固家家奉爲圭臬，即墓誌、造象、經幢，其書雖不甚著名，往往妍秀可喜，便於臨池，通都巨肆，尚易物色。至宋碑，惟蘇、黄、米、蔡四家，元碑惟趙松雪有拓而售者，此外非專工訪拓不能得，或籍良友之饋贈，或煩屬吏之供億。其豐碑高至尋丈，或在危崖絶巘人跡不到之區，贏糧裹氈，架梯引絙，然後得之，所費不貲。及其散失之後，流入市肆，所售之價不足紙墨。估人惟利是圖，其孰肯作爲無益乎？故宋、元碑可遇而不可求。然無豪奪，無居奇，則以我所取者，人所棄耳。余訪求石刻二十餘年，所得唐以前碑，視孫、趙幾十有八九，新出土者不與焉。五季以下，不逮其半，其難易不較然哉？”

而湖南宋刻之富，民國金石學者柯昌泗有進一步的論述。柯氏《語石異同評》説道：

“宋人題名，最先著録，莫先於湖南一省。《萃編》所録，已極詳悉。後賢踵訪，益見美富。北宋遷謫名流，大半途出湖南。南宋偃藩長沙，暨列郡守倅，類多風雅好事。登覽留題，情事與東都諸刻不盡同，各見風趣。兹以題名之僅見於湖南者數之：賈黄中（朝陽巖）、李建中（澹山巖）、朱昂（朝陽巖）、楊傑（澹山巖）、王汾（九龍巖）、劉摯（石鼓山）、陶弼（九龍巖）、陸詵（澹山巖）、孫覽（朝陽巖）、韓川（澹山巖）、鄒浩（浯溪）、王佐（澹山巖）、王淮（柳巖）、趙彦橚（浯溪）、趙汝讜（浯溪）、史彌寧（桂莊）、徐經孫（秀巖），皆史傳有名之士。奸邪若丁謂（華嚴巖）、邢恕（朝陽巖諸處），惟湘中有其題刻。”

在柯昌泗所列舉的 19 例宋刻中，石鼓山在衡州，桂莊在新寧，秀巖在臨武，除

此 3 例以外均在今永州境內。則其所謂“湖南”、“湘中”，實可進而指爲“永、道”。

2009 年河北師範大學焦傲的碩士學位論文《北宋石刻詩研究》統計：北宋詩刻共計 344 種，湖南省有 64 種，居全國第一位。“其中，湖南省最多，占總數的 22%。”這 64 種全部在永州。

明代文官書卷氣最重，府縣官佐人人皆似理學家，以文載道，移易風俗。尤其正德以後，歷任永州知府曹來旬、何詔、吴永禎、黄焯、唐珤、范之箴、陳天然、錢芹、丁懋儒，大多能詩工文，所在修建書院，推崇先賢遺緒，往往刻石紀詠。曹來旬創建元刺史祠，唐珤擴建爲寓賢祠，丁懋儒開闢朝陽巖零虚山。黄焯編纂《朝陽巖集》、《澹巖集》、《浯溪詩文集》，唐珤著《唐永州集》三卷，錢芹著《錢永州集》八卷，“其學出自湛若水，後乃改從王守仁，故於姚江一派，推挹頗深”。所謂“寓賢十賢”元結、黄庭堅、蘇軾、蘇轍、鄒浩、范純仁、范祖禹、張浚、胡銓、蔡元定，均爲唐宋名流，而以理學人物居多，明人皆表彰追慕之。

清代朴學大盛，於是承两宋金石學而張大之。如王昶《金石萃編》、瞿中溶《古泉山館金石文編》、陸增祥《八瓊室金石補正》、宗霈《零志補零》、宗績辰《罶雲盦金石審》、葉昌熾《語石》，以及民國柯昌泗《語石異同評》、楊殿珣《石刻題跋索引》，往往得力於永州摩崖。瞿中溶两遊浯溪，三宿中宫寺。宗績辰寓零最久，自署“十三年瀟上寓客”。

永州的摩崖石刻景地，各具特色。

浯溪以“大唐中興”爲主題，兼及後人對元結的紀念。《大唐中興頌》自唐人皇甫湜已有品題，宋人黄庭堅、范成大、洪邁、岳珂、米黻、張耒、李清照以下，各有詩文議論。

陽華巖以元結《陽華巖銘》爲主題，銘文仿《正始石經》，以大篆、小篆、隸書三體書寫，最爲復古。

朝陽巖由《詩經 · 大雅 · 卷阿》“鳳凰鳴矣，于彼高岡。梧桐生矣，于彼朝陽”得名，元結又作《朝陽巖下歌》云：“荒蕪自古人不見，零陵徒有《先賢傳》”，追慕漢魏先賢，後人遂以先賢、寓賢爲主題。

月巖在道州，近濂溪故里，故其主題爲周敦頤、理學、太極圖。今存摩崖 63 通，以南宋淳熙趙汝諠題刻爲最早。舊稱穿巖，後别稱太極巖，石刻榜書有“廣寒深處”、“清虚洞”、“風月長新”、“如月之中”、“渾然太極”、“豁然貫通”、“道在其中”、“理學淵源”、“參悟道真”、“悟道先跡”、“乾坤别境”、“渾涵造化”、“鴻濛一竅”、“先天道體”、“上弦月”、“下弦月”、“望月”、“月巖”、“太極巖”等。

澹巖有巨型溶洞與天坑相連，背山面河，氣勢恢弘，景致幽邃，又有周貞實避秦亂遁居之説，故主題爲贊歎造化與棲隱。黄庭堅有《題澹山巖二首》詩刻，稱“閬州城南果何似，永州澹巖天下稀”。祝穆《方輿勝覽》稱：“澹巖石壁削成萬仞，旁有石竅，古今莫測其遠近，目之者有長往之意。”道光《永州府志》稱：“去城南二十五里，有巖奇奥，爲永州冠。”清盧崇耀《遊澹巖記》稱：“永州多山水遊觀之美，而澹巖尤爲奇絶。”

玉琯巖在九疑山，有南宋方信孺“九疑山”大字榜書，及復刻蔡邕《九疑山銘》，故其主題爲紀詠帝舜。

2014年末新發現的永州拙巖摩崖石刻，特色與衆不同。目前所見石刻總數共計32通。其中詩詞26通，記文2通，題記2通，榜書2通。詩詞占石刻總數的81%。開闢者明人沈良臣並非府縣官佐或流寓文人，而是零陵鄉賢，一介布衣。沈良臣與友朋結詩社，拙巖乃是詩社吟詠之地。沈良臣有詩集，即題名《拙巖集》，則拙巖亦可視爲他的別號。可惜《拙巖集》早已佚去，那麼時隔500年後發現的拙巖沈良臣詩詞石刻十六首及和韻八首，大致可以視爲《拙巖集》的部分復原。

拙巖之得名，取義周敦頤《拙賦》，“天下拙，刑政徹，上安下順，風清弊絶”，這是它的義理内涵。而拙巖的表像，所謂“其旨遠，其辭文”，“心生而言立，言立而文明”，全在於文學一端，是非常明顯的。這是拙巖有别於其他摩崖景地的特色所在。

十分可惜的是，近六十餘年來，永州摩崖石刻遭人爲破壞不少。

澹巖因設廠建樓，大半被毁。巖中原有宋人石刻即達100餘通，内有宋黄庭堅詩刻、周敦頤題名、柳應辰《澹巖記》、張昭遠《禱雨詩》、宋迪題名等等，現全部石刻僅存33通。

其餘如華嚴巖、群玉山、火星巖、石角山、息影巖，全部蕩然無存。

華嚴巖在城内府學旁，原有唐柳宗直題名、刺史李坦題名、宋汪藻榜書、邢恕詩刻、柳拱臣題名、周敦頤題名，東門嶺居委會在巖側辦石灰廠，取石燒灰，全部被毁。

群玉山有宋解舜卿題名、李士燮與柳應辰題名。道光《永州府志》：“由零虚山後西南，過小白岡，白石磊磊，羅布岡下，曰群玉山，距河以西二里。石上刻詩記甚多。”因修建東風大橋，爲取石料，將巖全部炸毁。

火星巖有宋程博文與邢恕題名、柳拱臣與尹瞻聯句詩、李士燮與柳應辰題名、董居誼記並詩。《大明一統志》：“石壁所鑱先賢題識，高下鱗次，窮日之力乃能盡閲。”因村民採石燒石灰，全部被毁，至今廢棄窑址尚在。

石角山有宋邢恕《小隱洞記》、項衛題名等，唐柳宗元曾作《游石角過小嶺至長烏村》五古長詩。《大明一統志》："石角山在府城東北一十里，連屬十餘小石峰，奇峭如畫。"2002年，零陵修建日升大道，村民炸山采碎石以鋪路，毀其大半，後經呼吁停止。今僅存宋刻一通，在垠地中山城樓盤包圍中。

息影巖，别稱小朝陽巖，清代楊翰開闢，取義陶淵明《停雲》詩"翩翩飛鳥，息我庭柯"，作《息園記》，並建清暉閣、澹慮亭於其上。黄佳色《息景巖記》稱："由袁家渴泝流而上即新巖，巖臨瀟水，與朝陽相彷彿然。朝陽敞，新巖僻。朝陽光豁百里，新巖幽隱一潭。朝陽如李青蓮醉賦《清平》，神采焕發；新巖如班婕妤獨吟《長信》，意態綽約。"楊翰别號息柯居士，所居名爲"息園"，咸豐間任永州知府，能詩，工書法，精研石刻，著有《粵西得碑記》。文革中，紅衛兵在此儲存火藥，不幸爆炸，人巖俱毀。

摩崖石刻是一個交叉的學術領域，體現着多種學科交叉的方法與範式。其所涉及的學科，有文學、史學、哲學、文物考古、文獻學、文字學、書法藝術、風土民俗等等。僅就文獻方面而論，除一般史部著作之外，又涉及歷代金石著録、地方志、總集别集若干大類。

摩崖石刻又是田野考察與書本研究的結合。如前人所述，"危崖絶巘，人跡不到之區，贏糧裹氈，架梯引絙，然後得之"（葉昌熾《語石》）。

就石刻文獻與紙本文獻的對應而言，同樣適用於王國維先生提出的紙上之材料與地下之材料相互印證的"二重證據法"。

由各類石刻宏觀比較而論，摩崖最突出之處還在於文學、詩學，可謂"石刻上的文學史"。但文學的内在核心，又爲哲學、理學。題名與詩、賦、贊、頌所依託的，無非是石灰巖的冰冷死體，而在它的表像背後，却是文人群體的有生命的創造，體現着"從水石到人文"的創興轉化。

2009年末，予率諸生考察朝陽巖，新見唐人張舟《題朝陽巖傷故元中丞》詩刻，遂撰文考論安南都護張舟本事，更正趙明誠《金石録》，並更正《全唐詩》。見邢恕詩刻，又補正《全宋詩》，及補輯陶岳《零陵總記》，辨僞陸龜蒙《零陵總記》。最後申論"元結與永州水石文化"。同時李花蕾校注黄焯《朝陽巖集》孤本，輯校宗績辰《嵒雲盦金石審》佚稿，點校朱衮《白房集》，申請"石刻上的文學史：唐宋文人在永州的仕宦遊歷與詩文題記"、"湖南地方文獻與摩崖石刻專題研究"、"湖南石刻文獻著録與研究"項目，並出版《湖南地方文獻與摩崖石刻研究》。2011年，諸生出版《零陵朝陽巖詩輯注》、《零陵朝陽巖小史》。2017年，予與陳微出版《道

州月巖摩崖石刻》。迄今八年，予復與諸生合著本書。

本書由張京華、湯軍、侯永慧分工撰寫初稿，再由張京華增補修改爲定稿。張京華撰寫了凡例以及概述的第一節、第二節，湯軍撰寫了概述的第三節，侯永慧繪製了石刻分布示意圖。

中國社會科學出版社責任編輯韓國茹數番閱稿，就正良多，謹此誌謝。

張京華

2018年2月於湖南科技學院集賢樓國學院

瀟湘洞口詠飄風景物依稀仙島中[illegible]
曙日光空谷白春凝泉暖落江融細看
隱隱殘碑刻極善欣欣百姓同吏隱覺
心渾未足令人欲挾大江東
賜進士南戶部尚書主事謫永州府推官
江陰[illegible]次韻